Arbeitnehmerdatenschutz
bei internen Untersuchungen

Europäische Hochschulschriften Recht

European University Studies in Law

Publications Universitaires Européennes de Droit

Band/Volume **6286**

Thomas Vogtmeier

Arbeitnehmerdatenschutz bei internen Untersuchungen

Untersuchung zu den datenschutzrechtlichen Anforderungen an interne Untersuchungen und der Verwertung der gewonnenen Erkenntnisse im anschließenden arbeitsgerichtlichen Verfahren und Strafverfahren

PETER LANG

Bibliografische Information der Deutschen Nationalbibliothek
Die Deutsche Nationalbibliothek verzeichnet diese Publikation in der Deutschen Nationalbibliografie; detaillierte bibliografische Daten sind im Internet über http://dnb.d-nb.de abrufbar.

Zugl.: Hamburg, Univ., Diss., 2021

D 18
ISSN 0531-7312
ISBN 978-3-631-87598-8 (Print)
E-ISBN 978-3-631-87788-3 (E-PDF)
E-ISBN 978-3-631-87789-0 (EPUB)
DOI 10.3726/b19694

Peter Lang – Berlin · Bern · Bruxelles · New York · Oxford · Warszawa · Wien

Diese Publikation wurde begutachtet.

www.peterlang.com

Meinen Eltern

Vorwort

Die vorliegende Arbeit wurde im Sommersemester 2021 von der Fakultät für Rechtswissenschaft der Universität Hamburg als Dissertation angenommen. Sie entstand berufsbegleitend während meiner Tätigkeit als Rechtsanwalt im Bereich Arbeitsrecht für eine internationale Wirtschaftskanzlei. Rechtsprechung und Literatur konnten bis Ende Dezember 2020 berücksichtigt werden.

Mein besonderer Dank gilt meiner Doktormutter Prof. Dr. Claudia Schubert für ihre Unterstützung und die umfassende Betreuung während meiner Promotionszeit mit vielen wertvollen Anregungen und ihrem stets offenen Ohr für Diskussionen. Prof. Dr. Dr. Milan Kuhli danke ich für die Übernahme des Zweitgutachtens.

Mein bisheriger Werdegang und letztendlich auch die Erstellung dieser Arbeit wäre ohne die Unterstützung und den unbegrenzten Rückhalt meiner Eltern nicht möglich gewesen. Sie sind meine großen Vorbilder und ich freue mich, ihnen diese Arbeit zu widmen. Mein ganz besonderer Dank gilt auch meiner Freundin Majlinda Zekolli für ihre Geduld, ihr unglaubliches Verständnis und ihre unermüdliche Unterstützung während der vielen arbeitsreichen Wochenenden in den vergangenen Jahren; sie hat maßgeblich dazu beigetragen, dass ich mein Promotionsvorhaben realisieren konnte. Ebenso danke ich meinen Geschwistern und ihren Familien, die mir in jeder Lebenslage zur Seite stehen. Meinem Schwager Prof. Dr. Michael Bohne danke ich im Besonderen für seine Unterstützung gerade zu Beginn der Ausarbeitung der Dissertation und im Rahmen der Vorbereitung der Disputation.

Darüber hinaus verdienen Dr. Oliver Bertram und Dr. Michael Johannes Pils meinen großen Dank. Ohne ihre fortwährende Flexibilität und Unterstützung im Rahmen meiner berufsbegleitenden Projekte wäre es mir nicht möglich gewesen, diese Arbeit abzufassen.

Schließlich danke ich Christine Rattey für die sicherlich zeitraubende und anstrengende formale Durchsicht des Manuskripts sowie den vielen lieben Freunden, die zum Verfassen ihrer eigenen Dissertationen oder zur Vorbereitung ihrer – ganz unterschiedlichen – (Examens-)Prüfungen unzählige Tage zusammen mit mir in der Universitätsbibliothek Düsseldorf verbracht haben. Die gemeinsame Zeit in der Bibliothek mit samt der vielen schönen Mittags- und Kaffeepausen haben die Promotionszeit sehr strukturiert und zugleich sehr kurzweilig erscheinen lassen.

Düsseldorf, im April 2022 Thomas Vogtmeier

Inhaltsverzeichnis

Abkürzungsverzeichnis

a.A.	andere Ansicht
Abs.	Absatz
ABl.	Amtsblatt
AEUV	Vertrag über die Arbeitsweise der Europäischen Union
a.F.	alte Fassung
AG	Aktiengesellschaft; Amtsgericht; Die Aktiengesellschaft (Zeitschrift)
AktG	Aktiengesetz
Alt.	Alternative
Anm.	Anmerkung
AnwBl.	Anwaltsblatt (Zeitschrift)
AP	Arbeitsrechtliche Praxis (Zeitschrift)
ArbG	Arbeitsgericht
ArbGG	Arbeitsgerichtsgesetz
ArbRAktuell	Arbeitsrecht Aktuell (Zeitschrift)
ArbRB	Arbeits-Rechtsberater (Zeitschrift)
Art.	Artikel
ASiG	Arbeitssicherheitsgesetz
AuA	Arbeit und Arbeitsrecht (Zeitschrift)
Auernhammer/*Bearbeiter*, DSGVO Art./BDSG § Rn.	Eßer, Martin/Kramer, Philipp/Lewinski, Kai von (Hrsg.), Auernhammer Datenschutz-Grundverordnung, Bundesdatenschutzgesetz und Nebengesetze Kommentar, 7. Auflage 2020
AuR	Arbeit und Recht (Zeitschrift)
AÜG	Arbeitnehmerüberlassungsgesetz
Az.	Aktenzeichen
BAG	Bundesarbeitsgericht
BayLDA	Bayerischen Landesamtes für Datenschutzaufsicht
BB	Betriebs Berater (Zeitschrift)
BDSG	Bundesdatenschutzgesetz in der Fassung v. 26.11.2019
BDSG a.F.	Bundesdatenschutzgesetz in der Fassung v. 14.08.2009

BeckOK BGB/*Bearbeiter* BGB § Rn.	Bamberger, Georg/Roth, Herbert/ Hau, Wolfgang/Poseck, Roman (Hrsg.), Beck'scher Onlinekommentar BGB, 55. Edition 2020
BeckOK DatenschutzR/*Bearbeiter,* BDSG § Rn. / DS-GVO Art. Rn.	Brink, Stefan/Wolff, Heinrich Amadeus (Hrsg.), Beck'scher Onlinekommentar Datenschutzrecht, 33. Edition 2020
BeckOK GewO/*Bearbeiter,* § Rn.	Pielow, Johann-Christian (Hrsg.), Beck'scher Online-Kommentar GewO, 50. Edition 2020
BeckOK GG/*Bearbeiter* GG Art. Rn	Epping, Volker/Hillgruber, Christian, Beck'scher Onlinekommentar Grundgesetz, 43. Edition, München 2020
BeckOK GmbHG/*Schindler* GmbHG § Rn.	Ziemons, Hildegard/Jaeger, Carsten (Hrsg.), Beck'sche Online-Kommentar GmbHG, 45. Edition 2020
BeckOK InfoMedienR/*Bearbeiter* EU-GRCharta Art. Rn.	Gersdorf, Hubertus/Paal, Boris P., Beck'scher Onlinekommentar Informations- und Medienrecht, 24. Edition, München 2019
BeckOK OWiG/*Bearbeiter* § Rn.	Graf, Jürgen-Peter (Hrsg.), Beck'scher Onlinekommentar OWiG, 27. Edition, München 2020
BeckOK StGB/*Bearbeiter* § Rn.	Heintschel-Heinegg, Bernd von (Hrsg.), Beck'sche Online-Kommentar StGB, 47. Edition 2020
BeckOK StPO/*Bearbeiter* StPO § Rn. / RiStBV Rn. / EMRK Art. Rn.	Graf, Jürgen-Peter (Hrsg.), Beck'scher Onlinekommentar StPO mit RiStBV und MiStra, 37. Edition, München 2020
BeckOK VwVfG/*Bearbeiter* VwVfG § Rn.	Bader, Johann/Ronellenfitsch, Michael (Hrsg.), Beck'scher Online-Kommentar VwVfG, 48. Edition 2020
BeckOK ZPO/*Bearbeiter* § Rn.	Vorwerk, Volkert/Wolf, Christian (Hrsg.), Beck'scher Onlinekommentar ZPO, 37. Edition 2020
BeckRA-HdB/*Bearbeiter,* § Rn.	Heussen, Benno/Hamm, Christoph (Hrsg.), Beck'sches Rechtsanwalts-Handbuch, 11. Auflage, München 2016
BeckRS	Beck'sche Rechtsprechungssammlung
Beck-TKG/*Bearbeiter,* § Rn.	Geppert, Martin/Schütz, Raimund (Hrsg.), Beck'scher TKG-Kommentar, 4. Auflage, München 2013
Beschl.	Beschluss

BetrVG	Betriebsverfassungsgesetz
BGB	Bürgerliches Gesetzbuch
BGBl.	Bundesgesetzblatt
Gesetz zum Schutz vor Mißbrauch personenbezogener Daten bei der Datenverarbeitung, BGBl. I 1977, S.	Gesetz zum Schutz vor Mißbrauch personenbezogener Daten bei der Datenverarbeitung (Bundesdatenschutzgesetz – BDSG) v. 27.01.1977, Bundesgesetzblatt Jahrgang 1977 Teil I Nr. 7, ausgegeben zu Bonn am 01.02.1977, S. 201
Gesetz zur Stärkung des Schutzes von Vertrauensverhältnissen zu Rechtsanwälten im Strafprozess, BGBl. I 2010, S.	Gesetz zur Stärkung des Schutzes von Vertrauensverhältnissen zu Rechtsanwälten im Strafprozess v. 22.10.2010, Bundesgesetzblatt Jahrgang 2010, Teil I Nr. 67, ausgegeben zu Bonn am 27.12.2010, S. 2261
Gesetz zur Neuordnung des Rechts der Syndikusanwälte und zur Änderung der Finanzgerichtsordnung, BGBl. I 2015, S.	Gesetz zur Neuordnung des Rechts der Syndikusanwälte und zur Änderung der Finanzgerichtsordnung v. 21.12.2015, Bundesgesetzblatt Jahrgang 2015 Teil I Nr. 55, ausgegeben zu Bonn am 30.12.2015, S. 2517
Gesetz zur Anpassung des Datenschutzrechts an die VO (EU) 2016/679 und zur Umsetzung der RL (EU) 2016/680 (Datenschutz-Anpassungs- und -Umsetzungsgesetz EU–DSAnpUG-EU), BGBl. I 2017, S.	Gesetz zur Anpassung des Datenschutzrechts an die VO (EU) 2016/679 und zur Umsetzung der RL (EU) 2016/680 (Datenschutz-Anpassungs- und -Umsetzungsgesetz EU–DSAnpUG-EU) v. 30.06.2017, Bundesgesetzblatt Jahrgang 2017 Teil I Nr. 44, ausgegeben zu Bonn am 05.07.2017, S. 2097
Gesetz zur Einführung eines Wettbewerbsregisters und zur Änderung des Gesetzes gegen Wettbewerbsbeschränkungen, BGBl. I 2017, S.	Gesetz zur Einführung eines Wettbewerbsregisters und zur Änderung des Gesetzes gegen Wettbewerbsbeschränkungen v. 18.07.2017, Bundesgesetzblatt Jahrgang 2017 Teil I Nr. 52, ausgegeben zu Bonn am 28.07.2017, S. 2739
Gesetz zur Neuregelung des Schutzes von Geheimnissen bei der Mitwirkung Dritter an der Berufsausübung schweigepflichtiger Personen, BGBl. I 2017, S.	Gesetz zur Neuregelung des Schutzes von Geheimnissen bei der Mitwirkung Dritter an der Berufsausübung schweigepflichtiger Personen v. 30.10.2017, Bundesgesetzblatt Jahrgang 2017, Teil I Nr. 71, ausgegeben zu Bonn am 8.11.2017, S. 3618

BGH	Bundesgerichtshof
BlnGVBl 2010, 535	Gesetz über die Einrichtung und Führung eines Registers über korruptionsauffällige Unternehmen in Berlin (BLnKRG) v. 19.04.2006 (BlnGVBl. 2006, 358); zuletzt geändert durch Gesetz v. 01.12.2010
BMJV	Bundesministerium der Justiz und für Verbraucherschutz
BMWi	Bundesministerium für Wirtschaft und Energie
BORA	Berufsordnung für Rechtsanwälte
BR	Bundesrat
BRAO	Berufsrechtsanwaltsordnung
BRAK	Bundesrechtsanwaltskammer
bspw.	beispielsweise
BT	Bundestag
BUJ	Bundesverband der Unternehmensjuristen
BVerfG	Bundesverfassungsgericht
bzgl.	bezüglich
bzw.	beziehungsweise
CB	Compliance-Berater (Zeitschrift)
CCZ	Corporate Compliance Zeitschrift (Zeitschrift)
CDU	Christlich Demokratische Union Deutschlands
CEO	Chief Executive Officer
Creifelds/Rechtswörterbuch/ *Bearbeiter*, zu definierender Begriff	Weber, Klaus (Hrsg.), Creifeld, Rechtswörterbuch, 24. Edition, München 2020
Moosmayer, Compliance, Rn.	Moosmayer, Klaus, Compliance Praxisleitfaden für Unternehmen, 3. Auflage, München 2015
Mengel, Compliance und Arbeitsrecht, Kapitel Rn.	Mengel, Anja, Compliance und Arbeitsrecht, München 2009
Bearbeiter, in: Compliance Officer, § Rn.	Bürkle, Jürgen/Hauschka, Christoph, Der Compliance Officer, München 2015
CR	Computer und Recht (Zeitschrift)
CSU	Christlich-Soziale Union in Bayern e.V.
Bearbeiter, in: Das Problem einer Sonderstellung der Presse im Strafverfahren, S.	Schultz, Hans/Dünnebier, Hanns/Hilding, Eek, Das Problem einer Sonderstellung der Presse im Strafverfahren, Frankfurt am Main 1966
DB	Der Betrieb (Zeitschrift)

DSGK	Deutscher Corporate Governance Kodex
DNotZ	Deutsche Notar-Zeitschrift (Zeitschrift)
DoJ	Department of Justice
Drs.	Drucksache
DS-GVO	Datenschutz-Grundverordnung
DSK Kurzpapier	Datenschutzkonferenz, Auslegungshilfen zur Datenschutz-Grundverordnung in Form von Kurzpapieren
DSRL	Datenschutzrichtlinie
DStR	Deutsches Steuerrecht (Zeitschrift)
DuD	Datenschutz und Datensicherheit (Zeitschrift)
EG	Europäische Gemeinschaft
EGMR	Europäischer Gerichtshof für Menschenrechte
Einf.	Einführung
Einl.	Einleitung
EL	Ergänzungslieferung
EMRK	Europäische Konvention zum Schutz der Menschenrechte und Grundfreiheiten
ErfK/*Bearbeiter* AEUV/BDSG/BGB/ BetrVG/GewO § Rn.)	Müller-Glöge, Rudi/Preis, Ulrich/Schmidt, Ingrid (Hrsg.), Erfurter Kommentar zum Arbeitsrecht, 21. Auflage, München 2021
EU	Europäische Union
EuArbR/*Bearbeiter* AEUV/GRCh/ DS-GVO Art. Rn.	Franzen, Martin/Gallner, Inken/Oetker, Hartmut (Hrsg.), Kommentar zum europäischen Arbeitsrecht, 3. Auflage, München 2020
EuGH	Europäischer Gerichtshof
EUR	Euro
EuZA	Europäische Zeitschrift für Arbeitsrecht (Zeitschrift)
e.V.	eigetragener Verein
EWG	Europäische Wirtschaftsgemeinschaft
f.	folgende
ff.	fortfolgende
FCPA	Foreign Corrupt Practices Act
FCPA-Guide	Resource Guide to the U.S. Foreign Corrupt Practices Act
Fn.	Fußnote
FS	Festschrift

Dreher, in: FS Hüffer, Die Vorstandsverantwortung im Geflecht von Risikomanagement, Compliance und interner Revision, S.	Dreher, Meinrad, Die Vorstandsverantwortung im Geflecht von Risikomanagement, Compliance und interner Revision, in: Festschrift für Uwe Hüffer zum 70. Geburtstag, herausgegeben von Kindler, Peter/Koch, Jens/Ulmer, Peter/Winter, Martin, München 2010, S. 161 – 179
Winter, in: FS Hüffer, Die Verantwortlichkeit des Aufsichtsrats für „Corporate Compliance“, S.	Winter, Martin, Die Verantwortlichkeit des Aufsichtsrats für „Corporate Compliance“, in: Festschrift für Uwe Hüffer zum 70. Geburtstag, herausgegeben von Kindler, Peter/Koch, Jens/Ulmer, Peter/Winter, Martin, München 2010, S. 1103 – 1129
Franzen, in: FS Köhler, Vertragliche Auskunftspflicht und Schutz gegen Selbstbezichtigung, S.	Franzen, Martin, Vertragliche Auskunftspflicht und Schutz gegen Selbstbezichtigung, in: Festschrift für Helmut Köhler zum 70. Geburtstag, herausgegeben von Alexander, Christian/Bornkamm, Joachim/Bucher, Benedikt/Fritzsche, Jörg/Lettl, Tobias, München 2014, S. 133 – 145
Momsen, in: FS Rössner, Verlagerung der Strafverfolgung auf Private im Wirtschaftsrecht – Chance oder Irrweg?, S.	Momsen, Carsten, Verlagerung der Strafverfolgung auf Private im Wirtschaftsrecht – Chance oder Irrweg?, in: Festschrift für Dieter Rössner, herausgegeben von Bannenberg, Britta/Brettel, Hauke/Freund, Georg/Meier, Bernd-Dieter/Remschmidt, Helmut/Safferling, Christoph, Baden-Baden 2015, S. 871 – 892
Wimmer, in: FS I. Roxin, Die Verwertung unternehmensinterner Untersuchungen – Aufgabe oder Durchsetzung des Legalitätsprinzips?, S.	Wimmer, Renate, Die Verwertung unternehmensinterner Untersuchungen – Aufgabe oder Durchsetzung des Legalitätsprinzips?, in: Festschrift für Imme Roxin zum 75. Geburtstag, herausgegeben von Schulz, Lorenz/Reinhart, Michael/Sahan, Oliver, Heidelberg 2012, S. 537 – 555
GbR	Gesellschaft bürgerlichen Rechts
gen.	genannt
GeschGehG	Gesetz zum Schutz von Geschäftsgeheimnissen
GewO	Gewerbeordnung
GG	Grundgesetz
GmbH	Gesellschaft mit beschränkter Haftung

GmbHG	Gesetz betreffend die Gesellschaften mit beschränkter Haftung
Grabitz/Hilf/Nettesheim/*Bearbeiter* EUR/AEUV Art. Rn.	Nettesheim, Martin (Hrsg.), Das Recht der Europäischen Union, Band I EUV/AEUV, 71. Ergänzungslieferung – Stand August 2020
GRCh	Charta der Grundrechte der Europäischen Union
GRUR	Gewerblicher Rechtsschutz und Urheberrecht (Zeitschrift)
GV.NRW.2005	Gesetz zur Verbesserung der Korruptionsbekämpfung und zur Errichtung und Führung eines Vergaberegisters in Nordrhein-Westfalen v.16.12.2004
GV.NRW.	Gesetz zur Verbesserung der Korruptionsbekämpfung und zur Errichtung und Führung eines Vergaberegisters in Nordrhein-Westfalen v.16.12.2004, zuletzt geändert durch Gesetz v. 22.03.2018
GWB	Gesetz gegen Wettbewerbsbeschränkungen
GWR	Gesellschafts- und Wirtschaftsrecht
Bearbeiter, in: HdB Europäisches und deutsches Datenschutzrecht, § Rn.	Specht, Louisa/Mantz, Reto, Handbuch Europäisches und deutsches Datenschutzrecht, München 2019
HGB	Handelsgesetzbuch
HK-EMRK/*Bearbeiter* EMRK Einl./ Art. Rn.	Meyer-Ladewig, Jens/Nettesheim, Martin/Raumer, Stefan von (Hrsg.), Europäische Menschenrechtskonvention Handkommentar, 4. Auflage, Baden-Baden 2017
h.M.	herrschende Meinung
HRRS	Onlinezeitschrift für Höchstrichterliche Rechtsprechung zum Strafrecht
Hrsg.	Herausgeber
HWK/*Bearbeiter*, §/Art./Vorb. Gesetz/Verordnung Rn.	Henssler, Martin/Willemsen, Heinz Josef/ Kalb, Heinz-Jürgen (Hrsg.), Arbeitsrecht Kommentar, 9. Auflage, Köln 2020
inkl.	inklusive
Bearbeiter, in: Internal Investigations: Neue Tendenzen privater Ermittlungen, 2011, S.	Reeb, Philipp, Internal Investigations: Neue Tendenzen privater Ermittlungen, Berlin 2011
i.S.d.	im Sinne des/der

i.S.e.	im Sinne eines/einer
IStR	Internationales Steuerrecht (Zeitschrift)
i.S.v.	im Sinne von
i.V.m.	in Verbindung mit
jurisPR-ArbR	juris PraxisReport Arbeitsrecht (Zeitschrift)
jurisPR-StrafR	juris PraxisReport Strafrecht (Zeitschrift)
JuS	Juristische Schulung (Zeitschrift)
KK-AktG/*Bearbeiter*, § Rn.	Zöllner, Wolfgang/Noack, Ulrich (Hrsg.), Kölner Kommentar zum Aktiengesetz, 3. Auflage, Köln 2019
KK-OWiG/*Bearbeiter* § Rn.	Mitsch, Wolfgang (Hrsg.), Karlsruher Kommentar zum Gesetz über Ordnungswidrigkeiten, 5. Auflage, München 2018
KK-StPO/*Bearbeiter* § Rn./EMRK Art. Rn.	Hannich, Rolf (Hrsg.), Karlsruher Kommentar zur Strafprozessordung, 8. Auflage, München 2019
KO	Konkursordnung
KSchG	Kündigungsschutzgesetz
Küttner/*Bearbeiter*, Personalbuch 2020 *Stichwort*, Rn.	Röller, Jürgen (Hrsg.), Personalbuch 2020, 27. Auflage, München 2020
LAG	Landesarbeitsgericht
LfDI BW	Landesbeauftragter für Datenschutz und Informationsfreiheit Baden-Württemberg
LG	Landgericht
lit.	littera (lateinisch für Buchstabe)
Bearbeiter, in: Löwe-Rosenberg - StPO, Einl. Abschnitt Rn. / § Rn.	Becker, Jörg-Peter/Erb, Volker/Esser, Robert/Graalmann-Scheerer, Kirsten/ Hilger, Hans/Ignor, Alexander, Löwe-Rosenberg, Die Strafprozessordung und das Gerichtsverfassungsgesetz, Großkommentar, Erster Band, Einleitung und §§ 1 – 47, 27. Auflage, Berlin 2016; Dritter Band, Teilband 1, §§ 94 – 111a, 27. Auflage, Berlin 2019; Fünfter Band, Teilband 2, §§ 158 – 212b, 27. Auflage, Berlin 2018
MAH AktienR/*Bearbeiter*, § Rn.	Schüppen, Matthias/Schaub, Bernhard (Hrsg.), Münchener Anwaltshandbuch Aktienrecht, 3. Auflage, München 2018
MAH ArbR/*Bearbeiter*, § Rn.	Moll, Wilhelm (Hrsg.), Münchener Anwaltshandbuch Arbeitsrecht, 4. Auflage, München 2017

MAH GmbH-Recht/*Bearbeiter*, § Rn.	Römermann, Volker (Hrsg.), Münchener Anwaltshandbuch GmbH-Recht, 4. Auflage, München 2018
MAH Verteidigung in Wirtschafts- und Steuerstrafsachen/*Bearbeiter*, § Rn.	Volk, Klaus/Beukelmann, Stephan, Münchener Anwalts Handbuch Verteidigung in Wirtschafts- und Steuerstrafsachen, 3. Auflage, München 2020
MDR	Monatsschrift für Deutsches Recht (Zeitschrift)
Bearbeiter, in: Meyer-Goßner/ Schmitt StPO § Rn.	Schmitt, Bertram/Köhler, Marcus (erläutert von), Meyer-Goßner/Schmitt Beck'scher Kurzkommentar Strafprozessordung, 63. Auflage, München 2020
MHdB ArbR/*Bearbeiter*, Band 1, § Rn.	Kiel, Heinrich/Lunk, Stefan/ Oetker, Hartmut (Hrsg.), Münchener Handbuch zum Arbeitsrecht, Band 1: Individualarbeitsrecht I, 4. Auflage, München 2018
MHdB ArbR/*Bearbeiter*, Band 2, § Rn.	Kiel, Heinrich/Lunk, Stefan/ Oetker, Hartmut (Hrsg.), Münchener Handbuch zum Arbeitsrecht, Band 2: Individualarbeitsrecht II, 4. Auflage, München 2018
MHdB GesR IV/Bearbeiter, § Rn.	Hoffmann-Becking, Michael (Hrsg.), Münchener Handbuch des Gesellschaftsrechts, Band 4 Aktiengesellschaft, 5. Auflage, München 2020
MHLS/*Bearbeite*r, GmbHG, § Rn.	Heidinger, Andreas/Leible, Stefan/ Schmidt, Jessica (Hrsg.), Kommentar zum Gesetz betreffend die Gesellschaften mit beschränkter Haftung (GmbH-Gesetz), Band 2 (§§ 35 – 88), 3. Auflage, München 2017
Mio.	Million/-en
MMR	MultiMedia und Recht (Zeitschrift)
MüKo-AktG/*Bearbeiter*, § Rn.	Goette, Wulf/Habersack, Mathias/Kalss, Susanne (Hrsg.), Münchener Kommentar zum Aktiengesetz, Band 2 (§§ 76 – 117), 5. Auflage, München 2019

MüKo-BGB/*Bearbeiter*, § Rn.	Säcker, Franz Jürgen/Rixecker, Roland/ Oetker, Hartmut/Limperg, Bettina (Hrsg.), Münchener Kommentar zum Bürgerlichen Gesetzbuch, Band 1 (Allgemeiner Teil §§ 1 – 240), 8. Auflage, München 2018 Säcker, Franz Jürgen/Rixecker, Roland/ Oetker, Hartmut/Limperg, Bettina (Hrsg.), Münchener Kommentar zum Bürgerlichen Gesetzbuch, Band 5 (§§ 535 – 630h), 8. Auflage, München 2020 Säcker, Franz Jürgen/Rixecker, Roland/ Oetker, Hartmut/Limperg, Bettina (Hrsg.), Münchener Kommentar zum Bürgerlichen Gesetzbuch, Band 7 (§§ 705 – 853), 8. Auflage, München 2020
MüKo-GmbHG/*Bearbeiter*, § Rn.	Fleischer, Holger/Goette, Wulf (Hrsg.), Münchener Kommentar zum GmbHG, Band 2 (§§ 35 – 52), 3. Auflage, München 2019
MüKo-StGB/*Bearbeiter* § Rn.	Joecks, Wolfgang/Miebach, Klaus (Hrsg.), Münchener Kommentar zum StGB, Band 4 (§§ 185 – 262), 3. Auflage, München 2017
MüKo-StPO/*Bearbeiter*, § Rn.	Kudlich, Hans (Hrsg.), Münchener Kommentar zur StPO, Band 1 (§§ 1 – 150), München 2014 Schneider, Hartmut (Hrsg.), Münchener Kommentar zur StPO, Band 2 (§§ 151 – 332), München 2016 Knauer, Christoph (Hrsg.), Münchener Kommentar zur StPO, Band 3/2 (GVG, EGVG, EMRK, EGStPO, EGStGB, ZSHG, StrEG, JGG, G10, AO), München 2018
MüKo-ZPO/*Bearbeiter*, § Rn.	Krüger, Wolfgang/Rauscher, Thomas (Hrsg.), Münchener Kommentar zur Zivilprozessordung mit Gerichtsverfassungsgesetz und Nebengesetzen, Band 1 (§§ 1 – 354), 6. Auflage, München 2020
m.w.N.	mit weiteren Nachweisen
n.F.	neue Fassung
NJOZ	Neue Juristische Online-Zeitschrift (Zeitschrift)
NJW	Neue Juristische Wochenschrift (Zeitschrift)

NK-ArbR/*Bearbeiter*, BGB § Rn.	Boecken, Winfried/Düwell, Franz Josef/Diller, Martin/Hanau, Hans (Hrsg.), Nomos Kommentar Gesamtes Arbeitsrecht, Baden-Baden 2016
Nr.	Nummer
NStZ	Neue Zeitschrift für Strafrecht (Zeitschrift)
NVwZ	Neue Zeitschrift für Verwaltungsrecht (Zeitschrift)
NZA	Neue Zeitschrift für Arbeitsrecht (Zeitschrift)
NZA-RR	Rechtsprechungs-Report Arbeitsrecht (Zeitschrift)
NZG	Neue Zeitschrift für Gesellschaftsrecht (Zeitschrift)
NZKart	Neue Zeitschrift für Kartellrecht (Zeitschrift)
NZWiSt	Neue Zeitschrift für Wirtschafts-, Steuer- und Unternehmensstrafrecht (Zeitschrift)
öAT	Zeitschrift für das öffentliche Arbeits- und Tarifrecht (Zeitschrift)
o.ä.	oder ähnliches/-r
ÖJZ	Österreichische Juristische-Zeitung
OWiG	Gesetz über Ordnungswidrigkeiten
Palandt/*Bearbeiter*, § Rn.	Brudermüller, Ger/Ellenberger, Jürgen/Götz, Isabell/Grüneberg, Christian/Herrler, Sebastian/Sprau, Hartwig/Thorn, Karsten/Weidenkaff, Walter/Weidlich, Dietmar/Wicke, Hartmut, Palandt Bürgerliches Gesetzbuch mit Nebengesetzen, 79. Auflage, München 2020
ProdHaftG	Produkthaftungsgesetz
ProdSG	Produktsicherheitsgesetz
RdA	Recht der Arbeit (Zeitschrift)
RDV	Recht der Datenverarbeitung (Zeitschrift)
Referentenentwurf 2019	Unveröffentlichter Referentenentwurf des Bundesministeriums der Justiz und für Verbraucherschutz eines Gesetzes zur Bekämpfung der Unternehmenskriminalität vom 15.08.2019
RiStBV	Richtlinien für das Strafverfahren und das Bußgeldverfahren
RiW	Recht der internationalen Wirtschaft (Zeitschrift)

RL	Richtlinie
Rn.	Randnummer/-n
Roth/Altmeppen/*Bearbeiter* GmbHG § Rn.	Altmeppen, Holger (Hrsg.), Gesetz betreffend die Gesellschaften mit beschränkter Haftung, Kommentar, 9. Auflage, München 2019
S.	Seite/-n
Bearbeiter, in: Schaub, Arbeitsrechtshandbuch, § Rn.	Ahrendt, Martina/Koch, Ulrich/Link, Rüdiger/Treber, Jürgen/Vogelsang, Hinrich, Arbeitsrechts-Handbuch, 18. Auflage, München 2019
SEC	Securities and Exchange Commission
sog.	sogenannte/-r/-n
SPD	Sozialdemokratische Partei Deutschlands
StGB	Strafgesetzbuch
StPO	Strafprozessordnung
StV	Strafverteidiger (Zeitschrift)
TKG	Telekommunikationsgesetz
TMG	Telemediengesetz
TVG	Tarifvertragsgesetz
u.a.	unter anderem / und andere
u.U.	unter Umständen
UWG	Gesetz gegen den unlauteren Wettbewerb
Urt.	Urteil
US	United States
USA	United States of America
v.	vom
Var.	Variante
VerbStrG	Entwurf eines Gesetzes zur Einführung der strafrechtlichen Verantwortlichkeit von Unternehmen und sonstigen Verbänden
VerSanG	Verbandssanktionengesetz
VerSanG-E	Verbandssanktionengesetz-Entwurf nach dem Regierungsentwurf
VerSanG-E a.F.	Entwurf eines Verbandssanktionengesetz nach dem Referentenentwurf 2019
VG	Verwaltungsgericht
VGH	Verwaltungsgerichtshof
vgl.	vergleiche
VO	Verordnung
Vol.	Volume
Vorb.	Vorbemerkung
vs.	versus

VW	Volkswagen AG
VwV	Verwaltungsvorschrift
Bearbeiter, in: von Westphalen/ Thüsing, Vertragsrecht und AGB-Klauselwerke, Datenschutzklauseln	Westphalen, Friedrich Graf von/ Thüsing, Gregor (Hrsg.), Vertragsrecht und AGB-Klauselwerke, Werkstand: 45. Ergänzungslieferung, München April 2020
WiJ	Journal der Wirtschaftsstrafrechtlichen Vereinigung (Zeitschrift)
wistra	Zeitschrift für Wirtschafts- und Steuerstrafrecht (Zeitschrift)
WM	Wertpapiermitteilungen, Zeitschrift für Wirtschafts- und Bankrecht (Zeitschrift)
z.B.	zum Beispiel
ZD	Zeitschrift für Datenschutz (Zeitschrift)
ZfA	Zeitschrift für Arbeitsrechts (Zeitschrift)
ZGR	Zeitschrift für Unternehmens- und Gesellschaftsrecht (Zeitschrift)
ZIS	Zeitschrift für Internationale Strafrechtsdogmatik (Zeitschrift)
ZIP	Zeitschrift für Wirtschaftsrecht (Zeitschrift)
ZPO	Zivilprozessordnung
ZRP	Zeitschrift für Rechtspolitik (Zeitschrift)
ZStW	Zeitschrift für die gesamte Strafrechtswissenschaft (Zeitschrift)
ZWH	Zeitschrift für Wirtschaftsstrafrecht und Haftung im Unternehmen (Zeitschrift)

Einleitung und Gang der Untersuchung

Bei „Internal Investigations" – bzw. der hier gewählten Bezeichnung der internen Untersuchungen[1] – handelt es sich vereinfacht ausgedrückt um strukturierte, unternehmenseigene Untersuchungen zur Aufklärung einer bestehenden Verdachtslage von Compliance-relevanten Verstößen, zu denen Straftaten oder auch erhebliche Pflichtverletzungen zählen.[2] Die Besonderheit solcher Untersuchungen liegt gerade darin, dass es sich nicht um staatliche Ermittlungen handelt, sondern um unternehmenseigene Ermittlungen auf der Grundlage des Privatrechts.

Interne Untersuchungen haben in anderen Jurisdiktionen, insbesondere in den USA, schon eine längere Entwicklungsgeschichte hinter sich. Im Verlauf des vergangenen Jahrzehnts haben sie aber auch bei uns immer stärker an Relevanz gewonnen. Dies zeigt sich zunächst an der Vielzahl von Beiträgen in der Fachliteratur, die in diesem Zusammenhang innerhalb der letzten zehn Jahre veröffentlicht wurden und zum großen Teil im Rahmen dieser Untersuchung ausgewertet werden.[3] Darüber hinaus haben aber gerade drei Entwicklungen in der jüngeren Vergangenheit die Diskussion um interne Untersuchungen nochmals deutlich belebt und sind zugleich Ausgangspunkt für die vorliegende Untersuchung: Der neue Beschäftigten- bzw. Arbeitnehmerdatenschutz nach der Datenschutz-Grundverordnung[4] („DS-GVO") und dem Bundesdatenschutzgesetz[5] („BDSG"), die

---

1 Zu den verschiedenen verwendeten Begrifflichkeiten vgl. MAH Verteidigung in Wirtschafts- und Steuerstrafsachen/*Park/Eggers*, § 11 Rn. 3.

2 Nach *Park/Eggers* sollte insbesondere der Begriff Ermittlungen vermieden werden, um bereits von der Bezeichnung her eine ausreichende Abgrenzung zu staatlichen Ermittlungen zu gewährleisten, da in der StPO von Ermittlungen die Rede ist, vgl. MAH Verteidigung in Wirtschafts- und Steuerstrafsachen/*Park/Eggers*, § 11 Rn. 3.

3 Die Bedeutung und Aktualität dieses Themas zeigt sich ferner anhand des Generalberichtes zum deutschen Arbeitsrechtstag im Jahr 2018, vgl. *Henssler*, NZA-Beilage 2018, 31, 36 ff. Gerade die Kernbereiche „Datenschutz bei Erhebung und Verwertung von personenbezogenen Daten", „Schutz der Beschäftigten bei Internal Investigations" und „die Beteiligungsrechte des Betriebsrats bei allen drei Materien" stechen in dem Zusammenhang heraus. *Henssler* konstatiert außerdem, dass interne Untersuchungen in Deutschland ein fester und aus der Praxis nicht mehr hinwegzudenkender Bestandteil der Unternehmenswirklichkeit sind.

4 Verordnung (EU) 2016/679 des Europäischen Parlaments und des Rates vom 27. April 2016 zum Schutz natürlicher Personen bei der Verarbeitung personenbezogener Daten, zum freien Datenverkehr und zur Aufhebung der Richtlinie 95/46/EG (Datenschutz-Grundverordnung), VO (EU) 2016/679, ABl. EU Nr. L 119/1 v. 4.5.2016.

5 Gesetz zur Anpassung des Datenschutzrechts an die Verordnung (EU) 2016/679 und zur Umsetzung der Richtlinie (EU) 2016/680 (Datenschutz-Anpassungs- und -Umsetzungsgesetz EU - DSAnpUG-EU), BGBl. I 2017, S. 2097.

Entscheidungen des BVerfG[6]im Zusammenhang mit den Ermittlungen im „VW-Abgasskandal“ bzw. den Durchsuchungen bei der internationalen Rechtsanwaltskanzlei „Jones Day“ sowie – zuletzt – der Regierungsentwurf zu einem „Gesetz zur Stärkung der Integrität in der Wirtschaft“[7], welcher insbesondere den Entwurf für ein neues Verbandssanktionengesetz („VerSanG-E“) beinhaltet. Diese drei Entwicklungen werfen eine ganze Reihe neuer rechtlicher Problemstellungen auf, welche sich drei maßgeblichen Phasen einer internen Untersuchung zuordnen lassen; diese Phasen bilden zugleich die übergeordnete Struktur der hiesigen Untersuchung.

Die erste Phase betrifft die Einleitung interner Untersuchungen. Da unternehmensinterne Untersuchungen gesetzlich nicht geregelt sind, bedarf es einer Klärung ihrer rechtlichen Grundlagen, wobei sich insbesondere die Frage stellt, inwieweit der Geschäftsleitung eine Pflicht zur Einleitung einer entsprechenden Untersuchung zukommt. In diesem Zusammenhang neu aufgekommen ist die besondere Bedeutung der Unternehmensreputation als wirtschaftlicher Faktor. Ferner kommt es auf die Kontroll- und Sanktionsmechanismen an. Angesichts der Konzeption des Regierungsentwurfs eines VerSanG-E bedarf es eines Vergleichs zwischen der aktuellen Rechtslage und der Rechtslage nach dem VerSanG-E. Insoweit sieht das vorgeschlagene Regelwerk nicht nur die Normierung spezifischer Verbandssanktionen vor, sondern auch eine sanktionsmildernde Wirkung interner bzw. – nach dem VerSanG-E – verbandsinterner Untersuchungen.[8] Fraglich ist, wie dies für die aktuelle Rechtslage einzuordnen ist. In der Eindeutigkeit, wie es das VerSanG-E vorsieht, lässt sich eine sanktionsmildernde Wirkung aus der aktuellen Rechtslage jedenfalls nicht ableiten.

Die konkrete Durchführung der Untersuchungsmaßnahmen betrifft die zweite Phase interner Untersuchungen, welche insbesondere von den Vorgaben durch den europäischen sowie nationalen Datenschutz abhängt. Mit der DS-GVO und dem BDSG wurde der Datenschutz auf eine neue gesetzliche Grundlage gestellt, die auch den Arbeitnehmerdatenschutz umfasst. Diese Ausprägung des Datenschutzes ist gerade im Rahmen einer internen Untersuchung von erheblicher Relevanz. Gegenstand entsprechender Untersuchungen sind nämlich konkrete Untersuchungsmaßnahmen, zu denen u.a. Mitarbeiterbefragungen, E-Mail-Screenings, Videoüberwachungsmaßnahmen oder die Durchsuchung des Arbeitsplatzes zählen können. Im Rahmen solcher Maßnahmen kommt es zur Verarbeitung

---

6 BVerfG, NJW 2018, 2385; BVerfG, NJW 2018, 2392; BVerfG, NJW 2018, 2395.

7 Entwurf der Bundesregierung eines Gesetzes zur Stärkung der Integrität in der Wirtschaft, BR-Drs. 440/20 (vgl. auch BT-Drs. 19/23568, abrufbar unter http://dipbt.bundestag.de/dip21/btd/19/235/1923568.pdf, zuletzt abgerufen am 06.12.2020 – derzeit noch als Vorabfassung, die durch die lektorierte Fassung ersetzt wird).

8 Entwurf der Bundesregierung eines Gesetzes zur Stärkung der Integrität in der Wirtschaft, BR-Drs. 440/20, S. 54, 92 ff. (vgl. auch BR-Drs. 19/23568 – derzeit noch als Vorabfassung).

personenbezogener Beschäftigtendaten, sodass jede ergriffene Maßnahme stets an den datenschutzrechtlichen Anforderungen zu messen ist.

Die Untersuchung der datenschutzrechtlichen Anforderungen an die maßgeblichen Ermittlungsmaßnahmen bildet den Schwerpunkt der hiesigen Untersuchung. Hierbei werden die datenschutzrechtlichen Grundlagen für die Ermittlungsmaßnahmen interner Untersuchungen erarbeitet und – darauf aufbauend – die rechtliche Umsetzbarkeit ausgewählter Ermittlungsmaßnahmen analysiert und bewertet. In dem Zusammenhang ist das Europarecht von besonderer Relevanz, da mit der DS-GVO nunmehr keine Richtlinie[9], sondern eine für alle Mitgliedstaaten verbindliche Verordnung maßgeblich ist. Der Datenschutz nach dem Europarecht hat damit unmittelbaren Einfluss auf die Ermittlungsmaßnahmen interner Untersuchungen.

Die Ergebnisse der vorliegenden Untersuchung zu den datenschutzrechtlichen Fragestellungen haben nicht nur Auswirkungen auf die Durchführung interner Untersuchungen nach der aktuellen Rechtslage. Vielmehr würden sie, wenn das VerSanG-E Gesetzeswirklichkeit werden sollte, ebenso für interne Untersuchungen gemäß dessen Reglungsregimes gelten, da Ermittlungsmaßnahmen sowohl nach der aktuellen Rechtslage als auch auf der Grundlage des VerSanG-E gleichermaßen an den aktuellen (arbeitnehmer-)datenschutzrechtlichen Anforderungen zu messen sind. Insoweit könnten die Ergebnisse der hiesigen Untersuchung über die aktuelle Rechtslage hinaus auch für die Durchführung interner Untersuchungen auf der Grundlage des VerSAnG-E von großer Bedeutung sein. Etwas anderes würde freilich dann gelten, wenn der Gesetzgeber die Regelung interner Untersuchungen dazu nutzen würde, das Datenschutzrecht nochmals anzupassen.

Die dritte Phase betrifft die prozessuale Verwertbarkeit der unternehmensinternen Ermittlungsergebnisse. Im Hinblick auf die aktuelle Rechtslage kommt der kritischen Auseinandersetzung mit den Entscheidungen des BVerfG eine besondere Bedeutung zu, da sie maßgeblichen Einfluss auf die Frage der Beschlagnahmefreiheit von Erkenntnissen aus internen Untersuchungen haben. Vor dem Hintergrund der Ergebnisse der Analyse der rechtlichen Anforderungen an Mitarbeiterbefragungen als eine zentrale Ermittlungsmaßnahme muss insbesondere die Verwertbarkeit einer möglichen selbstbelastenden Aussage eines Mitarbeiters in den Blick genommen werden. Insoweit ist die Frage zu klären, ob und wie die selbstbelastende Auskunft eines Mitarbeiters hinsichtlich eines späteren Strafverfahrens abgesichert ist, wenn für den Mitarbeiter eine Auskunftspflicht besteht. Genau an dieser Stelle bedarf es auch einer intensiven Auseinandersetzung mit dem aktuellen VerSanG-E. Dessen Regelungsregime knüpft an diese Problemstellung an und

9 Bis zum Inkrafttreten der DS-GVO wurde der europäische Datenschutz über die Richtlinie 95/46/EG des Europäischen Parlaments und des Rates vom 24. Oktober 1995 zum Schutz natürlicher Personen bei der Verarbeitung personenbezogener Daten und zum freien Datenverkehr, RL 95/46/EG, ABl. EG Nr. L 281/31 v. 23.11.95 geregelt.

versucht einen umfassenden Schutz der Mitarbeiter durch die Normierung eines Auskunftsverweigerungsrechts zu erreichen.

Den beschriebenen drei Phasen folgend befasst sich das erste Kapitel mit dem Rechtsproblemen im Zusammenhang mit der Einleitung interner Untersuchungen. Dabei wird in § 1 zunächst die Entwicklung interner Untersuchungen eingeordnet. Da interne Untersuchungen ihren Ursprung im US-amerikanischen Recht haben, bedarf es zunächst eines groben Überblicks über das Sanktionssystem der USA, ehe ein Blick auf die Entwicklung in Deutschland geworfen wird.

Da interne Untersuchungen bislang gesetzlich nicht geregelt sind, kommt § 2 des ersten Kapitels eine besondere Bedeutung zu. Insoweit erfolgt eine erste rechtliche Einordnung insbesondere anhand der Untersuchung des Kontroll- und Sanktionssystems in Deutschland, der Zielsetzung interner Untersuchungen auf der Grundlage des deutschen Rechts sowie einer etwaigen Rechtspflicht zur Durchführung interner Untersuchungen. Bezogen auf den letzten Aspekt werden mögliche Gründe für eine Rechtspflicht untersucht, wobei namentlich Gründe im Hinblick auf das Unternehmensinteresse und das Organinteresse in Betracht kommen. Da die Entscheidung eines Organs der Gesellschaft den Ausgangspunkt einer jeden internen Untersuchung bildet, wird insbesondere analysiert, ob aus den organschaftlichen Pflichten eine Pflicht zur Einleitung von Aufklärungsmaßnahmen hergeleitet werden kann. Die dabei anzustellenden Überlegungen, insbesondere im Hinblick auf die Interessenlage der Gesellschaft, finden zudem Niederschlag in der datenschutzrechtlichen Erforderlichkeitsprüfung zu den einzelnen Ermittlungsmaßnahmen – hierzu im Einzelnen im zweiten Kapitel. Auf der Grundlage der dogmatischen Herleitung der rechtlichen Rahmenbedingungen interner Untersuchungen werden die Anforderungen an entsprechende Untersuchungen näher eingegrenzt. Das sich aus dieser Eingrenzung ergebende Verständnis von internen Untersuchungen soll den Ausgangspunkt der weiteren Analyse bilden.

In Kapitel 2 folgt die Untersuchung des Arbeitnehmerdatenschutzes und seiner Auswirkungen auf interne Untersuchungen. Neben der grundsätzlichen Bedeutung des Arbeitnehmerdatenschutzes für interne Untersuchungen (§ 1) werden zu Beginn von § 2 datenschutzrechtlich relevante Fallgruppen und Fallbeispiele von internen Ermittlungsmaßnahmen dargestellt, die im Rahmen der weiteren Untersuchung immer wieder aufgegriffen werden und spezifische Problemfelder anhand praxisnaher Beispiele illustrieren. Den ersten großen Baustein zum Arbeitnehmerdatenschutz bildet die Analyse der unionsrechtlichen Grundlagen. Hierbei werden insbesondere die unionsrechtlichen Grundsätze, die Anforderungen an die bereichsspezifische Regelung des Art. 88 DS-GVO sowie die möglichen Rechtfertigungstatbestände für Ermittlungsmaßnahmen untersucht.

Auf dieser Grundlage wird sodann im Schwerpunkt die Durchführung interner Untersuchungen anhand der Analyse ausgewählter Ermittlungsmaßnahmen untersucht. Da im Kern einer jeden datenschutzrechtlichen Bewertung von Ermittlungsmaßnahmen eine Erforderlichkeitsprüfung zugrunde liegt, wird der Erarbeitung allgemeiner Abwägungskriterien ein eigener Abschnitt gewidmet. Dabei geht es darum, die Interessenlage bezogen auf Arbeitnehmer und Arbeitgeber zu bewerten, um auf der Grundlage konkrete Abwägungskriterien herzuleiten. Hieran anknüpfend werden sodann die ausgewählten Ermittlungsmaßnahmen untersucht.

Das dritte Kapitel befasst sich mit prozessualen Fragestellungen. Zunächst geht es um die Beschlagnahmefähigkeit von Unterlagen aus internen Untersuchungen. Im Rahmen der Aufarbeitung dieser Problemstellung werden die im ersten und zweiten Kapitel herausgearbeiteten Besonderheiten stets in die Überlegungen einbezogen. Im Rahmen der Analyse dieses Themenkomplexes und der damit verbundenen rechtlichen Probleme werden insbesondere die oben genannten Entscheidungen des BVerfG ausgewertet und die darin angesprochenen rechtlichen Problemstellungen insgesamt eingeordnet. Darüber hinaus wird die Verwertbarkeit von Ermittlungsergebnissen in arbeitsgerichtlichen Verfahren und Strafverfahren untersucht. Bezogen auf arbeitsgerichtliche Verfahren kommt es auf die Frage an, inwieweit datenschutzrechtliche Verstöße zu Beweisverwertungsverboten führen können. Im Hinblick auf etwaige Strafverfahren wird insbesondere die Konfliktsituation für den Arbeitnehmer in den Blick genommen, welche sich daraus ergibt, dass sich der Mitarbeiter[10] in einer Mitarbeiterbefragung selbst belasten könnte. Hierbei wird der Blick immer wieder zu der im zweiten Kapitel untersuchten Mitarbeiterbefragung und der dazu relevanten Frage gerichtet, ob dem Mitarbeiter ein Auskunftsverweigerungsrecht zusteht oder nicht.

Vor dem Hintergrund der kritischen Würdigung des VerSanG-E innerhalb der drei Hauptkapitel soll im vierten Kapitel das VerSanG-E insgesamt einer kritischen Würdigung de lege ferenda unterzogen werden.

---

10 Allein aus Gründen der besseren Lesbarkeit wird im Text die männliche Form gewählt, nichtsdestoweniger gelten sämtliche Personenbezeichnungen für alle Geschlechter gleichermaßen.

Kapitel 1 – Interne Untersuchungen

§ 1 Entwicklungsgeschichte interner Untersuchungen

A. Historische Einordnung interner Untersuchungen

Ihren Ursprung haben interne Untersuchungen im US-amerikanischen Recht, wo sog. „Internal Investigations“ bereits eine längere Entwicklungsgeschichte hinter sich haben.[11] Letztere hängt insbesondere mit dem Unternehmens-Sanktionssystem in den USA zusammen.[12] Insoweit ist es, versucht man interne Untersuchungen in das deutsche Recht einzuordnen, sinnvoll, sich zunächst einen Überblick über interne Untersuchungen im US-amerikanischen Recht zu verschaffen sowie der Frage nachzugehen, wie sich solche Untersuchungen für die Unternehmen auswirken.

I. Entwicklung interner Untersuchungen in den USA

Eine zentrale Rolle im Zusammenhang mit internen Untersuchungen nimmt die SEC ein. Dabei handelt es sich um eine unabhängige Behörde der US-Regierung mit Sitz in Washington, D.C., welche für die Kontrolle des Wertpapierhandels in den Vereinigten Staaten zuständig ist (Börsenhandelsaufsicht).[13] In den 20er-Jahren des letzten Jahrhunderts gab es eine Reihe von Bilanz-Skandalen, mit welchen sich die SEC befassen musste.[14] Die Untersuchungen, für welche die SEC verantwortlich war, waren aufwendig und kostspielig zugleich. Auch gestalteten sie sich ohne Mithilfe der betroffenen Unternehmen als wenig Erfolg versprechend.[15] Dies führte die SEC dazu, den Unternehmen zur Auflage zu machen, für die Ermittlung relevante Untersuchungen selbst anzustellen.[16] Der Anreiz für die Unternehmen bestand von Beginn an darin, dass bei einer umfassenden Beteiligung im Rahmen der Aufklärung etwaiger Verstöße von weiteren Ermittlungen abgesehen wird, sich jedenfalls aber die Kooperation sanktionsmildernd auswirkt.[17]

---

11 Auf den starken Einfluss anderer Jurisdiktionen, insbesondere der USA, verweist auch der aktuelle Entwurf eines VerSanG-E, vgl. Entwurf der Bundesregierung eines Gesetzes zur Stärkung der Integrität in der Wirtschaft, BR-Drs. 440/20, S. 92.

12 *Behrens*, RiW 2009, 23.

13 *Grützner/Jakob*, Compliance von A-Z, Securities and Exchange Commission (SEC); vgl. hierzu auch *Theile*, StV 2011, 381, 381.

14 *Behrens* führt als Beispiel die „Watergate-Affäre“ an, vgl. *Behrens*, RiW 2009, 25; *Nestler*, in: Knierim/Rübenstahl/Tsambikakis, Kapitel 1 Rn. 5.

15 *Nestler*, in: Knierim/Rübenstahl/Tsambikakis, Kapitel 1 Rn. 5.

16 *Behrens*, RiW 2009, 24; *Böhm*, WM 2009, 1923.

17 *Behrens*, RiW 2009, 22, 24 f.; *Nestler*, in: Knierim/Rübenstahl/Tsambikakis, Kapitel 1 Rn. 8; *Wessing*, in: Hauschka/Moosmayer/Lösler, Corporate Compliance, § 46 Rn. 6; *Wybitul*, BB 2009, 606, 610.

Neben der SEC spielen interne Untersuchungen in den USA auch im Rahmen der Strafverfolgung eine wichtige Rolle. In den USA kann sich – anders als in Deutschland – eine Strafbarkeit auch für ein Unternehmen selbst ergeben. So sind bspw. Handels- bzw. Kapitalgesellschaften, deren Wertpapiere in den USA registriert sind oder die periodisch der SEC berichten müssen, gemäß 15 U.S.C. § 78dd-1(a) (3) FCPA taugliche Täter der Bestechungstatbestände.[18] Im deutschen Recht können hingegen nur natürliche Personen einen Straftatbestand verwirklichen[19], was dazu führt, dass es im Rahmen staatlicher Ermittlungen hinsichtlich der Verwirklichung von Straftatbeständen in Deutschland um die mögliche Verantwortlichkeit der Organe der jeweiligen Gesellschaft geht. Zuständig für die strafrechtliche Verfolgung in den USA ist das Justizministerium (englisch Department of Justice, „DoJ"). Im Rahmen der konkreten Strafverfolgung spielt wiederum das Anreizsystem eine wichtige Rolle. Wenn nämlich ein Unternehmen bei der Aufarbeitung etwaiger Vorwürfe aktiv mitarbeitet und zur umfassenden Aufklärung beiträgt, kann dies – aufgrund des Ermessensspielraums des DoJ – unmittelbare Auswirkungen auf die Fragen haben, ob überhaupt Anklage erhoben wird und wenn ja, welches Strafmaß verhängt wird.[20]

II. Rechtlicher Hintergrund des US-amerikanischen Sanktionssystems

Im Hinblick auf den rechtlichen Hintergrund interner Untersuchungen in den USA und zur Herleitung des faktischen Zwangs für Unternehmen, interne Untersuchungen durchzuführen, sollte man sich den maßgeblichen rechtlichen Hintergrund des US-amerikanischen Sanktionssystems zumindest im Überblick vor Augen führen.

In Bezug auf die historische Entwicklung interner Untersuchungen in den USA steht insbesondere der U.S. Foreign Corrupt Practices Act („FCPA") im Zentrum der Betrachtung.[21] Er wurde im Jahr 1977 als Reaktion auf systematische Bestechungspraktiken amerikanischer Unternehmen erlassen[22], kann aber auch ausländische Unternehmen erfassen. Gemäß 15 U.S.C. § 78dd-1–3 fallen auch ausländische Unternehmen unter den FCPA, soweit ihre Wertpapiere an der US-Börse

---

18 vgl. auch *Momsen*, ZIS 2011, 508, 510; *Schürrle/Olbers*, CCZ 2010, 105.

19 *Mitsch*, NZWiSt 2014, 1 f. m.w.N.

20 *Herrmann/Zeidler*, NZA 2017, 1499, 1500; *Wessing*, in: Hauschka/Moosmayer/Lösler, Corporate Compliance, § 46 Rn. 6.

21 Hinsichtlich einer ausführlichen Darstellung zu den Regelungen des FCPA vgl. *O'Melveny & Myers LLP*, Foreign Corrupt Practices Act, An O'Melveny Handbook, 7. Auflage, 2013; *Rübenstahl*, NZWiSt 2012, 401; *Rübenstahl*, NZWiSt 2013, 6; *Rübenstahl/Boerger*, NZWiSt 2013, 124; *Rübenstahl/Boerger*, NZWiSt 2013, 281; *Rübenstahl/Boerger*, NZWiSt 2013, 367; *Yannett/Schürrle*, in: Momsen/Grützner, Wirtschafts- und Steuerstrafecht, Kapitel 9 § 33.

22 *Yannett/Schürrle*, in: Momsen/Grützner, Wirtschafts- und Steuerstrafecht, Kapitel 9 § 33 Rn. 6.

gehandelt werden.[23] Der FCPA ist in zwei Abschnitte gegliedert.[24] Während der erste Abschnitt die Antikorruptionsbestimmungen[25] enthält, verlangen die Rechnungslegungs- und internen Kontrollbestimmungen im zweiten Abschnitt[26] eine korrekte Buchführung und Datenaufbewahrung sowie geeignete Kontrollsysteme, um die ordnungsgemäße Verwendung von Firmenvermögen zu gewährleisten.[27] Die Antikorruptionsbestimmungen des FCPA verbieten es u.a. ausländischen Amtsträgern Zahlungen oder Zahlungsversprechen zukommen zu lassen, mit der Absicht eine amtliche Maßnahme oder Entscheidung zugunsten eines Geschäftsvorteils zu beeinflussen.[28]

Ein weiteres US-amerikanisches Gesetz, das im Zusammenhang mit internen Untersuchungen zu erwähnen ist und ebenfalls für ausländische Unternehmen gelten kann, ist der Sarbanes-Oxley Act („SOA“). Dieser war seinerseits eine Reaktion auf eine Reihe größerer Bilanzskandale.[29] Unternehmen unterfallen – ebenso wie beim FCPA – dem Anwendungsbereich des SOA, wenn deren Wertpapiere an der US-amerikanischen Börse gehandelt werden.[30] Das Gesetz verlangt bspw. von den Unternehmen, ein adäquates System interner Kontrollen über die finanzielle Berichterstattung des Unternehmens einzuführen und zu unterhalten.[31] Verstöße hiergegen können mit hohen Geldstrafen oder Haftstrafen geahndet werden.

Zwar kann für Unternehmen durchaus die Verpflichtung bestehen, bestimmte Dokumente vorzulegen. Zu beachten ist jedoch, dass der FCPA keine explizite Pflicht enthält, interne Untersuchungen durchzuführen.[32] Auch müssen die Vorwürfe grundsätzlich nicht im Rahmen einer umfassenden internen Untersuchung aufgearbeitet werden. Da aber einerseits der Druck aufgrund der in Betracht kommenden empfindlichen, teils existenzbedrohenden Strafen sehr hoch ist und

---

23 *Teicke/Mohsseni*, BB 2012, 911, 913; *Wessing*, in: Hauschka/Moosmayer/Lösler, Corporate Compliance, § 46 Rn. 5; *Yannett/Schürrle*, in: Momsen/Grützner, Wirtschafts- und Steuerstrafecht, Kapitel 9 § 33 Rn. 17 f.; vgl hierzu auch *Kubiciel*, in: Kubiciel, Neues Unternehmenssanktionenrecht ante portas, S. 79.

24 *Yannett/Schürrle*, in: Momsen/Grützner, Wirtschafts- und Steuerstrafecht, Kapitel 9 § 33 Rn. 13.

25 Vgl. hierzu *Rübenstahl*, NZWiSt 2012, 401.

26 Vgl. hierzu *Rübenstahl*, NZWiSt 2013, 6.

27 *Yannett/Schürrle*, in: Momsen/Grützner, Wirtschafts- und Steuerstrafecht, Kapitel 9 § 33 Rn. 13.

28 15 U.S.C. § 78dd-1–3 FCPA; *Wessing*, in: Hauschka/Moosmayer/Lösler, Corporate Compliance, § 46 Rn. 155; *Yannett/Schürrle*, in: Momsen/Grützner, Wirtschafts- und Steuerstrafecht, Kapitel 9 § 33 Rn. 15.

29 *Regelin/Fisher*, IStR 2003, 276.

30 *Wessing*, in: Hauschka/Moosmayer/Lösler, Corporate Compliance, § 46 Rn. 111.

31 *Wessing*, in: Wessing/Dann, Deutsch-Amerikanische Korruptionsverfahren, § 2 Rn. 82.

32 *Behrens*, RiW 2009, 22, 23; *Dann/Schmidt*, NJW 2009, 1851; *Wessing*, in: Hauschka/Moosmayer/Lösler, Corporate Compliance, § 46 Rn. 6.

andererseits, wie bereits ausgeführt, mit der Durchführung interner Untersuchungen erhebliche finanzielle Anreize verbunden sind, fügen sich die Unternehmen der Aufforderung durch die Behörden und führen entsprechende Untersuchungen durch. Aufgrund dieses eher faktischen Zwangs[33] sind interne Untersuchungen auf das Sanktionssystem der USA zurückzuführen.[34]

Die Durchsetzung der genannten Gesetze, insbesondere des FCPA, sowie die Verfolgung etwaiger Verstöße gegen diese erfolgt durch die SEC sowie das DoJ.[35] Während die SEC für die zivilrechtliche Durchsetzung von bspw. Geldstrafen hinsichtlich eines Verstoßes gegen den FCPA zuständig ist[36], übernehmen die Staatsanwälte des DoJ die strafrechtliche Verfolgung von Gesetzesverletzungen[37]. Den Ausgangspunkt interner Untersuchungen bilden zumeist die Untersuchungen durch die SEC, welche zunächst auch nur informell möglich sind.[38] Aktiv wird die SEC z.B. auf der Grundlage von Hinweisen von Hinweisgebern (sog. „Whistleblowern") oder durch die Presse und Wettbewerber[39], aber auch weil bspw. die Behörden anderer Staaten entsprechende Ermittlungen aufgenommen haben[40].

---

33 *Behrens*, RiW 2009, 22, 26, 33; *Knauer/Buhlmann*, AnwBl. 2010, 387, 388; *Wessing*, in: Hauschka/Moosmayer/Lösler, Corporate Compliance, § 46 Rn. 6.

34 *Behrens*, RiW 2009, 22, 23.

35 *Yannett/Schürrle*, in: Momsen/Grützner, Wirtschafts- und Steuerstrafecht, Kapitel 9 § 33 Rn. 14.

36 *Wessing*, in: Wessing/Dann, Deutsch-Amerikanische Korruptionsverfahren, § 2 Rn. 93; *Yannett/Schürrle*, in: Momsen/Grützner, Wirtschafts- und Steuerstrafecht, Kapitel 9 § 33 Rn. 14, 75 ff.; so auch *Behrens*, der vorschlägt von einem „nichtstrafrechtlichen" Vorgehen zu sprechen, da in dem US-amerikanischen Rechtssystem nicht – wie im deutschen Recht – trennscharf zwischen Zivil- und Verwaltungsrecht unterschieden wird, mithin die SEC auch verwaltungsrechtlich vorgehen kann; vgl. *Behrens*, RiW 2009, 22, 23.

37 *Wessing*, in: Wessing/Dann, Deutsch-Amerikanische Korruptionsverfahren, § 2 Rn. 92; *Yannett/Schürrle*, in: Momsen/Grützner, Wirtschafts- und Steuerstrafecht, Kapitel 9 § 33 Rn. 14, 75 ff.

38 *Gerst*, CCZ 2012, 1 f.; nach *Knauer/Buhlmann* wendet sich die SEC mit einer allgemeinen Ermittlungsanfrage an das betroffene Unternehmen und weist darauf hin, dass seitens der SEC eine vollumfängliche unternehmensinterne Aufklärung erwartet wird, vgl. *Knauer/Buhlmann*, AnwBl. 2010, 387; *Theile*, StV 2011, 381, 381; *Wastl/Litzka/Pusch* sprechen davon, dass durch die SEC üblicherweise eine relativ spezifizierte schriftliche Anfrage an die Unternehmensleitung in den USA übermittelt wird, vgl. *Wastl/Litzka/Pusch*, NStZ 2009, 68. Dadurch soll – so *Gerst* – für das Unternehmen der Anreiz geschaffen werden, den gesamten Betrieb „auf den Kopf zu stellen", um eine umfassende Kooperation zu dokumentieren; vgl. *Gerst*, CCZ 2012, 1, 2.

39 *Behrens*, RiW 2009, 22, 24.

40 So hat bspw. im Rahmen der „Siemens-Affäre" die SEC im Nachgang zu den Durchsuchungen durch die Staatsanwaltschaft München im November 2006 eine informelle Untersuchung eingeleitet, vgl. *Yannett/Schürrle*, in: Momsen/Grützner,

Aufgrund der Tatsache, dass sich eine Zusammenarbeit mit den Behörden vonseiten der betroffenen Unternehmen positiv auf die Strafen auswirken kann, sind diese regelmäßig an einer umfassenden Kooperation interessiert und gehen von sich aus auf die US-amerikanischen Behörden zu. Der Schwerpunkt einer solchen Kooperation ist jedoch zumeist einseitig, da die Unternehmen die umfassende interne Untersuchung durchführen und die Ergebnisse der SEC zur Verfügung stellen. Ergeben sich aufgrund der Untersuchung durch die SEC Hinweise auf die Verwirklichung von Straftatbeständen, so kann die SEC die von ihr ermittelten Sachverhalte dem DoJ vorlegen, sodass auch dieses aktiv wird.[41] Daneben kann das DoJ selbst Ermittlungen einleiten.[42] Interne Untersuchungen werden nach Vorlage durch die SEC vor allem hinsichtlich der Frage relevant, ob Anklage erhoben werden soll.[43] Hierzu besteht ein weiter Ermessensspielraum der Behörde. Auch hier kann sich mithin die Kooperationsbereitschaft sowie der Aufklärungswille der Unternehmen auswirken.

Das System der unternehmenseigenen internen Untersuchungen wurde mit den Jahren immer weiter ausgebaut. Schließlich hat die SEC im Jahre 2001 die gängige Praxis der unternehmenseigenen internen Untersuchungen durch das Release Nr. 44969 vom 23. Oktober 2001[44] zusammengetragen.[45] Hierbei handelt es sich um eine Veröffentlichung der SEC, durch welche Marktteilnehmer u.a. über die zukünftige Verwaltungspraxis informiert werden.[46] Dem folgte insbesondere der der vom DoJ und der SEC am 14. November 2012 herausgegebene Resource Guide to the U.S. Foreign Corrupt Practices Act („FCPA-Guide“)[47], welcher mehr Klarheit im Umgang mit den Regelungen des FCPA bringen sollte. Dieser FCPA-Guide soll den Unternehmen dabei helfen, rechtmäßig zu handeln, FCPA-Verstöße zu verhindern bzw. zu entdecken und effektive Compliance-Programme zu implementieren.[48] Auch wenn der FCPA-Guide nicht bindend ist, stellt es doch eine

---

Wirtschaftsstrafecht, Kapitel 9 E. Rn. 71 f.; zur Siemens-Affäre im Überblick siehe auch Kapitel 1 § 1 B.

41 *Behrens*, RiW 2009, 22, 25.

42 *Wastl/Litzka/Pusch*, NStZ 2009, 68, 69.

43 *Behrens*, RiW 2009, 22, 25 f.; *Theile* spricht insoweit davon, dass die SEC „gegenüber dem DOJ Empfehlungen im Hinblick auf die Erhebung einer Anklage oder die nach US-Recht mögliche strafrechtliche Sanktionierung von Unternehmen aussprechen“ kann, vgl. *Theile*, StV 2011, 381, 381.

44 Securities and Exchange Commission, Securities and Exchange Act of 1934, Release No. 44969 / October 23, 2001.

45 *Nestler*, in: Knierim/Rübenstahl/Tsambikakis, Kapitel 1 Rn. 7.

46 *Behrens*, RiW 2009, 22, 25.

47 A Resource Guide to the U.S. Foreign Corrupt Practices Act.

48 A Resource Guide to the U.S. Foreign Corrupt Practices Act, S. 2; *Spehl/Grützner*, CCZ 2013, 198.

Hilfestellung für die Unternehmen dar.[49] Hierbei geht es auch um Konkretisierungen im Hinblick auf die Durchführung interner Untersuchungen.

B. Bisherige Entwicklung interner Untersuchungen in Deutschland

Nicht zuletzt auf der Grundlage der sich immer stärker internationalisierenden Wirtschaft haben in der jüngeren Geschichte interne Untersuchungen auch für deutsche Unternehmen an Relevanz gewonnen. Als Unternehmen im Rahmen dieser Untersuchung sind dabei Akteure im marktwirtschaftlichen System anzusehen, welche in unterschiedlichen Rechtsformen (vor allem aber als GmbH oder AG) auftreten können.[50] Eines der prominentesten Beispiele für eine interne Untersuchung i.S.d. US-amerikanischen Rechts ist die sog. „Siemens-Affäre", welche im Jahr 2006 ihren Anfang nahm und bis zu ihrer vollständigen Aufklärung gut drei Jahre andauerte. Grund für die Affäre waren weitreichende Korruptionsvorwürfe.[51] Im Rahmen der rechtlichen Aufarbeitung durch die Behörden hat die Siemens AG sehr früh den Kontakt zur SEC gesucht.[52] Dies hing u.a. damit zusammen, dass bereits zum damaligen Zeitpunkt die Siemens-Aktie an der US-amerikanischen Börse gehandelt wurde und Siemens AG damit dem FCPA unterfiel.[53] Eine informelle Untersuchung durch die SEC hat die Siemens AG dazu bewogen, eine umfassende interne Untersuchung zur Aufklärung von Korruptionsvorwürfen einzuleiten. Im Ergebnis haben gerade diese eigenen Anstrengungen vonseiten Siemens dazu beigetragen, dass die Strafzahlungen deutlich geringer ausfielen, als man es erwartet hätte.[54] Spätestens seit der Siemens-Affäre ist der Begriff der internen Untersuchung auch im deutschen Rechtsraum angekommen.[55]

Zu beachten ist jedoch, dass sich die internen Untersuchungen in Deutschland nach deutschem Recht richten und sich – nach der aktuellen Rechtslage – stark von denen im US-amerikanischen Recht unterscheiden.[56] Während die internen Untersuchungen in den USA zu einer erheblichen Straferleichterung führen können, ist dies in Deutschland nicht ohne Weiteres der Fall. Insoweit ist zwar festzustellen, dass der neueren Rechtsprechung des BGH[57] zumindest die Aussage zu

49 *Yannett/Schürrle,* in: Momsen/Grützner, Wirtschafts- und Steuerstrafecht, Kapitel 9 § 33 Rn. 12.

50 *Grützner/Jakob,* Compliance von A-Z, Unternehmen.

51 Ausführlich hierzu *Wolf,* in: Graeff/Schröder/Wolf, Der Korruptionsfall Siemens, S. 9 ff.

52 *Yannett/Schürrle,* in: Momsen/Grützner, Wirtschaftsstrafecht, Kapitel 9 Rn. 73.

53 *Behrens,* RiW 2009, 22, 27; *Knauer/Buhlmann,* AnwBl. 2010, 387; *Momsen,* ZIS 2011, 508, 510.

54 *Yannett/Schürrle,* in: Momsen/Grützner, Wirtschaftsstrafecht, Kapitel 9 Rn. 74 f.

55 *Wagner,* CCZ 2009, 8.

56 Böttger/*Minoggio,* WiPra, Kapitel 18 Rn. 10 ff.

57 BGH, NZWiSt 2018, 379, 387.

entnehmen ist, dass für die Bemessung der Geldbuße bedeutsam ist, inwieweit die juristische Person ein effizientes Compliance-Management-System installiert und optimiert hat, um ihrer Pflicht, Rechtsverletzungen aus der Sphäre des Unternehmens zu verhindern, zu genügen.[58] Ob damit jedoch auch repressive Maßnahmen gemeint sind, wie interne Untersuchungen sie darstellen, lässt sich dem Urteil nicht entnehmen.[59] Auch das Bundeskartellamt hat im Rahmen einer seiner Entscheidung nach eigener Aussage positiv berücksichtigt, dass nach Einleitung des Verfahrens umfangreiche interne Ermittlungen durchgeführt und von Anfang an maßgeblich zur Aufklärung des Sachverhalts beigetragen wurde.[60] Gleichwohl existiert in Deutschland derzeit kein Unternehmensstrafrecht, welches entsprechende Erleichterung vorsieht.

Auf der anderen Seite bestehen auch keine Regelungen, welche die rechtliche Grundlage für eine Bestrafung des Unternehmens bilden können. Vielmehr können Straftaten, die in einem Unternehmen begangen werden, derzeit nur über eine Geldbuße i.S.e. Verbandsgeldbuße gemäß § 30 OWiG geahndet werden.[61] Dabei gilt für die staatlichen Ermittlungsmaßnahmen bezogen auf eine mögliche Verbandsgeldbuße gemäß § 47 OWiG das Opportunitätsprinzip.[62] Das führt dazu, dass für die zuständige Ermittlungsbehörde hinsichtlich der Frage, ob eine Ordnungswidrigkeit verfolgt wird und Ermittlungen gegen das Unternehmen eingeleitet werden, ein umfassender Ermessensspielraum besteht.[63] Die Ermittlungsbehörde ist also gerade nicht verpflichtet, wie sie es im Rahmen des Legalitätsprinzips gemäß § 152 Abs. 2 StPO ist.[64] Die Pflicht zur Einleitung eines Ermittlungsverfahrens gemäß § 152 Abs. 2 StPO ergibt sich nämlich nur dann, wenn ein Anfangsverdacht hinsichtlich einer Straftat gegen eine Individualperson besteht. Dieses Verfahren bezieht sich dann auch allein auf die verdächtige Person, nicht hingegen auf das Unternehmen, aus welchem heraus die Straftat u.U. begangen wurde. Zu beachten ist jedoch, dass etwaige Straftaten von Organen und Mitarbeitern Berücksichtigung im Rahmen der Entscheidung finden, ob eine interne Untersuchung eingeleitet wird.[65]

---

58 *Baur/Holle*, NZG 2018, 14, 16; *Ott/Lüneborg*, CCZ 2019, 71,72 f.; auch nach dem neuen DCGK soll der Vorstand für ein an der Risikolage des Unternehmens ausgerichtetes Compliance Management System sorgen; vgl. Deutscher Corporate Governance Kodex vom 16. Dezember 2019, S. 4; vgl. hierzu auch Kapitel 1 § 2 B. II. 1.

59 *Baur/Holle*, NZG 2018, 14, 16.

60 Pressemitteilung des Bundeskartellamtes v. 12.01.2016.

61 Vgl. hierzu im Einzelnen Kapitel 1 § 2 A. II. 1.

62 BeckOK OWiG/*Meyberg* § 30 Rn. 94; *Mayer/Jenne*, CB 2019, 405, 407.

63 *Beisheim/Jung*, CCZ 2018, 63, 63 f.; *Mayer/Jenne*, CB 2019, 405, 407.

64 Die Normierung des Legalitätsprinzips sieht aber der Entwurf des VerSanG-E vor, vgl. Entwurf der Bundesregierung eines Gesetzes zur Stärkung der Integrität in der Wirtschaft, BR-Drs. 440/20, S. 1, 46, 55.

65 Vgl. hierzu Kapitel 1 § 2 C. I., II.

Werden interne Untersuchungen durchgeführt, sind diese zwingend an den Vorgaben des europäischen und deutschen Rechts zu messen, was insbesondere auch den Datenschutz und das Arbeitsrecht betrifft.[66] Gerade Verstöße gegen das neue Datenschutzrecht können für sich genommen insbesondere zu Bußgeldern und Verwertungsverboten bezüglich der gefundenen Ergebnisse führen.[67] Im Rahmen dieser Untersuchung werden nur interne Untersuchungen mit nationalem Bezug in den Blick genommen, nicht jedoch sog. „Cross Border Investigations" mit Bezug zum US-amerikanischen Recht und unter Mitwirkung der SEC und des DoJ.

Betrachtet man die Vielzahl von Beiträgen in der Fachliteratur, welche während oder im Nachgang zur Siemens-Affäre veröffentlicht wurden, so lässt sich feststellen, dass für die hier in den Blick genommenen internen Untersuchungen unterschiedliche Bezeichnungen gewählt wurden. Zu diesen zählen Begriffe wie „unternehmensinterne (Vor-) Ermittlungen"[68], „unternehmensinterne Ermittlungen"[69] oder „interne Erhebungen"[70]. Dies betrifft aber keine inhaltlichen Unterschiede, sodass die verwendeten Bezeichnungen synonym verwendet werden können.[71] Insoweit werden einheitlich Ermittlungsmaßnahmen innerhalb eines Unternehmens beschrieben, die dazu dienen, strafrechtliche und außerstrafrechtliche Regelverstöße aufzuklären.[72] In der hier vorliegenden Ausarbeitung wird einheitlich die Bezeichnung der „internen Untersuchung" verwendet, welche sich im Übrigen auch in der Rechtsprechung wiederfinden lässt.[73]

C. VerSanG-E – eine erste Einordnung

Das derzeit bestehende System zur Sanktionierung von Unternehmen, welches im unmittelbaren Zusammenhang mit der Durchführung interner Untersuchungen steht, wird schon seit einigen Jahren immer wieder kritisiert.[74] Insoweit wird u.a. hervorgehoben, dass im Rahmen der Anwendung des bisherigen Systems und der Anwendung der Vorschriften des geltenden Ordnungswidrigkeitenrechts bundesweit starke Unterschiede bestünden[75], was auch eine empirische Untersuchung aufgezeigt habe.[76] Danach werden in Norddeutschland deutlich weniger Bußgelder

---

66 *Wybitul*, BB 2009, 606, 607.

67 So auch zum alten Recht *Wybitul*, BB 2009, 606, 607.

68 *Knauer/Buhlmann*, AnwBl. 2010, 387.

69 MAH ArbR/*Dendorfer-Ditges*, § 35 Rn. 96; *Wessing*, in: Hauschka/Moosmayer/Lösler, Corporate Compliance, § 46 Rn. 1.

70 Bundesrechtsanwaltskammer, Stellungnahme Nr. 35/2010, Thesen der Bundesrechtsanwaltskammer zum Unternehmensanwalt im Strafrecht, S. 9 f.; *Ignor*, CCZ 2011, 143, 145 f.

71 *Wessing*, in: Hauschka/Moosmayer/Lösler, Corporate Compliance, § 46 Rn. 1.

72 *Wessing*, in: Hauschka/Moosmayer/Lösler, Corporate Compliance, § 46 Rn. 1.

73 LG Hamburg, NJW 2011, 942.

74 *Beisheim/Jung*, CCZ 2018, 63; *Kubiciel/Hoven*, jurisPR-StrafR 23/2017 Anm. 1, S. 1 ff.

75 *Beisheim/Jung*, CCZ 2018, 63 f.; *Kubiciel/Hoven*, jurisPR-StrafR 23/2017 Anm. 1, S. 1 f.

76 Henssler/Hoven/Kubiciel/Weigend, NZWiSt 2018, 1, 5 ff.

verhängt als in Süddeutschland.[77] Ferner werde das Ordnungswidrigkeitenrecht der Bedeutung von unternehmensbezogenen Straftaten nicht gerecht. Auch das Territorialprinzip (vgl. § 5 OWiG) sowie das Opportunitätsprinzip (vgl. § 47 OWiG) werden in diesem Zusammenhang kritisiert.[78]

Diese Kritik und die Tatsache, dass Deutschland im Hinblick auf ein eigenes Unternehmensstrafrecht das Schlusslicht in Europa bildet[79], stehen als Ausgangspunkt für verschiedene Reformvorschläge zur Schaffung einer klaren gesetzlichen Grundlage für den Umgang mit Straftaten in Unternehmen. Zu nennen seien an dieser Stelle insbesondere der Entwurf des Landes Nordrhein-Westfalen hinsichtlich eines Verbandstrafgesetzbuches[80] und der „Kölner Entwurf eines Verbandssanktionengesetzes" der Forschungsgruppe „Verbandsstrafrecht – praktische Auswirkungen und theoretische Rückwirkungen"[81,82] Jüngst ist noch der „Münchener Entwurf eines Verbandssanktionengesetzes" hinzugekommen.[83] Insoweit zeigt sich, dass das Thema nicht an Aktualität verloren hat. Im Gegenteil: Die Unternehmen müssen sich darauf einrichten, dass in naher Zukunft eine gesetzliche Regelung zur Verbandssanktion Realität wird.

Dafür spricht neben den genannten Vorschlägen sowie der aktuellen Diskussion in Praxis und Lehre insbesondere, dass nach dem im August 2019 vom BMJV vorgestellten „Entwurf eines Gesetzes zur Bekämpfung der Unternehmenskriminalität"[84], der zunächst nur inoffiziell unter Fachleuten kursierte, sowie dem im April 2020 offiziell veröffentlichten und gegenüber dem Referentenentwurf aus dem Jahr 2019 angepassten Referentenentwurf des BMJV – dann – zum „Gesetz zur Stärkung der Integrität in der Wirtschaft"[85] nunmehr der Regierungsentwurf zu einem

77 Henssler/Hoven/Kubiciel/Weigend, NZWiSt 2018, 1, 5 f.

78 Vgl. zu der Kritik insgesamt m.w.N. *Beisheim/Jung*, CCZ 2018, 63, 64; *Kubiciel/Hoven*, jurisPR-StrafR 23/2017 Anm. 1, S. 1 ff.

79 *Mitsch*, NZWiSt 2014, 1.

80 Gesetzesantrag des Landes Nordrhein-Westfalen, Entwurf eines Gesetzes zur Einführung der strafrechtlichen Verantwortlichkeit von Unternehmen und sonstigen Verbänden; vgl. hierzu auch *Hein*, CCZ 2014, 75, 75 ff.

81 Kölner Entwurf eines Verbandssanktionengesetzes.

82 Zu den verschiedenen Vorschlägen insgesamt inkl. einer kritischen Würdigung *Beisheim/Jung*, CCZ 2018, 63, 64 ff.; BeckOK StGB/*Momsen/Laudien* § 14 Rn. 33 ff.; *Grützner*, CCZ 2015, 56 ff.

83 Saliger/Tsambikakis/Mückenberger/Huber, Münchener Entwurf eines VerSanG.

84 Auch wenn der Referentenentwurf 2019 zum VerSanG-E a.F. nicht offiziell veröffentlicht wurde, hat er dennoch den Weg in die Fachöffentlichkeit gefunden und wurde in verschiedenen Aufsätzen kritisch gewürdigt, vgl. nur *Bielefeld*, CB 2019, 413, 414; *Grimm*, NZA 2019, 1534; *Mayer/Jenne*, CB 2019, 405, 407; *Ott/Lüneborg*, NZG 2019, 1361, 1365; *Teicke*, CCZ 2019, 298.

85 Referentenentwurf des Bundesministeriums der Justiz und für Verbraucherschutz eines Gesetzes zur Stärkung der Integrität in der Wirtschaft vom 20.04.2020.

„Gesetz zur Stärkung der Integrität in der Wirtschaft"[86] vorliegt, mit welchem ein neues VerSanG-E Gesetzeswirklichkeit werden soll. Bereits im Koalitionsvertrag von CDU, CSU und SPD wurde aufgenommen, dass ein neues Sanktionsrecht für Unternehmen eingeführt werden soll.[87]

Ein Unternehmensstrafrecht soll mit dem Referenten- sowie Regierungsentwurf jedoch nicht verbunden sein.[88] Dies ergibt sich aus der Begründung des Regierungsentwurfs, worin klargestellt wird, dass ein Unternehmensstrafrecht derzeit keine Alternative zu einem Verbandssanktionengesetz darstelle.[89] Dieses vorgeschlagene Verbandssanktionengesetz ist für die hiesige Untersuchung von erheblicher Bedeutung. Insoweit ist, um das Thema der internen Untersuchung anhand der aktuellen Rechtslage und der gesetzgeberischen Entwicklung umfassend einzuordnen, eine eingehende Auseinandersetzung mit dem neuen Gesetzesentwurf notwendig. Die in dem Entwurf eines Verbandssanktionengesetzes vorgesehenen Regelungen hätten konkrete Auswirkungen auf die Sanktionierung von Unternehmen, die Anforderungen an interne Untersuchungen sowie die Zugriffsmöglichkeiten der Ermittlungsbehörden auf die Ermittlungsergebnisse.

Zu den für die hiesige Untersuchung relevanten Regelungen zählt bspw. § 9 VerSanG-E, welcher spezifische Regelungen zur Höhe der Verbandsgeldsanktion enthält.[90] Daneben kommt als Verbandssanktion gemäß § 8 VerSanG-E aber auch eine Verwarnung (vgl. § 10 VerSanG-E) in Betracht. Die vom Referentenentwurf aus dem Jahr 2019 zunächst noch vorgesehene Verbandsauflösung ist im Regierungsentwurf nun nicht mehr enthalten. Überdies ist als weitere mögliche Folge gemäß § 14 VerSanG-E die öffentliche Bekanntmachung der Verurteilung vorgesehen. Bezogen auf die Höhe der Verbandssanktion kommt gemäß § 17 VerSanG eine Milderung in Betracht, wenn eine „verbandsinterne Untersuchung" durchgeführt wird. Dabei handelt es sich um die in der hiesigen Untersuchung in den Blick genommene interne Untersuchung. § 17 VerSanG sind konkrete Anforderungen an interne Untersuchungen zu entnehmen, welche erfüllt sein müssen, damit eine Milderung entsprechend § 18 VerSanG-E in Betracht kommt.[91] Liegen die Voraussetzungen vor, ist hinsichtlich der Entscheidung zur Milderung der Verbandssanktion gebundenes Ermessen vorgesehen („Das Gericht soll die Verbandsanktion mildern, wenn [...]", vgl. § 17 Abs. 1 VerSanG); das Gericht darf somit nur in atypischen Fällen im Rahmen des bestehenden Ermessensspielraums von der

86 Entwurf der Bundesregierung eines Gesetzes zur Stärkung der Integrität in der Wirtschaft, BR-Drs. 440/20.

87 Koalitionsvertrag zwischen CDU, CSU und SPD v. 7.2.2018, S. 17, 126; zu den Aussagen im Koalitionsvertrag *Korte*, NZWiSt 2018, 393, 395 ff.

88 Vgl. hierzu auch *Ott/Lüneborg*, NZG 2019, 1361, 1362.

89 Entwurf der Bundesregierung eines Gesetzes zur Stärkung der Integrität in der Wirtschaft, BR-Drs. 440/20, S. 97.

90 Vgl. hierzu im Einzelnen Kapitel 1 § 2 A. II. 4. b).

91 Vgl. hierzu im Einzelnen Kapitel 1 § 2 B. III. 1.

vorgesehenen Milderung abweichen.[92] Der Regelung des § 17 VerSanG-E kommt im Kontext der hiesigen Untersuchung besondere Relevanz zu, welche sich auch auf den Arbeitnehmerdatenschutz erstreckt. Insoweit kommt, wofür im Referentenentwurf mit § 18 Abs. 1 Nr. 6 VerSanG-E a.F. noch eine gesonderte klarstellende Regelung vorgesehen war und was nunmehr im Regierungsentwurf in der Begründung explizit betont wird, eine Milderung nur dann in Betracht, wenn verbandsinterne Untersuchungen in Übereinstimmung mit den geltenden Gesetzen durchgeführt werden.[93]

Außerhalb der strengen Regelung des § 17 VerSanG kommt eine Berücksichtigung interner Untersuchungen im Rahmen der Bemessung der Verbandsgeldsanktionen allein unter den Vorgaben des § 15 VerSanG in Betracht.[94] Im Kontext der hiesigen Untersuchungen sei auf die berechtigte Anmerkung von *Ott/Lüneborg* hingewiesen, wonach es kritisch zu bewerten ist, dass die Unternehmen zum einen zur Sachverhaltsaufklärung verpflichtet sind und zum anderen, was noch zu zeigen sein wird, durch eine teilweise unklare Rechtslage im Rahmen der Sachverhaltsaufklärung mit zusätzlichen Risiken belastet werden, die wiederum eine Inanspruchnahme der Sanktionsmilderung gefährden.[95] Der konkrete Umfang der Milderung ergibt sich aus § 18 VerSanG-E.

Eine der zentralen Änderungen zu der bisherigen Rechtslage ergibt sich dahingehend, dass mit dem VerSanG-E das Legalitätsprinzip für den Bereich der Rechtsverstöße in einem Unternehmen und dem dadurch bedingten Vorgehen gegen das Unternehmen selbst eingeführt wird.[96] Nach aktueller Rechtslage liegt es im Ermessen der Behörde, ob bei Gesetzesverstößen durch die Mitarbeiter eines Unternehmens auch gegen das Unternehmen selbst ermittelt wird.[97] Davon zu unterscheiden sind Ermittlungen gegen die Organvertreter oder Mitarbeiter des Unternehmens, wenn ihnen ein strafrechtlich relevantes Verhalten vorgeworfen wird.

Zukünftig werden die Ermittlungsbehörden aber zwingend auch gegen das Unternehmen selbst ein Ermittlungsverfahren einleiten müssen, wenn ein Anfangsverdacht auf Gesetzesverstöße aus der Sphäre des Unternehmens besteht.[98] Dies ergibt sich zum einen aus dem Verweis in § 24 Abs. 1 VerSanG-E auf die Regelungen der StPO sowie aus dem Wortlaut des § 3 Abs. 1 VerSanG-E, in dem es

---

92 BVerwG, NJW 1984, 70, 71; BeckOK VwVfG/*Aschke* VwVfG § 40 Rn. 39.

93 Entwurf der Bundesregierung eines Gesetzes zur Stärkung der Integrität in der Wirtschaft, BR-Drs. 440/20, S. 94.

94 Vgl. hierzu im Einzelnen Kapitel 1 § 2 B. III 1.

95 *Ott/Lüneborg*, NZG 2019, 1361, 1368.

96 Dies wird bereits im Zusammenhang mit den Zielen des Gesetzesentwurfs klargestellt, vgl. Entwurf der Bundesregierung eines Gesetzes zur Stärkung der Integrität in der Wirtschaft, BR-Drs. 440/20, S. 46.

97 Vgl. hierzu und dem VerSanG-E auch *Mayer/Jenne*, CB 2019, 405, 407.

98 *Giese/Dachner*, ZIP 2020, 498, 499 f.; *Mayer/Jenne*, CB 2019, 405, 407.

heißt: „Gegen einen Verband wird eine Verbandssanktion verhängt, wenn [...]".[99] Der Begriff „wird" bringt dabei zum Ausdruck, dass eine Sanktion zwingend zu erfolgen hat, wenn die Voraussetzungen vorliegen. Die Umsetzung dieser Sanktion bedingt indes ebenfalls die zwingende Einleitung eines Ermittlungsverfahrens, wenn eine entsprechende Verdachtslage besteht. Als Begründungsansatz für die Abkehr vom Opportunitätsprinzip führt der Regierungsentwurf mit Blick auf die derzeitige Rechtslage auch die bestehende bundesweit uneinheitliche Handhabung der Sanktionierung von Unternehmen an. Dort heißt es: „Die uneinheitliche Verfolgungspraxis führt zu einer nicht hinnehmbaren Ungleichbehandlung. Ob und wie Verbände bei Straftaten ihrer Leitungspersonen sanktioniert werden, darf weder von regionalen Besonderheiten noch von Unterschieden in der personellen Ausstattung und Auslastung von Polizei und Justiz abhängen."[100] Ob die Ermittlungsbehörden der zu erwartenden sehr hohen Anzahl an zusätzlichen Verfahren gerecht werden, bleibt abzuwarten, wird aber teilweise bereits bestritten.[101]

Vor dem Hintergrund der vorgeschlagenen Einführung eines neuen VerSanG-E wird im Folgenden an passender Stelle gesondert auf die jeweiligen Besonderheiten im Hinblick auf den Entwurf eines Verbandssanktionengesetzes eingegangen und diese dabei kritisch gewürdigt.[102] Sollte der Regierungsentwurf in seiner jetzigen Form Gesetzeswirklichkeit werden, so wird er aber erst zwei Jahre nach Verkündung in Kraft treten.[103] Diese Frist wird dabei wie folgt begründet: „Die Frist von zwei Jahren soll unter anderem gewährleisten, dass die organisatorischen Maßnahmen bei den Gerichten, Strafverfolgungsbehörden und der Registerbehörde getroffen werden können, die Voraussetzung für eine Umsetzung der Neuregelungen sind. Außerdem steht den Verbänden damit ausreichend Zeit zur Verfügung, die internen Abläufe zu überprüfen und erforderlichenfalls weitere Compliance-Maßnahmen zu treffen."[104]

---

99 Entwurf der Bundesregierung eines Gesetzes zur Stärkung der Integrität in der Wirtschaft, BR-Drs. 440/20, S. 5, 52 f.

100 Entwurf der Bundesregierung eines Gesetzes zur Stärkung der Integrität in der Wirtschaft, BR-Drs. 440/20, S. 51.

101 Deutscher Richterbund, Stellungnahme zum Entwurf eines Gesetzes zur Stärkung der Integrität in der Wirtschaft, B; *Giese/Dachner*, ZIP 2020, 498, 500.

102 Auch in der Literatur haben sich bereits Stimmen mit den Neuregelungen des VerSanG-E auseinandergesetzt, vgl. nur *Baur/Holle*, ZRP 2019, 186; *Bielefeld*, CB 2019, 413; *Eufinger*, DB 2019, 2408; *Grimm*, NZA 2019, 1534; *Mayer/Jenne*, CB 2019, 405; *Ott/Lüneborg*, NZG 2019, 1361; *Teicke*, CCZ 2019, 298.

103 Entwurf der Bundesregierung eines Gesetzes zur Stärkung der Integrität in der Wirtschaft, BR-Drs. 440/20, S. 45, 141.

104 Entwurf der Bundesregierung eines Gesetzes zur Stärkung der Integrität in der Wirtschaft, BR-Drs. 440/20, S. 45, 141.

§ 2 Rechtliche Rahmenbedingungen interne Untersuchungen

A. Rechtliche Einordnung

Um interne Untersuchungen rechtlich einordnen zu können, muss man sich zunächst mit deren Abgrenzung zur Compliance befassen. Ferner bedarf es einer Auseinandersetzung mit dem Kontroll- und Sanktionssystem in Deutschland. Ebenso wie interne Untersuchungen im angloamerikanischen Rechtsraum durch das US-amerikanische Sanktionssystem maßgeblich beeinflusst werden, spielt auch das deutsche Sanktionssystem hinsichtlich interner Untersuchungen mit nationalem Bezug zum deutschen Recht eine zentrale Rolle. Abschließend sind interne Untersuchungen noch von Ermittlungen der Staatsanwaltschaft abzugrenzen.

I. Verhältnis von internen Untersuchungen zur Compliance

Um interne Untersuchungen im Rechtsgefüge korrekt einordnen zu können, muss man sich weiter mit der Frage befassen, in welchem Verhältnis interne Untersuchungen zu dem Begriff Compliance stehen.

Compliance ist in der Literatur sowie in der Praxis im vergangenen Jahrzehnt zu einem Modethema avanciert.[105] Seinen Ursprung hat auch dieser Begriff in der angloamerikanischen Rechtssprache. Legt man den Duden zugrunde, so bedeutet Compliance im Wirtschaftsjargon „regelgerechtes, vorschriftsgemäßes, ethisch korrektes Verhalten".[106] Dies gibt im Kern auch schon wieder, was man in der Literatur und der Praxis unter dem Begriff versteht. Für Unternehmen geht es darum, sich regelkonform zu verhalten.[107] Dieses Verständnis kann man auch der neuen Fassung des Deutschen Corporate Governance Kodex („DCGK") entnehmen, in welchem Compliance als einer der Grundsätze für die Geschäftsführungsaufgaben des Vorstands wie folgt definiert wird: „Der Vorstand hat für die Einhaltung der gesetzlichen Bestimmungen und der internen Richtlinien zu sorgen und wirkt auf deren Beachtung im Unternehmen hin (Compliance)".[108] Dieses Verständnis galt im Übrigen auch schon in der alten Fassung des DCGK.[109] Zu beachten ist jedoch, dass es sich bei dem DCGK nicht um ein Gesetz handelt, sondern um reine

105 *Moosmayer*, NJW 2012, 3013.
106 Duden, 9. Aufl., Compliance.
107 *Kreßel*, NZG 2018, 841; *Momsen*, ZIS 2011, 508; im Ergebnis so auch *Arnold*, ZGR 2014, 76, 77.
108 Deutscher Corporate Governance Kodex vom 16. Dezember 2019, S. 4; für einen Überblick zu den Neureglungen im DCGK aus dem Jahr 2019 vgl. *Wilsing/Winkler*, BB 2019, 1603 ff.
109 Deutscher Corporate Governance Kodex in der Fassung vom 7. Februar 2017 mit Beschlüssen aus der Plenarsitzung vom 7. Februar 2017, S. 6.

unverbindliche Verhaltensempfehlungen zur Unternehmensleitung und -überwachung, die keine Gesetzeswirkung entfalten.[110] Jedoch kann der DCGK zur Konkretisierung der Verhaltenspflichten des Vorstands herangezogen werden, was sich u.a. aus § 161 Abs. 1 S. 1 AktG ergibt. Danach müssen Vorstand und Aufsichtsrat jährlich erklären, dass den Empfehlungen des DCGK entsprochen wurde und wird oder welche Empfehlungen nicht angewendet wurden oder werden und warum nicht (sog. „comply or explain"-Mechanismus[111]).

Um dieses Ziel zu erreichen, bedarf es unternehmensinterner Prozesse, welche ein regelkonformes Verhalten des Unternehmens, seiner Organmitglieder und seiner Mitarbeiter gewährleisten und dadurch auch mögliche Risiken, wie Bußgeldzahlungen, den Rücktritt von Vorständen, Auftragsvergabesperren, sinkende Aktienkurse, schlechte Ratings[112] etc. zu verhindern suchen. Compliance-Maßnahmen haben mithin eine präventive Zielrichtung. Sie sollen durch geeignete Maßnahmen mögliche Risiken hinsichtlich Compliance-relevanter Pflichtverstöße sowie die sich daraus ergebenden negativen Folgen möglichst verhindern, jedenfalls minimieren.[113]

Dies vorausgesetzt könnte die Zweckrichtung interner Untersuchungen dem Zweck von Compliance-Maßnahmen gegenüberstehen. Bei einer internen Untersuchung handelt es sich nämlich um eine Maßnahme, welche eher als repressive Reaktion auf einen Compliance-relevanten Rechtsverstoß ergriffen wird. Mithin hat sich der Verstoß bereits realisiert, sodass nunmehr aufgeklärt werden muss, wie es zu dem entsprechenden Verstoß kommen konnte und wer für diesen verantwortlich ist, um etwaige negative Folgen einschätzen und eingrenzen zu können.[114] Ferner geht es darum, die notwendigen personellen sowie organisatorischen Konsequenzen zu ziehen, um weitere Verstöße möglichst auszuschließen.[115] *Momsen* bezeichnet insoweit interne Untersuchungen als eine „repressive Facette der Compliance"[116]. Es würde zu kurz greifen, interne Untersuchungen trennscharf von Compliance-Maßnahmen abgrenzen zu wollen. Insoweit beinhalten auch interne Untersuchungen eine präventive Facette, da auf der Grundlage der gewonnenen Erkenntnisse etwaige Verstöße zukünftig verhindert werden können und sollen[117],

---

110 BGH, NZG 2009, 342, 346 im Zusammenhang mit Ziff. 5.5.3 S. 1 DCGK in der Fassung v. 6.6.2008; OLG München, NZG 2009, 508 (509); Hölters/*Hölters*, AktG, § 93 Rn. 91; MAH AktienR/*Ritter*, § 22 Rn. 78; MüKo-AktG/*Spindler*, § 93 Rn. 38 f.

111 *Thüsing/Fütterer/Jänsch*, RDV 2018, 133, 134.

112 *Momsen*, ZIS 2011, 508.

113 Hüffer/Koch/*Koch*, AktG, § 76 Rn. 11; so auch *Sonnenberg*, JuS 2017, 917; *Stück*, ArbRAktuell 2019, 216.

114 *Behrens*, RiW 2009, 22; *Brücker*, BB Special 4/2010, 21; *Nestler*, in: Knierim/Rübenstahl/Tsambikakis, Kapitel 1 Rn. 35.

115 *Brücker*, BB Special 4/2010, 21, 26.

116 *Momsen*, ZIS 2011, 508, 511.

117 *Poppe*, in: Inderst/Bannenberg/Poppe, Compliance, 6. Kapitel Rn. 13; *Wagner*, CCZ 2009, 8, 13; im Ergebnis so auch *Potinecke/Block*, die interne Untersuchungen als Teil eines funktionierenden Compliance-Systems verstehen, durch welches Verstöße

sei es bspw. durch die Sensibilisierung der Mitarbeiter[118] oder aber durch die Überarbeitung des Compliance-Systems.

Im Ergebnis lässt sich festhalten, dass interne Untersuchungen als ein Baustein einer effektiven Compliance gewertet werden können.[119] Ihnen kommt dabei aber ein eigenständiger Anwendungsbereich zu. Während Compliance-Maßnahmen typischerweise das Entstehen von Pflichtverstößen verhindern sollen und dabei immer wieder weiterentwickelt und in regelmäßigen Abständen im Unternehmen durchgeführt werden, werden interne Untersuchungen im Einzelfall angestoßen und basieren mithin auf einer Einzelfallentscheidung, welcher wiederum eine umfassende Abwägung der Vor- und Nachteile zugrunde liegt.[120] Gleichwohl sind sie Teil eines Compliance-Konzepts und helfen dabei, das Compliance-System effektiv umzusetzen.

II. Kontroll- und Sanktionssystem in Deutschland

Bezogen auf das Kontroll- und Sanktionssystem in Deutschland und die möglichen Folgen für ein Unternehmen ist zunächst festzustellen, dass in Deutschland kein Unternehmensstrafrecht existiert[121]; es können also nur natürliche Personen einen Straftatbestand des StGB verwirklichen.[122] Dies resultiert daraus, dass die Verwirklichung eines Straftatbestands eine Handlungs- und Schuldfähigkeit voraussetzt, mithin eine individuelle Zurechenbarkeit und persönliche Verantwortlichkeit. Dies ist nur bei natürlichen Personen möglich.[123]

Dies bedeutet jedoch nicht, dass finanzielle Risiken bei einem rechtswidrigen Verhalten der Organe oder Mitarbeiter für das Unternehmen ausgeschlossen sind.[124] Relevant sind in diesem Zusammenhang insbesondere die sog. Verbandsgeldbuße i.S.d. Ordnungswidrigkeitenrechts sowie die Einziehung.[125] Im Zentrum

---

für die Zukunft verhindert werden, vgl. *Potinecke/Block*, in: Knierim/Rübenstahl/Tsambikakis, Kapitel 2 Rn. 25.

118 Nach *Moosmayer* bieten interne Untersuchungen die Möglichkeit, Mitarbeitern deutlich zu machen, dass die Unternehmensleitung Hinweisen auf Fehlverhalten auch tatsächlich nachgeht und sie nicht einfach auf sich beruhen lässt, vgl. *Moosmayer*, Compliance, Rn. 311.

119 So auch *Poppe*, in: Inderst/Bannenberg/Poppe, Compliance, 6. Kapitel Rn. 14; *Reichert/Ott*, NZG 2014, 241.

120 *Stück*, ArbRAktuell 2019, 216.

121 *Kappel/Ehling*, BB 2011, 2115; *Witte/Wagner*, BB 2014, 643.

122 BeckOK OWiG/*Meyberg* § 30 Rn. 1.

123 *Krause-Ablaß*, BB 2018, 1323, 1326; BeckOK StGB/*Momsen/Laudien* § 14 Rn. 31.

124 Zur Sanktionierung des Unternehmens und der Mitarbeiter bei Non-Compliance vgl. auch *Bock*, Criminal Compliance, S. 247 - 278.

125 Im Gesamtkontext dieser Ausarbeitung werden im Folgenden ausschließlich die Risiken für das Unternehmen dargestellt. Mögliche Folgen für die Organe und Mitarbeiter werden insoweit außer Betracht gelassen.

des Sanktionssystems steht jedoch die Verbandsgeldbuße, auf die auch der Schwerpunkt der folgenden Ausführungen gelegt wird. Auf die übrigen Sanktionsmöglichkeiten, namentlich die Einziehung, die Eintragung in das Gewerbezentralregister oder – soweit in dem jeweiligen Bundesland vorhanden – die Eintragung in das Landes-Korruptionsregister, wird lediglich in aller Kürze eingegangen.

1. *Verbandsgeldbuße*

a) *Verbandsgeldbuße gemäß § 30 OWiG*

Die Verbandsgeldbuße, welche im Rahmen des behördlichen Ermessens gegenüber einem Unternehmen verhängt werden kann, hat ihre rechtliche Grundlage in §§ 30, 130 OWiG. Ihr Hauptzweck liegt darin, im Hinblick auf Straftaten und Ordnungswidrigkeiten eine Gleichstellung zwischen den von § 30 OWiG erfassten juristischen Personen und Verbänden sowie natürlichen Personen zu erreichen.[126] Insoweit rechnet § 30 Abs. 1 OWiG die Straftat oder Ordnungswidrigkeit einer Leitungsperson dem Verband zu.[127] Die aus unlauterem Handeln der Leitungspersonen zufließenden Vermögensvorteile des Unternehmens sollen dabei abgeschöpft[128] und i.S.e. Pflichtenappells unlauteres Gewinnstreben, welches gesetzliche Ge- und Verbote missachtet, unterbunden und bekämpft[129] werden. Überdies soll die Geldbuße der Generalprävention dienen.[130]

Im Rahmen der Voraussetzungen von § 30 OWiG ist zunächst zu prüfen, ob einer der in § 30 Abs. 1 bis 5 OWiG genannten Leitungspersonen eine Straftat oder Ordnungswidrigkeit vorzuwerfen ist, durch die Pflichten, welche das Unternehmen treffen, verletzt worden sind (1. Alt.) oder das Unternehmen bereichert worden ist oder werden sollte (2. Alt.). Der Bereicherungsbegriff entspricht dabei dem Begriff des Vermögensvorteils in § 263 StGB.[131] Unter Bereicherung sind Vermögensvorteile zu verstehen, die zu einer Erhöhung des wirtschaftlichen Werts des Vermögens führen. Erfasst sind auch mittelbare Vorteile.[132] Jedoch muss der erlangte bzw. erstrebte Vorteil rechtswidrig sein.[133]

b) *Verbandsgeldbuße gemäß §§ 30, 130 OWiG*

Liegen die für § 30 OWiG notwendigen Voraussetzungen des Vorsatzdelikts nicht vor, weil es bspw. am Vorsatz fehlt und auch das fahrlässige Unterlassungsdelikt nicht in Betracht kommt, hier sind insbesondere die hypothetische Kausalität, die

---

126 BeckOK OWiG/*Meyberg* § 30 Rn. 8; *Grützner*, CCZ 2015, 56.
127 *Krause-Ablaß*, BB 2018, 1223, 1227.
128 BeckOK OWiG/*Meyberg* § 30 Rn. 9; *Krause-Ablaß*, BB 2018, 1223, 1227.
129 BeckOK OWiG/*Meyberg* § 30 Rn. 10.
130 *Baur/Holle*, NZG 2018, 14, 15; BeckOK OWiG/*Meyberg* § 30 Rn. 11.
131 KK-OWiG/*Rogall* § 30 Rn. 99 m.w.N.
132 KK-OWiG/*Rogall* § 30 Rn. 99 m.w.N.
133 KK-OWiG/*Rogall* § 30 Rn. 99 m.w.N.

Garantenstellung des Betriebsinhabers und Anforderungen an die Sorgfaltsbemühungen zur Erfolgsvermeidung als Problemfelder zu nennen[134], oder wurde die Straftat oder Ordnungswidrigkeit bspw. durch eine Person begangen, die unterhalb der Leitungsebene einzuordnen ist, so kommt eine Verbandsgeldbuße gleichwohl in Betracht, wenn eine Aufsichtspflicht i.S.v. § 130 OWiG verletzt wurde. Im Falle von Verstößen untergeordneter Mitarbeiter ist es jedoch erforderlich, dass sich die Aufsichtspflicht auf diese erstreckt.

Nach § 130 Abs. 1 S. 1 OWiG handelt ordnungswidrig, wer als Inhaber eines Betriebs oder Unternehmens vorsätzlich oder fahrlässig die Aufsichtsmaßnahmen unterlässt, die erforderlich sind, um in dem Betrieb oder Unternehmen Zuwiderhandlungen gegen Pflichten zu verhindern, die den Inhaber treffen und deren Verletzung mit Strafe oder Geldbuße bedroht ist. Dabei muss es sich um solche Zuwiderhandlung handeln, die durch gehörige Aufsicht verhindert oder wesentlich erschwert worden wären. Nach § 130 Abs. 3 OWiG kann die Ordnungswidrigkeit mit einer Geldbuße geahndet werden.

aa) Betriebs- und Unternehmensinhaber

§ 130 OWiG richtet sich an den Betriebs- oder Unternehmensinhaber. Ein „Betrieb im Sinne der Norm ist eine räumlich zusammengefasste Organisationseinheit, mit der arbeitstechnische Zwecke, die über die Deckung des Eigenbedarfs hinausgehen, unter Einsatz von personellen, sachlichen und immateriellen Mitteln fortgesetzt verfolgt werden".[135] Ein Unternehmen lässt sich im Vergleich zu einem Betrieb als eine Einheit verstehen, die auf kaufmännische Tätigkeiten gerichtet ist.[136] Eine klare Abgrenzung der beiden Begrifflichkeiten ist nur schwer möglich, sodass teilweise vertreten wird, dem Unternehmensbegriff keine eigenständige Bedeutung zukommen zu lassen.[137] Insofern ist es bspw. möglich, dass verschiedene Betriebe Teil eines Unternehmens sind.

Dennoch macht es aus arbeitsrechtlicher Sicht Sinn, auch im Ordnungswidrigkeitenrecht an einer differenzierten Betrachtung festzuhalten. In beiden Rechtsbereichen lässt sich die begriffliche Unterscheidung jedenfalls daraus ableiten, dass dem Betrieb bzw. dem Unternehmen jeweils unterschiedliche Pflichten zugeordnet sind.[138] So betreffen Vorschriften bzgl. des Produktions-, Arbeitsschutz- oder Sicherheitsbereichs in erster Linie den Betrieb, während steuerrechtliche

---

134 *Bock*, ZIS 2009, 70.

135 BeckOK OWiG/*Meyberg* § 130 Rn. 27; KK-OWiG/*Rogall* § 9 Rn. 75.

136 *Bock*, in: Rotsch, Criminal Compliance, § 8 Rn. 6; KK-OWiG/*Rogall* § 9 Rn. 76.

137 Zum Meinungsstand KK-OWiG/*Rogall* § 9 Rn. 76.

138 *Bock*, in: Rotsch, Criminal Compliance, § 8 Rn. 6; KK-OWiG/*Rogall* § 130 Rn. 23; weniger differenziert *Bohnert/Krenberger/Krumm*, welche begrifflich kein Unterschied zwischen einem Betrieb und einem Unternehmen sehen, vgl. *Bohnert/Krenberger/Krumm*, in: Krenberger/Krumm OWiG § 130 Rn. 4.

Vorschriften, Bilanzierungsrichtlinien oder Wettbewerbsverbote eher dem Unternehmen zuzuordnen sind.[139]

Unter dem Inhaber eines Betriebs oder Unternehmens versteht man typischerweise die natürlichen Personen, denen die Erfüllung der Aufsichtspflichten tatsächlich obliegt.[140] Die Inpflichtnahme erfolgt mithin immer gegenüber der natürlichen Person. Da Betriebsinhaber aber auch juristische Personen sein können, bedarf es in diesen Fällen somit einer Zurechnung zu einer hinter der juristischen Person stehenden natürlichen Person. Eine solche Zurechnung wird über § 9 OWiG erreicht, da dem Betriebsinhaber in Form einer juristischen Person das Handeln ihrer Repräsentanten zugerechnet wird.[141] Dies gilt gemäß § 9 Abs. 1 Nr. 2, Abs. 2 OWiG auch für die im Gesellschaftsrecht als rechtsfähig anerkannte GbR.[142]

bb) Pflichtverletzung

Um die Voraussetzungen des § 130 OWiG zu erfüllen, bedarf es zweier unterschiedlicher Pflichtverletzungen, nämlich einem Verstoß gegen die Aufsichtspflicht sowie einer Zuwiderhandlung. Darüber hinaus muss dem Betriebsinhaber bzw. dem Repräsentanten hinsichtlich der Aufsichtspflichtverletzung Vorsatz oder Fahrlässigkeit vorgeworfen werden können.[143]

cc) Verbandsgeldbuße als Rechtsfolgen

Rechtsfolge für den Fall, dass die Voraussetzungen des § 30 OWiG bzw. der §§ 30, 130 OWiG erfüllt sind, ist die sog. Verbandsgeldbuße. Diese setzt sich zusammen aus dem sog. Ahndungsteil[144], welcher der Sanktionierung dient, sowie einem Abschöpfungsteil[145]. Gerade die Frage und das damit verbundene Risiko, ob die Voraussetzungen der Verhängung einer Geldbuße erfüllt sind und damit ihre Festsetzung in Betracht kommt, lässt sich im Rahmen einer internen Untersuchung anhand der ermittelten Erkenntnisse bewerten.

Bei Vorsatzstraftaten liegt die Höhe des Ahndungsteils bei bis zu zehn Millionen Euro (vgl. § 30 Abs. 2 Nr. 1 OWiG), bei Fahrlässigkeitsstraftaten bei bis zu fünf Millionen Euro (vgl. § 30 Abs. 2 Nr. 2 OWiG).[146] Die Geldbuße dient also zunächst der

---

139 Zum Ordnungswidrigkeitenrecht vgl. KK-OWiG/*Rogall* § 130 Rn. 23.

140 *Bock*, in: Rotsch, Criminal Compliance, § 8 Rn. 7; KK-OWiG/*Rogall* § 130 Rn. 25.

141 *Bock*; ZIS 2009, 71; *Bohnert/Krenberger/Krumm*, in: Krenberger/Krumm OWiG § 130 Rn. 8; zu § 9 Abs. 2 S. 1 Nr. 1 OWiG siehe OLG Karlsruhe, wistra 2016, 462.

142 BGH, NJW 2001, 1056 ff.; MüKo-BGB/*Schäfer*, Vor § 705 Rn. 11 f.

143 Hierzu insgesamt *Bohnert/Krenberger/Krumm*, in: Krenberger/Krumm OWiG § 130 Rn. 16-34.

144 *Baur/Holle*, NZG 2018, 14, 15; *Krause-Ablaß*, BB 2018, 1223, 1227; KK-OWiG/*Rogall* § 30 Rn. 136.

145 *Baur/Holle*, NZG 2018, 14, 15; *Krause-Ablaß*, BB 2018, 1223, 1227; KK-OWiG/*Rogall* § 30 Rn. 140.

146 *Krause-Ablaß*, BB 2018, 1223, 1227.

abstrakten Sanktionierung der jeweiligen Straftat. Dies ist anders, wenn eine Ordnungswidrigkeit vorliegt, da sich das Bußgeld dann an dem konkreten Ahndungsrahmen der Bezugstat ausrichtet. Bei dem Ahndungsrahmen handelt es sich um den in § 17 Abs. 2 OWiG geregelten allgemeinen Bußgeldrahmen. Bei der Bemessung der Bußgeldhöhe sind die Grundsätze des § 17 Abs. 2 S. 1 OWiG zu beachten, wobei objektive („Bedeutung der Ordnungswidrigkeit") sowie subjektive („Vorwurf, der den Täter trifft") Faktoren in Betracht kommen. Die wirtschaftlichen Verhältnisse des Täters sind nach § 17 Abs. 3 S. 2 OWiG nur von Relevanz, sofern die Ordnungswidrigkeit nicht geringfügig ist. Die Heranziehung des – für die Strafzumessung nach dem StGB entscheidenden – § 46 Abs. 1 und 2 StGB kommt nur insoweit in Betracht, als es um den Vorwurf geht, der den Täter subjektiv trifft (vgl. § 17 Abs. 3 S. 1 OWiG). Soweit die Bedeutung der Ordnungswidrigkeit maßgeblich ist, ist dies hingegen nicht möglich. Gemäß § 46 StGB ist insoweit die Schuld des Täters die Grundlage für die Strafzumessung, also ein subjektives Element.[147] Demgegenüber stellt die Bedeutung der Ordnungswidrigkeit ein objektives Element dar, welches sich somit nicht anhand von § 46 Abs. 1 und 2 StGB bewerten lässt.[148]

Neben den Ahndungsteil tritt der Abschöpfungsteil. Dieser richtet sich nach dem wirtschaftlichen Vorteil der Tat, der das gesetzliche Höchstmaß überschreiten darf, vgl. § 30 Abs. 3, Abs. 2 S. 3 OWiG i.V.m. § 17 Abs. 4 S. 2 OWiG. Dem Unternehmen soll also der wirtschaftliche Vorteil, welcher aufgrund der Tat dem Unternehmen zugeflossen ist, wieder entzogen werden. Im Rahmen der Bemessung des Abschöpfungsteils gilt nach h.M. das sog. „Netto-Prinzip", sodass die entstanden Aufwendung in Abzug zu bringen sind.[149] Dies stellt einen Unterschied zur Einziehung dar, in deren Rahmen das „Brutto-Prinzip" gilt.[150] Gerade die Abschöpfungsmöglichkeit stellt für die Unternehmen ein hohes finanzielles Risiko dar, weil der Abschöpfungsteil den Ahndungsteil regelmäßig deutlich übersteigen wird.[151] Dies führt dazu, dass in der Praxis Verbandsgeldbußen in dreistelliger Millionenhöhe denkbar sind.[152]

Die Entscheidung hinsichtlich der Festsetzung einer Verbandsgeldbuße beruht auf einer Ermessensentscheidung der Behörde. Die Durchführung einer internen Untersuchung als einer Mitwirkungshandlung im Rahmen der Aufklärung

---

147 KK-OWiG/*Mitsch* § 17 Rn. 32.

148 KK-OWiG/*Mitsch* § 17 Rn. 32; a.A. wohl *Bohnert/Krenberger/Krumm*, welche im Hinblick auf die Anwendbarkeit des § 46 StGB nicht trennscharf zwischen den objektiven und subjektiven Faktoren unterscheiden, vgl. *Bohnert/Krenberger/Krumm*, in: Krenberger/Krumm OWiG § 17 Rn. 7 ff.

149 *Bohnert/Krenberger/Krumm*, in: Krenberger/Krumm OWiG § 30 Rn. 42; KK-OWiG/*Rogall* § 30 Rn. 141; a.A. *Brenner*, NStZ 2004, 256, 259.

150 Siehe dazu sogleich unter Kapitel 1 § 2 A. II. 2.

151 *Kappel/Ehling*, BB 2011, 2115, 2116; *Scharnberg*, Illegale Internal Investigations, S. 12.

152 *Kappel/Ehling*, BB 2011, 2115, 2116 bezogen auf den „Siemens-Skandal"; *Trüg*, ZWH 2011, 6, 9.

etwaiger Verstöße kann dabei ein zu berücksichtigendes Zumessungskriterium darstellen.[153]

Zu beachten ist jedoch, dass nach § 30 Abs. 4 OWiG eine Geldbuße auch dann festgesetzt werden kann, wenn wegen der Straftat oder Ordnungswidrigkeit ein Straf- oder Bußgeldverfahren nicht eingeleitet oder ein solches eingestellt wird oder von Strafe abgesehen wird. Die selbstständige Festsetzung einer Geldbuße gegen die juristische Person oder Personenvereinigung ist jedoch ausgeschlossen, wenn die Straftat oder Ordnungswidrigkeit aus rechtlichen Gründen nicht verfolgt werden kann.

Soweit eine gerichtliche Entscheidung hinsichtlich der Geldbuße gefällt wird, muss sich grundsätzlich aus den Entscheidungsgründen eines entsprechenden Urteils ergeben, in welcher Höhe eine Geldbuße ahndender und in welcher Höhe sie abschöpfender Natur ist.[154]

2. *Einziehung*

Alternativ zur Verbandsgeldbuße kommt – seit dem 1. Juli 2017 – auch eine Einziehung des Werts von Taterträgen gemäß §§ 73 ff. StGB bzw. § 29a OWiG in Betracht. Am 13. April 2017 hat der Bundestag das Gesetz zur Reform der strafrechtlichen Vermögensabschöpfung[155] beschlossen, durch welches u.a. die Regelungen zum Verfall im Strafrecht und OWiG neu gefasst wurden. So wurde im Rahmen der Änderungen aus dem Verfall die Einziehung. Hinsichtlich der Einziehung ist zu beachten, dass sich gemäß § 30 Abs. 5 OWiG die Verbandsgeldbuße nach § 30 OWiG sowie die Einziehung nach §§ 73, 73c StGB bzw. § 29a OWiG gegenseitig ausschließen. Ist eine Verbandsgeldbuße festgesetzt, kommt eine Einziehung mithin nicht mehr in Betracht.[156] Ein maßgeblicher Unterschied zwischen der Einziehung nach dem StGB und der nach dem OWiG besteht darin, dass die Abschöpfungswirkung der strafrechtlichen Einziehung auch den erlangten Gegenstand selbst erfasst, während sich die Einziehung nach § 29a Abs. 1 oder Abs. 2 OWiG allein auf den Geldbetrag richtet.[157]

Die Neuregelung in § 29a OWiG bedeutet keine Abkehr von dem bereits vor der Reform bestehenden Brutto-Prinzip.[158] Mithin findet im Rahmen der Bestimmung des Werts kein Abzug solcher Aufwendungen statt, die dem Täter zur Erreichung des Vorteils entstanden sind (vgl. § 29a Abs. 3 S. 2 OWiG).

---

153 *Behrens*, RiW 2009, 22, 30; KK-OWiG/*Mitsch* § 17 Rn. 65; *Wagner*, CCZ 2009, 8, 17.

154 BGH, NJW 2017, 2565, 2567.

155 Gesetz zur Reform der strafrechtlichen Vermögensabschöpfung v. 13.04.2017, BGBl. I, S. 872.

156 *Bohnert/Krenberger/Krumm*, in: Krenberger/Krumm OWiG § 29a Rn. 8.

157 KK-OWiG/*Mitsch* § 29a Rn. 46.

158 KK-OWiG/*Mitsch* § 29a Rn. 2 zum Brutto-Prinzip nach der Rechtslage vor dem 1.7.2017.

3. *Weitere Folgen von Straftaten durch Mitarbeiter oder Organvertreter des Unternehmens*

Neben der Verbandsgeldbuße sowie der Einziehung als Sanktionierungsmöglichkeiten bestehen noch weitere Risikofaktoren, die hier nicht unterwähnt bleiben sollen. So kommt zunächst eine Eintragung in das Gewerbezentralregister in Betracht, welche wiederum die Unzuverlässigkeit begründen kann. Nach *Scharlach* sollen sich die Behörden über die tatsächlichen Voraussetzungen für eine Versagung von gewerberechtlichen Genehmigungen bzw. für ein Untersagungsverfahren gemäß § 35 GewO mit hinreichender Sicherheit informieren können.[159] Dies soll durch einen Blick in das entsprechende Gewerbezentralregister gewährleistet sein. Im Rahmen der Entscheidung, ob eine Eintragung erfolgt, könnte die Tatsache, dass das Unternehmen durch eine interne Untersuchung Aufklärung betrieben hat, einbezogen werden und dadurch im günstigen Fall eine Eintragung verhindern.[160]

Ferner besteht, jedenfalls in den Bundesländern Baden-Württemberg[161], Berlin[162], in Hamburg und Schleswig-Holstein gemeinsam[163] sowie Nordrhein-Westfalen[164] die Möglichkeit, Unternehmen in das jeweilige Landes-Korruptionsregister einzutragen. Die Eintragung in eines der entsprechenden Korruptionsregister hat zur Folge, dass in besonderem Maße straffällig gewordene Unternehmen von der Vergabe öffentlicher Aufträge ausgeschlossen werden. Dies stellt ein weiteres Mittel dar, Unternehmen zu sanktionieren und durch eine abschreckende Wirkung die Wirtschaftskriminalität zu reduzieren.[165]

Überdies existiert auf Bundesebene seit dem 29. Juli 2017 ein Wettbewerbsregister.[166] Auch dieses Register soll der Wirtschaftskriminalität entgegenwirken, indem in das Register Unternehmen und natürliche Personen bei einem Nachweis bestimmter Rechtsverletzungen eingetragen werden.[167] Öffentliche Auftraggeber haben diese Eintragung bei der Auftragsvergabe zu berücksichtigen. Dieses Register stellt einen weiteren Möglichkeit dar, Unternehmen im Falle von Gesetzesverstößen zu sanktionieren und dadurch eine abschreckende Wirkung zu erzeugen.

Darüber hinaus besteht in Ausnahmefällen die Möglichkeit der Auflösung von Gesellschaften aufgrund der §§ 61 f. GmbHG oder auch der §§ 396 ff. AktG.[168]

---

159 BeckOK GewO/*Scharlach*, § 149 Rn. 4.

160 *Behrens*, RiW 2009, 22, 31.

161 VwV Korruptionsverhütung und -bekämpfung, S. 13.

162 BlnGVBl 2010, 535.

163 Verwaltungsabkommen zur Einrichtung des gemeinsamen Registers zum Schutz fairen Wettbewerbs (Korruptionsregister) v. 13.1.2014.

164 GV.NRW.2005 S. 8; GV.NRW. S. 172.

165 *Behringer*, ZRP 2016, 20.

166 Gesetz zur Einführung eines Wettbewerbsregisters und zur Änderung des Gesetzes gegen Wettbewerbsbeschränkungen, BGBl. I 2017, S. 2739.

167 *Haus/Erne*, NZG 2017, 1167.

168 *Witte/Wagner*, BB 2014, 643.

4. *Vergleich zwischen der aktuellen Rechtslage und dem VerSanG-E*

a) *Verhältnis und Vergleich von §§ 30, 130 OWiG zu den Regelungen des VerSanG-E*

Gerade in Bezug auf das Kontroll- und Sanktionssystem in Deutschland sieht das VerSanG-E Änderungen vor, welche einer genaueren Betrachtung bedürfen.[169] Gemäß § 3 Abs. 1 VerSanG-E soll zukünftig gegen einen Verband eine Verbandssanktion verhängt werden, wenn jemand entweder als Leitungsperson des Verbands eine Verbandstat (vgl. § 3 Abs. 1 Nr. 1 VerSanG-E) oder sonst in Wahrnehmung der Angelegenheiten des Verbands eine Verbandstat begangen hat, wenn Leitungspersonen des Verbands die Straftat durch angemessene Vorkehrungen zur Vermeidung von Verbandstaten wie insbesondere Organisation, Auswahl, Anleitung und Aufsicht hätten verhindern oder wesentlich erschweren können (vgl. § 3 Abs. 1 Nr. 2 VerSanG-E). Verband i.S.d. VerSanG-E ist gemäß § 2 Abs. 1 Nr. 1 VerSanG-E eine juristische Person des öffentlichen oder privaten Rechts, ein nicht rechtsfähiger Verein und eine rechtsfähige Personengesellschaft. Als Leitungsperson kommen die vertretungsberechtigten Organe der juristischen Person, die Mitglieder des Vorstands des rechtsfähigen Vereins, ein vertretungsberechtigter Gesellschafter, ein Generalbevollmächtigter, ein Prokurist oder ein Handlungsbevollmächtigter, soweit er eine leitende Stellung innehat, sowie jede sonstige Person in Betracht, die für die Leitung des Betriebs und Unternehmens eines Verbands verantwortlich handelt (vgl. § 2 Abs. 1 Nr. 2 VerSanG-E). Die Regelungen des VerSanG-E knüpfen bereits vom Wortlaut her an die Regelung des § 30 OWiG an. Aber auch die Begründung des Regierungsentwurfs stellt klar, dass das VerSanG-E der Gesetzeslage zu § 30 OWiG folgt und sich mit dieser deckt.[170] Dennoch sieht das VerSanG-E auch Änderungen zur bestehenden Rechtslage vor. Während im Rahmen der Voraussetzungen von § 30 OWiG zunächst zu prüfen ist, ob einer Leitungsperson eine Straftat oder Ordnungswidrigkeit vorzuwerfen ist, knüpft § 3 VerSanG-E die Verbandssanktion an die Begehung einer Verbandstat. Dies führt dazu, dass die Begehung einer Ordnungswidrigkeit durch eine Leitungsperson wie bei § 30 OWiG für eine Ahndung nach dem VerSanG-E nicht ausreicht.[171] An dieser Stelle zeigt sich auch, dass das vom Regierungsentwurf vorgesehene Verhältnis von § 3 VerSanG-E zu § 30 OWiG. § 30 OWiG soll nach dem Regierungsentwurf nur noch für Ordnungswidrigkeiten gelten, weswegen auch

---

169 Vgl. zu den geplanten Regelungen im VerSanG-E zur Sanktionierung auch *Cordes/Wagner*, NZWiSt 2020, 215, 217 f.

170 Entwurf der Bundesregierung eines Gesetzes zur Stärkung der Integrität in der Wirtschaft, BR-Drs. 440/20, S. 52, 68 ff.

171 Entwurf der Bundesregierung eines Gesetzes zur Stärkung der Integrität in der Wirtschaft, BR-Drs. 440/20, S. 53.

eine entsprechende Anpassung des § 30 OWiG vom Regierungsentwurf erfasst ist.[172]

Eine Verbandstat ist gemäß § 2 Nr. 3 VerSanG-E eine Straftat, durch welche die Pflichten, die den Verband treffen, verletzt worden sind oder durch die der Verband bereichert worden ist oder werden sollte. Verbandstaten sind nicht auf bestimmte Deliktgruppen beschränkt, sodass auch Menschenrechtsverletzungen wie Menschenhandel zum Zwecke der Ausbeutung der Arbeitskraft (vgl. § 233 StGB), Umweltdelikte (vgl. §§ 324 ff. StGB) und Straftaten gegen den Wettbewerb (§§ 298, 299 Abs. 2, 299 StGB) in Betracht kommen.[173] Hinsichtlich § 2 Abs. 1 Nr. 3, 2. Alt. VerSanG-E, also der Bereicherung des Verbands, können wiederum die Grundsätze herangezogen werden, die zu § 30 OWiG gelten.[174]

Ebenso wie nach der aktuellen Rechtslage ist es auch nach dem Entwurf zum VerSanG-E möglich, ein Unternehmen zu sanktionieren, wenn zwar eine Person unterhalb der Leitungsebene gegen Gesetze verstoßen hat, die Leitungsperson diesen Verstoß aber hätte verhindern können. Zu beachten ist, dass es sich bei der in § 3 Abs. 1 Nr. 2 VerSanG-E in Bezug genommenen Verbandstat um eine volldeliktische Straftat handeln muss, sodass hier ein Unterschied zu § 130 OWiG besteht, in welchem Zuwiderhandlungen gegen Pflichten ausreichen, die den Inhaber treffen und deren Verletzung mit Strafe oder Geldbuße bedroht ist. Eine solche Zuwiderhandlung i.S.d. § 130 OWiG setzt nicht zwingend ein volldeliktisches Handeln voraus, sondern nur den „äußeren Geschehensablauf" einer Straftat oder Ordnungswidrigkeit.[175] Die Begründung zum Regierungsentwurf stellt für diesen Fall klar, dass zwar keine Sanktionierung nach dem VerSanG-E, weiterhin aber eine Geldbuße gemäß §§ 30, 130 OWiG in Betracht kommt.[176] Da § 3 Abs. 1 Nr. 2 VerSanG-E dem § 130 OWiG nachempfunden ist, gelten die zu § 130 OWiG bestehenden Grundsätze im Wesentlichen auch in Bezug auf § 3 Abs. 1 Nr. 2 VerSanG-E, was insbesondere auch für die angemessenen Maßnahmen der Organisation, Auswahl, Anleitung und Aufsicht gilt.[177] Nach § 3 Abs. 2 VerSanG-E kann das Gericht zudem einen besonders schweren Fall feststellen. Im Fall des § 3 Abs. 2 Nr. 2 VerSanG-E ist ein Absehen von der Verfolgung gemäß § 35 Abs. 1 VerSanG-E ausgeschlossen.

---

172 Entwurf der Bundesregierung eines Gesetzes zur Stärkung der Integrität in der Wirtschaft, BR-Drs. 440/20, S. 136 ff.

173 Entwurf der Bundesregierung eines Gesetzes zur Stärkung der Integrität in der Wirtschaft, BR-Drs. 440/20, S. 71.

174 Entwurf der Bundesregierung eines Gesetzes zur Stärkung der Integrität in der Wirtschaft, BR-Drs. 440/20, S. 71 f.; zu den Grundsätzen vgl. KK-OWiG/*Rogall* § 30 Rn. 95 ff. m.w.N.

175 Entwurf der Bundesregierung eines Gesetzes zur Stärkung der Integrität in der Wirtschaft, BR-Drs. 440/20, S. 74; KK-OWiG/*Rogall* § 130 Rn. 79.

176 Entwurf der Bundesregierung eines Gesetzes zur Stärkung der Integrität in der Wirtschaft, BR-Drs. 440/20, S. 74.

177 Entwurf der Bundesregierung eines Gesetzes zur Stärkung der Integrität in der Wirtschaft, BR-Drs. 440/20, S. 74 f.

Der Vergleich zwischen der aktuellen Rechtslage und der Rechtslage nach dem VerSanG-E zeigt, dass zwar zukünftig zwischen einer Sanktionierung nach dem VerSanG-E bei Verbandstaten und einer Verbandsgeldbuße gemäß § 30 OWiG bei Ordnungswidrigkeiten zu unterscheiden ist.[178] Gleichwohl sollen im Rahmen der Anwendung des VerSanG-E die im Rahmen der Anwendung der §§ 30, 130 OWiG entwickelten Grundsätze im Wesentlichen fortgelten. Dies führt dazu, dass die Rechtslage im Hinblick auf die Verbandssanktion zwar konkretisiert und eine klare Differenzierung zum Ordnungswidrigkeitenrecht geschaffen wird, der Bewertungsmaßstab im Hinblick auf die Voraussetzungen der Verbandssanktion jedoch erhalten bleibt.

b) Höhe der Verbandssanktion und Auslandstaten

Unterschiede zur aktuellen Rechtslage ergeben sich insbesondere im Hinblick auf die Höhe der jeweiligen Verbandssanktion, welche sich nach § 9 VerSanG-E richtet. Besonderheiten ergeben sich ebenfalls hinsichtlich der Ahndung von Auslandstaten (vgl. § 2 VerSanG-E).

§ 9 VerSanG-E sieht zunächst die gleichen Höchstgrenzen für das Bußgeld vor wie § 30 Abs. 2 OWiG. Gemäß § 9 Abs. 1 Nr. 1 und 2 VerSanG-E liegen die Höchstgrenzen bei zehn Millionen Euro bei vorsätzlichen Verbandstaten und fünf Millionen Euro bei fahrlässigen Taten. Insoweit ergibt sich auch aus der Begründung des Regierungsentwurfs, dass die Verbandsgeldsanktion der Verbandsgeldbuße nachgebildet ist.[179] Neu ist zunächst, dass § 9 Abs. 1 Nr. 1 und 2 VerSanG-E mit tausend Euro bei vorsätzlichen Verbandstaten und fünfhundert Euro bei fahrlässigen Taten ein Mindestmaß vorsieht.

Der Kern der Neuerung ist jedoch in § 9 Abs. 2 VerSanG-E zu finden. Danach beträgt die Verbandssanktion bei vorsätzlichen Verbandstaten mindestens zehntausend Euro und höchstens zehn Prozent des durchschnittlichen Jahresumsatzes (§ 9 Abs. 2 S. 1 Nr. 1 VerSanG-E) und bei fahrlässigen Taten mindestens fünftausend Euro und höchstens fünf Prozent des durchschnittlichen Jahresumsatzes (§ 9 Abs. 2 S. 1 Nr. 2 VerSanG-E), wenn der Verband einen auf einen wirtschaftlichen Geschäftsbetrieb gerichteten Zweck verfolgt und einen durchschnittlichen Jahresumsatz von mehr als einhundert Millionen Euro aufweist. Dies könnte sich, soweit der Gesetzentwurf in Kraft tritt, nochmals steigern. Nach § 9 Abs. 2 S. 2 VerSanG-E ist nämlich bei der Ermittlung des durchschnittlichen Jahresumsatzes der weltweite Umsatz aller natürlichen Personen und Verbände der letzten drei Geschäftsjahre, die der Verurteilung vorausgehen, zugrunde zu legen, soweit diese Personen und Verbände mit dem Verband als wirtschaftliche Einheit operieren. Hieran zeigt sich, dass der Konzernumsatz als Maßstab dient.[180]

---

178 Vgl. hierzu RefE zum VerSanG-E, S. 142.

179 Entwurf der Bundesregierung eines Gesetzes zur Stärkung der Integrität in der Wirtschaft, BR-Drs. 440/20, S. 52.

180 Hierzu kritisch *Knauer*, NStZ 2020, 441, 443 f.

Die Regelung in § 9 VerSanG-E ist der Regelung des § 81 GWB nachempfunden[181] und wurde bereits im Koalitionsvertrag zwischen CDU, CSU und SPD aus dem Jahre 2018 angekündigt.[182] Mit dieser erheblichen Sanktionierungsmöglichkeit, die sich gerade aufgrund der umsatzabhängigen Sanktion ergibt, soll ein zentrales Ziel umgesetzt werden, nämlich die Anpassung des Sanktionsrahmens entsprechend der allgemeinen Gerechtigkeitserwägung, dass das Sanktionsübel die Verbände in vergleichbarer Weise treffen muss.[183] Insoweit wird an verschiedener Stelle in der Begründung zum Regierungsentwurf hervorgehoben, dass die in § 30 OWiG vorgesehene Höchstgrenze insbesondere gegenüber finanzkräftigen multinationalen Konzernen keine empfindliche Sanktionierung zulässt, während kleinere und mittelständische Unternehmen unverhältnismäßig stark belastet werden könnten.[184] Durch den vom VerSanG-E vorgesehenen Sanktionsrahmen könnten Unternehmen deutlich empfindlicher getroffen werden, als das nach der aktuellen Rechtslage der Fall ist; nach der Begründung des Regierungsentwurfs besteht derzeit mitunter das Risiko, dass Unternehmen eine Verbandsgeldbuße als hinnehmbares Risiko einkalkulieren.[185] Das höhere finanzielle Risiko für Unternehmen zeigt sich insbesondere an der Regelung des § 7 Abs. 1 Nr. 1 VerSanG-E. Mit dieser Regelung würde eine Ausfallhaftung für die Konzernspitze für den Fall normiert, dass der betroffene Verband aufgelöst oder Vermögen verschoben wird – mit der Folge, dass eine Verhängung oder Vollstreckung einer Verbandsgeldsanktion verhindert oder jedenfalls erschwert wird. Die in § 7 Abs. 1 Nr. 1 VerSanG-E vorgesehene Durchgriffshaftung ist aufgrund des sog. Trennungsprinzips dem deutschen Recht fremd.[186] Danach haftet die Muttergesellschaft vom Grundsatz her nicht für Verbindlichkeiten von Tochtergesellschaften.

Die Regelung in § 7 VerSanG-E begegnet bereits jetzt Kritik, da sie dazu führen könnte, dass Konzerne enger geführt werden müssten, wodurch die Autonomie der Tochtergesellschaften verloren ginge.[187] In der Tat kann eine entsprechende Regelung Auswirkungen auf die Organisationsstrukturen von Konzernen haben. Unabhängig von haftungsrechtlichen Fragen bietet sich die Möglichkeit, einen Konzern eng zu führen oder aber den Tochtergesellschaften eine weitgehende Autonomie zu belassen. Welche Organisation für den Konzern zielführend ist, wird durch die

181 Entwurf der Bundesregierung eines Gesetzes zur Stärkung der Integrität in der Wirtschaft, BR-Drs. 440/20, S. 81 f.

182 Koalitionsvertrag zwischen CDU, CSU und SPD v. 7.2.2018, S. 126.

183 Entwurf der Bundesregierung eines Gesetzes zur Stärkung der Integrität in der Wirtschaft, BR-Drs. 440/20, S. 81.

184 Entwurf der Bundesregierung eines Gesetzes zur Stärkung der Integrität in der Wirtschaft, BR-Drs. 440/20, S. 1, 46, 81 f.

185 Entwurf der Bundesregierung eines Gesetzes zur Stärkung der Integrität in der Wirtschaft, BR-Drs. 440/20, S. 1, 46, 81.

186 Deutscher Anwaltsverein, NZG 2020, 298, 301; *Emmerich/Habersack*/Konzernrecht, § 20 Rn. 25.

187 Deutscher Anwaltsverein, NZG 2020, 298, 301.

Konzernführung aufgrund verschiedenster wirtschaftlicher Faktoren bestimmt. Sollte aber eine so weitreichende Ausfallshaftung normiert werden, wie sie das VerSanG-E vorsieht, dürfte dies dazu führen, dass die Muttergesellschaften aus Eigeninteresse grundsätzlich auf die Handlungen der Töchtergesellschaften achten, um Haftungsrisiken möglichst zu begrenzen. Dies würde wiederum Einfluss auf die Autonomie der Töchtergesellschaften haben, da die Konzernmütter jedenfalls die Geschicke der Töchter überwachen und gegebenenfalls lenkend eingreifen würden.

Der ebenfalls geäußerten Kritik, dass sich der Staat durch eine entsprechende Regelung gegenüber allen übrigen Gläubigern in ungerechtfertigter Weise besser stellen würde[188], kann entgegengehalten werden, dass die Vollstreckung einer Verbandsgeldsanktion nicht mit der Geltendmachung von Ansprüchen durch private Gläubiger verglichen werden kann. Soweit der Entwurf Gesetzeswirklichkeit wird, liegt die Vollstreckung einer entsprechenden Verbandsgeldsanktion im öffentlichen Interesse und soll die effektive Sanktionierung gewährleisten. Hierin ist ein Unterschied zu der erfolgreichen Geltendmachung von Ansprüchen im Privatrechtsverkehr zu sehen. Um die Sanktionsmöglichkeit abzusichern, sieht das VerSanG-E in § 2 Abs. 2 eine weitere wesentliche Neuerung vor, die gegenüber § 30 OWiG zu einer Erweiterung der Sanktionsmöglichkeit führt.[189] Danach sind auch Verbandstaten erfasst, die im Ausland begangen wurden, wenn die Tat nach deutschem Strafrecht strafbar wäre (vgl. § 2 Abs. 2 Nr. 1 VerSanG-E), die Tat am Tatort mit Strafe bedroht ist oder der Tatort keiner Strafgewalt unterliegt (vgl. § 2 Abs. 2 Nr. 2 VerSanG-E), der Verband zur Zeit der Tat seinen Sitz im Inland hat (vgl. § 2 Abs. 2 Nr. 3 VerSanG-E) und die sonstigen Voraussetzungen einer Verbandstat vorliegt (vgl. § 2 Abs. 2 Nr. 4 VerSanG-E). Diese Erweiterung der Sanktionsmöglichkeiten ergibt sich daraus, dass nach der aktuellen Rechtslage die Anwendbarkeit des deutschen Rechts für im Ausland begangene Taten gemäß § 7 Abs. 2 Nr. 1 StGB davon abhängt, dass das Unternehmen im Ausland eine Person einsetzt, welche die deutsche Staatsangehörigkeit hat. Hierauf kommt es für die Verhängung einer Verbandssanktion nach dem Regierungsentwurf nicht an. Vielmehr ist allein maßgeblich, ob die Voraussetzungen des § 2 Abs. 2 VerSanG-E kumulativ vorliegen.

III. Verhältnis zu staatsanwaltschaftlichen Ermittlungen

Bei internen Untersuchungen handelt es sich um private Ermittlungen. Insoweit unterscheiden sie sich deutlich von staatlichen Untersuchungen. Einer der größten Unterschiede liegt darin, dass keine strafprozessualen Maßnahmen zur

188 Deutscher Anwaltsverein, NZG 2020, 298, 301.

189 Entwurf der Bundesregierung eines Gesetzes zur Stärkung der Integrität in der Wirtschaft, BR-Drs. 440/20, S. 72 f.; vgl. hierzu auch *Mayer/Jenne*, CB 2019, 405, 406 f.

Anwendung gelangen dürfen.[190] Solche Maßnahmen sind nämlich gerade den staatlichen Ermittlungsbehörden vorbehalten.[191] Insoweit kommen Zwangsmaßnahmen wie insbesondere die Durchsuchung gemäß §§ 102 ff. StPO sowie die Beschlagnahme gemäß §§ 94 ff. StPO nicht in Betracht.[192] Mithin stehen interne Untersuchungen und Ermittlungen durch die Ermittlungsbehörden grundsätzlich isoliert nebeneinander. Dementsprechend können interne Untersuchungen vor, während oder theoretisch auch nach einem Ermittlungs- und Strafverfahren erfolgen.[193]

B. Zielsetzung interner Untersuchungen

Betrachtet man die Zielsetzung interner Untersuchungen, so zeigt sich schnell, dass diese sehr vielschichtig sind und eine ganz unterschiedliche Motivation zur Grundlage haben. Dabei kann eine interne Untersuchung eher eine reine unternehmensinterne Zielsetzung verfolgen, etwa wenn es darum geht, die beteiligten Organe bzw. Arbeitnehmer zu identifizieren und entsprechende organschaftliche bzw. arbeitsrechtliche Maßnahmen zu ergreifen. Darüber hinaus kann auch eine Zielsetzung in Betracht kommen, die eher nach außen wirkt, wie etwa die Kooperation mit den Behörden oder die Abwehr eines möglichen Reputationsschadens. Im Folgenden werden die aus der Sicht des Verfassers maßgeblichen Zielsetzungen interner Untersuchungen im Überblick dargestellt.

I. Sachverhaltsaufklärung und Bestimmung der zu ergreifenden Maßnahmen

Im Kern dienen interne Untersuchungen vor allem dazu, den Sachverhalt rund um einen etwaigen Compliance-Verstoß vollständig aufzudecken.[194] Dabei geht es konkret um die involvierten Bereiche/Abteilungen, die beteiligten Organe/Arbeitnehmer sowie die konkrete Art und Weise der Begehung. Die Sachverhaltsermittlung

---

190 Im Ergebnis so auch *Lohmeier/Shahhosseini*, in: Umnuß, Corporate Compliance Checklisten, Kapitel 7 Rn. 42.
191 *Wessing*, in: Hauschka/Moosmayer/Lösler, Corporate Compliance, § 46 Rn. 172 f.
192 *Momsen*, ZIS 2011, 508, 511.
193 *Bittmann/Brockhaus/von Coelln/Heuking*, NZWiSt 2019, 1, 3.
194 *Fuhrmann*, NZG 2016, 881, 885; *Herrmann/Zeidler*, NZA 2017, 1499; *Vogel/Glas*, DB 2009, 1747; *Vogt*, NJOZ 2009, 4206; *Wagner*, CCZ 2009, 8, 12; so wohl auch *Bittmann/Brockhaus/von Coelln/Heuking*, nach denen besser von „Internen Ermittlungen" gesprochen werden sollte, die inhaltlich „auf Veranlassung von Unternehmensverantwortlichen darauf gerichtet sind, einen (vergangenen) Sachverhalt zu erforschen und aufzuarbeiten, in den mindestens ein Unternehmensangehöriger involviert ist und aus welchem dem Unternehmen unmittelbar oder mittelbar ein aus Gesetz oder Vertrag begründeter Nachteil droht", vgl. *Bittmann/Brockhaus/von Coelln/Heuking*, NZWiSt 2019, 1, 2.

dient dazu, Compliance-Verstöße umfassend rekonstruieren zu können, um auf der Wissensgrundlage personelle Konsequenzen zu ziehen und unternehmensinterne Prüfprozesse erstmals zu implementieren bzw. bestehende Prozesse anzupassen/zu optimieren[195].

Ein solches Vorgehen kann es auch ermöglichen, zukünftige Verstöße zu verhindern. Insoweit kommt internen Untersuchungen mittelbar auch eine Präventivwirkung zu.[196] Auf der Grundlage der im Rahmen der internen Untersuchung gewonnenen Erkenntnisse werden zudem die personellen Konsequenzen eruiert. Diese können sich sowohl auf die beteiligten Organe als auch auf die beteiligten Arbeitnehmer beziehen.[197]

Während sich die personellen unternehmensinternen Konsequenzen (z.B. Abberufung eines Organs, Kündigung eines Arbeitnehmers) auf die Organ- bzw. Arbeitnehmerstellung selbst auswirkt, kann das Unternehmen ferner prüfen, ob etwaige Schadensersatzansprüche gegenüber den beteiligten Personen bestehen oder bspw. eine Strafanzeige in Betracht kommt.[198] Schadensersatzansprüche und Strafanzeigen könnten auch gegenüber unternehmensfremden Dritten in Betracht kommen, welche sich als Beteiligte der Straftaten haben ermitteln lassen.

II. Schadensminimierung

1. Positive Berücksichtigung im Rahmen der Bußgeldbemessung

Bezogen auf die Compliance-Maßnahmen ist bereits jetzt möglich, dass sich ein umfassendes Compliance-System, aber gerade auch eine interne Untersuchung für das Unternehmen positiv auswirken können. Zunächst können Compliance-Maßnahmen im Rahmen der Prüfung der §§ 130, 30 OWiG eine gewichtige Rolle spielen. Dabei können sie für die Frage relevant werden, ob eine Aufsichtspflichtverletzung vorsätzlich oder fahrlässig begangen wurde.[199] Darüber hinaus sei an dieser Stelle auf das Urteil des BGH hingewiesen, nach welchem für die Bemessung der Geldbuße bedeutsam ist, inwieweit die juristische Person ein effizientes Compliance-Management-System installiert und optimiert hat, um ihrer Pflicht,

---

195 *Bay/Engelhardt,* in: Bay, Handbuch Internal Investigations, Einleitung Rn. 8; *Moosmayer,* Compliance, Rn. 311, 344 f.; *Ott/Lüneborg,* CCZ 2019, 71, 73, 78; *Schürrle/Olbers,* CCZ 2010, 102, 106 f.

196 *Fuhrmann,* NZG 2016, 886; so auch *Nestler,* in: Knierim/Rübenstahl/Tsambikakis, Kapitel 1 Rn. 47; zur Möglichkeit einer präventiven Wirkungsweise vgl. auch Kapitel 1 § 2 A. I.

197 *Salvenmoser/Schreier,* in: Achenbach/Rasiek/Rönnau, HdB Wirtschaftsstrafrecht, Teil 15 Rn. 15.

198 *Fuhrmann,* NZG 2016, 886; *Moosmayer,* Compliance, Rn. 344 ff.; *Salvenmoser/Schreier,* in: Achenbach/Rasiek/Rönnau, HdB Wirtschaftsstrafrecht, Teil 15 Rn. 15; *Schuster,* NZKart 2013, 191.

199 *Kempter/Steinart,* NZA 2017, 1505, 1506.

Rechtsverletzungen aus der Sphäre des Unternehmens zu verhindern, nachzukommen.[200] Zwar spricht der BGH interne Untersuchungen nicht explizit an. Sie stellen aber einen wichtigen Bestandteil eines wirksamen Compliance-Konzepts dar, welches seinerseits geeignet ist, die Kooperation mit den Ermittlungsbehörden zu verbessern und im Rahmen der gerichtlichen Strafzumessung als Milderungsgrund herangezogen zu werden.[201]

Dass sich interne Untersuchungen auf die Bußgeldbemessung auswirken können, zeigt die „LEGO-Entscheidung" der Kartellbehörde. Im Rahmen seiner Entscheidung hat das Bundeskartellamt ein Bußgeld in Höhe von EUR 130.000,00 gegen die LEGO GmbH wegen vertikaler Preisbindung beim Vertrieb von sog. „Highlightartikeln" verhängt.[202] Im Rahmen der Entscheidung hat die Behörde nach eigener Aussage positiv berücksichtigt, dass nach Einleitung des Verfahrens die LEGO GmbH umfangreiche interne Ermittlungen durchgeführt und von Anfang an maßgeblich zur Aufklärung des Sachverhalts beigetragen habe, wobei dann auch entsprechende organisatorische und personelle Konsequenzen gezogen wurden.[203]

Die positive Berücksichtigung von Compliance-Maßnahmen auf die Bußgeldmessung lässt sich indes – Stand jetzt – nicht auf unionsrechtlicher Ebene belegen. Nach Ansicht des EuGH auf der Grundlage seines Urteils vom 18. Juli 2013 kommt der Implementierung eines Compliance-Management-Systems gerade keine bußgeldmildernde Wirkung zu.[204]

2. *Kooperation mit den Behörden*

Da der Schwerpunkt der internen Untersuchungen dort zu sehen ist, wo eine strafrechtliche Verantwortlichkeit in Betracht kommt, stellt sich im Zusammenhang mit den Möglichkeiten der Schadensminimierung die Frage, ob eine Kommunikation mit den Behörden, insbesondere der Staatsanwaltschaft, verfolgt oder eine solche gerade vermieden werden sollte und ob sich eine Kooperation mit den Behörden für die Unternehmen positiv auswirken kann. Ob eine proaktive Kontaktaufnahme mit den Behörden ratsam ist, hängt – wie so oft – vom Einzelfall ab.[205] Im Ausgangspunkt ist zunächst festzuhalten, dass grundsätzlich keine Pflicht zur Kooperation besteht.[206] Bei den im Folgenden aufgezeigten Situationen geht

---

200 BGH, NZWiSt 2018, 379, 387; *Ott/Lüneborg*, CCZ 2019, 71, 72 f.

201 So auch *Jenne/Martens*, CCZ 2017, 285, 288; *Ott/Lüneborg*, CCZ 2019, 71, 73.

202 Pressemitteilung des Bundeskartellamtes v. 12.01.2016.

203 Pressemitteilung des Bundeskartellamtes v. 12.01.2016; anders *Baur/Holle*, NZG 2018, 14, 15.

204 EuGH, NZKart 2013, 334 – Schindler.

205 *Wessing*, in: Hauschka/Moosmayer/Lösler, Corporate Compliance, § 46 Rn. 169; *Wettner/Mann*, DStR, 2014, 655.

206 *Rieder/Menne*, CCZ 2018, 203, 207; *Stück*, ArbRAktuell 2020, 408, 409; im Ergebnis so auch *Wessing*, in: Hauschka/Moosmayer/Lösler, Corporate Compliance, § 46 Rn. 168 f.

es gleichwohl stets nur um die Frage, inwieweit es für Unternehmen sinnvoll ist, proaktiv auf Ermittlungsbehörden zuzugehen und diese durch eine eigene aktive Aufklärungsarbeit zu unterstützen. Nehmen die Behörden hingegen Kontakt zum Unternehmen auf, ist die Versagung oder Begrenzung der Kooperation nur in den Grenzen der zulässigen Verteidigung möglich.

Besteht aufgrund eines unternehmensinternen Hinweises ein Anfangsverdacht eines Rechtsverstoßes und wurden noch keine internen Untersuchungen oder staatlichen Ermittlungsmaßnahmen angestoßen, ist in der Regel von einer Kontaktaufnahme mit den Behörden abzuraten, um sich selbst ein Bild von der Verdachtslage zu machen; dabei wird es auch um das Ausmaß der möglichen Pflichtverletzung gehen. Nicht jeder Hinweis innerhalb eines Unternehmens mündet automatisch in der Aufdeckung einer Pflichtverletzung. Zudem würde in solch einem Falle unnötig hoher Druck auf die betroffenen Mitarbeiter ausgeübt, da sie sich bereits bei einem ersten Hinweis, also in einem frühen Stadium, unmittelbar einer staatlichen Ermittlung ausgesetzt sehen müssten.[207] Darüber hinaus ist nicht auszuschließen, dass die Behörden die Kontaktaufnahme zum Anlass nehmen, grundsätzlich mal eine Betriebsprüfung durchzuführen. Insoweit sollte zunächst im Rahmen einer Vorprüfung die Plausibilität des Verdachts geklärt werden.

Eine andere Bewertung, also eine direkte Kontaktaufnahme mit der Staatsanwaltschaft bereits in einem frühen Stadium, könnte allerdings dann sinnvoll sein, wenn eine interne Untersuchung konkret geplant ist, ein bereits auf der Grundlage tatsachenbasierter Hinweise konkretisierter Vorwurf einer Ordnungswidrigkeit oder Straftat in Rede steht und dieser Vorwurf nach einer ersten Prognose ein größeres Ausmaß annimmt. In solchen Fällen ist damit zu rechnen, dass der Vorwurf über kurz oder lang die Behörden und gegebenenfalls auch die Medien erreicht. Im Rahmen der Kommunikation könnten dann die Modalitäten der Untersuchung sowie die Zusammenarbeit geklärt werden, um das Ausmaß der internen Untersuchung möglichst zu begrenzen. Dies kann insbesondere dann sinnvoll sein, wenn sensible Bereiche betroffen sind.

Gerade bei diesen taktischen/strategischen Überlegungen ist zusätzlich zu eruieren, ob externe Berater eingesetzt werden sollten. Die Expertise sowie die Erfahrung externer Ermittler kann in solchen Situationen von hoher Relevanz sein, da sie der Unternehmensleitung für den richtigen Weg die entsprechenden taktischen Erwägungen aufzeigen können. Eine solche spezialisierte Expertise, welche sich im Rahmen der Beratung in verschiedenen entsprechenden internen Untersuchungen aufbaut, ist bei internen Compliance- oder Rechtsabteilungen häufig nicht vorhanden. Eine solche externe Expertise ist insbesondere dann von Bedeutsamkeit, wenn es sich um komplexe multinationale Untersuchungen handelt. Dann kommt

207 *Moosmayer*, Compliance, Rn. 312, wobei er sich bei seiner Betrachtung auf die unternehmensinternen Kontrollen bezieht (bspw. durch eine interne Revisionsabteilung), in deren Rahmen Rechtsanwälte als externe Berater lediglich zu Rate gezogen werden sollten.

es nämlich umso mehr auf spezifische rechtliche Kenntnisse in den tangierten Rechtsordnungen und -gebieten an. Ferner darf nicht außer Acht gelassen werden, dass interne Untersuchungen den Nachweis führen können, dass eben kein Gesetzesverstoß vorliegt.[208] Die im Rahmen interner Untersuchungen ermittelten Beweise lassen sich in solch einem Fall in der Auseinandersetzung mit den Behörden verwenden, um ein behördliches Verfahren an der frühestmöglichen Stelle verhindern zu können.

Lässt sich eine Pflichtverletzung bereits plausibilisieren, kommt es für die Frage des weiteren Vorgehens maßgeblich darauf an, welche Art von Pflichtverletzung vorliegt. Liegt ein Verstoß gegen innerbetriebliche Regelungen vor und stehen insoweit ausschließlich personelle Konsequenzen im Raum, bedarf es keines Informationsaustauschs mit den Behörden.[209] Sollte hingegen eine Ordnungswidrigkeit vorliegen oder ein Straftatbestand verwirklicht sein, dürfte über eine etwaige Anzeige hinaus ein kommunikativer Austausch mit den Behörden durchaus ratsam sein, um die Behörden bei ihrer Aufklärungsarbeit zu unterstützen und ihnen gegenüber von Anfang an zu signalisieren, dass das Unternehmen bei der Aufklärung des Rechtsverstoßes bestmöglich unterstützen wird.[210] Hier sei noch einmal an den positiven Effekt eigener Aufklärungsbemühungen durch die LEGO GmbH erinnert, der sich im Rahmen der „LEGO-Entscheidung" der Kartellbehörde zugunsten der LEGO GmbH ausgewirkt hat.[211]

Eine Pflicht zur Anzeigeerstattung gibt es bei den hier in den Blick genommenen nationalen Sachverhalten jedoch nicht, da der Straftatbestand des § 138 StGB eine Nichtanzeige nur hinsichtlich weniger, für den Unternehmensbereich nicht relevanter Straftaten erfasst.[212] Inwieweit staatliche Ermittlungsbehörden eine Zusammenarbeit sowie die Offenlegung von internen Ermittlungsergebnissen begrüßen, hängt auch sehr stark von der jeweiligen Behörde ab. Insoweit gibt es Behörden, die eine solche Form der Erleichterung der eigenen Ermittlungsarbeiten durchaus schätzen.[213] Andere Behörden befürchten hingegen, dass die Ermittlungen manipuliert werden könnten und stellen ausschließlich auf die Ergebnisse eigener Ermittlungen ab.[214]

---

208 *Wessing,* in: Hauschka/Moosmayer/Lösler, Corporate Compliance, § 46 Rn. 23.

209 *Wessing,* in: Hauschka/Moosmayer/Lösler, Corporate Compliance, § 46 Rn. 169.

210 *Moosmayer,* Compliance, Rn. 350; *Wessing/Dann,* in: Compliance Officer, § 12 Rn. 97 f.

211 Vgl. hierzu Kapitel 1 § 2 B II. 1.

212 *Lohmeier/Shahhosseini,* in: Umnuß, Corporate Compliance Checklisten, Kapitel 7 Rn. 4; *Moosmayer,* Compliance, Rn. 354; *Rodewald/Unger,* BB 2007, 1629, 1634; *Wessing,* in: Hauschka/Moosmayer/Lösler, Corporate Compliance, § 46 Rn. 169; *Wettner/Mann,* DStR, 2014, 655.

213 *Wessing/Dann,* in: Compliance Officer, § 12 Rn. 96; *Wessing,* in: Hauschka/Moosmayer/Lösler, Corporate Compliance, § 46 Rn. 170; *Ott/Lüneborg,* CCZ 2019, 71, 78.

214 *Wessing/Dann,* in: Compliance Officer, § 12 Rn. 96; *Wessing,* in: Hauschka/Moosmayer/Lösler, Corporate Compliance, § 46 Rn. 170.

Soweit sich abzeichnet, dass die interne Untersuchung mit einer Auswertung von für das Unternehmen sensiblen Daten verbunden sein wird, könnte man darüber nachdenken, eine mögliche Straftat anzuzeigen, sich bei den weiteren Ermittlungen allerdings zurückzuhalten. Dann wären die Ermittlungsbehörden gänzlich auf sich allein gestellt. Ein solches Vorgehen könnte sich für das Unternehmen im Ergebnis aber auch als nachteilig herausstellen. Insoweit wird in einem nächsten Schritt die Grundlage des Verdachts durch die Behörden erfragt und eigene Ermittlungen werden angestellt. Unterstützt das Unternehmen dabei nicht, um die Ermittlungsbehörden im Unklaren zu lassen, können die Ermittlungen und das Vorgehen der Ermittlungsbehörden ein besonders großes Ausmaß annehmen. In solchen Fällen könnte es dazu kommen, dass die Behörden die durch das Unternehmen ausgewerteten sensiblen Unterlagen ohnehin sichten. Daher ist die taktische Erwägung einzubeziehen, ob sich die Ermittlungen der Behörden nicht u.U. sogar eingrenzen ließen, wenn man eigene interne Untersuchungen einleiten und die so gewonnenen Ergebnisse mit den Behörden teilen würde. Darüber hinaus könnten sich die Organe einer eigenen Pflichtverletzung aussetzen, da sie ihren Aufklärungspflichten nicht nachkommen.

Ebenfalls von Bedeutung ist die Situation, in der die interne Untersuchung erst am Anfang steht, die Ermittlungsbehörden aber – z.B. durch einen Hinweis – bereits Kenntnis von den Verdachtsfällen erlangt haben und eigene Ermittlungsmaßnahmen einleiten. In solch einer Situation, in der häufig auch schon andere Behörden als die Staatsanwaltschaft, wie z.B. die Finanzbehörde, der Zoll oder die Kartellbehörde, informiert sind, ist eine Kontaktaufnahme mit der Staatsanwaltschaft ebenfalls anzuraten, da sich auch hier das Ausmaß der Ermittlungen durch eine umfassende Kooperation und einen entsprechenden Aufklärungswillen u.U. eingrenzen lässt. Dies dürfte allein deshalb im Interesse des Unternehmens liegen, da sich die Staatsanwaltschaft zu den gewonnenen Erkenntnissen mit den anderen Behörden austauschen wird.[215]

Neben der Frage, ob und wann eine Kontaktaufnahme mit der Behörde als zielführend erachtet werden kann, steht die Frage, welcher – auch schadensminimierende – Nutzen hieraus gezogen werden kann. Zunächst lässt sich durch eine enge Zusammenarbeit mit den Behörden u.U. das Ausmaß der Ermittlungsmaßnahmen eingrenzen. Insbesondere dann, wenn die Staatsanwaltschaft einer Zusammenarbeit offen gegenübersteht, kann eine präzise und vollständige Zusammenfassung der Untersuchungsergebnisse einer internen Untersuchung die Behörde dazu bewegen, den Blick auf die aufgearbeiteten Punkte zu fokussieren.

Solange die Staatsanwaltschaft alle für sie relevanten und von ihr geforderten Informationen bzw. Unterlagen erhält, sieht sie womöglich von weiteren umfangreichen Ermittlungsmaßnahmen ab. Insoweit kann eine sehr umfangreiche Ermittlungsmaßnahme der Staatsanwaltschaft intern mit einer Beeinträchtigung der internen Prozesse und damit der Produktivität des Unternehmens sowie einer

215 *Wessing*, in: Hauschka/Moosmayer/Lösler, Corporate Compliance, § 46 Rn. 169.

aufkommenden Verunsicherung der Mitarbeiter verbunden sein. Nach außen kann sie überdies zu einer Verunsicherung der Kunden und des Markts bis hin zu einem Reputationsschaden[216] führen. Mit einem solchen Vorgehen darf selbstverständlich nicht der Versuch verbunden sein, Sachverhalte zu vertuschen und so in die Gefahr einer Strafvereitelung zu kommen.

Auf der anderen Seite kann eine umfassende Zusammenarbeit mit den Ermittlungsbehörden zumindest eine positive Außenwirkung erzeugen und damit einen Reputationsschaden verhindern.[217] Darüber hinaus kann sich eine aktive Zusammenarbeit mit den Ermittlungsbehörden positiv auf die Bußgeldhöhe auswirken,[218] da das Bußgeld im Ermessen der Gerichte steht.[219] Soweit kartellrechtliche Verstöße in Rede stehen und die Ermittlungsbehörden noch keine eigenen Ermittlungen aufgenommen haben, kann die Kommunikation und eine Selbstanzeige auch genutzt werden, um die sog. „Kronzeugenreglung" für sich fruchtbar zu machen.[220] Ist das Unternehmen an einem Kartell beteiligt und wendet es sich als erstes an das Bundeskartellamt, um dieses aufzudecken, wird das drohende Bußgeld erlassen.

Die Kooperation mit den Ermittlungsbehörden kann, auch wenn sich die Leitung des Unternehmens die Ergebnisse der Ermittlungsmaßnahmen selbst zunutze macht, eine eigene interne Untersuchung nicht ersetzen. Das liegt insbesondere daran, dass Ermittlungsbehörden ein zentrales Ziel verfolgen, nämlich die Aufdeckung und Verfolgung von Straftaten oder Ordnungswidrigkeiten, und ihre Maßnahmen an dieser Zielsetzung ausrichten.[221] Der Vorstand einer AG z.B. muss aber auch die weiteren Folgen im Blick haben, wie bspw. die Außenwirkung, die Sanktionen der Mitarbeiter usw. Daher braucht die Leitungsebene regelmäßig weit mehr Informationen als diejenigen, welche die Ermittlungsbehörden für ihre Zwecke zutage fördern.[222]

III. Schadensmilderungsmöglichkeiten nach dem VerSanG-E

1. System der Sanktionsmilderung nach dem VerSanG-E

Auch wenn sich zur Zielsetzung interner Untersuchungen i.S.e. Schadensminimierung noch keine gesicherten Aussagen treffen lassen, zeichnet sich der beschriebene Trend hinsichtlich der Berücksichtigung von Compliance-Maßnahmen und interner Untersuchungen im Speziellen auch anhand des Regierungsentwurfs zum Verbandssanktionengesetz ab. Im aktuellen Koalitionsvertrag zwischen CDU, CSU und SPD heißt es: „Wir werden gesetzliche Anreize zur Aufklärungshilfe durch

216 Zum Reputationsschaden im Einzelnen vgl. Kapitel 1 § 2 C. I 2. b) bb), cc), dd).
217 So wohl auch *Reichert/Ott*, NZG 2014, 241; *Wagner*, CCZ 2009, 8, 17.
218 Im Ergebnis so auch Hüffer/Koch/*Koch*, AktG, § 76 Rn. 16c.
219 BGH, NZWiSt 2018, 379, 387; *Krause-Ablaß*, BB 2018, 1223, 1227.
220 Hüffer/Koch/*Koch*, AktG, § 76 Rn. 16c; *Wettner/Mann*, DStR 2014, 655, 656.
221 *Arnold*, ZGR 2014, 76, 83.
222 *Arnold*, ZGR 2014, 76, 83.

„Internal Investigations“ und zur anschließenden Offenlegung der hieraus gewonnenen Erkenntnisse setzen“.[223]

In der Normenfolge nachrangig, für eine mögliche Milderung der Verbandssanktion allerdings vorrangig zu prüfen ist § 17 VerSanG-E. § 17 VerSanG-E stellt eine der zentralen Normen im neuen Entwurf eines Verbandssanktionengesetzes dar. Der Paragraf sieht – soweit die dort genannten Voraussetzungen kumulativ erfüllt sind – eine konkrete Milderung der Verbandssanktion als Folge der Durchführung einer internen Untersuchung vor. Die Begründung des Regierungsentwurfs spricht insoweit von einer vertypten Sanktionsmilderung.[224]

Gemäß § 17 Abs. 1 VerSanG-E soll das Gericht die Verbandssanktion mildern, wenn

(1.) der Verband oder der von ihm beauftragte Dritte wesentlich dazu beigetragen haben, dass die Verbandstat und die Verbandsverantwortlichkeit aufgeklärt werden konnte,
(2.) der beauftragte Dritte oder die für den beauftragten Dritten bei den verbandsinternen Untersuchungen handelnden Personen nicht Verteidiger des Verbands oder eines Beschuldigten, dessen Verbandstat dem Sanktionsverfahren zugrunde liegt, sind,
(3.) der Verband oder der von ihm beauftragte Dritte ununterbrochen und uneingeschränkt mit den Verfolgungsbehörden zusammenarbeiten,
(4.) der Verband oder der von ihm beauftragte Dritte den Verfolgungsbehörden nach Abschluss der verbandsinternen Untersuchung das Ergebnis der verbandsinternen Untersuchung einschließlich aller für die verbandsinterne Untersuchung wesentlichen Dokumente, auf denen dieses Ergebnis beruht, sowie den Abschlussbericht zur Verfügung stellen und
(5.) die verbandsinterne Untersuchung unter Beachtung der Grundsätze eines fairen Verfahrens durchgeführt wurde, wobei § 17 Abs. 1 Nr. 5 VerSanG-E spezifische Vorgaben für die Befragung der Mitarbeiter enthält. Zu den Anforderungen nach § 17 Abs. 1 Nr. 5 a) bis c) VerSanG-E zählen, dass (a) Befragte vor ihrer Befragung darauf hingewiesen werden, dass ihre Auskünfte in einem Strafverfahren gegen sie verwendet werden können, (b) Befragten das Recht eingeräumt wird, einen anwaltlichen Beistand oder ein Mitglied des Betriebsrats zu Befragungen hinzuzuziehen, und die Befragten auf dieses Recht vor der Befragung hingewiesen werden und (c) Befragten das Recht eingeräumt wird, die Auskunft auf solche Fragen zu verweigern, deren Beantwortung sie selbst oder die in § 52 Abs. 1 StPO bezeichneten Angehörigen gefährden würde, wegen einer Straftat oder

223 *Kreßel*, NZG 2018, 841, 842; *Ott/Lüneborg*, CCZ 2019, 71, 72; Koalitionsvertrag zwischen CDU, CSU und SPD v. 7.2.2018, S. 126.

224 Entwurf der Bundesregierung eines Gesetzes zur Stärkung der Integrität in der Wirtschaft, BR-Drs. 440/20, S. 94.

einer Ordnungswidrigkeit verfolgt zu werden, und die Befragten auf dieses Recht vor der Befragung hingewiesen werden.

Der Umfang der Milderung nach § 17 VerSanG-E ergibt sich sodann aus § 18 VerSanG-E. Danach führt die Milderung dazu, dass sich das in § 9 Abs. 1 bis 3 VerSanG-E vorgesehene Höchstmaß um die Hälfte reduziert sowie das genannte Mindestmaß sogar entfällt.[225]

Darüber hinaus ist im Fall der Milderung die öffentliche Bekanntmachung der Verurteilung des Verbands gemäß § 14 VerSanG-E ausgeschlossen. Zu beachten ist, dass der Wortlaut der Vorschrift im Vergleich zum ersten und damals unveröffentlichten Referentenentwurf aus dem Jahr 2019 – dort war die entsprechende Regelung noch in § 18 VerSanG-E a.F. vorgesehen – in der Form angepasst wurde, dass das Gericht die Verbandssanktion gemäß § 17 Abs. 1 VerSanG-E mildern „soll", wenn die Tatbestandvoraussetzungen vorliegen. Im Entwurf aus dem Jahr 2019 war noch von „kann" die Rede.[226] Durch die Aufnahme des gebundenen Ermessens in den Tatbestand wurde die Bedeutung der Sanktionsmilderung nach § 17 VerSanG-E deutlich gestärkt.[227]

Unabhängig von der Frage, ob die Voraussetzungen des § 17 VerSanG-E vorliegen oder nicht, kann sich eine Sanktionsmilderung ebenfalls aus § 15 VerSanG-E ergeben. Dies stellt auch die Begründung des Entwurfs des VerSanG-E klar, wenn es dort heißt: „Ein Zwang zur Einhaltung dieser Vorgaben durch den Verband besteht jedoch nicht. Allerdings kann die vertypte Sanktionsmilderung nach den §§ 17, 18 nur erhalten, wer sich an diese Vorgaben hält. Die dennoch mögliche Milderung der Sanktion aufgrund einer diesen Vorgaben nicht entsprechenden Kooperation erfolgt nach der allgemeinen Vorschrift des § 15 Absatz 3 Nummer 7, der vorsieht, dass das Bemühen des Verbands, die Verbandstat aufzudecken, berücksichtigt werden kann."[228] § 15 VerSanG-E regelt die Bemessung der Verbandsgeldsanktion. Grundlage der Bemessung sind gemäß § 15 Abs. 1 VerSanG-E die Verbandstat (§ 15 Abs. 1 Nr. 1 VerSanG-E) und in den Fällen des § 3 Abs. 1 Nr. 2 VerSanG-E, also den Fällen, in denen eine Person, die keine Leitungsperson ist, in Wahrnehmung der Angelegenheiten des Verbands eine Verbandstat begeht, auch die Schwere und das Ausmaß des Unterlassens angemessener Vorkehrungen zur Vermeidung von Verbandstaten (§ 15 Abs. 1 Nr. 2 VerSanG-E).

Nach § 15 Abs. 3 VerSanG-E hat das Gericht bei der Bemessung der Verbandsgeldsanktion die Umstände, die für und gegen das Unternehmen sprechen, abzuwägen, wobei es insbesondere auch auf das Bemühen des Verbands ankommt,

---

225 *Wybitul/Grützner/Klaas* sprechen insoweit von einer Bestimmung des Sanktionsrahmens, während § 15 VerSanG-E die Ausübung des Sanktionsermessen innerhalb des bestimmten Rahmens darstellt, vgl. *Wybitul/Grützner/Klaas*, CCZ 2020, 199, 202.

226 *Wybitul/Grützner/Klaas*, CCZ 2020, 199, 202.

227 *Wybitul/Grützner/Klaas*, CCZ 2020, 199, 203.

228 Entwurf der Bundesregierung eines Gesetzes zur Stärkung der Integrität in der Wirtschaft, BR-Drs. 440/20, S. 94.

die Verbandstat aufzudecken und den Schaden wiedergutzumachen, sowie auf nach der Verbandstat getroffene Vorkehrungen zur Vermeidung und Aufdeckung entsprechender Taten (vgl. § 15 Abs. 3 Nr. 7 VerSanG-E). Interessant ist, dass § 15 VerSanG-E eine Abgrenzung zwischen einer präventiven und repressiven Compliance zu entnehmen ist. Neben der soeben erwähnten Berücksichtigung der repressiven Compliance gemäß § 15 Abs. 3 Nr. 7 VerSanG-E sollen gemäß § 15 Abs. 3 Nr. 6 VerSanG-E auch die vor der Verbandstat getroffenen Vorkehrungen zur u.a. Vermeidung von Verbandstaten Berücksichtigung finden.

Die Milderungsmöglichkeiten erschöpfen sich jedoch nicht in den Regelungen der §§ 15 bis 18 VerSanG-E. Vielmehr sieht das VerSanG-E ein Regelungssystem vor, in dem verschiedene Milderungsmöglichkeiten miteinander verknüpft werden können, mit dem Ergebnis, dass eine Milderung zugleich zu einer anderen führen kann. Insoweit kann von einer Verfolgung gemäß § 35 VerSanG-E abgesehen werden, wenn bereits aufgrund der Möglichkeit der Herabsetzung der Verbandssanktion nach § 18 VerSanG-E eine geringfügige Sanktion übrigbleibt und gleichzeitig kein öffentliches Interesse mehr an einer Verfolgung besteht.[229] Im Übrigen ist unter den Voraussetzungen des § 36 VerSanG-E ein Absehen von der Verfolgung unter Auflagen und Weisungen möglich. Ist ein Absehen von der Verfolgung ausgeschlossen, weil bspw. die Voraussetzungen der §§ 35 , 36 VerSanG-E nicht vorliegen, könnte aber auch ein Verwarnung mit Verbandsgeldsanktionsvorbehalt gemäß § 10 VerSanG-E in Betracht kommen.[230]

Gerade anhand der Regelungen in Ziffer 6 und 7 von § 15 Abs. 3 VerSanG-E und §§ 16, 17 VerSanG-E zeigt sich, dass der Regierungsentwurf durch die Regelungen die Möglichkeit schaffen möchte, Compliance-Maßnahmen sanktionsmildernd zu berücksichtigen.[231] Weiter soll sanktionsmildernd berücksichtigt werden, dass das Unternehmen Schadenswiedergutmachung betreibt und selbst eine Aufklärung der Verbandstat vorantreibt.[232] Genau diese Aufklärung kann durch eine interne Untersuchung und die mit ihr verbundenen Ermittlungsmaßnahmen betrieben werden. Insoweit zeigt sich anhand der nach dem Regierungsentwurf vorgesehenen Regelungen, dass eine positive Berücksichtigung und damit auch eine Sanktionsmilderung repressiver Maßnahmen gewollt sind.

Hat sich eine positive Berücksichtigung von Compliance-Maßnahmen erst einmal durchgesetzt, folgt schnell die Frage, ob zukünftig im Rahmen der Bußgeldbemessung konsequenterweise auch negativ berücksichtigt werden muss,

229 Entwurf der Bundesregierung eines Gesetzes zur Stärkung der Integrität in der Wirtschaft, BR-Drs. 440/20, S. 111.

230 Zum Referentenentwurf 2019 zum VerSanG-E a.F.: *Ott/Lüneborg*, NZG 2019, 1361, 1364.

231 Entwurf der Bundesregierung eines Gesetzes zur Stärkung der Integrität in der Wirtschaft, BR-Drs. 440/20, S. 90 f.

232 Entwurf der Bundesregierung eines Gesetzes zur Stärkung der Integrität in der Wirtschaft, BR-Drs. 440/20, S. 91.

dass ein Unternehmen kein „effektives" Compliance-System implementiert bzw. keine Aufklärung von Compliance-relevanten Verstößen betrieben hat.[233] Für eine solche negative Berücksichtigung, welche im Ergebnis zu einer Verschärfung der Sanktion führen würde, kann an die Regelung des § 15 Abs. 2 Nr. 6 VerSanG-E angeknüpft werden, wonach vorausgegangene Verbandstaten sowie vor der Verbandstat getroffene Vorkehrungen zu deren Vermeidung oder zur Aufdeckung solcher Taten Berücksichtigung finden sollen.[234] Zwar führt die Berücksichtigung vor der Tat getroffener Vorkehrungen zur Vermeidung und Aufklärung grundsätzlich zu einer Milderung.[235] Im Falle von Defiziten bei der Compliance, ohne die eine Verbandstat verhindert oder wesentlich erschwert worden wäre, können Bemühungen des Verbands um Compliance nach der Begründung des Regierungsentwurfs allerdings nur zu einer geringen Sanktionsmilderung führen.[236] Werden Compliance-Maßnahmen lediglich vorgegeben und dienen dazu, delinquente Strukturen zu überdecken, kann sich dies sogar sanktionsverschärfend auswirken.[237]

2. *Bedeutung der Kooperation nach dem VerSanG-E*

Im Zusammenhang mit der Sanktionsmilderung kommt auch der Kooperationsbereitschaft der betroffenen Unternehmen eine deutlich stärkere Bedeutung zu. Dies ergibt sich aus den in § 17 VerSanG-E vorgesehenen Anforderungen an die Milderungsmöglichkeiten. Grundsätzlich keine Abweichung zu den voranstehenden Ausführungen besteht zunächst für die Situation, in der aufgrund erster Hinweise ein Anfangsverdacht besteht.

Eine Verpflichtung zur Offenlegung von etwaigen Compliance-relevanten Verstößen nach Kenntniserlangung von der Verdachtslage besteht nicht.[238] Vielmehr ist das Unternehmen frei darin, dem Verdacht nachzugehen. Eine Kontaktaufnahme zu diesem Zeitpunkt ist noch nicht zwingend notwendig und vor einer Plausibilisierung der Verdachtslage auch nicht sinnvoll. So frei das Unternehmen auch ist, so wird es sich, soweit das VerSanG-E in der nach dem Regierungsentwurf geplanten Form Gesetzeswirklichkeit wird, dennoch streng an die Vorgaben des § 17 VerSanG-E halten, da andernfalls die Milderungsmöglichkeiten ausscheiden würden.[239] Diese Folgerung lässt sich auch anhand der Regierungsbegründung

---

233 Vgl. hierzu *Baur/Holle*, NZG 2018, 14, 19.

234 So auch *Wybitul/Grützner/Klaas*, CCZ 2020, 199, 203 f.

235 Entwurf der Bundesregierung eines Gesetzes zur Stärkung der Integrität in der Wirtschaft, BR-Drs. 440/20, S. 90 f.

236 Entwurf der Bundesregierung eines Gesetzes zur Stärkung der Integrität in der Wirtschaft, BR-Drs. 440/20, S. 91.

237 Entwurf der Bundesregierung eines Gesetzes zur Stärkung der Integrität in der Wirtschaft, BR-Drs. 440/20, S. 91.

238 *Nolte/Michaelis*, BB 2020, 1154, 1160; *Ott/Lüneborg*, NZG 2019, 1361, 1366.

239 Im Ergebnis so auch *Knauer*, NStZ 2020, 441, 445: „Angesichts der in Rede stehenden Dimension der Verbandsgeldbuße wird sich im Übrigen kaum ein Vorstand je

ableiten. Diese stellt zunächst klar, dass eine Anzeigepflicht oder eine Pflicht zur sofortigen Mitteilung der Ergebnisse einer internen Untersuchung mit § 17 Abs. 1 Nr. 3 VerSanG nicht begründet wird.[240] Im nächsten Satz wird aber betont, dass der Zeitpunkt der Offenbarung bei der Festlegung des Umfangs der Sanktionsmilderung zu berücksichtigen ist.[241]

Das Unternehmen hat immer das Risiko zu beachten, dass eine Milderung insbesondere dann ausscheiden kann, wenn bereits die Ermittlungen der Behörden zu einer umfassenden Aufklärung geführt haben.[242] Zugleich könnte sich für ein Unternehmen aber auch das Risiko verwirklichen, dass im Rahmen eines bspw. der internen Untersuchung folgenden zivilrechtlichen Verfahrens, der Gegner über ein Akteneinsichtsrecht womöglich Zugriff auf die Erkenntnisse aus der internen Untersuchung erhält.[243] Auch wenn die Unternehmensleitung dieses Risiko im Hinterkopf behalten muss, besteht für sie gleichwohl ein hohes Interesse daran, einen aufgekommenen Verdacht schnellstmöglich zu prüfen und sich jedenfalls nach der ersten Plausibilisierung mit den Behörden in Verbindung zu setzen. Dabei wird es dem Unternehmen stets darum gehen, dem „wesentlichen Beitrag" i.S.d. § 17 Abs. 1 Nr. 1 VerSanG Genüge zu tun.[244]

Überdies sieht § 17 Abs. 1 Nr. 3 VerSanG-E ausdrücklich vor, dass der Verband oder der von ihm beauftragte Dritte „ununterbrochen und uneingeschränkt mit den Verfolgungsbehörden zusammenarbeiten" muss. Der Wortlaut des Gesetzesentwurfs wird nochmals in der Begründung betont, wenn es dort heißt, dass, wenn der Verband sich entschließe, mit den Strafverfolgungsbehörden zusammenzuarbeiten, er auch umfassend mit den Strafverfolgungsbehörden kooperieren müsse.[245] Vor diesem Hintergrund dürfte es gerade nicht ratsam sein, eine spätere Offenbarung gegenüber den Ermittlungsbehörden zu avisieren, um so den zeitlichen Vorsprung auszunutzen und den Behörden möglicherweise direkt einen abgeschlossenen Untersuchungsbericht vorzulegen.[246] Ein solches Vorgehen

---

in der Lage sehen, bei der Abwägung auf Basis der Business Judgement Rule gem. § 93 Abs. 1 S. 2 AktG, ob eine kooperative interne Untersuchung durchgeführt werden soll, von vornherein auf den 50 %igen Bonus zu verzichten – zumal ihm eine „angemessene Informationsbasis" iSd § 93 Abs. 1 S. 2 AktG zu diesem Zeitpunkt regelmäßig nicht zur Verfügung stehen dürfte."

240 Entwurf der Bundesregierung eines Gesetzes zur Stärkung der Integrität in der Wirtschaft, BR-Drs. 440/20, S. 95.

241 Entwurf der Bundesregierung eines Gesetzes zur Stärkung der Integrität in der Wirtschaft, BR-Drs. 440/20, S. 95.

242 *Ott/Lüneborg*, NZG 2019, 1361, 1365.

243 *Knauer*, NStZ 2020, 441, 446.

244 Zu den Anforderungen an einen „wesentlichen Beitrag" vgl. auch Kapitel 1 § 2 D. II. 2.

245 Entwurf der Bundesregierung eines Gesetzes zur Stärkung der Integrität in der Wirtschaft, BR-Drs. 440/20, S. 95.

246 Vgl. hierzu auch *Ott/Lüneborg*, NZG 2019, 1361, 1365.

dürfte einer von § 17 VerSanG-E vorgesehenen, ununterbrochenen und uneingeschränkten Kooperation widersprechen, sodass die Gefahr besteht, die Möglichkeit einer Sanktionsmilderung zu verlieren.[247] Insoweit wird in der Begründung des Regierungsentwurfs betont, dass der Verband insbesondere keinen Anspruch darauf habe, zunächst eine eigene verbandsinterne Untersuchung durchzuführen, um in den Genuss der Sanktionsmilderung zu kommen.[248] Im Übrigen stellt die Verwendung des Wortes „ununterbrochen" den zeitlichen Aspekt heraus, sodass eine umfassende Kooperation während der gesamten zeitlich ablaufenden internen Untersuchung durch den Verband gemeint sein dürfte.[249] Für diese Lesart der ununterbrochenen Zusammenarbeit spricht auch die Begründung des VerSanG-E, die hierzu „Zwischenberichte" und die „umfassende Beantwortung von Fragen der Verfolgungsbehörden" als Beispiel aufführt.[250] Gerade Zwischenberichte machen im Kern nur dann Sinn, wenn sie im Verlauf der internen Untersuchung erstellt und durch die Ermittlungsbehörden ausgewertet werden.

Jedenfalls wenn die Ermittlungsbehörde an das Unternehmen herantritt, ist eine Kooperation notwendig, um den Anforderungen an § 17 VerSanG-E überhaupt gerecht werden zu können.[251] Aber auch, wenn der Verdacht bereits plausibilisiert wurde und eine Verbandstat i.S.d. § 2 Abs. 1 Nr. 3 VerSanG-E in Betracht kommt, ist im Hinblick auf eine Milderungsmöglichkeit i.S.d. § 17 VerSanG-E eine Kontaktaufnahme zu den Ermittlungsbehörden im Interesse des Unternehmens zwingend geboten. Insoweit bedarf es nach § 17 Abs. 1 Nr. 3 VerSanG-E ohnehin einer umfassenden Kooperation und es muss gemäß § 17 Abs. 1 Nr. 1 VerSanG-E immerhin die Voraussetzung des „wesentlichen Beitrags" erfüllt werden. Die zur aktuellen Rechtslage angeführte Zweckmäßigkeitserwägung, dass eine Ermittlungsbehörde u.U. von eigenen Ermittlungen absieht, wenn das Unternehmen umfassend mit dieser kooperiert, würde sich mit dem VerSanG-E und dem darin verankerten Legalitätsprinzip für den Bereich der Rechtsverstöße in einem Unternehmen erledigen.

Zu einer umfassenden Kooperation ist vor dem Hintergrund des VerSanG-E auch dann zu raten, wenn lediglich eine Ordnungswidrigkeit und damit eine Verbandsgeldbuße gemäß § 30 OWiG im Raum steht. Wie bereits ausgeführt, steht es zu erwarten, dass sich die Behörden hinsichtlich der mildernden Wirkung von Aufklärungsmaßnahmen an den Anforderungen des VerSanG-E orientieren werden. Auch wenn nicht zwingend eine solch umfassende Kooperation vonnöten ist, wie sie § 17 VerSanG-E vorsieht, was sich bspw. aus § 15 Abs. 2 Nr. 7 VerSanG-E ergibt, wonach sich auch solche Aufklärungsmaßnahmen positiv auswirken

247 Im Ergebnis so auch *Nolte/Michaelis*, BB 2020, 1154, 1160.

248 Entwurf der Bundesregierung eines Gesetzes zur Stärkung der Integrität in der Wirtschaft, BR-Drs. 440/20, S. 94.

249 Im Ergebnis so wohl auch *Ott/Lüneborg*, NZG 2019, 1361, 1365.

250 Entwurf der Bundesregierung eines Gesetzes zur Stärkung der Integrität in der Wirtschaft, BR-Drs. 440/20, S. 95.

251 *Nolte/Michaelis*, BB 2020, 1154, 1160; *Ott/Lüneborg*, NZG 2019, 1361, 1366.

können, die nicht den Anforderungen des § 17 VerSanG-E entsprechen,[252] ist den Unternehmen anzuraten, den Anforderungen soweit wie möglich zu folgen. Insoweit liegt dem § 17 VerSanG-E der Sinn und Zweck zugrunde, die Aufklärung durch die Möglichkeit der erheblichen Sanktionsmilderung nach § 18 VerSanG-E voranzutreiben und ein Anreizsystem für die Unternehmen zu schaffen.[253] Ein solches Anreizsystem soll gleichwohl von den in § 17 VerSanG-E formulierten qualitativen Anforderungen abhängig gemacht werden. Wenn diese Anforderungen zu einer gesetzlich normierten Milderung führen, spricht vieles dafür, dass die Behörden auch bei reinen Ordnungswidrigkeiten zu einer Milderung kommen, wenn das Unternehmen die Durchführung der internen Untersuchung an diesen Anforderungen ausrichtet.

Aber auch im Zusammenhang mit der weiteren Regelung zur Sanktionsmilderung in § 15 VerSanG stellt der Regierungsentwurf klar, dass eine Kooperation zukünftig geboten ist. Dort heißt es: „Zugleich erlaubt die Norm die sanktionsmildernde Berücksichtigung von Schadenswiedergutmachung und von Maßnahmen des Verbands zur Aufklärung der Verbandstat. Zugunsten des Verbands wirkt es sich insbesondere auch aus, wenn er die Verbandstat freiwillig offenlegt und zur Aufklärung des Sachverhalts beiträgt."[254] Hier zeigt sich deutlich, dass eine offene Kooperation, zu der auch die Offenlegung von Verbandstaten zählt, eine sanktionsmildernde Wirkung haben kann.

Von einer Kontaktaufnahme und Kooperation mit den Behörden kann vor dem Hintergrund des Regelungsregimes des VerSanG-E allein dann abgesehen werden, wenn ein Verstoß gegen arbeitsvertragliche Pflichten sowie innerbetriebliche Regelungen besteht und ausschließlich arbeitsrechtliche Konsequenzen in Betracht kommen. In solch einem Fall scheiden nämlich auch eine Verbandsgeldbuße nach § 30 OWiG und eine Verbandssanktion gemäß § 8 VerSanG-E aus.

Festzuhalten bleibt aber, dass ein Unternehmen, auch wenn es eng mit den Ermittlungsbehörden kooperiert, die Ergebnisse der Untersuchungen der Ermittlungsbehörden nicht einfach hinnehmen muss. Insoweit kann es den Sachverhalt selbst rechtlich würden, der Würdigung des Sachverhalts durch die Ermittlungsbehörden entgegentreten und sich selbst verteidigen.[255]

---

252 Entwurf der Bundesregierung eines Gesetzes zur Stärkung der Integrität in der Wirtschaft, BR-Drs. 440/20, S. 95.

253 Entwurf der Bundesregierung eines Gesetzes zur Stärkung der Integrität in der Wirtschaft, BR-Drs. 440/20, S. 95.

254 Entwurf der Bundesregierung eines Gesetzes zur Stärkung der Integrität in der Wirtschaft, BR-Drs. 440/20, S. 91.

255 *Nolte/Michaelis*, BB 2020, 1154, 1161.

C. Rechtspflicht zur Durchführung interner Untersuchungen – dogmatische Herleitung

Befasst man sich mit internen Untersuchungen im Zusammenhang mit rein nationalen Sachverhalten, ist zunächst die wesentliche Frage zu klären, ob Organe der Gesellschaft verpflichtet sind, interne Untersuchungen durchzuführen.[256] Im Rahmen der Erarbeitung dieser Problemstellung wird zwischen dem Unternehmensinteresse auf der einen sowie dem Interesse der Geschäftsleitung auf der anderen Seite differenziert. Ferner wird eine etwaige Rechtspflicht für den Aufsichtsrat der AG sowie die Gesellschafterversammlung der GmbH gesondert untersucht.

Die nachfolgenden Ausführungen beschränken sich dabei ausschließlich auf die Frage, ob für die Organe der Gesellschaft eine mögliche Rechtspflicht zur Durchführung einer internen Untersuchung besteht. Folgefragen, welche die konkrete Umsetzung einer möglichen internen Untersuchung bzw. sonstigen Aufklärungsmaßnahme betreffen (bspw. eine etwaige Delegation der Entscheidungsbefugnis über die Einleitung einer internen Untersuchung auf Einzelpersonen, Ausschüsse usw.[257]) werden ausgeklammert, da sie die im Zentrum stehenden datenschutzrechtlichen Problemschwerpunkte nur am Rande betreffen.

I. Rechtspflicht von Vorstand und Geschäftsführung

Das Handeln der Organe muss sich am Unternehmensinteresse orientieren. Dementsprechend lässt sich bereits an dieser Stelle konstatieren, dass die Pflicht zur Durchführung einer internen Untersuchung jedenfalls dort ein Ende findet, wo sie nicht mehr vom Unternehmensinteresse gedeckt ist.[258] Wonach sich das Unternehmensinteresse konkret bestimmt, ist nicht abschließend geklärt, da sich über die Jahrzehnte verschiedene Ansätze zur Konkretisierung des Unternehmensinteresses herausgebildet haben.[259] Bestimmend ist jedenfalls nicht nur ein spezifisches Interesse, sondern die Interessen verschiedener Träger. Derzeit wird man die Aktionäre bzw. Gesellschafter als Kapitalgeber, die Arbeitnehmer, als diejenigen, die ihre Arbeitskraft einbringen, sowie die Allgemeinheit bzw. das Allgemeinwohl als die maßgeblichen Interessenträger benennen können.[260] Der Bestand

256 Diese Frage wurde von Beginn an in den verschiedenen Beiträgen der Fachliteratur zu internen Untersuchungen aufgeworfen, vgl. nur *Wagner*, CCZ 2009, 8 ff.

257 Zu den Delegationsmöglichkeiten von Vorstand und Aufsichtsrat vgl. etwa *Potinecke/Block*, in: Knierim/Rübenstahl/Tsambikakis, Kapitel 2 Rn. 28 f., 63 ff.; *Ott/Lüneborg*, CCZ 2019, 74 f.; *Fuhrmann*, NZG 2016, 881 ff.

258 *Wagner*, CCZ 2009, 8, 12.

259 Einen Überblick über die Entwicklung der verschiedenen Ansätze gibt Spindler/Stilz/*Fleischer*, AktG, § 76 Rn. 24 ff.

260 Hüffer/Koch/*Koch*, AktG, § 76 Rn. 28; KK-AktG/*Mertens*/*Cahn*, § 76 Rn. 15 ff.; *Vetter*, ZGR 2018, 338, 343 ff.; zur Beurteilung der Thematik durch den BGH vgl. *Henze*, BB 2000, 209, 212.

der Gesellschaft sowie deren Rentabilität stellen jedenfalls die Mindestziele dar.[261] Andere Stimmen in der Literatur messen dem Aktionärsinteresse im Sinne eines moderaten Shareholder-Value-Konzepts ein höheres Gewicht bei, als den Interessen der übrigen Träger.[262] Im Ergebnis sind die Unterschiede zwischen den Ansichten jedoch überschaubar, da auch die zuletzt genannte Ansicht im Ergebnis zu einer Berücksichtigung der übrigen Interessenträger kommt.[263] Eine entsprechende Berücksichtigung ergibt sich aus der Wahrung der Vorschriften hinsichtlich der Arbeitnehmer-, Gläubiger-, Verbraucher- und Allgemeininteressen, der Notwendigkeit, sich das zukünftige Mitwirken der übrigen Interessengruppen zu sichern, und der gesellschaftlichen Erwartung – vereinfacht gesagt – den guten Ruf der Gesellschaft zu schützen.[264]

1. *Handlungspflicht aufgrund der Legalitätspflicht der Geschäftsleitung*

Als ein Bestandteil des Unternehmensinteresses hinsichtlich des Handelns der Organe kann die sog. Legalitätspflicht der Organe angesehen werden, also die Pflicht der Organe, sich nach außen rechtstreu zu verhalten und die geltenden gesetzlichen Bestimmungen einzuhalten[265] sowie nach innen die internen Regelungen zu beachten.[266] Fraglich ist indes, ob sich aus dieser Legalitätspflicht zugleich eine Pflicht zur Durchführung interner Untersuchungen ableiten lässt. Im Rahmen der Analyse dieser Fragestellung ist zwischen den Organen der AG sowie der GmbH zu unterscheiden.

a) *Legalitätspflicht des Vorstands einer AG*

aa) *Aufklärungsverantwortung als Teil der Legalitätspflicht*

Gemäß § 76 Abs. 1 AktG hat der Vorstand die Gesellschaft unter eigener Verantwortung zu leiten. Nach § 93 Abs. 1 S. 1 AktG haben die Vorstandsmitglieder bei ihrer Geschäftsführung die Sorgfalt eines ordentlichen und gewissenhaften Geschäftsleiters anzuwenden. Aus diesen Pflichten lässt sich die Legalitätspflicht des Vorstands ableiten.[267] Darunter ist zu verstehen, dass der Vorstand pflichtwidrig

---

261 Spindler/Stilz/*Fleischer*, AktG, § 76 Rn. 27; Hüffer/Koch/*Koch*, AktG, § 76 Rn. 34; MüKo-AktG/*Spindler*, § 76 Rn. 73.

262 Hölters/*Weber*, AktG, § 76 Rn. 22; Spindler/Stilz/*Fleischer*, AktG, § 76 Rn. 36 f.

263 Hüffer/Koch/*Koch*, AktG, § 76 Rn. 29.

264 Spindler/Stilz/*Fleischer*, AktG, § 76 Rn. 36 f.

265 Spindler/Stilz/*Fleischer*, AktG, § 93 Rn. 14-40; Hölters/*Hölters*, AktG, § 93 Rn. 54; Hüffer/Koch/*Koch*, AktG, § 76 Rn. 16, § 93 Rn. 6; MüKo-AktG/*Spindler*, § 93 Rn. 86 f.; Hölters/*Weber*, AktG, § 76 Rn. 25.

266 MAH ArbR/*Dendorfer-Ditges*, § 35 Rn. 10; MüKo-AktG/*Spindler*, § 93 Rn. 86 f.

267 BGH, NJW 2010, 3458, 3460; *Baur/Holle*, NZG 2018, 14, 18; Spindler/Stilz/*Fleischer*, AktG, § 93 Rn. 14-40; *Grützner*, in: Momsen/Grützner, Wirtschafts- und Steuerstrafrecht, Kapitel 4 § 16 Rn. 48; MHdB GesR IV/*Hoffmann-Becking*, § 25 Rn. 31; *Hoffmann/*

handelt, wenn er im Rahmen seiner Tätigkeit gegen Gesetze, die Satzung oder unternehmensinterne Regelungen verstößt.[268] Überdies stellt ein rechtswidriges Verhalten des Vorstands im Außenverhältnis zugleich eine Pflichtverletzung im Innenverhältnis dar.[269] Die Tatsache, dass sich der Vorstand rechtstreu verhält, entspricht auch dem Interesse des Unternehmens, welches nicht eigenständig handeln kann, sondern auf die Handlungen der natürlichen Personen im Vorstand angewiesen ist.[270]

Im Zusammenhang mit dieser Legalitätspflicht ist allgemein anerkannt, dass den Vorstand die Pflicht zur Compliance-Verantwortung trifft.[271] Die dogmatische Grundlage für die Compliance-Verantwortlichkeit ist indes noch nicht abschließend geklärt. Einige Stimmen in der Literatur befürworten, dass sich die Compliance-Verantwortlichkeit unmittelbar aus den §§ 76 Abs. 1, 93 Abs. 1 AktG ergebe.[272] Andere sehen die rechtliche Grundlage in einer Einzelanalogie zu § 91 Abs. 2 AktG, nach welchem der Vorstand die geeigneten Maßnahmen zu treffen habe; genannt wird hier explizit ein Überwachungssystem, um schädliche Entwicklungen für die Gesellschaft früh erkennen zu können.[273] Wieder andere

---

Schieffer, NZG 2017, 401, 402; Hölters/*Hölters*, AktG, § 93 Rn. 54; Hüffer/Koch/*Koch*, AktG, § 76 Rn. 16, § 93 Rn. 6; MüKo-AktG/*Spindler*, § 93 Rn. 86 f.; *Ott/Lüneborg*, CCZ 2019, 71, 72; Hölters/*Weber*, AktG, § 76 Rn. 25.

268 *Arnold*, ZGR 2014, 76, 78 f.

269 *Fleischer*, NZG 2014, 321, 322; Spindler/Stilz/*Fleischer*, AktG, § 93 Rn. 24.

270 Die Darstellung der Frage, inwieweit Pflichtverletzungen für das Unternehmen u.U. nützlich bzw. interessengrecht sind, würde den Rahmen dieser Untersuchung sprengen. Jedenfalls werden solche Pflichtverletzungen nach überwiegender Ansicht nicht anerkannt, vgl. nur MAH ArbR/*Dendorfer-Ditges*, § 35 Rn. 10; Spindler/Stilz/*Fleischer*, AktG, § 93 Rn. 36; MHdB GesR IV/*Hoffmann-Becking*, § 25 Rn. 32; Hölters/*Weber*, AktG, § 76 Rn. 26; für die GmbH vgl.*Beurskens*, in: Baumbach/Hueck, GmbHG, § 43 Rn. 12 ff.; MüKo-GmbHG/*Fleischer*, § 43 Rn. 43.

271 LG München I, NZG 2014, 345, 346; *Arnold*, ZGR 2014, 76, 78f.; Spindler/Stilz/*Fleischer*, AktG, § 91 Rn. 47, 112; *Fleischer*, AG 2003, 291, 299; *Fleischer*, CCZ 2008, 1, 2; *Fleischer*, NZG 2014, 321, 322ff.; MAH Verteidigung in Wirtschafts- und Steuerstrafsachen/*Kempf/Schilling/Oesterle*, § 10 Rn. 36; *Klaas*, CCZ 2018, 242, 243; *Nolte/Michaelis*, BB 2020, 1154, 1155 f.; *Reichert/Ott*, NZG 2014, 241 f.; MüKo-AktG/*Spindler*, § 91 Rn. 52; *Verse*, ZHR 175 (2011), 401, 403ff.; im Ergebnis so auch MAH Verteidigung in Wirtschafts- und Steuerstrafsachen/*Park/Eggers*, § 11 Rn. 10 ff.; a.A. im Hinblick auf die Pflicht zu einer standardisierten Compliance-Organisation Hüffer/Koch/*Koch*, AktG, § 76 Rn. 14, § 93 Rn. 6.

272 *Fleischer*, AG 2003, 291, 299; *Fleischer*, BB 2008, 1070, 1072; *Fleischer*, NZG 2014, 321, 322; *Verse*, ZHR 175 (2011), 401, 404; *Vetter*, DB 2007, 1963, 1964; *Winter*, in: FS Hüffer, Die Verantwortlichkeit des Aufsichtsrats für „Corporate Compliance", S. 1104.

273 *Dreher*, in: FS Hüffer, Die Vorstandsverantwortung im Geflecht von Risikomanagement, Compliance und interner Revision, S. 168 ff.; *Melot de Beauregard/Gleich*, NJW 2013, 824, 825; *Schwintowski*, NZG 2005, 200, 201 f.; im Ergebnis so wohl auch *Campos Nave/Bonenberger*, BB 2008, 734, 735.

leiten die Compliance-Verpflichtung aus einer Gesamtanalogie zu den verstreuten Compliance-Regeln in verschiedenen Rechtsgebieten ab, wobei bspw. auch § 130 OWiG und § 91 Abs. 2 AktG genannt werden.[274]

Dieser Streit ist in der Rechtsprechung bislang nicht entschieden worden. Vielmehr hat das LG München I in einer viel beachteten Entscheidung zur Haftung eines Finanzvorstands nach § 93 Abs. 2 AktG diesen Punkt explizit offengelassen.[275] Im Übrigen ist die Pflicht zur Compliance und damit auch die Legalitätspflicht in den Grundsätzen der Geschäftsführungsaufgaben des Vorstands verankert.[276] Der Streit über die rechtliche Grundlage der Compliance-Verantwortlichkeit kann hier jedoch offen bleiben, da er sich auf die Frage, ob aufgrund der Compliance-Verantwortlichkeit zugleich eine Pflicht zur Durchführung interner Untersuchungen besteht, nicht auswirkt.

Teil der allgemeinen Compliance-Verpflichtung der Unternehmen ist ferner die Pflicht des Vorstands, dafür Sorge zu tragen, dass auch die dem Vorstand nachgeordneten Ebenen rechtstreu handeln, die sog. Legalitätskontrollpflicht.[277] Aus der Legalitätspflicht sowie der Legalitätskontrollpflicht ergibt sich, dass der Vorstand auf eine mögliche Verdachtslage begangener Gesetzes- oder sonstiger Pflichtverstöße zu reagieren hat.[278] Insoweit beinhaltet diese Pflicht nach dem hier zugrunde gelegten Verständnis nicht nur präventive Maßnahmen zur Verhinderung von Gesetzesverstößen und Pflichtverletzungen, sondern auch eine repressive Vorgehensweise, um entsprechende Verstöße und Verletzungen aufzudecken.[279] Dabei knüpft die Pflicht zur Aufklärung an eine bestehende konkrete Verdachtslage an.[280]

Es wäre inkonsequent, wenn die Pflicht bei der Errichtung einer Compliance-Organisation bzw. bei der Einrichtung sonstiger Compliance bezogener

---

274 *Schneider*, ZIP 2003, 645, 648 f.; in diesem Zusammenhang erachtet *Moosmayer* die Bestimmungen des Ordnungswidrigkeitenrechts zur Haftung der Aufsichtspflichtigen im Unternehmen (§§ 130, 9 OWiG) und zur Haftung des Unternehmens selbst im Fall eines zurechenbaren Fehlverhaltens seiner Aufsichtspflichtigen (§§ 30, 130, 9 OWiG) als alleinige Rechtsgrundlage für ausreichend, vgl. *Moosmayer*, Compliance, Rn. 10 ff.; so wohl auch *Kreßel*, NZG 2018, 841, 842.

275 LG München I, NZG 2014, 345, 346 f.

276 Deutscher Corporate Governance Kodex vom 16. Dezember 2019, S. 4; so auch schon im Deutscher Corporate Governance Kodex in der Fassung vom 7. Februar 2017 mit Beschlüssen aus der Plenarsitzung vom 7. Februar 2017, S. 6.

277 *Baur/Holle*, NZG 2018, 14, 18; Spindler/Stilz/*Fleischer*, AktG, § 91 Rn. 47; MHdB GesR IV/*Hoffmann-Becking*, § 25 Rn. 32; *Steffen/Stöhr*, RdA 2017, 43, 44.

278 *Grützner*, in: Momsen/Grützner, Wirtschafts- und Steuerstrafecht, Kapitel 4 § 16 Rn. 48; *Hoffmann/Schieffer*, NZG 2017, 401, 405.

279 Im Ergebnis so auch LG München I, NZG 2014, 345, 347; *Grützner*, in: Momsen/Grützner, Wirtschafts- und Steuerstrafecht, Kapitel 4 § 16 Rn. 48; *Fleischer*, NZG 2014, 321, 324.

280 Zur näheren Eingrenzung der Verdachtslage vgl. Kapitel 1 § 2 D. I. 5.

Kontrollmaßnahmen enden würde.[281] Auch wird im Rahmen der Bestimmung der Reichweite der Leitungsaufgaben schwerlich davon ausgegangen werden können, dass sämtliche Gesetzesverstöße und sonstigen Pflichtverletzungen durch die Implementierung einer Compliance-Struktur mit präventiver Zielrichtung im Keim erstickt werden könnten.[282] Dies umso mehr, wenn es sich um Compliance-Systeme in großen Unternehmen oder gar Konzernstrukturen handelt, denen weit verzweigte interne Strukturen immanent sind. Mithin muss als eigenständiger Teil auch die Aufklärung möglicher Compliance-Verstöße von der Legalitätspflicht erfasst sein. Davon geht gleichfalls ein großer Teil des Schrifttums aus, sodass bei Compliance-Verstößen oder einer entsprechenden Verdachtslage die Aufklärung zu den Compliance-Pflichten gezählt wird.[283] Teilweise wird die Aufklärungspflicht auch im Zusammenhang mit einer „Pflichtentrias“[284] oder dem aktienrechtlichen „Dreiklang“[285] besprochen, nämlich dem „Aufklären, Abstellen und Ahnden“ von Compliance-Verstößen.

bb) Ermessen hinsichtlich des „Wie“ der Aufklärung

Legt man die Verpflichtung des Vorstands zugrunde, steht jedenfalls fest, dass ihm hinsichtlich der Frage, ob eine Aufklärungsmaßnahme umgesetzt wird, kein Ermessensspielraum zusteht.[286] Dem Vorstand ist mithin gesetzlich vorgegeben, Aufklärungsmaßnahmen im Verdachtsfall durchzuführen.

Daneben ist die Frage zu klären, wie die Aufklärung konkret betrieben werden soll. Würde man aus der Pflicht, die Aufklärung überhaupt betreiben zu müssen, zugleich die Pflicht folgern, dass das Ziel der Aufklärung stets mittels einer internen

---

281 So auch *Wagner*, CCZ 2009, 8, 12; *Wessing*, in: Hauschka/Moosmayer/Lösler, Corporate Compliance, § 46 Rn. 16.

282 So auch *Rodewald/Unger*, BB 2007, 1629, 1633.

283 *Arnold*, ZGR 2014, 76, 81; *Fleischer*, NZG 2014, 321, 324; Hüffer/Koch/*Koch*, § 76 Rn. 16 ff.; *Reichert/Ott*, NZG 2014, 241, 242; *Seibt/Cziupka*, DB 2014, 1598, 1599 f.; *Wessing*, in: Hauschka/Moosmayer/Lösler, Corporate Compliance, § 46 Rn. 16; so auch *Fuhrmann*, der die Pflicht zu Aufklärung primär aus den Leitungsaufgaben des Vorstands nach § 76 Abs. 1 AktG sowie aus der Aufsichtspflicht nach § 130 OWiG herleitet, vgl. *Fuhrmann*, NZG 2016, 881, 884.

284 *Reichert/Ott*, NZG 2014, 241, 242; *Ott/Lüneborg*, CCZ 2019, 71, 72.

285 Spindler/Stilz/*Fleischer*, AktG, § 91 Rn. 57.

286 Spindler/Stilz/*Fleischer*, AktG, § 91 Rn. 57; *Fuhrmann*, NZG 2016, 881, 884; *Grützner*, in: Momsen/Grützner, Wirtschafts- und Steuerstrafecht, Kapitel 4 § 16 Rn. 48; *Hoffmann/Schieffer*, NZG 2017, 401, 403; *Ott/Lüneborg*, CCZ 2019, 71, 72; *Potinecke/Block*, in: Knierim/Rübenstahl/Tsambikakis, Kapitel 2 Rn. 9, 13; *Reichert/Ott*, NZG 2014, 241, 242 f.; *Reichert/Ott*, ZIP 2009, 2173, 2176; *Seibt/Cziupka*, DB 2014, 1598, 1599 f.; im Ergebnis so auch *Rieder/Menne*, CCZ 2018, 203, 207; *Seibt*, wenn er schreibt: „Aus der Legalitäts- und Legalitätskontrollpflicht ergibt sich die zwingende Handlungspflicht des Vorstands, bestehende Gesetzesverletzungen unverzüglich nach Kenntnis abzustellen.“, vgl. *Seibt*, BB 2019, 2563, 2568.

Untersuchung zu erreichen ist, würde außer Acht gelassen, dass dem Vorstand in diesem Zusammenhang ein Ermessensspielraum dahingehend zusteht, wie eine Aufklärung betrieben wird, welche konkrete Maßnahme also in welchem Umfang ergriffen werden soll.[287]

Dies ergibt sich bereits aus dem Wortlaut des § 76 Abs. 1 AktG, in dem es heißt, dass der Vorstand die Gesellschaft „unter eigener Verantwortung" zu leiten hat.[288] Ferner sprechen die verfassungsrechtlich gewährleistete Unternehmerfreiheit nach Art. 12, 14 GG sowie die Berufsfreiheit nach Art. 12 Abs. 1 GG für dieses Verständnis.[289] Darüber hinaus wird vielen Verdachtsfällen auch mit weit weniger großem Aufwand nachgegangen werden können, als ihn eine interne Untersuchung bedeuten würde, so bspw. durch Einzelgespräche mit dem jeweiligen Mitarbeiter.[290] Ferner käme als weitere Vorgehensweise zur Aufklärung die Initiierung eines Straf- oder Ordnungswidrigkeitenverfahrens in Betracht.[291] Demgegenüber ist es jedoch möglich, dass der Sachverhalt so komplex und/oder die Bedeutung der Vorwürfe und die Auswirkungen für die internen Prozesse so gewichtig sind, dass die Abwägungsentscheidung auf die Durchführung einer umfassenden unternehmensinternen Untersuchung hinausläuft.[292] Diese Herangehensweise überzeugt. In die Entscheidung darüber, ob interne Untersuchungen eingeleitet werden, müssen die mit einer internen Untersuchung verbundenen Faktoren einbezogen werden. So sind mit internen Untersuchungen, gerade wenn sie durch externe Berater durchgeführt werden, hohe Kosten verbunden. Aufwendige und unternehmensweite interne Untersuchungen haben überdies Auswirkungen auf die Mitarbeiter, können bspw. zu Verunsicherung führen. Stets muss berücksichtigt werden, ob in dem jeweiligen Einzelfall eine interne Untersuchung im Interesse des Unternehmens liegt.

---

287 *Arnold*, ZGR 2014, 76, 83; Spindler/Stilz/*Fleischer*, AktG, § 91 Rn. 57; *Fleischer*, NZG 2014, 321, 326; *Hoffmann/Schieffer*, NZG 2017, 401, 403; *Lüneborg/Resch*, NZG 2018, 209, 211; MüKo-AktG/*Spindler*, § 93 Rn. 91 ff.; *Nestler*, in: Knierim/Rübenstahl/Tsambikakis, Kapitel 1 Rn. 12 f.; *Nolte/Michaelis*, BB 2020, 1154, 1157; MAH Verteidigung in Wirtschafts- und Steuerstrafsachen/*Park/Eggers*, § 11 Rn. 28 ff.; *Reichert/Ott*, ZIP 2009, 2173, 2176 f.; *Reichert/Ott*, NZG 2014, 241, 243; *Seibt/Cziupka*, DB 2014, 1598, 1599; *Wagner*, CCZ 2009, 8, 16 f.; *Wessing*, in: Hauschka/Moosmayer/Lösler, Corporate Compliance, § 46 Rn. 16; im Ergebnis so auch *Grützner*, in: Momsen/Grützner, Wirtschafts- und Steuerstrafecht, Kapitel 4 § 16 Rn. 48; zu einer möglichen Ermessenreduktion auf null vgl. Kapitel 1 § 2 C. I. 2.

288 MAH AktienR/*Ritter*, § 22 Rn. 80.

289 MAH AktienR/*Ritter*, § 22 Rn. 80.

290 *Wagner*, CCZ 2009, 8, 16; *Wessing*, in: Hauschka/Moosmayer/Lösler, Corporate Compliance, § 46 Rn. 16.

291 *Reichert/Ott*, ZIP 2009, 2173, 2177.

292 *Fleischer* spricht davon, dass sich das Auswahlermessen u.U. zu einer Pflicht verdichten kann, eine bestimmte Aufklärungsmethode zu wählen, vgl. Spindler/Stilz/*Fleischer*, AktG, § 91 Rn. 57; *Wagner*, CCZ 2009, 8, 16.

b) *Legalitätspflicht des Geschäftsführers*

aa) *Aufklärungsverantwortung als Teil der Legalitätspflicht*

Ebenso wie für den Vorstand der AG gilt die Legalitätspflicht auch für den Geschäftsführer der GmbH.[293] Jedoch lässt sich das zur Compliance-Verantwortlichkeit des Vorstands Gesagte, insbesondere der anzusetzende Sorgfaltsmaßstab, nicht ohne Weiteres auf die GmbH übertragen. Dies ergibt sich daraus, dass die Pflichten des Geschäftsführers auf einer eigenständigen Rechtsnorm beruhen, nämlich § 43 Abs. 1 GmbH. Danach ergibt sich zwar, dass auch der Geschäftsführer die Sorgfalt eines ordentlichen Geschäftsmanns anzuwenden hat. Auch können sich die Folgen der §§ 130, 30 OWiG für die GmbH ergeben, sodass es – ebenso wie bei der AG – bei der GmbH im Unternehmensinteresse liegt, Compliance-Verstöße gar nicht erst entstehen zu lassen. Jedoch besteht für den Geschäftsführer ein eigenständiger Sorgfaltsmaßstab. Insoweit dürften gerade im Hinblick auf die GmbH[294] sowie kleinere AG[295] geringere Anforderungen an die Compliance-Anforderungen zu befürworten sein.[296] Teilweise ist von einem Mindestmaß an Compliance-Maßnahmen die Rede, da gerade den kleineren Gesellschaften eine umfassende Compliance-Organisation nicht zugemutet werden kann.[297] Die Compliance-Maßnahmen dürften insoweit an der konkreten Situation bei der GmbH auszurichten sein[298], bspw. der Größe und der Mitarbeiteranzahl,[299] der Branchenzugehörigkeit[300] sowie dem konkreten Gefährdungspotential und der Zumutbarkeit der Aufwendungen[301].

Vor diesem Hintergrund fragt sich, ob insoweit auch geringere Anforderungen an die Pflicht zur Aufklärung von Verdachtsfällen gestellt werden können oder ob für den Geschäftsführer gar nicht erst eine solche Pflicht besteht. Auch wenn sich die Anforderungen an die Sorgfaltspflicht des Vorstands nicht eins zu eins auf die Sorgfaltspflicht des Geschäftsführers gemäß § 43 Abs. 1 GmbHG übertragen lassen, umfassen sie gleichwohl die Pflicht, im Einklang mit sämtlichen Rechtsvorschriften zu handeln, sich mithin gesetzestreu zu verhalten.[302] Hieraus folgert zugleich eine Compliance-Pflicht sowie die Pflicht, etwaige Gesetzesverletzungen

293 MüKo-GmbHG/*Fleischer*, § 43 Rn. 21; MAH GmbH-Recht/*Theusinger/Jung*, § 24 Rn. 8.
294 MüKo-GmbHG/*Fleischer*, § 43 Rn. 145.
295 Spindler/Stilz/*Fleischer*, AktG, § 91 Rn. 48.
296 Für eine umfassende Compliance-Verpflichtung spricht sich *Fleischer* aus, vgl. MüKo-GmbHG/*Fleischer*, § 43 Rn. 142, 147 ff.
297 Spindler/Stilz/*Fleischer*, AktG, § 91 Rn. 48.
298 MüKo-GmbHG/*Fleischer*, § 43 Rn. 145; MüKo-GmbHG/*Stephan/Tieves*, § 37 Rn. 28.
299 MüKo-GmbHG/*Fleischer*, § 43 Rn. 145; MHLS/*Ziemons*, GmbHG, § 43 Rn. 174.
300 MHdB GesR IV/*Hoffmann-Becking*, § 25 Rn. 32.
301 *Beurskens*, in: Baumbach/Hueck, GmbHG, § 43 Rn. 11.
302 MüKo-GmbHG/*Fleischer*, § 43 Rn. 21, 30 f.; MüKo-GmbHG/*Stephan/Tieves*, § 37 Rn. 25 ff.

oder sonstige Pflichtverstöße aufzuklären, soweit ein entsprechender Verdacht besteht.[303] Die Rechtsvorschriften werden nur dann eingehalten, wenn dem Verdacht bzgl. eines Verstoßes nachgegangen und der nachgewiesene Verstoß abgestellt oder der entsprechende Verdacht ausgeräumt wird.

bb) Ermessen hinsichtlich des „Wie" der Aufklärung

Aus der Aufklärungspflicht der Geschäftsführung lässt sich schließen, dass hinsichtlich der Frage, ob eine Aufklärung betrieben werden muss, auch bei der GmbH kein Ermessen für die Geschäftsführung besteht.[304] Vertritt man die Auffassung, dass § 130 OWiG für sich gesehen eine Rechtspflicht begründen kann, dann lässt sich bereits hieraus die Pflicht zu Aufklärung ableiten.[305]

Dennoch ist zu beachten, dass – ebenso wie dem Vorstand der AG – auch dem GmbH-Geschäftsführer grundsätzlich ein Ermessenspielraum im Hinblick auf die Art und Weise der zu ergreifenden Maßnahmen zuzusprechen ist, sodass die Durchführung einer internen Untersuchung nicht zwingend geboten ist, wenn weniger aufwendige Maßnahmen in Betracht kommen.[306] Kommen verschiedene Maßnahmen in Betracht, kann sich auch eine Einwirkungsmöglichkeit durch die Gesellschafter ergeben.[307] In diesem Zusammenhang könnte sich bspw. ein in der Satzung vorgesehenes Zustimmungserfordernis auswirken. Wird die Durchführung einer internen Untersuchung aufgrund einer Regelung in der Satzung von der Zustimmung der Gesellschafterversammlung abhängig gemacht, darf diese auch nur mit einer solchen initiiert werden. Bestünde eine solche Beschränkung und würde der Geschäftsführer die Untersuchung dennoch einleiten, würde er sich pflichtwidrig verhalten, da ihm zwar im Außenverhältnis eine derartige Vertretungsmacht nach § 35 Abs. 1 GmbHG zustünde, diese im Innenverhältnis aber beschränkt wäre und nicht vorläge.[308]

---

303 MüKo-GmbHG/*Fleischer*, § 43 Rn. 137; *Grützner*, in: Momsen/Grützner, Wirtschafts- und Steuerstrafecht, Kapitel 4 § 16 Rn. 48 f.; MüKo-GmbHG/*Stephan/Tieves*, § 37 Rn. 28 f.

304 *Fuhrmann*, NZG 2016, 881, 884; *Grützner*, in: Momsen/Grützner, Wirtschafts- und Steuerstrafecht, Kapitel 4 § 16 Rn. 48; *Potinecke/Block*, in: Knierim/Rübenstahl/Tsambikakis, Kapitel 2 Rn. 74; a.A. *Nestler*, in: Knierim/Rübenstahl/Tsambikakis, Kapitel 1 Rn. 13; *Wessing*, in: Hauschka/Moosmayer/Lösler, Corporate Compliance, § 46 Rn. 20; im Ergebnis so auch MüKo-GmbHG/*Fleischer*, § 43 Rn. 137; Hümmerich/Lücke/Mauer/*Hümmerich/Lücke/Mauer*, § 1 Rn. 508.

305 So z.B. MAH GmbH-Recht/*Theusinger/Jung*, § 24 Rn. 74 f.; MAH Verteidigung in Wirtschafts- und Steuerstrafsachen/*Park/Eggers*, § 11 Rn. 20; *Potinecke/Block*, in: Knierim/Rübenstahl/Tsambikakis, Kapitel 2 Rn. 77; *Wagner*, CCZ 2009, 8, 13.

306 Im Ergebnis so auch Hümmerich/Lücke/Mauer/*Hümmerich/Lücke/Mauer*, § 1 Rn. 508; MüKo-GmbHG/*Stephan/Tieves*, § 37 Rn. 25.

307 MüKo-GmbHG/*Stephan/Tieves*, § 37 Rn. 25.

308 *Böhmer/Engelhardt*, in: Bay, Handbuch Internal Investigations, Kapitel 1 Rn. 4.

c) *Zwischenergebnis*

Zusammenfassend lässt sich aus der Legalitätspflicht folgern, dass sowohl für den Vorstand einer AG als auch für den Geschäftsführer einer GmbH zwar eine Pflicht zur Aufklärung einer etwaigen Verdachtslage bzgl. Compliance-Verstößen besteht. Hinsichtlich der Art und Weise der Aufklärung steht Vorstand und Geschäftsführung indes ein Ermessenspielraum zu. Eine konkrete Pflicht zur Durchführung einer Aufklärung in Form einer internen Untersuchung lässt sich mithin nicht aus der Legalitätspflicht von Vorstand und Geschäftsführung ableiten.

2. *Risikofaktoren als Einflussfaktoren auf die Ermessensentscheidung*

Die der Entscheidung über die Aufklärungsmaßnahme zugrunde liegenden Abwägungen müssen insbesondere am Unternehmsinteresse ausgerichtet werden. Ob interne Untersuchungen derart im Interesse des Unternehmens liegen, dass sich die Ermessensentscheidung womöglich auf diese eine konkrete Vorgehensweise verdichtet[309] bzw. das Ermessen insoweit auf null reduziert wird, wird im Folgenden anhand der Bewertung bestimmter Risikofaktoren untersucht. Die gewählten Risikofaktoren sind besonders geeignet, das Handeln des Vorstands bzw. Geschäftsführers im Hinblick auf die Durchführung einer internen Untersuchung zu lenken.

a) *Finanzverantwortung*

Eines der wesentlichen Elemente der Finanzverantwortung des Vorstands der AG[310] und der Geschäftsführung der GmbH[311] ist es, die Liquidität der Gesellschaft sicherzustellen und Maßnahmen zu deren Sicherung zu ergreifen. Eine Situation, deren Folgen die Liquidität eines Unternehmens bedroht, könnte insoweit auch die Ermessensentscheidung des Gesellschaftsorgans beeinflussen. Art und Umfang der Ermittlungsmaßnahmen haben sich – wie es *Lüneborg/Resch* zutreffend feststellen – regelmäßig an der Schwere der in Betracht kommenden Rechtsverletzungen und deren möglichen Auswirkungen auf das Unternehmen auszurichten.[312] Betrachtet man noch einmal den Ausgangspunkt der großen internen Untersuchungen der Vergangenheit, so bestand ein wichtiges Argument für die Durchführung einer solchen Untersuchung darin, ein finanzielles Risiko für die Gesellschaft zu minimieren, wobei in die Abwägung stets die durch die interne Untersuchung zu erwartenden Kosten einkalkuliert werden mussten (so bspw. die Kosten für mandatierte rechtliche Berater und forensische Dienstleister)[313].

---

309 Zur Möglichkeit der Verdichtung der Aufklärung auf eine bestimmte Maßnahme vgl. *Reichert/Ott*, NZG 2014, 241, 243; *Wagner*, CCZ 2009, 8, 16.

310 Spindler/Stilz/*Fleischer*, AktG, § 93 Rn. 57.

311 MüKo-GmbHG/*Fleischer*, § 43 Rn. 62.

312 *Lüneborg/Resch*, NZG 2018, 209, 211.

313 Zu den Kosten interner Ermittlungen und weitere Rechtsberatungskosten vgl. *Lüneborg/Resch*, NZG 2018, 209, 212.

Bezogen auf die nationalen Sachverhalte geht es hinsichtlich der finanziellen Risiken um mögliche Geldbußen, wie bspw. solche nach §§ 130, 30 OWiG. Daneben könnte aber auch das Risiko hinsichtlich einer Flut von Schadensersatzklagen zum Tragen kommen. Je nach Ausmaß der Vorwürfe kann es dabei um immense Summen gehen. Nimmt man die Sachverhalte mit Auslandbezug in den Blick, so ist hinsichtlich des US-amerikanischen Rechts anerkannt, dass sich interne Untersuchungen sanktionsmildernd, wenn nicht sogar strafvermeidend auswirken können.[314] Zu erinnern sei nur an die „Siemens-Affäre", in deren Rahmen allein in Deutschland gegen die Siemens AG durch das LG München I ein Bußgeld in Höhe von 200 Mio. Euro und durch die Staatsanwaltschaft München I ein Bußgeld in Höhe von 395 Mio. Euro festgesetzt wurde.[315] In den USA ist das Bußgeld nur moderat ausgefallen, weil die Siemens AG für die US-amerikanischen Behörden überzeugend belegt hat, dass es die Aufklärung betrieben und die Konsequenzen für die Zukunft aus dem Skandal gezogen hat. Betrachtet man den aktuellen „VW-Abgasskandal", so hat die Volkswagen AG allein für die Geschäftsjahre 2015 und 2016 knapp 23 Milliarden Euro an Rückstellungen ausgewiesen.[316] Dies geschah im Hinblick auf die möglichen finanziellen Risiken, namentlich die Bußgelder und Strafzahlungen sowie die zu erwartenden zivilrechtlichen Klagen der VW-Kunden. In einem Konzern wie Volkswagen, mit seinen weit verzweigten Strukturen, lässt sich ein Verdacht, wie er Volkswagen vorgeworfen wurde, nur mittels einer umfassenden Untersuchung aufklären.

Bezogen auf etwaige Kartellrechtsverstöße muss in die Abwägungsentscheidung einbezogen werden, ob die Bonusregelung des Bundeskartellamts gemäß § 81 Abs. 7 GWB in Betracht kommt (sog. Kronzeugenregelung). Einem Antrag auf solch eine Kronzeugenstellung geht regelmäßig eine vorherige interne Untersuchung voraus, um die finanziellen Risiken und die Effektivität eines solchen Antrags abschätzen zu können.[317]

An dieser Stelle ist aber anzumerken, dass es sich hierbei um reine Ermessenserwägungen handelt. Insoweit können auch keine klaren Aussagen darüber getroffen werden, wann sich durch Auswirkungen im Rahmen der Finanzverantwortung der Organe das Ermessen hinsichtlich der Durchführung einer internen Untersuchung auf null reduziert. Vielmehr könnten Argumente auch gegen die Durchführung einer internen Untersuchung sprechen, insbesondere dann, wenn die durch die Untersuchung zu erwartenden hohen Kosten in keinem Verhältnis zu dem zu erwartenden Ergebnis stehen. Dies gerade dann, wenn die Vorwürfe kein großes Gewicht haben und auch keinen Straftatbestand betreffen. Insoweit ist immer abzuwägen, ob interne Untersuchungen auch vor dem Hintergrund einer

---

314 *Ott/Lüneborg*, CCZ 2019, 71, 72.

315 LG München I, NZG 2014, 345.

316 Artikel des Handelsblattes v. 8.12.2017.

317 *Lüneborg/Resch*, NZG 2018, 209, 211; *Wagner*, CCZ 2009, 8, 17; *Dittrich*, CCZ 2015, 209.

strengen Kosten-Nutzen-Rechnung Sinn machen.[318] Eine solche Abwägung ist insbesondere dann von Bedeutung, wenn sich das Unternehmen der Gefahr einer Insolvenz ausgesetzt sieht. Dann ist als ein Teil der Finanzverantwortung nämlich das Krisenmanagement betroffen.

Gerade im Hinblick auf die Berücksichtigung interner Untersuchungen im Rahmen der Bemessung der Bußgeldhöhe könnte sich im Hinblick auf die Finanzverantwortung des Vorstands bzw. der Geschäftsführung die Pflicht zur Aufklärung einer Verdachtslage mittels Durchführung einer internen Untersuchung[319] aber nur dann auf null reduzieren, wenn die Vorteile gegenüber den zu erwarteten Kosten deutlich überwiegen oder sich ohnehin ein faktischer Zwang zur Durchführung für das Unternehmen ergibt. Eine solche Situation kommt insbesondere dann in Betracht, wenn US-amerikanische Behörden in den Fall involviert werden, denn dann sprechen der faktische Zwang zur Durchführung interner Untersuchungen sowie die positive Wirkungsweise interner Untersuchungen überwiegend für eine Ermessenreduzierung auf null. Vor dem Hintergrund der aktuellen Rechtsprechung[320] und dem Willen des Gesetzgebers für geplante Gesetzesvorhaben[321] spricht vieles dafür, dass zukünftig auch im Rahmen nationaler Sachverhalte die Mitwirkung der betroffenen Unternehmen durch interne Untersuchungen positive Berücksichtigung bei der Bußgeldbemessung finden wird. Dies würde wiederum ein starkes Argument zugunsten interner Untersuchung darstellen.

b) Langfristige Wertbildung

Für die Beantwortung der Frage, ob sich der Faktor einer langfristigen Wertbildung überhaupt zu einer Handlungspflicht hinsichtlich der Durchführung einer internen Untersuchung verdichten kann, muss zunächst geklärt werden, was unter einer langfristigen Wertbildung zu verstehen ist, was von einer solchen erfasst ist und inwiefern sie sich auf die Abwägungsentscheidung der Vorstände bzw. der Geschäftsführung auswirkt.

aa) Herleitung der Finanzverantwortung

Der Faktor der langfristigen Wertbildung steht zwar mit der Finanzverantwortung im Zusammenhang, geht aber über diese hinaus und soll daher isoliert betrachtet werden. Damit die Rentabilität eines Unternehmens auf lange Sicht gesichert werden kann, muss das Unternehmen stabile Marktwerte erzielen. Diese hängen in der heutigen Zeit auch maßgeblich mit der Wahrnehmung des Unternehmens in der Öffentlichkeit zusammen, insbesondere mit dem eigenen Handeln des

---

318 *Seibt/Cziupka*, DB 2014, 1598, 1599 f.

319 Als einen Gesichtspunkt der Ermessensentscheidung sieht dies auch *Wagner*, CCZ 2009, 8, 17.

320 BGH, NZWiSt 2018, 379, 387.

321 Koalitionsvertrag zwischen CDU, CSU und SPD v. 7.2.2018, S. 126.

Unternehmens, seinen Produkten und wofür es kulturell sowie sozial einsteht. Dieser Bereich, der die Unternehmensreputation betrifft, kann daher dem Unternehmensinteresse zugeordnet werden, da die Öffentlichkeit bzw. die Allgemeinheit nach der hier vertretenen Auffassung zu den Interessenträgern zählen.[322] Die grundsätzliche Bedeutung der nachhaltigen Wertschöpfung sowie der ethischen Verhaltenswerte im Zusammenhang mit der Unternehmensführung geht auch aus der aktuellen Fassung des DCGK hervor. Aus seiner Präambel lässt sich nämlich die Verpflichtung für Vorstand und Aufsichtsrat ableiten, im Einklang mit den Prinzipien der sozialen Marktwirtschaft für den Bestand des Unternehmens und seine nachhaltige Wertschöpfung zu sorgen (Unternehmensinteresse) und dabei nicht nur die Legalität, sondern auch ein ethisch fundiertes, eigenverantwortliches Verhalten (Leitbild des ehrbaren Kaufmanns) zu achten.[323] In diesem Zusammenhang ist jedoch *Fleischer* zuzustimmen, dass sich ethische Verhaltensregeln nicht als verbindliches Richtmaß für die organschaftliche Leitungssorgfalt eignen.[324] Dennoch ist die Unternehmensreputation von den Vorständen und Geschäftsführern in ihre Entscheidungen einzubeziehen.[325]

Vor diesem Hintergrund muss der Vorstand im Rahmen seiner Entscheidungen die möglichen (negativen) Reputationsfolgen aufgrund seiner Sorgfaltspflichten gemäß §§ 76 Abs. 1, 93 Abs. 1 AktG berücksichtigen.[326] Dies zeigt sich insbesondere im Zusammenhang mit dem Vorwurf eines möglicherweise ethisch fragwürdigen Geschäfts und der Berufung des Vorstands auf § 93 Abs. 1 S. 2 AktG. Eine Pflichtverletzung des Vorstandes liegt nämlich gemäß § 93 Abs. 1 S. 2 AktG dann nicht vor, wenn das Vorstandsmitglied bei einer unternehmerischen Entscheidung vernünftigerweise annehmen durfte, auf der Grundlage angemessener Information zum Wohle der Gesellschaft zu handeln (sog. „business judgment rule"). Hat der Vorstand alle relevanten Informationen gesammelt und berücksichtigt und ist auf dieser Informationsgrundlage zu dem Ergebnis gekommen, dass sich ein bestimmtes Geschäft, auch wenn es als ethisch fragwürdig erscheint, gleichwohl

---

322 So auch Spindler/Stilz/*Fleischer*, AktG, § 76 Rn. 27; vgl. auch *Fleischer*, der im Rahmen seiner Untersuchung hinsichtlich der Auswirkungen eines Reputationsverlustes vor allem ethisch fragwürdige Geschäfte in Bezug nimmt, vgl. *Fleischer*, DB 2017, 2015, 2020 m.w.N.

323 Deutscher Corporate Governance Kodex vom 16. Dezember 2019, S. 2; so auch schon im Deutscher Corporate Governance Kodex in der Fassung vom 7. Februar 2017 mit Beschlüssen aus der Plenarsitzung vom 7. Februar 2017, S. 1; zur Kritik an der Reglung im Deutscher Corporate Governance Kodex in der Fassung vom 7. Februar 2017 mit Beschlüssen aus der Plenarsitzung vom 7. Februar 2017 vgl. *Fleischer*, DB 2017, 2015, 2016 f.

324 *Fleischer*, DB 2017, 2015, 2017 ff.

325 Zur Bedeutung der Unternehmensreputation im Zusammenhang mit dem Rechtsrahmen für Geschäftsleiterhandeln im Falle der Unternehmenskrise vgl. *Seibt*, BB 2019, 2563, 2564.

326 *Fleischer*, DB 2017, 2015, 2020 f.; *Seibt*, DB 2015, 171, 174; *Seibt*, DB 2016, 2707, 2709.

für die Gesellschaft sinnvoll und lohnenswert ist, kann er sich auf die business judgment rule berufen.[327] Ist dies indes nicht der Fall, liegen die Voraussetzungen des § 93 Abs. 1 S. 2 AktG nicht vor und die Haftung des Vorstands ist insoweit nicht beschränkt. Gerade bei ethisch fragwürdig erscheinenden Geschäften kann der Vorstand nur dann einschätzen, ob das Geschäft am Ende sinnvoll und lohnenswert ist, wenn er die Reputationsrisiken identifiziert und mögliche negative Reputationsfolgen quantifiziert hat.[328] Aus der Bedeutung der Reputation für das Unternehmen wird insoweit zunehmend das Reputationsmanagement als Teil der Leitungsaufgaben des Vorstands bzw. der Geschäftsführung gefolgert.[329]

bb) Definition der Reputation

Aber was bedeutet Reputation überhaupt? Reputation bedeutet im allgemeinen Sprachgebrauch „Ansehen“ bzw. „Ruf“, der bspw. von einer Person, aber auch einem Unternehmen ausgeht.[330] Der Begriff geht auf das lateinische Wort „reputatio“ zurück, welches für „Erwägung“ und „Berechnung“ steht.[331] Versucht man sich dem Begriff des Rufs in der ökonomischen Forschung zu nähern, so ist festzustellen, dass eine feststehende Definition nicht existiert. Das hängt damit zusammen, dass den verschiedenen Forschungsansätzen in der Reputationsforschung auch unterschiedliche Definitionsansätze zugrunde liegen.

Zurückgehend auf *Fombrun*[332], der sich als einer der ersten mit dieser Thematik intensiv befasst hat, leitet sich die Reputation u.a. aus der Identität eines Unternehmens ab, die beeinflusst wird von den Arbeitnehmern, Kunden, Stakeholdern und der Öffentlichkeit.[333]

---

327 *Fleischer*, DB 2017, 2015, 2021.

328 *Fleischer*, DB 2017, 2015, 2021; zur Unternehmensreputation als wirtschaftlicher Wert vgl. Kapitel 1 § 2 C. 2. b) cc).

329 *Fleischer*, DB 2017, 2015, 2020; *Seibt*, DB 2016, 2707, 2709; zustimmend jedenfalls für große Unternehmen *Klöhn/Schmolke*, NZG 2015, 689, 693.

330 Duden, 9. Aufl., Reputation; *Ternés/Runge*, Reputationsmanagement – Employer Branding, essentials, S. 4.

331 Duden, 9. Aufl., Reputation; *Wüst*, in: Wüst/Kreutzer, Corporate Reputation Management, S. 13; *Ternés/Runge*, Reputationsmanagement – Employer Branding, essentials, S. 4.

332 *Fombrun*, Reputation: Realizing Value from the Corporate Image.

333 *Fombrun*, Reputation: Realizing Value from the Corporate Image, S. 11: “At heart, a company´s reputation therefore derives from its identity. It can be traced to managerial practices that make a company a good workplace for its employees, a good provider of products and services for its costumer, a good investment for its shareholders, an agood citizen in its local communities.”; siehe auch *Fombrun*, Reputation: Realizing Value from the Corporate Image, S. 111 ff.; 117 ff., 194 ff.; im Ergebnis so auch *Bock*, der an Kunden, Lieferanten, Financiers und Versicherungen, Investoren und den Finanzmärkten sowie Mitarbeitern anknüpft, vgl. *Bock*, Criminal Compliance, S. 271 ff.

Bezugnehmend auf die ökonomische Reputationsforschung basiert der gute Ruf eines Unternehmens nach *Klöhn/Schmolke* auf der Einschätzung der Stakeholder einer Gesellschaft, inwieweit sich die Gesellschaft in Zukunft im Interesse der Stakeholder verhalten wird.[334] Diese Einschätzung beruht ihrerseits auf dem bisherigen Verhalten der Gesellschaft.[335] Dabei umfasst Stakeholder alle Personen, die ein Eigeninteresse an den im Namen der Gesellschaft getroffenen Entscheidungen, also dem Verhalten, haben.[336] Zu nennen sind bspw. Eigenkapital- und Fremdkapitalinvestoren, Mitarbeiter, Kunden, Lieferanten, sonstige Geschäftspartner, aber auch Interessengruppen und die Allgemeinheit.[337]

Eine ähnliche Annäherung an eine mögliche Definition findet sich auch bei *Burkhardt*, der die Reputation als Gesamtheit der Eindrücke definiert, die bei allen Interessengruppen eines Unternehmens auf der Grundlage vergangener, gegenwärtiger und zukünftiger Aspekte entstanden sind.[338] Für eine hohe Reputation sprechen insbesondere Vertrauenswürdigkeit, Glaubwürdigkeit, Zuverlässigkeit und Verantwortung.[339]

cc) Unternehmensreputation als wirtschaftlicher Wert

Der gewichtige Faktor der Unternehmensreputation ergibt sich für das Unternehmen gerade aus ökonomischer Sicht, da der Reputation ein wirtschaftlicher Wert zukommt.[340] So kann sich die Reputation als Wettbewerbsvorteil[341] darstellen und die Konjunkturanfälligkeit von Unternehmen gerade in Krisenzeiten reduzieren.[342] Insgesamt kann die Reputation als immaterieller Vermögenswert über den Erfolg oder Misserfolg eines Unternehmens bestimmen und stellt in der heutigen

---

334 *Klöhn/Schmolke*, NZG 2015, 689, 690.

335 *Klöhn/Schmolke*, NZG 2015, 689, 690.

336 *Klöhn/Schmolke*, NZG 2015, 689, 690.

337 *Seibt*, DB 2015, 171.

338 *Burkhardt*, Reputation Management in Small and Medium-sized Enterprises, S. 18; zur Herleitung des Begriffs nach *Burkhardt* vgl. *Burkhardt*, Reputation Management in Small and Medium-sized Enterprises, S. 11 ff.

339 So auch *Ternés/Runge*, Reputationsmanagement – Employer Branding, essentials, S. 1; *Wüst*, in: Wüst/Kreutzer, Corporate Reputation Management, S. 13.

340 Hierzu ausführlich *Seibt*, DB 2015, 171, 172 f.; *Fombrun*, Reputation: Realizing Value from the Corporate Image, S. 81 ff.; Weber Shandwick, The Company behind the Brand: In Reputation We Trust, 2012, S. 18.

341 *Fleischer*, DB 2017, 2015, 2020; *Hall*, Strategic Management Journal, Vol. 14, 607; MüKo-GmbHG/*Fleischer*, § 43 Rn. 32a; Spindler/Stilz/*Fleischer*, AktG, § 93 Rn. 25a; *Weißensteiner*, Reputation als Risikofaktor in technologieorientierten Unternehmen, S. 1; *Schwalbach*, Reputation und Unternehmenserfolg, Forschungsbericht zur Unternehmenskommunikation Nr. 5, S. 1.

342 *Ternés/Runge*, Reputationsmanagement – Employer Branding, essentials, S. 1.

Zeit einen gewichtigen Wirtschaftswert dar.[343] Eine gute Reputation bildet einen wesentlichen Faktor für einen langfristigen Unternehmenserfolg und sorgt mithin für eine langfristige Wertbildung. Mithin lässt sich feststellen, dass sich im Zusammenhang mit den Auswirkungen der Unternehmensreputation ökonomische und rechtliche Aspekte verknüpfen.[344]

Betrachtet man das Reputationsmanagement, so kann es neben einer strategischen Daueraufgabe mit präventiver Zielrichtung vor allem auch dem Krisenmanagement zugeordnet werden, sog. „Reputation Risk Management".[345] In diesem Zusammenhang ist auch bemerkenswert, dass das Bedürfnis nach einem Versicherungsschutz im Hinblick auf mögliche Reputationsrisiken (sog. „Reputation Risk Insurance") immer stärker an Bedeutung gewinnt.[346] Im Rahmen des Krisenmanagements muss der Vorstand bzw. die Geschäftsführung etwaige Reputationsschäden so weit wie möglich verhindern, jedenfalls aber deren Auswirkungen gering halten.[347] Dem Verhalten eines Unternehmens in Krisenzeiten kommt dabei eine ganz besondere Bedeutung zu, da gerade in dieser Zeit die Reputation starke Einbußen verzeichnen kann.[348] Während also einer starken Reputation eines Unternehmens häufig ein langwieriger Prozess zugrunde liegt[349], kann die Reputation im Rahmen einer Unternehmenskrise in kürzester Zeit beschädigt werden. Im Rahmen eines solchen Krisenmanagements zählen gerade interne Untersuchungen zu den Optionen, welche der Vorstand bzw. die Geschäftsführung in den Blick nehmen muss. So können interne Untersuchungen in der öffentlichen Wahrnehmung – unabhängig von dem konkreten Sachverhalt – eine positive Wirkung erzeugen und zugleich eine negative Außenwirkung verhindern. Mithin ist gerade die öffentliche Außenwirkung, die mit internen Untersuchungen einhergehen kann, von großer Relevanz für Unternehmen.[350]

---

343 *Weißensteiner*, Reputation als Risikofaktor in technologieorientierten Unternehmen, S. 1 f. mit Verweis auf die von der Economist Intelligence Unit (EIU) durchgeführte Studie „Reputation: Risk of Risks".

344 Hölters/*Hölters*, AktG, § 93 Rn. 91.

345 *Fleischer*, DB 2017, 2015, 2020; *Seibt*, BB 2019, 2563, 2564.

346 *Seibt*, DB 2015, 171, 172.

347 *Fleischer*, DB 2017, 2015, 2020; *Seibt* sieht sogar das Corporate Reputation Management – über den Krisenfall hinaus – als Teil der Pflicht zur Unternehmensleitung, stellt gleichzeitig aber auch klar, dass das Corporate Reputation Management nicht der Legalitätspflicht unterfällt, vgl. *Seibt*, DB 2015, 171, 174.

348 *Wüst* spricht davon, dass sich die Reputation eines Unternehmens, ja einer ganzen Branche, durch krisenhafte Ereignisse innerhalb weniger Stunden in das Negative drehen kann, vgl. *Wüst*, in: Wüst/Kreutzer, Corporate Reputation Management, S. 4.

349 Nach *Wüst* ist Reputation kein Selbstläufer, sondern bedarf der permanenten Evaluation und eines systemischen Managements, vgl. *Wüst*, in: Wüst/Kreutzer, Corporate Reputation Management, S. 12.

350 *Moosmayer*, Compliance, Rn. 69.

In diesem Zusammenhang sehr interessant ist eine Studie der Ökonomen *Karpoff, Scott* und *Martin*, in welcher sie die wirtschaftlichen Auswirkungen der Verfahren durch die SEC auf die jeweiligen Unternehmen untersuchten.[351] Grundlage der Untersuchungen waren Verfahren in 585 Fällen.[352] Im Rahmen der Studie untersuchten sie auch die Auswirkungen durch einen Reputationsschaden. Zusammengefasst kamen die drei Ökonomen zu dem Ergebnis, dass im Zuge der Verfahren durch die SEC die Aktienkurse der 585 Unternehmen – bereinigt um die allgemeinen Markteinflüsse – um 38 % nachließen, wobei der Reputationsverlust 2/3 des gesamten Kursrückgangs ausmachte.[353] Zwar bezieht sich diese Studie auf den US-amerikanischen Markt. Gleichwohl kann man aus ihr allgemein die immensen Auswirkungen ableiten, welche mit einem Reputationsschaden einhergehen können. Zu beachten ist jedoch, dass die Studie ausschließlich börsennotierte Gesellschaften in den Blick genommen hat. Insoweit müssen bei nichtbörsennotierten Gesellschaften und so auch bei der GmbH für die Bemessung der Auswirkungen des Reputationsschadens das operative Geschäft und sonstige Vermögenswerte der Gesellschaft herangezogen werden.[354] Wirtschaftlich betrachtet kann sich ein etwaiger Reputationsschaden insbesondere bspw. auf die Konditionen der Kreditgeber und Lieferanten[355], auf die Kundenbindung[356] sowie die Mitarbeitergewinnung[357] bzw. das Halten von qualifizierten Mitarbeitern[358] auswirken.

dd) Reputation und die Pflicht zur Durchführung interner Untersuchungen

Fraglich ist, ob sich aus der für das Unternehmen wichtigen Bedeutung eines möglichen Reputationsschadens eine Pflicht zur Durchführung interner Untersuchungen ableiten lässt. Damit sich die Entscheidung der Vorstände bzw. Geschäftsführung zu einer Handlungspflicht verdichtet, mithin das Ermessen auf null reduziert wird, müssen die Argumente, die für die Durchführung einer internen Untersuchung sprechen, derart gewichtig sein, dass für eine andere Entscheidung kein Raum bleibt.

---

351 *Karpoff/Lee/Martin*, Journal of Financial and Quantitative Analysis, Vol. 43, 2008, S. 581 - 612.

352 *Karpoff/Lee/Martin*, Journal of Financial and Quantitative Analysis, Vol. 43, 2008, S. 581, 582.

353 *Karpoff/Lee/Martin*, Journal of Financial and Quantitative Analysis, Vol. 43, 2008, S. 581, 582; *Klöhn/Schmolke*, NZG 2015, 689, 692 f.

354 *Klöhn/Schmolke*, NZG 2015, 689, 693.

355 *Klöhn/Schmolke*, NZG 2015, 689, 691.

356 *Klöhn/Schmolke*, NZG 2015, 689, 691; *Ternés/Runge*, Reputationsmanagement – Employer Branding, essentials, S. 1 f.

357 *Moosmayer*, Compliance, Rn. 69 f.; *Ternés/Runge*, Reputationsmanagement – Employer Branding, essentials, S. 3.

358 *Klöhn/Schmolke*, NZG 2015, 689, 691.

An dieser Stelle ist zunächst problematisch, dass sich die Reputation im Vorhinein nur schwer messen lässt, da die Bewertungsmethoden – bezogen auf die AG – maßgeblich von einer Ex-post-Betrachtung der Entwicklungen des Aktienkurses vor und nach einem reputationsschädigenden Ereignis abhängig sind.[359] Bei der akuten Abwendung von Reputation und der Frage, ob eine interne Untersuchung insoweit wirtschaftlich, hilfreich und sinnvoll ist, muss aber eine Bewertung ex ante vorgenommen werden. Ein möglicher Reputationsschaden müsste also näherungsweise bestimmt werden, um anschließend auf der Basis der Erkenntnisse entscheiden zu können, ob eine interne Untersuchung zwingend ist. Dies ist, da die Einflussfaktoren auf die Reputation sehr unterschiedlich sind, im Vorhinein nur sehr schwer möglich. Ohne Weiteres lässt sich aber feststellen, dass die Vorstände und Geschäftsführung die Auswirkungen eines Reputationsschadens in ihre Abwägung einzubeziehen haben. Im Ergebnis bleibt es aber bei einer Abwägungsentscheidung im Einzelfall.

Ein Beispiel hierfür ist der „VW-Abgasskandal". Auch wenn keine wissenschaftlichen Erkenntnisse hinsichtlich der Auswirkungen des Reputationsschadens für die Volkswagen AG vorliegen, kann man sicherlich konstatieren, dass der Skandal bei vielen Kunden die Frage aufgeworfen hat, inwieweit sie den Angaben des Unternehmens vertrauen können. Dies auch unabhängig davon, dass in der Situation des „VW-Abgasskandals" noch viele andere Faktoren für die Entscheidungsfindung maßgeblich waren. Eine Besonderheit liegt z.B. darin, dass der Skandal nicht nur die Volkswagen AG betrifft, sondern verschiedene Autokonzerne in den Mittelpunkt von staatlichen Untersuchungen gerückt sind. Dies führt im Hinblick auf einen etwaigen Reputationsschaden jedenfalls zu einer stärkeren Verlagerung der Last „auf mehrere Schultern". Gleichzeitig wird man aber davon ausgehen können, dass der Hauptantrieb für die Volkswagen AG hinsichtlich der Durchführung der internen Untersuchungen darauf zurückzuführen war, dass sich das Unternehmen in den USA Ermittlungen ausgesetzt sah und – wie bereits gezeigt – im US-amerikanischen Rechtsraum eine faktische Pflicht zur Durchführung interner Untersuchungen besteht. Dieser faktische Zwang hat aber seinerseits auch wieder mit den möglichen Haftungsfolgen zu tun, welche ihrerseits – was die Studie der Ökonomen *Karpoff*, *Lee* und *Martin* zeigt[360] – zu einer Beschädigung des guten Rufs führen können. Insoweit war auch hier die Reputationsthematik mit Sicherheit ein Bewertungsfaktor im Rahmen der durch den VW-Vorstand getroffenen Abwägungsentscheidungen.

Aber auch bei rein nationalen Sachverhalten können sich interne Untersuchungen positiv auswirken. Dennoch handelt es sich um eine Ermessensentscheidung der Vorstände und Geschäftsführung. Im Ergebnis ist es auch eine umfassende

---

359 So auch bei im Rahmen der Ereignisstudie (event study), vgl. *Klöhn/Schmolke*, NZG 2015, 689, 692.

360 Vgl. hierzu *Karpoff/Lee/Martin*, Journal of Financial and Quantitative Analysis, Vol. 43, 2008, S. 581 - 612.

Kosten-Nutzen-Abwägung verschiedener Faktoren, so etwa die Kosten für die interne Untersuchung selbst, aber auch die möglichen Strafzahlungen und eben auch eines möglichen wirtschaftlichen Reputationsschadens. In dieser Abwägung vermag sich der Reputationsschaden nicht per se zu einer Handlungspflicht auswirken. Vielmehr ist es einer von verschiedenen zu berücksichtigenden Faktoren.

ee) Zweckmäßigkeitserwägungen

Vor diesem Hintergrund sollen an dieser Stelle noch einige Zweckmäßigkeitserwägungen angeführt werden, die – bezogen auf eine etwaige Außenwirkung in der Öffentlichkeit – für und gegen eine interne Untersuchung sprechen und somit einen Ausschlag im Hinblick auf die Abwägungsentscheidung geben können. Im Allgemeinen erfolgen die meisten internen Untersuchungen, ohne dass die Öffentlichkeit davon Kenntnis erlangt. Im Rahmen der Abwägungsentscheidung geht es also stets auch um die positiven wie negativen Wirkungsweisen, die sich hinsichtlich einer öffentlichen Auseinandersetzung mit den Vorwürfen und deren interner Aufarbeitung auswirken können.

Wenn nun also ein möglicher Vorwurf hinsichtlich eines Gesetzesverstoßes bereits in die Öffentlichkeit getragen wurde, besteht ein gewichtiges Ziel darin, eine negative mediale Wirkung der Berichterstattung abzuwenden und diese – soweit möglich – in eine positive Wirkung umzukehren. Dem Unternehmen kommt es darauf an nicht in die Defensive gedrängt zu werden, sondern sich öffentlich und proaktiv mit den Vorwürfen auseinanderzusetzen. Bei einer solchen zielgerichteten Auseinandersetzung können interne Untersuchungen einen wichtigen Baustein bilden, da von diesen gegenüber den Kunden, den eigenen Geschäftspartnern sowie dem Markt das Signal ausgeht, dass das Unternehmen gewillt ist, die Vorwürfe vollumfänglich aufzuklären und aus den gewonnenen Erkenntnissen die entsprechenden internen sowie externen Konsequenzen zu ziehen, um so weiteren Schaden zu verhindern.[361] Nach außen soll also glaubhaft vermittelt werden, dass ein in das Unternehmen gesetztes Vertrauen nicht enttäuscht wird und eine Verheimlichung der Vorwürfe keinesfalls im Interesse der Unternehmensleitung liegt. Aus einem solchen Vorgehen kann sich durchaus eine positive Wirkung ergeben, da die Tatsache, dass es gerade in großen und weit verzweigten Unternehmen zu Rechtsverstößen kommen kann, in der Öffentlichkeit bekannt ist. Liegt ein konkreter Rechtsverstoß vor, stellt sich vielmehr die Frage, wie das Unternehmen mit einem solchen Verstoß umgeht. Untechnisch gesprochen: Versucht es zu vertuschen oder deckt es schonungslos auf, sanktioniert die Beteiligten und versucht aus den Fehlern zu lernen?

Eine ähnliche Situation könnte sich ergeben, wenn die Untersuchung ausschließlich durch die Ermittlungsbehörden durchgeführt wird. Insoweit könnten die Organe des Unternehmens – in Abhängigkeit der eigenen Organpflichten – entscheiden,

361 Im Ergebnis so auch *Lüneborg/Resch*, NZG 2018, 209, 213.

den aufgekommenen Verdacht zunächst nur den Ermittlungsbehörden zu melden und der sich daran anschließenden behördlichen Prüfung ihren Lauf zu lassen. Zu berücksichtigen bleibt dann aber die Situation, dass die Öffentlichkeit von diesen Ermittlungen Kenntnis erlangen könnte. Erfährt die Öffentlichkeit von den Ermittlungen und erwägt die Unternehmensleitung erst dann eine eigene interne Untersuchung könnte es schon zu spät sein. Dem Unternehmen könnte der Vorwurf gemacht werden, dass es grundsätzlich nicht selbst gewillt war, unabhängig von den Ermittlungsbehörden die Vorwürfe aufzuklären. Ein Gegensteuern durch die Einleitung eigener Ermittlungsmaßnahme könnte dann durch das Argument abgewertet werden, dass das Unternehmen nunmehr allein auf der Grundlage des öffentlichen Drucks handelt.

Welche Auswirkungen die mediale Berichterstattung haben kann, zeigt sich gerade an den großen Unternehmensskandalen der letzten Jahre[362], so eben auch bei dem jüngsten Beispiel, dem „VW-Abgasskandal". Unabhängig davon, ob und in welchem Umfang die an die Volkswagen AG gerichteten Vorwürfe gerechtfertigt sind und ob sie auch andere Autohersteller betreffen, hat die mediale Berichterstattung für die Volkswagen AG zu einem großen Imageschaden geführt. Gerade bei sehr umfangreichen internen Untersuchungen, bei denen die Aufmerksamkeit durch die Medien sehr groß ist, ist ein strategisches und planvolles Vorgehen im Umgang mit den Medien ein wesentlicher Bestandteil und notwendige Folge interner Untersuchungen.[363]

Darüber hinaus können interne Untersuchungen auch als Marketinginstrument eingesetzt werden. Insoweit bietet es sich an, die Systeme zur Durchführung interner Untersuchungen in die unternehmensinternen Strukturen des Unternehmens einzubauen und die Tatsache, dass die Strukturen für interne Untersuchungen und damit für die Aufklärung kritischer Sachverhalte als Bestandteil eines umfassenden Compliance-Konzepts vorhanden sind, öffentlich bekanntzugeben; dies kann bspw. im Wege veröffentlichter unternehmenseigener Standards geschehen. Die Implementierung eines solchen Systems kann als Imagewerbung genutzt werden[364] und so eine Kundenbindung erzeugen.[365] Der Kunde soll sich sicher sein, dass auftretende Vorwürfe hinsichtlich möglicher Compliance-relevanter Verstöße jederzeit umfassend aufgeklärt werden und sich das Unternehmen stets rechtstreu verhält. Zu einer solchen positiven Außenwirkung kann auch der Einsatz externer Ermittler beitragen.[366] So wird gerade durch externe Dritte nach außen vermittelt, dass das Unternehmen an einer umfassenden Aufklärung interessiert und bemüht

---

362 *Wessing*, in: Hauschka/Moosmayer/Lösler, Corporate Compliance, § 46 Rn. 179.
363 *Wessing*, in: Hauschka/Moosmayer/Lösler, Corporate Compliance, § 46 Rn. 179.
364 *Potinecke/Block* sprechen von einer Marketing-Funktion, vgl. *Potinecke/Block*, in: Knierim/Rübenstahl/Tsambikakis, Kapitel 1 Rn. 25.
365 *Bock*, ZIS 2009, 68, 69; *Vogt*, NJOZ 2009, 4206.
366 *Schürrle/Olbers*, CCZ 2010, 102, 105.

ist, eine objektive Stelle mit dieser Aufklärung zu betrauen.[367] Zu beachten ist allerdings, dass sich diese positive Wirkung u.U. in das völlige Gegenteil verkehren kann, sollte ein Unternehmen ein Bekenntnis zur Aufklärung nach außen tragen, nach innen aber bemüht sein, die Vorwürfe durch Vertuschungsversuche so klein wie möglich zu halten.[368]

So umfassend die positive Wirkung einer internen Untersuchung auch sein kann, macht es für ein Unternehmen u.U. Sinn, die Untersuchung ausschließlich unternehmensintern zu behandeln. Insoweit lässt sich, auch wenn das Unternehmen eine positive Zielsetzung mit dem offenen Umgang verfolgt, das Meinungsbild der Öffentlichkeit nur schwer einschätzen oder gar steuern und ein negatives Echo in der Öffentlichkeit nicht gänzlich ausschließen. Dies soll anhand eines einfach gelagerten Beispiels veranschaulicht werden: Angenommen, es besteht der konkrete Verdacht, dass ein Mitarbeiter gegen strafrechtliche Normen verstoßen hat. Um den Mitarbeiter zu überführen, setzt das Unternehmen eine heimliche Videoüberwachung ein und beauftragt eine Detektei mit der Observation des Mitarbeiters. Auf der Grundlage der Erkenntnisse aus der Untersuchung bestätigt sich der Verdacht und der Mitarbeiter wird außerordentlich fristlos gekündigt. Das Vorgehen wird sodann im Rahmen der „aktuellen Meldungen", „News" oder einer Pressemitteilung bekannt gemacht oder findet einen anderen Weg in die Öffentlichkeit. Nun ließe sich, vorausgesetzt die Untersuchungen sind innerhalb des rechtlich Erlaubten erfolgt, positiv bewerten, dass das Unternehmen konsequent einen aufgekommenen Verdacht untersucht und die entsprechenden Konsequenzen aus dem Sachverhalt gezogen hat. Durch ein solches Vorgehen stellt das Unternehmen zudem klar, dass widerrechtliches Handeln in keiner Weise toleriert wird und sich auch die Kunden darauf verlassen können.[369] Mithin kann sich diese Botschaft für das Unternehmen durchaus positiv auswirken.

Gleichwohl besteht ebenfalls ein signifikantes Risiko. Der Mitarbeiter wird sich u.U. gegen die Kündigung gerichtlich zur Wehr setzen, wobei es in der rechtlichen Auseinandersetzung im Schwerpunkt um die Frage geht, ob die Videoüberwachung sowie der Einsatz einer Detektei zulässig waren, also insbesondere, ob die Maßnahmen im Einklang mit den gesetzlichen Bestimmungen zum Arbeitnehmerdatenschutz stehen. Dieser Prüfungsschwerpunkt spiegelt sich häufig in der Berichterstattung wider, wobei schnell der Vorwurf im Raum steht, das Unternehmen spioniere die eigenen Mitarbeiter aus. Unabhängig von der Rechtslage müsste das Unternehmen einen möglicherweise allgemeinen negativen Vorwurf kommunikativ einfangen. Wie sich die Berichterstattung anschließend weiter auswirkt, hängt maßgeblich davon ab, wie sich das gerichtliche Verfahren entwickelt und das Unternehmen auf die weitere Berichterstattung reagiert. In einfach gelagerten

---

367 *Bay/Engelhardt*, in: Bay, Handbuch Internal Investigations, Einleitung Rn. 9; *Behrens*, RIW 2009, 33; *Schürrle/Olbers*, CCZ 2010, 106.

368 *Engelhardt*, in: Bay, Handbuch Internal Investigations, Kapitel 10 Rn. 4.

369 *Aszmons/Herse*, DB 2020, 56.

Sachverhalten wie dem geschilderten macht es für das Unternehmen daher aus Zweckmäßigkeitsgesichtspunkten regelmäßig Sinn, die Untersuchung sowie die sich daraus ergebenden Folgen vertraulich zu behandeln. Kommt es nämlich zu keiner öffentlichen Auseinandersetzung mit dem Sachverhalt, kann es auch nicht zu einer Bewertung kommen, weder einer positiven noch einer negativen.

Eine negative mediale Wirkung kann sich für ein Unternehmen ferner dann ergeben, wenn dieses im Rahmen einer internen Untersuchung das Maß verliert und alle nur denkbaren Möglichkeiten ergreift, um verdächtige Mitarbeiter zu überführen. An dieser Stelle sei nur auf das gegenüber Lidl wegen der Bespitzelung von Mitarbeitern und der damit verbundenen schwerwiegenden Datenschutzverstöße verhängte Bußgeld[370] sowie die aktuelle Entscheidung des BAG hinsichtlich des Einsatzes von „Keyloggern"[371] hingewiesen. Sowohl der Entscheidung des Innenministeriums in Baden-Württemberg als auch der Entscheidung des BAG ist über die juristische Fachliteratur hinaus eine große mediale Aufmerksamkeit zugekommen. Werden solche Maßnahmen bekannt und halten dann sogar einer gerichtlichen Überprüfung nicht stand, hat dies in aller Regel eine negative Wirkung und u.U. einen Reputationsschaden zur Folge.[372]

c) *Operative Verpflichtung*

Ein weiterer Bereich, in dessen Rahmen sich eine Ermessensentscheidung des Vorstands bzw. der Geschäftsführung zu einer Pflicht zur Durchführung einer internen Untersuchung verdichten könnte, betrifft insbesondere die operativen Verpflichtungen der Vorstände im Zusammenhang mit der Produktsicherheit sowie der Produkthaftung.

Das ProdSG enthält ein strenges Pflichtenregime, welches bei und nach der Bereitstellung von Produkten auf dem Markt zu beachten ist. Dabei wird zwischen den formellen (nicht-sicherheitsrelevanten) und den materiellen (sicherheitsrelevanten) Anforderungen unterschieden.[373] Zu den formellen Pflichten zählt insbesondere die Kennzeichnungspflicht (bspw. CE-Kennzeichnung sowie die sog. „Hersteller- und Identifikationskennzeichnung"), während die materiellen Verpflichtungen konkrete Sicherheitsanforderungen betreffen.[374] Zu Letzteren ist § 3 ProdSG die zentrale Norm, nach welcher europäisch-harmonisierte Produkte (vgl. § 3 Abs. 1 ProdSG) und alle sonstigen Produkte (vgl. § 3 Abs. 2 ProdSG) nur dann auf den Markt gebracht werden dürfen, soweit die Sicherheit und Gesundheit von Personen nicht gefährdet wird.[375] Nach der Bereitstellung der Produkte verbleibt eine Produktbeobachtungsverpflichtung, welche den Reglungen des § 6 ProdSG

370 Pressemitteilung des Innenministeriums von Baden-Württemberg v. 11.09.2008.
371 BAG, NZA 2017, 1327.
372 *Moosmayer*, Compliance, Rn. 325.
373 *Fischer/Schucht*, BB 2018, 67 ff.
374 Zur Kennzeichnungspflicht im Einzelnen vgl. *Wagner/Ruttloff*, BB 2018, 1288, 1291.
375 *Fischer/Schucht*, BB 2018, 68.

zu entnehmen ist. Wer zu den Adressaten der genannten Verpflichtungen zählt, ergibt sich aus dem Numerus clausus der relevanten Wirtschaftsakteure, zu denen sowohl im europäischen als auch im deutschen Produktsicherheitsrecht die Hersteller, Bevollmächtigten (der Hersteller), Einführer (Importeure) und Händler zählen.[376] Bei Verstößen gegen die Verpflichtungen aus dem ProdSG können sich eine Reihe von – für das Unternehmen sehr belastenden – Folgen ergeben, zu nennen sei hier nur der Verlust der produktrechtlichen Verkehrsfähigkeit, die Verhängung von Geldbußen gemäß § 39 ProdSG, der Erlass von behördlichen Anordnungen in Gestalt von Marktüberwachungsmaßnahmen nach § 26 ProdSG, die zivilrechtliche Haftung, die strafrechtliche Verantwortung, so etwa nach § 40 ProdSG, sowie ein möglicher Reputationsschaden.[377]

Überdies besteht im Hinblick auf die in Verkehr gebrachten Produkte im deutschen Recht ein umfangreiches zivilrechtliches Produkthaftungsrecht. Dabei geht es insbesondere um die Produkthaftung nach § 823 Abs. 1 BGB sowie dem ProdHaftG. Im Rahmen einer möglichen Haftung nach § 823 Abs. 1 BGB bestehen besondere Ausformungen der Verkehrssicherungspflicht im Zusammenhang mit dem Inverkehrbringen von Produkten sowie der Beobachtung nach einem erfolgten Inverkehrbringen. Im Rahmen des Inverkehrbringens treffen das Unternehmen die Konstruktions-, Fabrikations- sowie Instruktionspflicht. Nach dem Inverkehrbringen bleibt eine Verkehrssicherungspflicht in Form der Produktbeobachtungspflicht bestehen. Materielle, also sicherheitsrelevante Verstöße gegen das ProdSG oder die Verordnungen zum ProdSG stellen dabei zugleich Verstöße gegen die Konstruktionspflicht dar.[378] Neben der Haftung nach § 823 Abs. 1 BGB kommt zudem eine Haftung nach dem ProdHaftG in Betracht.

Die jeweiligen Anspruchsgrundlagen enthalten unterschiedliche Anforderungen im Hinblick auf die Anspruchsgegner, überwiegend kommen als solche die Unternehmen in unterschiedlicher Funktion in Betracht (bspw. als Hersteller, Importeure, (Vertriebs-)Händler usw.). Pflichtwidriges Handeln der Organe wird der Gesellschaft im Rahmen der Organhaftung nach § 31 BGB analog zugerechnet.

Vor diesem Hintergrund besteht für die Unternehmen ein großes Interesse daran, den voranstehend genannten Produktsicherungsverpflichtungen sowie den Verkehrssicherungspflichten umfassend nachzukommen. Gerade bei großen dezentral organisierten Konzernen kommt dabei der operativen Verantwortung eine besondere Bedeutung zu, da die Einhaltung der Verpflichtungen im Rahmen von Compliance-Maßnahmen sichergestellt werden muss.[379] Zu diesen gehört nach Ansicht des Verfassers auch die Aufklärung von möglichen Verstößen. Insoweit kann sich durchaus die Verdachtslage im Hinblick auf Verstöße gegen die

376 *Fischer/Schucht*, BB 2018, 68.

377 Zu den möglichen Folgen vgl. exemplarisch *Wagner/Ruttloff*, BB 2018, 1288, 1292.

378 *Fischer/Schucht*, BB 2018, 67, 69.

379 So auch *Wagner/Ruttloff* speziell im Hinblick auf Product-Compliance, vgl. *Wagner/Ruttloff*, BB 2018, 1288 f.

zuvor genannten Pflichten ergeben. In solch einem Fall müssen die Organe entsprechende Maßnahmen ergreifen, um mögliche Pflichtverletzungen aufzuklären und abzustellen. Liegt ein Krisenfall vor, ist die Aufklärung des Sachverhalts als eine der zentralen Aufgaben des Krisenmanagements anzusehen.[380] Dem können u.U. auch weitere Maßnahmen, wie etwa ein Rückruf betroffener Produkte, vorausgehen. Dabei sind ebenfalls mögliche Auswirkungen auf die Reputation des Unternehmens zu beachten.

Sind mehrere Produkte betroffen und betreffen diese zudem verschiedene Produktionsstandorte, lässt sich der Verdacht womöglich nur durch eine umfassende interne Untersuchung aufklären. In diesem Zusammenhang gilt das zur Finanzverantwortung und langfristigen Wertbildung sowie zum Risiko eines Reputationsschadens Gesagte. Die Entscheidung darüber, auf welche Art und Weise die Aufklärung der Verdachtslage betrieben wird, liegt im Ermessen des Vorstands bzw. der Geschäftsführung. Die Verdichtung der Ermessensentscheidung zu einer Handlungspflicht zur Durchführung einer internen Untersuchung kommt nur dann in Betracht, wenn ausschließlich diese Form der Aufklärung das Abstellen der Verstöße und die Sanktionierung der beteiligten Personen herbeizuführen vermag, wenn also bei anderen – alternativen – Maßnahmen nicht der gleiche Erfolg zu erwarten ist.[381] Mithin bleibt es bei einer Einzelfallentscheidung. Grundsätzlich lässt sich festhalten, dass wenn eine große Gefahrengeneigtheit im Hinblick auf das fehlerhafte Produkt für die Endabnehmer besteht und die Entwicklung und Produktion dezentral organisiert sind, eine interne Untersuchung sicherlich zu den effektivsten Methoden zählt und insoweit naheliegend ist. Das bedeutet indes nicht, dass sich daraus direkt eine Handlungspflicht für die Organe allein bezogen auf diese Vorgehensweise ergibt.

d) Zwischenergebnis

Die hier besprochenen Risikofaktoren spielen jeweils für sich, aber auch zusammen eine große Rolle im Rahmen der Bewertung der Frage, ob eine interne Untersuchung eingeleitet werden sollte oder nicht. Alle drei Faktoren lassen sich dogmatisch herleiten und müssen durch den Vorstand bzw. den Geschäftsführer berücksichtigt werden. Jedoch bleibt zugleich festzuhalten, dass es sich jeweils um Faktoren handelt, die in eine Einzelfallentscheidung einbezogen werden, der wiederum eine umfassende Abwägung der für und gegen eine interne Untersuchung sprechenden Gesichtspunkte zugrunde liegt. Gerade in einer solchen Einzelfallentscheidung zeigt sich die Leitungsverantwortung des Vorstands bzw. der Geschäftsführung, unter Berücksichtigung der vielfältigen Einflussfaktoren die richtige Entscheidung zu treffen. Zugleich räumt das grundsätzlich bestehende Ermessen den Leitungsorganen die für ihre Entscheidung notwendige Flexibilität ein.

---

380 *Wagner/Ruttloff*, BB 2018, 1288, 1293.

381 *Reichert/Ott*, NZG 2014, 241, 241; *Wagner*, CCZ 2009, 8, 17.

Die beschriebenen Risikofaktoren dürften also nur in krassen Fällen das Ermessen des Vorstands bzw. der Geschäftsführung auf null reduzieren. Jedenfalls lassen sich aus den genannten Risikofaktoren keine klaren Fallgruppen bilden, die zwingend für oder gegen eine interne Untersuchung sprechen. Dies ist vor dem Hintergrund der Bedeutung der Ermessensentscheidung als zentrales Mittel der Entscheidungsfindung auch nicht schädlich.

Insoweit besteht im Grundsatz auch keine Ausnahme für den Fall, dass US-amerikanische Behörden involviert sind. Auch in einem solchen Fall wird eine Ermessensentscheidung durch die Leitungsorgane vorzunehmen sein. Die Besonderheit im Falle der Auseinandersetzung mit den US-amerikanischen Behörden besteht jedoch darin, dass sich Unternehmen aufgrund der in Betracht kommenden empfindlichen, teils existenzbedrohenden Strafen für Unternehmen der Aufforderung durch die Behörden fügen und entsprechende Untersuchungen durchführen. Bei einer solchen faktischen Zwangslange, in der sich Unternehmen in solch einem Fall befinden, dürfte sich die Ermessensentscheidung der Leitungsorgane aufgrund der hohen Strafandrohung im Falle des Ausbleibens interner Untersuchungen auf null reduzieren. Eine ähnliche Beeinflussung der Ermessenentscheidung könnte sich ergeben, soweit der aktuelle Regierungsentwurf eines Verbandssanktionengesetzes Gesetzeswirklichkeit werden würde, da nach diesem zum einen empfindliche Verbandssanktionen drohen würden und zugleich eine deutliche Sanktionsminderung aufgrund einer internen Untersuchung in Betracht käme.[382]

II. Rechtspflichten des Aufsichtsrats und der Gesellschafterversammlung

1. Aufsichtsrat einer AG

Ausgangspunkt einer möglichen Rechtspflicht des Aufsichtsrats zur Durchführung einer internen Untersuchung bildet § 111 AktG, welcher die Aufgaben und Rechte des Aufsichtsrats normiert. Nach § 111 Abs. 1 AktG überwacht der Aufsichtsrat die Geschäftsführung. Was unter Geschäftsführung zu verstehen ist, ergibt sich nicht aus der Norm selbst. Nach überwiegender Auffassung handelt es sich aber allein um die Leitungsmaßnahmen des Vorstands.[383] Entscheidend ist, dass es sich allein um Überwachungsmaßnahmen handeln darf. Geschäftsführungsmaßnahmen dürfen gemäß § 111 Abs. 4 S. 1 AktG hingegen nicht durch den Aufsichtsrat durchgeführt werden. Im Rahmen der Überwachungstätigkeit kommt der Informationsgrundlage eine entscheidende Bedeutung zu. Als Quelle dienen maßgeblich die Informationen, die dem Aufsichtsrat durch den Vorstand selbst zur

382 Zu den möglichen finanziellen Auswirkungen nach dem VerSanG-E vgl. Kapitel 1 § 2 A. II. 4. b).

383 *Fett/Habbe*, AG 2018, 257, 258 m.w.N.; MüKo-AktG/*Habersack*, § 111 Rn. 18 ff.; Hüffer/Koch/*Koch*, AktG, § 111 Rn. 2 ff.; *Reichert/Ott*, NZG 2014, 241, 244 m.w.N.; Spindler/Stilz/*Spindler*, AktG, § 111 Rn. 7 f.

Verfügung gestellt werden.[384] Dementsprechend sind in § 90 AktG auch verschiedene Berichtspflichten des Vorstands gegenüber dem Aufsichtsrat geregelt. Ferner sind weitere Einsichts- und Prüfrechte des Aufsichtsrats in § 111 Abs. 2 AktG normiert.

a) Compliance-Verantwortung des Aufsichtsrats

Fraglich ist jedoch, ob sich aus den vorgenannten Regelungen ein Recht oder sogar eine Pflicht zur Durchführung interner Untersuchungen ableiten lässt. Bezogen auf den Themenkomplex der Compliance, gehört es zu den Pflichten des Aufsichtsrats, eine innerhalb der Gesellschaft bestehende Compliance-Organisation auf ihre Funktionstauglichkeit und Effektivität hin zu überprüfen.[385] Dies folgt daraus, dass es zu den Pflichten des Vorstands gehört, eine solche Compliance-Organisation in der Gesellschaft zu implementieren.[386] Wenn nämlich eine entsprechende Pflicht für den Vorstand besteht, dann ist die Verpflichtung zur Überprüfung dieser Pflicht gleichsam vom Pflichtenkatalog des Aufsichtsrats erfasst. Dementsprechend umfasst die Überprüfung sowohl die präventiven als auch repressiven Maßnahmen des Vorstands innerhalb der Compliance-Organisation.[387] Zu den repressiven Maßnahmen zählen auch etwaige durch den Vorstand eingeleitete interne Untersuchungen. Da interne Untersuchungen gerade in ihrem Umfang und ihrer Intensität sehr unterschiedlich sein können, wird sich die Überprüfung auch auf die Zweckmäßigkeit und Wirtschaftlichkeit zu erstrecken haben.[388]

Aus einer Überprüfungspflicht lässt sich jedoch nicht automatisch eine Ermächtigung zur Einleitung eigener Untersuchungsmaßnahmen durch den Aufsichtsrat folgern. Vielmehr ist die abstrakte Überprüfung der Compliance-Organisation und auch etwaiger durch den Vorstand eingeleiteter interner Untersuchungen durch den Aufsichtsrat von der konkreten Durchführung einer eigenen internen Untersuchung zu unterscheiden.[389] Insoweit wird der Aufsichtsrat die interne Untersuchung auch nicht übernehmen oder eigene Zweckmäßigkeitserwägungen einfließen lassen dürfen. Damit würde der Aufsichtsrat bereits selbst Tätigkeiten im Rahmen der Geschäftsleitung übernehmen, was die Grenze des § 111 Abs. 4 S. 1 AktG überschreiten würde.[390] Die Anordnung und Durchführung

384 So auch *Ott/Lüneborg*, CCZ 2019, 71, 75.

385 *Arnold*, ZGR 2014, 67, 85 f.; im Ergebnis so wohl auch MAH Verteidigung in Wirtschafts- und Steuerstrafsachen/*Kempf/Schilling/Oesterle*, § 10 Rn. 40.

386 Vgl. hierzu ausführlich Kapitel 1 § 2 C. I 1. a) aa).

387 So auch *Ott/Lüneborg*, CCZ 2019, 71, 75; *Potinecke/Block*, in: Knierim/Rübenstahl/Tsambikakis, Kapitel 2 Rn. 35; *Reichert/Ott*, NZG 2014, 241, 245.

388 Spindler/Stilz/*Spindler*, AktG, § 111 Rn. 21a; so auch allgemein zu den Maßnahmen des Vorstands MüKo-AktG/*Habersack*, § 111 Rn. 53; *Potinecke/Block*, in: Knierim/Rübenstahl/Tsambikakis, Kapitel 2 Rn. 35; so auch *Fett/Habbe*, AG 2018, 257, 259.

389 Spindler/Stilz/*Spindler*, AktG, § 111 Rn. 21a.

390 Spindler/Stilz/*Spindler*, AktG, § 111 Rn. 16.

einer internen Untersuchung zur Aufklärung von Compliance-Verstößen ist nämlich den Geschäftsleitungsaufgaben nach §§ 76, 93 AktG zuzuordnen[391] und fällt damit grundsätzlich in den Verantwortungsbereich des Vorstands. Vor diesem Hintergrund ist es dem Aufsichtsrat grundsätzlich nicht gestattet, Aufklärungsmaßnahmen ohne Mitwirkung des Vorstands einzuleiten, wenn es um die Verstöße von Mitarbeitern unterhalb des Vorstands geht, da es sich um eine typische Leitungsaufgabe handelt.[392] Es gilt eine klare Funktionstrennung zwischen Aufsichtsrat und Vorstand.[393] Der Aufsichtsrat ist allein dafür zuständig, den Vorstand und dessen Geschäftsleitungstätigkeit zu überprüfen, was durch die verschiedenen Aufsichts-, Einsichts- und Prüfrechte erfolgt, wie etwa die Rechte gemäß §§ 90, 111 Abs. 2, 170 und 171 AktG.

Etwas Anderes ergibt sich auch nicht aus § 111 Abs. 2 S. 2 AktG, wonach der Aufsichtsrat für bestimmte Aufgaben besondere Sachverständige beauftragen kann. Aus diesem Recht wird man nicht das allgemeine Recht oder die Pflicht zur Einleitung interner Untersuchungen folgern können. Der Einsatz von Sachverständigen erweitert nur die Möglichkeiten des Aufsichtsrats seinen Überwachungspflichten nachzukommen. Insoweit muss der Einsatz von Sachverständigen die Überprüfung der Tätigkeiten des Vorstands zum Gegenstand haben. Wird der Aufsichtsrat umfassend über die laufenden Maßnahmen informiert und ergeben sich im Hinblick auf die vom Vorstand gewählten Maßnahmen keine Zweifel an der Rechtmäßigkeit, Ordnungsmäßigkeit und Zweckmäßigkeit, muss sich der Aufsichtsrat grundsätzlich mit den Informationen begnügen und ist nicht berechtigt, eigene Maßnahmen einzuleiten.

Eine Pflicht zur Einleitung von eigenen Untersuchungsmaßnahmen ist jedoch möglich, wenn für das Unternehmen gewichtige Nachteile drohen oder der Vorstand selbst in die Pflichtverletzung involviert ist[394]. Steckt das Unternehmen in einer Krise, intensiviert sich die Überwachungsverpflichtung des Aufsichtsrats je nach dem Grad des Risikos.[395] Besteht ein hohes Risiko, weil bspw. ein Verdachtslage zu staatlichen Ermittlungen führt und Strafbarkeiten und/oder empfindliche Bußgelder drohen, dann wird sich der Aufsichtsrat nicht allein mit passiven Maßnahmen begnügen können.[396] Vielmehr wird er dann parallel zum Vorstand selbst aktiv werden müssen,[397] wobei sich die Verpflichtung des Aufsichtsrats daraus folgern lässt, dass der Aufsichtsrat – neben dem Vorstand – dazu verpflichtet

391 *Ott/Lüneborg*, CCZ 2019, 71 ff.; *Reichert/Ott*, NZG 2014, 241, 246.
392 *Fuhrmann*, NZG 2016, 881, 883.
393 *Arnold*, ZGR 2014, 67, 85 f.; *Fett/Habbe*, AG 2018, 257, 258.
394 Zur Befugnis des Aufsichtsrats im Falle von Hinweisen auf Compliance-Verstöße durch den Vorstand vgl. *Klahold*, CB 2020, 362, 367 f.
395 Hüffer/Koch/*Koch*, AktG, § 111 Rn. 15; *Reichert/Ott*, NZG 2014, 241, 246; *Seibt*, BB 2019, 2563, 2570; Spindler/Stilz/*Spindler*, AktG, § 111 Rn. 25 f.
396 *Fett/Habbe*, AG 2018, 257, 260.
397 *Fett/Habbe*, AG 2018, 257, 260 f.; *Reichert/Ott*, NZG 2014, 241, 246.

ist, Schaden von der Gesellschaft abzuwenden. Er muss sich eine eigene Informationsgrundlage schaffen, um seinerseits zügig und effektiv auf eine sich womöglich intensivierende Gefahrenlage für die Gesellschaft reagieren zu können.

Eine solche Pflicht zur Schaffung einer eigenen Informationsgrundlage im Falle einer Risikolage lässt sich auch der Rechtsprechung entnehmen. Der BGH hat entschieden, dass der Aufsichtsrat einer AG pflichtwidrig handelt, wenn er sich über erhebliche Risiken, die der Vorstand eingeht, nicht selbst informiert.[398] Auch wenn sich seine Tätigkeit auf die Überwachung der Vorstandstätigkeit beschränkt, ist er indes nicht davon entbunden, auf einen hohen Risikograd oder eine Unternehmenskrise eigenständig zu reagieren. Wenn der Grad der Gefahr besonders hoch ist, muss der Aufsichtsrat dieser Risikolage gerecht werden. Durch frühzeitige eigene Aufklärungsmaßnahmen unterstützt der Aufsichtsrat den Vorstand, verhindert aber auch einen Zeitverlust und eine dadurch möglicherweise bedingte Schadensintensivierung, sollte der Vorstand selbst keine ausreichenden Maßnahmen ergreifen oder die Situation weniger riskant einschätzen. Hinsichtlich der Frage, ob der Aufsichtsrat einschreiten muss, ergibt sich mithin bereits dann eine Handlungspflicht des Aufsichtsrats zu Einleitung und Durchführung eigener Aufklärungsmaßnahmen, wenn eine hohe Risikolage für das Unternehmen besteht. Die Handlungspflicht des Aufsichtsrats intensiviert sich dann nochmals, wenn sich das Unternehmen in einer existenziellen Krise befindet.[399]

b) *Pflichtverstöße im Rahmen des Vorstandshandelns*

Überdies besteht eine eigenständige Pflicht zur Durchführung einer internen Untersuchung, sofern das Vorstandshandeln selbst überprüft werden soll, weil Pflichtverstöße einzelner oder mehrerer Vorstandsmitglieder in Rede stehen.[400] Die allgemeine Pflicht, in solchen Fällen Aufklärungsmaßnahmen durchzuführen, ergibt sich aus der Überprüfungsverantwortung des Aufsichtsrats und wurde auch in der „ARAG/Garmenbeck“-Entscheidung des BGH bestätigt[401]. Danach ist der Aufsichtsrat grundsätzlich zur Geltendmachung von Schadensersatzansprüchen gegenüber dem Vorstand verpflichtet. Um dieses Ziel zu erreichen, bedarf es zunächst der „Feststellung des zum Schadenersatz verpflichtenden Tatbestandes in tatsächlicher wie rechtlicher Hinsicht“.[402]

Ein Absehen von der Geltendmachung voraussichtlich begründeter Schadensersatzansprüche gegen einen pflichtwidrig handelnden Vorstand ist nach der Rechtsprechung des BGH nur in Ausnahmefällen zulässig. Ein solche könnte bestehen, wenn gewichtige Interessen und Belange der Gesellschaft gegen die

398 BGH, NZG 2013, 339 f.
399 Spindler/Stilz/*Spindler*, AktG, § 111 Rn. 25 f.
400 Vgl. hierzu auch *Klahold*, CB 2020, 362, 367 f.
401 BGH, NJW 1997, 1926 ff.
402 BGH, NJW 1997, 1926, 1927 f.

Geltendmachung sprechen.[403] In diesem Zusammenhang können negative Auswirkungen auf die Geschäftstätigkeit und das Ansehen der Gesellschaft in der Öffentlichkeit, die Behinderung der Vorstandsarbeit sowie die Beeinträchtigung des Betriebsklimas Bedeutung erlangen.[404] In solch einem Fall, wenn also der Vorstand selbst einem Verdacht ausgesetzt ist, stellt sich die Frage, wie der Aufsichtsrat rechtskonform reagiert, um seiner Überprüfungs- und Aufklärungspflicht gerecht zu werden. Die Wahl der Aufklärungsmaßnahme wird zunächst davon abhängen, ob nur einzelne Vorstandsmitglieder in den Verdacht verstrickt sind oder mehrere oder gar der Gesamtvorstand involviert sein könnten. Sind nur einzelne Vorstandsmitglieder dem Verdacht eines Pflichtverstoßes ausgesetzt, kommt eine Zusammenarbeit mit dem restlichen Vorstand in Betracht.[405]

Die konkreten Aufklärungsmaßnahmen sind dann in enger Abstimmung mit dem Vorstand durchzuführen und der Aufsichtsrat ist durchgehend intensiv zu informieren, wobei sich insbesondere eine interne Untersuchung durch externe Berater im Auftrag beider Organe als sinnvoll erweisen kann, da die externen Berater jeweils dem Vorstand und dem Aufsichtsrat objektiv berichten können[406]. Eine solche Beauftragung kommt indes nicht in Betracht, soweit die externen Berater zugleich die Vorstandsmitglieder hinsichtlich der ihnen vorgeworfenen Pflichtverletzungen beraten. In diesem Fall dürfte nämlich die Gefahr einer Interessenkollision der Mandatierung entgegenstehen.[407] Mithin dürfte für den Aufsichtsrat keine andere Option bleiben, als selbstständige Maßnahmen einzuleiten, also auf die Aufklärungsergebnisse der durch den Vorstand initiierten Maßnahmen aufzusetzen oder gänzlich eigene Untersuchungen anzustellen.[408]

Im Hinblick auf eine mögliche Zusammenarbeit mit dem Vorstand oder ein Aufsetzen auf den vom Vorstand gewonnenen Erkenntnisse stellt sich aus der Sicht des Aufsichtsrats ohnehin die Frage, inwieweit ein solches Vorgehen sinnvoll und zielführend ist, wenn die Vorwürfe konkret den Vorstand betreffen. Insoweit muss dem Aufsichtsrat im Hinblick auf seine Überwachungspflicht auch der Weg eröffnet sein, am Vorstand vorbei Aufklärungsmaßnahmen einzuleiten.[409] Besteht der Verdacht, dass mehrere Vorstandsmitglieder oder der Gesamtvorstand oder eine noch unbekannte Zahl von Vorstandsmitgliedern eine Pflichtverletzung begangen haben könnten, wird der Aufsichtsrat die Aufklärungsmaßnahmen allein durchführen müssen, da insoweit die Gefahr besteht, dass eine umfassende und unbeeinflusste Aufklärung jedenfalls durch die reine Berichterstattung durch den Vorstand

---

403 BGH, NJW 1997, 1926, 1928; so auch MüKo-AktG/*Habersack*, § 111 Rn. 43.

404 BGH, NJW 1997, 1926, 1928.

405 *Wagner*, CCZ 2009, 8, 15.

406 *Arnold*, ZGR 2014, 76, 105; *Reichert/Ott*, NZG 2014, 241, 249.

407 *Arnold*, ZGR 2014, 76, 105.

408 *Lüneborg/Resch*, NZG 2018, 209, 210.

409 *Arnold*, ZGR 2014, 76, 91 f.; *Seibt* spricht insoweit von einer „Kompetenzverschiebung", vgl. *Seibt*, BB 2019, 2563, 2571.

oder eine Zusammenarbeit der beiden Organe nicht gewährleistet werden kann.[410] Insoweit ist es auch möglich, dass die Aufklärungsmaßnahmen des Aufsichtsrats parallel zu denen des Vorstands erfolgen.[411]

Besteht also der Verdacht, dass der Vorstand oder ein Teil von diesem in eine Pflichtverletzung verstrickt ist, steht auch dem Aufsichtsrat hinsichtlich des „Ob" der Aufklärungsmaßnahme kein Ermessen zu.[412] Ein Ermessen ergibt sich hingegen bzgl. der Art und Weise der Aufklärung, also des „Wie".[413] Maßgeblich kommt es wiederum auf den Einzelfall an. Auch wenn sich in den verschiedenen Konstellationen eine interne Untersuchung durch externe Berater anbietet, hängt die Entscheidung über die konkrete Maßnahme von wirtschaftlichen Erwägungen und Zweckmäßigkeitsgesichtspunkten sowie der Frage ab, welche Maßnahme eine unabhängige und effiziente Aufklärung sicherstellt.[414] Auch der Aufsichtsrat muss bei seiner Entscheidung die sich ergebenden Risiken in seine Abwägung einbeziehen. Ebenso wie der Aufsichtsrat den Vorstand dahingehend zu überwachen hat, dass die Ziele der langfristigen Rentabilität und der Sicherung des Bestands des Unternehmens umgesetzt und erreicht werden, muss er seine eigenen Entscheidungen am Unternehmensinteresse ausrichten.[415] Gerade die durch den Einsatz von externen Beratern entstehenden Kosten sind von Relevanz, da die Beauftragung im Namen der Gesellschaft erfolgt und sich der Vergütungsanspruch somit direkt gegen die Gesellschaft richtet.[416]

Auch im Hinblick auf die konkrete Umsetzung etwaiger interner Untersuchungen ergeben sich rechtliche Problemstellungen. So wird eine direkte Befragung der Mitarbeiter ohne vorherige Zustimmung durch den Vorstand nur in Ausnahmefällen in Betracht kommen, so etwa bei Vorwürfen hinsichtlich erheblicher

---

410 *Fuhrmann*, NZG 2016, 881, 883; Spindler/Stilz/*Spindler*, AktG, § 111 Rn. 21a; *Wagner*, CCZ 2009, 8, 15; *Reichert/Ott* grenzen die autonome Aufklärungskompetenz des Aufsichtsrats insoweit ein, als konkrete Anhaltspunkte dahingehend bestehen müssen, dass einzelne Vorstandsmitglieder entweder unmittelbar an den gesetzeswidrigen Vorgängen beteiligt waren oder jedenfalls Kenntnis von diesen hatten, ohne entsprechende Abhilfemaßnahmen getroffen zu haben, vgl. *Reichert/Ott*, NZG 2014, 241, 249.

411 *Ott/Lüneborg*, CCZ 2019, 71, 75.

412 BGH, NJW 1997, 1926, 1927 f.; *Böhmer/Engelhardt*, in: Bay, Handbuch Internal Investigations, Kapitel 1 Rn. 17; *Fett/Habbe*, AG 2018, 257, 262; *Fuhrmann*, NZG 2016, 881, 884; *Habbe*, CCZ 2019, 27, 30.

413 Im Ergebnis so auch *Potinecke/Block*, in: Knierim/Rübenstahl/Tsambikakis, Kapitel 2 Rn. 44.

414 *Ott/Lüneborg*, CCZ 2019, 71, 75.

415 Spindler/Stilz/*Spindler*, AktG, § 111 Rn. 19.

416 *Arnold*, ZGR 2014, 76, 96; *Böhmer/Engelhardt*, in: Bay, Handbuch Internal Investigations, Kapitel 1 Rn. 4; *Reichert/Ott*, NZG 2014, 241, 248.

Pflichtverletzungen gegenüber dem Vorstand selbst.[417] Die Leitungsverantwortung liegt nämlich allein beim Vorstand. Der Aufsichtsrat soll seine Informationen grundsätzlich über den Vorstand beziehen. Außerdem schafft es Verunsicherung und Misstrauen innerhalb der Gesellschaft, wenn die Mitarbeiter direkt zu den Tätigkeiten des Vorstands gefragt werden. So wird den Mitarbeitern unmittelbar vermittelt, dass der Aufsichtsrat nicht mehr auf die Tätigkeit des Vorstands vertraut, sodass auch die Autorität des Vorstands Schaden nehmen könnte. Ferner wird das Verhältnis zwischen Aufsichtsrat und Vorstand geschädigt, wenn der Aufsichtsrat am Vorstand vorbei „ermittelt".

Im Vordringen ist mittlerweile jedoch eine Ansicht, welche die Befragung der Mitarbeiter zur Informationsgewinnung grundsätzlich auch ohne Vermittlung durch den Vorstand für zulässig erachtet.[418] Zur Begründung stützt sich diese Ansicht maßgeblich auf einen Vergleich mit § 109 Abs. 1 S. 2 AktG, wonach Sachverständige und Auskunftspersonen, wozu auch Angestellte der Gesellschaft zählen können, zur Beratung über einzelne Gegenstände zugezogen werden können.[419] Entsprechendes müsse für § 111 Abs. 2 S. 1 AktG gelten.[420] Die Mitarbeiter würden in solch einer Situation dem Aufsichtsrat als Informationsquelle dienen und im Ergebnis die Überwachung effektuieren.[421] Da das Ziel der direkten Kontaktaufnahme zum Arbeitnehmer in der Wahrnehmung der Kontrollfunktion des Aufsichtsrats liegt, liege auch kein Verstoß gegen § 111 Abs. 4 S. 1 AktG vor („Trennungsprinzip").[422] Dabei wird teilweise vertreten, dass es keines konkreten Verdachts auf Unregelmäßigkeiten bedarf.[423] Der Möglichkeit für den Aufsichtsrat, Mitarbeiter auch ohne Involvierung des Vorstands zu befragen, ist im Grundsatz zuzustimmen. Jedoch sollte mit anderen Stimmen in der Literatur die Ladung und Befragung unabhängig vom Vorstand davon abhängig gemacht werden, dass der Vorstand selbst einer erheblichen Pflichtverletzung verdächtig ist.[424] Hierdurch wird auch die in § 111 Abs. 4 S. 1 AktG zum Ausdruck kommende strikte Trennung zwischen den Geschäftsleitungsaufgaben des Vorstands auf der einen und den Überwachungsaufgaben des Aufsichtsrats auf der anderen Seite abgesichert.

---

417 *Arnold*, ZGR 2014, 76, 91 f.; *Potinecke/Block*, in: Knierim/Rübenstahl/Tsambikakis, Kapitel 2 Rn. 53 ff.; *Reichert/Ott*, NZG 2014, 241, 249; Spindler/Stilz/*Spindler*, AktG, § 111 Rn. 36.

418 *Arnold*, ZGR 2014, 76, 91 f.; MüKo-AktG/*Habersack*, § 111 Rn. 80 m.w.N; *Klahold*, CB 2020, 362, 367 f.; Hüffer/Koch/*Koch*, AktG, § 111 Rn. 21 m.w.N.; *Kropff*, NZG 2003, 346, 349 f.; Spindler/Stilz/*Spindler*, AktG, § 111 Rn. 36, 21a m.w.N.

419 MüKo-AktG/*Habersack*, § 111 Rn. 80.

420 MüKo-AktG/*Habersack*, § 111 Rn. 80.

421 MüKo-AktG/*Habersack*, § 111 Rn. 80.

422 MüKo-AktG/*Habersack*, § 111 Rn. 80.

423 MüKo-AktG/*Habersack*, § 111 Rn. 80 m.w.N.

424 Hüffer/Koch/*Koch*, AktG, § 111 Rn. 21 m.w.N.; Spindler/Stilz/*Spindler*, AktG, § 111 Rn. 36, 21a m.w.N.

Eine gleichgelagerte Situation dürfte sich ergeben, wenn der Vorstand die Aufklärung gar nicht oder nur unzureichend betreibt und den Aufsichtsrat dadurch unzureichend informiert.[425] Auch hier muss der Aufsichtsrat seiner Pflicht nachkommen und das Vorstandshandeln überprüfen. Insoweit wird er abwägen müssen, ob eine Aufklärung in Zusammenarbeit mit dem Vorstand möglich oder ob eine eigenständige Aufklärungsmaßnahme zwingend erforderlich ist. Letzteres kommt insbesondere dann in Betracht, wenn der Verdacht besteht, dass die Sachverhaltsaufklärung bewusst nicht ausreichend betrieben wird, weil dem Vorstand womöglich eigene Pflichtverletzungen vorgeworfen werden können. Der Art und Weise der Aufklärung liegt eine im Einzelfall durchzuführende Abwägungsentscheidung des Aufsichtsrats zugrunde.

Innerhalb einer GmbH kann ein Aufsichtsrat fakultativ errichtet werden. Besteht ein solcher, erfüllt er die gleichen Aufgaben, die für den Aufsichtsrat der AG bestehen. Soweit nicht im Gesellschaftsvertrag etwas Anderes geregelt ist, verweist § 52 GmbHG umfassend auf die aktienrechtlichen Vorschriften zum Aufsichtsrat, insbesondere auf § 111 AktG. Insoweit gelten für den Aufsichtsrat der GmbH grundsätzlich die gleichen Maßstäbe, die sich für die AG ergeben[426], sodass auf das zum Aufsichtsrat der AG Gesagte Bezug genommen werden kann.

2. *Gesellschafterversammlung der GmbH*

Da eine GmbH in den meisten Fällen nicht über einen Aufsichtsrat verfügt, kommt den Gesellschaftern die Aufgabe zu, Pflichtverletzungen der Geschäftsführung aufzudecken.[427] Dabei gibt das GmbHG der Gesellschafterversammlung verschiedene Rechte an die Hand, um die Tätigkeiten der Geschäftsführung zu steuern. Fraglich ist, ob sich aus diesen Rechten – in bestimmten Situationen – womöglich auch eine Pflicht für die Gesellschafterversammlung ergibt, selbst eine interne Untersuchung zu initiieren. Um diese Frage zu beantworten, muss zunächst der Blick auf konkrete Rechte der Gesellschafterversammlung gegenüber der Geschäftsführung gerichtet werden.

Ein Recht dahingehend, die Geschäftsführung zur Einleitung einer Untersuchung zu verpflichten, kann sich aus den §§ 37 Abs. 1 und 46 Nr. 6 GmbHG ergeben. § 37 Abs. 1 GmbHG enthält ein Weisungsrecht der Gesellschafterversammlung gegenüber der Geschäftsführung.[428] Hinsichtlich dieser Weisungen besteht auch eine Folgepflicht für die Geschäftsführung.[429] Ferner können die von der Gesellschafterversammlung ausgesprochenen Weisungen jede beliebige Angelegenheit

---

425 *Fett/Habbe*, AG 2018, 257, 261; *Ott/Lüneborg*, CCZ 2019, 71, 75; *Wagner*, CCZ 2009, 8, 15.

426 Vgl. hierzu *Fuhrmann*, NZG 2016, 881, 884; *Potinecke/Block*, in: Knierim/Rübenstahl/Tsambikakis, Kapitel 2 Rn. 78 f.

427 *Potinecke/Block*, in: Knierim/Rübenstahl/Tsambikakis, Kapitel 2 Rn. 80.

428 *Fuhrmann*, NZG 2016, 881, 884.

429 BeckOK GmbHG/*Wisskirchen/Kuhn* GmbHG § 37 Rn. 15.

betreffen und zu einem aktiven Tun verpflichten. Insoweit kann eine solche Weisung auch eine interne Untersuchung betreffen, wenn bspw. eine Verdachtslage besteht. Im Rahmen einer solchen Weisung kann der Geschäftsführung ferner aufgegeben werden, externe Berater einzusetzen. Mithin folgt aus dem Weisungsrecht das Recht zur Einleitung einer internen Untersuchung. Eine Weisung wird innerhalb der Gesellschafterversammlung mit einfacher Mehrheit beschlossen, soweit der Gesellschaftervertrag kein anderes Stimmverhältnis vorsieht.[430]

Darüber hinaus kann die Gesellschafterversammlung eine interne Untersuchung auch auf der Grundlage des § 46 Nr. 6 GmbHG initiieren, welche sodann durch die Geschäftsführung eingeleitet und umgesetzt werden muss. Nach § 46 Nr. 6 GmbHG umfasst der Aufgabenkreis der Gesellschafter die Prüfung und Überwachung der Geschäftsführung. Die Kontrolle der Geschäftsführung obliegt dementsprechend der Gesellschafterversammlung. Nach überwiegender Ansicht besteht für die Gesellschafterversammlung im Rahmen dieses Kontrollrechts das Recht, Sonderprüfungen einzuleiten[431], bei welchen auch externe Berater zum Einsatz kommen können[432]. Für die Entscheidung zur Einleitung einer solchen Sonderprüfung reicht ebenfalls die einfache Stimmmehrheit aus.[433] Daneben ist die Entscheidung nur durch den Verhältnismäßigkeitsgrundsatz begrenzt.[434] Anders als bei dem Aufsichtsrat der AG besteht hinsichtlich des Prüfungsumfangs keine Einschränkung. Insoweit kann die Gesellschafterversammlung auch über die Überprüfung von Mitarbeiterhandlungen bestimmen. Aus dem der Gesellschafterversammlung ebenfalls zustehenden Informations- und Einsichtsrecht nach § 51a GmbHG lässt sich hingegen kein Recht zur Einleitung einer internen Untersuchung ableiten.

Neben den gesetzlichen Regelungen können spezifische Rechte und Pflichten, aber auch notwendige Mehrheitsverhältnisse im Rahmen von Abstimmungen der Gesellschafterversammlung[435] in der Satzung konkretisiert werden.

---

430 BeckOK GmbHG/*Wisskirchen/Kuhn* GmbHG § 37 Rn. 17; *Fuhrmann*, NZG 2016, 881, 884; *Potinecke/Block*, in: Knierim/Rübenstahl/Tsambikakis, Kapitel 2 Rn. 96.

431 BeckOK GmbHG/*Schindler* § 46 Rn. 79, 81; *Fuhrmann*, NZG 2016, 881, 884; *Potinecke/Block*, in: Knierim/Rübenstahl/Tsambikakis, Kapitel 2 Rn. 83; Roth/Altmeppen/*Altmeppen*, GmbHG, § 46 Rn. 68 f.

432 Nach *Böhmer/Engelhardt* besteht das Recht der Gesellschafterversammlung externer Berater einzusetzen, wenn ein begründeter Verdacht besteht, dass seitens der Geschäftsführung eine Beteiligung an dem Compliance-Vorfall vorliegt, dass die Geschäftsführung entgegen einer Weisung der Gesellschafterversammlung untätig geblieben ist oder dass die Gesellschafterversammlung Schadensersatzansprüche gegen die Geschäftsführung prüft, vgl. *Böhmer/Engelhardt*, in: Bay, Handbuch Internal Investigations, Kapitel 1 Rn. 27.

433 *Fuhrmann*, NZG 2016, 881, 884; Roth/Altmeppen/*Altmeppen*, GmbHG, § 46 Rn. 69.

434 BeckOK GmbHG/*Schindler* § 46 Rn. 80.

435 *Fuhrmann*, NZG 2016, 881, 884.

Zusammenfassend lässt sich feststellen, dass für die Gesellschafterversammlung ein Recht dahingehend besteht, die Geschäftsführung zur Einleitung einer internen Untersuchung zu verpflichten. Eine Pflicht zur Überprüfung der Geschäftsführertätigkeit und damit gegebenenfalls auch eine Pflicht zur Durchführung einer internen Untersuchung ergibt sich indes nicht, da nach überwiegender Ansicht eine Überwachungspflicht der Gesellschafterversammlung im Hinblick auf die Tätigkeiten der Geschäftsführung abgelehnt wird.[436] Insoweit lässt sich aus dem von § 46 Nr. 6 GmbHG erfassten Kontrollrecht nicht zugleich eine Kontrollpflicht folgern.

3. *Zwischenergebnis*

Hinsichtlich des Aufsichtsrats lässt sich festhalten, dass dieser grundsätzlich auf der Grundlage der vom Vorstand zur Verfügung gestellten Informationen agiert. Nur in Ausnahmefällen, wenn sich bspw. die Gesellschaft in einer kritischen Lage befindet oder einzelnen Vorstandsmitgliedern bzw. dem Gesamtvorstand Pflichtverletzungen vorgeworfen werden, besteht eine Pflicht des Aufsichtsrats zur Aufklärung. Eine Pflicht zur Aufklärung mittels einer internen Untersuchung lässt sich indes nicht aus dem Gesetz ableiten. Vielmehr handelt es sich – ebenso wie im Rahmen der Entscheidung durch den Vorstand – um eine Ermessensentscheidung im Einzelfall. Zwar kann die Gesamtsituation stark für die Einleitung einer umfassenden internen Untersuchung sprechen, am Ende bleibt es jedoch eine Einzelfallentscheidung.

Die Gesellschafterversammlung hat grundsätzlich das Recht, die Einleitung einer internen Untersuchung von der Geschäftsführung zu verlangen. Aus diesem Recht lässt sich aber keine Pflicht ableiten, da für die Gesellschafterversammlung keine gesetzlich normierte Überwachungspflicht besteht.

III. *Persönliches Interesse der Organe*

1. *Interesse der Organe an der Durchführung interner Untersuchungen*

Neben der Rechtspflicht der Organe zur Durchführung interner Untersuchungen besteht zumeist auch ein eigenes persönliches Interesse an solchen Untersuchungen, welches insbesondere im direkten Zusammenhang mit den möglichen Haftungsfolgen für die Organe steht. Ein solches persönliches Interesse kann jedoch allenfalls ein Recht zur Durchführung einer internen Untersuchung begründen. Eine Pflicht lässt sich indes nicht auf ein persönliches Interesse stützen, da sich das hier gemeinte persönliche Interesse allein auf das persönliche Fortkommen des jeweiligen Organs oder der Verhinderung einer möglichen Haftung bezieht. Eine Handlungspflicht kann sich demgegenüber nur aus den Leitungs- und

436 Roth/Altmeppen/*Altmeppen*, GmbHG, § 46 Rn. 71; MHLS/*Römermann*, GmbHG, § 46 Rn. 345 ff.; BeckOK GmbHG/*Schindler* § 46 Rn. 78.

Überprüfungspflichten ergeben. In der Entscheidung, ob es dem eigenen Interesse folgend handelt, ist das Organ frei.

a) Vorstand der AG

Bezogen auf eine etwaige Haftung hat der Vorstand Verdachtsfällen nachzugehen. Insoweit gehört zu der Legalitätspflicht – wie bereits herausgearbeitet – nicht nur die Pflicht, Compliance-Verletzungen zu verhindern, sondern auch mögliche bereits geschehene Compliance-Verletzungen aufzuklären und die notwendigen Konsequenzen daraus zu ziehen, namentlich die Sanktionierung von involvierten Mitarbeitern, die Geltendmachung von Schadensersatzansprüchen, die Schadensminimierung hinsichtlich eines etwaigen Reputationsschadens usw. Für den Vorstand kann sich überdies ein Interesse dahingehend ergeben, die eigene Stellung als reputationsprägender Repräsentant des Unternehmens zu schützen. Dieses Interesse betrifft zum einen die eigene Person, ist aber auch als Schadensminderungsmöglichkeit anzusehen, da von den Vorstandsmitgliedern eine Reputationswirkung ausgeht.[437]

Ergibt sich insoweit der Verdacht einer Pflichtverletzung im Hinblick auf die eigene Vorstands-tätigkeit, kann eine interne Untersuchung dazu genutzt werden, den Verdacht gegen die eigene Person oder den Gesamtvorstand zu entkräften und so das Risiko eines Schadensersatzanspruchs auszuschließen, bevor es zu Aufklärungsmaßnahmen durch den Aufsichtsrat kommt. Wie bereits herausgearbeitet, hat der Aufsichtsrat in seiner Funktion als Überwachungs- und Kontrollorgan die Pflicht, das Bestehen von Schadensersatzansprüchen der AG gegenüber Vorstandsmitgliedern eigenverantwortlich zu prüfen.[438] Kommt der Aufsichtsrat zu dem Ergebnis, dass sich der Vorstand schadensersatzpflichtig gemacht hat, muss er aufgrund einer sorgfältigen und sachgerecht durchzuführenden Risikoanalyse abschätzen, ob und in welchem Umfang die gerichtliche Geltendmachung zu einem Ausgleich des entstandenen Schadens führt.[439] Stehen der AG nach dem Ergebnis dieser Prüfung durchsetzbare Schadensersatzansprüche zu, hat der Aufsichtsrat diese Ansprüche grundsätzlich zu verfolgen.[440] Davon darf er nur dann ausnahmsweise absehen, wenn gewichtige Gründe des Gesellschaftswohls dagegen sprechen und diese Umstände die Gründe, die für eine Rechtsverfolgung sprechen, überwiegen oder ihnen zumindest gleichwertig sind.[441] Unabhängig davon, dass der Vorstand aus den bereits herausgearbeiteten Gründen verpflichtet ist, eine interne Untersuchung zur Aufklärung von Compliance-relevanten Verstößen

---

437 Zum CEO als Reputationsbotschafter vgl. *Wüst*, in: Wüst/Kreutzer, Corporate Reputation Management, S. 23 ff.

438 Zur Compliance-Verantwortung des Aufsichtsrats vgl. Kapitel 1 § 2 C. II. 1. a).

439 BGH, NJW 1997, 1926, 1927.

440 BGH, NJW 1997, 1926, 1928.

441 BGH, NJW 1997, 1926, 1928.

einzuleiten,[442] kann er die Untersuchung insoweit auch dazu nutzen, dem Aufsichtsrat zu zeigen, dass die gegen ihn bestehenden Vorwürfe unbegründet sind.

Ein weiteres Risiko für den Vorstand besteht darin, dass sich der Aufsichtsrat zu einer Abberufung des Vorstands gemäß § 84 Abs. 3 S. 1 AktG gezwungen sehen könnte, wenn der Vorstand im Falle einer bestehenden Verdachtslage nicht handelt und damit seinen Pflichten nicht nachkommt. Insoweit kommt eine solche Abberufung in Betracht, wenn der Vorstand eine grobe Pflichtverletzung begangen hat oder die Aktionäre dem Vorstand durch Beschluss das Vertrauen entziehen (vgl. § 84 Abs. 3 S. 2 AktG). Diesen Risiken kann der Vorstand dadurch entgegentreten, dass er einen etwaigen Verdacht gegen sich selbst durch die Einleitung einer internen Untersuchung aufzuklären und dadurch zu entkräften sucht.

b) Geschäftsführung der GmbH

Die gleiche Situation kann sich im Hinblick auf den Geschäftsführer ergeben, da er im Falle einer Pflichtverletzung nach § 43 Abs. 2 GmbHG haftet und seine Bestellung nach § 38 Abs. 1 GmbHG jederzeit durch die Gesellschafterversammlung widerrufen werden kann. Häufig wird aber gemäß § 38 Abs. 2 S. 1 GmbHG die Möglichkeit der Abberufung eines Geschäftsführers im Gesellschaftervertrag – ebenso wie bei dem Vorstand der AG – von einer erhöhten Anforderung abhängig gemacht. Bei einem Geschäftsführer handelt es sich dabei um einen wichtigen Grund, zu welchem eine grobe Pflichtverletzung zählt.

c) Aufsichtsrat der AG

Aber auch der Aufsichtsrat kann ein eigenes haftungsrechtliches Interesse an der Durchführung einer internen Untersuchung haben. Er ist, um seiner Überprüfungspflicht ausreichend nachzukommen, verpflichtet, Aufklärungsmaßnahmen umzusetzen, wenn bspw. eine Haftung des Vorstands in Betracht kommt.[443] Überdies ist der Aufsichtsrat nach der Rechtsprechung des BGH wie jeder organschaftliche Vertreter dazu verpflichtet, sich von einem unabhängigen und fachlich qualifizierten Berufsträger beraten zu lassen und den erteilten Rechtsrat einer sorgfältigen Plausibilitätskontrolle zu unterziehen, sollte er selbst nicht über die erforderliche Sachkunde verfügen.[444] Er muss im Rahmen seiner Aufklärung alle ihm zur Verfügung stehenden Erkenntnisquellen nutzen, um der Überprüfungspflicht ausreichend nachkommen zu können; dies insbesondere dann, wenn sich die Gesellschaft in einer Krisensituation befindet.[445] Kommt der Aufsichtsrat dieser Verpflichtung nicht ausreichend nach, kann er sich ebenfalls einer Haftung gemäß

442 Vgl. hierzu Kapitel 1 § 2 C. I. 1. a).
443 Hierzu vgl. Kapitel 1 § 1 A. I. 2. a).
444 BGH, NZG 2011, 1271.
445 OLG Düsseldorf, BeckRS 2012, 21503.

§§ 116 S. 1, 93 Abs. 2 AktG aussetzen, wobei – ebenso wie beim Vorstand – ein fahrlässiges Handeln ausreicht.[446]

d) Gesellschafter der GmbH

Bezogen auf eine mögliche persönliche Interessenlage besteht eine Besonderheit hinsichtlich der Gesellschafter einer GmbH. Für die Gesellschafterversammlung besteht im GmbHG keine dem § 111 AktG vergleichbare Norm, aus welcher sich eine Pflicht herleiten ließe.[447] Darüber hinaus ergibt sich keine Haftung für den Fall, dass sie die Tätigkeit des Geschäftsführers nicht überprüfen.[448] In dem Zusammenhang kann sich der Geschäftsführer für den Fall, dass gegen ihn ein Schadensersatzanspruch geltend gemacht wird, auch nicht auf ein etwaiges Mitverschulden der Gesellschafter wegen einer mangelnden Überprüfung seiner Tätigkeit berufen.[449] Insoweit lässt sich in Bezug auf die Gesellschafter auch kein persönliches Interesse zur Durchführung einer internen Untersuchung aus einer möglichen Haftung herleiten.

2. Fürsorgepflicht der Gesellschaft

Vor diesem Hintergrund ist noch darauf einzugehen, dass die Durchführung der internen Untersuchung im Interesse der Organe liegt, die Kosten dafür aber durch die Gesellschaft getragen werden. Dies lässt sich mit der Fürsorge- und Treuepflicht der Gesellschaft gegenüber ihren Organen begründen. Ebenso wie hinsichtlich der Organe entsprechende Pflichten bestehen, muss dies auch für die Gesellschaft gelten. Nicht jeder Vorwurf in Bezug auf das Organhandeln ist am Ende gerechtfertigt. Dem Organ muss ein Anspruch darauf zustehen, dass sein Handeln zunächst verteidigt wird und ein aufgekommener Verdacht – soweit notwendig – durch eine interne Untersuchung entkräftet wird.

Die Gesellschaft steht auch nicht schutzlos dar, da sie die Kosten für die Durchführung der internen Untersuchung wiederum gegenüber dem Organ geltend machen kann, sollte der Grund für eine interne Untersuchung in einer nachweisbaren Pflichtverletzung des Vorstands liegen. Denn dann kann die Gesellschaft die Kosten von dem jeweiligen Vorstandsmitglied gemäß § 93 Abs. 2 S. 1 AktG ersetzt verlangen, soweit die übrigen Anspruchsvoraussetzungen vorliegen (so auch ein vorsätzliches oder fahrlässiges Handeln und die Kausalität).[450] Gleiches gilt nach § 43 Abs. 2 GmbHG gegenüber dem Geschäftsführer.

---

446 OLG Düsseldorf, BeckRS 2012, 21503.

447 Roth/Altmeppen/*Altmeppen*, GmbHG, § 46 Rn. 71; *Fuhrmann*, NZG 2016, 881, 884.

448 MüKo-GmbHG/ *Liebscher* § 46 Rn. 194; *Potinecke/Block*, in: Knierim/Rübenstahl/Tsambikakis, Kapitel 2 Rn. 82.

449 Roth/Altmeppen/*Altmeppen*, GmbHG, § 46 Rn. 71; MüKo-GmbHG/ *Liebscher* § 46 Rn. 194; *Potinecke/Block*, in: Knierim/Rübenstahl/Tsambikakis, Kapitel 2 Rn. 82.

450 LG München I, NZG 2014, 345 ff.; *Lüneborg/Resch*, NZG 2018, 209 ff.

IV. *Zusammenfassung*

Im Ergebnis lässt sich festhalten, dass sich für den Vorstand, den Aufsichtsrat sowie die Geschäftsführung eine Aufklärungspflicht ableiten lässt. Die Art und Weise der Aufklärung hängt indes von der Ermessensentscheidung der Organe ab.[451] Für die Gesellschafter und damit die Gesellschafterversammlung lässt sich indes keine Rechtspflicht mit den entsprechenden gesetzlichen Regelungen begründen. Für die Frage, wie die Aufklärung konkret betrieben wird, kommt es maßgeblich darauf an, welche Maßnahme den größten Erfolg mit sich bringt und welche Maßnahme am Ende einer Kosten-Nutzen-Betrachtung überzeugt. Ferner müssen die relevanten gesetzlichen Rahmenbedingungen in die Entscheidung einfließen. Stellt bspw. ein E-Mail-Screening oder eine umfassende Mitarbeiterbefragung einen effektiven und kostengünstigen Weg zur Aufklärung dar, muss gleichwohl geprüft werden, inwieweit die Maßnahmen vor dem Hintergrund des aktuellen Datenschutzes umsetzbar sind.

Eine Verdichtung der Aufklärungspflicht zu einer Rechtspflicht zur Durchführung einer internen Untersuchung wird allenfalls dann in Betracht kommen, wenn keine mögliche Alternativmaßnahme geeignet ist, den gleichen Aufklärungserfolg zu bieten und in dessen Rahmen die Verstöße aufzuklären, für die Zukunft auszuschließen und die Beteiligten zu sanktionieren. Von solch einer Situation kann bei sehr komplexen und weitreichenden Vorwürfen ausgegangen werden, mit denen zugleich umfangreiche Bußgelder und Schadensersatzforderungen sowie ein Reputationsschaden einhergehen könnten. Im Übrigen sind verschiedene Risikofaktoren heranziehen, die im Rahmen der Ermessensentscheidung den Ausschlag für die Durchführung einer internen Untersuchung geben könnten. Am Ende handelt es sich jedoch um eine Einzelfallentscheidung, welche unter Berücksichtigung aller in Betracht kommenden Faktoren zu treffen ist. Mithin lässt sich keine eindeutige Rechtspflicht zur Einleitung einer internen Untersuchung aus den verschiedenen Pflichten der Organe sowie den maßgeblichen Risikofaktoren ableiten.

D. Rechtliche Anforderungen an eine interne Untersuchung

Nachdem eine rechtliche Einordung getroffen, die Zielsetzung interner Untersuchungen herausgearbeitet und eine etwaige Rechtspflicht zur Durchführung interner Untersuchungen analysiert wurden, stellt sich zur Bestimmung interner Untersuchungen ferner die Frage, ob sich feste Kriterien benennen lassen, welche interne Untersuchungen definieren. Eine feststehende Definition besteht mangels einer gesetzlichen Regelung nicht. Jedoch könnten sich interne Untersuchungen womöglich anhand spezifischer Kriterien eingrenzen lassen, welche zugleich

451 *Arnold*, ZGR 2014, 76, 83; Spindler/Stilz/*Fleischer*, AktG, § 91 Rn. 57; *Fleischer*, NZG 2014, 321, 326; *Reichert/Ott*, ZIP 2009, 2173, 2176; *Seibt/Cziupka*, DB 2014, 1598, 1599 f.

Anforderungen darstellen, die notwendig, aber auch ausreichend sind, um von internen Untersuchungen zu sprechen.

I. *Aktuelle Rechtslage*

1. *Interne Untersuchung nur im Falle der repressiven Aufklärung*

Eine erste Eingrenzung ergibt sich aufgrund der Zielsetzung interner Untersuchungen. Wie bereits zum Verhältnis von internen Untersuchungen und Compliance-Maßnahmen herausgearbeitet, haben interne Untersuchungen eine primär repressive Wirkungsweise.[452] Die präventive Wirkung ergibt sich indes lediglich mittelbar. Insoweit liegt eine interne Untersuchung nur vor, soweit es um die Aufklärung von Compliance-relevanten Verstößen innerhalb eines Unternehmens geht. Ferner sind interne Untersuchungen von Revisionsprüfungen abzugrenzen. Die Unterscheidung ergibt sich wiederum aus der unterschiedlichen Zielsetzung. Während eine interne Untersuchung auf einer Einzelfallentscheidung beruht und der Aufklärung einer bereits bestehenden Verdachtslage dient, ist Aufgabe der internen Revision die regelmäßige Überprüfung der Unternehmensvorgänge hinsichtlich eines effektiven und rechtskonformen Handelns. Ergeben sich im Rahmen einer Revisionsprüfung Anhaltspunkte für eine Straftat oder ein sonstiges pflichtwidriges Handeln der Mitarbeiter, können sie den Ausgangspunkt einer sich anschließenden internen Untersuchung bilden. Überprüfungen durch die Revision werden zudem in der Regel vorab angekündigt, sodass sich die jeweilige Abteilung darauf vorbereiten kann. Interne Untersuchungen werden hingegen ad hoc als Reaktion auf eine Verdachtslage initiiert und kurzfristig umgesetzt.

2. *Art der Pflichtverletzung*

Eine mögliche Straftat kann ohne Weiteres den Ausgangspunkt einer umfassenden Aufklärungsmaßnahme bilden. Jedoch ist zu fragen, ob dies auch für Pflichtverletzungen gilt, die keine Straftat darstellen, und von wem diese vorzuwerfen sein müssen.

Nach einer extensiven Ansicht ist jede Compliance-relevante Pflichtverletzung der Unternehmensleitung oder sonstiger Mitarbeiter ausreichend.[453] Einer anderen Literaturmeinung lässt sich hingegen die Auffassung entnehmen, welche jedenfalls den klassischen Anwendungsbereich interner Untersuchungen bei bilanz-, aufsichts- und insiderrechtlichen Pflichtverletzungen verortet[454] und interne Untersuchungen auf das Fehlverhalten der Unternehmensleitung begrenzt.[455] Mithin ist

---

452 Vgl. hierzu Kapitel 1 § 2 A. I.
453 *Vogt*, NJOZ 2009, 4206.
454 MAH ArbR/*Dendorfer-Ditges*, § 35 Rn 96; *Mengel/Ullrich*, NZA 2006, 240.
455 *Mengel/Ullrich*, NZA 2006, 240.

nach zuletzt genannter Ansicht das Fehlverhalten einzelner Arbeitnehmer aus dem Anwendungsbereich interner Untersuchungen herauszunehmen.

Nach der hier vertretenen Auffassung ist eine Eingrenzung interner Untersuchungen auf konkrete strafbewehrte Gesetzesverstöße (bspw. Verstöße gegen strafrechtliche Normen) und/oder Verstöße nur bestimmter Personengruppen nicht geboten.[456] Demnach sind auch sonstige Pflichtverstöße gegen das Gesetz oder sonstige interne Regelungen erfasst. Mithin kommen ganz unterschiedliche Verstöße, so etwa Kartellabsprachen und Schmiergeldzahlungen, aber auch umwelt-, arbeitsschutz- oder steuerrechtliche Verstöße in Betracht.[457] Gerade seit Inkrafttreten der DS-GVO sind auch datenschutzrechtliche Verstöße von hoher Relevanz.

Daneben kommen aber auch Verstöße gegen Regelungen und Werte in Betracht, die sich ein Unternehmen im Rahmen der Selbstverpflichtung setzt, wie bspw. ein Verhaltenskodex (englisch „Code of Conduct“). Bei einem solchen Verhaltenskodex handelt es sich nach der europäischen Richtlinie über unlautere Geschäftspraktiken[458] um „eine Vereinbarung oder ein[en] Vorschriftenkatalog, die bzw. der nicht durch die Rechts- und Verwaltungsvorschriften eines Mitgliedstaates vorgeschrieben ist und das Verhalten der Gewerbetreibenden definiert, die sich in Bezug auf eine oder mehrere spezielle Geschäftspraktiken oder Wirtschaftszweige auf diesen Kodex verpflichten“.[459] Gerade am Beispiel des Verhaltenskodex zeigt sich, dass für eine Reduzierung des Anwendungsbereichs interner Untersuchungen auf spezifische Verstöße kein Anlass besteht. Die Verhaltenskodizes sind für das Wirtschaftsleben und die Zusammenarbeit der Unternehmen von zentraler Bedeutung. Viele Unternehmen machen eine geschäftliche Beziehung davon abhängig, ob sich der Geschäftspartner bestimmten Werten im Rahmen der Selbstverpflichtung

---

456 *Bittmann/Brockhaus/von Coelln/Heuking*, NZWiSt 2019, 1, 2; *Nestler*, in: Knierim/Rübenstahl/Tsambikakis, Kapitel 1 Rn. 23 f.; so wohl auch *Ströbel/Böhm/Breunig/Wybitul*, die darauf abstellen, das interne Ermittlungen nicht immer auf die Aufklärung möglicher Straftaten durch Beschäftigte abzielen, sondern auch der Aufklärung tatsächlicher oder vermuteter Ordnungswidrigkeiten oder sonstiger Verhaltenspflichtverletzungen dienen, vgl. *Ströbel/Böhm/Breunig/Wybitul*, CCZ 2018, 14, 18 f.

457 *Arnold*, ZGR 2014, 76, 77 f.; *Bittmann/Brockhaus/von Coelln/Heuking*, NZWiSt 2019, 1, 2; im Ergebnis so auch *Lohmeier/Shahhosseini*, in: Umnuß, Corporate Compliance Checklisten, Kapitel 7 Rn. 15.

458 Richtlinie 2005/29/EG des Europäischen Parlaments und des Rates vom 11. Mai 2005 über unlautere Geschäftspraktiken im binnenmarktinternen Geschäftsverkehr zwischen Unternehmen und Verbrauchern und zur Änderung der Richtlinie 84/450/EWG des Rates, der Richtlinien 97/7/EG, 98/27/EG und 2002/65/EG des Europäischen Parlaments und des Rates sowie der Verordnung (EG) Nr. 2006/2004 des Europäischen Parlaments und des Rates (Richtlinie über unlautere Geschäftspraktiken), RL 2005/29/EG, ABl. EU Nr. L 149/22 v. 11.6.2005.

459 Art. 2 lit. f RL 2005/29/EG, ABl. EU Nr. L 149/22 v. 11.6.2005; vgl. hierzu auch Harte-Bavendamm/Henning-Bodewig/*Dreyer* UWG § 3 Abs. 3 Rn. 6, 7.

verschrieben hat. Teilweise achten auch andere Dritte (bspw. Kunden und die Presse) darauf, ob entsprechende Verhaltenskodizes im Unternehmen bestehen. Wenn sich ein Unternehmen durch einen Verhaltenskodex verpflichtet, ist es gerade im Hinblick auf das von den Geschäftspartnern und sonstigen Dritten entgegengebrachte Vertrauen u.U. sinnvoll, etwaige Verstöße gegen eine solche Selbstverpflichtung im Rahmen einer internen Untersuchung umfassend aufzuklären. Dies dient als vertrauensbildende bzw. vertrauensintensivierende Maßnahme und signalisiert den Geschäftspartnern und sonstigen Dritten, dass sie auf die Selbstverpflichtung des Unternehmens vertrauen und sich insoweit auf das Unternehmen verlassen können. Letzteres verstärkt die Integrität des Unternehmens und vermittelt ein positives Bild auf dem Markt.

Auch wenn in der Praxis umfangreiche interne Untersuchungen aufgrund ihres personellen sowie finanziellen Aufwands regelmäßig auf die strafrechtlichen relevanten Verstöße begrenzt sind[460], spricht dies ebenfalls nicht für eine Eingrenzung auf solche Gesetzesverstöße. Die entsprechende Entscheidung der Organe ist vielmehr Ausfluss ihrer Ermessensentscheidung hinsichtlich der Art und Weise der Aufklärung, im Rahmen derer unterschiedliche Faktoren von Bedeutung sind und durch die sie ihrer Pflicht, im Unternehmensinteresse zu handeln, nachkommen.[461] Auch bei sonstigen – nicht dem strafrechtlich relevanten Bereich zuzuordnenden – Pflichtverletzungen kann es sowohl im Hinblick auf etwaige arbeitsrechtliche Konsequenzen für die verdächtigen Mitarbeiter als auch im Hinblick auf den Bestand der Integrität des Unternehmens am Markt im Unternehmensinteresse liegen, auch solche Verstöße im Rahmen einer internen Untersuchung aufzuklären.

Von der Frage nach der Art der Pflichtverletzung abzugrenzen ist die Frage, ob die ergriffenen Ermittlungsmaßnahmen und deren Auswirkungen, gerade weil sie auf einer Ermessensentscheidung der Organe beruhen, im Verhältnis zum aufgekommenen Verdacht stehen.[462] Hierbei geht es um die Bewertung des Gewichts der Pflichtverletzung. Insoweit macht es einen Unterschied, ob wegen eines Verdachts eine einzelne Ermittlungsmaßnahme ergriffen wird oder ob die Aufklärung durch eine groß angelegte interne Untersuchung unter Einbeziehung externer Berater betrieben wird. Hierbei werden die Organe auch die zu erwartenden Kosten im Blick zu behalten haben. Unverhältnismäßig dürfte es demnach sein, jede kleinste Pflichtverletzung durch eine umfassende interne Untersuchung unter Einsatz eines externen Ermittler-Teams zu verfolgen.[463] Das heißt aber nicht, dass solche Verstöße nicht aufgeklärt werden müssten. Allerdings sollte der notwendige Aufwand dann möglichst begrenzt sein, bspw. durch

---

460 *Nestler*, in: Knierim/Rübenstahl/Tsambikakis, Kapitel 1 Rn. 24.

461 Zu den organschaftlichen Rechten und Pflichten siehe Kapitel 1 § 2 A. I.

462 Im Ergebnis so auch *Grützner*, in: Momsen/Grützner, Wirtschafts- und Steuerstrafecht, Kapitel 4 § 16 Rn. 55.

463 *Grützner*, in: Momsen/Grützner, Wirtschafts- und Steuerstrafecht, Kapitel 4 § 16 Rn. 55.

die Durchführung einer passenden unternehmensinternen Einzelmaßnahme. Ein großer Aufwand und damit, um im genannten Beispiel zu bleiben, eine umfassende interne Untersuchung unter Einsatz eines großen externen Ermittler-Teams könnte demgegenüber gerechtfertigt sein, wenn der Verdacht einer Pflichtverletzung besteht, die ein erhebliches Ausmaß angenommen hat. Exemplarisch können hier die „Siemens-Affäre" oder der „VW-Abgasskandals" genannt werden. Verstärkend kann hinzukommen, dass die aufgekommenen Pflichtverletzungen unternehmensintern systematisch erfolgen.[464]

Von dieser Ermessensentscheidung ist die datenschutzrechtliche Erforderlichkeitsprüfung im Hinblick auf die jeweilige konkrete Ermittlungsmaßnahme abzugrenzen. Insoweit müssen die Maßnahmen, was noch zu zeigen sein wird, erforderlich und angemessen sein,[465] wobei sich aber ebenfalls eine Begrenzung der Eingriffsintensität einer Ermittlungsmaßnahme durch den konkreten Verdacht ergeben kann. Ermittlungsmaßnahmen, die sehr stark in die Rechtspositionen der betroffenen Arbeitnehmer eingreifen, wie bspw. das E-Mail-Screening oder die Videoüberwachung, müssen auf einer entsprechend starken Verdachtslage beruhen. Darüber hinaus ist ferner zur berücksichtigen, was für eine Pflichtverletzung vorliegt. Soweit mit der Ermittlungsmaßnahme die Verarbeitung personenbezogener Daten und damit wiederum ein Eingriff in die Schutzgüter der Arbeitnehmer verbunden ist, wird es für die datenschutzrechtliche Rechtfertigung – neben Straftaten – um die Aufklärung einer erheblichen Pflichtverletzung gehen müssen. Eine solche kommt bspw. in Betracht, wenn der Arbeitnehmer gegen seine Pflicht zur Rücksichtnahme auf die Interessen des Arbeitgebers aus § 241 Abs. 2 BGB verstößt und dieser Pflichtverstoß geeignet ist, eine außerordentliche Kündigung zur rechtfertigen.[466] Als Beispiel wird in der Rechtsprechung des BAG die Konkurrenztätigkeit des Arbeitnehmers während des bestehenden Arbeitsverhältnisses und der damit verbundene Verstoß gegen das Wettbewerbsverbot genannt werden.[467]

3. *Vorliegen eines (drohenden) staatlichen Verfahrens*

Als konkrete Voraussetzung für das Vorliegen einer internen Untersuchung wird teilweise vertreten, dass es eines – zumindest drohenden – staatlichen Verfahrens bedürfe.[468] Dabei müsse es sich nicht zwingend um ein staatliches Verfahren in Deutschland handeln.[469] Vielmehr reiche es aus, wenn überhaupt staatliche Unrechtsreaktion drohe, so z.B. auch durch die SEC. Bezogen auf Deutschland

---

464 Vgl. hierzu auch *Grützner*, in: Momsen/Grützner, Wirtschafts- und Steuerstrafecht, Kapitel 4 § 16 Rn. 55.
465 Vgl. hierzu ausführlich Kapitel 2 § 2 C I.
466 BAG, NZA 2017, 1179, 1180.
467 BAG, NZA-RR 2010, 461, 462 f.; BAG, NZA 2015, 429, 431; BAG, NZA 2017, 1179, 1180.
468 So z.B. *Behrens*, RiW 2009, 20, 22; *Momsen*, ZIS 2011, 508, 511.
469 *Nestler*, in: Knierim/Rübenstahl/Tsambikakis, Kapitel 1 Rn. 27.

könne es sich um strafrechtliche sowie ordnungswidrigkeitenrechtliche Reaktionen handeln.[470]

Nach der hier vertretenen Auffassung ist das Vorliegen einer drohenden staatlichen Reaktion keine notwendige Voraussetzung für die Einleitung einer internen Untersuchung.[471] Ausgangspunkt einer solchen Untersuchung kann eine Vielzahl von Sachverhalten sein, die nicht immer mit einer direkt staatlichen Reaktion im Zusammenhang stehen. Insoweit ist es durchaus möglich, dass der Verdacht hinsichtlich möglicher Verstöße der Mitarbeiter gegen rein unternehmensinterne Prozesse das Unternehmen dazu bewegt, diesem Verdacht mithilfe externer Berater auf den Grund zu gehen, um zum einen deren Auswirkungen auf die bestehenden Prozesse zu analysieren und gleichzeitig zu prüfen, welche Prozessoptimierungen notwendig sind, um solche Verstöße zukünftig zu verhindern/auszuschließen. Den Ausgangspunkt einer internen Untersuchung bildet dann ein von etwaigen staatlichen Ermittlungen und drohenden Sanktionen unabhängiges Handel der Organe des Unternehmens. Sie kommen ihrer organschaftlichen Sorgfaltspflichten nach und handeln im Unternehmensinteresse.

Insoweit sind die in Deutschland diskutierten internen Untersuchungen von ihrem historischen Vorbild aus dem angloamerikanischen Recht abzugrenzen. Letzteres ist zwar auch am Unternehmensinteresse ausgerichtet, folgt aber ganz maßgeblich dem Aufklärungsinteresse der US-amerikanischen Behörden.[472] So können interne Untersuchungen auf der Grundlage des deutschen Rechts schon nicht zu den aus dem US-amerikanischen Recht bekannten Vorteilen führen wie bspw. dem Verzicht auf eine öffentliche Strafverfolgung.[473]

Diese Sichtweise gerät teilweise aus dem Blickfeld, betrachtet man die bekanntesten Fälle von internen Untersuchungen der Vergangenheit, wie z.B. im Rahmen der „Siemens-Affäre" oder des „VW-Abgasskandals". Die in dem jeweiligen Zusammenhang durchgeführten internen Untersuchungen waren jedenfalls von außen betrachtet überwiegend von der Motivation geprägt, mit den US-amerikanischen Behörden zu kooperieren. Ausgangspunkt der Untersuchungen waren dabei vor allem die zu befürchtenden haftungsrechtlichen und strafrechtlichen Risiken.

Auch wenn sich gerade die öffentlich bekannten internen Untersuchungen typischerweise auf die für das Unternehmen sehr sensiblen Risiken eines staatlichen Verfahrens und die damit verbundenen drohenden Sanktionen beschränken, sollte der Anwendungsbereich interner Untersuchungen weiter gefasst werden. Mithin ist – unabhängig von einem staatlichen Verfahren – jeder Compliance-relevante Verstoß erfasst, durch dessen Aufklärung die Organe ihrer Aufklärungsverantwortung und damit ihrer Sorgfaltspflicht gerecht werden. Relevante

470 *Nestler*, in: Knierim/Rübenstahl/Tsambikakis, Kapitel 1 Rn. 27.

471 So auch Nestler, in: Knierim/Rübenstahl/Tsambikakis, Kapitel 1 Rn. 36.

472 Böttger/*Minoggio*, WiPra, Kapitel 18 Rn. 10 ff.; so auch *Momsen*, NJW 2018, 2362, 2364.

473 *Behrens*, RiW 2009, 22, 31.

Pflichtverletzungen und das Interesse daran, diese im Rahmen einer internen Untersuchung aufzuklären, können sich auch durchaus auf nur einzelne Bereiche/Abteilungen oder einzelne Sachverhalte beschränken. Ferner müssen interne Untersuchungen – gerade bei mittelständischen Unternehmen – nicht zwingend ein solches Ausmaß annehmen, wie es bei den genannten Skandalen der Fall war.

4. *Eingesetzte Ermittler – externe Berater vs. interne Abteilung*

Wie bereits herausgearbeitete, steht den Organen hinsichtlich der Art und Weise der Aufklärung und damit auch der eingesetzten Mittel ein Ermessensspielraum zu.[474] Daher besteht auch grundsätzlich keine Pflicht zur Einschaltung externer Berater, sodass dies aus Sicht des Verfassers auch nicht als Voraussetzung zum Vorliegen einer internen Untersuchung herangezogen werden kann.[475] Insoweit ist es z.B. möglich, dass ein Unternehmen besonders spezialisierte Mitarbeiter beschäftigt, die als Ermittlungseinheit im Falle der Notwendigkeit einer internen Untersuchung zum Einsatz kommen.[476] Eine rechtliche Verpflichtung, externe Ermittler einzusetzen, besteht jedenfalls nicht.[477] Die Frage, ob externe Berater zurate gezogen werden oder die interne Untersuchung allein durch die internen Abteilungen durchgeführt werden sollte, hängt vielmehr von Zweckmäßigkeitserwägungen ab.

Aufgrund solcher Zweckmäßigkeitserwägungen werden in der Praxis auch größtenteils spezialisierte Rechtsanwälte sowie – teilweise – auch Wirtschaftsprüfer mit der Prüfung betraut. Diese sollen gewährleisten, dass die mutmaßlichen Verstöße durch eine „objektive Instanz" aufgeklärt werden. Eine solche objektive Stellung verstärkt zudem die positive Wirkung, welche mit einer internen Untersuchung einhergehen soll.[478] Nach außen wird dadurch signalisiert, dass eine umfassende und „schonungslose" Aufklärung durch einen externen Dritten gewollt ist.[479] Fehlt es an einer solchen, nach außen dokumentierten objektiven

474 *Fleischer*, NZG 2014, 321, 324; vgl. hierzu im Einzelnen Kapitel 1 § 2 C. 1. - 4.

475 *Bittmann/Brockhaus/von Coelln/Heuking*, NZWiSt 2019, 1, 2; Hüffer/Koch/*Koch*, AktG, § 76 Rn. 16c; *Ott/Lüneborg*, CCZ 2019, 71, 73 f.; *Ott/Lüneborg*, NZG 2019, 1361, 1365; *Reeb*, in: Internal Investigations: Neue Tendenzen privater Ermittlungen, 2011, S. 4; *Rotsch*, in: Achenbach/Rasiek/Rönnau, HdB Wirtschaftsstrafrecht, Teil 1, Kapitel 4 Rn. 58; a.A. *Behrens*, RiW 2009, 22; *Fuhrmann*, NZG 2016, 881, 882, 886 f.; *Nestler*, in: Knierim/Rübenstahl/Tsambikakis, Kapitel 1 Rn. 25 f.; MAH Verteidigung in Wirtschafts- und Steuerstrafsachen/*Park/Eggers*, § 11 Rn. 4, 26, wobei sie zugleich darauf hinweisen, dass interne Kräfte (Revisionsabteilung, Compliance-Beauftragte etc.) mobilisiert werden können.

476 *Ott/Lüneborg*, CCZ 2019, 71, 74; im Ergebnis so wohl auch *Lindner*, CCZ 2020, 160, 161.

477 Hüffer/Koch/*Koch*, AktG, § 76 Rn. 16c; *Lohmeier/Shahhosseini*, in: Umnuß, Corporate Compliance Checklisten, Kapitel 7 Rn. 20; Spindler/Stilz/*Fleischer*, AktG, § 91 Rn. 57.

478 So auch *Böhmer*, in: Bay, Handbuch Internal Investigations, Kapitel 2 Rn. 1; *Lüneborg/Resch*, NZG 2018, 209, 211.

479 *Schürrle/Olbers*, CCZ 2010, 102, 105.

Überprüfung, könnte der Eindruck entstehen, dass ein Unternehmen mithilfe einer internen Untersuchung eine Pflichtverletzung zu vertuschen versucht. Sollte sich ein solcher Eindruck durchsetzen, würde die interne Untersuchung zu dem bloßen Versuch verkommen, sich von Vorwürfen „reinzuwaschen".

Im Übrigen gewährleistet eine Aufklärung durch den Einsatz externer Berater, dass die Verdachtslage umfassend und wahrheitsgetreu aufgeklärt wird. Dies ist für eine mögliche Sanktionsmilderung von Relevanz. Eine positive Berücksichtigung durch die Ermittlungsbehörden wird insoweit nur dann möglich sein, wenn die Behörden ein umfassendes und wahrheitsgetreues Bild von der Sachlage bekommen und davon ausgehen können, dass durch die interne Untersuchung sämtliche Compliance-relevanten Verstöße aufgeklärt und abgestellt wurden. Anknüpfend hieran spricht für den Einsatz externer Berater ferner, dass Unternehmensangehörigen z.T. eine fehlende Distanz zu dem Sachverhalt und den Beschuldigten vorgeworfen wird.[480] Nimmt man also eine mögliche Zusammenarbeit mit den staatlichen Ermittlungsbehörden in den Blick, kommt den Ermittlungen durch externe Berater erst recht eine höhere Objektivität und Unabhängigkeit zu.[481] Dies steht auch im Einklang mit der Rechtsprechung des BGH, nach der sich ein Organ von einem unabhängigen Berufsträger beraten lassen muss, wenn ihm die entsprechende Sachkunde fehlt, um den strengen Anforderungen an eine ihm obliegende Prüfung der Rechtslage und an die Beachtung von Gesetz und Rechtsprechung zu genügen.[482]

Überdies spricht für den Einsatz externer Berater, dass in solch einem Fall, wie noch zu zeigen sein wird, die Ermittlungsergebnisse einem höheren Schutz im Hinblick auf die Zugriffsmöglichkeiten durch die Ermittlungsbehörden unterliegen.[483] Insbesondere § 97 Abs. 1 Nr. 3 StPO vermittelt nach der hier vertretenen Ansicht einen umfassenden Schutz von Ermittlungsergebnissen aus internen Untersuchungen, wenn sich diese im Gewahrsam der beauftragten Rechtsanwaltskanzlei befinden.[484] Besteht das Risiko einer Verbandsgeldbuße und eines dahingehenden Ermittlungsverfahrens, wird das Unternehmen die Möglichkeiten des Schutzes der Unterlagen in die Entscheidung über den Einsatz externer Berater einfließen lassen müssen.

Vertritt man die Auffassung, dass der Einsatz externer Berater zwingend ist, ließe sich weiter argumentieren, dass interne Prüfungen durch die eigenen Mitarbeiter (bspw. durch eine Compliance- oder Rechtsabteilung) schon gar nicht den hier in den Blick genommenen internen Untersuchungen unterfallen.[485] Die Ergebnisse einer solchen internen Prüfung bzw. unternehmensinternen Kontrolle haben

480 *Brücker*, BB Special 4/2010, 21, 23.
481 *Lüneborg/Resch*, NZG 2018, 209, 211.
482 BGH, NZG 2011, 1271, 1273.
483 Vgl. hierzu ausführlich Kapitel 3 § 1.
484 Vgl. hierzu ausführlich Kapitel 3 § 1 C. I.
485 *Nestler*, in: Knierim/Rübenstahl/Tsambikakis, Kapitel 1 Rn. 25 f.

nach dieser Ansicht für das Unternehmen, insbesondere im Hinblick auf die strafrechtlich relevanten Rechtsverstöße, nicht die gleiche Außenwirkung.[486] Hiernach kommt internen Untersuchungen durch die eigene unternehmensinterne Abteilung im Ergebnis nicht dieselbe positive Publizitätswirkung zu.[487] Darüber hinaus lässt sich vorbringen, dass interne Abteilungen, welche mit einer solchen Beauftragung betraut werden könnten, meist nicht die personelle Kapazität aufweisen, um eine umfassende Untersuchung zu stemmen.[488]

Diese Ansicht würde aber den Anwendungsbereich interner Untersuchungen überwiegend auf solche Fälle beschränken, bei denen es um den Verdacht strafbaren Verhaltens geht und bei denen es auch aufgrund der Projektgröße sowie der medialen Außenwirkung für das Unternehmen quasi unumgänglich ist, erfahrene externe Berater mit der Untersuchung zu beauftragen. Dies zeigte sich insbesondere bei den Untersuchungen im Rahmen der großen Skandale wie der „Siemens-Affäre" oder des „VW-Abgasskandals". Interne Untersuchungen durch Compliance- oder Rechtsabteilungen würden aus dem Anwendungsbereich der hier behandelten internen Untersuchungen herausfallen, obgleich sie das gleiche Ziel intendieren, nämlich repressiv die Aufklärung von zurückliegendem Fehlverhalten. Mithin geht es um die umfassende und lückenlose Aufklärung eines begründeten Verdachts von Pflichtverletzungen. Insoweit sind nach der hier vertretenen Auffassung auch dann interne Untersuchungen gegeben, wenn sie durch interne Abteilungen durchgeführt werden.[489] Dafür spricht, dass insbesondere kleine und auch mittelständische Unternehmen nicht immer mit den nötigen Finanzmitteln ausgestattet sind, um interne Untersuchungen durch hoch spezialisierte Berater durchführen zu lassen.[490] Gleichwohl besteht für solche Unternehmen ein großes Interesse daran, auch solche Sachverhalte aufzuklären. Kostenintensive Untersuchungen durch externe Berater stünden gerade bei geringfügigen Pflichtverletzungen in keinem Verhältnis zu dem Nutzen, der mit ihnen einhergeht. Gerade der Kostenfaktor ist bei der Abwägung, ob eine Untersuchung intern oder extern durchgeführt wird, wesentlich. Dafür, dass interne Untersuchungen auch dann gegeben sind, wenn sie durch interne Abteilungen durchgeführt werden, kann ferner sprechen, dass interne Abteilungen eine bessere Kenntnis von den Strukturen und den Abläufen im Unternehmen haben.[491]

---

486 *Nestler*, in: Knierim/Rübenstahl/Tsambikakis, Kapitel 1 Rn. 26.

487 *Nestler*, in: Knierim/Rübenstahl/Tsambikakis, Kapitel 1 Rn. 26.

488 *Lüneborg/Resch*, NZG 2018, 209, 211; *Momsen*, ZIS 2009, 508, 511; *Schürrle/Olbers*, CCZ 2010, 102, 105.

489 So auch *Reeb*, in: Internal Investigations: Neue Tendenzen privater Ermittlungen, 2011, S. 4.

490 *Ott/Lüneborg*, CCZ 2019, 71, 74.

491 *Bock*, ZIS 2009, 68, 80; Böttger/*Minoggio*, WiPra, Kapitel 18 Rn. 23; *von Rosen*, Internal Investigations bei Compliance-Verstößen, S. 52.

Eine Einschränkung ist jedoch dahingehend vorzunehmen, als die Mitarbeiter, welche die interne Untersuchung durchführen, entsprechend qualifiziert und einer separaten Abteilung bzw. Unternehmenseinheit zugeordnet sein müssen.[492] Insoweit beschäftigen mittlerweile auch kleinere Unternehmen Compliance-Mitarbeiter mit einem erheblichen Spezialwissen.[493] Diese müssen dann auch ähnlich den externen Beratern die Sachlage umfassend und wahrheitsgemäß aufklären und bewerten, damit sie sich – ebenso wie die Prüfung durch externe Berater als bereits erwähnte „objektive Instanz" – positiv auswirken können. Dies ist nur möglich, wenn sie nicht für das operative Geschäft zuständig sind, sondern die Überprüfung der Abläufe auf ihre Rechtskonformität hin im Zentrum ihrer Aufgaben liegt. Ferner müssen sie mit entsprechenden Kompetenzen ausgestattet sein. Dies ähnelt der Funktionsbeschreibung einer Revisionsabteilung, sodass interne Untersuchungen auch durch diese Mitarbeiter durchgeführt werden könnten. Jedoch sind interne Untersuchungen – wie bereits gezeigt – von der unternehmenseigenen Revision klar abzugrenzen.[494]

Es reicht indes nicht aus, wenn kritischen Sachverhalten durch Mitarbeiter der betroffenen Abteilung nachgegangen wird. Dann müssten nämlich die Mitarbeiter Vorgänge der eigenen Abteilung und damit möglicherweise auch ihr eigenes Handeln nachvollziehen, kritisch bewerten und im Endeffekt auch passende Sanktionen für ihre Kollegen oder sich selbst bestimmen. Ferner wird in solchen Überprüfungen kaum die Möglichkeit bestehen, dass die Mitarbeiter auch abteilungsübergreifend die Sachverhalte aufklären. Es bedarf, ähnlich externen Ermittlern, einer auf die Aufklärung kritischer Sachverhalte spezialisierter „Taskforce", welche aufgrund der ihr übertragenen Kompetenz in der Lage ist, gegen die Mitarbeiter des eigenen Unternehmens umfassend zu ermitteln.

Die Entscheidung, ob externe Berater hinzugezogen werden sollten, richtet sich am Ende regelmäßig nach strategischen Gesichtspunkten, den zu erwartenden Kosten und der Frage, inwieweit eine Zugriffsmöglichkeit der Ermittlungsbehörden auf die Ermittlungsergebnisse ausgeschlossen werden soll. Gerade wenn eine sehr umfassende Aufklärung gewünscht ist, im Rahmen derer womöglich auch mit den staatlichen Behörden zusammengearbeitet werden soll, ist es zweckmäßig, den Weg über externe Berater zu gehen.[495] Im Zweifel können die mandatierten Berater auf ein bestehendes Netzwerk zurückgreifen, welches sich für das Unternehmen positiv auswirken könnte. Sind die Vorwürfe bereits in der Öffentlichkeit bekannt, kann der Einsatz externer Berater zudem Vertrauen bilden und Transparenz schaffen. Bei kleineren internen Pflichtverstößen hingegen, bei denen es am Ende um personelle Konsequenzen für einzelne Mitarbeiter geht, stehen die durch

492 *Brücker*, BB Special 4/2010, 21, 23.
493 Böttger/*Minoggio*, WiPra, Kapitel 18 Rn. 23.
494 Vgl. Kapitel 1 § 1 C. III. 1.
495 Böttger/*Minoggio*, WiPra, Kapitel 18 Rn. 23, 24, 27.

den Einsatz externer Ermittler zu erwartenden Kosten meist in keinem Verhältnis zu dem Ergebnis, welches verfolgt wird.

5. *Verdachtslage*

Eine interne Untersuchung zur Aufklärung Compliance-relevanter Verstöße setzt ferner eine Tatsachengrundlage in Form einer Verdachtslage voraus. Wie bereits herausgearbeitet, müssen die Organe bei einer Verdachtslage hinsichtlich eines Compliance-relevanten Verstoßes Aufklärung betreiben, um ihrer Sorgfaltspflicht gerecht zu werden.[496] Mithin hängen eine bestehende Verdachtslage und eine Aufklärungsverpflichtung der Organe zusammen. Wenn die Pflicht zur Aufklärung („ob") von einer entsprechenden Verdachtslage abhängt, dann gilt dies im Ergebnis auch für die Einleitung von Aufklärungsmaßnahmen im Allgemeinen und internen Untersuchungen im Speziellen („wie"). Mithin kann eine bestehende Verdachtslage als eine Anforderung an eine interne Untersuchung angesehen werden. Fraglich ist indes, inwieweit sich die Verdachtslage ihrerseits eingrenzen bzw. konkretisieren lässt, wobei eine Differenzierung zwischen der verdächtigten Person, dem Verdachtsgrad sowie der Verdachtsquelle sinnvoll erscheint.

a) *Verdächtigte Person*

Anknüpfend an die hier vertretene weite Auffassung zur Compliance-relevanten Pflichtverletzung ist der Kreis möglicher Verdächtiger, denen eine Pflichtverletzung vorgeworfen werden könnte, welche ihrerseits den Ausgangspunkt der Untersuchung bilden könnte, nicht auf eine bestimmte Personengruppe zu beschränken. Demnach ist der teilweise vertretenen Ansicht, dass sich die Pflichtverletzung gerade auf die Unternehmensleitung beziehen muss[497], nicht zu folgen. Die Untersuchung eines Fehlverhaltens ist nicht von der arbeits- oder gesellschaftsrechtlichen Stellung der verdächtigen Person abhängig. Auf allen personellen Ebenen des Unternehmens sind Verstöße gegen gesetzliche oder sonstige Regelungen möglich und können im Rahmen einer internen Untersuchung von Relevanz sein.[498] Dies zeigt auch die bereits herausgearbeitete Pflicht des Vorstands sowie der Geschäftsführung mögliche Pflichtverletzungen im Unternehmen aufzuklären, unabhängig davon, durch wen sie begangen wurden. Auch dient eine solche Eingrenzung nicht der Zielsetzung von internen Untersuchungen.[499] Diese sollen jedenfalls die Möglichkeit bieten, jeglichen Regelverstoß aufzuklären und die notwendigen Konsequenzen zu ziehen (Sanktionierung der involvierten Personen, Anpassung des Compliance-Systems usw.). Mithin können Gesetzesverletzungen auch von Mitarbeitern verübt werden, welche unterhalb der Leitungsebene einzuordnen sind.

---

496 Vgl. hierzu Kapitel 1 § 2 C. I. 1. a).

497 *Mengel/Ullrich*, NZA 2006, 240.

498 *Vogt*, NJOZ 2009, 4206; so wohl auch *Kort*, RdA 2018, 24, 26.

499 Zur Zielsetzung interner Untersuchungen vgl. Kapitel 1 § 2 B.

Dafür sprechen auch die §§ 130, 9 OWiG, im Rahmen derer das Wissen von Mitarbeitern unterhalb der Leitungsebene den Betriebsinhabern zugerechnet werden kann.[500]

b) *Verdachtsgrad*

Fraglich ist, ab welchem Verdachtsgrad bzw. welcher Verdachtsschwelle Aufklärungsmaßnahmen und auch interne Untersuchungen in Betracht zu ziehen sind. Allgemein anerkannt ist, dass Hinweise ohne Tatsachengrundlage, reine Vermutungen, Behauptungen oder Gerüchte nicht ausreichen.[501] Im Übrigen sind die konkret zu fordernden Anforderungen an den Verdachtsgrad noch ungeklärt.[502]

Zieht man den Vergleich zum staatlichen Ermittlungsverfahren, so kommt als notwendiger Verdachtsgrad ein Anfangsverdacht gemäß § 152 Abs. 2 StPO in Betracht.[503] Ein solcher liegt vor, wenn es nach kriminalistischer Erfahrung möglich erscheint, dass eine verfolgbare Straftat begangen worden ist, mithin die Möglichkeit einer späteren Verurteilung besteht.[504] Von einer solchen Möglichkeit kann nur ausgegangen werden, wenn tatsächliche Anhaltspunkte vorhanden sind. Die Anforderungen an einen Anfangsverdacht gemäß § 152 Abs. 2 StPO sollten im Hinblick auf eine Konkretisierung des notwendigen Verdachtsgrads zur Einleitung einer internen Untersuchung übertragen werden.[505] Dies dann auch unabhängig davon, ob sich der bestehende Verdacht auf eine mögliche Straftat oder sonstige Compliance-relevante Pflichtverletzung bezieht. Zu fordern ist zumindest eine Faktenlage, welche den Verdacht einer Straftat oder Pflichtverletzung als plausibel erscheinen lässt.[506] Die Schwelle des Anfangsverdachts dient auch als Konkretisierung der notwendigen Tatsachengrundlage und Absicherung der Organe hinsichtlich der von ihnen zu treffenden Ermessensentscheidung. So wie fehlender

---

500 Zu den §§ 130, 9 OWiG vgl. Kapitel 1 § 2 A. II. 1.

501 *Grützner*, in: Momsen/Grützner, Wirtschafts- und Steuerstrafecht, Kapitel 4 § 16 Rn. 53; *Lohmeier/Shahhosseini*, in: Umnuß, Corporate Compliance Checklisten, Kapitel 7 Rn. 13; *Ott/Lüneborg*, CCZ 2019, 71, 76.

502 Zu dem derzeitigen Sprach- und Meinungsbild im Schrifttum vgl. exemplarisch *Ott/Lüneborg*, CCZ 2019, 71, 76.

503 BVerfG, NStZ 1982, 430.

504 MüKo-StPO/*Peters*, § 152 Rn. 35.

505 *Nolte/Michaelis*, BB 2020, 1154, 1157; im Ergebnis so wohl auch *Grützner*, wenn er anführt, dass sich die Schwelle zur Einleitung von internen Ermittlungen zumindest mit dem strafprozessualen Anfangsverdacht vergleichen lässt, vgl. *Grützner*, in: Momsen/Grützner, Wirtschafts- und Steuerstrafecht, Kapitel 4 § 16 Rn. 53.

506 *Lohmeier/Shahhosseini*, in: Umnuß, Corporate Compliance Checklisten, Kapitel 7 Rn. 13; a.A. wohl *Brücker*, nach dem es als Trend angesehen werden kann, dass die Beschäftigung mit Internal Investigations nicht nur und nicht erst dann stattfindet, wenn sich Verdachtsmomente ergeben, sondern diese zunehmend im Zusammenhang mit Compliance-Management-Systemen betrachtet werden, vgl. *Brücker*, BB Special 4/2010, 21, 22.

Aufklärungswille eine Pflichtverletzung der Geschäftsleitung darstellen kann, kann dies ebenso für die Einleitung einer kostenintensiven internen Untersuchung ohne eine hinreichende Tatsachengrundlag gelten.

Durch den Anfangsverdacht i.S.d. § 152 Abs. 2 StPO als eine konkrete Anforderung für interne Untersuchungen wird außerdem eine sinnvolle Abgrenzung zu präventiv wirkenden Compliance-Systemen erreicht.[507] Eine präventive Compliance soll Compliance-relevante Verstöße von vornherein verhindern, während eine repressive Compliance, zu der auch die interne Untersuchung gezählt werden kann, dazu dient, eine bereits stattgefundene Verletzung gegen eine Compliance-relevante Pflicht aufzuklären und abzustellen. Auch wenn, wie bereits herausgearbeitet, eine trennscharfe Abgrenzung zwischen präventiver und repressiver Compliance nicht immer möglich ist,[508] bildet eine Compliance-relevante Pflichtverletzung und ein dahingehender Verdacht ein taugliches Abgrenzungskriterium.

Für die Forderung eines Anfangsverdachts als Grundlage einer internen Untersuchung spricht ferner die Einbeziehung des Datenschutzrechts.[509] Gerade der Datenschutz muss – was im Rahmen der vorliegenden Untersuchung umfassend untersucht wird – im Rahmen interner Untersuchungen beachtet werden. Er bildet insoweit einen integralen Bestandteil interner Untersuchungen.[510] Soll nun eine Aufklärungsmaßnahme im Rahmen einer internen Untersuchung durchgeführt werden und ist diese an den Vorgaben des Datenschutzes zu messen, kommt es maßgeblich auf die Anforderungen des Datenschutzes an die Verdachtslage an. Hierzu hat das BAG zur alten Rechtslage entschieden, dass die Erhebung, Verarbeitung oder Nutzung von personenbezogenen Daten zur Aufdeckung von Straftaten gemäß § 32 Abs. 1 S. 2 BDSG a.F. lediglich einen „einfachen" Verdacht i.S.e. Anfangsverdachts voraussetzt.[511] Der der Entscheidung zugrunde liegende Sachverhalt betraf die Videoüberwachung von Mitarbeitern, also eine für interne Untersuchungen wichtige Maßnahme.[512] Zwar betrifft diese Entscheidung die datenschutzrechtliche Zulässigkeit einer konkreten Ermittlungsmaßnahme.[513]

---

507 So auch *Moosmayer*, Compliance, Rn. 314; *Ott/Lüneborg*, CCZ 2019, 71, 76; *Stück*, ArbRAktuell 2020, 408, 409; *Stück*, ArbRAktuell 2019, 216, 217 f.; *Timm*, ZIS 2013, 249, 251; in Bezug auf die internen Untersuchungen durch den Aufsichtsrat *Fett/Habbe*, AG 2018, 257, 261; *Habbe*, CCZ, 2019, 27, 30.

508 Vgl. hierzu Kapitel 1 § 2 A. I.

509 Insoweit erachten es *Bittmann/Brockhaus/von Coelln/Heuking* als sachgerecht, als Anforderung für die Einleitung einer internen Untersuchung Voraussetzungen vorzusehen, welche sich an den Voraussetzungen des § 26 Abs. 1 S. 2 BDSG („zu dokumentierende tatsächliche Anhaltspunkte") anlehnen, vgl. *Bittmann/Brockhaus/von Coelln/Heuking*, NZWiSt 2019, 1, 5.

510 Vgl. hierzu Kapitel 2 § 1.

511 BAG, NZA 2017, 443, 446.

512 Zu der Videoüberwachung als Aufklärungsmaßnahme im Rahmen interne Untersuchungen vgl. Kapitel 2 § 2 C. II. 4.

513 Vgl. zur Entscheidung Kapitel 2 § 2 B. V 1. c) aa), bb) (a).

Jedoch lässt sich anhand der Entscheidung eine Verknüpfung zwischen den datenschutzrechtlichen Anforderungen an die Ermittlungsmaßnahmen und die Anforderungen an interne Untersuchungen herstellen. Wenn nämlich eine für interne Untersuchungen relevante Aufklärungsmaßnahme nach der Rechtsprechung des BAG aus datenschutzrechtlichen Gründen einen Anfangsverdacht voraussetzt, dann liegt es nahe, diesen auch als Anforderung für die übergeordnete Einleitung interner Untersuchungen insgesamt zu fordern. Dass sich aus der Entscheidung zugleich ein Hinweis auf eine Grenze der Durchführung konkreter Ermittlungsmaßnahmen ergibt, steht der Herleitung nicht entgegen. Insoweit bestimmt sich die Zulässigkeit einer internen Untersuchung am Ende insbesondere an der Zulässigkeit der in ihrem Rahmen geplanten bzw. ergriffenen Ermittlungsmaßnahmen.

Zu beachten ist aber, dass die Anforderungen an den Verdacht nicht überspannt werden dürfen. Dies wäre bspw. der Fall, wenn man einen Verdachtsgrad i.S.d. hinreichenden Tatverdachts oder des dringenden Tatverdachts[514] fordert. Im Rahmen interner Untersuchungen soll ein bestehender Verdacht weiter konkretisiert und aufgeklärt werden. Hinreichender und dringender Tatverdacht stellen hingegen das Ergebnis einer internen Untersuchung dar. Zudem würde das Interventionsrecht, das mit internen Untersuchungen einhergeht, zu sehr eingeschränkt.[515]

Einige Autoren machen neben der Beschränkung auf eine Verdachtslage i.S.d. Anfangsverdachts die Einleitung einer internen Untersuchung zusätzlich von einer Relevanz für das Unternehmen abhängig.[516] Können die einem Verdacht zugrunde liegenden Verstöße erhebliche wirtschaftliche Auswirkungen haben, zu einer Gefährdung von Leib und Leben führen oder liegt ihnen eine erhebliche Pflichtverletzung zugrunde, so soll die Durchführung einer internen Untersuchung auch bei einer geringeren Verdachtslage angezeigt sein. Sind demgegenüber die zu erwartenden Folgen nur gering, weil es sich bspw. um einen Bagatellverstoß handelt, so soll dies eher gegen die Notwendigkeit einer internen Untersuchung sprechen. Einer unterschiedlichen Gewichtung der möglichen Auswirkungen unterschiedlicher Verstöße ist grundsätzlich zuzustimmen. Sie wirkt sich jedoch auf der Ebene des Ermessens der Organe hinsichtlich der Bestimmung der zu ergreifenden Aufklärungsmaßnahmen aus und ändert nichts an der Notwendigkeit einer spezifischen Tatsachengrundlage in Form eines Anfangsverdachts. Liegt ein Anfangsverdacht lediglich hinsichtlich Bagatellverstößen einzelner Mitarbeiter vor, so können diese auch in der Auseinandersetzung mit den jeweiligen Mitarbeitern aufgeklärt und sanktioniert werden. Eine umfassende interne Untersuchung dürfte in solchen Fällen nicht angezeigt sein. Die beschriebene „Relevanzschwelle" stellt insoweit einen guten Gradmesser im Rahmen der vom jeweiligen Organ durchzuführenden

---

514 So auch jedenfalls in Bezug auf einen Verdachtsgrad i.S.e. dringenden Tatverdachts *Stück*, ArbRAktuell 2019, 216, 217 f.

515 *Fett/Habbe*, AG 2018, 257, 261.

516 *Fuhrmann*, NZG 2016, 881, 885; *Momsen*, in: Rotsch, Criminal Compliance, § 34 Rn. 23; *Ott/Lüneborg*, CCZ 2019, 71, 76; *Timm*, ZIS 2013, 249, 251.

Ermessenabwägung dar, mehr aber auch nicht. Unabhängig von der Frage, inwieweit eine Relevanz für das Unternehmen für die Bestimmung des Verdachtsgrads maßgeblich sein kann, soll bereits an dieser Stelle darauf hingewiesen werden, dass eine entsprechende Relevanz und damit auch das Unternehmensinteresse im Rahmen der datenschutzrechtlichen Rechtfertigung konkreter Ermittlungsmaßnahmen eine wichtige Rolle spielt.[517]

Ergänzend sprechen für den Anfangsverdacht und gegen weniger strenge Anforderungen an den Verdachtsgrad einige Zweckmäßigkeitserwägungen, die sich auf das Verhältnis der Unternehmensleitung zu ihren Mitarbeitern beziehen. So sollte gerade der Druck, der durch den Verdacht eines Regelverstoßes und einer sich anschließenden internen Untersuchung bei dem betroffenen Mitarbeiter aufgebaut wird, nicht unterschätzt werden. Ferner ist das Signal in den Blick zu nehmen, das an die Belegschaft insgesamt gesendet wird, wenn die Unternehmensleitung ohne konkrete Anhaltspunkte interne Untersuchungen anstoßen würde. Ein übereilter Aufklärungswille um jeden Preis könnte u.U. der Unternehmenskultur sogar schaden.[518]

c) Verdachtsquelle

Hinweise auf mögliche Compliance-relevante Verstöße können sich aus ganz unterschiedlichen Quellen ergeben. Dabei kann zwischen internen und externe Quellen unterschieden werden.[519]

aa) Interne Verdachtsquellen

Als interne Quellen sind insbesondere – interne – Hinweisgeber (englisch „Whistleblower") von großer Relevanz für Unternehmen.[520] Die Hinweise können dabei per E-Mail, postalisch oder aber über eine Whistleblower-Hotline eingehen. Die Art der Kommunikation hängt zumeist von der Größe des Unternehmens ab. Gerade in großen Unternehmen mit Konzernstrukturen ist das Hinweisgebersystem als Teil des Compliance-Systems professionalisiert.

Eine weitere interne Quelle besteht im Hinblick auf laufende interne Prüfprozesse (Prozessaudits), wie bspw. regelmäßig stattfindende Revisionsprüfungen.[521]

---

517 Vgl. hierzu Kapitel 2 § 2 C. I. 3. b) bb).

518 Zu den Auswirkungen interner Untersuchungen auf die Unternehmenskultur vgl. Böttger/*Minoggio*, WiPra, Kapitel 18 Rn. 14 ff.

519 Diese Unterscheidung treffen auch *Ott/Lüneborg*, CCZ 2019, 71, 77 f.

520 *Fett/Habbe*, AG 2018, 257, 261; *Galle*, BB 2018, 564, 565; *Lindner*, CCZ 2020, 160; *Ott/Lüneborg*, CCZ 2019, 71, 77; *Wagner*, CCZ 2009, 8, 11; *Wessing*, in: Hauschka/Moosmayer/Lösler, Corporate Compliance, § 46 Rn. 94; zum Hinweisgeber vgl. Kapitel 2 § 4 B.

521 *Lindner*, CCZ 2020, 160; *Ott/Lüneborg*, CCZ 2019, 71, 77; *Wessing*, in: Hauschka/Moosmayer/Lösler, Corporate Compliance, § 46 Rn. 94.

Ferner ist an interne Schulungen zu denken, aus denen heraus die Teilnehmer auf eine Risikolage oder konkrete Verdachtslagen hinweisen.[522] Dies kann exemplarisch an dem für große Unternehmen und Konzerne bestehenden Risiko von verdeckter Arbeitnehmerüberlassung veranschaulicht werden.

Im Zuge der Reform des AÜG haben viele Unternehmen ihre Mitarbeiter im Hinblick auf den Einsatz von Fremdpersonal, die damit verbundenen internen Prozesse sowie die sich aus der Reform ergebenden Änderungen geschult. Im Rahmen solcher Schulungen wurden die Mitarbeiter hinsichtlich der Thematik sensibilisiert. Dabei zeigten sich – neben bereits identifizierten Risikobereichen – regelmäßig weitere Risikofälle im Hinblick auf den aktuellen Umgang mit Fremdpersonal. Hinweise oder Rückfragen in den Schulungen bildeten dann den Ausgangspunkt konkreter Verdachtslagen. Aufgrund dieser Verdachtslagen wurden sodann weitere Prüfungen eingeleitet, in deren Rahmen die Risikofelder identifiziert, die Prozesse angepasst und Lösungen für mögliche Rechtsverstöße in der Vergangenheit mit der Rentenversicherung Bund gesucht wurden. Gerade im Zusammenhang mit der verdeckten Arbeitnehmerüberlassung kommt den Sanktionsmechanismen wie bspw. der bereits dargestellten Verbandsgeldbuße, aber auch einer möglichen Eintragung ins Gewerbezentralregister (vgl. §§ 149 ff. GewO), dem Entstehen eines Hinderungsgrunds zur Ausübung der Geschäftsführertätigkeit (vgl. § 39 GmbHG i.V.m. § 6 GmbHG) und möglichen Strafbarkeiten für die Organe und über § 14 Abs. 2 StGB auch die Beauftragenden eine erhebliche Bedeutung zu.

bb) Externe Verdachtsquellen

Die Vielfalt an möglichen externen Quellen ist sehr groß. So kommen bspw. Veröffentlichungen in der Presse, in Onlinemedien oder in Branchenpublikationen in Betracht.[523] Ferner kann ein bereits eingeleitetes behördliches Ermittlungsverfahren eine Verdachtsquelle darstellen[524] (bspw. Ermittlungen durch die Kartellbehörde, die Rentenversicherung, die Staatsanwaltschaft usw.). Darüber hinaus können Hinweise aber auch von Kunden, Zulieferern oder der Konkurrenz vorgetragen werden.[525]

Als externe Quelle können zudem Berater des Unternehmens gewertet werden, die im Rahmen eines Projekts Auffälligkeiten feststellen. So ist es möglich, dass eine mandatierte Kanzlei während der Unternehmensprüfung im Rahmen einer Transaktion (englisch „Due Diligence“) Unregelmäßigkeiten/Auffälligkeiten identifiziert, die ihrerseits für einen Pflichtverstoß sprechen könnten. Solche Auffälligkeiten haben für den Käufer eine große Relevanz, da sie zum Teil zu einer

522 *Galle*, BB 2018, 564, 565.

523 *Ott/Lüneborg*, CCZ 2019, 71, 77.

524 *Wessing*, in: Hauschka/Moosmayer/Lösler, Corporate Compliance, § 46 Rn. 94; *Ott/Lüneborg*, CCZ 2019, 71, 77 f.

525 *Wagner*, CCZ 2009, 8, 11.

erheblichen Kaufpreisreduktion führen können. Parallel zur Transaktion wird der Verkäufer und nach der Transaktion auch der Käufer Aufklärungsmaßnahmen einleiten müssen, um mögliche Pflichtverletzungen aufzuklären, abzustellen und die notwendigen Konsequenzen für die Zukunft daraus zu ziehen.

cc) Plausibilitätskontrolle

Unabhängig davon, aus welcher Quelle ein Hinweis stammt, das Unternehmen wird den Hinweis bzw. den Verdacht zunächst auf die Seriosität, die Authentizität und die Plausibilität hin überprüfen müssen.[526] Es ist für ein Unternehmen unmöglich, jedem Hinweis ohne Gewichtung oder Vorprüfung nachzugehen. Ein solches Vorgehen könnte im Übrigen dem Unternehmensinteresse widersprechen. Jedenfalls würde es die Anforderungen an ein notwendiges Compliance-System überspannen. Als Sonderfall wird man im Falle eines bereits eingeleiteten Ermittlungsverfahrens auf eine Vorprüfung verzichten und dem sich aus dem Ermittlungsverfahren ergebenden Vorwurf/Verdacht unmittelbar nachgehen.[527] Jedoch kommt es gerade bei Hinweisen aus dem Mitarbeiterkreis oder aus Berichten in der Presse auf eine konkrete Vorprüfung an. So könnte sich bei Hinweisen von Mitarbeitern die Situation ergeben, dass Vorwürfe nur aus Missgunst erhoben werden, weil ein Konflikt zwischen bestimmten Mitarbeitern besteht.[528] Im Rahmen der Vorprüfung wird daher eine besondere Bedeutung der Tatsachengrundlage zukommen, die bereits besteht. Wenn ein Verdacht ohne jegliche Tatsachengrundlage vorgebracht wird, wird eine weitere Prüfung zunächst entbehrlich sein.[529] Dies entspricht auch dem hier geforderten Verdachtsgrad, der dem eines Anfangsverdachts im Rahmen eines strafrechtlichen Ermittlungsverfahrens entsprechen muss.[530] Auch beim Anfangsverdacht bedarf es tatsächlicher Anhaltspunkte, die über Gerüchte hinausgehen.

Für eine hohe Plausibilität spricht ferner, wenn sich ein Hinweis nicht nur aus einer Quelle ergibt, sondern verschiedene Quellen einen konkreten Verdacht benennen.[531] Ergeben sich mithin Hinweise aus der Presse und dem eigenen Mitarbeiterkreis, spricht dies eher für die Seriosität des Verdachts. Auch kommt es häufig auf die Seriosität der Quelle selbst an, bspw. welche Tageszeitung über einen Verdacht berichtet.[532]

Zuletzt wird das Unternehmen im Rahmen seiner Vorprüfung einfließen lassen, welches Gewicht bzw. welche Schwere der möglichen Pflichtverletzung

526 *Fuhrmann*, NZG 2016, 881, 885; *Lindner*, CCZ 2020, 160; *Lohmeier/Shahhosseini*, in: Umnuß, Corporate Compliance Checklisten, Kapitel 7 Rn. 13; *Ott/Lüneborg*, CCZ 2019, 71, 73; im Ergebnis so auch *Fett/Habbe*, AG 2018, 257, 261.
527 *Fuhrmann*, NZG 2016, 881, 885.
528 *Ott/Lüneborg*, CCZ 2019, 71, 77.
529 So auch *Ott/Lüneborg*, CCZ 2019, 71, 73.
530 Vgl. hierzu Kapitel 1 § 2 A. II. 2.
531 *Fuhrmann*, NZG 2016, 881, 885.
532 *Fuhrmann*, NZG 2016, 881, 885; *Ott/Lüneborg*, CCZ 2019, 71, 77.

zukommt[533], durch welche Person diese begangen worden sein soll (ob bspw. sogar einzelne Vorstandsmitglieder betroffen sind) und ob es sich um einzelne Verdächtige handelt oder direkt eine Personenmehrzahl betroffen ist.

6. *Zwischenergebnis*

Eine interne Untersuchung stellt im Kern eine repressive Maßnahme dar. Sie ist nicht begrenzt auf bestimmte Straftaten oder Ordnungswidrigkeiten. Vielmehr können sämtliche strafrechtlichen und ordnungswidrigkeitenrechtlichen Verfehlungen, aber auch sonstige erhebliche Pflichtverletzungen im Arbeits- und Anstellungsverhältnis den Ausgangspunkt einer solchen Untersuchung bilden. Ferner ist das Vorliegen einer internen Untersuchung nicht von der Einleitung eines staatlichen Ermittlungsverfahrens abhängig. So kann schließlich eine Vielzahl von Sachverhalten den Ausgang einer internen Untersuchung bilden, die gerade nicht mit einer staatlichen Reaktion im Zusammenhang stehen. Darüber hinaus ist auch dann von internen Untersuchungen zu sprechen, wenn diese durch interne Mitarbeiter aufgeklärt werden, da die Entscheidung über den Einsatz externer Ermittler im Ermessen der Organe liegt. Mithin kann sich eine entsprechende Organentscheidung auch dahingehend auswirken, dass die Kosten für den Einsatz externer Ermittler in keinem Verhältnis zum Nutzen der Maßnahme stehen. Da den Organen die Finanzverantwortung zukommt und sie demzufolge die wirtschaftlichen und finanziellen Interessen des Unternehmens wahren müssen, kann sich eine Abwägungsentscheidung also durchaus gegen den Einsatz externer Ermittler auswirken.

Nach der hier vertretenen Auffassung ist also von einem weiten Verständnis interner Untersuchungen auszugehen. Als Bestimmungsfaktoren ergeben sich jedoch der Anfangsverdacht einer Straftat oder sonstigen (erheblichen) Pflichtverletzung, eine repressive Zielsetzung der Maßnahme und die Durchführung der internen Untersuchung durch ein spezialisiertes Team, welches sich aus internen Mitarbeitern, externen Beratern oder einer Mischung beider Personengruppen zusammensetzt. Repressive Zielsetzung meint dabei, dass es um das Abstellen der Straftat bzw. erheblichen Pflichtverletzung, das Aufklären und das Sanktionieren der involvierten Mitarbeiter geht. Spezialisiert ist das Team dann, wenn es über die fachlichen sowie organisatorischen Kenntnisse verfügt, einen kritischen Sachverhalt umfassend und wahrheitsgetreu aufzuklären und das Team mit entsprechenden Kompetenzen ausgestattet ist. Außerdem muss die interne Untersuchung vom Unternehmen initiiert und unabhängig von staatlichen Ermittlungen durchgeführt werden.[534] Der Hinweis auf die Erheblichkeit der Pflichtverletzung bezieht sich darauf, dass aufgrund des hier zugrunde gelegten weiten Verständnisses von internen

---

533 So auch *Fuhrmann*, NZG 2016, 881, 885; *Seibt/Cziupka*, AG 2015, 93, 101.

534 Siehe zu dieser Voraussetzung auch *Rotsch*, in: Achenbach/Rasiek/Rönnau, HdB Wirtschaftsstrafrecht, Teil 1, Kapitel 4 Rn. 58.

Untersuchungen ihr Umfang entsprechend unterschiedlich ausfallen kann. Während kleinere Verstöße u.U. durch spezifische unternehmensinterne Einzelmaßnahmen aufgeklärt werden können, sprechen Verstöße von einem erheblichen Ausmaß eher für Aufklärung durch eine umfassende interne Untersuchung unter dem Einsatz eines größeren Ermittler-Teams, welches dann regelmäßig vollständig oder jedenfalls teilweise aus externen Beratern besteht.

Zu beachten ist, dass die hier vorgenommene Konkretisierung der Anforderungen an eine interne Untersuchung von der Prüfung der datenschutzrechtlichen Zulässigkeit der jeweiligen Ermittlungsmaßnahmen klar zu unterscheiden ist. Letztere ist gesondert zu prüfen und zwar unabhängig davon, ob die interne Untersuchung durch externe Berater oder ein internes Team durchgeführt wird.

II. Rechtslage nach dem VerSanG-E

Das VerSanG-E normiert erstmals konkrete Vorgaben für interne Untersuchungen, welche sich aus den §§ 16 und 17 VerSanG-E ergeben und in der hiesigen Untersuchung bereits im Überblick dargestellt wurden.[535] Die Begründung des Regierungsentwurf umschreibt interne Untersuchungen zwar wie folgt: „Verbandsinterne Untersuchungen sind nur solche Maßnahmen, die der systematischen Aufklärung des Verdachts einer Ordnungswidrigkeit oder Straftat dienen".[536] Auf eine Definition verzichtet der Regierungsentwurf jedoch.[537] Insoweit bedarf es eines Vergleichs der sich aus dem VerSanG-E ergebenden Anforderungen an eine interne Untersuchung mit den in der hiesigen Untersuchung herausgearbeiteten Anforderungen.

Nach § 16 VerSanG-E können verbandsinterne Untersuchungen sowohl durch den Verband selbst als auch durch von ihm beauftragte Dritte durchgeführt werden. Diese Regelung führt grundsätzlich zu einem breiten Gestaltungsspielraum für Unternehmen, insbesondere sind sie nicht zum Einsatz von externen Beratern verpflichtet.[538] Dieser vom VerSanG-E vorgesehene Gestaltungsspielraum stützt das zur aktuellen Rechtslage gefundene Ergebnis einer weiten Auffassung interner Untersuchungen, die gerade nicht davon abhängt, dass sie durch externe Berater durchgeführt werden. Fraglich ist, ob sich am Ende eine andere Bewertung aufgrund der Regelung des § 17 VerSanG-E ergibt, welcher unabhängig von § 16 VerSanG-E konkrete Anforderungen an interne Untersuchungen formuliert. Eine Sanktionsmilderung kommt nämlich nur in Betracht, wenn die in § 17 VerSanG genannten Anforderungen kumulativ umgesetzt werden, sodass es hierdurch – trotz der Regelungen des § 16 VerSanG – zu einem faktischen Zwang

---

535 Vgl. hierzu Kapitel 1 § 2 B. III. 1.

536 Entwurf der Bundesregierung eines Gesetzes zur Stärkung der Integrität in der Wirtschaft, BR-Drs. 440/20, S. 93.

537 *Knauer*, NStZ 2020, 441, 444; *Ott/Lüneborg*, NZG 2019, 1361, 1364.

538 Vgl. hierzu auch *Bielefeld*, CB 2019, 413, 413.

hinsichtlich der konkreten Gestaltung interner Untersuchungen durch Unternehmen kommen könnte.

Im Folgenden werden nur die in § 17 Abs. 1 Nr. 1 und 2 VerSanG-E genannten Anforderungen näher analysiert, da sie konkrete Auswirkungen auf die nähere Eingrenzung interner Untersuchungen haben. Die Auseinandersetzung mit den Anforderungen an die Zusammenarbeit mit den Ermittlungsbehörden erfolgte bereits im Rahmen der Bearbeitung des Themenkomplexes „Zielsetzung interner Untersuchungen“[539]. Im Übrigen erfolgt die Analyse der Anforderungen an ein faires Verfahren gemäß § 17 Abs. 1 Nr. 5 lit. a) bis c) VerSanG-E im Zusammenhang mit der Darstellung der Ermittlungsmaßnahme der Mitarbeiterbefragung.[540]

1. Eingesetzte Ermittler – Trennung zwischen interner Untersuchung und Unternehmensverteidigung

Zunächst bedarf es einer näheren Auseinandersetzung mit der ersten Anforderung des § 17 Abs. 1 VerSanG-E. Nach dem Wortlaut des § 18 Abs. 1 Nr. 1 VerSanG-E muss „der Verband oder der von ihm beauftragte Dritte“ wesentlich zur Aufklärung beitragen.[541] Nimmt man zugleich § 16 VerSanG-E in den Blick, ist mit der Bezugnahme auf den Verband die Aufklärung durch eigene Mitarbeiter zu verstehen, sodass die Durchführung einer internen Untersuchung auch im Hinblick auf die Milderungsmöglichkeiten des § 17 VerSanG-E sowohl durch den Verband selbst als auch durch von ihm beauftragte Dritte möglich ist.[542]

Dies entspricht dem hier gefundenen Ergebnis hinsichtlich der Anforderungen an interne Untersuchungen auf der Grundlage der aktuellen Rechtslage.[543] Hierfür spricht ferner die Begründung des Regierungsentwurfs, aus der sich die grundsätzliche Intention ableiten lässt, dass kleine und mittelständische Unternehmen nicht unverhältnismäßig belastet werden sollen. Dem folgend begründet das BMJV in seinem Entwurf die Regelung des § 16 VerSanG-E damit, dass insbesondere in kleineren und mittelständigen Unternehmen das Bedürfnis bestehen kann, die Untersuchung selbst durchzuführen, da die Beauftragung externer Berater mit erheblichen Kosten verbunden sein kann.[544]

Weiter wird angeführt, dass der Einsatz eigenen Personals im Rahmen interner Untersuchungen nicht zu einem Ausschluss der Sanktionsmilderung nach § 17 VerSanG-E führen soll.[545] Es steht auch nicht zu befürchten, dass die

---

539 Vgl. hierzu Kapitel 1 § 2 B. III. 2.
540 Vgl. hierzu Kapitel 2 § 2 C. II. 7. b) dd), d) dd).
541 Zum „wesentlichen Beitrag“ vgl. Kapitel 1 § 2 D. II. 2.
542 So auch *Knauer*, NStZ 2020, 441, 445.
543 Vgl. hierzu Kapitel 1 § 2 D. I. 4.
544 Entwurf der Bundesregierung eines Gesetzes zur Stärkung der Integrität in der Wirtschaft, BR-Drs. 440/20, S. 93.
545 Entwurf der Bundesregierung eines Gesetzes zur Stärkung der Integrität in der Wirtschaft, BR-Drs. 440/20, S. 93.

Durchführung einer internen Untersuchung durch interne Mitarbeiter zu einer negativen Beeinflussung der Kooperation zwischen den Ermittlungsbehörden und den Unternehmen führt.[546] Insoweit sieht § 17 Abs. 1 Nr. 3 VerSanG-E eine „ununterbrochene" und „uneingeschränkte" Zusammenarbeit vor, um zu einer Milderung der Verbandsgeldsanktion zu kommen.[547] Die Verpflichtung zu einer solch intensiven Zusammenarbeit führt dazu, dass die Mitarbeiter einer internen Abteilung ebenso transparent und umfassend mit den Behörden kooperieren müssen, wie es Dritte als eine objektive Instanz tun. Andernfalls würde eine Milderungsmöglichkeit nach § 17 VerSanG-E ausscheiden und allenfalls noch eine sanktionsmildernde Berücksichtigung der internen Untersuchung gemäß § 15 VerSanG-E in Betracht kommen.

Nach § 17 Abs. 1 Nr. 2 VerSanG-E darf der mit der internen Untersuchung beauftragte Dritte jedoch nicht zugleich Verteidiger des Verbands oder eines Beschuldigten sein. Nach der Begründung des Regierungsentwurfs soll hierdurch die Glaubwürdigkeit der Ermittlungsergebnisse gestärkt und die Objektivität sowie Eigenständigkeit der Ermittler im Rahmen der Aufklärung gesichert werden.[548] Ferner soll in dieser Trennung zugleich der erste Schritt zu ernsthafter Selbstreinigung und einem nachhaltigen Kulturwandel liegen, da „nur ein unabhängiger Untersuchungsführer zum Kern der aufzuarbeitenden Straftat vordringen und hierbei auch eventuelle Verstrickungen der Firmenleitung ernsthaft in den Blick nehmen [können soll]".[549]

Gerade die letztgenannte Argumentation lässt die Tendenz erkennen, dass nach der Begründung des Regierungsentwurfs Unternehmensverteidiger bei einer internen Untersuchung die notwendige Objektivität fehlt. Dies ist schon allein deshalb kritisch zu bewerten, da gemäß § 17 Abs. 1 Nr. 3 VerSanG-E auch ein Verteidiger – ebenso wie Dritte oder die mit der internen Untersuchung beauftragte eigene Abteilung des Unternehmens – an eine ununterbrochene und uneingeschränkte Zusammenarbeit mit den Ermittlungsbehörden gebunden wäre. Er müsste überdies ebenfalls alle wesentlichen Dokumente der Untersuchung nebst Abschlussbericht den Ermittlungsbehörden zur Verfügung stellen (vgl. § 17 Abs. 1 Nr. 4 VerSanG-E) und den Grundsatz des fairen Verfahrens einhalten (vgl. § 17 Abs. 1 Nr. 5 VerSanG-E).

Das in der Begründung angeführte Argument, dass durch den Ausschluss des Verteidigers der potenzielle Konflikt aufgelöst wird, welcher sich aus einer Verbindung und Untersuchungsführung sowie Strafverteidigung ergeben könnte, vermag

546 Zur Kooperation mit den Behörden vgl. im Einzelnen Kapitel 1 § 2 B III. 2.

547 Zu den Milderungsmöglichkeiten nach dem VerSanG-E insgesamt vgl. Kapitel 1 § 2 B III. 1.

548 Entwurf der Bundesregierung eines Gesetzes zur Stärkung der Integrität in der Wirtschaft, BR-Drs. 440/20, S. 94 f.

549 Entwurf der Bundesregierung eines Gesetzes zur Stärkung der Integrität in der Wirtschaft, BR-Drs. 440/20, S. 94 f.

ebenfalls nicht zu überzeugen. Der Verteidiger ist – wie es *Knauer* zusammenfassend schreibt – „wie alle Rechtsanwälte unabhängige Organe der Rechtspflege (§ 43a Abs. 1 BRAO) und gemäß § 43a Abs. 3 BRAO der Wahrheit verpflichtet, die [...] Beweisverfälschung wäre nach § 258 StGB als Grenze zulässigen Verteidigerverhaltens strafbar und die Interessenkollision ist sowohl berufsrechtswidrig nach Abs. 4 des § 43 BRAO wie als Parteiverrat nach § 356 StGB strafbar."[550] Soweit sich für den Verteidiger tatsächlich eine Konfliktlage ergibt, muss er auf diese reagieren und von sich aus die Durchführung der internen Untersuchung abgeben. Insoweit bedarf es jedenfalls zur Absicherung der Glaubwürdigkeit und Objektivität keiner von Gesetzes wegen vorgesehenen Trennung. Überdies müsste auch der als Dritte beauftragte Rechtsanwalt die Interessen des Unternehmens wahren und dürfte gemäß § 43 Abs. 4 BRAO ebenso wenig entgegen diesen Interessen handeln.

Durch die Einführung einer funktionalen Trennung und den Ausschluss des Verteidigers aus dem Team der Sachverhaltsermittler verkennt der Regierungsentwurf überdies, wie es die Bundesrechtsanwaltskammer in ihrer Stellungnahme zu Recht schreibt, dass dem Verteidiger eine „Dolmetscher"-Funktion zwischen dem Unternehmen und den Strafverfolgungsbehörden zukommt.[551] Es seien gerade die Verteidiger, die aus ihren Erfahrungen und ihren Kenntnissen der StPO wissen, was die Staatsanwaltschaft benötigt und akzeptiert.[552] Im „worst case" würde die funktionale Trennung zu der Notwendigkeit einer erneuten – doppelten – internen Untersuchung durch die Verteidiger oder jedenfalls einer Nachprüfung führen.[553] Für einen solchen Fall bleibt der Regierungsentwurf einer Antwort auf die Frage schuldig, was die Folgerungen für eine etwaige Milderungsmöglichkeit und/ oder die Verteidigung sind, wenn Aufklärungsergebnisse zwischen der internen Untersuchung und der Sachverhaltsermittlung von Verteidigern widersprüchlich ausfallen.[554] Zugleich würden sich Verteidiger, wenn sie dann in die Verteidigung einsteigen, einer Faktenlage ausgesetzt sehen, auf die sie keinen Einfluss mehr nehmen können. Der Regierungsentwurf sieht insoweit vor, dass Verteidiger nicht

---

550 *Knauer*, NStZ 2020, 441, 447; zu den weiteren rechtlichen Anforderungen an das Beschlagnahmeverbot gemäß § 97 StPO nach dem VerSanG-E vgl. Kapitel 3 § 1 C. I. 6.

551 Bundesrechtsanwaltskammer, Stellungnahme Nr. 32 zum Regierungsentwurf eines Gesetzes zur Stärkung der Integrität in der Wirtschaft, S. 16; so auch *Knauer*, NStZ 2020, 441, 447.

552 Bundesrechtsanwaltskammer, Stellungnahme Nr. 32 zum Regierungsentwurf eines Gesetzes zur Stärkung der Integrität in der Wirtschaft, S. 16; so auch *Knauer*, NStZ 2020, 441, 447.

553 Bundesrechtsanwaltskammer, Stellungnahme Nr. 32 zum Regierungsentwurf eines Gesetzes zur Stärkung der Integrität in der Wirtschaft, S. 16; *Nienaber/Schauenburg/ Wenglarczyk*, NTWiSt 2020, 223, 228; *Szesny/Stelten*, ZRP 2020, 130, 131.

554 Bundesrechtsanwaltskammer, Stellungnahme Nr. 32 zum Regierungsentwurf eines Gesetzes zur Stärkung der Integrität in der Wirtschaft, S. 16.

mitwirken und keinen unmittelbaren Zugriff auf die Erkenntnisse haben dürfen.[555] Werden interne Untersuchungen ohne die Involvierung von Verteidigern durchgeführt, könnte das Unternehmen oder die für die interne Untersuchung eingesetzten Dritten zulässige strafprozessuale Schutzmöglichkeiten übersehen, welche dem Unternehmen eigentlich zustünden.[556] Insoweit wird vertreten, dass Verteidigern zumindest ein „Leserecht" einzuräumen sei.[557] Ferner wird angemerkt, dass es möglich sein muss, dass die Ergebnisse – in Abstimmung mit den Ermittlungsbehörden – an die Verteidiger weitergeleitet werden.[558]

Die in § 17 Abs. 1 Nr. 2 VerSanG-E vorgesehene Regelung passt aber zur Zielsetzung des Regierungsentwurfs im Hinblick auf die Zugriffsmöglichkeiten der Ermittlungsbehörde auf die Ergebnisse interner Untersuchungen. Danach soll den Ermittlungsbehörden ein möglichst umfassender Zugriff auf die Ermittlungsergebnisse zustehen. Zu diesem Zweck soll § 97 StGB geändert und der Beschlagnahmeschutz nach § 97 Abs. 1 Nr. 3 StGB von einer Beschuldigtenstellung des Unternehmens abhängig gemacht werden.[559] Durch diese Gesetzesänderung bestünde ein Schutz vor dem Zugriff durch die Ermittlungsbehörden auf die Ermittlungsergebnisse nur in Bezug auf das Verhältnis zwischen Unternehmen und dessen Verteidiger.[560] Durch den Ausschluss des Verteidigers als Untersuchungsführer wird die umfassende Zugriffsmöglichkeit auf die Erkenntnisse der internen Untersuchung gesichert.

In diesem Zusammenhang überraschend ist dann aber, dass nach der Begründung des Regierungsentwurfs jedenfalls nicht ausgeschlossen werden soll, dass mit der verbandsinternen Untersuchung eine Kanzlei beauftragt wird, der auch der Verteidiger des Verbands oder des Beschuldigten angehört.[561] Klargestellt wird aber, dass für diesen Fall organisatorische Maßnahmen gewährleisten müssen, dass der Verteidiger nicht an der internen Untersuchung mitwirkt oder sonst an dieser beteiligt wird und er keinen unmittelbaren Zugriff auf die Erkenntnisse der Ermittlungsergebnisse hat.[562] Als eine geeignete Trennung könnte sich u.U. die strikte

---

555 Entwurf der Bundesregierung eines Gesetzes zur Stärkung der Integrität in der Wirtschaft, BR-Drs. 440/20, S. 95.

556 Auf die Gefahr, dass das Trennungsprinzip dem Recht auf eine effektive Verteidigung widersprechen könnte, weisen auch *Nienaber/Schauenburg/Wenglarczyk* hin, vgl. *Nienaber/Schauenburg/Wenglarczyk*, NTWiSt 2020, 223, 228.

557 *Szesny/Stelten*, ZRP 2020, 130, 131.

558 *Teicke*, CCZ 2019, 298, 300.

559 Entwurf der Bundesregierung eines Gesetzes zur Stärkung der Integrität in der Wirtschaft, BR-Drs. 440/20, S. 131 f.

560 Zu einer kritischen Auseinandersetzung mit dieser geplanten Gesetzesänderung vgl. im Einzelnen Kapitel 3 § 1 C. I. 6.

561 Entwurf der Bundesregierung eines Gesetzes zur Stärkung der Integrität in der Wirtschaft, BR-Drs. 440/20, S. 95.

562 Entwurf der Bundesregierung eines Gesetzes zur Stärkung der Integrität in der Wirtschaft, BR-Drs. 440/20, S. 95.

Einrichtung einer kanzleiinternen sog. „Chinese Wall“ erweisen, was bedeutet, dass Zugriffsrechte innerhalb des jeweiligen Mandats, sowohl was die digitale Akte anbelangt als auch die Papierakte, nur dem jeweiligen Team eingeräumt werden und die Teams innerhalb einer Kanzlei strengen Vertraulichkeitsanforderungen unterworfen sind. Die vom Regierungsentwurf getroffene Klarstellung wird bspw. vom Deutschen Richterbund kritisiert, da er bezweifelt, dass organisatorische Maßnahmen überhaupt zu einer strikten Trennung der Aufgabenbereiche beitragen können.[563]

2. *Wesentlicher Beitrag zur Aufklärung*

Wie bereits angesprochen, sieht § 17 Abs. 1 Nr. 1 VerSanG-E als Anforderung an eine interne Untersuchung vor, dass der Verband oder der von ihm beauftragte Dritte einen „wesentlichen Beitrag“ zur Aufklärung leistet. Wann ein solcher wesentlicher Beitrag geleistet wurde, lässt sich weder dem Gesetz noch der Begründung des Regierungsentwurfs entnehmen. In Letzterer wird zunächst nur wiederholt, dass eine sanktionsmildernde Berücksichtigung voraussetzt, dass die verbandsinterne Untersuchung „tatsächlich einen wesentlichen Beitrag“ zur Sachverhaltsaufklärung leistet.[564] Im Übrigen lassen sich der Begründung nur zwei Negativabgrenzungen entnehmen. So ist – logischerweise – ein wesentlicher Beitrag und damit auch eine Sanktionsmilderung ausgeschlossen, wenn die Verfolgungsbehörde den Sachverhalt bereits selbst aufgeklärt hat.[565] Ferner soll das Unternehmen nicht zunächst eine eigene interne Untersuchung durchführen dürfen, ehe sie mit den Ermittlungsbehörden in Kontakt tritt.[566] Im Übrigen bleibt offen, wann ein wesentlicher Beitrag vorliegt. Ein solcher dürfte dann gegeben sein, wenn die Ermittlungsergebnisse durch die Ermittlungsbehörden verwertet werden können.[567] Auf der anderen Seite ist noch völlig offen, wie mit der Situation umgegangen wird, dass der Mitarbeiter, der als einziger Auskunft über die Vorfälle im Unternehmen geben kann, nicht mehr für das Unternehmen arbeitet und somit für eine Mitarbeiterbefragung nicht mehr greifbar ist.[568] In solch einem Fall, könnte für ein Unternehmen die Gefahr bestehen, dass ein wesentlicher Beitrag

---

563 Deutscher Richterbund, Stellungnahme zum Entwurf eines Gesetzes zur Stärkung der Integrität in der Wirtschaft, B. 3.

564 Entwurf der Bundesregierung eines Gesetzes zur Stärkung der Integrität in der Wirtschaft, BR-Drs. 440/20, S. 94.

565 Entwurf der Bundesregierung eines Gesetzes zur Stärkung der Integrität in der Wirtschaft, BR-Drs. 440/20, S. 94.

566 Entwurf der Bundesregierung eines Gesetzes zur Stärkung der Integrität in der Wirtschaft, BR-Drs. 440/20, S. 94; zu den Folgen des VerSanG-E hinsichtlich des Themas Kooperation vgl. bereits Kapitel 1 § 2 B. III. 2.

567 Zu den Implikationen des Datenschutzes im Hinblick auf den „wesentlichen Beitrag“ vgl. Kapitel 2 § 2 D.

568 *Cordes/Wagner*, NZWiSt 2020, 215, 218.

schon nicht mehr möglich ist.[569] Vor diesem Hintergrund wird vorgeschlagen hinsichtlich des „wesentlichen" Beitrags nicht an den Aufklärungserfolg, sondern an die – dokumentierten – Anstrengungen des Verbands anzuknüpfen.[570]

Nach *Knauer* könnte man zunächst vermuten, dass mit der Anforderung „wesentlich" einhergehe, „dass der überwiegende Teil des Sachverhalts vom Unternehmen selbst bzw. von den untersuchungsführenden Personen geliefert werden muss".[571] In Anbetracht des vom Entwurf nunmehr vorgesehenen Legalitätsprinzips könne dies aber nicht gemeint sein, da im Hinblick auf eine rechtsstaatliche Strafrechtspflege der bloße Anschein einer „Privatisierung des Ermittlungsverfahrens" vermieden werde müsse.[572] Im Ergebnis ist *Knauer* zuzustimmen, dass § 17 Abs. 1 Nr. 1 VerSanG-E statt eines wesentlichen Beitrags eher eine Anforderung ähnlich einer „angemessenen Förderung" vorsehen sollte.[573] In eine ähnliche Richtung geht auch die Einschätzung von *Aszmons/Herse*, nach denen ein dienlicher Hinweis ausreichen könnte, der allerdings von solchem Gewicht und Ausmaß sein müsste, dass er entscheidende Bedeutung für die Aufklärung hat.[574]

3. *Repressive Zielsetzung und faktischer Zwang zur Einhaltung der Anforderungen des § 17 VerSanG-E*

Die Regelung des § 17 Abs. 1 Nr. 1 VerSanG-E bringt zum Ausdruck, dass eine interne Untersuchung mit einer repressiven Zielsetzung verbunden ist.[575] Dies bestätigt das hier gefundene Ergebnis, dass interne Untersuchungen maßgeblich im Falle der repressiven Aufklärung zum Tragen kommen.[576] Insoweit geht es um die Aufklärung begangener Verbandstaten. Die Begründung des Regierungsentwurfs betont, dass es im Kontext interner Untersuchungen stets um die Frage der Aufklärung von strafrechtlich relevantem Fehlverhalten und die sanktionsmildernde Berücksichtigung von Aufklärungsleistung geht.[577] Dies zeigt gerade, dass nach dem im Regierungsentwurf zugrunde gelegten Verständnis der Sinn und Zweck interner Untersuchungen jedenfalls nicht primär darin liegt, Fehlverhalten für die Zukunft zu verhindern, sondern bereits begangenes Fehlverhalten aufzuklären. Dass davon unabhängig auch präventiv Bemühungen („getroffene Vorkehrungen") und damit eine präventive Compliance zur Vermeidung von Verbandstaten sanktionsmildernd berücksichtigt werden können, zeigt sich anhand

569 *Cordes/Wagner*, NZWiSt 2020, 215, 218.
570 *Cordes/Wagner*, NZWiSt 2020, 215, 218.
571 *Knauer*, NStZ 2020, 441, 445.
572 *Knauer*, NStZ 2020, 441, 445.
573 *Knauer*, NStZ 2020, 441, 446.
574 *Aszmons/Herse*, DB 2020, 56, 58.
575 Vgl. hierzu Kapitel 1 § 2 D. II. 3.
576 Vgl. hierzu Kapitel 1 § 2 A. I.; Kapitel 1 § 1 D. I. 1, 6.
577 Entwurf der Bundesregierung eines Gesetzes zur Stärkung der Integrität in der Wirtschaft, BR-Drs. 440/20, S. 92 ff.

von § 15 Abs. 3 Nr. 6 VerSanG-E. Danach hat das Gericht getroffene Vorkehrungen zur Vermeidung Verbandstaten bei seiner Abwägung zu berücksichtigen. Bezogen auf interne Untersuchungen soll aber konkret der Wille zur Aufklärung gestärkt werden, was sich daran zeigt, dass sich speziell die repressiven Aufklärungsbemühungen gemäß § 17 Abs. 1 VerSanG-E und § 15 Abs. 3 VerSanG-E positiv auswirken können. Eine etwaige mittelbare präventive Wirkungsweise fällt dabei im Hinblick auf eine nähere Eingrenzung interner Untersuchungen nicht weiter ins Gewicht.

Die Begründung zum Regierungsentwurf zeigt jedoch auch, dass mit der Einführung des VerSanG-E der Weg zu einer schnellstmöglichen Durchführung einer eigenen internen Untersuchung nach dem Regelungsregime des VerSanG-E faktisch unumgänglich werden würde. So hat der Verband keinen Anspruch auf die Durchführung einer internen Untersuchung, sodass die Ermittlungsbehörden auch nicht zunächst die interne Untersuchung des Verbands abwarten müssen.[578] Haben die Ermittlungsbehörden bereits selbst die Aufklärung durchgeführt, kommt eine Milderung mithin nicht mehr in Betracht, da es an einem „wesentlichen Beitrag" fehlt.[579] Diese Regelung birgt die konkrete Gefahr, dass es zu einem Wettlauf zwischen den Ermittlungen des Verbands und jenen durch die Ermittlungsbehörden kommen könnte.[580] Das Unternehmen steht nach dieser Regelung unter zeitlichem Druck, da es gewährleisten muss, dass die eigenen Ermittlungen einen wesentlichen Beitrag leisten können. Auf der Grundlage dieser Regelung ist zu erwarten, dass Unternehmen mit Aufkommen eines Anfangsverdachts stets eigene Aufklärungsmaßnahmen unmittelbar einleiten werden müssen, um einen zeitlichen Vorsprung gegenüber den Ermittlungsbehörden zu nutzen[581] und die Möglichkeit der Milderung nicht zu gefährden.

Zugleich soll durch die Regelung ein Anreiz geschaffen werden und die Motivation des Unternehmens zu einer umfassenden Kooperation nochmals gestärkt werden, was die Begründung des Regierungsentwurfs ebenfalls klarstellt: „Ein im Ermessen der Verfolgungsbehörde liegendes Absehen von der Verfolgung kommt aber in Betracht, wenn der Verband während der verbandsinternen Untersuchung mit der Verfolgungsbehörde kooperiert".[582] Eine andere Situation und damit eine freiere Entscheidung über die Durchführung der internen Untersuchung und ihre zeitliche Gestaltung dürfte sich allenfalls dann ergeben, wenn der Anfangsverdacht

578 Entwurf der Bundesregierung eines Gesetzes zur Stärkung der Integrität in der Wirtschaft, BR-Drs. 440/20, S. 94.

579 Zum Referentenentwurf 2019 zum VerSanG-E a.F.: *Ott/Lüneborg*, NZG 2019, 1361, 1365.

580 Zum Referentenentwurf 2019 zum VerSanG-E a.F.: *Bielefeld*, CB 2019, 413, 414; *Ott/Lüneborg*, NZG 2019, 1361, 1365.

581 Zum Referentenentwurf 2019 zum VerSanG-E a.F.: *Bielefeld*, CB 2019, 413, 414.

582 Entwurf der Bundesregierung eines Gesetzes zur Stärkung der Integrität in der Wirtschaft, BR-Drs. 440/20, S. 94.

allein auf Verstöße gegen die arbeitsvertraglichen Pflichten hindeutet und eine Verbandstat insoweit ausscheidet. Wobei sich auch in diesem Fall zeitliche Anforderungen aufgrund der in § 626 Abs. 2 BGB normierten Frist von zwei Wochen im Hinblick auf eine fristlose Kündigung aus wichtigem Grund ergeben.

Vor diesem Hintergrund ist auch zu beachten ist, dass sich die Milderungsmöglichkeit des § 17 VerSanG-E und damit auch die Anforderungen an eine interne Untersuchung allein auf die Aufklärung von Verbandstaten beziehen, da sich der Regelungsbereich des VerSanG-E auf die Sanktionierung von Verbandstaten beschränkt. Steht mithin eine Ordnungswidrigkeit im Raum und kommt damit allein eine Verbandsgeldbuße nach § 30 OWiG in Betracht, so sind die Unternehmen im Hinblick auf die Sanktionsmilderung nicht an die Vorgaben des § 17 VerSanG-E gebunden. Insoweit stehen die Regelungen in § 17 VerSanG-E auch nicht den hier gefundenen Ergebnissen zu den Anforderungen an die Art der Pflichtverletzung entgegen.[583]

Die im Rahmen der hiesigen Untersuchung in den Blick genommenen internen Untersuchungen gehen über den Bereich der Verbandstaten hinaus, da interne Untersuchungen sowohl bei Straftaten als auch bei Ordnungswidrigkeiten in Betracht kommen. Auf der anderen Seite ist im Hinblick auf eine etwaige Sanktionsmilderung bei Ordnungswidrigkeiten davon auszugehen, dass die Behörden einen ähnlichen Maßstab anlegen dürften, wie er sich aus § 17 VerSanG-E ergibt, um so zu einer einheitlichen Bewertung von internen Untersuchungen durch die Unternehmen zu kommen.

4. *Zusammenfassung und Folgerungen*

Zusammenfassend bleibt festzuhalten, dass interne Untersuchungen nach dem Regierungsentwurf eines Verbandssanktionengesetzes auf eine repressive Aufklärung abzielen, sowohl Straftaten als auch Ordnungswidrigkeiten ihren Ausgangspunkt bilden können und interne Untersuchungen sowohl durch externe Berater als auch interne Abteilungen durchgeführt werden können. Jedenfalls um die Sanktionsmilderung nach § 17 VerSanG-E nutzen zu können, darf eine interne Untersuchung nach dem Regierungsentwurf aber nicht durch einen Verteidiger erfolgen. Dies soll dazu dienen, unter Berücksichtigung der Änderungen des § 97 StPO die Zugriffsmöglichkeit auf die Ergebnisse der internen Untersuchungen durch die Ermittlungsbehörden abzusichern. Doch auch außerhalb des engen Regelungskorsetts des § 17 VerSanG-E können interne Untersuchungen gleichwohl vorliegen. Insoweit können interne Untersuchungen, die nicht den Anforderungen des § 17 VerSanG-E entsprechen, nach der allgemeinen Regelung des § 15 Abs. 2 Nr. 7 VerSanG-E Berücksichtigung finden.[584] Mithin kommt

---

583 Zu den Anforderungen vgl. Kapitel 1 § 2 D. I. 2.

584 Entwurf der Bundesregierung eines Gesetzes zur Stärkung der Integrität in der Wirtschaft, BR-Drs. 440/20, S. 93 f.

§ 17 VerSanG-E keine Sperrwirkung zu, sodass interne Untersuchungen auch außerhalb des Anwendungsbereichs des § 17 VerSanG-E vorliegen können.[585] Soweit der Regierungsentwurf Gesetzeswirklichkeit wird, dürfte Unternehmen gleichwohl dringend zu raten sein, interne Untersuchungen an den Anforderungen des § 17 VerSanG-E auszurichten, um sich nicht die mit § 17 VerSanG-E verbundene Sanktionsmilderungsmöglichkeit von vornherein abzuschneiden.

Für rein arbeitsrechtliche Verstöße ergeben sich aus dem Verbandssanktionengesetz keine normativen Anknüpfungspunkte für eine Eingrenzung interner Untersuchungen, da sich diese nach dem VerSanG-E auf Straftaten und Ordnungswidrigkeit beziehen. Insoweit würden Unternehmen grundsätzlich deutlich freier in der Gestaltung interner Untersuchungen sein. Da aber zu Beginn einer internen Untersuchung nicht ausgeschlossen werden kann, dass eine vertragliche Pflichtverletzung nicht auch zur Verwirklichung einer Ordnungswidrigkeit oder Straftat führen kann, ist es auch hier für Unternehmen ratsam, die eigenen internen Untersuchungen an den Vorgaben des VerSanG-E auszurichten. Sollte am Ende doch eine Ordnungswidrigkeit oder Straftat in Rede stehen, könnten sich Unternehmen auf diese Weise die Möglichkeit der Sanktionsmilderung bewahren.

585 Zum Referentenentwurf 2019 zum VerSanG-E a.F.: *Ott/Lüneborg*, NZG 2019, 1361, 1364 f.

Kapitel 2 – Arbeitnehmerdatenschutz

§ 1 Arbeitnehmerdatenschutz als integraler Bestandteil interner Untersuchungen

Praktisch im Rahmen einer jeden internen Untersuchung bedarf es der Verarbeitung personenbezogener Daten. Dass praktisch alle in Betracht kommenden Aufklärungs- und Ermittlungsmaßnahmen zwingend die Einhaltung des Datenschutzes voraussetzen, ergibt sich insbesondere aus § 26 BDSG. In § 26 Abs. 7 BDSG ist geregelt, dass auch die nicht automatisierte Datenverarbeitung von den Regelungen des Datenschutzes erfasst wird. Zentrale Maßnahmen, wie die Befragung von Mitarbeitern, ist demnach ebenfalls den datenschutzrechtlichen Vorgaben unterworfen.[586] Nimmt man nun den aktuellen Datenschutz nach der DS-GVO sowie dem BDSG in den Blick, so zeigt sich, dass er als grundsätzliches Verbot mit Erlaubnisvorbehalt konzipiert ist. Dies führt dazu, dass sich die Organe des Unternehmens hinsichtlich jeder in Betracht kommenden Maßnahme im Einzelfall fragen müssen, ob sie sich auf der Grundlage des datenschutzrechtlichen Regimes rechtfertigen lässt.

§ 2 Arbeitnehmerdatenschutz im Rahmen interner Untersuchungen

Möchte man die konkreten Auswirkungen des Beschäftigtendatenschutzes auf interne Untersuchungen auswerten, bedarf es einer detaillierten Auseinandersetzung mit den konkreten Regelungen des Beschäftigtendatenschutzes im Hinblick auf ihre Entwicklung, ihr Verhältnis untereinander und ihre konkreten Voraussetzungen. Im Folgenden wird der Fokus auf die Darstellung des europäischen und deutschen Beschäftigtendatenschutzes, die Verknüpfungen der verschiedenen Regelungsregime untereinander und die Voraussetzungen der zentralen Ermächtigungsgrundlagen gelegt. Dabei werden immer wieder Verbindungen zu internen Untersuchungen hergestellt. Ferner bedarf es einer systematischen Analyse des rechtlichen Regelungsrahmens, welcher wiederum die Grundlage der Zulässigkeitsprüfung konkreter Ermittlungsmaßnahmen bildet.

A. Datenschutzrechtlich relevante Fallgruppen von Ermittlungsmaßnahmen interner Untersuchungen

Die datenschutzrechtliche Zulässigkeit einer Ermittlungsmaßnahme muss stets im Einzelfall geprüft werden. Gleichwohl lassen sich vorab spezifische Fallgruppen

---

586 *Reiserer/Christ/Heinz*, DStR 2018, 1501, 1505.

bilden, welche grundsätzlich zu unterscheiden sind bzw. eine besondere Problemstellung aufzeigen und Einfluss auf die datenschutzrechtliche Zulässigkeit von Ermittlungsmaßnahmen im Rahmen interner Untersuchungen haben. Diese Fallgruppen werden durch die folgenden Fallbeispiele illustriert, auf deren rechtliche Behandlung im Rahmen der hiesigen Untersuchung der datenschutzrechtlichen Grundlagen[587] sowie der Bewertung der maßgeblichen Ermittlungsmaßnahmen[588] näher einzugehen sein wird.

Fallgruppe 1: Abgrenzung von automatisierter zu nicht automatisierter Datenverarbeitung

Fall 1.1: Im Hinblick auf einen Mitarbeiter bestehen konkrete Hinweise auf einen Arbeitszeitbetrug. Dabei besteht der Verdacht, dass der Mitarbeiter an von ihm angegebenen Krankheitstagen einer anderen Beschäftigung nachgeht. Der Arbeitgeber setzt zur Sachverhaltsaufklärung eine Privatdetektei ein, welche den verdächtigen Arbeitnehmer an drei von ihm angegebenen Krankheitstagen außerhalb des Unternehmens beobachtet hat. Der von der Detektei eingesetzte Detektiv führt während der Überwachung ein handschriftliches Protokoll, welches im Anschluss an die Maßnahme dem Unternehmen postalisch zugesandt wird.

Fall 1.2: Im Rahmen einer internen Untersuchung werden 50 Mitarbeiter zu einem konkreten Sachverhalt befragt. Die Befragung erfolgt nach einem im Vorhinein erarbeiteten und zwischen den die Befragung durchführenden Anwälten sowie dem Unternehmen abgestimmten Fragenkatalog. Im Rahmen der konkreten Befragung erfolgt die Protokollierung handschriftlich. Zur Optimierung der Auswertung der Befragungsergebnisse werden die handschriftlich notierten Fragen in eine Excel-Tabelle überführt, in welcher die Antworten kategorisiert werden, wobei auch stets festgehalten wird, welche Mitarbeiter welche Antwort gegeben haben.

Fallgruppe 2: E-Mail-Screening

Fall 2.1: Dem Arbeitnehmer ist im Rahmen seiner Tätigkeit die Nutzung der Kommunikationsmittel am Arbeitsplatz zu privaten Zwecken untersagt. Er nutzt daher auch den für ihn bereitgestellten E-Mail-Account ausschließlich für die dienstliche Kommunikation. Im Rahmen der konkreten Ermittlungsmaßnahme werden daher auch nur dienstliche E-Mails gesichtet.

Fall 2.2: Dem Arbeitnehmer ist es gestattet, die ihm zur Verfügung gestellten Kommunikationsmittel sowohl für die dienstliche als auch die private Kommunikation zu nutzen. Im Rahmen der konkreten Ermittlungsmaßnahme greift der Arbeitgeber sowohl auf die privaten als auch die dienstlichen E-Mails zu, um aus ihnen Erkenntnisse hinsichtlich der gegen den Arbeitnehmer bestehenden Verdachtslage zu gewinnen.

---

587 Vgl. hierzu im Einzelnen Kapitel 2 § 2 B., C. I.
588 Vgl. hierzu im Einzelnen Kapitel 2 § 2 C. II.

Fall 2.3: Dem Arbeitnehmer ist wie im Fall 2.2 die private Nutzung des E-Mail-Accounts als Kommunikationsmittel gestattet. In der konkreten Situation der Ermittlungsmaßnahme greift der Arbeitgeber auf die E-Mails zu, welche sich im Posteingang des Arbeitnehmers befinden und von welchen der Arbeitnehmer bereits Kenntnis genommen hat.

Fall 2.4: Dem Arbeitnehmer ist wie im Fall 2.2 die private Nutzung des E-Mail-Accounts als Kommunikationsmittel gestattet. In der konkreten Situation der Ermittlungsmaßnahme ist der Übermittlungsvorgang der E-Mail bereits abgeschlossen und der Arbeitnehmer hat von der E-Mail auch Kenntnis erlangt. Zudem hat der Arbeitnehmer die E-Mail in einem lokalen Ordner auf seinem Computer gespeichert und die sich im Posteingang befindliche E-Mail gelöscht.

Fall 2.5: Dem Arbeitnehmer ist wie im Fall 2.2 die private Nutzung des E-Mail-Accounts als Kommunikationsmittel gestattet. In der konkreten Situation der Ermittlungsmaßnahme greift der Arbeitgeber auf eine E-Mail zu, hinsichtlich derer der Kommunikationsvorgang zwar abgeschlossen ist, die der Arbeitnehmer aber mangels Internetzugang oder wegen eines fehlenden VPN-Zugangs auf die Server des Arbeitgebers noch nicht abrufen konnte und daher auch noch keine Kenntnis vom Inhalt der E-Mails hat.

Fallgruppe 3: Chat-Nachrichten-Screening

Fall 3[589]: Einem Mitarbeiter ist die private Nutzung des unternehmenseigenen Computers aufgrund einer Richtlinie nicht gestattet. Gleichwohl installiert er auf dem Computer einen Instant-Messaging-Dienst und nutzt diesen für verschiedene private Chats. Das Chat-Programm hat auf dem Computer des Mitarbeiters automatisch Protokolle der Gespräche angefertigt. Aufgrund einer konkreten Verdachtslage einer Straftat werden die Chat-Nachrichten durch den Arbeitgeber ausgewertet.

Fallgruppe 4: Telefonüberwachung

Fall 4.1: Die Mitarbeiter eines Unternehmens sind berechtigt, das Diensttelefon zu privaten Zwecken zu nutzen. Im Rahmen der Untersuchung eines konkreten Verdachts einer erheblichen Pflichtverletzung eines Mitarbeiters der Buchhaltung werden dessen Telefonverbindungsdaten (insbesondere die Rufnummern seiner Gesprächspartner, also die Zielnummer) ausgewertet, um dadurch Hinweise zur Konkretisierung der Verdachtslage und zu möglichen Komplizen zu erlangen.

Fall 4.2: Bei dem in Fall 4.1 Verdächtigen handelt es sich um den Betriebsarzt des Unternehmens.

Fall 4.3: Die Telefongespräche eines einer erheblichen Pflichtverletzung verdächtigen Mitarbeiters mit seinem Diensttelefon werden abgehört.

Fall 4.4: Die Verdachtslage in Fall 4.3 bezieht sich nicht auf eine erhebliche Pflichtverletzung, sondern auf eine Straftat.

---

589 Angelehnt an LAG Hamm, ZD 2013, 135.

Fallgruppe 5: Videoüberwachung

Fall 5.1[590]: In einer Verkaufshalle eines Unternehmens wird der Bereich A, in welchem sich der Kassenbereich befindet und besonders viele kleine Waren zum Kauf angeboten werden, die leicht eingesteckt werden können, von drei für jedermann gut sichtbar positionierten Videokameras überwacht. Die Kameras dienen dazu, die Diebstähle zu verhindern und die pflichtgemäße Erfüllung der Tätigkeiten des Verkaufspersonals an den Kassen stichprobenartig überprüfen zu können. Im Übrigen findet in der Verkaufshalle keine Kameraüberwachung statt. Die von diesen Kameras aufgezeichneten Videos werden von dem System für zwei Wochen gespeichert, ehe sie automatisch gelöscht werden. Im Eingangsbereich der Verkaufshalle macht ein auffälliges farblich hervorgehobenes Hinweisschild auf die Überwachung aufmerksam.

Eine intern durchgeführte Revision deckte Fehlbestände einer spezifischen Warengruppe auf, welche im Verkaufsbereich A zum Verkauf angeboten wird. Um auszuschließen, dass der Verlust von Diebstählen durch Kunden bzw. die eigenen Mitarbeiter herrührt, hat das Unternehmen eine stichprobenartige Auswertung der Kameraaufzeichnungen durchgeführt. Die Auswertung ergibt, dass ein Mitarbeiter den Verkauf der betroffenen Warengruppe nicht immer ordnungsmäßig abgerechnet, Warendiebstähle begangen und Geld aus der Kasse entnommen hat.

Fall 5.2[591]: Das Unternehmen des Lebensmitteleinzelhandels A hat im Rahmen einer Inventur einen großen Fehlbestand hinsichtlich einer Warengruppe festgestellt. Auch weitere Auswertungen der Geschäftsunterlagen sowie der offenen Überwachungsmaßnahmen sowie stichprobenartig durchgeführte Taschenkontrollen der Mitarbeiter führten zu keiner Erklärung für die Fehlbestände. Die Tatsache, dass die Anlieferung und Einlagerung der betroffenen Warengruppe bislang stets ordnungsgemäß dokumentiert wurde, sowie aufgekommene Hinweise aus der Belegschaft haben dafürgesprochen, dass der Verlust im Verkaufsbereich bei den Kassen eingetreten ist. Die Hinweise haben sich auf die Mitarbeiter X und Y verdichtet.

Mit Zustimmung des Betriebsrats wurde im Zeitraum vom 15. bis 29. Dezember 2019 eine heimliche Videoüberwachung zum Zwecke der „Aufklärung von Straftaten zulasten A" durchgeführt. Als Grund der Maßnahme gab A den Diebstahl der betroffenen Warengruppe" an, wobei sich die Videoüberwachung gegen die Mitarbeiter X und Y richten sollte. Im Rahmen der Auswertung stellte A zufällig fest, dass der Mitarbeiter Z in mehreren Fällen im Kassenbereich eine dort befindliche „Musterpfandflasche" über den Scanner gezogen, eine Leergutregistrierung durchgeführt, die Kassenlade geöffnet und Geld aus der Kassenlade genommen hatte, welches er sodann in seine Tasche steckte.

Fallgruppe 6[592]: Keylogger

Fall 6: Der Arbeitgeber installiert auf dem dienstlichen Computer der Mitarbeiter eine Software, die alle Tastatureingaben protokollierte und regelmäßig Screenshots

590 Angelehnt an BAG, NZA 2019, 1212.
591 Angelehnt an BAG, NZA 2017, 112.
592 Angelehnt an BAG, NZA 2017, 1327.

fertigte (sog. „Keylogger"). Bei einer anlasslosen und umfassenden Auswertung der Daten stellt der Arbeitgeber fest, dass ein Arbeitnehmer den Computer zu einem großen Teil zu privaten Zwecken nutzt. Die private Nutzung umfasst dabei die Programmierung von Computerspielen sowie die Abwicklung des E-Mail-Verkehrs für das Logistikunternehmen des Vaters. Auf der Grundlage der Erkenntnisse aus der Auswertung der Daten wird dem Arbeitnehmer gekündigt.

Fallgruppe 7: Einsatz von Detekteien

Fall 7.1: Gegen einen Mitarbeiter besteht der Verdacht, dass sich dieser regelmäßig krankmeldet, um in dem Unternehmen eines nahen Angehörigen mitzuarbeiten. Der Verdacht stützt sich auf eine E-Mail des Unternehmens, in welcher das Unternehmen mit den Fähigkeiten des Arbeitnehmers wirbt. Der Arbeitgeber setzt zur Sachverhaltsaufklärung eine Privatdetektei ein, welche den verdächtigen Arbeitnehmer an drei von ihm angegebenen Krankheitstagen außerhalb des Unternehmens beobachtet hat.

Fall 7.2: In dem gebildeten Fall 7.1 überwacht die Detektei den Arbeitnehmer über einen Zeitraum von einem Monat durchgehend, wobei auch sein häusliches Umfeld und das Zusammenleben seiner Familie dokumentiert werden.

B. Arbeitnehmerdatenschutz nach der DS-GVO sowie dem BDSG

I. Entwicklungsgeschichte in Deutschland und der EU

Bereits im Jahr 1957 hat das BAG zu Fragerechten der Arbeitgeber als einem Bestandteil des Themenkomplexes Datenschutz geurteilt[593]. Trotz dieser sehr frühen Auseinandersetzung mit datenschutzrechtlichen Fragestellungen blickt der Beschäftigtendatenschutz in seiner heutigen Form auf eine jüngere Geschichte zurück. Dabei ist hinsichtlich der Entwicklung des Beschäftigtendatenschutzes zwischen den Entwicklungen im deutschen Recht und der europarechtlichen Grundlage zu unterscheiden.

In der Entwicklungsgeschichte des Datenschutzes in Deutschland kommt sodann der Mikrozensus-Entscheidung des BVerfG vom 16. Juni 1969 eine wichtige Bedeutung zu.[594] Der Entscheidung lassen sich grundsätzliche Aussagen des Gerichts zur Datenverarbeitung und zum Datenschutz entnehmen. Insoweit heißt es in der Entscheidung, dass es mit der Menschenwürde unvereinbar wäre, „wenn der Staat das Recht für sich in Anspruch nehmen könnte, den Menschen zwangsweise in seiner ganzen Persönlichkeit zu registrieren und zu katalogisieren, sei es auch in der Anonymität einer statistischen Erhebung, und ihn damit wie eine Sache zu behandeln, die einer Bestandsaufnahme in jeder Beziehung zugänglich ist."[595] Allerdings verletze nicht jede statistische Erhebung über Persönlichkeits- und

593 BAG, NJW 1958, 516.
594 BVerfG, NJW 1969, 1707.
595 BVerfG, NJW 1969, 1707.

Lebensdaten die menschliche Persönlichkeit in ihrer Würde oder berühre ihr Selbstbestimmungsrecht im innersten Lebensbereich.[596] Jedermann müsse als gemeinschaftsbezogener und gemeinschaftsgebundener Bürger die Notwendigkeit statistischer Erhebungen über seine Person in gewissem Umfang, wie z.B. bei einer Volkszählung, als Vorbedingung für die Planmäßigkeit staatlichen Handelns hinnehmen.[597] Als entwürdigend und als eine Bedrohung des Selbstbestimmungsrechtes könne eine statistische Befragung zur Person dann angesehen werden, wenn sie den Bereich menschlichen Eigenlebens erfasse.[598] Auch für den Staat gebe es Sperren vor der verwaltungstechnischen „Entpersönlichung".[599] Mit dem unantastbaren Bereich privater Lebensgestaltung könne eine statistische Erhebung aber dann vereinbar sein, wenn Daten durch ihre Anonymität den Persönlichkeitsbezug verlieren.[600] Voraussetzung sei jedoch, dass die Anonymität hinreichend gesichert ist.[601] Aus diesem Urteil wurde geschlossen, dass eine übergreifende Personenkennzeichnung verfassungswidrig sei.[602]

Im weiteren Verlauf wurde im deutschen Recht der Datenschutz im Jahr 1977 mit dem „Gesetz zum Schutz vor Missbrauch personenbezogener Daten bei der Datenverarbeitung"[603] erstmals normiert. Dieses enthielt jedoch noch keine spezifischen Regelungen zum Beschäftigtendatenschutz.

Am 25. Dezember 1983 fällte das BVerfG sodann ein weiteres für den Datenschutz wegweisendes Urteil, das Volkszählungsurteil.[604] In dieser Entscheidung hat sich das Gericht grundsätzlich mit den Anforderungen an die Datenverarbeitung auseinandergesetzt, was sich auch unmittelbar aus der Entscheidung ergibt: „Die Möglichkeiten der modernen Datenverarbeitung sind weithin nur noch für Fachleute durchschaubar und können beim Staatsbürger die Furcht vor einer unkontrollierbaren Persönlichkeitserfassung selbst dann auslösen, wenn der Gesetzgeber lediglich solche Angaben verlangt, die erforderlich und zumutbar sind. Zur Beunruhigung mag nicht zuletzt beigetragen haben, daß auch Sachkundige die Überzeugung vertraten, das Volkszählungsgesetz 1983 genüge trotz einstimmiger Verabschiedung in den gesetzgebenden Körperschaften schon in den Vorschriften über die Erhebung der Daten und vor allem in den Bestimmungen über deren Verwertung nicht hinreichend den verfassungsrechtlichen Anforderungen. Da zu diesen nur eine lückenhafte verfassungsgerichtliche Rechtsprechung bestand, nötigen

596 BVerfG, NJW 1969, 1707.
597 BVerfG, NJW 1969, 1707.
598 BVerfG, NJW 1969, 1707.
599 BVerfG, NJW 1969, 1707.
600 BVerfG, NJW 1969, 1707.
601 BVerfG, NJW 1969, 1707.
602 *Hansen,* in: Simitis/Hornung/Spiecker gen. Döhmann, Datenschutzrecht, Art. 87 DSGVO Rn. 3; Kühling/Buchner/*Weichert,* DS-GVO Art. 87 Rn. 21.
603 Gesetz zum Schutz vor Mißbrauch personenbezogener Daten bei der Datenverarbeitung, BGBl. I 1977, S. 201.
604 BVerfG, NJW 1984, 419.

die zahlreichen Verfassungsbeschwerden gegen das Volkszählungsgesetz 1983 das BVerfG, die verfassungsrechtlichen Grundlagen des Datenschutzes umfassender zu prüfen."[605] Die in der Entscheidung genannten Anforderungen bilden Vorgaben für den Umgang mit personenbezogenen Daten.[606] So bedürfe das allgemeine Persönlichkeitsrecht unter den Bedingungen der automatischen Datenverarbeitung in besonderem Maße des Schutzes.[607] Die freie Entfaltung der Persönlichkeit setze unter den modernen Bedingungen der Datenverarbeitung den Schutz des einzelnen gegen unbegrenzte Erhebung, Speicherung, Verwendung und Weitergabe seiner persönlichen Daten voraus.[608] Dieser Schutz sei daher von dem Grundrecht des Art. 2 Abs. 1 i.V.m. Art. 1 Abs. 1 GG in seiner Ausprägung als Recht auf „informationelle Selbstbestimmung" umfasst.[609] Das Grundrecht gewährleiste die Befugnis des einzelnen, grundsätzlich selbst über die Preisgabe und Verwendung seiner persönlichen Daten zu bestimmen.[610] Ferner lässt sich der Entscheidung entnehmen, dass ein Zwang zur Angabe personenbezogener Daten voraussetze, dass der Gesetzgeber den Verwendungszweck bereichsspezifisch und präzise bestimmt und dass die Angaben für diesen Zweck geeignet und erforderlich sind.[611] Hiermit sei eine Sammlung nicht anonymisierter Daten auf Vorrat zu unbestimmten oder noch nicht bestimmbaren Zwecken unvereinbar.[612] Aus der Entscheidung ergeben sich gerade im Hinblick auf die hiesige Untersuchung relevante Hinweise auf die Notwendigkeit einer Zweckbindung sowie einer Erforderlichkeit der Datenverarbeitung. Zu beachten ist aber, dass die Entscheidung des Gerichts zum Volkszählungsgesetz und damit hinsichtlich der Erhebung von Daten durch den Staat ergangen ist. Die Grundsätze lassen sich mithin nicht ohne weiteres auf die Datenverarbeitung durch Private übertragen.

Obgleich es auch in den sich anschließenden Jahrzehnten immer wieder Forderungen nach einer gesetzlichen Regelung gab[613], ist erst im Jahr 2009 durch die Reform des BDSG a.F. und § 32 BDSG a.F. eine spezifische Regelung für den Beschäftigtendatenschutz eingeführt worden. Grund für die Reform waren vor allem massive Datenschutzskandale bei einigen Großunternehmen, welche

---

605 BVerfG, NJW 1984, 419, 420.

606 Für eine ausführliche Auswertung des Volkszählungsurteils vgl. auch *Simitis/Hornung/Spiecker gen. Döhmann,* in: Simitis/Hornung/Spiecker gen. Döhmann, Datenschutzrecht, Einl. Rn. 28 ff.

607 BVerfG, NJW 1984, 419, 421.

608 BVerfG, NJW 1984, 419, 422.

609 BVerfG, NJW 1984, 419, 422.

610 BVerfG, NJW 1984, 419, 422.

611 BVerfG, NJW 1984, 419, 422.

612 BVerfG, NJW 1984, 419, 422.

613 BeckOK DatenschutzR/*Riesenhuber,* BDSG § 26 Rn. 8.

deutlich gemacht hatten, dass fachlich und politisch Handlungsbedarf beim Datenschutz im Arbeitsleben bestand.[614]

In der Folgezeit wurden dabei verschiedene Konzepte diskutiert, wobei es insbesondere um die Frage ging, ob der Beschäftigtendatenschutz in einem eigenständigen Gesetz geregelt oder das bestehende BDSG a.F. in diesem Punkt konkretisiert werden sollte. Einer der verschiedenen Ansichten folgend hat die SPD am 25. November 2009 den Entwurf eines eigenständigen Beschäftigtendatenschutzgesetzes in den Bundestag eingebracht.[615] Dem folgte am 25. Mai 2010 ein Regierungsentwurf des Bundesministeriums des Inneren[616] und darauf aufbauend ein Regierungsentwurf[617], welcher am 15. Dezember 2010 in den Bundestag eingebracht wurde. Die Entwürfe sahen gegenüber dem Oppositionsentwurf der SPD kein eigenständiges Beschäftigtendatenschutzgesetz vor, sondern eine Integration des Beschäftigtendatenschutzes in die bestehende Reglung im BDSG a.F. durch eine Ergänzung des § 32 BDSG a.F. um weitere neue Vorschriften. Auch dieses Gesetzvorhaben scheiterte.[618] Dass auch nach dem Jahr 2010 bis zur Verabschiedung des aktuellen BDSG die inhaltliche Auseinandersetzung mit den Möglichkeiten der Umsetzung des Beschäftigtendatenschutzes nicht endete, zeigt nicht zuletzt der Gesetzesentwurf von Bündnis 90/Die Grünen, welcher im Jahr 2011 auf den Weg gebracht wurde.[619]

Auf europäischer Ebene wurde der Datenschutz erstmals in der Datenschutzrichtlinie[620] („DSRL") kodifiziert Eine Regelung zum Beschäftigtendatenschutz war insoweit nur in Art. 8 Abs. 2 lit. b DSRL enthalten. Diese Regelung sah vor, dass die Verarbeitung besonderer Kategorien personenbezogener Daten zulässig sein sollte, soweit „die Verarbeitung erforderlich ist, um den Rechten und Pflichten des für die Verarbeitung Verantwortlichen auf dem Gebiet des Arbeitsrechts Rechnung zu tragen, sofern dies aufgrund von einzelstaatlichem Recht, das angemessene Garantien vorsieht, zulässig ist". Auch die sich daran anschließende Datenschutzrichtlinie

---

614 Beschlussempfehlung und Bericht des Innenausschusses (4. Ausschuss) zur Regelung des Datenschutzes, BT-Drs. 16/13657, S. 20.

615 Entwurf der Fraktion der SPD eines Gesetzes zum Datenschutz im Beschäftigungsverhältnis, BT-Drs. 17/69.

616 Dazu *Franzen*, RdA 2010, 257 ff.

617 Entwurf der Bundesregierung eines Gesetzes zur Regelung des Beschäftigtendatenschutzes, BT-Drs. 17/4230; dazu *Forst*, NZA 2010, 1043 ff.

618 Zum Ablauf des Verfahrens und den Gründen des Scheiterns WHWS/*Düwell* A I. 29-34.

619 Entwurf eines Gesetzes zur Verbesserung des Schutzes personenbezogener Daten der Beschäftigten in der Privatwirtschaft und bei öffentlichen Stellen, BT-Drs. 17/4853.

620 Richtlinie 95/46/EG des Europäischen Parlaments und des Rates vom 24. Oktober 1995 zum Schutz natürlicher Personen bei der Verarbeitung personenbezogener Daten und zum freien Datenverkehr, RL 95/46/EG, ABl. EG Nr. L 281/31 v. 23.11.95.

für elektronische Kommunikation[621] brachte keine Neuerungen für den Beschäftigtendatenschutz. Eine umfassendere normative Grundlage bildet nunmehr die „Verordnung zum Schutz natürlicher Personen bei der Verarbeitung personenbezogener Daten, zum freien Datenverkehr und zur Aufhebung der Richtlinie 95/46/EG (Datenschutz-Grundverordnung)"[622], welche seit dem 25. Mai 2018 gilt. Ihr war ein langer Entstehungsprozess mit unterschiedlichen Entwürfen vorausgegangen, was sich insbesondere anhand des Vorschlags der Europäischen Kommission vom 25. Januar 2012[623], des Beschlusses des Europäischen Parlaments vom 12. März 2014[624], des Vorschlags des Rats der Europäischen Union vom 11. Juni 2015[625] sowie des Arbeitsergebnisses der „Trilogparteien" im Vermittlungsverfahren (sog. „Trilog") vom 15. Dezember 2015[626] zeigt.[627]

Die DS-GVO enthält in Art. 88 DS-GVO eine zentrale Regelung zum Beschäftigungsdatenschutz, die den Mitgliedstaaten erlaubt, „spezifischere Vorschriften zur Gewährleistung des Schutzes der Rechte und Freiheiten hinsichtlich der Verarbeitung personenbezogener Beschäftigtendaten im Beschäftigungskontext, insbesondere für Zwecke der Einstellung, der Erfüllung des Arbeitsvertrags einschließlich der Erfüllung von durch Rechtsvorschriften oder durch Kollektivvereinbarungen festgelegten Pflichten, des Managements, der Planung und der Organisation der Arbeit, der Gleichheit und Diversität am Arbeitsplatz, der Gesundheit und Sicherheit am Arbeitsplatz, des Schutzes des Eigentums der Arbeitgeber oder der Kunden sowie für Zwecke der Inanspruchnahme der mit der Beschäftigung zusammenhängenden individuellen oder kollektiven Rechte und Leistungen und für Zwecke der Beendigung des Beschäftigungsverhältnisses" vorzusehen. Mithin enthält Art. 88 DS-GVO keine materiell-rechtliche Regelung zur Verarbeitung von Beschäftigtendaten, sondern beschränkt sich auf Vorgaben hinsichtlich der Ausgestaltung nationaler Normen.[628] Aus diesem Grund wird Art. 88 DS-GVO in der

---

621 Richtlinie 2002/58/EG des Europäischen Parlaments und des Rates vom 12. Juli 2002 über die Verarbeitung personenbezogener Daten und den Schutz der Privatsphäre in der elektronischen Kommunikation (Datenschutzrichtlinie für elektronische Kommunikation), RL 2002/58/EG, ABl EG Nr. L 201/37 v. 31.7.2002.

622 VO (EU) 2016/679, ABl. EU Nr. L 119/1 v. 4.5.2016.

623 Vorschlag für Verordnung des Europäischen Parlaments und Rates zum Schutz natürlicher Personen bei der Verarbeitung personenbezogener Daten und zum freien Datenverkehr (Datenschutz-Grundverordnung) vom 25.01.2012, KOM(2012) 11 endgültig.

624 Interinstitutionelles Dossier des Rates der Europäischen Union vom 27.03.2014, 2012/0011 (COD) 7427/1/14, REV 1.

625 Interinstitutionelles Dossier des Rates der Europäischen Union vom 11.06.2015, 2012/0011 (COD) 9565/15.

626 Interinstitutionelles Dossier des Rates der Europäischen Union vom 15.12.2015, 2012/0011 (COD) 15039/15.

627 Ausführlicher Überblick in BeckOK DatenschutzR/*Riesenhuber*, DS-GVO Art. 88 Rn. 4 - 7.

628 *Selk*, in: Ehmann/Selmayr DS-GVO, Art. 88 Rn. 34.

Literatur überwiegend als „Öffnungsklausel“ bezeichnet.[629] Teilweise wird aber auch vertreten, entsprechend dem Wortlaut von Art. 88 DS-GVO von einer reinen „Spezifizierungsklausel“ zu sprechen.[630] Im Übrigen findet sich der Beschäftigtendatenschutz indirekt in den Regelungen zur Verarbeitung besonderer Kategorien personenbezogener Daten nach Art. 9 Abs. 2 lit. b DS-GVO.[631]

Von der Möglichkeit der Spezifizierung hat auch der Gesetzgeber in Deutschland Gebrauch gemacht und das „Gesetz zur Anpassung des Datenschutzrechts an die VO (EU) 2016/679 und zur Umsetzung der RL (EU) 2016/680 (Datenschutz-Anpassungs- und -Umsetzungsgesetz EU–DSAnpUG-EU)“[632] erlassen, welches zeitgleich mit der DS-GVO, also ebenfalls am 25. Mai 2018, in Kraft getreten ist. Und obwohl § 32 BDSG a.F. bereits nach der Gesetzesbegründung nur eine allgemeine Regelung zum Schutz personenbezogener Daten von Beschäftigten enthielt, welche die von der Rechtsprechung erarbeiteten Grundsätze des Datenschutzes im Beschäftigungsverhältnis nicht ändern, sondern lediglich zusammenfassen und ein Arbeitnehmerdatenschutzgesetz weder entbehrlich machen noch inhaltlich präjudizieren sollte[633], orientiert sich § 26 BDSG weitgehend an dieser alten Rechtslage.[634]

II. Unionsrechtliche Grundsätze im Hinblick auf den Arbeitnehmerdatenschutz

Im Rahmen der Bewertung des aktuellen Beschäftigtendatenschutzes kommt es maßgeblich auf die Regelungen der DS-GVO und ihr Verhältnis zum BDSG an.

---

629 Auernhammer/*Forst*, DSGVO Art. 88 Rn. 2, BDSG § 26 Rn. 8; *Kort*, RdA 2018, 24; Kühling/Buchner/*Maschmann*, BDSG § 26 Rn. 1; Gola DS-GVO/*Pötters* DS-GVO Art. 88 Rn. 3; *Reiserer/Christ/Heinz*, DStR 2018, 1501, 1503; *Ströbel/Böhm/Breunig/Wybitul*, CCZ 2018, 14.

630 *Selk*, in: Ehmann/Selmayr DS-GVO, Art. 88 Rn. 1.

631 *Selk*, in: Ehmann/Selmayr DS-GVO, Art. 88 Rn. 2; die Regelung in Art. 9 Abs. 2 lit. b DS-GVO, welche vorher in Art. 8 Abs. 2 lit. b) RL 95/46/EG, ABl. EG Nr. L 281/31 v. 23.11.95 enthalten war, wurde durch die DS-GVO nochmals erweitert/präzisiert.

632 Gesetz zur Anpassung des Datenschutzrechts an die VO (EU) 2016/679 und zur Umsetzung der RL (EU) 2016/680 (Datenschutz-Anpassungs- und -Umsetzungsgesetz EU–DSAnpUG-EU), BGBl. I 2017, S. 2097.

633 Beschlussempfehlung und Bericht des Innenausschusses (4. Ausschuss) zur Regelung des Datenschutzes, BT-Drs. 16/13657, S. 20.

634 Entwurf der Bundesregierung eines Gesetzes zur Anpassung des Datenschutzrechts an die Verordnung (EU) 2016/679 und zur Umsetzung der Richtlinie (EU) 2016/680, BT-Drs. 18/11325, S. 80; vgl. hierzu im Einzelnen Kapitel 2 § 2 A. III. 1.

1. *Unmittelbare Geltung der DS-GVO und deren Auswirkungen auf den Grundrechtestandard*

a) Anwendungsvorrang der DS-GVO

Bei der DS-GVO handelt es sich um eine Verordnung i.S.d. Art. 288 Abs. 2 AEUV. Demnach gilt sie unmittelbar in jedem Mitgliedstaat und ist für den jeweiligen Mitgliedstaat zwingend.[635] Sie unterscheidet sich mithin von einer unionsrechtlichen Richtlinie nach Art. 288 Abs. 3 AEUV, die zwar hinsichtlich des Ziels verbindlich ist, deren Umsetzung in nationales Recht aber den Mitgliedstaaten überlassen bleibt. Während also die Ziele/Vorgaben der DSRL[636] durch das BDSG a.F. in ein Gesetz umgesetzt werden mussten, ist dies bei einer Verordnung nicht notwendig. Die DS-GVO hat daher auch Vorrang vor den nationalen Gesetzen. Sollten sich Auslegungsfragen hinsichtlich der Regelungen in der DS-GVO ergeben, so muss gemäß Art. 267 Abs. 1 lit. b) AEUV der EuGH nach den Regeln des Vorabentscheidungsverfahrens angerufen werden.[637]

Der Grundsatz des Anwendungsvorrangs und damit der Anspruch der Verordnung als Gewährleistung eines materiell vollständig vereinheitlichten Datenschutzniveaus wird im Hinblick auf das Verhältnis von Art. 88 DS-GVO und § 26 BDSG nur insoweit durchbrochen, als das nationale Recht vorgeht, soweit die Regelung die sich anhand der Öffnungsklausel gemäß Art. 88 DS-GVO ergebenden Anforderungen erfüllt.[638]

b) Deutsche Grundrechte und Unionsgrundrechte im Anwendungsbereich der DS-GVO und des BDSG

Im Rahmen der hiesigen Untersuchung kommt, was sich noch zeigen wird, der Verhältnismäßigkeitsprüfung eine entscheidende Bedeutung zu. Innerhalb der Verhältnismäßigkeitsprüfung müssen verschiedene Grundrechtspositionen gegeneinander abgewogen werden. Vor dem Hintergrund der DS-GVO als unionsrechtlicher Verordnung und BDSG als nationalen Gesetzes stellt sich die vorgelagerte Frage, welcher Grundrechtsstandard inwieweit Anwendung findet.[639] Dieser kann

---

635 EuArbR/*Höpfner* AEUV Art. 288 Rn. 10 ff.; *Lauber-Rönsberg*, in: HdB Europäisches und deutsches Datenschutzrecht, § 4 Rn 8; *Reiserer/Christ/Heinz*, DStR 2018, 1501; BeckOK DatenschutzR/*Riesenhuber*, DS-GVO Art. 88 Rn. 15; *Wybitul*, in: Wybitul, HdB DSGVO, Teil 1 Rn. 83; *Gola*, BB 2017, 1462.

636 RL 95/46/EG, ABl. EG Nr. L 281/31 v. 23.11.95.

637 *Gola*, BB 2017, 1462; *Lauber-Rönsberg*, in: HdB Europäisches und deutsches Datenschutzrecht, § 4 Rn 7.

638 Auernhammer/*Forst*, BDSG § 26 Rn. 9; BeckOK DatenschutzR/*Riesenhuber*, BDSG § 26 Rn. 20, DS-GVO Art. 88 Rn 15 f.; im Ergebnis so auch BVerfG, NJW 2020, 314, 316; Kühling/Buchner/*Kühling/Raab*, DS-GVO BDSG A. Einführung Rn. 131.

639 *Roßnagel*, in: Spiecker gen. Döhmann/Bretthauer, Dokumentation zum Datenschutz, 78. Ergänzungslieferung, A 0.1 Rn. 36.

sich nämlich nach den nationalen Grundrechten des Grundgesetzes, aber auch nach der GRCh der Europäischen Union richten. Um die Frage der Anwendbarkeit zu klären, kommt es maßgeblich darauf an, um welche Rechtsquelle es sich handelt und inwieweit diese Rechtsquelle dem nationalen Gesetzgeber einen Gestaltungsspielraum belässt.

Dies ergibt sich auch aus der jüngeren Rechtsprechung des BVerfG, in der sich das Gericht zum Verhältnis von nationalen Grundrechten und den Unionsgrundrechten in Bezug auf die DS-GVO geäußert hat.[640] Nach Ansicht des BVerfG soll durch die DS-GVO ein einheitliches Datenschutzniveau gewährleisten werden.[641] Insoweit seien, wenn unionsrechtlich vollständig vereinheitlichte Regelungen vorliegen, nach dem Grundsatz des Anwendungsvorrangs des Unionsrechts grundsätzlich nicht die deutschen Grundrechte maßgeblich, sondern allein die Unionsgrundrechte.[642] Bei vollständig vereinheitlichtem Unionsrecht verlange das Unionsrecht gerade die Einheitlichkeit der Rechtsanwendung.[643] Für die nationalen Grundrechte verbliebe nur ein Reservevorbehalt für den Fall des Wegbrechens des Schutzes.[644]

Anders ist die Situation nach Ansicht des BVerfG nur dann zu beurteilen, wenn gerade keine vollständige Vereinheitlichung durch das Unionsrecht vorliegt, es sich also um nicht vollständig determiniertes innerstaatliches Recht handelt.[645] Dies ist bspw. im Falle des Gestaltungsspielraums durch die Öffnungsklauseln der DS-GVO der Fall.[646] Dann gelte der Maßstab der Grundrechte des Grundgesetzes.[647] Dies ergebe sich daraus, dass sich die primäre Anwendung der Grundrechte des Grundgesetzes auf die Annahme stütze, dass das Unionsrecht dort, wo es den Mitgliedstaaten fachrechtliche Gestaltungsspielräume einräume, regelmäßig nicht auf eine Einheitlichkeit des Grundrechtsschutzes ziele, sondern Grundrechtsvielfalt zuließe.[648] Dann greife die Vermutung, dass das Schutzniveau der GRCh durch die Anwendung der Grundrechte des Grundgesetzes mitgewährleistet sei.[649] Soweit das innerstaatliche Recht im Ergebnis auch der Durchführung des Unionsrechts diene, seien ergänzend ebenso die Unionsgrundrechte anwendbar.[650] Auch wenn

---

640 BVerfG, NJW 2020, 300; BVerfG, NJW 2020, 314; vgl. hierzu zusammenfassend *Kühling*, NJW 2020, 275.

641 BVerfG, NJW 2020, 314, 316.

642 BVerfG, NJW 2020, 314, 316 f.; zum Vorrang des Unionsrechts vgl. auch BVerfG, NJW 1987, 577; BVerfG, NJW 2000, 3124; BVerfG, NVwZ 2007, 937; BVerfG, NVwZ 2008, 543; BVerfG, NJW 2009, 2267; BVerfG, NJW 2010, 833; BVerfG, NJW 2011, 3428; BVerfG, NJW 2012, 45.

643 BVerfG, NJW 2020, 314, 316 f.

644 BVerfG, NJW 2020, 314, 316 f.

645 BVerfG, NJW 2020, 300.

646 *Kühling*, NJW 2020, 275, 276 f.

647 BVerfG, NJW 2020, 300, 302 f.

648 BVerfG, NJW 2020, 300, 301 ff.

649 BVerfG, NJW 2020, 300, 301 f.

650 BVerfG, NJW 2020, 300, 305.

die Unionsgrundrechte in diesem Zusammenhang neben die nationalen Grundrechte treten können, gelte primär der Maßstab des Grundgesetzes.[651] Eine Ausnahme von diesem Grundsatz sei lediglich in Betracht zu ziehen, wenn hierfür konkrete und hinreichende Anhaltspunkte vorliegen.[652]

Wie bereits festgestellt, ergibt sich ein Anwendungsvorrang der DS-GVO vor nationalem Recht. Zu beachten ist allerdings, dass die DS-GVO zwar, was noch zu zeigen sein wird, eine Vollharmonisierung anstrebt[653], gleichwohl aber auch Öffnungsklauseln enthält, durch die ein Gestaltungsspielraum für den nationalen Gesetzgeber verbleibt. Einige Stimmen sprechen daher von einem „Handlungsformen-Hybrid" zwischen Richtlinie und Verordnung.[654] Die für die hiesige Untersuchung zentralen Art. 6 Abs. 2 DS-GVO und Art. 88 DS-GVO sehen genau solche Öffnungsklauseln vor.[655] Gerade an dieser Stelle ist § 26 BDSG in den Blick zu nehmen, der Spezifizierungen auf der Grundlage der Öffnungsklausel Art. 88 DS-GVO enthält. Als Maßstab finden also die deutschen Grundrechte des GG Anwendung.[656]

Das bedeutet indes nicht, dass die Grundrechte der GRCh ausgeblendet werden könnten. Insoweit dürfen das Grundkonzept der DS-GVO und das dahin gehend geltende Schutzniveau der Unionsgrundrechte nicht unterlaufen werden. Auch wenn hinsichtlich des § 26 BDSG ein vorgesehener Gestaltungsspielraum genutzt wurde, sind die Grundrechte der GRCh neben den deutschen Grundrechten zu berücksichtigen.[657] Mithin ergibt sich die Berücksichtigung der Unionsgrundrechte daraus, dass die nationalen Gesetze der Spezifizierung der DSGVO dienen und dabei auch immer unionsrechtliche Fragestellungen beantworten.[658] Das Schutzniveau der Grundrechte des GG und der Grundrechte der GRCh sind indes vergleichbar.[659]

---

651 BVerfG, NJW 2020, 300, 301; zur Auslegung der deutschen Grundrechte im Lichte der GRCh vgl. BVerfG, NJW 2020, 300, 303 f.

652 BVerfG, NJW 2020, 300; zu den Grenzen und der umfassenderen Anwendung der Unionsgrundrechte vgl. BVerfG, NJW 2020, 300, 304 f.

653 Vgl. hierzu ausführlich Kapitel 2 § 2 B. II. 6.

654 *Kühling/Martini*, EuZW 2016, 448, 449 f.; Kühling/Buchner/*Kühling/Raab*, DS-GVO BDSG A. Einführung Rn. 98.

655 Zu Art. 88 DS-GVO im Einzelnen vgl. Kapitel 1 § 2 B. II. 2, III.

656 *Kühling*, NJW 2020, 275, 276 f.; *Roßnagel*, in: Spiecker gen. Döhmann/Bretthauer, Dokumentation zum Datenschutz, 78. Ergänzungslieferung, A 0.1 Rn. 35.

657 Im Ergebnis so auch *Kühling*, NJW 2020, 275, 276 f.; *Roßnagel*, in: Spiecker gen. Döhmann/Bretthauer, Dokumentation zum Datenschutz, 78. Ergänzungslieferung, A 0.1 Rn. 35.

658 *Roßnagel*, in: Spiecker gen. Döhmann/Bretthauer, Dokumentation zum Datenschutz, 78. Ergänzungslieferung, A 0.1 Rn. 35; vgl. hierzu auch BVerfG, NJW 2020, 300, 305.

659 *Roßnagel*, in: Spiecker gen. Döhmann/Bretthauer, Dokumentation zum Datenschutz, 78. Ergänzungslieferung, A 0.1 Rn. 33.

2. *Anwendungsbereich der Öffnungsklausel in Art. 88 DS-GVO*

Art. 88 DS-GVO ist die bereichsspezifische Regelung zum Beschäftigtendatenschutz in der DS-GVO. Da es sich um eine für die Mitgliedstaaten zwingende Vorschrift handelt, ist zunächst ihr Anwendungsbereich zu klären. Dieser ergibt sich aus Art. 88 Abs. 1 DS-GVO.

a) Sachlicher Anwendungsbereich

In Art. 88 Abs. 1 DS-GVO heißt es, dass die Mitgliedstaaten „spezifischere Vorschriften zur Gewährleistung des Schutzes der Rechte und Freiheiten hinsichtlich der Verarbeitung personenbezogener Beschäftigtendaten im Beschäftigungskontext" vorsehen können.

Was unter personenbezogenen Daten zu verstehen ist, lässt sich der Definition in Art. 4 Nr. 1 DS-GVO entnehmen. Gemeint sind „alle Informationen, die sich auf eine identifizierte oder identifizierbare natürliche Person beziehen". Bei den in Bezug genommenen Personen handelt es sich im Rahmen des Art. 88 DS-GVO um Beschäftigte.[660] Der sachliche Anwendungsbereich bezieht sich zudem auf den „Beschäftigtenkontext". Anders als personenbezogene Daten ist der relevante Beschäftigungskontext in der DS-GVO nicht definiert. Allerdings lässt sich anhand der in Art. 88 Abs. 1 DS-GVO genannten Fallgruppen beispielhaft entnehmen, was i.S.d. DS-GVO unter diesem Beschäftigungskontext zu verstehen ist.[661] Es geht insbesondere um die Zwecke

- der Einstellung,
- der Erfüllung des Arbeitsvertrags,
- der Erfüllung von durch Rechtsvorschriften oder durch Kollektivvereinbarungen festgelegten Pflichten,
- des Managements,
- der Planung und der Organisation der Arbeit,
- der Gleichheit und Diversität am Arbeitsplatz,
- der Gesundheit und Sicherheit am Arbeitsplatz,
- des Schutzes des Eigentums der Arbeitgeber oder der Kunden,
- der Inanspruchnahme der mit der Beschäftigung zusammenhängenden individuellen oder kollektiven Rechte und Leistungen sowie
- der Beendigung des Beschäftigungsverhältnisses.

Erfasst ist also nicht nur die reine Durchführung des Beschäftigungsverhältnisses, sondern alle relevanten Themen, die mit diesem verbunden sind, also auch die Anbahnung sowie die Beendigung.[662] Auch wenn Art. 88 DS-GVO bereits eine

---

660 *Maschmann*, DB 2016, 2480; zum personellen Anwendungsbereich sowie die Auslegung des Beschäftigtenbegriffs i.S.d. DS-GVO vgl. Kapitel 2 § 2 B. II. 2. b).

661 *Ströbel/Wybitul*, in: HdB Europäisches und deutsches Datenschutzrecht, § 10 Rn. 9 f.

662 *Zöll*, in: Taeger/Gabel, DSGVO – BDSG, Art. 88 DSGVO Rn. 27; so auch *Franzen* der den Begriff „Beschäftigungskontext" weit auslegt und darunter alle Bereiche

umfassende Aufzählung unterschiedlicher Zweckrichtungen beinhaltet, ist diese Aufzählung nicht abschließend, was durch die Verwendung des Worts „insbesondere“ klargestellt wird.[663]

Art. 88 Abs. 1 DS-GVO bezieht dabei die Kollektivvereinbarungen ausdrücklich mit ein.[664] Zwar spricht der Wortlaut von Art. 88 Abs. 1 DS-GVO davon, dass die „Mitgliedstaaten“ spezifischere Vorschriften vorsehen können. Durch die Bezugnahme auf Kollektivvereinbarungen wird jedoch klargestellt, dass auch die Tarifvertrags- und Betriebsparteien einbezogen werden.[665]

Nach dem Wortlaut der Vorschrift ist der Anwendungsbereich auch nicht auf solche Regelungen beschränkt, welche die Verarbeitung von Beschäftigtendaten allein durch den Arbeitgeber vorsehen. Vielmehr bezieht sich die Öffnungsklausel auch auf die Datenverarbeitung durch Dritte, wie bspw. einen vom Arbeitgeber beauftragten Auftragsverarbeiter.[666] Insoweit erlaubt es die Öffnungsklausel in Art. 88 DS-GVO „spezifischere Vorschriften zur Gewährleistung des Schutzes der Rechte und Freiheiten hinsichtlich der Verarbeitung personenbezogener Beschäftigtendaten“ vorzusehen. Hätte der Verordnungsgeber eine Einschränkung auf den Arbeitgeber vorsehen wollen, hätte er die Arbeitgeber bspw. durch die Präzisierung „[...] Verarbeitung personenbezogener Beschäftigtendaten durch den Arbeitgeber“ konkret einbeziehen können.

Besteht hinsichtlich der Datenverarbeitung kein Beschäftigungskontext, so richtet sich die Zulässigkeit der Datenverarbeitung nach den übrigen Regelungen der DS-GVO, insbesondere nach Art. 6 Abs. 1 DS-GVO sowie Art. 9 Abs. 1 und 2 DS-GVO.[667]

Bezogen auf die hier in den Blick genommenen internen Untersuchungen ist zu fragen, ob diese ebenfalls vom Anwendungsbereich erfasst sind. Dies dürfte der Fall sein, da Art. 88 Abs. 1 DS-GVO jedenfalls auch Tätigkeiten des Managements sowie den Schutz des Eigentums der Arbeitgeber sowie der Kunden enthält.[668] Überdies bezieht Art. 88 Abs. 2 DS-GVO sogar Überwachungssysteme am Arbeitsplatz ein.[669] Im weitesten Sinne betreffen Maßnahmen im Rahmen interner

---

versteht, in denen personenbezogene Daten zum Zweck der Eingehung, Durchführung und Beendigung des Beschäftigungsverhältnisses im weitesten Sinne verarbeitet werden, vgl. EuArbR/*Franzen* DS-GVO Art. 88 Rn. 20.

663 Gola DS-GVO/*Pötters* DS-GVO Art. 88 Rn 11; *Maschmann*, DB 2016, 2480, 2481; *Schrey/Kielkowski*, BB 2018, 629, 631.

664 VO (EU) 2016/679, ABl. EU Nr. L 119/1 v. 4.5.2016, Erwägungsgrund 155.

665 *Klösel/Mahnhold*, NZA 2017, 1428, 1429 f.; Paal/Pauly/*Pauly*, DS-GVO, Art. 88 Rn. 6.

666 So auch Kühling/Buchner/*Maschmann*, DS-GVO Art. 88 Rn. 17; Paal/Pauly/*Pauly*, DS-GVO, Art. 88 Rn. 11; *Ströbel/Wybitul*, in: HdB Europäisches und deutsches Datenschutzrecht, § 10 Rn. 10.

667 *Düwell/Brink*, NZA 2017, 1081, 1082; Paal/Pauly/*Pauly*, DS-GVO, Art. 88 Rn. 11; so auch *Maschmann*, NZA-Beilage 2018, 115 f.

668 Bezogen auf Compliance-Maßnahmen siehe Auernhammer/*Forst*, DSGVO Art. 88 Rn. 15 f.; *Tiedemann*, in: Sydow, Europäische DSGVO, Art. 88 Rn. 26.

669 Auernhammer/*Forst*, DSGVO Art. 88 Rn. 15 f.

Untersuchungen auch den Aspekt der Beendigung von Beschäftigungsverhältnissen. Dies vor allem dann, wenn der Verdacht hinsichtlich einer Pflichtverletzung besteht, welche ihrerseits eine Kündigung und damit zugleich die Beendigung des Arbeitsverhältnisses rechtfertigen könnte. Entscheidend ist jedoch, dass die Maßnahme stets im Beschäftigungskontext steht. Ist dies nicht der Fall, weil es um Maßnahmen geht, welche das Unternehmen, die Organe oder auch Dritte (Kunden, Lieferanten etc.) betreffen, so sind die allgemeinen Vorschriften einschlägig und damit insbesondere Art. 6 DS-GVO.[670]

b) Personeller Anwendungsbereich

Art. 88 DS-GVO lässt sich hinsichtlich des personellen Anwendungsbereichs die Begrifflichkeit des „Beschäftigten" entnehmen. Eine Definition des Beschäftigtenbegriffs ist in der DS-GVO nicht enthalten. Dies ist insoweit problematisch, als zu fragen ist, ob unter den Beschäftigtenbegriff auch Beamte, Richter und Soldaten fallen. Dies gilt jedenfalls für den Beschäftigtendatenschutz nach dem BDSG, was sich aus § 26 Abs. 8 S. 1 Nr. 7 BDSG ergibt. Legt man hingegen einen strengen Arbeitnehmerbegriff zugrunde, wäre dies nicht der Fall.

Nach einer Ansicht ist hinsichtlich des Beschäftigten von einem engen Begriffsverständnis auszugehen.[671] Begründet wird diese Ansicht damit, dass nach der Rechtsprechung des EuGH der Arbeitnehmerbegriff dann nicht weit auszulegen sei, wenn es sich um eine Bereichsausnahme oder ähnliche Einschränkungen handele. Ferner könne nur durch die Zugrundelegung eines engen Arbeitnehmerbegriffs eine Zersplitterung des Datenschutzrechts für den sehr wichtigen Bereich des Beschäftigtendatenschutzes verhindert werden.[672] Hiernach ist für den Ausnahmebereich des Beschäftigtendatenschutzes auf solche Personen abzustellen, die ihre Dienste gegen ein Entgelt und weisungsgebunden durchführen. Nach dieser Ansicht steht die Tatsache, dass in Art. 88 DS-GVO der Begriff des „Beschäftigten" aufgenommen wurde, dem engen Verständnis nicht entgegen, da in Art. 88 DS-GVO im Übrigen von „Arbeitsvertrag", „Arbeitsplatz" und „Arbeitgeber" gesprochen werde.[673] Ein Teil der Stimmen in der Literatur, die sich ebenfalls für ein enges Begriffsverständnis aussprechen, beziehen allerdings Beamte in den personellen Anwendungsbereich von Art. 88 DS-GVO ein.[674]

---

670 Auernhammer/*Forst*, DSGVO Art. 88 Rn. 15 f.

671 *Maschmann*, DB 2016, 2480 f.; Kühling/Buchner/*Maschmann*, DS-GVO Art. 88 Rn. 12 f.

672 So auch Paal/Pauly/*Pauly*, DS-GVO, Art. 88 Rn. 7.

673 *Maschmann*, DB 2016, 2480 f.

674 Paal/Pauly/*Pauly*, DS-GVO, Art. 88 Rn. 7; *Selk*, in: Ehmann/Selmayr DS-GVO, Art. 88 Rn. 48.

Dem steht die überwiegende und zutreffende Ansicht entgegen, nach welcher hier ein weiter Arbeitnehmerbegriff zugrunde zu legen ist.[675] Zunächst spricht für eine weite Auslegung, dass der EuGH in seiner Rechtsprechung selbst einen weiten Arbeitnehmerbegriff zugrunde legt und bereits Beamte[676] sowie Fremdgeschäftsführer einer GmbH[677] als Arbeitnehmer eingeordnet hat. Die DS-GVO spricht nicht dafür, dass der Verordnungsgeber von dieser Rechtsprechung abweichen wollte. Auch der Wortlaut verbunden mit der Historie der Norm spricht für diese Ansicht. Der Begriff der „Beschäftigtendaten" wurde nämlich erst am Ende in die abschließende Fassung des Art. 88 DS-GVO aufgenommen und dadurch der vorher verwendete Begriff der „Arbeitnehmerdaten" ersetzt.[678] So wurde erst seit dem Arbeitsergebnis der „Trilogparteien" vom 15. Dezember 2015[679] der Begriff „Beschäftigtendaten" verwendet. Dieser Schritt stellt eine bewusste Entscheidung des Verordnungsgebers dar. Vor dem Hintergrund, dass vormals explizit auf die „Arbeitnehmerdaten" abgestellt wurde, ist in diesem Schritt eine Erweiterung des Anwendungsbereichs zu sehen.[680] Insoweit sind dem Verordnungsgeber die Rechtsprechung des EuGH, die unterschiedlichen Arbeitnehmerbegriffe in der EU und die Unterscheidung zwischen den Begriffen Arbeitnehmer und Beschäftigte durchaus bewusst. Jedenfalls spricht dies gerade nicht für eine enge Begriffsbestimmung. Insoweit verfängt auch nicht das Argument der Gegenansicht, dass Begriffe wie „Arbeitsvertrag", „Arbeitsplatz" und „Arbeitgeber" – trotz Verwendung des Begriffs „Beschäftigter" – der engen Begriffsbestimmung nicht entgegenstünden. Während Beamte nach der hier vertretenen Auffassung vom Anwendungsbereich des europäischen Beschäftigtenbegriffs erfasst sind, braucht dies hinsichtlich der Fremdgeschäftsführer nicht entschieden zu werden, da der deutsche Gesetzgeber diese bewusst nicht in den auf der Grundlage des Art. 88 DS-GVO erlassenen § 26 Abs. 8 BDSG aufgenommen hat.[681]

---

675 *Gola/Pötters*, RDV 2016, 57, 58; Gola DS-GVO/*Pötters* DS-GVO Art. 88 Rn 12; MHdB ArbR/*Reichold*, Band 1, § 96 Rn. 16; BeckOK DatenschutzR/*Riesenhuber*, DS-GVO Art 88 Rn. 53; *Ströbel/Wybitul*, in: HdB Europäisches und deutsches Datenschutzrecht, § 10 Rn. 11 ff.; so auch *Körner*, NZA 2016, 1383, 1384; zur autonomen Auslegung des Beschäftigtenbegriffs in Art. 88 DS-GVO siehe BeckOK DatenschutzR/*Riesenhuber*, DS-GVO Art. 88 Rn. 29 ff.

676 EuGH, AP EWG-Vertrag Art. 177 Nr. 6 – Marsman / M. Rosskamp.

677 EuGH, NJW 2015, 2481 – Balkaya/Kiesel Abbruch- und Recycling Technik.

678 *Ströbel/Wybitul*, in: HdB Europäisches und deutsches Datenschutzrecht, § 10 Rn. 13.

679 Interinstitutionelles Dossier des Rates der Europäischen Union vom 15.12.2015, 2012/0011 (COD) 15039/15.

680 *Pötters/Wybitul/Böhm*, in: Wybitul, HdB DSGVO, Teil 2 Art. 88 Rn. 10; *Ströbel/Wybitul*, in: HdB Europäisches und deutsches Datenschutzrecht, § 10 Rn. 13.

681 *Zöll*, in: Taeger/Gabel, DSGVO – BDSG, Art. 88 DSGVO Rn. 26; nach *Spelge* sind Fremdgeschäftsführer von Art. 88 DS-GVO erfasst; da der Gesetzgeber den Anwendungsbereich des Beschäftigtendatenschutzes nicht ausdrücklich auf Fremdgeschäftsführer ausgeweitet habe, müsse dies wegen der unmittelbaren Geltung der DS-GVO von den Gerichten vorgenommen werden, vgl. *Spelge*, DuD 2016, 775, 777.

3. *Verantwortlicher und dessen Abgrenzung zum Auftragsverarbeiter*

Der Verantwortliche ist die zentrale Person im Hinblick auf die datenschutzrechtlichen Fragestellungen im Zusammenhang mit internen Untersuchungen. Er ist in Art. 4 Nr. 7 DS-GVO legal definiert. Danach ist Verantwortlicher eine „natürliche oder juristische Person, Behörde, Einrichtung oder andere Stelle, die allein oder gemeinsam mit anderen über die Zwecke und Mittel der Verarbeitung von personenbezogenen Daten entscheidet“. Bezogen auf die hier angestellte Untersuchung kommen vor allem natürliche oder juristische Personen in Betracht. Eine weitere Personengruppe, die zum Verantwortlichen in Abgrenzung zu bringen ist, ist die der Auftragsverarbeiter. Die Abgrenzung zwischen Verantwortlichem und Auftragsverarbeiter stellt zumeist die größten Schwierigkeiten dar. Gleichwohl ist sie besonders wichtig, da sich je nach Einordung unterschiedliche datenschutzrechtliche Vorgaben ergeben. Beim Auftragsverarbeiter handelt es sich nach der Legaldefinition in Art. 4 Nr. 8 DS-GVO um eine „natürliche oder juristische Person, Behörde, Einrichtung oder andere Stelle, die personenbezogene Daten im Auftrag des Verantwortlichen verarbeitet“.[682]

Aufgrund der unterschiedlichen Definition lassen sich Kriterien heranziehen, die jeweils für die eine oder andere Einordnung sprechen:

Der Verantwortliche erhebt die Daten regelmäßig erstmalig und entscheidet über die Frage, warum Daten erhoben werden, also zu welchem Zweck. Ferner entscheidet er typischerweise über die Art von personenbezogenen Daten und die relevanten Kategorien der betroffenen Personen (z.B. Mitarbeiter), an wen die Daten weitergegeben werden, wer Zugang zu den Daten erlangt, wie lange sie gespeichert werden und welche Software/Hardware zur Verarbeitung der Daten verwendet wird. Wird ein Dritter bspw. mit Ermittlungsmaßnahmen beauftragt, über deren Durchführung er selbstständig entscheidet und an deren Ende ein zusammenfassender Bericht steht, wird man von einer Stellung als Verantwortlicher ausgehen können.

Demgegenüber agiert der Auftragsverarbeiter als „verlängerter Arm“ bzw. „Hilfsperson“ des Verantwortlichen, übernimmt also eine Unterstützungsfunktion, besitzt aber gerade keine Entscheidungsbefugnis. Typischerweise erhält er nur die Daten, um die Verarbeitung für geschäftliche Zwecke des Verantwortlichen durchzuführen. Überdies erhält er detaillierte Anweisungen und/oder Anleitungen und hat dementsprechend keine Entscheidungsbefugnis über die Verwendung der personenbezogenen Daten, insbesondere darf er diese nicht im eigenen Interesse bzw. für eigene Geschäftszwecke verwenden. Detaillierte Anweisungen können dabei als Schlüsselindikatoren für eine entsprechende Einordung angesehen werden. Eine solche Art der auftragsbezogenen Verarbeitung von Daten ergibt sich bspw. bei der Lohn- und Gehaltsabrechnung[683] oder den Vorbereitungen von

682 Auernhammer/*Eßer*, DSGVO Art. 4 Rn. 86; HWK/*Lembke*, Einl. DSGVO Rn. 30.
683 HWK/*Lembke*, Einl. DSGVO Rn. 38; *Imping*, CR 2017, 378, 383.

Personalentscheidungen.[684] Zudem kommen speziell im Kontext interner Untersuchungen als Auftragsverarbeiter Experten in Betracht, die Datensätze für eine Auswertung lediglich technisch aufarbeiten, oder aber Wirtschaftsprüfer, die vom Unternehmen näher bezeichnete Buchungsvorgänge ausschließlich oder nach bestimmten vom Unternehmen festgelegten Kriterien durchsuchen und sortieren.[685] Gerade die letztgenannte Gruppe kann aber u.U. auch als Verantwortliche eingestuft werden. Letztlich handelt es sich bei der Einordung als Verantwortlicher oder Auftragsverarbeiter stets um eine Einzelfallprüfung.

Im Rahmen interner Ermittlungen kommt insbesondere Rechtsanwälten[686] und Detekteien eine große Relevanz als externen Ermittlern zu. Bewertet man die Stellung der Detekteien, so dürften sie regelmäßig als Verantwortliche und gerade nicht als Auftragsverarbeiter i.S.d. Art. 4 Nr. 8 DS-GVO einzuordnen seien.[687] Maßgeblich für die Einordung als Verantwortlicher ist die eigenständige Entscheidung über Zweck und Mittel der Verarbeitung. Der die Ermittlung durchführende Privatdetektiv handelt zwar im Auftrag eines Unternehmens, ist aber frei darin, Zweck und Mittel der Verarbeitung selbstständig zu bestimmen. Er unterliegt im Rahmen seiner Tätigkeit gerade nicht den Weisungen des Auftraggebers, also des Unternehmens. Es handelt sich auch nicht um reine Hilfsleistungen. Vielmehr führt der Detektiv eigenständig die Ermittlungsmaßnahme und damit auch die Datenverarbeitung durch und liefert am Ende ein Ergebnis in Form einer E-Mail, eines detaillierten Berichts, einer Präsentation o.ä. ab. Der externe Ermittler wird gerade dafür beauftragt, auf der Grundlage der eigenen Expertise und Erfahrung die Ermittlungsmaßnahmen im Hinblick auf die betroffenen Arbeitnehmer umzusetzen und am Ende die Ermittlungsergebnisse dem Auftraggeber aufgearbeitet zur Verfügung zu stellen. Gleiches dürfte ebenso für die Rechtsanwälte, Wirtschaftsprüfer und Steuerberater gelten, die als externe Ermittler und Dienstleister im Rahmen einer internen Untersuchung zum Einsatz kommen, soweit sie bei der Erbringung ihrer Dienstleistungen über eigene Entscheidungsbefugnisse verfügen. Dem Verantwortlichen sowie dem Auftragsverarbeiter steht der Betroffene gegenüber, also derjenige, dessen Daten verarbeitet werden.

---

684 HWK/*Lembke*, Einl. DSGVO Rn. 38.

685 Zur alten Rechtslage *Vogel/Glas*, DB 2009, 1747, 1748.

686 Nach *Junker/Knigge/Pischel/Reinhart* – zur alten Rechtslage – handelt es sich bei durch Rechtsanwälte durchgeführte Compliance-Maßnahmen regelmäßig nicht um eine Auftragsdatenverarbeitung, sondern um eine Funktionsübertragung, was wiederum für eine Einordung als Verantwortliche spricht, vgl. BeckRA-HdB/*Junker/Knigge/Pischel/Reinhart*, § 49 Rn. 131.

687 Auernhammer/*Forst*, BDSG § 26 Rn. 97; *Byers*, NZA 2017, 1086, 1087 f.; so auch ohne nähere Begründung das BayLDA, Abgrenzung Auftragsverarbeitung (Auslegungshilfe), S. 2.

4. *Grundsätze der Datenverarbeitung nach Art. 5 DS-GVO*

a) *Allgemeines*

Entscheidend für den Datenschutz sowohl auf europarechtlicher sowie auf nationaler Ebene sind die Grundsätze der Datenverarbeitung. Diese Grundsätze sind in Art. 5 DS-GVO normiert und haben – wie es der Landesbeauftragte für den Datenschutz und die Informationsfreiheit Baden-Württemberg *Brink* zutreffend feststellt – einen „Stellenwert, der sich wie ein roter Faden durch die gesamte Verordnung zieht“[688]. Da es sich bei der DS-GVO um für die Mitgliedstaaten zwingendes Recht handelt, finden die in Art. 5 DS-GVO genannten Prinzipien insgesamt Anwendung, also auch auf den speziellen Bereich der Beschäftigtendatenverarbeitung. Den einzelnen Regelungen des Art. 5 DS-GVO lassen sich dabei zugleich die jeweiligen Definitionen der aufgeführten Prinzipien entnehmen. Die Grundsätze der Datenverarbeitung beinhalten

- die Rechtmäßigkeit (englisch „lawfulness“), die Verarbeitung nach Treu und Glauben (englisch „Fairness“) sowie die Transparenz (englisch „Transparency“) gemäß Art. 5 Abs. 1 lit. a) DS-GVO),
- die Zweckbindung gemäß (englisch „purpose limitation“) Art. 5 Abs. 1 lit. b) DS-GVO,
- die Datenminimierung (englisch „data minimisation“) gemäß Art. 5 Abs. 1 lit. c) DS-GVO,
- die Richtigkeit (englisch „accuracy“) gemäß Art. 5 Abs. 1 lit. d) DS-GVO,
- die Speicherbegrenzung (englisch „storage limitation“) gemäß Art. 5 Abs. 1 lit. e) DS-GVO sowie
- die Integrität und Vertraulichkeit (englisch „integrity and confidentiality“) gemäß Art. 5 Abs. 1 lit. f) DS-GVO.

Eine Besonderheit und damit zugleich Erschwernis gerade für die Unternehmen lässt sich dem neuen Art. 5 Abs. 2 DS-GVO entnehmen, der nunmehr statuiert, dass der Verantwortliche, also derjenige, der die entsprechenden Daten verarbeitet, und damit auch das die interne Untersuchung durchführende Unternehmen, verpflichtet ist, die in Art. 5 Abs. 1 DS-GVO genannten Grundsätze einzuhalten und zugleich deren Einhaltung nachweisen zu können, sog. Rechenschaftspflicht. Letztere Verpflichtung stellt eine wesentliche Neuerung dar und erhöht die Anforderungen an die Datenverarbeitung deutlich.[689] Flankiert wird diese Anforderung von Art. 24 Abs. 1 DS-GVO, welcher statuiert, dass der Verantwortliche geeignete technische und organisatorische Maßnahmen umzusetzen hat, welche die Nachweisbarkeit sicherstellen, dass die Verarbeitung gemäß der DS-GVO erfolgt. Aber auch das Risiko, in Regress genommen zu werden, steigt merkbar, was sich aus der in Art. 82 Abs. 3 DS-GVO normierten Beweislastumkehr ergibt.[690] Ferner

---

688 LfDI BW, Ratgeber Beschäftigtendatenschutz, 4. Auflage (Stand April 2020), S. 10.
689 *Böhm/Ströbel,* in: Wybitul, HdB DSGVO, Teil 2 Art. 5 Rn. 5.
690 *Böhm/Ströbel,* in: Wybitul, HdB DSGVO, Teil 2 Art. 5 Rn. 42.

stellen Verstöße gegen die Rechenschaftspflicht einen eigenständigen Bußgeldtatbestand gemäß Art. 83 Abs. 5 lit. a) DS-GVO dar. Letzteres verdeutlicht noch einmal, dass die oben genannten Grundsätze stets einzuhaltendes Recht und nicht bloße Absichten darstellen.[691]

Betrachtet man den Sinn und Zweck von Art. 5 DS-GVO, so liegt dieser auf europarechtlicher Ebene darin, den Schutz nach Art. 8 GRCh sicherzustellen. Danach ist der Schutz der personenbezogenen Daten ein Grundrecht eines jeden EU-Bürgers. Einige der von Art. 5 DS-GVO genannten Grundsätze finden auch ausdrücklich in Art. 8 GRCh Erwähnung. So heißt es in Art. 8 Abs. 2 GRCh, dass die Daten „nur nach Treu und Glauben für festgelegte Zwecke und mit Einwilligung der betroffenen Person oder auf einer sonstigen gesetzlich geregelten legitimen Grundlage verarbeitet werden“ dürfen. Welche Anforderungen die Datenverarbeitung zukünftig erfüllen muss, um den Grundsätzen nach Art. 5 Abs. 2 DS-GVO gerecht zu werden, kann derzeit nicht abschließend geklärt werden, da einige der genannten Grundsätze der Auslegung bedürfen. So ist bspw. zu klären, was unter Treu und Glauben zu verstehen ist (Art. 5 Abs. 1 lit. a) DS-GVO), wann noch von einem legitimen Zweck ausgegangen werden kann (Art. 5 Abs. 1 lit. b) DS-GVO) oder wann die Angemessenheit und Erheblichkeit im Hinblick auf den Grundsatz der Datenminimierung noch gewahrt ist (Art. 5 Abs. 1 lit. c) DS-GVO). Dabei ist entscheidend, dass nicht auf nationale, sondern allein auf unionsrechtliche Auslegungsmethoden zurückgegriffen werden kann.[692]

b) Konkretisierung der Datenverarbeitungsgrundsätze

Um die Umsetzung der voranstehend aufgeführten Prinzipien zu sichern, werden die genannten Prinzipien in den verschiedenen Normen der DS-GVO konkretisiert.[693] Bezogen auf das Transparenzgebot bestehen bspw. die Informationspflichten nach den Art. 12 bis 14 DS-GVO oder ein Auskunftsrecht gemäß Art. 15 DS-GVO. Aber auch der Grundsatz der Zwecksetzung findet sich in anderen Regelungen wieder, wie bspw. Art. 30 Abs. 1 S. 1 lit. b) DS-GVO. Überdies muss der Verarbeiter der Daten die Richtigkeit der Daten sicherstellen, wobei gleichzeitig auch das Recht auf Korrektur gemäß Art. 16 DS-GVO besteht. Insoweit steigt auch der Aufwand hinsichtlich der Berichtigung von personenbezogenen Daten im Rahmen einer langfristigen Speicherung der Daten.[694] Bezogen auf die Rechtmäßigkeit sind

---

691 Auernhammer/*Kramer*, DSGVO Art. 5 Rn. 5; Gola DS-GVO/*Pötters* DS-GVO Art. 5 Rn. 4; Paal/Pauly/*Frenzel*, DS-GVO, Art 5 Rn. 2; *Reimer*, in: Sydow, Europäische DSGVO, Art. 5 Rn. 2; im Ergebnis wohl auch *Heberlein*, in: Ehmann/Selmayr DS-GVO, Art. 5 Rn. 6.

692 Auernhammer/*Kramer*, DSGVO Art. 5 Rn. 14.

693 *Heberlein*, in: Ehmann/Selmayr DS-GVO, Art. 5 Rn. 6; HWK/*Lembke*, Einl. DSGVO Rn. 86; so auch *Byers*, NZA 2017, 1086, 1088 f. mit konkretem Bezug auf die Art. 12 ff. DS-GVO.

694 *Böhm/Ströbel*, in: Wybitul, HdB DSGVO, Teil 2 Art. 5 Rn. 24.

Art. 6 und 9 DS-GVO von Relevanz, welche zugleich eine zentrale Rolle im Rahmen der Verarbeitung von Beschäftigtendaten einnehmen.

c) Auswirkungen für die Praxis

Gerade das Transparenzgebot stellt die Unternehmen im Zusammenhang mit internen Untersuchungen vor große Herausforderungen. Wie sich dem Wortlaut des Art. 5 Abs. 1 lit. a) DS-GVO entnehmen lässt, sollen personenbezogene Daten nur „in einer für die betroffene Person nachvollziehbaren Weise verarbeitet werden".[695] Dabei umfasst dieses Prinzip sowohl die Art der Information als auch den Inhalt.[696] Die Bedeutung des Transparenzgebots wirft die Frage auf, ob damit überhaupt noch eine heimliche Überwachung möglich ist.[697] Dies ist auch vor dem Hintergrund bedeutend, dass dem Betroffenen Informationsrechte an die Hand gegeben werden, die wirksam nur dann ausgeübt werden können, wenn der Betroffene über die Datenverarbeitung informiert wird. Überdies heißt es in den Erwägungsgründen selbst, dass „die Grundsätze einer fairen und transparenten Verarbeitung es erforderlich machen, dass die betroffene Person über die Existenz des Verarbeitungsvorgangs und seine Zwecke unterrichtet wird".[698]

Aber auch der Grundsatz der Zweckbindung führt zu hohen Anforderungen an die gewählten Maßnahmen, da der jeweilige Zweck der Maßnahme vorab „festgelegt", „eindeutig" und „legitim" sein muss. Durch die Regelung wird klargestellt, dass allgemein gehaltene Zwecke nicht ausreichen. Überdies muss geprüft werden, ob der Zweck nicht auch in zumutbarer Weise durch andere Mittel erreicht werden kann.[699] Die große Relevanz dieses Grundsatzes wird nochmals deutlich, wenn man sich die Rechenschaftspflicht und die damit verbundene Geldbuße für den Fall, dass der Nachweis nicht erbracht werden kann, vor Augen führt. Insoweit sind die sich aus den Datenschutzgrundsätzen ergebenden Anforderungen gerade für Kollektivvereinbarungen, in welche ebenfalls Regelungen zur Verarbeitung von Beschäftigtendaten getroffen werden können, sehr streng zu beurteilen.

Die in Art. 5 Abs. 1 DS-GVO aufgeführten Datenschutzgrundsätze führen in der Praxis zu einem hohen administrativen Aufwand für die Unternehmen, da sie konkrete Maßnahmen ergreifen müssen, welche die Einhaltung der Grundsätze gewährleisten, so bspw. die Einführung eines Berichtigungsmanagements bei einer längerfristigen Speicherung von personenbezogenen Daten[700] oder die Erarbeitung eines Lösch- und Speicherkonzepts im Hinblick auf den Grundsatz der Speicherbegrenzung gemäß Art. 5 Abs. 1 lit. e) DS-GVO und dem „Recht auf

---

695 Siehe auch VO (EU) 2016/679, ABl. EU Nr. L 119/1 v. 4.5.2016, Erwägungsgrund 39, 58.
696 *Heberlein,* in: Ehmann/Selmayr DS-GVO, Art. 5 Rn. 11.
697 Vgl. hierzu ausführlich Kapitel 2 § 2 A. II. 5.
698 VO (EU) 2016/679, ABl. EU Nr. L 119/1 v. 4.5.2016, Erwägungsgrund 60.
699 VO (EU) 2016/679, ABl. EU Nr. L 119/1 v. 4.5.2016, Erwägungsgrund 39.
700 *Böhm/Ströbel,* in: Wybitul, HdB DSGVO, Teil 2 Art. 5 Rn. 24.

Vergessenwerden“ (vgl. Art. 17 DS-GVO)[701] sowie die Ausarbeitung eines Konzepts zur wirksamen Umsetzung der Rechenschaftspflicht und des damit verbundenen Dokumentationsaufwands[702]. Gerade im Hinblick auf die Rechenschaftspflicht müssen die Unternehmen sicherstellen, dass auch die Verzeichnisse von Verarbeitungstätigkeiten entsprechend den Vorgaben nach Art. 30 DS-GVO geführt werden.

5. *Grundprinzipien verdeckter Überwachungsmaßnahmen*

Vor dem Hintergrund der strengen Datenschutzgrundsätze und deren Konkretisierung in der DS-GVO stellt sich die Frage, ob heimliche bzw. verdeckte Überwachungsmaßnahmen weiterhin noch zulässig oder bereits aufgrund der europarechtlichen Anforderungen unzulässig sind. Im Kontext interner Untersuchungen stellen heimliche Überwachungsmaßnahmen eine wichtige repressive Ermittlungsmaßnahme im Zusammenhang mit der Aufklärung unternehmensinterner Verstöße dar. Nicht selten sind sie die einzige – noch verbleibende – Möglichkeit, Straftaten oder Pflichtverstöße im Zusammenhang mit der Ausübung der arbeitsvertraglichen Pflichten aufzudecken. Damit kommt heimlichen Überwachungsmaßnahmen eine besondere Bedeutung im Rahmen interner Untersuchungen zu. Für interne Untersuchungen insbesondere relevant sind die heimliche bzw. verdeckte Video- und Telefonüberwachung, aber auch die heimliche Inaugenscheinnahme des Arbeitsplatzes.

Vor der noch folgenden Untersuchung der datenschutzrechtlichen Zulässigkeit spezifischer heimlicher Ermittlungsmaßnahmen[703] soll zunächst der ganz grundsätzlichen Frage nachgegangen werden, ob heimliche Überwachungsmaßnahmen unter Berücksichtigung des Unionsrechts sowie der EMRK und der Rechtsprechung des EGMR noch zulässig sind. Da, was noch zu zeigen sein wird, aufgrund des Unionsrechts sowie der jüngeren Rechtsprechung des EGMR Zweifel an der Zulässigkeit solcher Maßnahmen aufkommen könnten, ist es sinnvoll, diesen Problemkreis vom Einzelfall und den spezifischen Ermittlungsmaßnahmen losgelöst zu untersuchen. Bei der Beantwortung der Frage kommt es zum einen auf die in der DS-GVO normierten Anforderungen und ihre Auswirkungen auf das nationale Recht sowie zum anderen auf die EMRK sowie die Rechtsprechung des EMRK an.

a) *Alte Rechtslage*

Nach der bisherigen Konkretisierung in der Rechtsprechung sind heimliche Überwachungsmaßnahmen auf der Grundlage des § 32 BDSG a.F. und unter Einhaltung der durch die Rechtsprechung festgelegten Anforderungen zulässig.[704] Wegweisend

701 *Böhm/Ströbel*, in: Wybitul, HdB DSGVO, Teil 2 Art. 5 Rn. 29.
702 *Böhm/Ströbel*, in: Wybitul, HdB DSGVO, Teil 2 Art. 5 Rn. 29.
703 Zu den Ermittlungsmaßnahmen im Einzelnen vgl. Kapitel 2 § 2 C. II.
704 Zur alten und neuen Rechtslage sowie der Rechtsprechung des BAG zur heimlichen Videoüberwachung vgl. auch *Maschmann*, NZA-Beilage 2018, 115, 120 f.

war in diesem Zusammenhang die Entscheidung des BAG vom 27. März 2003[705], in welcher das Gericht konkrete Anforderungen an eine verdeckte Videoüberwachung definierte. Diese Voraussetzungen sollen die unterschiedlichen Interessen von Arbeitnehmer und Arbeitgeber und damit auch die kollidierenden Grundrechtspositionen des Arbeitnehmers nach Art. 2 Abs. 1 i.V.m. Art. 1 Abs. 1 GG und Art. 8 Abs. 1 EMRK sowie des Arbeitgebers nach Art. 12 und 14 GG in Ausgleich bringen und lassen sich ebenfalls auf sonstige verdeckte Überwachungsmaßnahmen übertragen. Demnach bedarf es für deren Zulässigkeit zunächst eines konkreten Verdachts einer strafbaren Handlung oder einer anderen schweren Verfehlung zulasten des Arbeitgebers. Ferner dürfen weniger einschneidende Maßnahmen zur Aufklärung nicht zur Verfügung stehen, die Videoüberwachung darf praktisch das einzig verbleibende Mittel darstellen und die Maßnahme muss insgesamt verhältnismäßig sein. Diese Voraussetzungen hat das BAG im Jahr 2012 im Rahmen einer weiteren Entscheidung dahingehend ergänzt, dass sich der Verdacht gegen einen zumindest räumlich und funktional abgrenzbaren Kreis von Arbeitnehmern richten muss.[706] Diese Anforderungen wurden in der jüngeren Rechtsprechung in Bezug auf die Datenverarbeitung nach § 32 Abs. 1 BDSG a.F. durch das BAG bestätigt.[707] Dabei wies das BAG, ebenso wie die Beschlussempfehlung und der Bericht des Innenausschusses zum BDSG a.F.[708], ausdrücklich darauf hin, dass § 32 Abs. 1 BDSG a.F. die Rechtsprechungsgrundsätze nicht ändern, sondern lediglich zusammenfassen sollte.[709]

Jedenfalls im Hinblick auf die Videoüberwachung kam auch die Regelung des § 6b BDSG a.F. als Ermächtigungsgrundlage in Betracht. Fraglich ist, inwieweit diese Regelung für die Bewertung heimlicher Maßnahmen von Relevanz war. Diese Regelung betraf die Videoüberwachung öffentlich zugänglicher Räume. Gemäß § 6b Abs. 1 S. 1 BDSG a.F. war die Videoüberwachung öffentlich zugänglicher

---

705 BAG, NZA 2003, 1193, 1195.

706 BAG, NZA 2012, 1025, 1028.

707 BAG, NZA 2017, 112, 114 f.; BAG, NZA 2017, 443, 445 f.; ebenso BAG, NZA 2017, 1327, auch wenn es sich nicht um eine Überwachungsmaßnahme i.S.e. verdeckten Videoüberwachung handelte, sondern um den Einsatz einer Keylogger-Software (vgl. hierzu ausführlich Kapitel 2 § 2 C. II. 5.). Auch hier kommt das BAG zu dem Ergebnis, dass Kontrollmaßnahmen, die hinsichtlich der Intensität des durch sie bewirkten Eingriffs in das allgemeine Persönlichkeitsrecht des Arbeitnehmers mit einer (verdeckten) Videoüberwachung vergleichbar seien, gemäß § 32 Abs. 1 und 2 BDSG a.F. nur erlaubt seien, wenn gegen den Betroffenen der durch konkrete Tatsachen begründete „einfache" Verdacht (Anfangsverdacht) einer Straftat oder einer anderen schweren Pflichtverletzung bestünde. Ergreife der Arbeitgeber solche Maßnahmen „ins Blaue hinein", stellen sie sich als jedenfalls nicht verhältnismäßig im engeren Sinne dar.

708 Beschlussempfehlung und Bericht des Innenausschusses (4. Ausschuss) zur Regelung des Datenschutzes, BT-Drs. 16/13657, S. 20.

709 BAG, NZA 2017, 112, 114 f.

Räume nur zulässig, soweit sie zur Aufgabenerfüllung öffentlicher Stellen, zur Wahrnehmung des Hausrechts oder zur Wahrnehmung berechtigter Interessen für konkret festgelegte Zwecke erforderlich war und keine Anhaltspunkte bestanden, dass schutzwürdige Interessen der Betroffenen überwiegen könnten. Gemäß § 6b Abs. 3 S. 1 BDSG a.F. war für die Verarbeitung der gewonnenen Daten die Verfolgung eines bestimmten Zwecks erforderlich. Insoweit kam es bei der Prüfung des § 6b BDSG a.F. maßgeblich auf eine umfassende Interessenabwägung an.

Zugleich legte § 6b Abs. 2 BDSG a.F. aber fest, dass der Umstand der Beobachtung und die verantwortliche Stelle durch geeignete Maßnahmen erkennbar zu machen waren. § 6b Abs. 2 BDSG a.F. statuierte also eine Hinweispflicht, von der er auch keine Ausnahme vorsah. Dies führte dazu, dass eine verdeckte Videoüberwachung nicht auf § 6b BDSG a.F. gestützt werden konnte. Als Ermächtigungsgrundlage kam aber § 32 BDSG a.F. in Betracht. Da nach der Rechtsprechung des BAG zur alten Rechtslage § 32 BDSG a.F. eine Konkretisierung des § 6b BDSG a.F. darstellte,[710] kam es für die datenschutzrechtliche Zulässigkeit heimlicher Videoüberwachungsmaßnahmen auch nicht auf die Regelung des § 6b BDSG a.F. an. Überdies sah § 32 BDSG keine Hinweispflicht vor. War eine Maßnahme nach § 32 BDSG a.F. zulässig, musste sie also nach der Rechtsprechung zur alten Rechtslage jedenfalls im Verhältnis zu den von ihr betroffenen Arbeitnehmern auch nach § 6b Abs. 1 Nr. 3 BDSG zulässig sein.[711] Insoweit war auch das Gebot der Kenntlichmachung gemäß § 6b Abs. 2 BDSG a.F. keine Voraussetzung für die Rechtmäßigkeit der Videoüberwachung.[712]

b) Zulässigkeit verdeckter Überwachungsmaßnahmen nach der aktuellen Rechtslage

Fraglich ist, ob heimliche Überwachungsmaßnahmen auch nach Inkrafttreten der DS-GVO sowie des BDSG noch zulässig sind und ob die vom BAG festgelegten Anforderungen an heimliche bzw. verdeckte Überwachungsmaßnahmen weiterhin Gültigkeit beanspruchen.

aa) Unionsrecht als Hinderungsgrund verdeckter Ermittlungsmaßnahmen

Zunächst ist festzustellen, dass es sich bei heimlichen Überwachungsmaßnahmen typischerweise um Fälle der Datenerhebung handelt, mithin der Anwendungsbereich der DS-GVO sowie des BDSG eröffnet ist. Dies gilt bspw. bei der verdeckten Videoüberwachung[713] oder der verdeckten Überwachung durch Privatdetektive[714].

---

710 BAG, NZA 2017, 112, 115.

711 BAG, NZA 2017, 112, 115.

712 BAG, NZA 2017, 112, 115, so im Ergebnis so auch schon BAG, NZA 2012, 1025, 1029; BAG, NZA 2014, 243, 248 f.

713 Vgl. zur alten Rechtslage BAG, NZA 2003, 1193; BAG, NZA 2012, 1025; BAG, NZA 2017, 112; BAG, NZA 2017, 443.

714 Vgl. zur alten Rechtslage BAG, NZA 2015, 994.

Darüber hinaus weicht der Wortlaut des § 26 Abs. 1 BDSG insbesondere im Hinblick auf den hier materiell entscheidenden § 26 Abs. 1 BDSG nur redaktionell von § 32 Abs. 1 BDSG a.F. ab.[715] Insoweit ließe sich die durch das BAG getroffene Rechtsprechung grundsätzlich auf die aktuelle Rechtslage übertragen.

Die rechtlichen Schwierigkeiten resultieren jedoch aus dem in Art. 5 Abs. 1 lit. a) DS-GVO normierten Transparenzgrundsatz sowie dessen Konkretisierung in den Informationsrechten und -pflichten gemäß der Art. 12 ff. DS-GVO. Werden personenbezogene Daten erhoben, so ergeben sich je nachdem, ob die Daten bei dem Betroffenen selbst (Art. 13 DS-GVO) oder bei einer anderen Person (Art. 14 DS-GVO) erhoben werden, unterschiedliche Informationspflichten. Dabei entsprechen sich die in Art. 13 und 14 DS-GVO aufgeführten Informationspflichten weitestgehend. Ziel ist es, dass der Betroffene in der jeweiligen Situation umfassend über die Datenverarbeitung seiner Daten informiert wird, um so dem Transparenzgebot gerecht zu werden. Heimliche Überwachungsmaßnahmen verfolgen ihrerseits jedoch den Zweck, die betroffenen Personen hinsichtlich ihrer Überwachung bewusst in Unkenntnis zu halten, um sie so in Sicherheit zu wiegen und dem Verdacht hinsichtlich der Verwirklichung von Straftatbeständen oder sonstigen erheblichen Pflichtverletzungen nachgehen zu können. Eine umfassende Transparenz im Hinblick auf die geplanten Überwachungsmaßnahmen stünde diesem Zweck entgegen, da sich die betroffenen Personen – wenn sie bspw. bereits vor der Maßnahme über ihre Einleitung informiert würde – auf die Überwachung einstellen könnte und so bspw. Beweise vernichten oder sich Sanktionen entziehen könnten.[716] Entscheidend ist also die Frage, ob sich trotz des unionsrechtlichen Transparenzgrundsatzes sowie dessen Konkretisierung in den Informationsrechten und -pflichten rechtliche Möglichkeiten bestehen, die geplante Überwachungsmaßnahme gegenüber der betroffenen Person geheimzuhalten oder ob die normierten Informationspflichten heimliche Überwachungsmaßnahmen gänzlich ausschließen.[717]

Die Frage hat für die Praxis ganz maßgebliche Bedeutung, da Verstöße gegen die DS-GVO mit erheblichen Folgen verbunden sind. Die in den Art. 13 und 14 DS-GVO vorgesehenen Informationspflichten richten sich gegen den „Verantwortlichen". Nach der Legaldefinition in Art. 4 Nr. 7 DS-GVO handelt es sich dabei im Zusammenhang mit dem Arbeitnehmerdatenschutz vor allem um den Arbeitgeber, der die Daten seiner Arbeitnehmer verarbeitet.[718] Wird nun bspw. im Rahmen von

---

715 *Lörcher*, AuR 2019, 41, 44.

716 Auernhammer/*Forst*, BDSG § 26 Rn. 99.

717 Insoweit ist *Pauly* zuzustimmen, wenn er ausführt, dass unter dem Gesichtspunkt des Transparenzgebotes nicht offen erkennbare Datenverarbeitungen, wie etwa heimliche Videoüberwachungen, als besonders problematisch einzuordnen sein dürften, vgl. Paal/Pauly/*Pauly*, DS-GVO, Art. 88 Rn. 14.

718 *Grimm/Kühne*, ArbRB 2018, 185; HWK/*Lembke*, Einl. DSGVO Rn. 25; zur Abgrenzung des Verantwortlichen zum Auftragsverarbeiter vgl. Kapitel 2 § 2 B. II. 3.

verdeckten Überwachungsmaßnahmen gegen diese Informationspflichten verstoßen, ist eine Reihe von Konsequenzen für die Verantwortlichen denkbar. Neben den der Aufsichtsbehörde zustehenden Abhilfebefugnissen nach Art. 58 Abs. 2 DS-GVO ist hier insbesondere die Möglichkeit von Bußgeldern gemäß Art. 83 DS-GVO zu nennen. Die Befugnis, von solchen Bußgeldern neben oder anstelle der Abhilfemaßnahmen Gebrauch zu machen, ist in Art. 58 Abs. 2 lit. i) DS-GVO geregelt. Konkret bezogen auf einen etwaigen Verstoß gegen die Informationspflichten nach Art. 13 und 14 DS-GVO kommt nach Art. 83 Abs. 5 lit. b) DS-GVO ein Bußgeld in Höhe von bis zu 20 Mio. Euro oder im Fall eines Unternehmens in Höhe von bis zu vier Prozent des gesamten weltweit erzielten Jahresumsatzes in Betracht. Die gleiche Bußgeldhöhe kann sich gemäß Art. 83 Abs. 6 DS-GVO auch bei einem Verstoß gegen die Abhilfeanweisungen der Aufsichtsbehörden ergeben. Dies zeigt, welchem finanziellen Risiko die Unternehmen im Falle von Verstößen gegen die DS-GVO ausgesetzt sein können.

bb) Zulässigkeit auf der Grundlage der DS-GVO

Nach Art. 13 Abs. 1 und 2 DS-GVO ist der Betroffene, bei dem personenbezogene Daten erhoben werden, umfassend über die Datenverarbeitung zu informieren. Diese Regelung sieht also – ebenso wie § 6b BDSG a.F. – zur alten Rechtslage eine Hinweispflicht vor. Dabei müssen die Informationen gemäß Art. 13 Abs. 1 DS-GVO unmittelbar „zum Zeitpunkt der Erhebung" zur Verfügung gestellt werden. Eine Ausnahme von dieser Informationspflicht ist gemäß Art. 13 Abs. 4 DS-GVO nur für den Fall vorgesehen, dass die betroffene Person bereits über die entsprechenden Informationen verfügt. Insoweit ergibt sich aus Art. 13 DS-GVO keine Ausnahme, welche zu einer Zulässigkeit von verdeckten Überwachungsmaßnahmen führen könnte.

Art. 14 DS-GVO betrifft den Fall, dass die personenbezogenen Daten nicht beim Betroffenen selbst, sondern bei einer von dieser abweichenden Person erhoben werden. Zu diesen Personen können bspw. Detekteien zählen, welche ihrerseits personenbezogene Daten von den Betroffenen verarbeiten und anschließend weiterleiten.[719] Werden auf diese Weise personenbezogene Daten erhoben, treffen das Unternehmen als Verantwortlichen i.S.d. Art. 14 DS-GVO ebenso starke Informationspflichten, wie sie auch in Art. 13 DS-GVO vorgesehen sind. Jedoch muss diesen Pflichten gemäß Art. 14 Abs. 3 lit. a) DS-GVO nicht im Zeitpunkt der Erhebung nachgekommen werden, sondern „innerhalb einer angemessenen Frist nach Erlangung der personenbezogenen Daten, längstens jedoch innerhalb eines Monats". Ferner sieht Art. 14 Abs. 5 DS-GVO deutlich weitgehendere Ausnahmen von der Informationspflicht vor. Für den hier relevanten Bereich der internen Untersuchung ist insbesondere die Ausnahmevorschrift des Art 14 Abs. 5 lit. b) DS-GVO

---

719 *Byers*, NZA 2017, 1086, 1088; *Mengel*, in: Hümmerich/Reufels, Gestaltung von Arbeitsverträgen, § 1 Rn. 3874.

von Bedeutung. Darin ist geregelt, dass eine Informationspflicht nicht besteht, wenn sich die Erteilung der Informationen als unmöglich erweisen oder einen unverhältnismäßigen Aufwand erfordern würde. In diesem Zusammenhang wird u.a. auf die Konstellation abgestellt, dass die Informationspflicht voraussichtlich die Verwirklichung der Ziele der Verarbeitung unmöglich macht oder ernsthaft beeinträchtigen könnte (vgl. Art 14 Abs. 5 lit. b) S. 1 DS-GVO). Eine solche Unmöglichkeit bzw. Beeinträchtigung ist in einer Situation denkbar, in welcher der verdächtigen Person die Verarbeitung ihrer personenbezogenen Daten mitgeteilt wird und diese sich auf die bevorstehende Überwachung einstellen kann. Der Zweck der Überwachungsmaßnahme würde in solch einem Fall konterkariert.[720] Für ein Unternehmen, das wie in dem gebildeten Fall 7.1[721] wegen einer vorgetäuschten Erkrankung und Konkurrenztätigkeit eine Privatdetektei mit der Beobachtung eines Arbeitnehmers an den Krankheitstagen beauftragt, greift mithin diese Ausnahme, sodass die Informationspflichten nicht greifen.[722]

Die Ausschlussgründe des Art 14 Abs. 5 lit. b) S. 1 DS-GVO gelten aber nur für die Dauer der Beeinträchtigung.[723] Kann der betroffene Mitarbeiter nach Mitteilung den Ermittlungszweck nicht mehr beeinträchtigen, weil bspw. der in Fall 7.1 eingesetzte Ermittler nach Abschluss der Ermittlungen die Ergebnisse in einem Abschlussbericht zusammengetragen und dem Arbeitgeber übergeben hat, entfällt auch der Grund der Ausnahme. In dem gebildeten Fallbeispiel wäre eine Mitteilung durch den Arbeitgeber an den Arbeitnehmer demnach vorzunehmen, sobald die Ermittlungsmaßnahme beendet ist.[724]

Bleibt man nun in dem gebildeten Fall 7.1, muss man aber auch die rechtliche Lage im Hinblick auf die beauftragte Detektei oder einen sonstigen externen Ermittler betrachten. Detekteien als externe Ermittler sind – wie bereits gezeigt – regelmäßig als Verantwortliche einzuordnen und unterfallen daher ebenfalls den Informationspflichten der Art. 13 und 14 DS-GVO.[725] Die rechtliche Schwierigkeit besteht nun gerade darin, dass der private Ermittler die personenbezogenen Daten eigenständig erhebt und damit seinerseits der Pflicht des Art. 13 DS-GVO unterfällt.[726] Während also für das Unternehmen, welches die Ermittlung durch den Privatdetektiv in Auftrag gegeben hat, Art. 14 DS-GVO und damit auch der Ausnahmetatbestand des Art. 14 Abs. 5 lit. a) DS-GVO greift, ist der Privatdetektiv

720 *Thüsing/Rombey*, NZA 2018, 1105, 1110; im Ergebnis so auch HWK/*Lembke*, Art. 88 DSGVO Rn. 122.

721 Vgl. hierzu Kapitel 2 § 2 A.

722 Kühling/Buchner/*Bäcker*, DS-GVO Art. 14 Rn. 60; Auernhammer/*Forst*, BDSG § 26 Rn. 97.

723 Kühling/Buchner/*Bäcker*, DS-GVO Art. 14 Rn. 59.

724 Kühling/Buchner/*Bäcker*, DS-GVO Art. 14 Rn. 60.

725 *Byers*, NZA 2017, 1086, 1087 f.; Auernhammer/*Forst*, BDSG § 26 Rn. 97; so auch ohne nähere Begründung das BayLDA, Abgrenzung Auftragsverarbeitung (Auslegungshilfe), S. 2; vgl. hierzu auch Kapitel 2 § 2 B. II. 3.

726 *Byers*, NZA 2017, 1086, 1088.

an die Vorgaben des Art. 13 DS-GVO gebunden. Er muss, da der Ausnahme des Art. 13 Abs. 4 DS-GVO im Zusammenhang mit einer heimlichen Überwachungsmaßnahme keine Relevanz zukommt, die betroffene Person zum Zeitpunkt der Erhebung der Daten nach Art. 13 Abs. 1 und 2 DS-GVO informieren.[727] Für den privaten Ermittler sieht die DS-GVO auch keine weitere Ausnahme vor. Erhebt der Arbeitgeber also die personenbezogenen Daten selbstständig bei der betroffenen Person oder werden diese Daten durch eine dritte Person erhoben, an die sich der Arbeitgeber anschließend wendet, so steht einer heimlichen Überwachung durch den Arbeitgeber oder den beauftragten Dritten der sich in der Informationspflicht des Art. 13 DS-GVO konkretisierende Transparenzgrundsatz entgegen.[728]

cc) Zulässigkeit auf der Grundlage des BDSG

Die zentrale Norm des Arbeitnehmerdatenschutzes ist § 26 BDSG. Dieser bildet – entsprechend § 32 BDSG a.F. – die Rechtsgrundlage für die heimlichen Überwachungsmaßnahmen. Jedoch entbindet er die Verantwortlichen nicht von ihren Informationspflichten gemäß den Art. 13 und 14 DS-GVO. Entsprechende Ausnahmetatbestände könnten sich aber aus den §§ 32 und 33 BDSG ergeben. Dabei handelt es sich um Normen, die auf der Grundlage des Art. 23 DS-GVO vom deutschen Gesetzgeber in das BDSG aufgenommen wurden.[729]

(a) Voraussetzungen des Art. 23 DS-GVO

Art. 23 DS-GVO gibt dem nationalen Gesetzgeber unter Beachtung der in Art. 23 DS-GVO genannten Voraussetzungen u.a. die Möglichkeit, zusätzliche Ausnahmen von den Regelungen der Art. 13 und 14 DS-GVO vorzusehen. Nach Art. 23 Abs. 1 DS-GVO muss es sich bei der Ausnahmevorschrift um eine Rechtsvorschrift handeln, welcher der Verantwortliche unterliegt und die eine Beschränkung nur für die in Art. 23 Abs. 1 DS-GVO konkret genannten Bestimmungen (und damit auch Art. 13 und 14 DS-GVO) enthält. Darüber hinaus muss die Vorschrift den Wesensgehalt der Grundrechte und Grundfreiheiten achten, sie muss eine notwendige und verhältnismäßige Maßnahme darstellen und sie muss eines oder mehrere der in Art. 23 Abs. 1 lit. a) bis j) DS-GVO aufgeführten Ziele sicherstellen. Darüber hinaus muss die Vorschrift nach Art. 23 Abs. 2 DS-GVO Regelungen i.S.d. der dort genannten Mindestanforderungen vorsehen. Bei Art. 23 Abs. 2 DS-GVO handelt es sich um eine Schrankenregelung, welche dazu dient, den Betroffenen zu schützen.[730] Diesen Anforderungen müssen auch die §§ 32, 33 BDSG gerecht werden.

---

727 *Byers*, NZA 2017, 1086, 1088; Auernhammer/*Forst*, BDSG § 26 Rn. 97 f.

728 *Byers*, NZA 2017, 1086, 1088; so auch *Maschmann*, NZA-Beilage 2018, 115, 118.

729 Vgl. Entwurf der Bundesregierung eines Gesetzes zur Anpassung des Datenschutzrechts an die Verordnung (EU) 2016/679 und zur Umsetzung der Richtlinie (EU) 2016/680, BT-Drs. 18/11325, S. 102 ff.

730 BeckOK DatenschutzR/*Stender-Vorwachs*, DSGVO § 23 Rn. 33 f.

§ 32 BDSG enthält gemäß § 32 Abs. 1 BDSG ausschließlich ergänzende Ausnahmeregelungen für die Fälle des Art. 13 Abs. 3 DS-GVO. Die von Art. 13 Abs. 1, 2 DS-GVO enthaltenen Informationspflichten bleiben somit von der Regelung des § 32 BDSG unberührt.[731]

Bei dem Begriff der Rechtsvorschrift in Art. 23 Abs. 1 DS-GVO handelt es sich um einen unionsrechtlichen Begriff, welcher kein formelles Gesetz voraussetzt.[732] Da es sich aber bei § 32 BDSG um ein formelles Gesetz handelt, erfüllt dieses jedenfalls die Anforderungen an eine Rechtsvorschrift i.S.d. Art. 23 Abs. 1 DS-GVO. Ferner unterliegt der Vorschrift des § 32 BDSG auch der Verantwortliche, da § 32 BDSG unmittelbar an Art. 13 Abs. 3 DS-GVO anknüpft. Damit ist zugleich die Voraussetzung erfüllt, dass die Vorschrift nur eine der in Art. 23 Abs. 1 DS-GVO genannten Rechte und Pflichten betreffen muss.

Des Weiteren muss auch mindestens eines der in Art. 23 Abs. 1 lit. a) bis j) DS-GVO genannten Ziele verfolgt werden. Dies ist in mehrfacher Hinsicht der Fall: § 32 Abs. 1 Nr. 2 BDSG nimmt konkret auf die in Art. 23 Abs. 1 lit. a) bis e) DS-GVO genannten Aufgaben Bezug und dient deren Absicherung. § 32 Abs. 1 Nr. 2 BDSG „sieht [in Bezug auf Art. 23 Abs. 1 lit. j) DS-GVO] eine Einschränkung zur Sicherstellung der Geltendmachung, Ausübung oder Verteidigung rechtlicher Ansprüche vor".[733] § 32 Abs. 1 Nr. 5 BDSG dient wiederum dem Schutz der Datenübermittlung an öffentliche Stellen, womit die in Art. 23 Abs. 1 lit. e) DS-GVO genannte Aufgabe abgesichert wird.[734] Schließlich enthält § 32 BDSG Regelungen, welche wiederum die in Art. 23 Abs. 2 DS-GVO normierten Anforderungen erfüllen. Dies ergibt sich daraus, dass der Verantwortliche gemäß § 32 Abs. 2 S. 1 BDSG geeignete Maßnahmen zum Schutz der berechtigten Interessen der betroffenen Person einschließlich der in Art. 13 Abs. 1 und 2 DS-GVO genannten Informationen zu ergreifen hat. Art. 23 Abs. 2 DS-GVO dient gerade dem Schutz des Betroffenen. Dadurch, dass der Gesetzgeber in § 32 Abs. 2 S. 1 BDSG die Pflicht normiert hat, Schutzvorkehrungen hinsichtlich der betroffenen Person sowie der in Art. 13 Abs. 1 und 2 DS-GVO genannten Informationen vorzusehen, erfasst er die Art. 23 Abs. 2 DS-GVO genannten Punkte und ist dem von Art. 23 Abs. 2 DS-GVO ausgehenden Schutzanspruch gerecht geworden.

---

731 Vgl. Entwurf der Bundesregierung eines Gesetzes zur Anpassung des Datenschutzrechts an die Verordnung (EU) 2016/679 und zur Umsetzung der Richtlinie (EU) 2016/680, BT-Drs. 18/11325, S. 102; Kühling/Buchner/*Golla,* BDSG § 32 Rn. 1.

732 *Dix,* in: Simitis/Hornung/Spiecker gen. Döhmann, Datenschutzrecht, Art. 23 DSGVO Rn. 12; Kühling/Buchner/*Bäcker,* DS-GVO Art. 23 Rn. 35.

733 Vgl. Entwurf der Bundesregierung eines Gesetzes zur Anpassung des Datenschutzrechts an die Verordnung (EU) 2016/679 und zur Umsetzung der Richtlinie (EU) 2016/680, BT-Drs. 18/11325, S. 103.

734 Vgl. Entwurf der Bundesregierung eines Gesetzes zur Anpassung des Datenschutzrechts an die Verordnung (EU) 2016/679 und zur Umsetzung der Richtlinie (EU) 2016/680, BT-Drs. 18/11325, S. 103.

Darüber hinaus ergibt sich aus den Regelungen in § 32 Abs. 1 BDSG, in welchem Umfang die Beschränkungen bestehen, wodurch die Anforderung des Art. 23 Abs. 2 lit. c) DS-GVO erfüllt wird. Durch die Beschränkung auf spezifische Ausnahmen sowie die Eingrenzung im Hinblick auf den Umfang dürften die Ausnahmeregelungen auch hinreichend bestimmt sein.

Weiter muss die Vorschrift den Wesensgehalt der Grundrechte und Grundfreiheiten achten und verhältnismäßig sein. Die Wesensgehaltsgarantie nach Art. 52 Abs. 1 S. 1 GRCh sowie Art. 19 Abs. 2 GG dürfte durch § 32 BDSG nicht verletzt sein. Eine solche Verletzung dürfte bspw. gegeben sein, wenn die Rechte der Betroffenen generell ausgeschlossen würden.[735] Dies ist hier gerade nicht der Fall. Insbesondere mit Blick auf die Regelung in Abs. 2 dürfte § 32 BDSG auch notwendig und verhältnismäßig sein, da die Ausnahmen nicht außer Verhältnis zu den Beeinträchtigungen für die Betroffenen stehen. Insoweit sind in § 32 Abs. 1 BDSG Ausnahmen nur für ganz spezifische Fälle vorgesehen und § 32 Abs. 2 BDSG sieht nochmals eine Regelung zum Schutz der Betroffenen vor. Der in Art 23 Abs. 1 DS-GVO aufgeführten „Notwendigkeit" kommt nach dem deutschen Rechtsverständnis keine eigenständige Bedeutung zu, da sie i.S.e. Erforderlichkeitsprüfung zu verstehen ist, welche wiederum einen Teil der Verhältnismäßigkeitsprüfung darstellt.[736]

Ebenso dürfte auch die Regelung des § 33 BDSG den Anforderungen des Art. 23 BDSG entsprechen. § 33 BDSG enthält Ausnahmetatbestände im Hinblick auf die in Art. 14 Abs. 1, 2 und 4 DS-GVO normierten Informationspflichten, wobei zwischen der Datenverarbeitung öffentlicher Stellen (vgl. § 33 Abs. 1 Nr. 1 DS-GVO) und nichtöffentlicher Stellen (vgl. § 33 Abs. 1 Nr. 2 DS-GVO) unterschieden wird. Bei § 33 BDSG handelt es sich – wie auch bei § 32 BDSG – um eine Rechtsvorschrift i.S.d. Art. 23 DS-GVO, die für den Verantwortlichen gilt und die eine Beschränkung nur für eine in Art. 23 Abs. 1 DS-GVO konkret genannte Bestimmung, nämlich Art. 14 DS-GVO, enthält. Auch dient die Vorschrift der Sicherstellung verschiedener der in Art. 23 Abs. 1 lit. a) bis j) DS-GVO genannten Zwecke. So dient § 33 Abs. 1 Nr. 2 lit. a) BDSG dem Zweck der Durchsetzung zivilrechtlicher Ansprüche i.S.d. Art. 23 Abs. 1 lit. j) DS-GVO, während § 33 Abs. 1 Nr. 2 lit. b) BDSG den in Art. 23 Abs. 1 lit. a) bis e) DS-GVO genannten Zwecken dient.[737] Überdies enthält § 33 Abs. 2 S. 1, 2 BDSG eine Regelung, welche § 32 BDSG entspricht, sodass

---

735 Vgl. *Bäcker*, der als Begründung auf die Rechtsprechung des EuGH und BVerfG abstellt, wonach die Wesensgehaltsgarantie einer umfassende anlasslose Überwachung entgegenstünde, vgl. Kühling/Buchner/*Bäcker*, DS-GVO Art. 23 Rn. 57 mit Nachweisen zur Rechtsprechung des EuGH sowie BVerfG.

736 So wohl auch BeckOK DatenschutzR/*Stender-Vorwachs*, DSGVO § 23 Rn. 12; *Koreng*, in: Taeger/Gabel, DSGVO – BDSG, Art. 23 DSGVO Rn. 15.

737 Vgl. Entwurf der Bundesregierung eines Gesetzes zur Anpassung des Datenschutzrechts an die Verordnung (EU) 2016/679 und zur Umsetzung der Richtlinie (EU) 2016/680, BT-Drs. 18/11325, S. 103 f.

hinsichtlich der Begründung der zur Einhaltung der Wesensgehaltsgarantie und zur Verhältnismäßigkeit auf die Ausführungen zu § 32 BDSG verwiesen werden kann. Dadurch, dass § 33 BDSG die zusätzlichen Ausnahmen auf bestimmte Fälle konkretisiert, dürfte die Regelung auch hinreichend bestimmt sein.

(b) §§ 32, 33 BDSG als Ausnahmetatbestände für heimliche Ermittlungsmaßnahmen

Nimmt man nun wieder die hier relevante Fragestellung in den Blick, ist zu prüfen, ob sich heimliche Überwachungsmaßnahmen auf die Vorschriften der §§ 32, 33 BDSG stützen lassen. Jedenfalls § 32 BDSG lässt sich kein passender Ausnahmetatbestand entnehmen. § 32 Abs. 1 BDSG knüpft nämlich nach seinem klaren Wortlaut ausschließlich an die Reglung des Art. 13 Abs. 3 DS-GVO an.[738] Letzterer regelt die Zweckänderung im Hinblick auf die Verarbeitung personenbezogener Daten. Dafür bedarf es aber einer vorherigen Datenverarbeitung, im Rahmen derer die notwendigen Informationspflichten eingehalten wurden. Bei einer verdeckten Überwachungsmaßnahme als Teil einer repressiven Aufklärung möglicher Straftaten oder sonstiger schwerer Pflichtverletzungen handelt es sich jedoch um Datenverarbeitungsmaßnahmen, die erstmals ergriffen werden. Sie werden nicht bereits präventiv eingeleitet und anschließend hinsichtlich ihrer Zweckrichtung geändert, sondern regelmäßig auf der Grundlage eines konkreten Verdachts eingeleitet[739]. Einer Auslegung des § 32 BDSG dahingehend, dass die Norm zusätzlich weitere Absätze des Art. 13 DS-GVO erfasst, steht der klare Wortlaut entgegen.

Möglicherweise können aber die Ausnahmetatbestände des § 33 BDSG herangezogen werden. Wie bereits erwähnt, muss im Hinblick auf § 33 BDSG zwischen der Datenverarbeitung öffentlicher Stellen (vgl. § 33 Abs. 1 Nr. 1 DS-GVO) und nichtöffentlicher Stellen (vgl. § 33 Abs. 1 Nr. 2 DS-GVO) unterschieden werden. Die vorliegende Untersuchung konzentriert sich auf die Datenverarbeitung durch nichtöffentliche Stellen. Im Hinblick auf konkrete Ermittlungsmaßnahmen innerhalb eines Unternehmens kommt dem Ausnahmetatbestand des § 33 Abs. 1 Nr. 2 lit. a) BDSG daher maßgebliche Bedeutung zu. Danach bestehen die Informationspflichten des Art. 14 Abs. 1, 2 und 4 DS-GVO neben den bereits in Art. 14 DS-GVO genannten Ausnahmetatbeständen dann nicht, wenn die Geltendmachung, Ausübung oder Verteidigung zivilrechtlicher Ansprüche beeinträchtigt werden könnte oder die Datenverarbeitung Daten aus zivilrechtlichen Verträgen beinhaltet und der Verhütung von Schäden durch Straftaten dient. In beiden Varianten bedarf es einer zusätzlichen Interessenabwägung dahingehend, ob die Interessen der betroffenen Person an der Informationserteilung überwiegen. Im Hinblick auf die sich aus einer internen Untersuchung ergebenden Folgen kommen die Geltendmachung, Ausübung oder Verteidigung zivilrechtlicher

738 *Maschmann*, NZA-Beilage 2018, 115, 118 f.
739 *Byers/Wenzel*, BB 2017, 2036, 2039.

Ansprüche als Ausnahmetatbestand in Betracht; dabei könnte es sich bspw. um zivilrechtliche Schadensersatzansprüche gegen die betroffenen Arbeitnehmer oder die Beweissicherung für einen etwaigen Kündigungsschutzprozess[740] handeln.

Allerdings besteht hier – ebenso wie bei Art. 14 DS-GVO – das Problem, dass § 33 Abs. 1 BDSG nur den Fall erfasst, dass die Information nicht bei der betroffenen Person erhoben wird. Bezogen auf das bereits gebildete Beispiel, wäre der Privatdetektiv bzw. private Ermittler weiterhin gezwungen seinen Informationspflichten gemäß Art. 13 DS-GVO nachzukommen. Überdies erfasst § 33 Abs. 1 Nr. 2 lit. a) Var. 2 BDSG nach seinem Wortlaut die Verhütung von Schäden durch Straftaten. Die Regelung ist nach ihrem Wortlaut auf präventive Maßnahmen ausgerichtet, wie bspw. die Betrugsprävention.[741] Im Rahmen interner Untersuchungen geht es aber primär um die nachträgliche Aufklärung von Straftaten oder sonstigen erheblichen Pflichtverletzungen, also repressive Maßnahmen.[742] Mithin reicht § 33 Abs. 1 Nr. 2 lit. a) BDSG als Beschränkung des Art. 13 DS-GVO nicht aus.[743]

dd) Zwischenergebnis

Sowohl im Hinblick auf die Ausnahmetatbestände der DS-GVO als auch auf die des BDSG ergibt sich die Problematik, dass die juristische oder natürliche Person, welche die Daten unmittelbar bei der betroffenen Person erhebt, den Informationspflichten nach Art. 13 DS-GVO gerecht werden muss. Das bedeutet wiederum, dass der Betroffene zum Zeitpunkt der Erhebung zu informieren ist. Insoweit steht der sich in Art. 13 DS-GVO konkretisierende Transparenzgrundsatz im Grundsatz einer verdeckten Überwachungsmaßnahme entgegen.[744] In der Literatur wird

---

740 Zu den rechtlichen Problemen im Zusammenhang mit der Verwertbarkeit solcher heimlich gewonnenen Erkenntnisse vgl. Kapitel 3 § 2 A.

741 Insoweit nimmt der Bericht des Innenausschusses zum Entwurf des BDSG im Zusammenhang mit der Regelung des § 33 Abs. 1 Nr. 2 lit. a) BDSG explizit auf die Betrugsprävention Bezug, vgl. Bericht des Innenausschusses (4. Ausschuss) zu dem Gesetzesentwurf der Bundesregierung – Drucksache 18/11325, 18/11655, 18/11822 Nr. 10 – und zu dem Antrag der Abgeordneten Jan Korte, Frank Tempel, Dr. André Hahn, weiterer Abgeordneter und der Fraktion DIE LINKE. – Drucksache 18/11401 –, BT-Drs. 18/12144, S. 5; vgl. auch Auernhammer/*Eßer*, BDSG § 33 Rn. 19; BeckOK DatenschutzR/*Schmidt-Wudy*, BDSG § 33 Rn. 36.

742 Zu den darüber hinaus bestehenden präventiven Facetten interner Untersuchungen vgl. Kapitel 1 § 2 A. I.

743 A.A. Gola/Heckmann/*Gola*, BDSG § 26 Rn. 126; *Gola*, der davon ausgeht, dass § 33 Abs. 1 Nr. 2 lit. a) BDSG in direkter Anwendung eine Ausnahme bildet, vgl. *Gola*, BB 2017, 1462, 1466 f.

744 Auernhammer/*Forst*, BDSG § 26 Rn. 96; Kühling/Buchner/*Maschmann*, BDSG § 26 Rn. 22; *Maschmann*, NZA-Beilage 2018, 115, 118; *Tiedemann*, in: Sydow, Europäische DSGVO, Art. 88 Rn. 20; a.A. BeckOK DatenschutzR/*Riesenhuber*, BDSG § 26 Rn. 142.3; *Kort* weist allgemein darauf hin, dass das Transparenzgebot des Art. 13 DS-GVO einer heimlichen Videoüberwachung nicht entgegenstünde, da

daher teilweise vertreten, dass die Transparenzvorschriften der DS-GVO zu einem Ausschluss der heimlichen Verarbeitung personenbezogener Daten führen.[745]

ee) Verhältnismäßigkeitsgrundsatz steht dem Ausschluss heimlicher Ermittlungsmaßnahmen entgegen

Fraglich ist, ob eine Unzulässigkeit verdeckter Überwachungsmaßnahmen mit dem Verhältnismäßigkeitsgrundsatz vereinbar ist. Dieser ist nämlich als maßgeblicher Bewertungsrahmen für die datenschutzrechtliche Zulässigkeit von Überwachungsmaßnahmen anzusehen. Auf unionsrechtlicher Ebene spricht dafür zunächst das in Art. 6 Abs. 1 lit. f) DS-GVO normierte Verhältnismäßigkeitsprinzip. Danach ist eine Datenverarbeitung nur rechtmäßig, wenn sie zur Wahrung der berechtigten Interessen des Verantwortlichen oder eines Dritten erforderlich ist, sofern nicht die Interessen oder Grundrechte und Grundfreiheiten der betroffenen Person, die den Schutz personenbezogener Daten erfordern, überwiegen. Diesem allgemeinen Verhältnismäßigkeitsprinzip würde entgegenstehen, würden bestimmte Maßnahmen generell ausgeschlossen.[746] Ob eine bestimmte Maßnahme und so auch eine heimliche Überwachungsmaßnahme im Hinblick auf deren Eingriff in die Rechte der betroffenen Person zulässig ist oder nicht, muss sich anhand der sich gegenüberstehenden Interessen sowie Grundrechtspositionen und ihrer Abwägung bestimmen lassen.[747]

(a) Absicherung des Verhältnismäßigkeitsgrundsatzes im Unionsrecht

Losgelöst von der datenschutzrechtlichen Zulässigkeit einer konkreten Ermittlungsmaßnahme ist fraglich, ob ein durch die DS-GVO vermitteltes Verbot verdeckter Maßnahmen überhaupt mit den Unternehmensgrundrechten in Einklang gebracht werden kann oder ob ein solches Verbot nicht zu sehr die von der GRCh garantierten Unternehmensrechte beschneidet.

Die aufgeworfene Fragestellung soll zunächst anhand der von Art. 16 GRCh garantierten unternehmerischen Freiheit untersucht werden. Damit der Schutzbereich des Art. 16 GRCh eröffnet ist, bedarf es zunächst eines Unternehmens und

---

sie angesichts der Öffnungsklausel des Art. 88 DS-GVO auf der Grundlage des § 26 Abs. 1 BDSG erfolgen könne, vgl. *Kort*, RdA 2018, 24, 27; *Thüsing/Rombey* gehen davon aus, dass sich jedenfalls eine verdeckte Überwachung durch einen Privatdetektiv unproblematisch unter § 33 Abs. 1 Nr. 2 lit. a) BDSG subsumieren ließe und begründen dies damit, dass der Zweck der repressiven Maßnahme, die Beschattung des Beschäftigten, ansonsten konterkariert würde, müsste eine Information zwingend erfolgen, vgl. *Thüsing/Rombey*, NZA 2018, 1105, 1110.

745 Kühling/Buchner/*Herbst*, DS-GVO Art. 5 Rn. 18; Kühling/Buchner/*Maschmann*, DS-GVO Art. 88 Rn. 46 f., BDSG § 26 Rn. 22 f., 46, 58.

746 *Byers*, NZA 2017, 1086, 1089 f.; *Byers/Wenzel*, BB 2017, 2036, 2039 f.

747 *Byers*, NZA 2017, 1086, 1089 f.

es muss die unternehmerische Freiheit betroffen sein. Die im Rahmen der hiesigen Untersuchung in den Blick genommenen Unternehmen, bei welchen es sich privatrechtlich um juristische Personen handelt, sind vom personellen Schutzbereich des Art. 16 GRCH erfasst.[748] Weiter ist zu bestimmen, was unter die Freiheit des Unternehmens fällt. Was unter einem Unternehmen zu verstehen ist, wird in der GRCh zwar nicht definiert, es kann aber auf das Unionsrecht zurückgegriffen werden.[749] Nach der Rechtsprechung des EuGH umfasst den Begriff des Unternehmens jedenfalls im Rahmen des Wettbewerbsrechts jede eine wirtschaftliche Tätigkeit ausübende Einheit, unabhängig von ihrer Rechtsform und der Art ihrer Finanzierung.[750]

Auf der Grundlage lässt sich die Begriffsbestimmung noch weiter dahingehend konkretisieren, dass es sich bei einem Unternehmen um eine wirtschaftliche Einheit handelt, die aus personellen, materiellen oder immateriellen Mitteln besteht, die in einer einheitlichen Organisation verbunden sind und dauerhaft einen wirtschaftlichen Zweck verfolgt.[751] Der dieser Untersuchung zugrunde gelegte Unternehmensbegriff ist von dem hier im Rahmen der GRCh heranzuziehenden Unternehmensbegriff erfasst. Die unternehmerische Freiheit umfasst selbstständige wirtschaftliche Betätigungsfreiheit in allen Ausprägungen, also die Gründung, Rechtsformwahl, Fortsetzung, Beendigung des Unternehmens sowie die Art und Weise der Unternehmensführung.[752] Dies beinhaltet nach der Rechtsprechung des EuGH die Freiheit, eine Wirtschafts- oder Geschäftstätigkeit auszuüben sowie die Vertragsfreiheit und der freie Wettbewerb.[753] Dies ergibt sich im Übrigen auch aus den Erläuterungen zur GRCh, die gemäß Art. 6 Abs. 1 Unterabsatz 3 EUV und Art. 52 Abs. 7 GRCh für die Auslegung des Art. 16 GRCh zu berücksichtigen sind.[754] Durch Ermittlungsmaßnahmen innerhalb interner Untersuchungen versuchen Unternehmen u.a. die in Art. 16 GRCh aufgeführten Rechtspositionen zu sichern. Dies soll an einem einfachen Beispiel illustriert werden: Liegt ein konkreter Verdacht gegen einen Mitarbeiter vor, dass dieser aktiv an Verstößen gegen das Wettbewerbsrecht mitwirkt, so dient eine Überwachungsmaßnahme, an deren Ende die Aufklärung und Beendigung solcher Verstöße stehen soll, dazu den freien Wettbewerb für das Unternehmen zu schützen.

Neben Art. 16 GRCh ist auch Art. 17 GRCh in den Blick zu nehmen, also die Eigentumsgarantie. Mithilfe von Ermittlungsmaßnahmen versucht ein Unternehmen regelmäßig das eigene Eigentum zu schützen, so etwa, wenn der konkrete

748 EuArbR/*Schubert* GRCh Art. 16 Rn. 6.
749 EuArbR/*Schubert* GRCh Art. 16 Rn. 8.
750 EuGH, NJW 1991, 2891, 2891 f. – Höfner und Elster; EuGH, NJW 1993, 2597, 2598 – Poucet und Pistre; EuGH, NJW 1994, 2344, 2345 – SAT-Fluggesellschaft
751 EuArbR/*Schubert* GRCh Art. 16 Rn. 8.
752 EuArbR/*Schubert* GRCh Art. 16 Rn. 9.
753 EuGH, EuZW 2013, 347, 349 – Sky Österreich.
754 Erläuterungen zur Charta der Grundrechte, ABl. EU Nr. C 303/02 v. 14.12.2007, S. 23.

Verdacht gegen einen Mitarbeiter besteht, dass dieser im Unternehmen Diebstähle begeht. Dann kommt gerade der heimlichen Videoüberwachung eine besondere Bedeutung zu.

Wenn nun aber aufgrund der neuen Rechtslage nach der DS-GVO, also aufgrund eines Rechtsakts der Europäischen Union gemäß Art. 288 Abs. 2 AEUV, heimliche Überwachungsmaßnahmen als gänzlich unzulässig anzusehen wären, könnten Unternehmen in weiten Teilen in der Ausübung der für sie garantierten Rechte beschnitten werden, da sie sich u.U. nicht mehr gegen Straftaten oder erhebliche Pflichtverletzungen der Mitarbeitern wehren könnte.[755] Dies würde gerade in den Fällen gelten, in denen die verdeckte Untersuchung die letzte Möglichkeit der Aufklärung darstellt.[756] Nach Art. 52 Abs. 1 S. 2 GRCh dürfen Einschränkungen der Ausübung der in der GRCh anerkannten Rechte und Freiheiten nur vorgenommen werden, wenn sie den Grundsatz der Verhältnismäßigkeit wahren. Insoweit zeigt sich, dass innerhalb der Prüfung der Einschränkung der von der GRCh garantierten Rechte eine Verhältnismäßigkeitsprüfung vorzunehmen ist. Ein vollständiges und ausnahmsloses Verbot würde diesem Bewertungsmaßstab entgegenstehen, da jedenfalls Situationen bestehen können, in denen verdeckte Maßnahmen die einzig verbleibende Möglichkeit zur Aufklärung für Unternehmen darstellt. Ein Verbot würde zu einer übermäßigen und insbesondere unverhältnismäßigen Beeinträchtigung der Unternehmensgrundrechte führen.[757] Vor diesem Hintergrund ist es vielmehr geboten die Zulässigkeit verdeckter Maßnahmen ihrerseits von konkreten Voraussetzungen abhängig zu machen und die konkrete Umsetzung datenschutzrechtlich am Maßstab der Verhältnismäßigkeit zu messen.

(b) Verhältnismäßigkeitsgrundsatz als entscheidender Bewertungsmaßstab im Rahmen nationaler Sachverhalte

Bezogen auf nationale Sachverhalte ist die datenschutzrechtliche Zulässigkeit von Ermittlungsmaßnahmen insbesondere auf der Grundlage einer umfassenden Verhältnismäßigkeitsprüfung zu würdigen. Im Kontext interner Untersuchungen stehen sich dabei vor allem das allgemeine Persönlichkeitsrecht der Arbeitnehmer gemäß Art. 2 Abs. 1 i.V.m. Art. 1 Abs. 1 GG und die Eigentumsgarantie der Arbeitgeber nach Art. 14 GG gegenüber. Wie bereits herausgearbeitet, ist dabei jedoch zu beachten, dass die deutschen Grundrechte nur Anwendung finden können, wenn und soweit das Unionsrecht Umsetzungsspielräume lässt.[758] Dies ist bspw. aufgrund der Öffnungsklausel des Art. 88 DS-GVO der Fall. Aufgrund des Gestaltungsspielraums, der sich aufgrund der Öffnungsklausel des Art. 88 DS-GVO ergibt, kommen die deutschen Grundrechte zur Anwendung.

---

755 Auernhammer/*Forst*, BDSG § 26 Rn. 99.
756 Auernhammer/*Forst*, BDSG § 26 Rn. 99.
757 Auernhammer/*Forst*, BDSG § 26 Rn. 99.
758 Vgl. hierzu Kapitel 2 § 2 B. II. 1.

Der Schutz des Eigentums stellt eine gewichtige Interessenposition dar, welche im Rahmen der datenschutzrechtlichen Bewertung einer Aufklärungsmaßnahme in die konkrete Abwägung einzustellen ist.[759] Insoweit lässt sich die Eigentumsgarantie des Art. 14 GG ganz konkret für die Situation heranziehen, dass das Unternehmen in Bezug auf Diebstahlsfälle im Unternehmen ermittelt und sich dabei verdeckter Maßnahmen bedient, da ein Ermittlungserfolg durch andere – offene – Maßnahmen nicht zu erwarten ist. Das Unternehmen könnte aber von Art. 14 GG gewährleistete Rechtspositionen nicht schützen, bestünde ein generelles Verbot verdeckter Überwachungsmaßnahmen.[760]

Aus der bisherigen Rechtsprechung zur alten Rechtslage ergibt sich, dass die rechtliche Bewertung der Zulässigkeit einer verdeckten Maßnahme in solchen Fällen über eine Interessenabwägung im Einzelfall erfolgt.[761] Dass sich an diesem Vorgehen auch auf der Grundlage der aktuellen Rechtslage nichts ändern, die rechtliche Bewertung der Ermittlungsmaßnahmen mithin anhand einer umfassenden Verhältnismäßigkeitsprüfung erfolgen soll, zeigt sich u.a. daran, dass die aufgrund des Art. 88 DS-GVO geschaffene und für die rechtliche Bewertung der datenschutzrechtlichen Zulässigkeit maßgebliche Norm des § 26 Abs. 1 BDSG ebenfalls eine Verhältnismäßigkeitsprüfung vorsieht.[762] Der Ergebnisfindung über eine konkrete Abwägung im Einzelfall würde es entgegenstehen, wäre eine verdeckte Maßnahmen von vornherein unzulässig.[763] Insoweit würde eine verdeckte Überwachung immer als rechtswidrig gelten, ohne dass zuvor die Arbeitgeberinteressen berücksichtigt worden wären.[764]

Dass sich die datenschutzrechtliche Zulässigkeit heimlicher Überwachungsmaßnahmen auch weiterhin am Verhältnismäßigkeitsgrundsatz ausrichten soll, lässt sich ferner aus der Gesetzesbegründung zum BDSG ableiten. Anknüpfend an die Rechtsprechung des BAG zur alten Rechtslage hat der Gesetzgeber in der Gesetzesbegründung zum aktuellen BDSG klargestellt, dass er sich das Recht vorbehält, Fragen des Datenschutzes, die im Rahmen der Rechtsprechung zum geltenden Recht bereits angelegt sind, zu regeln.[765] Hierzu gehört auch ausdrücklich ein möglicher expliziter Ausschluss von heimlichen Kontrollen im

759 Vgl. hierzu im Einzelnen Kapitel 2 § 2 C. I. 3. b).

760 *Byers*, NZA 2017, 1086, 1090.

761 Vgl. nur BAG, NZA 2003, 1193; BAG, NZA 2012, 1025; BAG, NZA 2014, 243; BAG, NZA 2017, 112; BAG, NZA 2017, 443.

762 Zwar spricht § 26 Abs. 1 S. 1 BDSG lediglich davon, dass die Maßnahme „erforderlich" sein muss; darin ist aber – was noch zu zeigen sein wird – eine umfassende Abwägung i.S.e. Verhältnismäßigkeitsprüfung verbunden; vgl. hierzu ausführlich Kapitel 2 § 2 B. IV. 1. c).

763 *Byers*, NZA 2017, 1086, 1089 f.; *Byers/Wenzel*, BB 2017, 2036, 2039 f.

764 *Byers*, NZA 2017, 1086, 1090.

765 Entwurf der Bundesregierung eines Gesetzes zur Anpassung des Datenschutzrechts an die Verordnung (EU) 2016/679 und zur Umsetzung der Richtlinie (EU) 2016/680, BT-Drs. 18/11325, S. 97.

Beschäftigungsverhältnis.[766] Jedenfalls im Hinblick auf die aktuelle Fassung des BDSG geht der Gesetzgeber also selbst davon aus, dass heimliche Überwachungsmaßnahmen innerhalb der von der Rechtsprechung des BAG festgelegten Grenzen – jedenfalls bis zu einer etwaigen Gesetzesänderung – zulässig sein sollen.[767] Etwaige weitere Regelungen des nationalen Gesetzgebers müssten dabei stets im Einklang mit der DS-GVO stehen.

c) Auswirkungen der aktuellen Rechtsprechung des EGMR

Teilweise wird vertreten, dass die EMRK heimlichen Überwachungsmaßnahmen entgegenstünde und diese daher unzulässig seien, was sich aus der aktuellen Rechtsprechung des EGMR ergebe.[768] Im Zentrum der verschiedenen Entscheidungen steht dabei stets Art. 8 EMRK, welcher das Recht auf Achtung des Privat- und Familienlebens gewährleistet. Dieser wirkt sich insbesondere auf die Frage der Zulässigkeit von Arbeitnehmerüberwachung aus.[769] Zu klären ist daher, ob die EMRK verdeckten Überwachungsmaßnahmen entgegensteht.

aa) Bindungswirkung der EMRK sowie der Rechtsprechung des EGMR

Zunächst ist festzustellen, dass eine Entscheidung des EGMR gemäß § 46 Abs. 1 EMRK grundsätzlich nur die Parteien eines Verfahrens vor dem EGMR bindet.

Fraglich ist aber, inwieweit sich aus der EMRK sowie der Rechtsprechung des EGMR außerhalb dieser inter-partes-Wirkung eine Bindungswirkung für deutsche Gerichte und am Ende auch für die Bewertung von einzelnen Ermittlungsmaßnahmen ergibt.[770] Der EMRK kommt – anders als bspw. dem Unionsrecht – kein Anwendungsvorgang zu.[771] Vielmehr steht die EMRK innerstaatlich im Rang eines Bundesgesetzes.[772] Sie ist also unterhalb des Grundgesetzes einzuordnen.[773] Jedoch ist die EMRK sowie die Rechtsprechung des EGMR bei der Auslegung der

---

766 Entwurf der Bundesregierung eines Gesetzes zur Anpassung des Datenschutzrechts an die Verordnung (EU) 2016/679 und zur Umsetzung der Richtlinie (EU) 2016/680, BT-Drs. 18/11325, S. 97.

767 Entwurf der Bundesregierung eines Gesetzes zur Anpassung des Datenschutzrechts an die Verordnung (EU) 2016/679 und zur Umsetzung der Richtlinie (EU) 2016/680, BT-Drs. 18/11325, S. 97; vgl. hierzu auch Auernhammer/*Forst*, BDSG § 26 Rn. 99.

768 *Maschmann*, NZA-Beilage 2018, 115, 121; so wohl auch *Heuschmid*, NZA-Beilage 2018, 68, 73 f.

769 *Heuschmid*, NZA-Beilage 2018, 68, 71.

770 Vgl. für einen Überblick zur Bindungswirkung der EMRK und der Rechtsprechung des EGMR *Haug*, NJW 2018, 2674; EuArbR/*Schubert* EMRK Art. 1 Rn. 101.

771 EuArbR/*Schubert* EMRK Art. 1 Rn. 79 ff., 101.

772 Vgl. nur BVerfG, NJW 1987, 2427; BVerfG, NJW 1990, 2741; BVerfG, NJW 2004, 3407; BVerfG, NJW 2008, 1793, 1795; BVerfG, NStZ 2011, 450, 451 f.

773 BVerfG, NJW 2018, 2695, 2699; *Haug*, NJW 2018, 2674, 2675.

Grundrechte zu berücksichtigen.[774] Dies ergibt sich aus Art. 20 Abs. 3 GG, wonach Gerichte zur völkerrechtsfreundlichen Auslegung verpflichtet sind.[775] Insoweit gehört zur Bindung an Gesetz und Recht auch die Berücksichtigung der Gewährleistung der EMRK sowie der Entscheidungen des EGMR.[776] Den Entscheidungen des EGMR kommt dabei gerade keine Bindungswirkung zu[777], wohl aber eine Orientierungs- und Leitfunktion für die Auslegung der EMRK über den konkret entschiedenen Einzelfall hinaus.[778] Insoweit ergibt sich der Inhalt der EMRK nicht allein aus ihrem Text, sondern auch aus ihrer Interpretation durch den Gerichtshof.[779]

Vor diesem Hintergrund geht es bei der Berücksichtigung der Rechtsprechung des EGMR jenseits ihrer inter-partes-Wirkung gemäß § 46 Abs. 1 EMRK insbesondere darum, Aussagen zu Grundwertungen der Konvention zu identifizieren und sich hiermit auseinanderzusetzen.[780] Sind für die Beurteilung eines Sachverhalts Entscheidungen des EGMR einschlägig, sind die vom Gerichtshof in seiner Abwägung berücksichtigten Aspekte grundsätzlich in die verfassungsrechtliche Würdigung, namentlich die Verhältnismäßigkeitsprüfung, einzubeziehen und es hat eine Auseinandersetzung mit den vom Gerichtshof gefundenen Abwägungsergebnissen stattzufinden.[781] Dies gilt auch für die Fachgerichte, die mithin die EMRK sowie die Entscheidungen des EGMR zu berücksichtigen haben.[782] So hat auch das BAG in seinen Entscheidungen zu verdeckten Maßnahmen Art. 8 EMRK gewürdigt.[783]

Eine weitere Möglichkeit der Einwirkung könnte sich dadurch ergeben, dass das BDSG an den Vorgaben der DS-GVO und die DS-GVO am Primärrecht der EU zu messen ist. Diese rechtliche Verknüpfung von Unionsrecht mit nationalem Recht bedarf einer näheren Betrachtung: Wie bereits herausgearbeitet, gilt die DS-GVO als Verordnung i.S.d. Art. 288 Abs. 2 AEUV unmittelbar.[784] Dementsprechend

774 BVerfG, NJW 2018, 2695, 2699; BVerfG, NStZ 2011, 450, 451 f.; BVerfG, NJW 2008, 1793, 1795; *Chandna-Hoppe*, NZA 2018, 614, 615; *Haug*, NJW 2018, 2674, 2675 f.; HK-EMRK/*Meyer-Ladewig/Nettesheim* Einl. Rn. 18; EuArbR/*Schubert* EMRK Art. 1 Rn. 101.

775 EuArbR/*Schubert* EMRK Art. 1 Rn. 101.

776 BVerfG, NJW 2004, 3407, 3410.

777 EuArbR/*Schubert* EMRK Art. 1 Rn. 85.

778 BVerfG, NJW 2018, 2695, 2699; *Haug*, NJW 2018, 2674, 2675 f.; *Heuschmid*, NZA-Beilage 2018, 68; EuArbR/*Schubert* EMRK Art. 1 Rn. 85.

779 EuArbR/*Schubert* EMRK Art. 1 Rn. 85.

780 BVerfG, NJW 2018, 2695, 2700.

781 BVerfG, NJW 2018, 2695, 2710; BVerfG, NJW 2004, 3407, 3410; EuArbR/*Schubert* EMRK Art. 1 Rn. 101.

782 *Heuschmid*, NZA-Beilage 2018, 68.

783 BAG, NZA 2018, 1329, 1332; BAG, NZA 2017, 1327, 1331; BAG, NJW 2017, 1193, 1194; BAG, NZA 2017, 1179, 1181; BAG, NZA 2017, 443, 445; BAG, NZA 2017, 112, 113; BAG, NZA 2014, 243, 248, BAG, NZA 2014, 143, 146.

784 Vgl. Kapitel 2 § 2 B. II. 1.

darf u.a. die in der hiesigen Untersuchung relevante und auf der Grundlage des Art. 88 DS-GVO geschaffene Regelung des § 26 BDSG nicht gegen die in der DS-GVO normierten Vorgaben verstoßen. Vielmehr muss sich die Regelung als verordnungskonform erweisen. Die DS-GVO muss als Sekundärrecht ihrerseits aber auch mit dem Primärrecht vereinbar sein. Der Verordnungsgeber musste bei der Ausarbeitung der DS-GVO also das Primärrecht beachten. Genau an dieser Stelle, also im Rahmen der Berücksichtigung des Primärrechts durch den Verordnungsgeber, ergibt sich die Einstrahlungswirkung der Rechtsprechung des EGMR.

Gemäß Art. 6 Abs. 3 EUV sind die Grundrechte der EMRK Teil des Unionsrechts. Die Union ist also an die EMRK gebunden. Für die Bedeutung und Tragweite der EMRK sind wiederum die Entscheidungen des EGMR heranzuziehen[785]. Darüber hinaus erkennt die Union gemäß Art. 6 Abs. 1 EUV die Rechte, Freiheiten und Grundsätze der GRCh an und muss diese achten. Gemäß Art. 52 Abs. 3 GRCh haben die in der GRCh und der EMRK normierten Rechte grundsätzlich die gleiche Bedeutung und Tragweite, soweit sich die jeweils garantierten Rechte entsprechen. Durch die Norm soll nach den Erläuterungen zur GRCh eine Kohärenz zwischen der EMRK und der GRCh geschaffen werden.[786] Aus Abs. 3 ergebe sich, dass der Gesetzgeber bei der Festlegung von Einschränkungen der von Abs. 3 erfassten Rechte die gleichen Normen einhalten müsse, die in der ausführlichen Regelung der Einschränkungen in der EMRK vorgesehen sind.[787] Durch Abs. 3 wird so ein grundrechtlicher Mindeststandard gewährleistet, da der Schutzstandard der EMRK in die GRCh inkorporiert wird.[788] Die von Art. 52 Abs. 3 GRCh erfasste „Entsprechung" ist gerade in Bezug auf Art. 7 GRCh gegeben, da er der Regelung des Art. 8 EMRK nachgebildet ist. Dies ergibt sich aus den Erläuterungen zur GRCh,[789] die gemäß Art. 6 Abs. 1 Unterabsatz 3 EUV im Rahmen der Auslegung der GRCh heranzuziehen sind. Wenn nun aber Art. 7 GRCh und Art. 8 EMRK die gleiche Bedeutung und Tragweite haben, ist auch auf diesem Weg die Rechtsprechung des EGMR zu berücksichtigen, da diese, wie bereits ausgeführt, für die Bedeutung und Tragweite der EMRK von Bedeutung ist.[790] Außerdem ist die EMRK über Art. 53 GRCh bei der Auslegung der GRCh heranzuziehen, da keine Bestimmung

785 Zur Auslegung der EMRK durch den EGMR vgl. HK-EMRK/*Meyer-Ladewig/Nettesheim* Einl. Rn. 23 ff.

786 Erläuterungen zur Charta der Grundrechte, ABl. EU Nr. C 303/02 v. 14.12.2007, S. 33.

787 Erläuterungen zur Charta der Grundrechte, ABl. EU Nr. C 303/02 v. 14.12.2007, S. 33.

788 *Lörcher*, AuR 2019, 41, 44; *Heuschmid*, NZA-Beilage 2018, 68, 69; vgl. hierzu auch *Schwerdtfeger*, in: Meyer/Hölscheidt, GR-Charta, Art. 52 Rn. 66.

789 Erläuterungen zur Charta der Grundrechte, ABl. EU Nr. C 303/02 v. 14.12.2007, S. 20; *Lörcher*, AuR 2019, 41, 44; *Schwerdtfeger*, in: Meyer/Hölscheidt, GR-Charta, Art. 52 Rn. 55; so auch *Schiedermair*, in: Simitis/Hornung/Spiecker gen. Döhmann, Datenschutzrecht, Einleitung Rn. 163; *Seifert*, in: Simitis/Hornung/Spiecker gen. Döhmann, Datenschutzrecht, Art. 88 DSGVO Rn. 31.

790 Zur Auslegung der EMRK durch den EGMR vgl. HK-EMRK/*Meyer-Ladewig/Nettesheim* Einl. Rn. 23 ff.

der GRCh als Einschränkung oder Verletzung der Menschenrechte und Grundfreiheiten ausgelegt werden darf, die u.a. in dem jeweiligen Anwendungsbereich durch die internationalen Übereinkünfte, bei denen die EU Vertragspartner ist, worunter auch die EMRK zu fassen ist, anerkannt werden.[791]

Da die Rechtsprechung des EGMR auf die GRCh einstrahlt, ist diese auch von dem EuGH bei der Auslegung der GRCh zu berücksichtigen. Im Ergebnis hat damit die Rechtsprechung des EGMR über die aufgezeigten rechtlichen Verknüpfungen Auswirkungen auf die DS-GVO und das BDSG. Dies führt dazu, dass nunmehr zu untersuchen ist, ob sich aus der Rechtsprechung des EGMR eine grundsätzliche Unzulässigkeit verdeckter Maßnahmen ableiten lässt. Auf der Grundlage der Auswertung der Rechtsprechung sollen überdies die tragenden Prinzipien/Leitlinien im Kontext verdeckter Maßnahmen abgeleitet werden, da diese, aufgrund der Bindungswirkung der Rechtsprechung des EGMR, Auswirkungen auf die Bewertung der datenschutzrechtlichen Zulässigkeit verdeckter Überwachungsmaßnahmen in nationalen Sachverhalten haben.

bb) Auswertung der Rechtsprechung im Kontext heimlicher Ermittlungsmaßnahmen

(a) EGMR – Bărbulescu/Rumänien

Eine der zentralen Entscheidungen des EGMR zu verdeckten Überwachungsmaßnahmen gegenüber Arbeitnehmern ist die Entscheidung vom 5. September 2017.[792] In dem der Entscheidung zugrunde liegenden Fall war dem klagenden rumänischen Arbeitnehmer die Privatnutzung der dienstlichen IT untersagt. Dennoch nutzte er den zu dienstlichen Zwecken installierten sog. Yahoo Messenger für die private Kommunikation (insbesondere mit seiner Verlobten sowie seinem Bruder). Der Arbeitgeber zeichnete die Kommunikation in einem 45-seitigen Chatprotokoll auf und kündigte das Arbeitsverhältnis wegen der privaten Nutzung der dienstlichen IT und damit dem Verstoß gegen das bestehende Verbot.

Zunächst arbeitet der EGMR heraus, dass in dem konkreten Fall Art. 8 EMRK anwendbar ist.[793] Sodann stellt der Gerichtshof fest, dass die Überwachung des elektronischen Schriftverkehrs des Beschwerdeführers und seine Kündigung im vorliegenden Fall nicht auf einen Eingriff einer Behörde zurückgehen, sondern auf ein privates Unternehmen, weswegen die Beschwerde nicht unter dem Gesichtspunkt einer möglichen Unterlassungspflicht, sondern unter dem Gesichtspunkt der sich aus Art. 8 EMRK ergebenden positiven Schutzpflicht des Staats zu prüfen ist.[794] Die Grenze zwischen positiven Schutzpflichten und negativen Unterlassungspflichten ließen sich dabei nicht genau ziehen. In beiden Fällen

---

791 *Heuschmid*, NZA-Beilage 2018, 68, 69.
792 EGMR, NZA 2017, 1443 – Bărbulescu/Rumänien.
793 EGMR, NZA 2017, 1443, 1444 – Bărbulescu/Rumänien.
794 EGMR, NZA 2017, 1443, 1445 – Bărbulescu/Rumänien.

müsse jedoch ein gerechter Ausgleich zwischen den widerstreitenden Interessen des Einzelnen und der Gemeinschaft hergestellt werden, wobei der Staat einen Ermessensspielraum habe.[795] Für einen solchen Interessenausgleich ist insbesondere eine umfassende Verhältnismäßigkeitsprüfung relevant, weshalb die Richter des EGMR in ihrer Entscheidung Anforderungen bzgl. der Beurteilung der Verhältnismäßigkeit sowie notwendiger Verfahrensgarantien gegen Willkür in Bezug auf elektronische Überwachungsmaßnahmen herausarbeiten.[796] Demnach müsse der Arbeitgeber den Arbeitnehmer über zentrale Punkte hinsichtlich der Überwachung informieren, um so die nötige Transparenz zu schaffen.[797] Dazu zählen u.a. Informationen über die Möglichkeit der Überwachung sowie deren Ausmaß.[798] Ferner zählen dazu die Fragen, ob die Überwachung zeitlich begrenzt ist und wie viele Personen Zugang zu den Ergebnissen haben, ob der Arbeitgeber legitime Gründe zur Rechtfertigung der Überwachung der Kommunikation und Prüfung ihres Inhalts angeführt hat und ob es möglich gewesen wäre, ein Überwachungssystem einzurichten, das weniger stark in die Rechte eingreift.[799] Zu den zentralen Punkten zählen weiter die Folgen der Überwachung für den Arbeitnehmer und der Gebrauch, den der Arbeitgeber vom Ergebnis der Überwachung gemacht hat.[800] Überdies hat der EGMR entschieden, dass Garantien zur Einhaltung dieser Transparenz vorgesehen werden müssen, wobei sie insbesondere sicherstellen müssen, dass der Arbeitnehmer bereits vor der Maßnahme von der Möglichkeit unterrichtet wird.[801]

Die vom EGMR herausgearbeiteten Anforderungen an die Verhältnismäßigkeit stehen grundsätzlich im Einklang mit den datenschutzrechtlichen Vorgaben durch die DS-GVO und dem BDSG sowie der Rechtsprechung des BAG zu heimlichen Überwachungsmaßnahmen.[802] Jedoch könnten die Anforderungen an die Verfahrensgarantien und damit die Transparenzanforderungen dafürsprechen, dass heimliche Überwachungsmaßnahmen zukünftig nicht mehr in Einklang mit der Rechtsprechung des EGMR zu bringen sind. Wenn die betroffenen Arbeitnehmer, wie es der EGMR in seiner Entscheidung fordert, stets vorab über die Maßnahmen informiert werden müssten, kommt eine heimliche Überwachung faktisch nicht mehr in Betracht. Diese Sichtweise lässt sich der Entscheidung des EGMR indes nicht entnehmen.[803] Die Entscheidung betrifft ausdrücklich einen Fall der anlasslosen Überwachung, in deren Rahmen die Einhaltung der unternehmensinternen

795 EGMR, NZA 2017, 1443, 1445 – Bărbulescu/Rumänien.
796 Ströbel/Böhm/Breunig/Wybitul, CCZ 2018, 14, 20.
797 EGMR, NZA 2017, 1443, 1446 – Bărbulescu/Rumänien.
798 EGMR, NZA 2017, 1443, 1446 – Bărbulescu/Rumänien.
799 EGMR, NZA 2017, 1443, 1446 – Bărbulescu/Rumänien.
800 EGMR, NZA 2017, 1443, 1446 – Bărbulescu/Rumänien.
801 EGMR, NZA 2017, 1443, 1446 – Bărbulescu/Rumänien.
802 So auch *Sörup*, ZD 2017, 571, 573; a.A. *Maschmann*, NZA-Beilage 2018, 115, 121.
803 A.A. *Maschmann*, NZA-Beilage 2018, 115, 121.

Regelungen überprüft wurden. Insoweit lässt sich dem Urteil nicht entnehmen, dass die Maßstäbe auch für den Fall gelten sollen, in denen eine konkrete Verdachtslage hinsichtlich einer Straftat oder sonstigen schweren Pflichtverletzung besteht.[804]

Im Zusammenhang mit der Problematik, dass die Information vorab an die Arbeitnehmer erfolgen müsse, heißt es in der englischen Fassung der Entscheidung wie folgt: „[...] While in practice employees may be notified in various ways depending on the particular factual circumstances of each case, the Court considers that for the measures to be deemed compatible with the requirements of Article 8 of the Convention, the notification should normally be clear about the nature of the monitoring and be given in advance. [...]".[805] Die Verwendung des Wortes „normally" kann so ausgelegt werden, dass diese Vorgehensweise, also die Vorabinformation an die Arbeitnehmer, den Regelfall bilden soll, Ausnahmen aber durchaus möglich und damit nicht gänzlich ausgeschlossen bleiben sollen.[806] Dem EGMR kommt es insbesondere darauf an, dass ein gerechter Ausgleich zwischen den betroffenen Interessen und Rechtpositionen hergestellt wird. Mithin geht es gerade um die Abwägung der widerstreitenden Interessen im Rahmen einer umfassenden Verhältnismäßigkeitsprüfung. Insoweit führt der EGMR aus, dass der Staat seine Schutzpflicht nach Art. 8 EMRK auf angemessene Weise nur erfüllt, wenn er Rechtsvorschriften schafft, welche die Achtung des Privatlebens im Verhältnis zwischen Einzelpersonen unter Berücksichtigung der unterschiedlichen Interessen gewährleistet, die nach den Umständen geschützt werden müssen.[807] In diesem Zusammenhang sind auch die Vorgaben hinsichtlich der Transparenz zu verstehen. Sie dienen dem Schutz der Interessen des Betroffenen und fungieren als Verfahrensgarantie.

Den Anforderungen an den Schutz des Betroffenen werden die aktuellen Regelungen der DS-GVO (vgl. Art. 13 und 14 DS-GVO) sowie des BDSG (vgl. §§ 32 und 33 BDSG) gerecht, welche strenge Vorgaben hinsichtlich der Transparenz im Rahmen von Maßnahmen durch den Arbeitnehmer vorsehen. Die Vorschriften stellen sicher, dass der Betroffene umfassend informiert wird. Nur in engen Ausnahmenfällen soll von solch einer Vorabinformation abgesehen werden können.[808] Diesen Ausnahmefällen liegt wiederum eine umfassende, gerichtlich überprüfbare Abwägungsentscheidung zugrunde. Dafür, dass der EGMR solche Ausnahmefälle

---

804 *Seifert*, EuZA 2018, 502, 508 ff.

805 *Sörup*, ZD 2017, 571, 573.

806 *Behling*, BB 2018, 52, 55; *Sörup*, ZD 2017, 571, 573 f.; a.A. wohl Kühling/Buchner/*Maschmann*, BDSG § 26 Rn. 22a.

807 EGMR, NZA 2017, 1443, 1445 – Bărbulescu/Rumänien.

808 Vgl. hierzu die Ausführungen zur Zulässigkeit heimlicher Überwachungsmaßnahmen unter Kapitel 2 § 2 B. II. 5. b), d).

auch weiterhin als zulässig erachtet, spricht, dass er seine Rechtsprechung in der Sache Köpke/Deutschland[809] nicht aufgegeben hat.

Die entsprechende Entscheidung des EGMR vom 5. Oktober 2010 hat im Kern eine heimliche Videoüberwachung einer Mitarbeiterin zum Gegenstand, gegen die ein konkreter Verdacht des Diebstahls bestand. Nach der Entscheidung stand die heimliche Überwachungsmaßnahme insbesondere im Einklang mit Art. 8 EMRK. Dabei hat der EGMR festgestellt, dass die in der Rechtsprechung des BAG festgelegten Anforderungen an eine heimliche Videoüberwachung den Arbeitnehmer vor willkürlichen Eingriffen schützt.[810] Weiter führt er aus, dass die sich aus der Rechtsprechung des BAG ergebenden Garantien auch im § 32 BDSG a.F. festgeschrieben wurden. Diese Aussagen des EGMR lassen sich auf die aktuelle Rechtslage übertragen, da, wie noch zu zeigen sein wird, die hier relevanten Regelungen hinsichtlich der Aufdeckung von Straftaten in § 32 Abs. 1 S. 2 BDSG a.F. und § 26 Abs. 1 S. 2 BDSG deckungsgleich sind.[811]

(b) EGMR – López, Ribalda u.a./Spanien

Ebenfalls von großer Bedeutung im Hinblick auf verdeckte Überwachungsmaßnahmen ist die Entscheidung des EGMR vom 9. Januar 2018.[812] Sie betrifft unmittelbar die verdeckte Überwachung von Arbeitnehmern wegen Unregelmäßigkeiten im Zusammenhang zwischen den Lagerbeständen und dem, was tatsächlich täglich verkauft wurde. Um die Unregelmäßigkeiten aufzuklären, installierte der Arbeitgeber sowohl offene als auch verdeckte Videokameras. Die offene Überwachung sollte mögliche Diebstähle von Kunden aufzeichnen, während die verdeckten Kameras etwaiges Fehlverhalten der eigenen Mitarbeiter aufzeichnen sollte. Mithin war der Zweck der Überwachungsmaßnahme auf die Aufdeckung von Straftaten gerichtet. Die Mitarbeiter wurden dabei nur über die Installation der offenen Kameras informiert.

In der Entscheidung hat der EGMR zwar eine Verletzung von Art. 8 EMRK bejaht. Gleichwohl lässt sich den Urteilsgründen entnehmen, dass hier besonders gewertet wurde, dass in dem der Entscheidung zugrunde liegenden Sachverhalt kein konkreter Verdacht bestand und die Maßnahme, quasi auf einem Generalverdacht beruhend, gegen alle Mitarbeiter im Kassenbereich über mehrere Wochen und ohne zeitliches Limit durchgeführt wurde.[813] Insoweit liegt die Entscheidung auf einer Linie mit den vom BAG festgelegten Anforderungen an eine heimliche Überwachung. Diese darf – wie bereits gezeigt – nur dann erfolgen, wenn ein konkreter Verdacht einer strafbaren Handlung oder einer anderen schweren

809 EGMR, BeckRS 2011, 81439 – Köpke/Deutschland; für eine deutsche Übersetzung der Entscheidung vgl. EGMR, EuGRZ 2011, 471 – Köpke/Deutschland.
810 EGMR, EuGRZ 2011, 471, 475 – Köpke/Deutschland.
811 Vgl. hierzu Kapitel 2 § 2 B. V. 1. c) aa).
812 EGMR, BeckRS 2018, 34505 – López, Ribalda u.a./Spanien.
813 EGMR, BeckRS 2018, 34505 – López, Ribalda u.a./Spanien.

Verfehlung zulasten des Arbeitgebers besteht, weniger einschneidende Maßnahmen zur Aufklärung nicht zur Verfügung stehen und sich der Verdacht gegen einen zumindest räumlich und funktional abgrenzbaren Kreis von Arbeitnehmern richten muss.[814] Ferner ist eine Überwachung „ins Blaue hinein“ unzulässig.[815]

Überdies ist der Entscheidung auch nicht zu entnehmen, dass eine vorherige Unterrichtung der betroffenen Arbeitnehmer generell hätte erfolgen müssen.[816] Insoweit erfolgt auch keine Bezugnahme auf die Entscheidung in der Rechtssache Bărbulescu/Rumänien.[817] Zwar geht der EGMR darauf ein, dass sich die Unverhältnismäßigkeit aus der fehlenden Information über die Maßnahme ergebe, dabei bezieht er sich aber allein auf die Regelung des spanischen Rechts, in welcher solch eine Information ausdrücklich vorgesehen war.[818] Für die hier vertretene Auffassung spricht ferner, dass der EGMR den entschiedenen Fall ausdrücklich vom Fall Köpke/Deutschland[819] abgegrenzt hat. Die darin bewertete heimliche Videoüberwachung einer Mitarbeiterin wurde – wie bereits gezeigt – als im Einklang mit der EMRK angesehen, da ein konkreter Verdacht gegenüber zwei Arbeitnehmerinnen die Grundlage der Überwachung bildete. Diese klare Abgrenzung zeigt, dass der EGMR die darin getroffene Entscheidung nicht aufgibt und somit auch nicht davon ausgeht, dass heimliche Überwachungsmaßnahmen prinzipiell als unzulässig angesehen werden sollten.[820]

(c) EGMR – Libert/Frankreich

Auch die zum hier diskutierten Problemkreis jüngste Entscheidung des EGMR vom 22. Februar 2018[821] führt zu keiner anderen Bewertung. Die Besonderheit in diesem Fall liegt darin, dass der Eingriff durch eine Behörde vorgenommen wurde, sodass der Sachverhalt nicht – wie etwa bei Bărbulescu/Rumänien[822] – unter dem Gesichtspunkt der positiven Schutzpflichten des Staats geprüft wurde, sondern unter dem seiner eigenen Unterlassungspflicht.[823] In dem der Entscheidung zugrunde liegenden Fall ging es um einen französischen Arbeitnehmer der

---

814 Vgl. hierzu Kapitel 2 § 2 B. II. 5. a).

815 Zuletzt BAG, NZA 2017, 1327, 1332; BAG, NZA 2017, 1179, 1183.

816 A.A. *Maschmann*, auch wenn er selbst darauf hinweist, dass derzeit offen sei, ob ein Hinweis auch dann erfolgen müsse, wenn ein konkreter Tatverdacht gegen eine ganz bestimmte Person bestehe, so wie bei EGMR, BeckRS 2011, 81439 – Köpke/Deutschland, vgl. *Maschmann*, NZA-Beilage 2018, 115, 121; Kühling/Buchner/*Maschmann*, BDSG § 26 Rn. 22a.

817 *Seifert*, EuZA 2018, 502, 510.

818 EGMR, BeckRS 2018, 34505 – López, Ribalda u.a./Spanien.

819 EGMR, BeckRS 2011, 81439 – Köpke/Deutschland.

820 *Hembach*, ZD 2018, 263, 266; *Seifert*, EuZA 2018, 502, 510.

821 EGMR, NZA 2018, 1609 – Libert/Frankreich.

822 EGMR, NZA 2017, 1443 – Bărbulescu/Rumänien.

823 EGMR, NZA 2018, 1609, 1610 f. – Libert/Frankreich; *Jessolat*, AuR 2019, 32, 38.

staatlichen Eisenbahngesellschaft, dessen Dienstcomputer inspiziert worden war. Auf dessen Festlatte wurde pornografisches Material gefunden. Nach den internen Vorgaben der Eisenbahngesellschaft dürfen Arbeitnehmer grundsätzlich nur dienstliche Dateien speichern, im begrenzten Umfang wurde aber auch die Speicherung privater Dateien toleriert, soweit diese ausdrücklich als privat gekennzeichnet wurden.

Da es in der Entscheidung Libert/Frankreich um die Prüfung einer etwaigen Unterlassungspflicht des Staats ging, hat sich der EGMR ausführlich mit der Frage beschäftigt, ob der Eingriff in Art. 8 EMRK gerechtfertigt war.[824] Eine Rechtfertigung kann nach der Entscheidung in Betracht kommen, wenn der Eingriff auf einer gesetzlichen Grundlage erfolgt, welche die Anforderungen des Art. 8 Abs. 2 EMRK erfüllt.[825] Vor diesem Hintergrund hat der Gerichtshof ausführlich geprüft, ob die von dem nationalen Gericht angewendete Norm diesen Anforderungen genügt. Der Gerichthof geht also selbst davon aus, dass Eingriffe in Art. 8 EMRK durch heimliche Maßnahmen grundsätzlich auf eine gesetzliche Regelung gestützt werden können. Auch wenn es sich hier um einen Eingriff einer staatlichen Stelle handelte, lässt sich aus der Entscheidung dennoch ableiten, dass eine heimliche Überwachungsmaßnahme und der damit verbundene Eingriff in Art. 8 EMRK nicht per se ungerechtfertigt ist.

In diesem Zusammenhang kann ferner die Entscheidung des EGMR in der Sache Dudchenko/Russland vom 7. November 2017[826] angeführt werden. In dem der Entscheidung zugrunde liegenden Sachverhalt ging es darum, dass ein Gespräch zwischen dem Beschwerdeführer und seinem Anwalt in der Untersuchungshaft abgehört wurde. Auch in diesem Fall hat der EGMR entschieden, dass der durch die heimliche Telefonüberwachung erfolgte Eingriff in Art. 8 EMRK gerechtfertigt sein kann, wenn er auf einer Rechtsgrundlage erfolgt, welche den Anforderungen des Art. 8 Abs. 2 EMRK gerecht wird.[827] Zwar hat der EGMR in seiner Entscheidung bestimmte Kriterien für die Rechtmäßigkeit der Rechtsgrundlage solcher staatlicher Überwachungsmaßnahmen anwaltlicher Tätigkeit aufgestellt.[828] Damit hat sich der Gerichtshof aber gerade nicht dafür ausgesprochen, dass heimliche Maßnahmen nicht gerechtfertigt werden könnten.

Der Entscheidung im Fall Libert/Frankreich sind im Übrigen auch keine Anhaltspunkte zu entnehmen, welche auf eine Unzulässigkeit verdeckter Überwachungsmaßnahmen hindeuten. Vielmehr ist der EGMR der Auffassung, dass das Öffnen von Ordnern auf den Datenträgern dienstlich zur Verfügung gestellter IT dann nicht gegen Art. 8 EMRK verstößt, wenn der Arbeitnehmer die Ordner nicht ausdrücklich als „privat" gekennzeichnet hat. Diese Aussage spricht eher dafür,

---

824 EGMR, NZA 2018, 1609, 1611 f. – Libert/Frankreich.
825 EGMR, NZA 2018, 1609, 1611 – Libert/Frankreich.
826 EGMR, AnwBl. 2018, 45 – Dudchenko/Russland.
827 EGMR, AnwBl. 2018, 45, 50 f. – Dudchenko/Russland.
828 Vgl. zu den Kriterien EGMR, AnwBl. 2018, 45, 52 – Dudchenko/Russland.

dass die Datenverarbeitung zulässig gewesen ist. Hinsichtlich der Entscheidung ist jedoch *Kort* in der Kritik zuzustimmen, dass die Entscheidung generell der Frage hätte nachgehen sollen, „ob in neuralgischen Fällen der Verdacht einer schweren Verletzung des Arbeitsvertrages oder einer Straftat den Arbeitgeber auch ohne Ankündigung einer Überwachungsmaßnahme zu einem Zugriff auf die elektronische Kommunikation des Arbeitnehmers berechtige“.[829]

(d) EGMR – Antović und Mirković/Montenegro

Das sich bislang aus der Rechtsprechung des EGMR ergebende Ergebnis gilt auch für eine aus der jüngeren Vergangenheit stammende Entscheidung des EGMR in der Sache Antović und Mirković/Montenegro vom 28. November 2017.[830] Sie betrifft nicht den Fall einer verdeckten, sondern einer offenen Videoüberwachungsmaßnahme in den Hörsälen einer Universität. Zwar wird in der Entscheidung festgestellt, dass eine Videoüberwachung sowohl verdeckt als auch offen als erheblicher Eingriff in das Privatleben des Arbeitnehmers zu werten ist. Jedoch wird im Weiteren gerade eine offene Videoüberwachungsmaßnahme geprüft. Ferner wurde in der Entscheidung die Maßnahme insbesondere vor dem Hintergrund des Datenschutzrechts in Montenegro bewertet, was ebenfalls zu keinen weiteren Erkenntnissen hinsichtlich der generellen Zulässigkeit bzw. Unzulässigkeit verdeckter Maßnahmen führt. Überdies ging es in dem der Entscheidung zugrunde liegenden Sachverhalt nicht um die Überwachung zur Aufdeckung einer Straftat oder sonstiger Pflichtverletzungen im Rahmen eines Anstellungsverhältnisses, sondern allgemein um den Eigentumsschutz.

cc) Leitlinien aus der Rechtsprechung des EGMR

Zunächst lässt sich als Zwischenergebnis festhalten, dass sich aus den angeführten Entscheidungen des EGMR keine grundsätzliche Unzulässigkeit verdeckter Maßnahmen ergibt.[831] Interessant ist gleichwohl, welche Prinzipien bzw. Leitlinien sich aus den Entscheidungen ableiten lassen, welche die bestehenden Spielräume für verdeckte Maßnahmen eingrenzen. Dies vor allem vor dem Hintergrund, dass es sich bei verdeckten Überwachungsmaßnamen um finale Eingriffe in das Recht aus Art. 8 EMRK handelt. Insoweit differenziert der EGMR zwischen finalen und lediglich mittelbaren Grundrechtseingriffen.[832]

Zur besseren Verständlichkeit dieser Differenzierung soll zunächst noch auf die Entscheidung Denisov/Ukraine vom 25. September 2018[833] und ihre Abgrenzung zu den angeführten Entscheidungen eingegangen werden.

---

829 *Kort*, NZA-RR 2018, 449, 450.

830 Zum Urteil des EGMR vgl. *Lörcher*, AuR 2019, 41.

831 Vgl. hierzu auch *Körner*, NZA 2020, 25 ff.; a.A. Kühling/Buchner/*Maschmann*, BDSG § 26 Rn. 22a.

832 EuArbR/*Schubert* EMRK Art. 8 Rn. 29.

833 EGMR v. 25.9.2018 – 76639/11 – Denisov/Ukraine, juris.

In dem der Entscheidung zugrunde liegenden Fall machte der Beschwerdeführer, ein Richter am Verwaltungsgericht, u.a. geltend, in seinem Recht aus Art. 8 EMRK verletzt zu sein. Dies begründete er damit, dass die Entbindung seiner Person von der Funktion als Präsident des Gerichts mit einer Beschädigung seines guten Rufs und seiner sozialen und beruflichen Beziehungen verbunden gewesen sei. Ferner sei durch die Kürzung seiner Bezüge und des dadurch verminderten Pensionsanspruchs sein materielles Wohlergehen gefährdet gewesen. Während der Beschwerdeführer in der Entscheidung Denisov/Ukraine also nur mittelbare Folgen des Eingriffs in Art. 8 EMRK anführte (z.B. die Beschädigung des guten Rufs, Auswirkungen durch verminderten Pensionsanspruch), betrafen die oben besprochenen Entscheidungen zu Überwachungsmaßnahmen finale Eingriffe des Arbeitgebers oder einer Behörde in den Schutzbereich des Art. 8 EMRK (z.B. Videoüberwachung der Arbeitnehmer[834], Auswertung der Inhalte von Chatverläufen[835]).

Vor diesem Hintergrund muss man auch die Anforderungen betrachten, welche der EGMR als Leitlinien in seinen Entscheidungen zur Rechtfertigung heimlicher Maßnahmen festgelegt hat. Als solche Leitlinien lassen sich die im Folgenden zusammengefassten Aspekte benennen, welche die Gerichte bei ihrer Prüfung zu berücksichtigen haben.

Spezifische Leitlinien ergeben sich insbesondere aus der Entscheidung Bărbulescu/Rumänien. So lässt sich den Entscheidungsgründen entnehmen, dass bei der Überwachung die Verhältnismäßigkeit und die Verfahrensgarantien gegen Willkür wesentlich sind.[836] Im Rahmen der Prüfung, ob sie eingehalten worden sind, kommt zunächst den Transparenzanforderungen eine besondere Bedeutung zu (dabei geht es vor allem um Informationen an den Arbeitnehmer über die Möglichkeit der Überwachung, deren Ausmaß, die zeitliche Begrenzung der Maßnahme, den Zugang zu den Ergebnissen und die Gründe der Überwachung). Nach der Rechtsprechung des EGMR soll der Arbeitnehmer im Regelfall („[...] that for the measures to be deemed compatible with the requirements of Article 8 of the Convention, the notification should normally be clear about the nature of the monitoring and be given in advance; [...]“[837]) von der Überwachungsmaßnahme informiert werden.[838] Von den Transparenzvorschriften sind Ausnahmen also

834 EGMR, BeckRS 2018, 34505 – López, Ribalda u.a./Spanien.

835 EGMR, NZA 2017, 1443 – Bărbulescu/Rumänien.

836 EGMR, NZA 2017, 1443, 1443 – Bărbulescu/Rumänien.

837 EGMR, BeckRS 2017, 123332 – Bărbulescu/Rumänien; vgl. auch *Sörup*, ZD 2017, 571, 573.

838 *Kramer*, NZA 2018, 637, 640; der deutschen Übersetzung des Urteils ist diese wichtige Eingrenzung nicht zu entnehmen, dort heißt es nämlich nur: „[...] In der Praxis können Arbeitnehmer je nach den besonderen Umständen auf unterschiedliche Weise unterrichtet werden, die Unterrichtung ist aber nur mit Art. 8 EMRK vereinbar, wenn sie die Art der Überwachung deutlich macht und vorher gegeben wird; [...]“, vgl. EGMR, NZA 2017, 1443, 1446 – Bărbulescu/Rumänien.

grundsätzlich möglich, welche bspw. in den Regelungen der Art. 13, 14 DS-GVO und §§ 32, 33 BDSG ihren Niederschlag gefunden haben. Als allgemeine Leitlinie lässt sich herausstellen, dass ein Verzicht auf eine entsprechende Information an den Betroffenen nur in engen Grenzen möglich ist und auf eine spezifische rechtliche Grundlage gestützt werden muss.

Auf dieser Grundlage lässt sich als weitere Leitlinie der Rechtsprechung des EGMR entnehmen, dass der Betroffene die Vertraulichkeit erwarten darf, solange er auf die Möglichkeit der Überwachung noch nicht hingewiesen wurde.[839] Auch wenn Ausnahmen von der Information des Betroffenen möglich sind, ist gleichwohl die „Privatheitserwartung" in die konkrete Abwägung im Einzelfall einzubeziehen.[840] Im Hinblick auf die Ermittlungsmaßnahme des E-Mail-Screenings lässt sich der Entscheidung Bărbulescu/Rumänien bezogen auf die Privatheitserwartung jedoch eingrenzend entnehmen, dass ein besonderer Schutz von Vertraulichkeit der Arbeitnehmer bei einem E-Mail-Account oder einem Datenspeicher dann nicht erwartet werden kann, wenn er ausschließlich zur beruflichen Nutzung angelegt wurde und der Arbeitnehmer von dem Verbot weiß; dies gilt auch dann, wenn tatsächlich private E-Mails vorhanden waren.[841]

Eine weitere Leitlinie, welche auch im Rahmen der Transparenzanforderungen eine wichtige Rolle spielt, ist, dass der Arbeitgeber legitime Gründe zur Rechtfertigung der Überwachung von Kommunikationen und Prüfung ihres Inhalts anführen können muss.[842] Im Hinblick auf die inhaltliche Überwachung, deren Eingriff in die subjektiven Rechte des Betroffenen deutlich schwerer wiegt als bspw. die Überwachung von reinen Verbindungsdaten, bedarf es sogar gewichtigerer Gründe.[843] Als solche Gründe dürfte im Kontext interner Untersuchungen die Aufklärung von Straftaten oder erheblicher Pflichtverletzungen, welche zum Schaden des Unternehmens führen können, angesehen werden.

Aber selbst wenn ein solcher legitimer Grund vorliegt, so ergibt sich aus der Rechtsprechung des EGMR die Eingrenzung, dass sich eine zeitlich unbegrenzte (verdeckte) Videoüberwachung aller Arbeitnehmer nicht rechtfertigen lässt, wenn zwar ein genereller Verdacht einer strafbaren Handlung vorliegt, sich dieser aber nicht auf einen

839 EGMR, BeckRS 2011, 81439 – Köpke/Deutschland; EGMR, BeckRS 2018, 34505 – López, Ribalda u.a./Spanien; vgl. hierzu auch EuArbR/*Schubert* EMRK Art. 8 Rn. 48; a.A. wohl *Chandna-Hoppe*, die davon ausgeht, dass Kriterium der „Privatheitserwartung" bereits in der späteren Entscheidung Antović und Mirković/Montenegro an Bedeutung verloren hat, vgl. *Chandna-Hoppe*, NZA 2018, 614, 616.

840 Vgl. hierzu z.B. BAG, NZA 2019, 893.

841 „It is open to question whether – and if so, to what extent – the employer's restrictive regulations left the applicant with a reasonable expectation of privacy.", vgl. EMRK, BeckRS 2017, 123332 – Bărbulescu/Rumänien; vgl. auch EuArbR/Schubert EMRK Art. 8 Rn. 49.

842 EGMR, NZA 2017, 1443, 1446 – Bărbulescu/Rumänien.

843 EGMR, NZA 2017, 1443, 1446 – Bărbulescu/Rumänien.

bestimmten Kreis von Arbeitnehmern konkretisieren lässt.[844] Hier sieht der EGMR auch einen Unterschied zum Fall Köpke/Deutschland, wo die Maßnahme zeitlich begrenzt war und nur zwei Personen betroffen waren.[845] Insoweit lässt sich allgemein ableiten, dass gerade bei der Videoüberwachung eine zeitliche Begrenzung sowie eine Eingrenzung auf einen bestimmten Personenkreis die Voraussetzung der Zulässigkeit ist. Dies deckt sich mit den Anforderungen, welche das BAG bei der Bewertung der Zulässigkeit von verdeckten Videoüberwachungsmaßnahmen zugrunde legt.[846]

Als weitere allgemeine Leitlinie muss geprüft werden, ob ein Überwachungssystem hätte eigerichtet werden können, das weniger stark in die Rechte des Betroffenen eingreift.[847] Diese Anforderung nimmt Bezug auf das Erforderlichkeitskriterium, welches einen Teil der Verhältnismäßigkeitsprüfung darstellt und wonach geprüft wird, ob eine gleich geeignete, aber weniger einschneidende Maßnahme in Betracht kommt.

d) Lösung: Doppelt analoge Anwendung des § 33 Abs. 1 Nr. 2 lit. a) BDSG

Anhand der Untersuchung der aktuellen Rechtslage hat sich gezeigt, dass verdeckte Überwachungsmaßnahmen weiterhin zulässig sein müssen. Darüber hinaus hat sich gezeigt, dass die Rechtsprechung des EGMR verdeckten Maßnahmen ebenfalls nicht entgegensteht. Zu prüfen bleibt, auf welcher rechtlichen Grundlage sich eine Ausnahme von der Informationspflicht des Art. 13 DS-GVO rechtfertigen lässt, da insoweit die in Art. 13, 14 DS-GVO und §§ 32, 33 DS-GVO nicht herangezogen werden können.[848]

aa) Art. 6 Abs. 1 lit. f) DS-GVO und § 26 Abs. 1 BDSG

Aus Art. 6 Abs. 1 lit. f) DS-GVO vermag sich die Zulässigkeit verdeckter Überwachungsmaßnahmen nicht herleiten lassen. Art. 6 Abs. 1 lit. f) DS-GVO stellt zwar eine Ermächtigungsgrundlage da, kann aber nicht als Ausnahmevorschrift im Hinblick auf die in Art. 13 und 14 DS-GVO normierten Informationspflichten herangezogen werden.

Gleiches gilt für § 26 Abs. 1 BDSG. Die auf der Grundlage der Öffnungsklausel des Art. 88 Abs. 1 DS-GVO eingeführte Norm stellt eine Befugnisnorm dar. So soll die Datenverarbeitung zur Aufklärung von Straftaten unter Beachtung der weiteren Voraussetzungen des § 26 Abs. 1 BDSG zulässig sein.[849] Beschränkungen von den in Art. 13 und 14 DS-GVO enthaltenen Informationspflichten ist § 26 Abs. 1 BDSG

---

844 EGMR, BeckRS 2018, 34505 – López, Ribalda u.a./Spanien; vgl. auch EuArbR/*Schubert* EMRK Art. 8 Rn. 48.

845 EGMR, BeckRS 2018, 34505 – López, Ribalda u.a./Spanien; zur Entscheidung Köpke/Deutschland vgl. EGMR, BeckRS 2011, 81439 – Köpke/Deutschland.

846 Vgl. nur BAG, NZA 2017, 112, 114; BAG, NZA 2012, 1025, 1028.

847 EGMR, NZA 2017, 1443, 1446 – Bărbulescu/Rumänien.

848 Vgl. Kapitel 2 § 2 B. II. 5. b).

849 Vgl. zu den Voraussetzungen im Einzelnen Kapitel 2 § 2 B. IV. 1.

indes nicht zu entnehmen.[850] Vielmehr verweist § 26 BDSG in Abs. 5 ausdrücklich auf die in Art. 5 DS-GVO normierten Datenschutzgrundsätze und somit auch auf deren Konkretisierung in den Art. 13 und 14 DS-GVO.

bb) Analoge Anwendung von Art. 14 DS-GVO

Es könnte aber an eine analoge Anwendung von Art. 14 DS-GVO zu denken sein. Im Ergebnis bedarf es auch unter Berücksichtigung der unionsrechtlichen Anforderungen an eine analoge Anwendung einer Regelunglücke.[851] Der Verordnungsgeber müsste die oben beschriebene Problemstellung übersehen und aus diesem Grund nicht in den Art. 13 und 14 DS-GVO vorgesehen haben. Gegen eine solche Regelungslücke spricht bereits, dass sich weder der DS-GVO noch den Erwägungsgründen Anhaltspunkte dafür entnehmen lassen, dass der Verordnungsgeber diesen Sachverhalt übersehen haben könnte. Überdies wurde mit Art. 23 DS-GVO bewusst eine Vorschrift geschaffen, welche es dem nationalen Gesetzgeber ermöglicht, weitere Ausnahmen vorzusehen.[852] Diese Vorschriften sollen u.a. die Ermittlung und Aufdeckung von Straftaten (vgl. Art. 23 Abs. 1 lit. d) DS-GVO) oder die Durchsetzung zivilrechtlicher Ansprüche (vgl. Art. 23 Abs. 1 lit. j) DS-GVO) sicherstellen. Insoweit scheidet eine analoge Anwendung des Art. 14 DS-GVO aus.[853]

850 Im Ergebnis so auch *Byers*, NZA 2017, 1086, 1089; *Byers/Wenzel*, BB 2017, 2036, 2039 Kühling/Buchner/*Maschmann*, BDSG § 26 Rn. 22; *Maschmann*, NZA-Beilage 2018, 115, 118 f.; a.A. Gola DS-GVO/*Gola* DS-GVO Art. 6 Rn. 186 und *Lachenmann*, ZD 2017, 407, die im Hinblick auf die Zulässigkeit von verdecken Videoüberwachungsmaßnahmen lediglich auf § 26 Abs. 1 BDSG sowie die bisherige Rechtslage (und so auch auf die bisherige Rechtsprechung des BAG) verweisen. Hinsichtlich § 26 Abs. 5 BDSG und den Verweis auf Art. 5 DS-GVO führt *Lachenmann* zudem aus, dass, um einen Widerspruch zwischen dem Transparenzerfordernis und der bisherigen Rechtsprechung des BAG zu vermeiden, angedacht werden könnte, bei der Notwendigkeit einer verdeckten Videoüberwachung die Transparenz gegenüber einem Dritten, wie dem Betriebsrat oder einem Rechtsanwalt, herzustellen, der die Einhaltung der gesetzlichen Verpflichtungen überprüfen könnte, vgl. *Lachenmann*, ZD 2017, 407.

851 *Neuner*, in: Riesenhuber, Europäische Methodenlehre, § 13 Rn. 27 ff.

852 *Klaas*, CCZ 2018, 242, 246.

853 A.A. *Byers*, der dabei vor allem auf das Prinzip der Datenminimierung nach Art. 5 Abs. 1 lit. c) DS-GVO als Begründung abstellt. Insoweit könne es nicht die unionsrechtliche Intention sein, dass der Arbeitgeber heimliche Kontrollen durch einen Dritten durchführen lassen müsse, um auf den Ausnahmetatbestand des Art. 14 Abs. 5 lit. b) DS-GVO zurückgreifen zu können. Eine analoge Anwendung des Art. 14 Abs. 5 lit. b) DS-GVO auf unmittelbar durch den Arbeitgeber durchgeführte Kontrollmaßnahmen gebiete schon der Grundsatz der Datenminimierung, vgl. *Byers*, NZA 2017, 1086, 1090; nach *Fuhlrott* kann man hinsichtlich verdeckter Überwachungsmaßnahmen entweder auf eine analoge Anwendung des Art. 14

cc) *Doppelt analoge Anwendung des § 33 Abs. 1 Nr. 2 lit. a) BDSG*

Die Lösung könnte aber über eine doppelt analoge Anwendung der Ausnahmevorschrift des § 33 Abs. 1 Nr. 2 lit. a) BDSG gesucht werden.[854] Die analoge Anwendung bezieht sich zunächst darauf, dass auch die repressive Aufdeckung von Straftaten erfasst ist. Darüber hinaus erfasst sie Situationen, in denen die Überwachung durch den Arbeitgeber selbst (bspw. durch eine verdeckte Videoüberwachung) oder einen eingesetzten Ermittler (bspw. im Rahmen einer verdeckten Überwachung durch eine Detektei) erfolgt und damit den Anwendungsbereich des Art. 13 DS-GVO betrifft. Für eine analoge Anwendung müssten die Analogievoraussetzungen vorliegen.

Dazu bedürfte es zunächst einer Regelungslücke. Diese ist gegeben, da die bestehenden Ausnahmetatbestände heimliche Überwachungsmaßnahmen, die ihrerseits in die geschützten Rechtspositionen der betroffenen Personen eingreifen, nicht erfassen und insoweit auch keine Ausnahme von den hohen Transparenzanforderungen der DS-GVO vorsehen. Heimliche Überwachungsmaßnahmen wären, wie bereits gezeigt, nach der derzeitigen Rechtslage gerade nicht zulässig. Des Weiteren müsste die Regelungslücke auch planwidrig sein, es müsste sich also um eine unbeabsichtigte Abweichung des Gesetzgebers von seinem eigentlichen dem Gesetzgebungsverfahren zugrunde liegenden Regelungsplan handeln. Dass dies hier der Fall ist, lässt sich aus der Gesetzesbegründung ableiten, nach der der Gesetzgeber, wie bereits gezeigt, grundsätzlich davon ausging, dass verdeckte Überwachungsmaßnahmen weiterhin zulässig sind.[855] Diesem Verständnis steht die aktuelle Gesetzeslage entgegen.

Überdies muss auch eine vergleichbare Interessenlage bestehen. Dies ist der Fall: Zum einen besteht neben dem Interesse daran, Schäden durch Straftaten durch präventive Maßnahmen zu verhindern, ein ebenso starkes Interesse daran, mögliche Verdachtslagen hinsichtlich bereits begangener Straftaten aufzuklären, um weitere Begehungen für die Zukunft zu verhindern, mögliche arbeitsrechtliche Konsequenzen zu ziehen und mögliche Schadensersatzansprüche geltend zu machen. Ferner ist es nicht nachvollziehbar, warum der Arbeitgeber, der seine Informationen bei einem privaten Ermittler einholt, unter die Ausnahme von § 33 Abs. 1 Nr. 2 lit. a) BDSG fällt, während demjenigen, der die Daten, die er benötigt, selbst erhebt, die Berufung auf diesen Ausnahmetatbestand verwehrt ist. Überdies macht die Vorschrift für den Arbeitgeber keinen Sinn, wenn der eingesetzte Ermittler den Betroffenen informieren muss. Auch wenn der Arbeitgeber

---

Abs. 5 lit. b) DS-GVO oder aber direkt auf die Ausnahmevorschrift des § 33 Abs. 1 Nr. 2 lit. a) BDSG abstellen, vgl. *Fuhlrott*, GWR 2018, 388, 389.

854 A.A. *Byers*, der auf eine analoge Anwendung von Art. 14 Abs. 5 lit. b) DS-GVO abstellt, vgl. *Byers*, NZA 2017, 1086, 1090.

855 Entwurf der Bundesregierung eines Gesetzes zur Anpassung des Datenschutzrechts an die Verordnung (EU) 2016/679 und zur Umsetzung der Richtlinie (EU) 2016/680, BT-Drs. 18/11325, S. 97.

den betroffenen Arbeitnehmer insoweit zunächst nicht informieren müsste, hätte dieser – ohne eine doppelt analoge Anwendung – dennoch Kenntnis von der Ermittlungsmaßnahme, da der Arbeitnehmer die entsprechende Information vom Ermittler erhalten würde.[856]

Im Hinblick auf die doppelt analoge Anwendung ergibt sich auch kein Spannungsverhältnis zur DS-GVO, da § 33 Abs. 1 Nr. 2 lit. a) BDSG im Hinblick auf seine analoge Anwendung im Einklang mit den Anforderungen des Art. 23 DS-GVO steht. Im Rahmen seiner analogen Anwendung stellt § 33 Abs. 1 Nr. 2 lit. a) BDSG Ausnahmetatbestände im Hinblick auf die in Art. 13 DS-GVO normierten Informationspflichten und damit zu einer in Art. 23 Abs. 1 DS-GVO genannten Norm. Bei § 33 BDSG handelt es sich überdies um eine Rechtsvorschrift i.S.d. Art. 23 DS-GVO. Des Weiteren dient § 33 BDSG auch in seiner analogen Anwendung der Sicherstellung von in Art. 23 Abs. 1 DS-GVO genannten Zwecken, konkret der Durchsetzung zivilrechtlicher Ansprüche (vgl. Art. 23 Abs. 1 lit. j) DS-GVO).[857] Trotz der Verwendung des Begriffs „Durchsetzung“ im Wortlaut des Art. 23 Abs. 1 lit. j) DS-GVO, welcher auf die Einbeziehung der Zwangsvollstreckung hindeutete, spricht der übrige Wortlaut („zivilrechtliche Ansprüche“) dafür, dass gerade nicht nur die Zwangsvollstreckung erfasst ist, sondern die Geltendmachung von zivilrechtlichen Ansprüchen insgesamt.[858] Im Übrigen gelten auch für die analoge Anwendung des § 33 BDSG die weiteren Voraussetzungen des § 33 BDSG und so auch die des Abs. 2. Vor diesem Hintergrund kann hinsichtlich der Begründung zur Einhaltung der Wesensgehaltsgarantie und zur Verhältnismäßigkeit auf die Ausführungen zu § 32 BDSG verwiesen werden.[859]

Die doppelt analoge Anwendung vorausgesetzt, richtet sich die weitere Prüfung der datenschutzrechtlichen Zulässigkeit verdeckter Maßnahmen vor allem nach den Anforderungen des § 26 BDSG, in deren Rahmen auch die vom BAG entwickelten Vorgaben für heimliche Überwachungsmaßnahmen einbezogen werden können.[860] Auch diesen Vorgaben liegt, wie bereits ausgeführt, eine Abwägung der sich gegenüberstehenden Interessen und Grundrechtspositionen zugrunde.

6. Zwingende Einhaltung des Schutzniveaus der DS-GVO

Eine zentrale Fragestellung im Hinblick auf das Verhältnis von Art. 88 DS-GVO zu den Reglungen im BDSG sowie etwaigen Kollektivvereinbarungen ist, ob solche

---

856 Im Ergebnis so auch *Byers*, wobei er auf eine analoge Anwendung von Art. 14 Abs. 5 lit. b) DS-GVO abstellt, vgl. *Byers*, NZA 2017, 1086, 1090.

857 Nach *Koreng* dient § 33 Abs. 1 Nr. 2 lit. a) BDSG in seiner direkten Anwendung ebenfalls der Absicherung dieses Zwecks, vgl. *Koreng*, in: Taeger/Gabel, DSGVO – BDSG, Art. 23 DSGVO Rn. 56. Dies gilt nach nach der hier vertretenen Ansicht ebenso für die analoge Anwendung.

858 *Koreng*, in: Taeger/Gabel, DSGVO – BDSG, Art. 23 DSGVO Rn. 54.

859 Vgl. hierzu Kapitel 2 § 2 B. II. 5. b) cc) (b).

860 Im Ergebnis so auch Auernhammer/*Forst*, BDSG § 26 Rn. 101.

Regelungen vom Schutzniveau der DS-GVO abweichen dürfen. Da das deutsche Recht auch nach der Reform des Datenschutzes im Hinblick auf die DS-GVO noch kein eigenständiges Beschäftigtendatenschutzgesetz kennt, kommt innerhalb der Unternehmen Kollektivvereinbarungen eine besonders hohe Relevanz zu, da durch sie spezifische Datenverarbeitungsvorgänge auf eine datenschutzrechtliche Grundlage gestellt werden. In Bezug auf das Schutzniveau der gesetzlichen sowie kollektivrechtlichen Regelungen kommt grundsätzlich sowohl eine Abweichung nach oben (strengerer Datenschutz) als auch nach unten (weniger strenger Datenschutz) in Betracht. Die Frage, ob eine Abweichungsmöglichkeit besteht, ist auch für interne Untersuchungen von zentraler Bedeutung. Unternehmen können zu einzelnen Ermittlungsmaßnahmen oder dem Ablauf interner Untersuchungen Regelungen in Kollektivvereinbarungen treffen. Für deren Ausgestaltung ist es notwendig zu wissen, wie weit die Reglungen gehen dürfen und welchen rechtlichen Rahmen sie einhalten müssen. Insoweit besteht auch ein finanzielles Risiko, da dem Unternehmen Bußgelder drohen, wenn dieses am Ende Regelungen erarbeitet, die gegen die DS-GVO verstoßen.

Ausgangspunkt der Fragestellung ist der Wortlaut des Art. 88 Abs. 1 DS-GVO, nach welchem die Mitgliedstaaten durch Rechtsvorschriften oder durch Kollektivvereinbarungen „spezifischere Vorschriften" zur Gewährleistung des Schutzes der Rechte und Freiheiten hinsichtlich der Verarbeitung personenbezogener Beschäftigtendaten im Beschäftigungskontext bestimmen können. Was insoweit unter spezifischer Vorschrift zu verstehen ist, ist dabei der Kern der Diskussionen in der Literatur.[861] Im Rahmen der Diskussion kommt es hingegen nicht auf eine Unterscheidung zwischen Rechtsvorschriften und Kollektivvereinbarung an, da für die jeweiligen Regelungen die gleichen Maßstäbe gelten.[862]

a) Abweichungsmöglichkeit nationaler Regelungen vom Schutzniveau der DS-GVO

In der Diskussion um das Schutzniveau, welches sich aus Art. 88 Abs. 1 DS-GVO und der Formulierung „Die Mitgliedstaaten können [...] spezifischere Regelung zur Gewährleistung des Schutzes der Rechte und Freiheiten hinsichtlich der Verarbeitung personenbezogener Beschäftigtendaten im Beschäftigungskontext [...] vorsehen" ergibt, können im Kern drei Strömungen unterschieden werden:

Nach einer Ansicht in der Literatur besteht für die Mitgliedstaaten bzw. die Tarifvertrags- und Betriebsparteien keine direkte Bindung hinsichtlich des Schutzniveaus der DS-GVO.[863] Insoweit sei sowohl eine Unterschreitung als auch eine

861 Zum Streitstand und den Argumenten die für und gegen die jeweilige Ansicht sprechen vgl. auch Kühling/Buchner/*Maschmann*, DS-GVO Art. 88 Rn. 29 ff.

862 BeckOK DatenschutzR/*Riesenhuber*, DSGVO § 88 Rn. 52, 67 ff.

863 Auernhammer/*Forst*, DSGVO Art. 88 Rn. 18 f.; *Jerchel/Schubert*, DuD 2016, 782, 783; BeckOK DatenschutzR/*Riesenhuber*, DSGVO § 88 Rn. 67 ff.; so auch grundsätzlich *Zöll*, nach dem es vor allem auf die Einschätzungsprärogative des Gesetzgebers

Überschreitung des Schutzniveaus mit der DS-GVO vereinbar. Dem steht eine weitere Ansicht in der Literatur gegenüber, nach welcher Art. 88 DS-GVO lediglich einen Mindeststandard normiert, sodass nach dieser Ansicht ein strengeres Schutzniveau grundsätzlich möglich ist.[864] Nach dieser Ansicht ergibt sich aus Art. 88 DS-GVO die Anforderung einer Mindestharmonisierung.[865] Gemeint ist damit, dass ein Mindeststandard vorgegeben wird, der nicht unterschritten werden darf. Die Mitgliedstaaten sollen aber frei darin sein, einen strengeren Maßstab zugrunde zu legen und Regelungen vorzusehen, durch die vom Schutzniveau nach oben abgewichen wird.

Nach einer dritten Ansicht ist eine Abweichung vom Schutzniveau der DS-GVO nicht zulässig.[866] Vielmehr sei nur eine Ausdifferenzierung der abstrakten in der DS-GVO normierten Regelungen in Bezug auf den Beschäftigtendatenschutz zulässig.[867] Im Falle einer solchen Vollharmonisierung sind die Umsetzungsspielräume

---

ankomme, wobei – auch wenn Abweichungen grundsätzlich möglich seien – sowohl bei den Abweichungen nach unten als auch bei solchen nach oben Begrenzungen bestünden, vgl. *Zöll*, in: Taeger/Gabel, DSGVO – BDSG, Art. 88 DSGVO Rn. 16 ff., 21.

864 *Düwell/Brink*, NZA 2016, 665, 666; Paal/Pauly/*Pauly*, DS-GVO, Art. 88 Rn. 4; MHdB ArbR/*Reichold*, Band 1, § 96 Rn. 15; *Schrey/Kielkowski*, BB 2018, 629, 633; *Seifert*, in: Simitis/Hornung/Spiecker gen. Döhmann, Datenschutzrecht, Art. 88 DSGVO Rn. 23; *Tiedemann*, in: Sydow, Europäische DSGVO, Art. 88 Rn. 3; so wohl auch *Imping*, CR 2017, 378, 380 f.; *Klösel/Mahnhold*, NZA 2017, 1428, 1430 f.; *Nebel*, ZD 2018, 520, 523; *Wurzberger*, ZD 2017, 258, 262 f.; *Körner* spricht davon, dass der Reglungsspielraum „im Prinzip" nach oben offen sei. Nichtsdestoweniger bestünde noch der in Art. 88 Abs. 2 DS-GVO geregelte Rahmen zur Wahrung der Schutzgüter, welcher zu einer Begrenzung führe, vgl. *Körner*, NZA 2016, 1383; *Kort*, erachtet es im Zusammenhang mit der Regelung des § 26 Abs. 4 BDSG in Bezug auf Kollektivvereinbarungen in engen Grenzen für möglich, dass Abweichungen nach unten zulässig seien, vgl. *Kort*, ZD 2017, 319, 321 f.; *Kort*, DB 2016, 711, 714 f.; zum Arbeitsergebnis der „Trilogparteien" vom 15. Dezember 2015 vgl. Interinstitutionelles Dossier des Rates der Europäischen Union vom 15.12.2015, 2012/0011 (COD) 15039/15; nach *Däubler* sind Verstärkungen zulässig, soweit es um die in Art. 88 DS-GVO genannten Grundwerte geht, im Übrigen nicht, vgl. *Däubler*, in: Däubler/Wedde/Weichert/Sommer, Art. 88 DSGVO Rn. 15 f.

865 Zum Begriff der Mindestharmonisierung vgl. auch EuArbR/*Franzen* DS-GVO Art. 88 Rn. 7; *Franzen*, EuZA 2017, 313, 344.

866 *Dzida/Grau*, DB 2018, 189, 193; EuArbR/*Franzen* DS-GVO Art. 88 Rn. 7 ff.; *Franzen*, EuZA 2017, 313, 344 f.; *Henssler*, NZA-Beilage 2018, 31, 32; *Maschmann*, DB 2016, 2480, 2482 ff.; *Maschmann*, NZA-Beilage 2018, 115, 116 f.; Kühling/Buchner/*Maschmann*, DS-GVO Art. 88 Rn. 32 ff.; Gola DS-GVO/*Pötters* DS-GVO Art. 88 Rn. 3, 23 ff.; *Selk*, in: Ehmann/Selmayr DS-GVO, Art. 88 Rn. 18, 76; *Spelge*, DuD 2016, 775, 777 f.; *Ströbel/Wybitul*, in: HdB Europäisches und deutsches Datenschutzrecht, § 10 Rn. 20; *Ströbel/Böhm/Breunig/Wybitul*, CCZ 2018, 14, 15; *Thüsing/Rombey*, NZA 2018, 1105, 1107; *Wybitul*, NZA 2017, 413 f.; so wohl auch *Gola/Pötters/Thüsing*, RDV 2016, 57, 59.

867 Kühling/Buchner/*Maschmann*, DS-GVO Art. 88 Rn. 40.

der Mitgliedstaaten im Hinblick auf die Öffnungsklausel des Art. 88 DS-GVO mithin stark beschränkt.

Welches Schutzniveau sich aus Art. 88 Abs. 1 DS-GVO ableiten lässt und ob im Ergebnis einer der aufgeführten Ansichten zu folgen ist, ist anhand einer umfassenden Auslegung der Norm zu ermitteln.

aa) Grammatikalische Auslegung

Nimmt man den Wortlaut in den Blick, könnte man zunächst vertreten, dass sich eine Begrenzung nicht eindeutig aus dem Wortlaut ergibt. Insoweit ist lediglich von „spezifischeren Vorschriften" die Rede, woraus sich noch nicht zwingend eine Eingrenzung ableiten lässt. Dies könnte dafürsprechen, dass keine Bindung an ein konkretes Schutzniveau besteht.[868] Die Stimmen, die dieser Ansicht zuzuordnen sind, sehen die Begrenzungen nur in den Vorgaben gemäß Art. 88 Abs. 2 DS-GVO[869]. Weitere Einschränkungen gibt es nach dieser Ansicht hingegen nicht. Solange die Vorgaben des Art. 88 Abs. 2 DS-GVO eingehalten werden, wären also strengere, aber auch weniger strenge Reglungen möglich. Dazu wird auch angeführt, dass die DS-GVO ihrerseits einen weit über den Mindeststandard in Art. 88 Abs. 2 DS-GVO hinausgehenden Schutz vorsehen würde, sodass sich zwischen diesem Mindeststandard nach Art. 88 DS-GVO und dem Schutzniveau der DS-GVO ein Korridor bilde, in dessen Rahmen eine Abweichung nach unten wie auch nach oben möglich sei.[870]

Dieser Argumentation ist jedoch entgegenzuhalten, dass die Regelung des Art. 88 DS-GVO nun einmal explizit „spezifischere Vorschriften" in Bezug nimmt. Durch die Verwendung dieser Formulierung ist eine bestimmte Intention des Verordnungsgebers verbunden, welche nicht gänzlich außer Acht gelassen werden kann. Dies zeigt auch ein Vergleich zu anderen Vorschriften und deren Wortlaut. Insoweit ist der Wortlaut anderer Vorschriften weiter gefasst, wie bspw. Art. 23 DS-GVO, in dem „Beschränkungen", oder Art. 85 Abs. 2 DS-GVO, in dem allgemein „Abweichungen oder Ausnahmen" zulässig sind.[871] In Art. 9 Abs. 4 DS-GVO ist sogar ausdrücklich geregelt, dass die Mitgliedstaaten „zusätzliche Bedingungen,

868 Im Ergebnis so *Düwell/Brink*, NZA 2017, 1081, 1082; Auernhammer/*Forst*, DSGVO Art. 88 Rn. 18 f.; HWK/*Lembke*, Art. 88 DSGVO Rn. 8.

869 *Düwell/Brink*, NZA 2017, 1081, 1082; Auernhammer/*Forst*, DSGVO Art. 88 Rn. 18 f.; HWK/*Lembke*, Art. 88 DSGVO Rn. 8; *Jerchel/Schubert* weisen darauf hin, dass Abweichungen zunächst in alle Richtungen denkbar, schlechtere Standards wegen Art. 88 Abs. 2 DS-GVO aber kaum vorstellbar seien, vgl. *Jerchel/Schubert*, DuD 2016, 782, 783.

870 Auernhammer/*Forst*, DSGVO Art. 88 Rn. 18 f.

871 *Dzida/Grau*, DB 2018, 189, 193; *Franzen*, EuZA 2017, 313, 344 f.; Gola DS-GVO/*Pötters* DS-GVO Art. 88 Rn. 25; *Pötters/Wybitul/Böhm*, in: Wybitul, HdB DSGVO, Teil 2 Art. 88 Rn. 13; zu den Art. 85 und 86 sowie die Erwägungsgründe 153, 155 und 156 der DS-GVO vgl. *Spelge*, DuD 2016, 775, 778.

einschließlich Beschränkungen, einführen oder aufrechterhalten" können.[872] Die Formulierungen in den hier zum Vergleich herangezogenen Regelungen sprechen dafür, dass Abweichungen vom Schutzniveau nur zulässig sind, soweit der Verordnungsgeber diese in der Regelung ausdrücklich vorsieht, was bei Art. 88 DS-GVO gerade nicht der Fall ist.[873] Dies spricht im Ergebnis eher dafür, dass auf der Grundlage des Art. 88 DS-GVO nur „spezifischere Vorschriften" in Form von Vorschriften mit konkretisierenden Regelungen zulässig sind, was wiederum für eine vollharmonisierende Wirkung spricht.

Innerhalb der Stimmen, die sich dafür aussprechen, dass keine Bindung an das Schutzniveau der DS-GVO besteht, wird auch vertreten, dass der Begriff „spezifische Vorschrift" so zu verstehen sei, dass es sich um „sektorspezifische" Regelungen handele, welche die DS-GVO in ihrem Anwendungsbereich verdrängen.[874] Dafür würde auch der Erwägungsgrund 155 sprechen, in welchem von spezifischen Vorschriften im „Beschäftigtenkontext" die Rede sei.[875] Der Beschäftigungskontext meint nach dieser Ansicht einen sektorspezifischen Kontext. Außerdem hätte es Art. 88 Abs. 2 DS-GVO nicht bedurft, wenn die Vorschriften die Regelungen der DS-GVO nur näher ausfüllen dürften. Ferner sei der im Kommissionsentwurf[876] verwendete Zusatz „in den Grenzen dieser Verordnung"[877] weggefallen. Gegen diese Ansicht kann zunächst angeführt werden, dass Art. 88 Abs. 2 DS-GVO konkret auf die Transparenzanforderungen Bezug nimmt, ohne die spezifischen Anforderungen zu nennen. Insoweit sind die geeigneten und besonderen Maßnahmen an den Anforderungen des Art. 5 DS-GVO zu messen. Sind aber im Hinblick auf die „spezifischeren Vorschriften" und die darin zu regelnden geeigneten und besonderen Maßnahmen die Anforderungen des Art. 5 DS-GVO zu beachten, spricht dies gegen die Ansicht, dass die DS-GVO verdrängt würde.

Auch der Hinweis auf die Formulierung im Kommissionsentwurf vermag nicht zu überzeugen. Insoweit wurden im Verfahren zur DS-GVO durch die Europäischen Kommission, das Europäischen Parlament und den Rat der Europäischen Union unterschiedliche Positionen vertreten, welche in einem jeweils unterschiedlichen Wortlaut des jeweiligen Entwurfs zum Ausdruck kamen. Insbesondere in den Vorschlägen der Europäische Kommission[878] und des Europäische Parlaments[879] wurden unterschiedliche Formulierungen gewählt, die jeweils für oder gegen die eine oder andere Auslegung sprechen könnten. Während im Vorschlag

872 *Maschmann*, DB 2016, 2480, 2483.
873 *Franzen*, EuZA 2017, 313, 344 f.
874 *Traut*, RDV 2016, 312, 314.
875 VO (EU) 2016/679, ABl. EU Nr. L 119/1 v. 4.5.2016, Erwägungsgrund 155.
876 Kommissionsvorschlag v. 25.01.2012, KOM(2012) 11 endgültig.
877 Vgl. Art. 82 Abs. 1 Kommissionsvorschlag v. 25.01.2012, KOM(2012) 11 endgültig.
878 Vgl. Kommissionsvorschlag v. 25.01.2012, KOM(2012) 11 endgültig.
879 Vgl. Interinstitutionelles Dossier des Rates der Europäischen Union vom 27.03.2014, 2012/0011 (COD) 7427/1/14, REV 1.

der Europäischen Kommission die Formulierung „in den Grenzen dieser Verordnung" zu finden war,[880] sah der Vorschlag des Europäischen Parlaments zu dieser Regelung die Formulierung „im Einklang mit den Regelungen dieser Verordnung und unter Berücksichtigung des Grundsatzes der Verhältnismäßigkeit durch Rechtsvorschriften" vor.[881]

Insgesamt mussten die Meinungsverschiedenheiten zwischen dem Rat der Europäischen Union, dem Europäischen Parlament sowie der Europäischen Kommission in einem „Trilog" aufgelöst werden.[882] Bei der nun bestehenden und am 25. Mai 2018 in Kraft getretenen Fassung der DS-GVO handelt es sich um einen Kompromissvorschlag, aus dem sich keine klare Entscheidung für eine der jeweiligen Positionen ableiten lässt.[883] Vor diesem Hintergrund kann aus dem Umstand, dass im Entwurf der Europäischen Kommission noch die Formulierung „in den Grenzen dieser Verordnung" zu finden war, nicht geschlossen werden, dass dies klar gegen eine Vollharmonisierung spricht. Vielmehr handelt es sich bei der DS-GVO um einen Kompromissvorschlag, der weder klar für eine Abweichungsmöglichkeit noch eindeutig für das Ergebnis der Vollharmonisierung spricht.

Im Hinblick auf die Auslegung des Wortlauts müssen auch die verschiedenen Sprachfassungen des Art. 88 DS-GVO in den Blick genommen werden, was sich bereits aus der Verbindlichkeit der verschiedenen Sprachfassungen gemäß Art. 55 Abs. 1 AEUV ergibt.[884] Bezogen auf den Vergleich der verschiedenen Sprachfassungen sind sich die Literaturstimmen zunächst darin einig, dass die Übersetzung der englischen („more specific rules") sowie der französischen („régles plus spécifique") Fassung unglücklich gewählt ist, da der Begriff „spezifisch" eigentlich nicht steigerungsfähig ist.[885] Insoweit wird bspw. vorgeschlagen, dass man sich besser des Worts „speziell" und damit der Steigerung „spezieller" hätte bedienen sollen.[886]

---

880 Vgl. Kommissionsvorschlag v. 25.01.2012, KOM(2012) 11 endgültig, S. 108.

881 Vgl. Interinstitutionelles Dossier des Rates der Europäischen Union vom 27.03.2014, 2012/0011 (COD) 7427/1/14, REV 1, S. 216.

882 Vergleichend zu den verschiedenen Entwürfen Synopse des Bayerischen Landesamtes für Datenschutzaufsicht hinsichtlich der DS-GVO der Fassungen des Vorschlags der Europäischen Kommission vom 25. Januar 2012 (KOM(2012) 11 endgültig; 2012/0011 (COD), des Beschlusses des Europäischen Parlaments vom 12. März 2014 im Rahmen der ersten Lesung zu dem oben genannten Vorschlag der Europäischen Kommission (Interinstitutionelles Dossier des Rats der Europäischen Union vom 27.03.2014, 2012/0011 (COD); 7427/1/14, REV 1 und des Rats der Europäischen Union vom 15. Juni 2015, 9565/15.

883 Zur Entstehungsgeschichte vgl. Kühling/Buchner/*Maschmann,* DS-GVO Art. 88 Rn. 34.

884 Zur Wortlautauslegung vgl. EuArbR/*Höpfner* AEUV Art. 288 Rn. 6.

885 *Düwell/Brink,* NZA 2016, 665, 666; *Düwell/Brink,* NZA 2017, 1081, 1082; *Maschmann,* DB 2016, 2480, 2482 f.; Kühling/Buchner/*Maschmann,* DS-GVO Art. 88 Rn. 33.

886 *Franzen,* EuZA 2017, 313, 344; *Maschmann,* DB 2016, 2480, 2482 f.; Kühling/Buchner/*Maschmann,* DS-GVO Art. 88 Rn. 33.

Vor dem Hintergrund der Begriffswahl innerhalb der deutschen Fassung der DS-GVO wird teilweise vertreten, dass durch den nicht zulässigen Komparativ „spezifischere Vorschriften“ lediglich der Vergleich zwischen allgemeinen Regelungen und den besonderen in Art. 88 DS-GVO hingewiesen wird.[887] Dies zugrunde gelegt, vertritt diese Ansicht, dass unter „spezifischere Vorschriften“ jedenfalls auch Regelungen fallen können, die über das Schutzniveau der DS-GVO hinausgehen, da Art. 88 Abs. 2 DS-GVO als besondere Regelung lediglich einen Mindeststandard festsetzt, der nicht unterschritten werden darf.[888] Folgt man dieser Ansicht, welche den Ansatz einer Mindestharmonisierung vertritt, sind im Ergebnis auch speziellere Regelungen erlaubt, die bspw. über das Schutzniveau des Art. 5 DS-GVO hinausgehen.[889]

Dass die Begriffswahl nicht zufällig erfolgt ist und insoweit berücksichtigt werden muss, wurde bereits erwähnt. Unter Berücksichtigung der Erwägungsgründe lässt sich aus dem Begriff „spezifischere“ jedenfalls nicht ableiten, dass damit „strengere Vorschriften“ gemeint sind.[890] Dies ergibt sich aus dem Erwägungsgrund 155, in dem, entgegen dem Wortlaut des Art. 88 Abs. 1 DS-GVO, von „spezifischen Vorschriften“ die Rede ist.[891] Dies spricht dafür, dass mit der Wahl des Begriffs „spezifischere“ den Mitgliedstaaten nicht die Möglichkeit eingeräumt werden sollte, ein strengeres Schutzniveau vorzusehen. In Bezug auf die Bindungswirkung der DS-GVO kann darin eher der Hinweis verstanden werden, dass im Beschäftigungskontext lediglich konkretisierende Regelungen zulässig sind.

Sowohl die Vertreter der Ansicht, dass keine Bindung an das Schutzniveau der DS-GVO besteht,[892] als auch diejenigen Stimmen, die eine Mindestharmonisierung vertreten,[893] stellen ferner darauf ab, dass Regelungsgeber jedenfalls von dem in der DS-GVO festgelegten Schutzstandard nach oben abweichen und darüber hinausgehen können. Dafür spreche der Mindestharmonisierungsansatz im Europäischen Arbeitsrecht.[894] Im Zusammenhang mit dem Europäischen Arbeitsrecht sei insoweit zwar eine Mindestharmonisierung möglich, jedoch keine solche, die einer Vollharmonisierung gleichkomme. Da sich

---

887 *Düwell/Brink*, NZA 2016, 665, 666.

888 *Düwell/Brink*, NZA 2016, 665, 666; im Ergebnis so auch MHdB ArbR/*Reichold*, Band 1, § 96 Rn. 15.

889 *Düwell/Brink*, NZA 2016, 665, 666; Paal/Pauly/*Pauly*, DS-GVO, Art. 88 Rn. 4; im Ergebnis so auch *Schrey/Kielkowski*, BB 2018, 629, 633.

890 Kühling/Buchner/*Maschmann*, DS-GVO Art. 88 Rn. 33.

891 Kühling/Buchner/*Maschmann*, DS-GVO Art. 88 Rn. 33.

892 BeckOK DatenschutzR/*Riesenhuber*, DSGVO § 88 Rn. 72.

893 *Körner*, NZA 2016, 1383, 1383; *Wybitul/Sörup/Pötters*, ZD 2015, 559, 661; a.A. innerhalb der Ansicht, welche sich für die Möglichkeit eines strengeren Datenschutzes ausspricht, *Seifert*, in: Simitis/Hornung/Spiecker gen. Döhmann, Datenschutzrecht, Art. 88 DSGVO Rn. 23.

894 *Körner*, NZA 2016, 1383, 1383; BeckOK DatenschutzR/*Riesenhuber*, DSGVO § 88 Rn. 72.

Art. 88 DS-GVO auf den Beschäftigtendatenschutz beziehe, ließe sich diese Wertung übertragen. Dieses Argument vermag jedoch nicht zu überzeugen. Zwar sind gemäß Art. 153 Abs. 2 lit. b), Abs. 4 AEUV auf dem Gebiet des Arbeitsrechts (Art. 153 Abs. 1 AEUV) nur mindestharmonisierende Richtlinien zulässig.[895] Jedoch schafft die DS-GVO und so auch Art. 88 DS-GVO keinen bereichsspezifischen Rechtsrahmen für die Datenverarbeitung innerhalb des Arbeitsverhältnisses.[896] Art. 88 DS-GVO enthält vielmehr eine reine Öffnungsklausel.

Rechtsgrundlage ist daher gerade nicht die Kompetenzvorschrift des Art. 153 Abs. 1 AEUV, sondern Art. 16 AEUV[897]. Gemäß Art. 16 Abs. 1 AEUV hat jede Person das Recht auf Schutz der sie betreffenden personenbezogenen Daten. Um dies zu gewährleisten, haben das Europäische Parlament und der Rat nach Art. 16 Abs. 2 AEUV die Kompetenz, gemäß dem ordentlichen Gesetzgebungsverfahren Vorschriften über den Schutz natürlicher Personen bei der Verarbeitung personenbezogener Daten durch die Organe, Einrichtungen und sonstige Stellen der Union sowie durch die Mitgliedstaaten im Rahmen der Ausübung von Tätigkeiten, die in den Anwendungsbereich des Unionsrechts fallen, und über den freien Datenverkehr zu erlassen. Art. 16 AEUV erfasst, ebenso wie die DS-GVO, den Datenschutz insgesamt. Zwar enthalten die Vorschriften der DS-GVO auch Regelungen zum Beschäftigungsverhältnis, namentlich in Art. 88 DS-GVO. Allerdings handelt es sich eben nicht ausschließlich um solche Regelungen. Der Datenschutz kann als eine Querschnittsmaterie bezeichnet werden, der in vielen verschiedenen Rechtsbereichen Anwendung findet. Sie geht weit über die Bereiche der Arbeits- und Sozialpolitik, die von Art. 153 Abs. 1 AEUV erfasst werden, hinaus. Als eines von vielen zählt hierzu auch das Arbeitsrecht. Der Verordnungsgeber hat sich dafür entschieden, den Datenschutz als eine solche rechtgebietsübergreifende Materie in einer Verordnung zum Datenschutz zu regeln. Im Lichte dieser Regelungsentscheidung ist auch Art. 88 DS-GVO zu sehen, sodass gerade nicht der Ansatz der Mindestharmonisierung auf diesen übertragen werden kann.

Als Zwischenergebnis lässt sich festhalten, dass sich aus dem Wortlaut noch kein klares Ergebnis dahin ergibt, ob Art. 88 DS-GVO den Mitgliedstaaten die Kompetenz zugesteht, einen strengeren bzw. schwächeren Schutz vorzusehen (keine Bindung an das Schutzniveau), lediglich einen strengerer Schutz zu regeln (Mindestharmonisierung) oder aber das Schutzniveau lediglich in einer nationalen Norm zu konkretisieren, ohne aber vom Schutzniveau abzuweichen („Vollharmonisierung“).[898]

---

895 Vgl. hierzu auch EuArbR/*Höpfner* AEUV Art. 288 Rn. 19.

896 *Seifert*, EuZA 2018, 51, 55 f.

897 Vgl. VO (EU) 2016/679, ABl. EU Nr. L 119/1 v. 4.5.2016, Einleitung und Erwägungsgrund 1; *Hanloser*, in: Forgó/Helfrich/Scheider, Betrieblicher Datenschutz, Kapitel 1, Teil V, Rn. 3.

898 Im Ergebnis so auch Kühling/Buchner/*Maschmann*, DS-GVO Art. 88 Rn. 33.

bb) Teleologische Auslegung

Ein klareres Bild hinsichtlich der Frage, inwieweit eine Abweichung vom Schutzniveau der DS-GVO zulässig ist, könnte sich aber daraus ergeben, dass man den Sinn und Zweck des Art. 88 DS-GVO im Kontext der Rechtsnatur der DS-GVO, ihrem Vergleich zur DSRL und den Zielen der DS-GVO untersucht.

Im Ausgangspunkt kommt der Verordnung gemäß Art. 288 Abs. 3 AEUV eine allgemeine Geltung zu, die sich auf sämtliche Mitgliedstaaten erstreckt.[899] Ferner ist die Verordnung in ihrer Gesamtheit für alle Mitgliedsländer verbindlich.[900] Bei den Verordnungen handelt sich quasi um die Gesetze der Europäischen Union, auch wenn eine solche Terminologie aus ihrer Historie heraus nie gewählt wurde.[901] Der Sinn und Zweck einer Verordnung besteht darin, für alle Mitgliedstaaten die gleichen Regelungen mit der gleichen Regelungstiefe rechtsverbindlich vorzugeben und so eine Rechtsvereinheitlichung herzustellen.[902] Bezogen auf den Datenschutz liegt der DS-GVO und ihren Regelungen eine Abwägung und die Schaffung eines Ausgleichs zwischen dem freien Datenverkehr und der Gewährleistung der Datensicherheit zugrunde. Insoweit soll von diesem Schutzniveau auch nicht nach oben oder unten abgewichen werden, damit in allen Mitgliedstaaten der Datenverkehr in gleichem Umfang gewährleistet werden kann. Mithin zielt die Verordnung nach ihrer rechtlichen Wirkung grundsätzlich auf Vollharmonisierung ab.[903]

Damit unterscheiden sich Verordnungen ganz wesentlich von Richtlinien, welche lediglich hinsichtlich ihrer Ziele verbindlich sind, also nicht unmittelbar wirken, sondern es hinsichtlich der Umsetzung noch eines Umsetzungsakts innerhalb der einzelnen Mitgliedstaaten bedarf.[904] Überwiegend kommt einer Richtlinie damit eine mindestharmonisierende Wirkung zu.[905] Dies kann dazu führen, dass bspw. ein durch die Richtlinie verfolgtes Schutzniveau in den Mitgliedstaaten sehr unterschiedlich ausfällt, weil die Richtlinie nur einen Mindeststandard festlegt. Gleichwohl kann einer Richtlinie auch ein vollharmonisierender Charakter zukommen, was sich am Beispiel der DSRL[906] zeigt.[907] Zu der DSRL hat der EuGH in seiner

---

899 EuArbR/*Höpfner* AEUV Art. 288 Rn. 10; Grabitz/Hilf/Nettesheim/*Nettesheim* AEUV Art. 288 Rn. 99.

900 EuArbR/*Höpfner* AEUV Art. 288 Rn. 10; Grabitz/Hilf/Nettesheim/*Nettesheim* AEUV Art. 288 Rn. 100; Streinz/*Schroeder* AEUV Art. 288 Rn. 41.

901 Grabitz/Hilf/Nettesheim/*Nettesheim* AEUV Art. 288 Rn. 89.

902 Streinz/*Schroeder* AEUV Art. 288 Rn. 38.

903 So auch Gola DS-GVO/*Pötters* DS-GVO Art. 88 Rn. 3, 24; *Gola/Pötters/Thüsing*, RDV 2016, 57, 59; Kühling/Buchner/*Maschmann*, DS-GVO Art. 88 Rn. 32; *Pötters/Wybitul/Böhm*, in: Wybitul, HdB DSGVO, Teil 2 Art. 88 Rn. 14; *Spelge*, DuD 2016, 775, 778; *Wybitul/Sörup/Pötters*, ZD 2015, 559.

904 EuArbR/*Höpfner* AEUV Art. 288 Rn. 22 f.; Grabitz/Hilf/Nettesheim/*Nettesheim* AEUV Art. 288 Rn. 104 ff.

905 EuArbR/*Höpfner* AEUV Art. 288 Rn. 19.

906 RL 95/46/EG, ABl. EG Nr. L 281/31 v. 23.11.95.

907 *Maschmann*, NZA-Beilage 2018, 115, 117.

ASNEF-Entscheidung im Ergebnis entschieden, dass ihr eine vollharmonisierende Wirkung zukommt.[908] Diesem Verständnis hat sich das BAG angeschlossen.[909] In seiner Entscheidung führt der EuGH als Argument für die Vollharmonisierung der DSRL die Abwägung zwischen dem freien Verkehr personenbezogener Daten und dem Schutz der Rechte und Interessen der von diesen Daten betroffenen Personen an.[910] Man könnte sogar so weit gehen und aus der Entscheidung des EuGH einen Erst-Recht-Schluss ziehen: Wenn der EuGH eine Vollharmonisierung bereits für die DSRL vertreten hat, muss dies erst recht für die Verordnung gelten, da diese ja ohnehin auf eine Vollharmonisierung abzielt.[911]

Dieses Ergebnis ergibt sich aber auch aus einem Vergleich der Zielsetzung der DS-GVO mit der der DSRL. Schon zur DSRL hieß es in Erwägungsgrund 8[912]: „Zur Beseitigung der Hemmnisse für den Verkehr personenbezogener Daten ist ein gleichwertiges Schutzniveau hinsichtlich der Rechte und Freiheiten von Personen bei der Verarbeitung dieser Daten in allen Mitgliedstaaten unerläßlich. Insbesondere unter Berücksichtigung der großen Unterschiede, die gegenwärtig zwischen den einschlägigen einzelstaatliche Rechtsvorschriften bestehen, und der Notwendigkeit, die Rechtsvorschriften der Mitgliedstaaten zu koordinieren, damit der grenzüberschreitende Fluß personenbezogener Daten kohärent und in Übereinstimmung mit dem Ziel des Binnenmarktes im Sinne des Artikels 7a des Vertrags geregelt wird, läßt sich dieses für den Binnenmarkt grundlegende Ziel nicht allein durch das Vorgehen der Mitgliedstaaten verwirklichen“. Insoweit bestand schon zur damaligen Zeit die Notwendigkeit zu einer Vereinheitlichung im Hinblick auf die Verarbeitung personenbezogener Daten zu gelangen. Diese Ziele haben sich nicht geändert und werden auch mit der DS-GVO verfolgt. Dies wird bspw. in Erwägungsgrund 9[913] deutlich, der zum Ausdruck bringt, dass die Grundsätze der DSRL noch immer Gültigkeit haben.[914] Gleichzeitig wird – trotz der vollharmonisierenden Wirkung der DSRL – konstatiert, dass die Richtlinie nicht verhindert habe, dass der Datenschutz unterschiedlich gehandhabt werde und Rechtsunsicherheit bestehe. Ferner heißt es, dass „Unterschiede beim Schutzniveau für die Rechte und Freiheiten von natürlichen Personen im Zusammenhang mit der Verarbeitung personenbezogener Daten in den Mitgliedstaaten, vor allem beim Recht auf Schutz dieser Daten, den unionsweiten freien Verkehr solcher Daten behindern [können]“.[915] Am Ende könnten diese Unterschiede im Schutzniveau, was der Verordnungsgeber ebenfalls in Erwägungsgrund 9 betont, ein Hemmnis für

908 EuGH, NZA 2011, 1409 ff. – ASNEF.
909 BAG, NZA 2017, 1179, 1183 f.; so auch *Grau/Dzida*, NZA 2017, 1515, 1518.
910 EuGH, NZA 2011, 1409, 1410 – ASNEF.
911 A.A. *Däubler*, in: Däubler/Wedde/Weichert/Sommer, Art. 88 DSGVO Rn. 15 f.
912 Vgl. RL 95/46/EG, ABl. EG Nr. L 281/31 v. 23.11.95, Erwägungsgrund 8.
913 VO (EU) 2016/679, ABl. EU Nr. L 119/1 v. 4.5.2016, Erwägungsgrund 9.
914 *Spelge*, DuD 2016, 775, 777 f.
915 VO (EU) 2016/679, ABl. EU Nr. L 119/1 v. 4.5.2016, Erwägungsgrund 9.

die unionsweite Ausübung von Wirtschaftstätigkeiten darstellen, den Wettbewerb verzerren und die Behörden an der Erfüllung der ihnen nach dem Unionsrecht obliegenden Pflichten hindern.[916] Gerade die Erwägungsgründe, die zur Auslegung der DS-GVO herangezogen werden können, zeigen deutlich, dass es dem Verordnungsgeber darum geht, durch die DS-GVO ein einheitliches Schutzniveau zu erreichen, damit – neben dem Schutz der personenbezogenen Daten – auch der freie Datenverkehr gesichert ist.[917] Dieses Ziel, also der Ausgleich zwischen Datensicherheit und Freiheit des Datenverkehrs sowie der dazu notwendige kohärente Rechtsrahmen, ergibt sich ferner aus den Erwägungsgründen 6, 7, 10 und 13 der DS-GVO. Die Erreichung dieses Ziels würde gehemmt, würde man eine Verschärfung des Datenschutzes zulassen.

Die rechtliche Wirkung der DSRL und ihre Ziele sprechen also sehr stark dafür, dass – trotz des Vorliegens einer Öffnungsklauseln in Art. 88 DS-GVO – der DS-GVO eine vollharmonisierende Wirkung zukommen soll.[918] Es würde keinen Sinn ergeben, dass für die neue rechtliche Grundlage des Datenschutzes, nachdem die vorher bestehende Richtlinie – obwohl nicht zwingend – bereits als vollharmonisierend angesehen wurde, das Rechtsinstitut der Verordnung gewählt wird, obwohl nunmehr eine Vollharmonisierung überhaupt nicht mehr gewollt ist. Es geht gerade um die verbindliche Angleichung des datenschutzrechtlichen Schutzniveaus in allen Mitgliedsländern, unter Berücksichtigung der Abwägung zwischen Datenschutz und Freiheit des Datenverkehrs. Hierfür spricht auch, vergleicht man Art. 1 Abs. 1 und 2 DSRL[919] mit Art. 1 Abs. 2 und 3 DS-GVO[920], dass die DSRL und die DS-GVO fast wortgleich die gleichen Ziele verfolgen. Eine Änderung dieser Haltung im Hinblick auf den in Art. 88 DS-GVO geregelten Beschäftigtendatenschutz ist auch nicht in den Erwägungsgründen erkennbar. Insbesondere ergibt sich dies nicht aus Erwägungsgrund 155, welcher sich auf Art. 88 DS-GVO bezieht.[921] Aus diesem geht hervor, dass den Mitgliedstaaten das Recht zusteht, spezifische Vorschriften für die Verarbeitung personenbezogener Beschäftigtendaten im Beschäftigungskontext vorzusehen.[922] Aber auch aus anderen Erwägungsgründen ergibt sich nichts anderes, so auch nicht aus Erwägungsgrund 10 der DS-GVO, in dem allgemein herausgestellt wird, dass nationale Bestimmungen möglich sind, „mit denen die Anwendung der Vorschriften dieser Verordnung genauer festgelegt wird“, den Mitgliedstaaten ein „Spielraum für Spezifizierungen ihrer Vorschriften“ gegeben wird und „diese Verordnung nicht Rechtsvorschriften der Mitgliedstaaten ausschließt, in denen die Umstände besonderer Verarbeitungssituationen festgelegt

916 VO (EU) 2016/679, ABl. EU Nr. L 119/1 v. 4.5.2016, Erwägungsgrund 9.
917 So auch *Spelge*, DuD 2016, 775, 778.
918 So auch *Franzen*, EuZA 2017, 313, 344 f. m.w.N.
919 RL 95/46/EG, ABl. EG Nr. L 281/31 v. 23.11.95.
920 VO (EU) 2016/679, ABl. EU Nr. L 119/1 v. 4.5.2016.
921 VO (EU) 2016/679, ABl. EU Nr. L 119/1 v. 4.5.2016, Erwägungsgrund 155.
922 VO (EU) 2016/679, ABl. EU Nr. L 119/1 v. 4.5.2016, Erwägungsgrund 155.

werden".[923] Im Ergebnis bringt Erwägungsgrund 10 damit zum Ausdruck, dass spezifische Regelungen in den Grenzen der Verordnung möglich sind, da in demselben Erwägungsgrund betont wird, dass das Schutzniveau für die Rechte und Freiheiten natürlicher Personen bei der Verarbeitung dieser Daten in allen Mitgliedstaaten gleichwertig sein sollte, um ein gleichmäßiges und hohes Datenschutzniveau für natürliche Personen zu gewährlisten und die Hemmnisse für den Verkehr personenbezogener Daten in der Union zu beseitigen.[924] In welchen Grenzen solche spezifischen Regelungen möglich sind, richtet sich wiederum nach den konkreten Regelungen in der DS-GVO, was sich, wie bereits erwähnt, an Regelungen wie Art. 9 Abs. 4, 23 und 85 Abs. 2 DS-GVO zeigt.

Gegen diese Argumentation, welche sich an der Rechtsnatur der DS-GVO, ihrer Zielsetzung und dem Vergleich zur DSRL ausrichtet, ließe sich anführen, dass es bei dem hier dargestellten Streitstand allein um die Auslegung der DS-GVO und die Reichweite der Öffnungsklausel gehen darf. In diesem Zusammenhang wird teilweise vorgebracht, dass die ASNEF-Entscheidung des EuGH[925] und die Folgerungen aus ihr nicht geeignet seien, etwas bei der Klärung dieses Streits beizutragen.[926] Dem lässt sich aber entgegenhalten, dass die DS-GVO gerade die Fortführung der DSRL darstellt, was, wie bereits herausgearbeitet, an verschiedener Stelle in den Erwägungsgründen zum Ausdruck kommt, und der Verordnungsgeber bei der Ausarbeitung der DS-GVO auch die Rechtsprechung des EuGH zu dieser Richtlinie zugrunde gelegt hat. Der Sinn und Zweck der DS-GVO und darauf aufbauend des Art. 88 DS-GVO lässt sich nur ermitteln, wenn man die DSRL und die Bewertung von dieser durch den EuGH in die Auslegung einbezieht. Hätte der Verordnungsgeber eine Abweichung von der oben dargestellten Rechtsprechung zur DSRL gewollt, hätte er dies deutlich zum Ausdruck gebracht. Das Gegenteil ist jedoch der Fall, was die Erwägungsründe 3 und 9 der DS-GVO zeigen.

Bezogen auf den Sinn und Zweck des Art. 88 DS-GVO wird von der Ansicht, welche von einer Mindestharmonisierung ausgeht, vertreten, dass ein generelles Verbot von günstigeren nationalen Vorschriften dazu führen würde, dass die Bewegungsfreiheit der Mitgliedstaaten, nationale Vorschriften über einen bereichsspezifischen Beschäftigtendatenschutz zu erlassen, stark eingeengt und auf diese Weise die Verwirklichung von Sinn und Zweck des Art. 88 Abs. 1 DS-GVO weitgehend vereitelt werden würde.[927] Dieser Ansicht muss jedoch entgegengehalten werden, dass eine solche Einengung bzw. Begrenzung auf eine reine Konkretisierung durch die Regelung des Art. 88 Abs. 1 DS-GVO vor dem Hintergrund der Rechtsnatur

923 Für den genauen Wortlaut vgl. VO (EU) 2016/679, ABl. EU Nr. L 119/1 v. 4.5.2016, Erwägungsgrund 10.

924 VO (EU) 2016/679, ABl. EU Nr. L 119/1 v. 4.5.2016, Erwägungsgrund 10.

925 EuGH, NZA 2011, 1409 ff. – ASNEF.

926 *Kort*, ZD 2017, 319, 322.

927 *Seifert*, in: Simitis/Hornung/Spiecker gen. Döhmann, Datenschutzrecht, Art. 88 DSGVO Rn. 23.

der DS-GVO und ihres Zwecks gewollt ist. Es geht gerade darum, einem einheitlichen Datenschutzniveau, welches bereits zur DSRL vertreten wurde, durch die DS-GVO zur eindeutigen Wirksamkeit zu verhelfen. Nur soweit die DS-GVO dies ausdrücklich vorsieht, sollen Abweichungen von diesem Schutzniveau möglich sein. Dies muss sich aber eindeutig aus der jeweiligen Reglung ergeben, was bei Art. 88 Abs. 1 DS-GVO gerade nicht der Fall ist.

Vielmehr ist vor dem Hintergrund der angeführten teleologischen Erwägungen noch einmal auf den Wortlaut des Art. 88 Abs. 1 DS-GVO einzugehen. Die Regelung in Art. 88 Abs. 1 DS-GVO soll sicherstellen, dass das Schutzniveau der DS-GVO im Beschäftigungskontext umfassende Geltung erlangt. Um diesen Schutz effektiv umzusetzen und zu präzisieren, können die Vorschriften „spezifischere Vorschriften" vorsehen, welche den Beschäftigtendatenschutz konkretisieren, um das von der DS-GVO vorgegebene Schutzniveau optimal umzusetzen. Es geht also um spezifischere Vorschriften im Vergleich zu der Detailtiefe des Art. 88 Abs. 1 DS-GVO, nicht jedoch darum, eine Abweichungsmöglichkeit zu normieren.[928] Dies ergibt sich auch aus Erwägungsgrund 8 der DS-GVO, in dem es heißt: „Wenn in dieser Verordnung Präzisierungen oder Einschränkungen ihrer Vorschriften durch das Recht der Mitgliedstaaten vorgesehen sind, können die Mitgliedstaaten Teile dieser Verordnung in ihr nationales Recht aufnehmen, soweit dies erforderlich ist, um die Kohärenz zu wahren und die nationalen Rechtsvorschriften für die Personen, für die sie gelten, verständlicher zu machen".[929]

Gegen diese Auslegung, welche sich gerade aus einer effektiven Umsetzung der Ziele der DS-GVO herleitet, ließe sich anführen, dass es hinsichtlich des Beschäftigtendatenschutzes regelmäßig an einem internationalen Bezug fehle, da sich entsprechend problematische Maßnahmen (bspw. Videoüberwachung, Detektiveinsätze etc.) grundsätzlich auf nationale Sachverhalte bezögen.[930] Dies Argument verfängt indes nicht, wie auch *Maschmann* zutreffend darstellt.[931] In der heutigen Wirtschafts- und Arbeitswelt sind viele Bereiche von einer internationalen Verflechtung geprägt. Dies zeigt sich am deutlichsten anhand der international tätigen Konzerne, bei denen ein Datenaustausch im Hinblick auf die in den verschiedenen Ländern zum Einsatz kommenden Arbeitnehmer notwendig ist. Es zeigt sich aber auch bei kleinen und mittelständischen Unternehmen, die zunehmend Aufträge von im Ausland ansässigen Auftraggebern mit Leistungen im In- und Ausland erhalten. Auch in der täglichen Praxis des Verfassers stellen sich immer wieder Fragen zum Einsatz von Arbeitnehmern oder Leiharbeitnehmern mit grenzüberschreitendem Bezug.

---

928 Vgl. hierzu auch schon im Zusammenhang mit der Wortlautauslegung, Kapitel 2 § 2 B. III. 1.

929 Vgl. RL 95/46/EG, ABl. EG Nr. L 281/31 v. 23.11.95, Erwägungsgrund 8.

930 Vgl. hierzu Kühling/Buchner/*Maschmann,* DS-GVO Art. 88 Rn. 36.

931 Kühling/Buchner/*Maschmann,* DS-GVO Art. 88 Rn. 37.

cc) Systematische Auslegung

Legt man Art. 88 DS-GVO systematisch aus, so ließe sich zunächst argumentieren, dass die Normierung einer generellen Berechtigung hinsichtlich spezifischer Vorschriften in Abs. 1 sowie die Festlegung von spezifischen Standards in Abs. 2 obsolet sei, wenn keine Abweichung nach unten oder oben möglich wäre.[932] Auf dieses Argument stellt die Ansicht ab, nach welcher keine Bindung an das Schutzniveau der DS-GVO besteht. Dem ist jedoch entgegenzuhalten, dass Abs. 2 statuiert, dass Reglungen auf der Basis des Art. 88 Abs. 1 DS-GVO geeignete und besondere Maßnahmen zu den in Abs. 2 genannten und datenschutzrechtlich besonders relevanten Themen enthalten soll. Durch die genannten Punkte bringt der Verordnungsgeber zum Ausdruck, worauf es ihm Besonderen ankommt. Darauf weist auch die Verwendung des Worts „insbesondere" hin, wonach die Auflistung nicht abschließend ist. Die Betonung der genannten Themenfelder ändert indes nichts daran, dass durch die allgemeine Regelung in Art. 88 Abs. 1 DS-GVO im Kontext der Zielsetzung der DS-GVO klargestellt wird, dass, bezogen auf Beschäftigtendaten, ein Abweichen vom Schutzniveau nicht zulässig ist.

Ein systematisches Argument, welches vielmehr für eine Vollharmonisierung spricht und bereits im Hinblick auf den Wortlaut sowie die Zielsetzung der DS-GVO aufgegriffen wurde, ist das Verhältnis von Art. 88 DS-GVO zu anderen Normen der DS-GVO. Insoweit wurde bereits angesprochen, dass bspw. die Art. 9, 23 und 85 DS-GVO jeweils Abweichungsmöglichkeiten vorsehen, was bei Art. 88 DS-GVO gerade nicht der Fall ist. Dies spricht dafür, dass die auf der Basis des Art. 88 DS-GVO geschaffenen Normen gerade nicht vom Schutzniveau der DS-GVO abweichen dürfen.[933]

dd) Historische Auslegung

Im Hinblick auf die Entstehungsgeschichte der DS-GVO spricht für die Vollharmonisierung die Tatsache, dass die DS-GVO aus der DSRL folgt und beide Rechtsakte die gleichen Ziele verfolgen. Im Übrigen lassen sich aus der Historie der DS-GVO insgesamt, aber auch des Art. 88 DS-GVO keine Argumente gegen das Ziel einer Vollharmonisierung ableiten.[934] Vielmehr gibt die Entstehungsgeschichte, wie *Maschmann* zurecht anmerkt, keinen klaren Belege für oder gegen eine der oben dargestellten drei Strömungen.[935] Insoweit mussten, worauf bereits im Rahmen

---

932 BeckOK DatenschutzR/*Riesenhuber*, DSGVO § 88 Rn. 71.

933 *Franzen*, EuZA 2017, 313, 344 f.

934 Im Ergebnis so auch *Spelge*, wobei sie – anders als bei der hier folgenden Argumentation – hinsichtlich der Entstehungsgeschichte vor allen auf den verbliebenen Wortlaut von Art. 88 Abs. 1 DS-GVO abstellt und daher der Ansicht ist, dass es sich bei „spezifischen Regelungen" unzweifelhaft nur um konkretisierende Regelungen handeln könne, mit denen die Anwendung der Vorschriften der DS-GVO genauer festgelegt werde, nicht aber um Regelungen, mit denen der Schutzstandard der DS-GVO unter- oder überschritten werde, vgl. *Spelge*, DuD 2016, 775, 778 m.w.N.

935 Kühling/Buchner/*Maschmann*, DS-GVO Art. 88 Rn. 34.

der Auslegung des Wortlauts hingewiesen wurde, die Meinungsverschiedenheiten zwischen dem Rat der Europäischen Union, dem Europäischen Parlament sowie der Europäischen Kommission in einem „Trilog" aufgelöst werden.[936] Die DS-GVO in ihrer jetzigen Fassung stellt demnach einen Kompromissvorschlag dar, aus dem sich keine klare Entscheidung für eine der jeweiligen Positionen[937] ableiten lässt.[938]

Vor dem Hintergrund der Notwendigkeit eines Trilogs verfängt auch nicht das teilweise vorgebrachte Argument, dass aus dem Umstand, dass die Formulierung „in den Grenzen dieser Verordnung per Gesetz" in dem Entwurf der Europäischen Kommission (dort in Art. 82)[939] gestrichen wurde, der Schluss gezogen werden könne, dass Art. 88 DS-GVO lediglich einen Mindeststandard festlege.[940] Es bestanden sehr unterschiedliche Entwürfe, die in einem umfangreichen Vermittlungsverfahren auf einen Nenner gebracht werden mussten. Für die gestrichene Formulierung wurde auch keine Formulierung aufgenommen, die für eine Abweichungsmöglichkeit sprechen würde. Im Übrigen ändert die Streichung nichts daran, worauf *Pötters* zurecht hinweist, dass die DS-GVO im Ergebnis verbindliche Vorgaben für den Bereich des Beschäftigtendatenschutzes vorsehe.[941] Dies zeigt sich sowohl an der Formulierung „spezifischere Vorschriften" in Art. 88 Abs. 1 DS-GVO als auch an den in Abs. 2 normierten Anforderungen.

Dass der Verordnungsgeber die Vollharmonisierung gewollt hat, wird aus Sicht des Verfassers auch aus der Einrichtung des Europäischen Datenschutzausschusses gemäß Art. 68 Abs. 1 DS-GVO („Ausschuss") und dessen Aufgabenbereichen nach Art. 70 Abs. 1 DS-GVO indiziert. Bei dem Ausschuss handelt es sich nach Art. 68 Abs. 1 DS-GVO um eine eigene Rechtspersönlichkeit, welche nach Art. 69 Abs. 1 DS-GVO bei der Erfüllung seiner Aufgaben oder in Ausübung seiner Befugnisse gemäß Art. 70 DS-GVO unabhängig handelt. Aus der Regelung zum Aufgabenkatalog des Ausschusses in Art. 70 DS-GVO ergibt sich, dass der Ausschuss u.a. für die Sicherstellung der einheitlichen Anwendung der DS-GVO

---

936 Vergleichend zu den verschiedenen Entwürfen vgl. Synopse BayLDA DS-GVO.

937 Zu den verschiedenen Positionen vgl. die Vorschläge der Europäischen Kommission (vgl. Kommissionsvorschlag v. 25.01.2012, KOM(2012) 11 endgültig), des Europäischen Parlaments (vgl. Interinstitutionelles Dossier des Rates der Europäischen Union vom 27.03.2014, 2012/0011 (COD) 7427/1/14, REV 1) sowie des Rats der Europäischen Union (vgl. Interinstitutionelles Dossier des Rates der Europäischen Union vom 11.06.2015, 2012/0011 (COD) 9565/15).

938 Zur Entstehungsgeschichte vgl. Kühling/Buchner/*Maschmann*, DS-GVO Art. 88 Rn. 34.

939 Vgl. Kommissionsvorschlag v. 25.01.2012, KOM(2012) 11 endgültig., S. 108.

940 *Körner*, NZA 2016, 1383; Paal/Pauly/*Pauly*, DS-GVO, Art. 88 Rn. 4; *Tiedemann*, in: Sydow, Europäische DSGVO, Art. 88 Rn. 26; *Wybitul/Sörup/Pötters*, ZD 2015, 559, 561; in diese Richtung auch *Däubler*, in: Däubler/Wedde/Weichert/Sommer, Art. 88 DSGVO Rn. 15 f.

941 *Gola/Pötters/Thüsing*, RDV 2016, 57; Gola DS-GVO/*Pötters* DS-GVO Art. 88 Rn. 24; *Wybitul/Pötters*, RDV 2016, 8.

zuständig ist (vgl. Art. 70 Abs. 1 S. 1 DS-GVO). Gemäß Art. 70 Abs. 1 S. 2 lit. e) DS-GVO ist der Ausschuss dafür zuständig, Leitlinien, Empfehlungen und bewährte Verfahren zwecks Sicherstellung einer einheitlichen Anwendung der DS-GVO bereitzustellen. In diesem Zusammenhang obliegt es dem Ausschuss ein gemeinsames Verfahren für die von natürlichen Personen vorgenommenen Meldungen und Verstöße festzulegen (vgl. Art. 70 Abs. 1 S. 2 lit. m) i.V.m. Art. 54 Abs. 2 DS-GVO). Diese Regelungen sprechen dafür, dass die DS-GVO in allen Mitgliedstatten einheitlich gehandhabt werden soll, selbstverständlich unter Berücksichtigung der ausdrücklich normierten Ausnahme. Eine solche ausdrückliche Ausnahme ist in Art. 88 DS-GVO indes nicht enthalten. Gerade im Hinblick auf den Beschäftigtendatenschutz macht ein gemeinsames Verfahren zur Meldung von Verstößen nur Sinn, soweit ein einheitliches Schutzniveau für alle in den Mitgliedstaaten betroffenen Beschäftigten gilt. Hierfür spricht außerdem, dass der Ausschuss für die Errichtung eines datenschutzspezifischen Zertifizierungsverfahrens zuständig ist (vgl. Art. 70 Abs. 1 S. 2 lit. n) i.V.m. Art. 42 DS-GVO). Dieses dient, verbunden mit den Datenschutzsiegeln, dazu nachzuweisen, dass die DS-GVO eingehalten wird. Eine solche Zertifizierung lässt sich nur dann effektiv implementieren, wenn dem Prüfverfahren ein einheitliches Schutzniveau zugrunde liegt.

b) Besonderheit im Hinblick auf Betriebsvereinbarungen

Im konkreten Zusammenhang mit Betriebsvereinbarungen besteht eine ältere Entscheidung des BAG, nach welcher eine Betriebsvereinbarung auch zuungunsten der Arbeitnehmer von den Vorschriften des BDSG in der Fassung von 1977 abweichen könne.[942] Im Hinblick auf den oben dargestellten Streitstand lässt sich aus dieser Entscheidung jedoch kein Argument für eine Abweichungsmöglichkeit vom Schutzniveau der DS-GVO sowohl zugunsten als auch zuungunsten der Arbeitnehmer herleiten. Zunächst stammt diese Entscheidung noch aus der Zeit vor Inkrafttreten der DSRL. Durch diese und auch die nunmehr in Kraft getretene DS-GVO hat sich die Rechtslage zu der in den 80er-Jahren entscheidend geändert. Dem BAG kommt schon keine Kompetenz hinsichtlich einer verbindlichen Auslegung der DS-GVO zu. Im Übrigen zeigt die neue Rechtsprechung des BAG, dass ohnehin eine Änderung der Rechtsprechung zu der genannten Entscheidung vollzogen wurde.[943]

Aber auch in die andere Richtung, also im Hinblick auf eine etwaige Verschärfung des Datenschutzes, sind Besonderheiten im Hinblick auf Betriebsvereinbarungen zu beachten. Insoweit kam es in der Vergangenheit in der Praxis durchaus vor, dass bestimmte Verbote hinsichtlich der Datenverarbeitung vereinbart wurden, so z.B. die Regelung, dass die Datenverarbeitung zum Zwecke der Aufklärung von Straftaten zulässig, zur Aufklärung von sonstigen Pflichtverletzungen

942 BAG, NZA 1986, 643, 646.
943 BAG, NZA 2017, 1179, 1183.

hingegen unzulässig ist.[944] Als weitere Beispiele sind pauschale Kontrollverbote, ein absolutes Verbot heimlicher Videoüberwachung, die Statuierung eines gerichtlichen Verwertungsverbots für mitbestimmungs- oder datenschutzwidrig erlangtes Beweismaterial oder der Ausschluss jeglicher Verhaltens- und Leistungskontrolle zu nennen.[945] Auch solche Betriebsvereinbarungen sind, soweit sie bereits bestehen, unanwendbar bzw. auch in der Zukunft nicht zulässig. Dies ergibt sich aus der hier vertretenen vollharmonisierenden Wirkung der DS-GVO.[946]

III. Anforderungen gemäß Art. 88 Abs. 2 DS-GVO

1. Grundlagen

Alle nationalen Regelungen im Beschäftigungskontext müssen die Grundrechte sowie die Interessen der Betroffenen hinreichend schützen.[947] Damit dies gewährleistet wird, enthält Art. 88 Abs. 2 DS-GVO spezifische Anforderungen an nationale Rechtsvorschriften bzw. nationale kollektivrechtliche Regelungen. Zu Letzteren gehören auch die Betriebsvereinbarungen nach dem deutschen BetrVG, welchen gerade im deutschen Arbeitsrecht eine sehr bedeutende Rolle zukommt. Nach der letzten Berichtigung der DS-GVO müssen sie „geeignete und besondere Maßnahmen zur Wahrung der menschlichen Würde, der berechtigten Interessen und der Grundrechte der betroffenen Person, insbesondere im Hinblick auf die Transparenz der Verarbeitung, die Übermittlung personenbezogener Daten innerhalb einer Unternehmensgruppe oder einer Gruppe von Unternehmen, die eine gemeinsame Wirtschaftstätigkeit ausüben, und die Überwachungssysteme am Arbeitsplatz“ umfassen.[948] Während es vormals noch „angemessene und besondere Maßnahmen“ hieß, heißt es nunmehr „geeignete und besondere Maßnahmen“. Dabei gilt Art. 88 Abs. 2 DS-GVO unabhängig davon, ob die in Blick genommenen Vorschriften bzw. Kollektivvereinbarungen noch erarbeitet werden oder bereits erlassen wurden.[949]

Zunächst ist zu beachten, dass mit dem Schutz der menschlichen Würde, der berechtigten Interessen und der Grundrechte der betroffenen Person allgemeine Grundrechtspositionen angesprochen werden, welche sich auch aus

---

944 *Grau/Dzida*, NZA 2017, 1515, 1518 f.

945 *Dzida/Grau*, DB 2018, 189, 193; *Maschmann*, NZA-Beilage 2018, 115, 116.

946 Im Ergebnis so auch *Grau/Dzida*, NZA 2017, 1515, 1518 f.; *Maschmann*, DB 2016, 2480, 2486.

947 Gola DS-GVO/*Pötters* DS-GVO Art. 88 Rn. 14.

948 Berichtigung der Verordnung (EU) 2016/679 des Europäischen Parlaments und des Rates vom 27. April 2016 zum Schutz natürlicher Personen bei der Verarbeitung personenbezogener Daten, zum freien Datenverkehr und zur Aufhebung der Richtlinie 95/46/EG (Datenschutz- Grundverordnung) (ABl. L 119 vom 4.5.2016), ABl. EU Nr. L 127 v. 23.05.2018.

949 EuArbR/*Franzen* DS-GVO Art. 88 Rn. 18.

anderen – für die Mitgliedstaaten – verbindlichen Rechtsquellen ergeben, so auch aus Art. 8 GRCh. Überdies ist der in Art. 88 Abs. 2 DS-GVO genannte Transparenzschutz bereits ausdrücklich in den Grundsätzen der Datenverarbeitung nach Art. 5 DS-GVO normiert. Mithin kommt der Regelung eher eine deklaratorische Wirkung zu.[950]

Dass die Vorgaben der Öffnungsklausel des Art. 88 DS-GVO auch in Bezug auf Betriebsvereinbarungen gewahrt werden, ergibt sich aus dem BetrVG. Gerade die Verpflichtung zum Schutz des allgemeinen Persönlichkeitsrechts, welches durch Überwachungs- und Aufklärungsmaßnahmen eingeschränkt werden kann, ist in § 75 Abs. 2 S. 1 BetrVG i.V.m. Art. 2 Abs. 1 i.V.m. Art. 1 Abs. 1 GG explizit normiert. Danach haben Arbeitgeber und Betriebsrat die freie Entfaltung der Persönlichkeit der im Betrieb beschäftigten Arbeitnehmer zu schützen und zu fördern.

Zu dem durch Art. 2 Abs. 1 i.V.m. Art. 1 Abs. 1 GG geschützten allgemeinen Persönlichkeitsrecht gehört das Recht auf informationelle Selbstbestimmung. Dieses garantiert die Befugnis, selbst über die Preisgabe und Verwendung persönlicher Daten zu entscheiden.[951] Dieses Recht wird ferner über Art. 8 Abs. 1 EMRK abgesichert. Der Schutz des Rechts auf informationelle Selbstbestimmung wird durch die sich aus den Bestimmungen des BDSG abzuleitenden Anforderungen an eine zulässige Datenverarbeitung konkretisiert und aktualisiert,[952] so auch durch § 26 BDSG. § 26 Abs. 4 S. 2 BDSG verweist die Verhandlungspartner hinsichtlich der Gestaltung von Betriebsvereinbarungen unmittelbar auf Art. 88 Abs. 2 DS-GVO und die darin normierten Anforderungen[953], welche zwingend einzuhalten sind. Bei der Regelung in § 26 Abs. 4 S. 2 BDSG dürfte es sich jedoch nur um eine Klarstellung handeln, da der DS-GVO ohnehin eine unmittelbare und allgemeine Geltung zukommt.

Darüber hinaus ist bei der Ausarbeitung der nationalen Vorschriften mit der hier vertretenen Auffassung zur vollharmonisierenden Wirkung der DS-GVO zu beachten, dass nur konkretisierende Regelungen zulässig sind.[954] Mithin ist eine Abweichung vom Schutzniveau der DS-GVO nicht zulässig. Es geht also primär darum, in den Betriebsvereinbarungen Einzelregelungen zu treffen, welche die betriebliche Situation klarer abbilden.[955] Wie es *Franzen* zutreffend ausführt, sind mögliche Regelungsgegenstände „bspw. die Beschreibung der konkreten Verarbeitungszwecke, Regeln über die Möglichkeit von Kontrollen des Verhaltens und der Leistung von Mitarbeitern, Zugriffsberechtigungskonzepte und Löschkonzepte“.[956]

---

950 *Selk,* in: Forgó/Helfrich/Scheider, Betrieblicher Datenschutz, Kapitel 3, Teil V, Rn. 123.

951 BAG, NZA 2017, 394; BAG, NZA 2014, 243, 248.

952 So zur alten Rechtslage BAG, NZA 2017, 394. Diese Erwägung kommt auch nach der aktuellen Rechtslage weiterhin volle Gültigkeit zu.

953 *Maschmann,* NZA-Beilage 2018, 115, 116.

954 *Pötters/Wybitul/Böhm,* in: Wybitul, HdB DSGVO, Teil 2 Art. 88 Rn. 14.

955 Zu Gestaltung von Betriebsvereinbarungen vgl. im Einzelnen Kapitel 2 § 3 B. III.

956 ErfK/*Franzen* BDSG § 26 Rn. 48.

Befasst man sich nun näher mit dem konkreten Wortlaut der Vorschrift, so ist zunächst *Selk* zuzustimmen, nach dem es sich bei den geforderten Maßnahmen um tatsächliche organisatorische Maßnahmen handelt, die durch die Verwender umzusetzen sind.[957] Mithin reicht es nicht aus, wenn die nationalen Vorschriften oder Kollektivvereinbarungen rein rechtliche Vorgaben benennen, aber eben keine tatsächlich umzusetzenden Maßnahmen. Dafür spricht der Wortlaut von Art. 88 Abs. 2 DS-GVO. Die Vorschriften sollen „Maßnahmen" umfassen. Der Begriff „Maßnahmen" zielt nach seinem Sprachgebrauch auf eine aktive Handlung ab, die im vorliegenden Kontext umgesetzt wird, um das geforderte Schutzniveau sicherzustellen.[958] Für dieses Verständnis spricht auch der Wortlaut anderer Regelungen, wie z.B. Art. 24 Abs. 1 oder Art. 32 Abs. 1 DS-GVO, welche von „technischen und organisatorischen Maßnahmen" sprechen. Die Bezugnahme auf den technischen Aspekt zeigt, dass konkrete Handlungspflichten/Prozesse gemeint sind. Wäre es dem Verordnungsgeber darum gegangen, dass nationale Vorschriften bzw. die Kollektivvereinbarungen lediglich Vorgaben für zu ergreifende Maßnahmen aufnehmen sollen, hätte er auch den Begriff „Vorgaben" verwenden können.

a) „Geeignete Maßnahme"

Fraglich ist, wie der Begriff „geeignet" einzuordnen ist, welcher im Rahmen der letzten Berichtigung statt des Begriffs „angemessene" Einzug in die Regelungen gehalten hat.[959] Während eine angemessene Maßnahme auf eine Verhältnismäßigkeitsprüfung hindeutet[960], die Angemessenheit bezieht sich dabei auf die Verhältnismäßigkeitsprüfung im engeren Sinne, ließe sich in Bezug auf die Geeignetheit eine andere Auslegung des Wortlauts zugrunde legen. Vom Verordnungsgeber werden konkrete Maßnahmen gefordert, welche der Einhaltung des Schutzniveaus der DS-GVO dienen. Wenn es also um konkrete Maßnahmen geht, so lässt sich die Ansicht vertreten, dass den Anforderungen an die Geeignetheit eine tatsächliche Wertung zugrunde liegt und die Geeignetheit eben nicht auf eine klassische Verhältnismäßigkeitsabwägung hindeutet.[961] Dafür könnte auch die Tatsache

---

957 *Selk*, in: Ehmann/Selmayr DS-GVO, Art. 88 Rn. 126; *Selk*, in: Forgó/Helfrich/Scheider, Betrieblicher Datenschutz, Kapitel 3, Teil V, Rn. 113 ff.

958 Zu den Möglichkeiten der Auslegung des Begriffs „Maßnahmen" insgesamt *Selk*, in: Ehmann/Selmayr DS-GVO, Art. 88 Rn. 121 ff. m.w.N.

959 Berichtigung der Verordnung (EU) 2016/679 des Europäischen Parlaments und des Rates vom 27. April 2016 zum Schutz natürlicher Personen bei der Verarbeitung personenbezogener Daten, zum freien Datenverkehr und zur Aufhebung der Richtlinie 95/46/EG (Datenschutz- Grundverordnung) (ABl. L 119 vom 4.5.2016), ABl. EU Nr. L 127 v. 23.05.2018.

960 So auch zur alten Fassung *Maschmann*, DB 2016, 2480, 2485; *Wybitul*, NZA 2017, 413, 414, 418.

961 So *Selk*, in: Ehmann/Selmayr DS-GVO, Art. 88 Rn. 131; *Selk*, in: Forgó/Helfrich/Scheider, Betrieblicher Datenschutz, Kapitel 3, Teil V, Rn. 120.

sprechen, dass der Wortlaut entsprechend korrigiert wurde. Insoweit wurde ein verfassungsrechtlich zu deutender Begriff durch einen Begriff ersetzt, der ebenso gut einen tatsächlichen Bezug aufweisen könnte. Für diese Ansicht wird auch die englische Fassung der DS-GVO als Argument herangezogen, in der von „suitable and specific measures" die Rede ist. Die englische Fassung mit der Verwendung des Worts „suitable" könnte i.S.v. „für den Einzelfall passende" Maßnahme gelesen werden.[962]

Nach der hier vertretenen Ansicht ist mit der Änderung des Wortlauts keine Abkehr vom Erfordernis der Verhältnismäßigkeitsprüfung verbunden.[963] Die Geeignetheit stellt für sich gesehen einen Schritt einer umfassenden Verhältnismäßigkeitsprüfung dar. Die Wahl des Begriffs „geeignete" kann nach der hier vertretenen Ansicht so interpretiert werden, dass der Verordnungsgeber diesen Einzelaspekt der Verhältnismäßigkeitsprüfung besonders betonen wollte. Die zu treffenden Maßnahmen müssen mithin geeignet sein, das geforderte Ziel, also die Vorgaben des Art. 88 Abs. 2 DS-GVO zu erreichen. Darüber hinaus lässt sich der Vorschrift nicht entnehmen, dass nunmehr auf eine Verhältnismäßigkeitsprüfung im engeren Sinne verzichtet werden soll. Für eine Abwägung im Rahmen einer Verhältnismäßigkeitsprüfung spricht vielmehr, dass sich im Rahmen des Beschäftigtendatenschutzes grundsätzlich zwei Grundrechtspositionen gegenüberstehen, nämlich der Schutz der personenbezogen Daten nach Art. 8 GRCh sowie die unternehmerische Freiheit nach Art. 16 GRCh.[964] Diese beiden Positionen müssen auch im Hinblick auf die Wahl der zu ergreifenden Maßnahmen in einen schonenden Ausgleich gebracht werden. Insoweit führt auch der Verweis auf die englische Fassung der DS-GVO zu keinem anderen Ergebnis. Überdies spricht für diese Sichtweise, dass die Verhältnismäßigkeitsprüfung für die Verarbeitung personenbezogener Daten den zentralen Bewertungsschritt darstellt.

b) „Besondere Maßnahme"

Die Formulierung „besondere Maßnahme", in der englischen Fassung „specific measures", bringt demgegenüber zum Ausdruck, dass die Rechtsvorschriften bzw. Kollektivvereinbarungen spezifische, auf den jeweiligen konkreten Sachverhalt zugeschnittene Regelungen beinhalten müssen.[965] Insoweit wird klargestellt, dass

---

962 *Selk,* in: Ehmann/Selmayr DS-GVO, Art. 88 Rn. 132.

963 *Däubler,* in: Däubler/Wedde/Weichert/Sommer, Art. 88 DSGVO Rn. 24; *Tiedemann,* in: Sydow, Europäische DSGVO, Art. 88 Rn. 19; zur alten Fassung mit dem Wortlaut „angemessene und besondere Maßnahmen" Kühling/Buchner/*Maschmann,* DS-GVO Art. 88 Rn. 42 f.; *Maschmann,* DB 2016, 2480, 2485; *Schrey/Kielkowski,* BB 2018, 629, 632; *Wybitul,* NZA 2017, 413, 414.

964 *Tiedemann,* in: Sydow, Europäische DSGVO, Art. 88 Rn. 19 f.

965 *Däubler,* in: Däubler/Wedde/Weichert/Sommer, Art. 88 DSGVO Rn. 26; *Selk,* auch wenn er – anders als nach der hier vertretenen Auffassung – die Geeignetheit gerade nicht i.S.e. rechtlichen Verhältnismäßigkeitsprüfung versteht, sondern davon ausgeht, dass es sich um eine rein tatsächliche Anforderung handelt, also eine

Art. 88 Abs. 2 DS-GVO eine Abgrenzung zu allgemeinen Regelungen beinhaltet, welche losgelöst vom konkreten Sachverhalt zu verstehen sind.[966]

c) Teleologische Reduktion des Art. 88 Abs. 2 DS-GVO

Betrachtet man den Wortlaut weiter, so könnte man davon ausgehen, dass jede Rechtsvorschrift oder Kollektivvereinbarung die genannten Anforderungen vollständig erfüllen muss. Über diesen Problempunkt hilft zunächst nicht hinweg, dass gemäß Art. 88 Abs. 1 DS-GVO „spezifischere Vorschriften" vorgesehen werden können, was dafürspricht, dass entsprechende Regelungen nicht zwingend sind. Die Fragestellungen, ob überhaupt eine Regelung geschaffen wird (Art. 88 Abs. 1 DS-GVO) und wenn ja, welche Anforderungen diese erfüllen muss (Art. 88 Abs. 2 DS-GVO), sind nämlich isoliert voneinander zu betrachten. Anders ausgedrückt: Die Tatsache, dass der nationale Gesetzgeber frei darüber entscheiden kann, ob er eine Regelung trifft, ändert nichts daran, dass diese Regelung den Anforderungen des Art. 88 Abs. 2 DS-GVO gerecht werden muss. Allerdings könnte eine teleologische Reduktion des Art. 88 Abs. 2 DS-GVO in Betracht kommen, sodass die genannten Anforderungen nur insoweit geregelt werden müssen, als sie in dem jeweils konkreten Fall einschlägig sind.[967] Für eine teleologische Reduktion spricht, dass die Aufzählung in Art. 88 Abs. 2 DS-GVO nicht abschließend ist. Vielmehr wird der Begriff „insbesondere" verwendet. Insoweit können durchaus noch weitere Anforderungen bestehen, die in konkreten Situationen ebenfalls umgesetzt werden müssten. Wenn nun aber die Aufzählung nicht abschließend ist und weitere Anforderungen hinzukommen können, dann lässt sich auch argumentieren, dass nicht alle genannten Anforderungen zwingend umzusetzen sind. Vielmehr soll es immer auf die Anforderungen ankommen, die im Einzelfall von Bedeutung sind und daher in der Rechtsvorschrift bzw. der Kollektivvereinbarung Berücksichtigung finden müssen.

Im Übrigen könnte es gegen die geforderte Transparenz verstoßen, wenn Maßnahmen geregelt würden, welche überhaupt nicht in Betracht kommen. Gerade dann können Unklarheiten entstehen und eine Überforderung der Adressaten hervorrufen.[968] Soll eine bestimmte Situation also nicht geregelt werden (bspw. Überwachungssysteme am Arbeitsplatz) muss dieser Punkt auch nicht in die

---

tatsächlich/praktisch passende Maßnahme gefordert wird, vgl. *Selk,* in: Forgó/Helfrich/Scheider, Betrieblicher Datenschutz, Kapitel 3, Teil V, Rn. 121.

966 *Ströbel/Wybitul,* in: HdB Europäisches und deutsches Datenschutzrecht, § 10 Rn. 5.; *Wybitul,* NZA 2017, 413, 414.

967 *Haußmann/Brauneisen,* BB 2017, 3065, 3067; *Klösel/Mahnhold,* NZA 2017, 1428, 1432; Paal/Pauly/*Pauly,* DS-GVO, Art. 88 Rn. 13; BeckOK DatenschutzR/*Riesenhuber,* DSGVO § 88 Rn. 79; *Zöll,* in: Taeger/Gabel, DSGVO – BDSG, Art. 88 DSGVO Rn. 33; im Ergebnis so auch *Dzida/Grau,* DB 2018, 189, 191; Gola DS-GVO/*Pötters* DS-GVO Art. 88 Rn. 14 f.

968 BeckOK DatenschutzR/*Riesenhuber,* DSGVO § 88 Rn. 82.

entsprechende Regelung, bspw. einer Betriebsvereinbarung, aufgenommen werden.[969] Würde man hingegen versuchen, alle genannten Punkte zu erfassen, würde dies zu einer reinen Wiederholung von Vorgaben und damit für den Betroffenen zu mehr Verwirrung als Klarheit führen. Im Übrigen wäre eine reine Wiederholung der Regelungen der Verordnung „zur Sicherheit" unzulässig, da ein Normwiederholungsverbot besteht.[970] Zulässig ist hingegen eine Konkretisierung der jeweiligen Aspekte. Dem wird eine entsprechende Regelung gerecht, wenn sie sich auf die jeweils relevanten Punkte beschränkt.

Ferner kann hier auch auf den Sinn und Zweck der Vorschrift abgestellt werden. Es geht darum, einen hohen Datenschutz zu garantieren, soweit datenschutzrechtliche Einschränkungen in Betracht kommen. Soweit nun aber keine datenschutzrechtlichen Einschränkungen bestehen, bedarf es auch keiner Regelung von Maßnahmen, welche hypothetische Sachverhalte erfassen.

Auch wenn nach der hier vertretenen Ansicht die für den entsprechenden Sachverhalt erforderlichen Maßnahmen ausreichen, müssen die Rechtsvorschriften bzw. Kollektivvereinbarungen dennoch die nötige Detailtiefe aufweisen. Die Frage, wann also geeignete und besondere Maßnahmen vorliegen und wann dabei die notwendige Detailtiefe erreicht ist, kann derzeit noch nicht abschließend beantwortet werden. Vielmehr kommt es zum einen auf den jeweiligen Einzelfall an, aber vor allem sind die Konkretisierungen durch den EuGH maßgeblich.[971]

Vorschriften oder Kollektivvereinbarungen, die den Anforderungen gemäß Art. 88 Abs. 2 DS-GVO nicht gerecht werden, sind unanwendbar, da insoweit ein Anwendungsvorrang der DS-GVO besteht (vgl. § 1 Abs. 5 BDSG).[972]

2. Spezifizierungen im Einzelnen

Gemäß Art. 88 Abs. 2 DS-GVO sollen sich die geeigneten und besonderen Maßnahmen insbesondere auf die Transparenz der Verarbeitung, die Übermittlung personenbezogener Daten innerhalb einer Unternehmensgruppe oder einer Gruppe von Unternehmen, die eine gemeinsame Wirtschaftstätigkeit ausüben sowie die Überwachungssysteme am Arbeitsplatz beziehen. Auch wenn die Aufzählung nicht abschließend ist, führt Abs. 2 bestimmte Spezifizierungen an, auf die der Verordnungsgeber die Betonung legen wollte. Insoweit bedarf es einer genauen

---

969 Gola DS-GVO/*Pötters* DS-GVO Art. 88 Rn. 16; *Wybitul*, ZD 2016, 203, 207.

970 Zum Normwiederholungsverbot vgl. Streinz/*Schroeder* AEUV Art. 288 Rn. 43.

971 *Maschmann*, DB 2016, 2480, 2486; Kühling/Buchner/*Maschmann*, DS-GVO Art. 88 Rn. 42; *Tiedemann*, in: Sydow, Europäische DSGVO, Art. 88 Rn. 19 f.

972 *Dzida/Grau*, DB 2018, 189, 193; *Gola/Pötters/Thüsing*, RDV 2016, 57, 59; *Pötters/Wybitul/Böhm*, in: Wybitul, HdB DSGVO, Teil 2 Art. 88 Rn. 15; *Selk*, in: Ehmann/Selmayr DS-GVO, Art. 88 Rn. 75; *Spelge*, DuD 2016, 775, 776; *Tiedemann*, in: Sydow, Europäische DSGVO, Art. 88 Rn. 23; nach Gola DS-GVO/*Pötters* DS-GVO Art. 88 Rn. 17 sind gegen Art. 88 Abs. 2 DS-GVO verstoßende Regelungen als nichtig anzusehen.

Auseinandersetzung mit diesen konkret in Art. 88 Abs. 2 DS-GVO genannten Spezifizierungen.

a) Transparenz

Ausdrücklich im Wortlaut des Art. 88 Abs. 2 DS-GVO gefordert werden geeignete und besondere Maßnahmen „im Hinblick auf die Transparenz der Verarbeitung". Dies unterstreicht noch einmal, wie wesentlich die in Art. 5 DS-GVO normierten Datenschutzgrundsätze für die von Art. 88 Abs. 2 DS-GVO aufgestellten Anforderungen sind. Diese Grundsätze bilden die Richtschnur, an welcher es sich zu orientieren gilt.[973] Transparenz bedeutet, dass die personenbezogenen Daten „in einer für die betroffene Person nachvollziehbaren Weise verarbeitet" werden müssen (vgl. Art. 5 Abs. 1 lit. a) DS-GVO). In den Erwägungsgründen wird dies dahingehend konkretisiert, dass die „Information präzise, leicht zugänglich und verständlich sowie in klarer und einfacher Sprache abgefasst" sein soll.[974] Wie soeben dargestellt, kann es gegen eine solche geforderte Nachvollziehbarkeit sprechen, wenn die Rechtsvorschriften bzw. Kollektivvereinbarungen sämtliche genannten Einzelbereiche zu regeln versucht, obwohl diese für die konkrete Situation nicht von Belang sind. Insoweit kann an dieser Stelle auf die Notwendigkeit einer teleologischen Reduktion der Vorschrift verwiesen werden.

In der DS-GVO wird das Transparenzgebot in den Regelungen der Art. 12 bis 15 DS-GVO näher ausgeformt.[975] Eine Eingrenzung der Frage, was unter solchen Maßnahmen zu verstehen ist, lässt sich insbesondere anhand von Art. 12 DS-GVO ermitteln. Dieser ist bereits überschrieben mit „Transparente Information, Kommunikation und Modalitäten für die Ausübung der Rechte der betroffenen Person". Die Maßnahmen müssen gemäß Art. 12 Abs. 1 S. 1 DS-GVO sicherstellen, dass der Betroffene die in Art. 13 und 14 DS-GVO aufgeführten Informationen und Mitteilungen gemäß der Art. 15 bis 22 DS-GVO in präziser, transparenter, verständlicher und leicht zugänglicher Form enthält. Ferner muss ihm, was sich aus Art. 12 Abs. 2 S. 1 DS-GVO ergibt, die Ausübung der in Art. 15 bis 22 DS-GVO normierten Rechte erleichtert werden. Aus Art. 12 DS-GVO ergeben sich konkrete Anforderungen hinsichtlich der Informationsübermittlung (bspw. soll die Information i.S.d. Art. 12 Abs. 1 S. 1 DS-GVO gemäß Art. 12 Abs. 1 S. 2 DS-GVO in schriftlicher oder anderer Form, gegebenenfalls auch elektronisch erfolgen). Es sind auch konkrete Fristen für den Informationsprozess vorgesehen (vgl. bspw. Art. 12 Abs. 4 DS-GVO für den Fall, dass der Verantwortliche auf den Antrag des Betroffenen nicht tätig wird).

---

973 Gola DS-GVO/*Pötters* DS-GVO Art. 88 Rn. 16.

974 VO (EU) 2016/679, ABl. EU Nr. L 119/1 v. 4.5.2016, Erwägungsgrund 58.

975 *Seifert,* in: Simitis/Hornung/Spiecker gen. Döhmann, Datenschutzrecht, Art. 88 DSGVO Rn. 34.

Um dem Transparenzgebot zu genügen, sind konkrete unternehmensinterne Regelungen sowie daraus folgend, die Implementierung konkreter Prozesse notwendig, welche sicherstellen, dass der Betroffene ausreichend informiert wird und er seine Rechte ausüben kann. Einen Hinweis darauf, wie eine solche Umsetzbarkeit aussehen könnte, ergibt sich sogar unmittelbar aus Art. 12 Abs. 7 S. 1 DS-GVO. Danach können die Informationen, die nach Art. 13 und 14 DS-GVO bereitzustellen sind, in Kombination mit standardisierten Bildsymbolen bereitgestellt werden, um dadurch in leicht verständlicher und klar nachvollziehbarer Form einen aussagekräftigen Überblick über die beabsichtigte Verarbeitung zu vermitteln. Der Einsatz von visuellen Elementen wird auch in Erwägungsgrund 58 erwähnt.[976] Ferner wird darauf hingewiesen, dass Informationen ebenfalls auf einer Website bereitgestellt werden können. Auch wenn der Erwägungsgrund 58 die Veröffentlichung auf einer Website mit für die Öffentlichkeit bestimmten Informationen verknüpft, kann dies auch auf für Unternehmen als transparente und leicht zugängliche Form gewählt werden, da bspw. in großen Konzernen eine große Anzahl an Konzernmitarbeitern erreicht werden muss. Dazu kann bspw. das Intranet genutzt werden.

Die Regelung des Art. 12 Abs. 7 DS-GVO gibt zusammen mit Erwägungsgrund 59 und der Betonung auf eine „nachvollziehbare Weise" in Art. 5 Abs. 1 lit. a) DS-GVO sowie eine „präzise, transparente, verständliche und leicht zugängliche Form" in Art. 12 Abs. 1 S. 1 DS-GVO die Marschroute für die zu ergreifenden Maßnahme vor. Vor dem Hintergrund der Vollharmonisierung dürfen die Maßnahmen dabei aber weder einen strengeren noch einen weniger strengen Schutz bewirken. Es darf also weder eine verdeckte Überwachung gänzlich ausgeschlossen noch darf auf die Informationsübermittlung außerhalb der Ausnahmetatbestände der Art. 13, 14 DS-GVO und §§ 32, 33 BDSG verzichtet werden. Insoweit sei auch noch einmal darauf hingewiesen, dass heimliche Überwachungsmaßnahmen auch vor dem Hintergrund der Art. 13 und 14 DS-GVO zulässig sind, was sich aus einer analogen Anwendung des § 33 Abs. 1 Nr. 2 lit. a) BDSG ergibt.

b) Datenaustausch im Konzern

aa) Unternehmensgruppen

Ein weiterer zentraler Punkt sind die geeigneten und besonderen Maßnahmen im Hinblick auf die Übermittlung personenbezogener Daten innerhalb einer Unternehmensgruppe oder einer Gruppe von Unternehmen. Was dabei unter Unternehmensgruppe zu verstehen ist, ist in Art. 4 Nr. 19 DS-GVO definiert, nämlich „eine Gruppe, die aus einem herrschenden Unternehmen und den von diesem abhängigen Unternehmen besteht". Insoweit ist zu beachten, dass sich die Definition nach europäischem Recht richtet, also nach dem der DS-GVO. Eine Übermittlung personenbezogener Daten innerhalb einer Unternehmensgruppe ist auch im Rahmen

976 VO (EU) 2016/679, ABl. EU Nr. L 119/1 v. 4.5.2016, Erwägungsgrund 58.

von internen Untersuchungen relevant. Dies gerade dann, wenn personenbezogene Daten von einer zentralen Stelle ausgewertet werden. Eine Herausforderung besteht u.a. darin, dass, ebenso wie nach der alten Rechtslage[977], kein Konzernprivileg besteht.[978] Daher muss auch im Rahmen des Datenaustauschs innerhalb einer Konzernstruktur der Datenschutz vollumfänglich und bei jeder Übermittlung beachtet werden. Bei einem Konzern i.S.d. deutschen Rechts sind gemäß § 18 Abs. 1 AktG das herrschende sowie die abhängigen Unternehmen unter der einheitlichen Leitung des herrschenden Unternehmens zusammengefasst. Insoweit entspricht die Definition des Konzerns i.S.d. deutschen Aktienrechts im Wesentlichen der Definition der Unternehmensgruppe im unionsrechtlichen Sinne[979], sodass diese Strukturen ebenso von Art. 88 Abs. 2 DS-GVO erfasst sind.

Eine Erleichterung im Rahmen eines solchen Datenaustauschs lässt sich Erwägungsgrund 48 entnehmen, in dem es heißt, dass Verantwortliche, die Teil einer Unternehmensgruppe oder einer Gruppe von Einrichtungen sind, die einer zentralen Stelle zugeordnet sind, ein berechtigtes Interesse haben können, personenbezogene Daten innerhalb der Unternehmensgruppe für interne Verwaltungszwecke, einschließlich der Verarbeitung personenbezogener Daten von Kunden und Beschäftigten, zu übermitteln.[980] Gerade in diesem Kontext wird klar, welche Bedeutung Betriebsvereinbarungen bzw. Konzernbetriebsvereinbarungen in Zukunft haben werden. Sie können die Regelungen für die Datenverarbeitung aufstellen und so dafür Sorge tragen, dass die Vorgaben der DS-GVO innerhalb einer Unternehmensgruppe eingehalten werden. Sie können insbesondere als Erlaubnistatbestand für die Verarbeitung personenbezogener Daten im Rahmen von automatisierten Mitarbeiter-, E-Mail- oder Videokontrollen dienen. Dabei wird es bei Konzernen regelmäßig zur unternehmensübergreifenden Übermittlung von Mitarbeiterdaten kommen. Insbesondere wird es darauf ankommen, ob die in den Kollektivvereinbarungen verwendeten Begriffe denen der DS-GVO entsprechen, ob die Regelungen des Art. 9 DS-GVO hinsichtlich der besonderen Kategorien personenbezogener Daten abgebildet sind, ob das Unternehmen die eigenen Pflichten sowie die Rechte der betroffenen Beschäftigten ausreichend darstellt und deren Umsetzung gewährleistet und ob die Transparenz ausreichend beachtet wird.[981]

---

977 Zur alten Rechtslage vgl. *Feige*, ZD 2015, 116.

978 EuArbR/*Franzen* DS-GVO Art. 6 Rn. 11; *Franzen*, EuZA 2017, 313, 325 f.; *Seifert*, in: Simitis/Hornung/Spiecker gen. Döhmann, Datenschutzrecht, Art. 88 DSGVO Rn. 37; *Zöll*, in: Taeger/Gabel, DSGVO – BDSG, Art. 88 DSGVO Rn. 34; im Ergebnis so wohl auch *Wurzberger*, auch wenn er im Hinblick auf den Erwägungsgrund 48 der DS-GVO von einem „kleinen Konzernprivileg" spricht, vgl. *Wurzberger*, ZD 2017, 258, 259 f.

979 *Seifert*, in: Simitis/Hornung/Spiecker gen. Döhmann, Datenschutzrecht, Art. 88 DSGVO Rn. 38.

980 VO (EU) 2016/679, ABl. EU Nr. L 119/1 v. 4.5.2016, Erwägungsgrund 48.

981 *Tiedemann*, in: Sydow, Europäische DSGVO, Art. 88 Rn. 11; in diesem Zusammenhang hebt *Tiedemann* den Transparenzgrundsatz als wesentliches Prinzip der

Die Komplexität hinsichtlich der Einhaltung der von Art. 88 Abs. 2 DS-GVO statuierten Anforderungen verschärft sich nochmals, wenn innerhalb der Unternehmensgruppe personenbezogene Daten in ein Drittland übermittelt werden. Denn die Vorgaben der DS-GVO sind auch im Rahmen des Datenaustauschs in solche Drittländer zu berücksichtigen (vgl. Art. 3 DS-GVO).[982] Auch Erwägungsgrund 48 stellt insoweit klar, dass die Grundprinzipien für die Übermittlung personenbezogener Daten innerhalb von Unternehmensgruppen an ein Unternehmen in einem Drittland unberührt bleiben.[983] Insoweit ist es durchaus möglich internationale Rahmenbedingungen innerhalb eines Konzerns in entsprechenden Konzernvereinbarungen bzw. -standards zu definieren, um so die Einhaltung der Vorgaben der DS-GVO auch in Bezug auf Drittländer zu gewährleisten.[984]

bb) Gruppen von Unternehmen mit gemeinsamer Wirtschaftstätigkeit

Ebenso von Art. 88 Abs. 2 DS-GVO erfasst sind Gruppen von Unternehmen. Was darunter zu verstehen ist, wird in Art. 4 DS-GVO nicht näher definiert. Jedoch kann davon ausgegangen werden, um Regelungslücken zu vermeiden, dass damit generell die Kooperation von Unternehmen im Rahmen der gleichen wirtschaftlichen Tätigkeit gemeint ist. Ferner können in sonstiger Weise verbundene Unternehmen gemeint sein, bei denen gerade kein Abhängigkeitsverhältnis besteht.[985] Auch bei einer solchen Zusammenarbeit kann es zur Übermittlung personenbezogener Daten kommen, welche dann ebenso ausreichend geschützt werden müssen.

c) Überwachung am Arbeitsplatz

Als weiterer besonders hervorzuhebender Aspekt gilt nach dem Verordnungsgeber ein Überwachungssystem am Arbeitsplatz. Da die Regelung explizit die Überwachung durch ein „System" erwähnt, ist nur eine automatisierte Überwachung erfasst.[986] Dabei kann es bspw. um eine Videoüberwachung, Spionagesoftware

---

Datenverarbeitung hervor, vgl. *Tiedemann,* in: Sydow, Europäische DSGVO, Art. 88 Rn. 20.

982 *Zöll,* in: Taeger/Gabel, DSGVO – BDSG, Art. 88 DSGVO Rn. 34.

983 VO (EU) 2016/679, ABl. EU Nr. L 119/1 v. 4.5.2016, Erwägungsgrund 48.

984 *Seifert,* in: Simitis/Hornung/Spiecker gen. Döhmann, Datenschutzrecht, Art. 88 DSGVO Rn. 40 f.; *Wurzberger* wirft die Frage auf, ob geeignete Garantien in (Konzern-)Betriebsvereinbarung überhaupt gegeben werden können, um so eine Datenübermittlung auch an Konzernunternehmen in unsichere Drittländer zu ermöglichen, vgl. *Wurzberger,* ZD 2017, 258, 260.

985 Vgl. hierzu auch *Seifert,* in: Simitis/Hornung/Spiecker gen. Döhmann, Datenschutzrecht, Art. 88 DSGVO Rn. 39.

986 Paal/Pauly/*Pauly,* DS-GVO, Art. 88 Rn. 17; BeckOK DatenschutzR/*Riesenhuber,* DSGVO Art. 88 Rn. 91; *Zöll,* in: Taeger/Gabel, DSGVO – BDSG, Art. 88 DSGVO Rn. 34; a.A. *Däubler,* in: Däubler/Wedde/Weichert/Sommer, Art. 88 DSGVO Rn. 45 f.

(Stichwort „Keylogger“[987]), Eingangskontrollen oder Ortungsfunktionen gehen.[988] Einzelfallprüfungen fallen hingegen nicht darunter. Gerade dem Aspekt der Überwachung am Arbeitsplatz kommt im Rahmen interner Untersuchungen erhebliche Bedeutung zu. Die IT-gestützte Auswertung von Kommunikationsinhalten stellt im Rahmen umfangreicher interner Untersuchungen eine der zentralen Aufklärungsmaßnahmen dar. Soweit in einem Unternehmen Überwachungssysteme vorgesehen sind und ein Betriebsrat besteht, wird es zukünftig maßgeblich auf die Ausgestaltung der Betriebsvereinbarungen ankommen,[989] da die Einführung von Überwachungssystemen überwiegend der Mitbestimmung gemäß § 87 Abs. 1 Nr. 6 BetrVG[990] unterliegt. Dies liegt nicht zuletzt daran, dass die Norm vom BAG nach ständiger Rechtsprechung sehr weit ausgelegt wird.[991]

IV. Rechtfertigungstatbestände/Ermächtigungsgrundlagen im Kontext interner Untersuchungen

1. § 26 BDSG als zentrale nationale Erlaubnisnorm

Art. 88 DS-GVO sieht keine spezifischen Voraussetzungen zur Verarbeitung von Beschäftigtendaten vor. Insoweit kommt im Zusammenhang mit dem Beschäftigtendatenschutz den nationalen Normen eine zentrale Bedeutung zu, auch wenn diese aufgrund des Grundsatzes der Vollharmonisierung an den Vorgaben der DS-GVO als Schranken-Schranken zu messen sind.

Für die Verarbeitung personenbezogener Daten von Arbeitnehmern im allgemeinen und interne Untersuchungen im speziellen stellt § 26 BDSG dabei die zentrale Erlaubnisnorm dar.[992] Die datenschutzrechtliche Zulässigkeit von Ermittlungsmaßnahmen im Rahmen interner Untersuchungen ist gerade an dieser Erlaubnisnorm zu messen. Vor diesem Hintergrund wird im Folgenden grundlegend in § 26 BDSG eingeführt und deren Voraussetzungen untersucht.

---

987 Vgl. hierzu im Einzelnen Kapitel 2 § 2 C. II. 5.

988 Im Ergebnis so auch *Däubler*, in: Däubler/Wedde/Weichert/Sommer, Art. 88 DSGVO Rn. 15 f. auch wenn er den Begriff „System“ weit auslegt; *Tiedemann*, in: Sydow, Europäische DSGVO, Art. 88 Rn. 22; Paal/Pauly/*Pauly*, DS-GVO, Art. 88 Rn. 17; *Haußmann/Brauneisen*, BB 2017, 3065, 3067.

989 HWK/*Lembke*, Einl. DSGVO Rn. 74; vgl. hierzu im Einzelnen Kapitel 2 § 3 B. III.

990 HWK/*Lembke*, Einl. DSGVO Rn. 113; *Stück*, ArbRAktuell 2015, 337, 339; *Zöll*, in: Taeger/Gabel, DSGVO – BDSG, Art. 88 DSGVO Rn. 34; so auch *Wybitul*, ZD 2016, 203, 208.

991 BAG, NZA 2017, 657, 658 ff.; siehe auch *Kort*, RdA 2018, 24, 31.

992 Vgl. hierzu auch *Panzer-Heemeier*, in: Grobys/Panzer-Heemeier, StichwortKommentar, Datenschutz, allgemein Rn. 16.

a) Verhältnis von § 26 BDSG zu den Regelungen der DS-GVO

§ 26 BDSG stellt die Ermächtigungsgrundlage für eine Vielzahl von Maßnahmen im Rahmen interner Untersuchungen dar. Insoweit stellt sich die zentrale Frage, in welchem Verhältnis die Regelungen des § 26 Abs. 1 BDSG zu den Regelungen der DS-GVO stehen, insbesondere zu der zentralen Erlaubnisnorm des Art. 6 DS-GVO.[993] Bei § 26 BDSG handelt es sich um eine „spezifischere" Regelung i.S.d. Art. 88 DS-GVO.[994]

Nach einer im Schrifttum vertretenen Auffassung sind die Erlaubnistatbestände der DS-GVO neben § 26 BDSG anwendbar.[995] Ein Vorrang der nationalen Regelung lasse sich den Regelungen der DS-GVO insoweit nicht entnehmen. Gerade Art. 6 DS-GVO als zentrale Erlaubnisnorm regelt in Abs. 1 S. 1, dass die Verarbeitung nur rechtmäßig ist, wenn mindestens eine der in Art. 6 Abs. 1 S. 1 lit. a) bis f) DS-GVO aufgeführten Bedingungen erfüllt ist. Dieser Wortlaut spreche dafür, dass die Regelungen parallel zu § 26 BDSG einschlägig seien können. Aber auch die Systematik, wonach Art. 88 DS-GVO Spezifizierungen zur DS-GVO zulasse, spreche für eine parallele Anwendbarkeit.[996] Als weiteres Argument ließe sich noch der Wortlaut des Art. 88 Abs. 1 DS-GVO heranziehen. Die Öffnungsklausel bietet dem nationalen Gesetzgeber die Möglichkeit eine „spezifischere" Regelung zu schaffen. Aus diesem Wortlaut lässt sich indes kein genereller Vorrang i.S.e. „lex specialis" entnehmen. Der Wortlaut spricht somit dafür, dass die „spezifischere" Regelung neben die übrigen Regelungen der DS-GVO tritt und diese anwendbar bleiben.

Dennoch sprechen die überzeugenderen Argumente gegen diese Ansicht. Der Wortlaut des Art. 88 Abs. 1 DS-GVO und die Formulierung „spezifischere Vorschriften" könnte ebenso gut dahingehend ausgelegt werden, dass § 26 BDSG als „lex specialis" alle übrigen Regelungen verdrängt, soweit es sich um die Datenverarbeitung im Beschäftigungskontext handelt. Nach einer im Schrifttum vertretenen und zutreffenden Auffassung ist dies der Fall, soweit die von § 26 BDSG erfassten Zwecke betroffen sind.[997] Soweit also mit der Ermittlungsmaßnahme

---

993 Vgl. zu Art. 6 DS-GVO im Einzelnen Kapitel 2 § 2 B. IV. 3.

994 Vgl. zur Auslegung des Begriffs „spezifischere" *Düwell/Brink*, NZA 2016, 665, 666.

995 Paal/Pauly/*Gräber/Nolden*, BDSG, § 26 Rn. 17; *Kramer*, NZA 2018, 637, 638; *Wybitul*, NZA 2017, 413, 415; *Zöll*, in: Taeger/Gabel, DSGVO – BDSG, § 26 BDSG Rn. 12 ff.; so wohl auch *Reiserer/Christ/Heinz*, DStR 2018, 1501, 1504.

996 *Zöll*, in: Taeger/Gabel, DSGVO – BDSG, § 26 BDSG Rn. 12.

997 *Benkert*, NJW-Spezial 2018, 562 f.; *Däubler*, in: Däubler/Wedde/Weichert/Sommer, § 26 BDSG Rn. 17; *Gola*, BB 2017, 1462, 1464; *Kort*, NZA 2018, 1097, 1099 f.; *Niklas/Thurn*, BB 2017, 1589, 1594; *Ströbel/Böhm/Breunig/Wybitul*, CCZ 2018, 14, 19; *Thüsing/Rombey*, NZA 2018, 1105, 1106; so wohl auch *Gola*, ZD 2018, 448, 449; Auernhammer/*Forst*, BDSG § 26 Rn. 17; Kühling/Buchner/*Maschmann*, BDSG § 26 Rn. 5; BeckOK DatenschutzR/*Riesenhuber*, BDSG § 26 Rn. 20; zur alten Rechtslage und dem Verhältnis von § 32 BDSG a.F. und § 28 BDSG a.F. Vgl. *Vogel/Glas*, DB 2009, 1747, 1750.

die Aufklärung von Straftaten oder erheblichen Pflichtverletzungen und daran anknüpfend Maßnahmen bezogen auf das Beschäftigungsverhältnis (bspw. eine Abmahnung oder Kündigung) bezweckt sind, ist § 26 BDSG die einschlägige Norm.[998] Passend hierzu zählen nach neuerer instanzgerichtlicher Rechtsprechung zur aktuellen Rechtslage zu den Zwecken des Beschäftigungsverhältnisses die Kontrolle, ob der Arbeitnehmer seinen Pflichten nachkommt (Durchführung eines Beschäftigungsverhältnisses i.S.v. § 26 Abs. 1 S. 1 Var. 2 BDSG), und die Aufdeckung einer erheblichen Pflichtverletzung, die ihrerseits die Kündigung des Arbeitsverhältnisses rechtfertigen kann (Kündigungsvorbereitung zur Beendigung i.S.v. § 26 Abs. 1 S. 1 Var. 2 BDSG).[999] Das nach dieser Ansicht vertretene Verständnis zugrunde gelegt, ist § 26 BDSG die einzig einschlägige Rechtfertigungsnorm, sofern es sich um eine Datenverarbeitung i.S.d. § 26 BDSG handelt, sodass ein Rückgriff auf eine andere Ermächtigungsgrundlage ausgeschlossen ist. Mithin kommt es für die Abgrenzung auf die Zwecksetzung der Maßnahme zur Datenverarbeitung und damit auch der Ermittlungsmaßnahme im Rahmen einer internen Untersuchung an.

Dies entspricht auch der höchstrichterlichen Rechtsprechung zur alten Rechtslage. Zum Verhältnis von § 32 BDSG a.F. und § 28 BDSG a.F. hat das BAG entschieden, dass § 28 BDSG a.F. im Beschäftigungsverhältnis nur zur Anwendung komme, wenn nicht die Zwecke des § 32 Abs. 1 BDSG a.F. betroffen seien.[1000] Zugleich bestätigte das BAG eine frühere Entscheidung, nach der die Datenverarbeitung auf der Grundlage des § 28 Abs. 1 Nr. 2 BDSG a.F. in Betracht komme, soweit die Datenerhebung weder der Aufdeckung von Straftaten i.S.d. § 32 Abs. 1 S. 2 BDSG a.F. noch sonstigen Zwecken des Beschäftigungsverhältnisses i.S.d. § 32 Abs. 1 S. 1 BDSG a.F. diene.[1001] In der Entscheidung ist ausdrücklich von sonstigen Zwecken die Rede. Dies spricht ebenfalls dafür, dass § 28 BDSG a.F. nur in den Fällen zur Anwendung kommen sollte, in denen andere als die in § 26 BDSG aufgeführten Zwecke betroffen sind.

Im Übrigen ergibt sich aus der jüngeren Rechtsprechung keine klare Aussage zum Verhältnis des § 26 BDSG zu den Erlaubnisnormen der DS-GVO. Eine Entscheidung des LAG Hamm vom 19. September 2017 deutet zumindest darauf hin, dass bei der Verarbeitung von Beschäftigtendaten neben oder anstatt § 32 BDSG a.F. auch Art. 6 DS-GVO relevant sein kann.[1002] Diese Entscheidung lässt sich auf die aktuelle Rechtslage und § 26 BDSG übertragen.[1003] Nähere Aussagen zum konkreten Verhältnis der beiden Normen ergeben sich aus der Entscheidung indes nicht.

---

998 *Thüsing/Rombey*, NZA 2018, 1105, 1106.
999 LAG Rheinland-Pfalz, ZD 2019, 369, 370.
1000 BAG, NZA 2017, 1327, 1332.
1001 BAG, NZA, 2017, 1179, 1081.
1002 LAG Hamm, NZA-RR 2018, 82, 84.
1003 Vgl. hierzu auch *Kort*, NZA 2018, 1097, 1099.

Soweit die von § 26 BDSG erfassten Zwecke nicht betroffen sind, finden die Regelungen der DS-GVO selbstverständlich Anwendung und werden nicht durch das BDSG verdrängt. Dies ergibt sich bereits aus der Normenhierarchie. Beim BDSG handelt es sich um einfaches Bundesrecht, welches hinter dem Unionsecht in der Form einer unmittelbar geltenden Verordnung zurücktritt. Dies ergibt sich auch aus § 1 Abs. 5 BDSG, in dem geregelt ist, dass die Vorschriften des BDSG nicht gelten, soweit das Recht der EU, insbesondere die DS-GVO, unmittelbar Anwendung finden. Allein aufgrund der Regelung des Art. 88 DS-GVO ist die Möglichkeit gegeben, dass einer nationalen Norm ein Anwendungsvorrang zukommt.

b) Anwendungsbereich von § 26 BDSG

aa) Sachlicher Anwendungsbereich

(a) Automatisierte Datenverarbeitung

§ 26 BDSG regelt die Datenverarbeitung personenbezogener Daten zum Zwecke des Beschäftigungsverhältnisses. Was unter personenbezogenen Daten zu verstehen ist, ergibt sich unmittelbar aus der DS-GVO.[1004] Ein Rückgriff auf Art. 4 DS-GVO ist auch zulässig, da neben dem auf der Grundlage des Art. 88 DS-GVO geschaffenen § 26 BDSG die Regelungen der DS-GVO unmittelbar Anwendung finden. Dies ergibt sich auch aus § 1 Abs. 5 BDSG. Art. 4 Nr. 1 DS-GVO enthält eine Legaldefinition personenbezogener Daten. Danach handelt es sich um alle Informationen, die sich auf eine identifizierte oder identifizierbare natürliche Person beziehen. Im Weiteren listet die Definition in Art. 4 Nr. 1 DS-GVO eine nicht abschließende Aufzählung von Kriterien auf, nach denen eine Person als identifizierbar gilt.

Weiter muss es im Hinblick auf den sachlichen Anwendungsbereich des BDSG um die konkrete Verarbeitung solcher Daten gehen. Die Definition der Datenverarbeitung ergibt sich wiederum aus Art. 4 Nr. 2 DS-GVO. Diese ist bei jedem Vorgang im Zusammenhang mit personenbezogenen Daten gegeben, wie „[dem] Erfassen, [der] Organisation, [dem] Ordnen, [der] Speicherung, [der] Anpassung oder Veränderung, [dem] Auslesen, [dem] Abfragen, [der] Verwendung, [der] Offenlegung durch Übermittlung, Verbreitung oder eine[r] andere[n] Form der Bereitstellung, [dem] Abgleich oder [der] Verknüpfung, [der] Einschränkung, [dem] Löschen oder [der] Vernichtung". Weitere Präzisierungen ergeben sich unmittelbar aus § 26 Abs. 1 S. 1 BDSG, da die Verarbeitung nur für Zwecke des Beschäftigungsverhältnisses zulässig ist. Dies ist nur dann der Fall, wenn die Datenverarbeitung für die Entscheidung über die Begründung eines Beschäftigungsverhältnisses oder nach Begründung des Beschäftigungsverhältnisses für dessen Durchführung oder

---

1004 *Klaas/Wybitul*, in: Momsen/Grützner, Wirtschafts- und Steuerstrafecht, Kapitel 4 § 16 Rn. 206.

Beendigung oder zur Ausübung oder Erfüllung der sich aus einem Gesetz oder einer Kollektivvereinbarung ergebenden Rechte und Pflichten der Interessenvertretung der Beschäftigten erforderlich ist.

(b) Nicht automatisierte Datenverarbeitung

Der Anwendungsbereich des § 26 BDSG geht sogar über den der DS-GVO (vgl. Art. 2 DS-GVO) hinaus. Nach § 26 Abs. 7 BDSG sind die Absätze 1 bis 6 auch dann anzuwenden, wenn personenbezogene Daten, einschließlich besonderer Kategorien personenbezogener Daten, von Beschäftigten verarbeitet werden, ohne dass sie in einem Dateisystem gespeichert sind oder gespeichert werden sollen. Damit bezieht Abs. 7 die nicht automatisierte Verarbeitung mit ein.[1005] Während automatisierte Verarbeitungsprozesse mithilfe von technisierten/computerbasierten Datenverarbeitungsanlagen erfolgen, finden nicht automatisierte Verarbeitungsvorgänge analog statt.[1006] Die Regelung entspricht der alten Rechtslage, welche in § 32 Abs. 2 BDSG a.F. eine entsprechende Regelung vorsah, und führt diese fort.[1007] Die Regelung des § 26 Abs. 7 BDSG führt zu einer Erweiterung des Anwendungsbereichs, da nunmehr alle Maßnahmen erfasst sind, bei denen Informationen der Mitarbeiter verarbeitet werden. Dabei geht es um solche Maßnahmen, die analog, also bspw. in Papierform, verarbeitet werden,[1008] so auch die Auswertung handschriftlicher Notizen. Erfasst werden aber auch die Informationserhebung durch persönliche Befragungen sowie Taschen- und Torkontrollen sowie die Beobachtung anderer Mitarbeiter.[1009] Eine nicht automatisierte Verarbeitung in dem hier zugrunde gelegten Sinne liegt immer dann vor, wenn sie ohne Einsatz einer Datenverarbeitungsanlage, also bspw. Computer, Smartphone, Scanner, durchgeführt wird.[1010]

Im Hinblick auf die nicht automatisierte Datenverarbeitung kommt der Frage der Anwendbarkeit der DS-GVO eine besondere Bedeutung zu. Auf die Erweiterung des Anwendungsbereichs durch § 26 Abs. 7 BDSG kommt es nämlich nicht an, wenn die DS-GVO gilt. Insoweit gilt es zu beachten, dass eine Anwendung der DS-GVO in begrenztem Rahmen auch bei analogen Datenverarbeitungsvorgängen

---

1005 MüKo-BGB/*Henssler*, § 626 Rn. 384; Kühling/Buchner/*Maschmann*, BDSG § 26 Rn. 4.

1006 *Spindler/Dalby*, in: Spindler/Schuster, Recht der elektronischen Medien, Art. 2 Rn. 3.

1007 Entwurf der Bundesregierung eines Gesetzes zur Anpassung des Datenschutzrechts an die Verordnung (EU) 2016/679 und zur Umsetzung der Richtlinie (EU) 2016/680, BT-Drs. 18/11325, S. 99; *Imping*, CR 2017, 378, 380.

1008 Gola/Heckmann/*Nolte/Werkmeister*, BDSG § Rn. 11.

1009 ErfK/*Franzen* BDSG § 26 Rn. 3; MüKo-BGB/*Henssler*, § 626 Rn. 384; *Seifert*, in: Simitis/Hornung/Spiecker gen. Döhmann, Datenschutzrecht, Art. 88 DSGVO Rn. 72; siehe hierzu auch LfDI BW, Ratgeber Beschäftigtendatenschutz, 4. Auflage (Stand April 2020), S. 9 f.

1010 Gola/Heckmann/*Nolte/Werkmeister*, BDSG § Rn. 11.

in Betracht kommt. Für die Frage der Anwendbarkeit der DS-GVO kommt es entscheidend darauf an, ob die gewonnenen Daten in einem Dateisystem gespeichert werden. Aus diesem Grund regelt § 26 Abs. 7 BDSG, dass die Verarbeitung von personenbezogenen Daten auch dann erfasst ist, wenn sie gerade nicht in einem solchen Dateisystem gespeichert werden. Ist eine solche Speicherung gegeben, ist es für die Anwendbarkeit der DS-GVO mithin irrelevant, ob die Datenverarbeitung analog oder digital erfolgt.

Bei einem Dateisystem handelt es sich gemäß Art. 4 Nr. 6 DS-GVO um „jede strukturierte Sammlung personenbezogener Daten, die nach bestimmten Kriterien zugänglich sind, unabhängig davon, ob diese Sammlung zentral, dezentral oder nach funktionalen oder geografischen Gesichtspunkten geordnet geführt wird“. Aus Erwägungsgrund 15 ergibt sich, dass die Verarbeitung von Daten durch Akten oder Aktensammlungen nach bestimmten Kriterien ebenfalls ein Dateiensystem darstellt.[1011] Fehlt es an einer Verarbeitung nach bestimmten Kriterien, so scheidet eine Anwendbarkeit der DS-GVO hingegen aus.[1012] Zur Veranschaulichung des sachlichen Anwendungsbereichs der DS-GVO kann Fallbeispiel 1.2 herangezogen werden. Zwar werden die Befragungen in dem Fall handschriftlich protokolliert, die Ergebnisse werden aber kategorisiert und in einer Datei abgespeichert. Für die Anwendbarkeit der DS-GVO käme es auf die Speicherung der Ergebnisse in einer digitalen Excel-Datei demnach nicht einmal an. Selbst wenn die Auswertung und Ablage ebenfalls handschriftlich erfolgen würden, läge ein Dateisystem i.S.d. Art. 4 Abs. 6 DS-GVO vor, da die Ergebnisse mit einer Zuordnung zu jedem Arbeitnehmer kategorisiert werden, wodurch eine strukturierte Sammlung personenbezogener Daten vorliegt, welche einen Zugang und eine Auswertung anhand spezifischer Kategorien zulässt.

Die von § 26 Abs. 7 BDSG erfassten Fälle lassen sich demgegenüber anhand von Fallbeispiel 1.1 illustrieren. In dem gebildeten Beispielsfall erfolgt die Protokollierung zum einen handschriftlich, zum anderen werden die gewonnenen Erkenntnisse auch nicht in einem Dateiensystem gespeichert. Da die Erkenntnisse aus der Überwachungsmaßnahme also nicht nach bestimmten Kategorien verarbeitet werden, findet die DS-GVO eigentlich keine Anwendung. Gleichwohl ist die Maßnahme aufgrund der Regelung des § 26 Abs. 7 BDSG auch an den Maßstäben der DS-GVO zu messen. Insoweit werden die Verantwortlichen im Rahmen der Erweiterung des Anwendungsbereichs z.B. auch die Grundsätze der Datenverarbeitung nach der DS-GVO einzuhalten haben, sodass die hierzu dargestellten Besonderheiten entsprechend zu beachten sind.[1013] Gemäß § 26 Abs. 7 BDSG finden nämlich die Absätze 1 bis 6 auf die nicht automatisierte Datenverarbeitung Anwendung.

1011 VO (EU) 2016/679, ABl. EU Nr. L 119/1 v. 4.5.2016, Erwägungsgrund 15.

1012 Paal/Pauly/*Ernst*, DS-GVO, Art. 2 Rn. 8; siehe auch VO (EU) 2016/679, ABl. EU Nr. L 119/1 v. 4.5.2016, Erwägungsgrund 15.

1013 *Ströbel/Böhm/Breunig/Wybitul*, CCZ 2018, 14, 17; vgl. zu den Besonderheiten Kapitel 2 § 2 B. II 4.

Aus § 26 Abs. 5 BDSG ergibt sich wiederum, dass die Grundsätze der Verarbeitung gemäß Art. 5 DS-GVO zu beachten sind.

Die Regelung des § 26 Abs. 7 DS-GVO ist auch mit dem Unionsrecht vereinbar. Dies ergibt sich daraus, dass die DS-GVO die nicht automatisierte Datenverarbeitung, bei der die Daten in keinem Dateisystem gespeichert werden, nicht erfasst, der nationale Gesetzgeber dahingehend also auch nicht unionsrechtlich gebunden ist und er somit durch die Erweiterung des Anwendungsbereichs eine zulässige autonome Entscheidung getroffen hat.[1014] Mithin verstößt diese autonome Entscheidung auch nicht gegen das Prinzip der Vollharmonisierung.

Vor diesem Hintergrund bleibt im Ergebnis festzuhalten, dass § 26 Abs. 7 BDSG zwar dazu führt, dass zukünftig bei allen Maßnahmen die Vorgaben des § 26 BDSG einzuhalten sind, unabhängig davon, ob sie in einem Dateiensystem i.S.d. Art. 4 Nr. 6 DS-GVO gespeichert werden oder nicht. Gleichzeitig muss jedoch beachtet werden, dass sich auch bei analogen Verarbeitungsvorgängen eine Anwendbarkeit der DS-GVO auch ohne die besondere Regelung des Abs. 7 ergibt. Im Kontext interner Untersuchungen dürften die nicht automatisierten Datenverarbeitungsvorgänge gemäß § 26 Abs. 7 BDSG nach dem hier dargestellten Verständnis die Ausnahme bilden, da die gewonnenen Daten in der heutigen digitalisierten Arbeitswelt jedenfalls in einem Dateisystem gespeichert werden. Dies führt dazu, dass in dem Großteil der Fälle die DS-GVO auch ohne die Regelung des § 26 Abs. 7 BDSG Anwendung findet.

bb) Personeller Anwendungsbereich

Der personelle Anwendungsbereich ist auf die Verarbeitung personenbezogener Beschäftigtendaten beschränkt. Wer unter den Beschäftigtenbegriff fällt, ergibt sich aus § 26 Abs. 8 BDSG.[1015] Durch Einfügung der Begriffsbestimmung hinsichtlich des Beschäftigtenbegriffs in die bereichsspezifische Regelung zum Beschäftigtendatenschutz hat der Gesetzgeber zu einer klareren Strukturierung des BDSG beigetragen. Die Aufzählung gleicht überwiegend der Regelung zum alten Recht in § 3 Abs. 11 BDSG a.F.[1016] In Abweichung zur alten Rechtslage sind nunmehr aber auch Leiharbeitnehmerinnen und -arbeitnehmer im Verhältnis zum Entleiher erfasst. Wie *Gola* zutreffend feststellt, soll durch die gewählte Reichweite des

---

1014 ErfK/*Franzen* BDSG § 26 Rn. 3; *Wybitul*, NZA 2017, 413, 418; *Seifert*, in: Simitis/Hornung/Spiecker gen. Döhmann, Datenschutzrecht, Art. 88 DSGVO Rn. 71; insoweit bleibt auch die zur nicht automatisierten Datenverarbeitung ergangene Rechtsprechung relevant, vgl. bspw. zu Schrankkontrollen BAG, NZA 2014, 143.

1015 Zu den Einzelnen vom Beschäftigtenbegriff des § 26 Abs. 8 BDSG erfassten Personengruppen vgl. *Seifert*, in: Simitis/Hornung/Spiecker gen. Döhmann, Datenschutzrecht, Art. 88 DSGVO Rn. 59 ff.

1016 Entwurf der Bundesregierung eines Gesetzes zur Anpassung des Datenschutzrechts an die Verordnung (EU) 2016/679 und zur Umsetzung der Richtlinie (EU) 2016/680, BT-Drs. 18/11325, S. 99.

Begriffs deutlich gemacht werden, dass alle in abhängiger Tätigkeit stehenden Beschäftigten erfasst werden sollen.[1017]

c) Voraussetzungen des § 26 Abs. 1 BDSG

aa) Vergleich zur alten Rechtslage

Bis zum Inkrafttreten der DS-GVO sowie des aktuellen BDSG richtete sich der Beschäftigtendatenschutz nach § 32 BDSG a.F. Die auf der Grundlage der Vorgaben des Art. 88 DS-GVO geschaffene nationale Neuregelung des Beschäftigtendatenschutzes in § 26 BDSG führt keineswegs dazu, dass die bisherige Regelung inklusive ihrer Präzisierung durch die Rechtsprechung außer Acht gelassen werden dürfte. Vielmehr entspricht § 26 BDSG in seinen zentralen Regelungen ihrer Vorgängerreglung, was insbesondere dazu führt, dass die zu § 32 BDSG a.F. ergangene Rechtsprechung zur Auslegung von § 26 BDSG herangezogen werden kann.[1018] Dies lässt sich auch der Gesetzesbegründung zu § 26 BDSG entnehmen, in der es heißt, dass § 26 BDSG die spezialgesetzliche Regelung des § 32 BDSG a.F. fortführt.[1019]

Dies zeigt sich aber auch anhand eines Vergleichs von § 26 Abs. 1 S. 1 BDSG mit § 32 Abs. 1 S. 1 BDSG a.F. In § 26 Abs. 1 S. 1 BDSG wurde die Regelung des § 32 Abs. 1 S. 1 BDSG a.F. weitestgehend übernommen. Insbesondere ist weiterhin geregelt, dass unter den übrigen Voraussetzungen des § 26 Abs. 1 S. 1 BDSG die Datenverarbeitung vor, im und nach dem Beschäftigungsverhältnis möglich ist.[1020] Während es in der § 32 BDSG a.F. heißt, dass die personenbezogenen Daten erhoben, verarbeitet oder genutzt werden dürfen, mithin einzelne Verwendungsformen aufgezählt wurden, ist in § 26 BDSG nur noch von dem Oberbegriff der Verarbeitung die Rede. Was mit Verarbeitung gemeint ist, ergibt sich aus Art. 4 Nr. 2 DS-GVO, nämlich „jeden mit oder ohne Hilfe automatisierter Verfahren ausgeführten Vorgang oder jede solche Vorgangsreihe im Zusammenhang mit personenbezogenen Daten wie das Erheben, das Erfassen, die Organisation, das Ordnen, die Speicherung, die Anpassung oder Veränderung, das Auslesen, das Abfragen, die Verwendung, die Offenlegung durch Übermittlung, Verbreitung oder eine andere Form der Bereitstellung, den Abgleich oder die Verknüpfung, die Einschränkung, das Löschen oder die Vernichtung“. Der nunmehr gewählte

---

1017 *Gola*, BB 2017, 1462, 1472.

1018 *Gola*, BB 2017, 1462, 1464; *Kort*, NZA 2018, 1097; *Kort*, NZA-RR 2018, 449 ff.; BeckOK DatenschutzR/*Riesenhuber*, BDSG § 26 Rn. 57; *Ströbel/Böhm/Breunig/Wybitul*, CCZ 2018, 14, 15; im Ergebnis so wohl auch *Imping*, CR 2017, 378, 380.

1019 Entwurf der Bundesregierung eines Gesetzes zur Anpassung des Datenschutzrechts an die Verordnung (EU) 2016/679 und zur Umsetzung der Richtlinie (EU) 2016/680, BT-Drs. 18/11325, S. 96 f.

1020 Entwurf der Bundesregierung eines Gesetzes zur Anpassung des Datenschutzrechts an die Verordnung (EU) 2016/679 und zur Umsetzung der Richtlinie (EU) 2016/680, BT-Drs. 18/11325, S. 97.

Begriff der Verarbeitung umfasst mithin umfassend eine Vielzahl von Formen der Datenverarbeitung.

Eine Neuerung besteht jedoch: Zusätzlich wird klargestellt, dass die Datenverarbeitung von Beschäftigtendaten auch dann zulässig ist, wenn dies zur „Ausübung oder Erfüllung der sich aus einem Gesetz oder einem Tarifvertrag, einer Betriebs- oder Dienstvereinbarung (Kollektivvereinbarung) ergebenden Rechte und Pflichten der Interessenvertretung der Beschäftigten erforderlich ist".[1021] Unter Kollektivvereinbarungen sind nach dem Willen des Verordnungsgebers/deutschen Gesetzgebers Tarifverträge, Betriebsvereinbarungen, Dienstvereinbarungen und Sprecherausschussvereinbarungen zu verstehen.[1022]

Die Sonderregelung des § 32 Abs. 1 S. 2 BDSG a.F. in Bezug auf die Aufdeckung von Straftaten wurde in § 26 Abs. 1 S. 2 BDSG beibehalten. Gerade die Regelungen in § 26 Abs. 1 S. 1 und 2 BDSG haben für die Durchführung interner Untersuchungen einen enormen Stellenwert und werden daher im Folgenden im Einzelnen untersucht. Im Übrigen wird jeweils im Rahmen der Untersuchung und Erörterung der weiteren Regelungen des § 26 BDSG ein Vergleich zur alten Rechtslage gezogen.

bb) § 26 Abs. 1 S. 2 BDSG

Soweit die Zielsetzung einer internen Untersuchung darin besteht, Straftaten aufzudecken, und dabei Daten der Arbeitnehmer verarbeitet werden, ist § 26 Abs. 1 S. 2 BDSG die einschlägige Ermächtigungsgrundlage. Die Norm dient repressiven Zwecken und ist mithin nicht einschlägig, soweit durch die Untersuchungsmaßnahme gezielt präventiv etwaige Straftaten verhindert werden sollen.[1023] Dies ergibt sich bereits daraus, dass die Norm als eine Voraussetzung „tatsächlich Anhaltspunkte" für einen Verdacht fordert.[1024] Diese Verdachtslage bildet die Ausgangslage der Untersuchungsmaßnahme. Davon unberührt bleibt eine mögliche mittelbare präventive Wirkungsweise, die dadurch entstehen kann, dass durch die Aufklärung von bereits begangenen Straftaten die Begehung weiterer Straftaten in der Zukunft verhindert wird. Hinsichtlich der einzelnen Voraussetzungen

---

1021 Entwurf der Bundesregierung eines Gesetzes zur Anpassung des Datenschutzrechts an die Verordnung (EU) 2016/679 und zur Umsetzung der Richtlinie (EU) 2016/680, BT-Drs. 18/11325, S. 97.

1022 Entwurf der Bundesregierung eines Gesetzes zur Anpassung des Datenschutzrechts an die Verordnung (EU) 2016/679 und zur Umsetzung der Richtlinie (EU) 2016/680, BT-Drs. 18/11325, S. 97; *Gola*, BB 2017, 1462; *Maschmann*, DB 2016, 2480, 2482; *Ströbel/Wybitul*, in: HdB Europäisches und deutsches Datenschutzrecht, § 10 Rn. 5.

1023 ErfK/*Franzen* BDSG § 26 Rn. 36; Gola/Heckmann/*Gola*, BDSG § 26 Rn. 124; zu präventiven Maßnahmen vgl. Gola/Heckmann/*Gola*, BDSG § 26 Rn. 129 f.

1024 *Seifert*, in: Simitis/Hornung/Spiecker gen. Döhmann, Datenschutzrecht, Art. 88 DSGVO Rn. 161.

entspricht § 26 Abs. 1 S. 2 BDSG seiner Vorgängerregelung in § 32 Abs. 1 S. 2 BDSG. Dass insoweit die alte Rechtslage fortgeführt werden soll und damit insbesondere die Rechtsprechung zur alten Rechtslage weiterhin Anwendung findet, ergibt sich unmittelbar aus der Gesetzesbegründung zu § 26 Abs. 1 BDSG.[1025]

(a) Verdachtslage hinsichtlich einer Straftat

Die durch „tatsächliche Anhaltspunkte" begründete Verdachtslage, welche darauf schließen lässt, dass ein Arbeitnehmer im Beschäftigungsverhältnis eine Straftat begangen hat, bildet die erste Voraussetzung des § 26 Abs. 1 S. 2 BDSG. Da es sich um eine Straftat handeln muss, also ein Vergehen oder Verbrechen gemäß § 12 StGB, kommt eine Überwachungsmaßnahme auf der Grundlage des § 26 Abs. 1 S. 2 BDSG bei Ordnungswidrigkeiten und sonstigen erheblichen Pflichtverletzungen im Zusammenhang mit dem Arbeitsverhältnis nicht in Betracht.[1026]

Nach ganz herrschender Meinung in der Literatur[1027] und nach der Rechtsprechung zur alten Rechtslage[1028] reicht als Verdachtsgrad ein Anfangsverdacht aus. Nach dieser überzeugenden Ansicht stimmt ein solcher Anfangsverdacht auch mit dem Sinn und Zweck der Norm überein, da es darum geht, den Arbeitnehmer vor Eingriffen in sein allgemeines Persönlichkeitsrecht, allein auf Grundlage vager Anhaltspunkte oder Mutmaßungen, zu schützen.[1029] Hier reicht ein Verdachtsgrad in der Intensität eines Anfangsverdachts aus. Nach der Rechtsprechung des BAG kommt es dabei nicht auf die Schwere der mit dem Verdacht verbundenen Straftat an.[1030] Dies deckt sich mit der Verdachtslage, die nach der hier

---

1025 Entwurf der Bundesregierung eines Gesetzes zur Anpassung des Datenschutzrechts an die Verordnung (EU) 2016/679 und zur Umsetzung der Richtlinie (EU) 2016/680, BT-Drs. 18/11325, S. 96 f.

1026 BeckOK DatenschutzR/*Riesenhuber,* BDSG § 26 Rn. 133; zur Frage, ob sich die Untersuchung einer solchen Verdachtslage auf § 26 Abs. 1 S. 1 BDSG stützen lässt, vgl. Kapitel 2 § 2 B. IV. 1. c) cc).

1027 Vgl. nur *Chandna-Hoppe,* NZA 2018, 614, 616; *Gola,* BB 2017, 1462, 1466; Gola/Heckmann/*Gola,* BDSG § 26 Rn. 124; *Kort,* RdA 2018, 24, 27; Kühling/Buchner/*Maschmann,* BDSG § 26 Rn. 59; BeckOK DatenschutzR/*Riesenhuber,* BDSG § 26 Rn. 134; *Seifert,* in: Simitis/Hornung/Spiecker gen. Döhmann, Datenschutzrecht, Art. 88 DSGVO Rn. 162; *Ströbel/Böhm/Breunig/Wybitul,* CCZ 2018, 14, 17; *Stück,* CCZ 2018, 88; *Süße,* ZIS 2018, 350, 359; *Zöll,* in: Taeger/Gabel, DSGVO – BDSG, § 26 BDSG Rn. 66; im Ergebnis wohl auch ErfK/*Franzen* BDSG § 26 Rn. 38.

1028 BAG, NZA 2017, 443, 446.

1029 BAG, NZA 2017, 443, 446; ErfK/*Franzen* BDSG § 26 Rn. 38; Kühling/Buchner/*Maschmann,* BDSG § 26 Rn. 59.

1030 Das BAG hat in einem Fall entschieden, dass es unerheblich sei, ob nur ein Teil der Differenz von Warenbeständen ihre Ursache in Straftaten habe, da es keinen Rechtssatz gebe, nach dem ausschließlich dem Volumen nach „erhebliche" Defizite einen Anhaltspunkt für strafbares Mitarbeiterverhalten bieten können, vgl. BAG, NZA 2017, 443, 445.

vertretenen Auffassung als Grundlage für eine interne Untersuchung gefordert werden sollte.[1031] Es muss also nach kriminalistischer Erfahrung möglich erscheinen, dass eine verfolgbare Straftat begangen worden ist, mithin die Möglichkeit einer späteren Verurteilung besteht. Ist diese Voraussetzung erfüllt, so reicht dies aus, um von tatsächlichen Anhaltspunkten zu sprechen. Ein strengeres Verständnis dieser Voraussetzung würde jedenfalls die Durchführbarkeit von internen Untersuchungen deutlich erschweren, da die Verdachtslage regelmäßig auf der Grundlage von Verdachtsmomenten gegenüber einer oder mehrerer Personen beruht, welche ihrerseits wiederum auf anonymen Hinweisen oder Mitteilungen von Behörden beruhen können.[1032] Jedenfalls fehlt es in aller Regel an einem konkreten und umfassenden Verdacht. Liegt ein solcher bereits vor, könnte sich eine interne Untersuchung u.U. als überflüssig erweisen.

Ein Gleichlauf der Verdachtsgrade hinsichtlich der Frage, ob eine interne Untersuchung überhaupt eingeleitet werden soll, sowie der sich anschließenden Folgefrage, ob die geplanten Untersuchungsmaßnahmen mit den datenschutzrechtlichen Anforderungen im Einklang stehen, ist sinnvoll, um eine effektive Durchführbarkeit interner Untersuchungen zu gewährleisten. Gerade im Rahmen interner Untersuchungen muss beachtet werden, dass die den Verdacht begründenden Anhaltspunkte umfassend dokumentiert werden.[1033] Fehlt es an einer solchen Dokumentation, kann dies zur Rechtswidrigkeit der Überwachungsmaßnahme führen.[1034] Zu beachten ist jedoch, dass dies grundsätzlich nur in Bezug auf den Betroffenen gilt, der zugleich der Verdächtige ist. Kommt es im Rahmen der Datenerhebung zu sog. „Zufallsfunden", dürfte die dahingehend fehlende Dokumentation nicht automatisch zur Unverwertbarkeit führen.[1035]

Im Hinblick auf die hohen Anforderungen an die Datenverarbeitung, die Notwendigkeit einer Verdachtslage, jedenfalls im Hinblick auf eine Datenverarbeitung nach § 26 Abs. 1 S. 2 BDSG, und die Risiken, die sich für das Unternehmen ergeben könnten (Bußgelder, Verwertungsverbote etc.), sollte dieses vorab eine Sachverhaltsanalyse und -bewertung durchführen, um die Verdachtslage genau bewerten zu können.[1036]

(b) Beschäftigungsverhältnis

Nach § 26 Abs. 1 S. 2 BDSG bedarf es einer „im Beschäftigungsverhältnis begangenen" Straftat. Insoweit wird klargestellt, dass Ermittlungsmaßnahmen

---

1031 Vgl. hierzu Kapitel 1 § 2 D. I. 5.

1032 *Mengel*, NZA 2017, 1494.

1033 Im Ergebnis zustimmend *Ströbel/Böhm/Breunig/Wybitul*, CCZ 2018, 14, 17.

1034 BeckOK DatenschutzR/*Riesenhuber*, BDSG § 26 Rn. 135.

1035 BeckOK DatenschutzR/*Riesenhuber*, BDSG § 26 Rn. 135; *Zöll*, in: Taeger/Gabel, DSGVO – BDSG, § 26 BDSG Rn. 69; zur Verwertbarkeit von Zufallsfunden vgl. BAG, NZA 2017, 112, 115.

1036 So auch *Kramer*, NZA 2018, 637, 639.

hinsichtlich Straftaten, die zwar für das Unternehmen relevant, aber gleichzeitig außerhalb des Beschäftigungsverhältnisses begangen worden sein könnten, nicht auf § 26 Abs. 1 S. 2 BDSG gestützt werden können. Die untechnische Formulierung „im Beschäftigtenverhältnis begangen“ spricht dafür, dass dieser Prüfungspunkt weit auszulegen ist, sodass auch Straftaten erfasst sind, die lediglich bei Gelegenheit der Tätigkeit begangen wurden, sodass es nicht – entsprechend einer engen Auslegung – auf die Ausübung der Beschäftigungstätigkeit ankommt.[1037]

(c) Erforderlichkeitsprüfung, Interessenabwägung

Liegt eine Verdachtslage vor, muss die Datenverarbeitung zu deren Aufdeckung erforderlich sein. Diese Erforderlichkeitsprüfung wird in § 26 Abs. 1 S. 2 BDSG zusätzlich durch den Vorbehalt überwiegender schutzwürdiger Interessen des Betroffenen verschärft.[1038] Dies folgt der Tatsache, dass Maßnahmen zur Aufdeckung von Straftaten besonders intensiv in das allgemeine Persönlichkeitsrecht des Betroffenen eingreifen.[1039] Die Erforderlichkeitsprüfung umfasst verschiedene Prüfungsschritte, die ihrerseits einer Verhältnismäßigkeitsprüfung entsprechen. Zunächst muss geprüft werden, ob die Maßnahme geeignet ist, das gewünschte Ziel, also die Aufdeckung von Straftaten, zu erreichen. Weiter ist zu prüfen, ob es sich um die mildeste aller gleich gelagerten Maßnahmen handelt. Anschließend folgt die Verhältnismäßigkeitsprüfung im engeren Sinne, die Maßnahme muss mithin angemessen sein. Für die Erforderlichkeitsprüfung sind überdies die passenden Erwägungsgründe 47[1040] und 48[1041] heranzuziehen.[1042]

Im Rahmen der gesondert geforderten Interessenabwägung müssen nach dem Wortlaut des § 26 Abs. 1 S. 2 BDSG insbesondere Art und Ausmaß im Verhältnis zum Anlass abgewogen werden. In die Abwägung müssen also die Dringlichkeit des Tatverdachts, die Anzahl der verdächtigten Personen und die Möglichkeit der Überwachung Unschuldiger sowie die Größe des Schadens einbezogen werden.[1043] Trotz der im Wortlaut vorgesehenen Trennung zwischen der Erforderlichkeitsprüfung auf der einen und der Interessenabwägung, verbunden mit der im Hinblick auf Art und Ausmaß geforderten Verhältnismäßigkeitsprüfung, auf der anderen Seite, ist nicht davon auszugehen, dass diese Punkte trennscharf zu behandeln sind. Dafür spricht die Gesetzesbegründung, nach der im Rahmen der Erforderlichkeitsprüfung in § 26 Abs. 1 S. 1 BDSG die widerstreitenden Grundrechtspositionen zur Herstellung praktischer Konkordanz abzuwägen und dabei

1037 *Deutsch/Diller* DB 2009, 1462, 1464; BeckOK DatenschutzR/*Riesenhuber*, BDSG § 26 Rn. 133.
1038 BeckOK DatenschutzR/*Riesenhuber*, BDSG § 26 Rn. 65.
1039 HWK/*Lembke*, Art. 88 DSGVO Rn. 51.
1040 VO (EU) 2016/679, ABl. EU Nr. L 119/1 v. 4.5.2016, Erwägungsgrund 47.
1041 VO (EU) 2016/679, ABl. EU Nr. L 119/1 v. 4.5.2016, Erwägungsgrund 48.
1042 *Kramer*, NZA 2018, 637, 639.
1043 ErfK/*Franzen* BDSG § 26 Rn. 39.

die Interessen des Arbeitgebers an der Datenverarbeitung und das Persönlichkeitsrecht des Beschäftigten zu einem schonenden Ausgleich zu bringen sind.[1044] Auch im Rahmen der allgemeinen Erforderlichkeitsprüfung in Abs. 1 sind somit die sich gegenüberstehenden Interessen gegeneinander abzuwägen. Der Erforderlichkeitsprüfung in Abs. 1 S. 1 und 2 liegt daher im Hinblick auf die in Betracht kommenden Interessengesichtspunkte der gleiche Bewertungsmaßstab zugrunde. Hierfür spricht auch, dass die Anforderungen an die Erforderlichkeitsprüfung bei einem Verdacht einer Straftat nicht strenger sein können, als wenn es um die Aufklärung einer sonstigen Pflichtverletzung nach § 26 Abs. 1 S. 1 BDSG geht. Dies ergibt sich daraus, dass die Notwendigkeit der Rücksichtnahme auf die Belange des Betroffenen bei dem Verdacht einer Straftat jedenfalls nicht höher liegen, als wenn ein solcher Straftatverdacht nicht vorliegt. Gerade im Hinblick auf die Datenverarbeitung zur Aufklärung einer Straftat kommt es auf die in § 26 Abs. 1 S. 2 BDSG vorausgesetzten „zu dokumentierenden tatsächlichen Anhaltspunkte" an, um eine anlasslose Untersuchung zur Aufklärung einer Straftat zu vermeiden. Bezogen auf die konkrete Erforderlichkeitsprüfung ergeben sich demgegenüber keine Unterschiede zwischen S. 1 und S. 2 des § 26 Abs. 1 BDSG.

Bei allem Schutz des Arbeitnehmers und seiner Daten darf im Rahmen der Abwägung der Interessen nicht außer Acht gelassen werden, dass es im Rahmen des § 26 Abs. 1 S. 2 BDSG um Straftaten, also inkriminiertes Verhalten geht. Die Anforderungen dürfen daher nicht überspannt werden. Vielmehr dürfte derjenige, der einer Straftat verdächtig ist, sogar weniger schutzwürdig sein, als derjenige, gegen den keine solche Verdachtslage besteht.

(d) Datenverarbeitungsgrundsätze nach der DS-GVO

Wie bereits mehrfach betont, ist des Weiteren in Bezug auf sämtliche Maßnahmen nach § 26 BDSG zu beachten, dass nach Abs. 5 stets die Grundsätze der Datenverarbeitung gemäß Art. 5 DS-GVO eingehalten werden. Im Rahmen der Prüfung der Zulässigkeit einzelner Überwachungsmaßnahmen sind also die bereits angestellten Überlegungen zu den Grundsätzen der Datenverarbeitung umfassend zu berücksichtigen.[1045] Hervorzuheben ist dabei, dass die Zweckrichtung im Rahmen des § 26 Abs. 1 S. 2 BDSG klar auf eine repressive Aufklärungsmaßnahme gerichtet ist und nach dem Zweckbindungsprinzip des Art. 5 Abs. 1 lit. b) DS-GVO hieran gebunden ist. Ferner ist hier die Verknüpfung zur Dokumentationsobliegenheit herauszustellen. Gerade im Rahmen der Dokumentation der Maßnahme muss der Verantwortliche der Datenverarbeitung sicherstellen, dass Grundsätze, wie die

---

1044 Entwurf der Bundesregierung eines Gesetzes zur Anpassung des Datenschutzrechts an die Verordnung (EU) 2016/679 und zur Umsetzung der Richtlinie (EU) 2016/680, BT-Drs. 18/11325, S. 97.

1045 Auernhammer/*Forst*, BDSG § 26 Rn. 65; *Ströbel/Böhm/Breunig/Wybitul*, CCZ 2018, 14, 16; zu den Grundsätzen der Datenverarbeitung vgl. Kapitel 2 § 2 B. II. 4.

Datenminimierung (vgl. Art. 5 Abs. 1 lit. c) DS-GVO) sowie die Speicherplatzbegrenzung (vgl. Art. 5 Abs. 1 lit. e) DS-GVO) eingehalten werden.

cc) § 26 Abs. 1 S. 1 BDSG

Die Zulässigkeit von Maßnahmen nach § 26 Abs. 1 S. 1 BDSG ist abhängig von der Zweckbindung der Maßnahme, wobei die Datenverarbeitung Zwecken des Beschäftigungsverhältnisses dienen und ihrer Durchführung eine Erforderlichkeitsprüfung im Einzelfall zugrunde liegen muss.

(a) Datenverarbeitung zum Zwecke des Beschäftigungsverhältnisses

Der in Abs. 1 vorgesehene Hauptzweck, nämlich die Datenverarbeitung für Zwecke des Beschäftigungsverhältnisses, ist noch einmal untergliedert in verschiedene Unterkategorien von Zweckbestimmungen. Diese sind im Rahmen der jeweils zu prüfenden Maßnahmen von zentraler Bedeutung für die Zulässigkeitsprüfung auf der Grundlage des § 26 Abs. 1 S. 1 BDSG, da die jeweilige Maßnahme strikt danach zu beurteilen ist, welchen Verwendungszweck sie verfolgt.[1046] Mit Ausnahme des Zwecks der Begründung eines Beschäftigungsverhältnisses, kommen im Rahmen interner Untersuchungen den im Übrigen in Abs. 1 S. 1 genannten Zweckbestimmungen eine hohe Relevanz zu. Gerade die mögliche Beendigung eines Beschäftigungsverhältnisses als arbeitsrechtliche Folge der Pflichtverletzungen eines Arbeitnehmers kommt hier in Betracht. Es kann aber auch darum gehen die in einer Kollektivvereinbarung festgelegten internen Pflichten der Arbeitnehmer effektiv durchzusetzen und mögliche Verstöße hiergegen aufzuklären. Das letztgenannte Beispiel ließe sich unter den Zweck der „Erfüllung der sich aus einem Gesetz oder einem Tarifvertrag, einer Betriebs- oder Dienstvereinbarung (Kollektivvereinbarung) ergebenden Rechte und Pflichten der Interessenvertretung der Beschäftigten" subsumieren. Wird durch die Maßnahme ein Zweck verfolgt, der nicht mit dem Beschäftigungsverhältnis in Verbindung steht, ist die Zulässigkeit nicht nach § 26 BDSG, sondern nach Art. 6 DS-GVO zu bestimmen.[1047] Im Übrigen sind ebenso wie bei § 26 Abs. 1 S. 2 BDSG auch hier die Grundsätze der Datenverarbeitung nach Art. 5 DS-GVO über § 26 Abs. 5 BDSG zu beachten.

(b) Sonstige Pflichtverletzung des Arbeitnehmers

Präventive Maßnahmen zur Verhinderung von Straftaten oder sonstigen Pflichtverletzungen fallen unter Abs. 1 S. 1. Für die Durchführbarkeit interner Untersuchungen, welche primär eine repressive Zielrichtung innehaben, ist im Zusammenhang

---

1046 *Gola*, BB 2017, 1462, 1464; im Ergebnis so auch BeckOK DatenschutzR/*Riesenhuber*, BDSG § 26 Rn. 71.

1047 *Ströbel/Böhm/Breunig/Wybitul*, CCZ 2018, 14, 19; *Thüsing/Rombey*, NZA 2018, 1105, 1106.

mit § 26 Abs. 1 S. 1 BDSG hingegen die Frage von zentraler Bedeutung, ob nicht strafbare Pflichtverletzungen und Ordnungswidrigkeiten von Abs. 1 S. 1 erfasst werden. Solche Verstöße lassen sich jedenfalls nicht unter Abs. 1 S. 2 subsumieren, da dessen klarer Wortlaut ausschließlich von Straftaten spricht. Es ließe sich argumentieren, dass wegen dieses klaren Wortlauts Abs. 1 S. 2 hinsichtlich sonstiger, nicht strafbare Pflichtverstöße eine Sperrwirkung entfaltet, sodass eine Subsumtion unter Abs. 1 S. 1 ebenfalls ausgeschlossen ist.[1048]

Mit der zutreffenden Rechtsprechung des BAG zur alten Rechtslage[1049], darauf aufbauend der aktuellen instanzgerichtlichen Rechtsprechung zur alten Rechtslage[1050] sowie der überwiegenden Ansicht in der Literatur[1051] ist hingegen davon auszugehen, dass Abs. 1 S. 2 – entsprechend der alten Rechtslage zu § 32 Abs. 1 S. 2 BDSG a.F. – keine Sperrwirkung entfaltet, sodass Abs. 1 S. 1 anwendbar bleibt, soweit Abs. 1 S. 2 wegen des Fehlens eines Verdachts einer Straftat ausscheidet.

Das BAG stützt diese Ansicht in Bezug auf die alte Rechtslage darauf, dass sich eine Sperrwirkung weder aus dem Wortlaut von § 32 Abs. 1 BDSG a.F. noch seiner Systematik oder seinem Sinn und Zweck bzw. der Gesetzeshistorie ableiten ließe.[1052] Insbesondere sollte § 32 BDSG a.F. nach dem Willen des Gesetzgebers die von der Rechtsprechung erarbeiteten Grundsätze des Datenschutzes im Beschäftigungsverhältnis nicht ändern, sondern lediglich zusammenfassen.[1053] Nach den in § 32 BDSG a.F. zusammengefassten Rechtsprechungsgrundsätzen sind unter Berücksichtigung der grundlegenden Entscheidung des BAG aus dem Jahre 2003[1054] Eingriffe in das allgemeine Persönlichkeitsrecht der Arbeitnehmer durch bspw. eine verdeckte Überwachung auch dann zulässig, wenn der konkrete Verdacht einer schweren Verfehlung, die gerade keine strafbare Handlung darstellt, zulasten des Arbeitgebers besteht.[1055]

1048 *Brink*, jurisPR-ArbR 36/2016 Anm. 2; *Düwell/Brink*, NZA 2017, 1081, 1084; zur alten Rechtslage vgl. LAG Baden-Württemberg, ZD 2017, 88, 90; so wohl auch *Maschmann*, wobei er die Frage diskutiert, ob § 26 Abs. 1 S. 2 BDSG und eben nicht S. 1 neben Maßnahmen zur Aufklärung von Straftaten auch solche zur Aufklärung von schwerwiegenden Pflichtverletzungen erfasst, vgl. Kühling/Buchner/*Maschmann*, BDSG § 26 Rn. 58.

1049 BAG, NZA 2019, 893; BAG, NZA 2017, 1179, 1182.

1050 LAG Baden-Württemberg, ZD 2019, 132, 133.

1051 *Benkert*, NJW-Spezial 2018, 562; ErfK/*Franzen* BDSG § 26 Rn. 37; *Grau/Dzida*, NZA 2017, 1515, 1517; Paal/Pauly/*Gräber/Nolden*, BDSG, § 26 Rn. 22 f.; HWK/*Lembke*, Art. 88 DSGVO Rn. 22; *Schmidt*, RDV 2017, 284, 285 f.; *Ströbel/Böhm/Breunig/Wybitul*, CCZ 2018, 14, 18; *Thüsing/Rombey*, NZA 2018, 1105, 1107; a.A. Kühling/Buchner/*Maschmann*, BDSG § 26 Rn. 45a.

1052 BAG, NZA 2017, 1179, 1182.

1053 BAG, NZA 2017, 1179, 1182.

1054 BAG, NZA 2003, 1193.

1055 BAG, NZA 2017, 1179, 1182.

Diese Ansicht deckt sich im Übrigen mit dem hier vertretenen weiten Begriff der Pflichtverletzung im Rahmen interner Untersuchungen. Danach können sämtliche schwerwiegenden Compliance-Verstöße gegen das Gesetz oder sonstige Regelungen den Ausgangspunkt einer internen Untersuchung bilden, so etwa Kartellabsprachen und Schmiergeldzahlungen, aber auch umwelt-, arbeitsschutz- oder steuerrechtliche Verstöße.[1056] Da der Eingriff in das allgemeine Persönlichkeitsrecht in dieser Konstellation mit der Situation einer Datenverarbeitung nach § 26 Abs. 1 S. 2 BDSG zu vergleichen ist, verlangt das BAG, dass die Aufklärung einer schweren Pflichtverletzung nur unter den vergleichbaren Voraussetzungen zulässig ist wie zur Aufdeckung einer Straftat.[1057] Bezogen auf die aktuelle Rechtslage wird man im Rahmen einer Aufklärung einer schweren Pflichtverletzung und der damit verbundenen Datenerhebung das gleiche Prüfungsschema zu beachten haben, welches sich im Hinblick auf § 26 Abs. 1 S. 2 BDSG ergibt und dieses für den genannten Fall in Abs. 1 S. 1 hineinlesen müssen. Dazu gehört auch die Dokumentation eines Anfangsverdachts.

(c) *Erforderlichkeitsprüfung*

Im Hinblick auf die in § 26 Abs. 1 S. 1 BDSG geforderte Erforderlichkeitsprüfung ergibt sich ein zu § 26 Abs 1 S. 2 BDSG vergleichbarer Prüfungsaufbau.[1058] Insoweit ist zu prüfen, ob die Maßnahme geeignet ist, den vom Arbeitgeber angestrebten Zweck einer Entscheidung über die Begründung, Durchführung oder Beendigung eines Beschäftigungsverhältnisses zu fördern (Stufe 1). Ferner darf kein milderes Mittel zur Verfügung stehen (Stufe 2). Ein solches wäre gegeben, wenn das gleiche Ziel mit einem anderen, gleich wirksamen und die Persönlichkeitsrechte der betroffenen Beschäftigten weniger einschränkenden Mittel erreicht werden könnte. Abschließend hat eine Abwägung der schutzwürdigen Interessen des Arbeitgebers einerseits und derjenigen des Arbeitnehmers andererseits zu erfolgen (Stufe 3). Auch im Rahmen der Erforderlichkeitsprüfung zu § 26 Abs. 1 S. 1 BDSG sind die Erwägungsgründe 47 und 48 heranzuziehen.

Einer in der Literatur vertretenen Ansicht, wonach hinsichtlich der Erforderlichkeitsprüfung auf den Maßstabsrahmen der DS-GVO abzustellen ist, sodass es zukünftig nicht mehr auf die praktische Konkordanz, sondern auf eine auf europäischen Rechtsquellen beruhende autonome Auslegung ankomme[1059], ist zu widersprechen. § 26 BDSG stellt eine auf der Grundlage des Art. 88 DS-GVO erlassene deutsche Rechtnorm dar.[1060] Es handelt es sich gerade nicht um die Auslegung von

1056 Zu den für eine interne Untersuchung notwendigen Pflichtverletzungen vgl. Kapitel 1 § 2 D. I. 2.

1057 BAG, NZA 2017, 1179, 1182.

1058 Zu den einzelnen Stufen vgl. auch *Kramer*, NZA 2018, 637, 639.

1059 *Düwell/Brink*, NZA 2017, 1081, 1084.

1060 *Ströbel/Wybitul*, in: HdB Europäisches und deutsches Datenschutzrecht, § 10 Rn. 39 f.

Unionsrecht. Insoweit kommt es auch gerade nicht auf eine autonome Auslegung der Norm an.[1061] Vielmehr bleibt es bei der voranstehend dargestellten Abwägung.

2. *§ 4 BDSG – Videoüberwachung von öffentlich zugänglichen Räumen*

Auf die Anwendbarkeit des § 4 BDSG kommt es im Zusammenhang mit der Sachverhaltsaufklärung im Rahmen interner Untersuchungen nicht an. § 4 BDSG regelt ausschließlich die Videoüberwachung von öffentlich zugänglichen Räumen. Soweit eine solche Form der Überwachung im Rahmen einer internen Untersuchung in Betracht kommt, wird die Regelung im Hinblick auf die Überwachung von Arbeitnehmern durch § 26 Abs. 1 BDSG konkretisiert.[1062]

Dies entspricht der Rechtsprechung[1063] zur alten Rechtslage und damit zum Verhältnis von § 32 Abs. 1 BDSG a.F. zu § 6b BDSG a.F. Das BAG hat diese Ansicht damit begründet, dass die Regelung des § 32 Abs. 1 BDSG a.F. für die Verarbeitung und Nutzung von personenbezogenen Daten eines Beschäftigten, die der Arbeitgeber durch eine Videoüberwachung öffentlich zugänglicher Räume erlangt hat, eine eigenständige, von den Voraussetzungen nach § 6b Abs. 3 BDSG a.F. unabhängige Erlaubnisnorm darstelle.[1064] Sofern eine bestimmte Datenverarbeitung oder -nutzung rechtmäßig sei, komme es im Verhältnis zu den davon betroffenen Arbeitnehmern nicht darauf an, ob auch die Anforderungen gemäß § 6b Abs. 3 BDSG a.F. erfüllt seien.[1065] Die Bestimmung schließe eine eigenständige Rechtfertigung der Datenverarbeitung nach § 32 Abs. 1 BDSG a.F. nicht aus.[1066] § 32 Abs. 1 BDSG a.F. diene speziell dem Ausgleich der Interessen von Arbeitgeber und Arbeitnehmer in Bezug auf den Beschäftigtendatenschutz, während § 6b BDSG a.F. den Schutz der Allgemeinheit vor einem Ausufern der Videoüberwachung im öffentlichen Raum gewährleiste.[1067] Diese Argumentation lässt sich auf die aktuelle Rechtslage und damit das Verhältnis von § 26 Abs. 1 BDSG zu § 4 BDSG übertragen, sodass die Maßnahme nach § 4 Abs. 1 S. 1 Nr. 3, Abs. 3 BDSG zulässig ist, wenn die Voraussetzungen des § 26 Abs. 1 BDSG erfüllt sind.[1068]

Von einigen Stimmen in der Literatur wird die Regelung des § 4 BDSG vor dem Hintergrund der neuen unionsrechtlichen Rechtslage ohnehin sehr kritisch gesehen. Nach teilweise vertretener Ansicht nach *Franzen* ist im Hinblick auf heimliche

---

1061 *Ströbel/Wybitul,* in: HdB Europäisches und deutsches Datenschutzrecht, § 10 Rn. 39 f.

1062 *Kort,* RdA 2018, 24, 27; *Byers/Wenzel,* BB 2017, 2036, 2038; a.A. wohl *Däubler,* NZA 2017, 1481, 1483.

1063 BAG, NZA 2017, 112, 115 f.; BAG, NZA 2018, 1329, 1331 f.; BAG, NZA 2019, 1212, 1215.

1064 BAG, NZA 2018, 1329, 1331.; BAG, NZA 2019, 1212, 1215.

1065 BAG, NZA 2018, 1329, 1331.

1066 BAG, NZA 2018, 1329, 1331 f.

1067 BAG, NZA 2018, 1329, 1332.

1068 Auernhammer/*Forst,* BDSG § 26 Rn. 147; *Kort,* NZA 2018, 1097, 1100.

Videoüberwachungsmaßnahmen „§ 4 BDSG [...] teleologisch dahingehend zu reduzieren, dass eine heimliche Überwachung öffentlich zugänglicher Räume zur Aufdeckung einer Straftat jedenfalls im Bereich von Arbeitsverhältnissen nach Maßgabe von § 26 Abs. 1 S. 2 BDSG zulässig ist“.[1069]

Nach anderer Ansicht verstößt § 4 I 1 Nr. 3 BDSG gegen das unionsrechtliche Wiederholungsverbot.[1070] Wieder andere sind der Ansicht, dass § 4 BDSG generell nicht mit Art. 6 Abs. 1 S. 1 lit. e) i.V.m. Abs. 3 S. 1 DS-GVO vereinbar sei[1071], woraus der Schluss gezogen wird, dass es für die Videoüberwachung öffentlich zugänglicher Räume auf Art. 6 Abs. 1 S. 1 lit. f) DS-GVO[1072] und für die Videoüberwachung in Bezug auf den Arbeitsplatz vor allem auf § 26 Abs. 1 BDSG ankäme.[1073] Begründet wird der Verstoß gegen das Unionsrecht damit, dass Art. 6 Abs. 1 S. 1 lit. e) i.V.m. Abs. 3 S. 1 DS-GVO voraussetzt, dass dem Verantwortlichen die Ausübung öffentlicher Gewalt übertragen wird, was jedenfalls bei der Wahrnehmung des Hausrechts (vgl. § 4 Abs. 1 S. 1 Nr. 2 BDSG) und der Wahrnehmung berechtigter Interessen (vgl. § 4 Abs. 1 S. 1 Nr. 3 BDSG) nicht der Fall sei.[1074] Gerade die Wahrnehmung berechtigter Interessen sei in Art. 6 Abs. 1 S. 1 lit. f) DS-GVO normiert, sodass dieser und gerade nicht § 4 Abs. 1 S. 1 Nr. 3 BDSG Anwendung finde.[1075] Selbst wenn man davon ausgeht, dass eine Unionsrechtswidrigkeit nicht besteht, so ist eine Datenverarbeitung, die nach Art. 6 Abs. 1 S. 1 lit. f) DS-GVO zulässig ist, jedenfalls auch nach § 4 Abs. 1 S. 1 Nr. 3 BDSG als zulässig anzusehen. Insoweit kommt es, egal, ob § 26 Abs. 1 BDSG oder Art. 6 Abs. 1 S. 1 lit. f) DS-GVO einschlägig ist, auf die Prüfung des § 4 BDSG nicht mehr an.

Vor diesem Hintergrund wird im Weiteren auf Ausführungen hinsichtlich der Zulässigkeit bestimmter Ermittlungsmaßnahmen gegenüber Arbeitnehmern nach § 4 BDSG verzichtet.

3. Art. 6 DS-GVO – Rechtfertigungstatbestand nach der DS-GVO

Art. 6 Abs. 1 DS-GVO stellt die zentrale Rechtfertigungsnorm in der DS-GVO für Datenverarbeitungsvorgänge dar und zählt die Rechtfertigungstatbestände abschließend auf.[1076] Sie ist inhaltlich überwiegend deckungsgleich mit den Vorgaben der Vorgängerregelung in Art. 7 DSRL[1077]. Eine Modifizierung der

---

1069 ErfK/*Franzen* BDSG § 4 Rn. 2.

1070 *Kort*, NZA 2018, 1097, 1100; *Maschmann*, NZA-Beilage 2018, 115, 119 f.

1071 Kühling/Buchner/*Buchner*, BDSG § 4 Rn. 3; Tinnefeld/Buchner/Petri/Hof, Einf. in das DatenschutzR, S. 256 f.

1072 Tinnefeld/Buchner/Petri/Hof, Einf. in das DatenschutzR, S. 256 f.

1073 Kühling/Buchner/*Buchner*, BDSG § 4 Rn. 1, 4.

1074 Kühling/Buchner/*Buchner*, BDSG § 4 Rn. 3.

1075 Kühling/Buchner/*Buchner*, BDSG § 4 Rn. 4.

1076 Dies entspricht auch der Rechtsprechung des EuGH zur alten Rechtslage, vgl. EuGH, NZA 2011, 1409, 1410 – ASNEF.

1077 RL 95/46/EG, ABl. EG Nr. L 281/31 v. 23.11.95.

Regelungen durch den nationalen Gesetzgeber ist nur in den engen Grenzen des Art. 6 Abs. 2, 3 DS-GVO möglich.[1078]

Die in Art. 6 Abs. 1 S. 1 lit. a) bis f) DS-GVO aufgelisteten Bedingungen stehen gleichrangig nebeneinander, sodass in der von der DS-GVO vorgegebenen Reihenfolge keine Rangfolge zu erblicken ist.[1079] Teilweise werden die verschiedenen Fallgruppen durch andere Regelungen der DS-GVO oder des nationalen Rechts konkretisiert, wie bspw. durch Art. 7 DS-GVO im Hinblick auf die Einwilligung oder Art. 9 DS-GVO in Bezug auf die Verarbeitung besonderer personenbezogener Daten. Art. 6 DS-GVO wird durch die „spezifischere" Vorschrift des § 26 BDSG verdrängt, soweit die von § 26 BDSG erfassten Zwecke betroffen sind.[1080]

a) Vertrag – Art. 6 Abs. 1 S. 1 lit. b), 1. Var. DS-GVO

Unter den Anwendungsbereich des Art. 6 Abs. 1 lit. b), 1. Var. DS-GVO fällt grundsätzlich auch der Arbeitsvertrag. Voraussetzung ist jedoch, dass der Vertrag wirksam ist.[1081] Soweit jedoch Daten im Beschäftigungskontext verarbeitet werden, findet die Spezialregelung in § 26 BDSG vorrangig Anwendung.[1082] Eine Anwendbarkeit kommt indes in Betracht, soweit die Datenverarbeitung zwar das Vertragsverhältnis zwischen Arbeitgeber und Arbeitnehmer betrifft, jedoch über den reinen Beschäftigungskontext hinausgehen.[1083] In solch einem Fall muss die Datenverarbeitung auf einen der allgemeinen Rechtfertigungstatbestände der DS-GVO gestützt werden.[1084] Hierbei kann es sich um die Verarbeitung von personenbezogenen Arbeitnehmerdaten hinsichtlich vom Arbeitgeber gewährter Vorzüge handeln, wie bspw. einen Arbeitgeberkredit, das Kfz-Leasing oder ein Bank-Konto für den Bankmitarbeiter[1085] Die Datenverarbeitung muss sich dann aber auf die Erfüllung des konkreten vertraglichen Zwecks beziehen; sie muss für diese notwendig und darf nicht bloß nützlich sein.[1086] Auch im Falle des Art. 6 Abs. 1 lit. b), 1. Var. DS-GVO kommt es maßgeblich auf die

---

1078 *Kort*, NZA 2018, 1097, 1099.

1079 HWK/*Lembke*, Einl. DSGVO Rn. 61; *Reimer*, in: Sydow, Europäische DSGVO, Art. 6 Rn. 8 f.

1080 Vgl. hierzu im Einzelnen Kapitel 2 § 2 B. IV. 1. a).

1081 *Reimer*, in: Sydow, Europäische DSGVO, Art. 6 Rn. 19; Kühling/Buchner/*Buchner/Petri*, DS-GVO Art. 6 Rn. 31.

1082 Kühling/Buchner/*Buchner/Petri*, DS-GVO Art. 6 Rn. 49 f.; Auernhammer/*Kramer*, DSGVO Art. 6 Rn. 38; HWK/*Lembke*, Einl. DSGVO Rn. 64, Art. 88 DSGVO Rn. 14; so wohl auch *Taeger*, in: Taeger/Gabel, DSGVO – BDSG, Art. 6 DSGVO Rn. 60; zum Verhältnis von § 26 BDSG zu den Regelungen der DS-GVO vgl. Kapitel 2 § 2 B. IV. 1. a).

1083 Kühling/Buchner/*Buchner/Petri*, DS-GVO Art. 6 Rn. 51.

1084 Kühling/Buchner/*Buchner/Petri*, DS-GVO Art. 6 Rn. 51.

1085 Hierzu Kühling/Buchner/*Buchner/Petri*, DS-GVO Art. 6 Rn. 51.

1086 *Heberlein*, in: Ehmann/Selmayr DS-GVO, Art. 6 Rn. 13.

Erforderlichkeitsprüfung an. Art. 6 Abs. 1 S. 1 lit. b), 1. Var. DS-GVO ist immer dann relevant, wenn es um die Vertragsdurchführung geht. Vor diesem Hintergrund zählt zur Vertragsdurchführung indes nicht die Durchführung von Ermittlungsmaßnahmen im Rahmen interner Untersuchungen, sodass die Regelung im hiesigen Kontext nicht weiter beleuchtet wird.

b) Rechtliche Verpflichtung – Art. 6 Abs. 1 S. 1 lit. c) i.V.m. Abs. 2, 3 DS-GVO

Überdies kann eine Datenverarbeitung von personenbezogenen Daten gerechtfertigt sein, wenn die Datenverarbeitung auf eine rechtliche Verpflichtung zurückgeführt werden kann und die Datenverarbeitung ihrerseits erforderlich ist. Dieser Rechtfertigungstatbestand kommt auch im Beschäftigungskontext zum Tragen.[1087] Insoweit kann sich eine solche Rechtspflicht zur Datenverarbeitung auch für den Arbeitgeber ergeben. So ist z.B. nach der Rechtsprechung des EuGH[1088] unter Art. 7 DSRL[1089], der Vorgängerregelung des Art. 6 DS-GVO, die gesetzliche Pflicht zur Führung von Arbeitszeitnachweisen zu subsumieren.[1090] Gemäß Art. 6 Abs. 3 S. 1 DS-GVO wird die Rechtspflicht für die Datenverarbeitung nach Art. 6 Abs. 1 S. 1 lit. c) DS-GVO durch das Unionsrecht oder das Recht der Mitgliedstaaten bestimmt.[1091] Zu den nationalen Normen können auch normative Regelungen in Tarifverträgen (§ 4 Abs. 1 TVG) sowie Betriebsvereinbarungen (§ 77 BetrVG) zählen.[1092] Soweit es sich indes um Verpflichtungen aus dem Arbeitsvertrag handelt, ist Art. 6 Abs. 1 S. 1 lit. b), 1. Var. DS-GVO der einschlägige Erlaubnistatbestand.[1093]

Fraglich ist, ob zu diesen nationalen Normen auch solche Regelungen zählen, die eine Aufklärungspflicht der Organe begründen und damit den Ausgangspunkt für interne Untersuchungen bilden. Für die Beantwortung dieser Frage kommt es darauf an, welche Anforderungen an die von Art. 6 Abs. 1 S. 1 lit. c) DS-GVO erfassten

---

1087 EuArbR/*Franzen* DS-GVO Art. 6 Rn. 6.

1088 EuGH, NZA 2013, 723 – Equipamentos para o Lar S/Autoridade para as Condições de Trabalho.

1089 RL 95/46/EG, ABl. EG Nr. L 281/31 v. 23.11.95.

1090 EuArbR/*Franzen* DS-GVO Art. 6 Rn. 6.

1091 Hinsichtlich einer beispielhaften Aufzählung verschiedener nationaler Normen im deutschen Recht vgl. Paal/Pauly/*Frenzel*, DS-GVO, Art. 6 Rn. 17.

1092 Kühling/Buchner/*Buchner/Petri*, DS-GVO Art. 6 Rn. 84 f.; *Klaas/Wybitul*, in: Momsen/Grützner, Wirtschafts- und Steuerstrafecht, Kapitel 4 § 16 Rn. 244; Auernhammer/*Kramer*, DSGVO Art. 6 Rn. 52; Gola DS-GVO/*Schulz* DS-GVO Art. 6 Rn. 43; *Ströbel/Wybitul*, in: HdB Europäisches und deutsches Datenschutzrecht, § 10 Rn. 15; kritisch *Reimer*, in: Sydow, Europäische DSGVO, Art. 6 Rn. 24.

1093 *Heberlein*, in: Ehmann/Selmayr DS-GVO, Art. 6 Rn. 16; Paal/Pauly/*Frenzel*, DS-GVO, Art. 6 Rn. 16.

Regelungen gestellt werden. Art. 6 Abs. 3 S. 2 DS-GVO verlangt, dass der Zweck der Verarbeitung in der entsprechenden Rechtsgrundlage festgelegt sein muss.[1094] Dies entspricht auch dem Grundsatz der Zweckbindung in Art. 5 Abs. 1 lit. b) DS-GVO. Bereits an diesen Anforderungen scheitern die Normen, aus denen sich die Organpflichten zur Durchführung von Aufklärungsmaßnahmen herleiten lassen. Die von Art. 6 Abs. 1 S. 1 lit. c) DS-GVO erfassten Normen müssen eine konkrete Datenverarbeitung mit einer konkreten Zwecksetzung konkretisieren.[1095] Überdies muss die entsprechende Norm die datenschutzrechtlichen Vorgaben des Unionsrechts sowie des nationalen Rechts einhalten. Diesen Anforderungen an eine nationale Norm werden die Regelungen der §§ 76, 91, 93, 111 AktG, § 43 GmbHG oder aber des § 130 OWiG nicht gerecht.[1096] Sie beziehen sich gerade nicht auf eine durchzuführende Datenverarbeitung. Vielmehr handelt es sich um Normen, welche die Rechte und Pflichten der Organe betreffen und aus denen sich lediglich eine allgemeine Aufklärungspflicht im Falle einer Verdachtslage Compliance-relevanter Verstöße herleiten lässt. Im Rahmen der konkreten Aufklärung kann es dann zu einer Verarbeitung von Arbeitnehmerdaten kommen, deren Zulässigkeit sich jedoch nach den datenschutzrechtlichen Bestimmungen richtet.

Ebenfalls nicht zu den von Art. 6 Abs. 1 S. 1 lit. c) DS-GVO erfassten Regelungen zählen die für interne Untersuchungen gleichfalls relevanten Verpflichtungen aus dem US-amerikanischem Recht, also dem SOA sowie dem FCPA.[1097]

c) Interessenabwägung – Art. 6 Abs. 1 S. 1 lit. f) DS-GVO

Art. 6 Abs. 1 S. 1 lit. f) DS-GVO stellt einen der zentralen Erlaubnistatbestände in der DS-GVO dar. Zu beachten ist, dass es sich, trotz der primären Voraussetzungen der Erforderlichkeitsprüfung und Interessenabwägung, nicht um einen Auffangtatbestand handelt.[1098] Vielmehr steht Art. 6 Abs. 1 S. 1 lit. f) DS-GVO als eigenständiger Erlaubnistatbestand neben den übrigen Tatbeständen.

1094 Vgl. hierzu auch VO (EU) 2016/679, ABl. EU Nr. L 119/1 v. 4.5.2016, Erwägungsgrund 45; vgl. auch *Heberlein,* in: Ehmann/Selmayr DS-GVO, Art. 6 Rn. 15.

1095 So auch *Lembke,* nach dem die Erlaubnisnorm den jeweiligen Umgang eindeutig für zulässig erklären oder anordnen muss, das heißt den Normadressaten verpflichten muss, vgl. HWK/*Lembke,* Einl. DSGVO Rn. 65.

1096 Bezogen auf §§ 76, 91, 93 AktG im Ergebnis so auch *Klaas/Wybitul,* in: Momsen/Grützner, Wirtschafts- und Steuerstrafecht, Kapitel 4 § 16 Rn. 244.

1097 HWK/*Lembke,* Einl. DSGVO Rn. 65; ebenso hinsichtlich des SOA Kühling/Buchner/*Buchner/Petri,* DS-GVO Art. 6 Rn. 86.

1098 Paal/Pauly/*Frenzel,* DS-GVO, Art. 6 Rn. 26; Gola DS-GVO/*Schulz* DS-GVO Art. 6 Rn. 13; *Taeger,* in: Taeger/Gabel, DSGVO – BDSG, Art. 6 DSGVO Rn. 90; *Kramer* lässt die Bezeichnung „Auffangtatbestand" zu, betont aber, dass andere Erlaubnistatbestände durch den Erlaubnistatbestand der Interessenabwägung nicht vereitelt werden dürfen, vgl. Auernhammer/*Kramer,* DSGVO Art. 6 Rn. 64 f.; a.A. wohl *Pötters/Rauer,* in: Wybitul, HdB DSGVO, Teil 2 Art. 6 Rn. 30.

Die Voraussetzungen der Datenverarbeitung nach Art. 6 Abs. 1 S. 1 lit. f) DS-GVO lassen sich unmittelbar aus dem Wortlaut herleiten.[1099] Zunächst bedarf es eines berechtigten Interesses des Verantwortlichen oder eines Dritten. Dabei reicht grundsätzlich jedes rechtliche, tatsächliche, wirtschaftliche oder ideelle Interesse aus,[1100] solange dieses nicht von der Rechtsordnung missbilligt wird[1101] und hinreichend konkretisiert ist[1102.1103] Erwägungsgrund 47 ist überdies zu entnehmen, dass Interessenpositionen Dritter Berücksichtigung finden können.[1104]

Darüber hinaus muss die Datenverarbeitung erforderlich[1105] sein und die Interessen, Grundrechte und Grundfreiheiten des Betroffenen dürfen nicht überwiegen[1106.1107] Die Erforderlichkeit dürfte abzulehnen sein, soweit ein geeignetes und milderes Mittel in Betracht kommt.[1108] Ein Überwiegen des Interesses nach Art. 6 Abs. 1 S. 1 lit. f) DS-GVO ist sodann im Rahmen einer Interessenabwägung festzustellen.[1109] Da es sich bei Art. 6 DS-GVO anders als bei § 26 BDSG um Unionsrecht handelt, kann jedoch nicht einfach auf den Bewertungsmaßstab von § 26 BDSG verwiesen werden. Vielmehr enthält Art. 6 Abs. 1 S. 1 lit. f) DS-GVO

1099 Auernhammer/*Kramer*, DSGVO Art. 6 Rn. 71.

1100 BeckOK DatenschutzR/*Albers/Veit*, DS-GVO Art. 6 Rn. 49; Kühling/Buchner/*Buchner/Petri*, DS-GVO Art. 6 Rn. 146a; Auernhammer/*Kramer*, DSGVO Art. 6 Rn. 72; *Reimer*, in: Sydow, Europäische DSGVO, Art. 6 Rn. 54.

1101 *Heberlein* in: Ehmann/Selmayr DS-GVO, Art. 6 Rn. 25; *Taeger*, in: Taeger/Gabel, DSGVO – BDSG, Art. 6 DSGVO Rn. 107; im Ergebnis so auch Auernhammer/*Kramer*, DSGVO Art. 6 Rn. 76.

1102 *Heberlein*, in: Ehmann/Selmayr DS-GVO, Art. 6 Rn. 25.

1103 *Heberlein* betont zwar, dass es nicht ausreiche, dass der Verantwortliche ein Interesse daran habe, Nutzen aus der Verarbeitung zu ziehen, sei es wirtschaftlicher oder ideeller Art. Jedoch kommt es ihm maßgeblich darauf an, dass das Interesse im Einklang mit der Rechtsordnung steht und hinreichend konkretisiert ist, vgl. *Heberlein*, in: Ehmann/Selmayr DS-GVO, Art. 6 Rn. 25. Die letztgenannten Anforderungen decken sich mit der hier vertretenen Ansicht; insoweit müssen auch ideelle und wirtschaftliche Zwecke rechtmäßig und hinreichend konkretisiert sein.

1104 VO (EU) 2016/679, ABl. EU Nr. L 119/1 v. 4.5.2016, Erwägungsgrund 47.

1105 Vgl. hierzu auch Auernhammer/*Kramer*, DSGVO Art. 6 Rn. 77 ff.

1106 Vgl. hierzu auch Auernhammer/*Kramer*, DSGVO Art. 6 Rn. 81 ff.

1107 Unterteilt man die Prüfungsfolge in verschiedene Stufen, dürfte neben dem berechtigten Interesse auf der ersten Stufe nochmals zwischen der Erforderlichkeit auf der zweiten sowie der Interessenabwägung auf der dritten Stufe zu unterscheiden sein, vgl. Kühling/Buchner/*Buchner/Petri*, DS-GVO Art. 6 Rn. 146a ff.; teilweise wird hinsichtlich des berechtigten Interesses nochmals zwischen dem Interesse und dessen Berechtigung unterschieden, wodurch sich ein vierstufiger Aufbau ergäbe, vgl. hierzu Auernhammer/*Kramer*, DSGVO Art. 6 Rn. 71 ff.

1108 Kühling/Buchner/*Buchner/Petri*, DS-GVO Art. 6 Rn. 147a; Auernhammer/*Kramer*, DSGVO Art. 6 Rn. 77.

1109 EuArbR/*Franzen* DS-GVO Art. 6 Rn. 10; Auernhammer/*Kramer*, DSGVO Art. 6 Rn. 81.

seinen eigenen Bewertungsmaßstab, sodass mit der Erforderlichkeitsprüfung jedenfalls keine Verhältnismäßigkeitsprüfung i.S.d. § 26 BDSG verbunden ist.[1110]

Leider enthält Art. 6 DS-GVO keine Regelungen, welche zu einer näheren Eingrenzung dieses Maßstabs führen. Den Erwägungsgründen lassen sich aber zumindest Anhaltspunkte hinsichtlich der Interessenabwägung entnehmen. Ein berechtigtes Interesse kann sich bspw. ergeben, „wenn eine maßgebliche und angemessene Beziehung zwischen der betroffenen Person und dem Verantwortlichem besteht“[1111], wozu auch ein Dienstverhältnis zählt.[1112] Ferner kommt es auf die Umstände im Einzelfall sowie die Erwartungshaltung des Betroffenen an.[1113] Zu fragen ist, ob diese für eine Absehbarkeit der Datenverarbeitung sprechen. Konnte der Betroffene mit einer Verarbeitung rechnen, spricht dies für ein Überwiegen der Interessenlage des Verantwortlichen.[1114] War die Datenverarbeitung für den Betroffenen hingegen nicht absehbar, spricht dies dafür, dass die Interessen und Grundrechte des Betroffenen das berechtigte Interesse des Verantwortlichen überwiegen.[1115] Zudem wird in Erwägungsgrund 48 zumindest anerkannt, dass ein Interesse zur Datenverarbeitung im Konzern bestehen kann[1116], auch wenn dadurch kein Konzernprivileg statuiert wird.[1117] Am Ende wird es maßgeblich auf die Konkretisierungen durch die Rechtsprechung des EuGH ankommen.

In Bezug auf Art. 6 Abs. 1 S. 1 lit. f) DS-GVO ist ferner zu beachten, dass dem Betroffenen gemäß Art. 21 Abs. 1 S. 1 DS-GVO ein Widerspruchsrecht zusteht. Wird also die Datenverarbeitung auf Art. 6 Abs. 1 S. 1 lit. f) DS-GVO gestützt und widerspricht der Betroffene der Datenverarbeitung, so muss der Verantwortliche diese sofort beenden, es sei denn, es greift die Rückausnahme nach Art. 21 Abs. 1 S. 2 DS-GVO und der Verarbeiter kann zwingende schutzwürdige Gründe für die Verarbeitung nachweisen, welche die Interessen, Rechte und Freiheiten der betroffenen Person überwiegen, oder die Verarbeitung dient der Geltendmachung, Ausübung oder Verteidigung von Rechtsansprüchen. Nach Art. 21 Abs. 3 DS-GVO muss der Betroffene spätestens zum Zeitpunkt der ersten Kommunikation auf das Widerspruchsrecht hingewiesen werden.

1110 BeckOK DatenschutzR/*Albers/Veit,* DS-GVO Art. 6 Rn. 50.

1111 VO (EU) 2016/679, ABl. EU Nr. L 119/1 v. 4.5.2016, Erwägungsgrund 47.

1112 VO (EU) 2016/679, ABl. EU Nr. L 119/1 v. 4.5.2016, Erwägungsgrund 47.

1113 VO (EU) 2016/679, ABl. EU Nr. L 119/1 v. 4.5.2016, Erwägungsgrund 47.

1114 Nach *Kramer* kann es aber nicht allein auf die tatsächliche Vorhersehbarkeit ankommen; vielmehr komme es auf eine vernünftige Vorhersehbarkeit als werteausfüllungsbedürftiger Begriff an, vgl. Auernhammer/*Kramer,* DSGVO Art. 6 Rn. 86.

1115 *Heberlein,* in: Ehmann/Selmayr DS-GVO, Art. 6 Rn. 28; so auch *Kramer* für den Fall, dass die tatsächliche Vorhersehbarkeit gänzlich fehlt; diese könne dann auch nicht vernünftig sein, vgl. Auernhammer/*Kramer,* DSGVO Art. 6 Rn. 87.

1116 VO (EU) 2016/679, ABl. EU Nr. L 119/1 v. 4.5.2016, Erwägungsgrund 48.

1117 EuArbR/*Franzen* DS-GVO Art. 6 Rn. 11.

4. *Die Einwilligung als Rechtfertigungstatbestand*

Die Einwilligung als Rechtfertigungstatbestand ist grundsätzlich von der DS-GVO vorgesehen. Regelungen hierzu finden sich in Art. 4 Nr. 11, 6 Abs. 1 S. 1 lit. a), 7, 9 Abs. 2 lit. a) DS-GVO. Aber auch der deutsche Gesetzgeber hat mit der Regelung in § 26 Abs. 2 BDSG die Möglichkeit der Einwilligung durch die Beschäftigten in die Datenverarbeitung von Beschäftigtendaten in der Regelung zur Verarbeitung von Beschäftigtendaten verankert und damit einen dazu bestehenden Streit entschieden. Da sich die maßgeblichen Erwägungen hinsichtlich der Einwilligung als Rechtfertigungstatbestand in den verschiedenen Regelungen entsprechen, kann die Einwilligung als ein Themenkomplex untersucht werden. Soweit Besonderheiten im Hinblick auf die konkrete Situation der Datenverarbeitung bestehen, so z.B. hinsichtlich der Verarbeitung besonderer Kategorien personenbezogener Daten, wird hierauf an passender Stelle eingegangen.

a) *Anforderungen an die Einwilligungserklärung und Rechte der Betroffenen*

§ 26 Abs. 2 BDSG verweist in seinem Satz 4 auf Art. 7 Abs. 3 DS-GVO, also auf die entsprechende Regelung zur Einwilligung in der DS-GVO. Hinsichtlich der Verarbeitung besonderer Kategorien personenbezogener Daten existiert die Regelung des Art. 9 Abs. 2 lit. a) DS-GVO.

Zunächst ist festzuhalten, dass die Einwilligung durch den Arbeitnehmer grundsätzlich eine wirksame Rechtsgrundlage für die Datenverarbeitung bieten kann. Dies ergibt sich eindeutig aus den Regelungen des Art. 7 DS-GVO und § 26 Abs. 2 BDSG, aber auch aus den Erwägungsgründen der DS-GVO[1118] sowie der Gesetzesbegründung zum BDSG[1119.1120]

aa) *Inhaltliche Begrenzung*

Definiert wird die Einwilligung in Art. 4 Nr. 11 DS-GVO. Es handelt sich um eine „freiwillig für den bestimmten Fall, in informierter Weise und unmissverständlich abgegebene Willensbekundung in Form einer Erklärung oder einer sonstigen eindeutigen bestätigenden Handlung, mit der die betroffene Person zu verstehen gibt, dass sie mit der Verarbeitung der sie betreffenden personenbezogenen Daten einverstanden ist". Insoweit muss sich die Einwilligung auf einen klaren Sachverhalt beziehen und dabei verständlich und eindeutig gefasst sein. Das heißt,

---

1118 VO (EU) 2016/679, ABl. EU Nr. L 119/1 v. 4.5.2016, Erwägungsgrund 155.

1119 Entwurf der Bundesregierung eines Gesetzes zur Anpassung des Datenschutzrechts an die Verordnung (EU) 2016/679 und zur Umsetzung der Richtlinie (EU) 2016/680, BT-Drs. 18/11325, S. 97.

1120 So auch HWK/*Lembke*, Art. 88 DSGVO Rn. 57; *Dzida/Grau*, DB 2018, 189; *Gola*, BB 2017, 1462, 1467.

dass der Verarbeitungszweck eindeutig benannt werden muss[1121] und dass es für jeden neuen Zweck einer gesonderten Einwilligung bedarf. Dies ergibt sich aus Art. 6 Abs. 1 S. 1 lit. a) DS-GVO. Dass an diese Voraussetzung hohe Anforderungen geknüpft sind, ergibt sich zunächst aus der Regelung des Art. 7 Abs. 2 S. 1 DS-GVO, wonach das Ersuchen um eine Einwilligung in einem Schreiben, welches noch andere Sachverhalte betrifft, in so verständlicher und leicht zugänglicher Form sowie in einer so einfachen Sprache erfolgen muss, dass die Einwilligung von den übrigen Sachverhalten klar abzugrenzen ist. Auch wenn Art. 7 Abs. 2 DS-GVO im Rahmen des § 26 Abs. 2 BDSG keine direkte Anwendung findet, ergeben sich die gleichen Vorgaben bereits aus den gemäß § 26 Abs. 5 BDSG für den gesamten § 26 BDSG geltenden Grundsätzen der Datenverarbeitung nach Art. 5 DS-GVO. Der Transparenzgrundsatz verpflichtet den Verantwortlichen die Datenverarbeitung in einer für den Betroffenen nachvollziehbaren Weise durchzuführen. Dies gilt dann aber auch für die Einwilligung, welche eine Rechtsgrundlage für die Datenverarbeitung schafft.

bb) Freiwilligkeit der Erklärung

Darüber hinaus bedarf es der Freiwilligkeit der Einwilligung. Die Freiwilligkeit stellt eine der zentralen Voraussetzungen für die Rechtmäßigkeit einer Einwilligung dar. Zugleich ist sie aber auch der Ausgangspunkt eines Streits hinsichtlich der Frage, ob die Einwilligung überhaupt einen ausreichenden Rechtfertigungstatbestand darstellt.

Insoweit entspricht die Regelung zwar dem Willen des Verordnungsgebers[1122] sowie der Rechtsprechung des BAG[1123]. Dennoch bestanden und bestehen zu der Frage, ob eine Einwilligung als Rechtfertigungsgrund als ausreichend angesehen werden kann, durchaus unterschiedliche Ansichten.[1124] Der entsprechende Streit wurde bislang im Zusammenhang mit § 4a BDSG a.F. geführt, in welchem die Einwilligung geregelt war.[1125] Der Kernpunkt des Streits betraf gerade das Kriterium der Freiwilligkeit. Dabei wurde kritisch hinterfragt, ob im Rahmen eines Arbeitsverhältnisses und dem damit verbundenen Über- und Unterordnungsverhältnis eine Freiwilligkeit überhaupt möglich ist.[1126] Diesen Problempunkt aufgreifend sieht § 26 Abs. 2 BDSG ausdrücklich vor, dass „für die Beurteilung der

---

1121 *Franzen*, EuZA 2017, 313, 321; Auernhammer/*Greve*, DSGVO Art. 9 Rn. 19 f.; Auernhammer/*Kramer*, DSGVO Art. 6 Rn. 20 f.; so auch LfDI BW, Ratgeber Beschäftigtendatenschutz, 4. Auflage (Stand April 2020), S. 19 f.

1122 VO (EU) 2016/679, ABl. EU Nr. L 119/1 v. 4.5.2016, Erwägungsgrund 155.

1123 BAG, NZA 2015, 604, 607.

1124 *Brink/Schmidt*, MDR 2010, 592, 593; *Düwell/Brink*, NZA 2017, 1081, 1084 f.

1125 Zum Streitstand zur alten Rechtslage siehe ausführlich *Wybitul/Böhm*, BB 2015, 2101 ff.

1126 Vgl. hierzu auch MAH Verteidigung in Wirtschafts- und Steuerstrafsachen/*Park/Eggers*, § 11 Rn. 67.

Freiwilligkeit der Einwilligung insbesondere die im Beschäftigungsverhältnis bestehende Abhängigkeit der beschäftigten Person sowie die Umstände, unter denen die Einwilligung erteilt worden ist, zu berücksichtigen" sind. Dass der Gesetzgeber gerade eine mögliche Drucksituation des Beschäftigten im Blick hatte, zeigt auch die Gesetzesbegründung.[1127]

Für die Beurteilung der Freiwilligkeit sind insbesondere die im Beschäftigungsverhältnis bestehende Abhängigkeit der beschäftigten Person sowie die Umstände, unter denen die Einwilligung erteilt worden ist, zu berücksichtigen.[1128] Die Freiwilligkeit kann insbesondere dann vorliegen, wenn für den Betroffenen ein rechtlicher oder wirtschaftlicher Vorteil erreicht wird oder Arbeitnehmer und Arbeitgeber gleichgelagerte Interessen vertreten. Als Beispiele für die Gewährung eines Vorteils lassen sich der Gesetzesbegründung die Einführung eines betrieblichen Gesundheitsmanagements zur Gesundheitsförderung oder die Erlaubnis zur Privatnutzung von betrieblichen IT-Systemen entnehmen.[1129] Gerade im Kontext interner Untersuchungen kommt als Vorteil die Berechtigung zur privaten Nutzung des dienstlichen E-Mail-Accounts in Betracht.[1130] Als weitere Beispiele können Fortbildungsangebote, vermögenswirksame Leistungen, wie bspw. Mitarbeiterbeteiligungsprogramme, betriebliche Altersversorgung[1131] oder ein Firmenrabatt[1132], genannt werden.

Darüber hinaus können Arbeitgeber und Beschäftigter aber auch gleichgerichtete Interessen verfolgen. Ein solch gleichgelagertes Interesse besteht bspw. bei der Aufnahme von Name und Geburtsdatum in eine Geburtstagsliste oder der Nutzung von Fotos für das Intranet. Hierbei geht es darum, wie es sich auch aus der Gesetzesbegründung ergibt, dass Arbeitgeber und Beschäftigter i.S.e. betrieblichen Miteinanders zusammenwirken.[1133] Ein weiteres in der Literatur zu findendes Beispiel für gleichgerichtete Interessen sind „betrieblich organisierte Veranstaltungen mit

---

1127 Entwurf der Bundesregierung eines Gesetzes zur Anpassung des Datenschutzrechts an die Verordnung (EU) 2016/679 und zur Umsetzung der Richtlinie (EU) 2016/680, BT-Drs. 18/11325, S. 97.

1128 *Ernst*, ZD 2017, 110, 111 f.; Auernhammer/*Forst*, BDSG § 26 Rn. 77; Kühling/Buchner/*Maschmann*, BDSG § 26 Rn. 63; Tinnefeld/Buchner/Petri/Hof, Einf. in das DatenschutzR, S. 422; im Ergebnis so wohl auch MAH Verteidigung in Wirtschafts- und Steuerstrafsachen/*Park/Eggers*, § 11 Rn. 67.

1129 Entwurf der Bundesregierung eines Gesetzes zur Anpassung des Datenschutzrechts an die Verordnung (EU) 2016/679 und zur Umsetzung der Richtlinie (EU) 2016/680, BT-Drs. 18/11325, S. 97; Auernhammer/*Forst*, BDSG § 26 Rn. 77.

1130 Vgl. grundsätzlich zur Berechtigung der privaten Nutzung des dienstlichen E-Mail-Accounts als Vorteil *Hitzelberger-Kijima*, öAT 2020, 133, 134.

1131 Auernhammer/*Forst*, BDSG § 26 Rn. 77.

1132 *Ingold*, in: Sydow, Europäische DSGVO, Art. 7 Rn. 28.

1133 Entwurf der Bundesregierung eines Gesetzes zur Anpassung des Datenschutzrechts an die Verordnung (EU) 2016/679 und zur Umsetzung der Richtlinie (EU) 2016/680, BT-Drs. 18/11325, S. 97; Kühling/Buchner/*Maschmann*, BDSG § 26 Rn. 63.

Freizeitcharakter (Betriebsausflüge, Weihnachtsfeiern etc.), zu deren Vorbereitung gegebenenfalls Beschäftigtendaten verarbeitet werden"[1134]. Nimmt man die aktuelle Lage in Deutschland in den Blick, kann als ein weiteres Beispiel für eine Einwilligung die Speicherung der privaten Kontaktdaten der Beschäftigten genannt werden, über die der Arbeitgeber die Beschäftigten im Rahmen der COVID-19-Pandemie über aktuelle Maßnahmen des Arbeits- und Gesundheitsschutzes informieren kann.[1135] Keine Freiwilligkeit dürfte vorliegen, wenn eine Leistung an die Abgabe einer Einwilligung in die Verarbeitung der Daten gekoppelt wird, obgleich dies für die Leistung nicht zwingend erforderlich ist.[1136] Dies ergibt sich auch unmittelbar aus Art. 7 Abs. 4 DS-GVO.

Im Hinblick auf die Einwilligung als Rechtfertigungstatbestand kommt dem Kriterium der Freiwilligkeit eine besondere Relevanz zu. Dies resultiert, wie es die Kritiker der Einwilligung zurecht anführen, aus dem Abhängigkeitsverhältnis, in dem sich der Beschäftigte befindet.[1137] Beim Arbeitnehmer könnte die Sorge aufkommen, dass seine Weigerung zur Abgabe einer Einwilligung als Illoyalität gewertet wird.[1138] Gleichwohl kann aus diesem Abhängigkeitsverhältnis nicht automatisch der Schluss gezogen werden, es würde stets an einer Freiwilligkeit der Einwilligung fehlen.[1139] Insoweit ergeben sich verschiedene Beispiele, wie auch die genannten, in denen durchaus von einer Freiwilligkeit ausgegangen werden kann.

Im Kontext interner Untersuchungen ist jedoch zu berücksichtigen, dass gerade in den Fällen, in denen gegen einen Mitarbeiter aufgrund einer Verdachtslage intern ermittelt wird und diesem arbeitsvertragliche Nachteile drohen, die Freiwilligkeit im Rahmen der Einwilligung zur Durchführung spezifischer, gegen den Mitarbeiter gerichteter Ermittlungsmaßnahmen sehr kritisch zu bewerten sein wird. Insoweit könnte eine Zwangswirkung vorliegen, die ihrerseits einer Freiwilligkeit entgegenstehen würde.[1140] Teilweise wird sogar vertreten, dass, wenn Nachteile für den Betroffenen drohen könnten, eine Freiwilligkeit in aller Regel dann ausscheide.[1141] Dies wird aus einem Umkehrschluss zu § 26 Abs. 2 S. 2 BDSG gefolgert. Insoweit ließe sich aus der Freiwilligkeit bei Vorteilen für den Betroffenen auf eine Unfreiwilligkeit bei Nachteilen schließen. Insbesondere dann, wenn wegen einer möglichen Straftat oder einer sonstigen Pflichtverletzung gegen einen Mitarbeiter des Unternehmens ermittelt wird, kommt nach dieser Ansicht eine Einwilligung schon nicht in Betracht. Im Rahmen der Beurteilung der Freiwilligkeit müsse

1134 Auernhammer/*Forst*, BDSG § 26 Rn. 77.
1135 *Hitzelberger-Kijima*, öAT 2020, 133, 134.
1136 *Ernst*, ZD 2017, 110, 112.
1137 *Ernst*, ZD 2017, 110, 111 f.
1138 *Ernst*, ZD 2017, 110, 112.
1139 *Ernst*, ZD 2017, 110, 111 f.; *Ingold*, in: Sydow, Europäische DSGVO, Art. 7 Rn. 28.
1140 *Ingold*, in: Sydow, Europäische DSGVO, Art. 7 Rn. 26 ff.
1141 *Wybitul*, NZA 2017, 413, 416 f.; a.A. *Dzida/Grau*, DB 2018, 189, 190.

nämlich nach § 26 Abs. 1 BDSG berücksichtigt werden, unter welchen Umständen eine Einwilligung abgegeben wurde.[1142]

Im Rahmen der Bewertung, ob von einer freiwilligen Einwilligung ausgegangen werden kann, wird es immer auf eine Bewertung im Einzelfall ankommen.[1143] Dabei werden Art und Umfang der Datenverarbeitung, der Zweck der Datenverarbeitung und die Frage, ob das Arbeitsverhältnis zum Zeitpunkt der Einwilligung bereits gekündigt war, Einfluss auf die Bewertung der Freiwilligkeit haben.[1144]

cc) Stillschweigende und konkludente Einwilligungen

Stillschweigende oder konkludente Einwilligung sowie vorformulierte Einwilligungserklärungen in Vertragsklauseln, bei denen die Einwilligung als erteilt gewertet wurde, wenn der Einwilligungstext nicht durchgestrichen oder ein Kreuz zur Nichterteilung einer Einwilligung nicht gesetzt wurde (sog. „Opt-out")[1145], sind mit dem Schutz des Betroffenen im Zusammenhang mit der Erklärung seiner Einwilligung und der Vorgabe einer eindeutig bestätigenden Handlung, mit der ein informierter Betroffener unmissverständlich seine Einwilligung in die Datenverarbeitung bekundet, nicht vereinbar.[1146] Insoweit wird der Schutz des Betroffenen mit der DS-GVO sowie der Neuregelung des § 26 Abs. 2 BDSG nochmals gestärkt.

Bereits die Definition der Einwilligung in Art. 4 Nr. 11 DS-GVO spricht von einer „unmissverständlich abgegebene[n] Willensbekundung" bzw. „einer sonstigen eindeutigen bestätigenden Handlung".[1147] Der Betroffene soll vor einer Überrumpelungssituation geschützt werden. Der Sachverhalt hinsichtlich der Datenverarbeitung soll ihm vollumfänglich klar sein und er soll auf Basis dieser

---

1142 Insoweit geht *Maschmann* davon aus, dass der betroffene Mitarbeiter aufgrund der Drucksituation nicht wirksam in Maßnahmen der Mitarbeiterüberwachung einwilligen kann, vgl. Kühling/Buchner/*Maschmann,* BDSG § 26 Rn. 63; so auch *Däubler,* in: Däubler/Wedde/Weichert/Sommer, § 26 BDSG Rn. 226.

1143 Kühling/Buchner/*Buchner/Kühling,* DS-GVO Art. 7 Rn. 44; *Ernst,* ZD 2017, 110, 112; *Ingold,* in: Sydow, Europäische DSGVO, Art. 7 Rn. 28.

1144 Vgl. hierzu auch *Hitzelberger-Kijima,* öAT 2020, 133, 134.

1145 *Franzen,* EuZA 2017, 313, 322; *Heckmann/Paschke,* in: Ehmann/Selmayr DS-GVO, Art. 7 Rn. 69; Gola DS-GVO/*Schulz* DS-GVO Art. 7 Rn. 42; zu vorformulierten Einwilligungserklärungen in einer Vertragsklausel vgl. BGH, GRUR 2008, 1010; BGH, NJW 2010, 864.

1146 ErfK/*Franzen* BDSG § 26 Rn. 44; *Franzen,* EuZA 2017, 313, 321 f.; zu den Anforderungen vgl. auch VO (EU) 2016/679, ABl. EU Nr. L 119/1 v. 4.5.2016, Erwägungsgrund 32; a.A. *Ingold,* in: Sydow, Europäische DSGVO, Art. 7 Rn. 22 f.; zur Zulässigkeit von mündlichen und konkludenten Einwilligungserklärungen vgl. Kühling/Buchner/*Maschmann,* BDSG § 26 Rn. 64; Tinnefeld/Buchner/Petri/Hof, Einf. in das DatenschutzR, S. 431 ff.; zu Art. 9 Abs. 2 lit. a) DS-GVO vgl. Auernhammer/*Greve,* DSGVO Art. 9 Rn. 19.

1147 So auch VO (EU) 2016/679, ABl. EU Nr. L 119/1 v. 4.5.2016, Erwägungsgrund 32.

informierten Lage und unter Abwägung von Umfang und Tragweite einer zu dem jeweiligen Sachverhalt ausgesprochenen Einwilligung sowie seiner Rechte die Einwilligung abgeben oder von einer solchen absehen.[1148] Der Erwägungsgrund 32 betont im Hinblick auf die vorformulierten Erklärungen die Notwendigkeit einer verständlichen und leicht zugänglichen Form in klarer und einfacher Sprache und die freie Wahl, die der Betroffene haben soll.[1149]

Als Argument gegen eine stillschweigende oder konkludente Einwilligung lässt sich überdies der Wortlaut des Art. 9 Abs. 2 lit. a) DS-GVO heranziehen. Danach ist die Verarbeitung besonderer Kategorien personenbezogener Daten für einen oder mehrere festgelegte Zwecke auch auf der Grundlage einer Einwilligung möglich, es sei denn, nach Unionsrecht oder dem Recht der Mitgliedstaaten kann das Verbot nach Art. 9 Abs. 1 DS-GVO durch die Einwilligung der betroffenen Person nicht aufgehoben werden; der Wortlaut sieht aber vor, dass die betroffene Person „ausdrücklich" einwilligen muss.[1150]

Wie bereits ausgeführt, ist der Gesetzesbegründung zur Regelung des § 26 Abs. 2 S. 3 BDSG zu entnehmen, dass das Schriftformerfordernis die informationelle Selbstbestimmung der betroffenen Personen absichern und die formale Anforderung an die Nachweispflicht des Arbeitgebers i.S.v. Art. 7 Abs. 1 DS-GVO konkretisieren soll.[1151] Die Schriftform soll die notwendige Transparenz, die geforderte Verständlichkeit sowie den Schutz vor einer Überforderung sicherstellen. Bei den im Ausnahmetatbestand genannten besonderen Umständen handelt es sich um Situationen, in denen eine schriftliche Einwilligung nicht möglich ist, bspw. wenn ein Bewerbungsprozess vollständig online erfolgt und insoweit eine Einwilligung nur per E-Mail erteilt werden kann.[1152]

dd) Formelle Vorgaben

(a) Anforderungen an die Schriftform

Überdies bedarf jedenfalls die Einwilligung im Hinblick auf die Verarbeitung von Arbeitnehmerdaten gemäß § 26 Abs. 2 S. 3 BDSG der schriftlichen oder elektronischen Form, soweit nicht wegen besonderer Umstände eine andere Form angemessen ist. An dieser Stelle ergibt sich eine Abweichung zwischen der Regelung des § 26 Abs. 2 BDSG sowie den sich aus Art. 7 DS-GVO ergebenden Vorgaben. Auch wenn Art. 7 DS-GVO keine eindeutigen Angaben zu möglichen Formvorgaben

1148 *Franzen*, EuZA 2017, 313, 322.
1149 VO (EU) 2016/679, ABl. EU Nr. L 119/1 v. 4.5.2016, Erwägungsgrund 42.
1150 So auch Auernhammer/*Greve*, DSGVO Art. 9 Rn. 19; *Mester*, in: Taeger/Gabel, DSGVO – BDSG, Art. 9 DSGVO Rn. 18.
1151 Entwurf der Bundesregierung eines Gesetzes zur Anpassung des Datenschutzrechts an die Verordnung (EU) 2016/679 und zur Umsetzung der Richtlinie (EU) 2016/680, BT-Drs. 18/11325, S. 97.
1152 *Gola*, BB 2017, 1462, 1468.

macht, ergibt sich doch aus Erwägungsgrund 32, dass für eine Einwilligung eine eindeutige bestätigende Handlung notwendig sein soll.[1153] Dabei kommt sowohl die Schriftform, aber auch eine elektronische oder mündliche Erklärung in Betracht.[1154] Überdies spricht die Definition der Einwilligung in Art. 4 Nr. 11 DS-GVO nur von einer „in informierter Weise und unmissverständlich abgegebene[n] Willensbekundung in Form einer Erklärung oder einer sonstigen eindeutigen bestätigenden Handlung". Art. 7 Abs. 2 DS-GVO lassen sich zwar Vorgaben für den Fall entnehmen, dass es sich um eine schriftliche Erklärung handelt, welche neben der Einwilligung noch weitere Sachverhalte regelt. In diesem Fall müssen die verschiedenen Sachverhalte bereits aufgrund der Form sowie der Sprache eindeutig unterscheidbar sein. Jedoch lässt sich aus diesem Umstand nicht schließen, dass andere Arten der Einwilligungserklärung unzulässig sind. Die Regelung normiert lediglich strenge Anforderungen für einen spezifischen Fall.

Zunächst ist zu klären, welche konkreten Anforderungen im Hinblick auf Formvorgaben in § 26 Abs. 2 S. 3 BDSG bestehen. Durch das „Zweite Gesetz zur Anpassung des Datenschutzrechts an die Verordnung (EU) 2016/679 und zur Umsetzung der Richtlinie (EU) 2016/680 (Zweites Datenschutz-Anpassungs- und Umsetzungsgesetz EU – 2. DSAnpUG-EU)"[1155] hat der Wortlaut des § 26 Abs. 2 S. 3 BDSG eine Änderung erfahren. Seit dem 26. November 2019 heißt es in § 26 Abs. 2 S. 3 BDSG nicht mehr „Die Einwilligung bedarf der Schriftform, [...]", sondern „Die Einwilligung hat schriftlich oder elektronisch zu erfolgen, [...]". Auf der Grundlage des Wortlauts sind nunmehr sowohl die schriftliche als auch die elektronische Form erfasst.

Stellt man zunächst auf das deutsche Recht ab, so bedarf es für die Schriftform gemäß § 126 BGB einer eigenhändigen Namensunterschrift. § 126 BGB gilt zunächst für alle Schriftformerfordernisse des BGB, aber auch für solche Schriftformerfordernisse des Privatrechts außerhalb des BGB, wie z.B. für das Handelsrecht, das Gesellschaftsrecht oder das Arbeitsrecht.[1156] Unmittelbar gilt sie nur für Rechtsgeschäfte.[1157] Im öffentlichen Recht findet das Schriftformerfordernis keine Anwendung.[1158] Eine Ausnahme kann lediglich für öffentliche Verträge gesehen werden. Die Textform gemäß § 126b BGB regelt demgegenüber eine Form, durch welche lediglich der Informationsfunktion genüge getan werden soll, der aber keine Warn-, Beweis- oder Identitätsfunktion zukommt.[1159] Insoweit muss es sich um eine lesbare Erklärung handeln, die auf einem dauerhaften Datenträger

1153 Vgl. VO (EU) 2016/679, ABl. EU Nr. L 119/1 v. 4.5.2016, Erwägungsgrund 32.
1154 *Ernst*, ZD 2017, 110, 114.
1155 Zweites Datenschutz-Anpassungs- und Umsetzungsgesetz EU, BGBl. I 2019, S. 1626.
1156 MüKo-BGB/*Einsele*, § 126 Rn. 3.
1157 BeckOK BGB/*Wendtland* BGB § 126 Rn. 1.
1158 *Thüsing/Schmidt/Forst*, RDV 2017, 116, 117 f.
1159 Palandt/*Ellenberger*, § 126b Rn. 1.

abgegeben wird. Die Anforderungen an einen dauerhaften Datenträger erfüllen etwa Papier, USB-Stick, CD-ROM, Speicherkarten, Festplatten und auch E-Mails.[1160]

Während zum alten Wortlaut vertreten werden konnte, dass mit der Formulierung „Die Einwilligung bedarf der Schriftform, [...]“ grundsätzlich auf die Anforderungen des § 126 BGB Bezug genommen wird,[1161] ist dies nach der Gesetzesänderung so nicht mehr möglich.[1162] Hierfür spricht zunächst die Gesetzesbegründung[1163], in der es zur Begründung der Änderung des Wortlauts wie folgt heißt: „Die Änderung des § 26 Absatz 2 Satz 3 erleichtert die Voraussetzungen, unter denen im Beschäftigungsverhältnis eine Einwilligung eingeholt werden kann. Die Verordnung (EU) 2016/679 sieht kein Schriftformerfordernis vor. Vielmehr verlangt Artikel 4 Nummer 11 der Verordnung (EU) 2016/679 nur nach „einer Erklärung oder einer sonstigen eindeutigen bestätigenden Handlung, mit der die betroffene Person zu verstehen gibt, dass sie mit der Verarbeitung der sie betreffenden personenbezogenen Daten einverstanden ist“. Da die Einwilligung elektronisch erfolgen kann, genügt es beispielsweise, dass der Arbeitsgeber sie als E-Mail abspeichert. Die Erleichterung der Voraussetzungen, unter denen eine Einwilligung eingeholt werden kann, entspricht dem Ziel des Koalitionsvertrages, alle Gesetze auf ihre Digitaltauglichkeit zu überprüfen; insbesondere soll eine „erneute, ehrgeizige Überprüfung der Schriftformerfordernisse“ erfolgen“.[1164] Nach der Gesetzesbegründung verfolgt der Gesetzgeber zwei Ziele: Zum einen soll durch die Gesetzesänderung eine Anpassung an die Vorgaben der DS-GVO erfolgen und zum anderen soll das Gesetz im Hinblick auf die Digitaltauglichkeit angepasst werden. Auch wenn gerade die Formulierung „Die Verordnung (EU) 2016/679 sieht kein Schriftformerfordernis vor“ sowie das zweite vom Gesetzgeber verfolgte Ziel und die damit verbundene „ehrgeizige Überprüfung der Schriftformerfordernisse“ dafür sprechen, dass der Gesetzgeber bezogen auf die vor dem 2. DSAnpUG-EU[1165] normierte Schriftform das Schriftformerfordernis i.S.d. § 126 BGB im Blick hatte,

1160 Palandt/*Ellenberger*, § 126b Rn. 3.

1161 im Ergebnis so auch *Gola*, wenn er schreibt: „Abgewichen werden kann von der Schriftform des § 126 Abs. 1 BGB, wenn „wegen besonderer Umstände eine andere Form angemessen ist“.“, vgl. Gola/Heckmann/*Gola* BDSG, § 26 Rn. 133; *Gola*, BB 2017, 1462, 1467; zu den Argumenten, die für und gegen diese Ansicht sprachen vgl. Auernhammer/*Forst*, BDSG § 26 Rn. 79 f.

1162 Vgl. z.B. *Lembke*, der in der letzten – 8. Auflage – noch die Notwendigkeit der Schriftform vertrat, nunmehr aber mit dem Wortlaut der Vorschrift hiervon abgewichen ist, vgl. HWK/*Lembke*, Art. 88 DSGVO Rn. 71.

1163 HWK/*Lembke*, Art. 88 DSGVO Rn. 71.

1164 Beschlussempfehlung und Bericht des Ausschusses für Inneres und Heimat (4. Ausschuss) zu dem Gesetzesentwurf der Bundesregierung – Drucksache 19/4674, 19/5414 –, BT-Drs. 19/11181, S. 19.

1165 Zweites Datenschutz-Anpassungs- und Umsetzungsgesetz EU, BGBl. I 2019, S. 1626.

geht er hinsichtlich der neuen Gesetzeslage davon aus, dass auf dieses wegen der Regelung des Art. 4 Nr. 11 DS-GVO nicht mehr abgestellt werden kann.

Nähert man sich der Frage nach dem nunmehr normierten Formerfordernis über den Wortlaut, so ist zum einen geregelt, dass die Einwilligung schriftlich oder elektronisch zu erfolgen hat. Hinsichtlich der Aufklärung des Betroffenen in Bezug auf den Zweck der Datenverarbeitung und über sein Widerrufsrecht nach Art. 7 Abs. 3 DS-GVO wird hingegen weiterhin auf die Textform abgestellt (vgl. § 26 Abs. 2 S. 4 BDSG). Durch die Verwendung des Begriffs Textform wird zumindest ein Bezug zur Regelung der Textform im nationalen Recht hergestellt, also zu § 126b BGB. Allerdings lässt sich bereits an dieser Stelle festhalten, dass der Gesetzgeber, hätte er insgesamt auf die Textform abstellen wollen, diese – parallel zu § 26 Abs. 2 S. 4 BDSG – auch in S. 3 hätte aufnehmen können.

Die Änderung des Wortlauts durch das 2. DSAnpUG-EU[1166] spricht eher dafür, dass der Gesetzgeber eigene an dem Datenschutzrecht orientierte Formvorgaben normieren wollte:[1167] In der Gesetzesbegründung zur Fassung des BDSG hat der Gesetzgeber klargestellt, dass die Schriftform dazu diente, „um die informationelle Selbstbestimmung der betroffenen Beschäftigten abzusichern"[1168] und die Nachweispflicht des Arbeitgebers im Sinne von Art. 7 Abs. 1 DS-GVO zu konkretisieren.[1169] Mit der Schriftform sollte auch eine Art Schutz- oder Warnfunktion einhergehen. Der Gesetzesbegründung zum 2. DSAnpUG-EU[1170] lässt sich entnehmen, dass es dem Gesetzgeber auf eine solche Schutz- und Warnfunktion nicht zwingend ankommt, er vielmehr die Norm in Richtung Nachweisfunktion ausrichten möchte. Insoweit stellt der Gesetzgeber in der Gesetzesbegründung klar, dass das Abspeichern einer E-Mail genügt.[1171] Das Abspeichern einer E-Mail lässt sich im Hinblick auf eine Warnfunktion nicht mit der Schriftform vergleichen.[1172] Mit der Bezugnahme auf die Gesetzesbegründung lässt sich überdies ausschließen, dass

1166 Zweites Datenschutz-Anpassungs- und Umsetzungsgesetz EU, BGBl. I 2019, S. 1626.

1167 Im Ergebnis *Thüsing/Rombey*, die insoweit von einem „BDSG-eigenen Schriftlichkeitsbegriff" sprechen, vgl. *Thüsing/Rombey*, NZA 2019, 1399, 1401; vgl. auch *Thüsing/Schmidt/Forst*, RDV 2017, 116 ff.

1168 Entwurf der Bundesregierung eines Gesetzes zur Anpassung des Datenschutzrechts an die Verordnung (EU) 2016/679 und zur Umsetzung der Richtlinie (EU) 2016/680, BT-Drs. 18/11325, S. 97.

1169 Entwurf der Bundesregierung eines Gesetzes zur Anpassung des Datenschutzrechts an die Verordnung (EU) 2016/679 und zur Umsetzung der Richtlinie (EU) 2016/680, BT-Drs. 18/11325, S. 97.

1170 Zweites Datenschutz-Anpassungs- und Umsetzungsgesetz EU, BGBl. I 2019, S. 1626.

1171 Beschlussempfehlung und Bericht des Ausschusses für Inneres und Heimat (4. Ausschuss) zu dem Gesetzesentwurf der Bundesregierung – Drucksache 19/4674, 19/5414 –, BT-Drs. 19/11181, S. 19.

1172 *Thüsing/Rombey*, NZA 2019, 1399, 1401.

der Gesetzgeber ein Formerfordernis i.S.d. elektronischen Form gemäß § 126a BGB statuieren wollte. Durch das bloße Abspeichern einer E-Mail würde nämlich, wie *Thüsing/Rombey* zutreffend ausführen, „den Vorgaben des § 126 a BGB ersichtlich nicht genüg[t werden] – schließlich kann man jede elektronische Textnachricht (insbesondere eine E-Mail) abspeichern, ohne dass es einer qualifizierten Signatur oder Ähnlichem mehr bedürfte".[1173] Zugleich muss aber konstatiert werden, dass der Gesetzgeber die Schriftform aus dem Wortlaut gestrichen und ersetzt hat. Als Zwischenergebnis lässt sich demnach festhalten, dass eine Bezugnahme auf die §§ 126, 126a, 126b BGB ersichtlich nicht gewollt ist. Im Übrigen soll an dieser Stelle auch darauf hingewiesen werden, dass eine direkte Anwendung der §§ 126, 126b BGB auch deswegen nicht in Betracht käme, da die Einwilligung keine Willenserklärung, sondern eine rechtsgeschäftsähnliche Handlung darstellt.[1174] Damit könnten die Vorschriften allenfalls analog herangezogen werden.[1175]

Die Konkretisierung des Formerfordernisses ist über das Unionsrecht zu suchen. Dadurch, dass der Gesetzgeber in der Gesetzesbegründung zum 2. DSAnpUG-EU[1176] ausdrücklich auf Art. 4 Nr. 11 DS-GVO Bezug nimmt,[1177] stellt er klar, dass sich die Anforderungen hinsichtlich der Form grundsätzlich an den Vorgaben der Art. 7 und 4 Nr. 11 DS-GVO orientieren sollen. Aus dem Erwägungsgrund 32[1178] wird dabei deutlich, dass im Hinblick auf die Einwilligung jede schriftliche Erklärung ausreicht, die auch elektronisch erfolgen kann. Die Anforderungen nach § 26 Abs. 2 S. 3 BDSG orientieren sich hieran und sollen keine strengeren Anforderungen beinhalten, mit zwei Ausnahmen: Der Gesetzgeber richtet die Formvorgaben nämlich nicht gänzlich an den in der DS-GVO normierten Anforderungen aus. Insoweit ist die mündliche Erklärung durch die Formulierung „hat schriftlich oder elektronisch zu erfolgen" eindeutig aus der Regelung des § 26 Abs. 2 S. 3 BDSG ausgeklammert und der Gesetzgeber hat durch den Zusatz „soweit nicht wegen besonderer Umstände eine andere Form angemessen ist" den eigenen Ausnahmetatbestand des § 26 Abs. 2 S. 3 BDSG beibehalten. Im Ergebnis bleibt festzuhalten, dass § 26 Abs. 2 S. 3 BDSG eigene datenschutzrechtliche Formvorgaben enthält, welche sich an den Formerfordernissen der Art. 4 Nr. 11 , 7 DS-GVO orientieren, dabei aber ausdrücklich die mündliche Erklärung ausschließen.

1173 *Thüsing/Rombey*, NZA 2019, 1399, 1401.

1174 BeckOK DatenschutzR/*Riesenhuber*, BDSG § 26 Rn. 45; *Thüsing/Schmidt/Forst*, RDV 2017, 116 ff.; *Thüsing/Rombey*, NZA 2019, 1399, 1401

1175 *Thüsing/Rombey*, NZA 2019, 1399, 1401.

1176 Zweites Datenschutz-Anpassungs- und Umsetzungsgesetz EU, BGBl. I 2019, S. 1626.

1177 Beschlussempfehlung und Bericht des Ausschusses für Inneres und Heimat (4. Ausschuss) zu dem Gesetzesentwurf der Bundesregierung, BT-Drs. 19/11181, S. 19.

1178 VO (EU) 2016/679, ABl. EU Nr. L 119/1 v. 4.5.2016, Erwägungsgrund 32.

(b) Unionsrechtswidrigkeit des § 26 Abs. 2 S. 3 BDSG

Legt man das aufgezeigte Verständnis der Formanforderungen zugrunde, so fragt sich, ob § 26 Abs. 2 S. 3 BDSG mit der DS-GVO im Einklang steht.[1179] Insoweit würde bereits eingangs darauf hingewiesen, dass eine Abweichung zwischen der Regelung des § 26 Abs. 2 BDSG sowie den sich aus Art. 4 Nr. 11, Art. 7 DS-GVO ergebenden Anforderungen besteht. Nach der hier vertretenen Ansicht entfaltet die DS-GVO eine vollharmonisierende Wirkung, sodass nationale Regelungen vollständig im Einklang mit dem von der DS-GVO vorgegebenen Schutzniveau stehen müssen.[1180] Mithin sind weder strengere noch weniger strenge Regelungen zulässig. § 26 Abs. 3 S. 3 BDSG legt als Formerfordernis grundsätzlich eine schriftliche oder elektronische Erklärung fest. Nur in Ausnahmefällen ist eine andere Form zulässig, wobei sich diese Ausnahme auf die Besonderheit der Umstände stützen muss. In der Literatur werden als Beispiele für solche besonderen Umstände angeführt, dass sich ein Bewerber ausschließlich online bewirbt oder ein Arbeitnehmer überwiegend im Home-Office tätig ist.[1181]

Dadurch, dass § 26 Abs. 3 S. 3 BDSG ausschließlich die schriftliche oder elektronische Einwilligung zulässt und damit eine mündliche Erklärung als Einwilligung ausschließt, statuiert das nationale Recht strengere Anforderungen als diejenigen, die aus der DS-GVO resultieren. Dies ergibt sich zunächst aus Art. 7 Abs. 1 DS-GVO, der ausschließlich eine Nachweispflicht vorsieht, jedenfalls nicht das Formerfordernis auf die schriftliche oder mündliche Form eingrenzt.[1182] Eine mündliche Erklärung könnte also von dieser Regelung erfasst sein. Die DS-GVO kennt auch keine Warnfunktion, wie sie bspw. § 126 BGB zukommt.[1183] Zur Auslegung des Art. 7 DS-GVO ist Erwägungsgrund 32 heranzuziehen, der als mögliche Formen der Einwilligung ausdrücklich die schriftliche, elektronische und mündliche Erklärung aufführt.[1184] Dies zeigt, dass die DS-GVO einen weiten Gestaltungsspielraum im Hinblick auf die Form der Einwilligung zulässt. Vor diesem Hintergrund wäre bspw. auch an audiovisuelle Hinweise oder z.B. Icons zu denken.[1185] Auch der Wortlaut des Art. 4 Nr. 11 DS-GVO steht einem solch weiten Verständnis nicht entgegen. Der Hinweis in Art. 4 Nr. 11 DS-GVO auf eine „sonstige eindeutige bestätigende Handlung"

1179 *Zöll*, in: Taeger/Gabel, DSGVO – BDSG, § 26 BDSG Rn. 73; diese Frage wirft auch der Landesbeauftragte für den Datenschutz und die Informationsfreiheit Baden-Württemberg auf, was auf Zweifel, jedenfalls auf ein entsprechendes Problembewusstsein der Behörden hinweist, vgl. LfDI BW, Ratgeber Beschäftigtendatenschutz, 4. Auflage (Stand April 2020), S. 23.

1180 Hierzu ausführlich Kapitel 2 § 2 B. II 6.

1181 BeckOK DatenschutzR/*Riesenhuber*, BDSG § 26 Rn. 45; *Düwell/Brink*, NZA 2017, 1081, 1084 f.; *Gola*, BB 2017, 1462, 1467 f.

1182 *Thüsing/Schmidt/Forst*, RDV 2017, 116, 121.

1183 *Thüsing/Rombey*, NZA 2019, 1399, 1402.

1184 VO (EU) 2016/679, ABl. EU Nr. L 119/1 v. 4.5.2016, Erwägungsgrund 32.

1185 *Krohm*, ZD 2016, 368, 370 f.

spricht vielmehr dafür, dass auch andere Formen als die schriftliche oder elektronische Form zulässig sein sollen. So kann bspw. in einem „Anklicken“ innerhalb eines digitalen Einwilligungsprozesses eine bewusste Entscheidung auf der Grundlage aller notwendigen Informationen liegen. Dies insbesondere dann, wenn mit dem Setzen verschiedener Haken bestätigt wird, dass man die relevanten Informationen erhalten und verstanden hat. Solche Einwilligungen i.S.e. sog. „Opt-in“ dienen auch der von Art. 7 DS-GVO vorgesehenen Nachweisfunktion. Denn auch über das Anklicken von Feldern lässt sich eine Dokumentation über eine Einwilligung erzeugen. Als Zwischenergebnis bleibt festzuhalten, dass das nationale Recht strengere Anforderungen vorsieht als das Unionsrecht in der DS-GVO.

Fraglich ist, ob sich ein anderes Ergebnis und damit eine Konformität des in § 26 Abs. 3 S. 3 BDSG normierten Formerfordernisses mit den Anforderungen der DS-GVO durch eine unionsrechtskonforme Auslegung erreichen lässt. Insoweit ergibt sich aus Art. 4 Abs. 3 EUV die Verpflichtung für die Mitgliedstaaten, alle geeigneten Maßnahmen allgemeiner oder besonderer Art zur Erfüllung der Verpflichtungen, die sich aus den Verträgen oder den Handlungen der Organe der Union ergeben, zu ergreifen.[1186] Diese Verpflichtung haben insbesondere die Gerichte zu beachten, was dazu führt, dass sie, soweit notwendig, eine unionsrechtskonforme Auslegung des nationalen Rechts vorzunehmen haben.[1187] Dies wurde insbesondere im Hinblick auf eine richtlinienkonforme Auslegung entschieden.[1188] Es geht darum, dass den Regelungen in Art. 288 Abs. 3 AEUV nachgekommen wird. Wenn dies aber für die Richtlinie und ihre für die Mitgliedstaaten verbindlichen Ziele gilt, dann gilt dies auch für die Verordnung, die gemäß Art. 288 Abs. 2 AEUV in allen ihren Teilen verbindlich ist und unmittelbare Geltung beansprucht. Vor diesem Hintergrund kommt der unionsrechtskonformen Auslegung im Hinblick auf Verordnungen auch die Bedeutung der Normerhaltung zu.[1189]

§ 26 BDSG wurde auf der Grundlage des Art. 88 DS-GVO geschaffen. Soweit die DS-GVO Spielräume für die Schaffung solcher Regelungen vorsieht, ist aber in jedem Fall der Grundsatz der unionsrechtskonformen Auslegung zu beachten.[1190]

1186 Zur unionsrechtskonformen Auslegung vgl. *Hatje,* in: Schwarze/Becker/Hatje/Schoo, EU-Kommentar, EUV Art. 4 Rn. 53 f.; Calliess/Ruffert/*Ruffert,* AEUV Art. 1 Rn. 24; *Weißer,* in: Schulze/Janssen/Kadelbach, Europarecht § 16 Rn. 58 f.; ErfK/*Wißmann/Schlachter* AEUV Rn. 39 f.

1187 *Hatje,* in: Schwarze/Becker/Hatje/Schoo, EU-Kommentar, EUV Art. 4 Rn. 52; EuArbR/*Höpfner* AEUV Art. 267 Rn. 8 ff., Art. 288 Rn. 15; *Linck,* in: Schaub, Arbeitsrechtshandbuch, § 4 Rn. 14; *Weißer,* in: Schulze/Janssen/Kadelbach, Europarecht § 16 Rn. 58; so auch Calliess/Ruffert/*Ruffert,* AEUV Art. 1 Rn. 24.

1188 Vgl. nur EuGH, NJW 1994, 2473, 2474 – Paola Faccini Dori/Recreb Srl; EuGH NZA 2016, 537, 539 – Dansk Industri/Nachlass des Karsten Eigil Rasmussen, jeweils zur Richtlinie; BAG, NZA 1996, 751; hierzu auch *Hatje,* in: Schwarze/Becker/Hatje/Schoo, EU-Kommentar, EUV Art. 4 Rn. 52.

1189 EuArbR/*Höpfner* AEUV Art. 288 Rn. 15.

1190 *Sydow,* in: Sydow, BDSG, Einl. Rn. 57.

Hierzu wird auch vertreten, dass „dort, wo der Gesetzgeber bewusst zur Umsetzung oder Anpassung des Datenschutzrechts an europäische Vorgaben gehandelt hat, der Wille zur europarechtkonformen Ausgestaltung in der Regel unterstellt werden [kann]".[1191] Während eine unionsrechtskonforme Auslegung der alten Fassung des § 26 Abs. 2 S. 3 BDSG („bedarf der Schriftform") u.U. dahingehend möglich war, dass die Formerfordernisse i.S.d. § 126b BGB ausreichen sollten, ist jedoch eine Auslegung der alten wie der aktuellen Fassung dahingehend, dass sie eine mündliche Erklärung ebenfalls beinhalten, schwerlich möglich. Eine mündliche Erklärung ist weder von der schriftlichen noch von der elektronischen Form erfasst.

Vor diesem Hintergrund unterliegt die unionsrechtskonforme Auslegung auch Grenzen. Diese ergeben sich aus den allgemeinen Auslegungsregeln, die in der konkreten Situation maßgeblich sind.[1192] Zwar ist die Auslegung dabei nicht auf den Wortlaut beschränkt, da z.B. auch eine erweiternde Auslegung auf der Grundlage von Sinn und Zweck möglich ist.[1193] Jedoch darf die Norm nicht gegen den erkennbaren Wille des Gesetzgebers ausgelegt werden; eine Auslegung contra legem darf nicht erfolgen.[1194] Der Gesetzgeber hat sich zunächst – trotz der Vorgaben durch die DS-GVO – bewusst für die Normierung ausschließlich der Schriftform in Fassung vor dem 2. DSAnpUG-EU[1195] entschieden. Aber auch mit der Neufassung des § 26 Abs. 2 S. 3 BDSG und den in der Literatur geäußerten Bedenken zur unionsrechtlichen Konformität der Regelung hat der Gesetzgeber die Formerfordernisse nicht offen gestaltet, sondern entschieden, dass es einer schriftlichen oder elektronischen Form bedarf. Eine Auslegung des § 26 Abs. 2 S. 3 BDSG dahingehend, dass auch mündliche Erklärungen erfasst sind, ist daher weder mit dem Wortlaut noch mit dem Willen des Gesetzgebers in Einklang. Insoweit ist eine unionsrechtskonforme Auslegung des § 26 Abs. 2 S. 3 BDSG nicht möglich und die mündliche Form von der Regelung nicht erfasst. Es verfängt auch nicht das Argument, dass, selbst wenn man von einer Vollharmonisierung ausginge, kein Verstoß in § 26 Abs. 2 S. 2 BDSG läge, da die Norm sich im Rahmen des Art. 88 DS-GVO

1191 *Sydow*, in: Sydow, BDSG, Einl. Rn. 57.

1192 ErfK/*Wißmann/Schlachter* AEUV Rn. 41.

1193 *Weißer*, in: Schulze/Janssen/Kadelbach, Europarecht § 16 Rn. 59; ErfK/*Wißmann/Schlachter* AEUV Rn. 41; zu richtlinienkonformen Auslegung vgl. EuGH, NJW 2006, 2465, 2467 – Adeneler u.a./Ellinikos Organismos Galaktos; *Hatje*, in: Schwarze/Becker/Hatje/Schoo, EU-Kommentar, EUV Art. 4 Rn. 53; *Linck*, in: Schaub, Arbeitsrechtshandbuch, § 4 Rn. 14.

1194 EuGH, NJW 2006, 2465, 2467 – Adeneler u.a./Ellinikos Organismos Galaktos; *Hatje*, in: Schwarze/Becker/Hatje/Schoo, EU-Kommentar, EUV Art. 4 Rn. 53; *Linck*, in: Schaub, Arbeitsrechtshandbuch, § 4 Rn. 15; ErfK/*Wißmann/Schlachter* AEUV Rn. 41.

1195 Zweites Datenschutz-Anpassungs- und Umsetzungsgesetz EU, BGBl. I 2019, S. 1626.

bewege und vom Schutzniveau nicht nennenswert abweiche.[1196] Zunächst liegt ein Verstoß vor, welchen Umfang dieser annimmt, spielt dabei keine Rolle. Zudem reicht es nicht aus, dass lediglich die sich aus Art. 88 DS-GVO ergebenden Anforderungen erfüllt werden. Insoweit müssen die nationalen Normen das Schutzniveau der DS-GVO insgesamt einhalten. Überdies verweist § 26 Abs. 2 S. 4 BDSG auf Art. 7 Abs. 3 DS-GVO. Auch wenn sich der Verweis nur auf Art. 7 Abs. 3 DS-GVO erstreckt, nimmt der Gesetzgeber auf den gesamten Art. 7 DS-GVO und dessen Anforderungen Bezug. Dies ergibt sich auch aus der Gesetzesbegründung zum BDSG, in der es heißt: „Als formelle Voraussetzung einer Einwilligung ist grundsätzlich die Schriftform angeordnet [...]. Damit wird die Nachweispflicht des Arbeitgebers im Sinne von Artikel 7 Absatz 1 der Verordnung (EU) 2016/679 konkretisiert".[1197] Dem Gesetzgeber kommt es auf die Einhaltung der Anforderungen des Art. 7 Abs. 1 DS-GVO an.

An diesem Ergebnis vermag auch der Zusatz in § 26 Abs. 2 S. 3 BDSG, wonach eine andere Form wegen besonderer Umstände in Betracht kommt, nichts zu ändern.[1198] Dieser führt nicht dazu, dass die Regelung sehr weit ausgelegt werden könnte, sodass man über diesen Umweg doch zu einer grundsätzlichen Anwendbarkeit bspw. der mündlichen Form käme.[1199] Dies auch dann nicht, wenn man das teilweise zum Wortlaut des § 26 Abs. 2 S. 3 BDSG vor dem 2. DSAnpUG-EU[1200] herangezogene Argument bemüht, wonach ein strenges Schriftformerfordernis nicht mit der betrieblichen Praxis[1201] und Realität des modernen Wirtschaftslebens[1202] in Einklang zu bringen sei.[1203] Dieser Ansatz, welcher einen weniger strengen Umgang mit dem Schriftformerfordernis präferiert, steht nicht im Einklang mit dem klaren Wortlaut der Norm. Danach hat eine Einwilligung grundsätzlich schriftlich oder elektronisch zu erfolgen. Eine andere Form und damit auch die mündliche Form kann demgegenüber nur eine Ausnahme darstellen, welche sich durch besondere Umstände begründen muss. Diese Einschränkung lässt sich nicht Art. 7 DS-GVO i.V.m. Erwägungsgrund 32[1204] entnehmen, wonach die schriftliche, elektronische

---

1196 *Thüsing/Rombey*, NZA 2019, 1399, 1401.

1197 Entwurf der Bundesregierung eines Gesetzes zur Anpassung des Datenschutzrechts an die Verordnung (EU) 2016/679 und zur Umsetzung der Richtlinie (EU) 2016/680, BT-Drs. 18/11325, S. 97.

1198 A.A. *Thüsing/Rombey*, nach denen es sich bei dieser Regelung um ein „legislatives Überdruckventil" handelt, das einen Verstoß gegen Art. 88 DS-GVO verhindern soll; vgl. *Thüsing/Rombey*, NZA 2019, 1399, 1400 f., so auch schon *Thüsing/Schmidt/Forst*, RDV 2017, 116, 121 f.

1199 *Thüsing/Schmidt/Forst*, RDV 2017, 116, 121 f.

1200 Zweites Datenschutz-Anpassungs- und Umsetzungsgesetz EU, BGBl. I 2019, S. 1626.

1201 Auernhammer/*Forst*, BDSG § 26 Rn. 80.

1202 *Wybitul*, NZA 2017, 413, 417.

1203 Siehe hierzu auch *Thüsing/Schmidt/Forst*, RDV 2017, 116, 121 f.

1204 VO (EU) 2016/679, ABl. EU Nr. L 119/1 v. 4.5.2016, Erwägungsgrund 32.

und mündliche Erklärung auf einer Stufe stehen. Sie stellt vielmehr eine über das Schutzniveau der DS-GVO hinausgehende zusätzliche Anforderung dar.[1205]

Vor diesem Hintergrund ist das in § 26 Abs. 2 S. 3 BDSG normierte Formerfordernis aufgrund des hier vertretenen vollharmonisierenden Ansatzes europarechtswidrig.[1206] Wie bereits gezeigt, räumt selbst die Gegenansicht teilweise ein, dass jedenfalls eine Abweichung vom Schutzniveau vorliege, auch wenn die entsprechenden Stimmen zu dem Ergebnis kommen, dass sich die Regelung des § 26 Abs. 2 S. 3 BDSG im Rahmen des Art. 88 DS-GVO bewege.[1207] Die Einordung einer nationalen Norm als europarechtswidrig führt dazu, dass die entsprechende Regelung unangewendet bleibt und die DS-GVO unmittelbar gilt.[1208] Im hiesigen Kontext bedeutet dies, dass die Regelung des § 26 Abs. 2 S. 3 BDSG unanwendbar ist.[1209] Mithin sind die formalen Anforderungen an die Einwilligung unmittelbar aus Art. 4 Nr. 11, Art. 7 DS-GVO i.V.m. Erwägungsgrund 32[1210] abzuleiten. Die Frage, ob das in § 26 Abs. 2 S. 3 BDSG vorgesehene Formerfordernis mit den Vorgaben der DS-GVO im Einklang steht oder gegen diese verstößt, wird, ebenso wie die Frage, ob der DS-GVO eine vollharmonisierende Wirkung zukommt, am Ende der EuGH zu entscheiden haben.

ee) Widerrufsrecht des Betroffenen

Die Regelung des Art. 7 Abs. 3 DS-GVO gilt über § 26 Abs. 2 S. 4 BDSG auch für die Einwilligung der Verarbeitung von Arbeitnehmerdaten nach § 26 Abs. 2 BDSG. Demnach muss die von der Datenverarbeitung betroffene Person über ihr jederzeitiges Widerrufsrecht informiert werden. Dabei gilt nach Art. 7 Abs. 3 S. 2 DS-GVO, dass der Widerruf der Einwilligung nur für die Zukunft greift. Die Rechtmäßigkeit der aufgrund der Einwilligung bis zum Widerruf erfolgten Verarbeitung wird dadurch nicht berührt. Für die Aufklärung reicht gemäß § 26 Abs. 2 S. 4 BDSG i.V.m. § 126b BGB die Textform aus.

1205 *Selk*, in: Ehmann/Selmayr DS-GVO, Art. 88 Rn. 207.

1206 In diese Richtung auch *Krohm*, ZD 2016, 368, 370 f.; zur alten Rechtslage *Maschmann*, NZA-Beilage 2018, 115, 116; hinsichtlich der aktuellen Rechtslage lässt sich nach *Maschmann* die Unionsrechtswidrigkeit nur durch eine sehr weite Interpretation des Wortlauts überwinden, vgl. Kühling/Buchner/*Maschmann*, BDSG § 26 Rn. 64; a.A. BeckOK DatenschutzR/*Riesenhuber*, BDSG § 26 Rn. 45; *Thüsing/Schmidt/Forst*, RDV 2017, 116 ff.; *Thüsing/Rombey*, NZA 2019, 1399, 1400.

1207 So auch *Thüsing/Rombey*, wenn sie schreiben: „Denn: Selbst wenn die DS-GVO eine Vollharmonisierung anstreben sollte (was sie nicht tut), läge in § 26 II 3 BDSG kein Verstoß, da die Norm sich im Rahmen des Art. 88 DS-GVO bewegt und vom Schutzniveau der DS-GVO nicht nennenswert abweicht.", vgl. *Thüsing/Rombey*, NZA 2019, 1399, 1401.

1208 *Sydow*, in: Sydow, BDSG, Einl. Rn. 57.

1209 *Selk*, in: Ehmann/Selmayr DS-GVO, Art. 88 Rn. 207.

1210 VO (EU) 2016/679, ABl. EU Nr. L 119/1 v. 4.5.2016, Erwägungsgrund 32.

Nach bisheriger Rechtsprechung des BAG kann eine ohne Einschränkungen erteilte Einwilligung unter Berücksichtigung der gegenseitigen Rücksichtnahme gemäß § 241 Abs. 2 BGB nur unter Angabe eines plausiblen Grundes widerrufen werden.[1211] Teilweise wird vertreten, dass diese Rechtsprechung auch auf Grundlage der aktuellen Gesetzeslage weitergelten müsse.[1212] Begründet wird diese Ansicht insbesondere mit dem Grundsatz von Treu und Glauben, der auch auf das Widerrufsrecht anzuwenden sei.[1213] Dies spräche dafür, dass sich die Umstände, die zur Einwilligung geführt haben, maßgeblich geändert haben müssten, damit ein Widerruf möglich sei.[1214] Andere machen die Wirksamkeit des Widerrufs unter Berücksichtigung der gegenseitigen arbeitsvertraglichen Rücksichtnahmepflichten von einer Abwägung im Einzelfall abhängig.[1215] Dieser Ansicht ist nicht zu folgen. Gegen dieses Verständnis spricht bereits der klare Wortlaut des Art. 7 Abs. 3 S. 1 DS-GVO.[1216] Danach ist die Einwilligung „jederzeit" widerruflich, Einschränkungen sind gerade nicht vorgesehen.[1217] Jederzeit ist dahingehend zu verstehen, dass der Widerruf ohne sonstige Eingrenzung oder Hemmnisse für den Betroffenen erklärt werden können muss, ohne dass der Betroffene mit Nachteilen rechnen muss. Der Verantwortliche ist auch nicht schutzlos gestellt. Insoweit ist die bis zum Zeitpunkt der Widerrufserklärung durchgeführte Datenverarbeitung durch die erteilte Einwilligung gedeckt, sie hat mithin keine Rückwirkung und gilt nur für die Zukunft, also ex nunc.[1218]

Da bereits eine Einschränkung der Widerrufsmöglichkeit ausgeschlossen ist, kann auf diese nicht verzichtet werden[1219]. Ebenso wenig ist ein Ausschluss der Widerrufsmöglichkeit zulässig, bspw. in Betriebsvereinbarungen[1220].

ff) Dokumentationsobliegenheit des Verantwortlichen

Die Dokumentationsobliegenheit ist explizit in Art. 7 Abs. 1 DS-GVO normiert.[1221] Mit dem Schriftformerfordernis versucht auch der nationale Gesetzgeber, diese

---

1211 BAG, NZA 2015, 604.

1212 *Dzida/Grau*, DB 2018, 189, 190; HWK/*Lembke*, Art. 88 DSGVO Rn. 61.

1213 *Dzida/Grau*, DB 2018, 189, 190; Gola DS-GVO/*Schulz* DS-GVO Art. 7 Rn. 57.

1214 *Dzida/Grau*, DB 2018, 189, 190.

1215 Gola DS-GVO/*Schulz* DS-GVO Art. 7 Rn. 57.

1216 Im Ergebnis so auch *Franzen*, EuZA 2017, 313, 323 f.

1217 *Ingold*, in: Sydow, Europäische DSGVO, Art. 7 Rn. 46; so wohl auch *Kramer*: „Einschränkungen der Widerruflichkeit sieht die DSGVO nicht vor.", vgl. Auernhammer/*Kramer*, DSGVO Art. 7 Rn. 34.

1218 HWK/*Lembke*, Art. 88 DSGVO Rn. 60; *Zöll*, in: Taeger/Gabel, DSGVO – BDSG, § 26 BDSG Rn. 81.

1219 Kühling/Buchner/*Buchner/Kühling*, DS-GVO Art. 7 Rn. 35; *Ingold*, in: Sydow, Europäische DSGVO, Art. 7 Rn. 46; Auernhammer/*Kramer*, DSGVO Art. 7 Rn. 34.

1220 Kühling/Buchner/*Maschmann*, BDSG § 26 Rn. 62.

1221 Vgl. hierzu auch VO (EU) 2016/679, ABl. EU Nr. L 119/1 v. 4.5.2016, Erwägungsgrund 42.

Obliegenheit des Arbeitgebers i.S.v. Art. 7 Abs. 1 DS-GVO zu konkretisieren,[1222] geht aber über die von der DS-GVO normierten Vorgaben hinaus. Insoweit reicht jede Form, die einen Nachweis zulässt, also bspw. auch eine E-Mail oder eine im System nachweisbare elektronische Bestätigung durch den Arbeitnehmer. Die Nachweispflicht entspricht der in Art. 5 DS-GVO verankerten Rechenschaftspflicht und ist – bei Nichtbefolgung – mit den entsprechenden Risiken verbunden.[1223] Unabhängig davon, dass mündliche Einwilligungserklärungen grundsätzlich möglich sind, zwingt die Nachweispflicht die Verantwortlichen dazu, eine Form zu wählen, die den Nachweis ermöglicht, also bspw. die Schriftform oder Textform. Denn der Verantwortliche wird nicht das Risiko eingehen, Beschäftigtendaten ohne „jede Art von dauerhaft in Zeichen verkörperte Bestätigung auf der Grundlage einer Einwilligung“[1224] zu verarbeiten.[1225]

b) Unwirksamkeit einer Einwilligungserklärung und ihre Auswirkungen

Ein Verstoß gegen die Voraussetzungen der Einwilligungserklärung führt zur Unwirksamkeit der Einwilligung und grundsätzlich auch zur Unzulässigkeit der Datenverarbeitung.[1226] Die Rechtswidrigkeit lässt sich jedoch dadurch verhindern, dass die Datenverarbeitung zusätzlich auf eine andere Rechtsgrundlage (z.B. § 26 BDSG) gestützt werden kann. Insoweit besteht durch die Einwilligung kein Rückgriffsverbot hinsichtlich anderer Rechtfertigungstatbestände.[1227]

Hierfür spricht zunächst die Systematik des Art. 6 DS-GVO, welcher gerade kein Ausschließlichkeitsverhältnis der verschiedenen Erlaubnistatbestände normiert.[1228] Der Wortlaut der Vorschrift spricht insoweit davon, dass „mindestens“ eine der Bedingungen erfüllt sein müsse. Dies spricht dafür, dass bspw. neben der

---

1222 Entwurf der Bundesregierung eines Gesetzes zur Anpassung des Datenschutzrechts an die Verordnung (EU) 2016/679 und zur Umsetzung der Richtlinie (EU) 2016/680, BT-Drs. 18/11325, S. 97.

1223 HWK/*Lembke*, Art. 88 DSGVO Rn. 63.

1224 *Thüsing/Schmidt/Forst*, RDV 2017, 116, 121.

1225 *Thüsing/Schmidt/Forst*, RDV 2017, 116, 121.

1226 ErfK/*Franzen* BDSG § 26 Rn. 43.

1227 Dies ergibt sich im Ergebnis auch aus LAG Köln, ZD 2020, 533, 535; Kühling/Buchner/*Buchner/Kühling*, DS-GVO Art. 7 Rn. 17; ErfK/*Franzen* BDSG § 26 Rn. 43; Auernhammer/*Kramer*, DSGVO Art. 6 Rn. 23; Kühling/Buchner/*Maschmann*, BDSG § 26 Rn. 64c; *Zöll*, in: Taeger/Gabel, DSGVO – BDSG, § 26 BDSG Rn. 74; so auch *Schrey/Kielkowski*, BB 2018, 629, 633; a.A. DSK Kurzpapier Nr. 20, S. 3; *Buchner/Petri* sehen in dem Rückgriff auf einen gesetzlichen Zulässigkeitstatbestand im Falle der Verweigerung oder der Unwirksamkeit der Einwilligung ein widersprüchliches Verhalten, vgl. Kühling/Buchner/*Buchner/Petri*, DS-GVO Art. 6 Rn. 23, Art. 7 Rn. 18; die Gefahr sehen auch *Heberlein* und *Maschmann*, vgl. *Heberlein*, in: Ehmann/Selmayr DS-GVO, Art. 6 Rn. 7; Kühling/Buchner/*Maschmann*, BDSG § 26 Rn. 64c.

1228 *Schrey/Kielkowski*, BB 2018, 629, 633.

Datenverarbeitung auf der Grundlage einer Einwilligung (vgl. Art 6 Abs. 1 S. 1 lit. a) DS-GVO) zusätzlich eine Interessenabwägung i.S.d. Art 6 Abs. 1 S. 1 lit. f) DS-GVO als Rechtfertigung in Betracht kommt. Theoretisch wäre zukünftig ebenso das Nebeneinander von Einwilligung und Betriebsvereinbarung möglich.[1229] Gegen ein Rückgriffsverbot spricht außerdem Art. 17 DS-GVO, in welchem das Recht auf Löschung normiert ist. Art. 17 Abs. 1 lit. b) DS-GVO sieht vor, dass die auf der Grundlage einer Einwilligung erhobenen personenbezogenen Daten nach Widerruf der Einwilligung gelöscht werden müssen, soweit es an einer anderen Rechtsgrundlage fehlt. Insoweit geht die DS-GVO davon aus, dass mehrere Rechtfertigungstatbestände nebeneinander zur Anwendung kommen können.

Die hier angestellten Überlegungen gelten gleichermaßen für den Fall, dass ein Betroffener seine Einwilligung widerruft oder sich weigert, eine solche abzugeben.[1230]

c) Praktikabilität im Rahmen interner Untersuchungen

Obgleich eine Einwilligung die Rechtsgrundlage für eine zulässige Datenverarbeitung bilden kann, stellt eine Datenverarbeitung von Arbeitnehmerdaten im Rahmen einer internen Untersuchung auf der Grundlage entsprechender Einwilligungen durch die Arbeitnehmer im Ergebnis keinen praktikablen Weg dar.[1231]

Unternehmen werden vor jeder Datenverarbeitung genau prüfen, ob die Voraussetzungen für deren Zulässigkeit vorliegen. Regelmäßig wird die Datenverarbeitung bereits auf der Grundlage der gesetzlichen Regelungen zulässig sein, bspw. auf der Grundlage von § 26 BDSG. Wurde die rechtliche Lage genau geprüft und kommen neben der Einwilligung weitere Rechtfertigungstatbestände in Betracht, ist es zweckmäßig, die Datenverarbeitung auf diese Tatbestände zu stützen und nicht den Weg über die auch administrativ sehr aufwendige Einwilligung mit ihren strengen Anforderungen zu suchen.[1232] Dies umso mehr, als sich die DSK in ihrem

---

1229 *Schrey/Kielkowski*, BB 2018, 629, 633.

1230 Gola DS-GVO/*Schulz* DS-GVO Art. 6 Rn. 11.

1231 Im Hinblick auf die Mitarbeiterkontrolle vgl. *Maschmann*, NZA-Beilage 2018, 115, 116; *Kramer* geht davon aus, dass im Kontext von Überwachungstätigkeiten wegen einer regelmäßig fehlenden Freiwilligkeit ein erhebliches Risiko besteht, dass im Streitfall eine Einwilligung des Arbeitnehmers als wirksame Rechtfertigungsgrundlage ausscheiden könnte, vgl. *Kramer*, NZA 2018, 637, 639; nach der DSK kommt im Beschäftigungsverhältnis eine freiwillige und damit wirksame Einwilligung aufgrund des bestehenden Über-/Unterordnungsverhältnisses regelmäßig nicht in Betracht, vgl. DSK Kurzpapier Nr. 14, S. 2.

1232 Im Ergebnis so auch *Gola*, BB 2017, 1462, 1468; *Dzida/Grau* sehen eine Einwilligung in solchen Fällen sogar als kontraproduktiv an, vgl. *Dzida/Grau*, DB 2018, 189, 190; der LfDI BW rät in solch einem Fall sogar ausdrücklich davon ab, für die Datenverarbeitung im Bereich des Beschäftigungsverhältnisses (zusätzlich) eine Einwilligung einzuholen. Sollte dies dennoch geschehen, empfiehlt der LfDI BW in der Einwilligung explizit darauf hinzuweisen, dass die Datenverarbeitung

Kurzpapier Nr. 20 zur Einwilligung dafür ausspricht, dass ein Wechsel auf eine andere Rechtsgrundlage für den Fall, dass die Einwilligung unwirksam ist, bspw. auf Art. 6 Abs. 1 lit. f DS-GVO, grundsätzlich unzulässig sei.[1233] Auch wenn diese Ansicht nicht durch die Rechtsprechung bestätigt wird und der hier vertretenen Auffassung entgegensteht, ist sie jedoch ein Indikator dafür, wie sich die Aufsichtsbehörden bis zur Klärung durch die Rechtsprechung in diesem Punkt positionieren werden. In einer jüngeren Entscheidung des LAG Köln hat dieses jedenfalls die durch den Arbeitnehmer erteilte Einwilligung für unwirksam erklärt, die Erhebung und Verarbeitung der bei Internetnutzung entstehenden Verlaufsdaten in der Browser-Chronik und der E-Mails dann aber auf § 32 Abs. 1 BDSG a.F. bzw. § 26 Abs. 1 BDSG gestützt.[1234]

Die Durchführung einer Datenverarbeitung allein auf der Grundlage einer Einwilligung, weil bspw. andere Rechtfertigungstatbestände ausscheiden oder deren Vorliegen unsicher ist, birgt umso mehr ein hohes Risiko für die Unternehmen. Zum einen kann der Betroffene seine erteilte Einwilligung jederzeit widerrufen, wodurch die Datenverarbeitung für die Zukunft unzulässig wird und direkt beendet werden muss.[1235] Insoweit dürfte es generell nicht im Interesse des Unternehmens liegen, die Ermittlungsmaßnahme zur Disposition der betroffenen Arbeitnehmer zu stellen.[1236] Des Weiteren ergeben sich verschiedene Risiken für den Fall, dass die Voraussetzungen der Einwilligung tatsächlich nicht vorliegen. So ist zunächst an ein mögliches Bußgeld gemäß Art. 83 Abs. 5 lit. a) DS-GVO zu denken, welches im Falle eines Verstoßes gegen die Regelungen der DS-GVO verhängt werden könnte. Überdies führt eine rechtswidrige Datenverarbeitung dazu, dass die Datenverarbeitung insgesamt als unzulässig angesehen werden muss. Dies führt zu der Frage, ob die Ergebnisse überhaupt verwertet werden dürfen.[1237]

Für die Einholung einer Einwilligung ließe sich anführen, dass diese in einer rechtlich unsicheren Situation die größtmögliche Sicherheit herbeiführt.[1238] In der Abwägung zu den gewichtigen Risiken, die einer solchen Datenverarbeitung gegenüberstehen, spricht vieles dafür, in Zweifelsfällen auf die Datenverarbeitung zu verzichten und einen anderen Weg zu suchen.

---

darüber hinaus auch anhand der gesetzlichen Grundlage erfolgt, vgl. LfDI BW, Ratgeber Beschäftigtendatenschutz, 4. Auflage (Stand April 2020), S. 20.

1233 DSK Kurzpapier Nr. 20, S. 3.

1234 LAG Köln, ZD 2020, 533, 536.

1235 *Däubler*, in: Däubler/Wedde/Weichert/Sommer, § 26 BDSG Rn. 231; dies galt auch schon zur alten Rechtslage, vgl. nur *Wybitul/Böhm*, CCZ 2015, 133, 135; siehe hierzu auch *Kramer*, der aufgrund der einseitigen Widerrufsmöglichkeit von einer „schwachen Erlaubnisgrundlage“ spricht, vgl. Auernhammer/*Kramer*, DSGVO Art. 6 Rn. 27.

1236 Ströbel/Böhm/Breunig/Wybitul, CCZ 2018, 14, 16.

1237 Vgl. hierzu Kapitel 3 § 2.

1238 Im Ergebnis so wohl HWK/*Lembke*, Art. 88 DSGVO Rn. 56.

Die strengen Voraussetzungen für eine Datenverarbeitung auf der Grundlage einer Einwilligung sind auch für sich gesehen ein weiteres Argument dafür, dass diese Form der Rechtfertigung für eine interne Untersuchung nicht zweckmäßig ist. In diesem Zusammenhang ist zunächst auf die Dokumentationsobliegenheit gemäß Art. 7 Abs. 1 DS-GVO sowie die Rechenschaftspflicht nach Art. 5 DS-GVO hinzuweisen. Das Unternehmen muss den Nachweis erbringen können, dass die Einwilligung in rechtmäßiger Weise ausgesprochen wurde.[1239] Hierzu gehört gemäß § 26 Abs. 2 S. 4 BDSG, dass der Betroffene über den Zweck der Aufklärungsmaßnahme exakt informiert wird.[1240] Eine Änderung der Zweckbestimmung hinsichtlich eines Zwecks, der nicht in der Einwilligung abgebildet ist, würde die Notwendigkeit der Einholung einer neuen Einwilligungserklärung begründen. Im Rahmen interner Untersuchungen bedarf es häufig verschiedener Aufklärungsmaßnahmen, was sich teilweise erst im Laufe des Prüfungsprozesses zeigt. Jeder Verarbeitungszweck muss dann durch eine entsprechende Einwilligungserklärung abgebildet werden.

Zudem bestehen hohe Anforderungen an die Transparenz der Einwilligungserklärung. Die Pflicht, dem Betroffenen ein klares Bild von der geplanten Datenverarbeitung zu verschaffen, führt dazu, dass die Einwilligung auf eine umfassende Informationsgrundlage für den Betroffenen gestützt werden muss, damit dieser eine freie Entscheidung darüber treffen kann, ob er eine solche Erklärung abgeben möchte oder eben nicht. Wie bereits dargestellt, wird teilweise vertreten, dass eine Freiwilligkeit in aller Regel dann ausscheide, wenn Nachteile für den Betroffenen drohen könnten.[1241] Dies wird aus einem Umkehrschluss zu § 26 Abs. 2 S. 2 BDSG gefolgert. Wenn eine Freiwilligkeit gegeben sein kann, wenn für den Betroffenen ein Vorteil erreicht wird, wird ein Nachteil auf eine Unfreiwilligkeit schließen lassen. Insbesondere dann, wenn wegen einer möglichen Straftat oder einer sonstigen Pflichtverletzung gegen einen Mitarbeiter des Unternehmens ermittelt wird, kommt nach dieser Ansicht eine Einwilligung schon nicht in Betracht, da im Rahmen der Beurteilung der Freiwilligkeit nach § 26 Abs. 1 BDSG berücksichtigt werden müsse, unter welchen Umständen eine Einwilligung abgegeben wurde.[1242]

Liegt ein Anfangsverdacht gegenüber einem Mitarbeiter vor, wird durch das Unternehmen sehr genau dokumentiert werden müssen, dass trotz der

---

1239 Vgl. hierzu *Ernst*, ZD 2017, 110, 111.

1240 Zur Möglichkeit der Kenntnisnahme und die Transparenzanforderungen vgl. auch *Ernst*, ZD 2017, 110, 113; die *DSK* geht im Hinblick auf der Regelungsvermutungen in § 26 Abs. 1 S. 1 BDSG und aufgrund des Über-/Unterordnungsverhältnisses im Rahmen eines Arbeitsverhältnisses davon aus, dass hohe Anforderungen an den Zweck der Einwilligung zu stellen sind, falls eine Verarbeitung von Beschäftigtendaten im Einzelfall hierauf gestützt werden soll, vgl. DSK Kurzpapier Nr. 14, S. 2.

1241 *Wybitul*, NZA 2017, 413, 416 f.; a.A. *Dzida/Grau*, DB 2018, 189, 190.

1242 Insoweit geht *Maschmann* davon aus, dass der betroffene Mitarbeiter aufgrund der Drucksituation nicht wirksam in Maßnahmen der Mitarbeiterüberwachung einwilligen kann, vgl. Kühling/Buchner/*Maschmann*, BDSG § 26 Rn. 63.

Gesamtumstände eine freiwillige Einwilligungserklärung durch den Mitarbeiter abgegeben wurde.[1243] Insoweit ist nicht auszuschließen, dass der Mitarbeiter die Verwertbarkeit der auf der Grundlage der Einwilligung gewonnenen Erkenntnisse im Rahmen eines sich anschließenden Kündigungsschutzprozesses in Zweifel zieht. Die konkrete Bewertung der Gesamtumstände obliegt wiederum den Behörden und Arbeitsgerichten. Auch steht das Rechtsinstitut der Einwilligung dem Unternehmen für eine interne Untersuchung dann nicht zur Verfügung, wenn eine verdeckte Ermittlungsmaßnahme diskutiert wird. Der Einwilligung für eine solche Maßnahme stünden nämlich die Transparenzanforderungen entgegen.

Die strengen Anforderungen, welche sich aus der DS-GVO sowie dem BDSG ergeben, müssen noch durch die Rechtsprechung konkretisiert werden, um mehr Rechtsklarheit zu erlangen. Solange dies nicht erfolgt ist, kann dem Verantwortlichen schnell ein Wegfall der Datenverarbeitungserlaubnis drohen, soweit die Maßgaben der DS-GVO an eine Einwilligung nicht eingehalten werden.[1244] Selbst die Art. 29-Datenschutzgruppe geht in ihren Stellungnahmen vom 8. Juni 2017[1245] und 28. November 2017[1246] davon aus, dass die Einwilligung wegen des Wesens der Beziehung zwischen Arbeitgeber und Arbeitnehmer keine geeignete Rechtsgrundlage für Datenverarbeitung darstelle.[1247]

Um ein mehr an Rechtssicherheit zu schaffen, könnte die Einwilligung gegebenenfalls als zusätzliche Absicherung herangezogen werden, wenn eine Betriebsvereinbarung nicht in Betracht kommt, bspw. weil es um die Verarbeitung personenbezogener Daten eines leitenden Angestellten geht oder weil Arbeitnehmer in Betrieben ohne Betriebsrat betroffen sind.[1248] Ferner können sie hinsichtlich der Untersuchungsmaßnahmen im Rahmen interner Untersuchungen als

---

1243 Vgl. zur Freiwilligkeit ausführlich Kapitel 2 § 2 B. IV. 4. a) bb); im Rahmen von Compliance-Maßnahmen sehen auch *Ströbel/Böhm/Breunig/Wybitul* ein zentrales Problem bei der Prüfung der Freiwilligkeit, vgl. *Ströbel/Böhm/Breunig/Wybitul*, CCZ 2018, 14, 16; auch *Däubler* sieht gerade die Freiwilligkeit als ein Faktor, der gegen die Praktikabilität der Einwilligung spricht, vgl. *Däubler*, in: Däubler/Wedde/Weichert/Sommer, § 26 BDSG Rn. 231; zur Freiwilligkeit in Bezug auf Background-Checks vgl. *Tiedemann*, ZD 2020, 50, 53: „Background-Checks sollten hingegen nicht auf die Einwilligung des Bewerbers als datenschutzrechtlicher Erlaubnistatbestand gestützt werden, denn hier ist die besondere Situation des Bewerbers in den Blick zu nehmen, die in der Regel dazu führen wird, dass die von § 26 Abs. 2 BDSG geforderte Freiwilligkeit zu verneinen sein dürfte.".

1244 *Kramer* spricht insoweit von festen Standards, die sich für die Einwilligung herausbilden müssen, vgl. Auernhammer/*Kramer*, DSGVO Art. 6 Rn. 26.

1245 Art. 29-Datenschutzgruppe, Stellungnahme 2/2017 zur Datenverarbeitung am Arbeitsplatz, S. 6 f.

1246 Art. 29-Datenschutzgruppe, Leitlinien in Bezug auf die Einwilligung gemäß Verordnung 2016/679, S. 8.

1247 Kritisch zur Position der Art. 29-Datenschutzgruppe *Dzida/Grau*, DB 2018, 189 f.

1248 HWK/*Lembke*, Art. 88 DSGVO Rn. 56.

zusätzliche Rechtfertigungsstütze herangezogen werden, wenn es um besonders eingriffsintensive Maßnahmen geht, so bspw. im Hinblick auf die Überprüfung von E-Mails der Arbeitnehmer.[1249] Im Ergebnis sollte die Einwilligung wegen der aufgeführten Argumente aber stets eine reine „zusätzliche Absicherung" darstellen, sodass der Arbeitgeber die Möglichkeit hat, sich auf eine Kombination von Rechtfertigungsgründen zu stützen.

5. Sonderfall der besonderen Kategorien personenbezogener Daten

Während die Verarbeitung besonderer Kategorien personenbezogener Daten nach der alten Rechtslage allgemein in § 28 Abs. 6 BDSG a.F. geregelt war, finden sich spezifische Regelungen nunmehr sowohl in der DS-GVO (vgl. Art. 9) als auch im BDSG (vgl. § 26 Abs. 3), wobei es sich anbietet, beide Vorschriften gemeinsam zu erörtern. Mit der Neuregelung in § 26 Abs. 3 BDSG wurde Art. 9 Abs. 2 lit. b) DS-GVO umgesetzt.[1250]

Bei besonderen Kategorien personenbezogener Daten handelt es sich ausweislich Art. 9 Abs. 1 DS-GVO um Daten, aus denen die rassische und ethnische Herkunft, politische Meinungen, religiöse oder weltanschauliche Überzeugungen oder die Gewerkschaftszugehörigkeit hervorgehen. Ferner geht es um die Verarbeitung von genetischen[1251] und biometrischen[1252] Daten zur eindeutigen Identifizierung einer natürlichen Person sowie von Gesundheitsdaten oder Daten zum Sexualleben oder der sexuellen Orientierung einer natürlichen Person. Diese Daten unterliegen einem hohen Schutz, was sich anhand der strengen Voraussetzungen im Zusammenhang mit der Verarbeitung solcher Daten zeigt. Im Rahmen interner Untersuchungen, welche den Gegenstand dieser Untersuchung bilden, haben solche Daten und deren Verarbeitung nur eine geringe Relevanz. So ist für die Untersuchung von möglichen Strafbarkeiten oder sonstigen Compliance-relevanten Pflichtverletzungen selten die Verarbeitung und Auswertung besonderer Kategorien personenbezogener Daten notwendig, sodass die gesetzlichen Vorgaben hinsichtlich solcher Daten nur im Überblick dargestellt werden. Sollten solche Daten im Rahmen interner Untersuchungen verarbeitet werden müssen, so ist dies nur in den Fällen des Art. 9 Abs. 2 DS-GVO oder nach § 26 Abs. 3 BDSG möglich. Die Verarbeitung besonderer Kategorien personenbezogener Daten unterliegt einem Verbot mit strengem Erlaubnisvorbehalt. Insoweit sind die Anforderungen auch sehr streng, da der Betroffene gerade im Hinblick auf die hier relevanten Daten besonders schutzbedürftig ist und umfassend aufgeklärt werden muss.[1253]

1249 *Wybitul/Böhm*, CCZ 2015, 133, 135.
1250 Entwurf der Bundesregierung eines Gesetzes zur Anpassung des Datenschutzrechts an die Verordnung (EU) 2016/679 und zur Umsetzung der Richtlinie (EU) 2016/680, BT-Drs. 18/11325, S. 98.
1251 Zur Definition genetischer Daten vgl. Art. 4 Nr. 13 DS-GVO.
1252 Zur Definition biometrischer Daten vgl. Art. 4 Nr. 14 DS-GVO.
1253 Auernhammer/*Greve*, DSGVO Art. 9 Rn. 19.

a) *Arbeitsrecht und Recht der sozialen Sicherheit – Art. 9 Abs. 2 lit. b) DS-GVO, §§ 22, 26 Abs. 3 BDSG*

Art. 9 Abs. 2 lit. b) BDSG lässt die Verarbeitung ferner zur Wahrung der sich aus dem Arbeitsrecht und dem Recht der sozialen Sicherheit und des Sozialschutzes erwachsenden Rechte zu, soweit dies nach Unionsrecht oder dem Recht der Mitgliedstaaten zulässig ist. Die geforderte gesetzliche Grundlage hat der deutsche Gesetzgeber mit den §§ 22 und 26 Abs. 3 BDSG geschaffen.[1254] In diesem Zusammenhang verweist § 26 Abs. 3 S. 2 BDSG für die Datenverarbeitung auch auf Einwilligung. Hinsichtlich der Anforderungen an die Einwilligung verweist die Regelung auf § 26 Abs. 2 BDSG. In § 26 Abs. 2 S. 4 BDSG ist wiederum geregelt, dass der Betroffene über den Zweck der Datenverarbeitung sowie das Widerrufsrecht nach Art. 7 Abs. 3 DS-GVO aufzuklären ist. Insoweit ergibt sich ein Gleichlauf mit den Anforderungen an die Einwilligung gemäß Art. 9 Abs. 2 lit. a) DS-GVO. Die von Art. 9 Abs. 2 lit. b) DS-GVO geforderten Garantien ergeben sich aus § 22 Abs. 2 BDSG, welcher eine nicht abschließende Aufzählung möglicher Maßnahmen zur Wahrung der Interessen des Betroffenen vorsieht.

Unabhängig von den skizzierten hohen Anforderungen müsste sich für das Unternehmen zunächst eine rechtliche Pflicht aus dem Arbeitsvertrag, dem Recht der sozialen Sicherheit und des Sozialschutzes ergeben, damit die Verarbeitung besonderer Kategorien personenbezogener Daten in Betracht kommt. Dass insoweit die Relevanz dieser Fallgruppe im Hinblick auf repressive Untersuchungsmaßnahmen gering ist, ergibt sich aus dem unionsrechtlichen Verständnis von Art. 9 Abs. 2 lit. b) DS-GVO, welches die Regelungsbereiche der Renten, der Sicherstellung und Überwachung der Gesundheit und Gesundheitswarnungen sowie der Prävention oder Kontrolle ansteckender Krankheiten und anderer schwerwiegender Gesundheitsgefahren erfasst.[1255] Erfolgt dennoch eine Verarbeitung entsprechender Daten im Rahmen einer interner Untersuchung ist deren Zulässigkeit gemäß § 26 Abs. 3 S. 1 BDSG von der Erforderlichkeit der Maßnahme und dem Vorbehalt überwiegender schutzwürdiger Interessen des Betroffenen abhängig.

b) *Durchsetzung von Ansprüchen – Art. 9 Abs. 2 lit. f) DS-GVO*

Auch der Anwendungsbereich des Art. 9 Abs. 2 lit. f) DS-GVO dürfte im Hinblick auf interne Untersuchungen nicht eröffnet sein. Der Anspruch muss nach Inhalt, Gläubiger und Schuldner hinreichend bestimmt sein.[1256] Im Rahmen der hier relevanten internen Untersuchungen geht es hingegen um die Sachverhaltsaufklärung

---

1254 Entwurf der Bundesregierung eines Gesetzes zur Anpassung des Datenschutzrechts an die Verordnung (EU) 2016/679 und zur Umsetzung der Richtlinie (EU) 2016/680, BT-Drs. 18/11325, S. 98.

1255 VO (EU) 2016/679, ABl. EU Nr. L 119/1 v. 4.5.2016, Erwägungsgrund 52.

1256 Auernhammer/*Greve*, DSGVO Art. 9 Rn. 27; Kühling/Buchner/*Weichert*, DS-GVO Art. 9 Rn. 84.

in Bezug auf eine Verdachtslage. Die Geltendmachung eines Anspruchs auf der Grundlage der Ergebnisse der Untersuchungen, so bspw. eines Schadensersatzanspruchs, stellt nach der hier vertretenen Ansicht hingegen einen sich anschließenden und isoliert zu betrachtenden Schritt dar, der von der internen Untersuchung losgelöst zu behandeln ist.[1257]

6. Weitere Anknüpfungspunkte für eine mögliche Rechtfertigung nach der DS-GVO

a) Art. 10 DS-GVO

Art. 10 DS-GVO enthält strenge Voraussetzungen für die Verarbeitung von personenbezogenen Daten über strafrechtliche Verurteilungen und Straftaten oder damit zusammenhängende Sicherungsmaßregeln. Art. 10 DS-GVO ist jedoch nach ganz überwiegender Auffassung nicht auf interne Untersuchungen anwendbar.[1258] Insoweit geht es hier um Compliance-Pflichten und die Aufklärung von etwaigen Straftaten. Solche Maßnahmen richten sich danach, ob sie dem berechtigten Interesse des Arbeitgebers unterfallen und richten daher nach § 26 Abs. 1 BDSG. Art. 10 DS-GVO erfasst hingegen ausschließlich die Datenverarbeitung nach Art. 6 Abs. 1 DS-GVO, mithin ist die Verarbeitung nach § 26 Abs. 1 BDSG gerade nicht erfasst.[1259]

b) Art. 12 ff. DS-GVO

Im Übrigen sind gerade die Betroffenenrechte und die Pflichten für den Verantwortlichen in den Art. 12 ff. DS-GVO von zentraler Bedeutung für die Datenverarbeitung. Zwar sind diese Rechte und Pflichten im Rahmen der Datenverarbeitung zu beachten und können die konkret geplante Verarbeitung erschweren. Allerdings stellen diese Rechte des Betroffenen keine Ermächtigungsgrundlagen für die Datenverarbeitung dar, sodass auf ihre Darstellung an dieser Stelle verzichtet wird.

1257 Nach *Mester, Schulz* und *Weichert* wird auch die Begründung eines Anspruches erfasst, vgl. *Mester,* in: Taeger/Gabel, DSGVO – BDSG, Art. 9 DSGVO Rn. 18; Gola DS-GVO/*Schulz* DS-GVO Art. 9 Rn. 28; Kühling/Buchner/*Weichert,* DS-GVO Art. 9 Rn. 85. Unklar ist indes, wie weit *Mesters, Schulz* und *Weichert* jeweils den Schritt der Begründung eines Anspruchs ziehen.

1258 BeckOK DatenschutzR/*Bäcker,* DS-GVO Art. 10 Rn. 5 f.; Gola DS-GVO/*Gola* DS-GVO Art. 10 Rn. 5; *Kort,* RdA 2018, 24, 26; *Nolde,* in: Taeger/Gabel, DSGVO – BDSG, Art. 10 DSGVO Rn. 4; *Schiff,* in: Ehmann/Selmayr DS-GVO, Art. 10 Rn. 6; so wohl auch *Kampert,* in: Sydow, Europäische DSGVO, Art. 10 Rn. 9.

1259 So auch Auernhammer/*Forst,* DSGVO § 26 Rn. 14.

C. Durchführung interner Untersuchungen – zentrale Ermittlungsmaßnahmen im Rahmen interner Untersuchungen

Innerhalb des folgenden Abschnitts werden die aus Sicht des Verfassers zentralen und gängigen Ermittlungsmaßnahmen interner Untersuchungen analysiert. Die Auflistung ist keinesfalls abschließend. Doch handelt es sich hierbei um die Ermittlungsmaßnahmen, auf die in der Regel zurückgegriffen wird.[1260] Innerhalb der Maßnahmen kann zwischen automatisierten und nicht automatisierten Maßnahmen differenziert werden. Zu den automatisierten Maßnahmen zählt bspw. das E-Mail-Screening[1261], das Screening von Chat-Nachrichten[1262], die Telefonüberwachung[1263], die Videoüberwachung[1264], aber auch der Einsatz von sog. Keyloggern[1265]. Demgegenüber zählen zu den grundsätzlich nicht automatisierten Maßnahmen die Inaugenscheinnahme des Arbeitsplatzes[1266], die Observation durch einen Detektiv[1267], die Mitarbeiterbefragung[1268] oder auch die Sichtung von Unterlagen[1269], die nicht elektronisch gespeichert sind, sondern nur in Papierform vorliegen, also bspw. klassische Handakten. Vor der Analyse der einzelnen Maßnahmen sollen auf einer abstrakten Ebene die Kernkriterien der Erforderlichkeitsprüfung herausgearbeitet werde. Dies schafft einen Maßstab, an dem es sich im Rahmen der Bewertung der einzelnen Ermittlungsmaßnahmen zu orientieren gilt. Insoweit bildet die Erforderlichkeitsprüfung den Kern einer jeden datenschutzrechtlichen Zulässigkeitsprüfung.

I. Erforderlichkeitsprüfung

Die hier in den Blick genommenen Untersuchungen haben den Zweck, Strafbarkeiten oder erhebliche Pflichtverletzungen aufzudecken. Im Folgenden wird untersucht, wonach sich die Bewertung der Zulässigkeit der jeweiligen Ermittlungsmaßnahme im Hinblick auf die datenschutzrechtlichen Anforderungen

---

1260 Zu einer Übersicht von konkreten Ermittlungsmaßnahmen vergleiche auch *Bittmann/Brockhaus/von Coelln/Heuking*, NZWiSt 2019, 1 ff.; *Küster*, Der rechtliche Rahmen für unternehmensinterne Ermittlungen, S. 54 ff.; *Nienaber*, Umfang, Grenzen und Verwertbarkeit compliancebasierter unternehmensinterner Ermittlungen, S. 212 ff.

1261 Vgl. hierzu ausführlich Kapitel 2 § 2 C. II. 1.

1262 Vgl. hierzu ausführlich Kapitel 2 § 2 C. II. 2.

1263 Vgl. hierzu ausführlich Kapitel 2 § 2 C. II. 3.

1264 Vgl. hierzu ausführlich Kapitel 2 § 2 C. II. 4.

1265 Vgl. hierzu ausführlich Kapitel 2 § 2 C. II. 5.

1266 Vgl. hierzu ausführlich Kapitel 2 § 2 C. II. 9.

1267 Vgl. hierzu ausführlich Kapitel 2 § 2 C. II. 6.

1268 Vgl. hierzu ausführlich Kapitel 2 § 2 C. II. 7.

1269 Vgl. hierzu ausführlich Kapitel 2 § 2 C. II. 8.

richtet. Hierbei wird insbesondere das Verhältnis von § 26 Abs. 1 BDSG zu den Regelungen des TKG und dem TMG in den Blick zu nehmen sein. Da sich die Datenverarbeitung im Rahmen der jeweiligen Ermittlungsmaßnahme auch auf eine Betriebsvereinbarung stützen lässt, bedarf es einer Analyse der Anforderungen gemäß § 26 Abs. 4 BDSG i.V.m. Art. 88 Abs. 2 DS-GVO[1270]. Soweit die Datenverarbeitung auf der Grundlage einer Einwilligung erfolgt, kommt es maßgeblich auf die – bereits herausgearbeiteten – Anforderungen an eine Einwilligung an, die sich nach den Maßgaben von § 26 Abs. 2 BDSG i.V.m. Art. 7 DS-GVO[1271] richten.

Da es sich bei § 26 Abs. 1 BDSG, wie bereits herausgearbeitet,[1272] um die zentrale Ermächtigungsgrundlage handelt, werden im Folgenden zunächst die Anforderungen an die von § 26 Abs. 1 BDSG erfasste Erforderlichkeitsprüfung isoliert untersucht. Hierbei sollen mögliche generalisierende Aussagen und Leitlinien zu den Punkten Verdachtslage,[1273] Erforderlichkeit[1274] und Verhältnismäßigkeit[1275] herausgearbeitet und so vor die Klammer gezogen werden. In die sich dann anschließende Analyse der Einzelmaßnahmen fließen die herausgearbeiteten Grundsätze ein.

1. Verdachtslage und Dokumentation

Die nachfolgende rechtliche Bewertung hinsichtlich der Notwendigkeit des Bestehens einer Verdachtslage lässt sich auf alle Ermittlungsmaßnahmen übertragen und wird daher bereits an dieser Stelle besprochen.

a) Maßnahmen zur Aufdeckung von Straftaten

Soweit die Aufklärung einer etwaigen Straftat i.S.d. § 26 Abs. 1 S. 2 BDSG in Betracht kommt, bedarf es eines Anfangsverdachts, welcher schriftlich zu dokumentieren ist.[1276] Dies ergibt sich bereits aus dem Wortlaut des § 26 Abs. 1 S. 2 BDSG, wonach es eines durch dokumentierte tatsächliche Anhaltspunkte gestützten Verdachts bedarf. Ein solcher Verdacht kann sich bspw. dadurch ergeben, dass eine dritte Person konkrete Hinweise gibt (sog. „Hinweisgeber" bzw. „Whistleblower"). Solche Hinweise können von anderen Kollegen[1277], aber auch von Kunden[1278], Lieferanten etc. kommen. In Betracht kommt aber auch, dass sich Hinweise auf eine

---

1270 Vgl. hierzu im Einzelnen Kapitel 2 § 3 B.
1271 Vgl. hierzu im Einzelnen Kapitel 2 § 2 B. IV. 4.
1272 Vgl. hierzu im Einzelnen Kapitel 2 § 2 B. IV. 1.
1273 Vgl. Kapitel 2 § 2 C. I. 1.
1274 Vgl. Kapitel 2 § 2 C. I. 2.
1275 Vgl. Kapitel 2 § 2 C. I. 3.
1276 Vgl. Kapitel 2 § 2 B. IV. 1. c) bb) (a).
1277 Ein solcher Hinweis war wohl auch der Ausgangspunkt im Fall der Entscheidung BAG, NZA 2014, 143 („Wegen eines laut gewordenen Diebstahlverdachts [...]").
1278 Vgl. BAG, NZA 2004, 1278 („Neben den auf Grund entsprechender Meldungen der Postkunden festgestellten Verlusten [...]"); BAG, NZA 2008, 1187 („Vom 1.1.2005 bis zum 31.10.2005 meldeten 250 Kunden Verluste von Briefsendungen.").

Pflichtverletzung oder eine Straftat auf Inventurdifferenzen[1279] oder das Ergebnis einer Revisionsprüfung[1280] stützen lassen. Hinsichtlich des Verdachtsgrads sind, wie bereits herausgearbeitet, die Anforderungen an den Anfangsverdacht heranzuziehen.[1281]

b) Maßnahmen zur Aufdeckung erheblicher Pflichtverletzungen

Soweit eine erhebliche Pflichtverletzung den Ausgangspunkt einer internen Untersuchung bildet, lässt sich § 26 Abs. 1 S. 1 BDSG als Erlaubnisnorm der Datenverarbeitung heranziehen. Eine solche erhebliche Pflichtverletzung kommt in Betracht, wenn der Arbeitnehmer gegen seine Pflicht zur Rücksichtnahme auf die Interessen des Arbeitgebers aus § 241 Abs. 2 BGB verstößt und dieser Pflichtverstoß geeignet ist, eine außerordentliche Kündigung zu rechtfertigen.[1282] Als Beispiel kann die Konkurrenztätigkeit des Arbeitnehmers während des bestehenden Arbeitsverhältnisses und der damit verbundene Verstoß gegen das Wettbewerbsverbot genannt werden.[1283]

Der Wortlaut des § 26 Abs. 1 S. 1 BDSG verlangt grundsätzlich keine Verdachtslage. Auch hat das BAG noch zur alten Rechtslage entschieden, dass weniger intensiv in das allgemeine Persönlichkeitsrecht des Arbeitnehmers eingreifende Datenverarbeitungsmaßnahmen nach § 32 Abs. 1 Satz 1 BDSG a.F. auch ohne Vorliegen eines durch Tatsachen begründeten Anfangsverdachts erlaubt sein können.[1284] Hierzu führt das BAG aus: „Das gilt vor allem für nach abstrakten Kriterien durchgeführte, keinen Arbeitnehmer besonders unter Verdacht stellende offene Überwachungsmaßnahmen, die der Verhinderung von Pflichtverletzungen dienen [...]. So kann es aber auch liegen, wenn der Arbeitgeber aus einem nicht willkürlichen Anlass prüfen möchte, ob der Arbeitnehmer seine vertraglichen Pflichten vorsätzlich verletzt hat, und er – der Arbeitgeber – dazu auf einem Dienstrechner gespeicherte Dateien einsieht, die nicht ausdrücklich als „privat" gekennzeichnet oder doch offenkundig „privater" Natur sind. Das gilt jedenfalls dann, wenn die Maßnahme offen erfolgt und der Arbeitnehmer im Vorfeld darauf hingewiesen worden ist, welche legitimen Gründe eine Einsichtnahme in – vermeintlich – dienstliche Ordner und Dateien erfordern können [...], und dass er Ordner und Dateien durch eine Kennzeichnung als „privat" von einer Einsichtnahme ohne „qualifizierten" Anlass ausschließen kann. Der Arbeitnehmer muss dann billigerweise mit einem jederzeitigen Zugriff auf die vermeintlich rein dienstlichen Daten

1279 Vgl. BAG, NZA 2003, 1193; BAG, NZA 2017, 112; BAG, NJW 2017, 1193.
1280 Vgl. BAG, NZA 2014, 243.
1281 Vgl. hierzu Kapitel 2 § 2 B. IV. 1. c) bb) (a).
1282 BAG, NZA 2017, 1179, 1180.
1283 BAG, NZA-RR 2010, 461, 462 f.; BAG, NZA 2015, 429, 431; BAG, NZA 2017, 1179, 1180; LAG Rheinland-Pfalz, ZD 2019, 369.
1284 BAG, NZA 2019, 893, 899.

rechnen. Zugleich kann er „private" Daten in einen gesicherten Bereich verbringen".[1285]

Fraglich ist, ob diese aktuelle Entscheidung des BAG darauf schließen lässt, dass auch in dem hier diskutierten Kontext interner Untersuchungen auf eine Verdachtslage verzichtet werden könnte. Davon kann nicht ausgegangen werden: Das BAG bezieht sich in seiner Entscheidung auf „keinen Arbeitnehmer besonders unter Verdacht stellende offene Überwachungsmaßnahmen, die der Verhinderung von Pflichtverletzungen dienen".[1286] Damit beschreibt es eine andere Situation als diejenige, die im Rahmen einer internen Untersuchung maßgeblich ist. Bei einer solchen handelt es sich um eine repressive Maßnahme, die darauf abzielt, einem bestehenden Verdacht nachzugehen.

Ermittlungsmaßnahmen im Rahmen interner Untersuchungen beziehen sich zudem auf eine konkrete Person oder jedenfalls einen konkreten Personenkreis. Sie stellen eine Reaktion auf konkrete Hinweise dar und lassen sich nicht mit Maßnahmen vergleichen, welche aufgrund eines „nicht willkürlichen Anlass"[1287] durchgeführt werden. Regelmäßig handelt es sich gerade um verdeckte Maßnahmen. Eine verdeckte Maßnahme ohne einen auf tatsächliche Anhaltspunkte gestützten Verdacht würde der Erforderlichkeitsprüfung nicht standhalten, da dem starken Eingriff in das allgemeine Persönlichkeitsrecht – unabhängig von der konkreten Abwägung der Interessenpositionen – nicht einmal eine auf tatsächliche Anhaltspunkte gestützte Verdachtslage gegenübersteht.

Aus dem Umstand, dass das BAG eine Datenverarbeitung im Falle eines nicht willkürlichen Anlasses für zulässig erachtet, wenn diese offen erfolgt und nur eine sehr geringe Eingriffsintensität in das allgemeine Persönlichkeitsrecht des Betroffenen aufweist, könnte insoweit gefolgert werden, dass jede stärkere Maßnahme auf einen Anfangsverdacht gestützt werden muss. Zugleich wird aufgrund der BAG-Entscheidung deutlich, dass die ebenfalls angeführten Anforderungen an die Transparenz der Maßnahme Berücksichtigung finden müssen. In Hinblick auf die Transparenzanforderungen bezieht sich das BAG auf die Entscheidung Bărbulescu/Rumänien des EGMR[1288]. Die sich aus der Rechtsprechung des EGMR ergebenden Anforderungen müssen auch bei repressiven Maßnahmen im Rahmen interner Untersuchungen berücksichtigt werden.[1289] Wie bereits herausgearbeitet, steht die EGMR-Rechtsprechung verdeckten Maßnahmen nicht entgegen.

Vor diesem Hintergrund darf im Rahmen interner Untersuchungen eine Datenverarbeitung auf der Grundlage des § 26 Abs. 1 S. 1 BDSG nur dann in Betracht gezogen werden, wenn ein Anfangsverdacht vorliegt.[1290] Liegt ein solcher nicht

1285 BAG, NZA 2019, 893, 899.
1286 BAG, NZA 2019, 893, 899.
1287 BAG, NZA 2019, 893, 899.
1288 EGMR, NZA 2017, 1443 – Bărbulescu/Rumänien.
1289 Zu der Rechtsprechung der EGMR im Kontext interner Untersuchungen vgl. Kapitel 2 § 2 B. II. 5. c).
1290 So wohl auch aktuell LAG Baden-Württemberg, ZD 2019, 132, 133.

vor, kann sich die Maßnahme als unverhältnismäßig erweisen. So hat auch das LAG Hessen in einer aktuellen Entscheidung vom 21. September 2018 zur alten Rechtslage entschieden, dass es eine unverhältnismäßige Kontrollmaßnahme nach § 32 Abs. 1 S. 1 BDSG a.F. darstelle, wenn der Arbeitgeber auf einen vagen Hinweis, der Arbeitnehmer hätte sich geschäftsschädigend über den Arbeitgeber geäußert, den privaten E-Mail-Verkehr eines Arbeitnehmers in einem Zeitraum von einem Jahr ausgewertet habe.[1291]

Ferner hat das BAG in seiner Entscheidung vom 31. Januar 2019[1292] betont, dass der Arbeitnehmer aufgrund seiner im Rahmen der Interessenabwägung zu berücksichtigenden „berechtigten Privatheitserwartung“ grundsätzlich erwarten könne, dass besonders eingriffsintensive Maßnahmen nicht ohne einen durch Tatsachen begründeten Verdacht einer Straftat oder schweren Pflichtverletzung ergriffen werden und insbesondere nicht „ins Blaue hinein“ oder wegen des Verdachts bloß geringfügiger Verstöße heimliche Überwachungsmaßnahmen erfolgen.[1293]

Jedenfalls im Falle einer Ermittlungsmaßnahme, welche im Hinblick auf die Intensität mit einer (verdeckten) Videoüberwachung vergleichbar ist, bedarf es nach der Rechtsprechung zur alten Rechtslage[1294] eines auf konkrete Tatsachen gestützten Verdachts. Dabei unterscheidet das BAG auch nicht zwischen § 32 Abs. 1 S. 1 und 2 BDSG a.F. Überdies wird die Notwendigkeit eines solchen Verdachts durch die Entscheidung des BAG zum Einsatz von „Keyloggern“ gestützt, wonach sich eine Maßnahme, die hinsichtlich der Intensität des durch sie bewirkten Eingriffs in das allgemeine Persönlichkeitsrecht des Arbeitnehmers mit einer (verdeckten) Videoüberwachung vergleichbar ist, als unverhältnismäßig darstellt, wenn sie aufgrund bloßer Mutmaßungen ergriffen wird.[1295] Der Arbeitgeber ist verpflichtet, den Verdacht vor Gericht zu substanziieren, sodass „Verdachtsgrad und arbeitgeberseitige Substanziierung Hand in Hand gehen“[1296]. Je nachdem, wie eingriffsintensiv eine Maßnahme ist, wird die Rechtsprechung eine entsprechende Verdachtslage fordern. Der Arbeitgeber tut also gut daran, die von ihm im Rahmen interner Untersuchungen ergriffenen Maßnahmen – unabhängig

---

1291 LAG Hessen, NZA-RR 2019, 130.

1292 BAG, NZA 2019, 893.

1293 BAG, NZA 2019, 893, 899; so auch BAG, NZA 2017, 1179, 1183; BAG, NZA 2017, 1327, 1330; von der Berücksichtigung einer solchen Privatheitserwartung geht auch der EGMR aus, vgl. EGMR, BeckRS 2018, 34505 – López, Ribalda u.a./Spanien; vgl. hierzu auch die sich aus der Rechtsprechung des EGMR ergebenden Leitlinien, Kapitel 2 § 2 B. 5. c) cc).

1294 BAG, NZA 2017, 1327; LAG Hessen, NZA-RR 2019, 130, 134; vgl. auch BAG, NZA 2017, 1179, 1182, wonach die verdeckte Überwachung eines einer schweren Pflichtverletzung verdächtigen Arbeitnehmers nur unter den vergleichbaren Voraussetzungen wie zur Aufdeckung einer Straftat gemäß § 32 Abs. 1 S. 2 BDSG a.F. zulässig ist.

1295 BAG, NZA 2017, 1327, 1330.

1296 *Fuhlrott*, NZA 2017, 1308, 1309.

von der Eingriffsintensität – durch einen substanziierten Verdacht ein Stück weit abzusichern.

Ein anderes Ergebnis ergibt sich auch nicht aus dem Vergleich zwischen den Maßnahmen zur Aufdeckung von Straftaten (§ 26 Abs. 1 S. 2 BDSG) und solchen zur Aufdeckung von erheblichen Pflichtverletzungen (§ 26 Abs. 1 S. 1 BDSG). Im Gegenteil: Die konkreten Maßnahmen unterscheiden sich in der Praxis regelmäßig nicht, sodass in beiden Fällen das E-Mail-Screening, die Videoüberwachung oder die Mitarbeiterbefragung mit der gleichen Intensität durchgeführt werden. Es stellt sich lediglich die Frage, auf welche Ermächtigungsgrundlage die Maßnahme zu stützen ist. Da Maßnahmen zur Aufdeckung erheblicher Pflichtverletzungen die gleiche Eingriffsintensität aufweisen können, müssen auch die gleichen rechtlichen Anforderungen an den Verdachtsgrad gestellt werden.

Mithin sind die Anforderungen an die Verdachtslage im Rahmen des § 26 Abs. 1 S. 2 BDSG auch im Hinblick auf die Maßnahmen zur Aufdeckung erheblicher Pflichtverletzungen auf der Grundlage des § 26 Abs. 1 S. 1 BDSG heranzuziehen. Dies nicht zuletzt auch deshalb, um das Risiko einer von vorherein zuungunsten des Arbeitgebers ausgehenden Interessenabwägung zu minimieren. Gerade beim E-Mail-Screening kann es sich – je nach Umfang – um eine sehr eingriffsintensive Maßnahme handeln. Andernfalls bestünde die Gefahr des Vorwurfs einer anlasslosen Untersuchung, welcher nicht mit dem Verhältnismäßigkeitsgrundsatz in Einklang zu bringen wäre. Liegt hingegen eine Verdachtslage vor, muss diese im Rahmen der Abwägung einbezogen werden. Eine starke Verdachtslage spricht im Grundsatz für ein Überwiegen der Interessen des Arbeitgebers an der Aufklärung dieses Verdachts.

2. *Erforderlichkeit der Maßnahme*

Die Erforderlichkeitsprüfung gemäß § 26 BDSG entspricht einer Verhältnismäßigkeitsprüfung.[1297] Mithin ist zwischen der Erforderlichkeitsprüfung nach § 26 BDSG und der von der Verhältnismäßigkeitsprüfung erfassten Prüfung der Erforderlichkeit zu unterscheiden. Eine Maßnahme ist gemessen an der Verhältnismäßigkeitsprüfung erforderlich, wenn sie das mildeste der zu Verfügung stehenden gleich geeigneten Mittel darstellt, also keine gleich geeignete und für den betroffenen Arbeitnehmer weniger einschneidende Ermittlungsmaßnahme als die geplante in Betracht kommt.[1298]

Fraglich ist, ob sich im Hinblick auf die Erforderlichkeit allgemeine Leitlinien bestimmen lassen, anhand derer sich eine Bewertung der Erforderlichkeit (innerhalb der Verhältnismäßigkeitsprüfung) der geplanten Maßnahme vornehmen lässt. Bezogen auf die hiesige Untersuchung kann zumindest schon mal festgehalten

1297 *Maschmann*, NZA-Beilage 2018, 115, 117; Kühling/Buchner/*Maschmann*, BDSG § 26 Rn. 18 f.

1298 ErfK/*Franzen* BDSG § 26 Rn. 10; Kühling/Buchner/*Maschmann*, BDSG § 26 Rn. 19.

werden, dass im Rahmen der Planung einer internen Untersuchung stets sämtliche in Betracht kommenden Ermittlungsmaßnahmen ergebnisoffen in den Blick genommen werden müssen. Dies führt dazu, dass im Rahmen der noch folgenden Analyse der Einzelmaßnahmen immer auch allgemein geprüft wird, inwieweit andere Maßnahmen u.U. gleich effektiv und weniger einschneidend für den Arbeitnehmer sind.

Da eine mildere Maßnahme jedenfalls auch gleich geeignet sein muss, wird ebenfalls zu bewerten sein, ob mit der milderen Maßnahme der gleiche Erkenntnisgewinn einhergeht. Ist dies nicht der Fall, fehlt es bereits an der Geeignetheit der Ermittlungsmaßnahme, sodass der milderen Maßnahme auch nicht der Vorrang eingeräumt werden muss. Steht bspw. fest, dass hinsichtlich eines Korruptionsverdachts die Kommunikation zwischen dem verdächtigen Arbeitnehmer und einer weiteren relevanten Person ausschließlich per E-Mail stattgefunden hat und hat der Arbeitnehmer bereits signalisiert, dass er in einem etwaigen Mitarbeitergespräch keine Auskunft geben würde, dann wird ein entsprechendes Gespräch auch zu Erkenntnisgewinn führen. Demgegenüber ist in solch einem Fall zu erwarten, dass die Auswertung der E-Mails des verdächtigen Arbeitnehmers an die andere relevante Person mit hoher Wahrscheinlichkeit der Aufklärung dient.

Für die Fragen, ob ein milderes Mittel in Betracht kommt, ebenfalls von großer Relevanz ist die Frage, ob eine Ermittlungsmaßnahme offen oder verdeckt durchgeführt wird. Erscheint eine offene Maßnahme im Hinblick auf das Ermittlungsziel Erfolg versprechend, ist die offene Maßnahme mit ihrer geringeren Eingriffsintensität gegenüber einer verdeckten Maßnahme vorrangig durchzuführen.[1299] Ähnlich fällt die Bewertung aus, wenn eine zunächst stichprobenhafte Maßnahme ausreicht. Dann ist diese vorrangig vor der Komplettprüfung vorzunehmen.[1300]

Erscheinen verschiedene Maßnahme gleich effektiv, um die gewünschte Aufklärung zu betreiben, lässt sich für die Bewertung der Erforderlichkeit u.U. auch darauf abstellen, ob für eine von mehreren möglichen Ermittlungsmaßnahmen weniger Personen involviert werden müssen. Da es um die Verarbeitung personenbezogener Daten geht, spricht insoweit für eine von mehreren gleich geeigneten Maßnahmen, dass weniger Personen von den relevanten Daten Kenntnis erlangen.

Eine geringere Intensität im Hinblick auf den Eingriff einer Ermittlungsmaßnahme in die Schutzrechte der betroffenen Person könnte auch dann realisiert werden, wenn im Rahmen einer Maßnahme eine Pseudonymisierung vorgenommen wird. Gemäß Art. 4 Nr. 5 DS-GVO versteht man unter einer Pseudonymisierung die Verarbeitung personenbezogener Daten in einer Weise, dass die personenbezogenen Daten ohne Hinzuziehung zusätzlicher Informationen nicht mehr einer spezifischen betroffenen Person zugeordnet werden können, sofern diese zusätzlichen Informationen gesondert aufbewahrt werden und technischen und organisatorischen Maßnahmen unterliegen, die gewährleisten, dass die

---

1299 Gola/Heckmann/*Gola*, BDSG § 26 Rn. 69.
1300 Gola/Heckmann/*Gola*, BDSG § 26 Rn. 69.

personenbezogenen Daten nicht einer identifizierten oder identifizierbaren natürlichen Person zugewiesen werden. In Betracht käme bspw., dass Unterlagen, die durch ein Ermittler-Team ausgewertet werden, zuvor pseudonymisiert werden, sodass das Ermittler-Team keine direkte Zuordnung zu einer Person treffen kann. Die Kenntnis über die verdächtige Person könnte so bei einer Person oder einer kleinen Gruppe von Personen, bspw. einer Stabsstelle, konzentriert werden. Ist die Überprüfung beendet und hat sie ein positives Ergebnis im Hinblick auf den konkreten Verdacht ergeben, könnte die Pseudonymisierung dann wieder aufgehoben werden. Ist der Weg über eine Pseudonymisierung im Rahmen einer in Betracht kommenden Ermittlungsmaßnahme möglich, in einer anderen indes nicht, spräche die Möglichkeit der Pseudonymisierung für das Vorliegen einer milderen Maßnahme. Eine Pseudonymisierung könnte auch ein geeignetes Mittel sein, um die Zulässigkeit eines Datenaustauschs von Ermittlungsergebnissen im Konzern zu erreichen.[1301]

Von der Pseudonymisierung ist die Anonymisierung abzugrenzen. Die Anonymisierung wird in der DS-GVO nicht definiert. Jedoch wird in Erwägungsgrund 26 auf diese Bezug genommen: „Die Grundsätze des Datenschutzes sollten daher nicht für anonyme Informationen gelten, d.h. für Informationen, die sich nicht auf eine identifizierte oder identifizierbare natürliche Person beziehen, oder personenbezogene Daten, die in einer Weise anonymisiert worden sind, dass die betroffene Person nicht oder nicht mehr identifiziert werden kann. Diese Verordnung betrifft somit nicht die Verarbeitung solcher anonymer Daten, auch für statistische oder für Forschungszwecke".[1302] Eine Anonymisierung liegt somit vor, wenn Daten keiner identifizierbaren Person mehr zugeordnet werden können.[1303] Wie sich aus Erwägungsgrund 26 ergibt, findet die DS-GVO auf solche anonymisierte Daten keine Anwendung.[1304] Mithin ist die Verarbeitung solcher Daten unter Berücksichtigung des Datenschutzes unproblematisch.[1305] Zu beachten ist jedoch, dass sich eine vollständige Anonymisierung der Daten für die im hiesigen Kontext relevanten internen Untersuchungen kaum sinnvoll ist.[1306] Insoweit geht es ja gerade

---

1301 *Klaas/Wybitul*, in: Momsen/Grützner, Wirtschafts- und Steuerstrafecht, Kapitel 4 § 16 Rn. 209.

1302 VO (EU) 2016/679, ABl. EU Nr. L 119/1 v. 4.5.2016, Erwägungsgrund 26.

1303 *Klaas/Wybitul*, in: Momsen/Grützner, Wirtschafts- und Steuerstrafecht, Kapitel 4 § 16 Rn. 208.

1304 *Klaas/Wybitul*, in: Momsen/Grützner, Wirtschafts- und Steuerstrafecht, Kapitel 4 § 16 Rn. 208; *Ziebarth*, in: Sydow, Europäische DSGVO, Art. 4 Rn. 32.

1305 *Klaas/Wybitul*, in: Momsen/Grützner, Wirtschafts- und Steuerstrafecht, Kapitel 4 § 16 Rn. 208.

1306 *Klaas/Wybitul*, in: Momsen/Grützner, Wirtschafts- und Steuerstrafecht, Kapitel 4 § 16 Rn. 208.

darum, eine bestehende Verdachtslage aufzuklären und die Erkenntnisse jedenfalls am Ende einer bzw. mehrerer Person(-en) zuordnen zu können.[1307]

Gerade im Hinblick auf die IT-gestützten Ermittlungsmaßnahmen, welche die Auswertung von Daten betrifft, kann ferner überlegt werden, inwieweit in einem ersten Schritt die Auswertung der Verbindungsdaten ausreichen könnte. Nimmt man bspw. die Maßnahme des E-Mail-Screenings in den Blick, so liegt in der Auswertung der E-Mail-Logdateien oder der Kalendereinträge eine weniger eingriffsintensive Maßnahme vor, als wenn der vollständige Inhalt der E-Mails ausgewertet wird.[1308]

3. Verhältnismäßigkeit im engeren Sinne (Angemessenheit) und Interessenlage

Im Rahmen des § 26 Abs. 1 BDSG ist stets eine umfassende Abwägung im Einzelfall notwendig, sodass im Rahmen dieser Untersuchung nur generalisierende Aussagen getroffen werden können. Gleichwohl lassen sich aus Art. 88 DS-GVO sowie § 26 BDSG einige Abwägungskriterien ableiten, welche bei jeder Abwägung zu berücksichtigen sind. Diese Kriterien lassen sich überdies anhand der Rechtsprechung zur alten Rechtslage konkretisieren, welche sich – wie bereits gezeigt – auf die aktuelle Rechtslage übertragen lässt.

Grundlage der Kriterien bildet die Abwägung der unterschiedlichen Grundrechtspositionen des Betroffenen und des Verantwortlichen, welche in einen schonenden Ausgleich zu bringen sind. § 26 Abs. 1 BDSG dürfte dabei die Funktion einer Generalklausel i.S.d. mittelbaren Drittwirkung von Grundrechten zukommen. Über diese Generalklausel strahlen die Grundrechte unmittelbar in das Privatrecht ein.[1309] Wie bereits herausgearbeitet, ist zu beachten, dass im Rahmen der Prüfung neben den nationalen Grundrechten auch solche der GRCh zu berücksichtigen sind.[1310]

Im Rahmen dieser mittelbaren Drittwirkung wird das Gewicht der Ausstrahlungswirkung insbesondere durch die Intensität der Belastung bestimmt.[1311] Danach dürfte sie schwächer ausfallen, wenn die Belastung dem Arbeitnehmer als Privatrechtssubjekt real zugerechnet werden kann. Hingegen ist die Ausstrahlungswirkung stärker zu gewichten, soweit bspw. eine ungleiche Verhandlungsstärke oder ein fundamentales bzw. strukturelles Ungleichgewicht besteht.[1312]

1307 *Klaas/Wybitul*, in: Momsen/Grützner, Wirtschafts- und Steuerstrafecht, Kapitel 4 § 16 Rn. 208.

1308 Zu den verschiedenen Arten der E-Mail-Daten vgl. Kapitel 2 § 2 C. II. 1. a) bb).

1309 BVerfG, NJW 2020, 300, 305; vgl. auch statt vieler *Jarass*, in: Jarass/Pieroth, GG Vorb. vor Art. 1 Rn. 12, 33, Art. 1 Rn. 52 ff. m.w.N.

1310 Vgl. hierzu Kapitel 2 § 2 B. II. 1. b).

1311 *Jarass*, in: Jarass/Pieroth, GG Art. 1 Rn. 57.

1312 *Jarass*, in: Jarass/Pieroth, GG Art. 1 Rn. 57; Bumke/Voßkuhle, Casebook Verfassungsrecht, Rn. 238 ff.

a) Grundlagen

Die im Rahmen von internen Untersuchungen relevanten Ermittlungsmaßnahmen stellen Kontrollmaßnahmen dar, deren Ausgangspunkt eine konkrete Verdachtslage ist. Die zu ergreifenden Maßnahmen können z.B. gezielt gegen einzelne Mitarbeiter gerichtet sein, wenn sich bspw. der Verdacht bereits auf eine bestimmte Person konkretisieren lässt. Sie können sich aber auch auf eine Gruppe von Personen beziehen, bspw. eine Abteilung in einem Unternehmen. Dies kommt insbesondere dann in Betracht, wenn sich ein Verdacht zunächst nur auf eine Gruppe eingrenzen lässt. Neben der Frage, ob die Ausgangslage, also die Verdachtslage, zu einer Ermittlungsmaßnahme führen durfte (die Frage des „Ob" der Ermittlung), welche der Prüfung der Erforderlichkeit der Maßnahme zuzuordnen ist, wird im Rahmen der Verhältnismäßigkeit die Frage relevant, ob die konkrete Durchführung der Maßnahme verhältnismäßig ist (die Frage des „Wie" bzw. der „Art und Weise" der Ermittlung). Die Prüfung und Beantwortung dieser Frage dürfte den Schwerpunkt der Prüfung bilden.

Der Verhältnismäßigkeitsprüfung als Teil der Erforderlichkeitsprüfung liegt eine Abwägung der unterschiedlichen Interessenlagen und Grundrechtspositionen von Arbeitnehmer und Arbeitgeber zugrunde.[1313] Die konkrete Ermittlungsmaßnahme ist also daran zu messen, ob sich die unterschiedlichen Positionen im Rahmen einer vom Arbeitgeber vor der konkreten Maßnahme durchzuführenden Güter- und Interessenabwägung in einen schonenden Ausgleich bringen lassen. Ist dies nicht der Fall, ist die jeweilige Maßnahme als unverhältnismäßig und damit auch als unzulässig einzustufen. In diesem Zusammenhang kommt es auch auf die konkrete Eingriffsintensität an. Der Eingriff in die Rechtsposition des Betroffenen im Hinblick auf die Auswertung privater E-Mails, wie auch in dem gebildeten Fall 3.1., stellt insoweit bezogen auf die Eingriffsqualität einen gänzlich anderen Grad des Eingriffs dar, als dies bei der Auswertung der reinen Verbindungsdaten der Fall ist. Nimmt man bspw. die Videoüberwachung in den Blick, so wirkt sich auf die konkrete Interessenabwägung natürlich auch aus, ob die Maßnahme offen oder verdeckt erfolgt. Eine verdeckte Maßnahme greift dabei deutlich stärker in die Rechtspositionen des Arbeitnehmers ein, da diese nicht von einer Beobachtung ausgeht und insoweit auf die Privatheit seines Handelns vertraut. Die Privatheitserwartung kann demgegenüber im Rahmen der Prüfung der datenschutzrechtlichen Zulässigkeit der Inaugenscheinnahme des Arbeitsplatzes außer Acht gelassen werden, wenn diese bspw. nach einer Ankündigung und unter Anwesenheit des betroffenen Arbeitnehmers durchgeführt wird.

Da der aktuelle Arbeitnehmerdatenschutz nunmehr auf der Grundlage des BDSG und der DS-GVO zu bewerten ist, kommt den Erwägungsgründen der DS-GVO eine wichtige Rolle zu. Zwar sind diese nicht bindend, jedoch stellen sie eine wichtige Hilfe für die Auslegung der Regelungen in der DS-GVO dar. Da

---

1313 *Maschmann*, NZA-Beilage 2018, 115, 117.

unionsweit ein einheitliches Schutzniveau erreicht werden soll, sind sie zudem im Hinblick auf die Regelungen im BDSG als Auslegungshilfe heranzuziehen. Für die Interessenabwägung von besonderer Relevanz sind die Erwägungsgründe 47[1314] und 48[1315], welche grundsätzliche Aussagen zu Art. 6 DS-GVO enthalten. So sind nach Erwägungsgrund 47 die berechtigten Erwartungen der betroffenen Person im Rahmen der Interessenabwägung zu berücksichtigen. Auf der Grundlage dieser Erwartungshaltung könnte sich ergeben, dass bspw. der Arbeitnehmer angesichts der konkreten Umstände zum Zeitpunkt der Erhebung der Daten vernünftigerweise mit einer Verarbeitung rechnen konnte. Auf der anderen Seite kann es sich im Rahmen der Abwägung zum Nachteil des Arbeitgebers auswirken, wenn von einer solchen Erwartungshaltung gerade nicht ausgegangen werden kann. So wie etwa in dem soeben gebildeten Beispiel, in welchem der Arbeitnehmer auf die Privatheit seines Handelns vertraut. Erwägungsgrund 48 bezieht sich auf die Interessenlage innerhalb von Konzernstrukturen. So kann in bestimmen Konstellationen ein berechtigtes Interesse des Arbeitgebers u.a. daran bestehen, die Daten der Beschäftigten innerhalb der Unternehmensgruppe zu übermitteln.

Der in Erwägungsgrund 47 enthaltene Hinweis darauf, dass eine „Verarbeitung personenbezogener Daten im für die Verhinderung von Betrug unbedingt erforderlichen Umfang" ein berechtigtes Interesse darstellen kann,[1316] lässt sich hier indes nicht heranziehen. Insoweit geht im Rahmen interner Untersuchungen um die repressive Aufklärung von Strafbarkeiten bzw. sonstigen erheblichen Pflichtverletzungen und nicht um Präventivmaßnahmen zur Verhinderung solcher Geschehnisse. Die Tatsache, dass durch die Aufklärung u.U. zugleich Verstöße in der Zukunft verhindert werden, stellt nur einen Nebeneffekt dar.

b) Interessenlage

aa) Interessen des Arbeitnehmers

(a) Grundrechte nach dem Grundgesetz

Für den Arbeitnehmer streitet insbesondere das allgemeine Persönlichkeitsrecht gemäß Art. 2 Abs. 1 i.V.m. Art. 1 Abs. 1 GG.[1317] Dieses Grundrecht schützt zunächst die Privat- und Intimsphäre und ihre spezielle Ausprägung als Recht am eigenen Bild.[1318] Das ebenfalls vom allgemeinen Persönlichkeitsrecht erfasste Recht auf informationelle Selbstbestimmung garantiert die Befugnis, selbst über die

---

1314 VO (EU) 2016/679, ABl. EU Nr. L 119/1 v. 4.5.2016, Erwägungsgrund 47.
1315 VO (EU) 2016/679, ABl. EU Nr. L 119/1 v. 4.5.2016, Erwägungsgrund 48.
1316 VO (EU) 2016/679, ABl. EU Nr. L 119/1 v. 4.5.2016, Erwägungsgrund 47.
1317 Grundlegend hierzu BVerfG, NJW 1984, 419.
1318 BVerfG, NJW 2005, 3271; ErfK/*Schmidt* GG Art. 2 Rn. 39.

Preisgabe und Verwendung persönlicher Daten zu befinden.[1319] Da es nicht auf die Intim- und Privatsphäre beschränkt ist, erfasst das Recht auf informationelle Selbstbestimmung auch den Schutz derjenigen, die sich in die bloße (Betriebs-) Öffentlichkeit begeben.[1320] Ebenfalls geschützt ist das Recht am eigenen Wort, welches das Recht umfasst, selbst darüber entscheiden zu dürfen, wem die eigenen Worte zugänglich gemacht werden, also lediglich einer Einzelperson, einer Gruppe von Personen oder der Öffentlichkeit.[1321] Insofern schützt das Recht vor heimlichen Tonbandaufnahmen, da andernfalls die Befugnis, über die eigenen Worte zu entscheiden, verletzt würde.[1322]

Hinsichtlich des allgemeinen Persönlichkeitsrechts muss grundsätzlich zwischen drei Sphären unterschieden werden, der Intimsphäre, der Sozialsphäre sowie der Privatsphäre.[1323] Im Rahmen interner Untersuchungen ist die Datenverarbeitung im Kernbereich der privaten Lebensführung, welcher der Intimsphäre zuzuordnen ist, grundsätzlich unzulässig.[1324] Die Intimsphäre wird vor allem durch § 201 Abs. 1 Nr. 1 StGB (Vertraulichkeit des Worts) sowie § 201a Abs. 1 Nr. 1 StGB (Vertraulichkeit des höchstpersönlichen Lebensbereichs bei Bildaufnahmen) abgesichert. Vor diesem Hintergrund sind Überwachungsmaßnahmen von Beschäftigten in Toiletten, geschlossenen Sanitätsbereichen und Umkleidekabinen stets unverhältnismäßig und unzulässig.[1325] Nach der Rechtsprechung[1326] gehört zur Intimsphäre auch das Selbstgespräch des Arbeitnehmers, jedoch nicht Spind-[1327] und Taschenkontrollen[1328].

Der Intimsphäre folgt in der Rangfolge die Privatsphäre.[1329] Diese ist nicht auf den häuslichen Bereich beschränkt.[1330] Vielmehr schützt die Privatsphäre den

1319 BVerfG, NJW 2008, 1505, 1506; BAG, NZA 2017, 1179, 1181; BAG, NZA 2017, 1327, 1329.

1320 Zur Videoüberwachung vgl. BVerfG, NVwZ 2007, 688, 690; BVerwG, NVwZ 2012, 757, 759; zur Observation durch einen Detektiv vgl. BAG, NZA 2017, 1179, 1181; zum Einsatz von „Keyloggern" vgl. BAG, NZA 2017, 1327, 1329.

1321 BVerfG, NJW 1992, 815.

1322 ErfK/*Schmidt* GG Art. 2 Rn. 40.

1323 BeckOK GG/*Lang* GG Art. 2 Rn. 34 - 46e.

1324 BGH, NJW 2012, 945 f.; MAH Verteidigung in Wirtschafts- und Steuerstrafsachen/*Park/Eggers*, § 11 Rn. 62; vgl. hierzu und auch für Beispiel zur Intimsphäre BeckOK GG/*Lang* GG Art. 2 Rn. 39 ff.

1325 WHWS/*Byers* B VIII. 37; *Däubler*, NZA 2017, 1481, 1482; *Franzen*, ZfA 2019, 18, 34; *Maschmann*, NZA-Beilage 2018, 115, 121; Kühling/Buchner/*Maschmann*, BDSG § 26 Rn. 43.

1326 BAG, NJW 2012, 945 f.

1327 BAG, NZA 2014, 143.

1328 BAG, NZA 2014, 551, 555 f.

1329 Vgl. hierzu BVerfG, NJW 1969, 1707; BVerfG, NJW 1995, 1015; BVerfG, NJW 2000, 1021.

1330 BVerfG, NJW 2000, 1021, 1022 f.

Bereich, in dem der Betroffene unbeobachtet und für sich ist und davon ausgehen darf, dass er in Ruhe gelassen wird.[1331] Bezogen auf Arbeitnehmer lassen sich der persönliche Arbeitsplatz bzw. das eigene Büro und der persönliche Schrank am Arbeitsplatz als zur Privatsphäre gehörend ansehen.[1332]

Am wenigsten Schutz des Einzelnen bietet die sog. Sozialsphäre.[1333] Sie betrifft den Bereich, „in dem sich die persönliche Entfaltung von vornherein im Kontakt mit der Umwelt vollzieht, so insbesondere das berufliche und politische Wirken des Individuums".[1334] Der Sozialsphäre dürften bspw. betriebsöffentlich zugängliche Bereiche, wie Flure, Kantinen und sonstige allgemeine Sozial- bzw. Gemeinschaftsräume zuzurechnen sein.[1335] Als weiteres Beispiel kann hier die offene Videoüberwachung genannt werden, bei der weder die Intimsphäre noch die Privatsphäre betroffen sein dürfte.[1336] Je nachdem, welche Ermittlungsmaßnahme geprüft wird und in welcher Situation sich der Arbeitnehmer befindet, wird entweder die Privatsphäre oder die Intimsphäre im Zentrum der Abwägung stehen.

Als Zwischenergebnis lässt sich festhalten, dass Eingriffe in die Intimsphäre durch eine Ermittlungsmaßnahme aufgrund der Schwere des Eingriffs in die Rechtsgüter des Betroffenen regelmäßig unzulässig sein dürften. Die datenschutzrechtliche Zulässigkeit von Maßnahmen, welche in die Privat- bzw. Sozialsphäre eindringen, ist auf der Grundlage einer Abwägung im Einzelfall vorzunehmen. Dabei lässt sich aber aufgrund der Rangfolge bereits festhalten, dass ein Eingriff in die Sozialsphäre deutlich weniger stark wiegt als ein Eingriff in die Privatsphäre, was sich wiederum zulasten des Arbeitnehmers in der konkreten Abwägung auswirken kann.

(b) Menschenrechte nach der EMRK

Neben den Grundrechen des Betroffenen nach dem deutschen Grundgesetz müssen auch die Regelungen der EMRK im Rahmen der Datenverarbeitung durch die nationalen Gerichte beachtet werden.[1337] Nach Art. 8 Abs. 1 EMRK hat jede Person das Recht auf Achtung ihres Privat- und Familienlebens, ihrer Wohnung und ihrer Korrespondenz. Von diesen Rechtspositionen sind insbesondere das Recht auf Achtung des Privatlebens sowie das Recht auf Achtung der Korrespondenz für

---

1331 Vgl. hierzu auch Kühling/Buchner/*Maschmann,* BDSG § 26 Rn. 42; für Beispiel zur Privatsphäre vgl. BeckOK GG/*Lang* GG Art. 2 Rn. 42.

1332 *Franzen,* ZfA 2019, 18, 34; zum persönlichen Schrank eines Arbeitnehmers und dessen Inhalt vgl. BAG, NZA 2014, 143, 146 f.

1333 Kühling/Buchner/*Maschmann,* BDSG § 26 Rn. 42.

1334 BGH, NJW 2012, 771, 772; vgl. hierzu auch BVerfG, NJW 2003, 1109, 1110.

1335 *Franzen,* ZfA 2019, 18, 34.

1336 *Venetis/Oberwetter,* NJW 2016, 1051, 1053; für weitere Beispiel zur Sozialsphäre vgl. BeckOK GG/*Lang* GG Art. 2 Rn. 43 f.

1337 Zur Bindungswirkung der Rechtsprechung des EGMR vgl. Kapitel 2 § 2 B. II. 5. c) aa).

die Bewertung von Ermittlungsmaßnahmen im Rahmen interner Untersuchungen relevant. Dass die EMRK im Rahmen der Verarbeitung personenbezogener Daten zu berücksichtigen ist, lässt sich exemplarisch aus der Entscheidung des BAG vom 19. Februar 2015[1338] ableiten, in welchem ein Schadensersatzanspruch wegen einer Persönlichkeitsrechtsverletzung des Betroffenen auch auf die Verletzung von Art. 8 EMRK gestützt wurde.[1339]

Da es bei internen Untersuchungen nicht um staatliche Eingriffe in die Rechte des Betroffenen geht, kommt es maßgeblich auf die sich aus Art. 8 EMRK ergebenden positiven Schutzpflicht des Staats an.[1340] Im Kontext des Arbeitnehmerdatenschutzes konkretisiert sich diese Schutzpflicht im Arbeitnehmerdatenschutz, bei dessen Ausgestaltung den Mitgliedstaaten ein Beurteilungsspielraum zusteht.[1341] Im Rahmen dieses Beurteilungsspielraums haben die Mitgliedstaaten die verschiedenen Sphären (Intim-, Privat- und Sozialsphäre) zu beachten. Dieser ergibt sich wiederum aus Art. 88 DS-GVO sowie § 26 BDSG. Im Wesentlichen genügt der durch die DS-GVO sowie das BDSG bestehende Rechtsrahmen den Vorgaben, welche sich aus der Rechtsprechung des EGMR ergeben.[1342] Dabei sind die Anforderungen aus der Rechtsprechung des EGMR, unabhängig davon, dass sie für die Gestaltung der Regelungen zum Arbeitnehmerdatenschutz durch den Verordnungsgeber (hinsichtlich Art. 88 DS-GVO) und den nationalen Gesetzgeber (hinsichtlich § 26 BDSG) relevant sind, auch im Rahmen der konkreten datenschutzrechtlichen Bewertung von Ermittlungsmaßnahmen zu würdigen. Insoweit kommt es auch auf die bereits herausgearbeiteten Leitlinien an, welche sich der Rechtsprechung des EGMR für den hiesigen Kontext entnehmen lassen.[1343] Innerhalb der datenschutzrechtlichen Bewertung einer Maßnahme kommt gerade der Verhältnismäßigkeitsprüfung die entscheidende Bedeutung zu, innerhalb welcher die Abwägungskriterien berücksichtigt werden müssen – dazu sogleich.[1344]

(c) Grundrechte nach der GRCh

Wie bereits herausgearbeitet, sind im Rahmen der Anwendung der Grundrechte des Grundgesetzes auch die Wertungen der Unionsgrundrechte nach der GRCh

1338 BAG, NZA 2005, 994, 995, 997.

1339 Auch das LAG Rheinland-Pfalz hat in einer jüngeren instanzgerichtlichen Entscheidung für die Begründung eines Schadensersatzanspruches wegen des Einsatzes einer Detektei u.a. auf einen Eingriff in Art. 8 EMRK abgestellt, vgl. LAG Rheinland-Pfalz, BeckRS 2017, 113813.

1340 EGMR, NZA 2017, 1443, 1445 – Bărbulescu/Rumänien.

1341 EuArbR/*Schubert* GRCh Art. 8 Rn. 35.

1342 EuArbR/*Schubert* GRCh Art. 8 Rn. 35 f.

1343 Vgl. hierzu ausführlich Kapitel 2 § 2 B. II. 5. c) cc).

1344 Vgl. Kapitel 2 § 2 C. I. 3. c).

zu berücksichtigen.[1345] Bezogen auf die im deutschen Recht geltende mittelbare Drittwirkung hat das BVerfG in der jüngeren Rechtsprechung zwar entschieden, dass eine entsprechende Lehre bei der Auslegung des Unionsrechts nicht zugrunde gelegt werden könne.[1346] Im Ergebnis komme den Unionsgrundrechten für das Verhältnis zwischen Privaten jedoch eine ähnliche Wirkung zu.[1347] Sie können einzelfallbezogen in das Privatrecht hineinwirken.[1348] Insoweit bedarf es auch einer näheren Auseinandersetzung mit solchen Unionsgrundrechten, die dem Schutz der Interessen des Arbeitnehmers dienen könnten. Zu nennen sind hier insbesondere Art. 7 und 8 GRCh.

Art. 7 GRCh entspricht im Wesentlichen der Regelung des Art. 8 EMRK und schützt daher ebenso das Privatleben sowie die Kommunikation des Betroffenen.[1349] Nimmt man die für das nationale Recht gebildete Sphärentheorie in Bezug, so schützt Art. 7 GRCh ebenfalls alle drei Sphären, also die Intim-, Privat- und Sozialsphäre.[1350] Gemäß Art. 52 Abs. 3 GRCh haben die in der GRCh und der EMRK normierten Rechte grundsätzlich die gleiche Bedeutung und Tragweite, soweit sich die jeweils garantierten Rechte entsprechen. Durch die Norm soll nach den Erläuterungen zur GRCh eine Kohärenz zwischen der EMRK und der GRCh geschaffen werden.[1351] Dies führt indes nicht dazu, dass Art. 7 GRCh durch Art. 8 EMRK verdrängt wird.[1352] Vielmehr sind diese nebeneinander anwendbar.[1353]

Art. 8 Abs. 1 GRCh schützt im Besonderen die personenbezogenen Daten des Betroffenen und konkretisiert somit auch den allgemeinen Persönlichkeitsschutz in Art. 7 GRCh, weshalb Art. 8 GRCh im Falle der Datenverarbeitung teilweise als „lex specialis“ zu Art. 7 GRCh gilt.[1354] Das BVerfG spricht davon, dass im Falle der Verarbeitung personenbezogener Daten die beiden Grundrechte eine einheitliche Schutzverbürgung bilden.[1355] Der Schutzbereich des Art. 8 GRCh wird

---

1345 Vgl. hierzu Kapitel 2 § 2 B. II. 1. b); zur Privatrechtswirkung der GRCh im Mehrebenensystem von nationalen Grundrechten und Unionsgrundrechten vgl. *Ruffert*, JuS 2020, 1, 4 ff.

1346 BVerfG, NJW 2020, 314, 322.

1347 BVerfG, NJW 2020, 314, 322.

1348 BVerfG, NJW 2020, 314, 322; zur konventionskonformen Interpretation des staatlichen Zivilrechts durch den EGMR und die Charta-konforme Auslegung des Privatrechts nach dem EuGH, vgl. *Ruffert*, JuS 2020, 1, 6.

1349 Vgl. hierzu auch *Knecht*, in: Schwarze/Becker/Hatje/Schoo, EU-Kommentar, GRC Art. 7 Rn. 6, 7, 10.

1350 BeckOK InfoMedienR/*Gersdorf* EU-GRCharta Art. 7 Rn. 21.

1351 Erläuterungen zur Charta der Grundrechte, ABl. EU Nr. C 303/17 v. 14.12.2017, S. 33.

1352 BeckOK InfoMedienR/*Gersdorf* EU-GRCharta Art. 7 Rn. 24.

1353 BeckOK InfoMedienR/*Gersdorf* EU-GRCharta Art. 7 Rn. 24.

1354 BeckOK InfoMedienR/*Gersdorf* EU-GRCharta Art. 7 Rn. 17; *Knecht*, in: Schwarze/Becker/Hatje/Schoo, EU-Kommentar, GRC Art. 8 Rn. 5; *Leeb/Liebhaber*, JuS 2018, 534, 535.

1355 BVerfG, NJW 2020, 314, 323.

im Wesentlichen durch den Anknüpfungspunkt der personenbezogenen Daten bestimmt.[1356] Ein Eingriff in den Schutzbereich liegt bei jeder Verarbeitung personenbezogener Daten durch Dritte vor.[1357] Zur Beantwortung der Frage, was unter personenbezogenen Daten und deren Verarbeitung zu verstehen ist, kann auf die Definitionen in § 4 DS-GVO zurückgegriffen werden.[1358]

bb) Interessen des Arbeitgebers

(a) Organschaftliche Aufklärungspflicht

Im Hinblick auf die Interessenlage des Arbeitgebers kommt es im Rahmen der Abwägung ganz maßgeblich auf die in Kapitel 1 herausgearbeiteten unternehmerischen Pflichten an. Das Unternehmen hat ein eigenes Interesse an der Aufklärung von Straftaten und sonstigen Compliance-relevanten Pflichtverletzungen, um die Verfehlungen schnellstmöglich abzustellen und die betroffenen Mitarbeiter zu sanktionieren.

Dieses Interesse ergibt sich auch unmittelbar aus der Verpflichtung der Organe zur Durchführung interner Untersuchungen.[1359] Diese hängt wiederum mit dem Risiko einer Verbandsgeldbuße gemäß § 30 i.V.m. § 130 OWiG zusammen. Ergibt sich eine Verdachtslage im Hinblick auf Straftaten und sonstige erhebliche Pflichtverletzungen, müssen die Organe eine entsprechende Aufklärung betreiben. Auf welche Art und Weise dies geschieht, liegt im Ermessen der Organe. Je nach Vorwurf, Schwere des Vorwurfs und der Verdachtslage muss entschieden werden, welche Aufklärungsmaßnahme eingeleitet wird. Geleitet werden muss die Entscheidung der Organe stets von der Verpflichtung, die aufgekommenen Verstöße umfassend aufzuklären, abzustellen und die beteiligten Mitarbeiter zu sanktionieren.

Die Verpflichtung, handeln zu müssen, muss sich auch in der Abwägung wiederfinden. Hinsichtlich der Art und Weise der Maßnahme fragt sich, ob sie vor dem Hintergrund der bestehenden Organpflicht auf der einen und der Schwere des möglichen Verstoßes und der Verdachtslage auf der anderen Seite erforderlich und damit verhältnismäßig war. Je nachdem wie stark der bereits bestehende Vorwurf bzw. die Verdachtslage ist, wirkt sich dies in der Interessenabwägung zugunsten des Arbeitgebers aus. Auch ist für die Bewertung der Interessenlage des Arbeitgebers ausschlaggebend, welche Auswirkungen der Vorwurf für das Unternehmen hat. Nimmt man bspw. den „VW-Abgasskandal“ der Volkswagen AG in den Blick, so ließ sich bereits nach Aufkommen des Manipulationsverdachts absehen, dass

---

1356 EuArbR/*Franzen* GRCh Art. 8 Rn. 6.

1357 EuGH, NVwZ 2014, 435, 436 – Schwarz/Stadt Bochum; vgl. hierzu auch EuArbR/*Franzen* GRCh Art. 8 Rn. 7.

1358 EuArbR/*Franzen* GRCh Art. 8 Rn. 6, 7.

1359 Vgl. hierzu ausführlich Kapitel 1 § 2 C. I.

eine Bestätigung des Verdachts mit immensen Kosten für das Unternehmen verbunden sein würde, sei es durch zu erwartende Kundenklagen und Strafzahlungen oder einen möglichen Kursverlust infolge eines Reputationsschadens.

Die Interessenlage des Arbeitgebers dürfte im Rahmen der Abwägung umso mehr Gewicht erlangen, desto schwerer der aufgekommene Verdacht wiegt und desto stärker die Auswirkungen für das Unternehmen insgesamt ausfallen. Beschränkt sich bspw. die Verdachtslage auf einen einzelnen Betrieb einer Konzerngesellschaft, so würde sich diese bei einer im Anschluss geplanten konzernweiten Untersuchung innerhalb der Interessenabwägung anders auswirken, als wenn sich der Verdacht auf mehrere Konzerngesellschaften und/oder Betriebsstätten bezieht, so wie auch im „VW-Abgasskandal". Ebenso ist zu berücksichtigen, ob die Begehung einer Straftat oder Pflichtverletzung, hinsichtlich derer ein Verdacht besteht, nur möglich ist, wenn eine Vielzahl an Mitarbeitern zusammenwirken. Auch hier kann als Beispiel der „VW-Abgasskandal" herangezogen werden. Insoweit wird die Umsetzung und Einführung einer Abschalteinrichtung in der Motorsteuerung der Diesel-Fahrzeuge des jeweiligen Fahrzeugportfolios der Konzernmarken nicht durch eine Einzelperson oder einen sehr kleinen Mitarbeiterkreis möglich sein. Anders sieht dies hingegen im Hinblick auf mögliche kartellrechtlich relevante Absprachen in Bezug auf ein konkretes Projekt aus. Insoweit ist jeweils im Einzelfall zu bewerten, welchen Umfang der Verdacht annimmt und welche Ermittlungsmaßnahmen auf der Grundlage gewählt werden.

(b) Grundrechte nach dem Grundgesetz sowie der GRCh

Im Zusammenhang mit der Interessenlage des Unternehmens sind zudem der Schutz des Eigentums gemäß Art. 14 Abs. 1 S. 1 1. Alt. GG, durch welches in der datenschutzrechtlichen Abwägung auch das Interesse des Arbeitgebers an der Aufrechterhaltung des ungestörten Arbeitsablaufs geschützt wird[1360], sowie der Schutz der Berufsfreiheit gemäß Art. 12 Abs. 1 GG zu nennen.[1361] Gerade wenn es im Rahmen interner Untersuchungen um die Aufdeckung von Vermögensdelikten geht, ist der Eigentumsschutz des Arbeitgebers bzw. Unternehmens betroffen.

Neben den nationalen Grundrechten sind auch die Unionsgrundrechte in den Blick zu nehmen. Insoweit schützt die GRCh nicht nur natürliche Personen, sondern auch juristische Personen.[1362] Der Eigentumsschutz ergibt sich grundsätzlich auch aus Art. 17 GRCh und Art. 1 Zusatzprotokoll EMRK.

Besonders relevant hinsichtlich der Unionsgrundrechte ist ferner Art. 16 GRCh. Art. 16 GRCh schützt die unternehmerische Freiheit. Sie umfasst selbstständige wirtschaftliche Betätigungsfreiheit.[1363] Nach der Rechtsprechung des EuGH sind

---

1360 Vgl. hierzu LAG Berlin-Brandenburg, NZA-RR 2011, 342, 344 f.

1361 BAG, NZA 2018, 1329, 1332; hinsichtlich Art. 12 GG vgl. auch MHdB ArbR/*Reichold*, Band 1, § 96 Rn. 3.

1362 *Jarass*, GRCh, Art. 16 Rn. 11.

1363 EuArbR/*Schubert* GRCh Art. 16 Rn. 9.

die freie Ausübung einer Wirtschafts- oder Geschäftstätigkeit, die Vertragsfreiheit und der freie Wettbewerb geschützt.[1364]

c) *Abwägungskriterien*

Die im Rahmen der datenschutzrechtlichen Bewertung von Ermittlungsmaßnahmen vorzunehmende Verhältnismäßigkeitsprüfung stellt stets eine Abwägung im Einzelfall dar. Gleichwohl lassen sich aus dem allgemeinen Persönlichkeitsrecht gemäß Art. 2 Abs. 1 i.V.m. Art. 1 Abs. 1 GG sowie dem Recht auf Achtung des Privatlebens nach Art. 8 EMRK allgemeine Kriterien herausarbeiten, die in der konkreten Abwägung zu berücksichtigen sind. Zu diesen Kriterien zählt der Grund bzw. Anlass der Ermittlungsmaßnahme, der Grad des Eingriffs in die geschützten Schutzgüter, dessen Umfang sowie die Frage, ob der betroffene Mitarbeiter vorab ausreichend über die Maßnahme informiert wurde. Im Hinblick auf die Erarbeitung dieser Kriterien kommt den aus der Rechtsprechung des EGMR herausgearbeiteten Leitlinien eine besondere Bedeutung zu, da sich die einzelnen Kriterien anhand der Leitlinien konkretisieren lassen.[1365]

aa) *Anlass der Maßnahme*

Zunächst muss sich das Unternehmen fragen, welcher Anlass den Ausgangspunkt der Ermittlungsmaßnahme bildet und welchen Zweck diese verfolgt. Gerade im Hinblick auf die Grundsätze der Datenverarbeitung gemäß Art. 5 DS-GVO kommt diesem Punkt eine besondere Bedeutung zu. Im Hinblick auf interne Untersuchungen muss der Zweck der Maßnahme in der Aufklärung und dem Abstellen von Strafbarkeiten oder sonstigen erheblichen Pflichtverletzungen sowie in der Beweissicherung liegen.

Im Zusammenhang mit dem Anlass der Maßnahme ist insbesondere zu fragen, auf welcher Tatsachengrundlage die Maßnahme erfolgt. Dies ergibt sich auch aus der Rechtsprechung des EGMR, der zur Rechtfertigung einer Überwachungsmaßnahme legitime Gründe fordert.[1366] Sehr eingriffsintensiven Maßnahmen muss stets ein gewichtiger Anlass gegenüberstehen, da sich die konkrete Maßnahme im Verhältnis zum Anlass als unverhältnismäßig erweisen kann. Nach der Rechtsprechung des EGMR müssen hinsichtlich der inhaltlichen Überwachung der Kommunikation eines Arbeitnehmers, deren Eingriff in die subjektiven Rechte des Betroffenen deutlich schwerer wiegt als bspw. die Überwachung von reinen Verbindungsdaten, sogar „[...] gewichtigere Gründe" vorliegen.[1367]

Wird vor dem Hintergrund bspw. eine verdeckte Videoüberwachung wegen eines Diebstahlsverdachts allein aufgrund von Gerüchten durchgeführt, ohne dass

---

1364 EuGH, BeckRS 2013, 81980 Rn. 25 – Schaible.
1365 Zu den Leitlinien vgl. Kapitel 2 § 2 B. 5. c) cc).
1366 EGMR, NZA 2017, 1443, 1446 – Bărbulescu/Rumänien.
1367 EGMR, NZA 2017, 1443, 1446 – Bărbulescu/Rumänien.

eine weitere Substanziierung durch Tatsachen möglich ist, dürfte die Verdachtslage einer solch umfassenden Maßnahme entgegenstehen. Vielmehr müsste zunächst anhand weiterer, den Mitarbeiter nicht unmittelbar betreffender Maßnahmen geprüft werden, ob sich die Gerüchte bzw. ersten groben Hinweise bestätigen. In Betracht kommt etwa die Durchführung einer Inventur oder Revision, um mögliche Fehlbestände bei den Waren nachweisen und dem Bereich bzw. der Abteilung des verdächtigen Mitarbeiters zuordnen zu können. Da es stets einer objektiven Verdachtsgrundlage i.S.e. Anfangsverdachts bedarf, sind nach der Rechtsprechung des BAG Ermittlungen „ins Blaue hinein" unzulässig.[1368]

Im Hinblick auf den Anlass der Maßnahme ebenfalls zu berücksichtigen ist, ob die betroffene Person im Verdacht steht, eine Straftat oder eine erhebliche Pflichtverletzung begangen zu haben. Eine mögliche Straftat dürfte sich im Rahmen der anzustellenden Abwägung noch stärker für die Annahme eines berechtigten Interesses des Arbeitgebers auswirken als eine erhebliche Pflichtverletzung. Dies wird vor allem bei besonders eingriffsintensiven Maßnahmen von Bedeutung sein. Jedenfalls muss für den Arbeitgeber – so wie es sich auch aus der Rechtsprechung des BAG ergibt – die Möglichkeit bestehen, auch im Falle einer erheblichen Pflichtverletzung einer Verdachtslage nachzugehen, um diese abstellen und den verdächtigen Arbeitnehmer sanktionieren zu können.[1369]

bb) Intensität des Eingriffs

Ferner muss geprüft werden, wie intensiv der Eingriffs in die Rechtspositionen des Betroffenen ist. Insoweit muss geprüft werden, inwieweit auf die Daten des Betroffenen zugegriffen wird, welche Daten von der Maßnahme erfasst sind und ob bspw. nur spezifische Ordner im Postfach oder bestimmte Ordner auf dem Computer des Mitarbeiters ausgewertet werden oder ob eine Vollprüfung in dem gesamten Postfach durchgeführt wird.[1370] Im Hinblick auf den Grad des Eingriffs ist zudem zu berücksichtigen, inwieweit sich der betroffene Mitarbeiter auf die Privatheit der von der Datenverwertung betroffenen Daten berufen durfte.[1371]

Im Allgemeinen weniger eingriffsintensiv als gezielte Ermittlungsmaßnahmen gegen Einzelne sind stichprobenartige Überprüfungen, die offen durchgeführt werden. So kann bspw. eine vorübergehende Speicherung und stichprobenartige Kontrolle der Verlaufsdaten eines Internetbrowsers zulässig sein, da nur auf diese Weise die Einhaltung eines Verbots oder einer Beschränkung der Privatnutzung von IT-Einrichtungen kontrolliert werden kann.[1372] Solche stichprobenartigen Prüfungen dürften aber im Rahmen interner Untersuchungen zur Aufdeckung von

1368 Zuletzt BAG, NZA 2017, 1327, 1332; BAG, NZA 2017, 1179, 1183.

1369 BAG, NZA 2017, 1179, 1182.

1370 Im Ergebnis so auch ErfK/*Franzen* BDSG § 26 Rn. 11; Gola/Heckmann/*Gola*, BDSG § 26 Rn. 69; zu Art. 8 EMRK vgl. EuArbR/*Schubert* EMRK Art. 8 Rn. 49.

1371 Vgl. hierzu BAG, NZA 2019, 893.

1372 BAG, NZA 2017, 1327, 1330 f.

Compliance-relevanten Verstößen nur eine geringe Bedeutung haben. Auf eine konkrete Verdachtslage wird das Unternehmen nicht mit Stichprobenprüfungen reagieren können. Vielmehr muss durch den Einsatz von verschiedenen gezielten Maßnahmen die Aufklärung zügig und intensiv betrieben werden. Der Erfolg einer auf Stichproben aufgebauten Ermittlung hängt indes sehr vom Zufall ab.

cc) Umfang der Untersuchung

Weiter ist durch das Unternehmen zu bewerten, wie viele Mitarbeiter von der Überwachungsmaßnahme erfasst sind, welche Umstände und Inhalte ihrer Kommunikation im Rahmen der Maßnahme ausgewertet werden und welche Auswirkungen, Risiken, Folgen und insbesondere Belastung sich für die Mitarbeiter ergeben können.[1373] In diesem Zusammenhang ist von Relevanz, ob der Betroffene einen ihm zurechenbaren Anlass für die Datenverarbeitung geschaffen hat.[1374]

Des Weiteren ist der Kreis der Verdächtigen zu bewerten. Stellt sich dieser zunächst als sehr groß dar, sodass der Grad der individuellen Verdächtigung im Rahmen der Untersuchung gering ist, sind nur weniger intensive Maßnahmen zulässig.[1375] Andernfalls würde eine große Anzahl an im Ergebnis unverdächtigen Personen intensiven Ermittlungsmaßnahmen ausgesetzt. Insoweit ist zunächst durch weniger intensive Maßnahmen der Kreis der Verdächtigen immer stärker einzugrenzen, ehe die Intensität der Maßnahmen erhöht wird. Dies ergibt sich auch aus der Rechtsprechung des EGMR. Danach ist bspw. eine zeitlich unbegrenzte (verdeckte) Videoüberwachung aller Arbeitnehmer nicht zu rechtfertigen, wenn zwar ein genereller Verdacht einer strafbaren Handlung vorliegt, sich dieser aber nicht auf einen bestimmten Kreis von Arbeitnehmern konkretisieren lässt.[1376] Im Zusammenhang mit dem Umfang der Maßnahme kommt es mithin nicht nur auf den personellen, sondern auch auf den zeitlichen Umfang der Maßnahme an. Dies lässt sich aus der Entscheidung des EGMR zum Fall Köpke/Deutschland ableiten, in welchem die Maßnahme zeitlich begrenzt war und nur zwei Personen betroffen waren.[1377]

1373 Im Ergebnis so auch BAG, NZA 2008, 1187, 1190; BAG, NZA 2017, 1179, 1183; BAG, NZA 2017, 1327, 1330; BAG, NZA 2018, 1329, 1332; *Maschmann*, NZA-Beilage 2018, 115, 117.

1374 BAG, NZA 2008, 1187, 1190.

1375 *Thüsing/Traut*, in: Thüsing, Beschäftigtendatenschutz und Compliance, § 9 Rn. 60.

1376 EGMR, BeckRS 2018, 34505 – López, Ribalda u.a./Spanien; vgl. auch EuArbR/*Schubert* EMRK Art. 8 Rn. 48.

1377 EGMR, BeckRS 2018, 34505 – López, Ribalda u.a./Spanien.; zur Entscheidung Köpke/Deutschland vgl. EGMR, BeckRS 2011, 81439 – Köpke/Deutschland.

dd) Information an den Betroffenen

Die Anforderungen, dass der betroffene Arbeitnehmer von einer Ermittlungsmaßnahme grundsätzlich ausreichend informiert sein muss, ergibt sich aus der Entscheidung Bărbulescu/Rumänien des EGMR, in welchem der Gerichtshof konkrete Vorgaben hinsichtlich der Transparenz der Maßnahme festgelegt hat.[1378] Dabei geht es vor allem um Informationen über die Möglichkeit der Überwachung, deren Ausmaß, die zeitliche Begrenzung der Maßnahme, den Zugang zu den Ergebnissen und die Gründe der Überwachung, mithin um Informationen, welche die bereits genannten Abwägungskriterien betreffen. An diesen Transparenzanforderungen, welche bereits im Rahmen der Analyse der Rechtsprechung des EGMR herausgearbeitet wurden, ist die Maßnahme zu messen.[1379]

Im Rahmen einer Abwägungsentscheidung muss überdies berücksichtigt werden, inwieweit verdeckte Ermittlungsmaßnahmen möglich sind. Dahingehend ist zu berücksichtigen, dass Ausnahmen von der Informationspflicht und damit auch verdeckte Maßnahmen nach der Rechtsprechung des EGMR weiterhin möglich sind. Wenn eine entsprechende Weitergabe der relevanten Informationen wegen der Heimlichkeit einer Maßnahme ausbleibt, ist aber zu klären, ob hierfür eine gesetzliche Grundlage besteht. Hier kommt es, wie bereits hinsichtlich der Vorgaben durch das Unionsrecht herausgearbeitet, auf die doppelt analoge Anwendung des § 33 Abs. 1 Nr. 2 lit. a) BDSG an.[1380] Unabhängig von der Frage, ob eine Ausnahme im Hinblick auf die Transparenzanforderungen besteht, stellt die Heimlichkeit eine besonders hohe Eingriffsintensität dar, sodass sehr genau geprüft werden muss, ob sich die Heimlichkeit der Maßnahme im Rahmen der Abwägung rechtfertigen lässt.[1381] Insoweit müssen auch Gründe vorliegen, die eine verdeckte Maßnahme als zwingend erscheinen lassen,[1382] womit eine Verbindung zum Kriterium des Anlasses der Maßnahme besteht. Die erhöhte Eingriffsintensität heimlicher Maßnahmen hängt auch damit zusammen, dass der Arbeitnehmer im Falle der verdeckten Überwachung keinen Rechtschutz vor der Maßnahme in Anspruch nehmen kann.[1383] Offene Maßnahmen sind gegenüber den verdeckten Maßnahmen weit weniger eingriffsintensiv und lassen es generell zu, dass der Arbeitnehmer vorab ausreichend informiert wird.

1378 EGMR, NZA 2017, 1443, 1446 – Bărbulescu/Rumänien.

1379 Vgl. hierzu Kapitel 2 § 2 B. 5. c) bb), cc).

1380 Vgl. hierzu Kapitel 2 § 2 B. 5. d).

1381 BAG, NZA 2008, 1187, 1190.

1382 BAG, NZA 2014, 143, 147.

1383 Zu staatlichen Maßnahmen BVerfG, NJW 2007, 2464, 2469 f.; BVerfG, NJW 2008, 822, 830; BVerfG, NJW 2008, 1505, 1508.

II. Ermittlungsmaßnahmen im Einzelnen

1. E-Mail-Screening

Eine der zentralen Ermittlungsmaßnahmen, welche zugleich einen erheblichen Eingriff in das allgemeine Persönlichkeitsrecht des betroffenen Mitarbeiters begründen kann, ist das E-Mail-Screening. Insoweit stellt diese Maßnahme nicht nur eine der wichtigsten, sondern auch eine der eingriffsintensivsten Maßnahmen dar, sodass sie den Ausgangspunkt der vorliegenden Untersuchung der einzelnen Ermittlungsmaßnahmen bilden soll.

a) Grundlagen zum E-Mail-Screening

aa) Bedeutung für interne Ermittlungen

Unter E-Mail-Screening versteht man das planmäßige Durchsuchen von E-Mails nach verdächtigen Inhalten. Für eine Analyse dieser Untersuchungsmaßnahme bedarf es zunächst einer generellen Gewichtung des E-Mail-Screenings im Verhältnis zu anderen Ermittlungsmaßnahmen. Keiner besonderen Erwähnung bedarf die Tatsache, dass die Kommunikation via E-Mail in der heutigen Geschäftswelt eines der wichtigsten, wenn nicht sogar das wichtigste Kommunikationsmedium darstellt.

Zwar ist im Blick zu behalten, dass neben E-Mails in Zukunft auch weitere neue Kommunikationsformen an Relevanz gewinnen,[1384] wie bspw. betriebsinterne oder mandats- bzw. auftragsbezogene Instant-Messaging-Dienste[1385] oder Webanwendungen, wie das von Microsoft Corporation entwickelte „SharePoint", durch welche eine aktive Zusammenarbeit zwischen Auftraggeber und Auftragnehmer möglich wird. Solche Dienste lassen sich, ebenso wie E-Mail-Programme, auf dem Handy steuern und ermöglichen eine noch schnellere und enger verknüpfte Arbeit. Die Versendung von Anlagen, Kalendereinträgen etc. ist auch in solchen Programmen möglich.

Derzeit stellt die E-Mail indes noch immer den klassischen Weg der Kommunikation sowohl innerhalb eines Unternehmens als auch im Austausch mit Kunden dar. Durch die Form der Kommunikation ist es möglich, auf spezifische Anfragen in ganz unterschiedlichem Umfang zu antworten. Insoweit ist eine Reaktion in Form eines „Zweizeilers" ebenso möglich wie die Übersendung einer umfangreichen Antwort ähnlich eines Memorandums. Außerdem eröffnet die Kommunikation via E-Mail die Möglichkeit, auf Anfragen zeitversetzt zu reagieren und – ähnlich einem Chat[1386] – den Gesprächsverlauf vollständig nachverfolgen zu können. Um auch

---

1384 *Scheben/Klos*, CCZ 2013, 88.

1385 EGMR, NZA 2017, 1443 – Bărbulescu/Rumänien; *Scheben/Klos*, CCZ 2013, 88 f.; *Schrey/Kielkowski/Gola*, MMR 2017, 656; vgl. hierzu auch BeckOK DatenschutzR/*Riesenhuber*, BDSG § 26 Rn. 165.2.

1386 Zur Zugriffsmöglichkeit auf einen Chat-Verlauf vgl. Kapitel 2 § 2 C. II. 2.

eine umfassende Dokumentation der Kommunikation zu gewährleisten, wird diese regelmäßig bewusst über den E-Mail-Verkehr abgewickelt und der vollständige Kommunikationsvorgang auf dem Server abgespeichert. Die aufgezeigten Funktionen und Handlungsweisen führen dazu, dass sich anhand des E-Mail-Verkehrs sehr genau der einer Kommunikation zugrunde liegende Sachverhalt rekonstruieren lässt. Ferner lassen sich die täglichen Geschäftsprozesse und strategischen Entscheidungen bis hin zu den Beziehungen der Mitarbeiter bewerten.[1387] Genau aus diesem Grund kommt der Auswertung der E-Mail-Kommunikation im Rahmen interner Untersuchungen eine große Bedeutung zu. Auch die Spuren für etwaige Straftaten oder sonstige erhebliche Pflichtverstöße lassen sich am einfachsten in den E-Mails finden. Dies umso mehr, wenn man sich vor Augen führt, dass der betroffene Arbeitnehmer in einem Mitarbeitergespräch – unabhängig von den möglichen Konsequenzen – schweigen[1388] oder gar lügen könnte.

Vor diesem Hintergrund ist das Bedürfnis im Rahmen interner Untersuchungen groß, durch den Einsatz von spezifischen Suchbegriffen die E-Mails der Mitarbeiter zu durchsuchen (sog. „E-Mail-Screening“) und zu prüfen, ob sich ein bestehender Verdacht anhand der ermittelten Inhalte erhärtet.[1389] Wie noch im Folgenden zu zeigen sein wird, ist für die datenschutzrechtliche Bewertung insbesondere eine Differenzierung im Hinblick auf die Art der E-Mail zu treffen, also ob die E-Mail eher dem privaten oder dem geschäftlichen Bereich zuzuordnen ist. Ferner wird zu berücksichtigen sein, welchen Umfang die Maßnahme annimmt, konkret, wie viele Personen von ihr betroffen sind.

bb) Arten von E-Mail-Daten

Bei den hier in den Blick genommenen E-Mail-Diensten handelt es sich um solche, die vom Arbeitgeber für die tägliche Arbeit der Arbeitnehmer bereitgestellt werden. Nicht bewertet wird eine etwaige Auswertung solcher E-Mails, die von den Arbeitnehmern über den Account privater Anbieter abgewickelt werden (bspw. „gmx.de“, „web.de“, „gmail.com“, „yahoo.de“ etc.).

Hinsichtlich der Daten, auf die zugegriffen werden könnte, lässt sich zwischen E-Mail-Logdateien (englisch „log files“), dem Inhalt der jeweiligen E-Mail und möglichen weiteren Daten wie Kalendereinträgen, Aufgabezetteln usw. differenzieren. E-Mail-Logdateien sind Protokolldateien, welche u.a. Informationen über den Zeitpunkt des E-Mail-Verkehrs, die Dauer und die versendete Datenmenge beinhalten.[1390] Ferner wird protokolliert, zwischen welchen Servern bzw. E-Mail- und/oder

1387 *Thüsing/Traut,* in: Thüsing, Beschäftigtendatenschutz und Compliance, § 9 Rn. 3.

1388 Zu der Frage, ob ein Schweigerecht des Arbeitnehmers besteht vgl. Kapitel 2 § 2 C. II 7. b) bb).

1389 *Schmidl,* in: Hauschka/Moosmayer/Lösler, Corporate Compliance, § 28 Rn. 349.

1390 *Klaas/Wybitul,* in: Momsen/Grützner, Wirtschafts- und Steuerstrafecht, Kapitel 4 § 16 Rn. 300; *Thüsing/Traut,* in: Thüsing, Beschäftigtendatenschutz und

IP-Adressen eine Verbindung bestand.[1391] Der von der jeweiligen E-Mail erfasste Inhalt wird auf den Servern des Arbeitgebers gespeichert. Eine weitere Sicherung ist überdies direkt auf dem lokalen Computer des Arbeitnehmers möglich.

Für interne Untersuchungen kommt es maßgeblich auf den Inhalt der E-Mail an. Soweit es auch um die Identitäten der an dem E-Mail-Verkehr beteiligten Personen geht und sich diese nicht bereits aus den E-Mails ergeben, kommt auch den E-Mail-Logdateien eine Bedeutung zu.

cc) Vergleichbarkeit mit Briefverkehr oder Telefonkommunikation

Zunächst stellt sich die Frage, ob die E-Mail-Kommunikation eher der Kommunikation über Briefe oder aber Telefonaten zuzuordnen ist, da die Entscheidung über die Zuordnung automatisch Auswirkungen auf die datenschutzrechtlichen Anforderungen hat. Soweit eine Zuordnung zu Telefonaten erfolgt, richten sich die datenschutzrechtlichen Anforderungen nach den Anforderungen an die Telefonüberwachung.[1392]

Nach einer teilweise vertretenen Auffassung ist die E-Mail-Kommunikation mit Telefonaten vergleichbar.[1393] Für eine solche Zuordnung spricht nach dieser Ansicht insbesondere die Schnelligkeit der Kommunikation. Insoweit sei der E-Mailverkehr in der Abwicklung ebenso schnell wie ein Telefonat und deshalb auch mit einem solchen vergleichbar.[1394] Auch sei eine E-Mail informell und eher persönlich.[1395] Sie ähnele daher der mündlichen Kommunikation, die auch unkonventionelle oder ironische Äußerungen enthalten kann.[1396] Im Rahmen dieser Ansicht wird ebenfalls über die Namensnennung im Briefkopf eines Briefs und dem Namen in der E-Mail-Adresse differenziert. So diene der Name im Briefkopf nur „lediglich der Zuordnung der Post zu einem bestimmten Sachbearbeiter“[1397] und soll „damit deren Bearbeitung erleichtern und beschleunigen“[1398]. Bei einer E-Mail werde der Adressat hingegen direkt angeschrieben, ohne vorher eine Poststelle zu passieren, wovon der Adressat auch ausgehe.[1399]

Compliance, § 9 Rn. 12; vgl. hierzu auch *Byers*, Mitarbeiterkontrollen, Rn. 54; vgl. hierzu auch LAG Köln, ZD 2020, 533, 536.

1391 *Thüsing/Traut*, in: Thüsing, Beschäftigtendatenschutz und Compliance, § 9 Rn. 12.

1392 Vgl. hierzu im Einzelnen Kapitel 2 § 2 C. II. 3.

1393 *Ernst*, NZA 2002, 585, 589 f.; *Post-Ortmann*, RDV 1999, 102, 106 f.; im Ergebnis so wohl auch ErfK/*Franzen* BDSG § 26 Rn. 30; *Raffler/Hellich*, NZA 1997, 862, 863 f.; a.A. *Grosjean*, DB 2003, 2650, 2652.

1394 *Oberwetter*, NZA 2008, 609, 611.

1395 *Ernst*, NZA 2002, 585, 589.

1396 *Ernst*, NZA 2002, 585, 589.

1397 *Ernst*, NZA 2002, 585, 589.

1398 *Ernst*, NZA 2002, 585, 589.

1399 *Ernst*, NZA 2002, 585, 589.

Demgegenüber könnten E-Mails auch mit Briefen/der Post vergleichbar sein.[1400] Für diese Einordung von E-Mails spricht, dass E-Mails in ihrer Papierform, also wenn sie ausgedruckt vorliegen, in rechtlicher Hinsicht mit schriftlichen Dokumenten vergleichbar sind.[1401] Insoweit erfüllen E-Mails auch die Textform nach § 126b BGB.[1402] Ferner spricht für eine Vergleichbarkeit mit Briefen, dass E-Mails Handelsbriefe i.S.d. § 257 Abs. 1 Nr. 2 HGB darstellen können, sodass diese durch das Unternehmen entsprechend gesichert werden müssen.[1403] Zu beachten ist jedoch, dass Handelsbriefe gemäß § 257 Abs. 2 HGB nur solche Schriftstücke sind, die ein Handelsgeschäft betreffen.

Die stärkeren Argumente sprechen für letztgenannte Ansicht und damit für eine Vergleichbarkeit von E-Mails mit Briefen. Über die bereits genannten Argumente hinaus spricht hierfür, dass beiden Kommunikationswegen, also der Kommunikation per E-Mail und der Kommunikation über Briefe, die Schriftlichkeit eigen ist.[1404] Dem Mitarbeiter ist im Rahmen der Erstellung der E-Mail bewusst, dass diese – ähnlich einem erstellten und anschließend abgelegten Brief – auf Servern gespeichert werden und damit durch Dritte abgerufen werden können.[1405] Hier liegt auch der Unterschied zu einem Telefonat. Anders als E-Mails und Briefe, bei denen Gedanken dauerhaft perpetuiert werden, ist das Telefonat von der Flüchtigkeit des Worts geprägt. Bei einem solchen geht der Mitarbeiter regelmäßig davon aus, dass das ausgesprochene Wort nicht aufgezeichnet und damit für Dritte dokumentiert wird, sondern lediglich von dem oder den Gesprächspartnern bezeugt werden könnte. Die Flüchtigkeit des Worts sowie die soeben skizzierte Vorstellung des Mitarbeiters führen dazu, dass die Schutzbedürftigkeit des Mitarbeiters in der jeweiligen Situation anders zu beurteilen ist. Muss der Mitarbeiter davon ausgehen, dass auf seine E-Mails zugegriffen werden kann, so ist diese Situation jedenfalls anders zu beurteilen als diejenige, bei welcher der Mitarbeiter auf die Vertraulichkeit des geführten Gesprächs vertraut. Aus dieser Unterscheidung ergibt sich bereits, dass die Anforderungen an die datenschutzrechtliche Zulässigkeit der Telefonüberwachung andere sind als diejenigen des E-Mail-Screenings.[1406]

1400 *Byers*, Mitarbeiterkontrollen, Rn. 68 f.; *Grosjean*, DB 2003, 2650, 2652; HWK/*Lembke*, Art. 88 DSGVO Rn. 99; *Maschmann*, NZA-Beilage 2018, 115, 122; *Mengel*, BB 2004, 2014, 2017; *Mengel*, NZA 2017, 1494, 1495; *Oberwetter*, NZA 2008, 609, 611; *Thüsing/Traut*, in: Thüsing, Beschäftigtendatenschutz und Compliance, § 9 Rn. 50; WHWS/*Byers* B. X. Rn. 28.

1401 *Mengel*, NZA 2017, 1494, 1495.

1402 WHWS/*Byers* B. X. Rn. 28.

1403 BeckOK DatenschutzR/*Riesenhuber*, BDSG § 26 Rn. 174; so auch *Mengel*, NZA 2017, 1494, 1495; *Oberwetter*, NZA 2008, 609, 611; WHWS/*Byers* B. X. Rn. 28.

1404 WHWS/*Byers* B. X. Rn. 28.

1405 WHWS/*Byers* B. X. Rn. 28.

1406 Zu den datenschutzrechtlichen Anforderungen der Telefonüberwachung vgl. Kapitel 2 § 2 C. II. 3.

Auch die Argumente hinsichtlich des Charakters der E-Mail-Kommunikation im Vergleich zu einem formellen Brief an das Unternehmen sowie der Vergleich zwischen der Zustellung des Briefs über die Poststelle mit der direkten Zustellung der E-Mail an den Adressaten vermögen nicht zu überzeugen.[1407] Ebenso wie ein Telefonat können sowohl ein Brief als auch eine E-Mail einen formellen oder informellen Charakter aufweisen. Insoweit sollte nicht der Brief oder das Fax an eine Firma mit der E-Mail an einen spezifischen Mitarbeiter verglichen werden[1408], sondern allein der Brief an einen Mitarbeiter mit einer E-Mail an den gleichen Mitarbeiter. Insoweit kann auch für eine E-Mail entweder die zentrale E-Mail-Adresse des Unternehmens oder aber die E-Mail-Adresse eines Mitarbeiters gewählt werden.

Für eine Vergleichbarkeit der E-Mail mit einem Telefonat spricht auch nicht, dass der Brief regelmäßig in der Poststelle geöffnet wird. Wird bspw. dem Briefkopf der Zusatz „Persönlich“ und/oder „Vertraulich“ beigefügt, so wird der Brief unmittelbar dem Adressaten vorgelegt, ohne dass die Poststelle diesen öffnet. Anders mag es sein, wenn von einem Brief oder einem Paket eine Gefahr ausgehen könnte, sodass jegliche Zustellung vorab kontrolliert wird. Diese Sonderfälle, welche bspw. bei einer Anschlagsgefahr und damit bezogen auf Zustellungen etwa an Politiker in Betracht kommen, sollen in der hiesigen Untersuchung und damit in Bezug auf das Verhältnis von Arbeitgeber zu Arbeitnehmer nicht weiter beleuchtet werden.

Im Übrigen spricht die Tatsache, dass die E-Mail unmittelbar dem Adressaten zugeordnet wird, nicht für eine Vergleichbarkeit mit einem Telefonat. Insoweit kann auch bei E-Mails eine Einstellung vorgenommen werden, dass bspw. Assistenten/Sekretariate Zugriff auf ein Postfach erhalten. In solch einem Fall übernimmt die Assistenz bzw. das Sekretariat eine ähnliche Funktion wie eine Poststelle. Da derartige Einstellungen im geschäftlichen Verkehr nicht unüblich sind, wird häufig – ebenso wie bei einem Brief – durch die Verwendung der Begriffe „Persönlich“ und/oder „Vertraulich“ in der Betreffzeile oder durch die Nutzung einer entsprechenden Funktion des E-Mail-Programms, welche die Privatheit garantiert, gewährleistet, dass die E-Mail nur von dem Adressaten gelesen wird.

b) Rechtfertigung nach dem Telekommunikationsgesetz (TKG)

Untersucht man die datenschutzrechtliche Zulässigkeit des E-Mail-Screening muss man sich zwangsläufig auch mit der Frage auseinandersetzen, inwieweit das TKG eine Rolle spielt. Das TKG verfolgt den Zweck, durch technologieneutrale Regulierung den Wettbewerb im Bereich der Telekommunikation und der leistungsfähigen Telekommunikationsinfrastrukturen zu fördern und flächendeckend angemessene und ausreichende Dienstleistungen zu gewährleisten (§ 1 TKG). Gemäß § 2 Abs. 2 Nr. 2 TKG ist eines der vom TKG verfolgten Ziele

---

1407 So etwa *Ernst*, NZA 2002, 585, 589.
1408 Zu diesem Vergleich aber *Ernst*, NZA 2002, 585, 589.

die Wahrung des Fernmeldegeheimnisses gemäß Art. 10 GG. Einfachgesetzliche Ausprägung des Fernmeldegeheimnisses ist § 88 TKG.[1409] Vom Schutzbereich des Art. 10 GG ist jedoch nur die Individualkommunikation erfasst, nicht hingegen die öffentlich zugängliche Kommunikation.[1410] Findet das TKG im Rahmen interner Untersuchungen Anwendung, müssen hinsichtlich der Maßnahme des E-Mail-Screenings die Regelungen des TKG berücksichtigt werden. Dies umso mehr, verdeutlicht man sich, dass das TKG im Falle seiner Anwendbarkeit das BDSG gemäß § 1 Abs. 2 S. 1 BDSG vom TKG verdrängen würde.[1411]

Die Frage, ob eine Bewertung der Maßnahme anhand des TKG erfolgen muss, richtet sich wiederum danach, ob der Arbeitgeber als Dienstanbieter von Telekommunikationsdiensten i.S.d. § 3 Nr. 6 TKG einzustufen ist. Ist von einer Einordung des Arbeitgebers als Diensteanbieter auszugehen, so unterfällt er gemäß § 88 TKG dem Fernmeldegeheimnis. Insoweit konkretisiert § 88 TKG das Fernmeldegeheimnis,[1412] wodurch der Gesetzgeber dem Umstand Rechnung trägt, dass ein privates Unternehmen – anders als der Staat – nicht unmittelbar durch Art. 10 GG gebunden ist.[1413] Nach § 88 Abs. 1 TKG unterliegen dem Fernmeldegeheimnis der Inhalt der Kommunikation und ihre näheren Umstände. Geschützt ist im Kern die Vertraulichkeit der ausgetauschten Kommunikation.[1414] Die Vertraulichkeit umfasst wiederum den Schutz vor Kenntnisnahme, Aufzeichnung und Verwertung.[1415] Zu Wahrung des Fernmeldegeheimnisses ist gemäß § 88 Abs. 2 TKG jeder Diensteanbieter verpflichtet. Überdies besteht die Pflicht zur Geheimhaltung gemäß § 88 Abs. 2 S. 2 TKG auch nach dem Ende der Tätigkeit fort, durch die sie begründet worden ist.

Die Risiken, die im Falle der Anwendbarkeit des TKG für das Unternehmen gegeben sind, lassen sich am einfachsten anhand der Rechtsfolgen illustrieren, die sich aus der Anwendbarkeit des TKG ergeben: Man führe sich die Situation vor Augen, dass § 88 TKG auf die Fälle Anwendung findet, in denen den Mitarbeitern die private Nutzung der geschäftlichen E-Mail-Accounts gestattet wird.

Nach § 88 Abs. 1 TKG unterliegen dem Fernmeldegeheimnis der Inhalt der Kommunikation und ihre näheren Umstände. Insoweit konkretisiert § 88 TKG das Fernmeldegeheimnis.[1416] Die Anwendbarkeit des TKG hätte zu Folge, dass der Arbeitgeber nicht auf die auf dem Server gespeicherten E-Mails seiner Mitarbeiter zugreifen dürfte, da dies mit einem Verstoß gegen § 88 TKG einhergehen könnte.

1409 *Mayen,* in: Scheurle/Mayen, TKG, § 88 Rn. 1.

1410 *Mayen,* in: Scheurle/Mayen, TKG, § 88 Rn. 4.

1411 So auch zum BDSG a.F. *Brink*, RDV 2015, 171.

1412 VG Karlsruhe, NVwZ-RR 2013, 797, 800; *Mengel*, NZA 1494, 1496.

1413 *Brink*, RDV 2015, 171, 172.

1414 BVerfG, NJW 2006, 876, 978; *Brink*, RDV 2015, 171, 172; *Mayen*, in: Scheurle/Mayen, TKG, § 88 Rn. 16.

1415 *Mayen,* in: Scheurle/Mayen, TKG, § 88 Rn. 16.

1416 *Mengel*, NZA 1494, 1496.

Ein solcher Verstoß könnte wiederum zur Verwirklichung des Tatbestands des § 206 StGB und damit zum Risiko einer Strafbarkeit wegen Verletzung des Fernmeldegeheimnisses führen.[1417] Gemäß § 206 StGB wird nämlich mit Freiheitsstrafe bis zu fünf Jahren oder mit Geldstrafe bestraft, wer unbefugt einer anderen Person eine Mitteilung über Tatsachen macht, die dem Post- oder Fernmeldegeheimnis unterliegen und die ihm als Inhaber oder Beschäftigten eines Unternehmens bekanntgeworden sind, das geschäftsmäßig Post- oder Telekommunikationsdienste erbringt. Soweit für den Arbeitgeber die Erbringung geschäftsmäßiger Telekommunikationsdienste bejaht wird, kommt es zur Verwirklichung des Tatbestands des § 206 StGB auf deren Entgeltlichkeit nicht an. Dies lässt sich aus § 3 Nr. 24 TKG herleiten, der davon spricht, dass Telekommunikationsdienste nur in der Regel gegen Entgelt erbracht werden. Jedoch ist zu beachten, dass eine Strafbarkeit erst dann möglich ist, wenn einem Dritten die im Rahmen der Datenauswertung gewonnenen Inhalte zur Kenntnis gebracht werden.[1418] Mithin begründet die reine Einsichtnahme noch keine strafbare Handlung.[1419]

Im Kontext interner Untersuchungen reicht es aber aus, dass der Inhalt der Datenauswertung einer anderen Abteilung des Betriebs übermittelt wird.[1420] Rechtsfolge der Anwendbarkeit des § 88 TKG ist also, dass der Arbeitgeber nicht auf die auf dem Server gespeicherten E-Mails seiner Mitarbeiter zugreifen dürfte. Würde er dies dennoch tun, ergäbe sich das Risiko einer Strafbarkeit gemäß § 206 StGB.

Die aufgezeigten Rechtsfolgen und Risiken zeigen sehr deutlich, dass die Frage der Anwendbarkeit der Regelungen des TKG für interne Untersuchungen und ihre Umsetzbarkeit von großer Bedeutung ist. Dies hängt wiederum mit der Frage zusammen, ob der Arbeitgeber als Diensteanbieter i.S.d. § 88 Abs. 2 S. 1 i.V.m. § 3 Nr. 6 TKG einzuordnen ist.

aa) Abgrenzung der dienstlichen und privaten Nutzung von Kommunikationsmitteln

Im Kontext der Anwendbarkeit des TKG muss man sich im Ausgangspunkt mit der Frage beschäftigen, in welchen Fällen die Frage der Anwendbarkeit des TKG überhaupt relevant wird. Zur Beantwortung dieser Frage muss zunächst zwischen der rein dienstlichen und der jedenfalls auch privaten Nutzung der dienstlichen E-Mail-Accounts differenziert werden.

Jedenfalls im Falle der rein dienstlichen Nutzung der Kommunikationsmittel ist der Arbeitgeber nach der ganz herrschenden Meinung nicht als Anbieter von

---

1417 WHWS/*Byers* B. X. Rn. 26; *Byers*, Mitarbeiterkontrollen, Rn. 59 ff.
1418 WHWS/*Byers* B. X. Rn. 26.
1419 WHWS/*Byers* B. X. Rn. 26.
1420 WHWS/*Byers* B. X. Rn. 26.

Telekommunikationsdiensten i.S.d. § 3 Nr. 6 TKG zu qualifizieren.[1421] Hiervon geht im Übrigen auch die DSK aus.[1422] Im Zusammenhang mit der rein dienstlichen Nutzung besteht insoweit auch kein Streit über die Anwendbarkeit des TKG. Nimmt man also den voranstehend geschilderten Fall 2.1[1423] in den Blick, in welchem die private Nutzung des E-Mail-Accounts untersagt ist, der Arbeitnehmer diesen auch nur dienstlich nutzt und sich die Ermittlungsmaßnahme daher auch nur auf dienstliche E-Mails erstreckt, so steht jedenfalls das TKG der Auswertung solcher E-Mails nicht entgegen.

Anders ist dies jedoch bezogen auf Fall 2.2.[1424] zu bewerten, also die Situation, dass die private Nutzung des Internets und der elektronischen Kommunikationswege am Arbeitsplatz gestattet ist. Die Frage der Anwendbarkeit des TKG in dieser Konstellation ist in der Literatur und Rechtsprechung seit langer Zeit heftig umstritten. Dieser Streit wurde bislang auch nicht durch eine höchstrichterliche Rechtsprechung geklärt, sodass er derzeit noch als offen angesehen werden muss.[1425] Aus diesem Grund wird im Folgenden auch nur die oben bereits aufgeworfene Frage behandelt, ob im Falle der privaten Nutzung der geschäftlichen E-Mail-Accounts eine Anwendbarkeit von § 88 TKG gegeben ist.

Aber auch im Hinblick auf die private Nutzung von Kommunikationsmitteln sollte die rechtliche Problemlage nochmals eingegrenzt werden auf die Fälle, die im Kontext interner Untersuchungen relevant sein können. Im Folgenden soll daher aufgezeigt werden, dass eine Rechtfertigungsprüfung nach dem TKG dann in Betracht kommt, wenn der Übermittlungsvorgang im Rahmen einer Kommunikation noch nicht abgeschlossen ist oder der Arbeitnehmer während des E-Mail-Screenings mangels einer bestehenden Internetverbindung oder wegen eines fehlenden VPN-Zugangs keinen Zugriff auf seine E-Mails hat.

(a) Kommunikationsvorgang abgeschlossen

Der Anwendbarkeit des § 88 TKG könnte zunächst entgegenstehen, dass der Schutzbereich des Fernmeldegeheimnisses gemäß Art. 10 Abs. 1 GG schon gar nicht eröffnet ist. Im Hinblick auf den Kommunikationsvorgang durch eine E-Mail wird zwischen dem technischen Übermittlungsvorgang der E-Mail, dem „Ruhen“

1421 *Behling*, BB 2018, 52, 54; Hoeren/Sieber/Holznagel/*Elschner*, Handbuch Multimedia-Recht, Teil 22.1 Rn. 76, 80; *Klaas/Wybitul*, in: Momsen/Grützner, Wirtschafts- und Steuerstrafecht, Kapitel 4 § 16 Rn. 296; *Maschmann*, NZA-Beilage 2018, 115, 122; *Mayen*, in: Scheurle/Mayen, TKG, § 88 Rn. 28.

1422 DSK, Orientierungshilfe der Datenschutzaufsichtsbehörden zur datenschutzgerechten Nutzung von E-Mail und anderen Internetdiensten am Arbeitsplatz, S. 4.

1423 Vgl. Kapitel 2 § 2 A.

1424 Vgl. Kapitel 2 § 2 A.

1425 A.A. *Byers*, der in seiner Auswertung zu dem Ergebnis kommt, dass die Ansicht, welche sich für eine Anwendbarkeit des TKG ausspricht, als herrschend anzusehen sei, vgl. *Byers*, Mitarbeiterkontrollen, Rn. 31 ff.

der E-Mails auf den Servern und der Speicherung der empfangenen E-Mail an einer selbstgewählten Stelle unterschieden.[1426] Ausgangpunkt dieser Differenzierung ist zunächst eine Entscheidung des BVerfG vom 2. März 2006[1427], welche anschließend durch die Entscheidung des BVerfG vom 16. Juni 2009[1428] fortgeführt wurde. Danach erstreckt sich der Grundrechtsschutz des Art. 10 Abs. 1 GG nicht auf die außerhalb eines laufenden Kommunikationsvorgangs im Herrschaftsbereich des Kommunikationsteilnehmers gespeicherten Inhalte und Umstände der Kommunikation.[1429] Der Schutz des Fernmeldegeheimnisses gemäß Art. 10 Abs. 1 GG ende in dem Moment, in dem die E-Mail beim Empfänger angekommen und der Übertragungsvorgang beendet sei.[1430] Diese Rechtsprechung lässt sich auf die Nutzung des betrieblichen E-Mail-Accounts durch den Arbeitnehmer und die Auswertung von E-Mails im Rahmen einer internen Untersuchung übertragen.

Insofern kann von einer Beendigung des Kommunikationsvorgangs jedenfalls dann nicht ausgegangen werden, soweit der Arbeitgeber direkt auf den laufenden Kommunikationsvorgang bzw. den Übermittlungsvorgang einwirkt. In solch einem Fall muss man sich, unter Berücksichtigung der Rechtsprechung des BVerfG, mit der Frage der Anwendbarkeit des TKG auseinandersetzen. Im Kontext interner Untersuchung kommt dieser Fallkonstellation allerdings kaum eine Relevanz zu. Dies ergibt sich bereits daraus, dass es sich bei einer internen Untersuchung in aller Regel um die repressive Auswertung der bereits stattgefundenen Kommunikation handelt. Aber selbst wenn es im Rahmen der internen Untersuchung auch auf die aktuelle E-Mail-Korrespondenz eines Mitarbeiters ankäme, so findet in der Regel keine unmittelbare Einwirkung auf den Übermittlungsvorgang einer E-Mail statt. Vielmehr werden E-Mails ausgewertet, die sich zumindest im Postfach des Arbeitnehmers befinden.

Fraglich ist aber, ob der Kommunikationsvorgang beendet ist, wenn sich die E-Mail, so wie in Fall 2.3[1431], im Posteingang des Arbeitnehmers befindet und er von dem Inhalt bereits Kenntnis erlangt hat. Dies dürfte zu verneinen sein, da dem Schutz der auf den Servern des Arbeitgebers oder dem Mailserver eines vom Arbeitgeber beauftragten Providers gespeicherten E-Mails gemäß Art. 10 Abs. 1 GG

1426 VGH Kassel, NJW 2009, 2470; LAG Niedersachsen NZA-RR 2010, 406, 408; LAG Berlin-Brandenburg, NZA-RR 2011, 342; *Maschmann*, NZA-Beilage, 2018, 115, 122 ff.; *Wessing* jedenfalls im Hinblick auf die ruhenden E-Mails, *vgl. Wessing*, in: Hauschka/Moosmayer/Lösler, Corporate Compliance, § 46 Rn. 40; eine Unterscheidung zwischen den verschiedenen Stadien der Übermittlung trifft auch *Franzen*: „Das Fernmeldegeheimnis bezieht sich nach hM nur auf den Übertragungsvorgang als solchen und endet mit dem Abschluss der Übermittlung.", vgl. ErfK/*Franzen* BDSG § 26 Rn. 30.

1427 BVerfG, NJW 2006, 976.

1428 BVerfG, NJW 2009, 2431.

1429 BVerfG, NJW 2009, 2431, 2432; so auch *Brink/Schwab*, ArbRAktuell 2018, 111, 112.

1430 BVerfG, NJW 2006, 976, 978; BVerfG, NJW 2009, 2431, 2432.

1431 Vgl. Kapitel 2 § 2 A.

nach der Rechtsprechung des BVerfG nicht entgegensteht, dass während der Zeitspanne, während derer die E-Mails auf dem Mailserver des Providers „ruhen“, ein Telekommunikationsvorgang in einem dynamischen Sinne also nicht stattfindet.[1432] Dies rührt daher, dass der Arbeitgeber während dieser Zeit noch immer auf die E-Mails des Arbeitnehmers zugreifen kann, bspw. wenn sie sich einfach im Eingangs-Postfach des Arbeitnehmers befinden.[1433] Die E-Mails befinden sich in dieser Situation mithin nicht in dem alleinigen Herrschaftsbereich des Arbeitnehmers.[1434] Im Falle einer ruhenden E-Mail ist der Kommunikationsvorgang nach der Rechtsprechung des BVerfG also noch nicht in der Form beendet, dass ein Schutz durch Art. 10 GG ausgeschlossen wäre.[1435]

Vor diesem Hintergrund ist auch in dem in Fall 2.3 zugrunde gelegten Sachverhalt eine Anwendbarkeit des TKG zu diskutieren. Der Fall illustriert nämlich genau die Situation, dass die E-Mail auf den Servern des Arbeitgebers ruht. Dass der Mitarbeiter von dem Inhalt der E-Mail bereits Kenntnis hat, spielt für die rechtliche Bewertung keine Rolle, da die Reichweite des Schutzes von Art. 10 Abs. 1 GG nicht in jedem Fall mit der Kenntnisnahme des Kommunikationsinhalts durch den Arbeitnehmer endet.[1436] Für den Arbeitgeber ist es weiterhin möglich auf die E-Mails zuzugreifen.

Eine andere Bewertung könnte sich indes im Hinblick auf den in Fall 2.4[1437] dargestellten Sachverhalt ergeben. In der dort geschilderten Situation hat der Arbeitnehmer die E-Mail bereits separat gespeichert und im Postfach gelöscht. Der Arbeitnehmer hat die E-Mail also an anderer Stelle gespeichert (in Betracht kommen bspw. die Festplatte des Arbeitsplatzrechners, anderer Systemordner, externes Speichermedium).[1438] In diesem Fall kann mit der Rechtsprechung des BVerfG von einer Beendigung des Kommunikationsvorgangs ausgegangen werden.[1439] Die E-Mail befindet sich im Herrschaftsbereich des Arbeitnehmers. Der Arbeitnehmer hat Handlungen vorgenommen, welche den Zugriff des Arbeitgebers auf die E-Mail ausschließen oder jedenfalls erschweren. Gleiches gilt, wenn sich aus den „Einzelheiten [der] IT-Infrastruktur [des Arbeitgebers] und [den] Modalitäten [seines] E-Mail-Systems ergibt, [dass] allein dem Mitarbeiter nach Erhalt oder Versendung einer E-Mail die Entscheidung darüber [obliegt], ob diese E-Mail mit den hierin enthaltenen Verbindungsdaten im System verbleiben oder durch Entfernen

1432 BVerfG, NJW 2009, 2431, 2432.

1433 *Maschmann*, NZA-Beilage, 2018, 115, 122 f.

1434 *Maschmann*, NZA-Beilage, 2018, 115, 122 f.

1435 *Maschmann*, NZA-Beilage, 2018, 115, 122 f.; dieses Verständnis legt aber scheinbar *Wessing* zugrunde, vgl. *Wessing*, in: Hauschka/Moosmayer/Lösler, Corporate Compliance, § 46 Rn. 40.

1436 BVerfG, NJW 2009, 2431, 2432.

1437 Vgl. Kapitel 2 § 2 A.

1438 VGH Kassel, NJW 2009, 2470, 2471.

1439 *Maschmann*, NZA-Beilage, 2018, 115, 122 f.

aus dem Eingangs- oder Ausgangspostfach endgültig gelöscht werden soll".[1440] Für die Beendigung des Kommunikationsvorgangs kommt es mithin darauf an, dass der Arbeitnehmer die E-Mail an einer selbst gewählten Stelle im betrieblichen Telekommunikationssystem archiviert oder speichert.[1441] Möglich wäre auch die Vergabe eines Passworts oder eine anderweitige Verschlüsselung.[1442]

Der Schutz gegen die rechtswidrige Auswertung dieser erst nach Beendigung des Übertragungsvorgangs angelegten Daten wird durch die Berücksichtigung der Grundrechte auf informationelle Selbstbestimmung bzw. auf Gewährleistung der Vertraulichkeit und Integrität informationstechnischer Systeme gewährleistet. Genau diese Grundrechte sind Teil der von der Erforderlichkeitsprüfung erfassten Abwägung, sodass sich die Auswertung der E-Mails nach Abschluss des Kommunikationsvorgangs allein an den Voraussetzungen der Regelungen des BDSG sowie der DS-GVO zu bewerten ist.

(b) Zugriff auf E-Mails nur mit bestehendem Internetzugang

Für die interne Untersuchung ebenfalls relevant ist die in Fall 2.5[1443] geschilderte Situation, in welcher der Kommunikationsvorgang zwar abgeschlossen ist, der Arbeitnehmer aber mangels einer bestehenden Internetverbindung oder wegen eines fehlenden VPN-Zugangs auf die Server des Arbeitgebers keinen Zugriff auf seine – auch privaten – E-Mails hat.

Diese Fallkonstellation lässt sich aus der Entscheidung des BVerfG vom 16. Juni 2009[1444] ableiten. Darin geht das BVerfG von einer Eröffnung des Schutzbereichs des Fernmeldegeheimnisses gemäß Art. 10 GG aus, wenn der Nutzer auf sein E-Mail-Postfach nur über eine bestehende Internetverbindung zugreifen kann.[1445] Dann bleibt es bei dem Schutz durch das Fernmeldegeheimnis.[1446] Das BVerfG begründet diese Sichtweise damit, dass das Fernmeldegeheimnis an das Kommunikationsmedium anknüpfe und jenen Gefahren für die Vertraulichkeit begegnen wolle, die sich gerade aus der Verwendung dieses Mediums ergeben.[1447] Die auf dem Mailserver des Providers vorhandenen E-Mails seien nicht im Herrschaftsbereich des Kommunikationsteilnehmers, sondern des Providers gespeichert.[1448] Sie befänden sich nicht auf in den Räumen des Nutzers verwahrten oder in seinen Endgeräten installierten Datenträgern.[1449] Der Nutzer könne sie für sich auf

---

1440 VGH Kassel, NJW 2009, 2470, 2471.
1441 *Maschmann*, NZA-Beilage, 2018, 115, 122 f.
1442 VGH Kassel, NJW 2009, 2470, 2471.
1443 Vgl. Kapitel 2 § 2 A.
1444 BVerfG, NJW 2009, 2431.
1445 BVerfG, NJW 2009, 2431, 2432.
1446 So auch LAG Hessen, NZA-RR 2019, 130, 132 f.; *Wessing*, in: Hauschka/Moosmayer/Lösler, Corporate Compliance, § 46 Rn. 40.
1447 BVerfG, NJW 2009, 2431, 2432.
1448 BVerfG, NJW 2009, 2431, 2432.
1449 BVerfG, NJW 2009, 2431, 2432.

einem Bildschirm nur lesbar machen, indem er eine Internetverbindung zum Mailserver des Providers herstelle.[1450] Der Provider bliebe – auch bei einem etwaigen Passwortschutz – in der Lage, jederzeit auf die auf dem Mailserver gespeicherten E-Mails zuzugreifen.[1451] Der Kommunikationsteilnehmer habe keine technische Möglichkeit, die Weitergabe der E-Mails durch den Provider zu verhindern.[1452] Dieser technisch bedingte Mangel an Beherrschbarkeit begründe die besondere Schutzbedürftigkeit durch das Fernmeldegeheimnis.[1453] Dies gelte unabhängig davon, ob eine E-Mail auf dem Mailserver des Providers zwischen- oder endgespeichert sei.[1454] In beiden Fällen sei der Nutzer gleichermaßen schutzbedürftig, weil sie sich hinsichtlich der faktischen Herrschaftsverhältnisse nicht unterscheiden.[1455]

Diese Rechtsprechung zum Verhältnis zwischen Provider und Kunden lässt sich auf das Verhältnis zwischen Arbeitgeber und Arbeitnehmer übertragen. Dies jedenfalls für den Fall, dass der Arbeitgeber für die E-Mail-Nutzung Server benutzt und der Arbeitnehmer nur bei Internetzugang und gegebenenfalls einem zusätzlichen VPN-Zugang auf diese E-Mails zugreifen kann. Der in Fall 2.5[1456] geschilderte Fall kann bspw. vorliegen, wenn der Arbeitnehmer zwar seinen Laptop mit nach Hause nimmt, um auf diesem zu arbeiten, er aber wegen eines fehlenden VPN-Zugangs seine E-Mails nicht mehr abrufen kann. Für diese Situation, für die auch das BVerfG den Schutz des Fernmeldegeheimnisses für anwendbar erklärt, muss ebenfalls im Kontext interner Untersuchung geklärt werden, ob das TKG Anwendung findet.

(c) Zwischenergebnis

Im Kontext interner Untersuchungen lässt sich die Frage der Anwendbarkeit des TKG auf spezifische Fallkonstellationen eingrenzen. Zu diesen zählen zunächst nur die Fälle, in denen, wie in Fall 2.2[1457] die private Nutzung der Kommunikationsmittel gestattet ist. Weiter lässt sich die mögliche Anwendbarkeit des TKG auf solche Fälle beschränken, in denen der Kommunikationsvorgang noch nicht abgeschlossen ist, der Übertragungsvorgang zwar abgeschlossen ist, der Arbeitgeber auf diese gleichwohl zugreifen kann (vgl. Fall 2.3[1458]) oder der Arbeitnehmer während des E-Mail-Screenings mangels einer bestehenden Internetverbindung oder wegen eines fehlenden VPN-Zugangs keinen Zugriff auf seine E-Mails hat (vgl. Fall 2.5[1459]).

1450 BVerfG, NJW 2009, 2431, 2432.
1451 BVerfG, NJW 2009, 2431, 2432.
1452 Zu den Argumenten vgl. insgesamt BVerfG, NJW 2009, 2431, 2432.
1453 BVerfG, NJW 2009, 2431, 2432.
1454 BVerfG, NJW 2009, 2431, 2432.
1455 BVerfG, NJW 2009, 2431, 2432.
1456 Vgl. Kapitel 2 § 2 A.
1457 Vgl. Kapitel 2 § 2 A.
1458 Vgl. Kapitel 2 § 2 A.
1459 Vgl. Kapitel 2 § 2 A.

bb) Anwendbarkeit des TKG

Nachdem geklärt wurde, dass im Kontext interner Untersuchungen Fallkonstellationen bestehen, bei denen typischerweise die Frage nach der Anwendbarkeit des TKG in Betracht kommt, muss in einem nächsten Schritt geklärt werden, ob eine Anwendbarkeit auch vorliegt. Für die Anwendbarkeit des TKG und damit § 88 TKG kommt es maßgeblich auf die bereits aufgeworfene Frage an, ob der Arbeitgeber als Diensteanbieter i.S.d. § 88 Abs. 2 S. 1 TKG einzustufen ist. Was unter Diensteanbieter zu verstehen ist, ergibt sich aus § 3 TKG. Nach § 3 Nr. 6 TKG ist Diensteanbieter jeder, der ganz oder teilweise geschäftsmäßig Telekommunikationsdienste erbringt, vgl. § 3 Nr. 6 lit. a) TKG, oder an der Erbringung solcher Dienste mitwirkt, vgl. § 3 Nr. 6 lit. b) TKG. Telekommunikationsdienste sind gemäß § 3 Nr. 24 TKG in der Regel gegen Entgelt erbrachte Dienste, die ganz oder überwiegend in der Übertragung von Signalen über Telekommunikationsnetze bestehen, einschließlich Übertragungsdiensten in Rundfunknetze. Die nach § 3 Nr. 6 TKG vorausgesetzte geschäftsmäßige Erbringung von Telekommunikationsdiensten wird von § 88 Abs. 3 S. 1 TKG vorausgesetzt.[1460] Eine solche liegt nach § 3 Nr. 10 TKG wiederum bei jedem nachhaltigen Angebot von Telekommunikation für Dritte mit oder ohne Gewinnerzielungsabsicht vor. Insoweit wird bereits durch das Gesetz klargestellt, dass es gerade nicht auf die Gewinnerzielungsabsicht ankommt.[1461]

Die Frage, ob der Arbeitgeber als Diensteanbieter einzustufen ist, ist für die hier relevanten Fälle heftig umstritten. Für die Lösung der Frage werden im Folgenden die für und gegen die Einordung des Arbeitgebers als Diensteanbieters sprechenden Argumente gegenübergestellt.

(a) Argumente für die Einordung des Arbeitgebers als Diensteanbieters i.S.d. § 88 Abs. 2 S. 1 TKG

Die bislang überwiegende Ansicht geht davon aus, dass Arbeitgeber, welche die private Nutzung des E-Mail-Zugangs erlauben oder dulden, als Anbieter von Telekommunikationsdienstleistungen einzuordnen und dadurch auch gemäß § 88 TKG an das Fernmeldegeheimnis gebunden sind.[1462] Dieser Auffassung folgt auch die

---

1460 VG Karlsruhe, NVwZ-RR 2013, 797, 801.

1461 *Lünenbürger/Stamm* in Scheurle/Mayen, TKG, § 3 Rn. 12.

1462 LAG Hessen, NZA-RR 2019, 130, 132 f.; Beck-TKG/*Bock,* § 88 Rn. 8, 24; *Brink,* RDV 2015, 171; *Brink,* ZD 2015, 295, 296; *Brink/Schwab,* ArbRAktuell 2018, 111, 112; WHWS/*Byers* B. X. Rn. 21; *Eckhardt,* in: Spindler/Schuster § 88 TKG Rn. 28; *Fischer,* ZD 2012, 265, 266 ff.; ErfK/*Franzen* BDSG § 26 Rn. 30; *Heidrich/Wegener/Scheuch,* RDV 2016, 246 f.; *Klesczewski,* in: Säcker TKG § 88 Rn. 13, 19; Küttner/*Kreitner,* Personalbuch 2020 Internet-/Telefonnutzung, Rn. 7; Kühling/Buchner/*Maschmann,* DS-GVO Art. 88 Rn. 78; *Maschmann,* NZA-Beilage 2018, 115, 122; *Mayen,* in: Scheurle/Mayen, TKG, § 88 Rn. 31, 62; *Mengel,* BB 2004, 2014, 2017; BeckOK DatenschutzR/*Riesenhuber,* BDSG § 26 Rn. 167, 169; *Sagan,* AuR 2018,

DSK in ihren Orientierungshilfen zur datenschutzgerechten Nutzung von E-Mail- und anderen Internetdiensten am Arbeitsplatz.[1463]

(aa) Einordung des „Dritten" i.S.d. § 3 Nr. 10 TKG

Fraglich ist, ob der Arbeitnehmer im Falle der privaten Nutzung von z.B. betrieblichen E-Mail-Diensten gegenüber dem Arbeitgeber als Dritter einzuordnen ist. Insoweit setzt § 3 Nr. 10 TKG für das geschäftsmäßige Erbringen von Telekommunikationsdiensten das nachhaltige Angebot von Telekommunikation für Dritte voraus. Die Geschäftsmäßigkeit ist gemäß § 3 Nr. 6 TKG wiederum eine Voraussetzung für das Vorliegen eines Diensteanbieters i.S.d. § 88 Abs. 2 S. 1TKG und damit der Anwendbarkeit des TKG.

Da das TKG keine Definition des Begriffs „Dritter" enthält, kommt es maßgeblich auf die Auslegung des Begriffs an.[1464] Teilweise wird der Begriff dahingehend ausgelegt, dass der Begriff „Dritter" als Synonym für „andere" stehe.[1465] Anbieter eines Telekommunikationsdiensts i.S.v. § 3 Nr. 10 TKG sei hiernach jeder, der Telekommunikationseinrichtungen nicht nur für eigene Zwecke, sondern für andere betreibe. Ein solcher kann auch der Arbeitgeber sein, welcher dem Arbeitnehmer das Angebot macht, welches er annehmen oder ablehnen könne. Mithin können als „andere" auch Arbeitnehmer eingeordnet werden. Es komme demnach nicht darauf an, dass der Dritte eine außerhalb des Unternehmens stehende Person sei.

Ferner spreche für die Einordung des Arbeitgebers als Diensteanbieters, dass eine Nutzung der E-Mail-Dienste durch den Arbeitnehmer zu privaten Zwecken außerhalb der betrieblichen Sphäre erfolge.[1466] Der E-Mail-Account werde bei solch einer privaten Nutzung gerade nicht mehr allein zu Zwecken des Arbeitgebers bereitgestellt.[1467] Auch treten Arbeitnehmer dem Arbeitgeber in diesem Fall als eigenständige Rechtssubjekte gegenüber.[1468]

(bb) Gesetzgebungsgeschichte

Begründet wird diese Ansicht überdies mit dem Argument, dass sich aus der Gesetzgebungsgeschichte ergebe, dass Arbeitnehmer als Dritte anzusehen

---

92, 95; *Wedde*, in: Däubler/Wedde/Weichert/Sommer, § 26 BDSG Rn. 143; *de Wolf*, NZA 2010, 1206, 1207 ff.

1463 DSK, Orientierungshilfe der Datenschutzaufsichtsbehörden zur datenschutzgerechten Nutzung von E-Mail und anderen Internetdiensten am Arbeitsplatz, S. 7 ff.

1464 Hoeren/Sieber/Holznagel/*Elschner*, Handbuch Multimedia-Recht, Teil 22.1 Rn. 77.

1465 Hoeren/Sieber/Holznagel/*Elschner*, Handbuch Multimedia-Recht, Teil 22.1 Rn. 79.

1466 *Mayen*, in: Scheurle/Mayen, TKG, § 88 Rn. 62; Beck-TKG/*Bock*, § 88 Rn. 24; *Heidrich/Wegener/Scheuch*, RDV 2016, 246 f.

1467 *Eckhardt*, in: Spindler/Schuster § 88 TKG Rn. 28; Hoeren/Sieber/Holznagel/*Elschner*, Handbuch Multimedia-Recht, Teil 22.1 Rn. 81.

1468 *Eckhardt*, in: Spindler/Schuster § 88 TKG Rn. 27.

seien.[1469] Insoweit heißt es in der Gesetzesbegründung zu § 82 TKG a.F., der Vorgängerreglung zum aktuellen § 88 TKG, dass „[...] dem Fernmeldegeheimnis damit z. B. Corporate Networks, Nebenstellenanlagen in Hotels und Krankenhäusern, Clubtelefone und Nebenstellenanlagen in Betrieben und Behörden, soweit sie den Beschäftigten zur privaten Nutzung zur Verfügung gestellt sind, [unterliegen]“[1470]. Liege eine Gestattung der privaten Nutzung von IT-Diensten durch den Arbeitgeber vor, müsse er auch das Fernmeldegeheimnis nach § 88 TKG beachten.

Diesem Argument wird jedoch entgegengehalten, dass es dem Gesetzgeber um die Abgrenzung zwischen geschäftsmäßigen und gewerblichen Telekommunikationsdienstleistungen gegangen sei und nicht um die Einordnung des Arbeitnehmers als Dritten.[1471] Darüber hinaus spreche die Gesetzesbegründung von „Nebenstellenanlagen in Hotels und Krankenhäusern“. Die Frage, was Nebenstellenanlagen sind, beantwortet die Gesetzesbegründung nicht. Jedoch spricht der Begriff eher dafür, dass es sich nicht um solche Anlagen handelt, welche für die Erbringung der täglich geschuldeten Leistung notwendig sind. Vielmehr könnte es sich um allgemein zugängliche Anlagen handeln, die nur unregelmäßig und soweit notwendig gebraucht werden.[1472]

(b) Argumente gegen die Einordung des Arbeitgebers als Diensteanbieters i.S.d. § 88 Abs. 2 S. 1 TKG

Jedoch ergeben sich mit einer stärker werdenden Ansicht in der Rechtsprechung[1473] und Literatur[1474] Argumente, die gegen eine Einordung des Arbeitgebers

---

1469 *Mayen,* in: Scheurle/Mayen, TKG, § 88 Rn. 63.

1470 Entwurf der Fraktionen der CDU/CSU, SPD und F.D.P. eines Telekommunikationsgesetzes (TKG), BT-Drs. 13/3609, S. 53.

1471 *Thüsing,* in: Thüsing, Beschäftigtendatenschutz und Compliance, § 3 Rn. 86.

1472 *Thüsing* benennt daher als Beispiele das Telefon an der Hotelrezeption oder den allgemein zugänglichen Computer im Aufenthaltsraum einer Krankenstation, vgl. *Thüsing,* in: Thüsing, Beschäftigtendatenschutz und Compliance, § 3 Rn. 87.

1473 Hessischer VGH, NJW 2009, 2470, 2471 f.; LAG Berlin-Brandenburg, BeckRS 2016, 67048; VG Karlsruhe, NVwZ-RR 2013, 797, 801, bestätigt durch VGH Baden-Württemberg, NVwZ-RR 2015, 161, 165; LAG Niedersachsen, NZA-RR 2010, 406, 408; LAG Berlin-Brandenburg, NZA-RR 2011, 342, 343; ArbG Weiden, BeckRS 2017, 120365; in diesem Zusammenhang ist interessant, dass sich das LAG Rheinland-Pfalz in einer jüngeren Entscheidung zum aktuellen BDSG überhaupt nicht mit der Frage auseinandergesetzt hat, ob das Fernmeldegeheimnis i.S.d. § 88 TKG eingreift; vgl. LAG Rheinland-Pfalz, ZD 2019, 369, 371.

1474 *Behling*, BB 2018, 52, 55; *Buschbaum/Rosak*, DB 2014, 2530; *Deiters*, ZD 2012, 109, 110; *Fokken*, NZA 2020, 629, 630 ff.; Auernhammer/*Forst*, BDSG § 26 Rn. 29; *Fülbier/Splittgerber*, NJW 2012, 1995, 1999; *Galle*, BB 2018, 564, 566; *Herrmann/Soiné*, NJW 2011, 2922, 2927; *Herrmann/Zeidler*, NZA 2017, 1499, 1500; *Klaas/Wybitul*, in: Momsen/Grützner, Wirtschafts- und Steuerstrafecht, Kapitel 4 § 16 Rn. 298; *Lohmeier/Shahhosseini*, in: Umnuß, Corporate Compliance Checklisten, Kapitel 7, Rn. 63; MAH Verteidigung in Wirtschafts- und Steuerstrafsachen/*Park/Eggers*,

als Anbieter von Telekommunikationsdienstleistungen sprechen. Hierin wird teilweise schon ein Richtungswechsel in der rechtlichen Bewertung gesehen[1475].

(aa) Sinn und Zweck des TKG

Als Argument wird insbesondere angeführt, dass Sinn und Zweck des TKG nicht darin liege, die unternehmensinternen Rechtsbeziehungen zwischen Arbeitnehmern und Arbeitgebern zu regeln; die Ziele ergäben sich vielmehr aus § 1 TKG.[1476] Gemäß § 1 TKG ist Zweck des Gesetzes, durch eine technologieneutrale Regulierung den Wettbewerb im Bereich der Telekommunikation und der leistungsfähigen Telekommunikationsinfrastrukturen zu fördern und flächendeckend angemessene und ausreichende Dienstleistungen zu gewährleisten. Mit dem VG Karlsruhe lässt sich anführen, dass der Zweck des TKG auf die Rechtsbeziehungen zwischen dem Staat und den Telekommunikationsanbietern sowie diejenigen zwischen den Telekommunikationsanbietern untereinander abziele.[1477] Sinn und Zweck des Gesetzes sei es aber nicht, die Rechtsbeziehungen zwischen dem Arbeitgeber und seinen Arbeitnehmern zu regeln.[1478] Das TKG sei nach seinem Sinn und Zweck gerade kein Arbeitnehmerschutzgesetz.[1479] Der Zweck des TKG wird durch die von Arbeitgebern bereitgestellten E-Mail-Accounts nicht gefördert. Es geht vielmehr um die Abwicklung der internen Prozesse sowie die Kommunikation mit den Kunden, Mandanten etc.

Das TKG ist auch nicht als Arbeitnehmerdatenschutzgesetz entworfen worden.[1480] Dem Schutz der Arbeitnehmerdaten in diesem Rahmen dienen gerade die DS-GVO sowie das BDSG. Durch die aktuelle Rechtslage wurden mit Art. 88 DS-GVO sowie § 26 BDSG Spezialregelungen geschaffen, durch welche der Schutz der Arbeitnehmerdaten nochmals verstärkt und gerade im Hinblick auf die in den Grundsätzen der Datenverarbeitung genannten Kriterien konkretisiert wurde.

---

§ 11 Rn. 126, in Fn. 317; *Scheben/Klos*, CCZ 2013, 88, 89 ff.; *Schimmelpfennig/Wenning*, DB 2006, 2290; *Schuster*, CR 2014, 21 ff.; *Süße*, ZIS 2018, 350, 359; *Toma*, CB 2017, 339, 341; *Walther/Zimmer*, BB 2013, 2933 ff.; *Wybitul/Böhm*, CCZ 2015, 133, 134; im Ergebnis so wohl auch *Bittmann/Brockhaus/von Coelln/Heuking*, NZWiSt 2019, 1, 5 f.; *Byers*, Mitarbeiterkontrollen, Rn. 37.

1475 Auernhammer/*Forst*, BDSG § 26 Rn. 29; *Reiserer/Christ/Heinz*, DStR 2018, 1501, 1508.

1476 VG Karlsruhe, NVwZ-RR 2013, 797, 801, bestätigt durch VGH Baden-Württemberg, NVwZ-RR 2015, 161, 165; *Fülbier/Splittgerber*, NJW 2012, 1995, 1999; *Wybitul/Böhm*, CCZ 2015, 133, 134; a.A. *Mayen*, in: Scheurle/Mayen, TKG, § 88 Rn. 31, 65; BeckOK DatenschutzR/*Riesenhuber*, BDSG § 26 Rn. 169.

1477 VG Karlsruhe, NVwZ-RR 2013, 797, 801; *Fülbier/Splittgerber*, NJW 2012, 1995, 1999.

1478 VG Karlsruhe, NVwZ-RR 2013, 797, 801; *Fülbier/Splittgerber*, NJW 2012, 1995, 1999; im Ergebnis so auch *Buschbaum/Rosak*, DB 2014, 2530.

1479 *Fülbier/Splittgerber*, NJW 2012, 1995, 1999.

1480 *Toma*, CB 2017, 339, 341; im Ergebnis so auch ArbG Weiden, BeckRS 2017, 120365.

(bb) Einordung des „Dritten“ i.S.d. § 3 Nr. 10 TKG

Als weiteres Argument lässt sich anführen, es liege schon kein geschäftsmäßiges Erbringen von Telekommunikationsdienstleistungen i.S.d. § 3 Nr. 6, 10 TKG vor.[1481] Dies erfordert nämlich nach § 3 Nr. 10 TKG ein nachhaltiges Angebot von Telekommunikation für Dritte. Nach einer Ansicht bedarf es hierzu eines Angebots von Telekommunikation, welches sich konkret an außerhalb des Diensteanbieters liegende Dritte richten müsse.[1482] Insoweit stellt sich diese Ansicht im Hinblick auf die Qualifizierung des Dritten gegen die oben dargestellte Ansicht[1483], Arbeitnehmer seien gerade keine außerhalb der Sphäre des Arbeitgebers stehende Dritte.[1484]

Legt man den Begriff des Dritten aus, so muss auch auf Definitionen anderer Gesetze zurückgegriffen werden, da es insoweit an einer entsprechenden Begriffsbestimmung im TKG fehlt. Fehlt es an einer entsprechenden Regelung im TKG, sind gerade die Regelungen des BDSG ergänzend heranzuziehen.[1485] Das BDSG enthält jedoch anders als das BDSG a.F. in § 3 Abs. 8 S. 2, 3 keine Definition des Dritten. Diese findet sich nunmehr aber direkt in der DS-GVO. Nach Art. 4 Nr. 10 DS-GVO ist Dritter jede natürliche oder juristische Person, Behörde, Einrichtung oder andere Stelle, außer der betroffenen Person, dem Verantwortlichen, dem Auftragsverarbeiter und den Personen, die unter der unmittelbaren Verantwortung des Verantwortlichen oder des Auftragsverarbeiters befugt sind, die personenbezogenen Daten zu verarbeiten.

Insbesondere im Kontext interner Untersuchungen wird durch die Definition klargestellt, dass Dritter nur außerhalb des Verantwortlichen und damit außerhalb des Unternehmens bzw. Arbeitgebers stehende Personen sein können, da der Betroffene der Ermittlungsmaßnahme der Mitarbeiter selbst ist. Hierfür spricht auch, dass der Dritte i.S.d. Art. 4 Nr. 10 DS-GVO im Ergebnis selbst personenbezogene Daten verarbeitet und damit an die Anforderungen der DS-GVO gebunden ist.[1486] Dies gilt jedenfalls nicht für den betroffenen Mitarbeiter, dem die Schutzrechte der DS-GVO zugutekommen.[1487] Die DS-GVO gilt unmittelbar.[1488]

1481 So auch *Fokken*, NZA 2020, 629, 633.

1482 LAG Berlin-Brandenburg, BeckRS 2016, 67048; a.A. *Wedde*, in: Däubler/Wedde/Weichert/Sommer, § 26 BDSG Rn. 144.

1483 Vgl. Kapitel 2 § 2 C. II. 1. b) bb) (a) (aa).

1484 LAG Berlin-Brandenburg, BeckRS 2016, 67048; *Behling*, BB 2018, 52, 55; *Galle*, BB 2018, 564, 566; im Ergebnis so auch *Deiters*, ZD 2012, 109, 110; a.A. *Brink/Schwab*, die davon ausgehen, dass der Arbeitnehmer nur dann kein Dritter ist, wenn er diesen Dienst ausschließlich zu betrieblichen Zwecken nutzen darf, vgl. *Brink/Schwab*, ArbRAktuell 2018, 111, 112; *Wedde*, in: Däubler/Wedde/Weichert/Sommer, § 26 BDSG Rn. 144.

1485 Für das BDSG a.F. so auch schon *Wybitul*, ZD 2011, 69, 71 f.

1486 Kühling/Buchner/ *Kühling/Buchner*, BDSG Art. 4 Nr. 10 Rn. 1, 5.

1487 Kühling/Buchner/ *Kühling/Buchner*, BDSG Art. 4 Nr. 10 Rn. 10.

1488 Vgl. hierzu Kapitel 2 § 2 B. II. 1.

Art. 4 Nr. 10 DS-GVO ist zudem als eine abschließende Regelung zu verstehen, die auch nicht durch einen Umsetzungsakt ein angepasstes Verständnis erhalten könnte.[1489]

Zur alten Rechtslage wurde dem entgegengehalten, dass das TKG keine allgemeine Bezugnahme auf die Legaldefinitionen des BDSG a.F. enthalte, sondern in § 91 Abs. 1 TKG von den personenbezogenen Daten der Teilnehmer (§ 3 Nr. 20 TKG) und Nutzer (§ 3 Nr. 14 TKG) spreche.[1490] Anders als im BDSG a.F. könne der durch Teilnehmer und Nutzer beschriebene Personenkreis nicht aus dem Kreis der Dritten i.S.d. § 3 Nr. 10 TKG ausgenommen werden. Insoweit dienen die Regelungen der §§ 88 ff. TKG ja gerade dem Schutz derjenigen, die einen geschäftsmäßigen Telekommunikationsdienst i.S.d. § 3 Nr. 10 TKG in Anspruch nehmen.[1491] Nimmt man diese aus dem Kreis der Dritten heraus, liegt keine Geschäftsmäßigkeit vor, wodurch zugleich eine Anforderung für den Diensteanbieter fehlt und der Schutz gemäß § 88 TKG entfällt.

Der Vergleich mit Nutzern und Teilnehmern verfängt indes nicht. „Nutzer" ist gemäß § 3 Nr. 14 TKG jede natürliche oder juristische Person, die einen öffentlich zugänglichen Telekommunikationsdienst für private oder geschäftliche Zwecke in Anspruch nimmt oder beantragt, ohne notwendigerweise Teilnehmer zu sein. Als „Teilnehmer" definiert das TKG in § 3 Nr. 20 TKG jede natürliche oder juristische Person, die mit einem Anbieter von öffentlich zugänglichen Telekommunikationsdiensten einen Vertrag über die Erbringung derartiger Dienste geschlossen hat. Die Definitionen beziehen sich also auf Personen, welche öffentlich zugängliche Telekommunikationsdienste in Anspruch nehmen, während es hier um die Bewertung von Arbeitnehmern geht, die einen E-Mail-Account des Arbeitgebers während der Arbeitszeit und regelmäßig am Arbeitsplatz nutzen. Es handelt sich dabei um keinen öffentlich zugänglichen Telekommunikationsdienst. Teilnehmer und Nutzer müssen auch nicht aus dem Kreis der „Dritten" herausgenommen werden. Vielmehr können sie selbst Dritte sein. Nutzer und Teilnehmer können nämlich dem öffentlich zugänglichen Telekommunikationsdienst wie Dritte gegenüberstehen. Als Außenstehende können sie diesen Dienst wahrnehmen, müssen es aber nicht. Der Arbeitnehmer ist hingegen verpflichtet den E-Mail-Account zu dienstlichen Zwecken zu nutzen. Die Gewährung bzw. Duldung der privaten Nutzung ändert hieran nichts.

Insoweit ist auch der Ansicht zu widersprechen, wonach der Arbeitgeber ein Angebot an Dritte richte, sobald er die private Nutzung gestatte, sodass in der Konsequenz der Arbeitnehmer nach dieser Ansicht ebenfalls zum Dritten i.S.d. § 3 Nr. 10 TKG wird.[1492] Der Arbeitnehmer ist Teil des Unternehmens und nutzt

---

1489 So auch Kühling/Buchner/ *Kühling/Buchner*, BDSG Art. 4 Nr. 10 Rn. 10.

1490 Hoeren/Sieber/Holznagel/*Elschner*, Handbuch Multimedia-Recht, Teil 22.1 Rn. 77.

1491 Hoeren/Sieber/Holznagel/*Elschner*, Handbuch Multimedia-Recht, Teil 22.1 Rn. 77.

1492 *Mengel*, BB 2004, 2014, 2017; zum Arbeitgeber als Anbieter von Telediensten an „Dritte" gemäß der alten Rechtslage nach dem Teledienstgesetz vgl. *Heilmann/Tege*, AUA 2001, 52, 54.

einen reinen unternehmensbezogenen E-Mail-Account. Darin kann kein Angebot an Dritte gesehen werden. Es handelt sich um eine reine unentgeltliche Gestattung. Gerade weil eine unentgeltliche Gestattung vorliegt, macht der Arbeitgeber dem Arbeitnehmer überdies auch kein marktgemäßes Angebot.[1493] Ein am Markt tätiges Unternehmen muss Gewinne erwirtschaften und wird daher die Nutzung von Infrastruktur nicht verschenken.[1494] Insoweit lässt sich die aus Art. 4 Nr. 10 DS-GVO bekannte Bedeutung des Dritten sinngemäß auf die Bedeutung des Dritten i.S.d. § 3 Nr. 10 TKG übertragen. Es handelt sich um eine Person, die außerhalb des Dienstanbieters steht.

Zum Vorgenannten passend wird auch das Argument angeführt, dass das Verhältnis zwischen Arbeitgeber und Arbeitnehmer nicht mit dem Verhältnis zwischen Kunde und Anbieter von Telekommunikationsdienstleistungen vergleichbar sei.[1495]

(cc) Entgeltlichkeit der Telekommunikationsdienste

Auch der Wortlaut des § 3 Nr. 24 TKG spricht gegen eine Einordnung des Arbeitgebers als Diensteanbieters.[1496] Dort heißt es, dass es sich bei Telekommunikationsdiensten in der Regel um gegen Entgelt erbrachte Dienste handelt. Zwar bringt der Wortlaut bereits zum Ausdruck, dass eine entgeltliche Erbringung nicht zwingend erforderlich ist. Gleichwohl geht die Regelung davon aus, dass die Entgeltlichkeit dennoch die Regel und die Unentgeltlichkeit die Ausnahme darstellt.[1497] Nun ist es aber gerade nicht der Regelfall, dass Arbeitgeber von ihren Arbeitnehmern für die Nutzung der dienstlichen E-Mail-Systeme ein Entgelt verlangen.[1498] Eine solche Konstellation dürfte die absolute Ausnahme darstellen.[1499] Darüber hinaus kann sich der Arbeitnehmer den Diensteanbieter auch nicht aussuchen. Vielmehr bekommt er einen durch den Arbeitgeber vorgegeben, welchen er nutzen darf, aber auch muss.[1500]

(dd) Faktisches Verbot der Einsicht in die E-Mails der Beschäftigten

Ferner lässt sich ein rein praktisches Argument heranziehen. Im Rahmen der privaten Nutzung von betrieblichen E-Mail-Accounts ist eine klare und sichere

---

1493 *Schuster*, CR 2014, 21, 26.
1494 *Schuster*, CR 2014, 21, 26.
1495 *Behling*, CB 2013, 265, 266; *Behling*, BB 2018, 52, 55.
1496 Vgl. hierzu auch *Klaas/Wybitul*, in: Momsen/Grützner, Wirtschafts- und Steuerstrafecht, Kapitel 4 § 16 Rn. 296.
1497 *Scheben/Klos*, CCZ 2013, 88, 90; *Thüsing*, in: Thüsing, Beschäftigtendatenschutz und Compliance, § 3 Rn. 82.
1498 Im Ergebnis so auch *Fokken*, NZA 2020, 629, 633; *Klaas/Wybitul*, in: Momsen/Grützner, Wirtschafts- und Steuerstrafecht, Kapitel 4 § 16 Rn. 298.
1499 So auch *Scheben/Klos*, CCZ 2013, 88, 90; *Wybitul*, ZD 2011, 69, 71.
1500 *Byers*, Mitarbeiterkontrollen, Rn. 34 m.w.N.

Differenzierung zwischen privaten und dienstlichen E-Mails kaum möglich.[1501] Würde der Arbeitgeber als Anbieter von Telekommunikationsdiensten angesehen, wäre damit eine Einsichtnahme faktisch ausgeschlossen. Die strikte Trennung von dienstlichen und privaten E-Mails müsste nämlich der Arbeitgeber sicherstellen. Würden dann die dienstlichen E-Mails durch die privaten quasi „infiziert", dürfte der Arbeitgeber die E-Mails vollständig nicht mehr einsehen.[1502] Eine solche Situation wäre kritisch zu beurteilen, da dem Arbeitgeber jedenfalls die Einsicht dienstlicher Korrespondenz jederzeit möglich sein muss.[1503]

Diesem Argument lässt sich entgegenhalten, dass der Arbeitgeber die Verantwortung bindend auf den Arbeitnehmer übertragen kann. Sofern die Nutzung des E-Mail-Accounts zu privaten Zwecken bspw. in einer IT-Richtlinie oder Betriebsvereinbarung klar geregelt ist und der Arbeitnehmer hierdurch verpflichtet wird, die privaten E-Mails in einen separaten sowie entsprechend gekennzeichneten Order zu verschieben und/oder die privaten E-Mails zu löschen, muss sich der Arbeitgeber darauf verlassen können, dass sich die Arbeitnehmer an die Regelungen halten. Die Verantwortung liegt dann beim Arbeitnehmer. Würde man auch in diesem Fall die Verantwortung der Differenzierung für den Fall eines Verstoßes durch den Arbeitnehmer allein beim Arbeitgeber sehen, würde die Möglichkeit der Kontrolle durch den Arbeitgeber unverhältnismäßig erschwert.

(c) Zwischenergebnis

Die überzeugenderen Argumenten sprechen dafür, dass es sich beim Arbeitgeber nicht um einen Anbieter von Telekommunikationsdiensten handelt, sodass das TKG weder bei der rein dienstlichen noch bei der erlaubten oder geduldeten privaten Nutzung von IT-Diensten am Arbeitsplatz Anwendung findet.[1504] Dies gilt genauso für den Fall, dass ein bestehendes Verbot nicht kontrolliert wird.[1505]

cc) Ergebnis

Da das TKG im Fall des E-Mail-Screenings keine Anwendung findet, richtet sich die datenschutzrechtliche Zulässigkeit allein nach den Vorgaben des BDSG sowie der DS-GVO.

Geht man indes davon aus, dass das Fernmeldegeheimnis im Falle der Gestattung oder Duldung privater E-Mails Anwendung findet und betrachtet die Situationen, dass der Übermittlungsvorgang entweder noch nicht abgeschlossen ist oder der Kommunikationsvorgang zwar abgeschlossen ist, der Arbeitnehmer aber mangels Internetzugangs oder wegen eines fehlenden VPN-Zugangs auf die

---

1501 *Thüsing*, in: Thüsing, Beschäftigtendatenschutz und Compliance, § 3 Rn. 90.
1502 *Thüsing*, in: Thüsing, Beschäftigtendatenschutz und Compliance, § 3 Rn. 90.
1503 *Thüsing*, in: Thüsing, Beschäftigtendatenschutz und Compliance, § 3 Rn. 90.
1504 *Behling*, BB 2018, 52, 54.
1505 *Behling*, BB 2018, 52, 54.

Server des Arbeitgebers die E-Mails noch nicht abrufen konnte und daher noch keinen Kenntnis vom Inhalt der E-Mails hat (vgl. Fall 2.5[1506]), lässt sich das rechtliche Risiko einer datenschutzrechtlich rechtswidrigen Verarbeitung nur durch eine Einwilligung des Arbeitnehmers eindämmen.[1507] Denn auf den Schutz des Fernmeldegeheimnisses nach Art. 10 GG kann durch eine Einwilligung verzichtet werden,[1508] wodurch der Einwilligung an dieser Stelle doch noch eine praktisch wichtige Funktion im Rahmen interner Untersuchungen zukäme. Die privatrechtliche Möglichkeit sich selbst im Wege einer Einwilligung zu binden, ist auch eine Form der eigenen Grundrechtsausübung.[1509] Gleichwohl ist gerade im Hinblick auf interne Untersuchungen, bei denen es um den Verdacht von Straftaten oder erheblichen Pflichtverletzungen geht, auf die dargestellten Bedenken hinsichtlich der Praktikabilität von Einwilligungserklärungen als Rechtfertigungsgrundlage der Datenverarbeitung hinzuweisen.[1510] Dies gilt insbesondere im Hinblick auf großflächige Untersuchungen, da sich aus dem Erfordernis der Freiwilligkeit sowie dem jederzeitigen Widerrufrecht eine große rechtliche Unsicherheit für die Unternehmen ergibt.[1511] Soweit sich das Unternehmen eine Einwilligung fruchtbar machen möchte, ist weiter zu fragen, ob die Einwilligung des Empfängers, also des Arbeitnehmers, ausreicht oder ob auch die des Absenders nötig ist.[1512]

Betriebsvereinbarungen reichen als Rechtsgrundlage im Zusammenhang mit einem Eingriff in das Fernmeldegeheimnis nicht aus und können eine Einwilligung daher nicht ersetzen. Sie können nämlich nicht die Ausübung der Entscheidungsgewalt über die eigene rechtliche Position durch jeden einzelnen Arbeitnehmer ersetzen. In ihnen werden lediglich allgemeine Regelungen für alle im Betrieb beschäftigten Personen vereinbart, welche dabei durch den gewählten Betriebsrat vertreten werden. Eine solche allgemeine Regelung kommt einer Einwilligungserklärung durch den Arbeitnehmer nicht gleich.

Auf eine weitere Untersuchung der Ermittlungsmaßnahme vor dem Hintergrund der Voraussetzungen des TKG wird an dieser Stelle verzichtet, da nach der hier vertretenen Ansicht der Anwendungsbereich schon nicht eröffnet ist und der Schwerpunkt der hiesigen Untersuchungen auf der Analyse der Auswirkungen des neuen Arbeitnehmerdatenschutzes nach den Regelungen der DS-GVO sowie des BDSG auf interne Untersuchungen liegt.[1513]

1506 Vgl. Kapitel 2 § 2 A.

1507 *Brink/Schwab*, ArbRAktuell 2018, 111, 113; zu den Voraussetzungen der Einwilligung vgl. Kapitel 2 § 2 B. IV. 4.

1508 *Brink*, RDV 2015, 171, 175; *Maschmann*, NZA-Beilage 2018, 115, 122.

1509 *Jarass*, in: Jarass/Pieroth, GG Vorb. vor Art. 1 Rn. 35 f., Art. 1 Rn. 57.

1510 vgl. Kapitel 2 § 2 B. IV. 4. c).

1511 Im Ergebnis so auch *Thüsing*, in: Thüsing, Beschäftigtendatenschutz und Compliance, § 3 Rn. 90.

1512 Hierzu ausführlich *Maschmann*, NZA-Beilage 2018, 115, 122 m.w.N.

1513 Zur Rechtmäßigkeitsprüfung von E-Mail-Screenings nach dem TKG vgl. z.B. *Scharnberg*, Illegale Internal Investigations, S. 152 ff.

c) Rechtfertigung nach dem Telemediengesetz (TMG)

Des Weiteren ist zu prüfen, ob die Maßnahme des E-Mail-Screenings an den Anforderungen des TMG zu messen ist, ob also das TMG im hiesigen Kontext Anwendung findet.

aa) Anwendungsbereich

Das TMG regelt den Datenschutz im Zusammenhang mit Telemedien. Gemäß § 1 Abs. 1 TMG sind Telemedien alle elektronischen Informations- und Kommunikationsdienste, soweit sie nicht Telekommunikationsdienste nach § 3 Nr. 24 TKG, die ganz in der Übertragung von Signalen über Telekommunikationsnetze bestehen, telekommunikationsgestützte Dienste nach § 3 Nr. 25 TKG oder Rundfunk nach § 2 des Rundfunkstaatsvertrags sind (Telemedien). Von Telemedien sind verschiedenste Angebote im Internet erfasst, wie bspw. auch Suchmaschinen, sog. „Webmail-Dienste", Informationsdienste[1514] sowie Podcasts und Chatrooms.[1515] Ebenso wie Diensteanbieter i.S.d. TKG müssen auch Diensteanbieter nach dem TMG das Fernmeldegeheimnis beachten, vgl. § 7 Abs. 3 S. 2 TMG.

bb) Anwendbarkeit

Für die Beantwortung der Frage, ob im Rahmen interner Untersuchungen auch der Datenschutz nach dem TMG zu beachten ist, kommt es – ebenso wie beim TKG – maßgeblich darauf an, ob der Arbeitgeber als Diensteanbieter i.S.d. § 2 Nr. 1 TMG anzusehen ist. Danach ist Diensteanbieter jede natürliche oder juristische Person, die eigene oder fremde Telemedien zur Nutzung bereithält oder den Zugang zur Nutzung vermittelt; bei audiovisuellen Mediendiensten auf Abruf ist Diensteanbieter jede natürliche oder juristische Person, welche die Auswahl und Gestaltung der angebotenen Inhalte wirksam kontrolliert. Daneben wird in § 2 Nr. 2 TMG der niedergelassene Diensteanbieter definiert, bei dem es sich um einen Anbieter handelt, der mittels einer festen Einrichtung auf unbestimmte Zeit Telemedien geschäftsmäßig anbietet oder erbringt.

Aus der Definition lässt sich nicht ableiten, ob der Arbeitgeber als Diensteanbieter angesehen werden kann. Dies ergibt sich jedoch aus § 11 Abs. 1 TMG, in welchem das Anbieter-Nutzer-Verhältnis geregelt ist. Nach § 11 Abs. 1 Nr. 1 TMG gilt der Datenschutz nach dem TMG nicht für die Erhebung und Verwendung personenbezogener Daten der Nutzer von Telemedien, soweit die Bereitstellung solcher Dienste im Dienst- und Arbeitsverhältnis zu ausschließlich beruflichen oder dienstlichen Zwecken erfolgt. Daraus lässt sich im Umkehrschluss folgern, dass das TMG Anwendung finden kann, soweit der Arbeitgeber die private Nutzung

---

1514 *Brink*, RDV 2015, 171, 172; *Brink/Schwab*, ArbRAktuell 2018, 111, 112.
1515 *Brink*, RDV 2015, 171, 172.

der Telemedien gestattet.[1516] Insoweit ergibt sich in Bezug auf das TMG eine andere rechtliche Bewertung als bei der Frage, ob der Arbeitgeber Diensteanbieter i.S.d. § 88 Abs. 2 S. 1 TKG ist.[1517]

Gleichwohl hat das TMG im Rahmen der Durchführung interner Untersuchungen keine Relevanz, da der Arbeitgeber den Mitarbeitern regelmäßig keine Telemediendienste erbringt.[1518] Für interne Untersuchungen kommen allenfalls E-Mail-Dienste als Telemedien in Betracht. Bei diesen Diensten handelt sich aber um Telekommunikationsdienste, da es in der Regel um Dienste geht, die ganz oder überwiegend in der Übertragung von Signalen über Telekommunikationsnetze bestehen, vgl. § 3 Nr. 24 TKG. Mithin steht ein technischer Vorgang im Fokus, bei dem Signale mittels Telekommunikationsanlagen ausgesendet, übermittelt und empfangen werden. Von Telemedien sind demgegenüber Dienste im Internet erfasst. Um solche handelt es sich bei den vom Arbeitgeber zur Verfügung gestellten E-Mail-Accounts regelmäßig nicht. Eine andere Situation könnte allenfalls dann vorliegen, wenn der Arbeitnehmer einen sog. „Web-Mail-Dienst" nutzt. Dabei handelt es sich um einen Online-Dienst, der eine Internetseite zur Verfügung stellt, über welche die Kommunikation per E-Mail vollständig abgewickelt wird, also Zugang zu den E-Mails, Schreiben der E-Mails, Absenden usw. In diesen Fällen muss sich der Nutzer also immer auf der Internetseite des jeweiligen sog. „Web-Mail-Anbieters" anmelden. Aber auch solche Dienste werden im Ergebnis als Telekommunikationsdienste einzuordnen sein, da ihre Funktion überwiegend in der Übertragung von Signalen in Telekommunikationsnetze besteht, sodass gemäß § 11 Abs. 3 TMG allenfalls eine eingegrenzte Prüfung nach den §§ 15 Abs. 8, 16 Abs. 2 Nr. 4 TMG in Betracht kommt.

cc) Ergebnis

Im Ergebnis lässt sich festhalten, dass sich die datenschutzrechtliche Auswertung von E-Mail-Accounts grundsätzlich nicht nach dem TMG richtet, sondern nach dem TKG bzw. – nach der hier vertretenen Ansicht – nach dem BDSG und der DS-GVO.[1519] Dies führt dazu, dass in der vorliegenden Untersuchung von einer dezidierten Analyse der datenschutzrechtlichen Anforderungen nach dem TMG abgesehen wird.

1516 *Maschmann*, NZA-Beilage 2018, 115, 122; Kramer IT-ArbR HdB/*Oberthür* B Rn. 453; *Panzer-Heemeier*, in: Oberthür/Seitz, Betriebsvereinbarungen, B. V. Rn. 74.

1517 A.A. Küttner/*Kreitner*, Personalbuch 2020 Internet-/Telefonnutzung, Rn. 7, wonach für die Vorschriften der §§ 11 ff. TMG das gleiche gilt, wie beim TKG.

1518 BeckOK DatenschutzR/*Riesenhuber*, BDSG § 26 Rn. 169.1.

1519 *Scharnberg*, Illegale Internal Investigations, S. 119 f.

d) Rechtfertigung nach § 26 Abs. 1 BDSG – Erforderlichkeitsprüfung

Bei der Auswertung von E-Mails handelt es sich um eine Datenverarbeitung i.S.d. Art. 4 Nr. 2 DS-GVO.[1520] Da nach der hier vertretenen Ansicht sowohl das TKG als auch TMG nicht einschlägig sind, steht die Prüfung der Erforderlichkeit nach § 26 Abs. 1 BDSG im Zentrum der Rechtmäßigkeitsprüfung, das heißt, die Untersuchungsmaßnahme muss geeignet, erforderlich und angemessen sein.

aa) Geeignetheit

Zunächst muss die Maßnahme geeignet sein, das gewünschte Ziel zu erreichen. Im hiesigen Kontext ist die Geeignetheit danach zu beurteilen, ob durch die Maßnahme des E-Mail-Screenings die Zielsetzung der internen Untersuchung gefördert werden kann.

Wie bereits umfassend im ersten Kapitel der vorliegenden Untersuchung herausgearbeitet, liegt die Zielsetzung interner Untersuchungen darin, den Sachverhalt hinsichtlich einer möglichen Strafbarkeit oder Pflichtverletzung aufzuklären, um auf der Grundlage die zu ergreifenden Maßnahmen zu bestimmen und ein etwaiges Schadensrisiko, soweit es geht, zu minimieren.[1521] Zu klären ist nun, inwieweit ein E-Mail-Screening geeignet ist, die genannten Ziele zu fördern. Anzusetzen ist dabei an dem ersten Ziel, nämlich der Sachverhaltsaufklärung. Wie bereits eingangs zu der hier relevanten Ermittlungsmaßnahme geschildert, stellt der E-Mail-Verkehr einen der zentralen Kommunikationswege in der heutigen Geschäftswelt dar.

Auch die weitere technische Entwicklung spricht dafür, dass der klassische Kommunikationsweg, also der Brief oder auch das Fax, zunehmend verdrängt wird. Dies zeigt nicht zuletzt, dass sogar der Schriftwechsel zwischen den Gerichten und der Anwaltschaft, welcher noch heute überwiegend postalisch bzw. vorab per Fax erfolgt, nunmehr durch das besondere elektronische Anwaltspostfach umfassend digitalisiert wird. Innerhalb der Kommunikation zwischen Unternehmen oder Unternehmen und ihren Beratern ergibt sich ein noch klareres Bild. Dort erfolgt die Kommunikation fast ausschließlich über digitale Kommunikationswege. Dementsprechend lassen sich gerade aus den E-Mails der betroffenen Mitarbeiter als klassischem und wichtigstem Kommunikationsmittel inhaltliche Anknüpfungspunkte im Hinblick auf die Sachverhaltsermittlung entnehmen. Wie bereits ausgeführt, enthalten gerade die E-Mail-Verläufe eine umfassende Dokumentation der Kommunikationsinhalte. Die Dokumentation erfolgt typischerweise dadurch, dass der vollständige Kommunikationsvorgang auf den Servern des Unternehmens abgespeichert wird. Dies führt wiederum dazu, dass sich anhand des E-Mail-Verkehrs sehr genau der einer Kommunikation zugrunde liegende Sachverhalt rekonstruieren lässt. Da es im Rahmen einer internen Untersuchung und auch im Hinblick

---

1520 LAG Köln, CB 2020, 394, 396.

1521 Vgl. Kapitel 1 § 2 B. I.

auf die Frage der zu ergreifenden Maßnahmen maßgeblich auf den Sachverhalt ankommt, ist die Auswertung von E-Mails im Besonderen geeignet, die Ziele einer internen Untersuchung zu fördern.

bb) Erforderlichkeit

Die Ermittlungsmaßnahme in Form des E-Mail-Screenings müsste aber auch erforderlich sein. Das ist sie dann, wenn sie das mildeste Mittel darstellt. Dies ist wiederum der Fall, wenn kein gleich geeignetes milderes Mittel zur Verfügung steht, also keine für den Arbeitnehmer weniger einschneidende Maßnahme als die geplante möglich ist.[1522]

(a) Mitarbeiterbefragung

Zunächst ist zu prüfen, ob die Mitarbeiterbefragung eine weniger einschneidende Maßnahme darstellt. In einer Mitarbeiterbefragung sind die Mitarbeiter bereits einer besonders starken Drucksituation ausgesetzt. Ferner ist das Ergebnis der Befragung maßgeblich von den gestellten Fragen geprägt und zugleich von der Kooperationsbereitschaft des Arbeitnehmers abhängig. Es lässt sich nicht ausschließen, dass der Mitarbeiter auch lügen könnte.

Demgegenüber lässt eine schriftliche Dokumentation, welche einem E-Mail-Verlauf regelmäßig zu entnehmen ist, darauf hoffen, einen umfassenden Überblick zu erhalten und auch etwaige Verbindungslinien zwischen Personen zu ermitteln. Mitarbeitergespräche kommen vor allem im Nachgang zu einem E-Mail-Screening in Betracht, wenn sich bspw. der Verdacht auf konkrete Personen verdichtet hat und diese mit den Inhalten aus den E-Mails konfrontiert werden können.[1523] Dann zeigt sich auch, ob sich der Mitarbeiter möglicherweise in Widersprüche verstrickt. Überdies sind Mitarbeiterbefragungen mit einem ungleich höheren Aufwand verbunden als ein E-Mail-Screening, welches automatisiert und unter Einbeziehung weniger Personen möglich ist. Gerade die geringeren Erfolgsaussichten, die starke Drucksituation für die Mitarbeiter und der ungleich höhere Aufwand sprechen dafür, dass die Mitarbeiterbefragungen nicht ein milderes, aber gleich geeignetes Mittel darstellen. Sollte eine heimliche Durchsuchung der E-Mail erwogen werden, stellt eine Mitarbeiterbefragung des Verdächtigen, welche faktisch nicht ohne dessen Teilnahme und damit auch nicht ohne dessen Kenntnis stattfinden kann, kein gleich geeignetes Mittel dar.

1522 *Maschmann*, NZA-Beilage 2018, 115, 122.

1523 Im Ergebnis so auch MAH Verteidigung in Wirtschafts- und Steuerstrafsachen/ *Park/Eggers*, § 11 Rn. 121.

(b) Durchsicht von sonstigen Unterlagen

Die Durchsicht sonstiger physischer Dokumente und Ordner dürfte ebenfalls kein milderes Mittel darstellen. Vielmehr steht die Auswertung physischer Dokumente auf einer Stufe mit dem E-Mail-Screening, mithin sind die beiden Maßnahmen vergleichbar. Welche Maßnahme ergriffen wird, hängt davon ab, inwieweit das Unternehmen bereits papierlos arbeitet. Werden kaum noch Ordner oder Akten angelegt, kommt eine Auswertung physischer Dokumente nicht in Betracht. Sind beide Maßnahmen möglich, dürfte in dem E-Mail-Screening sogar das mildere Mittel liegen. Dieses kann nämlich computergesteuert durchgeführt werden und sucht dabei lediglich nach spezifischen – im Vorhinein bestimmten – Suchbegriffen. Es ist dabei – anders als bei der Durchsicht aller physisch vorhandenen Unterlagen – gerade nicht notwendig, dass eigene Mitarbeiter oder externe Ermittler die Unterlagen vollständig durchsuchen. Vielmehr wird die Sichtung auf die Unterlagen begrenzt, die das Ergebnis der systemgestützten Auswertung sind. Dies dürfte i.S.d. Grundsätze der Datensparsamkeit und Vertraulichkeit die weniger eingriffsintensive Maßnahme darstellen.

(c) Pseudonymisiertes Screening

Auf die Erforderlichkeit könnte sich zudem die Frage auswirken, ob ein Screening pseudonymisiert durchgeführt werden kann. In der pseudonymisierten Datenverarbeitung kann, wie bereits gezeigt, ein milderes Mittel liegen, da auf diese Weise eine Personenzuordnung jedenfalls für die Personen aufgehoben wird, die nicht über die gesonderte Information verfügen, mit welcher die Pseudonymisierung wieder aufgehoben werden könnte.[1524] Inwieweit eine solche Art des Screenings für die konkrete Untersuchung zielführend und praktisch umsetzbar ist, muss im Einzelfall entschieden werden. Soweit eine Anonymisierung in Betracht kommt, wäre eine Datenverarbeitung unproblematisch zulässig.[1525]

(d) Auswertung in Anwesenheit des Verdächtigen

Bezogen auf die Erforderlichkeit des E-Mail-Screenings kann sich eine mildere Maßnahme selbstverständlich auch dadurch ergeben, dass die Maßnahme nicht verdeckt, sondern im Beisein des Verdächtigen erfolgt. Ob die offene Maßnahme in der konkreten Situation aber wirklich als eine mildere Maßnahme anzusehen ist, ist im Einzelfall zu bewerten. Dies ergibt sich auch aus einer jüngeren Entscheidung des LAG Köln vom 7. Februar 2020.[1526] In dem der Entscheidung zugrundeliegenden Sachverhalt erfolgte die Erhebung und Verarbeitung personenbezogener Daten und deren Auswertung zur Internetnutzung und E-Mail-Nutzung am Arbeitsplatz verdeckt, also gerade nicht im Beisein des verdächtigen

1524 Vgl. hierzu Kapitel 2 § 2 C. I. 2.
1525 Vgl. hierzu Kapitel 2 § 2 C. I. 2.
1526 LAG Köln, ZD 2020, 533, 537.

Arbeitnehmers. Der Arbeitgeber stützte die Kündigung des betroffenen Arbeitnehmers auf die Erkenntnisse aus den Ermittlungsmaßnahmen.

Das Gericht urteilte, dass es bei der Feststellung der Erforderlichkeit der vorgenommenen Datenverarbeitung im Einzelfall darauf ankäme, ob die in Anwesenheit des Beschäftigten erfolgende Datenverarbeitung gegenüber der in Abwesenheit erfolgenden Maßnahmen als milderes Mittel anzusehen sei.[1527] Zwar erhöhe die Heimlichkeit einer in die Grundrechte des Betroffenen eingreifende Maßnahme typischerweise das Gewicht der Freiheitsbeeinträchtigung.[1528] Die Anwesenheit des Arbeitnehmers im Rahmen der durchgeführte Auswertung der Log-Dateien des Internet-Browsers sowie der empfangenen bzw. gesendeten E-Mails habe aber unter Berücksichtigung ihrer Zwecke und der besonderen Umstände des Einzelfalls kein milderes Mittel dargestellt, da die Art und Weise der Auswertung auch bei Anwesenheit des Arbeitnehmers keine andere gewesen wäre.[1529]

In dem konkreten Einzelfall habe der Arbeitnehmer die Auswertung der einzelnen aufgerufenen Internetseiten nicht durch die freiwillige Bekanntgabe der täglichen Zeiten privater Internetnutzung abwenden können, da er nach eigenem Vortrag dazu keine genauen Erinnerungen mehr gehabt habe.[1530] Durch ungefähre Angaben zu dem Umfang täglicher Privatnutzung an einzelnen Tagen hätte er – so das Gericht – die Einsichtnahme des Arbeitgebers in die privaten Nutzungsdaten gerade nicht abwenden können.[1531] Es sei nämlich der Zweck der Auswertung gewesen, einen möglichen Missbrauch des dienstlichen Internetzugangs durch exzessive oder regelwidrige private Nutzung zu überprüfen. Diese Feststellungen seien nur möglich gewesen, wenn der Arbeitgeber zu einzelnen Internetaufrufen habe Stellung nehmen können.[1532] Dasselbe gelte bzgl. der empfangenen bzw. gesendeten E-Mails.[1533] Insoweit haben die entsprechenden Angaben hinsichtlich des Umfangs der privaten Internetnutzung so konkret sein müssen, dass sie durch den Arbeitgeber substanziiert in einem arbeitsgerichtlichen Verfahren dargelegt werden konnten.[1534]

cc) Verhältnismäßigkeit im engeren Sinne (Angemessenheit)

Im Rahmen der anzustellenden Abwägung im Einzelfall kommt es insbesondere auf die bereits in dem gesonderten Punkt zur Erforderlichkeitsprüfung dargestellten Abwägungskriterien an. Gleichwohl lassen sich noch einige allgemeine Argumente hinsichtlich der Verhältnismäßigkeitsprüfung speziell im Hinblick auf

1527 LAG Köln, ZD 2020, 533, 537.
1528 LAG Köln, ZD 2020, 533, 537.
1529 LAG Köln, ZD 2020, 533, 537.
1530 LAG Köln, ZD 2020, 533, 537.
1531 LAG Köln, ZD 2020, 533, 537.
1532 LAG Köln, ZD 2020, 533, 537.
1533 LAG Köln, ZD 2020, 533, 537.
1534 LAG Köln, ZD 2020, 533, 537.

die Auswertung von E-Mails anführen. Die Datenverarbeitung i.S.e. E-Mail-Screenings wird grundsätzlich weniger stark in die Rechte des Betroffenen eingreifen, wenn durch die Wahl des Stichworts ein klarer Bezug zur Tätigkeit hergestellt wird und so die Betroffenheit privater E-Mails reduziert wird.[1535] Für einen weniger starken Eingriff spricht außerdem, wenn das Screening rein automatisiert durch ein entsprechendes Programm erfolgt. Insoweit lässt sich dieses Argument sowohl im Rahmen der Erforderlichkeit als auch im Hinblick auf die Verhältnismäßigkeit anbringen. Durch die automatisierte Auswertung wird die Zugriffsmöglichkeit auf die E-Mails des Betroffenen durch einen anderen Mitarbeiter oder externen Berater minimiert, was für einen weniger starken Eingriff in die Rechte des Betroffenen spricht. Wird das Screening indes durch die Mitarbeiter durchgeführt, so lassen sich die Auswirkungen für den Betroffenen dadurch eingrenzen, dass man die an dem Screening beteiligten Personen zur Geheimhaltung verpflichtet und dazu versehentlich geöffnete private E-Mails unmittelbar zu schließen und nicht auszudrucken.[1536]

Ebenfalls sowohl für die Erforderlichkeit als auch die Verhältnismäßigkeit relevant ist das anonymisierte Screening. Wird die Durchsuchung der E-Mails zunächst anonymisiert durchgeführt, weil eine solche für den Zweck der Ermittlungsmaßnahme ausreichend ist, stellt dies ein starkes Argument für die Verhältnismäßigkeit der Maßnahme dar. Eine anonymisierte Auswertung der E-Mails greift nämlich nur gering in die Rechte der Betroffenen ein, schließlich kann kein Bezug zu einer konkreten Person hergestellt werden.

Ferner ist regelmäßig die Anzahl der betroffenen Personen relevant. Lässt sich bspw. die Auswertung auf die Mitarbeiter einer spezifischen Abteilung/eines spezifischen Teams begrenzen, dürfte eine solche Maßnahme eher dem Verhältnismäßigkeitsgrundsatz entsprechen, als wenn ein Screening standort- oder unternehmensweit erfolgt. Je mehr Personen von der Maßnahme betroffen sind, desto eingriffsintensiver ist die Maßnahme.

Eine weitere Möglichkeit das E-Mail-Screening verhältnismäßig zu gestalten, ergibt sich daraus, dass die Mitarbeiter über den Verarbeitungsvorgang ausreichend informiert werden. Ein solches Vorgehen, welches bspw. durch IT-Richtlinien oder Betriebsvereinbarungen und zusätzliche Trainings umgesetzt werden kann, wirkt sich in der anzustellenden Abwägung mit dem allgemeinen Persönlichkeitsrecht des Arbeitnehmers zugunsten des Arbeitgebers aus.[1537] Ein solches Vorgehen wahrt überdies den Grundsatz der Transparenz.[1538]

Als unverhältnismäßig und daher unzulässig dürfte sich eine Dauerüberwachung der Betroffenen darstellen.[1539]

1535 LAG Rheinland-Pfalz, ZD 2019, 369; *Schmidl*, in: Hauschka/Moosmayer/Lösler, Corporate Compliance, § 28 Rn. 351.

1536 *Schmidl*, in: Hauschka/Moosmayer/Lösler, Corporate Compliance, § 28 Rn. 351.

1537 *Klaas*, CCZ 2018, 242, 247.

1538 Hinsichtlich Betriebsvereinbarungen vgl. *Wybitul/Böhm*, CCZ 2015, 133, 136.

1539 BeckOK DatenschutzR/*Riesenhuber*, BDSG § 26 Rn. 172.

Im Übrigen muss auch hinsichtlich der zulässigen Überwachung des E-Mail-Verkehrs dahingehend differenziert werden, ob die Privatnutzung des E-Mail-Accounts zugelassen bzw. geduldet ist (vgl. hierzu Fall 2.2[1540]) oder ob dies gerade nicht der Fall ist, mithin ein Verbot der Privatnutzung besteht (vgl. hierzu Fall 2.1[1541]).[1542]

(a) Rein dienstliche Nutzung des E-Mail-Accounts

Soweit die private Nutzung der dienstlichen E-Mail-Adresse wirksam untersagt ist, so wie bei Fall 2.1, besteht für den Arbeitgeber ein umfassendes Einsichtsrecht.[1543] Insbesondere besteht ein Recht, die E-Mail-Logdateien zu sichten.[1544] Begrenzt wird dieses Zugriffsrecht allein durch die Voraussetzungen der DS-GVO sowie des BDSG.[1545] Die vorzunehmende Abwägung wirkt sich im Falle des Verbots regelmäßig zugunsten des Aufklärungsinteresses des Unternehmens aus. Begründen lässt sich diese Abwägung bereits dadurch, dass sich aufgrund des Verbots ausschließlich dienstliche E-Mails auf den Servern des Unternehmens befinden dürften.[1546] Dies spricht dafür, dass der Arbeitnehmer schon nicht in seinem Recht auf informationelle Selbstbestimmung betroffen ist. Schließlich geht es ausschließlich um die mit der konkreten Tätigkeit zusammenhängende Kommunikation. Auch nach der instanzgerichtlichen Rechtsprechung zur E-Mail-Auswertung auf der Grundlage des § 26 Abs. 1 BDSG wiegt ein Eingriff in das Persönlichkeitsrecht des Betroffenen nicht schwer, wenn im Rahmen der Auswertung keine private (oder gar höchstpersönliche) E-Mail-Korrespondenz oder privaten Unterlagen ausgewertet werden.[1547]

Für die Zulässigkeit solcher Untersuchungen sprechen auch Argumente, die nicht unmittelbar im Zusammenhang mit Überwachungsmaßnahmen stehen. So muss der Arbeitgeber die Möglichkeit haben, überprüfen zu können, ob sich

---

1540 Vgl. Kapitel 2 § 2 A.

1541 Vgl. Kapitel 2 § 2 A.

1542 *Sagan*, AuR 2018, 92, 95.

1543 *Behling*, BB 2018, 52, 55; *Brockhaus*, in: Knierim/Rübenstahl/Tsambikakis, Teil 2, Kapitel 29 Rn. 66; Auernhammer/*Forst*, BDSG § 26 Rn. 125; ErfK/*Franzen* BDSG § 26 Rn. 30; *Herrmann/Zeidler*, NZA 2017, 1499, 1500; Küttner/*Kreitner*, Personalbuch 2020 Internet-/Telefonnutzung, Rn. 9; *Lohmeier/Shahhosseini*, in: Umnuß, Corporate Compliance Checklisten, Kapitel 7 Rn. 56; *Maschmann*, NZA-Beilage 2018, 115, 122; *Mengel*, NZA 2017, 1494, 1495; Böttger/*Minoggio*, WiPra, Kapitel 18 Rn. 95; *Müller*, öAT 2019, 1, 3; *Wessing*, in: Hauschka/Moosmayer/Lösler, Corporate Compliance, § 46 Rn. 30.

1544 So auch *Klengel/Mückenberger*, CCZ 2009, 81, 83; *Oberwetter*, NZA 2008, 609, 611.

1545 Im Ergebnis so auch WHWS/*Byers* B. X. Rn. 30; *Herrmann/Zeidler*, NZA 2017, 1499, 1500; *Maschmann*, NZA-Beilage 2018, 115, 122; zu alten Rechtslage *Heidrich/Wegener/Scheuch*, RDV 2016, 246, 248.

1546 *Mengel*, NZA 2017, 1494, 1495.

1547 LAG Rheinland-Pfalz, ZD 2019, 369, 371.

der Arbeitnehmer an das Verbot und damit an die vertraglichen Verpflichtungen hält.[1548] Die Überprüfung des Verbots, welche im Übrigen der Durchführung des Beschäftigungsverhältnisses gemäß § 26 Abs. 1 BDSG dient, liegt im Interesse des Arbeitgebers. Wenn nun aber schon die Überprüfung der Einhaltung des Verbots zulässig ist, muss die Sichtung dienstlicher E-Mails im Zusammenhang mit einer konkreten Verdachtslage erst recht zulässig sein. Insoweit kann sich eine Rechtfertigung aus § 26 Abs. 1 S. 1 BDSG gerade im Hinblick auf die Aufklärung von erheblichen Pflichtverletzungen und aus § 26 Abs. 1 S. 2 BDSG bzgl. Straftaten ergeben.

Jedoch dürfte aufgrund des Grundsatzes der Transparenz gemäß Art. 5 Abs. 1 lit. a) DS-GVO vom Arbeitgeber zu fordern sein, dass dieser seine Mitarbeiter im Vorfeld über die Möglichkeit des E-Mail-Screenings informiert.[1549] Dies wirkt sich im Rahmen der Verhältnismäßigkeitsprüfung unmittelbar zugunsten des Arbeitgebers aus, was sich im Hinblick auf die Überwachung von Arbeitnehmern im Internet auch aus der Rechtsprechung des EGMR entnehmen lässt.[1550] Die geforderte Transparenz lässt sich gerade durch Betriebsvereinbarungen, Datenschutzrichtlinien, aber auch durch FAQ-Listen oder Q&A-Listen erreichen.[1551] Insoweit ist *Wybitul/Böhm* zuzustimmen, dass eine Verhältnismäßigkeitsprüfung desto eher i.S.d. Arbeitgebers ausfällt, je transparenter das Unternehmen die Kontrollmaßnahmen beschreibt.[1552]

Ist äußerlich nicht erkennbar, ob eine E-Mail einen privaten Inhalt hat, weil es bspw. an einer aussagekräftigen Bezeichnung fehlt, sprechen gewichtige Argumente dafür, dass solche E-Mails eingesehen werden dürfen.[1553] Dem Arbeitnehmer ist nämlich die private Nutzung des E-Mail-Accounts nicht gestattet. Insoweit muss der Arbeitgeber auch nicht davon ausgehen, dass E-Mails mit privatem Inhalt aufgefunden werden. Dementsprechend dürfte regelmäßig das Aufklärungsinteresse des Arbeitgebers überwiegen. Letzteres würde auch zu stark eingeschränkt, müsste er von einer Auswertung der E-Mails bei jedem Zweifelsfall über den Inhalt absehen. Welchem Bereich eine E-Mail zugeordnet wird, lässt sich bspw. anhand der Betreffzeile[1554] oder der Bezeichnung des Ordners[1555] ermitteln. Diese Ansicht

---

1548 BAG, NZA 2017, 1327; *Behling*, BB 2018, 52, 55; *Maschmann*, NZA-Beilage 2018, 115, 122.

1549 Im Ergebnis so auch *Behling*, BB 2018, 52, 56; HWK/*Lembke*, Art. 88 DSGVO Rn. 99.

1550 EGMR, NZA 2017, 1443 – Bărbulescu/Rumänien; hierzu auch *Sagan*, AuR 2018, 92. Jedoch ist aus der Entscheidung nicht zu schließen, dass eine heimliche Überwachung damit gänzlich ausgeschlossen ist, hierzu ausführlich Kapitel 2 § 2 B. II. 5. c), d).

1551 *Wybitul/Böhm*, CCZ 2015, 133, 135.

1552 *Wybitul/Böhm*, CCZ 2015, 133, 135.

1553 *Thüsing/Traut*, in: Thüsing, Beschäftigtendatenschutz und Compliance, § 9 Rn. 51; a.A. wohl *Byers*, nach dem auch bei ausschließlich dienstlicher Nutzung des E-Mail-Accounts dem Arbeitgeber grundsätzlich ein Zugriff auf private E-Mails untersagt ist, vgl. *Byers*, Mitarbeiterkontrollen, Rn. 71.

1554 LAG Berlin-Brandenburg, NZA-RR 2011, 342, 344.

1555 EGMR, NZA 2018, 1609 – Libert/Frankreich.

wird auch durch eine aktuelle Entscheidung des EGMR gestärkt, wonach die Öffnung von Ordnern auf den Datenträgern des Arbeitgebers ohne Zustimmung und Anwesenheit des Arbeitnehmers dann nicht gegen Art. 8 Abs. 1 EMRK verstößt, wenn die EDV-Ausstattung für berufliche Zwecke zur Verfügung gestellt wurde und der Arbeitnehmer die Ordner nicht ausdrücklich als „privat" bezeichnet hat.[1556]

Auch wenn bei der rein dienstlichen Nutzung die Abwägung regelmäßig zugunsten des Arbeitgebers ausfallen wird, ergeben sich dort Grenzen, wo die Ermittlungsmaßnahme in eine lückenlose Überwachung übergeht. Eine solche Form der Überwachung dürfte mit dem Verhältnismäßigkeitsgrundsatz nicht in Einklang zu bringen sein.[1557] Eine Ausnahme dürfte allenfalls dann vorliegen, wenn ein konkreter Verdacht hinsichtlich einer Straftat besteht.[1558] Dann muss die Maßnahme aber zeitlich begrenzt sein und unmittelbar nach der Aufklärung des Verdachts beendet werden.[1559]

(b) Private Nutzung des E-Mail-Accounts

Eine rein dienstliche Nutzung des E-Mail-Accounts stellt in der heutigen Arbeitswelt nicht den absoluten Regelfall dar. Vielmehr ist – wie in Fallbeispiel 2.2[1560] – immer häufiger die Situation anzutreffen, dass den Arbeitnehmern die private Nutzung gestattet ist oder diese vom Arbeitgeber geduldet wird.[1561] Ebenfalls im Zusammenhang mit der privaten Nutzung soll der Fall besprochen werden, dass sich die Arbeitnehmer über ein bestehendes Verbot hinwegsetzen.

Hinsichtlich der privaten Nutzung ist zunächst zu beachten, dass es für eine private Nutzung nicht allein auf die ausdrückliche Gestattung durch den Arbeitgeber ankommt. Die Grundlage einer privaten Nutzung kann sich auch aus einer betrieblichen Übung[1562] oder einer Duldung des Arbeitgebers[1563] ergeben.

1556 EGMR, NZA 2018, 1609 – Libert/Frankreich; näheres zu dieser Entscheidung auch unter Kapitel 2 § 2 B. II. 5. c) bb) (c).

1557 WHWS/*Byers* B. X. Rn. 29 f.; *Byers*, Mitarbeiterkontrollen, Rn. 71; Auernhammer/*Forst*, BDSG § 26 Rn. 125; *Thüsing/Traut*, in: Thüsing, Beschäftigtendatenschutz und Compliance, § 9 Rn. 52 m.w.N.; im Ergebnis so auch *Toma*, CB 2017, 339, 341.

1558 *Byers*, Mitarbeiterkontrollen, Rn. 72.

1559 *Byers*, Mitarbeiterkontrollen, Rn. 72.

1560 Vgl. Kapitel 2 § 2 A.

1561 *Mengel*, NZA 2017, 1494, 1495.

1562 *Brink*, RDV 2015, 171, 173; Küttner/*Kreitner*, Personalbuch 2020 Internet-/Telefonnutzung, Rn. 4; *Müller*, öAT 2019, 1, 3; a.A. mit einer kritischen Würdigung *Byers*, Mitarbeiterkontrollen, Rn. 42 f. m.w.N.

1563 *Herrmann/Zeidler*, NZA 2017, 1499, 1500; HWK/*Lembke*, Art. 88 DSGVO Rn. 99; *Mengel*, BB 2004, 2014, 2015; aus einer Duldung kann auch eine betriebliche Übung entstehen, vgl. Küttner/*Kreitner*, Personalbuch 2020 Internet-/Telefonnutzung, Rn. 4.

Andererseits ist ebenfalls zu beachten, dass eine Nichtregelung der Nutzung nicht automatisch zur Gestattung der Privatnutzung führt.[1564]

(aa) Private Nutzung gestattet

Soweit die private Nutzung von E-Mail-Accounts gestattet ist, ist eine Auswertung des offensichtlich privaten E-Mail-Verkehrs des Arbeitnehmers unzulässig.[1565] Nimmt man eine Abwägung der sich gegenüberstehenden Grundrechtspositionen vor, so überwiegt in aller Regel das Interesse des Arbeitnehmers am Schutz seines Rechts auf informationelle Selbstbestimmung gegenüber dem Aufklärungsinteresse des Arbeitgebers. Der Arbeitgeber hat sich durch die Erlaubnis bzw. Duldung der privaten Nutzung bewusst diesem Risiko ausgesetzt. Der Schutz der privaten Kommunikation muss hier höher eingeordnet werden.

Eine andere Abwägungsbewertung und damit am Ende für den Arbeitgeber das Recht zur Einsicht kommt dann in Betracht, wenn durch den Arbeitgeber bestimmt ist, dass private E-Mails in einem separaten Ordner abzuspeichern sind[1566] oder eine gesonderte Kennzeichnung der E-Mail erfolgen muss, bspw. mit der zusätzlichen Auflage, die entsprechende E-Mails innerhalb einer festgelegten Frist zu löschen.[1567] Durch ein solches Vorgehen schafft der Arbeitgeber die Möglichkeit einer klaren Trennung und Abgrenzbarkeit. Ferner wird so der Schutz des Rechts auf informationelle Selbstbestimmung auch im Falle des E-Mail-Screenings ermöglicht. Das LAG Rheinland-Pfalz hat die Auswertung von E-Mails bzw. Unterlagen auch dann für datenschutzrechtlich zulässig erachtet, wenn dem Arbeitnehmer zwar die private Nutzung gestattet hat, der Arbeitgeber im Rahmen der Durchsicht aber nur technische Aufzeichnungen auswertet.[1568] Die entsprechende Filterung sowie die Trennung von privaten E-Mails bzw. Unterlagen muss der Arbeitgeber aber auch gewährleisten können.

Verstößt der Arbeitnehmer gegen diese Reglungen, dürfte sich dies in der vorzunehmenden Abwägung regelmäßig zu seinen Lasten auswirken, da er den in seinem Sinne geschaffenen Schutzmechanismus außer Acht lässt. Anzumerken ist jedoch, dass eine solche klare Trennung in der Praxis nur schwer zu realisieren ist.[1569] Damit durch eine solche Trennung Rechtssicherheit für den Arbeitgeber

---

1564 *Heidrich/Wegener/Scheuch*, RDV 2016, 246, 247.

1565 *Klengel/Mückenberger*, CCZ 2009, 81, 83; *Müller*, öAT 2019, 1, 3; *Oberwetter*, NZA 2008, 609, 611.

1566 *Maschmann*, NZA-Beilage 2018, 115, 124; *Mengel*, NZA 2017, 1494, 1496; im Ergebnis wohl auch *Hembach*, ZD 2018, 265 f.

1567 *Maschmann*, NZA-Beilage 2018, 115, 124; *Mengel*, NZA 2017, 1494, 1496.

1568 LAG Rheinland-Pfalz, ZD 2019, 369, 370 f.

1569 A.A. wohl *Riesenhuber*, nach dessen Ansicht gerade bei der E-Mail-Nutzung die Trennung erlaubter privater und dienstlicher Nutzung durch getrennte Adressen, Konten oder Ordner praktikabel sein dürfte, vgl. BeckOK DatenschutzR/*Riesenhuber*, BDSG § 26 Rn. 176.

erzeugt wird, muss die Zugriffsmöglichkeit des Arbeitgebers auf die privaten E-Mails definitiv ausgeschlossen sein.[1570] Dies lässt sich in der Praxis jedenfalls dann nicht gewährleisten, wenn der Mitarbeiter krankheitsbedingt oder aufgrund von Urlaub abwesend ist und seine E-Mails in dieser Zeit nicht löschen oder verschieben kann.[1571] Außerdem müssen nach einer aktuellen Entscheidung des LAG Hessen Vorgaben, wie bspw. die Pflicht private E-Mails zu löschen, ihrerseits ebenfalls dem aus Art. 2 Abs. 1 i.V.m. Art. 1 Abs. 1 GG abzuleitenden Verhältnismäßigkeitsgrundsatz entsprechen.[1572] Dies bedeute, dass die Vorgaben transparent und erforderlich sein müssten, um die vom Arbeitgeber verfolgten Zwecke zu wahren.[1573]

(bb) Private Nutzung trotz Verbots

Problematisch stellt sich die Situation dar, wenn dem Arbeitnehmer die private Nutzung des E-Mail-Accounts zwar verboten ist, dieser sich dem Verbot jedoch widersetzt. Dann fragt sich, ob der Arbeitgeber auf solche E-Mails zugreifen darf.[1574] Jedenfalls zur alten Rechtslage wurde teilweise angenommen, dass ein Zugriff auf die E-Mails – trotz des Verbots – dann nicht zulässig ist, wenn die E-Mails eindeutig als private E-Mails erkennbar sind.[1575] Dieser Ansicht steht die Auffassung gegenüber, nach der sich zur Wahrung der Einheit der Rechtsordnung die Zugriffs- und Kontrollrechte nach den Nutzungsbedingungen richten müssen.[1576] Liege also ein klares Verbot zur privaten Nutzung vor, müssen Informationen aus diesen E-Mails ebenfalls verwertet werden können.[1577] Hierfür spricht, dass der Eingriff in die Rechte des betroffenen Arbeitnehmers weniger schwer wiegt, da die private Nutzung gerade verboten war und sich der Arbeitnehmer darüber hinweggesetzt hat.[1578]

Gegen das Zugriffsrecht spricht auch nicht die Erwartbarkeit der Privatheit. Wie das BAG in einer aktuellen Entscheidung klargestellt hat, stellt eine „berechtigte

---

1570 So auch Byers, auch wenn er sich für die Anwendbarkeit des Fernmeldegeheimnisses ausspricht, vgl. WHWS/*Byers* B. X. Rn. 22.

1571 So auch Byers, auch wenn er sich für die Anwendbarkeit des Fernmeldegeheimnisses ausspricht, vgl. WHWS/*Byers* B. X. Rn. 22; darüber hinaus sieht *Byers* die Trennbarkeit von privaten und dienstlichen E-Mails insgesamt kritisch, vgl. *Byers*, Mitarbeiterkontrollen, Rn. 46, 53.

1572 LAG Hessen, NZA-RR 2019, 130.

1573 LAG Hessen, NZA-RR 2019, 130.

1574 Zur Auswertung von log files bei einer privaten Nutzung des Internets trotz Verbots und deren Zulässigkeit vgl. LAG Köln, ZD 2020, 533, 536 f.

1575 *Klengel/Mückenberger*, CCZ 2009, 81, 83; Nach *Grosjean* ist eine Einsicht auch in diesen Fällen möglich, wenn überwiegende Arbeitgeberinteressen vorliegen, insbesondere im Fall eines Tatverdachts, vgl. *Grosjean*, DB 2003, 2650, 2652.

1576 *Mengel*, NZA 2017, 1494, 1495.

1577 *Mengel*, NZA 2017, 1494, 1495.

1578 So auch LAG Rheinland-Pfalz, ZD 2019, 369, 371.

Privatheitserwartung“ des Betroffenen im Rahmen der Interessenabwägung einen beachtlichen Faktor dar.[1579] Dieser Faktor soll selbst dann zugunsten des Nichtverarbeitungsinteresses des Arbeitnehmers den Ausschlag geben können, wenn das Verarbeitungsinteresse des Arbeitgebers hoch ist.[1580] Hinsichtlich der vorliegenden Problemstellung besteht jedoch ein klares Verbot der privaten Nutzung, über welches sich der Arbeitnehmer hinweggesetzt hat. Der Arbeitnehmer konnte insoweit auch nicht in berechtigter Weise davon ausgehen und erwarten, dass seine E-Mails nicht eingesehen werden würden.

Soweit die Nutzung des E-Mail-Accounts zu privaten Zwecken verboten ist, der Arbeitnehmer sich über dieses Verbot aber hinwegsetzt, ist im Ergebnis eine umfassende Auswertung der Inhalte der E-Mails als zulässig anzusehen.

(cc) Sonderfall: Konkreter Verdacht einer schwerwiegenden Straftat

Im Falle des konkreten Verdachts einer schwerwiegenden Straftat dürfte ein E-Mail-Screening auch von privaten E-Mails nach einer umfassenden Abwägung im Einzelfall zulässig sein.[1581] In solch einer Situation ist der Arbeitnehmer nämlich nicht umfassend schutzwürdig. Insoweit weist *Wessing* zutreffend darauf hin, dass es kaum vertretbar wäre, Mitarbeitern durch das Verschieben von E-Mails, bspw. in einen Ordner, der mit „Privat“ gekennzeichnet ist, eine Möglichkeit zu bieten, inkriminierte Sachverhalte/Dateien auf diese Weise zu schützen.[1582] Dies gilt wiederum nicht, wenn bereits die Auswertung von eindeutig als dienstlich markierten E-Mails den Verdacht bestätigt, da es dann einer weiteren Untersuchung der privaten E-Mails vor dem Hintergrund des Verhältnismäßigkeitsgrundsatzes nicht mehr bedarf.[1583]

Als weiteres Argument lässt sich auch die Wertung aus § 100 Abs. 3 TKG heranziehen. Danach darf der Diensteanbieter zur Sicherung seines Entgeltanspruchs die Bestandsdaten und Verkehrsdaten verwenden, die erforderlich sind, um eine rechtswidrige Inanspruchnahme des Telekommunikationsnetzes oder -diensts aufzudecken und zu unterbinden, wenn zu dokumentierende tatsächliche Anhaltspunkte für die rechtswidrige Inanspruchnahme eines Telekommunikationsnetzes oder -diensts vorliegen, insbesondere für eine Leistungserschleichung oder einen Betrug. Gemäß § 3 Nr. 30 TKG handelt es sich bei Verkehrsdaten um solche Daten, die bei der Erbringung eines Telekommunikationsdiensts erhoben, verarbeitet oder

---

1579 BAG, NZA 2019, 893, 899; von der Berücksichtigung einer solchen Privatheitserwartung geht auch der EGMR aus, vgl. EGMR, BeckRS 2018, 34505 – López, Ribalda u.a./Spanien; vgl. hierzu auch die sich aus der Rechtsprechung des EGMR ergebenden Leitlinien, Kapitel 2 § 2 B. II. 5. c) cc).

1580 BAG, NZA 2019, 893, 899.

1581 So wohl auch *Wessing*, in: Hauschka/Moosmayer/Lösler, Corporate Compliance, § 46 Rn. 34.

1582 *Wessing*, in: Hauschka/Moosmayer/Lösler, Corporate Compliance, § 46 Rn. 34.

1583 *Wessing*, in: Hauschka/Moosmayer/Lösler, Corporate Compliance, § 46 Rn. 34.

genutzt werden. Zu Verkehrsdaten zählen gemäß § 96 Abs. 1 Nr. 2, 5 und § 97 TKG auch solche Daten, die zur Abrechnung notwendig sind. Solche Abrechnungsdaten unterliegen wiederum dem Fernmeldegeheimnis gemäß Art. 10 Abs. 1 GG und damit auch dem Anwendungsbereich des § 88 TKG.[1584] § 100 Abs. 3 TKG erlaubt damit, dass Daten, die dem Fernmeldegeheimnis unterliegen, verwendet werden dürfen, soweit sie erforderlich sind, um die rechtswidrige Inanspruchnahme eines Telekommunikationsnetzes oder -diensts, insbesondere im Hinblick auf eine Leistungserschleichung oder einen Betrug, aufzudecken und zu unterbinden.

Zwar ist das TKG nach der hier vertretenen Ansicht nicht anwendbar. Wenn aber das TKG in Ausnahmefällen einen Zugriff auf dem Fernmeldegeheimnis unterliegende Daten gestattet, sollte dies auch dann gelten, wenn der Datenverarbeitung kein grundsätzliches Verbot, sondern eine umfassende Abwägung zugrunde liegt. In beiden Fällen geht es darum, dass Daten verarbeitet bzw. verwendet werden, um Straftaten aufzudecken. Auch bedarf es in beiden Fällen konkreter Hinweise.

2. *Screening von Chat-Nachrichten*

Wie bereits im Rahmen der Darstellung zum E-Mail-Screening erwähnt, kommt neben der E-Mail auch alternativen Kommunikationswegen, wie Instant-Messaging-Diensten, immer größere Bedeutung zu.[1585] Insoweit bedarf es hier auch einer Untersuchung, inwieweit die Auswertung dieser stärker in den Fokus rückenden neuen Kommunikationswege datenschutzrechtlich zulässig ist. Dabei wird es auch um die Frage gehen, ob sich die hier angestellten Überlegungen hinsichtlich der Zulässigkeit der Auswertung von E-Mails und ihrer Inhalte auf alternative Kommunikationswege, bspw. Chat-Protokolle, übertragen lassen.

Gerade im Hinblick auf Instant-Messaging-Dienste, bei denen sowohl Textnachrichten als auch Sprachnachrichten und sonstige Audiodaten übermittelt werden können,[1586] sollte im Rahmen der datenschutzrechtlichen Bewertung zwischen diesen beiden Nachrichtenformen unterschieden werden. Konkret bezogen auf diese beiden Nachrichtenformen ist überdies zu untersuchen, inwieweit eine Vergleichbarkeit mit E-Mails oder Telefonaten in Betracht kommt.

Betrachtet man die Auswertungsmöglichkeiten durch den Arbeitgeber, so kommt zunächst ein Mitschnitt der laufenden Kommunikation via Chat in Betracht, soweit das Chatprogramm über die Server des Arbeitgebers betrieben wird.[1587] Ist Letzteres der Fall, ist überdies eine nachträgliche Auswertung der Nachrichten möglich, da die Software regelmäßig sämtliche Daten, Chats usw. archiviert.[1588]

1584 *Munz*, in: von Westphalen/Thüsing, Vertragsrecht und AGB-Klauselwerke, Datenschutzklauseln Rn. 120.
1585 Vgl. Kapitel 2 § 2 C. II. 1. a) aa).
1586 BeckOK DatenschutzR/*Riesenhuber*, BDSG § 16 Rn. 165.2.
1587 *Scheben/Klos*, CCZ 2013, 88, 91.
1588 *Scheben/Klos*, CCZ 2013, 88, 91.

Eine Archivierung ist aber auch unmittelbar auf dem lokalen Computer möglich, auf dem das Chat-Programm installiert ist.[1589]

a) Textnachrichten (Chatprotokolle)

Ebenso wie bei der E-Mail stellt sich die Frage, wie eine Textnachricht datenschutzrechtlich einzuordnen ist. Vorliegend käme eine Einordnung als Telefonat oder aber als E-Mail in Betracht.[1590] Die in einem Chat-Protokoll protokollierten Textnachrichten sind nach der instanzgerichtlichen Rechtsprechung des LAG Hamm mit der E-Mail vergleichbar.[1591] Hierfür spricht zunächst, dass es sich auch bei Chats im Rahmen von Instant-Messaging-Diensten um eine schriftliche Kommunikation handelt. Ebenso wie bei einer E-Mail können heutzutage z.B. auch Anhänge übersandt werden. Außerdem kann sich der Absender bei einem Chat überlegen, wie und mit welchem zeitlichen Abstand er auf eine Nachricht reagieren möchte, ihm stehen also die gleichen Reaktionsmöglichkeiten zu, wie sie bei einer E-Mail bestehen. Auf der anderen Seite könnte man anführen, dass die Unterhaltung in einem Chat wesentlich schneller und kurzlebiger ist als die über E-Mails und daher eher einem Telefonat gleichen.[1592] Dem ist wiederum entgegenzuhalten, dass bei Chats, ebenso wie bei E-Mails, die Reaktion nicht unmittelbar folgen muss. Auf eine Nachricht in einem Chat kann ebenso überlegt und ausführlich geantwortet werden wie bei einer E-Mail. Eine E-Mail kann zugleich ebenso kurz und einfach gehalten sein wie eine Nachricht in einem Chat. Die stärkeren Argumente sprechen für eine Vergleichbarkeit zwischen E-Mails und Chat-Nachrichten, da es sich jeweils um Textnachrichten handelt, also nicht um das gesprochene Wort und eine zeitversetze Reaktion möglich ist.[1593]

Aufgrund der Vergleichbarkeit der Chat-Nachricht mit einer E-Mail lässt sich im Hinblick auf Textnachrichten die gleiche Differenzierung hinsichtlich der Zugriffsmöglichkeit treffen wie bei E-Mails: Zunächst ist die Frage zu stellen, ob die Regelungen des § 88 TKG Anwendung finden. In dem Zusammenhang lassen sich die Ausführungen zur Auswertung von E-Mails auf den vorliegenden Problemkomplex über die Auswertung von Chat-Nachrichten übertragen. Dies gilt auch für die Rechtsprechung des BVerfG. Zu schützen ist demnach der Kommunikationsweg bis zu dem Zeitpunkt, in dem der Übermittlungsvorgang abgeschlossen ist. Es stellt sich sodann die weitere Frage, ob sich die Chat-Nachrichten im Herrschaftsbereich des Arbeitnehmers befinden oder ob dies noch nicht der Fall ist, weil der Übermittlungsvorgang bspw. noch nicht abgeschlossen ist. Auf dieser Grundlage ist

---

1589 So auch in dem der Entscheidung des LAG Hamm vom 10.07.2012 zur Auswertung von Chat-Protokollen zugrunde liegenden Sachverhalt, vgl. LAG Hamm, ZD 2013, 135, 135 f.

1590 *Scheben/Klos*, CCZ 2013, 88, 91.

1591 LAG Hamm, ZD 2013, 135, 139 f.

1592 *Scheben/Klos*, CCZ 2013, 88, 91.

1593 So auch *Scheben/Klos*, CCZ 2013, 88, 91 f.

zu bewerten, ob das TKG Anwendung findet, wobei mit den bereits zum E-Mail-Screening benannten Argumenten die Anwendbarkeit des TKG abzulehnen ist.[1594]

Da die Auswertung der Textnachrichten also denselben Anforderungen wie der Auswertung von E-Mail-Inhalten unterliegt, kommt es maßgeblich auf die Abwägung der betroffenen Interessen im Einzelfall an.[1595] Die Übertragbarkeit der rechtlichen Erwägungen zum E-Mail-Screening auf die Auswertung von Chat-Nachrichten soll exemplarisch anhand von Fall 3[1596] aufgezeigt werden.

In Fall 3 führt der Arbeitnehmer trotz eines Verbots private Kommunikation über den unternehmenseigenen Computer. Dies ist vergleichbar mit der Situation, dass der Mitarbeiter seinen E-Mail-Account trotz eines Verbots der privaten Nutzung für ebendiese Zwecke einsetzt.[1597] Zunächst ist bei Chat-Nachrichten, ebenso wie bei der E-Mail-Nutzung, zwischen der rein dienstlichen Nutzung eines unternehmenseigenen Geräts und der jedenfalls auch privaten Nutzung zu unterscheiden. In dem gebildeten Fall 3 war die private Nutzung unternehmenseigener Geräte untersagt. Die Tatsache, dass der Arbeitnehmer sich über dieses Verbot hinwegsetzt, ist in die Abwägungsentscheidung einzubeziehen. Ebenso wie bei der privaten Nutzung eines E-Mail-Accounts trotz Verbots ist auch hier der Arbeitnehmer nicht schutzwürdig im Hinblick auf eine mögliche erwartete „berechtigte Privatheitserwartung“. Der Mitarbeiter musste schließlich wissen, dass die private Nutzung untersagt ist und eine Auswertung der Inhalte auf dem Computer damit möglich war. Die Tatsache, dass der Arbeitnehmer das Chat-Programm selber auf dem Computer installiert hat und erst nach der Installation der Software das Chat-Programm automatisch die Chat-Verläufe archiviert hat, mithin die Dokumentation nicht durch das vom Arbeitgeber zur Verfügung gestellte E-Mail-System erfolgt, ändert an der rechtlichen Bewertung nichts.

Löst man sich von dem Beispiel, wird eine Übertragbarkeit aber auch an anderer Stelle deutlich. So ist es durchaus möglich, dass der Arbeitgeber den Mitarbeitern für die interne Kommunikation ein Chatprogramm zu Verfügung stellt und auch die private Nutzung gestattet. In solch einer Situation muss – ebenso wie beim E-Mail-Screening – geklärt werden, ob bspw. Vorgaben hinsichtlich einer klaren Trennung zwischen dienstlichen und privaten Chats bestehen, sodass im Hinblick auf ein Screening eine Differenzierung möglich ist.

Im Ergebnis lässt sich festhalten, dass hinsichtlich der datenschutzrechtlichen Zulässigkeit der Auswertung von Chat-Nachrichten die gleichen Erwägungen zugrunde zu legen sind wie beim E-Mail-Screening.

1594 Vgl. Kapitel 2 § 2 C. II. 1. b) bb).

1595 LAG Hamm, ZD 2013, 135, 139 f.; *Scheben/Klos*, CCZ 2013, 88, 92.

1596 Vgl. Kapitel 2 § 2 A.

1597 Vgl. Kapitel 2 § 2 C. II. 1. d) cc) (b) (bb).

b) Sprachnachrichten (Audiodateien)

Werden hingegen Sprachnachrichten über Instant-Messaging-Dienste verschickt, so dürfte dieser Vorgang datenschutzrechtlich eher mit einem Telefonat vergleichbar sein. Zwar besteht auch bei Sprachnachrichten die Möglichkeit zeitverzögert auf eine Nachricht zu reagieren. Jedoch ist bei einer Sprachnachricht das gesprochene Wort maßgeblich. Die Zusendung von Sprachnachrichten unterscheidet sich von einem Telefonat lediglich darin, dass eine Reaktion des Adressaten der Sprachnachricht nicht sofort erfolgen muss wie bei einem Telefonat, sondern auch zeitverzögert erfolgen kann. Diese Möglichkeit der Zeitverzögerung könnte nun dafür sprechen, dass Sprachnachrichten eher einer Sprachnachricht zugeordnet werden sollten.

Allerdings stellt die Möglichkeit der Zeitverzögerung auch die einzige Unterscheidung zu einem Telefonat dar. Maßgeblich für die Zuordnung ist es, dass es sich bei einer Sprachnachricht um eine Audiodatei handelt, durch welche das gesprochene Wort wiedergegeben werden kann. Mithin wird dem Adressaten das gesprochene Wort lediglich in Dateiform übersandt. Trotz der Möglichkeit der Zeitverzögerung lässt sich ein Vergleich herstellen zu dem gesprochenen Wort, welches im Rahmen eines Telefonats ebenfalls über die Telefonleitung übertragen wird, wenn auch unmittelbar. Sprachnachrichten werden zunehmend ähnlich einem Telefonat verwendet. Dies gerade in den Fällen, in denen den Kommunikationsteilnehmern ein durchgängiges Gespräch zum Zeitpunkt der Kommunikation nicht möglich ist. Überdies kann eine Sprachnachricht nicht vorab dem privaten oder betrieblichen Bereich zugeordnet werden. Die Sprachnachricht stellt eine Audiodatei dar, welche ohne nähere Bezeichnung über die Instant-Messaging-Dienste an den Adressaten gesendet wird.

Da nach der hier vertretenen Ansicht die Auswertung von Sprachnachrichten mit der Auswertung von Telefonaten vergleichbar ist, wird hinsichtlich der datenschutzrechtlichen Bewertung solcher Auswertungsmaßnahmen auf die Darstellungen zur Auswertung von Telefonaten verwiesen.[1598] Sollen Audiodateien ausgewertet werden, so bedarf es eines Schritts, der über die reine Auswertung des reinen Chat-Protokolls hinausgeht, da nicht nur der Chat als solcher gespeichert und bspw. ausgedruckt wird, sondern in einem gesonderten Schritt die Audiodaten gespeichert und wiedergegeben werden. Dieser Schritt, also die Sicherung einer Kopie der Audiodatei sowie die Wiedergabe/das Abspielen, stellt einen eigenen Datenverarbeitungsvorgang dar, welcher nach der hier vertretenen Ansicht mit der Auswertung von Telefonaten vergleichbar ist. Dies auch, obwohl – anders als beim Telefonat – nicht direkt auf den Kommunikationsvorgang eingegriffen wird, sondern die Audiodaten im Nachgang der Kommunikation ausgewertet werden. Insoweit richtet sich die

---

1598 Vgl. Kapitel 2 § 2 C. II. 3.

datenschutzrechtliche Zulässigkeit der Auswertung von Audiodateien nach den sogleich folgenden Erwägungen zur Telefonüberwachung.

3. Telefonüberwachung

a) Grundlagen

aa) Bedeutung für interne Untersuchungen

Neben dem E-Mail-Screening stellt die Ermittlungsmaßnahme der Telefonüberwachung eine weitere wichtige und zugleich sehr eingriffsintensive Maßnahme dar. Überschneidungen im Hinblick auf die rechtliche Bewertung der Maßnahme bestehen insbesondere bezogen auf die Maßnahme des E-Mail-Screenings, worauf in den folgenden Ausführungen entsprechend hingewiesen wird. Die datenschutzrechtliche Bewertung der Rechtmäßigkeit richtete sich nach dem BDSG sowie der DS-GVO. Im Rahmen interner Untersuchungen ist gerade die Telefonüberwachung – ebenso wie die Videoüberwachung[1599] – von der Heimlichkeit der Maßnahme geprägt.[1600] Ziel ist es, dass Mitarbeiter im Vertrauen auf ein vertrauliches Gespräch Hinweise auf Strafbarkeiten und erhebliche Pflichtverletzungen geben.

Die zu einer etwaigen Telefonüberwachung angestellten Überlegungen gelten gleichermaßen für die Nutzung des Diensttelefons am Arbeitsplatz wie für die Nutzung eines Dienst-Handys.[1601]

Im Rahmen der Telefonüberwachung ist zwischen der Überwachung von reinen Telefonverbindungsdaten, so z.B. Datum, Uhrzeit, Beginn und Ende des Telefonats[1602] und der angewählten Rufnummer (Zielnummer)[1603], sowie der Überwachung des Telefongesprächs und seines Inhalts zu unterscheiden.[1604]

bb) Anwendbarkeit des TKG

Während einige Stimmen in der Literatur – parallel zur Überwachung von E-Mail-Accounts – von der Anwendbarkeit des TKG hinsichtlich der privaten Nutzung des betrieblichen Telefons ausgehen[1605], wird nach der hier vertretenen Ansicht eine Anwendbarkeit abgelehnt, da der Arbeitgeber nicht als Diensteanbieter gemäß § 3 Nr. 6 TKG einzuordnen ist.[1606]

1599 Vgl. hierzu ausführlich Kapitel 2 § 2 C. II. 4.

1600 MAH ArbR/*Dendorfer-Ditges*, § 35 Rn. 182.

1601 MAH ArbR/*Dendorfer-Ditges*, § 35 Rn. 195; *Wellhöner/Byers*, BB 2009, 2310, 2312.

1602 ErfK/*Franzen* BDSG § 26 Rn. 29; *Thüsing/Traut,* in: Thüsing, Beschäftigtendatenschutz und Compliance, § 10 Rn. 2.

1603 BAG, NZA 1986, 643.

1604 *Schrader/Mahler*, NZA-RR 2016, 57, 61.

1605 *Brink/Schwab*, ArbRAktuell 2018, 111; *Schrader/Mahler*, NZA-RR 2016, 57, 62; zustimmend, wenn auch kritisch BeckOK DatenschutzR/*Riesenhuber*, BDSG § 26 Rn. 167 ff.

1606 Vgl. hierzu ausführlich Kapitel 2 § 2 C II. 1. b) bb).

b) *Auswertung der Telefonverbindungsdaten*

aa) *Bedeutung von Verbindungsdaten im Rahmen interner Untersuchungen*

Auch Telefonverbindungsdaten kann im Rahmen interner Untersuchungen eine Bedeutung zukommen. Wie in Fall 4.1[1607] illustriert, kann deren Auswertung betrieben werden, um so weitere Rückschlüsse im Hinblick auf den Gegenstand der internen Untersuchung ziehen zu können. Anhand der gesamten Telefonnummer des Gesprächspartners des Mitarbeiters (sog. Zielnummer) lässt sich bspw. ermitteln, welcher Mitarbeiter ein konkretes Gespräch mit wem geführt hat.[1608] Ist eine Person verdächtig, so lässt sich also anhand der Nummer des Gesprächspartners bestimmen, mit wem der verdächtige Mitarbeiter gesprochen hat.[1609] Sind mehrere Arbeitnehmer an einer Straftat oder erheblichen Pflichtverletzung beteiligt, ließe sich über die Verbindungsdaten nachprüfen, ob die betroffenen Personen telefonisch in Verbindung standen.

Bestehen keine Überschneidungen im Rahmen der täglichen Arbeit (bspw. durch ein gemeinsames Team, eine gemeinsame Abteilung) und sind auch sonst keine Verbindungen zwischen den Mitarbeitern bekannt, lässt sich aus einer Vielzahl gemeinsamer Telefonate jedenfalls der Schluss ziehen, dass eine konkrete Verbindung zwischen den betroffenen Mitarbeitern besteht. Dies könnte zum Anlass weitergehender Ermittlungsmaßnahmen genommen werden.

bb) *Rechtfertigung gemäß § 26 Abs. 1 BDSG*

(a) *Allgemeines*

Der Anwendungsbereich des § 26 Abs. 1 BDSG ist eröffnet, da es sich auch bei Telefonverbindungsdaten um personenbezogene Daten handelt.[1610] Dabei fehlt es in der Regel auch nicht am Personenbezug. Zwar besteht regelmäßig für ein Unternehmen nur eine allgemeine Rufnummer, welche noch keine Zuordnung zu einer bestimmten Person zulässt. Eine Zuordnung des Gesprächs zu einem bestimmten Arbeitnehmer wird aber durch die entsprechende Durchwahl des jeweiligen Mitarbeiters erreicht.[1611] Insoweit beziehen sich die erhobenen Daten auf eine bestimmbare Person.[1612] Werden also bspw. die Eingänge einer bestimmten externen Rufnummer überprüft, lässt sich anhand der Durchwahl genau

---

1607 Vgl. Kapitel 2 § 2 A.

1608 Im Ergebnis so auch schon BVerwG, NVwZ, 1990, 71, 73; vgl. auch BAG, NZA 1986, 643.

1609 BAG, NZA 1987, 515, 516.

1610 BAG, NZA 1986, 643; LAG Niedersachsen, NZA-RR 1998, 259, 260; *Thüsing/Traut*, in: Thüsing, Beschäftigtendatenschutz und Compliance, § 10 Rn. 1.

1611 BAG, NZA 1986, 643, 645.

1612 BAG, NZA 1986, 643, 645.

zuordnen, welcher Mitarbeiter das entsprechende Telefongespräch geführt hat. Auf einen eigenständigen Telefonanschluss kommt es dabei nicht an.

Im Hinblick auf die datenschutzrechtliche Auswertung der Verbindungsdaten besteht überwiegend Einigkeit dahin gehend, dass die automatische Erfassung der äußeren Gesprächsdaten zulässig ist.[1613] Zunächst besteht ein legitimes Interesse des Arbeitgebers daran, die Kosten für den Telefoneinsatz sowie die Einhaltung der ausschließlich dienstlichen Nutzung zu kontrollieren.[1614] Wenn aber das Kontrollinteresse bereits ausreicht, um die Überprüfung zu rechtfertigen, muss das auch für die Aufklärung im Rahmen interner Untersuchungen gelten. Dies auch gerade dann, wenn, wie in Fall 4.1[1615], ein konkreter Verdacht einer erheblichen Pflichtverletzung besteht.

Der Datenverarbeitung kann der Arbeitnehmer auch kein gewichtiges Interesse entgegensetzen. Zwar wird in das Recht auf informationelle Selbstbestimmung eingegriffen. Dieser Eingriff wiegt jedoch nicht schwer, da ausschließlich die Telefonverbindungsdaten betroffen sind. Liegt nicht nur der Verdacht einer erheblichen Pflichtverletzung, sondern sogar einer Straftat vor, dürfte dies noch mal mehr für die Zulässigkeit der Auswertung der Verbindungsdaten sprechen. Insbesondere wird bei der Verarbeitung solcher Verbindungsdaten nicht der Inhalt des Gesprächs erfasst, sodass kein Eingriff in den Schutzbereich des Rechts am eigenen Wort besteht.[1616] Das Recht am eigenen Wort ist Teil des allgemeinen Persönlichkeitsrechts gemäß Art. 2 Abs. 1 i.V.m. Art. 1 Abs. 1 GG[1617] und schützt das Recht, selbst darüber entscheiden zu können, wer von dem Inhalt eines Gesprächs Kenntnis erlangt.[1618]

Darüber hinaus ist die Erhebung von Telefonverbindungsdaten mit der Erhebung von E-Mail-Logdateien vergleichbar, sodass die gleichen Grundsätze gelten. Ebenso wie die Auswertung der E-Mail-Logdateien von rein dienstlichen E-Mails zulässig ist, ist auch die Auswertung von Telefonverbindungsdaten rein dienstlicher Rufnummern als zulässig anzusehen. Insgesamt dürfte das berechtigte Interesse des Arbeitgebers an der Aufklärung die Maßnahme rechtfertigen.[1619]

1613 BAG, NZA 1986, 643; BVerwG, NVwZ, 1990, 71, 73; BeckOK DatenschutzR/*Riesenhuber*, BDSG § 26 Rn. 172; ErfK/*Franzen* BDSG § 26 Rn. 29.

1614 LAG Niedersachsen, NZA-RR 1998, 259, 260; ErfK/*Franzen* BDSG § 26 Rn. 29; *Thüsing/Traut*, in: Thüsing, Beschäftigtendatenschutz und Compliance, § 10 Rn. 2; im Ergebnis so wohl auch *Ernst*, NZA 2002, 585, 589.

1615 Vgl. Kapitel 2 § 2 A.

1616 So auch *Thüsing/Traut*, in: Thüsing, Beschäftigtendatenschutz und Compliance, § 10 Rn. 2.

1617 BAG, NJW 1983, 1691; BAG, NZA 1996, 218, 221; MAH ArbR/*Dendorfer-Ditges*, § 35 Rn. 184.

1618 Vgl. hierzu nur BVerfG, NZA 1992, 307; *Jarass*, in: Jarass/Pieroth, GG Art. 2 Rn. 45.

1619 *Thüsing/Traut*, in: Thüsing, Beschäftigtendatenschutz und Compliance, § 10 Rn. 2; *Vehslage*, AnwBl. 2001, 145, 147; so wohl auch *Ernst*, NZA 2002, 585, 589.

Ungeklärt und umstritten ist indes die Frage, ob die Speicherung der Zielnummer eines externen Gesprächspartners zulässig ist.[1620] Gerade im Rahmen von internen Untersuchungen kommt es jedoch auf diese Zielnummern an, was Fall 4.1[1621] veranschaulicht wird. Dem Unternehmen geht es gerade darum, durch die Auswertung von Zielnummern konkrete Hinweise auf die Pflichtverletzung zu erlangen und womöglich Komplizen ausfindig zu machen. Einige Stimmen in der Literatur gehen für den Fall der rein dienstlichen Nutzung der Telefonanlage von der Zulässigkeit der Speicherung von der vollständigen Zielnummer aus, da insoweit das Interesse des Arbeitgebers an einer Missbrauchskontrolle ausreiche.[1622] Ist jedoch, wie in Fall 4.1, die private Nutzung gestattet, so soll die Speicherung nur dann zulässig sein, wenn diese zur Abrechnung der Telefonate erforderlich ist.[1623] Dies dürfte regelmäßig nicht der Fall sein, da die Vorwahl für die Bestimmung der Gebührenzone bereits ausreicht[1624]

Andere Stimmen empfehlen generell die Sicherung auf den Anfang der Rufnummer zu reduzieren, da dieses Vorgehen für die Kontrollzwecke des Arbeitgebers ausreichen dürfte.[1625]

Im Hinblick auf das Aufklärungsziel im Rahmen interner Untersuchungen dürfte die Speicherung der Anfangsziffern einer Rufnummer indes nicht ausreichen. Wenn sich anhand der Verbindungsdaten ermitteln lässt, ob sich ein konkreter Verdacht einem Mitarbeiter zuordnen lässt, bedarf es einer Speicherung der gesamten Rufnummer – sowohl des Mitarbeiters als auch des externen Gesprächspartners. Da über die Rufnummer eine Bestimmbarkeit des konkreten Arbeitnehmers hergestellt werden kann, bestimmt sich die Rechtmäßigkeit der Maßnahmen anhand einer Erforderlichkeitsprüfung.

1620 ErfK/*Franzen* BDSG § 26 Rn. 29.

1621 Vgl. Kapitel 2 § 2 A.

1622 MAH ArbR/*Dendorfer-Ditges*, § 35 Rn. 190; *Klengel/Mückenberger*, CCZ 2009, 81, 84; *Schrader/Mahler* gehen darüber hinaus auch von der Zulässigkeit der Speicherung bei privaten Gesprächen aus dienstlichem Anlass aus, vgl. *Schrader/Mahler*, NZA-RR 2016, 57, 62.

1623 MAH ArbR/*Dendorfer-Ditges*, § 35 Rn. 193.

1624 MAH ArbR/*Dendorfer-Ditges*, § 35 Rn. 193; *Wellhöner/Byers*, BB 2009, 2310, 2312; nach *Kania* darf die Zielnummer bei reinen Privatgesprächen nur erfasst werden, wenn der Arbeitnehmer dies zur Gebührenabrechnung wünscht, vgl. Küttner/*Kania*, Personalbuch 2020 Persönlichkeitsrecht, Rn. 8; nach *Klengel/Mückenberger* ist zwar die Erfassung und Kontrolle der Telefonkosten zulässig, nicht aber die Speicherung der vollständigen Zielrufnummer bei privaten Telefonaten, vgl. *Klengel/Mückenberger*, CCZ 2009, 81, 84.

1625 ErfK/*Franzen* BDSG § 26 Rn. 29; bezogen auf das TKG vgl. *Mengel*, BB 2004, 1445, 1449; im Ergebnis so auch *Ernst*, NZA 2002, 585, 589.

(b) Geeignetheit und Erforderlichkeit

Die Maßnahme dürfte – wie bereits gezeigt – geeignet sein, eine mögliche Verbindung zwischen dem Mitarbeiter und einer bestimmten externen Person herzustellen. Ferner dürfte die Maßnahme auch erforderlich sein, da sie jedenfalls weniger stark in die Rechte des Betroffenen eingreift, als dies bspw. durch die Auswertung des Gesprächsinhalts der Fall wäre.[1626]

Als eine weniger eingriffsintensive Maßnahme könnte ein Mitarbeitergespräch in Betracht gezogen werden. In der konkreten Situation der internen Untersuchung wird aber zu bewerten sein, inwieweit ein solches Gespräch gleich geeignet ist, um den verfolgten Ermittlungserfolg zu erreichen. Die Auswertung der Verbindungsdaten könnte nämlich gerade dazu dienen, hinsichtlich des Vorwurfs relevante Verbindungen zwischen dem verdächtigen Mitarbeiter und anderen relevanten Personen nachzuweisen, die dann wiederum als Vorhaltungen in einem sich anschließenden Mitarbeitergespräch dienen könnten.

Zwar als u.U. gleich geeignete, aber jedenfalls nicht als weniger eingriffsintensive Maßnahme dürfte sich die Überprüfung der E-Mail-Logdateien erweisen. Vielmehr dürfte die Auswertung der E-Mail-Logdateien auf der gleichen Eingriffsstufe stehen, da es im Ergebnis um die Auswertung spezifischer Verbindungsdaten geht. Bei einem Vergleich der beiden Ermittlungsmaßnahmen wird es maßgeblich darauf ankommen, welche Maßnahme effektiver ist, sprich, wie der Verdächtige bezogen auf die konkrete Verdachtslage kommuniziert hat.

(c) Verhältnismäßigkeit

Bei der vorzunehmenden Interessenabwägung stehen sich das Recht auf informationelle Selbstbestimmung des Arbeitnehmers sowie das Aufklärungsinteresse des Arbeitgebers gegenüber. Auch wenn durch die Speicherung der Zielrufnummern eine Bestimmbarkeit der an dem Telefonat beteiligten Personen hergestellt werden kann[1627], so dürfte das Aufklärungsrecht des Arbeitgebers überwiegen, da der Eingriff in die Schutzgüter des Arbeitnehmers mangels Auswertung des Gesprächsinhalts als gering einzustufen ist. Dies insbesondere dann, wenn eine Straftat im Raum steht und sich die Bewertung der Rechtmäßigkeit der Datenverarbeitung nach § 26 Abs. 1 S. 2 BDSG richtet. Aber auch im Falle des Verdachts einer erheblichen Pflichtverletzung (vgl. Fall 4.1[1628]) dürfte das Interesse des Arbeitgebers an der Aufklärung überwiegen, da sich die Maßnahme auf die Verbindungsdaten beschränkt. Der Inhalt des Telefonats ist gerade nicht betroffen.

1626 *Thüsing/Traut*, in: Thüsing, Beschäftigtendatenschutz und Compliance, § 10 Rn. 5.

1627 *Wedde* schlägt vor, dass zum Schutz der Kommunikationsteilnehmer die letzten Ziffern der Telefonnummer anonymisiert werden sollten, vgl. *Wedde*, in: Däubler/Wedde/Weichert/Sommer, § 26 BDSG Rn. 136.

1628 Vgl. Kapitel 2 § 2 A.

Eine Besonderheit besteht aber im Hinblick auf die Betriebsräte[1629], Betriebsärzte[1630] und Berufspsychologen[1631]. Diese sind Kraft ihrer Stellung besonders geschützt, sodass auch in Bezug auf die datenschutzrechtliche Erforderlichkeitsprüfung diese Stellung einen herausgehobenen Bewertungsfaktor einnimmt. Hinsichtlich des Betriebsrats ergibt sich ein Behinderungsverbot aus § 78 S. 1 BetrVG, sodass durch die Überwachung keinesfalls in die Tätigkeitsvertretung eingegriffen werden darf.

Insbesondere bei Betriebsärzten ist eine Speicherung der Zielnummer kritisch, da diese – wie bereits herausgearbeitet – Rückschlüsse auf den Gesprächspartner zulässt.[1632] Allein aufgrund der Stellung des Verdächtigen kann sich insoweit eine Unterscheidung in der rechtlichen Bewertung ergeben, was der Vergleich zwischen Fall 4.1 und Fall 4.2[1633] zeigt. In beiden Fällen ist der Sachverhalt grundsätzlich gleich. Jedoch ist der verdächtige Mitarbeiter in Fall 4.1 ein Mitarbeiter der Buchhaltung, während in Fall 4.2 die verdächtige Person der Betriebsarzt ist. Die Unterscheidung in der Stellung der Mitarbeiter in den beiden Fallbeispielen hängt mit dem besonderen Vertrauensverhältnis des Arztes zu seinem Patienten zusammen.[1634]

Betriebsärzte unterliegen der Pflicht zur Vertraulichkeit gemäß § 8 Abs. 1 S. 3 ASiG, welche ihrerseits strafrechtlich abgesichert ist (vgl. § 203 StGB). Zu diesen Geheimnissen zählt nicht erst eine spezifische Krankheit, sondern bereits die Tatsache, dass man den Arzt aufsucht.[1635] Dabei ist der Betriebsarzt auch verpflichtet, das Geheimnis gegenüber dem Arbeitgeber zu wahren.[1636] Durch die Auswertung der vom Betriebsarzt gewählten Zielnummern lassen sich Rückschlüsse darauf ziehen, dass sich der Gesprächspartner in Behandlung des Arztes befindet. Die Information, dass eine Behandlung eines Mitarbeiters stattfindet, ist aber schutzwürdig. Allein der sich in Behandlung befindliche Mitarbeiter sollte darüber entscheiden dürfen, ob er die Tatsache der Behandlung gegenüber dem Arbeitgeber offenlegt oder nicht. Gerade wenn in einem Unternehmen aufgrund der Gefahrträchtigkeit der Tätigkeiten mehrere Betriebsärzte

---

1629 *Seifert,* in: Simitis/Hornung/Spiecker gen. Döhmann, Datenschutzrecht, Art. 88 DSGVO Rn. 146.

1630 *Seifert,* in: Simitis/Hornung/Spiecker gen. Döhmann, Datenschutzrecht, Art. 88 DSGVO Rn. 146; vgl. hierzu auch *Däubler,* in: Däubler/Wedde/Weichert/Sommer, § 26 BDSG Rn. 54 ff.

1631 BeckOK DatenschutzR/*Riesenhuber,* BDSG 2018 § 26 Rn. 172; zu Psychologen vgl. auch BAG, NZA 1987, 515; *Däubler,* in: Däubler/Wedde/Weichert/Sommer, § 26 BDSG Rn. 54 ff.

1632 BAG, NZA 1987, 515; Kühling/Buchner/*Maschmann,* BDSG § 26 Rn. 49; BeckOK DatenschutzR/*Riesenhuber,* BDSG 2018 § 26 Rn. 172.

1633 Vgl. Kapitel 2 § 2 A.

1634 Zum Beispiel des Psychologen vgl. BAG, NZA 1987, 515, 516 f.

1635 BAG, NZA 1987, 515, 516.

1636 BAG, NZA 1987, 515, 516.

mit verschiedenen Behandlungsschwerpunkten tätig sind, könnte durch die Identifizierung der Person hinter der Zielnummer u.U. sogar ein konkreterer Rückschluss auf die Art des Leidens gezogen werden. Auch wenn es maßgeblich auf den Einzelfall ankommt, dürfte vor diesem Hintergrund die Abwägung zugunsten der Vertraulichkeit der Telefonverbindungsdaten des Betriebsarztes ausfallen.[1637] Dies umso mehr, wenn, wie in Fall 4 Abw. allein eine – wenn auch – erhebliche Pflichtverletzung im Raum steht.

Überdies ergeben sich die allgemeinen Grenzen der Verarbeitung von Telefonverbindungsdaten dort, wo die Datenverarbeitung zu einer lückenlosen Überwachung führt.[1638]

c) Zugriff auf den Gesprächsinhalt

aa) Bedeutung des Gesprächsinhalts für interne Untersuchungen

Wird ein Arbeitnehmer verdächtigt, an einer Straftat oder einer erheblichen Pflichtverletzung beteiligt zu sein, können die Inhalte der von dem betroffenen Arbeitnehmer geführten Telefongespräche u.U. wertvolle Hinweise auf die Beteiligung des betroffenen Arbeitnehmers an einer Straftat oder erheblichen Pflichtverletzung bieten. Insoweit ist das Interesse des Arbeitgebers an der Auswertung der Inhalte der Telefongespräche – ähnlich wie bei der Auswertung von E-Mails – besonders groß. Fraglich ist, ob eine solche Auswertung überhaupt mit dem Datenschutzrecht in Einklang zu bringen ist.

bb) Rechtfertigung gemäß § 26 Abs. 1 BDSG

(a) Geeignetheit und Erforderlichkeit

Die Überwachung des Gesprächsinhalts ist grundsätzlich geeignet, den Zweck der Ermittlung zu fördern. Gerade wenn sich der gegen einen Mitarbeiter gerichtete Verdacht darauf stützt, dass dieser mit einer außerhalb des Unternehmens stehenden Person in Kontakt steht, lässt sich anhand des Inhalts der zwischen ihnen geführten Gespräche nachprüfen, ob sich die Verdachtslage erhärtet. Hier zeigt sich bereits eine erste datenschutzrechtliche Anforderung. In jedem Fall bedarf es einer Verdachtslage. Ohne eine solche bestünde auch kein Anknüpfungspunkt für die Notwendigkeit einer Telefonüberwachung.

Die Maßnahme dürfte regelmäßig auch nicht an der Erforderlichkeit scheitern. Zunächst dürfte die Auswertung der E-Mails des betroffenen Arbeitnehmers nicht ein per se gleich geeignetes Mittel der Aufklärung darstellen. Insoweit wäre es – ebenso wie bei der Auswertung der Verbindungsdaten – notwendig, dass der

---

1637 Jedenfalls müssen Vorkehrungen getroffen werden, dass sich aus den Verbindungsdaten keine Rückschlüsse auf Personen, Kontakte usw. ableiten lassen, vgl. *Wedde*, in: Däubler/Wedde/Weichert/Sommer, § 26 BDSG Rn. 138.

1638 Auernhammer/*Forst*, BDSG § 26 Rn. 145.

Arbeitnehmer auch über E-Mail hinsichtlich des kritischen Sachverhalts kommuniziert. Es wird jeweils im Einzelfall zu bestimmen sein, ob eine Überprüfung der E-Mails sinnvollerweise statt einer Telefonüberwachung in Betracht zu ziehen ist. Ist, bezogen auf den E-Mail/Gesprächsinhalt, die Auswertung der E-Mails ebenso sinnvoll, dürfte darin eine mildere Maßnahme liegen, da bei E-Mails eine Durchsuchung bspw. anhand spezifischer Begriffe möglich ist, wodurch eine zielgerichtete selektive Suche erreicht wird.

Naheliegender ist allerdings der Vergleich zu einer Befragung des Mitarbeiters. Fraglich ist zunächst, ob eine solche als ein gleich geeignetes Mittel angesehen werden kann, da im Rahmen der Mitarbeiterbefragung keine Sicherheit hinsichtlich der Richtigkeit der Auskünfte besteht. Außerdem lassen sich die vom Mitarbeiter getätigten Auskünfte gar nicht, jedenfalls nicht ohne dessen Hilfe nachprüfen. Auf der anderen Seite sind Arbeitnehmer – was noch zu zeigen sein wird[1639] – zur wahrheitsgemäßen Auskunft verpflichtet, jedenfalls soweit sie Verdächtige sind. Die Tatsache, dass ein Mitarbeiter lügen könnte, spricht nicht automatisch dafür, dass eine Maßnahme weniger geeignet ist. Jedenfalls wenn die Verdachtslage auf Handlungen hinweist, die dieser vor allem allein durchgeführt haben müsste (bspw. Diebstahl am Arbeitsplatz), dann dürfte eine Konfrontation des Arbeitnehmers mit diesen Vorwürfen in einem Mitarbeitergespräch ein gleich geeignetes, wenn nicht sogar noch effektiveres, sowie vor allem milderes Mittel gegenüber der Überwachung des Gesprächsinhalts darstellen. In dem genannten Beispiel des Diebstahls am Arbeitsplatz dürfte in der konkreten Ermittlungssituation nämlich nur schwer einzuschätzen sein, in welchem Telefonat der Mitarbeiter über die Tat spricht. Jedenfalls besteht die Gefahr, dass viele Gesprächsinhalte erfasst werden, die nichts mit den Vorwürfen zu tun haben.

(b) Verhältnismäßigkeit im engeren Sinne (Angemessenheit)

Maßgeblich für die datenschutzrechtliche Bewertung einer Telefonüberwachung eines Arbeitnehmers ist die Verhältnismäßigkeit, die als besonders problematisch einzustufen ist. Aus diesem Grund sollte der Ermittler einer internen Untersuchung in seine Überlegung stets einbeziehen, dass die Auswertung des konkreten Gesprächsinhalts grundsätzlich auf eine datenschutzrechtliche Einwilligung gestützt werden kann.[1640]

In der Rechtsprechung wurde außerdem das Mithören externer Telefongespräche der Arbeitnehmer in deren Gegenwart zu Ausbildungszwecken als zulässig angesehen.[1641] Eingrenzend wird aber auch hier vertreten, dass sich dieses offene Mithören auf Stichproben beschränken muss[1642] und nicht zu einer umfassenden

1639 Vgl. hierzu Kapitel 2 § 2 C. II. 7. b) bb) (b), (c).
1640 Im Ergebnis so wohl auch *Schrader/Mahler*, NZA-RR 2016, 57, 61.
1641 BAG, NZA 1996, 218.
1642 *Oberwetter*, NZA 2008, 609, 611.

Kontrolle des Arbeitnehmers führen darf[1643]. In diesen Fällen hat der Betroffene aber gerade Kenntnis darüber, dass das Gespräch mitgehört wird. Insoweit kann auch ein Vergleich zu einem Mitarbeitergespräch gezogen werden. Auf ein Mitarbeitergespräch kann sich der Arbeitnehmer vorbereiten. Genauso wird der Arbeitnehmer eine möglicherweise kritische Kommunikation einstellen, wenn er Kenntnis von der Überwachungs- und damit Abhörmaßnahme erhält. Insoweit dürfte die Kenntnis von der Überwachungsmaßnahme dem Zweck der Auswertung von Gesprächsinhalten als Untersuchungsmaßnahme entgegenstehen, da eine Überwachung des Gesprächsinhalts weitaus Erfolg versprechender sein dürfte, wenn der Betroffene gerade keine Kenntnis von der Maßnahme hat. Dementsprechend kommt es im Rahmen interner Untersuchungen gerade auf die heimliche Überwachung des Gesprächsinhalts an.

Bei solchen heimlichen Maßnahmen kann es sich sowohl um ein Mithören oder ein Abhören handeln. Schwerpunktmäßig wird jedoch das Abhören maßgeblich sein, da dies den Fall meint, dass der Gesprächsinhalt aufgezeichnet und später ausgewertet wird. Die Unterscheidung zwischen Abhören und Mithören ist insbesondere für die strafrechtliche Bewertung einer solchen Maßnahme von Belang, da der Tatbestand des § 201 Abs. 1 Nr. 1 StGB voraussetzt, dass das nichtöffentlich gesprochene Wort eines anderen auf einem Tonträger aufgenommen wird.[1644]

Sowohl das Abhören als auch das Mithören stellen einen besonders intensiven Eingriff in das allgemeine Persönlichkeitsrecht des betroffenen Arbeitnehmers gemäß Art. 2 Abs. 1 i.V.m. 1 Abs. 1 GG dar. Insbesondere kommt hier das Recht am eigenen Wort zum Tragen. Auf eine Unterscheidung zwischen privaten und dienstlichen Gesprächen kommt es dabei nicht an.[1645] Dienstliche Gespräche unterfallen ebenso wie private Gespräche dem Schutz des allgemeinen Persönlichkeitsrechts.[1646] Insoweit kommt es in den gebildeten Fällen 4.3. und 4.4[1647] weder darauf an, worauf sich der Verdacht bezieht, noch mit wem die verdächtige Person telefoniert.

Eine Differenzierung wäre in der Praxis auch kaum realisierbar. Dafür müsste der Arbeitgeber alle privaten wie dienstlichen Kontakte des Mitarbeiters kennen, um auf der Grundlage bei jedem geführten Gespräch zu unterscheiden, ob ein Abhören zulässig ist oder nicht. Selbst wenn man davon ausginge, dass der Arbeitgeber, unmittelbar nachdem er erkannt hat, dass es sich um ein privates Gespräch handelt, das Abhören abbricht, wären womöglich für den Arbeitnehmer wichtige Informationen bekannt geworden. An dieser Stelle kann auf Fall 4.2[1648] Bezug

1643 *Wellhöner/Byers*, BB 2009, 2310, 2313.
1644 Vgl. zur Unterscheidung *Maschmann*, NZA 2002, 13, 18.
1645 So auch Kühling/Buchner/*Maschmann*, BDSG § 26 Rn. 44; *Oberwetter*, NZA 2008, 609, 611.
1646 BVerfG, NZA 1992, 307, 308.
1647 Vgl. Kapitel 2 § 2 A.
1648 Vgl. hierzu Kapitel 2 § 2 C. II. 3. b) bb) (c).

genommen werden. Ist der Gesprächspartner der Betriebsarzt, könnten bereits mit dem Abhören der ersten Worte wichtige Informationen preisgegeben werden.

Sowohl bei dienstlichen als auch bei privaten Gesprächen ist gleichermaßen ein Eingriff in das Recht am eigenen Wort möglich und durch das Abhören von Gesprächsinhalten gegeben.[1649] Insbesondere wird der Arbeitnehmer in seinem Recht beschnitten, selbst darüber entscheiden zu können, wer von dem Gesprächsinhalt Kenntnis erlangt.[1650] Mit der Rechtsprechung des BVerfG[1651] sowie der herrschenden Meinung in der Literatur[1652] ist das heimliche Mithören von Telefongesprächen in der Regel als unzulässig anzusehen.

Dies gilt nach der Rechtsprechung des BAG auch in den Fällen des „Mithörenlassens": Für den Fall, dass eine Dritte Person ein Gespräch zwischen Arbeitnehmer und Arbeitgeber oder Vorgesetztem mithören soll, hat das BAG nämlich entschieden, dass dies unzulässig sei.[1653] Insoweit vertritt das BAG die Auffassung, dass denjenigen, der einen Dritten mithören lassen wolle, eine Offenbarungspflicht treffe.[1654] In dem Zusammenhang ist nach der Rechtsprechung des BVerfG[1655] die bloße Kenntnis von einer Mithörmöglichkeit auch nicht geeignet, den grundrechtlichen Schutz des gesprochenen Worts zu beseitigen.

Aus den Entscheidungen des BVerfG sowie BAG lassen sich Rückschlüsse im Hinblick auf die Fälle des Abhörens ziehen. Sowohl das Mithören als auch das Abhören sind im Hinblick auf die datenschutzrechtliche Zulässigkeit vergleichbar.[1656] Bei solchen Maßnahmen kommt es maßgeblich darauf an, ob der Gesprächspartner die Vertraulichkeit des gesprochenen Worts erwarten durfte oder nicht.[1657] Gerade bei Telefongesprächen erwartet der Arbeitnehmer nicht, dass noch weitere Personen dieses mithören oder abhören. Die Vertraulichkeit des Gesprächs

---

1649 ErfK/*Franzen* BDSG § 26 Rn. 29.

1650 *Byers*, Mitarbeiterkontrollen, Rn. 98.

1651 BVerfG, NZA 1992, 307, 308.

1652 *Brockhaus*, in: Knierim/Rübenstahl/Tsambikakis, Teil 2, Kapitel 29 Rn. 66; WHWS/*Byers* B. X. Rn. 9; *Byers*, Mitarbeiterkontrollen, Rn. 97 f.; MAH ArbR/*Dendorfer-Ditges*, § 35 Rn. 191; Küttner/*Griese*, Personalbuch 2020 Datenschutz, Rn. 25; *Grosjean*, DB 2003, 2650, 2651; *Oberwetter*, NZA 2008, 609, 611; *Pohle*, in: Wessing/Dann, Deutsch-Amerikanische Korruptionsverfahren, § 9 Rn. 53; *Schrader/Mahler*, NZA-RR 2016, 57, 61; *Vogt*, NJOZ 2009, 4206, 4213; *Wedde*, in: Däubler/Wedde/Weichert/Sommer, § 26 BDSG Rn. 138; *Wellhöner/Byers*, BB 2009, 2310, 2312 f.; im Hinblick auf dienstliche Telefongespräche so auch BeckOK DatenschutzR/*Riesenhuber*, BDSG 2018 § 26 Rn. 172; zum Abhören vgl. ErfK/*Kania* BetrVG § 75 Rn. 9; a.A. *Toma*, CB 2017, 339, 342.

1653 BAG, NZA 1998, 307, 308 f.

1654 BAG, NZA 1998, 307, 309.

1655 BVerfG, NZA 1992, 307, 308.

1656 So wohl auch *Dendorfer-Ditges*, da sie zugleich von Mithören und Aufzeichnen spricht, vgl. MAH ArbR/*Dendorfer-Ditges*, § 35 Rn. 191.

1657 Zum Mithören vgl. BAG, NZA 1998, 307, 308.

und das Recht darüber zu entscheiden, wer von dem Gespräch Kenntnis erlangt, dürften in der Regel dem Recht des Arbeitgebers sowie dem Aufklärungsinteresse vorgehen. Häufig wird gerade der Weg des persönlichen Gesprächs gewählt, um die Vertraulichkeit zu gewährleisten, weil E-Mails u.U. durch Kollegen oder Assistenten eingesehen werden können.

Dass die Anforderungen an die Telefonüberwachung besonders hoch einzustufen sind, zeigt auch ein Vergleich mit den Befugnissen der Ermittlungsbehörden. So sind an die Telekommunikationsüberwachung gemäß § 100a StPO hohe Hürden geknüpft, da die Tat u.a. schwer wiegen muss (§ 100a Abs. 1 Nr. 2 StPO) und die Erforschung des Sachverhalts auf andere Weise wesentlich erschwert oder aussichtlos sein muss (§ 100a Abs. 1 Nr. 3 StPO). Vor diesem Hintergrund dürfte eine Telefonüberwachung in dem gebildeten Fall 4.3[1658] datenschutzrechtlich nicht zulässig sein. Die Vertraulichkeit des gesprochenen Worts steht dem Aufklärungsinteresse entgegen. Gerade in Gesprächen, egal ob sie privater oder dienstlicher Natur sind, äußert sich der Mitarbeiter womöglich in einer Weise, die er in einer E-Mail nicht zum Ausdruck bringen würde. Das tut er nur, weil er auf die Privatheit des Gesprächs vertraut und vertrauen darf. Gerade wenn es um Pflichtverletzungen geht, auch wenn sie erheblich sind, steht der Eingriff in das Persönlichkeitsrecht des Arbeitnehmers in keinem Verhältnis zu dem Nutzen, den der Arbeitgeber aus dem Gespräch ziehen kann.

Ein anderes Ergebnis im Hinblick auf die vorzunehmende Abwägung könnte sich für den Fall ergeben, dass es um die Aufklärung von Straftaten geht (vgl. Fall 4.4.).[1659] In solch einem Fall ist § 26 Abs. 1 S. 2 BDSG einschlägig, der seinerseits nochmals strengere Anforderungen normiert. Mit dieser Norm hat der Gesetzgeber den Willen ausgedrückt, dass dem Interesse an der Aufklärung von Straftaten ein besonderes Gewicht innerhalb der Abwägung zukommen soll. Dies führt dazu, dass ausnahmsweise das Interesse des Arbeitgebers an der Aufklärung dem Persönlichkeitsrecht des Arbeitgebers und dem Recht am eigenen Wort vorgeht. Aufgrund der erheblichen Eingriffsintensität einer solchen Maßnahme dürfte dies im Hinblick auf ein mögliches Mithören jedoch nur in einer notwehrähnlichen Situation in Betracht kommen, wenn also die Straftat, derer der Arbeitnehmer verdächtig ist, einen signifikanten Einfluss auf das Arbeitsverhältnis hat und dem Unternehmen erhebliche Nachteile drohen.[1660]

Ein Abhören inkl. Tonbandaufzeichnungen dürfte trotz des Verdachts einer Straftat nur in den zu § 100a StPO vergleichbaren Fällen, insbesondere

1658 Vgl. Kapitel 2 § 2 A.

1659 *Klengel/Mückenberger*, CCZ 2009, 81, 84; MAH ArbR/*Dendorfer-Ditges*, § 35 Rn. 192, 194; zur alten Rechtslage: *Byers*, Mitarbeiterkontrollen, Rn. 100; *Dann/Gastell*, NJW 2008, 2945, 2948; *Wellhöner/Byers*, BB 2009, 2310, 2312 f.; a.A. wohl *Pohle*, in: Wessing/Dann, Deutsch-Amerikanische Korruptionsverfahren, § 9 Rn. 53.

1660 *Klengel/Mückenberger*, CCZ 2009, 81, 84; *Spehl/Momsen/Grützner*, CCZ 2014, 2, 4; *Wellhöner/Byers*, BB 2009, 2310, 2312.

im Falle der Verhinderung einer der in § 100a Abs. 2 StPO genannten Katalogtaten, in Betracht kommen.[1661] Insoweit sollte die Rechtfertigung für Maßnahmen des Arbeitgebers nicht weitergehen dürfen, als solche der staatlichen Ermittlungsbehörden.

Auch wenn also in Fall 4.4. anders als im Fall 4.3., welcher Pflichtverletzung zum Gegenstand hatte, die Abwägung nicht per se für eine Unzulässigkeit spricht, sind die Anforderungen auch im Fall des Verdachts einer Straftat sehr hoch und die datenschutzrechtlichen Rechtfertigung ist aufgrund der Eingriffsintensität der Maßnahme insbesondere an der vorgeworfenen Tat, bspw. Katalogtag nach § 100a Abs. 2 StPO, zu messen.

4. Videoüberwachung

a) Bedeutung für interne Untersuchungen

Für interne Untersuchungen können Videoaufzeichnungen einen Vorteil bringen, wenn es bspw. um einen Diebstahlverdacht geht, wie in den Fällen 5 und 5.1[1662]. Soweit sich der Nachweis eher aufgrund der Kommunikation des Arbeitnehmers mit Dritten führen lässt, ist die Videoüberwachung als Ermittlungsmaßnahme indes zu vernachlässigen. Dementsprechend kommt es für die Bedeutung dieser Ermittlungsmaßnahme ganz erheblich auf den jeweiligen Einzelfall an. Die Maßnahme wird jedoch grundsätzlich nicht den ersten Ermittlungsschritt darstellen. Da durch die Videoüberwachung ein erheblicher Eingriff in die Grundrechtspositionen des Betroffenen verbunden ist, sollte auf einer ersten Stufe immer eine weniger intensive Maßnahme gewählt werden.[1663] Dies ergibt sich bereits aus dem Umstand, dass ein Anfangsverdacht zunächst durch Tatsachenbelege konkretisiert werden muss. Eine solche Tatensachenermittlung auf der „ersten Stufe" wird aber aufgrund ihrer Eingriffsintensität nicht auf eine Videoüberwachung gestützt werden können.

b) Rechtfertigung nach § 26 Abs. 1 BDSG

aa) Verhältnis zu § 4 BDSG

Wie bereits dargestellt, kommt es, auch wenn es sich um eine Videoüberwachung offen zugänglicher Flächen handelt, nicht auf § 4 BDSG an.[1664] Vielmehr sind Art. 6 Abs. 1 S. 1 lit. f) DS-GVO und insbesondere § 26 Abs. 1 BDSG einschlägig. Insoweit beziehen sich die nachfolgenden Erwägungen gleichermaßen auf die

---

1661 So auch *Spehl/Momsen/Grützner*, CCZ 2014, 2, 5.

1662 Vgl. Kapitel 2 § 2 A.

1663 Zu solchen „Vorfeldmaßnahmen" vgl. *Zöll*, in: Taeger/Gabel, DSGVO – BDSG, § 26 BDSG Rn. 71.

1664 Vgl. hierzu ausführlich Kapitel 2 § 2 B. IV. 2.

Videoüberwachung in öffentlich zugänglichen Räumen sowie in nicht öffentlich zugänglichen Räumen.

bb) Geeignetheit

Ob die Videoüberwachung geeignet ist, zeigt sich immer erst in der konkreten Situation und unter Berücksichtigung des konkreten Verdachts. Durch die Videoüberwachung müssen erstrebter Zweck und Erfolg gefördert werden. Mithin muss die Auswertung der Handlungen der Arbeitnehmer am Arbeitsplatz dazu beitragen, den Nachweis einer Straftat oder erheblichen Pflichtverletzung zu führen.

cc) Erforderlichkeit

(a) Grundsätzliche Erwägungen

Auch wenn dem Arbeitgeber grundsätzlich ein Beurteilungsspielraum zusteht[1665], ist gerade im Hinblick auf die Videoüberwachung genau zu prüfen, ob nicht eine gleich geeignete, aber weniger eingriffsintensive Maßnahme in Betracht kommt. Insoweit stellt die Videoüberwachung, wie noch zu zeigen sein wird, einen massiven Eingriff in das allgemeine Persönlichkeitsrecht des Arbeitnehmers dar. Vor diesem Hintergrund müssen alle in Betracht kommenden Möglichkeiten abgewogen werden.[1666] Zu Verhinderung von Diebstählen ist als milderes Mittel z.B. an Prüfungen durch die Innenrevision sowie die Überprüfung des Warenwirtschaftssystems[1667], aber auch an Taschenkontrollen, Testkäufe und Inventuren[1668] zu denken. Darüber stellen bezogen auf die Videoüberwachung die u.U. stichprobenartige Aufzeichnung bzw. eine nur stichprobenartige Kontrolle des aufgezeichneten Materials, wobei das übrige – für die Stichprobenkontrolle nicht ausgewählte – Aufzeichnungsmaterial sofort gelöscht wird, mildere Maßnahmen dar. Die Abwägung bezieht sich dabei aber immer auf die konkrete Situation.

Soweit bestimmte Ermittlungsmaßnahmen als mildere Mittel in Betracht kommen, dürfte diese zunächst versucht werden müssen. Insoweit spricht nichts dagegen, dass eine gleich geeignete, aber mildere Maßnahme versucht wird, ehe eine eingriffsintensivere Maßnahme gewählt wird. Andernfalls würde dem Erfordernis der Erforderlichkeit nicht genüge getan. Eine entsprechende Pflicht ergibt sich auch aus einem Vergleich zu den Zufallsfunden. Diese sind, wie sich sogleich zeigen wird, im Grundsatz zulässig und zwar auch dann, wenn auch andere, weniger eingriffsintensivere Maßnahmen in Betracht gekommen wären. Diese besondere Bewertung beruht aber gerade auf dem Umstand, dass andernfalls Zufallsfunde

---

1665 BAG, NZA 2008, 1187, 1190; BAG, NZA 2004, 1278, 1280.
1666 BAG, NZA 2014, 243, 249.
1667 BAG, NZA 2003, 1193, 1195.
1668 BeckRA-HdB/Junker/Knigge/Pischel/Reinhart, § 49 Rn. 126.

stets unzulässig wären. Wenn eine entsprechende Konfliktlage aber überhaupt nicht besteht, sondern von vorherein eine mildere Maßnahme in Betracht kommt, kann von einer Erforderlichkeit der Videoüberwachung nur ausgegangen werden, wenn die mildere Maßnahme zuvor erfolgslos versucht worden ist.

(b) Zufallsfund als Sonderfall

Der Sonderfall eines Zufallsfundes ist, wie Fall 5.2.[1669] illustriert, gegeben, wenn durch die Videoüberwachung eine spezifische Person überwacht werden soll und sich im Rahmen der Auswertung herausstellt, dass ein anderer Mitarbeiter, der vorher nicht zu dem Kreis der Verdächtigen zählte, eine Straftat oder sonstige erhebliche Pflichtverletzung begangen hat. So hat sich in Fall 5.2. durch die verdeckte Videoüberwachung herausgestellt, dass Mitarbeiter Z im Kassenbereich eine dort befindliche „Musterpfandflasche" über den Scanner gezogen, eine Leergutregistrierung durchgeführt, die Kassenlade geöffnet und Geld aus der Kassenlade genommen hatte, welches er sodann in seine Tasche steckte, obwohl sich die Maßnahme eigentlich gegen die Mitarbeiter X und Y richtete.

Solche sich im Rahmen der Videoüberwachung ergebenden Zufallsfunde sind zulässig und scheitern nicht an einer fehlenden Erforderlichkeit. Hierbei sind die Anforderungen zu berücksichtigen, die das BAG auch hinsichtlich der Verwertbarkeit der Ergebnisse aufgestellt hat. Die Verwertbarkeit scheitert nicht daran, dass hinsichtlich des Zufallsfunds auch andere, weniger eingriffsintensive Maßnahmen in Betracht gekommen wären.[1670] Andernfalls wären Zufallsfunde nur dann verwertbar, wenn gegenüber der Videoüberwachung, auch unter Berücksichtigung des vom Zufallsfund betroffenen Arbeitnehmers, keine gleich geeignete und mildere Maßnahme zur Verfügung stand. Im Ergebnis würde dies in den meisten Fällen zur datenschutzrechtlichen Unzulässigkeit sowie Unverwertbarkeit von Zufallsfunden führen.

Jedoch erfolgt eine Begrenzung der Verwertbarkeit von Zufallsfunden im Hinblick auf die Angemessenheit. Das Interesse des Arbeitgebers an der Datenverarbeitung muss auch im Falle des Zufallsfunds höher zu gewichten sein als das Interesse des Arbeitnehmers an der Achtung seines allgemeinen Persönlichkeitsrechts nach Art. 2 Abs. 1 i.V.m. 1 Abs. 1 GG.[1671] Dazu müssen wiederum zwei Voraussetzungen erfüllt sein: Es muss ein strafbares Verhalten oder eine ähnlich schwerwiegende Pflichtverletzung im Raum stehen und die Maßnahme darf insgesamt nicht unverhältnismäßig sein.[1672]

Diese Voraussetzungen müssen auch im Rahmen der Prüfung der Zulässigkeit der konkreten Maßnahme Berücksichtigung finden. Soweit die erste Voraussetzung

---

1669 Vgl. Kapitel 2 § 2 A.
1670 BAG, NZA 2017, 112, 115; a.A. *Eylert*, NZA-Beilage 2015, 100, 106 f.
1671 BAG, NZA 2014, 243, 249.
1672 BAG, NZA 2014, 243, 249.

erfüllt ist, dürfte die Datenverarbeitung im Hinblick auf den Zufallsfund regelmäßig als verhältnismäßig und die Videoüberwachung als zulässig anzusehen sein. Andernfalls würde dem vom Zufallsfund betroffenen Arbeitnehmer ein Schutz zugebilligt, der nicht gerechtfertigt ist, da er insgesamt weniger schutzwürdig ist. Dies ergibt sich auch daraus, dass der Arbeitgeber keine Möglichkeit hat, die datenschutzrechtlichen Voraussetzungen hinsichtlich eines etwaigen Zufallsfunds einzuhalten, da in der konkreten Situation der Überwachung ein Verdacht zum Zeitpunkt der Zulässigkeitsprüfung der regulären Maßnahme noch gar nicht bestand. Die Unzulässigkeit der Ermittlungsmaßnahme würde den Arbeitgeber dazu zwingen, ein rechtswidriges oder pflichtwidriges Handeln des vom Zufallsfund betroffenen Arbeitnehmers hinzunehmen.

dd) Verhältnismäßigkeit im engeren Sinne (Angemessenheit)

(a) Grundsätzliche Erwägungen

Im Rahmen der Abwägung besonders relevant ist das Recht am eigenen Bild, welches eine Ausprägung des allgemeine Persönlichkeitsrechts gemäß Art. 2 Abs. 1 i.V.m. 1 Abs. 1 GG darstellt.[1673] Dieses Recht schützt insbesondere „die Befugnis eines Menschen, selbst darüber zu entscheiden, ob Filmaufnahmen von ihm gemacht und möglicherweise gegen ihn verwendet werden".[1674] Das Recht am eigenen Bild ist zudem nicht auf bestimmte Örtlichkeiten beschränkt.[1675] Außerdem greift der Schutz des Rechts am eigenen Bild bereits im Rahmen der Herstellung und nicht erst bei der Verwertung.[1676] Daneben ist zusätzlich das Recht auf informationelle Selbstbestimmung einschlägig, wonach dem Betroffenen die Befugnis zustehen muss, selbst darüber zu entscheiden, ob er seine persönlichen Daten preisgeben wird oder nicht.[1677] Dem Schutz der personenbezogenen Daten dienen auch Art. 8 EMRK sowie Art. 7 und 8 GRCh, die ebenfalls herangezogen werden können. Vor dem Hintergrund wird in das allgemeine Persönlichkeitsrecht des Arbeitnehmers bereits durch die Videoaufnahme seiner Person eingegriffen.

Darüber hinaus gilt der Grundsatz, dass Aufnahmen, welche die Intimsphäre des Betroffenen betreffen, stets unzulässig sind, da ein Eingriff in den Kern der privaten Lebensführung nicht gerechtfertigt werden kann.[1678] Der Kernbereich der privaten Lebensführung ist zudem über § 201a StGB strafrechtlich abgesichert. Das heißt aber wiederum nicht, dass eine Videoüberwachung grundsätzlich

---

1673 *Jarass*, in: Jarass/Pieroth, GG Art. 2 Rn. 45.
1674 BAG, NZA 2008, 1187, 1189; BAG, NZA 2014, 243, 247; BAG, NZA 2017, 112, 113.
1675 BAG, NZA 2004, 1278, 1280; BAG, NZA 2008, 1187, 1189.
1676 BAG, NZA 2004, 1278, 1280; BAG, NZA 2008, 1187, 1189.
1677 BAG, NZA 2017, 112, 113.
1678 WHWS/*Byers* B VIII. 37; Auernhammer/*Forst*, BDSG § 26 Rn. 148; Kühling/Buchner/*Maschmann*, BDSG § 26 Rn. 43; *Maschmann*, NZA-Beilage 2018, 115, 121.

ausgeschlossen ist. Insofern wird das allgemeine Persönlichkeitsrecht auch nach der Rechtsprechung des BAG nicht schrankenlos gewährt.[1679] Ist also die Intimsphäre nicht betroffen, kommt es auf eine umfassende Güterabwägung im Einzelfall an.[1680] Es stellt sich also in der konkreten Situation die Frage, wessen grundrechtlich geschützte Belange überwiegen, die des Arbeitnehmers oder die des Arbeitgebers. Aus der Sicht des Arbeitgebers kommt eine Videoüberwachung in Betracht, wenn das Aufklärungs- und Beweissicherungsinteresse gegenüber dem allgemeinen Persönlichkeitsrecht in seinen unterschiedlichen Ausprägungen überwiegt.

Die Videoüberwachung sollte sich zwar möglichst nur auf die verdächtigen Personen beziehen. Jedoch ist nach der Rechtsprechung nicht zwingend erforderlich, „dass eine Überwachungsmaßnahme in der Weise beschränkt werden kann, dass von ihr ausschließlich Personen erfasst werden, bzgl. derer bereits ein konkretisierter Verdacht besteht".[1681] Eine solche Eingrenzung ist in der Praxis auch kaum umsetzbar, mit Ausnahme der Fälle, in denen ein Bereich überwacht wird, zu dem ohnehin nur bestimmte Mitarbeiter Zutritt haben.[1682] Soweit in solchen Fällen dennoch unbeteiligte von der Maßnahme betroffen sind, ließe sich die Rechtmäßigkeit ihnen gegenüber durch eine Einwilligung erreichen.

Den Veröffentlichungen der Datenschutzbehörden lässt sich entnehmen, dass sich der Arbeitgeber im Zusammenhang mit dem Einsatz einer Videoüberwachung fragen sollte, welchen Zweck die Videoaufnahme erfüllt, wie viele Mitarbeiter betroffen sind, also bspw. die gesamte Belegschaft oder nur einzelne, wie lange die Aufzeichnungen gespeichert werden und ob die Betroffenen ausreichend informiert sind.[1683]

(b) Offene Videoüberwachung

Die offene Videoüberwachung, welche bspw. Gegenstand von Fall 5.1[1684] ist, stellt bereits einen starken Eingriff in die Schutzrechte des betroffenen Arbeitnehmers dar. Durch die Videoüberwachung kann der Arbeitnehmer einem solchen Anpassungsdruck ausgesetzt sein, dass er darin gehemmt ist, aus eigener

---

1679 BAG, NZA 2003, 1193, 1194.

1680 BAG, NZA 2003, 1193, 1194; BAG, BeckRS 2005, 41749; BAG, NZA 2012, 1025, 1028.

1681 BAG, NZA 2017, 112, 115; so auch *Salvenmoser/Schreier*, der in dem Zusammenhang von einem „Kollateralschaden" spricht, vgl. *Salvenmoser/Schreier*, in: Achenbach/Rasiek/Rönnau, HdB Wirtschaftsstrafrecht, Teil 15 Rn. 149.

1682 Nach *Byers* reicht eine Abgrenzbarkeit aus, sodass auch eine Gruppe von Arbeitnehmern erfasst sein kann; danach kann sich ein Anfangsverdacht bspw. auch auf sämtliche Personen beziehen, die in einem bestimmten Raum arbeiten, auf den sich der Anfangsverdacht räumlich erstreckt, vgl. WHWS/*Byers* B VIII. 42.

1683 WHWS/*Byers* B VIII. 38 f.; LfDI BW, Ratgeber Beschäftigtendatenschutz, 4. Auflage (Stand April 2020), S. 46 f.

1684 Vgl. Kapitel 2 § 2 A.

Selbstbestimmung zu planen und zu entscheiden.[1685] Dem Mitarbeiter ist ja gerade bewusst, dass er überwacht wird. Insofern wird er versuchen, sich dem Vorstellungsbild des Arbeitgebers anzupassen, um möglichst unauffällig zu bleiben. Dies vor allem vor dem Hintergrund, dass er davon ausgehen muss, dass sein Verhalten jederzeit rekonstruiert werden kann. Dies steigert nochmals den Druck, da die Verhaltensweisen des Mitarbeiters für diesen womöglich zu Kritik, Spott oder Hohn führen könnten.[1686] Insoweit kann auch eine offene Videoüberwachung für den Arbeitnehmer einen solchen psychischen Anpassungs- und Leistungsdruck erzeugen, dass sie als eine einer verdeckten Videoüberwachung vergleichbar eingriffsintensive Maßnahme anzusehen ist.[1687]

Diesem gewichtigen Schutzinteresse des Arbeitnehmers sind die Interessen des Arbeitgebers gegenüberzustellen. Diese bestehen insbesondere darin, strafbare Handlungen oder sonstige erhebliche Pflichtverletzungen aufzuklären. Damit dieses Aufklärungs- bzw. Kontrollinteresse und die dahinterstehenden Schutzgüter (insbesondere das Eigentumsrecht gemäß Art. 14 GG) gegenüber dem Eingriff in das allgemeine Persönlichkeitsrecht des Arbeitnehmers überwiegt, bedarf es jedenfalls eines Verdachts einer Straftat oder erheblichen Pflichtverletzung. Dieser muss aber nur die Schwelle des Anfangsverdachts erreichen. Das bedeutet im Umkehrschluss, dass es zu keiner grundlosen Überwachung „ins Blaue hinein" kommen darf.[1688] Die Videoüberwachung darf auch nicht allein dem Zweck dienen, die Tätigkeit der Arbeitnehmer zu kontrollieren.[1689] Ferner muss die Maßnahme insgesamt als verhältnismäßig anzusehen sein. Insoweit muss gerade die Grundsätze der Datenverarbeitung gemäß Art. 5 DS-GVO beachtet werden. Auf die Maßnahme muss ausreichend transparent hingewiesen werden und sie muss zeitlich befristet werden. Die Intensität der Maßnahme hängt auch maßgeblich von ihrer Dauer ab.[1690] Auch sollte die Maßnahme so gestaltet werden, dass möglichst wenige Mitarbeiter von ihr erfasst werden. Ferner sollte bereits vorab klar sein, wie lange die Daten gespeichert werden bzw. wann diese gelöscht werden. Dadurch ist für den Arbeitnehmer klargestellt, ab wann eine Kontrolle oder Rekonstruktion seiner Handlungen nicht mehr möglich ist und die Drucksituation endet.

Nimmt man nun Fall 5.1[1691] in den Blick, so stellt sich die Maßnahme im Ergebnis als verhältnismäßig dar. Insoweit handelt es sich um eine offene Maßnahme,

---

1685 Zur Möglichkeit eines psychischen Anpassungsdrucks durch eine offene Videoüberwachung vgl. auch BAG, NZA 2019, 1212, 1216; vgl. hierzu auch MAH Verteidigung in Wirtschafts- und Steuerstrafsachen/*Park/Eggers*, § 11 Rn. 166.

1686 Vgl. zum vorgenannten insgesamt BAG, NZA 2004, 1278, 1281.

1687 BAG, NZA 2019, 1212.

1688 Zuletzt BAG, NZA 2017, 1179, 1183; BAG, NZA 2017, 1327, 1332.

1689 *Salvenmoser/Schreier*, in: Achenbach/Rasiek/Rönnau, HdB Wirtschaftsstrafrecht, Teil 15 Rn. 152.

1690 BAG, NZA 2004, 1278, 1281.

1691 Vgl. Kapitel 2 § 2 A.

die von den Mitarbeitern bekannt ist. Zudem erfolgt die Speicherung der Kameraaufnahmen nur über einen Zeitraum von zwei Wochen. Zur Aufklärung von Warenverlust werden die Aufzeichnungen stichprobenartig ausgewertet, sodass keine gezielte und dauerhafte Auswertung vorliegt. Im Hinblick auf die offene Überwachung überwiegt das Interesse des Unternehmens am Eigentumsschutz, da die Eingriffe in das allgemeine Persönlichkeitsrecht der Mitarbeiter durch die zeitliche Begrenzung der Speicherung und reine stichprobenartige Auswertung der Aufnahmen begrenzt wird. Auch steht die Privatheitserwartung der Arbeitnehmer der Maßnahme nicht entgegen, da sie von der Existenz der Kameras wussten. Dadurch, dass keine lückenlose, dauerhafte sowie sehr detaillierte Erfassung vorliegt, ist auch ausgeschlossen, dass jede Bewegung des Arbeitnehmers überwacht wird und der Arbeitnehmer einem dauerhaften psychischen Anpassungsdruck ausgesetzt ist. Hiergegen spricht auch, dass sich die Überwachung auf den Verkaufsbereich A beschränkt, also den Bereich, in welchem besonders viele kleine Waren zum Kauf angeboten werden und wo sich der Kassenbereich befindet. Im Übrigen unterliegen die Mitarbeiter in der Verkaufshalle keiner kameragestützten Kontrolle.

(c) Verdeckte Videoüberwachung

Zunächst ist festzuhalten, dass entgegen einigen Stimmen in der Literatur verdeckte/heimliche Überwachungs- und Ermittlungsmaßnahmen weiterhin möglich sind.[1692]

Da die Heimlichkeit einer in Grundrechte eingreifenden Maßnahme das Gewicht der Rechtsgutbeeinträchtigung erhöht,[1693] sind an die heimliche Videoüberwachung nochmals strengere Anforderungen zu stellen.[1694] Dies ergibt sich auch aus der Rechtsprechung, welche schon zur alten Rechtslage spezifische Anforderungen an eine heimliche Videoüberwachung definiert hat.[1695] Danach bedarf es für die Zulässigkeit einer heimlichen bzw. verdeckten Videoüberwachung eines konkreten Verdachts einer strafbaren Handlung oder einer anderen schweren Verfehlung zulasten des Arbeitgebers, weniger einschneidende Maßnahmen zur Aufklärung dürfen nicht zur Verfügung stehen, die Videoüberwachung darf praktisch das einzig verbleibende Mittel darstellen und die Maßnahme muss insgesamt verhältnismäßig sein.[1696] Ferner muss sich der Verdacht gegen einen zumindest räumlich und funktional abgrenzbaren Kreis von Arbeitnehmern richten.[1697] Dadurch,

---

1692 Vgl. hierzu Kapitel 2 § 2 B. II. 5.

1693 Zur Schrankkontrolle vgl. BAG, NZA 2014, 143, 147; zur Videoüberwachung vgl. BAG, NZA 2008, 1187, 1190.

1694 *Salvenmoser/Schreier,* in: Achenbach/Rasiek/Rönnau, HdB Wirtschaftsstrafrecht, Teil 15 Rn. 153.

1695 Vgl. hierzu Kapitel 2 § 2 A. II. 5. a).

1696 BAG, NZA 2003, 1193, 1195; BAG, NZA 2017, 112, 114.

1697 BAG, NZA 2012, 1025, 1028; BAG, NZA 2017, 112, 114; vgl. hierzu auch MAH Verteidigung in Wirtschafts- und Steuerstrafsachen/*Park/Eggers,* § 11 Rn. 160.

dass die Rechtsprechung ausdrücklich eine Verdachtslage fordert, reichen auch bloße Mutmaßungen nicht aus.[1698] Diese Anforderungen lassen sich auch auf die aktuelle Rechtslage und damit auf § 26 Abs. 1 BDSG übertragen.[1699] Dies hat die Rechtsprechung bereits zur Vorgängerreglung vertreten.[1700] Wie zuvor herausgearbeitet, führt § 26 Abs. 1 BDSG die Regelungen des § 32 Abs. 1 BDSG a.F. fort.[1701] Überdies müssen die sich aus der Rechtsprechung des EGMR ergebenden Leitlinien beachtet werden.[1702]

Der zu Videoüberwachungsmaßnahmen erlassenen Rechtsprechung lässt sich die Anforderung entnehmen, dass der Arbeitgeber gerade im Hinblick auf die Aufklärung von Straftaten oder sonstigen erheblichen Pflichtverletzungen alle Ursachen, durch welche sich eine heimliche Videoüberwachung erübrigen würde, vorab ausschließen können muss. Außerdem muss vorab geprüft werden, ob bspw. eine offene Videoüberwachung als ebenso zielführend in Betracht kommt.[1703] An der Geeignetheit einer offenen Videoüberwachung kann es jedoch fehlen, wenn es gerade um ein auf Heimlichkeit angelegtes Verhalten geht.[1704] Einem solchen kann in der Regel nur mit einer heimlichen Maßnahme begegnet werden. Insoweit muss die Videoüberwachung als „Ultima Ratio" das einzig verbleibende Mittel zur Aufklärung darstellen.[1705]

5. Weiterentwicklung technischer Überwachungsmittel – „Keylogger"

Die technischen Möglichkeiten, die tägliche Arbeit der Arbeitnehmer am Computer zu überwachen, sind vielfältiger geworden und entwickeln sich stetig fort. So existieren bereits Programme, welche die Nutzeraktivitäten an stationären und mobilen Endgeräten (Dateneingabe, Kommunikationsverhalten per E-Mail, Internetverlauf, Zeiten der Inaktivität etc.) durchgängig überwachen können.[1706] Mit dem Mehr an Möglichkeiten steigen aber datenschutzrechtliche Schwierigkeiten und Unsicherheiten. Vor diesem Hintergrund und einer aktuellen Entscheidung des BAG[1707], welche im Fall 6[1708] illustriert wird, soll die Zulässigkeit sonstiger technischer Überwachungsmittel am Beispiel des „Keyloggers" untersucht werden.

1698 BAG, NZA 2012, 1025, 1028; BAG, NZA 2017, 112, 114; BAG, NZA 2017, 443, 446.
1699 Im Ergebnis so auch ErfK/*Kania* BetrVG § 87 Rn. 137; *Kort*, RdA 2018, 24, 27.
1700 BAG, NZA 2017, 443, 446.
1701 Vgl. hierzu Kapitel 2 § 2 A. IV. 1. c).
1702 Vgl. hierzu Kapitel 2 § 2 B. II. 5. c) cc).
1703 MAH Verteidigung in Wirtschafts- und Steuerstrafsachen/*Park/Eggers*, § 11 Rn. 158.
1704 BAG, NZA 2003, 1193, 1195; BAG, NZA 2017, 443, 446; MAH Verteidigung in Wirtschafts- und Steuerstrafsachen/*Park/Eggers*, § 11 Rn. 158.
1705 BAG, NZA 2014, 243, 249.
1706 Gola/Heckmann/*Gola*, BDSG § 26 Rn. 77.
1707 BAG, NZA 2017, 1327.
1708 Vgl. Kapitel 2 § 2 A.

a) *Funktion des „Keyloggers"*

Bei einem sog. „Keylogger" (deutsch „Tasten-Protokollierer") handelt es sich um eine Software, die dazu verwendet wird, alle Tastatureingaben des Nutzers zu protokollieren, um diese überwachen oder im Nachgang rekonstruieren zu können.[1709] Teil der Software kann es überdies sein, dass regelmäßig Bildschirmfotos (englisch „Screenshots") automatisch angefertigt werden.[1710]

b) *Rechtmäßigkeit der Datenverarbeitung nach § 26 Abs. 1 BDSG*

Die nachfolgenden Ausführungen sollen sich auf das Kernproblem im Hinblick auf den Einsatz eines Keyloggers beschränken. Insoweit muss durch den Arbeitgeber sehr genau geprüft werden, ob eine solche Maßnahme in der konkreten Situation des Einsatzes angemessen ist (verhältnismäßig im engeren Sinne). Die Nutzung eines Keyloggers dürfte eine starke, wenn nicht sogar übermäßige Belastung für den Arbeitnehmer darstellen, die – wenn überhaupt – nur in engen Grenzen zulässig sein dürfte. Durch den Keylogger wird in das Recht des Arbeitnehmers auf informationelle Selbstbestimmung als Ausprägung des allgemeinen Persönlichkeitsrechts gemäß Art. 2 Abs. 1 i.V.m. Art. 1 Abs. 1 GG eingegriffen.

Dem Grundsatz der Datenminimierung gemäß Art. 5 Abs. 1 lit. c) DS-GVO folgend dürfen grundsätzlich nur die Daten gespeichert werden, die für den Arbeitnehmer und sein Aufklärungsinteresse tatsächlich notwendig sind. Vor diesem Hintergrund ist der Einsatz eines Keyloggers besonders problematisch. Zwar lässt sich durch den Keylogger, wie sich auch anhand von Fall 6 zeigt, ein sehr genaues Bild von den Aktivitäten des Arbeitnehmers erstellen. Zugleich führt der Einsatz eines Keyloggers zu einer Speicherung und Nachverfolgung einer jeden Tastennutzung des Arbeitnehmers und gibt dem Arbeitgeber die Möglichkeit genau nachzuvollziehen, zu welchem Zeitpunkt und mit welchem zeitlichen Abstand die Eingaben erfolgt sind.[1711] Darin liegt ein massiver Eingriff in das Recht des Betroffenen auf informationelle Selbstbestimmung.[1712]

Bei einem solchen Einsatz verwischen zudem die Grenzen zwischen privater und dienstlicher Nutzung der technischen Einrichtung. Ist bspw. eine private Nutzung des E-Mail-Accounts unter der Voraussetzung gestattet, dass der Arbeitnehmer die entsprechenden E-Mails in einem separaten und entsprechend gekennzeichneten Ordner ablegt, lässt sich die Abgrenzung zwischen dienstlicher und privater Nutzung im Rahmen der Auswertung der Keylogger-Daten nicht aufrechterhalten. Der Keylogger speichert zunächst jede einzelne Tastennutzung, unabhängig davon, ob sie im Rahmen einer privaten oder dienstlichen E-Mail getätigt wurde.

1709 BAG, NZA 2017, 1327; zum „Keylogger" und dessen technischen Hintergründen vgl. *Vogelgesang/Hessel/Möllers*, DuD 2016, 729.

1710 So auch in dem vom BAG entschiedenen Fall, vgl. BAG, NZA 2017, 1327.

1711 BAG, NZA 2017, 1327, 1331; Kühling/Buchner/*Maschmann*, BDSG § 26 Rn. 47.

1712 BAG, NZA 2017, 1327, 1331; Kühling/Buchner/*Maschmann*, BDSG § 26 Rn. 47.

Dadurch kommt es zu einer nahezu lückenlosen Überwachung im Hinblick auf die Tätigkeit am Computer, welche in der heutigen Arbeitswelt für viele Beschäftigte den Kernbestandteil der Arbeit ausmacht.[1713]

Die Eingriffsintensität eines Keyloggers ist mit einer Videoüberwachung vergleichbar.[1714] Dem lässt sich auch nicht entgegenhalten, dass ein Keylogger anders als die Videoüberwachung den Arbeitnehmer nicht auf „Schritt und Tritt" verfolgt. Je nach Branche und Tätigkeit finden in der heutigen Arbeitswelt die dienstlichen sowie privaten Handlungen vieler Arbeitnehmer ausschließlich am Computer statt. In solchen Fällen dürfte durch den Keylogger eine ebenso intensive Überwachung ermöglicht werden, wie sie auch mit einem Videosystem bei solchen Beschäftigten realisiert werden kann, die gerade nicht am Schreibtisch und Computer arbeiten (z.B. Beschäftigte in der Produktion, Verkäufer sowohl an der Kasse als auch „auf der Fläche").

Überdies weist das BAG zurecht darauf hin, dass mittels „Keylogger" auch hochsensible Daten, wie Kreditkartendaten, PIN-Nummern, Zugangsnummern für das Internet-Banking usw. protokolliert werden können.[1715] Auch wenn das BAG den Einsatz eines „Keyloggers" nicht per se verbietet, dürften aber Maßnahmen, die eine solche lückenlose Überwachung ermöglichen, als besonders kritisch und in der Regel unverhältnismäßig anzusehen sein.[1716]

Eine Zulässigkeit dürfte sich allenfalls dann ergeben, wenn ein durch konkrete Tatsachen begründeter Verdacht einer Straftat oder anderen schwerwiegenden Pflichtverletzung vorliegt,[1717] sich der Verdacht schon auf einen bestimmten Mitarbeiter konkretisiert hat und keine andere gleich geeignete, aber weniger intensive Überwachungsmaßnahme in Betracht kommt. Gerade an letzterer Voraussetzungen dürfte die Maßnahme regelmäßig scheitern.

Im Vergleich zum Einsatz eines „Keyloggers" kommen bereits die Auswertung von E-Mails oder der Verlaufsdaten des Internetbrowsers als weniger intensive Maßnahmen in Betracht.[1718] Bei den E-Mails ist je nach Vorgabe am Arbeitsplatz eine Differenzierung zwischen dienstlicher und privater Kommunikation möglich. Bei der Auswertung der Verlaufsdaten des Internet-Browsers werden lediglich die Adressen und Titel der aufgerufenen Seiten und der Zeitpunkt des Aufrufs protokolliert[1719] und damit nicht mehr Daten gespeichert, als bspw. für die Überprüfung

---

1713 BAG, NZA 2017, 1327, 1331; *Fuhlrott*, NZA 2017, 1308, 1309; Kühling/Buchner/*Maschmann*, BDSG § 26 Rn. 47.

1714 BAG, NZA 2017, 1327, 1331.

1715 BAG, NZA 2017, 1327, 1331.

1716 Nach *Kreitner* ist der Einsatz eines Keyloggers wohl stets als unverhältnismäßig anzusehen, vgl. Küttner/*Kreitner*, Personalbuch 2020 Internet-/Telefonnutzung, Rn. 9.

1717 BAG, NZA 2017, 1327; HWK/*Lembke*, Art. 88 DSGVO Rn. 99.

1718 So auch zur alten Rechtslage Kramer IT-ArbR HdB/*Tiedemann* B Rn. 513.

1719 Vgl. hierzu auch LAG Berlin-Brandenburg, BeckRS 2016, 67048.

eines möglichen Missbrauchs der Nutzungsrechte notwendig ist. Ferner könnten die auf dem Server des Arbeitgebers oder lokal auf dem Computer des Arbeitnehmers archivierten Dokumente gesichtet werden. Im Rahmen dieser Sichtung ließe sich anhand der Dokumentenbezeichnung oder der Bezeichnung der jeweiligen Ordner, in denen die Dokumente gesichert wurden, eine Differenzierung zwischen privaten und dienstlichen Dokumenten ermöglichen. Selbstverständlich müsste bei einem solchen Vorgehen immer auch berücksichtigt werden, dass der Arbeitnehmer eine entsprechende Bezeichnung bewusst gewählt hat, um den Inhalt des Dokuments zu verschleiern. Jedenfalls ist eine solche Maßnahme deutlich weniger eingriffsintensiv als die Nutzung eines Keyloggers.

c) Folgerungen hinsichtlich sonstiger technischer Überwachungsmittel

Die bereits zum jetzigen Zeitpunkt bestehenden technischen Einrichtungen zur Überwachung eines Mitarbeiters werden in den kommenden Jahren und Jahrzehnten eine noch ausgefeiltere Überwachung ermöglichen. An dem Beispiel des „Keyloggers" lässt sich verdeutlichen, dass auch neue Ermittlungsmaßnahmen immer streng am aktuellen Datenschutz zu messen sind. Dieser dürfte die datenschutzrechtlichen Anforderungen nochmals erhöhen. Je umfassender eine Maßnahme ist und je umfassender personenbezogene Daten verarbeitet werden, desto weniger dürfte eine solche Maßnahme mit dem aktuellen Datenschutz in Einklang zu bringen sein. Zwar ist z.B. der „Keylogger" eine effektive Möglichkeit, die Handlungen der eigenen Mitarbeiter zu kontrollieren. Dieses Mehr an Möglichkeiten schlägt sich jedoch regelmäßig in rechtlichen Unwägbarkeiten für den Arbeitgeber nieder. Insoweit vermag das berechtigte Aufklärungsinteresse des Arbeitgebers nicht jede Maßnahme zu rechtfertigen. Mit der hier vertretenen Ansicht sollten die zu ergreifenden Maßnahmen immer danach ausgerichtet werden, dass sie stets auf der Grundlage eines Anfangsverdachts ergriffen werden, sie zu keiner lückenlosen Überwachung führen und sie nur punktuell und in engen zeitlichen Grenzen eingesetzt werden, sodass eine dauerhafte Überwachung ausgeschlossen wird.[1720] Insbesondere muss jede neue Überwachungsmaßnahme streng auf ihre Erforderlichkeit hin überprüft werden. Der Arbeitgeber muss sich also stets die Frage stellen, ob im Vergleich zu der gewählten Maßnahme wirklich keine gleich geeignete und weniger eingriffsintensive Maßnahme besteht. Die Beantwortung dieser Frage könnte zukünftig dazu führen, dass technisch neue und hoch effektive Ermittlungsmaßnahmen an den Voraussetzungen der datenschutzrechtlichen Erlaubnisnorm scheitern. Jedenfalls muss bei jeder Ermittlungsmaßnahme im Rahmen einer internen Untersuchung sehr genau darauf geachtet werden, welches Ausmaß eine Maßnahme konkret hat.

1720 *Stück*, ArbRAktuell 2019, 216, 217.

6. *Einsatz von Privatermittlern – Observation*

a) *Bedeutung für interne Untersuchungen*

Die Überwachung einer Person durch private Ermittler ist immer dann von Bedeutung, wenn das Verhalten des Arbeitnehmers außerhalb des Betriebs zu Erkenntnissen hinsichtlich dessen Täterschaft oder Tatbeteiligung an einer Straftat oder erheblichen Pflichtverletzung führen könnte.[1721] Als Straftaten bzw. erhebliche Pflichtverstöße dürften daher insbesondere Verstöße gegen das Wettbewerbsverbot[1722], kartellrechtliche Verstöße[1723], eine vorgetäuschte Erkrankung (so auch in Fallbeispiel 7.1[1724]),[1725] ein Diebstahl mit entsprechendem Abtransport oder eine Hehlerei[1726] in Betracht kommen. Es handelt sich also typischerweise um Fälle, bei denen die Überprüfung des Arbeitnehmers im Betrieb keine Erkenntnisse bringen konnte. Die Entscheidung hinsichtlich der Ergreifung einer solchen Maßnahme muss aber stets gut überlegt sein. Im Falle der Unzulässigkeit der Maßnahme kann sich nämlich für den Betroffenen u.U. ein Schadensersatzanspruch ergeben.[1727] Vorliegend wird jedoch nur die Observation von Personen, hier von Arbeitnehmern, in den Blick genommen. Gerade in diesem Bereich ergeben sich nämlich datenschutzrechtliche Besonderheiten. Nicht untersucht werden hingegen reine Zustands- oder Objektbeobachtungen. Selbstverständlich kann sich aus einer Objektbeobachtung auch die Observation einer Person ergeben, wenn sich der Verdacht im Rahmen der Objektbeobachtung auf eine Person verdichtet und diese Person daraufhin observiert wird.

b) *Rechtmäßigkeit nach § 26 Abs. 1 BDSG*

aa) *Verdachtslage*

Ebenso wie bei der heimlichen Videoüberwachung kommt es gerade bei dem Einsatz von Detekteien darauf an, dass bereits ein Verdacht besteht.[1728] Insoweit stellt die Observation außerhalb des Betriebsgeländes, worauf die Maßnahme in der Regel abzielt, einen starken und teilweise vielfältigen Eingriff in die Rechte des Betroffenen dar.[1729] Das Gewicht der Maßnahme ist mit dem einer Videoüberwachung vergleichbar. Man könnte den Einsatz eines Detektivs sogar als noch

---

1721 *Fleischer/Krüger*, in: Knierim/Rübenstahl/Tsambikakis, Teil 1 Kapitel 8 Rn. 4.
1722 BAG, NZA 2017, 1179; *Stück*, CCZ 2018, 88, 89.
1723 *Stück*, CCZ 2018, 88, 89.
1724 Vgl. Kapitel 2 § 2 A.
1725 BAG, NZA 2017, 1179; *Fleischer/Krüger*, in: Knierim/Rübenstahl/Tsambikakis, Teil 1 Kapitel 8 Rn. 34; *Kort*, RdA 2018, 24, 30; *Stück*, CCZ 2018, 88, 89.
1726 *Fleischer/Krüger*, in: Knierim/Rübenstahl/Tsambikakis, Teil 1 Kapitel 8 Rn. 6.
1727 Vgl. nur BAG, NZA 2015, 994; LAG Rheinland-Pfalz, BeckRS 2017, 113813.
1728 So auch MHdB ArbR/*Rachor*, Band 2, § 130 Rn. 102.
1729 Vgl. hierzu sogleich unter Kapitel 2 § 2 C. II. 6. b) cc).

eingriffsintensiver betrachten, da die Videoüberwachung auf bestimmte Bereiche begrenzt ist, während der Detektiv dem Arbeitnehmer für den Zeitraum seines Einsatzes „auf Schritt und Tritt" folgt.

bb) Geeignetheit

Für die Frage, ob die Datenverarbeitung durch den Einsatz einer privaten Detektei rechtmäßig ist, kommt es zunächst auf die Prüfung der Geeignetheit an. Wie bereits herausgearbeitet, muss dabei die Frage beantwortet werden, ob die im Rahmen einer Observation außerhalb des Betriebsgeländes erlangten Kenntnisse das Aufklärungsziel fördern. Dies ist bspw. nicht der Fall, wenn die Verdachtslage dafür spricht, dass der betroffene Arbeitnehmer hinsichtlich der kriminellen Handlung per E-Mail korrespondiert.[1730] Dann wird eher eine Auswertung der E-Mails als Ermittlungsmaßnahme naheliegen. Zu Feststellung der Geeignetheit muss eine Prüfung im Einzelfall durchgeführt werden.

Die Handlungen der Mitarbeiter der Detektei müssen ihrerseits natürlich auch rechtmäßig sein, sodass hinsichtlich des Eindringens in Räume § 123 StGB und hinsichtlich der Anfertigung von Aufnahmen § 201a StGB zu beachten sind.[1731]

cc) Erforderlichkeit

Als mögliche mildere Mittel dürfte es sich insbesondere um Maßnahmen handeln, die der Arbeitgeber am Arbeitsplatz durchführen kann, da die Observation außerhalb des Betriebsgeländes und der damit verbundenen betrieblichen Sphäre eine sehr eingriffsintensive Maßnahme darstellt. Insoweit sollte sich der Arbeitgeber die Frage stellen, ob er hilfreiche Erkenntnisse nicht auch auf der Grundlage einer Durchsuchung des Arbeitsplatzes, der Befragung von Kollegen oder aber der Auswertung der E-Mails oder sonstigen physischen Unterlagen erlangen kann.[1732] Es sind aber auch ebenso intensive Maßnahmen, wie die verdeckte Videoüberwachung, in die Abwägung nach dem mildesten Mittel mit einzustellen.

dd) Verhältnismäßigkeit im engeren Sinne (Angemessenheit)

Der Einsatz eines Detektivs kann in vielerlei Hinsicht in das allgemeine Persönlichkeitsrecht des Arbeitnehmers eingreifen. Zunächst kommen (verdeckte) Personalbefragungen durch den Detektiv in Betracht[1733], z.B. wenn dieser sich als – kurzzeitiger – Kollege präsentiert[1734]. Wird der Arbeitnehmer mittels

1730 *Fleischer/Krüger*, in: Knierim/Rübenstahl/Tsambikakis, Teil 1 Kapitel 8 Rn. 58.
1731 *Salvenmoser/Schreier*, in: Achenbach/Rasiek/Rönnau, HdB Wirtschaftsstrafrecht, Teil 15 Rn. 146 ff.; *Thüsing/Rombey*, NZA 2018, 1105, 1108.
1732 *Lunk*, NZA 2009, 457, 461.
1733 MAH ArbR/*Dendorfer-Ditges*, § 35 Rn. 166.
1734 In der Praxis könnte der Detektiv bspw. vorgeben Sozialstunden abarbeiten zu müssen, vgl. LAG Hamm, BeckRS 2007, 44885.

Videokamera aufgenommen, so liegt ein Eingriff in sein Recht am eigenen Bild vor. Wird er hingegen abgehört, bezieht sich der Eingriff auf das Recht des Arbeitnehmers am eigenen Wort. Soweit sich der Arbeitgeber einer solchen Ermittlungsmaßnahme bedient, zu deren technischer und organisatorischer Umsetzung er eine Detektei einsetzt, wird auf die entsprechenden Ausführungen zur Telefon-[1735] und Videoüberwachung[1736] verwiesen. Im Rahmen der Observation kommt je nach Umgebung, in der sich der Arbeitnehmer aufhält, insbesondere ein Eingriff in dessen Privatsphäre in Betracht. Jedenfalls ist auch im Rahmen des Einsatzes einer Detektei der Eingriff in die Intimsphäre nicht zu rechtfertigen und daher strikt unzulässig.[1737]

Vor diesem Hintergrund ließe sich eine Maßnahme, wie sie in Fall 7.2[1738] illustriert wird, nicht rechtfertigen. Unabhängig davon, dass die Maßnahme eine durchgehende Überwachung über einen Zeitraum von einem Monat beinhaltet, was für sich gesehen schon für eine Unverhältnismäßigkeit in zeitlicher Hinsicht spricht, greift die Überwachung des häuslichen Umfelds sowie die Dokumentation des Zusammenlebens innerhalb der Familie unverhältnismäßig in das allgemeine Persönlichkeitsrecht des Arbeitnehmers ein. Gerade in Bezug auf den Vorwurf einer vorgetäuschten Erkrankung lässt sich nicht rechtfertigen, den Bereich des häuslichen Friedens durch die Überwachungsmaßnahme zu stören. Ebenso kritisch dürfte es zu bewerten sein, wenn der Detektiv dem Arbeitnehmer bspw. bei einer privaten Verabredung nachstellt.[1739] Während der Arbeitnehmer am Arbeitsplatz den Beobachtungen anderer Kollegen und des Arbeitgebers ausgesetzt ist, dürfte er sich in seinem privaten Umfeld und außerhalb der Betriebsstätte grundsätzlich unbeobachtet fühlen. Diesem Umstand muss in der vorzunehmenden Abwägung ebenfalls Rechnung getragen werden. Andererseits ist zugunsten des Arbeitgebers zu berücksichtigen, wenn dieser bspw. keine Überwachung der Arbeitnehmer am Arbeitsplatz ausführen kann, weil der Arbeitnehmer stets im Außendienst im Einsatz ist.[1740] In solchen Fällen ist auch an Maßnahmen wie E-Mail-Screening oder GPS-Überwachung[1741] zu denken.

Damit die Rechte des Arbeitgebers im Hinblick auf die Überprüfung überwiegen, muss es um einen sehr gewichtigen Vorwurf gehen, dessen Aufklärung durch den Arbeitgeber auf andere Weise faktisch nicht möglich ist.[1742] Auch

---

1735 Vgl. hierzu Kapitel 2 § 2 C. II. 3.

1736 Vgl. hierzu Kapitel 2 § 2 C. II. 4.

1737 *Fleischer/Krüger*, in: Knierim/Rübenstahl/Tsambikakis, Teil 1 Kapitel 8 Rn. 61.

1738 Vgl. Kapitel 2 § 2 A.

1739 LAG Hamm, BeckRS 2007, 44885; hinsichtlich einer Observation mit „Belästigungscharakter“ vgl. OLG Köln, BeckRS 2013, 18727.

1740 So auch LAG Hamm, BeckRS 2007, 44885 hinsichtlich einer ständig im Außendienst tätigen Arbeitskolonne.

1741 Vgl. hierzu *Byers*, Mitarbeiterkontrollen, Rn. 198 - 227.

1742 *Byers*, Mitarbeiterkontrollen, Rn. 181.

die Observation durch eine Detektei muss immer das letzte Mittel darstellen.[1743] Insoweit streitet der Verdacht einer besonders gravierenden Straftat gerade für die Angemessenheit der Maßnahme[1744], während hinsichtlich der Aufklärung von Bagatelldelikten die Angemessenheit grundsätzlich abzulehnen sein dürfte. Ein weiterer entscheidender Faktor für die Prüfung der Angemessenheit ist die Dauer der Maßnahme. Insoweit sei auch an dieser Stelle auf die Einhaltung der Grundsätze der Datenerhebung hingewiesen. Die Maßnahme sollte grundsätzlich möglichst kurz bemessen sein. Sollten Ermittlungsergebnisse ausbleiben, kann dies nicht dazu führen, dass die Maßnahme ununterbrochen fortgeführt werden dürfte. Die Ergebnislosigkeit muss vielmehr zu einem Abbruch der Maßnahme führen. Eine Indikation für einen angemesseneren Rahmen lässt sich aus der Rechtsprechung ableiten. Während das LAG Rheinland-Pfalz[1745] eine Überwachung an 20 Tagen zu je vier Stunden als unverhältnismäßig angesehen hat, hat das LAG Hamm[1746] eine einwöchige Überwachung gebilligt. Das LAG Rheinland-Pfalz hat hinsichtlich der Erheblichkeit des Eingriffs in die Schutzrechte des Betroffenen gerade auf die zeitliche Länge der Maßnahme abgestellt. Es zog dabei den Vergleich zur heimlichen Observation durch staatliche Ermittlungsbehörden. Nach § 163 f StPO steht die heimliche Observation über einen längeren Zeitraum unter Richtervorbehalt. Auch wenn die Observation durch eine Detektei – wie das Gericht selbst erkennt – nicht mit einer staatlichen Überwachungsmaßnahme vergleichbar ist, zeigt dieser Vergleich, welches Gewicht der Dauer einer solchen Maßnahme im Rahmen der konkreten Abwägung zukommt. Insoweit dürfte man mit *Byers* davon ausgehen können, dass eine Maßnahme nicht länger als zwei Wochen andauern sollte.[1747] Gemessen an diesen Anforderung dürfte die Maßnahme in Fall 7.1[1748] im Hinblick auf die Dauer der Maßnahme als angemessen angesehen werden, während dies im Hinblick auf Fall 7.2 gerade nicht der Fall ist.

1743 *Byers*, Mitarbeiterkontrollen, Rn. 181; *Fleischer/Krüger*, in: Knierim/Rübenstahl/Tsambikakis, Teil 1 Kapitel 8 Rn. 11, 44.

1744 *Thüsing/Rombey*, NZA 2018, 1105, 1109.

1745 LAG Rheinland-Pfalz, BeckRS 2017, 113813; *Stück*, CCZ 2018, 143.

1746 LAG Hamm, BeckRS 2007, 44885.

1747 *Byers*, Mitarbeiterkontrollen, Rn. 181; *Thüsing/Rombey*, NZA 2018, 1105, 1109.

1748 Vgl. Kapitel 2 § 2 A.

7. Mitarbeiterbefragungen (Interviews)

a) Grundlagen

aa) Bedeutung für interne Untersuchungen

Neben der Auswertung von E-Mails und sonstigen Unterlagen bildet die Mitarbeiterbefragung eine weitere zentrale Säule erfolgreicher interner Untersuchungen.[1749] Mitarbeiter, insbesondere die von einem konkreten Verdacht betroffenen, stellen eine zentrale Informationsquelle zur Aufklärung der Verdachtslage dar.[1750] Gerade wenn es darum geht, tatsächliche Abläufe nachzuvollziehen (bspw. „wie die Regeln des Unternehmens tatsächlich „gelebt" wurden"[1751]), wird eine Sachverhaltsaufklärung ohne Interviews kaum zum Erfolg führen.[1752] Zumeist folgen die Befragungen auch der Auswertung von E-Mails[1753] und/oder Dokumenten, da der Mitarbeiter mit den aus der vorherigen Maßnahme gewonnenen Ergebnissen gezielt konfrontiert werden kann.[1754] Ferner hat sich aufgrund der vorherigen Auswertung auch der Verdacht nochmals konkretisiert. Während aber im Rahmen der Auswertung von elektronischen sowie physischen Dokumente datenschutzrechtliche Fragestellungen im Zentrum stehen, stellen sich im Hinblick auf die Befragung von Mitarbeitern insbesondere auch arbeitsrechtliche Fragen.[1755] Zu beachten ist, dass die hier besprochenen Mitarbeiterbefragungen der Sachverhaltsaufklärung dienen und daher von der arbeitsrechtlichen Anhörung zu einer Verdachtskündigung zu unterscheiden sind.[1756]

1749 *von Hehn/Hartung*, DB 2006, 1909, 1914; *Nestler*, in: Knierim/Rübenstahl/Tsambikakis, Teil 1, Kapitel 1 Rn. 54; *Wessing*, in: Hauschka/Moosmayer/Lösler, Corporate Compliance, § 46 Rn. 41; *Greco/Caracas* bezeichnen sie sogar als die vornehmliche Quelle von Informationen über unternehmensinterne Abläufe, vgl. *Greco/Caracas*, NStZ 2015, 7, 7.

1750 MAH Verteidigung in Wirtschafts- und Steuerstrafsachen/*Park/Eggers*, § 11 Rn. 83; im Rahmen der internen Untersuchung zum „VW-Abgasskandal" sind mehr als 700 Mitarbeitergespräche geführt worden, vgl. BVerfG, BeckRS 2018, 14188; *Süße*, ZIS 2018, 350, 357. In der „Siemens-Affäre" sollen es vier- bis fünftausend Gespräche gewesen sein, vgl. *Jahn/Kirsch*, in: Rotsch, Criminal Compliance, § 33 Rn. 18.

1751 *von Hehn/Hartung*, DB 2006, 1909, 1914.

1752 *von Hehn/Hartung*, DB 2006, 1909, 1914.

1753 *Herrmann/Zeidler*, NZA 2017, 1499, 1500.

1754 Vgl. hierzu *Spehl/Momsen/Grützner*, CCZ 2014, 2, 3: „Ein persönliches Gespräch, auch unter Bezugnahme von Dokumenten, ist die beste Möglichkeit für die Ermittler, (illegale) Strukturen und Zusammenhänge innerhalb eines Unternehmens zu verstehen und zu erkennen und einen genauen Eindruck des einzelnen Mitarbeiters zu bekommen."

1755 *Galle*, BB 2018, 564, 567 f.

1756 *Mengel*, NZA 2017, 1494, 1498; *Rudkowski*, NZA 2011, 612.

bb) Einsatz externer Ermittler

Im Rahmen der Befragungen kommen regelmäßig Rechtsanwälte als externe Ermittler und Berater des Unternehmens zum Einsatz.[1757] Sie leiten durch die Befragung, wobei sie insbesondere die Mitarbeiter/Zeugen befragen, den betroffenen Personen Vorhalte machen und den Beweiswert sowie die Glaubwürdigkeit von Aussagen würdigen. Neben dem Rechtsanwalt sind zumeist noch weitere Personen anwesend, bspw. ein Mitarbeiter der Kanzlei oder ein anderer Mitarbeiter des Arbeitsnehmers, bspw. aus der Personalabteilung. Diese Personen können in einem späteren Prozess als Zeugen auftreten, da sie nicht als Partei in Betracht kommen. Theoretisch ist es auch möglich, dass der Rechtswalt selbst als Zeuge auftritt. Gesetzliche Beschränkungen bestehen dahingehend nicht, insbesondere bestehen keine Ausschlussgründe, wie sie z.B. in § 41 Nr. 5 ZPO für Richter vorgesehen sind.[1758] Tritt der Rechtsanwalt als Prozessbevollmächtigter und Zeuge auf, nimmt er eine Doppelfunktion war, die ihn in einen Interessen- und Pflichtenkonflikt führen könnte.[1759] Zu dem Aufgaben des Rechtsanwalts als Bevollmächtigter, aber insbesondere auch als Verteidiger ist es, Zeugenbefragungen vorzubereiten und durchzuführen und dabei auch die Glaubwürdigkeit des Zeugen zu bewerten.[1760] Ist der Prozessbevollmächtigte zugleich Zeuge, müsste er seine eigene Aussage als Zeuge kritisch würdigen und deren Beweiswert einschätzen.[1761] In dieser für den Rechtsanwalt bestehenden Konfliktsituation könnte er im schlimmsten Fall seine eigene Glaubwürdigkeit einbüßen.[1762] Ferner könnte die eigene Stellung als unabhängiges Organ der Rechtspflege Schaden nehmen. Im Ergebnis ist es daher ist es nicht ratsam, dass der Rechtswalt selbst als Zeuge auftritt, sondern eine weitere Person zum Gespräch hinzuzieht.

b) Teilnahme- und Auskunftspflicht

aa) Teilnahmepflicht

Aufgrund des Weisungsrechts des Arbeitgebers gemäß § 106 GewO besteht eine grundsätzliche Teilnahmepflicht des Arbeitnehmers an Mitarbeitergesprächen mit Vertretern des Arbeitgebers.[1763] Nach § 106 S. 1 GewO ist der Arbeitgeber berechtigt, Inhalt, Ort und Zeit der Arbeitsleistung nach billigem Ermessen näher zu

---

1757 *Herrmann/Zeidler*, NZA 2017, 1499, 1500.
1758 Feuerich/Weyland/*Träger* BRAO § 45 Rn. 54.
1759 Feuerich/Weyland/*Träger* BRAO § 45 Rn. 54.
1760 Feuerich/Weyland/*Träger* BRAO § 45 Rn. 54.
1761 Feuerich/Weyland/*Träger* BRAO § 45 Rn. 54.
1762 Feuerich/Weyland/*Träger* BRAO § 45 Rn. 54.
1763 BAG, NZA 2009, 1011, 1012; *Eufinger*, DB 2017, 1266, 1271; *Galle*, BB 2018, 564, 568; *Giese/Dachner*, ZIP 2020, 498, 500; MAH Verteidigung in Wirtschafts- und Steuerstrafsachen/*Park/Eggers*, § 11 Rn. 84; *Rudkowski*, NZA 2011, 612, 612; *Schrader/Mahler*, NZA-RR 2016, 57, 63; *Toma*, CB 2017, 339.

bestimmen. Die Grenzen ergeben sich aus dem Arbeitsvertrag, den Bestimmungen etwaiger Betriebsvereinbarungen oder anwendbarer Tarifverträge sowie gesetzlichen Vorschriften, vgl. § 106 S. 1 GewO. Die Leistungsbestimmung nach billigem Ermessen erfolgt auf der Grundlage einer Abwägung der wechselseitigen Interessen nach verfassungsrechtlichen und gesetzlichen Wertentscheidungen, den allgemeinen Wertungsgrundsätzen der Verhältnismäßigkeit und Angemessenheit sowie der Verkehrssitte und Zumutbarkeit.[1764] Weisungen unterliegen keinem Formzwang, sodass der Arbeitgeber diese auch mündlich erteilen kann.[1765] Insoweit beinhaltet das Weisungsrecht auch die Teilnahme an einem Mitarbeitergespräch.[1766] Dies betrifft auch solche Gespräche, in denen die Nichterfüllung vom Arbeitgeber ausgesprochener Weisungen erörtert werden soll.[1767] Die Ausübung des Weisungsrechts ist dann nicht möglich, wenn sich die Themen für das Gespräch nicht auf die Tätigkeiten des Arbeitnehmers im Rahmen seines Arbeitsverhältnisses beziehen oder die Gespräche für Zeiten außerhalb der Arbeitszeit oder zu Unzeiten geplant sind.[1768]

Befragungen im Rahmen interner Untersuchungen sind dem Tätigkeitsbereich des Arbeitnehmers zuzuordnen, da es um die Aufklärung von Straftaten und sonstigen schwerwiegenden Pflichtverletzungen im Rahmen der Erbringung der Arbeitsleistung geht. Hierfür spricht gleichfalls § 106 S. 2 GewO, wonach das Weisungsrecht auch hinsichtlich der Ordnung und des Verhaltens der Arbeitnehmer im Betrieb gilt. Bezogen hierauf sind auch die für den Arbeitnehmer bestehenden Nebenpflichten, welche sich in Handlungs- und Schutzpflichten konkretisieren, relevant. Zu den Nebenpflichten zählen etwa die Anzeige-, Aufklärungs- und Auskunftspflichten[1769] sowie Schadensabwendungspflichten,[1770] aber auch die Wahrung der betrieblichen Ordnung[1771]. Steht also bspw. eine Straftat eines Mitarbeiters im Raum, welche zu einer Verbandsgeldbuße gemäß § 30 OWiG führen könnte, so ist die Weisung zur Teilnahme an einem Gespräch über die bestehenden Vorwürfe im Hinblick auf die Vorwürfe selbst, aber auch bezogen auf die bestehende Schadensabwendungspflicht, dem Verhalten des Arbeitnehmers i.S.d. § 106 S. 2 GewO zuzuordnen. Bezogen auf die vorzunehmende Abwägung dürfte das Interesse des Arbeitgebers an einem Gespräch über die bestehende Verdachtslage mit dem Ziel der Aufklärung von

---

1764 BAG, NZA 2017, 1452, 1456.

1765 BAG, NZA 2009, 1011, 1012.

1766 BAG, NZA 2009, 1011, 1012.

1767 BAG, NZA 2009, 1011, 1012.

1768 *Byers*, Mitarbeiterkontrollen, Rn. 185; *Lützeler/Müller-Sartori*, CCZ 2011, 19, 22; *Wessing*, in: Hauschka/Moosmayer/Lösler, Corporate Compliance, § 46 Rn. 42 f.

1769 Vgl. hierzu auch ErfK/*Preis* BGB § 611a Rn. 736 f.

1770 Vgl. hierzu auch ErfK/*Preis* BGB § 611a Rn. 744 ff.

1771 Vgl. hierzu auch ErfK/*Preis* BGB § 611a Rn. 738 ff.

Pflichtverletzungen oder Straftaten dem reinen Interesse des Arbeitnehmers, sich einem solchen Gespräch zu entziehen, überwiegen.[1772]

Eine Ausnahme im Hinblick auf die Teilnahmepflicht und die vorzunehmende Abwägung kann sich indes dann ergeben, wenn das Gespräch nicht der Sachverhaltsermittlung sowie der Aufklärung dient, sondern die Intention bereits in der Beendigung des Arbeitsverhältnisses liegt.[1773] Dies lässt sich auch mit § 106 S. 1 BGB begründen, da sich das das Weisungsrecht darauf bezieht, Inhalt, Ort und Zeit der Arbeitsleistung näher zu bestimmen. Ein solcher Zweck des Gesprächs liegt indes nicht vor, wenn es allein darum geht, das Arbeitsverhältnis zu beenden, sodass eine entsprechende Weisung auch nicht vom Weisungsrecht des Arbeitgebers gedeckt ist.[1774] Ausnahmen von der Teilnahmepflicht können ferner dann bestehen, wenn die Befragung mit einer schikanösen Zielrichtung verbunden ist,[1775] da insoweit eine unbillige Befragung vorliegen würde, die das billige Ermessen überschreitet. Dies ergibt sich aus der im Rahmen des § 106 S. 1 GewO vorzunehmenden umfassenden Abwägung. Soweit vorab erkennbar ist, dass eine unbillige Befragung vorliegen wird, muss der Arbeitnehmer an dieser nicht teilnehmen.[1776] Sanktionen vonseiten des Arbeitgebers können in diesem Falle ebenfalls nichts ausgesprochen werden.[1777]

bb) Auskunftspflicht

(a) Rechtsgrundlage der Auskunftspflicht

Im Rahmen interner Untersuchungen stellt sich stets die Frage, ob und wenn ja in welchem Umfang Mitarbeiter auf die ihnen im Rahmen von Mitarbeiterbefragungen gestellten Fragen antworten müssen. Hinsichtlich einer Aussagepflicht ist zunächst anhand der Wahrnehmungen des Arbeitnehmers zu unterscheiden, ob das Mitarbeitergespräch Wahrnehmungen im Aufgabenbereich des Mitarbeiters betrifft oder ob es um die Auskunft über die Wahrnehmungen geht, die über den unmittelbaren Aufgabenbereich hinausgehen.[1778] Der Aufgabenbereich definiert sich durch die dem Arbeitnehmer arbeitsvertraglich übertragenen von ihm im Rahmen des Arbeitsverhältnisses wahrgenommenen Aufgaben/Tätigkeiten.[1779]

1772 Im Ergebnis so auch *Rudkowski*, NZA 2011, 612, 612.

1773 *Schrader/Thoms/Mahler*, NZA 2018, 965, 967.

1774 Vgl. BAG, NZA 2009, 1011, 1012 f. zu Gesprächen mit dem Ziel einer vom Arbeitnehmer bereits abgelehnten Vertragsänderung.

1775 *Byers*, Mitarbeiterkontrollen, Rn. 185; *Herrmann/Zeidler*, NZA 2017, 1499, 1501; *Lützeler/Müller-Sartori*, CCZ 2011, 19, 22; siehe auch BAG, NZA 2009, 1011.

1776 BAG, NZA 2017, 1452, 1458 f.; BAG, NZA 2018, 1259; vgl. hierzu auch ErfK/*Preis* GewO § 106 Rn. 13.

1777 BAG, NZA 2017, 1452, 1458 f.

1778 MAH ArbR/*Dendorfer-Ditges*, § 35 Rn. 44 ff.

1779 *Fritz/Nolden*, CCZ 2010, 170, 171; *Kienast*, in: Wessing/Dann, Deutsch-Amerikanische Korruptionsverfahren, § 8 Rn. 5.

(aa) Wahrnehmungen im persönlichen Aufgabenbereich

Hinsichtlich der dogmatischen Herleitung einer entsprechenden Auskunftspflicht bestehen unterschiedliche Ansatzpunkte.

Zunächst könnte die Auskunftspflicht eine unmittelbare Hauptleistungspflicht gemäß §§ 611, 241 Abs. 1 BGB darstellen. Die ist möglich, da die Vertragsparteien als Ausprägung ihrer Privatautonomie eine entsprechende Regelung vorsehen können, sodass die Auskunftserteilung zur vertraglich geschuldeten Tätigkeit wird.[1780] Eine entsprechende Regelung dürfte aber die Ausnahme in der Praxis darstellen.[1781] Eine solche Regelung könnte bspw. im Hinblick auf die Tätigkeit eines Compliance-Officers in Betracht kommen.[1782]

Soweit es Wahrnehmungen am Arbeitsplatz angeht, trifft den Arbeitnehmer nach dem überwiegenden Teil der Stimmen in der Literatur eine umfassende Aussagepflicht gemäß §§ 675, 666 BGB.[1783] Ein Auskunftspflicht kann sich aber auch aus dem Weisungsrecht des Arbeitgebers gemäß § 106 GewO ergeben.[1784] Insoweit erstreckt sich dieses sowohl auf die Teilnahme an einem Mitarbeitergespräch als auch auf die konkrete Auskunft. Ferner kommt in Betracht, dass eine Auskunftspflicht aus den vertraglichen Nebenpflichten gemäß §§ 611, 241 Abs. 2, 242 BGB folgt.[1785]

Die sich aus den §§ 675, 666 BGB analog ergebende Auskunftspflicht für solche Auskünfte, die den unmittelbaren Arbeitsbereich des Arbeitnehmers betreffen, bedarf einer näheren Betrachtung. Insoweit findet gemäß § 675 BGB u.a. die Auskunftspflicht gemäß § 666 BGB nur auf solche Dienst- und Werkverträge entsprechend Anwendung, die eine Geschäftsbesorgung zum Gegenstand haben. Dabei

1780 *Böhm*, WM 2009, 1923, 1924; *Nienaber*, Umfang, Grenzen und Verwertbarkeit compliancebasierter unternehmensinterner Ermittlungen, S. 101; *Rieble*, ZIP 2003, 1273, 1275.

1781 *Böhm*, WM 2009, 1923, 1924; *Nienaber*, Umfang, Grenzen und Verwertbarkeit compliancebasierter unternehmensinterner Ermittlungen, S. 101.

1782 *Böhm*, WM 2009, 1923, 1924.

1783 *Böhm*, WM 2009, 1923, 1924; MAH ArbR/*Dendorfer-Ditges*, § 35 Rn. 45; *Diller*, DB 2004, 313, 313; *Greco/Caracas*, NStZ 2015, 7, 7; *Haefcke*, CCZ 2014, 39, 40; *Jahn*, StV 2009, 41, 43; *Kienast*, in: Wessing/Dann, Deutsch-Amerikanische Korruptionsverfahren, § 8 Rn. 5; *Knauer*, ZWH 2012, 81, 84; *Majer*, in: Moosmayer/Hartwig, Interne Untersuchungen, D. Rn. 45; *Matthey/Dittrich*, in: Kamann/Ohlhoff/Völcker, Kartellverfahren und Kartellprozess, § 40 Rn. 90; *Momsen*, in: Rotsch, Criminal Compliance, § 34 Rn. 30; MAH Verteidigung in Wirtschafts- und Steuerstrafsachen/*Park/Eggers*, § 11 Rn. 103; *Schneider*, NZG 2010, 1201, 1204; *Spehl/Momsen/Grützner*, CCZ 2014, 2, 5; *Steffen/Stöhr*, RdA 2017, 43, 51; *Toma*, CB 2017, 339 f.; *Wessing*, in: Hauschka/Moosmayer/Lösler, Corporate Compliance, § 46 Rn. 45; *Zerbes*, ZStW 125 (2013), 551, 557; so wohl auch *Galle*, auch wenn er sich nicht ausdrücklich auf eine Rechtsgrundlage festlegt, vgl. *Galle*, BB 2018, 564, 568 f.

1784 *Kasiske*, NZWiSt 2014, 262, 263; *Lützeler/Müller-Sartori*, CCZ 2011, 19 f.

1785 *Schrader/Mahler*, NZA-RR 2016, 57, 64; so wohl auch *Aszmons/Herse*, DB 2020, 56.

handelt es sich um eine selbstständige Tätigkeit wirtschaftlicher Art zur Wahrnehmung fremder Vermögensinteressen.[1786] Auf das Arbeitsverhältnis ist § 675 BGB nicht direkt anwendbar, da es im Hinblick auf die Tätigkeit eines Arbeitnehmers bereits an einer selbstständigen Tätigkeit fehlt.

Da es an einer entsprechenden Regelung fehlt, besteht auch eine Regelunglücke. Eine Regelungslücke scheidet auch nicht dadurch aus, dass eine Auskunftspflicht bereits aus einer Nebenleistungspflicht i.S.d. § 241 Abs. 2 BGB zu folgern ist. Die Nebenleistungspflicht ist nämlich von der Zumutbarkeit der Auskunft für den Arbeitnehmer abhängig.[1787] Entsprechende Zumutbarkeitserwägungen müssen im Rahmen des § 666 BGB analog nicht angestellt werden;[1788] Zumutbarkeitsbegrenzungen könnten sich in Ausnahmefällen allenfalls aus § 242 BGB ergeben. Die Grenzen des Auskunftsanspruchs ergeben sich unmittelbar aus § 666 BGB analog. Mithin geht der Auskunftsanspruch aus § 666 BGB analog weiter als der aus §§ 611, 241 Abs. 2, 242 BGB.

Das Verhältnis zwischen einem Beauftragten und seinem Auftraggeber i.S.d. §§ 675, 666 BGB ist auch mit dem Verhältnis zwischen dem Arbeitnehmer und dem Arbeitgeber vergleichbar. Sowohl der Beauftragte als auch der Arbeitnehmer führt eine übertragene Arbeit aus. In beiden Fällen besteht auch ein vergleichbares Interesse des Auftrag- bzw. des Arbeitgebers umfassend über die übertragene Arbeit informiert zu werden. Diesem Zweck dient gerade das Auskunftsrecht des Auftraggebers gemäß § 666 BGB, welches insbesondere dann wichtig ist, wenn der Beauftragte gegen die ihm obliegenden Pflichten verstoßen hat.[1789] Die analoge Anwendung des § 675 BGB auf den Arbeitsvertrag ist von der herrschenden Ansicht anerkannt.[1790] Als Geschäftsbesorgung i.S.d. § 675 BGB kommen also die Aufgaben in Betracht, mit welchen der Arbeitnehmer unmittelbar betraut ist.[1791]

Vor diesem Hintergrund ist auf der Grundlage der analogen Anwendung des § 675 BGB der § 666 BGB auch auf Arbeitsverträge entsprechend anzuwenden. Nach § 666 BGB hat der Beauftragte dem Auftraggeber die erforderlichen Nachrichten zu geben, auf Verlangen über den Stand des Geschäfts Auskunft zu erteilen und nach der Ausführung des Auftrags Rechenschaft abzulegen. Diese Pflichten treffen über die analoge Anwendung auch den Arbeitnehmer. Die für den Beauftragten bestehende Auskunftspflicht nach § 666 BGB wird jedoch durch den

---

1786 BGH, NJW-RR 2004, 989, 989.

1787 BAG, NZA 1996, 637; *Böhm*, WM 2009, 1923, 1925; vgl. zu den konkreten Anforderungen an einen solchen Auskunftsanspruch Kapitel 2 § 2 C. II. 7. b) bb) (a) (bb).

1788 *Diller*, DB 2004, 313, 314; *Küster*, Der rechtliche Rahmen für unternehmensinterne Ermittlungen, S. 93; *Wessing*, in: Hauschka/Moosmayer/Lösler, Corporate Compliance, § 46 Rn. 45.

1789 BGH, NJW 1964, 1469, 1470.

1790 Siehe nur BAG, NZA 2002, 618, 620; ErfK/*Preis* BGB § 611a Rn. 103; *Reichold*, NZA 1994, 488 ff.; NK-ArbR/*Steffen/Schöne*, BGB § 611 Rn. 148; HWK/*Thüsing*, § 611a BGB Rn. 11, jeweils m.w.N.

1791 *Böhm*, WM 2009, 1923, 1924.

Gegenstand der Geschäftsbesorgung eingegrenzt. Nichts anderes gilt für die analoge Anwendung der Vorschriften auf das Arbeitsverhältnis. Für den Arbeitnehmer erstreckt sich die Auskunftspflicht damit allein auf die dem Arbeitnehmer übertragenen oder von ihm wahrgenommenen Aufgaben.[1792] Erfasst das vom Arbeitgeber geäußerte Auskunftsbegehren Bereiche, die den Arbeitsbereich des Arbeitnehmers übersteigen, ist dieses Begehren nicht mehr von §§ 675, 666 BGB analog erfasst.[1793] Im Ergebnis führt der Auskunftsanspruch gemäß §§ 675, 666 BGB analog dazu, dass der Mitarbeiter bezogen auf seinen Aufgabenbereich im Rahmen der internen Untersuchung gemäß §§ 675, 666 BGB analog an der Aufklärung des Sachverhalts aktiv und umfassend durch seine Auskunft mitwirken muss.

Für Führungskräfte besteht überdies eine nochmals gesteigerte Form der Auskunftspflicht.[1794] Dies ergibt sich daraus, dass der Umfang der Auskunftspflicht stets im Zusammenhang mit dem Aufgabenbereich und dem Umfang der Verantwortlichkeit des Arbeitnehmers zu bewerten ist. Insoweit kann sich aus § 666 BGB analog eine Begrenzung, zum anderen aber auch eine Erweiterung ergeben. Dies insbesondere dann, wenn dem Arbeitnehmer aufgrund seiner Funktion eine gehobene Position zukommt, durch welche er zugleich Einfluss auf die Tätigkeit anderer Mitarbeiter hat. Bei Personen, denen mehr Verantwortung sowie Steuerungskompetenz zukommt und die damit einen weitergehenden Einblick in die Strukturen und Zusammenhänge am Arbeitsplatz und die Tätigkeiten der übrigen Mitarbeiter haben, bezieht sich die Auskunftspflicht auf den vollständigen Arbeitsbereich. Es gilt also nichts Anderes als bei den übrigen Arbeitnehmern. Mithin resultiert die umfassendere Auskunftspflicht allein aus dem umfassenderen Verantwortungsbereich der Führungskräfte. So hat bspw. ein leitender Angestellter die ihm unterstellten Arbeitnehmer auch ohne vertragliche Verpflichtung und ohne ausdrückliche Weisung des Arbeitgebers zu überwachen, da dies zu seinem Aufgabenbereich gehört. Eine solche umfassende Auskunftspflicht kann bspw. für Compliance-Beauftragte angenommen werden, da es zu ihren Aufgaben zählt, die Einhaltung der Gesetze und internen Regelungen durch die Belegschaft zu gewährleisten.[1795]

1792 *Diller*, DB 2004, 313; *Fritz/Nolden*, CCZ 2010, 170, 171.

1793 *Diller*, DB 2004, 313.

1794 *Böhm*, WM 2009, 1923, 1924; MAH ArbR/*Dendorfer-Ditges*, § 35 Rn. 118; *Göpfert/Merten/Siegrist*, NJW 2008, 1703, 1705; *Haefcke*, CCZ 2014, 39, 40; *Kienast*, in: Wessing/Dann, Deutsch-Amerikanische Korruptionsverfahren, § 8 Rn. 5; *Knauer*, ZWH 2012, 81, 84; *Lützeler/Müller-Sartori*, CCZ 2011, 19; *Wessing*, in: Hauschka/Moosmayer/Lösler, Corporate Compliance, § 46 Rn. 45; *Wisskirchen/Glaser*, DB 2011, 1447, 1448.

1795 Im Ergebnis so auch *Böhm*, WM 2009, 1923, 1924.

(bb) Wahrnehmungen außerhalb des eigenen Aufgabenbereichs

Für Wahrnehmungen, die der Arbeitnehmer außerhalb seines Arbeitsbereichs gemacht haben könnte, lässt sich die Auskunftspflicht hingegen nicht aus den §§ 675, 666 BGB analog herleiten.[1796] Dies ergibt sich bereits aus der Begrenzung des Umfangs der Auskunftspflicht gemäß §§ 675, 666 BGB analog auf den unmittelbaren Arbeitsbereich. Zu diesem zählen gerade nicht Geschehnisse wie bspw. Dienstreisen[1797] oder Geschäftsessen[1798], aber auch unerlaubte Nebentätigkeiten[1799] oder Verstöße gegen das Wettbewerbsverbot[1800]. Diese können zwar dem weiteren Aufgabenbereich des Arbeitnehmers zugeordnet werden, weil sie jedenfalls das Arbeitsverhältnis des Arbeitnehmers betreffen. Sie stehen jedoch nicht im Zusammenhang mit den unmittelbar vom Arbeitnehmer geschuldeten Tätigkeiten.

Daher lässt sich eine Auskunftspflicht nach überwiegender Meinung[1801] nur auf die Treuepflicht stützen, welche sich entweder aus den arbeitsvertraglichen Nebenpflichten gemäß §§ 611, 241 Abs. 2, 242 BGB[1802] oder dem Grundsatz von Treu und Glauben gemäß § 242 BGB[1803] ableiten lässt. Eine Auskunftspflicht auf der Grundlage des § 242 BGB kommt dann zum Tragen, wenn es um Auskünfte zur konkreten Schadensverhinderung geht.[1804]

Hinsichtlich der Auskunftspflicht, die aus der vertraglichen Nebenpflicht resultiert, stellt die Rechtsprechung erhöhte Anforderungen.[1805] Sie besteht nur dann, wenn der Arbeitgeber ein berechtigtes, billigenswertes und schutzwürdiges Interesse geltend machen kann, das Interesse im Zusammenhang mit dem bestehenden

1796 Im Ergebnis so auch *Greco/Caracas*, NStZ 2015, 7, 7.

1797 *Göpfert/Merten/Siegrist*, NJW 2008, 1703, 1705; *Rudkowski*, NZA 2011, 612, 614.

1798 *Rudkowski*, NZA 2011, 612, 614.

1799 BAG, NZA 1997, 41, 42; *Fritz/Nolden*, CCZ 2010, 170, 171.

1800 BAG, BB 1967, 839; BAG, BB 1971, 86; *Fritz/Nolden*, CCZ 2010, 170, 171.

1801 MAH ArbR/*Dendorfer-Ditges*, § 35 Rn. 119; *Diller*, DB 2004, 313, 314; *Göpfert/Merten/Siegrist*, NJW 2008, 1703, 1705; *Kienast*, in: Wessing/Dann, Deutsch-Amerikanische Korruptionsverfahren, § 8 Rn. 6, 8; *Krug/Skoupil*, NJW 2017, 2374, 2375; *Lützeler/Müller-Sartori*, CCZ 2011, 19 f.; *Mengel/Ullrich*, NZA 2006, 240, 243; MAH Verteidigung in Wirtschafts- und Steuerstrafsachen/*Park/Eggers*, § 11 Rn. 104; *Rieble*, ZIP 2003, 1273, 1277; *Spehl/Momsen/Grützner*, CCZ 2014, 170, 171; *Toma*, CB 2017, 339 f.; *Wessing*, in: Hauschka/Moosmayer/Lösler, Corporate Compliance, § 46 Rn. 46.

1802 BAG, NZA 2005, 1298, 1300; *Böhm*, WM 2009, 1923, 1924 f.

1803 *Böhm*, WM 2009, 1923, 1925; *Greeve/Tsambikakis*, in: Knierim/Rübenstahl/Tsambikakis, Kapitel 18 Rn. 17; *Knauer*, ZWH 2012, 81, 85; MAH Verteidigung in Wirtschafts- und Steuerstrafsachen/*Park/Eggers*, § 11 Rn. 104; *Spehl/Momsen/Grützner*, CCZ 2014, 170, 171.

1804 *Byers*, Mitarbeiterkontrollen, Rn. 186; *Diller*, DB 2004, 313, 314.

1805 *Kienast*, in: Wessing/Dann, Deutsch-Amerikanische Korruptionsverfahren, § 8 Rn. 7; vgl. hierzu auch MAH Verteidigung in Wirtschafts- und Steuerstrafsachen/*Park/Eggers*, § 11 Rn. 108.

Arbeitsverhältnis steht und die Auskunftsverpflichtung keine übermäßige Belastung für den Arbeitnehmer darstellt.[1806] Gerade die letzte der vom BAG bestimmten Voraussetzungen spricht für eine Prüfung, die auf eine Erforderlichkeits- und Verhältnismäßigkeitsprüfung hinausläuft. Insoweit soll der Auskunftsanspruch ausgeschlossen sein, soweit der Arbeitgeber die Information auf zumutbare Weise anderweitig beschaffen kann.[1807] Ferner bedarf es nach der Rechtsprechung einer umfassenden Güter- und Interessenabwägung, soweit die Fragen des Arbeitgebers in das allgemeine Persönlichkeitsrecht des Arbeitnehmers eingreifen.[1808]

Gerade die Aufklärung von Straftaten und sonstiger erheblicher Pflichtverletzungen begründen ein starkes Interesse des Arbeitgebers. Konnte der Sachverhalt bspw. durch die Auswertung der elektronischen und physischen Dokumente nicht vollständig aufgeklärt werden und steht zu erwarten, dass der Arbeitnehmer zur Sachverhaltsaufklärung etwas beitragen kann, dürfte sich die Interessenabwägung regelmäßig zugunsten des Arbeitgebers auswirken.[1809]

(cc) Umfang der Auskunftspflicht

Zu problematisieren ist, in welchem Umfang sich der Mitarbeiter auf die Befragung vorbereiten muss und in welchem Umfang eine Auskunftspflicht besteht. Dies ist wiederum davon abhängig, ob es sich um Wahrnehmungen innerhalb oder außerhalb des eigenen Aufgabenbereichs handelt und welche Stellung dem Mitarbeiter zukommt. Außerdem kommt es darauf an, inwieweit sich der Mitarbeiter vorbereiten kann.

Betreffen die Themen im Mitarbeitergespräch den unmittelbaren Aufgabenbereich des Arbeitnehmers, wird dieser sich umfassend auf das Gespräch vorbereiten müssen. Dies ergibt sich bereits daraus, dass der Mitarbeiter der umfassenden Auskunftspflicht nur dann nachkommen kann, wenn er sich vorab mit den Themen auseinandergesetzt hat. Er wird dementsprechend auch seine eigenen Unterlagen durchzuschauen haben. Dies insbesondere dann, wenn es sich um eine Führungskraft handelt, die auch Auskunft über die Tätigkeit anderer, ihr untergebener Mitarbeiter, geben muss. In solch einem Fall muss sich der Mitarbeiter seinen eigenen Erkenntnisquellen bedienen. Dies umso mehr, als mit einer Führung von Organisationseinheiten und Mitarbeitern eine Dokumentationspflicht einhergeht.[1810] Insoweit gehört es gerade zu seinen Aufgaben, die Tätigkeit anderer Mitarbeiter zu überwachen. Betrifft das Gespräch hingegen nicht den Aufgabenbereich des

1806 BAG, NZA 1996, 637, 638, wobei das Gericht die Anforderungen aus § 242 BGB ableitet.

1807 BAG, NZA 1996, 637, 638.

1808 BAG, NZA 1996, 637, 638.

1809 Im Ergebnis so wohl auch *Kienast,* in: Wessing/Dann, Deutsch-Amerikanische Korruptionsverfahren, § 8 Rn. 7; *Wessing,* in: Hauschka/Moosmayer/Lösler, Corporate Compliance, § 46 Rn. 47.

1810 Lützeler/Müller-Sartori, CCZ 2011, 19, 23.

Arbeitnehmers kann nur im begrenzten Maße eine Vorbereitung auf das Gespräch erwartet werden. Jedenfalls kann nicht erwartet werden, dass der Mitarbeiter selbst Ermittlungen anstellt, da dies für den Mitarbeiter nicht zumutbar ist.

Die Möglichkeit der Vorbereitung hängt natürlich maßgeblich davon ob, inwieweit der Mitarbeiter vorab über den Inhalt des Gesprächs informiert wird. Wird der Mitarbeiter erst in dem Gespräch mit einem konkreten Vorwurf konfrontiert, so kann er sich faktisch nicht auf das Gespräch vorbereiten. Wird er also lediglich zu einem Mitarbeitergespräch eingeladen, ohne zu wissen, worum es geht, kann eine Vorbereitung durch den Mitarbeiter vonseiten des Arbeitgebers nicht erwartet werden. Insoweit ist die Einladung durch Befragung an keine formalen Anforderungen geknüpft.[1811] Dies ergibt sich bereits daraus, dass auch für die Anhörung zu einer Verdachtskündigung im Hinblick auf die Einladung keine Pflicht besteht, bereits auf den Themenkreis der Anhörung hinzuweisen.[1812] Dient also die Befragung nicht zugleich der Vorbereitung einer Verdachtskündigung, dürfen erst recht keine erhöhten Anforderungen an die Einladung gestellt werden. Vielmehr gehört die Frage, ob der Mitarbeiter vorab informiert wird und wenn ja, in welchem Umfang, zu dem vom Arbeitgeber auszuübenden Ermessen im Rahmen des § 106 GewO.[1813] Anders ist die Situation zu beurteilen, in welcher der Mitarbeiter umfassend über den Inhalt des Gesprächs aufgeklärt wird. Dann kann vom Arbeitgeber erwartet werden, dass er sich mit dem Themenkomplex vorab auseinandersetzt. Werden ihm sogar Unterlagen vorab übermittelt, dürfte die Durchsicht dieser Unterlagen zur Vorbereitung des Termins vom Weisungsrecht des Arbeitgebers erfasst sein.

(dd) Wahrheitspflicht

Unabhängig davon, welchen Bereich die Auskunft betrifft, gilt die Wahrheitspflicht. Ist der Arbeitnehmer – unabhängig von der einschlägigen Rechtsgrundlage – zur Auskunft verpflichten, muss er wahrheitsgemäß antworten.[1814] Diese Pflicht lässt sich jedoch nicht aus der Regelung des § 138 ZPO ableiten, welcher

---

1811 Zur Anhörung des Mitarbeiters so auch BAG, NZA 2015, 741, 745; *Dzida*, NZA 2013, 412, 413 ff.; *Dzida*, NZA 2014, 809, 813; ErfK/*Niemann* BGB § 626 Rn. 178; *Worobjow*, DB 2019, 2466, 2468.

1812 BAG, NZA 2015, 741, 745; *Dzida*, NZA 2013, 412, 413 ff.; *Dzida*, NZA 2014, 809, 813; ErfK/*Niemann* BGB § 626 Rn. 178; *Knierim/Tsambikakis/Klug*, in: Knierim/Rübenstahl/Tsambikakis, Teil 1 Kapitel 7 Rn. 80; *Schrader/Thoms/Mahler*, NZA 2018, 965, 967, 970; a.A. LAG Berlin-Brandenburg, NZA-RR 2012, 353, 355; *Lützeler/Müller-Sartori*, CCZ 2011, 19, 22 f.; *Worobjow*, DB 2019, 2466, 2468.

1813 *Schrader/Thoms/Mahler*, NZA 2018, 965, 967.

1814 *Fuhrmann*, NZG 2016, 881, 889; *Kienast*, in: Wessing/Dann, Deutsch-Amerikanische Korruptionsverfahren, § 8 Rn. 14; *Schrader/Thoms/Mahler*, NZA 2018, 965, 969; im Ergebnis so auch *Lützeler/Müller-Sartori*, wenn sie schreiben: „[...] ein „Recht zur Lüge“ hat er jedoch nicht“, vgl. *Lützeler/Müller-Sartori*, CCZ 2011, 19, 20.

über § 46 Abs. 2 S. 1 ArbGG auch in arbeitsgerichtlichen Verfahren gilt, da es sich gerade nicht um ein Befragung in einem gerichtlichen Verfahren handelt.

Die rechtliche Grundlage der Befragung bildet vielmehr das Vertragsrecht. Wenn nun aber der Arbeitnehmer zur Auskunft verpflichtet ist, so muss sich diese Verpflichtung grundsätzlich auch auf die wahrheitsgemäße Auskunft erstrecken. Dieses Ergebnis lässt sich auch mit dem zwischen Arbeitnehmer und Arbeitgeber bestehenden Arbeitsvertrag nebst Arbeitsverhältnis begründen. Für beide Seiten, also Arbeitgeber und Arbeitnehmer, bestehen Rechte und Pflichten, die einen vertrauensvollen Umgang miteinander voraussetzen. Ein solcher kann nur gewährleistet werden, wenn jede der beiden Parteien wahrheitsgemäße Angaben macht. Im Übrigen würde die Auskunftspflicht konterkariert, würde der Arbeitnehmer frei entscheiden können, ob er lügt oder doch die Wahrheit sagt. Der Zweck der Auskunftspflicht besteht gerade darin, die für den Arbeitgeber fehlenden Informationen zu erhalten oder bestehende Hinweise bzw. Informationen anhand der Auskunft zu verifizieren. Diesem Zweck würde es zuwiderlaufen, dürfte der Arbeitnehmer darüber entscheiden, ob er lügt oder die Wahrheit sagt.

In diesem Zusammenhang lässt sich ferner ein Vergleich mit der Rechtslage beim Fragerecht des Arbeitgebers in einem Bewerbungsverfahren ziehen. Schon in dieser vorvertraglichen Situation ist der Bewerber verpflichtet, auf Fragen des Arbeitgebers grundsätzlich wahrheitsgemäß zu antworten.[1815] Etwas anderes gilt nur dann, wenn der Arbeitgeber kein Recht hat, die konkrete Frage zu stellen. Nur in diesem Fall steht dem Bewerber das Recht zu, die Frage unbeantwortet zu lassen oder sogar zu lügen („Recht zur Lüge").[1816] War die Frage aber zulässig und beantwortet der Bewerber diese bewusst wahrheitswidrig, steht dem Arbeitgeber das Recht zu, den Arbeitsvertrag wegen arglistiger Täuschen gemäß § 123 Abs. 1 BGB anzufechten.[1817] War die Frage indes unzulässig, kommt eine Anfechtung nicht in Betracht.

Ob eine Frage zulässig oder unzulässig ist, bewertet sich danach, ob der Arbeitgeber ein berechtigtes und billigenswertes Interesse an einer wahrheitsgemäßen Beantwortung der Frage hat, aufgrund dessen die Belange des Arbeitnehmers zurücktreten.[1818] Dieser Bewertungsmaßstab gilt in der Bewerbungssituation ebenso unter Berücksichtigung des § 26 Abs. 1 BDSG.[1819] Die rechtliche Situation im Hinblick auf das Fragerecht des Arbeitgebers zeigt deutlich, dass grundsätzlich

---

1815 So auch *Benecke*, auch wenn er darauf hinweist, dass der Bewerber im vorvertraglichen Verhandlungsstadium nicht zur Auskunft verpflichtet ist, vgl. MHdB ArbR/*Benecke*, Band 1, § 33 Rn. 141.

1816 ErfK/*Preis* BGB § 611a Rn. 286 m.w.N.

1817 ErfK/*Preis* BGB § 611a Rn. 286 m.w.N.

1818 Grundlegend BAG, NJW 1958, 516; BAG, NZA 1985, 57; BAG, NJW 1996, 2323; ErfK/*Preis* BGB § 611a Rn. 271.

1819 ErfK/*Preis* BGB § 611a Rn. 271; *Seifert*, in: Simitis/Hornung/Spiecker gen. Döhmann, Datenschutzrecht, Art. 88 DSGVO Rn. 77.

eine Wahrheitspflicht besteht und nur in engen Grenzen etwas anderes gilt. Diese Wertung lässt sich auf die Situation der Mitarbeiterbefragung übertragen. Wenn schon im Rahmen der Bewerbungssituation dem Bewerber nur in engen Ausnahmefällen und zwar nur dann, wenn die Frage in unzulässiger Weise in das allgemeine Persönlichkeitsrecht des Bewerbers eingreift, das Recht zusteht, auf eine Frage wahrheitswidrig zu antworten, dann kann nichts Anderes gelten, wenn der Arbeitgeber zur Auskunft verpflichtet ist. Vor diesem Hintergrund könnte im Hinblick auf die Auskunftspflicht des Arbeitnehmers eine ähnliche Ausnahmesituation und damit zumindest ein Auskunftsverweigerungsrecht im Falle der Selbstbelastung bestehen – dazu sogleich.[1820]

(b) Auskunftspflicht als Verdächtiger – Selbstbelastung und Auskunftsverweigerungsrecht

Hat sich eine konkrete Verdachtslage ergeben, wird der betroffene Mitarbeiter zu diesem Verdacht befragt. Da in dieser Konstellation dem Arbeitnehmer die Stellung als Verdächtiger zukommt, könnte eine wahrheitsgemäße Auskunft zugleich zu einer Selbstbelastung führen. Gerade in der bestehenden Gefahr einer solchen Selbstbelastung besteht ein zentrales Problem im Zusammenhang mit der Mitarbeiterbefragung. Es stellt sich nämlich die Frage, ob der Arbeitnehmer der Selbstbelastung durch die Verweigerung der Auskunft entgehen kann. Im Zentrum dieser Frage wird insbesondere diskutiert, ob sich der für das Strafrecht bekannte Grundsatz „Nemo tenetur se ipsum accusare" („Nemo-tenetur-Grundsatz") auch auf die Situation im Arbeitsrecht übertragen lässt, da das Zivil- und Arbeitsrecht ein entsprechendes Auskunftsverweigerungsrecht nicht kennt.

Dieser Grundsatz besagt, dass niemand verpflichtet ist, sich selbst zu belasten; ein Beschuldigter ist auch nicht verpflichtet, aktiv zur Sachverhaltsaufklärung der ihm vorgeworfenen Taten beizutragen.[1821] Da insbesondere Selbstbezichtigungen wegen ihrer strafrechtlichen Auswirkungen einen schwerwiegenden Eingriff in die Rechte des Beschuldigten darstellen, hat dieser Grundsatz durch verschiedene Regelungen Eingang in die strafprozessualen Regelungen gefunden (vgl. z.B. §§ 55 Abs. 1, 136 Abs. 1 S. 2, 163a Abs. 3 S. 2, Abs. 4 S. 2, 243 Abs. 5 S. 1 StPO).[1822] Das Schweigerecht beruht auf der Achtung der Menschenwürde nach Art. 1 Abs. 1 GG.[1823] Macht der Beschuldigte von diesem Schweigerecht Gebrauch, so darf dies nicht zu seinem Nachteil verwertet werden.[1824]

1820 *Kienast*, in: Wessing/Dann, Deutsch-Amerikanische Korruptionsverfahren, § 8 Rn. 14.

1821 Vgl. zum Nemo-tenetur-Grundsatz ausführlich *Schmitt*, in: Meyer-Goßner/Schmitt StPO Einl. Rn. 29a - 29d m.w.N.

1822 BVerfG, NJW 1981, 1431; BGH, NJW 1992, 2304, 2305.

1823 BVerfG, NJW 1981, 1431.

1824 BGH, NJW 1992, 2304, 2305.

Vor diesem Hintergrund ist die Beantwortung der Frage, ob der Nemo-tenetur-Grundsatz auch für den Arbeitnehmer im Rahmen eines Interviews zur Anwendung kommt, das Kernproblem der nachfolgenden Ausführungen. Ausgangpunkt dieser Diskussion ist vor allem die Konfliktlage, in der sich ein Arbeitnehmer befindet, wenn es um eine ihn selbst belastende Aussage geht. Auf der einen Seite betrifft die Aussage u.U. einen Compliance-Verstoß, an dessen Aufklärung der Arbeitgeber ein erhebliches und berechtigtes Interesse hat. Auf der anderen Seite könnte sich der Arbeitnehmer selbst belasten, was in Bezug auf sein Arbeitsverhältnis zur Abmahnung, ordentlichen oder außerordentlichen fristlosen Kündigung oder zur Geltendmachung von Schadensersatzansprüchen führen könnte. Überdies besteht im Hinblick auf strafrechtlich relevante Verstöße für den Arbeitnehmer die Gefahr, dass gegen ihn vonseiten der staatlichen Ermittlungsbehörden auf der Grundlage der Erkenntnisse aus dem Interview ein Ermittlungsverfahren eingeleitet werden könnte.

Im Rahmen der Analyse eines möglichen Auskunftsverweigerungsrechts muss wieder zwischen Auskünften über Wahrnehmungen im Arbeitsbereich und solchen außerhalb des Arbeitsbereichs unterschieden werden.[1825] Zu beachten ist außerdem, dass vorliegend ausschließlich ein mögliches Auskunftsverweigerungsrecht im Rahmen einer Mitarbeiterbefragung beleuchtet wird. Ein solcher privatrechtlicher Lösungsansatz[1826] ist abzugrenzen von einem möglichen Verwertungsverbot, welches sich u.U. im Rahmen eines sich anschließenden Strafverfahrens ergeben könnte.[1827] Die Betonung der Differenzierung dieser beiden rechtlich unterschiedlichen Problempunkte ist aus zwei Gründen angezeigt: Zum einen geht es sowohl bei der Frage, ob ein Auskunftsverweigerungsrecht innerhalb der arbeitsrechtlichen Mitarbeiterbefragung besteht, als auch bei der Frage, ob in einem Strafverfahren hinsichtlich solcher Aussagen von einem Beweisverwertungsverbot ausgegangen werden kann, um den Schutz des Mitarbeiters. Insoweit leiten einige Stimmen den Schutz aus einem Auskunftsverweigerungsrecht, andere aus einem Verwertungsverbot ab.[1828] Geht man von einem umfassenden Schweigerecht im Rahmen der Mitarbeiterbefragung aus, bedarf es kaum noch einer umfassenden Diskussion hinsichtlich der sehr streitigen Frage, ob von einem Beweisverwertungsverbot auszugehen ist. Geht man hingegen von einer umfassenden Auskunftspflicht aus, so kommt im Hinblick auf den Schutz des Mitarbeiters einem möglichen Beweisverwertungsverbot eine besondere Relevanz zu. Dies zeigt, dass die beiden Gesichtspunkte in Wechselwirkung zueinanderstehen

1825 *Kienast*, in: Wessing/Dann, Deutsch-Amerikanische Korruptionsverfahren, § 8 Rn. 16.

1826 Zur Begründung dieser Bezeichnung vgl. *Sarhan*, wistra 2015, 449, 450.

1827 *Sarhan* bezeichnet dies – in Abgrenzung zum „privatrechtlicher Lösungsansatz" – zutreffend als strafprozessualer Lösungsansatz, vgl. *Sarhan*, wistra 2015, 449, 450; vgl. dazu ausführlich Kapitel 3 § 2 B. II.

1828 *von Galen*, NJW 2011, 945, 945.

stehen.[1829] Darüber hinaus bestehen bei den unterschiedlichen Rechtsproblemen Gemeinsamkeiten in der rechtlichen Argumentation. Insbesondere die Argumente, die im Hinblick auf den Nemo-tenetur-Grundsatz angeführt werden, spielen bei der Bewertung beider Streitstände eine Rolle.[1830]

(aa) Wahrnehmungen im persönlichen Aufgabenbereich

Zu der Frage, inwieweit der Arbeitnehmer im Hinblick auf den eigenen Aufgabenbereich auskunftspflichtig ist und ob ihm ein Auskunftsverweigerungsrecht zusteht, hat sich im Verlauf der Zeit eine Vielzahl unterschiedlicher Ansichten herausgebildet. Dementsprechend werden im Folgenden die zu diesem Thema bestehende Rechtsprechung sowie die sich in der Literatur herausgebildeten verschiedenen Ansichten zunächst zusammengefasst dargestellt und auf der Grundlage der verschiedenen Ansichten ein Ergebnis ermittelt.

(1) Rechtsprechung

In der Rechtsprechung sind zu der hier relevanten Problematik insbesondere drei Entscheidungen relevant. Als Ausgangspunkt der Diskussion um die Anwendbarkeit des Nemo-tenetur-Grundsatzes wird häufig das Architekten-Urteil des BGH vom 30. April 1964[1831] genannt. Darin hat der BGH entschieden, dass ein Architekt, gegen den ein Auskunftsanspruch geltend gemacht wird, von der Verpflichtung, Auskunft zu erteilen und gegebenenfalls den Offenbarungseid zu leisten, auch dann nicht frei wird, wenn er sich damit einer strafbaren Handlung bezichtigen müsste.[1832]

Der Entscheidung liegt folgender Sachverhalt zugrunde:[1833] Der beklagte Architekt war auf der Grundlage einer mündlichen Vereinbarung mit der Planung und Leitung für einen Neubau auf dem Grundstück des Klägers betraut worden. Die Aufgaben des Architekten umfassten die Ausschreibung und Vergabe der Arbeiten sowie die Anfertigung der Schlussrechnung. Jedenfalls bei zwei Leistungen (Schreinerarbeiten und Inneneinrichtung) berechneten die Schreinerei bzw. der Dekorateur einen Zuschlag auf den kalkulierten Rechnungsbetrag, welcher wiederum an eine Gesellschaft abgeführt wurde, deren persönlich haftender Gesellschafter der Beklagte war. Da der Kläger der Ansicht war, dass der Beklagte ebenso bei anderen Handwerkern verfahren sei, klagte er auf Auskunft. Da der Beklagte darauf lediglich erklärte, dass er sich „von den an dem in Frage stehenden Bau beteiligten Firmen keinerlei irgendwie geartete Vorteile hat versprechen lassen"[1834], beantragte

---

1829 *Theile*, StV 2011, 381, 383; vgl. hierzu auch das Sondervotum von *Heußner* zum Gemeinschuldnerbeschluss des BVerfG, vgl. BVerfG, NJW 1981, 1431, 1433.

1830 Vgl. Kapitel 2 § 2 C. II. 7. b) bb) (b) (aa) (2); Kapitel 3 § 2 B. II. 2. b) aa).

1831 BGH, NJW 1964, 1469.

1832 BGH, NJW 1964, 1469, 1470 f.

1833 Zum Sachverhalt vgl. BGH, NJW 1964, 1469.

1834 BGH, NJW 1964, 1469.

der Kläger den Beklagten zu verurteilen, einen Offenbarungseid dahingehend zu leisten, dass er nach bestem Wissen und Gewissen Auskunft erteilt habe. In zweiter Instanz wurde der Beklagte vor dem OLG verurteilt, den Offenbarungseid dahingehend zu leisten, dass er nach bestem Wissen so vollständig, als er dazu imstande sei, dem Kläger Auskunft erteilt habe (mit Angabe der Einzelpunkte). Die Revision des Beklagten hatte keinen Erfolg.

Nach Ansicht des BGH lässt sich ein Aussageverweigerungsrecht – entgegen der Ansicht des LG – nicht auf eine analoge Anwendung des § 384 Nr. 2 ZPO stützen, da es bereits an einer Regelungslücke in den §§ 666, 259, 260 BGB fehle.[1835] Das Auskunftsrecht des Auftraggebers gemäß § 666 BGB sei gerade dann besonders wichtig, wenn der Beauftragte gegen die ihm obliegenden Pflichten verstoßen habe.[1836] In einer nicht unbeträchtlichen Zahl dieser Fälle handele es sich um solche, in denen eine vorsätzliche treuwidrige Bereicherung des Beauftragten oder eine vorsätzliche Schädigung des Auftraggebers und damit eine strafbare Handlung nach den §§ 263, 266 StGB in Betracht komme.[1837] Würde man sie von der Auskunftspflicht ausschließen, so würde der § 666 BGB gerade bei besonders schweren Verstößen die ihm vom Gesetz zugewiesene Aufgabe weitgehend nicht mehr erfüllen.[1838] Gleiches gelte auch für den in § 260 Abs. 2 BGB vorgesehenen Offenbarungseid. Er diene dazu, die Auskunft zu erhärten, und kann daher insoweit keinen anderen Regeln unterliegen als dieser; sonst wäre das Auskunftsrecht des Gläubigers entwertet.[1839]

Ebenfalls von großer Bedeutung für diese Diskussion ist der sog. Gemeinschuldnerbeschluss des BVerfG vom 10. Januar 1981.[1840] Dem Beschluss lag folgender, sehr knapper Sachverhalt zugrunde: Gegenüber dem Beschwerdeführer war das Konkursverfahren (heute Insolvenzverfahren) eröffnet worden.[1841] Auf Antrag des Konkursverwalters (heute Insolvenzverwalters) sollte er über bestimmte, die Übereignung von Vermögensgegenständen betreffende Fragen vernommen werden.[1842] Im Termin verweigerte der Beschwerdeführer jedoch die Aussage, weil gegen ihn ein Ermittlungsverfahren wegen des Verdachts des Konkursvergehens anhängig sei und weil er sich durch die Beantwortung der Fragen möglicherweise selbst belasten könnte.[1843] Nach Ansicht des BVerfG werde der Gemeinschuldner nicht in seinen Grundrechten verletzt, wenn dieser nach der damaligen Gesetzeslage uneingeschränkt zur Aussage verpflichtet sei.[1844] Der Gemeinschuldner, auf

---

1835 BGH, NJW 1964, 1469, 1470.
1836 BGH, NJW 1964, 1469, 1470.
1837 BGH, NJW 1964, 1469, 1470.
1838 BGH, NJW 1964, 1469, 1470.
1839 BGH, NJW 1964, 1469, 1470.
1840 BVerfG, NJW 1981, 1431; bestätigt in der jüngeren Vergangenheit durch BVerfG, BeckRS 2008, 35240.
1841 BVerfG, NJW 1981, 1431, 1431.
1842 BVerfG, NJW 1981, 1431, 1431.
1843 BVerfG, NJW 1981, 1431, 1431.
1844 BVerfG, NJW 1981, 1431, 1432 f.

dessen Aussage es im Rahmen des Konkursverfahrens ankäme, sei nicht mit einem Beschuldigten im Strafverfahren vergleichbar.[1845] Insbesondere solle er durch seine Aussage nicht wie ein Beschuldigter zu seiner Verurteilung beitragen.[1846] Die Besonderheit liege im Hinblick auf den Gemeinschuldner darin, dass auch die Rechte Dritter, nämlich der Gläubiger, betroffen seien.[1847] Die Zubilligung eines Auskunftsverweigerungsrechts würde denjenigen ungerechtfertigt bevorzugen, der zum Nachteil der Gläubiger handele.[1848] Jedoch löst das BVerfG den Konflikt, dass seine Aussagen den Gesamtschuldner in einem späteren Strafverfahren belasten könnten, durch die Statuierung eines Beweisverwertungsverbots hinsichtlich der getätigten Angaben, da der Gemeinschuldner andernfalls zu stark in seinen Grundrechten betroffen sei.[1849]

Nach Ansicht des BGH in seinem Architekten-Urteil lässt sich ein anderes Ergebnis auch nicht aus einem übergeordneten Rechtssatz ableiten, der es verbietet, von einem Schuldner Auskünfte oder deren eidliche Bekräftigung zu verlangen, wenn er sich dadurch einer strafbaren Handlung bezichtigen müsste.[1850]

In einer neueren Entscheidung ist das LAG Hamm[1851] der Rechtsprechung des BVerfG gefolgt und hat entschieden, dass der Arbeitnehmer bei einem Verstoß gegen das Wettbewerbsverbot des § 60 HGB zur Auskunft über sein wettbewerbswidriges Verhalten auch dann verpflichtet sei, wenn er sich durch die Auskunft in einem staatsanwaltschaftlichen Ermittlungsverfahren selbst belasten könnte. In der Entscheidung hat das LAG Hamm herausgestellt, dass die Auskunftspflichten nicht unter verfassungsrechtlichen Gesichtspunkten durch die Gefahr der Selbstbezichtigung mit einer Straftat eingeschränkt seien. Der Schutz des Arbeitnehmers ergebe sich daraus, dass hinsichtlich der Auskünfte ein strafrechtliches Verwertungsverbot bestehe. Die Entscheidung über dessen Reichweite liege allerdings nicht bei den Arbeitsgerichten, sondern bei den dafür zuständigen Fachgerichten in einem gegebenenfalls durchzuführenden Strafverfahren.[1852]

(2) Literatur

Zu möglichen Auskunftsverweigerungsrechten des Arbeitnehmers werden ganz unterschiedliche Ansichten vertreten.

1845 BVerfG, NJW 1981, 1431, 1432.
1846 BVerfG, NJW 1981, 1431, 1432 f.
1847 BVerfG, NJW 1981, 1431, 1432.
1848 BVerfG, NJW 1981, 1431, 1433.
1849 BVerfG, NJW 1981, 1431, 1433; zum Problemfeld von Beweisverwertungsverboten im Rahmen interner Untersuchungen vgl. ausführlich Kapitel 3 § 2 B. II.
1850 BGH, NJW 1964, 1469, 1470 f.
1851 LAG Hamm, CCZ 2010, 237, 238 f.
1852 LAG Hamm, CCZ 2010, 237, 239.

(I) Vollumfängliche Auskunftspflicht

Nach einer breiten Ansicht besteht für den Arbeitnehmer kein Auskunftsverweigerungsrecht im Hinblick auf Wahrnehmungen und Handlungen, die den Arbeitsbereich betreffen.[1853] Begründet wird diese Ansicht damit, dass sich der Arbeitnehmer gerade nicht auf den Nemo-tenetur-Grundsatz berufen könne, da der Grundsatz nur im Verhältnis des Beschuldigten zu staatlichen Organen gelte.[1854] Insoweit lässt sich der Grundsatz und das aus ihm resultierende Schweigerecht nach dieser Ansicht gerade nicht im Hinblick auf die Situation des Arbeitnehmers in einer Mitarbeiterbefragung fruchtbar machen. Dafür fehle es im Hinblick auf das Verhältnis zwischen Arbeitgeber und Arbeitnehmer insbesondere an einem Über-/Unterordnungsverhältnis.[1855] Da es sich im Rahmen des Arbeitsverhältnisses um private Auskunftspflichten handele, stünden diese einer Heranziehung des Nemo-tenetur-Grundsatzes entgegen.[1856] Nach dieser Ansicht bedarf es gerade eines staatlichen Zwangs, um ein Schweigerecht auf den Nemo-tenetur-Grundsatz stützen zu können.[1857]

Als weiterer Begründungsansatz wird angeführt, dass im Rahmen der Auskunftspflicht gemäß §§ 675, 666 BGB grundsätzlich keine Zumutbarkeitserwägungen gelten, welche die Pflicht begrenzen könnten.[1858] Weiter wird vorgebracht, dass, würde man den Auskunftsanspruch durch den Nemo-tenetur-Grundsatz einschränken, es allein der Arbeitnehmer in der Hand hätte, ob er dem Arbeitgeber die ihm zustehende Auskunft zukommen lässt oder nicht.[1859] Damit stünde es aber gerade auch im Belieben des Arbeitnehmers, ob rechtzeitig Schaden von dem Unternehmen

1853 *Bittmann/Molkenbur,* wistra 2009, 373, 375 f.; *Böhm,* WM 2009, 1923 f.; *Diller,* DB 2004, 313, 314; *Fritz/Nolden,* CCZ 2010, 170, 175; *Knauer,* ZWH 2012, 81, 84; *Krug/Skoupil,* NJW 2017, 2374, 2375; *Loer,* in: Wessing/Dann, Deutsch-Amerikanische Korruptionsverfahren, § 10 Rn. 46; *Lützeler/Müller-Sartori,* CCZ 2011, 19, 20; *Spehl/Momsen/Grützner,* CCZ 2014, 2, 5; *Wisskirchen/Glaser,* DB 2011, 1447, 1448; im Ergebnis so auch *Göpfert/Merten/Siegrist,* NJW 2008, 1703, 1705; *Rotsch,* wobei er als Folge der Auskunftspflicht davon ausgeht, dass ein auf Art. 2 Abs. 1 i.V.m. Art. 1 Abs. 1 GG gestütztes selbstständiges Beweisverwertungsverbot und darüber hinaus eine Fernwirkung i.S.e. Beweisverwendungsverbots besteht, vgl. *Rotsch,* in: Achenbach/Rasiek/Rönnau, HdB Wirtschaftsstrafrecht, Teil 1, Kapitel 4 Rn. 58; *Schrader/Thoms/Mahler,* NZA 2018, 965, 969 f.; *Schürrle/Olbers,* CCZ 2010, 178; kritisch MAH Verteidigung in Wirtschafts- und Steuerstrafsachen/*Park/Eggers,* § 11 Rn. 107.

1854 BGH, NJW 1964, 1469, 1470 f.; LG Hamburg, NJW 2011, 942, 944; LAG Hamm, BeckRS 2009, 74015; *Aszmons/Herse,* DB 2020, 56; *Haefcke,* CCZ 2014, 39, 40; *Jahn,* StV 2009, 41, 44; *Lützeler/Müller-Sartori,* CCZ 2011, 19. 20.

1855 *Haefcke,* CCZ 2014, 39, 40.

1856 *Lützeler/Müller-Sartori,* CCZ 2011, 19, 20.

1857 *Fritz/Nolden,* CCZ 2010, 170, 174 f.

1858 *Diller,* DB 2004, 313, 314.

1859 *Fritz/Nolden,* CCZ 2010, 170, 175 f.

abgewendet werden kann.[1860] Dies stünde dann im Widerspruch zu der Schadensminderungspflicht des Arbeitnehmers.[1861] Innerhalb der Ansicht, welche von einer umfassenden Auskunftspflicht ohne Bestehen eines Auskunftsverweigerungsrechts ausgeht, wird jedoch teilweise vertreten, dass die durch eine mögliche Selbstbelastung entstehende Gefahr eines sich anschließenden Ordnungswidrigkeiten- oder Strafverfahrens durch ein Beweisverwertungsverbot gelöst werden müsse.[1862] Diese Ansicht wird u.a. mit einer analogen Anwendung von § 97 Abs. 1 S. 3 InsO begründet, da die Stellung des Schuldners gegenüber dem Insolvenzgericht, dem Insolvenzverwalter, dem Gläubigerausschuss und – auf Anordnung des Gerichts – der Gläubigerversammlung mit der Stellung des Arbeitnehmers gegenüber seinem Arbeitgeber in einem Mitarbeitergespräch vergleichbar sei.[1863]

(II) Nemo-tenetur-Grundsatz steht Auskunftspflicht entgegen

Eine andere Ansicht lehnt eine Auskunfts- sowie Mitwirkungspflicht ab und verweist dabei auf den Nemo-tenetur-Grundsatz.[1864] Die Anwendung des Nemo-tenetur-Grundsatzes ergebe sich aus einem ansonsten bestehenden Wertungswiderspruch.[1865] Während im Strafverfahren dem Zeugen ein Auskunftsverweigerungsrecht gemäß § 55 StPO zustehe und für den Beschuldigten gemäß § 136 Abs. 1 StPO kein Zwang zur Selbstbelastung bestehe, müsse der Arbeitnehmer gegenüber dem Arbeitgeber schrankenlos Auskunft geben. Würde diese rechtliche Lage beibehalten, würde das Schweigerecht im Strafverfahren entkernt, bevor es überhaupt entsteht. Dieses Ergebnis lässt sich nach dieser Ansicht auch aus einem Rechtsvergleich mit dem US-amerikanischen Recht ziehen.[1866] Danach wäre es dem Betroffenen nur schwer vermittelbar, warum in den USA Zivilgerichte die Aussetzung des Verfahrens

---

1860 *Fritz/Nolden*, CCZ 2010, 170, 175 f.

1861 Vgl. hierzu auch *Böhm*, WM 2009, 1923, 1925.

1862 *Bittmann*, in: Rotsch, Criminal Compliance, § 34 Rn. 145 ff.; *Momsen*, in: Rotsch, Criminal Compliance, § 34 Rn. 32 ff.; so wohl auch *Jahn/Kirsch*, StV 2011, 151, 152.

1863 Vgl. hierzu ausführlich Kapitel 3 § 2 B. II. 2. b) aa) (a).

1864 *Jahn*, StV 2009, 41, 43 ff.; im Ergebnis so wohl auch *Wastl/Litzka/Pusch*, NStZ 2009, 68, 72 f.; *Zerbes*, wenn sie schreibt: „Wenn jedoch die formal unter einem privaten Regelungsregime ablaufende [interne] Untersuchung und die dort gewonnenen Ergebnisse gerade nicht vom späteren Strafverfahren isoliert betrachtet werden können, dann müssen bestimmte Schutzmechanismen des Strafverfahrens, sollen sie nicht entleert werden, bereits auf diese private Vorphase durchschlagen. Sie verkürzen daher die arbeitsrechtliche Aussagepflicht schlicht um selbstbelastende Informationen: Der Arbeitnehmer, der einem von der Unternehmensleitung beauftragten „Ermittler" gegenübersteht, muss diesem nicht mitteilen, ob und an welchen strafbaren Handlungen er sich beteiligt haben könnte. Er hat das Recht, darüber zu schweigen.", vgl. *Zerbes*, ZStW 125 (2013), 551, 559. Sie stellt dabei insbesondere darauf ab, dass interne Untersuchungen stets auf parallele oder anschließende Strafverfahren ausgerichtet seien, vgl. *Zerbes*, ZStW 125 (2013), 551, 556 ff., 559.

1865 *Jahn*, StV 2009, 41, 44.

1866 *Jahn*, StV 2009, 41, 44.

anordnen können, um die Rechte der Beschuldigten in einem parallel laufenden Strafverfahren zu schützen, während dieser Schutzmechanismus nach deutschem Recht nicht gelten könne.

(III) Unzumutbarkeit kann Auskunftsverweigerungsrecht begründen

Weitere Literaturstimmen[1867] lassen sich der Ansicht zuordnen, nach der dem Arbeitnehmer ein Auskunftsverweigerungsrecht zuzugestehen sei, soweit eine entsprechende Auskunft für ihn unzumutbar sei. Von einer solchen Unzumutbarkeit könne ausgegangen werden, wenn sich der Arbeitnehmer durch die Auskunft selbst belasten müsste.[1868] Hergeleitet wird das Auskunftsverweigerungsrecht überwiegend aus einer analogen Anwendung der §§ 52, 55 StPO und §§ 383, 384 ZPO.[1869] Innerhalb dieser Ansicht wird jedoch teilweise einschränkend vertreten, dass ein Auskunftsverweigerungsrecht dann nicht bestehe, wenn sich die Fragen ausschließlich auf den Arbeitsbereich des Arbeitnehmers beziehen.[1870] Die Vertreter eines Auskunftsverweigerungsrechts stützen diese Ansicht überwiegend auf eine Abwägung zwischen dem Aufklärungsinteresse des Arbeitgebers und dem allgemeinen Persönlichkeitsrecht des Arbeitnehmers. Innerhalb dieser Abwägung überwiege das allgemeine Persönlichkeitsrecht des Arbeitnehmers im Falle einer möglichen Selbstbelastung. Dies wird wiederum u.a. damit begründet, dass dem Arbeitgeber noch eine Vielzahl anderer Ermittlungsmaßnahmen zur Verfügung stünde.[1871] Auch habe der Arbeitgeber kein Interesse an einer zweifelfreien Feststellung des Sachverhalts wie in einem staatlichen Strafverfahren, da ihm ja der Weg der Verdachtskündigung offen stehe.[1872]

1867 *Byers*, Mitarbeiterkontrollen, Rn. 188 f.; *Dendorfer-Ditges* jedenfalls zu Wahrnehmungen, die nicht ausschließlich den Arbeitsbereich des Arbeitnehmers betreffen, vgl. MAH ArbR/*Dendorfer-Ditges*, § 35 Rn. 119; Taeger/Pohle/*Imping*, Computerrechts-Handbuch Kapitel 70.12 Rn. 30; *Rudkowski*, NZA 2011, 612, 613; *Schrader/Mahler*, NZA-RR 2016, 57, 64; *Toma*, CB 2017, 339, 339; so wohl auch *Bock/Gerhold*, in: Knierim/Rübenstahl/Tsambikakis, Kapitel 5 Rn. 40; *Mengel*, wenn sie schreibt, dass mit Rücksicht darauf, dass es sich um eine privatrechtliche Auskunftspflicht handelt, ein generelles Schweigerecht abzulehnen und nur im Einzelfall sehr genau zu prüfen und abzuwägen sei, vgl. *Mengel*, in: Hauschka/Moosmayer/Lösler, Corporate Compliance, § 39 Rn. 103; ähnlich auch *Schmitt*, wobei er ein Schweigerecht im Falle einer möglichen Selbstbelastung aus den arbeitsrechtlichen Grundsätzen ableitet und gerade nicht aus §§ 55, 136 StPO, vgl. *Schmitt*, in: Meyer-Goßner/Schmitt StPO § 136 Rn. 7a.

1868 *Byers*, Mitarbeiterkontrollen, Rn. 188; Taeger/Pohle/*Imping*, Computerrechts-Handbuch Kapitel 70.12 Rn. 30; *Rudkowski*, NZA 2011, 612, 613; *Wisskirchen/Glaser*, DB 2011, 1447, 1448.

1869 MAH ArbR/*Dendorfer-Ditges*, § 35 Rn. 120; Taeger/Pohle/*Imping*, Computerrechts-Handbuch Kapitel 70.12 Rn. 30.

1870 MAH ArbR/*Dendorfer-Ditges*, § 35 Rn. 120; Taeger/Pohle/*Imping*, Computerrechts-Handbuch Kapitel 70.12 Rn. 30.

1871 *Rudkowski*, NZA 2011, 612, 613.

1872 *Rudkowski*, NZA 2011, 612, 613.

Im Hinblick auf die Auskunft durch den verdächtigen Mitarbeiter ist dieser Ansicht jedenfalls im Hinblick auf Auskünfte zu dem unmittelbaren Aufgabenbereich des Mitarbeiters zu widersprechen, da sich die Auskunftspflicht nicht aus der arbeitsvertraglichen Treuepflicht gemäß §§ 611, 241 Abs. 2, 242 BGB, sondern aus einer analogen Anwendung der §§ 675, 666 BGB ergibt. Unter Anwendung der letztgenannten Normen hat die im Hinblick auf die Nebenpflichten zentrale Interessenabwägung nicht stattzufinden. Argumente hinsichtlich der Erforderlichkeit der Maßnahme und etwaiger weniger einschneidender Maßnahmen verfangen daher nicht.

Selbst wenn man von einer Erforderlichkeitsprüfung ausginge, dürften Alternativmaßnahmen nicht als grundsätzlich mildere Mittel einzustufen sein. Das E-Mail-Screening ist jedenfalls ebenso eingriffsintensiv wie Mitarbeiterbefragungen. So kann der Mitarbeiter bei einem Screening auch nicht die Untersuchung durch seine eigenen Einlassungen beeinflussen oder gar verkürzen. Durch das E-Mail-Screening bekommt der Arbeitgeber – auch wenn er einen Suchfilter verwendet – einen umfassenden Einblick in die Kommunikation des Arbeitnehmers mit dessen Kollegen und unternehmensfremden Dritten. Darauf kommt es dem Arbeitgeber im Zweifel gar nicht an, wenn sich der Verdacht bereits auf ein konkretes Ereignis beschränkt. Dann ließe sich die intensive Suche in den E-Mails durch eine konkrete Nachfrage in einem Interview verhindern. Außerdem gibt das Mitarbeitergespräch dem Arbeitnehmer die Möglichkeit zu der Verdachtslage direkt Position zu beziehen, um diese u.U. sogar zügig auszuräumen.

Insbesondere dem Argument, wonach eine einschränkungslose Auskunft nicht notwendig sei, da dem Arbeitgeber ja noch der Weg der Verdachtskündigung offen stünde[1873], ist zu widersprechen. Im Rahmen interner Untersuchungen geht es in Gänze um eine zweifelfreie Aufklärung des Sachverhalts, um auf der Grundlage die Compliance-Verstöße unmittelbar zu beenden, notwendige Sanktionen zu ergreifen und – soweit notwendig – intern Prozesse umzustellen. Auch stellt die Verdachtskündigung keinen adäquaten Ersatz für eine vollumfängliche Aufklärung dar. Diese ist aufgrund der strengen Voraussetzungen, welche die Arbeitsgerichte an die Verdachtskündigung stellen, mit großen rechtlichen Unsicherheiten behaftet. Darüber hinaus sind Interviews im Rahmen interner Untersuchungen und Anhörungen im Zusammenhang mit einer Verdachtskündigung strikt zu trennen.[1874] Im Rahmen der internen Untersuchung geht es zunächst um die Sachverhaltsaufklärung. Erhärtet sich der Verdacht gegen den betroffenen Arbeitnehmer, muss in einem nächsten Schritt über die Konsequenzen/Sanktionen nachgedacht werden. Kommt als Option eine Verdachtskündigung in Betracht, müssen die Voraussetzungen einer solchen nochmals intensiv geprüft werden, sodass auch eine entsprechende Anhörung stattfinden müsste.

1873 *Rudkowski*, NZA 2011, 612, 613.
1874 *Mengel*, NZA 2017, 1494, 1498; *Rudkowski*, NZA 2011, 612.

(IV) Kooperation mit den Ermittlungsbehörden

Eine weitere Ansicht differenziert danach, ob die internen Ermittlungen von Anfang an in Kooperation und unter Einflussnahme der Strafverfolgungsbehörden durchgeführt wurden oder ob dies gerade nicht der Fall gewesen sei. Bestand eine Kooperation, so soll nach dieser Ansicht eine Auskunftspflicht in analoger Anwendung der strafprozessualen Vorschriften ausscheiden.[1875] Dieser Ansicht ist entgegenzuhalten, dass sie das hier relevante Problem nicht zu lösen vermag. Auch wenn eine Befragung ohne Beteiligung der Ermittlungsbehörden durchgeführt wird, können diese im Anschluss noch eingeschaltet werden. In solch einem Fall kann damit gerechnet werden, dass die Ermittlungsbehörden versuchen werden, die Ergebnisse der Befragung für das eigene Ermittlungsverfahren zu verwerten.

(V) Differenzierung nach Zweck der Befragung

Zuletzt ist noch auf eine Ansicht hinzuweisen, welche hinsichtlich eines Auskunftsverweigerungsrechts nach dem Zweck der Befragung differenziert.[1876] Danach gelte der Nemo-tenetur-Grundsatz nicht, soweit der Arbeitgeber nur präventive Ziele verfolge, also Missstände für die Zukunft beseitigen möchte. Steht hingegen eine repressive Zielsetzung im Fokus des Mitarbeitergesprächs, so soll der Nemo-tenetur-Grundsatz voll gelten. Soweit hingegen eine Mischform in Betracht komme, also eine Reaktion des Arbeitgebers mit repressiven sowie präventiven Aspekten, soll dem Arbeitgeber eine Informationsobliegenheit über den Zweck der Befragung auferlegt werden, die bei Nichtbelehrung die repressive Nutzung der Aussage verhindern soll. Diese Differenzierung dürfte allein in der Theorie möglich sein.[1877] Zwar verfolgen interne Untersuchungen nach der hier vertretenen Auffassung grundsätzlich eine repressive Zweckrichtung. Jedoch enthält sie jedenfalls auch präventive Facetten. Welche Zielrichtung nun konkret überwiegt, ist in der Praxis nicht immer trennscharf zu ermitteln. Insbesondere lässt sich eine solch klare Differenzierung nur schwer im Vorfeld der Maßnahme treffen. Auch der Hinweis auf die Informationsobliegenheit im Falle der Mischung beider Zwecke vermag nicht zu überzeugen. Dies würde in der Praxis faktisch zu einer Aufklärungspflicht führen, da er sich andernfalls starken rechtlichen Unsicherheiten ausgesetzt sähe.

(3) Stellungnahme und Ergebnis

Zu klären bleibt, ob dem Arbeitnehmer, soweit es um Auskünfte geht, die seinen Arbeitsbereich betreffen, ein Auskunftsverweigerungsrecht zuzugestehen ist oder nicht. Insbesondere bedarf es einer Auseinandersetzung mit der Ansicht, welche ein Auskunftsverweigerungsrecht aus der unmittelbaren Anwendung des Nemo-tenetur-Grundsatzes zieht.[1878]

1875 *Kasiske*, NZWiSt 2014, 262, 263.

1876 *Maschmann*, NZA-Beilage 2012, 50, 56.

1877 *Fritz/Nolden*, CCZ 2010, 170, 176; im Ergebnis so wohl auch *Scharnberg*, Illegale Internal Investigations, S. 271 f.

1878 *Jahn*, StV 2009, 41, 43 ff.

Gegen die Anwendung Nemo-tenetur-Grundsatzes spricht, dass er zwar nicht nur auf Strafverfahren beschränkt ist, es aber jedenfalls eines staatlichen Verfahrens bedarf.[1879] Bei einem staatlichen Verfahren und so auch einem Ermittlungsverfahren stehen sich der Betroffene und der Staat in einem Über-/Unterordnungsverhältnis gegenüber. In diesem ist das Unternehmen auch den Zugriffsrechten der Ermittlungsbehörden ausgesetzt.[1880] Wie noch zu zeigen sein wird, kommt eine Beschlagnahme von Unterlagen beim Unternehmen insbesondere dann in Betracht, wenn diese nicht bereits der Verteidigung dienen.[1881] Demgegenüber besteht zwischen Arbeitgeber und Arbeitnehmer ein gleichrangiges Verhältnis, mithin stehen sie als zwei Rechtssubjekte des Privatrechts auf einer Stufe. Damit unterscheidet sich die Situation ganz maßgeblich von der eines staatlichen Ermittlungsverfahrens. Die Belastung des Betroffenen im Rahmen staatlicher Strafverfolgungsmaßnahmen ist nicht mit der Situation vergleichbar, in der sich ein Arbeitnehmer den Fragen des Arbeitgebers im Rahmen einer Mitarbeiterbefragung zu stellen hat.[1882] Auch stehen dem Arbeitgeber nicht die Rechte und Möglichkeiten zu, die sich für die Behörden im Rahmen eines staatlichen Ermittlungsverfahrens aus den spezialgesetzlichen Normen der StPO ergeben. Insoweit lässt sich aus dem Recht, das Auskunftsrecht nach § 888 ZPO – durch Zwangsgeld/-haft – zwangsweise durchsetzen zu können, nicht schließen, dass die Maßnahmen des Arbeitgebers mit staatlichen Maßnahmen gleichzusetzen seien. § 888 ZPO gibt dem Arbeitgeber lediglich ein Instrument an die Hand, mit dessen Hilfe er die Möglichkeit erhält, seine Rechte durchzusetzen, auch wenn er sich mit dem Arbeitnehmer in einem Gleichordnungsverhältnis befindet.[1883] Mithin bleibt die arbeitsrechtliche Aufklärung ein privatrechtlicher Konflikt[1884], auf welchen der strafprozessuale Nemo-tenetur-Grundsatz keine Anwendung findet.[1885]

Gegen die Geltung des Nemo-tenetur-Grundsatzes im Rahmen der arbeitsrechtlichen Mitarbeiterbefragung spricht ferner die Erklärungs- und Wahrheitspflicht des § 138 ZPO.[1886] Aufgrund der gleichrangigen Stellung der Parteien in einem Zivilprozess oder einem Verfahren vor den Arbeitsgerichten unterliegt der Nemo-tenetur-Grundsatz Beschränkungen.[1887] Gemäß § 138 ZPO haben die Parteien in einem gerichtlichen Verfahren ihre Erklärungen über tatsächliche Umstände vollständig und der Wahrheit gemäß abzugeben. Damit sind die Parteien nicht

---

1879 *Giese/Dachner*, ZIP 2020, 498, 500; *Theile*, StV 2011, 381, 383.

1880 Zu den Zugriffsrechten der Ermittlungsbehörden sowie etwaigen Beschlagnahmeverboten vgl. ausführlich Kapitel 3 § 1.

1881 Vgl. hierzu Kapitel 3 § 1 C. I., D.

1882 *Fritz/Nolden*, CCZ 2010, 170, 175; *Kasiske*, NZWiSt 2014, 262, 263 f.

1883 *Momsen/Grützner*, DB 2011, 1792, 1795.

1884 *Momsen/Grützner*, DB 2011, 1792, 1795.

1885 *Momsen*, ZIS 2011, 508, 513; *Momsen/Grützner*, DB 2011, 1792, 1795.

1886 *Greeve/Tsambikakis*, in: Knierim/Rübenstahl/Tsambikakis, Kapitel 18 Rn. 20.

1887 *Greeve/Tsambikakis*, in: Knierim/Rübenstahl/Tsambikakis, Kapitel 18 Rn. 20.

berechtigt die Unwahrheit zu sagen, auch wenn sie sich belasten würden.[1888] Darüber hinaus kann sich Schweigen gemäß § 138 Abs. 3 ZPO nachteilig auswirken. Diese Norm gilt gemäß § 46 Abs. 2 S. 1 ArbGG auch in arbeitsgerichtlichen Verfahren. Ein Auskunftsverweigerungsrecht würde überdies dazu führen, dass die von der Rechtsordnung bereitgestellten Auskunftsrechte leerlaufen würden, obwohl gerade bei Mitarbeiterbefragungen im Rahmen interner Untersuchungen ein besonderes Interesse des Arbeitgebers an der Auskunft des Arbeitnehmers besteht.[1889]

Auch der Sinn und Zweck von Mitarbeitergesprächen spricht für eine vollumfängliche Auskunftspflicht. Diese stellen im Rahmen Compliance-relevanter Sachverhalte eine zentrale Säule der Aufklärung dar. Sofern ein bestimmter Mitarbeiter betroffen ist, soll dieser an der Aufklärung maßgeblich mitwirken. Dies liegt grundsätzlich in seinem eigenen Interesse, da durch die Befragung weitere Ermittlungsmaßnahmen sowie Gespräche mit anderen Mitarbeitern über seine Tätigkeiten verhindert werden könnten. Würde nun aber ein Auskunftsverweigerungsrecht greifen, würde der betroffene Mitarbeiter gerade dann einen Vorteil erhalten, wenn er eine Straftat oder eine erhebliche Pflichtverletzung begangen hat. Da das Unternehmen vertreten durch dessen Organe aufgrund der Aufklärungspflicht den Sachverhalt ausermitteln muss, müssten sie stets auf die Befragung von Kollegen zurückgreifen. Damit würde die Mitarbeiterbefragung als Rechtsinstitut massiv beschnitten und würde zu einem großen Teil ihren Sinn verlieren. Überdies würde der pflichtwidrig handelnde Mitarbeiter bessergestellt als derjenige, der sich keiner arbeitsrechtlichen oder strafrechtlichen Pflichtverletzung schuldig gemacht hat.[1890] Der Sinn von Mitarbeitergesprächen liegt ja gerade darin, durch das persönliche Gespräch Fragen zu offenen Sachverhalten im Hinblick auf seine Tätigkeit und seinen Arbeitsbereich zügig und von der Eingriffsintensität möglichst schonend zu klären.

Soweit die gegensätzliche Ansicht sich auf das Urteil des BAG[1891] stützt, wonach der Arbeitnehmer nur dann außergerichtliche kündigungsrelevante Tatsachen offenbaren müsse, wenn eine besondere rechtliche Grundlage bestehe, spricht dies nicht für ein Auskunftsverweigerungsrecht, da eine solche rechtliche Grundlage mit dem Auskunftsanspruch gemäß §§ 675, 666 BGB analog gegeben ist.[1892] Ist demnach der Arbeitnehmer mit einer Geschäftsbesorgung i.S.d. § 675 BGB betraut, finden die vom BAG in der Entscheidung vom 7. September 1995[1893] entwickelten Grundsätze keine Anwendung.[1894] Die Entscheidung betrifft einen Auskunftsanspruch

1888 BeckOK ZPO/*von Selle* § 138 Rn. 31.
1889 *Knauer/Buhlmann*, AnwBl. 2010, 387, 389.
1890 *Loer*, in: Wessing/Dann, Deutsch-Amerikanische Korruptionsverfahren, § 10 Rn. 46.
1891 BAG, NZA 1996, 637, 639.
1892 *Böhm*, WM 2009, 1923, 1924; *Scharnberg*, Illegale Internal Investigations, S. 272.
1893 BAG, NZA 1996, 637, 639.
1894 *Böhm*, WM 2009, 1923, 1924.

auf der Grundlage der aus § 242 BGB hergeleiteten Nebenpflicht und bezieht sich auf Umstände, die zwar im Zusammenhang mit dem bestehenden Arbeitsverhältnis stehen, aber außerhalb des unmittelbaren Arbeitsbereichs liegen.[1895]

Stellt man – entgegen der hier vertretenen Auffassung – auf eine Interessenabwägung ab, besteht ein besonderes Interesse des Arbeitgebers an einer Aufklärung Compliance-relevanter Sachverhalte. Insoweit könnten dem Unternehmen und seinen Organen bei einer fehlenden Reaktion auf etwaige Compliance-relevante Verstöße Sanktionen i.S.d. §§ 30, 130 OWiG drohen.[1896] Dieses Interesse dürfte überwiegen, da sich der Arbeitnehmer einer konkreten Verdachtslage ausgesetzt sieht und er den Compliance-relevanten Sachverhalt – soweit er sich bestätigt – selbst geschaffen hat.

Im Ergebnis darf dennoch nicht außer Acht gelassen werden, dass für den Arbeitnehmer im Hinblick auf die Auskunftspflicht eine Konfliktlage besteht und die Verwertung der Ergebnisse aus einem Mitarbeitergespräch ihn in seinem allgemeinen Persönlichkeitsrecht gemäß Art. 2 Abs. 1 i.V.m. 1 Abs. 1 GG verletzen könnte. Diese Konfliktlage und die für den Arbeitnehmer bestehende Schutzlücke ist indes gerade nicht durch eine Einschränkung der Aufklärungspflicht, sondern dadurch zu schließen, dass die im Rahmen solcher Gespräche gewonnenen Erkenntnisse jedenfalls bei Hinzuziehung eines Rechtsanwalts als geheimhaltungsbedürftig angesehen werden und dadurch wiederum einem Beschlagnahmeverbot unterliegen[1897] und hinsichtlich der gewonnenen Erkenntnisse aus dem Mitarbeitergespräch ein Verwertungsverbot im Strafprozess zugunsten des Arbeitnehmers bestehen könnte[1898].

Diese Lösung steht auch im Einklang mit dem Recht auf ein faires Verfahren („Fair-trial-Grundsatz"). Der Fair-trial-Grundsatz ist normativ in Art. 6 Abs. 1 S. 1 EMRK verankert. Der Anwendungsbereich des Art. 6 EMRK erstreckt sich nach dem Wortlaut auf Streitigkeiten in Bezug auf zivilrechtliche Ansprüche und Verpflichtungen und auf erhobene strafrechtliche Anklage. Durch den Grundsatz auf ein faires Verfahren soll ein ausreichender Einfluss des Betroffenen auf das Verfahren abgesichert werden. Aus Art. 6 EMRK kann auch das Recht zu schweigen und sich nicht selbst belasten zu müssen abgeleitet werden.[1899] Es ist nicht ausdrücklich in Art. 6 EMRK genannt, ergibt sich aber auch aus der Unschuldsvermutung in Art. 6 Abs. 2 EMRK.[1900] Der Grundsatz auf ein faires Verfahren dient dazu, dieses Recht abzusichern. So darf bspw. ein Beschuldigter nicht genötigt werden, eine Aussage abzugeben.[1901]

1895 *Böhm*, WM 2009, 1923, 1924; *Loer*, in: Wessing/Dann, Deutsch-Amerikanische Korruptionsverfahren, § 10 Rn. 47.

1896 *Kasiske*, NZWiSt 2014, 262, 265.

1897 Vgl. hierzu Kapitel 3 § 1.

1898 Vgl. hierzu Kapitel 3 § 2 B. I.

1899 HK-EMRK/*Meyer-Ladewig/Harrendorf/König* Art. 6 Rn. 129.

1900 HK-EMRK/*Meyer-Ladewig/Harrendorf/König* Art. 6 Rn. 129.

1901 HK-EMRK/*Meyer-Ladewig/Harrendorf/König* Art. 6 Rn. 129.

Vor diesem Hintergrund ist die Berücksichtigung des Fair-trial-Grundsatzes gerade im Hinblick auf die mögliche Verwertung in einem späteren gerichtlichen Verfahren zu verstehen. Insoweit kann sich, was noch zu zeigen sein wird, aus der Berücksichtigung des Grundsatzes auf ein faires Verfahren ein Beweisverwertungsverbot im Strafverfahren im Hinblick auf die Auskünfte der Mitarbeiter ergeben.[1902] Gerade das Strafverfahren ist vom Wortlaut des Art. 6 Abs. 1 S. 1 EMRK erfasst („erhobene strafrechtliche Anklage"). Demgegenüber ist eine interne Untersuchung, in deren Rahmen das Unternehmen Aufklärungsmaßnahmen durchführt, noch nicht als Streitigkeit in Bezug auf zivilrechtliche Ansprüche und Verpflichtungen zu sehen.[1903] Vielmehr liegt eine solche Streitigkeit dann vor, wenn es sich um ein gerichtliches Verfahren handelt. Insoweit konkretisiert Art. 6 Abs. 1 S. 1 EMRK, dass das Recht auf ein faires Verfahren beinhaltet, dass die Streitigkeit von „einem unabhängigen und unparteiischen, auf Gesetz beruhenden Gericht in einem fairen Verfahren, öffentlich und innerhalb angemessener Frist verhandelt wird".[1904]

(bb) Wahrnehmungen außerhalb des eigenen Aufgabenbereichs

Soweit die Wahrnehmungen außerhalb des eigenen Aufgabenbereichs betroffen sind, ist die Frage, ob eine Selbstbelastung verlangt werden kann, anhand einer umfassenden Interessenabwägung zu beantworten.[1905] Begründen lässt sich diese Auffassung damit, dass sich die Rechtsgrundlage der Auskunftspflicht für Wahrnehmungen außerhalb des unmittelbaren Aufgabenbereichs gerade nicht aus den Hauptleistungspflichten, sondern nur aus den Nebenpflichten gemäß §§ 241 Abs. 2, 242 BGB oder dem Grundsatz von Treu und Glauben gemäß § 242 BGB

1902 Vgl. hierzu ausführlich Kapitel 3 § 2 B. II. 2. b) bb).

1903 Davon gehen wohl auch *Meyer-Ladewig/Harrendorf/König* aus, da sie ich zwar für die Möglichkeit eines Auskunftsverweigerungsrechts für Arbeitnehmer aussprechen. Vielmehr gehen sie davon aus, dass im Hinblick auf eine mögliche Selbstbelastung, die Frage der Auskunft von einer Abwägung der konfligierenden Interessen im Rahmen einer Verhältnismäßigkeitsprüfung abhängt; es seien rechtstaatliche Mindeststandards einzuhalten. Allerdings gehen sie auch davon aus, dass gerade die Verwertung von Erkenntnissen, die diesen Mindeststandards nicht genügen, einen Verstoß gegen den Fair-trial-Grundsatz darstellen kann. Insoweit steht die Frage des Verstoßes gegen den Fair-trial-Grundsatz im Zusammenhang mit der Verwertung im Verfahren, vgl. HK-EMRK/*Meyer-Ladewig/Harrendorf/König* Art. 6 Rn. 136.

1904 Zu den Anforderungen an zivilrechtliche Ansprüche i.S.d. Art. 6 Abs. 1 S. 1 EMRK vgl. ausführlich HK-EMRK/*Meyer-Ladewig/Harrendorf/König* Art. 6 Rn. 8 ff.

1905 *Diller,* DB 2004, 313, 314; *Fritz,* CCZ 2011, 155, 157; *Knauer/Buhlmann,* AnwBl. 2010, 387, 389; *Lützeler/Müller-Sartori,* CCZ 2011, 19, 20; *Mengel/Ullrich,* NZA 2006, 240, 243; MAH Verteidigung in Wirtschafts- und Steuerstrafsachen/*Park/Eggers,* § 11 Rn. 108; *Schürrle/Olbers,* CCZ 2010, 178; *Spehl/Momsen/Grützner,* CCZ 2014, 170, 171; *Wisskirchen/Glaser,* DB 2011, 1447, 1448.

ableiten lässt.[1906] Insoweit kann hier auch nicht der gleichstrenge Maßstab angelegt werde, der sich für Wahrnehmungen im persönlichen Aufgabenbereich ergibt.[1907] Vielmehr ist, wie bereits herausgearbeitet, eine umfassende Interessenabwägung vorzunehmen, soweit sich die Auskunftspflicht auf die Nebenpflicht stützt. In diesem Rahmen sind auch die Grundrechtspositionen von Arbeitnehmer und Arbeitgeber zu berücksichtigen, da die Grundrechte über die Generalklausel des § 242 BGB im Wege der mittelbaren Drittwirkung in das Privatrecht einstrahlen.[1908]

Führt eine Abwägung zu dem Ergebnis, dass die Auskunft für den Arbeitnehmer unzumutbar ist, besteht zugleich ein Auskunftsverweigerungsrecht. In diese Interessenabwägung sind die Interessenlagen einzubeziehen, die bereits im Hinblick auf die Erforderlichkeitsprüfung herausgearbeitet wurden. Der Arbeitgeber muss ein „berechtigtes, billigenswertes und schutzwürdiges Interesse“[1909] vorweisen können.

Grundsätzlich streitet für den Arbeitgeber das generelle Interesse, Schaden vom Unternehmen abzuwenden. Wie weit dies reicht, muss im Einzelfall bewertet werden. Dabei kommen der Pflicht der Organe, eine interne Untersuchung durchzuführen, aber auch möglichen Haftungsrisiken sowie dem Risiko eines möglichen Reputationsschadens besondere Bedeutung zu. Gerade die Tatsache, dass eine Geldbuße für das Unternehmen drohen kann, wenn der bestehende Verdacht nicht lückenlos aufgeklärt wird, kann für den Arbeitnehmer eine Schadensminderungspflicht und damit eine Auskunftspflicht begründen.[1910]

Für den Arbeitnehmer dürfte in die Interessenabwägung insbesondere einfließen, ob er sich selbst belasten müsste. Dabei ergibt sich, wie bereits erwähnt, ein grundlegender Unterschied zur Auskunftspflicht in Bezug auf den unmittelbaren Arbeitsbereich, die sich aus den Hauptleistungspflichten ableiten lässt. Im Hinblick auf Wahrnehmungen außerhalb des unmittelbaren Arbeitsbereichs lässt sich die Auskunftspflicht demgegenüber allein aus den vertraglichen Nebenpflichten folgern. Gerade in den Fällen, in denen sich der Arbeitnehmer selbst belasten könnte, dürfte das Schutzinteresse des Arbeitnehmers regelmäßig gegenüber dem Aufklärungsinteresse des Arbeitgebers überwiegen und dadurch zu einem Auskunftsverweigerungsrecht führen.[1911] Dem Arbeitnehmer dürfte nicht zugemutet werden

1906 BAG, NZA 1996, 637, 638 f.; *Böhm*, WM 2009, 1923, 1924 f.; *Diller*, DB 2004, 313, 314; *Mengel/Ullrich*, NZA 2006, 240, 243; *Rieble*, ZIP 2003, 1273, 1275 f.; *Theile*, StV 2011, 381, 383.

1907 Vgl. hierzu Kapitel 2 § 2 C. II. 7. b) bb) (b) (aa).

1908 Im Kontext interner Untersuchung vgl. MAH Verteidigung in Wirtschafts- und Steuerstrafsachen/*Park/Eggers*, § 11 Rn. 55; zur mittelbaren Drittwirkung vgl. statt vieler *Jarass*, in: Jarass/Pieroth, GG Vorb. vor Art. 1 Rn. 12, 33; Art. 1 Rn. 52 ff. m.w.N.

1909 BAG, NJW 1996, 637.

1910 *Böhm*, WM 2009, 1923, 1925.

1911 So wohl auch *Göpfert/Merten/Siegrist*, NJW 2008, 1703, 1705.

können, sich im Hinblick auf Wahrnehmungen außerhalb seines Arbeitsbereichs selbst zu belasten.[1912] Gleichwohl bleibt es eine Abwägung im Einzelfall, sodass nicht per se davon gesprochen werden kann, dass die Möglichkeit einer Selbstbelastung zu einer Interessenabwägung zugunsten des Arbeitnehmers führt.[1913]

(c) *Auskunftspflicht als Zeuge*

Neben der Stellung als Verdächtiger kann dem betroffenen Arbeitnehmer aber auch die Funktion eines Zeugen zukommen, das heißt, er soll über mögliche auffällige Geschehnisse Auskunft geben, die ihn nicht selbst betreffen. Insoweit ist es gut möglich, dass sich ein Verdacht gegen einen spezifischen Mitarbeiter richtet und im Rahmen der internen Untersuchung die Kollegen des Verdächtigen zu seiner Person befragt werden. In dieser Konstellation stellt sich überwiegend die Frage, inwieweit der Mitarbeiter zulasten seines Kollegen aussagen muss und ob ein Auskunftsverweigerungsrecht für den Fall besteht, dass der Arbeitnehmer-Zeuge sich im Rahmen der Befragung sogar selbst belasten könnte.

(aa) Herleitung einer entsprechenden Auskunftspflicht

Die Frage, ob Auskunft über Handlungen von Kollegen gegeben werden muss und in welchem Umfang, ist noch weitgehend ungeklärt.[1914] Um sich der Beantwortung der Frage nach einer Auskunftspflicht zu nähern, bedarf es zunächst einer Auseinandersetzung mit den Anzeige- und Mitteilungspflichten, da sich aus diesen Rückschlüsse auf eine etwaige Auskunftspflicht im Rahmen einer Mitarbeiterbefragung ziehen lassen.

Die Rechtsgrundlage für eine solche Auskunftspflicht kann sich aus den für den Arbeitnehmer bestehenden Nebenpflichten in Form der Treuepflicht ergeben.[1915] Zur Treuepflicht des Arbeitnehmers gehört nach der instanzgerichtlichen Rechtsprechung die Pflicht, „vom Arbeitgeber sowie von anderen Arbeitnehmern Schäden abzuwenden, soweit dies möglich und zumutbar ist".[1916] Somit dürfte diese Schadensabwendungspflicht jedenfalls dann eine Anzeigepflicht für den Arbeitnehmer begründen, wenn ein Schaden für den Arbeitgeber oder andere Arbeitnehmer droht.[1917] Die Auskunftspflicht erstreckt sich dabei auf objektive Umstände

---

1912 *Göpfert/Merten/Siegrist*, NJW 2008, 1703, 1705; im Ergebnis so auch *Haefcke*, CCZ 2014, 39, 40.
1913 *Böhm*, WM 2009, 1923, 1925.
1914 MAH ArbR/*Dendorfer-Ditges*, § 35 Rn. 116.
1915 *Rudkowski*, NZA 2011, 612, 614; im Ergebnis so wohl auch *Giese/Dachner*, ZIP 2020, 498, 500.
1916 LAG Düsseldorf, BeckRS 2006, 40003.
1917 So auch *Schrader/Thoms/Mahler*, NZA 2018, 965, 971.

ohne einen Bezug zu bestimmten Personen.[1918] Auch im Hinblick auf die Auskunftspflicht des Zeugen-Arbeitnehmers besteht eine Pflicht zur Wahrheit.[1919]

Im Hinblick auf mögliche schädigende Handlungen anderer Arbeitnehmer hat das BAG aus der Treuepflicht des Arbeitnehmers eine Pflicht zur Anzeige für den Fall angenommen, dass auf einen Arbeitnehmer die Verpflichtung zur Überwachung eines anderen Arbeitnehmers übertragen wurde oder ihn zumindest eine Überwachungs- und Kontrollpflicht trifft (in Form einer Vorgesetztenfunktion).[1920] Dies ergibt sich auch daraus, dass sich der Auskunftsanspruch auf die dem Arbeitnehmer übertragenen oder von ihm wahrgenommenen Aufgaben bezieht. Wenn dem Arbeitnehmer eine Kontrollfunktion zukommt, ist die Kontrolle und Aufsicht auch von seinem Aufgabenbereich erfasst. Vor diesem Hintergrund können gerade Führungskräfte besonders für eine Befragung als Zeugen sein.

Zudem hat das BAG im Zusammenhang mit einer bestehenden Kontrollpflicht in einer anderen Sache entschieden, dass eine Mitteilungspflicht auch dann besteht, wenn sich die schädigende Handlung durch einen anderen Arbeitnehmer im Aufgabenbereich des Zeugen-Arbeitnehmers abspielt und eine Kontrollpflicht sowie eine Wiederholungsgefahr besteht (auch bei fehlender Vorgesetztenfunktion).[1921] In der Literatur wird überdies vertreten, dass diese Auskunftspflicht auch für solche Fälle gelten müsse, in denen keine ausdrückliche Kontrollpflicht bestehe, die schädigende Handlung eines Arbeitnehmers aber im Arbeitsbereich des Arbeitnehmer-Zeugen stattfinde.[1922] Dies lässt sich auch damit begründen, dass zwar keine Kontrollpflicht besteht, der Arbeitnehmer aber von einer schädigenden Handlung Kenntnis erlangt hat und wegen der bestehenden Treuepflicht grundsätzlich zur Schadensabwendung verpflichten ist.

In der Rechtsprechung bislang offen gelassen ist indes die Frage, ob ein Arbeitnehmer in jedem Fall verpflichtet ist, gegen den Arbeitgeber gerichtete schädigende Handlungen seiner Arbeitskollegen dem Arbeitgeber mitzuteilen, unabhängig vom Bezug zum eigenen Arbeitsbereich.[1923] In Teilen der Literatur wird eine solche allgemeine Mitteilungspflicht des Zeugen-Arbeitnehmers auch für Geschehnisse außerhalb des eigenen Arbeitsbereichs angenommen.[1924] Andere Stimmen in der Literatur machen eine solche Mitteilungspflicht zusätzlich von einer Interessenabwägung abhängig.[1925]

1918 *Rudkowski*, NZA 2011, 612, 614; *Schrader/Thoms/Mahler*, NZA 2018, 965, 971.

1919 *Rudkowski*, NZA 2011, 612, 613 f.; *Spehl/Momsen/Grützner*, CCZ 2014, 170, 171.

1920 BAG, NJW 1958, 1747, 1748; für Dienstverpflichtete vgl. BGH, NJW-RR 1989, 614, 615, unter Bezugnahme auf die Rechtsprechung und das Schrifttum zum Arbeitsrecht; so auch *Schrader/Thoms/Mahler*, NZA 2018, 965, 971.

1921 BAG, NJW 1970, 1861; so auch *Schrader/Thoms/Mahler*, NZA 2018, 965, 971.

1922 *Rudkowski*, NZA 2011, 612, 614.

1923 So ausdrücklich in BAG, NJW 1970, 1861.

1924 MAH ArbR/*Dendorfer-Ditges*, § 35 Rn. 116; so auch *Rudkowski*, wobei er einschränkend hinzufügt, dass die Wahrnehmungen „bei der Arbeit" gemacht hat, etwa bei Dienstreisen oder bei Geschäftsessen, vgl. *Rudkowski*, NZA 2011, 612, 614.

1925 *Rudkowski*, NZA 2011, 612, 614; *Schrader/Thoms/Mahler*, NZA 2018, 965, 971.

Ordnet man diese unterschiedlichen Positionen, so lässt sich folgende Schlussfolgerung ziehen: Für Arbeitnehmer in der Position als Zeuge lässt sich aus der Rechtsprechung zu bestehenden Anzeige- und Mitteilungspflichten für Geschehnisse im eigenen Arbeitsbereich eine Auskunftspflicht für ebenjenen Arbeitsbereich ableiten. Dem liegt ein Erst-Recht-Schluss zugrunde: Wenn der Arbeitnehmer-Zeuge Geschehnisse anderer Arbeitnehmer aus dem eigenen Arbeitsbereich dem Arbeitgeber mitteilen muss, dann muss dies erst recht für die Auskunft auf Nachfrage gelten.[1926]

Betreffen die Ereignisse hingegen nicht den eigenen Arbeitsbereich, dann wird sich die Auskunftspflicht nach einer im Einzelfall durchzuführenden Abwägung der widerstreitenden Interessen von Arbeitnehmer-Zeuge und Arbeitgeber richten.[1927] Insoweit kann ein Vergleich zu der Situation des Verdächtigen gezogen werden. Dort ist eine Auskunftspflicht im Hinblick auf Wahrnehmungen außerhalb des eigenen Arbeitsbereich an eine umfassende Interessenabwägung geknüpft, da sie sich nur aus den Nebenpflichten gemäß §§ 241 Abs. 2, 242 BGB oder dem Grundsatz von Treu und Glauben gemäß § 242 BGB ableiten lässt. Die Auskunftspflicht besteht also nur dann, wenn der Arbeitgeber ein berechtigtes, billigenswertes und schutzwürdiges Interesse geltend machen kann, das Interesse im Zusammenhang mit dem bestehenden Arbeitsverhältnis steht und die Auskunftsverpflichtung keine übermäßige Belastung für den Arbeitnehmer darstellt.[1928]

Nichts anderes kann im Zusammenhang mit der Auskunft eines Arbeitnehmer-Zeugen gelten. Insoweit darf der Arbeitnehmer-Zeuge nicht stärker belastet werden als der Verdächtige. Zugleich wäre es nicht mit der Treue- und damit der Schadensabwendungspflicht des Arbeitnehmers in Einklang zu bringen, dürfte der Arbeitnehmer-Zeuge in Bezug auf Wahrnehmungen außerhalb des eigenen Aufgabenbereichs einfach schweigen. Die Lösung ist daher über eine Abwägung im Einzelfall zu suchen, in deren Rahmen das Interesse des Arbeitgebers an der Auskunft einer etwaigen Unzumutbarkeit des Arbeitnehmers gegenübergestellt wird. Eine solche Unzumutbarkeit könnte sich etwa dann ergeben, wenn sich der Arbeitnehmer selbst belasten müsste.[1929]

(bb) Selbstbelastung im Rahmen der Auskunftserteilung als Zeuge

Zu klären bleibt noch, wie mit der Gefahr einer möglichen Selbstbelastung beim Zeugen-Arbeitnehmer umzugehen ist. Da die arbeitsvertraglichen Nebenpflichten gemäß §§ 241 Abs. 2, 242 BGB in Form der Treuepflicht die Rechtsgrundlage für die Anzeige- und damit auch die Auskunftspflichten bilden, müssen die Interessen des Arbeitnehmers Berücksichtigung finden.

1926 *Rudkowski*, NZA 2011, 612, 614; *Schrader/Thoms/Mahler*, NZA 2018, 965, 971.

1927 *Schrader/Mahler*, NZA-RR 2016, 57, 63.

1928 BAG, NZA 1996, 637, 638.

1929 Dies entspricht der Rechtslage in Bezug auf den verdächtigen Arbeitnehmer, vgl. hierzu Kapitel 2 § 2 C. II. 7. b) bb) (b) (bb).

Dies wirkt sich regelmäßig nicht auf die Auskunftspflicht des Arbeitnehmer-Zeugen aus, da er, wenn er über Handlungen anderer Arbeitnehmer Auskunft gibt und die Gefahr einer Selbstbelastung nicht besteht, dem Aufklärungsinteresse des Arbeitgebers keine starke Interessenposition entgegensetzen kann. Mithin dürfte in solchen Fällen das Interesse des Arbeitgebers an der Aufklärung in aller Regel überwiegen.

Anders ist dies indes gerade dann zu bewerten, wenn der Arbeitnehmer-Zeuge in die Straftat oder erhebliche Pflichtverletzung des Verdächtigen zumindest involviert ist und sich durch seine Auskunft selbst belasten könnte. Da sich in solch einer Situation die Auskunftspflicht des Arbeitnehmer-Zeugen ebenfalls auf die Nebenpflichten stützt, steht im Rahmen der vorzunehmenden Interessenabwägung eine starke Interessenposition des Zeugen-Arbeitnehmers, nämlich der Schutz seines allgemeinen Persönlichkeitsrechts gemäß Art. 2 Abs. 1 i.V.m. 1 Abs. 1 GG, dem Aufklärungsinteresse des Arbeitgebers gegenüber. Eine Pflicht zur Selbstbelastung dürfte in einer solchen Zeugensituation des Arbeitnehmers nicht interessengerecht sein, sodass eine Auskunftspflicht zu verneinen wäre.

cc) Auskunftspflicht gegenüber Dritten, z.B. Rechtsanwälten als externen Ermittlern

Grundsätzlich besteht keine Auskunftspflicht des Arbeitnehmers gegenüber einem mit der Befragung des Arbeitnehmers betrauten Rechtsanwalts.[1930] In den meisten Fällen dürfte sich eine solche aber aus dem zwischen dem Arbeitgeber und der beauftragten Kanzlei bestehenden Rechtsverhältnis ergeben.[1931] Dem geschäftsführenden Organ, bspw. dem Vorstand der AG oder dem Geschäftsführer der GmbH, steht es zu, die eigenen Aufgaben zu delegieren.[1932] Eine solche Delegation könnte dann auf eine unternehmensinterne Abteilung erfolgen, bspw. eine Compliance- oder Revisions-Abteilung, aber eben auch auf eine beauftragte Kanzlei.[1933]

Gleichwohl ist bei der Befragung durch externe Ermittler immer Vorsicht geboten, da auch verschiedene Risiken für die Ermittler bestehen. Neben möglichen

1930 *Bittmann/Molkenbur*, wistra 2009, 373, 376; zur Aussagepflicht gegenüber unternehmensexternen Ermittlerteams im Rahmen der „Siemens-Affäre" vgl. *Jahn*, StV 2009, 41, 44 f.

1931 *Wessing*, in: Hauschka/Moosmayer/Lösler, Corporate Compliance, § 46 Rn. 52; *Göpfert/Merten/Siegrist*, NJW 2008, 1703, 1706.

1932 *Bittmann/Molkenbur*, wistra 2009, 373, 376; *Göpfert/Merten/Siegrist*, NJW 2008, 1703, 1706; *Wessing*, in: Hauschka/Moosmayer/Lösler, Corporate Compliance, § 46 Rn. 52; *Göpfert/Merten/Siegrist*, NJW 2008, 1703, 1706.

1933 *Bittmann/Molkenbur*, wistra 2009, 373, 376; *Göpfert/Merten/Siegrist*, NJW 2008, 1703, 1706; *Kasiske*, NZWiSt 2014, 262, 263; *Spehl/Momsen/Grützner*, CCZ 2014, 170, 171; *Wessing*, in: Hauschka/Moosmayer/Lösler, Corporate Compliance, § 46 Rn. 52.

Verstößen gegen das Datenschutzrecht sind hier insbesondere strafrechtliche Risiken relevant.[1934]

Aufgrund des Straftatbestands der Amtsanmaßung gemäß § 132 StGB sollte insbesondere vermieden werden, dass im Rahmen der Mitarbeiterbefragungen der Eindruck erweckt wird, die privaten Ermittler würden amtliche Aufgaben und Befugnisse wahrnehmen (z.B. eines Kriminalbeamten).[1935] In dem Zusammenhang ist ferner der Straftatbestand des Missbrauchs von Titeln, Berufsbezeichnungen und Abzeichen gemäß § 132a StGB zu berücksichtigen.[1936]

Überdies können u.U. auch die Straftatbestände der Nötigung gemäß § 240 StGB[1937], der Freiheitsberaubung gemäß § 239 StGB[1938], der Erpressung gemäß § 253 StGB[1939], soweit das abgenötigte Verhalten Auswirkungen auf das Vermögen des Arbeitsnehmers hat, sowie der Verletzung der Vertraulichkeit des Wortes gemäß § 201 StGB[1940] und der Verletzung des Privatgeheimnisses gemäß § 203 StGB[1941] relevant werden.

dd) Keine umfassende Auskunftspflicht nach dem VerSanG-E – Auskunftsverweigerungsrecht

Für die hier behandelte Frage, inwieweit eine Auskunftspflicht für den Mitarbeiter besteht, sieht das Verbandssanktionengesetz nach dem Regierungsentwurf in § 17 Abs. 1 Nr. 5 VerSanG-E eine passende Regelung vor. Nach § 17 Abs. 1 Nr. 5 lit. c) VerSanG-E soll dem befragten Mitarbeiter das Recht zustehen, die Auskunft auf solche Fragen zu verweigern, deren Beantwortung ihn selbst oder die in § 52 Abs. 1 StPO bezeichneten Angehörigen gefährden würde, wegen einer Straftat oder Ordnungswidrigkeit verfolgt zu werden. Damit löst der Regierungsentwurf den zuvor dargestellten Streit entgegen der hier vertretenen Ansicht auf. Dies gilt jedenfalls für den Fall, dass das Unternehmen in den Genuss der

---

1934 Zu den strafrechtlichen Risiken für Ermittler im Rahmen interner Untersuchungen vgl. *Küster*, Der rechtliche Rahmen für unternehmensinterne Ermittlungen, S. 134 ff.

1935 *Klengel/Mückenberger*, CCZ 2009, 81, 82.

1936 Vgl. hierzu *Küster*, Der rechtliche Rahmen für unternehmensinterne Ermittlungen, S. 136.

1937 Vgl. hierzu *Küster*, Der rechtliche Rahmen für unternehmensinterne Ermittlungen, S. 136 ff.

1938 Vgl. hierzu *Küster*, Der rechtliche Rahmen für unternehmensinterne Ermittlungen, S. 138.

1939 Vgl. hierzu *Küster*, Der rechtliche Rahmen für unternehmensinterne Ermittlungen, S. 138 f.

1940 Vgl. hierzu *Küster*, Der rechtliche Rahmen für unternehmensinterne Ermittlungen, S. 139.

1941 Vgl. hierzu *Küster*, Der rechtliche Rahmen für unternehmensinterne Ermittlungen, S. 139.

Sanktionsmilderung kommen möchte.[1942] Auch wenn sich das Auskunftsverweigerungsrecht nur auf die Sanktionsmilderungsmöglichkeit bezieht, dürfte – soweit der Regierungsentwurf Gesetzeswirklichkeit wird – die neue Regelung auch Auswirkungen auf die Mitarbeiterbefragung außerhalb des Anwendungsbereichs des § 17 VerSanG-E haben.

Begründet wird das im VerSanG-E vorgesehene Auskunftsverweigerungsrecht damit, dass auf diese Weise den Grundsätzen eines fairen Verfahrens Rechnung getragen würde.[1943] Interne Untersuchungen nach dem VerSanG-E sollen nur dann zu einer vertypten Sanktionsmilderung führen, wenn sich die Befragungen der Mitarbeiter des Unternehmens an rechtsstaatlichen Standards orientieren. Diese sollen durch das Auskunftsverweigerungsrecht gewährleistet werden.[1944] Ferner wird darauf abgestellt, dass der Zwang zur Selbstbelastung in der konkreten Situation der Befragung ein starkes Motiv für eine Falschaussage bilde.[1945] Solchen Aussagen komme ein geringerer Beweiswert zu.[1946] Ferner verbiete sich die Berücksichtigung unter einem solchen Zwang getätigter Aussagen, da der Staat ansonsten solche Auskünfte in Kauf nehme und darin auch die Billigung des Eingriffs in das Persönlichkeitsrecht des betroffenen Mitarbeiters liegen könne.[1947] Durch diese Regelung werde für Verbände und deren Berater Rechtssicherheit geschaffen, die derzeit aufgrund der unklaren Rechtslage fehle.[1948]

Andere Ansichten werden in der Begründung zum Regierungsentwurf abgelehnt, wie z.B. die Lösung über ein Beweisverwertungsverbot oder eine Widerspruchslösung. Während bei der Lösung über ein Beweisverwertungsverbot – nach der Begründung des Regierungsentwurfs – die Entscheidung über die Verwertbarkeit der Interviewprotokolle weitgehend in die Hände privater Untersuchungsführer gelegt werde,[1949] lege die Widerspruchslösung die Entscheidung über die Weitergabe des Inhalts von verbandsinternen Untersuchungen an die

1942 *Nienaber/Schauenburg/Wenglarczyk* weisen insoweit darauf hin, dass es bei der aktuellen – umstrittenen – Rechtslage bleibt, soweit der Verband nicht kooperiert, vgl. *Nienaber/Schauenburg/Wenglarczyk*, NTWiSt 2020, 223, 227.

1943 Entwurf der Bundesregierung eines Gesetzes zur Stärkung der Integrität in der Wirtschaft, BR-Drs. 440/20, S. 96.

1944 Entwurf der Bundesregierung eines Gesetzes zur Stärkung der Integrität in der Wirtschaft, BR-Drs. 440/20, S. 96.

1945 Entwurf der Bundesregierung eines Gesetzes zur Stärkung der Integrität in der Wirtschaft, BR-Drs. 440/20, S. 96.

1946 Entwurf der Bundesregierung eines Gesetzes zur Stärkung der Integrität in der Wirtschaft, BR-Drs. 440/20, S. 96.

1947 Entwurf der Bundesregierung eines Gesetzes zur Stärkung der Integrität in der Wirtschaft, BR-Drs. 440/20, S. 96.

1948 Entwurf der Bundesregierung eines Gesetzes zur Stärkung der Integrität in der Wirtschaft, BR-Drs. 440/20, S. 97.

1949 Entwurf der Bundesregierung eines Gesetzes zur Stärkung der Integrität in der Wirtschaft, BR-Drs. 440/20, S. 97.

Strafverfolgungsbehörden allein in die Hände des als Zeugen befragten Mitarbeiters[1950]. Auch die Berufung auf den Gemeinschuldnerbeschluss wird in der Begründung abgelehnt, da sich dieser nicht auf die Situation einer privaten Befragung übertragen lasse.[1951]

Richtig ist, dass durch die neue Regelung in § 17 Abs. 1 Nr. 5 lit. c) VerSanG-E Rechtssicherheit hinsichtlich der in diesem Abschnitt behandelten Streitfrage geschaffen würde. Gleichwohl überzeugt die vom Regierungsentwurf verfolgte Lösung aufgrund der bereits aufgeworfenen Argumente nicht.[1952] Der Regierungsentwurf lässt außer Betracht, dass es sich bei dem Verhältnis zwischen dem Arbeitgeber und dem Arbeitnehmer um ein Gleichordnungsverhältnis handelt. Die Regelung gibt dem § 17 Abs. 1 Nr. 5 lit. c) VerSanG-E einseitig einen umfassenden Schutz vor einer Selbstbelastung, ohne die arbeitsvertragliche Verpflichtung des Arbeitnehmers gemäß §§ 675, 666 BGB analog, §§ 611, 241 Abs. 2, 242 BGB oder aus dem Grundsatz von Treu und Glauben gemäß § 242 BGB sowie die Interessenposition des Arbeitgebers zu berücksichtigen. Die vom Regierungsentwurf vorgesehene Lösung führt dazu, dass sich der Arbeitgeber arbeitsrechtlich in einer deutlich geschwächten Position wiederfindet und zugleich seine Aufklärungsbemühungen kaum umsetzen kann, da die Befragung der Mitarbeiter ein Kernelement erfolgreicher interner Untersuchungen darstellt.[1953]

Wenn der Mitarbeiter Pflichtverletzungen begangen hat, die zugleich eine Straftat oder Ordnungswidrigkeit begründen, so ist dieser im Hinblick auf das zwischen Arbeitgeber und Arbeitnehmer bestehende Gleichordnungsverhältnis nicht schutzwürdig. Der Gesetzesentwurf lenkt einseitig den Blick auf das Risiko der Selbstbelastung im Hinblick auf eine mögliche Strafbarkeit. Dahingehend muss zwar auch ein Schutz des Arbeitnehmers erzeugt werden, dieser darf aber nicht einseitig zulasten des Arbeitgebers und der Aufklärungsmöglichkeit gehen. Insoweit würde durch das Auskunftsverweigerungsrecht für den Arbeitgeber die schnellste und sicherste Informationsquelle wegfallen. Dies auch für den Fall, dass sich für Arbeitgeber aufgrund der Auskunftsverweigerung und der daraus resultierenden erschwerten und womöglich deutlich späteren Aufklärung weitere negative Folgen ergeben könnten. Er kann dann nur noch auf andere Mitarbeiter als Zeugen oder aber gänzlich andere Ermittlungsmaßnahmen zurückgreifen. Aber auch der Zeuge könnte sich, ohne das es für den Arbeitgeber sicher nachprüfbar wäre, auf ein Aussageverweigerungsrecht (bspw. im Hinblick auf ein Angehörigenverhältnis) berufen.[1954]

1950 Entwurf der Bundesregierung eines Gesetzes zur Stärkung der Integrität in der Wirtschaft, BR-Drs. 440/20, S. 97.

1951 Entwurf der Bundesregierung eines Gesetzes zur Stärkung der Integrität in der Wirtschaft, BR-Drs. 440/20, S. 97 f.

1952 Vgl. hierzu Kapitel 2 § 2 C. II. 7. b) bb) (b) (aa) (3).

1953 *Giese/Dacher*, ZIP 2020, 498, 500.

1954 *Giese/Dacher*, ZIP 2020, 498, 502.

Für den Arbeitgeber muss jedoch die Möglichkeit verbleiben, über die Auskunft des Arbeitnehmers Aufklärung zu betreiben. Es besteht auch nicht die Notwendigkeit die Rechtsposition des Arbeitgebers zu schwächen, obgleich ein Gleichordnungsverhältnis zwischen Arbeitgeber und Arbeitnehmer vorliegt und das Arbeitsrecht die Grundlage der Mitarbeiterbefragung bildet, da der Arbeitnehmer nicht schutzlos gestellt ist. Vielmehr wird die Konfliktsituation für den Arbeitnehmer, wie noch im Einzelnen zu zeigen sein wird, nach der hier vertretenen Ansicht über einen Schutz der Ermittlungsergebnisse vor einem Zugriff durch die Ermittlungsbehörden (Beschlagnahmeschutz)[1955] und ein Beweisverwertungsverbot[1956] aufgelöst. Da jedoch der Entwurf eines Gesetzes zur Bekämpfung der Unternehmenskriminalität diesen Weg gerade nicht geht, sondern eine umfassende Zugriffsmöglichkeit der Ermittlungsbehörden auf die Ermittlungsergebnisse aus internen Untersuchungen gezielt gewährleisten möchte, ist es nur konsequent, dass der Schutz des Arbeitnehmers über ein Auskunftsverweigerungsrecht gesucht wird. Dass der Regierungsentwurf mit dem VerSanG-E diesen Weg gehen möchte, unterstreicht die Regelung des § 17 Abs. 1 Nr. 5 lit. a) VerSanG-E, wonach die Mitarbeiter vor der Befragung darauf hingewiesen werden sollen, dass ihre Auskünfte in einem Strafverfahren gegen sie verwendet werden können.

c) Datenschutzrechtliche Rechtfertigung

aa) Datenerhebung

Soweit im Rahmen der Mitarbeiterbefragung personenbezogene Daten i.S.d. Art. 4 Nr. 1 DS-GVO verarbeitet werden, unterfällt diese Ermittlungsmaßnahme als nicht automatisierte Verarbeitung gemäß § 26 Abs. 7 BDSG dem Datenschutz.[1957]

bb) Rechtfertigung gemäß § 26 BDSG

Soweit es um die Erhebung personenbezogener Daten des betroffenen Arbeitnehmers im Zusammenhang mit seinem Beschäftigungsverhältnis geht, stellt § 26 Abs. 1 BDSG die richtige Rechtsgrundlage für die Datenverarbeitung dar. Ob nun aber § 26 Abs. 1 S. 1 oder S. 2 BDSG einschlägig ist, richtet sich danach, ob es sich um die Aufklärung einer Straftat oder um die Aufklärung einer sonstigen erheblichen Pflichtverletzung handelt.

(a) Geeignetheit

Zu fragen ist zunächst, ob die Mitarbeiterbefragung geeignet ist, den verfolgten Zweck zu erreichen. Die Mitarbeiterbefragung stellt eine der wesentlichen Aufklärungsmaßnahmen dar. Wie bereits ausgeführt, folgen Befragungen meist einem

---

1955 Vgl. hierzu Kapitel 3 § 1 C.
1956 Vgl. hierzu Kapitel 3 § 2 B. II. 2. b) bb).
1957 Vgl. hierzu Kapitel 2 § 2 B. IV. 1. b) aa).

bereits stattgefundenen E-Mail-Screening oder einer Auswertung physischer Dokumente. In solch einem Fall lassen sich die gefundenen Ergebnisse anhand der Äußerungen des Arbeitnehmers konkretisieren oder entkräften. Jedenfalls lassen sich aus der Reaktion der Arbeitnehmer auf die Vorwürfe weitere wichtige Erkenntnisse gewinnen. Mithin ist die Maßnahme grundsätzlich als geeignet anzusehen.

(b) Erforderlichkeit

Wie bereits im Rahmen der Frage, ob dem verdächtigen Arbeitnehmer ein Auskunftsverweigerungsrecht zusteht, ausführlich dargelegt, stellt das E-Mail-Screening keine weniger einschneidende Maßnahme dar. Eine andere Bewertung könnte sich allenfalls dann ergeben, wenn der Arbeitgeber durch das E-Mail-Screening bereits ein vollständiges Bild von der Sachlage erhält und damit eine Aufklärung allein auf dieser Grundlage möglich ist. In solch einem Fall dürfte eine Mitarbeiterbefragung nicht in Betracht kommen, da die Auswertung der E-Mails bereits zur vollständigen Aufklärung beigetragen hat und eine weitere Maßnahme nicht mehr notwendig ist.[1958] Von einer Rückausnahme dürfte wiederum auszugehen sein, wenn der Mitarbeiter selbst betroffen ist. Durch das Mitarbeitergespräch kann sich dieser zu dem Sachverhalt äußern und vielleicht doch noch für ihn entlastende Hinweise bieten. Jedenfalls sollte ihm Gelegenheit zur Stellungnahme gegeben werden.

Die hier vorgenommene Bewertung der Erforderlichkeit dürfte in gleicher Weise für die Auswertung von physischen Dokumenten gelten. Die Ermittlungsmaßnahmen in Form einer Videoüberwachung, des Einsatzes von Privatermittlern, einer möglichen Telefonüberwachung usw. dürften unabhängig davon, dass ihre Einsatzmöglichkeit sehr stark von der konkreten Situation abhängt, keine weniger intensive Maßnahme darstellen.

(c) Verhältnismäßigkeit im engeren Sinne (Angemessenheit)

Im Rahmen der Verhältnismäßigkeit ist das Interesse des Arbeitnehmers dem des Arbeitgebers gegenüberzustellen, wobei die konkurrierenden Grundrechtspositionen zu einem Ausgleich zu bringen sind. Hier stehen sich wieder die gleichen Argumente wie bei den übrigen Ermittlungsmaßnahmen gegenüber. Zu beachten ist, dass der Arbeitgeber die Befragung an den in Art. 5 DS-GVO genannten Grundsätzen der Datenverarbeitung auszurichten hat, da § 26 Abs. 5 DS-GVO die Beachtung der Datenschutzgrundsätze allgemein statuiert, sodass sie auch für Mitarbeiterbefragungen als nicht automatisierte Datenverarbeitungsvorgänge gelten.

(aa) Wahrnehmungen im persönlichen Aufgabenbereich

Soweit der Arbeitnehmer als Verdächtiger befragt wird und es dabei um Wahrnehmungen aus seinem unmittelbaren Arbeitsbereich geht, dürfte sich die

1958 Im Ergebnis so wohl auch *Schürrle/Olbers*, CCZ 2010, 178.

datenschutzrechtliche Interessenabwägung an dem für den Arbeitgeber bestehenden Auskunftsanspruch gemäß §§ 675, 666 BGB analog orientieren. Während also bezogen auf die Auskunftspflicht selbst keine Interessenabwägung vorzunehmen ist, ist dies im Hinblick auf die Erhebung der personenbezogenen Daten im Rahmen der Auskunftserteilung der Fall.

Im Rahmen der Berücksichtigung der datenschutzrechtlichen Anforderungen kommt es auf das allgemeine Persönlichkeitsrecht in seiner Ausprägung als Recht auf informationelle Selbstbestimmung an. Hierbei ist auch die Gefahr einer Selbstbelastung relevant. Insoweit besteht für den Arbeitnehmer ein Interesse daran, dass keine Daten verarbeitet werden, die ihn belasten könnten. Zugleich ist aber zu beachten, dass die zu der Auskunftspflicht des Arbeitnehmers gemäß §§ 675, 666 BGB analog geltenden Maßstäbe auch im Rahmen der Interessenabwägung Berücksichtigung finden müssen. Insoweit ergibt sich die Auskunftspflicht bereits aus zivilrechtlichen Bestimmungen. Zwar sind die datenschutzrechtlichen Grenzen im Zusammenhang mit der Mitarbeiterbefragung zu beachten. Allerdings sind die Fragen hinsichtlich der Auskunftspflicht des Arbeitnehmers im Rahmen der Mitarbeiterbefragung keine speziell datenschutzrechtlichen Fragestellungen.[1959] Vielmehr bestehen Implikationen zu ganz verschiedenen Rechtsgebieten. Neben dem Zivilrecht bzw. Arbeitsrecht ergibt sich z.B. eine Relevanz hinsichtlich des materiellen Strafrechts bezogen auf etwaige Strafbarkeiten des Arbeitnehmers. Aber auch dem Strafprozessrecht kommt eine Bedeutung zu, soweit die Fragen hinsichtlich Beschlagnahmeverbote oder Beweisverwertungsverbote relevant werden.

Nimmt man nun die für den Arbeitnehmer in der vorliegenden Situation maßgebliche Konfliktlage in den Blick, so ist der Arbeitnehmer hinsichtlich der Pflicht zur Selbstbelastung nicht schutzlos gestellt. Die für den Arbeitnehmer bestehende Konfliktlage wird nach der hier vertretenen Ansicht durch eine Beschlagnahmefreiheit der im Rahmen des Interviews angefertigten Unterlagen[1960] sowie ein Beweisverwertungsverbot im Strafverfahren[1961] aufgelöst. Der Schutz des Arbeitnehmers muss auch nicht zwingend über das Datenschutzrecht gesucht werden; er kann sich, was auch die hiesige Untersuchung zeigt, auf anderen Wegen ergeben.[1962] Soweit also grundsätzlich eine Auflösung der Konfliktlage besteht, der Arbeitnehmer also im Hinblick auf eine mögliche Selbstbelastung nicht schutzlos gestellt ist, kann sich die Konfliktlage im Rahmen der datenschutzrechtlichen Erforderlichkeitsprüfung nicht zulasten des Arbeitgebers auswirken.

Soweit es um die Aufklärung erheblicher Pflichtverletzungen geht, besteht durch eine selbstbelastende Auskunft jedenfalls nicht die Gefahr einer Strafbarkeit. In solch einem Fall dürfte das Interesse des Arbeitgebers daran, vom Arbeitnehmer Auskunft

1959 *Fuhlrott/Oltmanns*, NZA 2019, 1105, 1009.
1960 Vgl. hierzu Kapitel 3 § 1 C.
1961 Vgl. hierzu Kapitel 3 § 2 B.
1962 So auch *Fuhlrott/Oltmanns*, NZA 2019, 1105, 1009.

über die begangene Pflichtverletzung zu erlangen gegenüber dem Interesse des Arbeitnehmers, etwaige arbeitsrechtliche Konsequenzen zu verhindern, überwiegen.

Dies führt im Ergebnis dazu, dass sich im Rahmen der Datenverarbeitung das Aufklärungsinteresse des Arbeitgebers gegenüber dem Interesse des Arbeitnehmers am Schutz seiner eigenen Daten regelmäßig durchsetzen dürfte. Mithin dürften sich durch den Datenschutz keine Grenzen ergeben, welche der Auskunftspflicht gemäß §§ 675, 666 BGB analog entgegenstehen. Eine andere Wertung ist freilich dann vorzunehmen, wenn die Zulässigkeit des Auskunftsanspruchs bereits aufgrund einer schikanösen Fragestellung oder wegen einer Dauerüberwachung abzulehnen ist.

(bb) Wahrnehmungen außerhalb des eigenen Aufgabenbereichs

Außerhalb des persönlichen Aufgabenbereichs dürfte sich die Interessenabwägung im Ergebnis ebenfalls zugunsten des Arbeitgebers auswirken. Dies folgt daraus, dass vor der Datenerhebung bereits die Frage beantwortet werden musste, ob der Arbeitnehmer überhaupt Auskunft gibt. Tut er dies nicht, weil er sich selbst belasten könnte und damit gewichtige Argumente für ein Auskunftsverweigerungsrecht sprechen, kommt es schon gar nicht zur Datenverarbeitung. Findet hingegen das Mitarbeitergespräch statt und werden in dessen Rahmen personenbezogene Daten erhoben, hat sich die Interessenabwägung bereits zugunsten des Arbeitgebers ausgewirkt. Im Rahmen der datenschutzrechtlichen Interessenabwägung sind, ebenso wie bei der Interessenabwägung hinsichtlich eines möglichen Auskunftsverweigerungsrechts, das allgemeine Persönlichkeitsrecht des Arbeitnehmers gemäß Art. 2 Abs. 1 i.V.m. 1 Abs. 1 GG und damit auch ein möglicher Selbstbelastungszwang gegen das Aufklärungsinteresse des Arbeitgebers abzuwägen.

Wie bereits gezeigt, steht hinsichtlich der Frage, ob ein Auskunftsverweigerungsrecht besteht, überwiegend der Schutz vor einer Selbstbelastung im Vordergrund, während es im Rahmen der datenschutzrechtlichen Interessenabwägung um den Schutz des allgemeinen Persönlichkeitsrechts in seiner Ausprägung als Recht auf informationelle Selbstbestimmung geht. Dies führt im Hinblick auf die hier vorzunehmende Abwägung aber nicht zu einer unterschiedlichen Wertung. Insoweit könnte die Verarbeitung der persönlichen Daten im jeweiligen Einzelfall unverhältnismäßig sein, wenn der Arbeitnehmer diese Daten nicht preisgeben möchte, da sie zu einer Selbstbelastung führen könnten. Ergibt sich auf dieser Grundlage eine Unverhältnismäßigkeit, wird der Arbeitnehmer durch den Schutz seiner Daten zugleich davor geschützt, sich selbst belasten zu müssen.

Soweit ein Arbeitnehmer in der Funktion als Zeuge über das Verhalten von Kollegen Auskunft gibt, findet hinsichtlich der personenbezogenen Daten des Betroffenen ebenfalls § 26 Abs. 1 BDSG Anwendung, da die Datenverarbeitung zum Zwecke des Beschäftigungsverhältnisses des Betroffenen erfolgt.[1963] Insoweit

1963 Nach *Kort* lässt sich die Mitarbeiterbeurteilung durch Kollegen, konkret die Befragung von Mitarbeitern zur Beurteilung anderer Mitarbeiter, in der Regel nicht

geht es zunächst nicht um die Daten desjenigen, der Auskunft gibt. Soweit im Rahmen des Gesprächs zudem personenbezogene Daten des Arbeitnehmer-Zeugen verarbeitet werden, weil sich dieser womöglich verdächtig macht, ist ebenfalls § 26 Abs. 1 BDSG die einschlägige Norm. Sollte der Arbeitnehmer-Zeuge vor der Befragung selbst nicht verdächtig gewesen sein, dürfte es sich bei den Feststellungen um sog. „Zufallsfunde" handeln, welche nach der Rechtsprechung des BAG verwertet werden dürfen.[1964]

cc) Rechtfertigung gemäß Art. 6 Abs. 1 S. 1 lit. f) DS-GVO

Sollten im Rahmen der Mitarbeiterbefragung die personenbezogenen Daten nicht für Zwecke des Beschäftigungsverhältnisses erhoben werden, steht als Rechtfertigungsgrund Art. 6 Abs. 1 S. 1 lit. f) DS-GVO zur Verfügung. Dieser ist anwendbar, soweit § 26 Abs. 1 BDSG nicht einschlägig ist. Art. 6 Abs. 1 S. 1 lit. f) DS-GVO setzt voraus, dass die Datenverarbeitung zur Wahrung der berechtigten Interessen des Verantwortlichen erforderlich sind und die Interessen oder Grundrechte und Grundfreiheiten der betroffenen Person, die den Schutz personenbezogener Daten erfordern, nicht überwiegen.

Die Datenverarbeitung folgt im Rahmen interner Untersuchungen dem Aufklärungsinteresse des Arbeitgebers. Hinsichtlich der Prüfung der Erforderlichkeit können die gleichen Erwägungen herangezogen werden, die auch im Rahmen der Prüfung des § 26 Abs. 1 BDG maßgeblich sind.

d) Rechte des Betroffenen – Hinzuziehung von Betriebsrat/Rechtsanwalt

Nicht selten bittet oder verlangt der Arbeitnehmer, in das Mitarbeitergespräch durch einen Beistand begleitet zu werden. Überwiegend geht es dem Arbeitnehmer um die Hinzuziehung eines Betriebsratsmitglieds oder eines Rechtsanwalts. Die folgenden Ausführungen hinsichtlich etwaiger Beteiligungsrechte gelten gleichermaßen sowohl für den Fall, dass der Arbeitnehmer als Verdächtiger befragt wird, als auch für den Fall, dass dieser als Zeuge Auskunft geben soll.

aa) Rechtsanwalt

Zunächst stellt sich die Frage, ob für den betroffenen Mitarbeiter ein Anspruch auf die Anwesenheit eines Rechtsanwalts besteht. Ein solches grundsätzliches Recht

---

auf § 26 Abs. 1 S. 1 BDSG stützen. Sie seien daher nur ausnahmsweise zulässig, nämlich nach § 26 Abs. 1 S. 2 BDSG im Rahmen von Internal Investigations oder ansonsten nach Art. 6 Abs. 1 S. 1 lit. f) DSGVO, vgl. *Kort*, RdA 2018, 24, 29; vgl. zur Mitarbeiterbeurteilung von Kollegen nach der alten Rechtslage *Hoffmann/Wolf*, ZD 2017, 120.

1964 Zur Verwertbarkeit von Zufallsfunden vgl. BAG, NZA 2017, 112, 115.

wird überwiegend abgelehnt.[1965] Begründen lässt sich dies mit dem Argument, dass ein Mitarbeitergespräch ausschließlich die Sphäre des zwischen Arbeitnehmer und Arbeitgeber bestehenden Arbeitsvertragsverhältnisses betrifft.[1966] Dieser Ansicht ist zuzustimmen, da die Lösung etwaiger Konflikte zunächst innerhalb der Sphäre zwischen Arbeitgeber und Arbeitnehmer zu suchen sein sollte. Stellt die Befragung indes zugleich eine Anhörung zur Vorbereitung einer Verdachtskündigung dar, steht dem Mitarbeiter das Recht zu, einen eigenen Anwalt seiner Wahl zu konsultieren.[1967]

In diesem Zusammenhang ist es auch interessant einen Blick auf die BRAK-Thesen zu werfen. Zwar stellen diese keine verbindlichen Maßstäbe dar, sondern enthalten lediglich eine Verhaltensempfehlung für die Praxis.[1968] Gleichwohl trifft die BRAK Aussagen auf der Grundlage einer umfassenden Meinungsbildung[1969], sodass auf ihre Aussagen im hiesigen Kontext zumindest hingewiesen werden soll. Nach der Stellungnahme der BRAK[1970] soll dem Mitarbeiter hingegen das Recht zugestanden werden, einen eigenen Anwalt seiner Wahl und seines Vertrauens zu konsultieren.[1971] Darauf soll der Mitarbeiter auch hingewiesen werden.[1972] Weiter soll der Unternehmensanwalt darauf hinwirken, dass die Kosten für den Rechtsbeistand im Rahmen des rechtlich Zulässigen vom Unternehmen übernommen werden.[1973]

1965 LAG Hamm, MDR 2001, 1361; *Galle*, BB 2018, 564, 568; *Göpfert/Merten/Siegrist*, NJW 2008, 1703, 1708; *Grimm*, NZA 2019, 1534, 1536; *Krause-Ablaß*, BB 2018, 1323, 1325; *Lützeler/Müller-Sartori*, CCZ 2011, 19, 21 f.; *Mengel*, NZA 2017, 1494, 1499; *Rudkowski*, NZA 2011, 612, 614; *Schrader/Thoms/Mahler*, NZA 2018, 965, 970; *Schürrle/Olbers*, CCZ 2010, 178, 179; *Stück*, ArbRAktuell 2020, 408, 410; Taeger/Pohle/*Imping*, Computerrechts-Handbuch Kapitel 70.12 Rn. 32; *Toma*, CB 2017, 339, 340; *Vogt*, NJOZ 2009, 4209, 4213; kritisch *Gerst*, CCZ 2012, 1, 4 f.

1966 *Rudkowski*, NZA 2011, 612, 614.

1967 *Knierim/Tsambikakis/Klug*, in: Knierim/Rübenstahl/Tsambikakis, Teil 1 Kapitel 7 Rn. 39.

1968 *Ignor*, CCZ 2011, 143, 144.

1969 *Ignor*, CCZ 2011, 143, 144.

1970 Zu einer Auseinandersetzung mit den BRAK-Thesen im Kontext interner Untersuchungen vgl. *Ignor*, CCZ 2011, 143, 144 ff; *Küster*, Der rechtliche Rahmen für unternehmensinterne Ermittlungen, S. 129 ff. m.w.N.

1971 Bundesrechtsanwaltskammer, Stellungnahme Nr. 35/2010, Thesen der Bundesrechtsanwaltskammer zum Unternehmensanwalt im Strafrecht, S. 10; kritisch *Momsen/Grützner*, DB 2011, 1892, 1794 f.

1972 Bundesrechtsanwaltskammer, Stellungnahme Nr. 35/2010, Thesen der Bundesrechtsanwaltskammer zum Unternehmensanwalt im Strafrecht, S. 10.

1973 Bundesrechtsanwaltskammer, Stellungnahme Nr. 35/2010, Thesen der Bundesrechtsanwaltskammer zum Unternehmensanwalt im Strafrecht, S. 10.

bb) Betriebsrat

Dem Betroffenen dürfte im Rahmen einer internen Untersuchung auch kein Recht auf den Beistand durch ein Betriebsratsmitglied zustehen. Ein solches Recht ist im BetrVG zwar in verschiedenen Normen ausdrücklich vorgesehen. So ist etwa in den §§ 81, 82 83, 84 BetrVG das Recht des Arbeitnehmers auf Hinzuziehung eines Betriebsratsmitglieds jeweils bezogen auf bestimmte Gegenstände und Anlässe geregelt.[1974] Jedoch findet keine dieser Regelungen auf interne Untersuchungen Anwendung.[1975]

Die Hinzuziehung des Betriebsrats ist bspw. gemäß § 81 Abs. 4 S. 3 BetrVG in den Fällen des § 81 Abs. 4 S. 2 BetrVG möglich. Danach hat der Arbeitgeber mit dem Arbeitnehmer zu erörtern, wie dessen beruflichen Kenntnisse und Fähigkeiten im Rahmen der betrieblichen Möglichkeiten den künftigen Anforderungen angepasst werden können, wenn sich die Tätigkeit des Arbeitnehmers ändert und dessen berufliche Kenntnisse und Fähigkeiten zur Erfüllung seiner neuen Aufgaben nicht ausreichen. Für dieses Gespräch kann der Arbeitnehmer ein Betriebsratsmitglied hinzuziehen. Ferner kann der Arbeitnehmer gemäß § 83 Abs. 1 S. 1, 2 BetrVG den Betriebsrat im Rahmen der Einsichtnahme in die Personalakte hinzuziehen. Darüber hinaus ist eine Beteiligungsmöglichkeit in § 82 Abs. 2 S. 2 BetrVG geregelt. Dies gilt jedoch nur in den Fällen des § 82 Abs. 2 S. 1 BetrVG, also im Zusammenhang mit der Erläuterung der Berechnung und Zusammensetzung des Arbeitsentgelts sowie der Erörterung der Beurteilung der Leistung sowie der Möglichkeit der beruflichen Entwicklung des Arbeitgebers. Schließlich ist gemäß § 84 Abs. 1 S. 1, 2 BetrVG eine Beteiligung zur Unterstützung und Vermittlung im Rahmen der Beschwerde durch den Mitarbeiter möglich. Interne Untersuchungen, welche die Aufklärung von Straftaten und erheblichen Pflichtverletzungen zum Gegenstand haben, sind von den genannten Regelungen nicht erfasst.[1976] Insbesondere werden auch keine Leistungsbeurteilungen des Arbeitnehmers oder dessen berufliche Entwicklung erörtert, vgl. Art. 82 Abs. 2 S. 1, 2 BetrVG.[1977]

Aus der Normierung verschiedener Beteiligungsmöglichkeiten kann auch nicht allgemein der Schluss gezogen werden, dass die Beteiligung auch in anderen Fällen möglich sein soll. Dies wird aber vereinzelt in Bezug auf § 82 Abs. 2 S. 1, 2 BetrVG vertreten.[1978] Begründet wird diese Ansicht damit, dass die Beteiligung des Betriebsrats zur Aufhebung eines vermeintlichen intellektuellen Ungleichgewichts zwischen Arbeitgeber und Arbeitnehmer führt.[1979] Dem ist nicht zuzustimmen.[1980]

1974 BAG, NZA 2015, 416, 418.

1975 Im Ergebnis so auch *Knauer*, ZWH 2012, 81, 85.

1976 *Eufinger*, DB 2019, 2408, 2411.

1977 *Eufinger*, DB 2019, 2408, 2411; *Mengel*, NZA 2017, 1494, 1499; *Schrader/Thoms/Mahler*, NZA 2018, 965, 970; *Schürrle/Olbers*, CCZ 2010, 178; *Toma*, CB 2017, 339, 340.

1978 *Gaul/Schmidt-Lauber*, ArbRB 2012, 18, 20.

1979 *Gaul/Schmidt-Lauber*, ArbRB 2012, 18, 20.

1980 *Knierim/Tsambikakis/Klug*, in: Knierim/Rübenstahl/Tsambikakis, Teil 1 Kapitel 7 Rn. 91.

Der Gesetzgeber sieht im BetrVG die Beteiligungsmöglichkeit für klar definierte Anlässe und Gegenstände vor. Insoweit ist davon auszugehen, dass die normierten Beteiligungsmöglichkeiten abschließend sind.[1981] Andernfalls hätte der Gesetzgeber bspw. eine Norm zur Beteiligungsmöglichkeit des Betriebsrats schaffen können, welche die oben genannten Anlässe und Gegenstände als nicht abschließende Aufzählung vorsieht. Insofern sprechen die Regelungen zur Beteiligungsmöglichkeit des Betriebsrats gegen die Einbeziehung eines Betriebsratsmitglieds in das Mitarbeitergespräch im Rahmen einer internen Untersuchung.[1982]

Diese Ansicht findet zudem ihre Stütze in der Rechtsprechung des BAG. Der Entscheidung des BAG vom 16. November 2004[1983] zur Hinzuziehung eines Betriebsratsmitglieds zu Personalgesprächen über einen Aufhebungsvertrag lässt sich nämlich die allgemeine Aussage entnehmen, dass sich ein genereller Anspruch des Arbeitnehmers darauf, bei jedem mit dem Arbeitgeber geführten Gespräch ein Betriebsratsmitglied hinzuzuziehen, nicht aus dem BetrVG ergebe.[1984] Vielmehr ergebe sich ein entsprechendes Recht nur aus den oben bereits aufgeführten Normen in den jeweils normierten Anlässen, sodass sich aus den Normen im Umkehrschluss folgern ließe, dass der einzelne Arbeitnehmer keinen betriebsverfassungsrechtlichen Anspruch darauf habe, zu den von diesen Vorschriften nicht erfassten Personalgesprächen ein Mitglied des Betriebsrats hinzuziehen.[1985]

cc) Sonderfall: Waffengleichheit

Ein Recht des Arbeitnehmers, einen Rechtsanwalt oder ein Betriebsratsmitglied hinzuziehen, kann sich jedoch aus dem Gedanken der „Waffen"- und Chancengleichheit ergeben.[1986] So hat der BGH im Hinblick auf ein Personalgespräch über den Abschluss eines Aufhebungsvertrags entschieden, dass sich ein Anspruch des Arbeitnehmers auf Hinzuziehung eines Betriebsratsmitglieds aus § 82 Abs. 2 BetrVG ergeben könne.[1987] Dies gelte jedoch nicht in allen denkbaren Fallgestaltungen. Vielmehr komme es auf die Umstände des Einzelfalls an, wobei das BAG in der hier angeführten Entscheidung das Argument der „Waffengleichheit" anführte.[1988]

1981 *Lützeler/Müller-Sartori*, CCZ 2011, 19, 21; Schrader/Thoms/Mahler, NZA 2018, 966.

1982 *Galle*, BB 2018, 564, 568; *Lützeler/Müller-Sartori*, CCZ 2011, 19, 21; MAH ArbR/*Dendorfer-Ditges*, § 35 Rn. 123; so wohl auch Taeger/Pohle/*Imping*, Computerrechts-Handbuch Kapitel 70.12 Rn. 32.

1983 BAG, NZA 2005, 416, 418.

1984 BAG, NZA 2005, 416, 418.

1985 BAG, NZA 2005, 416, 418.

1986 LAG Hamm, MDR 2001, 1361; zur Beteiligung des Betriebsrats vgl. BAG, NZA 2005, 416, 419, *Süße*, ZIS 2018, 350, 357; zur Beteiligung eines Rechtsanwalts vgl. *Byers*, Mitarbeiterkontrollen, Rn. 191; *Galle*, BB 2018, 564, 568; *Grimm*, NZA 2019, 1534, 1536; *Knauer*, ZWH 2012, 81, 85; *Mengel*, NZA 2017, 1494, 1499; *Süße*, ZIS 2018, 350, 357; im Ergebnis so auch *Toma*, CB 2017, 339, 340.

1987 BAG, NZA 2005, 416.

1988 BAG, NZA 2005, 416, 418 f.

Bezogen auf das oben aufgeführte Argument, dass das Mitarbeitergespräch grundsätzlich allein das Verhältnis zwischen Arbeitgeber und Arbeitnehmer betrifft, ist insoweit anzumerken, dass der Arbeitgeber durch die Hinzuziehung eines Rechtsanwalts die rein betriebliche Sphäre des Mitarbeitergesprächs verlässt und eine außenstehende Personen involviert.[1989]

Hinsichtlich einer näheren Bestimmung des Begriffs der „Waffengleichheit" kann auf die Entscheidung des EGMR vom 27. Oktober 1993 Bezug genommen werden.[1990] In dem der Entscheidung zugrunde liegenden Fall ging es darum, dass einer klagenden Gesellschaft, die für eine Tatsache im Schadensersatzverfahren beweispflichtig war, verwehrt wurde, ihren Alleingesellschafter als Zeugen für den Verlauf eines Gesprächs zu benennen, an dem nur der Alleingesellschafter und ein Vertreter der Beklagten beteiligt waren.[1991] Demgegenüber wurde die Anhörung des Vertreters der Beklagten als Zeuge vom Tatrichter als zulässig erachtet.[1992] In seiner Entscheidung stellte der EGMR klar, dass in dem Fall und damit im Zivilverfahren das Erfordernis einer „Waffengleichheit" i.S.e. „fairen Balance" zwischen den Parteien grundsätzlich genauso anwendbar sei wie in Strafrechtsfällen.[1993] Ferner beinhalte der Begriff der „Waffengleichheit", „daß jeder Partei eine vernünftige Möglichkeit eingeräumt werden muß, ihren Fall – einschließlich ihrer Zeugenaussage – vor Gericht unter Bedingungen zu präsentieren, die für diese Partei keinen substanziellen Nachteil im Verhältnis zu seinem Prozeßgegner bedeuten".[1994]

Die Entscheidung des EGMR betrifft zwar den Grundsatz eines fairen Verfahrens gemäß Art. 6 EMRK und die Grenzen für ein staatliches Verfahren. Insoweit hatte sich ein staatliches Gericht geweigert, einen Zeugen zuzulassen. Gleichwohl lässt sich aus der Wertung des EGMR im Hinblick auf die Mitarbeiterbefragung im Kontext interner Untersuchungen und damit ein vorgerichtliches Stadium ein allgemeiner, vom gerichtlichen Verfahren unabhängiger Gedanke ableiten. Die „Waffengleichheit" soll im Ergebnis zu einer fairen Balance zwischen den Parteien führen, sodass beide Seiten die Möglichkeiten haben, ihrem Recht gleichermaßen Geltung zu verschaffen. Dieser Gedanke muss auch für das vorgerichtliche Verfahren gelten. Ist der Arbeitgeber durch einen Anwalt vertreten, muss dem Arbeitnehmer daher die Möglichkeit geboten sein, sich in fachlich gleicher Weise vertreten zu lassen, um gegenüber dem Arbeitgeber in einer ebenbürtigen Position auftreten zu können. In dieser Situation wird die Balance daher nur gewährleistet, wenn der

---

1989 *Krug/Skoupil*, NJW 2017, 2374, 2376; *Mengel*, NZA 2017, 1494, 1499; *Rudkowski*, NZA 2011, 612, 614; *Schrader/Mahler*, NZA-RR 2016, 57, 63; Taeger/Pohle/*Imping*, Computerrechts-Handbuch Kapitel 70.12 Rn. 32; so auch *Lützeler/Müller-Sartori*, CCZ 2011, 19, 21 f.; *Maschmann*, NZA-Beilage 2012, 50, 56.

1990 EGMR, NJW 1995, 1413 – Dombo Beheer B.V./Niederlande.

1991 EGMR, NJW 1995, 1413 – Dombo Beheer B.V./Niederlande.

1992 EGMR, NJW 1995, 1413 – Dombo Beheer B.V./Niederlande.

1993 EGMR, NJW 1995, 1413 – Dombo Beheer B.V./Niederlande.

1994 EGMR, NJW 1995, 1413 – Dombo Beheer B.V./Niederlande.

Arbeitnehmer seinerseits einen Rechtsanwalt als außenstehende Person hinzuzuziehen kann. Wäre dies nicht der Fall, bestünde für die Parteien jedenfalls nicht die Möglichkeit, ihre jeweiligen rechtlichen Interessen auf Augenhöhe durchzusetzen.

Eine Hinzuziehung kommt ferner für den Fall in Betracht, dass der Arbeitnehmer selbst verdächtigt wird und Straftaten sowie erhebliche Pflichtverstöße im Raum stehen, die eine Kündigung rechtfertigen könnten.[1995] In solch einer Situation besteht für den Arbeitgeber eine stärkere Ausgangslage, da sich der Arbeitnehmer im gesamten Gesprächsverlauf in einer Rechtfertigungsposition befindet. Jede Auskunft des Arbeitnehmers kann sich am Ende rechtlich negativ für ihn auswirken. Zudem erhöht sich ganz maßgeblich der Druck auf den Arbeitnehmer, wenn dem Arbeitgeber im Rahmen eines Mitarbeitergesprächs zu einer Verdachtslage neben dem Arbeitgeber noch weitere Personen gegenübersitzen. Dieser Druck lässt sich durch die unterstützende Funktion einer den Arbeitnehmer begleitenden dritten Person ausgleichen. Hat der Arbeitgeber einen Rechtsanwalt hinzugezogen, besteht insbesondere ein Vorteil im Hinblick auf die rechtlichen Kenntnisse. Eine solche fachliche Unterstützung muss auch dem Arbeitnehmer zugesprochen werden.

Wie bereits erwähnt, kann einer an dem Gespräch teilnehmenden dritten Person überdies eine Zeugenfunktion zukommen. Ist dies aufseiten des Arbeitgebers der Fall, muss der Arbeitnehmer durch die Hinzuziehung eines Betriebsratsmitglieds Waffengleichheit herstellen dürfen, da dann auch eine Person seines Vertrauens als Zeuge zugegen ist.[1996]

dd) Regierungsentwurf eines Verbandssanktionengesetzes

Nach § 18 Abs. 1 Nr. 5 lit. c) VerSanG-E wird dem Befragten das Recht eingeräumt, einen anwaltlichen Beistand oder ein Betriebsratsmitglied zur Befragung hinzuzuziehen.[1997] Damit löst das VerSanG-E die bestehende Rechtsunsicherheit zugunsten eines umfassenden Schutzes der befragten Arbeitnehmer auf und folgt der Auffassung der BRAK.[1998] Begründet wird dieses Recht in aller Kürze damit, dass es die dem Mitarbeiter gewährten Rechte in der Situation der Befragung effektiv absichern kann.[1999]

1995 BAG, NZA 2008, 809, 811; *Göpfert/Merten/Siegrist*, NJW 2008, 1703, 1708; *Krug/Skoupil*, NJW 2017, 2374, 2376; *Toma*, CB 2017, 339, 340.

1996 BAG, NZA 2005, 416, 419 in Bezug auf die Beteiligung eines Betriebsratsmitglieds in einem Personalgespräch über den Abschluss eines Aufhebungsvertrags; *Knierim/Tsambikakis/Klug*, in: Knierim/Rübenstahl/Tsambikakis, Teil 1, Kapitel 7 Rn. 91.

1997 Vgl. hierzu auch *Eufinger*, DB 2019, 2408, 2410 f.; *Grimm*, NZA 2019, 1534, 1535 f.; *Naber/Ahrens*, CCZ 2020, 36, 38 f.

1998 Bundesrechtsanwaltskammer, Stellungnahme Nr. 35/2010, Thesen der Bundesrechtsanwaltskammer zum Unternehmensanwalt im Strafrecht, S. 10.

1999 Entwurf der Bundesregierung eines Gesetzes zur Stärkung der Integrität in der Wirtschaft, BR-Drs. 440/20, S. 96.

e) Dokumentation

Die Befragung ist in der Regel zu dokumentieren.[2000] Dies ist schon allein deshalb sinnvoll, weil ein Protokoll im Nachgang als Nachweis über den Inhalt und das Ergebnis des Gesprächs und auch als Gedankenstütze für die Teilnehmer herangezogen werden kann.[2001] Durch den Arbeitnehmer kann auch nicht verlangt werden, dass ein solches Protokoll unterbleibt.[2002] Das Protokoll ist überdies vom Mitarbeiter zu unterschreiben. Weigert er sich, die entsprechende Unterschrift zu leisten, kann er vom Arbeitgeber zu dieser angewiesen werden.[2003] Die Unterzeichnung eines Protokolls kann durch den Arbeitnehmer selbstverständlich nur dann verlangt werden, wenn dieses vollständig und richtig ist. Sollte eine entsprechende Weisung notwendig sein, sollten die Weisung, die Weigerung des Arbeitnehmers sowie die vom Arbeitnehmer genannten Gründe ebenfalls dokumentiert werden.[2004]

In Betracht kommt auch die Aufnahme des Gesprächs auf einen Tonträger oder per Videoaufzeichnung.[2005] Da aber insoweit das Recht am gesprochenen Wort betroffen ist,[2006] ist § 201 Abs. 1 Nr. 1 StGB zu beachten.[2007] Insoweit ist die Einwilligung der Gesprächsteilnehmer für eine Aufzeichnung notwendig.[2008]

f) Amnestieprogramme

Ein Instrument, durch welches die Aussagewilligkeit von Mitarbeitern gesteigert werden soll, gerade auch dann, wenn sie sich selbst verdächtig machen könnten und daher weniger aussagebereit sind oder sie in einem Gespräch auf

---

2000 Bundesrechtsanwaltskammer, Stellungnahme Nr. 35/2010, Thesen der Bundesrechtsanwaltskammer zum Unternehmensanwalt im Strafrecht, S. 11; *Igor*, CCZ 2011, 143, 146; *Knierim/Tsambikakis/Klug*, in: Knierim/Rübenstahl/Tsambikakis, Teil 1, Kapitel 7 Rn. 74; *Krug/Skoupil*, NJW 2017, 2374, 2378; *Lützeler/Müller-Sartori*, CCZ 2011, 19, 23.

2001 *Knierim/Tsambikakis/Klug*, in: Knierim/Rübenstahl/Tsambikakis, Teil 1, Kapitel 7 Rn. 76.

2002 *Krug/Skoupil*, NJW 2017, 2374, 2378; *Lützeler/Müller-Sartori*, CCZ 2011, 19, 23.

2003 *Krug/Skoupil*, NJW 2017, 2374, 2378; *Momsen/Grützner*, DB 2011, 1792, 1797.

2004 *Krug/Skoupil*, NJW 2017, 2374, 2378.

2005 *Knierim/Tsambikakis/Klug*, in: Knierim/Rübenstahl/Tsambikakis, Teil 1, Kapitel 7 Rn. 75; *Krug/Skoupil*, NJW 2017, 2374, 2378; *Lützeler/Müller-Sartori*, CCZ 2011, 19, 23.

2006 *Krug/Skoupil*, NJW 2017, 2374, 2378; *Lützeler/Müller-Sartori*, CCZ 2011, 19, 23.

2007 *Krug/Skoupil*, NJW 2017, 2374, 2378; *Lützeler/Müller-Sartori*, CCZ 2011, 19, 23.

2008 *Knierim/Tsambikakis/Klug*, in: Knierim/Rübenstahl/Tsambikakis, Teil 1, Kapitel 7 Rn. 75; *Krug/Skoupil*, NJW 2017, 2374, 2378; *Lützeler/Müller-Sartori*, CCZ 2011, 19, 23.

„Erinnerungslücken" verweisen, sind Amnestieprogramme.[2009] Die praktische Bedeutung zeigt sich u.a. daran, dass Amnestieprogramme im Rahmen der Aufklärungsmaßnahmen bei der Schmiergeldaffäre bei Ferrostaal[2010] sowie den Korruptionsaffären bei MAN[2011] und Siemens[2012] zum Einsatz kamen. Im Rahmen solcher Programme garantiert der Arbeitgeber den aussagewilligen Arbeitnehmern häufig einen Schutz vor arbeitsrechtlichen Konsequenzen (Abmahnung, Kündigung o.ä.) sowie möglichen Schadensersatzforderungen[2013] und/oder stellt sie gegebenenfalls von Rechtsverteidigungskosten[2014] und/oder Bußgeldern/Geldstrafen[2015] frei. Die Übernahme von Bußgeldern/Geldstrafen ist möglich, da die den Bußgeldern/Geldstrafen zugrunde liegenden Sachverhalte in der Vergangenheit liegen.[2016] Zugleich erfolgen Zusagen, wie bspw. die Zusicherung von Vertraulichkeit und das Absehen von Anzeigeerstattungen.[2017]

Die folgenden Ausführungen geben einen kurzen Überblick hinsichtlich der Risiken und Chancen, die mit einem Amnestieprogramm einhergehen können. Dies vor dem Hintergrund, dass Amnestieprogramme einen wichtigen Baustein im Rahmen unternehmensinterner Untersuchungen bilden. Auf eine umfassende Darstellung der inhaltlichen Ausgestaltungs- und praktischen Umsetzungsmöglichkeiten sowie von Spezialproblemen (bspw. die Möglichkeit einer auflösenden

---

2009 Insoweit sprechen u.a. *Kahlenberg/Schwinn* und *Breßler/Kuhnke/Schulz/Stein* davon, dass durch Amnestieprogramme die „Mauer des Schweigens" durchbrochen werden kann, vgl. *Kahlenberg/Schwinn*, CCZ 2012, 81; *Breßler/Kuhnke/Schulz/Stein.*

2010 Kahlenberg/Schwinn, CCZ 2012, 81.

2011 Kahlenberg/Schwinn, CCZ 2012, 81.

2012 *Kahlenberg/Schwinn*, CCZ 2012, 81; *Wastl/Pusch*, RdA 2009, 376 f.

2013 *Breßler/Kuhnke/Schulz/Stein*, NZG 2009, 721, 722 f.; *Fuhrmann*, NZG 2016, 881, 889; *Galle*, BB 2018, 564, 569; *Göpfert/Merten/Siegrist*, NJW 2008, 1703, 1704; *Haefcke*, CCZ 2014, 39, 40; *Herrmann/Zeidler*, NZA 2017, 1499, 1504; *Kahlenberg/Schwinn*, CCZ 2012, 81, 83; *Knauer/Buhlmann*, AnwBl 2010, 387, 388; *Krug/Skoupil*, NJW 2017, 2374, 2377; *Schürrle/Olbers*, CCZ 2010, 178, 181.

2014 *Breßler/Kuhnke/Schulz/Stein*, NZG 2009, 721, 722 f.; *Fuhrmann*, NZG 2016, 881, 889; *Galle*, BB 2018, 564, 569; *Göpfert/Merten/Siegrist*, NJW 2008, 1703, 1704; *Haefcke*, CCZ 2014, 39, 40; *Herrmann/Zeidler*, NZA 2017, 1499, 1504; *Kahlenberg/Schwinn*, CCZ 2012, 81, 83; *Knauer/Buhlmann*, AnwBl 2010, 387, 388; *Krug/Skoupil*, NJW 2017, 2374, 2377.

2015 *Breßler/Kuhnke/Schulz/Stein*, NZG 2009, 721, 722 f.; *Galle*, BB 2018, 564, 569; *Fuhrmann*, NZG 2016, 881, 889; *Haefcke*, CCZ 2014, 39, 40; *Herrmann/Zeidler*, NZA 2017, 1499, 1504; *Kahlenberg/Schwinn*, CCZ 2012, 81, 83; *Krug/Skoupil*, NJW 2017, 2374, 2377.

2016 *Galle*, BB 2018, 564, 569; *Wessing*, in: Hauschka/Moosmayer/Lösler, Corporate Compliance, § 46 Rn. 58; dies ergibt sich auch aus der Entscheidung des BAG v. 25.01.2001, wonach ausschließlich Zusagen für die Zukunft als sittenwidrig einzustufen sind, vgl. BAG, NZA 2001, 653.

2017 Breßler/Kuhnke/Schulz/Stein, NZG 2009, 721.

Bedingung für den Fall einer Falschaussage durch den Arbeitnehmer) wird indes verzichtet, da eine solche Darstellung nicht im unmittelbaren Zusammenhang mit datenschutzrechtlichen Fragestellungen steht und den Rahmen dieser Untersuchung sprengen würde.[2018]

Der Einsatz von Amnestieprogrammen muss vom Vorstand bzw. von der Geschäftsführung sehr genau abgewogen werden. Soweit Ansprüche gegen die aussagewilligen Arbeitnehmer wegen pflichtwidrigen oder strafrechtlichen Verhaltens in Betracht kommen, könnte ein umfassendes Amnestieprogramm die Gefahr einer Sorgfaltspflichtverletzung durch die Geschäftsleitung bedeuten.[2019] Sowohl der Vorstand (§ 93 Abs. 1 S. 1 AktG) als auch die Geschäftsführung (§ 43 Abs. 1 GmbH) sind entsprechend der für sie bestehenden Sorgfaltspflicht verpflichtet, die Sorgfalt eines ordentlichen und gewissenhaften Kaufmanns anzuwenden, Schaden von der Gesellschaft abzuwenden. Auch obliegt ihnen die Finanzverantwortung. Ein Sorgfaltspflichtverstoß könnte zu einer Haftung der Organe selbst führen. Durch Amnestieprogramme könnte sich ein finanzieller Schaden bspw. dadurch ergeben, dass die Gesellschaft auf der Grundlage der gewonnenen Erkenntnisse u.U. Schadensersatzansprüche gegen den aussagenden Mitarbeiter geltend machen könnte, auf diese aber bewusst verzichtet, um die Ermittlungen insgesamt voranzutreiben. Auch die Zusage, Bußgelder/Geldstrafen zu übernehmen, kann zu einem finanziellen Nachteil für die Gesellschaft führen.[2020] Auf der anderen Seite gelangt das Unternehmen ohne ein entsprechendes Programm häufig gar nicht an die entscheidenden Informationen. Außerdem kann ein Amnestieprogramm dem Unternehmen bei kartellrechtlichen Verstößen dabei helfen, von der Kronzeugenregelung zu profitieren[2021] und bei vergaberechtlichen Verstößen dazu beitragen, die vergaberechtliche Zuverlässigkeit mittels „Selbstreinigung“ wiederzuerlangen.[2022] Im Kern wird versucht, durch Amnestieprogramme eine schnelle Aufklärung zu erkaufen.[2023] Dies bedeutet aber auch, dass sich am Ende einer umfassenden Abwägung aller für und gegen ein solches Programm sprechenden Argumente das Amnestieprogramm nicht als unverhältnismäßig erweisen darf.[2024] Es ist also zu prüfen, ob das Aufklärungsinteresse einem möglichen

---

2018 Zu Amnestieprogrammen im Rahmen interner Untersuchungen vgl. *Breßler/Kuhnke/Schulz/Stein*, NZG 2009, 721; *Kahlenberg/Schwinn*, CCZ 2012, 81.

2019 *Herrmann/Zeidler*, NZA 2017, 1499, 1504.

2020 *Wessing*, in: Hauschka/Moosmayer/Lösler, Corporate Compliance, § 46 Rn. 58.

2021 *Breßler/Kuhnke/Schulz/Stein*, NZG 2009, 721, 726 f.; *Galle*, BB 2018, 564, 569; *Kahlenberg/Schwinn*, CCZ 2012, 81 f.

2022 Breßler/Kuhnke/Schulz/Stein, NZG 2009, 721, 726 f.; Kahlenberg/Schwinn, CCZ 2012, 81 f.

2023 *Grützner/Jakob*, Compliance von A-Z, Amnestie.

2024 *Herrmann/Zeidler*, NZA 2017, 1499, 1504; *Krug/Skoupil*, NJW 2017, 2374, 2377; *Schürrle/Olbers*, CCZ 2010, 178, 181; so auch *Göpfert/Merten/Siegrist*, auch wenn die Autoren jeweils nur auf die „Angemessenheit“ abstellen, vgl. *Göpfert/Merten/Siegrist*, NJW 2008, 1703, 1704. Gleichwohl sollte sich ein Amnestieprogramm auch als

Sanktionsinteresse vorgeht.[2025] Sollte die Aufklärung und damit die Sanktionsmöglichkeit des Arbeitgebers nur dann in Betracht kommen, wenn die Mitarbeiter, denen ein Amnestieprogramm angeboten wird, Auskunft geben, dürfte das Sanktionsinteresse gering ausfallen. In solch einem Fall wird es dem Arbeitgeber vorrangig darum gehen, Aufklärung zu betreiben und etwaige Verstöße abzustellen.

Im Rahmen einer jeden Abwägung kommt es stets auf eine Prüfung im Einzelfall an. Seit der „ARAG/Garmenbeck"-Entscheidung des BGH[2026] sind gerade die Vorstände hinsichtlich der Abwägungsentscheidung einem besonderen Druck ausgesetzt.[2027] In der Entscheidung hat der BGH klargestellt, dass der Aufsichtsrat grundsätzlich zur Geltendmachung von Schadensersatzansprüchen gegenüber dem Vorstand verpflichtet ist, wenn dieser schadensersatzpflichtig ist und nicht gewichtige Gründe des Gesellschaftswohls ausnahmsweise überwiegen. Demnach muss der Vorstand genau abwägen, ob die Vorteile eines Amnestieprogramms die möglichen finanziellen Nachteile überwiegen. Überdies darf nicht unberücksichtigt bleiben, dass ein Amnestieprogramm eine negative Vorbildwirkung für andere Mitarbeiter haben könnte.[2028] Insoweit sollten Amnestieprogramme nur für solche Fälle in Betracht gezogen werden, in denen eine Aufklärung auf anderen Wegen, also insbesondere durch die in diesem Kapitel analysierten Maßnahmen, nicht möglich ist. Vor allem muss überlegt werden, ob nicht eine Mitarbeiterbefragung ohne ein entsprechendes Amnestieprogramm zur Aufklärung beitragen kann.

Zu beachten ist, dass Unternehmen Betroffenen keine Straffreiheit garantieren können, mithin existiert keine strafrechtliche Amnestie.[2029] Insoweit können sie zwar zusichern, keine Strafanzeige zu erstatten und keinen Strafantrag zu stellen.[2030] Das bedeutet indes nicht, dass die Ermittlungsbehörden nicht auch von Amts wegen und ohne eine entsprechende Anzeige gegen den Arbeitnehmer ermitteln können.[2031]

---

geeignet und erforderlich erweisen. Die Erforderlichkeit des Amnestieprogramms fordern auch *Kahlenberg/Schwinn*, vgl. *Kahlenberg/Schwinn*, CCZ 2012, 81, 82.

2025 *Galle*, BB 2018, 564, 569; *Schürrle/Olbers*, CCZ 2010, 178, 181.

2026 BGH, NJW 1997, 1926.

2027 Vgl. hierzu auch *Galle*, BB 2018, 564, 569.

2028 *Göpfert/Merten/Siegrist*, NJW 2008, 1703, 1704; *Schürrle/Olbers*, CCZ 2010, 178, 182.

2029 *Fuhrmann*, NZG 2016, 881, 887; *Herrmann/Zeidler*, NZA 2017, 1499, 1504 f.; *Momsen*, in: Rotsch, Criminal Compliance, § 34 Rn. 37; *Schürrle/Olbers*, CCZ 2010, 178, 181; *Wessing*, in: Hauschka/Moosmayer/Lösler, Corporate Compliance, § 46 Rn. 59.

2030 *Breßler/Kuhnke/Schulz/Stein*, NZG 2009, 721, 722; *Fuhrmann*, NZG 2016, 881, 889; *Wessing*, in: Hauschka/Moosmayer/Lösler, Corporate Compliance, § 46 Rn. 59.

2031 *Breßler/Kuhnke/Schulz/Stein*, NZG 2009, 721, 727; *Herrmann/Zeidler*, NZA 2017, 1499, 1505.

8. Auswertung sonstiger Unterlagen

Neben der Auswertung von E-Mails kommt der Auswertung physischer Dokumente eine ebenso zentrale Rolle im Rahmen interner Untersuchungen zu.[2032]

a) Bedeutung für interne Untersuchungen

Die Auswertung von physischen Unterlagen kann je nach Sachverhalt ebenso wichtig sein wie die Auswertung von E-Mails. Wird in dem betroffenen Unternehmen noch überwiegend mit der „Papierakte" gearbeitet oder handelt es sich bei dem Verdächtigen um einen älteren Mitarbeiter, der im Umgang mit den technischen Einrichtungen noch nicht umfassend vertraut ist, werden sich Informationen zur Sachverhaltsaufklärung überwiegend aus den physischen Dokumenten entnehmen lassen. Zu solchen Unterlagen zählen bspw. vom Arbeitnehmer angefertigte Notizen[2033], der Schriftverkehr mit Kollegen oder unternehmensfremden Dritten, Akten, Aktenvermerke, bereits ausgedruckte E-Mails, Telefonnotizen oder sonstige Zusammenfassungen des Arbeitnehmers[2034] sowie Geschäftsbriefe, Telefaxe, Rechnungen und Buchungsvorgänge[2035]. Die Auswertung von Dokumenten stellt häufig auch einen dem Mitarbeitergespräch vorgelagerten Schritt dar, da im Mitarbeitergespräch auf die Unterlagen Bezug genommen werden kann oder dem Mitarbeiter die Unterlagen vorgehalten werden können. Am Ende hängt die konkrete Reihenfolge der Maßnahmen aber von dem Ergebnis der Erforderlichkeitsprüfung ab, also von der Geeignetheit, Erforderlichkeit und Angemessenheit der jeweiligen Maßnahme.

b) Rechtfertigung nach § 26 Abs. 1 BDSG

aa) Datenverarbeitung

Zunächst ist festzustellen, dass auch die Auswertung von physischen Dokumenten, also am Arbeitsplatz erstellten Dokumenten, aber auch Briefen, gemäß § 26 Abs. 7 BDSG in den Anwendungsbereich des BDSG fallen.[2036]

bb) Geeignetheit und Erforderlichkeit

Soweit in dem Unternehmen noch viel mit Schriftstücken, Akten usw. gearbeitet wird oder sich der konkret betroffene und verdächtige Mitarbeiter generell viele

---

2032 *Breßler/Kuhnke/Schulz/Stein*, NZG 2009, 721; *von Hehn/Hartung*, DB 2006, 1909, 1914; *Nestler*, in: Knierim/Rübenstahl/Tsambikakis, Teil 1, Kapitel 1 Rn. 54.

2033 BeckOK DatenschutzR/*Riesenhuber*, BDSG § 26 Rn. 42.

2034 Vgl. hierzu *Toma*, CB 2017, 339, 340.

2035 *Vogel/Glas*, DB 2009, 1747, 1752.

2036 *Klaas/Wybitul*, in: Momsen/Grützner, Wirtschafts- und Steuerstrafecht, Kapitel 4 § 16 Rn. 316; vgl. hierzu auch Kapitel 2 § 2 B. V. 1. b) aa).

Notizen macht, ist die Maßnahme jedenfalls geeignet, um weitere Erkenntnisse im Rahmen der Aufklärung zu erlangen. Inwieweit die Auswertung auch erforderlich ist, hängt überwiegend vom Einzelfall ab. Jedoch kommen hier als alternative Maßnahmen die Auswertung der E-Mails sowie ein Mitarbeitergespräch in Betracht. Ob sich ein E-Mail-Screening als sinnvoller darstellt, richtet sich danach, in welchem Umfang die Kommunikation über diesen Kommunikationsweg abgewickelt wird. Hinsichtlich eines in Betracht kommenden Mitarbeitergesprächs kann auf die Ausführungen zum E-Mail-Screening verwiesen werden.

cc) Verhältnismäßigkeit im engeren Sinne (Angemessenheit)

(a) Dienstliche Unterlagen

Soweit es sich um dienstliche Unterlagen handelt, ist der Arbeitgeber berechtigt, diese umfassend einzusehen.[2037] Überdies ist der Arbeitgeber grundsätzlich berechtigt, die dienstliche Post des Arbeitnehmers zu öffnen.[2038] In beiden Fällen hat zwar eine Abwägung mit den Schutzgütern des Arbeitnehmers stattzufinden.[2039] Jedoch dürfte das Aufklärungsinteresse des Arbeitgebers stets überwiegen.[2040] Der Arbeitnehmer ist bei rein dienstlichen Unterlagen nicht in seinen Rechten tangiert. Über dienstliche Angelegenheiten muss der Arbeitnehmer dem Arbeitgeber auf Verlangen des Arbeitgebers ohnehin Auskunft erteilen. In diesem Zuge muss er auf Verlangen auch dienstliche Unterlagen vorlegen. Dies ergibt sich vor allem aus dem

---

2037 MAH ArbR/*Dendorfer-Ditges*, § 35 Rn. 99; *Fuhrmann*, NZG 2016, 881, 887; *Göpfert/Merten/Siegrist*, NJW 2008, 1703, 1705; Küttner/*Kreitner*, Personalbuch 2020 Internet-/Telefonnutzung, Rn. 9; *Lohmeier/Shahhosseini*, in: Umnuß, Corporate Compliance Checklisten, Kapitel 7 Rn. 52; *Salvenmoser/Schreier*, in: Achenbach/Rasiek/Rönnau, HdB Wirtschaftsstrafrecht, Teil 15 Rn. 162; *Spehl/Momsen/Grützner*, CCZ 2014, 2, 4; *Toma*, CB 2017, 339, 340; *Vogel/Glas*, DB 2009, 1747, 1752; *Wessing*, in: Hauschka/Moosmayer/Lösler, Corporate Compliance, § 46 Rn. 30; so auch *Mengel/Ullrich*, NZA 2006, 240, 241 und *Mengel*, Compliance und Arbeitsrecht, Kapitel 4 Rn. 7, auch wenn in beiden Fundstellen die Ansicht vertreten wird, dass datenschutzrechtliche Bestimmungen auf Akten und Unterlagen in Papierform nicht anwendbar seien, da es sich bei Akten oder Aktensammlungen nicht um Dateien im Sinne von § 1 Abs. 2 Nr. 3, § 3 Abs. 2 BDSG a.F. handele.

2038 *Klengel/Mückenberger*, CCZ 2009, 81, 83; Küttner/*Kreitner*, Personalbuch 2020 Internet-/Telefonnutzung, Rn. 9; *Oberwetter*, NZA 2008, 609, 611; *Salvenmoser/Schreier*, in: Achenbach/Rasiek/Rönnau, HdB Wirtschaftsstrafrecht, Teil 15 Rn. 162.

2039 *Spehl/Momsen/Grützner*, CCZ 2014, 2, 4; *Wessing*, in: Hauschka/Moosmayer/Lösler, Corporate Compliance, § 46 Rn. 31; a.A. MAH ArbR/*Dendorfer-Ditges*, § 35 Rn. 99; *Eufinger*, DB 2017, 1266, 1270 mit Verweis auf BAG, NZA 1985, 811: „Datenschutzrechtliche Vorgaben sind [...] nicht zu beachten."; *Mengel*, Compliance und Arbeitsrecht, Kapitel 4 Rn. 7; *Mengel/Ullrich*, NZA 2006, 240, 241.

2040 Im Ergebnis so auch *Vogel/Glas*, DB 2009, 1747, 1752; *Spehl/Momsen/Grützner*, CCZ 2014, 2, 4.

Umstand, dass der Arbeitgeber Eigentümer dienstlicher Dokumente ist und dies auch durchgehend bleibt.[2041] Der Arbeitnehmer ist demgegenüber nur als Besitzdiener einzuordnen, vgl. § 855 BGB.[2042] Insoweit steht dem Arbeitgeber auch ein Herausgabeanspruch gegenüber dem Arbeitnehmer zu. Vor diesem Hintergrund bedarf es keiner Abwägung mit dem allgemeinen Persönlichkeitsrecht des Arbeitnehmers oder einer Beachtung des Briefgeheimnisses gemäß Art. 10 GG.

Die Schwierigkeiten ergeben sich für den Arbeitgeber vor allem in der Einordung der Post. Das umfassende Einsichtsrecht bezieht sich insoweit grundsätzlich nur auf die dienstliche Post. Sind Briefe bspw. mit dem Hinweis „Persönlich/Vertraulich“ gekennzeichnet, so ist dem Arbeitgeber der Zugriff auf solche Briefe versperrt.[2043] Würden entsprechend gekennzeichnete Briefe dennoch geöffnet, könnte sich die Person, welche mit der Auswertung der Briefe betraut ist, wegen Verletzung des Briefgeheimnisses gemäß § 202 Abs. 1, 2 StGB strafbar machen.

Fraglich ist die rechtliche Einordung, wenn sich den Briefen nicht „ansehen“ lässt, ob sie dienstlicher oder privater Natur sind. Erhält der Arbeitnehmer Post an seinen Arbeitsplatz und ergibt sich kein Hinweis auf einen privaten Inhalt, darf der Arbeitgeber davon ausgehen, dass es sich um dienstliche Post handelt und diese öffnen.[2044] Die Klassifizierung eines Briefs erfolgt nämlich durch den Absender.[2045] Sendet dieser einen Brief an die Arbeitsstelle des Empfängers, darf er davon ausgehen, dass dieser Brief in der Poststelle geöffnet wird.[2046] Dies wird besonders deutlich, wenn man sich die Organisation einer Kanzlei vor Augen führt. Insoweit kann es sich bei jedem nicht klar als privat gekennzeichneten Brief bspw. um eine Fristsache handeln. Da entsprechende Fristen häufig an zentraler Stelle erfasst werden, ist es völlig üblich, dass die Post bereits in der Poststelle geöffnet und erst weitergeleitet wird, wenn klar ist, dass es sich eben nicht um eine Fristsache handelt.

Die hier aufgezeigte Rechtslage gilt gleichermaßen, wenn es sich um elektronische Akten handelt. Insoweit macht es keinen Unterschied, ob die Daten

2041 MAH ArbR/*Dendorfer-Ditges*, § 35 Rn. 99; *Göpfert/Merten/Siegrist*, NJW 2008, 1703, 1705; *Steffen/Stöhr*, RdA 2017, 43, 51; *Wessing*, in: Hauschka/Moosmayer/Lösler, Corporate Compliance, § 46 Rn. 30.

2042 MAH ArbR/*Dendorfer-Ditges*, § 35 Rn. 99; *Fritz/Nolden*, CCZ 2010, 170, 171; *Göpfert/Merten/Siegrist*, NJW 2008, 1703, 1705; *Steffen/Stöhr*, RdA 2017, 43, 51; *Toma*, CB 2017, 339, 340; *Wessing*, in: Hauschka/Moosmayer/Lösler, Corporate Compliance, § 46 Rn. 30.

2043 So wohl auch MAH Verteidigung in Wirtschafts- und Steuerstrafsachen/*Park/Eggers*, § 11 Rn. 142; *Vogel/Glas*, DB 2009, 1747, 1752.

2044 *Klengel/Mückenberger*, CCZ 2009, 81, 83.

2045 *Salvenmoser/Schreier*, in: Achenbach/Rasiek/Rönnau, HdB Wirtschaftsstrafrecht, Teil 15 Rn. 161.

2046 *Salvenmoser/Schreier*, in: Achenbach/Rasiek/Rönnau, HdB Wirtschaftsstrafrecht, Teil 15 Rn. 161.

elektronisch oder in Papierform archiviert werden, auch wenn vorliegend der Blick vor allem auf die Papierform gerichtet ist.[2047]

Ferner gelten die herausgearbeiteten Grundsätze zu dienstlichen Unterlagen und zur dienstlichen Post gleichermaßen für die vom Arbeitgeber beauftragte interne Compliance-Abteilung oder externe Ermittler.[2048]

(b) Private Unterlagen

Die Auswertung privater Unterlagen ist dem Arbeitgeber verwehrt, da insoweit die Schutzgüter des Arbeitnehmers grundsätzlich überwiegen.[2049] Soweit es um private Unterlagen geht, die der Arbeitnehmer am Arbeitsplatz angefertigt hat, kommt es maßgeblich auf das allgemeine Persönlichkeitsrecht des Arbeitnehmers gemäß Art. 2 Abs. 1 i.V.m. Art. 1 Abs. 1 GG an. Soweit es um die Öffnung und Auswertung von Briefen geht, ist dies dem Arbeitgeber aufgrund des für den Arbeitnehmer streitenden Briefgeheimnisses gemäß Art. 10 Abs. 1 Var. 1 GG untersagt. Insbesondere ist in diesem Zusammenhang an eine mögliche Strafbarkeit gemäß § 202 StGB zu denken.[2050]

c) Herausgabepflicht von Dokumenten

Im Hinblick auf die Herausgabe von Unterlagen ist noch zu klären, inwieweit der Mitarbeiter zur Herausgabe von Unterlagen verpflichtet ist. Hier ist abermals zwischen dienstlichen und privaten Unterlagen zu unterscheiden.

Dienstliche Unterlagen hat der Mitarbeiter gemäß § 677 BGB analog herauszugeben, da es sich um dienstliche Unterlagen handelt und der Arbeitgeber durchgehend Eigentümer der Unterlagen bleibt.[2051] Dies gilt auch für Unterlagen, die der Arbeitnehmer im Rahmen der Erbringung seiner Arbeitsleistung selbst erarbeitet bzw. zusammengestellt hat.[2052] Ein Herausgabeanspruch des Arbeitgebers ergibt sich u.a. aus § 985 BGB.[2053]

2047 *Toma*, CB 2017, 339, 340.

2048 *Fuhrmann*, NZG 2016, 881, 887; *Lohmeier/Shahhosseini*, in: Umnuß, Corporate Compliance Checklisten, Kapitel 7 Rn. 51; MAH ArbR/*Dendorfer-Ditges*, § 35 Rn. 100; *Salvenmoser/Schreier*, in: Achenbach/Rasiek/Rönnau, HdB Wirtschaftsstrafrecht, Teil 15 Rn. 162; *Spehl/Momsen/Grützner*, CCZ 2014, 2, 4.

2049 *Eufinger*, DB 2017, 1266, 1270; *Mengel*, Compliance und Arbeitsrecht, Kapitel 4 Rn. 10; *Mengel/Ullrich*, NZA 2006, 240, 241; *Spehl/Momsen/Grützner*, CCZ 2014, 2, 4; *Vogel/Glas*, DB 2009, 1747, 1752.

2050 Spehl/Momsen/Grützner, CCZ 2014, 2, 4.

2051 MAH ArbR/*Dendorfer-Ditges*, § 35 Rn. 99; *Göpfert/Merten/Siegrist*, NJW 2008, 1703, 1705; *Klaas/Wybitul*, in: Momsen/Grützner, Wirtschafts- und Steuerstrafecht, Kapitel 4 § 16 Rn. 315; *Steffen/Stöhr*, RdA 2017, 43, 51; *Toma*, CB 2017, 339, 340; im Ergebnis auch *Spehl/Momsen/Grützner*, CCZ 2014, 2, 4.

2052 *Fritz/Nolden*, CCZ 2010, 170, 171.

2053 *Steffen/Stöhr*, RdA 2017, 43, 51; *Toma*, CB 2017, 339, 340.

Ebenso wie dem Arbeitgeber grundsätzlich untersagt ist, in die privaten Unterlagen Einsicht zu nehmen, besteht auch kein Anspruch auf Herausgabe solcher Dokumente.[2054]

9. Inaugenscheinnahme/Durchsuchung des Arbeitsplatzes

a) Bedeutung der Inaugenscheinnahme/Durchsuchung des Arbeitsplatzes für interne Untersuchungen

Die Inaugenscheinnahme ist im engen Zusammenhang mit der Auswertung von physischen Dokumenten zu sehen. Sie dient ebenso wie die in ihrem Zuge stattfindende Durchsuchung in den meisten Fällen dazu, Unterlagen zu sichten und private Unterlagen unmittelbar auszusondern.[2055] Darüber hinaus ergibt sich durch die Inaugenscheinnahme die Möglichkeit, solche Gegenstände ausfindig zu machen, die auf ein illegales oder pflichtwidriges Verhalten des Arbeitnehmers schließen lassen oder von denen Gefahren ausgehen.[2056]

Zukünftig könnte sich abzeichnen, dass die Inaugenscheinnahme als Maßnahme interner Untersuchungen zunehmend an Bedeutung verliert. Dies zeigt sich daran, dass sich in vielen Unternehmen immer häufiger neue Arbeits- und Raumkonzepte finden, welche das Konzept der festen Büros und Arbeitsplätze aufweichen, wenn nicht sogar in Gänze auflösen.[2057] So ist es gerade in der IT- und Berater-Branche in der Praxis zunehmend populär, dass den Mitarbeitern kein fester Arbeitsplatz mehr zugeordnet wird (sog. Open-Space-Arbeitsplatz). Dies hat den Vorteil, dass sich im Rahmen der agilen Projektarbeit die Teams pro Projekt jeweils direkt zusammensetzen können, um dadurch Synergieeffekte für die gemeinsame Erarbeitung des jeweils aktuellen Projekts in dem dafür zusammengestellten Team zu erreichen.

Gerade in diesen Fällen könnten dann nicht Schrank- und Schreibtischkontrollen, sondern die eigentlich aus einem völlig anderen Tätigkeitsbereich bekannten Spindkontrollen relevant werden. Damit die Mitarbeiter nicht stets all ihre Arbeitsmittel mitnehmen müssen, werden nämlich teilweise Spinde zur Verfügung gestellt, in denen die Mitarbeiter ihre Arbeitsmittel über Nacht deponieren können. Wie sich sogleich zeigen wird, ergeben sich hinsichtlich etwaiger Spindkontrollen die gleichen rechtlichen Frage- bzw. Problemstellungen wie bei der Durchsuchung von Schränken oder Schreibtischschubladen.

2054 *Göpfert/Merten/Siegrist*, NJW 2008, 1703, 1705.

2055 Zu den privaten Unterlagen sind ferner die Anforderung an die Auswertung physischer Dokumente zu beachten, vgl. Kapitel 2 § 2 C. II. 8.

2056 Vgl. hierzu BAG, NZA 2014, 143, 147.

2057 Zu den arbeitsrechtlichen Besonderheiten neuer „Arbeitsformen“ am Beispiel „Desk-Sharing“ und „Coworking-Spaces“ vgl. *Oltmanns/Fuhlrott*, NZA 2018, 1225.

b) Inaugenscheinnahme

Zunächst wenig problematisch ist die Inaugenscheinnahme des Arbeitsplatzes zu bewerten. Eine solche ist grundsätzlich zulässig, soweit das Einverständnis des Inhabers des Hausrechts besteht.[2058] Dies ist insbesondere relevant, soweit die Inaugenscheinnahme durch einen externen Ermittler durchgeführt wird. Im Hinblick auf die Notwendigkeit eines Einverständnisses sind auch etwaige Untermietverhältnisse zu beachten, bspw. wenn die Räumlichkeiten einer eigenständig agierenden Tochtergesellschaft betreten werden. In letzterem Fall wird das Hausrecht nämlich von der Untermieterin ausgeübt.[2059] Ohne ein Einverständnis des Untermieters steht die Gefahr eines Hausfriedensbruchs gemäß § 123 StGB im Raum und damit verbunden die Gefahr eines Beweisverwertungsverbots im arbeitsgerichtlichen Verfahren.[2060] Die Inaugenscheinnahme hängt indes nicht von der Kenntnis oder dem Einverständnis des betroffenen Arbeitnehmers ab.[2061] Bei der Inaugenscheinnahme ist das Interesse und die Beeinträchtigung der Rechtsposition des Arbeitgebers als gering einzustufen, sodass sich das Aufklärungsinteresse des Arbeitgebers in der vorzunehmenden Abwägung stets durchsetzen wird.

c) Durchsuchung – Rechtmäßigkeit gemäß § 26 Abs. 1 BDSG

Wie bereits hinsichtlich der Befragung von Mitarbeitern und Auswertung physischer Dokumente herausgearbeitet, kommt es für die Anwendbarkeit des § 26 Abs. 1 BDSG nicht auf die automatisierte Datenverarbeitung an. Vielmehr erweitert § 26 Abs. 7 BDSG den Anwendungsbereich der Norm auch auf die nicht automatisierte Datenverarbeitung, wozu bspw. auch Tor-, Taschen- und Spindkontrollen von Arbeitnehmern zählen.[2062] Mithin sind auch die Durchsuchungen der Behältnisse am Arbeitsplatz an den datenschutzrechtlichen Bestimmungen zu messen.

Für die Bewertung der datenschutzrechtlichen Rechtmäßigkeit von Durchsuchmaßnahmen am Arbeitsplatz lässt sich die Rechtsprechung des BAG zu Spindkontrollen[2063] heranziehen.

2058 *Bittmann/Brockhaus/von Coelln/Heuking*, NZWiSt 2019, 1, 6; *Knierim*, in: Rotsch, Criminal Compliance, § 7 Rn. 28; *Salvenmoser/Schreier*, in: Achenbach/Rasiek/Rönnau, HdB Wirtschaftsstrafrecht, Teil 15 Rn. 102; *Scharnberg*, Illegale Internal Investigations, S. 342.

2059 *Klengel/Mückenberger*, CCZ 2009, 81, 85; *Knierim*, in: Rotsch, Criminal Compliance, § 7 Rn. 28; *Salvenmoser/Schreier*, in: Achenbach/Rasiek/Rönnau, HdB Wirtschaftsstrafrecht, Teil 15 Rn. 103.

2060 *Salvenmoser/Schreier*, in: Achenbach/Rasiek/Rönnau, HdB Wirtschaftsstrafrecht, Teil 15 Rn. 104.

2061 *Klengel/Mückenberger*, CCZ 2009, 81, 85; MAH ArbR/*Dendorfer-Ditges*, § 35 Rn. 106.

2062 *Maschmann*, NZA-Beilage 2018, 115; vgl. hierzu auch Kapitel 2 § 2 B. IV. 1. b) aa).

2063 BAG, NZA 2014, 143.

aa) Geeignetheit

Die Durchsuchung dürfte regelmäßig geeignet sein, möglicherweise kritische Unterlagen bei dem verdächtigen Mitarbeiter aufzufinden, soweit er diese an seinem Arbeitsplatz deponiert hat. Soweit es um das Auffinden gestohlener Gegenstände (bspw. Arbeitsmittel) geht, ist die Maßnahme geeignet das Eigentumsrecht des Arbeitgebers aus Art. 14 Abs. 1 GG zu schützen.[2064]

bb) Erforderlichkeit

Grundsätzlich ist die Maßnahme als milder einzustufen, soweit der Arbeitnehmer bei der Durchsuchung anwesend ist. Findet jedoch eine heimliche Durchsuchung statt, muss die Notwendigkeit der Heimlichkeit besonders begründet werden, da die Heimlichkeit einer in das allgemeine Persönlichkeitsrecht eingreifenden Maßnahme typischerweise das Gewicht der Freiheitsbeeinträchtigung erhöht.[2065] Diese erhöhte Grundrechtsbeeinträchtigung schlägt sich dann auch in der Angemessenheitsprüfung nieder – dazu sogleich. Insoweit muss der Arbeitgeber genau prüfen, ob die heimliche Durchsuchung des Arbeitsplatzes zwingend notwendig ist oder ob diese nicht im Beisein des Arbeitnehmers erfolgen kann.

cc) Verhältnismäßigkeit im engeren Sinne (Angemessenheit)

Im Rahmen der Verhältnismäßigkeit sind die Rechtspositionen von Arbeitnehmer und Arbeitgeber in einen schonenden Ausgleich zu bringen. Aufseiten des Arbeitgebers ist wieder das Aufklärungsinteresse zu berücksichtigen. Dem steht auch nicht ein Eingriff in die Intimsphäre des Arbeitnehmers gegenüber, da die Schränke im Büro sowie die Schubladen am Schreibtisch ebenso wie der Spind der Privatsphäre und gerade nicht der Intimsphäre zuzuordnen sind.[2066] Mithin scheidet eine Durchsuchung von Schränken, Spinden, Schreibtischen usw. nicht von vornherein aus. Hierfür spricht nach der überzeugenden Ansicht des BAG die Möglichkeit, dass das Vorhandensein von Orten, auf die der Arbeitgeber keinen Zugriff hat, es böswilligen Arbeitnehmern erleichtern kann, Handlungen zum Nachteil des Arbeitgebers oder anderer Kollegen zu planen und durchzuführen.[2067] Dass dies wiederum u.U. Kontrollen des Arbeitgebers erforderlich machen kann, müsse einem Arbeitnehmer nach Ansicht des BAG bewusst sein.[2068]

Da die heimliche Durchsuchung der vom Arbeitnehmer genutzten und verschlossenen Behältnisse gleichwohl einen schwerwiegenden Eingriff in das

---

2064 Im Hinblick auf Taschenkontrollen vgl. BAG, NZA 2014, 551, 556.

2065 BAG, NZA 2014, 143, 147.

2066 BAG, NZA 2014, 143, 146 f.; *Maschmann*, NZA-Beilage 2018, 115, 121; Kühling/ Buchner/*Maschmann*, BDSG § 26 Rn. 43.

2067 BAG, NZA 2014, 143, 147.

2068 BAG, NZA 2014, 143, 147.

allgemeine Persönlichkeitsrecht darstellt,[2069] sind erhöhte Anforderungen an die Durchsuchung zu stellen. Insoweit muss der Arbeitnehmer grundsätzlich darauf vertrauen dürfen, dass ihm zugeordnete Schränke nicht ohne ihre Einwilligung geöffnet werden.[2070] Das bedeutet, dass eine Durchsuchung vor dem Hintergrund der datenschutzrechtlichen Anforderungen grundsätzlich nur in Anwesenheit des Arbeitnehmers erfolgen darf. Führt der Arbeitnehmer eine Durchsuchung dennoch heimlich durch, so muss er dies vor dem Hintergrund der hohen Eingriffsintensität besonders rechtfertigen. Eine solche Begründung setzt einen zwingenden Grund voraus, da die aus Sicht des Arbeitgebers bestehenden besonderen Umstände der Datenverarbeitung die heimliche Informationsbeschaffung rechtfertigen müssen.[2071] In Betracht kommt etwa eine notwehrähnliche Situation, weil für den Beweisführer keine anderweitigen Beweisquellen zur Verfügung stehen.[2072]

Vor diesem Hintergrund dürfte eine heimliche Durchsuchung nur schwer zu rechtfertigen sein. Die Durchsuchung in Anwesenheit des Arbeitnehmers müsste – bezogen auf die Erforderlichkeit der Maßnahme – jedenfalls gleich eingriffsintensiv und dabei aber weniger geeignet sein, das Aufklärungsziel zu erreichen. Eine solche Situation dürfte sich allenfalls in krassen Fällen begründen lassen. Gerade wenn der Arbeitnehmer anwesend ist, kann er durch seine Mitwirkung, bspw. die freiwillige Herausgabe der geforderten Unterlagen, die Maßnahme beeinflussen oder sogar verhindern.[2073] Ist ein konkreter Arbeitnehmer verdächtig und besteht die Notwendigkeit einer Durchsuchung des Arbeitsplatzes, dürfte nichts dagegen sprechen, den Arbeitnehmer an seinem Arbeitsplatz unmittelbar aufzusuchen oder darauf zu warten, dass dieser zum Arbeitsplatz zurückkehrt. Die Teilnahme eines Betriebsratsmitglieds führt nicht dazu, dass sich der Eingriff als weniger intensiv erweist.[2074]

2069 BAG, NZA 2014, 143, 147; Kramer IT-ArbR HdB/*Tiedemann* B Rn. 512.

2070 BAG, NZA 2014, 143, 147; Kramer IT-ArbR HdB/*Tiedemann* B Rn. 512; weniger streng für den Fall, dass die Aktenschränke oder Schreibtische unverschlossen sind *Klaas/Wybitul*, in: Momsen/Grützner, Wirtschafts- und Steuerstrafecht, Kapitel 4 § 16 Rn. 354; *Klengel/Mückenberger*, CCZ 2009, 81, 85; MAH ArbR/*Dendorfer-Ditges*, § 35 Rn. 106; *Salvenmoser/Schreier*, in: Achenbach/Rasiek/Rönnau, HdB Wirtschaftsstrafrecht, Teil 15 Rn. 102; weniger streng wohl auch für den Fall des Entriegelns eines Schrankes *Spehl/Momsen/Grützner*, CCZ 2014, 2, 5; zur Zuordnung von mitgeführten Taschen sowie Mantel- und Jackentaschen zur Privatsphäre vgl. BAG, NZA 2014, 551, 556.

2071 Kramer IT-ArbR HdB/*Tiedemann* B Rn. 512.

2072 Vgl. hierzu BAG, NZA 2014, 143, 147; BAG, NZA 2008, 1008, 1011 f.

2073 BAG, NZA 2014, 143, 147; Kramer IT-ArbR HdB/*Tiedemann* B Rn. 512; MHdB ArbR/*Rachor*, Band 2, § 130 Rn. 104.

2074 BAG, NZA 2014, 143, 148; im Hinblick auf Taschenkontrollen vgl. BAG, NZA 2014, 551, 556.

Zu beachten ist außerdem, dass die Durchsuchung des Arbeitsplatzes der Mitbestimmung des Betriebsrats unterliegt.[2075] Von den vorgefundenen Unterlagen darf der Arbeitgeber, bzw. die von ihm eingesetzten externen Ermittler, unter Beachtung der zur Auswertung physischer Unterlagen herausgearbeiteten Anforderungen, Kopien und Fotografien anfertigen.[2076]

D. Der Arbeitnehmerdatenschutz im Rahmen interner Untersuchungen nach dem VerSanG-E

Nachdem die datenschutzrechtlichen Anforderungen im Rahmen von internen Untersuchungen auf der Grundlage der aktuellen Gesetzeslage umfassend analysiert wurde, stellt sich aber noch im Hinblick auf den Regierungsentwurf zu einem neuen Verbandssanktionengesetz die Fragen, ob die herausgearbeiteten datenschutzrechtlichen Anforderungen auch im Rahmen interner Untersuchungen nach dem VerSanG-E zu beachten wären. Im Rahmen der bisherigen Untersuchung der einzelnen Ermittlungsmaßnahmen wurden insoweit zunächst nur die spezifischen Besonderheiten im Hinblick auf ein etwaiges Auskunftsverweigerungsrecht[2077] sowie das Recht des betroffenen Arbeitnehmers auf Hinzuziehung eines Rechtsanwalts und/oder Betriebsrats[2078] untersucht. Neben der Frage nach der generellen Achtung des Datenschutzes im Rahmen von internen Untersuchungen nach dem VerSanG-E muss ferner die Frage geklärt werden, inwieweit sich die Einhaltung des Datenschutzes nach dem Regelungsregime des VerSanG-E sanktionsmildernd auswirken könnte.[2079]

I. Beachtung des Arbeitnehmerdatenschutzes im Rahmen von internen Untersuchungen nach dem VerSanG-E

Untersucht man § 17 VerSanG-E als zentrale Norm für interne Untersuchungen, so lässt sich dieser Norm kein direkter Hinweis auf die Einhaltung des Datenschutzes entnehmen. Ein Anknüpfungspunkt kann jedoch darin gesehen werden, dass der Verband oder der von ihm beauftragte Dritte „wesentlich" zur Aufklärung beigetragen haben muss.[2080] Nach der Begründung des Regierungsentwurfs muss „die verbandsinterne Untersuchung tatsächlich einen wesentlichen Beitrag

2075 Zu Taschenkontrollen vgl. BAG, NZA 2008, 1008; *Grützner,* in: Momsen/Grützner, Wirtschafts- und Steuerstrafecht, Kapitel 4 § 16 Rn. 487.

2076 *Klaas/Wybitul,* in: Momsen/Grützner, Wirtschafts- und Steuerstrafecht, Kapitel 4 § 16 Rn. 354; *Salvenmoser/Schreier,* in: Achenbach/Rasiek/Rönnau, HdB Wirtschaftsstrafrecht, Teil 15 Rn. 105; *Spehl/Momsen/Grützner,* CCZ 2014, 2, 5.

2077 Vgl. hierzu Kapitel 2 § 2 C. II. 7. b) cc).

2078 Vgl. hierzu Kapitel 2 § 2 C. II. 7. d) dd).

2079 Vgl. hierzu auch ausführlich *Wybitul/Grützner/Klaas,* CCZ 2020, 199.

2080 Diesen Anknüpfungspunkt sehen im Ergebnis auch *Wybitul/Grützner/Klaas,* CCZ 2020, 201 f.; zum Kriterium der Wesentlichkeit vgl. Kapitel 1 § 2 D. II. 2.

zur Sachverhaltsaufklärung geleistet haben".[2081] Darüber hinaus hast das Gericht gemäß § 17 Abs. 3 S. 1 VerSanG-E bei seiner Entscheidung „insbesondere die Art und den Umfang der offenbarten Tatsachen und deren Bedeutung für die Aufklärung der Tat, den Zeitpunkt der Offenbarung und das Ausmaß der Unterstützung der Strafverfolgungsbehörden durch den Verband zu berücksichtigen". Die Regelungen in § 17 VerSanG-E bezwecken, dass die Unternehmen durch die internen Untersuchungen die Strafverfolgungsbehörden im Rahmen ihrer Ermittlungen unterstützen und einen wertvollen Beitrag leisten.[2082]

Für die Strafverfolgungsbehörden sind die Erkenntnisse aus den internen Untersuchungen für die eigenen Verfahren aber nur dann hilfreich, wenn die jeweilige Verdachtslage aufgeklärt und die Erkenntnisse auch unter Einhaltung gesetzlicher Vorschriften gewonnen wurden. Denn der Staat kann das eigene Handeln ebenso wie die Sanktionsmilderung nur auf rechtskonforme und damit im Ergebnis auch datenschutzrechtskonforme Maßnahmen der Unternehmen stützen. Dies ergibt sich auch unmittelbar aus der Begründung des Regierungsentwurfs, dort heißt es: „Weitere Voraussetzung für eine sanktionsmildernde Berücksichtigung von verbandsinternen Untersuchungen ist selbstverständlich, dass diese in Übereinstimmung mit den geltenden Gesetzen durchgeführt werden. Denn der Staat kann nur gesetzestreues Verhalten mit einer Sanktionsmilderung honorieren."[2083] Der Hinweis auf die geltenden Gesetze ist dabei umfassend zu verstehen, sodass auch die datenschutzrechtlichen Bestimmungen dazu zählen müssen.

An dieser Bewertung ändert sich auch nichts durch einen Vergleich der aktuellen Fassung des VerSanG-E mit der entsprechenden Regelung nebst Begründung im inoffiziell veröffentlichten Referentenentwurf aus dem Jahr 2019. In dem Referentenentwurf aus dem Jahr 2019 wurde die Möglichkeit der Sanktionsmilderung gemäß Nr. 6 des dort für die Regelung interner Untersuchungen vorgesehenen § 18 Abs. 1 VerSanG-E a.F. ausdrücklich davon abhängig gemacht, dass „die verbandsinterne Untersuchung in Übereinstimmung mit den geltenden Gesetzen durchgeführt wird".[2084] Darüber hinaus hieß es in der Begründung zu § 18 Abs. 1 Nr. 6 VerSanG-E a.F. wie folgt: „Gemäß Nummer 6 ist weitere Voraussetzung für eine sanktionsmildernde Berücksichtigung von verbandsinternen Untersuchungen, dass diese in Übereinstimmung mit den geltenden Gesetzen durchgeführt werden. Denn der Staat kann nur gesetzestreues Verhalten mit einer Sanktionsmilderung honorieren. Erforderlich ist insbesondere die Einhaltung der datenschutzrechtlichen und arbeitsrechtlichen Bestimmungen."[2085] Die Regelung

2081 Entwurf der Bundesregierung eines Gesetzes zur Stärkung der Integrität in der Wirtschaft, BR-Drs. 440/20, S. 94.

2082 Entwurf der Bundesregierung eines Gesetzes zur Stärkung der Integrität in der Wirtschaft, BR-Drs. 440/20, S. 93 f.

2083 Entwurf der Bundesregierung eines Gesetzes zur Stärkung der Integrität in der Wirtschaft, BR-Drs. 440/20, S. 94.

2084 Wybitul/Grützner/Klaas, CCZ 2020, 199 f.

2085 Wybitul/Grützner/Klaas, CCZ 2020, 199.

in § 18 Abs. 1 Nr. 6 VerSanG-E a.F. wurde in der Fassung des entsprechenden § 17 VerSanG-E im Regierungsentwurf ebenso wie dessen Begründung gestrichen.

Gleichzeitig wurde jedoch der allgemeine Teil der Begründung zu § 17 Abs. 1 VerSanG-E um den bereits erwähnten Hinweis auf die „selbstverständliche“ Einhaltung der geltenden Gesetze ergänzt.[2086] Wie bereits erwähnt, muss zu den geltenden Gesetzen auch der Datenschutz und damit die bereits herausgearbeiteten arbeitnehmerdatenschutzrechtlichen Anforderungen zählen.[2087] Eine mögliche und nachvollziehbare Erklärung für die beschriebenen Änderungen im Vergleich zu dem ersten Referentenentwurf aus dem Jahr 2019 wird jedoch darin gesehen, dass nach der Zielsetzung des Regierungsentwurfs nicht jeder kleinste Verstoß gegen arbeits- und datenschutzrechtliche Bestimmungen dem Unternehmen die Möglichkeit auf eine Sanktionsmilderung abschneiden sollte.[2088] Hätte man aber die Einhaltung der geltenden Gesetze als tatbestandliche Voraussetzung beibehalten, hätte auch nur der kleinste Verstoß gegen die datenschutzrechtlichen Bestimmungen zu einem Verstoß gegen die Voraussetzungen des § 17 VerSanG-E geführt. Durch die Streichung von § 18 Abs. 1 Nr. 6 VerSanG-E a.F. bleibt ein gewisser „Spielraum“ im Rahmen der Bewertung.

Die Notwendigkeit zur Einhaltung der datenschutzrechtlichen Anforderungen lässt sich überdies aus der Regelung des § 17 Abs. 3 S. 1 VerSanG-E ableiten. Danach hat das Gericht bei der Entscheidung nach Absatz 1 insbesondere die Art und den Umfang der offenbarten Tatsachen und deren Bedeutung für die Aufklärung der Tat, den Zeitpunkt der Offenbarung und das Ausmaß der Unterstützung der Strafverfolgungsbehörden durch den Verband zu berücksichtigen. Die Rechtskonformität der Gewinnung von Erkenntnissen und die Art und der Umfang etwaiger Verstöße gegen das Datenschutzrecht dürfte gerade im Rahmen der Bewertung der Art und des Umfangs der offenbarten Tatsachen und deren Bedeutung für die Aufklärung und des Ausmaßes der Unterstützung eine Rolle spielen. Zwar ergibt sich dies nicht aus der Begründung des Regierungsentwurfs. Gleichwohl ist zu berücksichtigen, dass die offenbarten Tatsachen gerade dann einen bedeutsamen Mehrwert für die Aufklärung schaffen, wenn sie im Einklang mit den gesetzlichen Bestimmungen gewonnen wurden. Ferner dürfte das Ausmaß der Unterstützung gerade dann besonders groß sein, wenn die Aufklärung unter Einhaltung aller gesetzlichen Vorgaben durchgeführt wurde. Eine Aufklärung um jeden Preis ist nach der Zielsetzung des VerSanG-E gerade nicht intendiert. Die Ermittlungsbehörden sollen durch die verbandsinternen Untersuchungen unterstützt werden, wobei diese selbstverständlich in Übereinstimmung mit den geltenden Gesetzen durchgeführt werden müssen.

2086 Entwurf der Bundesregierung eines Gesetzes zur Stärkung der Integrität in der Wirtschaft, BR-Drs. 440/20, S. 94.

2087 Im Ergebnis so auch *Wybitul/Grützner/Klaas*, CCZ 2020, 199, 200.

2088 Im Ergebnis so auch *Wybitul/Grützner/Klaas*, CCZ 2020, 199, 201.

Wybitul/Grützner/Klaas sehen einen weiteren Anknüpfungspunkt für die Einhaltung des Datenschutzes darin, dass die Befragungen im Rahmen interner Untersuchung gemäß § 17 Abs. 1 Nr. 5 VerSanG-E unter Beachtung der Grundsätze eines fairen Verfahrens durchgeführt werden müssen.[2089] Die rechtsstaatlichen Verfahrensgarantien des fairen Verfahrens, welche grundsätzlich nur für hoheitliche Ermittlungsorgane gelten, werden damit auch auf private, unternehmensinterne Ermittlungsverhältnisse übertragen und eine rechtsstaatliche Rückkopplung sichergestellt.[2090] Durch die Beachtung der Verfahrensgarantie eines fairen Verfahrens im Rahmen von privaten, nicht grundrechtsgebundenen Untersuchungen werde die Notwendigkeit der Beachtung der datenschutzrechtlichen Regelungen erreicht.[2091] Als „Ausprägung des in § 17 Abs. 1 Nr. 5 VerSanG-E („insbesondere") angesprochenen fair-trial Prinzips" sehen *Wybitul/Grützner/Klaas* u.a. den Transparenzgrundsatz sowie den Grundsatz der Fairness gemäß Art. 5 Abs. 1 lit. a) DS-GVO, das Recht auf Berichtigung gemäß Art. 16 DS-GVO und das Recht auf Löschung gemäß § 17 DS-GVO im Hinblick auf einen Einfluss auf die Tatsachenermittlung sowie die Informationspflichten aus Art. 13 Abs. 1, 2 DS-GVO.

Auch wenn sich zeigt, dass die festgestellten datenschutzrechtlichen Anforderungen an interne Untersuchungen auch im Rahmen der internen Untersuchungen nach dem Regierungsentwurf eines Verbandssanktionengesetzes zu berücksichtigen sind, versäumt es der Entwurf die in der hiesigen Untersuchung behandelten Rechtsunsicherheiten im Hinblick auf die Einhaltung der datenschutzrechtlichen Anforderungen aufzulösen. So sei als Beispiel auf die offene und sehr relevante Frage hingewiesen, ob das TKG und damit § 88 TKG im Rahmen interner Untersuchungen zu beachten ist.[2092]

II. Berücksichtigung des Arbeitnehmerdatenschutzes im Rahmen der Sanktionsmilderung nach dem VerSanG-E

Nachdem auf einer ersten Stufe geklärt wurde, dass der Datenschutz auch nach dem VerSanG-E im Rahmen von internen Untersuchungen zu beachten ist, ist ferner zu untersuchen, ob und inwieweit sich die Beachtung bzw. Nichtbeachtung der datenschutzrechtlichen Anforderungen auf die Sanktionsmilderung auswirkt. In das System der Sanktionsmilderung nach dem VerSanG-E wurde bereits umfassend eingeführt.[2093] Im Folgenden geht es daher um die konkrete Frage, welche Rolle der Datenschutz bei der Bemessung der Verbandsgeldsanktion zukommt.

2089 Im Ergebnis so auch *Wybitul/Grützner/Klaas*, CCZ 2020, 199, 200 f.; hierzu auch *Klaas/Wybitulr*, in: Momsen/Grützner, Wirtschafts- und Steuerstrafecht, Kapitel 4 § 16 Rn. 199a.

2090 *Wybitul/Grützner/Klaas*, CCZ 2020, 199, 201.

2091 *Wybitul/Grützner/Klaas*, CCZ 2020, 199, 201.

2092 Zur Analyse dieser Frage vgl. Kapitel 2 § 2 C. II. 1. b) bb).

2093 Vgl. Kapitel 1 § 2 B. III. 1.

Hierbei ist wieder zwischen der Sanktionsmilderung nach § 17 VerSanG-E und der nach § 15 VerSanG-E zu unterscheiden.

Wie bereits herausgearbeitet, ist zu beachten, dass zwischen der Version des § 17 Abs. 1 VerSanG-E und der Version des § 18 VerSanG-E a.F. des „inoffiziellen" Referentenentwurfs aus dem Jahr 2019 ein deutlicher Unterschied besteht. Insoweit wurde die damals noch vorgesehene Regelung in § 18 Abs. 1 Nr. 6 VerSanG-E a.F., wonach eine interne Untersuchung nach dem VerSanG-E in Übereinstimmung mit den geltenden Gesetzen durchgeführt werden muss, ersatzlos gestrichen.

Nach der Regelung des § 17 VerSanG-E kommt es für eine Sanktionsmilderung daher augenscheinlich nicht mehr auf die Einhaltung des Datenschutzes an. Ein solcher Schluss wäre aber zu kurz gegriffen. Wie ebenfalls bereits herausgearbeitet, stellt die Begründung des aktuellen Regierungsentwurfs klar, dass Voraussetzung für eine sanktionsmildernde Berücksichtigung von verbandsinternen Untersuchungen selbstverständlich eine Untersuchung in Übereinstimmung mit den geltenden Gesetzen sei.[2094] Auch wenn der Datenschutz nicht mehr ausdrücklich genannt wird, gehört er zu den geltenden Gesetzen, die es einzuhalten gilt. Hierzu kann auch an § 17 Abs. 1 Nr. 1 VerSanG-E angeknüpft werden, da ein „wesentlicher" Beitrag voraussetzen dürfte, dass die Ermittlungsergebnisse nicht aufgrund eines datenschutzrechtlichen Verstoßes einem Verwertungsverbots unterliegen.[2095]

Bei der Entscheidung des § 17 Abs. 1 VerSanG-E handelt es sich um eine gebundene Entscheidung, soweit kein atypischer Fall vorliegt. Werden die geltenden Gesetze und so auch die datenschutzrechtlichen Anforderungen eingehalten, kommt ein vertypter Milderungsgrund in Betracht. Andererseits könnte ein atypischer Fall gerade damit begründet werden, dass im Rahmen der internen Untersuchung nach dem VerSanG-E die geltende Rechtslage nicht eingehalten wurde. Anknüpfungspunkt für den atypischen Fall könnte die Nichtbeachtung der Grundsätze eines fairen Verfahrens darstellen.[2096] Liegt ein atypischer Fall vor, erfolgt die Entscheidung auf der Grundlage einer umfassenden Ermessensentscheidung, in deren Rahmen die festgestellten Datenschutzverstöße nochmals umfassend zu berücksichtigen sind.[2097]

Die Relevanz des Datenschutzes im Hinblick auf die Sanktionsmilderung wird auch an § 17 Abs. 3 S. 1 VerSanG-E deutlich. Hier kann an das bereits Gesagte angeknüpft werden. Das Ausmaß der Unterstützung wird umso größer zu bewerten sein, je mehr die internen Untersuchungen unter Einhaltung der bestehenden

---

2094 Entwurf der Bundesregierung eines Gesetzes zur Stärkung der Integrität in der Wirtschaft, BR-Drs. 440/20, S. 94.

2095 *Klaas/Wybitul,* in: Momsen/Grützner, Wirtschafts- und Steuerstrafecht, Kapitel 4 § 16 Rn. 199a; zum Beweisverwertungsverbot im arbeitsgerichtlichen Verfahren aufgrund eines Verstoßes gegen den Datenschutz vgl. Kapitel 3§ 2 A.

2096 Im Ergebnis so auch *Wybitul/Grützner/Klaas,* CCZ 2020, 199, 203.

2097 Im Ergebnis so auch *Wybitul/Grützner/Klaas,* CCZ 2020, 199, 203.

rechtlichen Anforderungen durchgeführt werden. Hieraus kann sich ein sanktionsmildernder Effekt ergeben. Demgegenüber schmälern Ermittlungsmaßnahmen, die datenschutzrechtliche Anforderungen missachten, im Ergebnis auch das Ausmaß der durch das Unternehmen geleisteten Unterstützung.

Im Hinblick auf eine mögliche Sanktionsmilderung wirkt sich die Berücksichtigung bzw. Nichtberücksichtigung der datenschutzrechtlichen Anforderungen überdies in § 15 Abs. 3 Nr. 7 VerSanG-E aus. Danach hat das Gericht im Rahmen der Abwägung aller Umstände zur Bemessung der Verbandsgeldsanktion Maßnahmen des Verbands zur Aufklärung der Verbandstat sanktionsmildernd zu berücksichtigen. Während Ermittlungsmaßnahmen unter Einhaltung des Datenschutzes sanktionsmildernd berücksichtigt werden dürften,[2098] dürften sich insbesondere Ermittlungsmaßnahmen, die unter Missachtung der datenschutzrechtlichen Anforderungen durchgeführt werden, im Rahmen der vorzunehmenden Abwägung u.U. sogar negativ und damit sanktionsverschärfend auswirken.

§ 3. Mitbestimmung des Betriebsrats im Kontext des Arbeitnehmerdatenschutzes

A. Grundsätze zum Mitbestimmungsrecht

Im Rahmen interner Untersuchungen kommt den Mitbestimmungsrechten des Betriebsrats eine besondere Rolle zu.[2099] Insoweit bleiben entsprechend[2100] § 32 Abs. 3 BDSG a.F. die Beteiligungsrechte der Interessenvertretung gemäß § 26 Abs. 6 BDSG auch nach der aktuellen Gesetzeslage unberührt. Das bedeutet aber zugleich, dass die Verarbeitung von Beschäftigtendaten durch die Interessenvertretungen ebenfalls an den Anforderungen des § 26 BDSG sowie den Regelungen der DS-GVO zu messen ist.[2101]

Das Unternehmen muss im Vorhinein zu einer konkreten Ermittlungsmaßnahme prüfen, ob ein Mitbestimmungsrecht des Betriebsrats besteht. Im Rahmen interner Untersuchungen kommt den Mitbestimmungsrechten hinsichtlich der Ordnung des Betriebs (§ 87 Abs. 1 Nr. 1 BetrVG) sowie der Überwachung durch technische Einrichtungen (§ 87 Abs. 1 Nr. 6 BetrVG) eine besondere Relevanz zu.[2102] Ob und wenn ja welches Mitbestimmungsrecht einschlägig sein könnte, ist im Einzelfall zu prüfen. Ein Mitbestimmungsrecht gemäß § 87 Abs. 1 Nr. 6 BetrVG kommt

---

2098 Im Ergebnis so auch *Wybitul/Grützner/Klaas*, CCZ 2020, 199, 204.

2099 Zu den Mitbestimmungsrechten im datenschutzrechtlichen Kontext vgl. auch *Wedde*, in: Däubler/Wedde/Weichert/Sommer, § 26 BDSG Rn. 156 ff.

2100 *Imping*, CR 2017, 378, 380.

2101 Ströbel/Böhm/Breunig/Wybitul, CCZ 2018, 15, 16.

2102 *Lohmeier/Shahhosseini*, in: Umnuß, Corporate Compliance Checklisten, Kapitel 7 Rn. 45; *Schrader/Mahler*, NZA-RR 2016, 57, 61; a.A. *Wedde*, in: Däubler/Wedde/Weichert/Sommer, § 26 BDSG Rn. 156.

bspw. im Hinblick auf die Einrichtung einer Videoüberwachung[2103] oder, wenn der Arbeitgeber im Rahmen einer internen Untersuchung die E-Mail-Korrespondenz nicht leitender Arbeitnehmer überprüfen will[2104], in Betracht.

In Bezug auf Personalfragebögen oder die Aufstellung allgemeiner Beurteilungsgrundsätze ist gegebenenfalls auch § 94 BetrVG zu beachten.[2105] Gemäß § 80 BetrVG muss der Betriebsrat seine Aufgaben ordnungsgemäß durchführen können. Um dies zu erreichen, ist der Betriebsrat gemäß § 80 Abs. 2 S. 1 BetrVG ausreichend zu unterrichten.[2106] Das Mitbestimmungsrecht des Betriebsrats erstreckt sich auf die Art und die Ausgestaltung der Ermittlungsmaßnahme, jedoch nicht auf den Gegenstand der Ermittlung.[2107]

Im Hinblick auf das Mitbestimmungsrecht besteht auch ein Risiko für das Unternehmen. Sollte das Unternehmen die Mitbestimmungsrechte des Betriebsrats nicht berücksichtigen, sind entsprechende Maßnahmen unwirksam.[2108] Um eine spätere Verwertung der Ergebnisse der jeweiligen Untersuchungsmaßnahme nicht zu gefährden und mögliche zeitliche Verzögerungen aufgrund einer Wiederholung der Maßnahme zu verhindern, sollte der Betriebsrat von Anfang an – entsprechend seinen Mitbestimmungsrechten – beteiligt werden.[2109] Als eine Möglichkeit der Verzögerung ist auch an eine einstweilige Verfügung zu denken, welche der Betriebsrat zur Verhinderung der jeweiligen Maßnahme beantragen könnte.[2110]

B. Betriebsvereinbarung

Hinsichtlich der in dieser Untersuchung relevanten internen Untersuchung kommt Betriebsvereinbarungen eine zentrale Bedeutung zu.[2111] Wird in ihnen die

---

2103 ErfK/*Kania* BetrVG § 87 Rn. 49; *Schrader/Mahler*, NZA-RR 2016, 57, 61.

2104 LAG Köln, CB 2020, 394, 396.

2105 *Lohmeier/Shahhosseini*, in: Umnuß, Corporate Compliance Checklisten, Kapitel 7, Rn. 45.

2106 Zu einer aktuellen Entscheidung hinsichtlich des Unterrichtungsanspruchs des Betriebsrats gemäß § 80 Abs. 2 S. 1 BetrVG im Rahmen einer internen Untersuchung vgl. LAG Köln, CB 2020, 394, 396.

2107 Zum vorstehenden Absatz insgesamt vgl. *Lohmeier/Shahhosseini*, in: Umnuß, Corporate Compliance Checklisten, Kapitel 7, Rn. 43.

2108 *Lohmeier/Shahhosseini*, in: Umnuß, Corporate Compliance Checklisten, Kapitel 7 Rn. 46; *Mengel*, in: Knierim/Rübenstahl/Tsambikakis, Teil 1 Kapitel 13 Rn. 55.

2109 *Lohmeier/Shahhosseini*, in: Umnuß, Corporate Compliance Checklisten, Kapitel 7 Rn. 46.

2110 *Lohmeier/Shahhosseini*, in: Umnuß, Corporate Compliance Checklisten, Kapitel 7 Rn. 46.

2111 *Klösel/Mahnhold* sprechen bspw. davon, dass zahlreichen Maßnahmen im Hinblick auf IT-Tools, Tor-, Spind- und Videokontrollen bis hin zu Maßnahmen im Bereich Compliance und Internal Investigations in Unternehmen mit Betriebsräten regelmäßig durch eine Vielzahl von Betriebsvereinbarungen flankiert werden; *Klösel/Mahnhold*, NZA 2017, 1428.

Verarbeitung personenbezogener Daten geregelt, gelten die Bestimmungen gemäß § 77 Abs. 4 S. 1 BetrVG zwingend für alle von der jeweiligen Betriebsvereinbarung erfassten Personen. Dies führt automatisch zu der Folgefrage, inwieweit für den Arbeitgeber die Möglichkeit besteht, Regelungen, die den Datenschutz betreffen, in Betriebsvereinbarungen zu normieren. Dass Regelungen zur Datenverarbeitung in Kollektivvereinbarungen getroffen werden können, ergibt sich nach dem neuen Arbeitnehmerdatenschutz aus § 26 Abs. 4 BDSG. Eine Abweichung zur bisherigen Rechtslage – jedenfalls auf nationaler Ebene – besteht dabei nicht.[2112] Allerdings ist nunmehr zu berücksichtigen, dass § 26 Abs. 4 S. 2 BDSG im Ergebnis nur eine deklaratorische Wirkung zukommt, da die DS-GVO unmittelbar Anwendung findet.[2113] Insoweit kommt es im Rahmen der Bewertung der datenschutzrechtlichen Anforderungen an Betriebsvereinbarungen maßgeblich auf die Regelungen zu Kollektivvereinbarungen in der DS-GVO an.

Unter Berücksichtigung der Regelungen des BDSG und insbesondere der DS-GVO werden daher im Folgenden die im Kontext interner Untersuchungen maßgeblichen Fragen analysiert, ob Betriebsvereinbarungen einen datenschutzrechtlichen Erlaubnistatbestand bilden können und wenn dies so ist, welche Anforderungen an die Betriebsvereinbarung zu stellen sind.

I. Betriebsvereinbarung als datenschutzrechtlicher Erlaubnistatbestand

Nach der Rechtsprechung des BAG zur alten Rechtslage konnten Betriebsvereinbarungen als Rechtsgrundlage fungieren.[2114] Unter Berücksichtigung der neuen Rechtslage ist dies umstritten.

Nach einer in der Literatur vertretenen Ansicht scheiden Kollektivvereinbarungen als Rechtsgrundlage zur Verarbeitung von personenbezogenen Daten zukünftig aus.[2115] Gerade einer Betriebsvereinbarung komme vielmehr eine ergänzende bzw. spezifizierende Funktion zu. Sie können den Verarbeitungszweck transparent bezeichnen und die näheren Umstände entsprechend Art. 88 Abs. 2 DS-GVO spezifizieren, aber eben keinen eigenen Rechtfertigungstatbestand begründen.[2116]

Mit der ganz überwiegenden und zutreffenden Ansicht in der Literatur ist indes davon auszugehen, dass Kollektivvereinbarungen eine Ermächtigungsgrundlage darstellen können.[2117] Dafür spricht zunächst der klare Wortlaut des

2112 Ströbel/Böhm/Breunig/Wybitul, CCZ 2018, 15, 16.

2113 *Düwell/Brink*, NZA 2017, 1081, 1085; vgl. hierzu auch Kapitel 2 § 2 B. II. 1.

2114 So z.B. BAG, NZA 2004, 1278; BAG, ZD 2014, 426; BAG, NZA 2017, 394, 396.

2115 *Hanloser*, in: Forgó/Helfrich/Scheider, Betrieblicher Datenschutz, Kapitel 1, Teil V, Rn. 51.

2116 *Hanloser*, in: Forgó/Helfrich/Scheider, Betrieblicher Datenschutz, Kapitel 1, Teil V, Rn. 51.

2117 *Althoff*, ArbRAktuell 2018, 414, 417; *Düwell/Brink*, NZA 2017, 1081, 1082, 1085; *Imping*, CR 2017, 378, 380; *Klösel/Mahnhold*, NZA 2017, 1428 f., 1432; *Kramer*, NZA 2018, 637, 639; *Maschmann*, NZA-Beilage 2018, 115, 116; *Nebel*, ZD 2018, 520, 523;

Art. 88 Abs. 1 DS-GVO, nach welchem spezifischere Vorschriften in Rechtsvorschriften, aber eben auch Kollektivvereinbarungen aufgenommen werden können.[2118] Dieses Verständnis wurde ebenfalls bei der Ausarbeitung des § 26 BDSG durch den nationalen Gesetzgeber zugrunde gelegt, da in § 26 Abs. 4 S. 1 BDSG geregelt ist, dass die Datenverarbeitung auf der Grundlage von Kollektivvereinbarungen zulässig ist. Der Wortlaut spricht dafür, dass Kollektivvereinbarungen Erlaubnistatbestände enthalten können. Wäre der Gesetzgeber im Hinblick auf die Anforderungen durch die DS-GVO von einem anderen Verständnis ausgegangen, hätte er die Norm dahingehend fassen können, dass lediglich Spezifizierungen im Hinblick auf die Datenverarbeitung auf der Grundlage des § 26 BDSG oder der Regelungen der DS-GVO möglich sind.

Ferner wären die in Art. 88 Abs. 2 DS-GVO enthaltenen Anforderungen an die Kollektivvereinbarungen in dieser Form überflüssig, wäre eine Datenverarbeitung auf der Grundlage einer Kollektivvereinbarung nicht möglich.[2119] Insoweit ergibt sich bereits aus dem Unionsrecht, dass Kollektivvereinbarungen eine Ermächtigungsgrundlage darstellen können.

Auch die Gesetzeshistorie spricht für dieses Ergebnis. Diese Ziele der DSRL werden, wie bereits gezeigt, auch durch die DS-GVO verfolgt.[2120] Dies wird bspw. in Erwägungsgrund 9[2121] deutlich, wonach die Grundsätze der DSRL im Ergebnis noch immer Gültigkeit haben.[2122] An diese Zielsetzung der DS-GVO knüpft der Gesetzgeber an und will mit der Neuregelung des Beschäftigtendatenschutzes auch an die alte nationale Rechtslage anknüpfen und diese weiterführen.[2123] Diese diente gerade der Umsetzung der Ziele der DSRL. Dementsprechend soll auch die alte Rechtslage im Hinblick auf Kollektivvereinbarungen und ihre Wirkungsweise beibehalten werden. Wie bereits erwähnt, kommt nach der Rechtsprechung des BAG zur alten Rechtslage eine Kollektivvereinbarung als Rechtfertigung für eine Datenverarbeitung in Betracht.[2124]

Folgt man der hier vertretenen Ansicht, dass Kollektivvereinbarungen Erlaubnistatbestände enthalten können, stellt sich die Folgefrage, ob diese wegen des

---

Reiserer/Christ/Heinz, DStR 2018, 1501, 1505; BeckOK DatenschutzR/*Riesenhuber*, BDSG § 26 Rn. 52 ff.; *Schrey/Kielkowski*, BB 2018, 629, 631; *Wurzberger*, ZD 2017, 258; *Wybitul*, ZD 2016, 203, 207; *Zöll*, in: Taeger/Gabel, DSGVO – BDSG, Art. 88 DSGVO Rn. 23; zum Arbeitsergebnis der „Trilogparteien“ vom 15. Dezember 2015 (Interinstitutionelles Dossier des Rates der Europäischen Union vom 15.12.2015, 2012/0011 (COD) 15039/15): *Kort*, DB 2016, 711, 714; *Sörup/Marquardt*, ArbRAktuell 2016, 103, 105.

2118 *Maschmann*, NZA-Beilage 2018, 115, 116.

2119 *Klösel/Mahnhold*, NZA 2017, 1428, 1429.

2120 Vgl. hierzu Kapitel 2 § 2 B. II. 6. a) bb).

2121 VO (EU) 2016/679, ABl. EU Nr. L 119/1 v. 4.5.2016, Erwägungsgrund 9.

2122 *Spelge*, DuD 2016, 775, 777 f.

2123 *Zöll*, in: Taeger/Gabel, DSGVO – BDSG, Art. 88 DSGVO Rn. 23.

2124 BAG, ZD 2014, 426.

nunmehr sehr strengen Transparenzgrundsatzes ausdrücklich als Erlaubnisnorm gekennzeichnet werden müssen.[2125] Bis zur Klärung dieser Frage durch die Rechtsprechung ist eine entsprechende Kennzeichnung anzuraten.

II. Anpassungsbedarf hinsichtlich „alter" Betriebsvereinbarungen

Soweit Betriebsvereinbarungen zum Zeitpunkt des Inkrafttretens der DS-GVO sowie des BDSG bereits bestanden, gelten diese grundsätzlich fort.[2126] Sie müssen der Europäischen Kommission auch nicht nach Art. 88 Abs. 3 DS-GVO gemeldet werden.[2127] Ob sie jedoch weiterhin in gleicher Fassung gelten können, bemisst sich danach, ob sie den datenschutzrechtlichen Anforderungen der DS-GVO sowie dem BDSG genügen.[2128] Dies gilt es jeweils im Einzelfall zu prüfen.[2129] Besteht ein Anpassungsbedarf, so gelten für die Überarbeitung die gleichen Überlegungen, die sich auch hinsichtlich einer Neufassung ergeben.[2130] Mithin gelten die bereits angestellten grundsätzlichen Überlegungen[2131] sowie die im Folgenden zusammengestellten Gestaltungshinweise gleichermaßen für die Überarbeitung sowie für die erstmalige Erstellung einer Betriebsvereinbarung.

III. Datenschutzrechtliche Gestaltungshinweise

1. Grundsätze

Aus den aktuellen datenschutzrechtlichen Regelungen und den sich daraus ergebenden Anforderungen lassen sich Gestaltungshinweise für solche Betriebsvereinbarungen ableiten, die Regelungen zur Verarbeitung personenbezogener Daten beinhalten sollen. Die Nichteinhaltung der hier zusammengefassten Gestaltungshinweise kann zu einem Verstoß gegen die datenschutzrechtlichen Anforderungen führen.

Zunächst bleibt festzuhalten, dass Betriebsvereinbarungen nicht vom Schutzniveau der DS-GVO abweichen dürfen. Der Grundsatz der Vollharmonisierung,

---

2125 Dafür *Klösel/Mahnhold*, NZA 2017, 1428, 1432; *Tiedemann*, in: Sydow, Europäische DSGVO, Art. 88 Rn. 20 m.w.N.; *Wurzberger*, ZD 2017, 258, 260; *Wybitul*, ZD 2016, 203, 208; dagegen *Dzida/Grau*, DB 2018, 189, 193 f.

2126 *Maschmann*, DB 2016, 2480, 2485; Kühling/Buchner/*Maschmann*, BDSG § 26 Rn. 66; so auch EuArbR/*Franzen* DS-GVO Art. 88 Rn. 18.

2127 *Düwell/Brink*, NZA 2017, 1081, 1082; EuArbR/*Franzen* DS-GVO Art. 88 Rn. 24; *Maschmann*, DB 2016, 2480, 2485; Kühling/Buchner/*Maschmann*, BDSG § 26 Rn. 66; BeckOK DatenschutzR/*Riesenhuber*, DS-GVO Art. 88 Rn. 93.

2128 Kühling/Buchner/*Maschmann*, BDSG § 26 Rn. 66.

2129 *von dem Bussche/Zeiter/Brombach*, DB 2016, 1359, 1362 f.; Kühling/Buchner/*Maschmann*, BDSG § 26 Rn. 66; *Maschmann*, DB 2016, 2480, 2485; im Ergebnis so auch *Schrey/Kielkowski*, BB 2018, 629, 635.

2130 Im Ergebnis so auch *Klösel/Mahnhold*, NZA 2017, 1428, 1432.

2131 Vgl. hierzu Kapitel 2 § 2 B. III.

welcher sich aus der DS-GVO ableiten lässt, gilt auch für Betriebsvereinbarungen.[2132] Entscheidend sind also die sich aus der DS-GVO ergebenden Anforderungen.

Vor diesem Hintergrund soll der Blick auf konkrete datenschutzrechtliche Gestaltungshinweise gerichtet werden, welche zu einer datenschutzrechtlich möglichst rechtssicheren Gestaltung von Betriebsvereinbarungen als Ermächtigungsgrundlage beitragen sollen. Die betriebsverfassungsrechtlichen Anforderungen zur Errichtung einer Betriebsvereinbarung sowie die dahingehenden Fallstricke bleiben für die hier angestellte Untersuchung außer Betracht. Betriebsvereinbarungen müssen mit höherrangigem Datenschutzrecht vereinbar sein, da sie andernfalls unwirksam sind.[2133] Insoweit können die von den Betriebsparteien im Rahmen ihrer Regelungskompetenz geschlossenen Betriebsvereinbarungen zwar das allgemeine Persönlichkeitsrecht einschränken.[2134] Jedoch sind diese Einschränkungen zugleich an den datenschutzrechtlichen Bestimmungen zu messen. Die zentralen Anforderungen ergeben sich zum einen aus § 75 Abs. 2 S. 1 BetrVG i.V.m. Art. 2 Abs. 1 i.V.m. Art. 1 Abs. 1 GG sowie aus § 26 Abs. 4 S. 2 BDSG i.V.m. Art. 88 Abs. 2 i.V.m. Art. 5 DS-GVO. Zum Schutz des Rechts auf informationelle Selbstbestimmung ist nach § 75 Abs. 1 S. 1 BetrVG eine umfassende Güterabwägung zwischen den Persönlichkeitsrechten des Arbeitnehmers und dem schutzwürdigen Interesse des Arbeitgebers unter Berücksichtigung der Umstände des Einzelfalls erforderlich.[2135] Diese Güterabwägung in Form einer Verhältnismäßigkeitsprüfung wird ergänzt durch die in Art. 88 Abs. 2 DS-GVO enthaltenen Anforderungen, welche „geeignete und besondere Maßnahmen zur Wahrung der menschlichen Würde, der berechtigten Interessen und der Grundrechte der betroffenen Person“ verlangen. Dabei muss es sich im Ergebnis um tatsächliche, auf den jeweiligen konkreten Sachverhalt zugeschnittene organisatorische Maßnahmen handeln, welche ihrerseits das Ergebnis der Verhältnismäßigkeitsprüfung darstellen.[2136] Die Bedeutung der Verhältnismäßigkeitsprüfung beim Abschluss einer Betriebsvereinbarung hat das BAG schon in seiner Rechtsprechung zur alten Rechtslage deutlich hervorgehoben.[2137]

Auch wenn sich die Regelungsgegenstände von Betriebsvereinbarungen im Zusammenhang mit der Verarbeitung personenbezogener Daten kaum eingrenzen lassen, lassen sich vor dem Hintergrund der in Art. 88 Abs. 2 DS-GVO

2132 Vgl. hierzu Kapitel 2 § 2 B. II. 6.b); a.A. BeckOK DatenschutzR/*Riesenhuber*, BDSG § 26 Rn. 54, DS-GVO Art. 88 Rn. 67 ff.

2133 *Kort*, NZA 2018, 1097, 1102.

2134 BAG, NZA 2017, 1205, 1209; so auch *Maschmann*, NZA-Beilage 2018, 115, 116.

2135 BAG, NZA 2014, 551, 555; *Maschmann*, NZA-Beilage 2018, 115, 116; *Wurzberger*, ZD 2017, 258, 259.

2136 Vgl. zur Herleitung der Anforderungen gemäß Art. 88 Abs. 2 DS-GVO ausführlich Kapitel 2 § 2 B. III.

2137 BAG, NZA 2013, 1433.

aufgeführten Anforderungen dennoch spezifische Hinweise zur Ausgestaltung solcher Betriebsvereinbarungen herausarbeiten.[2138] Die Hinweise leiten sich dabei aus den Vorgaben der DS-GVO ab, hinsichtlich derer auch immer die Grundsätze der Datenverarbeitung, die Informationsrechte/-pflichten sowie die Betroffenenrechte zu beachten sind. Um eine höhere Rechtssicherheit hinsichtlich der Gestaltung von Betriebsvereinbarungen zu erreichen, sollten nach der hier vertretenen Auffassung die Datenschutzgrundsätze in konkreten Regelungen und Prozessen abgebildet und abgesichert werden.[2139]

2. Gestaltungshinweise

a) Abgestimmtes Gesamtkonzept

Im Ausgangspunkt ist es entscheidend, dass die Betriebsvereinbarungen und die dazu erstellten Informationen auf ein vollständiges und in sich schlüssiges Gesamtkonzept gestellt werden.[2140] Je nach Größe des Unternehmens kommen als Betriebsvereinbarungen bspw. Rahmen-, Konzern-, Gesamt- oder Einzelbetriebsvereinbarungen in Betracht. Nach der hier vertretenen Auffassung ist Art. 88 Abs. 2 DS-GVO teleologisch zu reduzieren, sodass die genannten Anforderungen nur insoweit geregelt werden müssen, als sie in dem jeweils konkreten Fall einschlägig sind.[2141] Werden aber Rahmen- oder Gesamtbetriebsvereinbarungen geschlossen, muss genau geprüft werden, welche Informationen und Regelungen von welcher Betriebsvereinbarung erfasst werden müssen, damit alle relevanten Sachverhalte abgebildet und dabei die Anforderungen von Art. 88 Abs. 2 DS-GVO eingehalten werden. Werden Informationen auf unterschiedlichen Wegen bekannt gemacht, müssen diese ihrerseits mit den in den Betriebsvereinbarungen festgeschriebenen Regelungen und Prozessen abgestimmt sein.[2142] So kann eine Betriebsvereinbarung verschiedene Wege der Bekanntmachung von Informationen vorsehen, so z.B. auch in unternehmensinternen Datenschutzbestimmungen. Dann muss der jeweilige Weg der Bekanntmachung in der Betriebsvereinbarung konkret

---

2138 *Klösel/Mahnhold* gehen hingegen davon aus, dass es angesichts der zahlreichen infrage kommenden Betriebsvereinbarungen und der sie insoweit flankierenden Regelungen nahezu unmöglich sei, allgemein gültige Hinweise für den erforderlichen Regelungsgehalt von Betriebsvereinbarungen aufzustellen, vgl. *Klösel/Mahnhold*, NZA 2017, 1428, 1432 f.

2139 A.A. *Dzida/Grau*, nach deren Ansicht es sich möglicherweise empfiehlt, jedoch grundsätzlich nicht erforderlich sei, dass die datenschutzrechtlichen Grundsätze des Art. 5 Abs. 1 DS-GVO in Kollektivvereinbarungen mit einer spezifischen Regelung ausdrücklich adressiert werden. Vielmehr reiche es aus, wenn der Arbeitgeber diese Grundsätze ohne ausdrückliche kollektivrechtliche Regelung beachte, vgl. *Dzida/Grau*, DB 2018, 189, 192.

2140 *Klösel/Mahnhold*, NZA 2017, 1428, 1433.

2141 Vgl. Kapitel 2 § 2 B. III. 1. c).

2142 *Klösel/Mahnhold*, NZA 2017, 1428, 1433.

beschrieben werden und die Bekanntmachung selbst entsprechend der Regelung erfolgen. Ist eine Anpassung des Bekanntgabeprozesses geplant oder erforderlich, müssen die Auswirkungen auf den Informationskanal und die Betriebsvereinbarungen berücksichtigt werden.

b) Benennung als Ermächtigungsgrundlage, Rückgriff auf andere Erlaubnisnormen

In der Betriebsvereinbarung sollte klar zum Ausdruck gebracht werden, dass sie als Rechtfertigungsgrundlage für die in der Betriebsvereinbarung enthaltene Datenverarbeitung dient.[2143] Dies lässt sich damit begründen, dass die DS-GVO ein Verbot der Datenverarbeitung mit Erlaubnisvorbehalt vorsieht.[2144] So, wie auch in der DS-GVO und dem BDSG die Rechtfertigungsgrundlagen klar benannt werden, so sollte sich dies auch in einer Betriebsvereinbarung klargestellt werden, die ihrerseits als Rechtfertigungsgrundlage dienen soll. Gleichwohl ist derzeit noch nicht geklärt, ob eine solche Klarstellung notwendig oder entbehrlich ist.

Ferner sollte in der Betriebsvereinbarung klargestellt werden, dass ein Rückgriff auf die gesetzlichen Erlaubnisnormen möglich bleibt.[2145] Dies entspricht der hier vertretenen Ansicht, dass kein allgemeines Rückgriffsverbot hinsichtlich anderer Rechtfertigungstatbestände besteht. Zur Begründung dieser Ansicht lassen sich die gleichen Argumente heranziehen, die bereits im Zusammenhang mit der Einwilligung angeführt wurden.[2146]

c) Allgemeine Regelungen vorweg

Es bietet sich an die für alle Formen der Datenverarbeitung notwendigen allgemeinen Regelungen in Gesamt- oder Einzelbetriebsvereinbarungen vor die Klammer zu ziehen oder in Rahmenbetriebsvereinbarungen oder allgemeine Datenschutzbestimmungen zu normieren.[2147] Dazu zählen insbesondere Definition, die Benennung des Datenschutzbeauftragten sowie konkrete Anlauf- und Informationsstellen für die Mitarbeiter.[2148]

Nach der aktuellen Rechtslage sind pauschale Verbote von spezifischen Überwachungsmaßnahmen oder die Regelung eines pauschalen Verwertungsverbots mit dem Gedanken der Vollharmonisierung nicht vereinbar. Da es auf der Grundlage der

---

2143 *Wurzberger*, ZD 2017, 258, 260.

2144 *Wurzberger*, ZD 2017, 258, 260.

2145 *Klösel/Mahnhold*, NZA 2017, 1428, 1432; *Wybitul*, ZD 2016, 203, 208; so auch schon zur alten Rechtslage *Wybitul/Böhm*, CCZ 2015, 133, 137.

2146 Vgl. Kapitel 2 § 2 B. IV. 4. b).

2147 *Reiserer/Christ/Heinz* sprechen sich dafür aus, solche Informationen in Rahmenbetriebsvereinbarungen zu regeln, auf welche dann in Betriebsvereinbarungen Bezug genommen werden kann, vgl. *Reiserer/Christ/Heinz*, DStR 2018, 1501, 1505 f.

2148 *Reiserer/Christ/Heinz*, DStR 2018, 1501, 1505 f.; *Sörup*, ArbRAktuell 2016, 207, 208 f.

alten Rechtslage durchaus üblich war, solche Regelungen in Betriebsvereinbarungen aufzunehmen, bietet es sich an, diesen Punkt mit einer kurzen Darstellung der rechtlichen Gründe als allgemeinen Punkt in die Betriebsvereinbarung aufzunehmen.

d) Mitbestimmungspflichtige Regelungen – Einbindung des Betriebsrats

Regelungen in Betriebsvereinbarungen bieten sich gerade für solche Sachverhalte an, die ohnehin der Mitbestimmung des Betriebsrats unterliegen. Im Hinblick auf die datenschutzrechtlichen Fragestellungen kommt es dabei insbesondere auf den Anwendungsbereich des § 87 Abs. 1 Nr. 1, 6 BetrVG an, also das Mitbestimmungsrecht hinsichtlich Fragen der Ordnung des Betriebs und des Verhaltens der Arbeitnehmer im Betrieb (vgl. § 87 Abs. 1 Nr. 1 BetrVG) sowie hinsichtlich der Einführung und Anwendung von technischen Einrichtungen, die dazu bestimmt sind, das Verhalten oder die Leistung der Arbeitnehmer zu überwachen (vgl. § 87 Abs. 1 Nr. 6 BetrVG). Während unter das Mitbestimmungsrecht nach § 87 Abs. 1 Nr. 1 BetrVG u.a. Regelungen zur privaten Telefon-, E-Mail- und Internetnutzung fallen[2149], erfasst § 87 Abs. 1 Nr. 6 BetrVG Regelungen bspw. zur Videoüberwachung[2150]. Betriebsvereinbarungen sollten einen Prozess vorsehen, durch welchen die Informationspflichten nach dem BetrVG eingehalten und effektiv umgesetzt werden.[2151]

e) Zweckbindung, Transparenz und Dokumentation

Zwei herausragende Grundsätze, welche sich durch die gesamte DS-GVO ziehen, sind die Zweckbindung sowie die Transparenz.[2152] Jede Datenverarbeitung muss einen spezifischen Zweck erfüllen. Dies gilt für die Datenverarbeitung auf der Grundlage einer gesetzlichen Bestimmung ebenso wie bei der Datenverarbeitung auf der Grundlage einer Einwilligung oder einer Kollektivvereinbarung. Darüber hinaus muss die Datenverarbeitung auf eine für den Betroffenen transparenten Art und Weise erfolgen. Dies kommt auch in Erwägungsgrund 39 der DS-GVO[2153] zum Ausdruck, wonach alle Informationen und Mitteilungen zur Verarbeitung dieser personenbezogenen Daten leicht zugänglich und verständlich und in klarer und einfacher Sprache abgefasst sein sollen. Im Übrigen liegt diese Einschätzung auf der Linie der Rechtsprechung des EGMR. Dieser hat in einer aktuellen Entscheidung zur Überwachung des elektronischen Schriftverkehrs am Arbeitsplatz betont, dass Anlass und Ausmaß einer Kontrolle bzw. Überwachung möglichst im Vorhinein durch den Arbeitgeber transparent gemacht werden soll.[2154]

2149 ErfK/*Kania* BetrVG § 87 Rn. 19.
2150 ErfK/*Kania* BetrVG § 87 Rn. 49.
2151 *Wybitul*, ZD 2016, 203, 208.
2152 So auch *Klösel/Mahnhold*, NZA 2017, 1428, 1433.
2153 VO (EU) 2016/679, ABl. EU Nr. L 119/1 v. 4.5.2016, Erwägungsgrund 39.
2154 EGMR, NZA 2017, 1443, 1446 – Bărbulescu/Rumänien.

Da jeder Datenverarbeitung eine Einzelfallentscheidung zugrunde liegt, sollte der Prozess der Zwecksetzung sowie der Umsetzung der jeweiligen Maßnahme in der Betriebsvereinbarung konkret definiert werden. Ferner muss in der entsprechenden Regelung klargestellt werden, dass die Datenverarbeitung von einer vorherigen Zwecksetzung abhängig ist.[2155] Zudem sollte in der Betriebsvereinbarung die Regelung des Art. 6 Abs. 4 DS-GVO abgebildet werden, wonach eine Verarbeitung zu einem anderen als dem ursprünglichen Zweck zulässig ist, wenn der andere Zweck mit demjenigen, zu dem die personenbezogenen Daten ursprünglich erhoben wurden, vereinbar ist.[2156] Da es sich bei der „Vereinbarkeit" um einen unbestimmten Rechtsbegriff handelt,[2157] sollte in Betriebsvereinbarung bereits eine Konkretisierung des Zwecks in der Form vorgenommen werden, dass die Vereinbarkeit konkret definiert wird.

Ein Zwecksetzungsprozess könnte so gestaltet sein, dass die Zwecksetzung und die geplante Datenverarbeitung in einem gesonderten Formblatt für jede einzelne Maßnahme dokumentiert wird.[2158] In Betracht kommt auch eine entsprechende Zwecksetzung in einer für die jeweilige Maßnahme spezifischen Betriebsvereinbarung, welche zugleich auf allgemeine Regelungen in Rahmenbetriebsvereinbarungen Bezug nimmt.[2159] Im Hinblick auf die Datenverarbeitung müssten dann auch die Mittel der Datenverarbeitung, der zeitliche Umfang usw. beschrieben werden. Werden technische Mittel eingesetzt, müsste das Formblatt auch eine Beschreibung dieses Mittels vorsehen. Ein entsprechendes Formblatt könnte der Betriebsvereinbarung als Anlage beigefügt werden. Insoweit ist vor dem Hintergrund des voranstehend beschriebenen Gesamtkonzepts *Klösel/Mahnhold*[2160] zuzustimmen, dass „angesichts der erhöhten Transparenzvorgaben im Rahmen derartiger Gesamtkonzepte vor allem Vorsicht geboten [ist], wenn es um die Regelung von Datenverarbeitungen unter Hinzuziehung von IT-Systemen und den damit verbundenen Datenflüssen geht (was in der Praxis den Regelfall ausmacht)". Sie führen völlig zu Recht weiter aus, dass es „aufgrund der „Unübersichtlichkeit" der zahlreichen Datenflüsse sinnvoll sein [kann], jeweils entsprechende Musteranlagen mit den einschlägigen Angaben (Zweck, konkrete Definition der verarbeiteten Daten, Speicherort, Zugriffsrechte, Sicherheitsmaßnahmen, vertragliche Abbildungen etc.) zu entwerfen, die dann durch die jeweiligen IT-Fachleute auszufüllen sind. Welche Angaben zu den Datenverarbeitungen hierin zwingend aufzunehmen sind,

---

2155 Im Ergebnis so auch schon zur alten Rechtslage *Wybitul/Böhm*, CCZ 2015, 133, 137.

2156 *Wybitul*, ZD 2016, 203, 208.

2157 *Wurzberger*, ZD 2017, 258, 261.

2158 Vgl. hierzu auch ein Beispiel für eine Betriebsvereinbarung zur Videoüberwachung in Koreng/Lachenmann/*Lachenmann*, Formularhandbuch Datenschutzrecht, 2. Richtlinie und Betriebsvereinbarung zur Videoüberwachung im Betrieb, Rn. 1 - 29.

2159 *Reiserer/Christ/Heinz*, DStR 2018, 1501, 1505 f.

2160 *Klösel/Mahnhold*, NZA 2017, 1428, 1433.

bestimmt sich im Einzelfall, aber wiederrum nach den konkreten Details der Datenverarbeitungen und dem weiteren „Datenschutz-Setup“ innerhalb des jeweiligen Unternehmens oder Betriebs“.[2161] Durch die Implementierung eines solchen Prozesses lässt sich zugleich ein Dokumentationsprozess festlegen, welcher allein im Hinblick auf die in Art. 88 Abs. 2 DS-GVO normierte Rechenschaftspflicht und die sich daraus ergebenden Haftungsrisiken zwingend geboten ist. Um den strengen Transparenzerfordernissen zu genügen, könnten hinsichtlich der in der Betriebsvereinbarung festgelegten Regelungen zusätzlich sog. „FAQ-Listen“[2162] (englisch „Frequently Asked Questions-Listen“), sog. „Q&A-Listen“[2163] (englisch „Question & Answer-Listen“) oder eine Datenschutz-„Policy“[2164] (deutsch Datenschutz-„Richtlinie“) ausgearbeitet und den Mitarbeitern zur Verfügung gestellt werden.

Das LAG Hessen[2165] hat sich in einer jüngeren Entscheidung dazu geäußert, welche Anforderungen an eine IT-Richtlinie nach Maßgabe des § 32 BDSG a.F. zu stellen sind, wenn es um die Auswertung von E-Mails geht. Die sich aus dem Urteil ergebenden Aussagen lassen sich auf die Gestaltung von Betriebsvereinbarungen übertragen. So müsse der Arbeitgeber Anlass und Ausmaß einer Kontrolle bzw. Überwachung im Vorhinein möglichst transparent machen.[2166] Daran fehle es, wenn aus der IT-Richtlinie nicht klar hervorgehe, wann eine Einsicht in die E-Mails des Arbeitnehmers möglich sei.[2167] Dies sei der Fall, wenn als Voraussetzung für die Einsicht „betriebliche Gründe“ genannt würden.[2168] Es sei nicht klar, ob darunter Kontrollen fallen, die den Umfang des privaten E-Mail-Verkehrs am Arbeitsplatz überwachen oder ob darunter auch solche Kontrollen fallen sollen, die den Inhalt der E-Mails selbst überprüfen und gegebenenfalls disziplinarische Maßnahmen nach sich ziehen können.[2169] Weiterhin hätte die IT-Richtlinie offengelassen, ab welchem Verdacht in Bezug auf welche Pflichtverletzungen eine Einsicht erfolgen könne.[2170] Durch die offene Formulierung in der IT-Richtlinie habe sich die Beklagte eine verdachtsunabhängige Kontrolle der Inhalte privater E-Mails vorbehalten können.[2171] Der Entscheidung lassen sich Leitlinien für die

---

2161 *Klösel/Mahnhold*, NZA 2017, 1428, 1433.

2162 *Reiserer/Christ/Heinz*, DStR 2018, 1501, 1505; *Wybitul/Böhm*, CCZ 2015, 133, 135; so auch *Dzida/Grau*, DB 2018, 189, 192 in Bezug auf die Überarbeitung von Altvereinbarungen.

2163 *Wybitul/Böhm*, CCZ 2015, 133, 135.

2164 *Dzida/Grau*, DB 2018, 189, 192 in Bezug auf die Überarbeitung von Altvereinbarungen.

2165 LAG Hessen, NZA-RR 2019, 130.

2166 LAG Hessen, NZA-RR 2019, 130, 135, wobei das LAG auf die Entscheidung *Bărbulescu/Rumänien* des EGMR verweist, vgl. dazu EGMR, NZA 2017, 1443 – Bărbulescu/Rumänien.

2167 LAG Hessen, NZA-RR 2019, 130, 135.

2168 LAG Hessen, NZA-RR 2019, 130, 135.

2169 LAG Hessen, NZA-RR 2019, 130, 135.

2170 LAG Hessen, NZA-RR 2019, 130, 135.

2171 LAG Hessen, NZA-RR 2019, 130, 135.

Gestaltung einer Betriebsvereinbarung entnehmen. So muss aus einer Betriebsvereinbarung klar hervorgehen, welche konkreten Gründe zu einer Einsichtnahme in die E-Mails führen können. Ein Sammelbegriff wie „betriebliche Gründe“ reicht gerade nicht aus. Vielmehr müssen spezifische Gründe aufgenommen werden. In Betracht käme etwa in Anlehnung an den Wortlaut des § 26 Abs. 1 S. 2 BDSG, wenn zu dokumentierende tatsächliche Anhaltpunkte i.S.e. Anfangsverdachts für einen arbeitsvertraglichen Pflichtenverstoß oder die Begehung einer Straftat sprechen. Damit würde man direkt einen spezifischen Verdachtsgrad als Anforderung normieren, was das LAG ebenfalls fordert. Ob die Maßnahme dann einer Verhältnismäßigkeitsprüfung standhält, also insbesondere erforderlich und verhältnismäßig im eigentlichen Sinne ist, ist eine andere Frage. Auch zeigt sich, dass in den Betriebsvereinbarungen differenziert werden muss zwischen der Auswertung der Verbindungsdaten und der inhaltlichen Auswertung. Diese instanzgerichtliche Entscheidung zeigt bereits ganz deutlich, welchen Detailgrad im Hinblick auf die datenschutzrechtlichen Regelungen eine Betriebsvereinbarung aufweisen muss, um den Anforderungen an die Transparenz zu genügen.

Gerade im Hinblick auf etwaige verdeckte Überwachungsmaßnahmen bietet es sich an, genau zu definieren, in welchen Fällen solche Maßnahmen möglich sind und welchen Voraussetzungen diese unterliegen. Um dies zu präzisieren, kann für die Regelungen in Betriebsvereinbarungen auf die in der Rechtsprechung des BAG[2172] herausgearbeiteten Anforderungen zurückgegriffen werden. Insoweit darf eine verdeckte Videoüberwachung von Beschäftigten nur durchgeführt werden, wenn der konkrete Verdacht einer strafbaren Handlung oder einer anderen schweren Verfehlung zulasten des Unternehmens besteht, weniger einschneidende Mittel zur Aufklärung des Verdachts ergebnislos ausgeschöpft sind und die verdeckte Videoüberwachung damit praktisch das einzig verbleibende Mittel zur Aufklärung der Straftaten darstellt. Darüber hinaus muss sich der Verdacht gegen einen zumindest räumlich und funktional abgrenzbaren Kreis von Arbeitnehmern richten. Auf diese Weise wird den Mitarbeitern transparent dargelegt, unter welchen Voraussetzungen eine solche verdeckte Überwachung überhaupt möglich ist. Informiert werden die Mitarbeiter über die Maßnahmen in solchen Fällen indes nicht, da ansonsten der Überwachungszweck gefährdet würde. Dieser Schritt, dessen Begründung und die ihm zugrunde liegende Abwägung sollte sich aber aus der Dokumentation ergeben. Darüber hinaus kann in einer entsprechenden Regelung klargestellt werden, dass die verdachtsunabhängige, rein präventive Inbetriebnahme einer Überwachungsanlage unzulässig ist. Gerade im Zusammenhang mit Überwachungsmaßnahmen sollten auch immer die sich aus der aktuellen Rechtsprechung des EGMR ergebenden Anforderungen berücksichtigt werden.[2173]

2172 Zu den Anforderungen an eine verdeckte Videoüberwachung vgl. BAG, NZA 2003, 1193, 1195; BAG, NZA 2012, 1025, 1028; vgl. zur Zulässigkeit heimliche Überwachungsmaßnahmen Kapitel 2 § 2 B. II. 5.

2173 Vgl. hierzu Kapitel 2 § 2 B. II. 5. c) bb), cc).

Soweit kein Betriebsrat besteht, kann den Anforderungen an die Transparenz auch durch eine interne Kommunikation oder durch eine Zusatzinformation der Mitarbeiter genüge getan werden.[2174] In Betracht kommen z.B. zusätzliche Regelungen in Zusätzen zum Arbeitsvertrag[2175] sowie interne Aushänge am Schwarzen Brett oder im Intranet des Unternehmens.[2176]

f) Folgenabschätzung in kritischen Fällen

Ebenfalls in einer Betriebsvereinbarung regelungsbedürftig ist die Datenschutz-Folgenabschätzung gemäß Art 35 DS-GVO.[2177] Danach muss der Verantwortliche vorab eine Abschätzung der Folgen der vorgesehenen Verarbeitungsvorgänge für den Schutz personenbezogener Daten durchführen, wenn die geplante Form der Datenverarbeitung aufgrund der Art, des Umfangs, der Umstände und der Zwecke der Verarbeitung voraussichtlich ein hohes Risiko für die Rechte und Freiheiten natürlicher Personen zur Folge hat. Eine solche Folgenabschätzung kann gerade im Rahmen umfangreicher interner Untersuchung notwendig werden. Insoweit bietet es sich an, in der Betriebsvereinbarung festzulegen, welche Arten von Datenverarbeitungen jedenfalls einer vorherigen Folgenabschätzung bedürfen.[2178] Ferner sollte hier der einer Folgenabschätzung zugrunde liegende Prozess definiert werden.[2179]

g) Datensparsamkeit und Datenrichtigkeit

Zur Einhaltung der Datenminimierung (vgl. Art. 5 Abs. 1 lit. c) DS-GVO) sowie der Speicherbegrenzung (vgl. Art. 5 Abs. 1 lit. e) DS-GVO) sollte eine Betriebsvereinbarung Regelungen zur Speicherdauer enthalten.[2180] Insoweit sollte eine Datenverarbeitung entsprechend dem jeweils verfolgten Zweck auf das notwendige Maß beschränkt sein.[2181] Dabei kann es sich um konkrete Angaben zur Speicherdauer, aber auch um Kriterien zur Festlegung der Speicherdauer handeln.[2182] Ferner sollte ein konkretes Löschkonzept ausgearbeitet werden, um die Vorgaben des in Art. 17 DS-GVO geregelten „Rechts auf Vergessenwerden“ zu erfüllen.[2183] Ein

---

2174 *Reiserer/Christ/Heinz*, DStR 2018, 1501, 1506.

2175 Um gerade die kleineren Unternehmen zu unterstützen, wurden in der Praxis teilweise sog. „Starter Kits“ entwickelt, welche die wichtigsten Anpassungen und Neuregelungen enthalten, so auch passende Entwürfe für Nachträge zu bereits bestehenden Arbeitsverträge sowie den Neuabschluss von Arbeitsverträgen.

2176 *Reiserer/Christ/Heinz*, DStR 2018, 1501, 1506.

2177 Zur Datenschutz-Folgenabschätzung im Einzelnen vgl. Kapitel 2 § 4 A.

2178 *Wybitul*, ZD 2016, 203, 208.

2179 *Wybitul*, ZD 2016, 203, 208.

2180 So auch schon zur alten Rechtslage *Wybitul/Böhm*, CCZ 2015, 133, 137.

2181 So auch *Wurzberger*, ZD 2017, 258, 259.

2182 *Imping*, CR 2017, 378, 384.

2183 *Reiserer/Christ/Heinz*, DStR 2018, 1501, 1505; *Wybitul*, ZD 2016, 203, 208.

entsprechendes Löschkonzept sollte zudem die Löschung unrichtiger Daten vorsehen, um so zugleich den Grundsatz der Datenrichtigkeit (vgl. Art. 5 Abs. 1 lit. d) DS-GVO) abzubilden.[2184]

Ein weiterer Weg zur Einhaltung der Datensparsamkeit kann darin bestehen, dass Daten grundsätzlich pseudonymisiert oder zumindest anonymisiert verarbeitet werden und nur – soweit zwingend erforderlich – eine konkrete Personenzuordnung erfolgt.[2185] So hat sogar das BAG zur alten Rechtslage entschieden, dass die Anonymisierung der Daten, auch wenn die Aufhebung der Anonymisierung ohne unangemessenen Aufwand möglich ist, jedenfalls einen etwas weniger gravierenden Eingriff darstellt.[2186] Sogar in den Erwägungsgründen finden sich Gestaltungshinweise hierzu. Nach Erwägungsgrund 78[2187] sollte der Verantwortliche interne Strategien festlegen und Maßnahmen ergreifen, die insbesondere den Grundsätzen des Datenschutzes durch Technik (sog. „data protection by design") und durch datenschutzfreundliche Voreinstellungen (sog. „data protection by default") genügen. Solche Maßnahmen könnten – so Erwägungsgrund 78 – u.a. darin bestehen, dass die Verarbeitung personenbezogener Daten minimiert wird und personenbezogene Daten so schnell wie möglich pseudonymisiert werden. Ferner sollte Transparenz in Bezug auf die Funktionen und die Verarbeitung personenbezogener Daten hergestellt werden, sodass dem Betroffenen ermöglicht wird, die Verarbeitung nachzuvollziehen, und der Verantwortliche in die Lage versetzt wird, Sicherheitsfunktionen zu schaffen und zu verbessern.

Bei Verstößen gegen dieses Recht besteht das Risiko hoher Bußgelder. Zu beachten ist dabei, dass die Ausnahmen von der grundsätzlichen Löschpflicht in Art. 17 Abs. 3 DS-GVO eng gefasst sind.

h) Schutz der Daten

Der Schutz der Daten ist dem Grundsatz der Integrität und Vertraulichkeit zuzuordnen (vgl. Art. 5 Abs. 1 lit. f) DS-GVO). Danach müssen die Daten in einer Weise verarbeitet werden, die eine angemessene Sicherheit der personenbezogenen Daten gewährleistet, einschließlich des Schutzes vor unbefugter oder unrechtmäßiger Verarbeitung und vor unbeabsichtigtem Verlust sowie unbeabsichtigter Zerstörung oder Schädigung. Dieser Schutz soll gerade durch technische oder organisatorische Maßnahmen abgesichert werden. Die konkret zu bestimmenden Maßnahmen sollten Teil der Betriebsvereinbarung sein. Zu solchen Regelungen gehören bspw. Bestimmungen zur Art der Speicherung der Daten sowie der

---

2184 Einen Korrekturprozess hinsichtlich unrichtiger Daten als Teil der Betriebsvereinbarung empfiehlt auch *Wurzberger*, ZD 2017, 258, 261.

2185 So wohl auch *Schrey/Kielkowski*, BB 2018, 629, 634; *Kort* folgert aus dem Gebot der Datensparsamkeit sogar eine Pflicht bei der Beschäftigtendatenverarbeitung die Daten nach Möglichkeit zu pseudonymisieren, vgl. *Kort*, NZA 2018, 1097, 1104.

2186 BAG, NZA 2017, 394.

2187 VO (EU) 2016/679, ABl. EU Nr. L 119/1 v. 4.5.2016, Erwägungsgrund 78.

Bestimmung der Zugriffsrechte. Werden Daten weitergeleitet, geht es auch um die Regelung der Empfänger oder Kategorien von Empfängern.[2188] Insoweit ergibt sich aus Art. 88 Abs. 2 DS-GVO, dass (Konzern-)Betriebsvereinbarungen bzgl. der Übermittlung personenbezogener Daten im Konzern Schutzmaßnahmen vorsehen müssen. Ein Konzernprivileg besteht, wie bereits gezeigt, nicht.

Konkrete Maßnahmen erschöpfen sich nicht nur in technischen Maßnahmen. Wird bspw. eine Videoüberwachung durchgeführt, stellt sich die Frage, wem der physische Zugriff auf die technischen Einrichtungen sowie den Raum, in dem sich die Einrichtungen befinden, gestattet wird. Überdies ist nach § 26 Abs. 7 BDSG die nicht automatisierte Datenverarbeitung erfasst. Sollte bspw. die Durchführung von Spind- oder Taschenkontrollen geregelt werden, bedürfte es auch hinsichtlich der aufgefundenen Gegenstände entsprechender Regelungen zu Sicherungsmaßnahmen und Zugriffsrechten.

i) Informationspflichten

Ein weiterer zentraler Baustein, der in Betriebsvereinbarungen durch entsprechende Regelung abgebildet werden sollte, sind die Informationsrechte der Betroffenen sowie die damit korrespondierenden Pflichten der Verantwortlichen.[2189]

Dabei geht es insbesondere um die in den Art. 12 bis 15 DS-GVO normierten Rechte, inkl. der in Betracht kommenden Ausnahmen. Hinsichtlich der geplanten Datenverarbeitung muss genau geprüft werden, welche Rechte den Betroffenen zustehen, wie sie diese geltend machen und welche Risiken sich für die betroffenen Personen ergeben können. Die Betriebsvereinbarung sollte entsprechende Informationen zu diesen Fragestellungen enthalten[2190] oder einen konkreten Informationsprozess definieren, der eine umfassende Informierung der Betroffenen absichert.[2191] In diesem Zusammenhang sei auch auf Berichtigungs- und Löschrechte hingewiesen, welche ebenfalls in den entsprechenden Regelungen oder Informationsprozessen abgebildet werden sollten.

Als ein Gestaltungsweg kommt auch hier der Abschluss einer Rahmenbetriebsvereinbarung in Betracht, welche die Informationspflichten des Arbeitgebers gemäß Art. 12 ff. DS-GVO niederlegt.[2192] Durch Bezugnahme auf diese

---

2188 *Imping*, CR 2017, 378, 384.

2189 Vgl. hierzu auch VO (EU) 2016/679, ABl. EU Nr. L 119/1 v. 4.5.2016, Erwägungsgrund 39.

2190 *Wurzberger*, ZD 2017, 258, 259; *Wybitul*, ZD 2016, 203, 207; für konkrete Formulierungsvorschläge zur Erfüllung der Informationspflichten vgl. *Sörup*, ArbRAktuell 2016, 207, 210 ff.

2191 Nach *Schrey/Kielkowski* reicht es indes aus, wenn der Arbeitgeber als Verantwortlicher die entsprechenden Informationen im Rahmen allgemeiner Belehrungen, jedoch nicht in den einschlägigen Betriebsvereinbarungen, erteilt, vgl. *Schrey/Kielkowski*, BB 2018, 629, 634 f.

2192 *Reiserer/Christ/Heinz*, DStR 2018, 1501, 1505 f.

Rahmenbetriebsvereinbarung in den einzelnen themenspezifischen Betriebsvereinbarungen könnte der Handlungsbedarf bei Letzteren reduziert werden.[2193]

j) *„Sonderfälle"*

Sollte eine Auftragsdatenverarbeitung[2194] (vgl. Art. 28 ff. DS-GVO) in Betracht kommen oder ein Datentransfer in Drittstaaten[2195] (vgl. Art. 44 ff. DS-GVO) notwendig werden, sollte die Betriebsvereinbarung die entsprechenden Vorgaben beinhalten und wiederum konkrete Prozesse zur Einhaltung dieser Vorgaben definieren. Soweit sich Betriebsvereinbarungen auf die Verarbeitung besonderer Kategorien personenbezogener Daten erstrecken sollen, haben sie die spezifischen Vorgaben des Art. 9 DS-GVO zu erfüllen.[2196]

3. *Praktikabilität im Rahmen interner Untersuchungen*

Ebenso wie im Zusammenhang mit dem Rechtsinstitut der Einwilligung bedarf es auch im Hinblick auf die Betriebsvereinbarung einer Bewertung, inwieweit diese als Ermächtigungsgrundlage im Rahmen interner Untersuchungen praktikabel ist.

Gegen eine solche Praktikabilität ließe sich der hier vertretene Ansatz der Vollharmonisierung heranziehen. Bei der Einstufung der Betriebsvereinbarung als eigenständigen datenschutzrechtlichen Erlaubnistatbestands könnte es sich letztlich um ein bloßes „Lippenbekenntnis" handeln, da Betriebsvereinbarungen mangels Abweichungsmöglichkeit vom Schutzniveau „ohnehin normativen Erlaubnistatbeständen genügen müssen, also letztlich ihre Eigenständigkeit als Erlaubnistatbestand verlören".[2197]

Dieses Argument spricht indes nicht gegen die Praktikabilität der Betriebsvereinbarung als Erlaubnistatbestand. Wie bereits gezeigt, geht die DS-GVO davon aus, dass mehrere Rechtfertigungsgründe gleichzeitig einschlägig sein können (vgl. nur den Wortlaut von Art. 6 Abs. 1 S. 1 DS-GVO sowie Art. 17 Abs. 1 lit. b) DS-GVO). Es ist, um ein Mehr an Rechtssicherheit im Rahmen der Datenverarbeitung zu erlangen, gerade sinnvoll, die Datenverarbeitung auf eine breitere Rechtfertigungsgrundlage zu stützen. Dies sollte auch ein Ziel der Unternehmen sein.[2198] Ferner lassen sich in Betriebsvereinbarungen verschiedene Datenverarbeitungsvorgänge präzisieren und dafür notwendige Prozesse definieren. Betriebsvereinbarungen können Überwachungsmaßnahmen konkreter ausgestalten und führen dadurch für alle Beteiligten – unabhängig von den rechtlichen Vorgaben an die Transparenz, Datensicherheit etc. – zu einem positiven Effekt. Auf diesem Weg

2193 *Reiserer/Christ/Heinz*, DStR 2018, 1501, 1505 f.
2194 Hierzu genauer *Wurzberger*, ZD 2017, 258, 262.
2195 Hierzu genauer *Wurzberger*, ZD 2017, 258, 260.
2196 *Wurzberger*, ZD 2017, 258, 261 f.
2197 *Kort*, NZA 2018, 1097, 1102.
2198 *Kort*, NZA 2018, 1097, 1102.

und durch die Abstimmung mit dem Betriebsrat lässt sich auch die Akzeptanz der Arbeitnehmer für solche Maßnahmen steigern. Betriebsvereinbarungen sind auch nicht von so vielen Unwägbarkeiten abhängig, wie dies bei der Einwilligung der Fall ist, wie bspw. im Hinblick auf das Kriterium der Freiwilligkeit. Insoweit lassen sich Betriebsvereinbarungen und datenschutzrechtliche Einwilligungen hinsichtlich der Praktikabilität nicht vergleichen.

Den Unternehmen kann nur geraten werden, Überwachungsmaßnahmen – soweit möglich – in transparenter Form in Betriebsvereinbarungen abzubilden, um so die Rechtssicherheit zu steigern und auch das Risiko einer späteren Unverwertbarkeit[2199] der Ergebnisse zu reduzieren.

§ 4 Annex – Datenschutz-Folgenabschätzung und Hinweisgebersystem

Im Folgenden werden nicht die Grundlagen des Hinweisgebersystems und des Whistleblowings aufgearbeitet, da dies den Umfang der Untersuchung sprengen würde. Vielmehr werden die Aspekte herausgegriffen, die im Kontext interner Untersuchungen relevant sind, und auch nur insoweit dargestellt, als sie für den Gesamtzusammenhang der hiesigen Untersuchung von Bedeutung sind.

A. Datenschutz-Folgenabschätzungen

Mit der Einführung der DS-GVO hat auch die Datenschutz-Folgenabschätzung Einzug erhalten, welche in Art. 35 DS-GVO normiert ist. Gemäß Art. 35 Abs. 1 DS-GVO hat der Verantwortliche für den Fall, dass die Form der Verarbeitung aufgrund der Art, des Umfangs, der Umstände und der Zwecke der Verarbeitung voraussichtlich ein hohes Risiko für die Rechte und Freiheiten natürlicher Personen zur Folge hat, eine Abschätzung der Folgen der vorgesehenen Verarbeitungsvorgänge für den Schutz personenbezogener Daten durchzuführen. Im Kern ist auch mit der Datenschutz-Folgenabschätzung eine Interessenabwägung verbunden.[2200] Durch die Normierung einer Datenschutz-Folgenabschätzung stellt der Verordnungsgeber sicher, dass die Datenverarbeitung personenbezogener Daten im Einklang mit der Verordnung erfolgt.[2201] Im Hinblick auf den Umfang der Verarbeitung fragt sich, ab wann eine Datenschutz-Folgenabschätzung durchgeführt werden muss. Den Erwägungsgründen lässt sich lediglich entnehmen, dass eine Datenverarbeitung im Verhältnis Arzt zum Patienten bzw. Rechtsanwalt zum Mandanten als nicht umfangreich einzustufen ist.[2202] Da es sich hierbei lediglich um ein Verhältnis zwischen zwei Personen handelt, also das kleinstmögliche Verhältnis,

2199 Zur Verwertbarkeit vgl. Kapitel 3 § 2.
2200 *Reiserer/Christ/Heinz*, DStR 2018, 1501, 1503.
2201 VO (EU) 2016/679, ABl. EU Nr. L 119/1 v. 4.5.2016, Erwägungsgrund 84, 90.
2202 VO (EU) 2016/679, ABl. EU Nr. L 119/1 v. 4.5.2016, Erwägungsgrund 91.

lassen sich hieraus keine allgemeinen Rückschlüsse ziehen. Da auf der anderen Seite die Beispiele für einen geringen Umfang so eng gefasst sind, lässt sich jedenfalls konstatieren, dass ein geringer Umfang und damit eine Ausnahme von der Datenschutz-Folgenabschätzung nur in Ausnahmefällen möglich sein dürfte.

Eine solche Folgenabschätzung kann auch im Rahmen von internen Untersuchungen und den damit verbundenen Datenverarbeitungsvorgängen von großer Relevanz sein. So hat eine Datenschutz-Folgenabschätzung insbesondere in den Fällen zu erfolgen, in denen besondere Kategorien personenbezogener Daten gemäß Art. 9 DS-GVO verarbeitet werden (vgl. Art. 35 Abs. 3 lit. b) DS-GVO) oder wenn eine systematische und umfangreiche Überwachung öffentlich zugänglicher Bereiche erfolgt (vgl. Art. 35 Abs. 3 lit. c) DS-GVO). Bei Letzterer ist u.a. an eine Videoüberwachungsmaßnahme zu denken.[2203] Soweit eine Datenschutz-Folgenabschätzung erforderlich ist, muss diese spezifische in Art. 35 Abs. 7 DS-GVO aufgelistete Inhalte enthalten. Dazu gehören (i) eine systematische Beschreibung der geplanten Verarbeitungsvorgänge und der Zwecke der Verarbeitung, gegebenenfalls einschließlich der von dem Verantwortlichen verfolgten berechtigten Interessen (vgl. Art. 35 Abs. 7 lit. a) DS-GVO), (ii) eine Bewertung der Notwendigkeit und Verhältnismäßigkeit der Verarbeitungsvorgänge in Bezug auf den Zweck (vgl. Art. 35 Abs. 7 lit. b) DS-GVO), (iii) eine Bewertung der Risiken für die Rechte und Freiheiten der betroffenen Personen gemäß Art. 35 Abs. 1 DS-GVO (vgl. Art. 35 Abs. 7 lit. c) DS-GVO) und (iv) die zur Bewältigung der Risiken geplanten Abhilfemaßnahmen, einschließlich Garantien, Sicherheitsvorkehrungen und Verfahren, durch die der Schutz personenbezogener Daten sichergestellt und der Nachweis dafür erbracht wird, dass diese Verordnung eingehalten wird, wobei den Rechten und berechtigten Interessen der betroffenen Personen und sonstiger Betroffener Rechnung getragen werden muss (vgl. Art. 35 Abs. 7 lit. d) DS-GVO). Diese Inhalte sind nicht zwingend abschließend, da Art. 35 Abs. 7 DS-GVO klarstellt, dass es sich bei der Auflistung lediglich um die Mindestinhalte handelt.

Für Unternehmen sieht die Regelung dennoch eine Erleichterung vor. Gerade wenn eine bestimmte Form der Datenverarbeitung in einer Betriebsvereinbarung geregelt werden soll, kann eine solche Datenschutz-Folgenabschätzung für eine Mehrzahl gleichgelagerter Verarbeitungsvorgänge im Rahmen der Ausarbeitung der Betriebsvereinbarung vorgenommen werden. Dafür spricht Art. 25 Abs. 1 S. 2 DS-GVO, wonach für die Untersuchung mehrerer ähnlicher Verarbeitungsvorgänge mit ähnlich hohen Risiken eine einzige Abschätzung ausreichen kann. Insoweit sollte eine entsprechende Datenschutz-Folgenabschätzung bereits im Rahmen der Erstellung der Betriebsvereinbarung erfolgen. Es bietet sich auch an, eine entsprechende Folgenabschätzung vor den Verhandlungen mit dem Betriebsrat durchzuführen, da der Betriebsrat durch dieses Vorgehen unmittelbar über das Ergebnis der Folgenabschätzung in Kenntnis gesetzt wird. Dies spart Zeit,

2203 *Dzida/Grau*, DB 2018, 189, 194; *Franzen*, EuZA 2017, 313, 335 f.; BeckOK DatenschutzR/*Hansen*, DS-GVO Art. 35 Rn. 28; *Wybitul*, ZD 2016, 203, 205.

da es zu erwarten steht, dass der Betriebsrat ohnehin Informationen zu den datenschutzrechtlichen Risiken einfordern wird. Möglicherweise wird er ohnehin eine Datenschutz-Folgenabschätzung einfordern.[2204]

Führt die Datenschutz-Folgenabschätzung zu einem hohen Risiko und trifft das Unternehmen keine Maßnahmen, um diese einzudämmen, schreibt Art. 36 Abs. 1 DS-GVO die Pflicht zur Konsultation vor.[2205]

Sollte das Unternehmen eine entsprechende Datenschutz-Folgenabschätzung oder eine notwendige Konsultation nicht durchführen, können gemäß Art. 83 Abs. 4 lit. a) DS-GVO empfindliche Geldstraßen drohen. Diese können zwischen 10 Mio. Euro und zwei Prozent des gesamten weltweit erzielten Jahresumsatzes des vergangenen Geschäftsjahrs liegen.[2206]

B. Hinweisgebersystem als Ausgangspunkt interner Untersuchungen („Whistleblowing")[2207]

Ausgangspunkt der Aufklärung von Straftaten oder sonstigen erheblichen Pflichtverletzungen im Unternehmen und damit auch Ausgangspunkt interner Untersuchungen sind regelmäßig Hinweise von Hinweisgebern/Whistleblowern, wie bspw. Kollegen, Vorgesetzten oder auch der Geschäftsleitung. Solche Hinweise bilden für Unternehmen einen wichtigen Baustein, um die Rechtskonformität des eigenen Handelns überwachen zu können. Aus diesem Grund wird in vielen Unternehmen ein eigens eingerichtetes Hinweisgebersystem als fester Bestandteil eines effektiven Compliance-Systems angesehen[2208], durch welches den eigenen Mitarbeitern die Möglichkeit gegeben wird, rechtswidriges Handeln unternehmensintern zur „Anzeige" zu bringen. Dass ein entsprechendes System für Unternehmer von großer Bedeutung ist, ergibt sich zudem aus dem aktuellen DCGK, in welchem es heißt: „Beschäftigten soll auf geeignete Weise die Möglichkeit eingeräumt werden, geschützt Hinweise auf Rechtsverstöße im Unternehmen zu geben; auch Dritten sollte diese Möglichkeit eingeräumt werden".[2209] Der DCGK sieht die Aufgabe zur Einführung eines Hinweisgebersystems beim Vorstand. In diesem Abschnitt der

2204 *Dzida/Grau*, DB 2018, 189, 194.

2205 *Franzen*, EuZA 2017, 313, 337.

2206 *Wybitul*, ZD 2016, 203, 205.

2207 Hinsichtlich einer Auswertung der Hinweisgebersysteme der DAX-30-Unternehmen vgl. *Thüsing/Fütterer/Jänsch*, RDV 2018, 133, 134 f.

2208 *Mengel*, NZA 2017, 1494, 1497 f.; nach einer Auswertung durch *Thüsing/Fütterer/Jänisch* haben alle 30 im DAX notierten Unternehmen ein Hinweisgebesystem, vgl. *Thüsing/Fütterer/Jänsch*, RDV 2018, 133, 134.

2209 Deutscher Corporate Governance Kodex vom 16. Dezember 2019, S. 4; so auch schon Deutscher Corporate Governance Kodex in der Fassung vom 7. Februar 2017 mit Beschlüssen aus der Plenarsitzung vom 7. Februar 2017 unter Ziffer 4.1.3, vgl. Deutscher Corporate Governance Kodex in der Fassung vom 7. Februar 2017 mit Beschlüssen aus der Plenarsitzung vom 7. Februar 2017, S. 6.

Untersuchung werden nicht die Grundlagen des Hinweisgebersystems und des Whistleblowings aufgearbeitet, da dies den Umfang der Untersuchung sprengen würde. Vielmehr werden die Aspekte herausgegriffen, die im Kontext interner Untersuchungen relevant sind und auch nur insoweit dargestellt, als sie für den Gesamtzusammenhang der hiesigen Untersuchung von Bedeutung sind.

Hinweise können sich über den hier maßgeblichen Bereich der Handlungen von Arbeitnehmern hinaus auch auf rechtswidriges Verhalten Dritter, also Kunden, Lieferanten usw. beziehen. Selbstverständlich ist mit einem solchen Hinweis nicht automatisch eine Strafanzeige oder ein Strafantrag durch das Unternehmen verbunden. Daran hat das Unternehmen in den meisten Fällen auch kein Interesse, da es der Verdachtslage ohne Beteiligung der Ermittlungsbehörden und insbesondere ohne Kenntnis der Öffentlichkeit nachgehen und deren Plausibilität prüfen möchte.

Ein Hinweisgebersystem besteht meist aus einem dafür eingerichteten Kommunikationsweg, über welchen die Hinweise durch die Hinweisgeber anonym oder offen, also unter Nennung eigener personenbezogener Daten, übermittelt werden. Der Kommunikationsweg ist nicht vorgegeben, es kann sich also um eine Hotline, eine spezifische E-Mail-Adresse/ein Postfach, ein eigens eingerichtetes Portal o.ä. handeln.[2210] Teilweise werden auch Rechtsanwaltskanzleien als Mittler (sog. „Ombudsmänner“) eingesetzt, welche zunächst eine Plausibilitätsprüfung durchführen.[2211] So wichtig Hinweise aus der eigenen Belegschaft sind, so schwierig ist die Umsetzung solcher Systeme. Die Beispiele von Hinweisgebern aus der Vergangenheit zeigen, dass das Handeln der Hinweisgeber häufig negativ aufgefasst wird.[2212] Überdies unterliegt die aktuelle Gesetzeslage aufgrund neuer unionsrechtlicher Vorgaben sowie aktueller Entwicklungen auf legislativer Ebene in Deutschland einem umfassenden Wandel. Auf der Ebene der EU ist im vergangenen Jahr die „Richtlinie (EU) 2016/943 des europäischen Parlaments und des Rates vom 8. Juni 2016 über den Schutz vertraulichen Know-hows und vertraulicher Geschäftsinformationen (Geschäftsgeheimnisse) vor rechtswidrigem Erwerb sowie rechtswidriger Nutzung und Offenlegung“ („Richtlinie zum Schutz von Geschäftsgeheimnissen“) in Kraft getreten.[2213] Nach Art. 5 dieser Richtlinie sollen Hinweisgeber besonders geschützt werden. So soll der Erwerb oder die angebliche Nutzung oder Offenlegung von Geschäftsgeheimnissen geschützt sein, soweit die entsprechende Handlung zur Aufdeckung eines beruflichen oder sonstigen

2210 Vgl. hierzu auch *Thüsing/Fütterer/Jänsch*, RDV 2018, 133, 135.

2211 *Thüsing/Fütterer/Jänsch*, RDV 2018, 133, 135.

2212 Zu verschiedenen Beispielen aus der Vergangenheit vgl. *Wiedmann/Seyfert*, CCZ 2019, 12 f.

2213 Richtlinie (EU) 2016/943 des europäischen Parlaments und des Rates vom 8. Juni 2016 über den Schutz vertraulichen Know-hows und vertraulicher Geschäftsinformationen (Geschäftsgeheimnisse) vor rechtswidrigem Erwerb sowie rechtswidriger Nutzung und Offenlegung, RL (EU) 2016/943, ABl. EU Nr. L 157/1 v. 15.06.2016.

Fehlverhaltens oder einer illegalen Tätigkeit erfolgte und dadurch das allgemeine öffentliche Interesse geschützt werden sollte. Die neue Richtlinie wurde in Deutschland durch das GeschGehG[2214] umgesetzt. Daher ist parallel zur Richtlinie zum Schutz von Geschäftsgeheimnissen in § 5 GeschGehG geregelt, dass die Erlangung, die Nutzung oder die Offenlegung eines Geschäftsgeheimnisses nicht unter die Handlungsverbote des § 4 GeschGehG fällt, wenn dies zum Schutz eines berechtigten Interesses erfolgt. Ein solches soll insbesondere in der Aufdeckung einer rechtswidrigen Handlung oder eines beruflichen oder sonstigen Fehlverhaltens liegen, wenn die Erlangung, Nutzung oder Offenlegung geeignet ist, das allgemeine öffentliche Interesse zu schützen. In der neuen Regelung drückt sich der Schutz für Hinweisgeber bzw. Whistleblower konkret aus.[2215]

Bei dem Hinweisgebersystem handelt es sich um ein den internen Untersuchungen vorgelagertes System, zu welchem sich seinerseits eine Vielzahl ganz unterschiedlicher rechtlicher Frage- und Problemstellungen ergibt. Der Themenkomplex des Hinweisgebersystems kann in dieser Untersuchung daher nicht umfassend dargestellt werden, würde doch allein die Analyse der Auswirkungen der neuen Gesetzeslage sowie deren rechtlicher Rahmenbedingungen den Umfang dieses Abschnitts sprengen. Daher soll der Fokus der nachfolgenden Ausführungen auf die datenschutzrechtlichen Fragestellungen im Zusammenhang mit internen Untersuchungen gelegt werden.

Datenschutzrechtlich zu problematisieren ist, in welchen Fällen mit der Hinweisübermittlung zugleich eine Datenerhebung verbunden ist und wie dies datenschutzrechtlich zu bewerten ist. Eine Datenerhebung hinsichtlich eines Verdächtigen dürfte ausscheiden, wenn sich der Hinweis nicht auf eine konkrete Person oder Personenmehrheit bezieht, sondern sich der Hinweis darauf beschränkt, dass es in einem bestimmten Bereich, einer Abteilung o.ä. zu rechtswidrigen Handlungen gekommen sein soll.[2216]

Enthält der Hinweis hingegen personenbezogene Daten, die sich auf eine bestimmte oder jedenfalls bestimmbare Person beziehen, werden im Rahmen des Hinweisgebersystems personenbezogene Daten verarbeitet.[2217] In solch einem Fall ist das Hinweisgebersystem an den datenschutzrechtlichen Vorgaben zu messen. Dabei ist die datenschutzrechtliche Bewertung von drei zentralen Fragestellungen

2214 Kleine Anfrage der Abgeordneten Daniel Föst, Katja Suding, Grigorios Aggelidis, Nicole Bauer, Christine Aschenberg-Dugnus, Jens Beeck, Nicola Beer, Dr. Jens Brandenburg (Rhein-Neckar), Mario Brandenburg (Südpfalz), Britta Katharina Dassler, Hartmut Ebbing, Dr. Marcus Faber, Thomas Hacker, Katrin Helling-Plahr, Katja Hessel, Reinhard Houben, Ulrich Lechte, Oliver Luksic, Dr. Martin Neumann, Hagen Reinhold, Dr. Stefan Ruppert, Christian Sauter, Dr. Wieland Schinnenburg, Judith Skudelny, Bettina Stark-Watzinger, Stephan Thomae, Nicole Westig und der Fraktion der FDP, BT-Drs. 19/4742.

2215 Vgl. hierzu auch *Hiéramente/Golzio*, CCZ 2018, 262, 264.

2216 ErfK/*Franzen* BDSG § 26 Rn. 26.

2217 So auch *Thüsing/Fütterer/Jänsch*, RDV 2018, 133, 135.

relevant: 1. Ist die Einführung eines Hinweisgebersystems an sich datenschutzrechtlich zulässig? 2. Ist die Erhebung personenbezogener Daten des Hinweisgebers zulässig? 3. Ist die Datenerhebung hinsichtlich der Daten der angezeigten Person zulässig?

Eine grundsätzliche Unzulässigkeit von Hinweisgebersystemen besteht nicht. Jedoch muss deren Einführung bewertet werden. Für die Implementierung eines Hinweisgebersystems bietet es sich an, die rechtliche Grundlage durch eine Richtlinie oder Betriebsvereinbarung zu schaffen. Soweit Betriebsvereinbarungen spezifische Regelungen zur Datenverarbeitung im Falle des Whistleblowings enthalten soll, müssen diese den datenschutzrechtlichen Anforderungen entsprechen. Hinsichtlich der Ausgestaltung einer solchen Betriebsvereinbarung kann auf die entsprechenden Ausführungen Bezug genommen werden, welche im Hinblick auf die Implementierung eines Hinweisgebersystems gleichermaßen gelten.[2218] Der Schwerpunkt der Reglungen dürfte in der Achtung des Grundsatzes der Transparenz sowie der Einhaltung der Informationsrechte des Betroffenen[2219] liegen. Ferner müssen die im Rahmen des Hinweisgebersystems geäußerten Hinweise einer umfassenden Prüfung unterzogen werden, um falsche Hinweise aus eigensüchtigen Motiven von Hinweisen aus rein altruistischen Beweggründen unterscheiden zu können.

Relativ unproblematisch dürfte sich die Bewertung im Zusammenhang mit den Daten des Hinweisgebers darstellen. Die Datenerhebung richtet sich in diesem Fall nach § 26 BDSG, wenn die Hinweisgeber Arbeitnehmer sind. Im Rahmen der Erforderlichkeitsprüfung dürfte die Eingriffsintensität der Datenverarbeitung in die Rechtsposition des Hinweisgebers gering ausfallen und das Informationsinteresse des Arbeitgebers regelmäßig überwiegen. Hierfür spricht auch, dass der Arbeitnehmer-Zeuge jedenfalls für Geschehnisse in seinem eigenen Arbeitsumfeld auskunftspflichtig ist.[2220] In Bezug auf den Hinweisgeber kann auch darüber nachgedacht werden, die Datenverarbeitung zusätzlich durch eine Einwilligung abzusichern.[2221]

Schwieriger stellt sich die Datenverarbeitung im Hinblick auf die personenbezogenen Daten des/der Angezeigten dar. Beziehen sich die Hinweise auf die Aufklärung von Straftaten oder sonstigen erheblichen Pflichtverletzungen eines Mitarbeiters, sind § 26 Abs. 1 S. 1 oder 2 BDSG die einschlägigen Regelungen. Sollte es sich hingegen um Hinweise auf rechtswidriges Verhalten Dritter handeln, bspw. von Kunden oder Lieferanten, ist Art. 6 Abs. 1 S. 1 lit. f) DS-GVO die maßgebliche Regelung. Sowohl im Rahmen der Datenerhebung gemäß § 26 Abs. 1 BDSG

2218 Vgl. hierzu Kapitel 2 § 2 A. III. 6.

2219 Vgl. hierzu *Thüsing/Fütterer/Jänsch*, RDV 2018, 133, 137 f.

2220 Zur Auskunftspflicht des Arbeitnehmer-Zeugen sowie dem Problem einer möglichen Selbstbelastung vgl. Kapitel 2 § 2 C. II. 7. b) bb) (c).

2221 So auch *Thüsing/Fütterer/Jänsch*, RDV 2018, 133, 135; hierzu kritisch *Groß/Platzer*, NZA 2017, 1097, 1101.

als auch bei einer solchen nach Art. 6 Abs. 1 S. 1 lit. f) DS-GVO steht eine Interessenabwägung im Einzelfall im Zentrum der datenschutzrechtlichen Bewertung. Wie bereits zu den unterschiedlichen Erlaubnistatbeständen dargestellt, liegen den Abwägungen unterschiedliche Bewertungsmaßstäbe zugrunde, die sich entweder aus dem Unionsrecht oder aber dem nationalen Recht ergeben.[2222] Die Anwendung der Normen des BDSG bzw. der DS-GVO führt dazu, dass im Rahmen der Datenverarbeitung in einem Hinweisgebersystem ein System vorgesehen werden muss, was eine individuelle Abwägung im Einzelfall ermöglicht. Soweit § 26 Abs. 1 BDSG die einschlägige Norm ist, sind auch hier die Erwägungen anzustellen, die im Rahmen der Erforderlichkeitsprüfung von Belang sind.[2223] Für die datenschutzrechtliche Abwägung und Bewertung im Hinblick auf den angezeigten Mitarbeiter kommt es indes nicht darauf an, ob die Hinweise offen oder anonym erfolgt sind.[2224] Beide Arten von Hinweisen können gleichermaßen den Zweck eines Hinweisgebersystems erfüllen.

2222 Zu § 26 Abs. 1 S. 2 BDSG vgl. Kapitel 2 § 2 B. IV. 1. c) bb); zu § 26 Abs. 1 S. 1 BDSG vgl. Kapitel 2 § 2 B. IV. 1. c) cc); zu Art. 6 Abs. 1 S. 1 lit. f) DS-GVO vgl. Kapitel 2 § 2 B. IV. 3. c)

2223 Vgl. hierzu ausführlich Kapitel 2 § 2 C. I.

2224 Vgl. zur Zulässigkeit anonymer Hinweise in einem Hinweisgebersystems *Thüsing/Fütterer/Jänsch*, RDV 2018, 133, 136 f.

Kapitel 3 – Gerichtliche Verwertung der Ermittlungsergebnisse

Nach der Durchführung der gewählten Ermittlungsmaßnahmen ist der chronologisch nächste Schritt der Abschluss der internen Untersuchung durch eine Zusammenstellung der Ergebnisse. In dem Zusammenhang stellt sich sodann für Unternehmen und die mandatierte Kanzlei insbesondere die Frage, inwieweit die Ermittlungsbehörden auf die Ergebnisse der intern durchgeführten Ermittlungen zugreifen können. Im Kontext interner Untersuchungen würde es zu kurz greifen, würde man im Rahmen der hiesigen Untersuchung die Analyse auf die rechtliche Einordnung interner Untersuchungen[2225] sowie die datenschutzrechtlichen Anforderungen[2226] an solche Untersuchungen begrenzen.

Selbstverständlich nutzen Unternehmen die Ergebnisse der Untersuchung für eigene unternehmensinterne Zwecke, wobei sie insbesondere als Ansatzpunkt für betriebsinterne Konsequenzen dienen (z.B. arbeitsrechtliche sowie dienstrechtliche Konsequenzen für die betroffenen Arbeitnehmer und Organe oder aber eine Anpassung des Compliance Systems). Überdies müssen sie sich aber auch immer die Frage stellen, inwieweit ein Zugriff auf diese Ermittlungsergebnisse durch die Ermittlungsbehörden zulässig ist und welche Risiken sich für das Unternehmen daraus ergeben können. Dabei stehen insbesondere ordnungswidrigkeitenrechtliche sowie strafrechtliche Folgen im Raum. Dies zeigt sich nicht zuletzt am Beispiel der internen Untersuchungen bei der Volkswagen AG im Zusammenhang mit dem „VW-Abgasskandal“. Dort hat die Staatsanwaltschaft Unterlagen zu den internen Untersuchungen beschlagnahmt, um sie für die eigenen Ermittlungen fruchtbar zu machen.[2227] Insoweit haben auch Ermittlungsbehörden ein großes Interesse daran, die bereits im Rahmen interner Untersuchungen – meist durch beauftragte Spezialisten – zusammengetragenen Informationen und Ergebnisse für die eigenen Ermittlungen auszuwerten.[2228] Dass Ermittlungsbehörden ihr weiteres Vorgehen u.U. maßgeblich auf die Ergebnisse interner Untersuchungen stützen, wurde auch schon in Kapitel 1 herausgearbeitet.[2229]

Darüber hinaus ist für das Unternehmen, welches eine interne Untersuchung plant oder durchführt sowohl für die eigene Nutzung der Ergebnisse als auch für den Fall des Zugriffs durch die Ermittlungsbehörden von entscheidender Bedeutung, ob die Ergebnisse von den jeweiligen Parteien uneingeschränkt

2225 Vgl. hierzu ausführlich Kapitel 1.
2226 Vgl. hierzu ausführlich Kapitel 2.
2227 Vgl. hierzu BVerfG, NJW 2018, 2385.
2228 *Klengel/Buchert*, NStZ 2016, 383, 384.
2229 Vgl. hierzu Kapitel 1 § 2 A III.

verwertet werden können oder ob womöglich Verwertungsverbote in Betracht kommen.

Vor diesem Hintergrund wird im dritten Kapitel der hiesigen Untersuchung die Frage analysiert und beantwortet, inwieweit die Ermittlungsbehörden auf die Ermittlungsergebnisse interner Untersuchungen zugreifen können und inwieweit der Verwertbarkeit der Ergebnisse ein Beweisverwertungsverbot im arbeitsrechtlichen Verfahren und/oder im Strafverfahren entgegenstehen könnte. Dabei werden die Problemstellungen im Zusammenhang mit den Zugriffsrechten der Staatsanwaltschaft in § 1 dieses Kapitels analysiert, während der Frage nach der Verwertbarkeit in § 2 nachgegangen wird. Die Erörterung der angesprochenen Problemfelder zeigt noch einmal deutlich, in welchem Umfang verschiedene Rechtsgebiete im Zusammenhang mit internen Untersuchungen verknüpft sind. Während im ersten Kapitel gesellschafts- und ordnungswidrigkeitenrechtliche Fragestellungen den Schwerpunkt bildeten und sich das zweite Kapitel mit datenschutz- und arbeitsrechtlichen Fragestellungen beschäftigte, sind die Lösungen der in Kapitel 3 zu behandelnden Themen überwiegend im arbeitsrechtlichen Verfahrensrecht sowie im Strafprozessrecht zu finden.

Soweit man sich dem Themenkomplex Zugriffsmöglichkeiten der Ermittlungsbehörden nähert, wird man sich, was noch zu zeigen sein wird, im Schwerpunkt mit der Beschlagnahmefähigkeit der Ergebnisse und einem etwaigen Beschlagnahmeschutz zu beschäftigen haben. In diesem Zusammenhang hat das BVerfG im Jahr 2018 eine wichtige Entscheidung zur Beschlagnahmefähigkeit der Ermittlungsergebnisse der internen Untersuchungen bei der Volkswagen AG im Rahmen des „VW-Abgasskandals" getroffen, welche im Rahmen der hiesigen Untersuchung umfassend ausgewertet wird.

§ 1 Zugriff der Staatsanwaltschaft auf die Ergebnisse der internen Untersuchung unter Berücksichtigung der VW/Jones-Day-Entscheidungen des BVerfG

A. Relevante Fallgruppen

Unternehmen sind grundsätzlich nicht verpflichtet, die Ergebnisse interner Untersuchungen an die Behörden weiterzuleiten.[2230] Damit die Ermittlungsbehörden dennoch die Ermittlungsergebnisse erlangen, kommt eine Durchsuchung der Räumlichkeiten des Unternehmens oder aber der Räumlichkeiten der mit der internen Untersuchung beauftragten Rechtsanwaltskanzlei in Betracht.

Soweit die interne Untersuchung durch die eigenen Mitarbeiter durchgeführt werden, werden die Ermittlungsergebnisse zumeist an einem bestimmten Ort im Unternehmen gelagert. Soweit ein Syndikusrechtsanwalt für das Unternehmen

2230 *Potinecke/Block*, in: Knierim/Rübenstahl/Tsambikakis, Teil 1 Kapitel 2 Rn. 184.

tätig ist, können sich die Unterlagen auch in dessen Gewahrsam befinden. Gemäß § 46 Abs. 2 BRAO werden als Syndikusrechtsanwälte solche Mitarbeiter der Unternehmen bezeichnet, die ihren Beruf als Rechtsanwalt ausüben und dabei im Rahmen ihres Arbeitsverhältnisses für ihren Arbeitgeber anwaltlich tätig sind. Nach § 46 Abs. 3 BRAO muss das Arbeitsverhältnis durch fachlich unabhängig und eigenverantwortlich auszuübende Tätigkeiten geprägt sein. Zu diesen Tätigkeiten zählen die Prüfung von Rechtsfragen, einschließlich der Aufklärung des Sachverhalts, sowie das Erarbeiten und Bewerten von Lösungsmöglichkeiten und die Erteilung von Rechtsrat. Ferner muss die Tätigkeit auf die Gestaltung von Rechtsverhältnissen, insbesondere durch das selbstständige Führen von Verhandlungen, oder auf die Verwirklichung von Rechten und die Befugnis nach außen verantwortlich aufzutreten gerichtet sein.

Regelmäßig werden interne Untersuchungen jedoch von einer beauftragten Rechtsanwaltskanzlei durchgeführt. Als Folge finden dann Durchsuchungen und Beschlagnahmen bei dieser statt, was auch Gegenstand der VW/Jones-Day-Entscheidungen des BVerfG war. In dem der Entscheidung des BVerfG zugrunde liegenden Fall hatte die Volkswagen AG zur internen Aufklärung des „VW-Abgasskandals" eine interne Untersuchung durch die Kanzlei durchführen lassen. Diese Ergebnisse wurden von der Staatsanwaltschaft im Rahmen einer Durchsuchung beschlagnahmt. Im Zusammenhang mit dem Spannungsverhältnis zwischen dem Interesse der Unternehmen daran, dass die Ergebnisse der Untersuchungen vertraulich behandelt werden, und dem Interesse der Ermittlungsbehörden, entsprechende Dokumente und sonstige Gegenstände sicherzustellen, kommt es maßgeblich auf das Bestehen oder Nichtbestehen eines Beschlagnahmeschutzes an.

Vor diesem Hintergrund kommt es in der folgenden Betrachtung der Problematik maßgeblich auf drei Fallgruppen an, die im Rahmen der Analyse der Zugriffsmöglichkeiten zu differenzieren sind:[2231]

Fall 1: Die Ergebnisse der Ermittlungsmaßnahmen befinden sich bei der Rechtsanwaltskanzlei, die mit der internen Untersuchung beauftragt wurde und die die einzelnen Ermittlungsmaßnahmen durchgeführt hat.

Fall 2: Die Ergebnisse der Ermittlungsmaßnahmen befinden sich im Unternehmen. Dies kann der Fall sein, weil die mandatierte Rechtsanwaltskanzlei die Ermittlungsergebnisse an das Unternehmen übergeben hat oder weil die interne Untersuchung durch das Unternehmen bzw. dessen Mitarbeiter in Eigenregie durchgeführt wurde.

Fall 3: Die Ergebnisse der Ermittlungsmaßnahmen befinden sich beim Syndikusrechtsanwalt des Unternehmens, welcher die Ermittlungsmaßnahme durchgeführt hat.

2231 Siehe hierzu auch *Küster*, Der rechtliche Rahmen für unternehmensinterne Ermittlungen, S. 205 ff.

In der folgenden Analyse werden die verschiedenen Fälle an den Stellen angesprochen, an denen sie relevant werden. Darüber erfolgt eine zusammenfassende Bewertung der drei Fallgruppen am Ende dieses Paragraphs.[2232]

B. Sicherstellung und Beschlagnahme gemäß § 94 StPO

I. Bedeutung der Beschlagnahme und des Beschlagnahmeschutzes für interne Untersuchungen

Vorliegend geht es um die Sicherstellung/Beschlagnahme der durch eine Kanzlei oder ein internes Team erzeugten Ermittlungsergebnisse. Daher ist es wichtig, noch einmal genau zwischen den Ermittlungsmaßnahmen der Behörde und solchen durch eine externe Kanzlei bzw. interne Mitarbeiter zu unterscheiden. In Kapitel 2 der hiesigen Untersuchung ging es um solche Ermittlungsmaßnahmen, die durch das Unternehmen oder eine vom Unternehmen beauftragte Kanzlei durchgeführt werden. Insoweit muss der Blick zu den hier relevanten Problemfeldern auf die im Nachgang zu den internen Ermittlungsmaßnahmen durchgeführte Beschlagnahme der Ergebnisse durch die staatlichen Ermittlungsbehörden gerichtet werden, da die im Rahmen einer internen Ermittlung zusammengetragenen Informationen der Beschlagnahme gemäß § 94 StPO unterliegen.[2233]

Ein nach § 94 StPO beschlagnahmefähiger Gegenstand kann gemäß § 95 StPO herausverlangt werden. Sofern der Betroffene der Aufforderung nachkommt, handelt es sich um eine freiwillige Herausgabe gemäß § 94 Abs. 1 StPO, sodass eine formlose Sicherstellung ausreicht.[2234] Weigert sich hingegen der Betroffene i.S.d. § 95 Abs. 2 StPO, so bedarf es einer förmlichen Beschlagnahme gemäß § 94 Abs. 2 StPO.[2235] Soweit eine förmliche Beschlagnahme vorgenommen wird, ist ihr regelmäßig eine Durchsuchung gemäß §§ 102 ff. StPO vorgeschaltet.[2236]

Im Zusammenhang mit Durchsuchungen im Wirtschaftsstrafverfahren ist überdies zu beachten, dass es sich meist um eine sehr große Menge an Unterlagen handelt, an denen die Ermittlungsbehörden ein Interesse haben. Da es für die Ermittlungsbehörden nicht möglich ist, alle Unterlagen vor Ort im Unternehmen zu sichten, können sie die im Rahmen einer Durchsuchung aufgefundenen Unterlagen gemäß § 110 Abs. 1, 2 StPO zur Sichtung mitnehmen. Der in § 110 Abs. 1, 2 StPO verwendete Begriff der „Papiere" ist dabei weit zu verstehen. Von diesem ist alles

---

2232 Vgl. Kapitel 3 § 1 D.

2233 Hüffer/Koch/*Koch*, AktG, § 76 Rn. 16d.

2234 *Köhler*, in: Meyer-Goßner/Schmitt StPO § 95 Rn. 1; zur Sicherstellung vgl. Kapitel 3 § 1 B. II. 2. a).

2235 *Köhler*, in: Meyer-Goßner/Schmitt StPO § 95 Rn. 1; zur Beschlagnahme vgl. Kapitel 3 § 1 B. II.

2236 *Gädigk*, in: Knierim/Rübenstahl/Tsambikakis, Kapitel 19 Rn. 10.

erfasst, was auf Papier niedergeschrieben und aufgrund des konkreten Gedankeninhalts von Bedeutung ist.[2237] Über seinen Wortlaut hinaus sind von Papieren auch Unterlagen erfasst, für die statt des Papiers ein anderes Medium verwendet wurde, um den Gedankeninhalt zu sicher. Mithin sind ebenfalls elektronische Datenträger und Datenspeicher erfasst.[2238] Die Durchsicht dient den Ermittlungsbehörden dazu, zu prüfen, ob eine richterliche Beschlagnahme herbeigeführt werden sollte.[2239] Die Durchsicht stellt mithin noch keine Sicherstellung oder Beschlagnahme dar. Vielmehr ist das Verfahrensstadium der Durchsicht der endgültigen Entscheidung über den Umfang der Beschlagnahme vorgelagert.[2240] Kommt eine Beschlagnahme nicht in Betracht, sind die Unterlagen wieder zurückzugeben.[2241] Für die Sichtung gibt es keine starre zeitliche Vorgabe, jedoch muss sie in einem angemessenen Zeitraum beendet werden.[2242]

Im Zusammenhang der Beschlagnahme von Unterlagen kommt gerade den Beschlagnahmeverboten für Unternehmen eine besondere Relevanz zu. Sie führen für die Unternehmen, soweit deren Voraussetzungen vorliegen, zu einem Schutz des Unternehmens vor dem Zugriff des Staats auf die Ermittlungsergebnisse aus internen Untersuchungen. Dabei wirken sich die Beschlagnahmeverbote bereits im Rahmen der Durchsicht i.S.d. § 110 Abs. 1, 2 StPO aus, da eine Durchsicht der Unterlagen unzulässig ist, „wenn Beweismittel aufgespürt werden sollen, die nach § 97 StPO von der Beschlagnahme ausgenommen sind".[2243]

Fehlt es hinsichtlich der Ermittlungsergebnisse von internen Untersuchungen an einer Schutzmöglichkeit, hat dies Auswirkungen auf interne Untersuchungen in der Praxis. Insoweit ist bspw. für Personen, die im Rahmen von internen Untersuchungen befragt werden sollen (so auch Arbeitnehmer und Vorstände), von Bedeutung, ob die eingesetzte Kanzlei die Vertraulichkeit ihrer Auskünfte und den Beschlagnahmeschutz der Interviewprotokolle zusichern kann.[2244] Gerade im Zusammenhang mit Mitarbeiterbefragungen könnte sich eine Schutzlücke ergeben, wenn die Ergebnisse in den Aufzeichnungen/Protokollen zu diesen Befragungen nicht ausreichend geschützt sind.[2245] Der Arbeitnehmer ist nämlich nach der hier vertretenen Ansicht, jedenfalls im Hinblick auf den eigenen Arbeitsbereich, zur Auskunft verpflichtet.[2246] Würde nun kein Schutzmechanismus im Hinblick auf die getätigten Aussagen greifen, stünde der Mitarbeiter schutzlos dar. Ein

---

2237 *Köhler*, in: Meyer-Goßner/Schmitt StPO § 110 Rn. 1.
2238 BVerfG, NJW 2005, 1917, 1920; *Köhler*, in: Meyer-Goßner/Schmitt StPO § 110 Rn. 1.
2239 *Köhler*, in: Meyer-Goßner/Schmitt StPO § 110 Rn. 2.
2240 BVerfG, NJW 2005, 1917, 1921.
2241 *Köhler*, in: Meyer-Goßner/Schmitt StPO § 110 Rn. 2.
2242 *Köhler*, in: Meyer-Goßner/Schmitt StPO § 110 Rn. 2, 8a.
2243 BVerfG, NJW 2018, 2385, 2388; dazu sogleich unter Kapitel 3 § 1 C. I.
2244 *Haefcke*, CCZ 2014, 39.
2245 Vgl. hierzu auch *Henssler*, NZA-Beilage 2018, 31 ff.
2246 Vgl. hierzu ausführlich Kapitel 2 § 2 C. II. 7. b) bb) (b) (aa).

entsprechender Schutz ließe sich einerseits aus einer Einschränkung der Aussagepflicht oder aber aus einem effektiven Beschlagnahmeschutz bzw. dem Vorliegen eines Beweisverwertungsverbots hinsichtlich der gewonnenen Erkenntnisse ableiten. Da nach der hier vertretenen Ansicht kein Auskunftsverweigerungsrecht des Mitarbeiters besteht, ist die Lösung über einem Schutzmechanismus aus Beschlagnahmeschutz und, was noch zu zeigen sein wird, Beweisverwertungsverboten zu suchen. Gerade in diesem Schutzmechanismus liegt die besondere Bedeutung der Beschlagnahmeverbote im Rahmen interner Untersuchungen.

II. Beschlagnahme gemäß § 94 Abs. 2 StPO

1. Zuständige Ermittlungsbehörde

Um sich dem Problemfeld der Beschlagnahmeverbote zu nähern, bedarf es zunächst einer Klärung der Voraussetzungen der Beschlagnahme. Fraglich ist, wer für die Beschlagnahme im Kontext interner Untersuchungen zuständig ist. Für die Beantwortung dieser Frage ist wiederum die vorgelagerte Frage von Bedeutung, welche Behörde für die Ermittlung zuständig ist, in deren Rahmen es zu einer Beschlagnahme von Ermittlungsergebnissen interner Untersuchungen kommen kann. Zur Beantwortung der letztgenannten Frage muss man sich noch einmal das Sanktionssystem in Deutschland und die mit diesem verbundenen Risiken vor Augen führen, die im engen Zusammenhang mit internen Untersuchungen stehen.[2247] In Betracht kommen insbesondere die Verbandsgeldbuße gemäß § 30 OWiG[2248], die Einziehung[2249] sowie die Eintragung im Gewerbezentralregister, in einem der entsprechenden Landes-Korruptionsregister oder in das neue Wettbewerbsregister[2250]. Die hinter den genannten Risiken stehenden Ermittlungen liegen grundsätzlich bei den Verwaltungsbehörden. Jedoch kann auch die Zuständigkeit der Staatsanwaltschaft begründet werden, was anhand der Verbandsgeldbuße veranschaulicht werden soll:

Bei der Verbandsgeldbuße handelt es sich um ein ordnungswidrigkeitenrechtliches Bußgeld, sodass die Staatsanwaltschaft nicht originär zuständig ist. Dies gilt jedenfalls, wenn die Anknüpfungstat eine Ordnungswidrigkeit ist, dann ist mithin die Bußgeldbehörde zuständig.[2251] Ist die Anknüpfungstat indes eine Aufsichtspflichtverletzung des Betriebs- oder Unternehmensinhabers gemäß § 130 OWiG und knüpft diese an eine Straftat an, so kann über § 42 OWiG auch die Zuständigkeit der Staatsanwaltschaft begründet werden. Gemäß § 42 OWiG kann die Staatsanwaltschaft bis zum Erlass eines Bußgeldbescheids die Verfolgung der Ordnungswidrigkeit übernehmen, soweit sie eine Straftat verfolgt, die mit der

2247 Zum Sanktionssystem im Einzelnen vgl. Kapitel 1 § 2 A. II.
2248 Vgl. Hierzu im Einzelnen Kapitel 1 § 2 A. II. 1. a).
2249 Vgl. Hierzu im Einzelnen Kapitel 1 § 2 A. II. 2.
2250 Vgl. Hierzu im Einzelnen Kapitel 1 § 2 A. II. 3.
2251 BeckOK OWiG/*Meyberg* § 30 Rn. 116.

Ordnungswidrigkeit im Zusammenhang steht. Die Begründung der Zuständigkeit gemäß § 42 OWiG setzt eine entsprechende Entschließung der Strafverfolgungsbehörde voraus,[2252] welche für die Verwaltungsbehörden gemäß § 44 OWiG bindend ist. Dass die Zuständigkeit der Staatsanwaltschaft bspw. vor dem Hintergrund der Stärkung der Verbandsgeldbuße im Bereich der Wirtschaftskriminalität gewollt ist, lässt sich auch aus der RiStBV ableiten. In Nr. 180a Abs. 1 RiStBV ist geregelt, dass die Staatsanwaltschaft prüft, ob auch die Festsetzung einer Geldbuße gegen die juristische Person oder Personenvereinigung in Betracht kommt, wenn der Beschuldigte zum Leitungsbereich einer juristischen Person oder Personenvereinigung gehört.[2253] Nach § 42 Abs. 2 OWiG soll die Staatsanwaltschaft die Verfolgung nur übernehmen, wenn dies zur Beschleunigung des Verfahrens oder wegen des Sachzusammenhangs oder aus anderen Gründen für die Ermittlungen oder die Entscheidung sachdienlich erscheint. Dies ergibt sich zudem aus der ergänzenden Regelung der Nr. 277 Abs. 1 S. 1 RiStBV, wonach die Staatanwaltschaft die Verfolgung einer Ordnungswidrigkeit nur dann übernehmen soll, wenn diese Verfahrensgestaltung wegen besonderer Umstände sachdienlich ist.[2254]

Auch wenn die Zuständigkeit der Staatsanwaltschaft über § 42 OWiG begründet wird, ist jedoch zu beachten, dass auch für die Staatsanwaltschaft nach § 47 OWiG die Verfolgung von Ordnungswidrigkeiten im pflichtgemäßen Ermessen liegt. Mithin gilt hinsichtlich der Ordnungswidrigkeiten auf die Staatsanwaltschaft das Opportunitätsprinzip und gerade nicht das sich aus § 152 StPO ergebende Legalitätsprinzip.[2255]

Hinsichtlich der Ermittlungszuständigkeit ergibt sich also, dass sich diese sowohl für die Verwaltungsbehörden als auch für die Staatsanwaltschaft ergeben kann. Während für eine Beschlagnahme durch die Staatsanwaltschaft die Regelungen des § 94 StPO unmittelbar gelten, ist dies im Hinblick auf Verwaltungsbehörden nicht der Fall. Letztere haben aber als Verfolgungsbehörden im Bußgeldverfahren gemäß § 46 Abs. 2 OWiG dieselben Rechte und Pflichten wie die Staatsanwaltschaft bei der Verfolgung von Straftaten. Insoweit gelten nach § 46 Abs. 1 OWiG die Regelungen der StPO für das Bußgeldverfahren sinngemäß.

Als Zwischenergebnis lässt sich mithin festhalten, dass sowohl die Verwaltungsbehörden als auch die Staatsanwaltschaft für die Ermittlungen im Kontext interner Untersuchungen zuständig sein können und dass für beide Behörden die Regelungen zur Beschlagnahme nach § 94 Abs. 2 StPO zur Anwendung kommen.

2252 BeckOK OWiG/*Inhofer* § 42 Rn. 3.

2253 Zum Hintergrund der Einführung des Nr. 180a RiStBV vgl. BeckOK StPO/*Meyberg* RiStBV Rn. 1.

2254 Vgl. hierzu im Einzelnen BeckOK OWiG/*Inhofer* § 42 Rn. 13 ff.; KK-OWiG/*Lampe* § 42 Rn. 14 ff.

2255 BeckOK OWiG/*Meyberg* § 30 Rn. 94.

2. *Voraussetzungen der Beschlagnahme gemäß § 94 Abs. 2 StPO*

a) *Abgrenzung zur Sicherstellung gemäß § 94 Abs. 1 StPO*

Nach § 94 Abs. 1 StPO sind Gegenstände, die als Beweismittel für die Untersuchung von Bedeutung sind, in Verwahrung zu nehmen oder in anderer Weise sicherzustellen. Eine Sicherstellung setzt voraus, dass sich der Gegenstand entweder nicht im Gewahrsam einer Person befindet oder aber die Person bereit ist, den Gegenstand freiwillig herauszugeben. Die Sicherstellung ist formlos möglich.[2256]

Nimmt man den Zugriff der Behörden auf die Ermittlungsergebnisse interner Untersuchungen in den Blick, so kommt eine Sicherstellung i.S.d. § 94 Abs. 1 StPO regelmäßig nicht in Betracht. Da sich die Ermittlungsergebnisse entweder im Gewahrsam der mandatierten Rechtsanwaltskanzlei oder aber im Gewahrsam des betroffenen Unternehmens befinden, bedürfte es für eine Sicherstellung einer freiwilligen Herausgabe durch die Rechtsanwaltskanzleien bzw. das Unternehmen. Zwar ist es möglich, dass auch das Unternehmen ein Eigeninteresse daran hat, die gewonnenen Erkenntnisse den Ermittlungsbehörden im Rahmen der Kooperation zur Verfügung zu stellen. Jedoch soll vorliegend gerade die Frage beantwortet werden, inwieweit ein Zugriff auf die Ermittlungsergebnisse durch die Ermittlungsbehörden zulässig ist, wenn sich die Rechtsanwaltskanzlei bzw. das Unternehmen weigert, die Ermittlungsergebnisse den Behörden freiwillig herauszugeben. Da es in solch einem Fall an den Voraussetzungen des § 94 Abs. 1 StPO fehlt, kommt es maßgeblich auf die förmliche Beschlagnahme gemäß § 94 Abs. 2 StPO an.[2257]

b) *Beweisgegenstand*

Der Sicherstellung und Beschlagnahme unterliegen Beweisgegenstände. Als solche kommen alle Gegenstände in Betracht, die als Beweismittel für die Untersuchung von Bedeutung sein können.[2258]

Zunächst ist zu klären, was unter Gegenstände zu fassen ist. Gegenstände i.S.d. § 94 StPO können bewegliche Gegenstände jeglicher Art sein.[2259] Im Kontext interner Untersuchungen zählen zu diesen insbesondere Urkunden, Ton- und Bildträger, Computerausdrucke, aber auch Speichermedien, wie z.B. CDs, DVDs, USB-Sticks, Festplatten, Mobiltelefone, optische Speicher und sonstige verkörperte Informationsträger[2260]. Die Sicherung der Ergebnisse der in Kapitel 2 analysierten Ermittlungsmaßnahmen erfolgt in Form eines physischen Dokuments, also in Papierform, in Form eines elektronischen Dokuments oder aber in Form einer Audio- oder Videodatei. Im Falle der elektronischen Dokumente sowie Audio- und

---

2256 KK-StPO/*Greven* § 94 Rn. 16.

2257 *Köhler*, in: Meyer-Goßner/Schmitt StPO § 94 Rn. 13.

2258 BVerfG, NJW 2005, 1917, 1920; BeckOK StPO/*Gerhold*, § 94 Rn. 3 ff.

2259 *Köhler*, in: Meyer-Goßner/Schmitt StPO § 94 Rn. 4.

2260 KK-StPO/*Greven* § 94 Rn. 3 f.

Videodateien kommen als Speichermedien alle oben genannten Datenträger in Betracht.

Dies gilt für alle in Kapitel 2 § 3 analysierten Ermittlungsmaßnahmen im Rahmen einer internen Untersuchung sowie deren Auswertung. Im Rahmen der Auswertung des E-Mail-Screenings können die relevanten E-Mails auf einem Server, dem lokalen Computer oder einem sonstigen Speichermedium gesichert werden. Sie können jedoch ebenfalls ausgedruckt und in entsprechenden Akten abgelegt werden. Auch die Ergebnisse von Mitarbeiterinterviews können in ganz unterschiedlicher Art und Weise dokumentiert und gesichert werden. Die Protokollierung des jeweiligen Gesprächs kann entweder durch ein Protokoll, welches handschriftlich oder am Computer erstellt wird, oder aber durch eine Ton- bzw. Videoaufnahme erfolgen.[2261] Die Ergebnisse einer möglichen Telefonüberwachung ergeben sich aus einem Tonmitschnitt, welcher eine Audiodatei darstellt. Im Falle der Videoüberwachung erfolgt die Sicherung entsprechender Videomitschnitte durch eine Videodatei. Die Ergebnisse einer Observation können je nach durchgeführter Observationsmaßnahme in ganz unterschiedlichen Formen gesichert werden, in Betracht kommen etwa Beobachtungsprotokolle, aber auch Video- und Tonaufnahmen. Bei allen aufgeführten Medien handelt es sich jedenfalls um Gegenstände i.S.d. § 94 StPO.

Am Ende einer internen Untersuchung steht ein Abschluss- bzw. Untersuchungsbericht[2262], welcher nur eine reine Zusammenstellung der Sachlage[2263] oder aber ein vollständiges Rechtsgutachten[2264] beinhaltet. Ein solcher Bericht bzw. ein entsprechendes Gutachten wird regelmäßig als physisches oder elektronisches Dokument an den Mandanten übermittelt. Den Abschlussbericht stützen wiederum die Ergebnisse der Einzelmaßnahmen und ihre jeweilige Dokumentation.

Überdies muss der sichergestellte bzw. beschlagnahmte Gegenstand ein Beweismittel für die Untersuchung darstellen. Ein Beweismittel stellt der Gegenstand dar, wenn er den mittelbaren oder unmittelbaren Nachweis für eine Tat oder die Umstände ihrer Begehung bieten kann.[2265] Als weitere Voraussetzungen ist noch zu klären, was unter dem Begriff der Untersuchung zu verstehen ist. Mit Untersuchung i.S.d. § 94 StPO sind die Untersuchungstätigkeiten in einem Strafverfahren gemeint, welche der Aufklärung oder der Vorbereitung eines Strafverfahrens dienen.[2266] Gemeint ist dabei das gesamte Strafverfahren, von seiner Einleitung bis zum rechtskräftigen Abschluss.[2267] Für die Untersuchung reicht hinsichtlich der

---

2261 *Krug/Skoupil*, NJW 2017, 2374, 2378.

2262 *Ballo*, NZWiSt 2013, 46, 47.

2263 *Herrmann/Zeidler*, NZA 2017, 1499, 1502.

2264 LG Hamburg, NJW 2011, 942; *Herrmann/Zeidler*, NZA 2017, 1499, 1502.

2265 BeckOK StPO/*Gerhold*, § 94 Rn. 5; *Köhler*, in: Meyer-Goßner/Schmitt StPO § 94 Rn. 5.

2266 KK-StPO/*Greven* § 94 Rn. 11.

2267 BeckOK StPO/*Gerhold*, § 94 Rn. 6.

verfolgten Tat ein Anfangsverdacht aus.[2268] Mithin müssen konkrete Tatsachen gegeben sein, welche für eine verfolgbare Straftat sprechen.[2269]

Von Beweisgegenständen nicht erfasst sind hingegen solche Gegenstände, die der Einziehung unterliegen.[2270] Eine Beschlagnahme von Einziehungsgegenständen kommt nur unter den gesonderten Voraussetzungen des § 111b Abs. 1 StPO in Betracht.[2271]

c) *Verhältnismäßigkeit*

Die Sicherstellung sowie die Beschlagnahme müssen ihrerseits verhältnismäßig sein, das heißt, dass sie geeignet, zur Ermittlung und Verfolgung der Straftat erforderlich und verhältnismäßig im engeren Sinne sein müssen. Letzteres ist der Fall, wenn der jeweilige Eingriff in einem angemessenen Verhältnis zu der Schwere der Straftat und der Stärke des Tatverdachts steht.[2272] Der Verhältnismäßigkeitsgrundsatz kann sich gerade bei der Auswertung von Datenträgern auswirken. So hat das BVerfG zu einer Durchsuchung und Beschlagnahme eines elektronischen Datenbestands einer Rechtsanwaltskanzlei entschieden, dass Möglichkeiten der materiellen Datenzuordnung ausgeschöpft werden müssen, ehe eine endgültige Beschlagnahme sämtlicher Daten erwogen wird.[2273] Von Bedeutung sei hierbei vor allem die Auswertung der Struktur eines Datenbestands. Bei der gemeinsamen Nutzung einer EDV-Anlage durch mehrere Sozien der Rechtsanwaltskanzlei komme bspw. eine themen-, zeit-, mandanten- oder mandatsbezogene Ordnung der Datenablage in Betracht.[2274] Eine Zuordnung der Daten nach ihrer Verfahrensrelevanz könne unter Umständen auch mithilfe geeigneter Suchbegriffe oder Suchprogramme gelingen.[2275]

Zwar dürfe wegen der technischen Besonderheiten der elektronischen Datenverarbeitung und im Hinblick auf den regelmäßig erheblichen Datenumfang auch nicht die Problematik der Sichtbarmachung und Wiederherstellung verschleierter, vermischter, verschlüsselter oder gelöschter Daten außer Betracht bleiben.[2276] Die Beschlagnahme sämtlicher Daten oder der gesamten Datenverarbeitungsanlage dürfe aber nicht pauschal damit begründet werden, dass eine etwaige

---

2268 BeckOK StPO/*Gerhold*, § 94 Rn. 7; KK-StPO/*Greven* StPO § 94 Rn. 8; *Köhler*, in: Meyer-Goßner/Schmitt StPO § 94 Rn. 8.

2269 BeckOK StPO/*Gerhold*, § 94 Rn. 7.

2270 KK-StPO/*Greven*§ 94 Rn. 1.

2271 KK-StPO/*Greven* § 94 Rn. 2.

2272 BVerfG, NJW 2005, 1917, 1920; BVerfG, NJW 1997, 2165; *Köhler*, in: Meyer-Goßner/Schmitt StPO § 94 Rn. 18 ff.

2273 BVerfG, NJW 2005, 1917, 1921.

2274 BVerfG, NJW 2005, 1917, 1921.

2275 BVerfG, NJW 2005, 1917, 1921.

2276 BVerfG, NJW 2005, 1917, 1921.

Datenverschleierung nicht ausgeschlossen werden könne.[2277] Vielmehr seien stets einzelfallbezogene Erwägungen erforderlich.[2278]

C. Grenzen der Zugriffsbefugnis

I. Beschlagnahmeschutz gemäß § 97 StPO

Einer Beschlagnahme nach § 94 StPO stehen die Beschlagnahmeverbote des § 97 StPO entgegen. § 97 StPO dient insoweit dem Schutz vor einer Umgehung des Zeugnisverweigerungsrechts der §§ 52 und 53 StPO.[2279] Das Kernproblem im Zusammenhang mit dem Beschlagnahmeschutz der Ergebnisse interner Untersuchungen liegt in der Frage, wie § 97 Abs. 1 Nr. 3 StPO ausgelegt wird.

1. Zeugnisverweigerungsberechtigter

Die Nr. 1 bis 3 des § 97 Abs. 1 StPO beziehen sich auf die Personen, die nach § 53 Abs. 1 S. 1 Nr. 1 bis 3b StPO das Zeugnis verweigern dürfen. Insoweit ist zunächst zu klären, wer unter diesen Personenkreis fällt.

Der von § 97 Abs. 1 Nr. 1 StPO zusätzlich erfasste § 52 StPO ist für die interne Untersuchung und die Verteidigung von Unternehmen im Rahmen eines Ermittlungsverfahrens nicht von Relevanz und wird in der hier angestellten Untersuchung nicht weiter berücksichtigt. Er bezieht sich nämlich auf Verlobte (§ 52 Abs. 1 Nr. 1 StPO), Ehegatten (§ 52 Abs. 1 Nr. 2 StPO), Lebenspartner (§ 52 Abs. 1 Nr. 2a StPO) und Verwandte (§ 52 Abs. 1 Nr. 3 StPO) des Beschuldigten.

Demgegenüber sind von § 53 Abs. 1 Satz 1 Nr. 3 StPO u.a. Rechtsanwälte und Kammerrechtsbeistände, Wirtschaftsprüfer, vereidigte Buchprüfer, Steuerberater und Steuerbevollmächtigte zur Verweigerung des Zeugnisses über das berechtigt, was ihnen in dieser Eigenschaft anvertraut oder bekannt geworden ist.[2280] Diese Regelung ist für die interne Untersuchung von zentraler Bedeutung. Syndikusrechtsanwälte sind durch die Neufassung des § 53 Abs. 1 Satz 1 Nr. 3 StPO durch das „Gesetz zur Neuordnung des Rechts der Syndikusrechtsanwälte und zur Änderung der Finanzgerichtsordnung"[2281] aus dem Anwendungsbereich der Norm ausgeschlossen worden. Dieser Ausschluss bewirkt zugleich, dass sich Syndikusrechtsanwälte nicht auf die in der StPO geregelten Anwaltsprivilegien berufen können, wie z.B. § 97 Abs. 1 bis 3 und § 160a StPO. Zu Begründung dieser Gesetzesänderung

---

2277 BVerfG, NJW 2005, 1917, 1921.

2278 BVerfG, NJW 2005, 1917, 1921.

2279 BGH, NJW 1992, 763, 765; *Baur*, NZG 2018, 1092; *Bock/Gerhold*, in: Knierim/Rübenstahl/Tsambikakis, Kapitel 5 Rn. 23; *Salvenmoser/Schreier*, in: Achenbach/Rasiek/Rönnau, HdB Wirtschaftsstrafrecht, Teil 15 Rn. 181.

2280 *Haefcke*, CCZ 2014, 39, 41.

2281 Gesetz zur Neuordnung des Rechts der Syndikusanwälte und zur Änderung der Finanzgerichtsordnung, BGBl. I 2015, S. 2517.

und Einschränkung der Anwaltsprivilegien führt der Gesetzgeber das Gebot einer effektiven Strafverfolgung an.[2282]

An einer internen Untersuchung ist neben oder anstelle von Rechtsanwälten regelmäßig eine Vielzahl spezialisierter Berater beteiligt, je nachdem, welche Ermittlungsmaßnahmen ergriffen werden und welche Vorwürfe im Raum stehen. So bedarf es im Hinblick auf Maßnahmen wie das E-Mail-Screening oder die Telefonauswertung häufig des Einsatzes von IT-Dienstleistern. Die für Hilfspersonen maßgebliche Regelung findet sich in § 53a StPO. Nach § 53a Abs. 1 S. 1 StPO stehen den Berufsgeheimnisträgern nach § 53 Abs. 1 S. 1 Nr. 1 bis 4 StPO die Personen gleich, die im Rahmen eines Vertragsverhältnisses (Nr. 1), einer berufsvorbereitenden Tätigkeit (Nr. 2) oder einer sonstigen Hilfstätigkeit (Nr. 3) an deren beruflicher Tätigkeit mitwirken. Gemäß § 53 Abs. 1 S. 2 StPO entscheidet über die Ausübung des Rechts dieser Personen, das Zeugnis zu verweigern, der Berufsgeheimnisträger, es sei denn, dass diese Entscheidung in absehbarer Zeit nicht herbeigeführt werden kann (z.B. bei längerer Krankheit oder Tod des Berufsherrn).[2283] Zu den von § 53a Abs. 1 StPO erfassten Hilfspersonen zählen im Kontext interner Untersuchungen zunächst die Mitarbeiter einer beauftragten Kanzlei.[2284] Bei Referendaren kann sich das abgeleitete Zeugnisverweigerungsrecht aus § 53a Abs. 1 S. 1 Nr. 2 oder 3 StPO ergeben.[2285] Sonstige nichtzugelassene Mitarbeiter wie Studenten oder das Büropersonal werden unter § 53a Abs. 1 S. 1 Nr. 3 StPO subsumiert.[2286]

Problematisch ist die Situation dann, wenn die Hilfspersonen gerade nicht der eigenen Kanzlei angehören, sondern als Dritte eingesetzt werden. Hier sind insbesondere IT-Dienstleister und Detekteien zu nennen. Diese müssten ebenfalls den in § 53a StPO genannten Personen zuzuordnen sein. In diesem Zusammenhang kommt es auf die Regelung des § 53a Abs. 1 S. 1 Nr. 1 StPO an. Nach der Intention des Gesetzgebers, welche sich aus dem Gesetzesentwurf der Bundesregierung zum „Gesetz zur Neuregelung des Schutzes von Geheimnissen bei der Mitwirkung Dritter an der Berufsausübung schweigepflichtiger Personen“[2287] ergibt, handelt es sich bei den mitwirkenden Personen um solche Personen, „die zwar an der beruflichen oder dienstlichen Tätigkeit der schweigepflichtigen Person mitwirken, also in diese Tätigkeit in irgendeiner Weise eingebunden werden und Beiträge dazu

---

2282 Entwurf der Fraktion der CDU/CSU und SPD eines Gesetzes zur Neuordnung des Rechts der Syndikusanwälte, BT-Drs. 18/5201, S. 40.

2283 KK-StPO/*Bader* § 53a Rn. 6.

2284 *Pelz*, CCZ 2018, 211, 212; *Schmitt*, in: Meyer-Goßner/Schmitt StPO § 53a Rn. 5, 9.

2285 KK-StPO/*Bader* § 53a Rn. 3, 6; *Schmitt*, in: Meyer-Goßner/Schmitt StPO § 53a Rn. 5, 9.

2286 KK-StPO/*Bader* § 53a Rn. 4; *Schmitt*, in: Meyer-Goßner/Schmitt StPO § 53a Rn. 5.

2287 Entwurf der Bundesregierung eines Gesetzes zur Neuregelung des Schutzes von Geheimnissen bei der Mitwirkung Dritter an der Berufsausübung schweigepflichtiger Personen, BT-Drs. 18/11936.

leisten, allerdings ohne in die Sphäre des Berufsgeheimnisträgers eingegliedert zu sein".[2288] Die Gesetzesbegründung bezieht sich zwar auf § 201 StGB, lässt sich aber auf § 53a StPO übertragen.[2289] Dies ergibt sich zunächst aus der Gesetzesbegründung zu § 203 StGB, in der hinsichtlich der „mitwirkenden Personen" eine Verbindung zwischen § 203 StGB und § 53a StPO hergestellt wird.[2290] Darüber hinaus ergibt sich aus der Beschlussempfehlung/dem Bericht des Ausschusses für Recht und Verbraucherschutz zum hier relevanten Gesetzesentwurf der Bundesregierung,[2291] dass der Wortlaut des § 53a StPO durch die Beschreibung „mitwirkende Personen" angepasst wurde, um den genannten Gleichlauf zu erreichen.[2292]

Grundlage der Mithilfe bildet das konkrete Vertragsverhältnis (vgl. § 53a Abs. 1 S. 1 Nr. 1 StPO). Nach der Gesetzesbegründung zu § 53a StPO erfasst der Begriff „Vertragsverhältnis" nicht allein Anstellungs- oder Beschäftigungsverträge, sondern auch Vertragsverhältnisse von Personen, die an der Tätigkeit des Berufsgeheimnisträgers aufgrund eines Dienst-, Werk- oder Geschäftsbesorgungsvertrags als selbstständige externe Dienstleister teilnehmen.[2293] Damit sind auch externe Dienstleister erfasst. Vor diesem Hintergrund kann ein abgeleitetes Zeugnisverweigerungsrecht für den Detektiv des Rechtsanwalts ebenso bestehen[2294] wie für IT-Fachleute.[2295] Ebenfalls erfasst ist der vom Verteidiger beauftragte Sachverständige, sodass ihm ein abgeleitetes Zeugnisverweigerungsrecht hinsichtlich der vom Beschuldigten oder dem Rechtsanwalt geäußerten Tatsachen zusteht.[2296]

2288 Entwurf der Bundesregierung eines Gesetzes zur Neuregelung des Schutzes von Geheimnissen bei der Mitwirkung Dritter an der Berufsausübung schweigepflichtiger Personen, BT-Drs. 18/11936, S. 22.

2289 KK-StPO/*Bader* § 53a Rn. 2.

2290 Entwurf der Bundesregierung eines Gesetzes zur Neuregelung des Schutzes von Geheimnissen bei der Mitwirkung Dritter an der Berufsausübung schweigepflichtiger Personen, BT-Drs. 18/11936, S. 21.

2291 Beschlussempfehlung und Bericht des Ausschusses für Recht und Verbraucherschutz (6. Ausschuss) zu dem Gesetzentwurf der Bundesregierung – Drucksache 18/11936 –, BT-Drs. 18/12940.

2292 Beschlussempfehlung und Bericht des Ausschusses für Recht und Verbraucherschutz (6. Ausschuss) zu dem Gesetzentwurf der Bundesregierung – Drucksache 18/11936 –, BT-Drs. 18/12940, S. 11.

2293 Beschlussempfehlung und Bericht des Ausschusses für Recht und Verbraucherschutz (6. Ausschuss) zu dem Gesetzentwurf der Bundesregierung – Drucksache 18/11936 –, BT-Drs. 18/12940, S. 11.

2294 KK-StPO/*Bader* § 53a Rn. 2a; *Schmitt* in Meyer-Goßner/Schmitt StPO § 53a Rn. 5.

2295 *Schmitt* in Meyer-Goßner/Schmitt StPO § 53a Rn. 4; im Ergebnis so auch *Pelz*, CCZ 2018, 211, 213.

2296 KK-StPO/*Bader* § 53a Rn. 2a.

2. *§ 97 Abs. 1 Nr. 1 und 2 StPO und ihre Bedeutung für interne Untersuchungen*

Zunächst soll anhand einer Auseinandersetzung mit dem sachlichen Schutzbereich der Reglungen in § 97 Abs. 1 Nr. 1 und 2 StPO untersucht werden, inwieweit den entsprechenden Regelungen ein Anwendungsbereich im Hinblick auf die Ermittlungsergebnisse interner Untersuchungen zukommt. In einem weiteren Schritt wird sodann § 97 Abs. 1 Nr. 3 StPO als eine Kernvorschrift im Kontext interner Untersuchungen isoliert untersucht.

Nach § 97 Abs. 1 Nr. 1 StPO sind schriftliche Mitteilungen zwischen dem Beschuldigten und einer zeugnisverweigerungsberechtigten Person erfasst. Unter schriftlichen Mitteilungen werden Gedankenäußerungen verstanden, die der Absender dem Empfänger zukommen lässt.[2297] Dabei handelt es sich vor allem um Briefe, Karten, Telegramme, schriftliche Anmerkungen und Skizzen.[2298] Zwar bezieht sich schriftliche Mitteilungen vor allem auf Mitteilungen in Form eines Texts[2299], jedoch sind über § 11 Abs. 3 StGB analog auch sonstige Ton- und Bildträger, Datenspeicher, Abbildungen und andere Darstellungen erfasst.[2300] Kopien sind ebenfalls geschützt.[2301] Partner der Mitteilung müsse der Beschuldigte sowie eine der bereits behandelten zeugnisverweigerungsberechtigten Personen sein.[2302] Soweit es sich nicht um Mitteilungen i.S.d. § 97 Abs. 1 Nr. 1 StPO handelt, kommt ein Beschlagnahmeverbot nur noch gemäß § 97 Abs. 1 Nr. 2 und 3 StPO in Betracht. Mitteilungen des Beschuldigten fallen auch dann unter den Beschlagnahmeschutz gemäß Nr. 1, wenn die Mitteilung durch einen Dritten, bspw. eine Schreibkraft, angefertigt wurde.[2303]

Das Beschlagnahmeverbot erfasst gemäß § 97 Abs. 1 Nr. 2 StPO Aufzeichnungen, welche die in § 53 Abs. 1 S. 1 Nr. 1 bis 3b StPO genannten Personen über die ihnen vom Beschuldigten anvertrauten Mitteilungen oder über andere Umstände gemacht haben, auf die sich das Zeugnisverweigerungsrecht erstreckt. Aufgrund der auch hier analogen Anwendung des § 11 Abs. 3 StGB ist das Medium, mit

---

2297 BGH, NJW 1998, 1963, 1964; *Bock/Gerhold,* in: Knierim/Rübenstahl/Tsambikakis, Kapitel 5 Rn. 29; MüKo-StPO/*Hauschild*, § 97 Rn. 13; KK-StPO/*Greven* § 97 Rn. 11; *Köhler*, in: Meyer-Goßner/Schmitt StPO § 97 Rn. 28.

2298 MüKo-StPO/*Hauschild*, § 97 Rn. 13; *Menges*, in: Löwe-Rosenberg -StPO, § 97 Rn. 67.

2299 *Bock/Gerhold,* in: Knierim/Rübenstahl/Tsambikakis, Kapitel 5 Rn. 29; KK-StPO/*Greven* § 97 Rn. 11; *Köhler*, in: Meyer-Goßner/Schmitt StPO § 97 Rn. 28.

2300 *Bock/Gerhold,* in: Knierim/Rübenstahl/Tsambikakis, Kapitel 5 Rn. 29; MüKo-StPO/*Hauschild*, § 97 Rn. 13; KK-StPO/*Greven* § 97 Rn. 11; *Köhler*, in: Meyer-Goßner/Schmitt StPO § 97 Rn. 28.

2301 *Bock/Gerhold,* in: Knierim/Rübenstahl/Tsambikakis, Kapitel 5 Rn. 29; MüKo-StPO/*Hauschild*, § 97 Rn. 13; *Menges*, in: Löwe-Rosenberg -StPO, § 97 Rn. 66; so auch *Köhler*, in: Meyer-Goßner/Schmitt StPO § 97 Rn. 28.

2302 *Menges*, in: Löwe-Rosenberg -StPO, § 97 Rn. 69; zu den zeugnisverweigerungsberechtigten Personen vgl. Kapitel 3 § 1 C. I. 1.

2303 KK-StPO/*Greven* § 97 Rn. 11.

welchem die Aufzeichnung durchgeführt wird, nicht relevant.[2304] Auch wenn der Begriff der Aufzeichnungen weit zu verstehen ist,[2305] handelt es sich jedoch um Aufzeichnungen von Informationen der Mandanten.[2306] Dabei sind von Nr. 2 auch Wahrnehmungen und eigene Überlegungen des Berufsgeheimnisträgers erfasst.[2307] Unschädlich ist, wenn die Aufzeichnungen durch Gehilfen angefertigt werden, solange sie die Wahrnehmungen des Berufsgeheimnisträgers widerspiegeln.[2308] Als ein typisches Beispiel für Aufzeichnungen i.S.d. § 97 Abs. 1 Nr. 2 StPO sind Handakten des Rechtsanwalts zu nennen und alle von diesen umfassten Inhalte.[2309] Zu diesen können auch Entwürfe zu Verträgen, Jahresabschlüssen, Steuererklärungen oder Schriftsätzen zählen.[2310]

Fraglich ist, inwieweit die Nr. 1 und 2 des § 97 Abs. 1 StPO im Kontext interner Untersuchungen relevant sind. Um dies beurteilen zu können, muss man sich zunächst noch einmal die Ergebnisse der einzelnen Ermittlungsergebnisse vor Augen führen. Wie bereits im Rahmen der Darstellung der Voraussetzungen der Beschlagnahme gemäß § 94 StPO herausgearbeitet, ist die Sicherung der Ermittlungsergebnisse auf vielen Wegen möglich.[2311] Jedoch werden sich die unterschiedlichen Ermittlungsergebnisse grundsätzlich nicht unter Nr. 1 subsumieren lassen. Nr. 1 erfasst, wie soeben ausgeführt schriftliche Mitteilungen zwischen dem Beschuldigten und dem Berufsgeheimnisträger. Dabei geht es um die Gedankenäußerungen des Beschuldigten.

Nimmt man nun die in Kapitel 2 untersuchten Maßnahmen[2312] in den Blick, so handelt es sich bei den Ermittlungsergebnissen gerade nicht um Mitteilungen des möglichen Beschuldigten, also des Unternehmens, an seinen Verteidiger. Es handelt sich vielmehr um Zusammenstellungen von Auswertungen der von Mitarbeitern geschriebenen E-Mails, einer Protokollierung der Äußerungen von Mitarbeitern in einer Befragung oder aber der Protokollierung von Telefongesprächen der Mitarbeiter, soweit man letztere Maßnahme überhaupt als datenschutzrechtlich zulässig ansieht.[2313] Insbesondere bei den Äußerungen der Mitarbeiter in einer Befragung handelt es sich nicht um Mitteilungen im Verhältnis zwischen einem

2304 BVerfG, NJW 2002, 1410; *Bock/Gerhold,* in: Knierim/Rübenstahl/Tsambikakis, Kapitel 5 Rn. 30; KK-StPO/*Greven* § 97 Rn. 11, 13; *Menges,* in: LR-StPO, § 97 Rn. 72.

2305 *Menges,* in: Löwe-Rosenberg -StPO, § 97 Rn. 72.

2306 *Menges,* in: Löwe-Rosenberg -StPO, § 97 Rn. 72.

2307 *Menges,* in: Löwe-Rosenberg -StPO, § 97 Rn. 72.

2308 *Bock/Gerhold,* in: Knierim/Rübenstahl/Tsambikakis, Kapitel 5 Rn. 30; *Menges,* in: Löwe-Rosenberg -StPO, § 97 Rn. 72.

2309 *Bock/Gerhold,* in: Knierim/Rübenstahl/Tsambikakis, Kapitel 5 Rn. 30; *Menges,* in: Löwe-Rosenberg -StPO, § 97 Rn. 72.

2310 *Menges,* in: Löwe-Rosenberg -StPO, § 97 Rn. 72.

2311 Vgl. hierzu Kapitel 3 § 1 B. II. 2. b).

2312 Vgl. hierzu Kapitel 2 § 2 C. II.

2313 Zur datenschutzrechtlichen Zulässigkeit der Telefonüberwachung vgl. Kapitel 2 § 2 C II. 3.

Beschuldigten und einem Berufsgeheimnisträger. Das Mandatsverhältnis besteht nämlich zwischen dem Unternehmen und der Rechtsanwaltskanzlei, nicht hingegen zwischen dem Mitarbeiter und den die Befragung durchführenden Anwälten. Nimmt man die Ermittlungen durch eine Privatdetektei in den Blick, handelt es sich bei den Ermittlungsergebnissen um Berichte der Mitarbeiter der Detektei, jedoch nicht um Mitteilungen des Beschuldigten an den Berufsgeheimnisträger.

Ein ähnliches Bild ergibt sich im Hinblick auf § 97 Abs. 1 Nr. 2 StPO, da diese Variante des § 97 StPO voraussetzt, dass sich der Berufsgeheimnisträger über die anvertrauten Mitteilungen oder über andere Umstände Aufzeichnungen macht. Durch die genannten „anvertrauten Mitteilungen" wird Nr. 1 in Bezug genommen. Darüber hinaus sind zwar auch eigene Wahrnehmungen und Überlegungen des Berufsgeheimnisträgers erfasst. Aber diese müssen sich wiederum auf die Mitteilungen des Beschuldigten beziehen. Dies führt dazu, dass die Ergebnisse der einzelnen Ermittlungsmaßnahmen auch von der Nr. 2 nicht erfasst sein können, da es sich jedenfalls bei Kopien von unternehmensinternen E-Mails, Aufnahmen einer Telefon- oder Videoüberwachung oder auch Berichten von Detekteien nicht um solche Aufzeichnungen des Berufsgeheimnisträger i.S.d. § 97 Abs. 1 Nr. 2 StPO handelt. Dies gilt auch für die Befragung von Mitarbeitern und die in diesem Rahmen erstellten Protokolle. Insoweit könnte man zunächst zugrunde legen, dass es sich bei den Äußerungen der Mitarbeiter um Mitteilungen handelt. Jedoch ergeben sich hier wiederum die Problemstellungen, dass zwischen dem Berufsgeheimnisträger und dem befragten Mitarbeiter kein Mandatsverhältnis besteht.

Diese Konstellation stellt daher ein Kernproblem im Hinblick auf die Anwendbarkeit des § 97 Abs. 1 StPO im Rahmen interner Untersuchungen dar. Die Problemstellung soll an einem kleinen Beispiel veranschaulicht werden: Man gehe davon aus, dass unternehmensintern der Verdacht besteht, dass ein Organ der Gesellschaft oder eine sonstige Leitungsperson eine Straftat oder Ordnungswidrigkeit begangen hat, durch welche die Pflichten, welche das Unternehmen treffen, verletzt worden sind. Mit dem Verdacht verbunden ist zugleich das Risiko einer Verbandsgeldbuße gemäß § 30 OWiG für das Unternehmen. Wird nun eine Sozietät durch das Unternehmen mit einer internen Untersuchung beauftragt, so werden im Rahmen dieser Untersuchung in aller Regel die betroffenen Organe bzw. sonstigen Leitungspersonen befragt. Im Rahmen dieser Befragung sitzt nun ein von dem Unternehmen beauftragter Rechtsanwalt dem zu befragenden Mitarbeiter des Unternehmens gegenüber. Selbst wenn man davon ausginge, dass gegen den Mitarbeiter bereits ein Ermittlungsverfahren eingeleitet wurde, ändert dies nichts an der Tatsache, dass zwischen dem Rechtsanwalt und dem befragten Mitarbeiter kein Mandatsverhältnis und damit auch kein Verhältnis zwischen dem Beschuldigten und einem Berufsgeheimnisträger besteht. Interviewprotokolle können daher höchstens unter die „Gegenstände" in § 97 Abs. 1 Nr. 3 StPO subsumiert werden.[2314]

2314 *Bock/Gerhold*, in: Knierim/Rübenstahl/Tsambikakis, Kapitel 5 Rn. 32, 37 ff.; *Haefcke*, CCZ 2014, 39, 41.

Als Zwischenergebnis kann zunächst festgehalten werden, dass den Regelungen der Nr. 1 und 2 des § 97 StPO im Zusammenhang mit internen Untersuchungen keine besondere Relevanz zukommt. Vor diesem Hintergrund wird an dieser Stelle auch nicht die im Rahmen des § 97 Abs. 1 Nr. 1 und 2 StPO heftig umstrittene Frage aufgeworfen, wann einem Unternehmen in zeitlicher Hinsicht eine „Beschuldigtenstellung" bzw. „beschuldigtenähnliche Stellung" zukommen kann. Zwar spielt diese Frage für die Regelungen der Nr. 1 und 2 des § 97 Abs. 1 StPO eine entscheidende Rolle, da sie ein Verhältnis zwischen einem Beschuldigten und einem Berufsgeheimnisträger voraussetzen. Jedoch ist sie im Rahmen von § 148 StPO von ebenso großer Relevanz. Anders als § 97 Abs. 1 Nr. 1 und 2 StPO lässt sich jedoch, was noch zu zeigen ein wird, ein Beschlagnahmeschutz für Ermittlungsergebnisse aus internen Untersuchungen aus § 148 StPO ableiten. Zur besseren Einordnung der Fragestellung nach der „Beschuldigtenstellung" bzw. „beschuldigtenähnlichen Stellung" eines Unternehmens im Kontext interner Untersuchungen, wird sie im Rahmen der Analyse des § 148 StPO bearbeitet und beantwortet.[2315]

3. *Auslegung des § 97 Abs. 1 Nr. 3 StPO*

Da Unterlagen bzw. Dateien, die im Rahmen der internen Untersuchung erstellt werden, nicht vom sachlichen Schutzbereich der Nr. 1 und 2 des § 97 StPO erfasst sind, ist zu klären, inwieweit entsprechende Unterlagen von § 97 Abs. 1 Nr. 3 StPO geschützt sein könnten.

Nach dem Wortlaut des § 97 Abs. 1 Nr. 3 StPO unterliegen der Beschlagnahme „andere Gegenstände" nicht, auf die sich das Zeugnisverweigerungsrecht der in § 53 Abs. 1 Satz 1 Nr. 1 bis 3b StPO genannten Personen erstreckt. Die Regelung der Nr. 3 ist vom Wortlaut her sehr weit gefasst, da sie sich ohne Einschränkung auf „andere Gegenstände" bezieht. Aus diesem Grund sind die erfassten Gegenstände auch sehr vielfältig. Erfasst sind u.a. die von einem Arzt aus dem Körper des Beschuldigten entfernten Fremdkörper[2316] (bspw. eine Schusskugel[2317]), technische Untersuchungsbefunde wie Röntgenaufnahmen, Kardiogramme, Fieberkurven[2318], Buchführungs- und Buchhaltungsunterlagen[2319] sowie dem Anwalt übergebene Unterlagen[2320].

Aufgrund des sich aus dem Wortlaut ergebenden weiten Verständnisses der Norm können grundsätzlich auch die Ergebnisse interner Untersuchungen unter den Gegenstandsbergriff der Nr. 3 subsumiert werden. Dabei kommt es nicht auf

2315 Vgl. hierzu im Einzelnen Kapitel 3 § 1 C. II. 3.
2316 Entwurf der Bundesregierung eines Dritten Strafrechtsänderungsgesetzes, BT-Drs. I/3713, S. 49.
2317 OLG Nürnberg, NJW 1958, 272; KK-StPO/*Greven* § 97 Rn. 14.
2318 OLG Celle, NJW 1965, 362, 363.
2319 LG Dresden, NJW 2007, 2709, 2711 f.
2320 Entwurf der Bundesregierung eines Dritten Strafrechtsänderungsgesetzes, BT-Drs. I/3713, S. 49.

die Art des Gegenstands an. Es kann sich sowohl um Dokumente als auch um auf Speichermedien gesicherte Dateien handeln. Dabei ist mittlerweile anerkannt, dass von § 97 Abs. 1 Nr. 3 StPO auch solche Gegenstände erfasst sind, die einem Rechtsanwalt von einem Dritten zum Zwecke der Verteidigung übergeben werden.[2321]

Anders als in § 97 Abs. 1 Nr. 1 und 2 StPO wird in § 97 Abs. 1 Nr. 3 StPO die Beschuldigtenstellung nicht vom Wortlaut vorausgesetzt. Aus diesem Grund lässt sich aus der Nr. 3 auch nicht die Notwendigkeit eines zwischen einem Beschuldigten und dem Zeugnisverweigerungsberechtigten bestehenden Vertrauensverhältnisses ableiten. Nimmt man nun die Ermittlungsergebnisse interner Untersuchungen in den Blick, könnten diese nach dem Wortlaut des Beschlagnahmeverbots gemäß Nr. 3 unabhängig von einer Beschuldigtenstellung unterfallen. Dies würde zu einem Schutzniveau führen, welches weit über das der Nr. 1 und 2 hinausgeht.

Genau an dieser Stelle zeigt sich der Kern eines Streits, welcher seinen bisherigen Höhepunkt in der Entscheidung der VW/Jones-Day-Entscheidungen des BVerfG vom 27. Juni 2018 zur Verfassungsbeschwerde der Volkswagen AG[2322] gefunden hat. Trotz des zunächst klaren Wortlauts ist nämlich umstritten, ob § 97 Abs. 1 Nr. 3 StPO ein Beschlagnahmeverbot für alle Gegenstände anordnet, auf die sich das Zeugnisverweigerungsrecht der in § 53 Abs. 1 S. 1 Nr. 3 StPO genannten Berufsgeheimnisträger erstreckt, oder ob Nr. 3 nur eingreift, soweit das konkrete Vertrauensverhältnis des Beschuldigten zu einem Berufsgeheimnisträger betroffen ist.[2323] Im Zentrum des Streits steht die Auslegung des § 97 Abs. 1 Nr. 3 StPO. Für die Durchführung einer internen Untersuchung ist diese Frage im Hinblick auf den Schutz der im Rahmen der internen Untersuchung gewonnenen Erkenntnisse und der Risiken, welche sich aus einer solchen Untersuchung ergeben können, von zentraler Bedeutung. Insoweit geht es darum, inwieweit die im Rahmen interner Untersuchungen gewonnenen Erkenntnisse vor dem Zugriff durch die staatlichen Ermittlungsbehörden geschützt sind. Steht ein Beschlagnahmeschutz infrage, so hat dies am Ende auch Auswirkungen auf die Frage, ob eine interne Untersuchung für ein Unternehmen überhaupt noch zweckmäßig ist. An einer solchen Zweckmäßigkeit könnte es fehlen, wenn die Risiken durch einen Zugriff der Ermittlungsbehörden gegenüber den Vorteilen aus dem Erkenntnisgewinn überwiegen. Darüber müsste die Frage gestellt werden, inwieweit die Aussagen der Arbeitnehmer aufgrund ihrer Auskunftspflicht abgesichert sind bzw. inwieweit eine Auskunftspflicht überhaupt bestehen kann.

2321 OLG Koblenz, BeckRS 1995, 31161753; OLG Frankfurt a.M., StV 1982, 64; BeckOK StPO/*Gerhold*, § 97 Rn. 24d; KK-StPO/*Greven* § 97 Rn. 14. Diese Frage war umstritten; zu einer umfassenden Darstellung der unterschiedlichen Argumente und einer Auswertung der Rechtsprechung vgl. *Bock/Gerhold*, in: Knierim/Rübenstahl/Tsambikakis, Kapitel 5 Rn. 33 f.; a.A. LG Mainz, NStZ 1986, 474.

2322 BVerfG, NJW 2018, 2385.

2323 BVerfG, NJW 2018, 2385, 2388.

a) *Entwicklung in der Rechtsprechung*

Die Auslegung des einfachen Rechts erfolgt durch die Fachgerichte, was das BVerfG in seiner VW/Jones-Day-Entscheidung in aller Deutlichkeit klargestellt hat.[2324] Vor diesem Hintergrund ist es notwendig, sich die Entwicklung der Rechtsprechung zu der hier diskutierten Frage der Auslegung des § 97 Abs. 1 Nr. 3 StPO vor Augen zu führen. Dies umso mehr, als die Rechtsprechung – was noch zu zeigen sein wird – sehr unterschiedlich ist. Im Folgenden werden daher die verschiedenen Urteile im Kontext des ihnen jeweils zugrunde liegenden Sachverhalts skizziert und dabei die für die Entscheidung tragenden Erwägungen dargestellt, auf welche die Gerichte ihr Auslegungsergebnis stützen. Diese chronologische Darstellung soll einen Überblick über die Entwicklung der Rechtsprechung gegeben. Die Rechtsprechung wird sodann in der vorzunehmenden Auslegung und den dabei maßgeblichen Auslegungskriterien berücksichtigt.

aa) *LG Hamburg, Beschluss vom 15. Oktober 2010 – 608 Qs 18/10*

In diesem Sinne hat sich das LG Hamburg in seinem in der Lehre und Praxis viel beachteten Beschluss vom 15. Oktober 2010 ausgesprochen.[2325] Aufgrund des Vorwurfs, der Vorstand der HSH Nordbank könnte einem finanziellen „Engagement" unter Eingehung unvertretbarer finanzieller Risiken für die Bank zugestimmt haben, hatte der Aufsichtsrat eine Anwaltskanzlei mit einer internen Untersuchung zur Aufklärung der Vorwürfe beauftragt. Die Rechtsanwälte der Sozietät führten im Rahmen des Mandats unter Zusage der Vertraulichkeit Gespräche mit derzeitigen und früheren Mitarbeitern, darunter auch den unter Verdacht geratenen Vorständen, oder nahmen von diesen schriftliche Stellungnahmen entgegen. Die interne Untersuchung endete mit einem Rechtsgutachten. Nachdem die beauftragte Rechtsanwaltskanzlei die Herausgabe der Dokumente in schriftlicher Form abgelehnt hatte, stellte die Staatsanwaltschaft sämtliche Unterlagen sicher, die der Sozietät von aktuellen und ehemaligen Mitarbeitern für die Erstellung des genannten Rechtsgutachtens zur Verfügung gestellt worden waren, darunter Dateien, Vernehmungsprotokolle und weitere in diesem Zusammenhang erstellte Aufzeichnungen. Dagegen wehrte sich die vom Unternehmen beauftragte Sozietät.

Das LG Hamburg ist der Auffassung, dass hinsichtlich der Protokolle über Befragungen von Mitarbeitern und damit in Zusammenhang stehender weiterer Beweismittel kein Beschlagnahmeverbot gemäß § 97 Abs. 1 Nr. 3 StPO bestehe. Insoweit sei § 97 Abs. 1 Nr. 3 StPO entgegen dem umfassenden Wortlaut dahingehend auszulegen, dass das Beschlagnahmeverbot nicht das allgemeine Zeugnisverweigerungsrecht des Rechtsanwalts aus § 53 Abs. 1 Nr. 1 bis 3b StPO i.S.e. ebenso

2324 BVerfG, NJW 2018, 2385, 2387.

2325 LG Hamburg, NJW 2011, 942; zustimmend *Wimmer*, in: FS I. Roxin, Die Verwertung unternehmensinterner Untersuchungen – Aufgabe oder Durchsetzung des Legalitätsprinzips?, S. 543, 545.

umfassenden Freistellung von der Beschlagnahme widerspiegele.[2326] Vielmehr sei die Norm einschränkend auszulegen, sodass allein das Vertrauensverhältnis des Beschuldigten im Strafverfahren zu einem von ihm in Anspruch genommenen Zeugnisverweigerungsberechtigten geschützt sei,[2327] also einem Verteidiger. Aus diesem Grund kann auch nur ein Vertrauensverhältnis zwischen dem Unternehmen und den mandatierten Rechtsanwälten bestehen, nicht hingegen zwischen den Vorständen und den Rechtsanwälten. Diese hätten die Kanzlei gerade nicht mandatiert. Aus diesem Grund seien auch die von den Mitarbeitern und ehemaligen Mitarbeitern für die Erstellung des Rechtsgutachtens zur Verfügung gestellten Unterlagen beschlagnahmefähig. Zur Begründung verweist das LG Hamburg auf die Regelungen in § 97 Abs. 1 Nr. 1 und 2 StPO, welche ausdrücklich auf solch eine Vertrauensbeziehung ausgerichtet seien. Würde dieser Anwendungsbereich durch § 97 Abs. 1 Nr. 3 StPO erweitert, würde – so das LG Hamburg – der Beschlagnahmeschutz nach § 97 Abs. 1 Nr. 1 und 2 StPO unterlaufen.[2328] Bezieht man nun das Verhältnis zwischen Berufsträger und Nichtbeschuldigten mit ein, so wird nach der Entscheidung des LG Hamburg das Mandatsverhältnis zwischen einem Rechtsanwalt und einem Nichtbeschuldigten ebenso wenig erfasst, wie das Verhältnis des Beschuldigten zu einem Rechtsanwalt, den er – noch – nicht mandatiert hat.[2329]

bb) LG Bonn, Beschluss vom 21. Juni 2012 – 27 Qs 2/12

Auch das LG Bonn hat sich in seiner Entscheidung vom 21. Juni 2012[2330] mit den Anforderungen an § 97 Abs. 1 Nr. 3 StPO befasst.

Das Bundeskartellamt leitete gegen die Beschwerdeführerin wegen des Verdachts von vertikalen Kartellverstößen auf dem Matratzenmarkt ein Bußgeldverfahren ein.[2331] Auf Antrag des Bundeskartellamts erließ das AG Bonn einen Durchsuchungsbeschluss. Im Rahmen der Durchsuchungen wurden Unterlagen beschlagnahmt, die im Rahmen einer internen Untersuchung erstellt wurden, welche die Konzernmutter der Beschwerdeführerin im Rahmen eines Kartellverfahrens der Europäischen Union eingeleitet hatte.[2332] Dabei handelte es sich um Vermerke zu Gesprächen mit den Geschäftsführern. Die von der Beschwerdeführerin gegen die Beschlagnahme erhobene Beschwerde vor dem LG Bonn blieb ohne Erfolg.[2333]

2326 LG Hamburg, NJW 2011, 942, 943.

2327 LG Hamburg, NJW 2011, 942, 943; zustimmend *Greeve/Tsambikakis,* in: Knierim/Rübenstahl/Tsambikakis, Kapitel 18 Rn. 32.

2328 LG Hamburg, NJW 2011, 942, 943.

2329 *Bock/Gerhold,* in: Knierim/Rübenstahl/Tsambikakis, Kapitel 5 Rn. 37.

2330 LG Bonn, NZWiSt 2013, 21.

2331 LG Bonn, NZWiSt 2013, 21, 21; LG Bonn, NJW-Spezial 2012, 602.

2332 LG Bonn, NZWiSt 2013, 21, 21; LG Bonn, NJW-Spezial 2012, 602.

2333 LG Bonn, NZWiSt 2013, 21, 21; LG Bonn, NJW-Spezial 2012, 602.

Zunächst entschied das LG Bonn, dass § 97 Abs. 1 Nr. 3 StPO einschränkend dahingehend auszulegen sei, dass allein das Vertrauensverhältnis des Beschuldigten im Strafverfahren zu einem von ihm in Anspruch genommenen Zeugnisverweigerungsberechtigten durch ein Beschlagnahmeverbot geschützt sei.[2334] Es müsse sich also konkret um Verteidigerunterlagen handeln. Ferner könne die Beschlagnahmefreiheit der Verteidigerunterlagen überhaupt nur dann angenommen werden, wenn gegen den Beschuldigten ein Ermittlungsverfahren eingeleitet sei und zwischen dem Beschuldigten und dem Verteidiger ein Verteidigungsverhältnis bestehe.[2335] Ein solches bestehe erst nach Erteilung und Annahme des Mandats.[2336] Ein strafrechtliches Ermittlungsverfahren sei erst eingeleitet, wenn eine Strafverfolgungsbehörde eine Maßnahme treffe, die erkennbar darauf abziele, gegen jemanden wegen des Anfangsverdachts einer Straftat vorzugehen, auch wenn der Beschuldigte noch unbekannt sei. Es muss sich also um Unterlagen handeln, die anlässlich des Ermittlungsverfahrens zur eigenen Verteidigung angefertigt werden.[2337] Vor diesem Hintergrund sind nach Ansicht des LG Bonn Unterlagen, die im Rahmen einer vorgelagerten internen Untersuchung vor allem zur Vorbereitung von Zivilverfahren erstellt wurden, nicht vom Beschlagnahmeverbot erfasst. Das LG Bonn legt im Hinblick auf den Zeitpunkt, ab wann von einer Beschuldigtenstellung ausgegangen werden kann, den strengsten Maßstab zugrunde.

cc) LG Mannheim, Beschlüsse vom 3. Juli 2012 – 24 Qs 1/12, 24 Qs 2/12

In Zusammenhang mit der Auslegung des § 97 Abs. 1 Nr. 3 StPO ist ferner die Entscheidung des LG Mannheim[2338] zur Beschlagnahmefähigkeit von Unterlagen aus internen Untersuchungen von Bedeutung. Bei den beschlagnahmten Unterlagen handelte es sich u.a. um einen von der beauftragten Rechtsanwaltskanzlei erstellten Zwischenbericht über die Ergebnisse einer internen Untersuchung. Ausgangspunkt der Untersuchung war der Verdacht, dass Vorstandsmitglieder gewerbsmäßig Urheberrechte verletzt haben könnten. Die interne Untersuchung diente dazu, eine zivilrechtliche Haftung der betroffenen Mitglieder des Vorstands zu prüfen.

Zu § 97 Abs. 1 Nr. 3 StPO hat das LG Mannheim entschieden, dass es sich bei dem Bericht der Rechtsanwälte, der beschlagnahmt werden sollte, „zweifellos" um ein mandatsbezogenes Dokument handele, welches von den Rechtsanwälten zur Beratung ihrer Mandantschaft erstellt wurde. Ein solcher Bericht würde danach, soweit er sich im Gewahrsamsbereich dieser Rechtsanwälte befinde, der Regelung des § 97 Abs. 1 Nr. 3 StPO unterfallen.[2339] Im Hinblick auf die im Rahmen der

2334 LG Bonn, NZWiSt 2013, 21, 24.
2335 LG Bonn, NZWiSt 2013, 21, 24 f.
2336 LG Bonn, NZWiSt 2013, 21, 25.
2337 LG Bonn, NZWiSt 2013, 21, 25.
2338 LG Mannheim, NZWiSt 2012, 424; vgl. hierzu auch LG Mannheim, CCZ 2013, 78.
2339 LG Mannheim, NZWiSt 2012, 424, 429.

internen Untersuchung durchgeführten Befragungen bzw. die darüber gefertigten Aufzeichnungen komme es zu einer Vermischung von geschützten Inhalten (Fragen) und solchen, die gerade nicht geschützt seien (Antworten).[2340] Die Fragen seien geschützt, weil sie einen mandatsbezogenen Inhalt aufwiesen und Rückschlüsse auf die Ermittlungsziele zuließen.[2341] Die Antworten seien indes nicht geschützt, da es an einem Mandatsverhältnis zwischen den Befragten und den fragenden Rechtsanwälten fehle.[2342] Da keine Anhaltspunkte dafür bestünden, dass die jeweiligen Fragestellungen von den Antworten zu trennen wären, müsse sich aus Sicht der Kammer der von § 97 Abs. 1 Nr. 3 StPO gewährte Schutz vor einer Beschlagnahme auf die Gesamtheit dieser Dokumente richten, also auf die Fragen und Antworten.[2343]

Unabhängig davon, ob man der Differenzierung zwischen Fragen und Antworten, wie sie das LG Mannheim vornimmt, folgen mag, ist der Entscheidung die Auffassung zu entnehmen, dass durch § 97 Abs. 1 Nr. 3 StPO das Vertrauensverhältnis zwischen Anwalt und Mandant umfassend geschützt ist.[2344]

dd) LG Bochum, Beschluss vom 16. März 2016 – II-6 Qs 1/16

Auch wenn sich das LG Bochum in seiner Entscheidung mit dem Verhältnis zwischen einer Ombudsperson und dem Unternehmen auseinandergesetzt hat, welches in der hier angestellten Untersuchung nicht thematisiert wird, lassen sich der Entscheidung dennoch Aussagen zu der hier relevanten Frage entnehmen, ob eine Beschuldigtenstellung für die Anwendbarkeit des Beschlagnahmeverbots gefordert werden soll oder nicht. Insoweit lag die Besonderheit in diesem Fall darin, dass die Beschlagnahme bei einer Ombudsperson vorgenommen wurde.

Das LAG Bochum schließt sich der Entscheidung des LG Hamburg vom 15. Oktober 2010[2345] an.[2346] Insoweit sei in § 97 Abs. 1 S. 1 Nr. 3 StPO allein das Vertrauensverhältnis des Beschuldigten im Strafverfahren zu einem von ihm in Anspruch genommenen Zeugnisverweigerungsberechtigten geschützt. Nicht geschützt sei hingegen die Beziehung eines Nichtbeschuldigten zu einem Berufsgeheimnisträger. Hierfür zieht das LG Bochum zunächst den Sinn und Zweck der Norm als Argument heran. Das Ergebnis ließe sich nämlich auf die Zielrichtung des § 97 StPO stützen, welche sich insbesondere aus § 97 Abs. 1 Nr. 1 und 2 StPO ergebe. Diese seien ausdrücklich allein auf den Schutz der Vertrauensbeziehung zwischen Beschuldigtem

2340 Zu einer kritischen Bewertung einer solchen Differenzierung zwischen Fragen und Antworten vgl. *Pelz*, CCZ 2018, 211, 214.
2341 LG Mannheim, NZWiSt 2012, 424, 429.
2342 LG Mannheim, NZWiSt 2012, 424, 429.
2343 LG Mannheim, NZWiSt 2012, 424, 429.
2344 Zustimmend *Dann*, NJW 2015, 2609, 2614.
2345 LG Hamburg, NJW 2011, 942.
2346 LG Bochum, NStZ 2016, 500.

und Zeugnisverweigerungsberechtigten ausgerichtet.[2347] Vor diesem Hintergrund liege der Sinn der Nr. 3 darin, den Anwendungsbereich des Beschlagnahmeverbots auf „andere Gegenstände" als die in § 97 Abs. 1 Nr. 1 und 2 StPO genannten zu erweitern, nicht dagegen der Zweck, das Beschlagnahmeverbot nunmehr umfassend und unter Einschluss am Strafverfahren nicht direkt beteiligter Dritter zu erweitern.[2348] Hierdurch würde der in § 97 Abs. 1 Nr. 1 und 2 StPO ausdifferenzierte Beschlagnahmeschutz unterlaufen.[2349]

ee) BVerfG, Beschluss vom 27. Juni 2018 – 2 BvR 1405/17, 2 BvR 1780/17

In der Chronologie der Entscheidungen zur Auslegung des § 97 Abs. 1 Nr. 3 StPO folgte sodann im vergangenen Jahr die Entscheidung des BVerfG vom 27. Juni 2018.[2350] Insgesamt liegen den drei VW/Jones-Day-Entscheidungen Verfassungsbeschwerden der Volkswagen AG[2351], der Kanzlei[2352] sowie dreier Rechtsanwälte dieser Kanzlei[2353] zugrunde. Von besonderer Bedeutung für die hier in den Blick genommene Thematik der internen Untersuchungen ist jedoch allein die Verfassungsbeschwerde der Volkswagen AG, da in ihr konkrete Aussagen zur Beschlagnahmefähigkeit von im Rahmen interner Untersuchungen gewonnenen Erkenntnissen getroffen werden.[2354]

Ausgangspunkt der gerichtlichen Auseinandersetzung war eine auf Antrag der Staatsanwaltschaft München II ergangene Durchsuchungsanordnung der Münchener Geschäftsräume der Kanzlei. Im Rahmen der Durchsuchung wurden Dokumente sichergestellt, welche im Rahmen der internen Untersuchung durch die Mitarbeiter der Kanzlei bei der Volkswagen AG und der Audi AG erstellt wurden. Der Rechtsweg gegen die Durchsuchungsanordnungen an den ordentlichen Gerichten blieb erfolglos. Das BVerfG hat sich in seiner Entscheidung mit der Frage beschäftigt, ob es für die Anwendbarkeit des § 97 Abs. 1 Nr. 3 StPO einer Beschuldigtenstellung bedarf. In dem Zusammenhang sei aber darauf hingewiesen, dass das BVerfG allein die Vereinbarkeit der Entscheidung des LG München I mit der Verfassung zu prüfen hatte. Insoweit stellt es zu Beginn der Auslegung des § 97 Abs. 1 Nr. 3 StPO fest, dass die herrschende Auffassung, der sich die Fachgerichte in den angegriffenen Entscheidungen angeschlossen haben, von den üblichen Auslegungsmethoden gedeckt sei.[2355] Sie sei jedenfalls nicht willkürlich.[2356]

2347 LG Bochum, NStZ 2016, 500, 500.
2348 LG Bochum, NStZ 2016, 500, 500.
2349 LG Bochum, NStZ 2016, 500, 500.
2350 BVerfG, NJW 2018, 2385.
2351 BVerfG, NJW 2018, 2385.
2352 BVerfG, NJW 2018, 2392.
2353 BVerfG, NJW 2018, 2395.
2354 BVerfG, NJW 2018, 2385.
2355 BVerfG, NJW 2018, 2385, 2388.
2356 BVerfG, NJW 2018, 2385, 2388.

Dies zeigt, dass das BVerfG keine abschließende Entscheidung vorgenommen hat und der Streit hinsichtlich der Auslegung des § 97 Abs. 1 Nr. 3 StPO damit noch nicht entschieden ist. Insbesondere sind auch gegensätzliche Entscheidungen in der Zukunft nicht ausgeschlossen, da den Entscheidungsgründen des BVerfG nicht zu entnehmen ist, dass ein anderes als das vom LG München I gefundene Auslegungsergebnis unzulässig ist.[2357]

Das BVerfG hat die Ansicht des LG München I[2358] als Vorinstanz für vertretbar erachtet, wonach ein Beschlagnahmeschutz juristischer Personen gemäß § 97 Abs. 1 StPO und so auch § 97 Abs. 1 Nr. 3 StPO ein Vertrauensverhältnis zwischen einem Berufsgeheimnisträger und dem im konkreten Ermittlungsverfahren Beschuldigten voraussetzt.[2359] Nach Ansicht des BVerfG ist diese Auslegung nicht willkürlich und steht im Einklang mit dem Wortlaut, der Systematik, der Entstehungsgeschichte und dem Sinn und Zweck der Norm.[2360] Als Begründung stellt das BVerfG zunächst auf den Regelungszusammenhang zwischen § 97 Abs. 1 Nr. 1, 2 und 3 StPO ab.[2361] Auch wenn der Wortlaut des § 97 Abs. 1 Nr. 3 StPO nicht den Beschuldigten erwähne, so würde der Regelungsgehalt von § 97 Abs. 1 Nr. 1 und 2 StPO praktisch vollständig absorbiert und beide Vorschriften damit obsolet, würde man die Beschuldigtenstellung hinsichtlich Nr. 3 nicht fordern.

Darüber hinaus wird als Begründung die Entstehungsgeschichte herangezogen.[2362] Dabei stellt das BVerfG insbesondere darauf ab, dass die Entwicklung der Regelungen in den § 97 Abs. 1 Nr. 1 bis 3 StPO darauf schließen lasse, dass mit Nr. 3 eine rein gegenständliche Erweiterung von Nr. 1 und 2 gemeint sei. So stelle die Gesetzesbegründung einen Zusammenhang her zwischen Nr. 2 und Nr. 3.

Ferner sei – so das BVerfG – auch eine erweiternde Auslegung von § 97 Abs. 1 Nr. 3 StPO nicht geboten.[2363] Insoweit sei außerhalb des Berufsgeheimnisträger-Beschuldigten-Verhältnisses dem Strafverfolgungsinteresse Vorrang einzuräumen. Es bestehe ein hohes Missbrauchspotenzial, sollte sich der Beschlagnahmeschutz auf sämtliche Mandatsverhältnisse erstrecken. So wäre es möglich, Beweismittel gezielt in die Sphäre des Rechtsanwalts zu verlagern, um sie so dem Zugriff der Ermittlungsbehörden zu entziehen. Im Ergebnis könnte so der gutgläubige

2357 Im Ergebnis so auch *Gerhold*, DStR 2018, 1943, 1943.

2358 Das LG München I hat mit Beschluss v. 16.06.2017 die Veröffentlichung des Beschlusses des Landgerichts München I vom 08.05.2017 zu den Aktenzeichen 6 Qs 5/17 sowie 6 Qs 6/17, auch in anonymisierter Form, abgelehnt, vgl. BeckRS 2017, 113714. Jedoch lassen sich die entscheidenden Rückschlüsse auf die Entscheidungsgründe den aktuellen Entscheidungen des BVerfG entnehmen, vgl. insbesondere BVerfG, NJW 2018, 2385.

2359 BVerfG, NJW 2018, 2385, 2388 ff.

2360 BVerfG, NJW 2018, 2385, 2388.

2361 BVerfG, NJW 2018, 2385, 2389.

2362 BVerfG, NJW 2018, 2385, 2389.

2363 BVerfG, NJW 2018, 2385, 2389.

Rechtsanwalt als „Safehouse" genutzt werden. Dieses Argument des BVerfG hat in der Literatur – zu Recht – viel Kritik erfahren.[2364]

ff) LG Oldenburg, Beschluss vom 31. Juli 2018 – 2 KLs 98/16

Der Beschluss des LG Oldenburg[2365] ist, soweit ersichtlich, die erste Entscheidung zur Regelung des § 97 StPO nach den Entscheidungen des BVerfG. Der Entscheidung liegt eine Beschlagnahme von zwei Aktenordnern sowie den auf dem Server des E-Mail Providers des Angeklagten gespeicherten Rohdaten zugrunde.

Das LG Oldenburg differenziert in seiner Entscheidung nicht zwischen den einzelnen Nummern des § 97 Abs. 1 StPO.[2366] Gleichwohl lässt sich der Entscheidung eine Aussage zur Auslegung des § 97 Abs. 1 Nr. 3 StPO entnehmen, da es der Ansicht ist, dass § 97 Abs. 1 StPO insgesamt einschränkend dahingehend auszulegen sei, dass allein das Vertrauensverhältnis des Beschuldigten in dem konkreten Strafverfahren zu einem von ihm in Anspruch genommenen Zeugnisverweigerungsberechtigten durch das Beschlagnahmeverbot geschützt ist.[2367] In seiner Entscheidung verweist das LG Oldenburg zwar auf die Entscheidung des BVerfG, eine dogmatische Begründung fehlt indes.[2368]

gg) BGH, Beschluss vom 8. August 2018 – 2 ARs 121/18

Der Beschluss des BGH[2369] befasst sich eigentlich mit einer sofortigen Beschwerde gegen einen gemäß § 138c Abs. 1 S. 1, § 138 Abs. 1 Nr. 3 StPO ergangenen Beschluss des OLG Oldenburg, durch den der Beschwerdeführer von der Mitwirkung als Verteidiger seines Mandanten in einem Verfahren vor dem LG Oldenburg ausgeschlossen wurde. Die Staatsanwaltschaft Oldenburg warf dem Mandanten des Beschwerdeführers Steuerhinterziehung in 27 Fällen vor. Auf den der Anklage und dem späteren Verfahren zugrunde liegenden Fall muss im Kontext der hiesigen Untersuchung nicht weiter eingegangen werden. Im Rahmen des Strafverfahrens gegen den Mandanten des Beschwerdeführers wurde die Beschlagnahme von Buchführungsunterlagen beantragt. Nachdem der Mandant des Beschwerdeführers nach einer anfänglichen Weigerungshaltung dem Landgericht Oldenburg unvollständige Unterlagen vorgelegt hatte, ordnete das Landgericht durch Beschluss vom 19. Juni 2017 die Beschlagnahme der bei dem Angeklagten selbst sowie dem Beschwerdeführer gelagerten Buchführungsunterlagen an. Im Anschluss erfolgte

---

2364 Vgl. zu kritischen Stimmen *Jahn/Kirsch*, StV 2019, 12; *Knauer*, NStZ 2019, 164, 166; *Lilie-Hutz/Ihwas*, NZWiSt 2018, 349, 352; *Pelz*, CCZ 2018, 211, 214, 216; *Uwer/van Ermingen-Mahlbach*, AnwBl. 2018, 470, 472.

2365 LG Oldenburg, BeckRS 2018, 46724.

2366 LG Oldenburg, BeckRS 2018, 46724.

2367 LG Oldenburg, BeckRS 2018, 46724.

2368 LG Oldenburg, BeckRS 2018, 46724.

2369 BGH, NStZ 2019, 100.

die Auswertung von Unterlagen, die sich in einer vom Angeklagten genutzten Garage sowie im Wohnhaus des Beschwerdeführers befanden. Im Wohnhaus wurde dann ein Umzugskarton von den Ermittlungsbehörden gesichtet, in dem sich Originalrechnungen und Lieferscheine der Fima des Zeugen befanden. Diese wurden beschlagnahmt. Der Beschwerdeführer behauptete sodann in unzutreffender Weise, er sei nicht im Besitz weiterer Beweismittel. Tatsächlich hatte er jedoch noch zwei Stehordner mit Buchführungsunterlagen. Die Beschwerde gegen Durchsuchung und Beschlagnahme wurde verworfen.

Auch wenn sich der Beschluss nicht im Kern mit der Beschlagnahme der Unterlagen befasste, so hat sich der BGH dennoch zu den Anforderungen an den Beschlagnahmeschutz gemäß § 97 Abs. 1 Nr. 3 StPO geäußert. Nach Ansicht des BGH betrifft § 97 Abs. 1 Nr. 3 StPO, wie sich aus dem Regelungszusammenhang mit § 97 Abs. 1 Nr. 1 und Nr. 2 StPO ergebe, nur Gegenstände, die im Vertrauensverhältnis zwischen dem Berufsgeheimnisträger und dem Mandanten entstanden seien, oder die spezifisches Verteidigungsmaterial darstellen, auf das sich das Vertrauensverhältnis zwischen Verteidiger und Mandanten erstrecke.[2370] Erfasst seien hingegen nicht solche Beweisurkunden, die keine Kommunikationsinhalte aus dem Mandatsverhältnis verkörpern und keine originären Verteidigungsunterlagen, sondern unabhängig davon entstandene Beweismittel sind.[2371] In den Entscheidungsgründen nahm der BGH dabei Bezug auf die Entscheidungen des BVerfG.[2372]

hh) Zwischenergebnis

Die Auswertung der Rechtsprechung zum § 97 Abs. 1 Nr. 3 StPO aus den letzten 10 Jahren ergibt kein einheitliches Bild. Zwar kommt der Entscheidung des BVerfG eine besondere Bedeutung im Laufe der Rechtsprechungsentwicklung zu. Jedoch sei nochmals darauf hingewiesen, dass sich auch aus ihr keine abschließende Entscheidung in Bezug auf die Auslegung der Nr. 3 ergibt.[2373]

Dies hängt maßgeblich mit dem begrenzten Prüfungsumfang der Entscheidung des BVerfG zusammen. Es beschränkt seine Prüfung darauf, ob in der Entscheidung des Fachgerichts willkürliche Erwägungen oder eine Verletzung spezifischen Verfassungsrechts besteht.[2374] Die einfachgesetzliche Rechtsanwendung und deren Auslegung prüft das BVerfG indes nicht. Dies hat es in der Verfassungsbeschwerde der Volkswagen AG auch ausdrücklich klargestellt: „Gerichtliche Entscheidungen unterliegen nicht einer unbeschränkten tatsächlichen und rechtlichen Nachprüfung durch das BVerfG im Hinblick auf die Richtigkeit der Tatsachenfeststellungen und auf die Ordnungsmäßigkeit der Rechtsanwendung. Die Gestaltung des

2370 BGH, NStZ 2019, 100, 101.

2371 BGH, NStZ 2019, 100, 101.

2372 BVerfG, NJW 2018, 2385, 2387 ff.; vgl. hierzu Kapitel 3 § 1 C. I. 3. a) ee).

2373 *Aszmons/Herse*, DB 2020, 56, 57; *Grützner*, in: Momsen/Grützner, Wirtschafts- und Steuerstrafecht, Kapitel 4 § 16 Rn. 523; *Momsen*, NJW 2018, 2362, 2366.

2374 *Oesterle*, WiJ 2018, 148, 149.

Strafverfahrens, die Auslegung der Vorschriften des Straf- und Strafprozessrechts sowie ihre Anwendung auf den einzelnen Fall sind allein Sache der dafür zuständigen Fachgerichte und der verfassungsgerichtlichen Nachprüfung entzogen, soweit nicht Willkür vorliegt oder spezifisches Verfassungsrecht verletzt ist".[2375] Weiter stellt das BVerfG bei der Bewertung der Entscheidung des LG München I an verschiedener Stelle zunächst klar, dass die Entscheidung des LG München I vertretbar sei. So führt das Gericht aus: „Die herrschende Auffassung, der sich die Fachgerichte in den angegriffenen Entscheidungen angeschlossen haben, ist von den üblichen Auslegungsmethoden gedeckt. Sie ist deshalb jedenfalls nicht willkürlich."[2376] An anderer Stelle heißt es dann: „Insbesondere hat das LG München I zur Beurteilung der Frage, unter welchen Voraussetzungen sich eine juristische Person in einer beschuldigtenähnlichen Verfahrensstellung befindet, einen vertretbaren Maßstab herangezogen."[2377] Ferner äußert es sich wie folgt: „Da es nach der vertretbaren Auffassung des LG München I für den Beschlagnahmeschutz aus § 97 StPO nicht auf die Verfahrensstellung der Audi AG ankommt, war dies jedoch für seine Entscheidung nicht von Relevanz."[2378]

Darüber hinaus ist die Entscheidung des LG München I nach Auffassung des BVerfG verfassungsrechtlich nicht zu beanstanden: „Vor diesem Hintergrund und angesichts der umfassenden und sorgfältigen Begründung des LG München I in seiner Beschwerdeentscheidung vom 8.5.2017 kann insoweit eine willkürliche Rechtsanwendung nicht festgestellt werden."[2379] Ferner ist der Entscheidung des Gericht folgendes zu entnehmen: „Soweit die Fachgerichte davon ausgegangen sind, § 97 I Nr. 3 StPO begründe ebenso wie § 97 I Nr. 1 und 2 StPO ein Beschlagnahmeverbot nur im Rahmen eines Vertrauensverhältnisses zwischen einem Berufsgeheimnisträger und dem im konkreten Ermittlungsverfahren Beschuldigten, ist Verfassungsrecht ebenfalls nicht verletzt."[2380] Das bedeutet hingegen nicht, dass eine gegenteilige Ansicht automatisch unvertretbar oder gar verfassungswidrig ist.

Da vor diesem Hintergrund noch nicht von einer endgültigen Klärung der Rechtslage ausgegangen werden kann und nach der hier vertretenen Ansicht ein anderes Auslegungsergebnis vertreten wird, bedarf es für eine Bestimmung des Umfangs des Beschlagnahmeschutzes einer umfassenden Auslegung des § 97 Abs. 1 Nr. 3 StPO.

2375 BVerfG, NJW 2018, 2385, 2387.
2376 BVerfG, NJW 2018, 2385, 2388.
2377 BVerfG, NJW 2018, 2385, 2389.
2378 BVerfG, NJW 2018, 2385, 2391.
2379 BVerfG, NJW 2018, 2385, 2388.
2380 BVerfG, NJW 2018, 2385, 2388.

b) *Auslegung des § 97 Abs. 1 Nr. 3 StPO unter besonderer Berücksichtigung der VW/Jones-Day-Entscheidung*

Dass sich nur durch eine umfassende Auslegung eine Lösung zu der Frage herleiten lässt, ob es eines Verteidigungsverhältnisses – entsprechend zu § 97 Abs. 1 Nr. 1 und 2 StPO – auch im Rahmen des § 97 Abs. 1 Nr. 3 StPO bedarf, zeigt sich ebenfalls anhand der Rechtsprechung des BVerfG. Das Gericht hat im Rahmen seiner Entscheidung geprüft, ob hinsichtlich der Auslegung des LG München I Willkür vorliegt oder spezifisches Verfassungsrecht verletzt ist.[2381]

aa) Grammatikalische Auslegung

Zunächst spricht der Wortlaut klar dafür, dass es bei § 97 Abs. 1 Nr. 3 StPO gerade nicht auf die Beschuldigtenstellung und das damit verbundene Vertrauensverhältnis zwischen einem Beschuldigten und dem Verteidiger ankommt.[2382] Insoweit kommt die Gegenansicht auch nicht umhin, die Norm über ihren Wortlaut hinaus einschränkend auszulegen.[2383] Wortlaut spricht dafür, dass ein Berufsgeheimnisträger-Beschuldigten-Verhältnis generell nicht vorausgesetzt wird. Wie auch das BVerfG in seiner Entscheidung vom 27. Juni 2018 zutreffend feststellt, führt eine solche Auslegung zu einem weitreichenden Schutz vor Beschlagnahme und darauf gerichtete Durchsuchungen bei Berufsgeheimnisträgern, da sie bei unverdächtigen Berufsgeheimnisträgern nur noch dann gestattet wären, wenn sie von vornherein auf die Gewinnung von Gegenständen gerichtet wären, auf die sich das Zeugnisverweigerungsrecht nicht erstreckt.[2384]

bb) Systematische Auslegung

Die Auffassung, die sich für die zwingende Notwendigkeit eines Verteidiger-Beschuldigten-Verhältnisses auch im Rahmen des § 97 Abs. 1 Nr. 3 StPO ausspricht, stellt insbesondere auf den Regelungszusammenhang ab.[2385] Dieses Argument wurde vor der VW/Jones-Day-Entscheidung des BVerfG insbesondere vom LG Hamburg[2386] und

---

2381 BVerfG, NJW 2018, 2385, 2387 ff.

2382 BeckOK StPO/*Gerhold*, § 97 Rn. 24b; *Jahn/Kirsch*, StV 2011, 151, 153; *Jahn/Kirsch*, NStZ 2012, 720; *Jahn*, ZIS 2011, 453, 455; *Knauer*, NStZ 2019, 164, 166; *Krekeler*, NStZ 1987, 199, 201; *Lilie-Hutz/Ihwas*, NZWiSt 2018, 349, 351; *Nienaber*, Umfang, Grenzen und Verwertbarkeit compliancebasierter unternehmensinterner Ermittlungen, S. 318; *Rübenstahl*, ZWH 2018, 273, 276; *Zerbes*, ZStW 125 (2013), 551, 562; a.A. *Bauer*, StV 2012, 277, 277 f.

2383 LG Hamburg, NJW 2011, 942, 943; LG Bonn, NZWiSt 2013, 21, 24; LG Bochum, NStZ 2016, 500; LG Oldenburg, BeckRS 2018, 46724.

2384 BVerfG, NJW 2018, 2385, 2398.

2385 BVerfG, NJW 2018, 2385, 2398.

2386 LG Hamburg NJW 2011, 942, 943; vgl. hierzu im Einzelnen Kapitel 3 § 1 C. I. 3. a) aa).

LG Bochum[2387] bemüht. Wenn Nr. 1 und 2 eine Beschuldigtenstellung voraussetzen, könne für Nr. 3 nichts anderes gelten.[2388] Die Norm sei nur geschaffen worden, um das Beschlagnahmeverbot auf andere Gegenstände zu erweitern.[2389] Mithin fungiert § 97 Abs. 1 Nr. 3 StPO nach dieser Auffassung lediglich als Auffangtatbestand.[2390] Mit der Schaffung der Nr. 3 sei nicht das Ziel verbunden gewesen, § 97 Abs. 1 StPO dahingehend auszudehnen, dass auch Nichtbeschuldigte dem Schutz von § 97 Abs. 1 StPO unterfallen.[2391] Andernfalls würde die Ausdifferenzierung in Nr. 1 und Nr. 2 ins Leere laufen und damit obsolet, wäre der Nichtbeschuldigte erfasst.[2392]

Dieser Ansicht ist zunächst entgegenzuhalten, dass nicht davon ausgegangen werden kann, dass der Sinn und Zweck der Norm darin besteht, als reiner Auffangtatbestand zu fungieren. Dieses Argument findet auch in der Gesetzesbegründung keine Stütze. Würde man ein Vertrauensverhältnis im Rahmen der Nr. 3 voraussetzen, würde der Anwendungsbereich dieser Regelung stark eingeschränkt.[2393] Dies insbesondere, wenn man den Vergleich zu Nr. 2 zieht, der „Aufzeichnungen über die vom Beschuldigten anvertrauten Mitteilungen oder über andere Umstände" schützt. Es blieben nur solche Gegenstände übrig, die keinen schriftlichen Inhalt tragen. Entgegen der vom BVerfG vorgebrachten Begründung führt eine weite Auslegung auch nicht dazu, dass die Regelungen der Nr. 1 und 2 obsolet würden. So erfasst bspw. § 97 Abs. 1 Nr. 1 StPO auch die Angehörigen, was bei § 97 Abs. 1 Nr. 3 StPO gerade nicht der Fall ist.[2394] Darüber hinaus besteht die Regelung der Nr. 2, wie *Gerhold* zutreffend feststellt, aufgrund des Willens des Gesetzgebers, „die umstrittene Frage, ob die Handakten des Verteidigers oder Anwalts und die Krankenblätter des Arztes beschlagnahmt werden können"[2395], endgültig zu regeln.[2396] Weiter wird in der Literatur zu Recht angeführt, dass nicht einmal im Zusammenhang mit § 97 Abs. 1 Nr. 2 StPO völlig klar ist, ob in allen Fallkonstellationen ausschließlich das Vertrauen des konkreten Beschuldigten geschützt ist,

2387 LG Bochum, NStZ 2016, 500; vgl. hierzu im Einzelnen Kapitel 3 § 1 C. I. 3. a) dd).

2388 BVerfG, NJW 2018, 2385, 2398; OLG Celle, NJW 1965, 362, 363; LG Bochum, NStZ 2016, 500; LG Hamburg NJW 2011, 942, 943; *Menges*, in: Löwe-Rosenberg -StPO, § 97 Rn. 66.

2389 LG Bochum, NStZ 2016, 500; LG Hamburg NJW 2011, 942, 943.

2390 MüKo-StPO/*Hauschild*, § 97 Rn. 15; im Ergebnis, mit Verweis auf *Hauschild* so auch Hüffer/Koch/*Koch*, AktG, § 76 Rn. 16d.

2391 LG Bochum NStZ 2016, 500; LG Hamburg NJW 2011, 942, 943.

2392 BVerfG, NJW 2018, 2385, 2389; *Menges*, in: Löwe-Rosenberg -StPO, § 97 Rn. 21.

2393 Im Ergebnis so auch *Nienaber*, Umfang, Grenzen und Verwertbarkeit compliancebasierter unternehmensinterner Ermittlungen, S. 318.

2394 BeckOK StPO/*Gerhold*, § 97 Rn. 24c; *Bock/Gerhold*, in: Knierim/Rübenstahl/Tsambikakis, Kapitel 5 Rn. 38; *Gerhold*, DStR 2018, 1943, 1944; *Jahn*, ZIS 2011, 453, 457.

2395 Entwurf der Bundesregierung eines Dritten Strafrechtsänderungsgesetzes, BT-Drs. I/3713, S. 49.

2396 *Gerhold*, DStR 2018, 1943, 1944.

da der 2. Halbsatz, welcher sich auf „andere Umstände“ bezieht, auch von der Notwendigkeit einer Beschuldigtenstellung entkoppelt werden kann, wenn man den 1. Halbsatz isoliert betrachtet.[2397] Dieses Argument spricht jedenfalls dafür, dass der Regelungszusammenhang keineswegs eindeutig für die Notwendigkeit einer Beschuldigtenstellung spricht.

Darüber hinaus ist die Ansicht, welche eine Beschuldigtenstellung voraussetzt, mit dem Sinn und Zweck der Vorschrift des § 97 StPO, nämlich die Umgehung des Zeugnisverweigerungsrechts zu verhindern, kaum in Einklang zu bringen.[2398] Dies räumt die Ansicht auch ein, wobei sie dann aber auf den Regelungszusammenhang abstellt.[2399] Dass die Stärkung des Zeugnisverweigerungsrechts aber gerade den Willen des Gesetzgebers darstellt und daher für eine Berücksichtigung des Nichtbeschuldigten spricht, zeigt sich im Zusammenhang mit § 160a StPO.[2400] Durch das „Gesetz zur Stärkung des Schutzes von Vertrauensverhältnissen zu Rechtsanwälten im Strafprozessrecht“[2401] im Jahr 2010 hat der Gesetzgeber den Anwendungsbereich des § 160a StPO auf Rechtsanwälte erweitert. Zugleich hat er durch die Regelung des § 160a Abs. 5 StPO, was noch zu zeigen sein wird, geregelt, dass § 160a Abs. 1 StPO durch § 97 Abs. 1 StPO verdrängt wird.[2402] Wenn er nun die Regelung des § 160a StPO auf das Verhältnis zwischen Rechtsanwalt und Nichtbeschuldigten erweitert und zugleich regelt, dass § 160a StPO von § 97 StPO verdrängt wird, dann spricht der gesetzgeberische Wille dafür, dass § 97 Abs. 1 StPO den Nichtbeschuldigten bereits erfasst, nämlich in dessen Nr. 3. Anders gesprochen: Es würde aus gesetzgeberischer Sicht keinen Sinn ergeben, den Beschlagnahmeschutz durch die Erweiterung des § 160a StPO zu stärken und diese Erweiterung des Normtexts sogleich wieder durch die Regelung des § 160 Abs. 5 StPO zu beschränken, da § 97 Abs. 1 Nr. 3 StPO das Verhältnis zwischen Rechtsanwalt und Nichtbeschuldigten gar nicht erfasst.

cc) Historische Auslegung

Nach Ansicht des BVerfG in seiner VW/Jones-Day-Entscheidung wird in der Gesetzesbegründung zu § 97 Abs. 1 Nr. 1 bis 3 StPO[2403] erkennbar ein Zusammenhang

---

2397 BeckOK StPO/*Gerhold*, § 97 Rn. 24c; *Queling/Bayer*, NZWiSt 2016, 417, 420.

2398 Im Ergebnis so auch *Amelung*, DNotZ 1984, 195, 198 ff., 206 f.; *Jahn*, ZIS 2011, 453, 456; *Nienaber*, Umfang, Grenzen und Verwertbarkeit compliancebasierter unternehmensinterner Ermittlungen, S. 319.

2399 *Menges*, in: Löwe-Rosenberg -StPO, § 97 Rn. 21; zur teleologischen Auslegung vgl. im Einzelnen Kapitel 3 § 1 C. I. 3. b) dd).

2400 *Rübenstahl*, ZWH 2018, 273, 277.

2401 Gesetz zur Stärkung des Schutzes von Vertrauensverhältnissen zu Rechtsanwälten im Strafprozess, BGBl. I 2010, S. 2261.

2402 Vgl. hierzu im Einzelnen Kapitel 3 § 1 C. III. 2.

2403 Entwurf der Bundesregierung eines Dritten Strafrechtsänderungsgesetzes, BT-Drs. I/3713, S. 49.

zwischen § 97 Abs. 1 Nr. 2 und 3 StPO hergestellt.[2404] Dieser Zusammenhang lässt sich der Gesetzesbegründung indes nicht entnehmen.

In der Begründung zum dritten Strafrechtsänderungsgesetz heißt es zunächst zu § 97 Abs. 1 Nr. 2 StPO: „Der Entwurf dehnt in Absatz 1 Nr. 2 die Vorschriften des geltenden Rechts über das Verbot der Beschlagnahme schriftlicher Mitteilungen zwischen dem Beschuldigten und den Personen, die nach § 53 Abs. 1 Nr. 1 bis 3 [StPO] zur Verweigerung des Zeugnisses berechtigt sind, auf die Aufzeichnungen aus, die der Geheimnisträger über die ihm vom Beschuldigten anvertrauten Mitteilungen oder über andere Umstände gemacht hat, auf die sich sein Zeugnisverweigerungsrecht erstreckt. Der Begriff „Aufzeichnungen" soll hier in weitem Sinne verstanden werden und umfaßt z. B. auch Tonbandaufnahmen. Der Vorschlag beruht auf der Überlegung, daß das Recht eines Geheimnisträgers, über sein Wissen das Zeugnis zu verweigern, nicht dadurch umgangen werden darf, daß sein schriftlich niedergelegtes Wissen beschlagnahmt werden kann. Die umstrittene Frage, ob die Handakten des Verteidigers oder Anwalts und die Krankenblätter des Arzts beschlagnahmt werden können, ist damit den praktischen Bedürfnissen entsprechend geregelt".[2405] Sodann folgt die Begründung zu § 97 Abs. 1 Nr. 3 StPO: „Darüber hinaus besteht jedoch aus den gleichen wie oben angeführten Gründen das Bedürfnis, auch sonstige Gegenstände (z. B. den vom Arzt aus dem Körper des Beschuldigten entfernten Fremdkörper, dem Anwalt übergebene Dokumente) einschließlich der ärztlichen Untersuchungsbefunde (z. B. Röntgenaufnahmen, Kardiogramme, Blutbilder) zu schützen, soweit sich das Zeugnisverweigerungsrecht auf diese Gegenstände erstreckt (Abs. 1 Nr. 3)".[2406]

Aus der Formulierung „Darüber hinaus besteht jedoch aus den gleichen wie oben angeführten Gründen das Bedürfnis [...]" lässt sich nicht darauf schließen, dass die vom Wortlaut der § 97 Abs. 1 Nr. 2 StPO erfasste Beschuldigtenstellung auch für die Nr. 3 gelten soll.[2407] Die Begründung zu Nr. 2 gibt zunächst die Regelung der Nr. 2 wieder. Anschließend wird das Verständnis des Gesetzgebers hinsichtlich des Begriffs „Aufzeichnungen" erläutert. Erst danach folgen die Gründe, auf welche die Begründung zu § 97 Abs. 1 Nr. 3 StPO Bezug nimmt. Die aufgeführten Gründe betonen den Schutz des Zeugnisverweigerungsrechts. Dabei wird auf den Geheimnisträger und sein Recht, das Zeugnis zu verweigern, eingegangen. Dem Schutz dieses Rechts soll auch die Nr. 3 des § 97 Abs. 1 StPO dienen. Jedoch wird in den genannten Gründen nicht auch auf die Beschuldigtenstellung Bezug genommen. Auch lässt sich ansonsten keine Bezugnahme auf die Beschuldigtenstellung der Begründung zur Nr. 3 entnehmen. So wird schließlich nur auf die

---

2404 BVerfG, NJW 2018, 2385, 2389.

2405 Entwurf der Bundesregierung eines Dritten Strafrechtsänderungsgesetzes, BT-Drs. I/3713, S. 49.

2406 Entwurf der Bundesregierung eines Dritten Strafrechtsänderungsgesetzes, BT-Drs. I/3713, S. 49.

2407 So auch *Jahn*, ZIS 2011, 453, 456.

Gründe abgestellt, nicht auf die Voraussetzungen der Nr. 2. Durch den vom BVerfG angenommenen Zusammenhang wird die Gesetzesbegründung ihrerseits über ihren Wortlaut hinaus ausgelegt.

Der Wortlaut der Vorschrift spricht gerade im Kontext Gesetzesbegründung dafür, dass die Beschuldigtenstellung keine Voraussetzung des § 97 Abs. 1 Nr. 3 StPO darstellt. Während diese vom Wortlaut der Nr. 1 und 2 erfasst ist, ist dies bei der Nr. 3 nicht der Fall. Der Gesetzgeber hat die Beschuldigtenstellung bewusst nicht zur Voraussetzung der Nr. 3 gemacht. Für dieses Verständnis spricht auch, dass der Gesetzgeber auf die Beschuldigtenstellung im Zusammenhang mit der Regelung der Nr. 2 konkret eingeht, er die Voraussetzung im Rahmen der Gesetzesbegründung mithin klar vor Augen hatte. Hätte der Gesetzgeber die Beschuldigtenstellung auch für die Nr. 3 zur Voraussetzung machen wollen, hätte er diese entsprechend den Regelungen in Nr. 1 und 2 in den Wortlaut von Nr. 3 aufnehmen können. Hier kann auch nicht von einem redaktionellen Versehen ausgegangen werden, da der Gesetzgeber die Beschuldigtenstellung ausdrücklich in die Nr. 2 aufgenommen und diese in der Gesetzesbegründung im Zusammenhang mit der Regelung der Nr. 2 erwähnt.[2408]

Weiter spricht die Verwendung des Begriffs des „Anwalts“ in der Gesetzesbegründung[2409] dafür, dass das Verhältnis von Rechtsanwalt und Mandant als ausreichend angesehen werden kann.[2410] Insoweit ist in Bezug auf § 97 Abs. 1 Nr. 3 StPO gerade nicht vom „Verteidiger“ die Rede, sondern vom „Anwalt“.[2411] Außerdem werde allein in Bezug auf den Arzt, nicht hingegen bzgl. des Anwalts eine Verbindung zum Beschuldigten hergestellt, wenn es heißt, dass die „vom Arzt aus dem Körper des Beschuldigten entfernten Fremdkörper [und] dem Anwalt übergebene Dokumente“ zu den sonstigen Gegenständen zählen.[2412] Die Formulierung ist ein Indiz dafür, dass nach dem gesetzgeberischen Willen auch Nichtbeschuldigte von § 97 Abs. 1 Nr. 3 StPO erfasst werden sollen.[2413]

Die Auslegung der Gesetzesbegründung wird zudem gestützt durch den gesetzgeberischen Willen, welcher bis heute auf eine weite Auslegung des § 97 Abs. 1 Nr. 3 StPO hindeutet. Dies zeigt sich bspw. anhand des Reformprozesses

---

2408 So auch *Nienaber*, Umfang, Grenzen und Verwertbarkeit compliancebasierter unternehmensinterner Ermittlungen, S. 318.

2409 Entwurf der Bundesregierung eines Dritten Strafrechtsänderungsgesetzes, BT-Drs. I/3713, S. 49.

2410 Nach *Gerhold* ist die Gesetzesbegründung insoweit offen, da weder von einem Beschuldigten noch von seinem Verteidiger die Rede sei, vgl. BeckOK StPO/*Gerhold*, § 97 Rn. 24b.

2411 Entwurf der Bundesregierung eines Dritten Strafrechtsänderungsgesetzes, BT-Drs. I/3713, S. 49; *Jahn*, ZIS 2011, 453, 456.

2412 Entwurf der Bundesregierung eines Dritten Strafrechtsänderungsgesetzes, BT-Drs. I/3713, S. 49; *Jahn*, ZIS 2011, 453, 456.

2413 *Queling/Bayer*, NZWiSt 2016, 417, 420.

des mit § 97 StPO eng verknüpften § 160a StPO.[2414] Durch die „Reform des § 160a StPO durch das Gesetz zur Stärkung des Schutzes von Vertrauensverhältnissen zu Rechtsanwälten im Strafprozessrecht“[2415] hat der Gesetzgeber zum Ausdruck gebracht, dass er das Ziel einer Gleichstellung von Rechtsanwälten und Verteidigern verfolgt. Insoweit heißt es in dem Gesetzesentwurf an den Bundesrat vom 23. April 2010: „Die Bundesregierung hat sich zum Ziel gesetzt, den Schutz von Berufsgeheimnisträgern insgesamt weiter zu verbessern. Sie greift deshalb mit dem vorliegenden Gesetzentwurf die teilweise geäußerte Kritik auf und schlägt vor, in einem ersten Schritt die als problematisch erachtete Differenzierung zwischen dem Vertrauensverhältnis zu einem Verteidiger einerseits und demjenigen zu einem (sonstigen) Rechtsanwalt sowie ihm weitgehend gleichstehenden Berufsgeheimnisträgern mit anwaltlichen Aufgaben [...] andererseits zu beseitigen [...]. Eine einheitliche Behandlung beider Vertrauensverhältnisse erscheint gerechtfertigt, weil sowohl die anwaltliche als auch die strafverteidigende Tätigkeit ganz überwiegend von derselben Berufsgruppe (Anwälte, Kammerrechtsbeistände) ausgeübt wird und der sich dabei im Einzelfall vollziehende Übergang von einem Anwalts- zum Verteidigermandat in der Praxis oftmals fließend ist“.[2416] Das Ziel des Gesetzgebers ist es gerade, das Vertrauensverhältnis zu einem Rechtsanwalt ebenso zu schützen, wie das zu einem Verteidiger. Dies umso mehr, als der Übergang von einem Anwalts- zu einem Verteidigermandat – wie es der Gesetzgeber selbst erkannt hat – in der Praxis oftmals fließend ist.[2417] Diese sich aus der Reform des § 160a StPO ergebende Zielsetzung muss sich auch auf die Auslegung des § 97 Abs. 1 Nr. 3 StPO niederschlagen, insbesondere wenn man berücksichtigt, dass der Wortlaut allein bereits für eine weite Auslegung spricht.[2418] Gerade vor dem Hintergrund der vom Gesetzgeber verfolgten Gleichstellung des Rechtsanwalts mit einem Verteidiger überzeugt es nicht, wenn in den Wortlaut der Nr. 3 die Beschuldigtenstellung hineingelesen wird.

2414 Insoweit gehen *Kempf/Corsten* davon aus, dass der gesetzgeberische Hintergrund zu § 160a StPO bei der Auslegung des § 97 Abs. 1 Nr. 3 StPO Berücksichtigung finden muss, vgl. *Kempf/Corsten*, StV 2019, 59, 61.

2415 Gesetz zur Stärkung des Schutzes von Vertrauensverhältnissen zu Rechtsanwälten im Strafprozess, BGBl. I 2010, S. 2261.

2416 Gesetzesentwurf der Bundesregierung eines Gesetzes zur Stärkung des Schutzes von Vertrauensverhältnissen zu Rechtsanwälten im Strafprozess, BR-Drs. 229/10, S. 2.

2417 Gesetzesentwurf der Bundesregierung eines Gesetzes zur Stärkung des Schutzes von Vertrauensverhältnissen zu Rechtsanwälten im Strafprozess, BR-Drs. 229/10, S. 2.

2418 LG Mannheim, NZWiSt 2012, 424, 425.

dd) Teleologische Auslegung

Des Weiteren könnte auch die teleologische Auslegung der Norm für die Einbeziehung des Nichtbeschuldigten streiten.[2419] Durch die Gesetzesbegründung wird klargestellt[2420] und durch die Rechtsprechung bestätigt[2421], dass § 97 StPO geschaffen wurde, um eine Umgehung des Zeugnisverweigerungsrechts aus §§ 52, 53, 53a StPO zu verhindern.[2422] Diesem Schutzzweck würde es zuwiderlaufen, wenn das Wissen einer zeugnisverweigerungsberechtigten Person nur deshalb erlangt werden könnte, weil dieses bspw. schriftlich fixiert wird. Ebenso sieht es Knauer, wenn er schreibt: „Der Schutz des Vertrauensverhältnisses zum Zeugnisverweigerungsberechtigten, den § 97 Abs. 1 Nr. 3 StPO bezweckt, würde schlicht unterlaufen, wenn dieses nur auf das Verteidigungsverhältnis beschränkt wäre."[2423] Insoweit überzeugt es nicht, dass gemäß § 53 Abs. 1 S. 1 Nr. 3 StPO ein Zeugnisverweigerungsrecht für Rechtsanwälte besteht, in ihrem Besitz befindliche Unterlagen aber über § 97 Abs. 1 StPO beschlagnahmt werden dürfen.[2424]

In der Literatur wird des Weiteren zu Recht angeführt, dass das Unternehmen durch das Risiko der Beschlagnahme darin gehemmt werden könnte, eigene Untersuchungen durchzuführen.[2425] Eine solche Entwicklung wäre im Ergebnis Ausdruck einer Einschränkung des Zeugnisverweigerungsrechts. Aufgrund der für die Organe bestehenden Verpflichtung auf einen Anfangsverdacht hin Aufklärungsmaßnahmen einzuleiten, müssen die Organe genau abwägen, ob sie von eigenen

---

2419 *Knauer*, NStZ 2019, 164, 166; *Queling/Bayer* in Bezug auf den Ombudsmannes als dritte Person, vgl. *Queling/Bayer*, NZWiSt 2016, 417, 420; a.A. *Bauer*, StV 2012, 277, 278.

2420 Entwurf der Bundesregierung eines Dritten Strafrechtsänderungsgesetzes, BT-Drs. I/3713, S. 49.

2421 BGH, NJW 1992, 763, 765.

2422 *Köhler*, in: Meyer-Goßner/Schmitt StPO § 97 Rn. 1; *Xylander/Kiefner/Bahlinger*, BB 2018, 2953, 2954; *Zerbes*, ZStW 125 (2013), 551, 562.

2423 *Knauer*, NStZ 2019, 164, 166; im Ergebnis so auch *Kempf/Corsten*, auch wenn sie zur Begründung vor allem auf die Berücksichtigung des § 160a StPO im Rahmen der Auslegung des § 97 Abs. 1 Nr. 3 StPO abstellen, vgl. *Kempf/Corsten*, StV 2019, 59, 61 f.

2424 *Kempf/Corsten*, StV 2019, 59, 61; *Knauer*, NStZ 2019, 164, 166; *Xylander/Kiefner/Bahlinger*, BB 2018, 2953, 2954; *Dünnebier* fasst dieses Argument in der eingängigen Formulierung zusammen, dass „der Hand nicht entrissen werden darf, was der Mund nicht zu offenbaren braucht", vgl. *Dünnebier*, in: Das Problem einer Sonderstellung der Presse im Strafverfahren, S. 39; im Ergebnis so auch *Rieder/Menne*, auch wenn sie sich für einen umfassenden Schutz aller Rechtsanwälte vor Ermittlungsmaßnahmen des Staates über § 160a Abs. 1 StPO aussprechen, vgl. *Rieder/Menne*, CCZ 2018, 203, 210 f.

2425 *Bauer*, StV 2012, 277, 278; *Bock/Gerhold*, in: Knierim/Rübenstahl/Tsambikakis, Kapitel 5 Rn. 40; *Rübenstahl*, ZWH 2018, 273, 277; im Ergebnis so auch *Jahn/Kirsch*, StV 2011, 151, 152.

Maßnahmen absehen. In Betracht kommt insoweit, dass sich die Unternehmen direkt an die Ermittlungsbehörden wenden, die dann ihrerseits die Aufklärung eigenständig betreiben müssen. Aber auch ein solches Vorgehen birgt ein Risiko, da in einer solchen Situation für die Unternehmen nicht absehbar ist, welchen Umfang die Ermittlungen der Behörden einnehmen.

Im Hinblick auf Steuerberater und Wirtschaftsprüfer führt diese Ansicht ebenfalls zu einer starken Beschränkung interner Untersuchungen. An einer internen Untersuchung ist regelmäßig eine Vielzahl spezialisierter Berater beteiligt, je nachdem welche Vorwürfe im Raum stehen. Steuerberatern und Wirtschaftsprüfern kann dabei eine wichtige Rolle zukommen. Handelt es sich um Vorwürfe, die allein ihren Aufgabenbereich betreffen, könnte es sich für Unternehmen u.U. anbieten, ausschließlich eine Wirtschaftsprüfungskanzlei zu beauftragen. Verlangt man jedoch die Verteidigerstellung, wäre der Einsatz von Wirtschaftsprüfern und Steuerberatern sehr begrenzt, da sie gemäß § 392 Abs. 1 AO nur zu Verteidigern gewählt werden, soweit die Finanzbehörde das Strafverfahren selbstständig durchführt. Im Übrigen ist nur eine gemeinschaftliche Verteidigung mit Rechtsanwälten möglich. Im Rahmen der regelmäßig sehr komplexen internen Untersuchungen wird durch die Forderung einer Verteidigerstellung der Einsatzbereich der für interne Untersuchungen wichtigen Wirtschaftsprüfer und Steuerberater zu sehr verengt. Zugleich werden Unternehmen gezwungen zusätzlich Rechtsanwälte zu mandatieren, obgleich dies u.U. gar nicht erforderlich wäre.

ee) Freie Advokatur

Gerade weil das BVerfG in seiner Entscheidung das Verhältnis zwischen einem Anwalt und seinem Mandaten anspricht und dabei auch die Missbrauchsgefahr als Argument heranzieht, bedarf es einer Auseinandersetzung mit der freien Advokatur. Diese Auseinandersetzung, mit welcher der Argumentation des BVerfG entgegengetreten werden soll, wird im Ergebnis zeigen, dass eine mögliche Missbrauchsgefahr kein geeignetes Argument für ein enges Verständnis des § 97 Abs. 1 Nr. 3 StPO darstellt, die freie Advokatur vielmehr gerade für eine weite Auslegung spricht.

Bei der freien Advokatur handelt es sich um einen Grundsatz der anwaltlichen Berufsausübung. Sie „unterliegt unter der Herrschaft des Grundgesetzes der freien und unreglementierten Selbstbestimmung des einzelnen Rechtsanwalts“.[2426] Das BVerfG stellt dabei heraus, dass Schutz der anwaltlichen Berufsausübung vor staatlicher Kontrolle und Bevormundung nicht allein das individuelle Interesse des einzelnen Rechtsanwalts oder des einzelnen Rechtsuchenden betrifft, sondern sein Tätigwerden im Interesse der Allgemeinheit an einer wirksamen und rechtsstaatlich geordneten Rechtspflege liegt.[2427] Dabei bezieht sich das BVerfG auf die

---

2426 BVerfG, NJW 2004, 1305, 1307 m.w.N.; Henssler/Prütting/*Busse* BRAO Einl. BRAO Rn. 68.

2427 BVerfG, NJW 2004, 1305, 1307.

Stellung des Rechtsanwalts als „Organ der Rechtspflege“, welche sich aus § 1 BRAO ergibt, in dem ebenfalls von einem unabhängigen Organ der Rechtspflege die Rede ist. Zu dieser dem Rechtsanwalt zugewiesenen Stellung hat das BVerfG ausgeführt: „Die im ersten Entwurf der BRAO noch nicht vorgesehene Anerkennung als Organ der Rechtspflege bringt zum Ausdruck, daß im freiheitlichen Rechtsstaat die Rechtsanwälte als berufene Berater und Vertreter der Rechtsuchenden neben Richtern und Staatsanwälten eine eigenständige wichtige Funktion im „Kampf um das Recht“ ausüben und daß ihnen deshalb weitergehende Befugnisse und damit korrespondierende Pflichten als ihren Mandanten zukommen“.[2428] Insoweit stehen Rechtsanwälte neben den Richtern und Staatsanwälten und dienen in gleicher Weise der Durchsetzung des Rechts. Das BVerfG betont ausdrücklich die Bedeutung, welche den Rechtsanwälten in unserem Rechtssystem zukommt. Von dieser Bedeutung geht auch der Gesetzgeber aus, was sich bspw. der Gesetzesbegründung zu § 160a StPO entnehmen lässt: „Dem Anwalt als unabhängigem Organ der Rechtspflege (vgl. § 1 BRAO) kommt eine besondere Bedeutung zu. Er soll die Teilhabe am Recht gewährleisten und der Verwirklichung des Rechtsstaats dienen (§ 3 Absatz 1 BRAO, § 1 Absatz 2 der Berufsordnung der Rechtsanwälte)“.[2429] Dass der Rechtsanwalt dieser Verantwortung unterworfen ist, unterstreicht die Regelung des § 43 BRAO, wonach der Rechtsanwalt seinen Beruf gewissenhaft auszuüben hat, was bedeutet, dass er sich innerhalb und außerhalb des Berufs der Achtung und des Vertrauens, welche die Stellung des Rechtsanwalts erfordert, würdig zu erweisen hat. Vor diesem Hintergrund ist der Rechtsanwalt in seiner Funktion als Vertreter des Unternehmens und insbesondere als dessen Verteidiger frei darin zu entscheiden, welche Maßnahmen zur bestmöglichen Vertretung des Mandanten, also des Unternehmens ergriffen werden.[2430] Zu diesen kann auch die Sachverhaltsaufklärung im Rahmen einer internen Untersuchung gehören. Insoweit steht es den deutschen Strafverfolgungsbehörden nicht zu, die Art und Weise der Vertretung und Verteidigung des Unternehmens zu bewerten.[2431]

Überdies ist im Besonderen die Argumentation des BVerfG zu einem möglichen Risiko der Missbrauchsgefahr nicht nachvollziehbar.[2432] Zwar kann das Bestehen einer Missbrauchsgefahr Einfluss auf die Auslegung des § 97 Abs. 1 StPO haben, bspw. wenn durch die Missbrauchsgefahr der Schutzzweck der Norm gefährdet

---

2428 BVerfG, NJW 1983, 1535, 1536.

2429 Gesetzesentwurf der Bundesregierung eines Gesetzes zur Stärkung des Schutzes von Vertrauensverhältnissen zu Rechtsanwälten im Strafprozess, BR-Drs. 229/10, S. 3.

2430 Im Ergebnis so auch *Oesterle*, WiJ 2018, 148, 151.

2431 *Oesterle*, WiJ 2018, 148, 151.

2432 Ebenfalls kritisch: *Knauer*, NStZ 2019, 164, 166; *Lilie-Hutz/Ihwas*, NZWiSt 2018, 349, 352; *Momsen*, NJW 2018, 2362, 2364; *Uwer/van Ermingen-Mahlbach*, AnwBl. 2018, 470, 472; *Pelz*, CCZ 2018, 211, 214; im Ergebnis so auch *Jahn/Kirsch*, StV 2019, 12, 12.

werden könnte. Dafür müsste eine solche Gefahr jedoch auch tatsächlich bestehen. Hinsichtlich einer möglichen Missbrauchsgefahr besteht – soweit ersichtlich – jedoch keinerlei empirische Grundlage, sodass es sich bei dem Argument um einen pauschalen Vorwurf handelt.[2433] Gerade weil Rechtsanwälte ein Organ der Rechtspflege sind, ist der pauschalen Annahme, Rechtsanwälte könnten ihre Stellung missbräuchlich ausnutzen, entschieden entgegenzutreten.[2434] Vielmehr spricht die freie Advokatur dafür, dass die Position der Rechtsanwälte noch weiter gestärkt werden muss, da der Anwalt der Rechtspflege i.S.d. Findung eines gerechten Ergebnisses als Widerpart gegenübersteht, der ihr, wie es *Busse* ausdrückt, „alles für die Gewinnung des richtigen Rechts Nötige abfordert, auch wenn dies unbequem oder sogar schmerzhaft ist".[2435] Führt man sich dieses Verhältnis und die Funktion und Stellung der Rechtsanwälte vor Augen, ist es auch nicht als kritisch anzusehen, wovon hingegen das BVerfG ausgeht, dass für die Ermittlungsbehörden hohe Hürden dafür bestehen, stichhaltige Verdachtsmomente für ein missbräuchliches Verhalten zu ermitteln, welches den Beschlagnahmeschutz entfallen lassen würde.[2436] Rechtsanwälte sind sich ihrer Stellung und Verantwortung bewusst und unterliegen im Hinblick auf ein etwaiges rechtswidriges Handeln ihrerseits dem Straf- und Standesrecht. Die freie Advokatur und ihre – gerade vom BVerfG herausgehobene Stellung – würde jedenfalls stark beschnitten, würde man den Beschlagnahmeschutz zugunsten der Strafverfolgung einschränken.[2437] Im Übrigen besteht der Beschlagnahmeschutz auch nicht grenzenlos. Gemäß § 97 Abs. 2 S. 2 StPO gelten die Beschränkungen der Beschlagnahme nach Abs. 1 nicht, wenn bestimmte Tatsachen den Verdacht begründen, dass die zeugnisverweigerungsberechtigte Person an der Tat oder an einer Datenhehlerei, Begünstigung, Strafvereitelung oder Hehlerei beteiligt ist, oder wenn es sich um Gegenstände handelt, die durch eine Straftat hervorgebracht oder zur Begehung einer Straftat gebraucht oder bestimmt sind oder die aus einer Straftat herrühren.

Eine andere Bewertung ergibt sich auch dann nicht, wenn man berücksichtigt, dass Rechtsanwälte im Rahmen ihrer Beratung mehr und mehr über die reine Beurteilung der Rechtslage auch die Sachverhaltsermittlung und -analyse übernehmen. Handelt es sich bspw. um eine Sachverhaltsermittlung im Zuge einer behördlichen Ermittlung und im Rahmen einer kooperativen Zusammenarbeit mit

---

2433 *Knauer*, NStZ 2019, 164, 166; *Pelz*, CCZ 2018, 211, 214, 216; im Ergebnis so auch *Kempf/Corsten*, StV 2019, 59, 61; *Momsen*, NJW 2018, 2362, 2364; *Oesterle*, WiJ 2018, 148, 150; *Rübenstahl*, ZWH 2018, 273, 285.

2434 *Knauer*, NStZ 2019, 164, 166; *Lilie-Hutz/Ihwas*, NZWiSt 2018, 349, 352; *Uwer/van Ermingen-Mahlbach*, AnwBl. 2018, 470, 472; im Ergebnis so auch *Jahn/Kirsch*, StV 2019, 12, 12; *Pelz*, CCZ 2018, 211, 214, 216.

2435 Henssler/Prütting/*Busse* BRAO Einl. BRAO Rn. 69.

2436 BVerfG, NJW 2018, 2385, 2389.

2437 *Jahn/Kirsch*, StV 2011, 151, 154; *Nienaber*, Umfang, Grenzen und Verwertbarkeit compliancebasierter unternehmensinterner Ermittlungen, S. 320.

den zuständigen Behörden, so befindet sich der Rechtsanwalt regelmäßig in dem Spannungsverhältnis zwischen der Wahrung der Interessen des Mandanten auf der einen und der Erfüllung der Organpflichten sowie der Kooperation mit den Behörden auf der anderen Seite.[2438] Ein Rechtsanwalt ist gemäß § 43a Abs. 3 BRAO zur Wahrheit verpflichtet. Insoweit können Verdunkelung und Verzerrung des Sachverhalts und das Verfälschen von Beweismitteln den Straftatbestand der Strafvereitelung gemäß § 258 StGB erfüllen.[2439] Es darf zu keiner sachwidrigen Erschwerung der Strafverfolgung kommen.[2440] Zugleich wäre ein möglicher Parteiverrat gemäß § 356 StGB strafbar.[2441] Grenzen im Rahmen der Kooperation mit den Ermittlungsbehörden ergeben sich ferner aus der über §§ 201, 203 StGB abgesicherten Verschwiegenheitspflicht. Der Anwalt darf ein ihm anvertrautes Wissen nur mit Zustimmung des Mandanten weitergeben.[2442] Ein Verteidiger muss auch nicht dazu beitragen, dass sein Mandant überführt wird.[2443]

Vor diesem Hintergrund muss der Rechtsanwalt stets die Grenze zwischen der wahrheitsgemäßen Sachverhaltsbearbeitung und einem Handeln, das womöglich der behördlichen Untersuchung zuwiderläuft, im Blick behalten. Auch wenn das beschriebene Spannungsverhältnis besteht, lässt sich aufgrund der Pflichten des Anwalts als gleichberechtigten Organs der Rechtspflege auf der einen und der insbesondere strafrechtlichen Absicherung des Mandatsverhältnisses auf der anderen Seite kein Anknüpfungspunkt für einen Missbrauch der Stellung als Rechtsanwalt herleiten.

Dass die objektive Sachverhaltsermittlung durch den Rechtsanwalt nicht im Widerspruch steht zur Wahrung der Interessen des Mandanten, soll exemplarisch an einem Beispiel veranschaulicht werden: Im Zuge von Betriebsprüfungen durch das Hauptzollamt kommt es regelmäßig zu Feststellungen im Hinblick auf Fälle von verdeckter Arbeitnehmerüberlassung und Scheinselbstständigkeit. Durch die Reform des AÜG und dessen Inkrafttreten im Jahr 2017 hat sich das Risiko für Unternehmen und dessen Organe deutlich verschärft (z.B. Strafbarkeit der Organe gemäß § 266a StGB wegen Nichtabführung von Sozialversicherungsbeiträgen oder gemäß § 370 AO wegen fehlender Lohnsteueranmeldung, Beitragsrückzahlungspflicht hinsichtlich der nicht abgeführten Sozialversicherungsbeiträge, Bußgelder, Verlust der Zuverlässigkeit, Reputationsverlust usw.). Aufgrund des erhöhten

---

2438 Zum Spannungsverhältnis des Strafverteidigers vgl. BGH, NJW 2009, 2690, 2693; MüKo-StGB/*Cramer* § 258 Rn. 20.

2439 BGH, NJW 1993,273, 274; BGH, NJW 2000, 2433, 2434; BGH, NJW 2009, 2690, 2693; *Knierim/Schröder,* in: Knierim/Rübenstahl/Tsambikakis, Kapitel 16 Rn. 124; BeckOK StGB/*Ruhmannseder* § 258 Rn. 23; so auch *Krekeler,* NStZ 1989, 146, 151.

2440 BGH, NStZ 1999, 188, 189.

2441 Vgl. hierzu *Knierim/Schröder,* in: Knierim/Rübenstahl/Tsambikakis, Kapitel 16 Rn. 148 f.

2442 *Knierim/Schröder,* in: Knierim/Rübenstahl/Tsambikakis, Kapitel 16 Rn. 136.

2443 *Knierim/Schröder,* in: Knierim/Rübenstahl/Tsambikakis, Kapitel 16 Rn. 136.

Risikos führen entsprechende Betriebsprüfungen dazu, dass Unternehmen im Rahmen eines umfassenden Compliance-Projekts den Einsatz von Fremdpersonal prüfen und im Zuge dessen auf die zuständigen Sozialversicherungsträger und Finanzämter zugehen und mit diesen kooperieren. Ziel ist eine umfassende Aufklärung der Vergangenheit und eine Anpassung der Prozesse für die Zukunft, um die benannten Risiken zu minimieren. Da die zuständigen Behörden meist nicht über die Kapazität verfügen, die Fremdpersonaleinsätze im Unternehmen im Einzelnen zu überprüfen, übernehmen diese Aufgabe Rechtsanwaltskanzleien. Im Rahmen eines solchen Projekts zur Fremdpersonal-Compliance werden sodann zu einer Vielzahl von Fremdpersonaleinsätzen die Vertragsunterlagen geprüft und der für die jeweilige Beauftragung zuständige Mitarbeiter hinsichtlich der tatsächlichen Vertragsdurchführung befragt. Das Ergebnis der Sachverhaltsermittlung sowie das Ergebnis der rechtlichen Bewertung des jeweiligen Sachverhalts werden dokumentiert. Am Ende eines solchen Compliance-Projekts steht regelmäßig eine Gegenprüfung durch die zuständige Behörde.

Die beschriebene Prüfung durch die Rechtsanwälte enthält genau die Aspekte, die zu dem beschriebenen Spannungsverhältnis führen können. Der Rechtsanwalt tritt zunächst selbst in die Sachverhaltsanalyse ein und bewertet den Sachverhalt anschließend. Die Grenzen der Sachverhaltsbearbeitung bildet dabei der Tatbestand der Strafvereitelung. Auch wenn der Rechtsanwalt das Interesse des Mandanten zu vertreten hat, wird er dennoch den Sachverhalt objektiv aufklären. Ein Kaschieren bzw. Verzerren oder gar Verdunkeln oder Verfälschen des Sachverhalts könnte, wie bereits gezeigt, für den Rechtsanwalt selbst ein strafbares Verhalten gemäß § 258 StGB begründen. Die objektive Aufklärung des Sachverhalts steht aber auch nicht im Widerspruch zur Wahrung der Interessen des Mandanten. Während die Sachverhaltsermittlung objektiv erfolgt, wird der Rechtsanwalt im Rahmen der Verhandlungen mit den zuständigen Behörden über das Ergebnis und die Folgen der Prüfung die Interessen des Unternehmens verteidigen. Das Beispiel zeigt, dass eine objektive Sachverhaltsermittlung im Rahmen der Kooperation mit den Behörden und das Eintreten für die Interessen des Mandanten keineswegs im Widerspruch zueinander stehen.

Nach alledem ist es vor dem Hintergrund der freien Advokatur gerade nicht als kritisch anzusehen, dass eine Auslegung von § 97 Abs. 1 Nr. 3 StPO, nach der ein Berufsgeheimnisträger-Beschuldigten-Verhältnis nicht vorausgesetzt wird, zu einem weitreichenden Schutz vor Beschlagnahme und darauf gerichteten Durchsuchungen bei Berufsgeheimnisträgern führen würde.[2444]

c) *Zusammenfassung und Folgerungen*

Die besseren Argumente sprechen dafür, dass das Beschlagnahmeverbot gemäß § 97 Abs. 1 Nr. 3 StPO alle Gegenstände erfasst, auf die sich das Zeugnisverweigerungsrecht

---

2444 BVerfG, NJW 2018, 2385, 2389.

der genannten Berufsgeheimnisträger erstreckt. Von § 53 Abs. 1 S. 1 Nr. 3 StPO sind auch solche Rechtsanwälte erfasst, die nicht als Verteidiger einzuordnen sind. Dies führt im Ergebnis dazu, dass auch solche Ermittlungsergebnisse vor einer Beschlagnahme geschützt sind, die eine Kanzlei im Rahmen einer internen Untersuchung bei einem Nichtbeschuldigten erfasst.[2445] Bezogen auf die oben angesprochenen Fallgruppen[2446] bedeutet diese Lösung, dass jedenfalls in Fall 1, also in dem, in welchem sich die Unterlagen bei einer Rechtsanwaltskanzlei befinden und diese die interne Untersuchung auch durchgeführt hat, die Unterlagen vom Schutzbereich des § 97 Abs. 1 Nr. 3 StPO erfasst sind. Anders liegt die Situation hingegen, soweit die Unterlagen von einem Syndikusrechtsanwalt erstellt wurden, da dieser – wie bereits gezeigt – vom Anwendungsbereich des § 53 StPO nicht erfasst ist. Soweit interne Untersuchungen durch Mitarbeiter des Unternehmens durchgeführt werden, ergibt sich der Schutz, was noch zu zeigen sein wird, aus einer verfassungskonformen Auslegung des § 97 Abs. 1 Nr. 3 StPO i.V.m. § 148 StPO oder einer direkten Anwendung des § 148 StPO.[2447] In beiden Fällen muss dem Unternehmen jedenfalls eine beschuldigtenähnliche Stellung zukommen, die, was ebenfalls noch zu zeigen sein wird, weit auszulegen ist.[2448]

Die Auslegung des § 97 Abs. 1 Nr. 3 StPO führt auch unter Berücksichtigung der VW/Jones-Day-Entscheidung des BVerfG zu dem Ergebnis, dass das Beschlagnahmeverbot der Nr. 3 das Verhältnis zwischen Rechtsanwalt und Nichtbeschuldigten erfasst. Insbesondere der Wortlaut des § 97 Abs. 1 Nr. 3 StPO, aber auch systematische und teleologische Argumente sprechen für dieses Ergebnis. Demgegenüber lässt sich eine andere Ansicht auch nicht aus der Gesetzeshistorie sowie der Gesetzesbegründung herleiten. Bestärkt wird dieses Ergebnis durch die freie Advokatur der Rechtsanwälte, welche grundsätzlich auch durch das BVerfG ausdrücklich betont wird.

Überdies besteht auch nicht die Gefahr eines uferlosen Schutzes. Zum einen enthält bereits das Strafprozessrecht wirksame Vorkehrungen gegen Missbrauchsfälle.[2449] Dies zeigt sich an den Beschränkungen des § 97 Abs. 2 StPO und insbesondere dessen Satz 2, wonach kein Beschlagnahmeverbot besteht, soweit Berufsgeheimnisträger einer Straftat verdächtig sind oder wenn es sich um Gegenstände handelt, die durch eine Straftat hervorgebracht oder zur Begehung einer Straftat gebraucht oder bestimmt sind oder die aus einer Straftat herrühren. Gegen einen uferlosen Schutz spricht außerdem, dass die Gewinnung der Ermittlungsergebnisse in dem vorgelagerten Schritt, also der internen Untersuchung selbst, an den datenschutzrechtlichen Anforderungen zu messen ist.[2450]

2445 Im Ergebnis so auch Dann, NJW 2015, 2609, 2614.
2446 Vgl. Kapitel 3 § 1 A.
2447 Vgl. hierzu Kapitel 3 § 1 C. I. 4., II.
2448 Vgl. hierzu Kapitel 3 § 1 C. II. 3.
2449 *Uwer/van Ermingen-Mahlbach*, AnwBl. 2018, 470, 472.
2450 *Pelz*, CCZ 2018, 211, 216.

4. *Gewahrsam gemäß § 97 Abs. 2 S. 1 StPO*

Sowohl bei § 97 Abs. 1 Nr. 1 und 2 StPO als auch bei § 97 Abs. 1 Nr. 3 StPO muss sich der Gegenstand gemäß § 97 Abs. 2 S. 1 StPO im Gewahrsam des Zeugnisverweigerungsberechtigten befinden. Nach der überwiegenden Ansicht ist unter Gewahrsam die von einem Herrschaftswillen getragene und durch die Verkehrsauffassung korrigierte tatsächliche Verfügungsmacht zu verstehen.[2451] Diese Definition orientiert sich dogmatisch an der Definition des Gewahrsams im Rahmen der tatbestandlichen Voraussetzungen des Diebstahls gemäß § 242 Abs. 1 StGB.[2452] Gerade im Hinblick auf die hiesige Untersuchung kommt es auf den Gewahrsam von Rechtsanwaltssozietäten an. Dabei ist der Gewahrsam einer solchen Sozietät auch dann geschützt, wenn nicht alle ihre Mitarbeiter zeugnisverweigerungsberechtigt sind.[2453]

Gewahrsam im Sinne des § 97 Abs. 2 S. 1 StPO besteht auch im Falle des Mitgewahrsams,[2454] jedoch nicht, wenn der Beschuldigte Mitgewahrsamsinhaber ist[2455]. In diesem Kontext hat das LG Stuttgart mit seinem Beschluss vom 26. März 2018 eine wichtige Entscheidung getroffen.[2456] In dem der Entscheidung zugrunde liegenden Fall wehrte sich eine Rechtsanwaltskanzlei, die von einer AG mit internen Untersuchungen beauftragt wurde, gegen die Bestätigung der vorläufigen Sicherstellung zum Zwecke der Durchsicht von Ermittlungsergebnissen. Für die Durchführung der internen Untersuchung schloss die Rechtsanwaltskanzlei mit dem Unternehmen einen Mietvertrag über zwei Büroräume in dessen Bürogebäuden. Die von der Beschwerde erfassten Gegenstände wurden in diesen Räumlichkeiten aufgefunden. Die zulässige Beschwerde hat in der Sache keinen Erfolg.

Das LG Stuttgart hat in seiner Entscheidung die soeben behandelte Frage, ob es für die Anwendbarkeit des § 97 StPO insgesamt auf das Verhältnis zwischen Beschuldigtem und Verteidiger ankomme, offengelassen,[2457] da die Beschlagnahmefreiheit nach Ansicht des Gerichts bereits am Mitgewahrsam des Unternehmens scheiterte.[2458] Nach Auffassung des Gerichts kann in Fällen, in denen eine

---

2451 LG Stuttgart, StV 2019, 7, 8; BeckOK StPO/*Gerhold*, § 97 Rn. 28; MüKo-StPO/*Hauschild*, § 97 Rn. 20; *Köhler*, in: Meyer-Goßner/Schmitt StPO § 97 Rn. 12; *Menges*, in: Löwe-Rosenberg -StPO, § 97 Rn. 28.

2452 Vgl. hierzu Fischer StGB, § 242 Rn. 11.

2453 *Menges*, in: Löwe-Rosenberg -StPO, § 97 Rn. 29.

2454 BeckOK StPO/*Gerhold*, § 97 Rn. 28; *Köhler*, in: Meyer-Goßner/Schmitt StPO § 97 Rn. 12; *Menges*, in: Löwe-Rosenberg -StPO, § 97 Rn. 29; *Thum*, HRRS 2012, 535, 536.

2455 BeckOK StPO/*Gerhold*, § 97 Rn. 29; KK-StPO/*Greven* § 97 Rn. 8; *Köhler*, in: Meyer-Goßner/Schmitt StPO § 97 Rn. 12; *Menges*, in: Löwe-Rosenberg -StPO, § 97 Rn. 30; *Thum*, HRRS 2012, 535, 536; a.A. *Oesterle*, Die Beschlagnahme anwaltlicher Unterlagen und ihre Bedeutung für die Compliance-Organisation von Unternehmen, S. 285 ff.

2456 LG Stuttgart, StV 2019, 7 ff.

2457 LG Stuttgart, StV 2019, 7, 8 f.

2458 LG Stuttgart, StV 2019, 7, 8.

Rechtsanwaltskanzlei innerhalb der Räumlichkeiten der Mandantin eine interne Untersuchung durchführt, nur dann vom Alleingewahrsam der Rechtsanwälte ausgegangen werden, wenn dies besondere Umstände nahelegen.[2459] Solche Umstände lagen nach Ansicht des Gerichts indes nicht vor. Vielmehr kam es durch die Auslegung des Mietvertrags zu dem Ergebnis, dass die beauftragte Rechtsanwaltskanzlei keinen Alleingewahrsam an den in dem Raum befindlichen Unterlagen hatte.[2460] Zwar habe der Vertrag eine Regelung vorgesehen, nach der ein jederzeitiges Zutrittsrecht für die Mitarbeiter des Unternehmens ausgeschlossen war. Jedoch sah der Vertrag gleichzeitig vor, dass das Unternehmen Dritten den Zutritt zu den Räumlichkeiten verwehren kann. Dies spricht aus Sicht des LG gegen einen Alleingewahrsam.[2461] Ferner sah der Mietvertrag vor, dass die Rechtsanwaltskanzlei die Verkehrssicherungspflicht für den Raum nur so lange innehatte, wie sich ihre Mitarbeiter in den Räumen aufhielten, was ebenfalls gegen einen Alleingewahrsam sprechen würde.[2462] Letztlich sei allein durch den Abschluss des Mietvertrags versucht worden, den Alleingewahrsam zu begründen.[2463]

Im Kontext interner Untersuchungen und gerade im Hinblick auf die in der Entscheidung des LG Stuttgart maßgebliche Situation, dass die Kanzlei zum Zwecke der internen Untersuchung Räumlichkeiten auf dem Gelände der Mandantin angemietet hat, hat sich in der jüngeren Zeit eine neue Ansicht zum Gewahrsamsbegriff herausgebildet, die an dieser Stelle zumindest Erwähnung finden soll.[2464] *Jahn/Kirsch* zweifeln die Geeignetheit der Anlehnung des Gewahrsamsbegriffs des § 97 StPO an den des § 242 StGB an.[2465] Dabei wird insbesondere herausgestellt, dass die Fokussierung auf verkörperte Verteidigungsgegenstände mit den heute bestehenden Vervielfältigungs- und Digitalisierungsmöglichkeiten nicht mehr in Einklang zu bringen sei.[2466] Daher plädieren sie dafür, „den Gewahrsam im strafprozessualen Sinne des § 97 Abs. 2 S. 1 StPO wie bei der Strafvorschrift über den Verwahrungsbruch des § 133 Abs. 1 StGB als eine besondere Form der Verwahrung

2459 LG Stuttgart, StV 2019, 7, 8 f.

2460 LG Stuttgart, StV 2019, 7, 9.

2461 LG Stuttgart, StV 2019, 7, 9.

2462 LG Stuttgart, StV 2019, 7, 9.

2463 LG Stuttgart, StV 2019, 7, 9.

2464 Auch wenn *Jahn/Kirsch* diese Ansicht für den Gewahrsam an Unterlagen aus internen Untersuchungen in eigens anwaltlich angemietet Räumen auf dem Firmengelände des Mandanten entwickelt haben, sprechen sie selbst davon, dass es um eine Neufassung des Gewahrsamsbegriffs handelt, sodass die Definition auch für andere Fälle Anwendung finden soll, vgl. *Jahn/Kirsch*, StV 2019, 12, 14; eine umfassende Auseinandersetzung mit dieser Ansicht würde den Rahmen dieser Arbeit sprengen.

2465 *Jahn/Kirsch*, in: Rotsch, Criminal Compliance, § 33 Rn. 102; *Jahn/Kirsch*, StV 2019, 12, 14.

2466 *Jahn/Kirsch*, in: Rotsch, Criminal Compliance, § 33 Rn. 102; *Jahn/Kirsch*, StV 2019, 12, 14.

zu verstehen, die den Gegenstand für die nachfolgende Sichtung zu Verfahrenszwecken erhalten und vor unbefugtem Zugriff bewahren soll".[2467] Im Einzelfall soll somit über den qualifizierten Gewahrsam des Anwalts entschieden werden. Liegt ein solcher vor, ist die Voraussetzung des § 97 Abs. 2 S. 1 StPO gegeben. Bezogen auf das Beispiel der Anmietung von Räumen auf dem Gelände des Mandanten käme es nach dieser Ansicht auf einen möglichen Mitgewahrsam des Mandanten nicht mehr an, „wenn die angemieteten Räumlichkeiten dem äußeren Erscheinungsbild nach für einen objektiven Betrachter anwaltlicher Aufgaben dienen, weil dort [Ermittlungsergebnisse] für die nachfolgende Sichtung durch den Anwalt selbst und die befugtermaßen mitwirkenden Personen i.S.d. § 53 Abs. 1 StPO enthalten und fürsorglich vor unbefugtem Zugriff bewahrt werden sollen [...]".[2468]

§ 97 StPO wird unanwendbar, wenn der Gewahrsam durch freiwillige Aufgabe oder Tod endet.[2469] Dabei ist jedoch eine Ausnahme zu berücksichtigen, die gerade im Kontext interner Untersuchungen von Relevanz ist: Handelt es sich bei dem Gewahrsamsinhaber um eine zeugnisverweigerungsberechtigte Person gemäß § 53 StPO und tritt an dessen Stelle ein Nachfolger, für den ebenfalls ein Zeugnisverweigerungsrecht besteht, werden die Unterlagen also bspw. an einen anderen Verteidiger übergeben, weil der beauftragte Rechtsanwalt in den Ruhestand geht, bleibt die Beschlagnahmefreiheit bestehen.[2470]

Durch die Regelung des § 148 StPO wird § 97 Abs. 2 S. 1 StPO ergänzt, sodass Mitteilungen des Beschuldigten an den Verteidiger auch dann beschlagnahmefrei sind, wenn sie sich noch beim Beschuldigten oder noch auf dem Postweg befinden.[2471] Gleiches gilt für den umgekehrten Fall, also Mitteilungen des Verteidigers an den Beschuldigten.[2472]

Über seinen engen Wortlaut ist § 97 Abs. 2 S. 1 StPO zur Gewährleistung des Rechts auf eine effektive Verteidigung als Ausprägung des Anspruchs auf ein faires Verfahren gemäß Art. 2 Abs. 1 GG i.V.m. Art. 20 Abs. 3 GG[2473] und Art. 6 Abs. 3 EMRK verfassungskonform dahingehend auszulegen, dass zu beschlagnahmefreien Unterlagen auch solche Unterlagen zählen, die der Beschuldigte erkennbar zur

2467 *Jahn/Kirsch*, in: Rotsch, Criminal Compliance, § 33 Rn. 102; *Jahn/Kirsch*, StV 2019, 12, 14.

2468 *Jahn/Kirsch*, StV 2019, 12, 14.

2469 *Köhler*, in: Meyer-Goßner/Schmitt StPO § 97 Rn. 13.

2470 BVerfG, NJW 1972, 1123, 1124 zu dem Fall der Beschlagnahme von Karteikarten des Beschuldigten bei einem Arzt, wobei sich die Karteikarte nicht mehr im Besitz des behandelnden Arztes, sondern im Gewahrsam eines Berufskollegen befanden, der die Praxis und Patientenkartei seines Vorgängers übernommen hatte; BeckOK StPO/*Gerhold*, § 97 Rn. 30; *Köhler*, in: Meyer-Goßner/Schmitt StPO § 97 Rn. 13.

2471 BeckOK StPO/*Gerhold*, § 97 Rn. 32; *Köhler*, in: Meyer-Goßner/Schmitt StPO § 97 Rn. 37; *Mehle/Mehle*, NJW 2011, 1639; *Schuster*, NZKart 2013, 191, 193.

2472 BeckOK StPO/*Gerhold*, § 97 Rn. 32.

2473 BeckOK StPO/*Gerhold* EMRK Art. 6 Rn. 1.1.

Verteidigung angefertigt hat.[2474] Mithin kommt es auf das Gewahrsamserfordernis im Falle von Verteidigungsunterlagen nicht an.[2475] Dafür muss es sich aber auch um Unterlagen i.S.d. § 148 Abs. 1 StPO handeln. Um als Verteidigungsunterlagen eingeordnet zu werden reicht es nicht aus, dass die Unterlagen nur als solche bezeichnet werden.[2476] Im Kontext interner Untersuchungen handelt es sich bei dem Beschuldigten um das Unternehmen, welchem für die hier beschriebene Ausnahme eine beschuldigtenähnliche Stellung zukommen muss.[2477]

Bezogen auf die voranstehend dargestellten relevanten Fallgruppen ergibt sich im Hinblick auf die Gewahrsamsanforderung, dass jedenfalls die im Fall 1 durch die Rechtsanwaltskanzlei erstellten und bei ihr gelagerten Ermittlungsunterlagen nach der hier vertretenen Lösung beschlagnahmefrei sind. Für die Unterlagen, die das Unternehmen selbst angefertigt hat (vgl. Fall 2), gilt dies grundsätzlich nicht. Eine Ausnahme besteht in solch einem Fall aber dann, wenn und soweit es sich bei den Unterlagen der durch das Unternehmen in Eigenregie durchgeführten internen Untersuchung um Verteidigungsunterlagen handelt. Die Ausnahme gilt auch unabhängig davon, ob sich die Unterlagen bei dem Unternehmen oder bereits auf dem Postweg zu einer Rechtsanwaltskanzlei befinden. Für diese Ausnahme muss dem Unternehmen allerdings eine beschuldigtenähnliche Stellung zukommen. Im Hinblick auf den Schutzumfang des § 97 Abs. 1 Nr. 3 StPO gelten für Fall 3 die gleichen Maßstäbe wie für Fall 2, da auch in Fall 3 die interne Untersuchung durch das Unternehmen und seine Mitarbeiter durchgeführt wurde. Dem Syndikusrechtsanwalt kommt dabei die gleiche Stellung zu wie jedem anderen Mitarbeiter des betroffenen Unternehmens. Ein unmittelbarer Schutz des Syndikusrechtsanwalts scheitert hingegen daran, dass er ausdrücklich aus dem Anwendungsbereich des § 53 Abs. 1 S. 1 Nr. 3 StPO ausgenommen ist.

5. Kein Ausschluss des Beschlagnahmeschutzes

Der Vollständigkeit halber ist noch darauf hinzuweisen, dass der Beschlagnahmeschutz des § 97 Abs. 1 Nr. 3 StPO – ebenso wie jener der Nummern 1 und 2 – nicht ausgeschlossen sein darf. Die Ausschlussgründe sind in Abs. 2 S. 2 geregelt. Danach gelten die Beschränkungen der Beschlagnahme nicht, wenn bestimmte Tatsachen den Verdacht begründen, dass die zeugnisverweigerungsberechtigte Person an der Tat oder an einer Datenhehlerei, Begünstigung, Strafvereitelung oder Hehlerei beteiligt ist, oder wenn es sich um Gegenstände handelt, die durch eine Straftat hervorgebracht oder zur Begehung einer Straftat gebraucht oder bestimmt sind

2474 BVerfG, NStZ 2002, 377, 377; BGH, NJW 1998, 1963, 1964; LG Bonn, NZKart 2013, 204, 204; MüKo-StPO/*Hauschild*, § 97 Rn. 21; *Thum*, HRRS 2012, 535, 536; im Ergebnis so auch BeckOK StPO/*Gerhold*, § 97 Rn. 33; *Köhler*, in: Meyer-Goßner/Schmitt StPO § 97 Rn. 37.

2475 MüKo-StPO/*Hauschild*, § 97 Rn. 21, 30.

2476 BVerfG, NStZ 2002, 377, 377.

2477 Vgl. hierzu ausführlich Kapitel 3 § 1 C. II. 2, 3.

oder die aus einer Straftat herrühren.[2478] Ein nach dem Prozess- und Standesrecht erlaubtes Verteidigerverhalten kann nicht den Tatbestand des § 258 StGB erfüllen.[2479] Bezogen auf die Erkenntnisse aus internen Untersuchungen ist die Grenze des zulässigen Verhaltens insbesondere im Falle der Verdunkelung und Verzerrung des Sachverhalts und des Verfälschens von Beweismitteln überschritten.[2480] Es darf zu keiner sachwidrigen Erschwerung der Strafverfolgung kommen.[2481] Die im Rahmen interner Untersuchungen mandatierten Rechtsanwälte müssen demnach, wie bereits im Zusammenhang mit der freien Advokatur herausgearbeitet, den Sachverhalt wahrheitsgemäß erfassen.[2482] Dies ergibt sich unmittelbar auch aus der in § 43a Abs. 3 BRAO normierten Wahrheitspflicht. Interessant für die hiesige Untersuchung ist ferner die Frage, inwieweit sich im Hinblick auf interne Untersuchungen und einen Schutz der Ermittlungsergebnisse das Risiko der Strafvereitelung durch Rechtsanwälte verwirklichen könnte.

Die Entbindung der zeugnisverweigerungsberechtigten Person von der Schweigepflicht verpflichtet diese dazu, die Gegenstände herauszugeben. Damit entfällt auch der Beschlagnahmeschutz für die in § 53 Abs. 1 S. 1 Nr. 1 bis 3b StPO genannten Personen sowie die in § 53a StPO genannten mitwirkenden Personen.[2483]

Demgegenüber lässt das Einverständnis des Beschuldigten mit der Beschlagnahme den Beschlagnahmeschutz nicht entfallen, da der Beschlagnahmeschutz nicht allein in seinem Interesse besteht.[2484]

6. Beschuldigtenstellung als Voraussetzung des Beschlagnahmeschutzes nach dem VerSanG-E

Im Zusammenhang mit der aktuellen Gesetzesentwicklung wurde bereits herausgestellt, dass nach dem „Entwurf eines Gesetzes zur Stärkung der Integrität in der Wirtschaft", also im Zuge der Initiative der Bundesregierung zur Einführung eines Verbandssanktionengesetzes, eine konkrete Beschuldigtenstellung zukünftig zur Voraussetzung des Beschlagnahmeschutzes gemäß § 97 Abs. 1 Nr. 3 StPO gemacht werden könnte. Dazu heißt es in dem Regierungsentwurf wie folgt: „Vor

---

2478 Vgl. hierzu im Einzelnen MüKo-StPO/*Hauschild*, § 97 Rn. 56 ff.; *Köhler*, in: Meyer-Goßner/Schmitt StPO § 97 Rn. 18 ff.

2479 *Knierim/Schröder*, in: Knierim/Rübenstahl/Tsambikakis, Kapitel 16 Rn. 124 im Ergebnis so auch BGH, NStZ 1999, 188, 189.

2480 BGH, NJW 2009, 2690, 2693; BGH, NJW 2000, 2433, 2434; BGH, NJW 1993,273, 274; *Knierim/Schröder*, in: Knierim/Rübenstahl/Tsambikakis, Kapitel 16 Rn. 124; BeckOK StGB/*Ruhmannseder* § 258 Rn. 23; so auch *Krekeler*, NStZ 1989, 146, 151.

2481 BGH, NStZ 1999, 188, 189.

2482 Vgl. Kapitel 3 § 1 C. I. 3. b) ee).

2483 *Köhler*, in: Meyer-Goßner/Schmitt StPO § 97 Rn. 24.

2484 *Köhler*, in: Meyer-Goßner/Schmitt StPO § 97 Rn. 26.

dem Hintergrund dieser weiterhin bestehenden Unsicherheiten[2485] wurde die Reichweite der Beschlagnahmeverbote nunmehr in allen Fällen des § 97 StPO-E ausdrücklich auf diejenigen Fälle beschränkt, in denen es ein Vertrauensverhältnis zwischen Beschuldigtem und Zeugnisverweigerungsberechtigtem zu schützen gilt. Nach der Neufassung ist Voraussetzung für die Beschlagnahmefreiheit, dass die Gegenstände selbst dem geschützten Vertrauensverhältnis zwischen Beschuldigtem und Berufsgeheimnisträger zugerechnet werden können".[2486]

Zutreffend ist die Begründung des Regierungsentwurfs im Hinblick auf die Aussage, durch die vorgeschlagene Gesetzesänderung die rechtliche Unsicherheit aufzulösen, die dadurch besteht, dass die Fachgerichte und Literatur § 97 Abs. 1 Nr. 3 StPO unterschiedlich auslegen.[2487] Die Begründung des Regierungsentwurfs verweist ferner zutreffend darauf, dass diese Rechtsunsicherheit aufgrund des begrenzten Prüfungsumfangs auch nicht durch die VW/Jones-Day-Entscheidung des BVerfG aufgelöst wurde.[2488]

Zugleich scheint der Regierungsentwurf die Statuierung der Notwendigkeit eines Vertrauensverhältnisses in § 97 Abs. 1 Nr. 3 StPO aber auch damit zu begründen, dass „die wohl überwiegende landgerichtliche Rechtsprechung und Literatur allerdings bisher davon aus[ging], dass § 97 Absatz 1 Nummer 3 StPO nur greife, wenn ein solches Vertrauensverhältnis vorliege [...]".[2489] Die bereits durchgeführte umfassende Auswertung der Rechtsprechung vermag dieses so scheinbar völlig klare Ergebnis nicht zu begründen. Vielmehr sprechen die überzeugenderen Argumente für einen umfassenden Schutz des Nichtbeschuldigten. Insoweit reicht es auch nicht aus, dass dem Unternehmen bzw. Verband gemäß § 27 VerSanG-E im Sanktionsverfahren die Beschuldigtenrechte in analoger Anwendung zustehen. Dafür müsste nämlich zunächst ein Sanktionsverfahren eingeleitet werden. Dies wird gleichfalls in der Begründung zur Änderung des § 97 StPO deutlich, da klargestellt wird, dass die Sachverhaltsaufklärung, die vor Vorliegen einer Beschuldigtenstellung stattfindet, nicht dem Vertrauensverhältnis zuzuordnen ist.[2490]

2485 Gemeint ist die Rechtsunsicherheit, die trotz der VW/Jones Day-Entscheidung besteht, da das BVerfG lediglich festgestellt hat, dass die durch das LG München I getroffene Auslegung nicht willkürlich und auch im Übrigen verfassungsgemäß ist.

2486 Entwurf der Bundesregierung eines Gesetzes zur Stärkung der Integrität in der Wirtschaft, BR-Drs. 440/20, S. 132.

2487 Entwurf der Bundesregierung eines Gesetzes zur Stärkung der Integrität in der Wirtschaft, BR-Drs. 440/20, S. 131 f.

2488 Entwurf der Bundesregierung eines Gesetzes zur Stärkung der Integrität in der Wirtschaft, BR-Drs. 440/20, S. 132.

2489 Entwurf der Bundesregierung eines Gesetzes zur Stärkung der Integrität in der Wirtschaft, BR-Drs. 440/20, S. 132.

2490 Entwurf der Bundesregierung eines Gesetzes zur Stärkung der Integrität in der Wirtschaft, BR-Drs. 440/20, S. 132.

Im Übrigen wird durch die zusätzliche funktionale Trennung von interner Untersuchung und Unternehmensverteidigung in § 17 VerSanG-E erreicht, dass alle Erkenntnisse aus internen Untersuchungen beschlagnahmefähig sind. Diese Sichtweise ist mit dem Ablauf einer internen Untersuchung und dem Schutzbedürfnis des Unternehmens nicht vereinbar. Das vorgesehene Regelungsregime beschneidet die Vertraulichkeit der anwaltlichen Mandatsbeziehung und nimmt Unternehmen die Schutzmöglichkeit. Durch die Neuregelung hätten es die Strafverfolgungsbehörden in der Hand, ab wann Untersuchungsergebnisse dem Beschlagnahmeschutz unterfallen.[2491] Die Kritik an diesem Umstand ist im Hinblick auf den Regierungsentwurf besonders groß, da nicht erkennbar ist, ab wann von einer solchen Beschuldigtenstellung auszugehen ist.[2492] Um einen effektiven Schutz des Unternehmens zu erreichen, müssen, wie in der hiesigen Untersuchung vertreten, auch solche Ermittlungsergebnisse vor einer Beschlagnahme geschützt sein, die eine Kanzlei im Rahmen einer internen Untersuchung bei einem Nichtbeschuldigten erfasst.

Dass der Beschlagnahmeschutz eher gestärkt als beschränkt werden sollte, zeigt sich auch daran, dass die vom VerSanG-E vorgesehene Trennung zwischen interner Untersuchung und Verteidigung praktisch nicht umsetzbar ist. Problematisch ist insbesondere die Situation, dass eine interne Untersuchung durch ein spezialisiertes Ermittler-Team, das aber gerade kein Verteidigungsmandat innehat, durchgeführt wird und sich im Rahmen der internen Untersuchung Anknüpfungspunkte für rechtswidriges Verhalten ergeben. Die dann gewonnenen Erkenntnisse wären nach dem VerSanG-E durch Ermittlungsbehörden beschlagnahmefähig. Ein Beschlagnahmeschutz der Unterlagen könnte nachträglich auch nicht mehr erreicht werden. An dieser Stelle kann es für ein Unternehmen bereits wichtig sein, einen Verteidiger einzubinden, der die interne Untersuchung mit dem Blickwinkel einer effektiven Verteidigung (mit-)begleitet, und die Unterlagen dem Beschlagnahmeschutz zu unterstellen. Diesen Umstand und das Schutzbedürfnis der Unternehmen in dieser Situation, also den Übergang von interner Untersuchung zur Unternehmensverteidigung, lässt der Regierungsentwurf zur Erreichung einer möglichst umfassenden Zugriffsmöglichkeit auf die Ermittlungserkenntnisse bewusst außer Acht.

Auch wenn die Begründung des Regierungsentwurfs betont, dass verbandsinterne Untersuchungen nicht zu einer Zurückdrängung des aus dem Legalitätsprinzip resultierenden Amtsermittlungsgrundsatzes führen dürfen und sie gerade nicht die Ermittlungen der Verfolgungsbehörde ersetzen sollen,[2493] lassen die

2491 Bundesrechtsanwaltskammer, Stellungnahme Nr. 32 zum Regierungsentwurf eines Gesetzes zur Stärkung der Integrität in der Wirtschaft, S. 19.

2492 Bundesrechtsanwaltskammer, Stellungnahme Nr. 32 zum Regierungsentwurf eines Gesetzes zur Stärkung der Integrität in der Wirtschaft, S. 19.

2493 Entwurf der Bundesregierung eines Gesetzes zur Stärkung der Integrität in der Wirtschaft, BR-Drs. 440/20, S. 93.

vorgeschlagenen Regelungen eher darauf schließen, dass Unternehmen zur Aufrechterhaltung einer Sanktionsmilderung zu einer möglichst umfassenden Aufklärung angehalten werden sollen, während für Ermittlungsbehörden eine umfassende Zugriffsmöglichkeit auf die Ergebnisse der Aufklärung gewährleistet werden soll. Auch wenn regelmäßig nicht vorab feststeht, wann und aufgrund welcher Ermittlungsmaßnahmen selbstbelastende Erkenntnisse zutage gefördert werden, kann das Unternehmen nach den Regelungen des VerSanG-E nicht einmal eine bewusste Entscheidung darüber treffen, wann es von einer internen Untersuchung absieht, um jedenfalls eine effektive Verteidigung zu erreichen. Solange eine förmliche Beschuldigtenstellung des Unternehmens noch nicht besteht, bestünde auch kein Beschlagnahmeschutz und zwar unabhängig davon, ob die interne Untersuchung entgegen § 17 VerSanG-E doch durch einen Verteidiger durchgeführt wird.[2494]

Dass sich im Rahmen einer internen Untersuchung ein Spannungsverhältnis zwischen einer internen Untersuchung und einer – eigentlich – notwendigen Verteidigung ergeben kann, deutete der Regierungsentwurf in seiner Begründung zum § 27 VerSanG-E selbst an; dort heißt es: „So sind ohne Weiteres Situationen denkbar, in denen eine Verbandsverantwortlichkeit nach § 3 nahe liegt, jedoch noch nicht vollständig aufgeklärt ist, welche oder auch wie viele der beschuldigten Leitungspersonen an der zugrunde liegenden Verbandstat beteiligt waren."[2495] Nach § 3 Abs. 1 VerSanG-E besteht eine Verbandsverantwortlichkeit, wenn jemand (Nr. 1) als Leitungsperson des Verbands eine Verbandstat begangen hat oder (Nr. 2) wenn jemand sonst in Wahrnehmung der Angelegenheiten des Verbands eine Verbandstat begangen hat, wenn Leitungspersonen des Verbands die Straftat durch angemessene Vorkehrungen zur Vermeidung von Verbandstaten, wie insbesondere Organisation, Auswahl, Anleitung und Aufsicht, hätte verhindern oder wesentlich erschweren können. Eine Verbandstat liegt nach § 2 Abs. 1 Nr. 3 VerSanG-E wiederum vor, bei einer Straftat, durch die Pflichten, die den Verband treffen, verletzt worden sind oder durch die der Verband bereichert worden ist oder werden sollte. Insoweit liegt eine Verbandsverantwortlichkeit vor, wenn Straftaten im Raum stehen.

Die Begründung des Regierungsentwurfs gibt daher selbst zum Ausdruck, dass eine Situation gegeben sein kann, in der Hinweise auf entsprechende Strafbarkeiten und dementsprechend auch auf eine Verbandsverantwortlichkeit bestehen können, obwohl die Aufklärung und damit auch die interne Untersuchung noch nicht abgeschlossen sind. Vereinfacht ausgedrückt: Der Übergang von einer internen Untersuchung zu der Notwendigkeit einer Verteidigung kann „fließend" sein, weshalb eine starre Abgrenzung nicht möglich ist. Insoweit ist es auch nicht verwunderlich, dass in großen Compliance-Projekten auf der Grundlage der aktuellen

2494 Bundesrechtsanwaltskammer, Stellungnahme Nr. 32 zum Regierungsentwurf eines Gesetzes zur Stärkung der Integrität in der Wirtschaft, S. 19.

2495 Entwurf der Bundesregierung eines Gesetzes zur Stärkung der Integrität in der Wirtschaft, BR-Drs. 440/20, S. 105.

Rechtslage Strafverteidiger und auf die jeweils betroffenen Bereiche (bspw. Datenschutzrecht, Arbeits- und Sozialversicherungsrecht usw.) spezialisierte Rechtsanwälte zusammenarbeiten, um ihre jeweilige Expertise einzubringen.

Für eine Begrenzung des Beschlagnahmeschutzes wird darüber hinaus an verschiedener Stelle der Begründung des Regierungsentwurfs der Hinweis auf einen befürchteten Missbrauch der anwaltlichen Vertrauensstellung angeführt. Dieser Anknüpfungspunkt zeigt bspw. in der Aussage, dass – nur – die Unabhängigkeit des Untersuchungsführers gegenüber der Unternehmensverteidigung ein erster Schritt zur ernsthaften Selbstreinigung des Verbands und zu einem nachhaltigen Kulturwandel sein könne.[2496] Weiter wird angeführt, dass nur ein unabhängiger Untersuchungsführer zum Kern der aufzuarbeitenden Straftat vordringen und hierbei auch eventuelle Verstrickungen der Firmenleitung ernsthaft in den Blick nehmen könne.[2497] Zur Änderung des § 97 StPO heißt es außerdem: „Soweit die Aufbewahrung von Geschäftsunterlagen gesetzlich verpflichtend ist, können diese der Beschlagnahme nicht dadurch entzogen werden, dass diese Unterlagen Beratern überlassen werden [...]. Der Berater kann und darf also nicht als sicherer Hafen für diese Unterlagen dienen [...].“[2498] Mit dieser Argumentation knüpft die Begründung an das bereits behandelte Argument des BVerfG an.[2499] Wie bereits im Rahmen der Analyse der Anforderungen an interne Untersuchungen nach dem VerSanG-E[2500] sowie der Bewertung der freien Advokatur[2501] für die hier behandelte Streitfrage herausgearbeitet, ist eine Missbrauchsgefahr weder nachgewiesen, noch steht eine solche zu befürchten. Zur Absicherung des Vertrauens- und Mandatsverhältnisses und zur Stärkung der internen Untersuchung als Maßnahme zur umfassenden Sachverhaltsaufklärung ist es vielmehr von zentraler Bedeutung, dass dem Beschlagnahmeverbot gemäß § 97 Abs. 1 Nr. 3 StPO ein weites Verständnis zugrunde gelegt wird.

II. Schutz von Verteidigerunterlagen gemäß § 148 StPO

Eine weitere Vorschrift, welche im Zusammenhang mit der Zugriffsmöglichkeit der Ermittlungsbehörden auf die Ergebnisse interner Untersuchungen von Relevanz ist, ist § 148 StPO.

2496 Entwurf der Bundesregierung eines Gesetzes zur Stärkung der Integrität in der Wirtschaft, BR-Drs. 440/20, S. 94 f.

2497 Entwurf der Bundesregierung eines Gesetzes zur Stärkung der Integrität in der Wirtschaft, BR-Drs. 440/20, S. 94 f.

2498 Entwurf der Bundesregierung eines Gesetzes zur Stärkung der Integrität in der Wirtschaft, BR-Drs. 440/20, S. 132 f.

2499 Hinsichtlich einer kritischen Auseinandersetzung mit diesem Argument vgl. Kapitel 3 § 1 C. I. 3. b) ee).

2500 vgl. Kapitel 1 § 2 D. II.

2501 vgl. Kapitel 3 § 1 C. I. 3. b) ee).

1. *Schutzbereich des § 148 StPO und Abgrenzung zu § 97 StPO*

Gemäß § 148a Abs. 1 StPO ist dem Beschuldigten der schriftliche und mündliche Kontakt mit dem Verteidiger gestattet. Die Regelung dient dem Schutz einer wirksamen Verteidigung.[2502] § 148 StPO setzt – ebenso wie § 97 Abs. 1 Nr. 1 und 2 StPO – ein Vertrauensverhältnis zwischen einem Beschuldigten und seinem Verteidiger voraus.[2503] Geschützt ist also allein die Sphäre der Kommunikation zwischen dem Beschuldigten und seinem Verteidiger.[2504] Mithin muss es sich bei den geschützten Unterlagen um Verteidigungsunterlagen handeln. Ist dies der Fall, so greift der Schutz des § 148 StPO. Im Hinblick auf den sachlichen Schriftverkehr erfasst § 148 StPO Briefe, Telefaxe, Pakete und sonstiges Schriftgut,[2505] aber auch elektronische Speicher- oder Kommunikationsmedien.[2506] Die Einbeziehung von elektronischen Speicher- oder Kommunikationsmedien ist nicht zuletzt notwendig, um den Schutzumfang des § 148 StPO in der heutigen Zeit mit ihren unterschiedlichen Kommunikationsformen überhaupt gewährleisten zu können.

Im Rahmen der Beurteilung, ob es sich um Verteidigungsunterlagen handelt, liegt ein zentraler Problemschwerpunkt im Zusammenhang mit dieser Norm. Die Lösung dieses Problemfelds hat entscheidenden Einfluss auf die Anwendbarkeit des § 148 StPO im Zusammenhang mit der Verteidigung von Unternehmen und dem Schutz der Ergebnisse interner Untersuchungen. Für einen solchen Schutz muss das Unternehmen nämlich als Beschuldigter eingestuft werden können, zwischen Unternehmen und dem Rechtsanwalt muss es sich um ein Verteidigungsverhältnis handeln und die Unterlagen müssen dem Zwecke der Verteidigung dienen. Die sich hinsichtlich dieser drei Prüfungspunkte ergebenden Probleme werden sogleich gesondert untersucht.[2507]

Nimmt man aber zunächst noch das Verhältnis von § 148 StPO zu § 97 StPO in den Blick, so ist auf einen gravierenden Unterschied zwischen dem Schutzbereich der jeweiligen Norm hinzuweisen. Anders als § 97 Abs. 1 Nr. 3 StPO erfasst der Schutzbereich des § 148 StPO nämlich auch solche Unterlagen, die sich nicht im Gewahrsam des Verteidigers befinden, sondern im Gewahrsam des Beschuldigten.[2508] Insoweit hat das LG Braunschweig zutreffend geurteilt, dass das Beschlagnahmeverbot bei Ordnungswidrigkeiten gegen juristische Personen auch für

---

2502 *Klengel/Buchert*, NStZ 2016, 383, 385; so wohl auch BGH, NJW 1998, 1963, 1964.

2503 *Jahn/Kirsch*, in: Rotsch, Criminal Compliance, § 33 Rn. 105.

2504 *Klengel/Buchert*, NStZ 2016, 383, 385.

2505 BeckOK StPO/*Wessing* § 148 Rn. 7; KK-StPO/*Willnow* § 148 Rn. 8; MüKo-StPO/*Thomas/Kämpfer*, § 148 Rn. 17.

2506 MüKo-StPO/*Thomas/Kämpfer*, § 148 Rn. 17.

2507 Vgl. Kapitel 3 § 1 C. II. 2 und 3.

2508 BGH, NJW 1998, 1963, 1964, *Baur*, NZG 2018, 1092; *Bittmann*, in: Rotsch, Criminal Compliance, § 34 Rn. 156; *Klengel/Buchert*, NStZ 2016, 383, 385; *Köhler*, in: Meyer-Goßner/Schmitt StPO § 97 Rn. 37; *Menges*, in: Löwe-Rosenberg -StPO, § 97 Rn. 18, 27; *Pelz*, CCZ 2018, 211, 212; *Schmitt* in Meyer-Goßner/Schmitt StPO § 148 Rn. 8.

unternehmensinterne Unterlagen gelten müsse, die von Mitarbeitern – gegebenenfalls auch einem Syndikusanwalt – zum Zwecke einer Verteidigung erstellt worden seien.[2509] Zwar gilt dies aufgrund einer verfassungskonformen Auslegung auch im Hinblick auf § 97 Abs. 1 Nr. 3 StPO. Jedoch muss es sich dafür, ebenso wie bei § 148 StPO, um Unterlagen handeln, die zum Zwecke der Verteidigung erstellt wurden.[2510]

Um diese Zweckrichtung deutlich zu machen und damit zugleich den Beschlagnahmeschutz zu erreichen, ist es grundsätzlich empfehlenswert, Unterlagen durch einen deutlichen Hinweis – bspw. ein Stempel – konkret als Verteidigungsunterlagen zu kennzeichnen.[2511] Teilweise wird auch vorgeschlagen, als Indiz die fachliche Ausrichtung der Kanzlei heranzuziehen.[2512] Zu beachten ist jedoch, dass im Ergebnis auch ein Zusammenhang mit der Verteidigung hergestellt werden muss.[2513] Die Unterlagen müssen ja gerade dem Zweck der Verteidigung dienen. Auf der anderen Seite dürfen vor dem Hintergrund regelmäßig komplexer wirtschaftlicher Fragestellungen im Rahmen von internen Untersuchungen die Anforderungen nicht überspannt werden, sodass nicht zu erwarten sein dürfe, dass die Unterlagen bereits konkrete Verteidigungselemente beinhalten.[2514] Grundsätzlich nicht zu Verteidigungsunterlagen dürften regelmäßige Revisionsberichte[2515] oder der reine Hinweis eines Whistleblowers[2516] fallen. Problematisch sind auch Buchungsunterlagen.[2517]

Bezogen auf Unterlagen aus internen Untersuchungen lässt sich der Entscheidung des LG Braunschweig entnehmen, dass solche Unterlagen zu Verteidigungsunterlagen zählen können.[2518] Unterlagen dienen auch dann den Zwecken der Verteidigung, wenn sie der Aufklärung und Rekonstruktion des Sachverhalts dienen.[2519] Hiergegen dürfte auch nicht sprechen, dass interne Untersuchungen oftmals mehrere Zwecke verfolgen.[2520] Es wird maßgeblich darauf ankommen, ob die Unterlagen zumindest auch dem Zweck der Verteidigung oder der Erarbeitung einer entsprechenden Verteidigungsstrategie dienen. Interne Untersuchungen

---

2509 LG Braunschweig, NZWiSt 2016, 37, 38.

2510 *Klengel/Buchert*, NStZ 2016, 383, 386.

2511 *Grützner*, in: Momsen/Grützner, Wirtschafts- und Steuerstrafecht, Kapitel 4 § 16 Rn. 522; *Jahn/Kirsch*, NZWiSt 2016, 39, 40; *Naber/Ahrens*, CCZ 2020, 36, 43; *Krug/Skoupil*, NJW 2017, 2374, 2379.

2512 *Grützner*, in: Momsen/Grützner, Wirtschafts- und Steuerstrafecht, Kapitel 4 § 16 Rn. 512.

2513 *Pelz*, CCZ 2018, 211, 213.

2514 LG Braunschweig, NZWiSt 2016, 37; *Klengel/Buchert*, NStZ 2016, 383, 386.

2515 LG Braunschweig, NZWiSt 2016, 37, 38 f.; *Pelz*, CCZ 2018, 211, 213.

2516 LG Bochum, NStZ 2016, 500; *Pelz*, CCZ 2018, 211, 213.

2517 *Pelz*, CCZ 2018, 211, 213.

2518 LG Braunschweig, NZWiSt 2016, 37, 38.

2519 *Buchert/Buchert*, StV 2017, 204, 206.

2520 *Pelz*, CCZ 2018, 211, 213.

nach dem hiesigen Verständnis haben gerade die Zielsetzung einer umfassenden Aufklärung und dienen stets auch dem eigenen Schutz. Die Frage, ob man im Rahmen der Aufklärung direkt mit den Behörden in Kooperation tritt oder ihre Ermittlungen abwarten soll, ist davon völlig losgelöst. Ziel ist es jedenfalls, durch eine interne Untersuchung und den auf ihrer Grundlage gewonnenen Erkenntnissen eine Verteidigung aufzubauen. Vor diesem Hintergrund ist *Pelz* in dem Punkt zuzustimmen, dass die Entscheidung, überhaupt eine Aufklärung vorzunehmen und eben nicht das Ergebnis der Ermittlungsbehörden abzuwarten, schon Teil einer Verteidigungsstrategie darstellt.[2521] Interne Untersuchungen sind – wie es *Pelz* ebenfalls zutreffend ausdrückt – mittlerweile als wesentliches Instrument der Verteidigung von Unternehmen zu verstehen, sodass auch Protokolle über Befragungen von Auskunftspersonen Verteidigungsunterlagen darstellen.[2522]

Wie sich zeigt, gilt der Beschlagnahmeschutz gleichermaßen für Unterlagen, die vom Verteidiger erstellt wurden, wie solche, welche der Beschuldigte selbst zur Verteidigung gefertigt hat.[2523] Ist dies jedoch gerade nicht der Fall, so müssen sich die „anderen Gegenstände" i.S.d. § 97 Abs. 1 Nr. 3 StPO nach dem klaren Wortlaut des § 97 Abs. 2 S. 1 StPO im Gewahrsam der zur Verweigerung des Zeugnisses berechtigten Person befinden.[2524] Das heißt wiederum, dass es im Zusammenhang mit der Beschlagnahme von Unterlagen beim Unternehmen gerade auf die Frage ankommt, ob ein Beschlagnahmeschutz gemäß § 148 Abs. 1 StPO in Betracht kommt.

2. Anwendbarkeit des § 148 StPO auf die Unternehmensverteidigung

Grundsätzlich nimmt § 148 StPO das Verhältnis von einer Individualperson zu ihrem Verteidiger in den Blick. Insoweit ist fraglich, ob die Norm auch das Verhältnis zwischen einem Unternehmen und dessen Unternehmensverteidiger erfasst. Da es bislang an einem Unternehmensstrafrecht fehlt[2525] und die Anwendbarkeit strafprozessualer Regelungen auf Personenvereinigungen und juristische Personen noch nicht geregelt ist, kann einem Unternehmen keine Beschuldigtenstellung zukommen. Jedoch kommt nach aktueller Rechtslage eine beschuldigtenähnliche Stellung in Betracht. Die Notwendigkeit der Schaffung einer beschuldigtenähnlichen Stellung für Unternehmen hat auch der Gesetzgeber erkannt und diese in der StPO verankert. Eine solche Stellung kann in unterschiedlichen Situationen

2521 *Pelz*, CCZ 2018, 211, 214.

2522 *Pelz*, CCZ 2018, 211, 214.

2523 LG Braunschweig, NZWiSt 2016, 37, 38; *Jahn/Kirsch*, in: Rotsch, Criminal Compliance, § 33 Rn. 105, 107.

2524 Hierzu im Einzelnen vgl. Kapitel 3 § 1 C. I. 4.

2525 Mit dem Entwurf der Bundesregierung eines Gesetzes zur Stärkung der Integrität in der Wirtschaft wurde jedoch der Weg für ein Verbandssanktionengesetz geebnet, vgl. Entwurf der Bundesregierung eines Gesetzes zur Stärkung der Integrität in der Wirtschaft, BR-Drs. 440/20.

in Betracht kommen. Notwendig ist jedoch die Beteiligung des Unternehmens am Verfahren.

Wird im Rahmen eines Strafverfahrens zugleich über die Verhängung einer Verbandsgeldbuße i.S.d. § 30 OWiG entschieden, so ergibt sich die Beteiligung des Unternehmens aus § 444 StPO.[2526] Des Weiteren kommt eine Beteiligung im Falle der Verfallsanordnung im Straf- (§ 73 Abs. 3 SGB) oder Ordnungswidrigkeitenverfahren (§ 29a Abs. 2 OWiG) in Betracht. Das Gericht ordnet gemäß § 444 Abs. 1 S. 1 StPO die Beteiligung an, wenn im Strafverfahren über die Festsetzung einer Geldbuße i.S.d. § 30 OWiG gegen eine juristische Person oder eine Personenvereinigung zu entscheiden ist. Nach dem Wortlaut des § 444 StPO wird also für eine Beteiligung eine gerichtliche Anordnung vorausgesetzt. Dies würde grundsätzlich dazu führen, dass die Rechte der §§ 137, 148 StPO erst ab Erhebung der Anklage gegen die natürliche Person in Betracht kämen.[2527] Verweisungen des § 444 StPO auf verschiedene Regelungen der StPO sprechen indes dafür, dass der Schutz des § 148 StPO für Unternehmen bereits im Ermittlungsverfahren in Betracht kommt.

Nach § 444 Abs. 2 S. 2 StPO gilt für die Verfahrensbeteiligung § 428 StPO (§ 434 StPO a.F.) sinngemäß. Gemäß § 428 Abs. 1 S. 1 StPO kann sich der Einziehungsberechtigte in „jeder Lage des Verfahrens" durch einen Rechtsanwalt mit nachgewiesener Vertretungsmacht vertreten lassen. Gemäß § 428 Abs. 1 S. 2 StPO sind wiederum die §§ 137, 148 StPO entsprechend anzuwenden. Insbesondere aus der Formulierung „in jeder Lage des Verfahrens" in § 428 Abs. 1 StPO wird geschlossen, dass sich Einziehungsbeteiligte und damit auch das Unternehmen als juristische Person oder Personenvereinigung bereits im Ermittlungsverfahren eines Vertreters bedienen kann.[2528] Die Formulierung spricht ferner dafür, dass auch die in § 428 Abs. 1 S. 2 StPO in Bezug genommene Regelung des § 148 StPO bereits im Ermittlungsverfahren greift. Damit ergibt sich aus der Normenkette § 444 Abs. 1 S. 1, Abs. 2 S. 2 StPO, § 428 Abs. 1 S. 2 StPO, § 148 StPO die Anwendbarkeit des § 148 StPO auf ein wegen einer Geldbuße gemäß § 30 OWiG am Strafverfahren beteiligtes Unternehmen.[2529]

Daneben verweist § 444 Abs. 2 S. 2 StPO auch auf § 432 StPO. Kommt eine Sanktionierung des Unternehmens in Betracht, so sind deren Vertreter gemäß § 432 Abs. 1 StPO anzuhören.[2530] Dies ergibt sich im Übrigen auch aus

---

2526 *Xylander/Kiefner/Bahlinger*, BB 2018, 2953, 2955; zur Verbandgeldbuße im Einzelnen vgl. Kapitel 1 § 2 A. II. 1. a).

2527 *Oesterle*, Die Beschlagnahme anwaltlicher Unterlagen und ihre Bedeutung für die Compliance-Organisation von Unternehmen, S. 237 f.

2528 *Jahn/Kirsch*, NZWiSt 2013, 28, 29; *Oesterle*, Die Beschlagnahme anwaltlicher Unterlagen und ihre Bedeutung für die Compliance-Organisation von Unternehmen, S. 238; KK-StPO/*Schmidt* § 428 Rn. 2; BeckOK StPO/*Temming* § 428 Rn. 1.

2529 *Baur*, NZG 2018, 1092; *Uwer/van Ermingen-Mahlbach*, AnwBl. 2018, 470, 471; BeckOK StPO/*Wessing* § 148 Rn. 2.

2530 *Wimmer*, NZWiSt 2017, 252.

Nr. 180a Abs. 1 S. 2 RiStBV, wonach die Vertreter einer juristischen Person oder Personenvereinigung bereits im vorbereitenden Verfahren wie ein Beschuldigter zu hören sind, wenn die Festsetzung einer Geldbuße gemäß § 30 OWiG gegen die juristische Person oder Personenvereinigung in Betracht kommt. Gemäß § 46 Abs. 1 OWiG gilt das Gleiche auch für reine Ordnungswidrigkeitenverfahren, wie z.B. ein Kartellbußgeldverfahren.[2531]

Als Zwischenergebnis bleibt festzuhalten, dass der Schutz des § 148 StPO für Unternehmen bereits im Ermittlungsverfahren greifen kann, wenn ihnen eine beschuldigtenähnliche Stellung zukommt.

3. *Anforderungen an die beschuldigtenähnliche Stellung*

Gemäß § 148 StPO ist dem Beschuldigten der schriftliche und mündliche Verkehr mit dem Verteidiger gestattet. § 148 StPO schützt also ausschließlich das Vertrauensverhältnis zwischen dem Unternehmen in einer beschuldigtenähnlichen Stellung und seinem Verteidiger. Die Frage nach den rechtlichen Anforderungen an die beschuldigtenähnliche Stellung stellt sich ferner in den Nr. 1 und 2 des § 97 Abs. 1 StPO, da für ein Beschlagnahmeverbot nach § 97 Abs. 1 Nr. 1 und 2 StPO zwischen dem Beschuldigten und dem Zeugnisverweigerungsberechtigten ein Vertrauensverhältnis bestehen muss. Legt man entgegen der hier vertretenen Ansicht § 97 Abs. 1 Nr. 3 StPO dahingehend aus, dass die Notwendigkeit einer Beschuldigtenstellung als eine Voraussetzung hineingelesen wird, muss man sich auch in Zusammenhang mit dem Anwendungsbereich des § 97 Abs. 1 Nr. 3 StPO mit der Frage befassen, wann von einer beschuldigtenähnlichen Stellung ausgegangen werden kann. Aber auch mit der hier vertretenen Ansicht ist im Rahmen des § 97 Abs. 1 Nr. 3 StPO eine beschuldigtenähnliche Stellung jedenfalls dann zu fordern, wenn Verteidigungsunterlagen über den Wortlaut des § 97 Abs. 1 S. 1 StPO hinaus auch dann gemäß §§ 97 Abs. 1 StPO, 148 StPO geschützt sein sollen, wenn sie sich im Gewahrsam des Unternehmens befinden.

Konsequenterweise hat sich auch das BVerfG in seiner VW/Jones-Day-Entscheidung mit dieser Frage befasst. Insbesondere vor dem Hintergrund der grundsätzlichen Bedeutung der Entscheidung des BVerfG für interne Untersuchungen wird die Entscheidung des BVerfG zu den Anforderungen an die beschuldigtenähnliche Stellung analysiert und kritisch gewürdigt. Die Frage nach den Anforderungen an die beschuldigtenähnliche Stellung hat für ein Unternehmen in der Praxis immense praktische Bedeutung. Da die Mehrzahl der Fachgerichte im Rahmen des § 97 Abs. 1 Nr. 3 StPO ein Vertrauensverhältnis des Beschuldigten zu einem Zeugnisverweigerungsberechtigten fordern und das BVerfG diese Rechtsprechung als verfassungskonform eingestuft hat,[2532] müssen sich die Unternehmen und die von

---

2531 BeckOK StPO/*Wessing* § 148 Rn. 2; *Schuster*, NZKart 2013, 191; vgl. zu § 46 Abs. 1 OWiG auch Kapitel 3 § 1 B. II. 1.

2532 Dies hat die Analyse der Rechtsprechung zu § 97 Abs. 1 Nr. 3 StPO gezeigt, vgl. Kapitel 3 § 1 C. I 3. a) aa)-hh).

ihnen mandatierten Kanzleien in der Praxis darauf einstellen, dass diese Anforderung auch von den Ermittlungsbehörden vorausgesetzt wird. Da das BVerfG die Entscheidung des LAG München I allein auf die Vereinbarkeit mit dem GG geprüft hat, ist die Frage nach den Anforderungen auch noch nicht abschließend geklärt.[2533]

a) *Zeitliche Anforderungen an die beschuldigtenähnliche Stellung*

Die Klärung des Zeitpunkts, ab wann einem Unternehmen eine beschuldigtenähnliche Stellung zukommt, ist für die Frage der Zugriffsmöglichkeit der Ermittlungsbehörden auf die Untersuchungsergebnisse interner Untersuchungen von zentraler Bedeutung.[2534] Insoweit greift erst ab diesem Zeitpunkt die Regelung des § 148 StPO, sodass auch erst ab diesem Zeitpunkt die Korrespondenz zwischen dem Unternehmen und dem Unternehmensverteidiger vor einer Beschlagnahme geschützt ist.[2535]

aa) *Entwicklung in der Rechtsprechung*

Im Folgenden wird – ebenso wie bei § 97 Abs. 1 Nr. 3 StPO – zunächst die Entwicklung in der Rechtsprechung dargestellt, ehe eine Würdigung und Auslegung des § 148 StPO im Hinblick auf die zeitlichen Anforderungen an die beschuldigtenähnliche Stellung folgt. Dieses Vorgehen resultiert aus der auch in Bezug auf die hier relevante Streitfrage sehr unterschiedlichen Rechtsprechung, welche ihren Höhepunkt mit der VW/Jones-Day-Entscheidung erlangt hat.

(a) *LG Bonn, Beschluss vom 21. Juni 2012 – 27 Qs 2/12*

Die Entscheidung des LG Bonn[2536] wurde bereits im Zusammenhang mit den Anforderungen an § 97 Abs. 1 Nr. 3 StPO dargestellt.[2537] Das LG Bonn hat die Auffassung vertreten, dass im Rahmen des § 97 Abs. 1 Nr. 3 StPO allein das Vertrauensverhältnis des Beschuldigten im Strafverfahren zu einem von ihm in Anspruch genommenen Zeugnisverweigerungsberechtigten durch ein Beschlagnahmeverbot geschützt sei.[2538] Es müsse sich also konkret um Verteidigerunterlagen handeln. Darüber hinaus hat es aber auch ausgeführt, dass die Beschlagnahmefreiheit der Verteidigerunterlagen überhaupt nur dann angenommen werden könne, wenn gegen den Beschuldigten ein Ermittlungsverfahren eingeleitet sei und zwischen dem Beschuldigten und dem Verteidiger ein Verteidigungsverhältnis bestehe.[2539]

2533 *Oesterle*, WiJ 2018, 148, 149.
2534 Im Ergebnis so auch *Galle*, BB 2018, 564, 570.
2535 *Schneider*, NStZ 2016, 309, 311.
2536 LG Bonn, NZWiSt 2013, 21.
2537 Vgl. Kapitel 3 § 1 C. I. 3. a) bb).
2538 LG Bonn, NZWiSt 2013, 21, 24.
2539 LG Bonn, NZWiSt 2013, 21, 24 f.; so auch *Schmitt*, in: Meyer-Goßner/Schmitt StPO § 148 Rn. 3; *Thum*, HRRS 2012 535, 537 ff.

Ein solches bestehe erst nach Erteilung und Annahme des Mandats. Ein strafrechtliches Ermittlungsverfahren sei erst eingeleitet, wenn eine Strafverfolgungsbehörde eine Maßnahme treffe, die erkennbar darauf abziele, gegen jemanden wegen des Anfangsverdachts einer Straftat vorzugehen, auch wenn der Beschuldigte noch unbekannt sei.[2540] Es muss sich nach dieser Auffassung also um Unterlagen handeln, die anlässlich des Ermittlungsverfahrens zur eigenen Verteidigung angefertigt werden.[2541] Vor diesem Hintergrund sind nach Ansicht des LG Bonn Unterlagen, die im Rahmen einer vorgelagerten internen Untersuchung vor allem zur Vorbereitung von Zivilverfahren erstellt wurden, nicht vom Beschlagnahmeverbot erfasst. Das LG Bonn legt im Hinblick auf den Zeitpunkt, ab wann von einer Beschuldigtenstellung ausgegangen werden kann, den strengsten Maßstab zugrunde.

(b) LG Gießen, Beschluss vom 25. Juni 2012 – 7 Qs 100/12

In seiner Entscheidung[2542] hat sich das LG Gießen zwar nicht mit der Regelung des § 97 Abs. 1 Nr. 3 StPO befasst, jedoch hat es Aussagen darüber getroffen, ob es für den Beschlagnahmeschutz im Falle des § 97 Abs. 1 Nr. 1 StPO sowie § 148 StPO darauf ankommt, dass bereits ein Ermittlungsverfahren eingeleitet worden ist.

Aufgrund des Verdachts der Beihilfe zur Untreue und der Bestechlichkeit im geschäftlichen Verkehr wurde mit Beschluss des AG die Beschlagnahme verschiedener Ordner mit Unterlagen bei dem Beschuldigten angeordnet. Hiergegen richtet sich die Beschwerde des Beschuldigten. Er macht insbesondere geltend, dass die Unterlagen als Verteidigungsunterlagen einem Beschlagnahmeverbot unterlägen.[2543]

Nach Ansicht des LG Gießen kann eine Verteidigung bereits dann stattfinden, wenn gegen den Betroffenen noch nicht förmlich ermittelt wird. Der schriftliche und mündliche Verkehr zwischen dem Rechtsanwalt und dem Betroffenem sei bereits dann schützenswert, wenn sich jemand an einen Rechtsanwalt wende, um sich in einer strafrechtlichen Angelegenheit beraten und vertreten zu lassen, bevor ein Ermittlungsverfahren förmlich gegen ihn eingeleitet worden ist.[2544] Eine schützenswerte Vertrauensbeziehung zwischen dem Beschuldigten und dem beauftragten Rechtsanwalt bestehe auch dann, wenn der Betroffene lediglich befürchte, es werde zukünftig ein Strafverfahren gegen ihn geführt werden, und sich insoweit strafrechtlich beraten lässt.[2545]

2540 LG Bonn, NZWiSt 2013, 21, 25.
2541 LG Bonn, NZWiSt 2013, 21, 24.
2542 LG Gießen, BeckRS 2012, 15498.
2543 LG Gießen, BeckRS 2012, 15498.
2544 LG Gießen, BeckRS 2012, 15498; zustimmend *Taschke,* in: Rotsch, Criminal Compliance, § 36 Rn. 26.
2545 LG Gießen, BeckRS 2012, 15498.

(c) *LG Braunschweig, Beschluss vom 21. Juli 2015 – 6 Qs 116/15*

Die Entscheidung des LG Braunschweig[2546] beschäftigt sich insbesondere mit der Frage, ob die Einleitung eines Ermittlungsverfahrens eine notwendige Voraussetzung für das Vorliegen von Verteidigerunterlagen i.S.d. § 148 StPO ist. In dem der Entscheidung zugrunde liegenden Fall wurden im Rahmen einer Durchsuchung des Büros des Finanzvorstands eines Unternehmens verschiedene Unterlagen beschlagnahmt. Die Durchsuchung stand im Zusammenhang mit einem Steuerstrafverfahren gegen Dritte. Die Unterlagen wurden jedoch durch mandatierte Rechtsanwälte zum Zwecke der Verteidigung des Unternehmens angefertigt.

Entgegen der Entscheidung des LG Bonn vom 21. Juni 2012[2547] kann nach der Ansicht des LG Braunschweig eine schützenswerte Vertrauensbeziehung zur Vorbereitung einer Verteidigung auch dann bestehen, wenn der Betroffene lediglich befürchtet, es werde zukünftig ein Ermittlungsverfahren gegen ihn geführt werden.[2548] Die Einleitung eines Ermittlungsverfahrens sei mithin nicht erforderlich. Nichts Anderes könne für Ordnungswidrigkeitenverfahren gelten, in denen eine sachgerechte Verteidigung von Rechts wegen in gleicher Weise ermöglicht werden müsse wie in einem Strafverfahren. Gerade bei komplexen Wirtschafts- und Steuerstrafsachen könne eine eigenständige Aufarbeitung des Sachverhalts ein wesentliches Element zur Vorbereitung einer wirksamen Verteidigung darstellen, ohne dass bereits konkrete Verteidigungsstrategien erörtert werden müssten.

(d) *LG Hamburg, Beschluss vom 17. August 2016 – 618 Qs 30/16*

Der Beschluss des LG Hamburg[2549] befasste sich mit der Beschlagnahme der Korrespondenz des Beschuldigten mit seinem Rechtsanwalt in einem steuerstrafrechtlichen Ermittlungsverfahren, wobei die Korrespondenz einen zivilrechtlichen Rechtsstreit des Beschwerdeführers gegen seine frühere Dienstherrin wegen der Kündigung seines Anstellungsvertrags inkl. des Anstellungsverhältnisses zum Jahr 2015 betraf.[2550] Das Ermittlungsverfahren gegen den Beschwerdeführer wurde im November 2015 eingeleitet.[2551] Die Durchsuchung und Beschlagname erfolgte indes im Jahr 2016; der Beschwerdeführer erfuhr auch erst im Rahmen der Durchsuchung/Beschlagnahme von dem Ermittlungsverfahren.[2552] In einer Erklärung, die der Rechtsanwalt des Beschwerdeführers nach der Durchsuchung unterschrieb, versicherte er anwaltlich, dass er den Beschwerdeführer bereits im laufenden Jahr

---

2546 LG Braunschweig, NZWiSt 2016, 37, 37; zustimmend Hüffer/Koch/*Koch*, AktG, § 76 Rn. 16d; *Uwer/van Ermingen-Mahlbach*, AnwBl. 2018, 470, 471.

2547 LG Bonn, NZWiSt 2013, 21.

2548 LG Braunschweig, NZWiSt 2016, 37.

2549 LG Hamburg, BeckRS 2016, 19347.

2550 LG Hamburg, BeckRS 2016, 19347.

2551 LG Hamburg, BeckRS 2016, 19347.

2552 LG Hamburg, BeckRS 2016, 19347.

2015 (also vor der Einleitung des Ermittlungsverfahrens) nicht nur in zivilrechtlicher, sondern auch in strafrechtlicher Hinsicht beraten habe.[2553]

Nach Ansicht des LG Hamburg muss das Beschlagnahmeverbot auch für Mitteilungen und Aufzeichnungen gelten, die vor Einleitung eines Ermittlungsverfahrens zum Zweck der späteren Verteidigung gefertigt worden sind.[2554] Der Gegenansicht, die für eine Beschlagnahmefreiheit neben dem Bestehen eines Verteidigungsverhältnisses auch einen förmlichen Beschuldigtenstatus voraussetze, kann nach Ansicht des LG Hamburg nicht gefolgt werden.[2555] Damit folgt das LG den Entscheidungen des LG Gießen[2556] und LG Braunschweig[2557]. Zu Begründung führt das LG Hamburg u.a. an, dass ein strafrechtliches Mandat vor Einleitung eines Ermittlungsverfahrens in der Regel erteilt werde, wenn der Betroffene selbst Verdachtsgründe erkennt, sei es in Ansehung seines Verhaltens oder durch gegen ihn erhobene Vorwürfe.[2558] Die frühzeitige Konsultation eines Verteidigers in diesen Fällen stellt nach der Auffassung des LG keine zusätzliche bzw. isolierte Inanspruchnahme rechtsanwaltlicher Dienste neben der späteren Verteidigung im förmlichen Ermittlungsverfahren dar.[2559] Eine solche Trennung ist nach dieser Ansicht weder inhaltlich noch formell begründbar. Eine frühzeitige Einschaltung eines Verteidigers führe vielmehr zu einer vergrößerten Chance für Effektivität.[2560] Alleine die Möglichkeit zu frühzeitiger Initiative gewährleiste eine umfassende Verteidigung.[2561] Die Verteidigung dürfe nicht zuletzt auch aufgrund der gebotenen Waffengleichheit im Vorermittlungsstadium nicht auf Passivität oder Reaktion beschränkt sein, was aber drohe, wenn die aktive Erstellung von Verteidigungsmaterial dem Zugriff der Ermittlungsorgane unterläge.[2562]

Darüber hinaus dürfe der Beschuldigtenstatus auch nicht an dem rein formellen Akt der Einleitung eines Ermittlungsverfahrens festgemacht werden.[2563] Hinsichtlich dieses formellen Akts werde den Ermittlungsorganen nämlich ein nicht unerheblicher Beurteilungsspielraum eingeräumt, welcher dazu führe, dass die Ermittlungsbehörden vergleichsweise frei entscheiden können, wann der Betroffene Beschuldigter werde, was wiederum Missbrauchsmöglichkeiten eröffne.[2564] Überdies hinge bei einer formellen Betrachtung das Wirksamwerden

2553 LG Hamburg, BeckRS 2016, 19347.
2554 LG Hamburg, BeckRS 2016, 19347.
2555 LG Hamburg, BeckRS 2016, 19347.
2556 LG Gießen, BeckRS 2012, 15498.
2557 LG Braunschweig, NZWiSt 2016, 37.
2558 LG Hamburg, BeckRS 2016, 19347.
2559 LG Hamburg, BeckRS 2016, 19347.
2560 LG Hamburg, BeckRS 2016, 19347.
2561 LG Hamburg, BeckRS 2016, 19347.
2562 LG Hamburg, BeckRS 2016, 19347.
2563 LG Hamburg, BeckRS 2016, 19347.
2564 LG Hamburg, BeckRS 2016, 19347.

der Verteidigerrechte von einem Ereignis ab, das Betroffenem und Verteidiger häufig nicht bekannt sei.[2565]

(e) BVerfG, Beschluss vom 27. Juni 2018 – 2 BvR 1405/17, 2 BvR 1780/17

Hinsichtlich des der Entscheidung zugrunde liegenden Sachverhalts kann auf die Ausführungen zur Darstellung der Rechtsprechung im Rahmen des § 97 Abs. 1 Nr. 3 StPO verwiesen werden.[2566] Das BVerfG entschied, dass es von Verfassung wegen gerade nicht geboten sei, eine beschuldigtenähnliche Stellung, die einen Beschlagnahmeschutz aus § 97 Abs. 1 StPO nach sich zieht, bereits dann anzunehmen, wenn ein Unternehmen ein künftiges gegen sich gerichtetes Ermittlungsverfahren lediglich befürchtet und sich vor diesem Hintergrund anwaltlich beraten lasse oder eine unternehmensinterne Untersuchung in Auftrag gebe.[2567] Dabei hat es klargestellt, dass die Beschuldigtenstellung nicht davon abhängig gemacht werden könne, dass das Unternehmen bereits die förmliche Verfahrensstellung eines Beteiligungsinteressenten innehabe.[2568] Hiermit hat es jedenfalls der sehr strengen Auffassung des LG Bonn in seiner Entscheidung vom 21. Juni 2012[2569] eine Absage erteilt, wonach eine beschuldigtenähnliche Stellung erst dann in Betracht kommt, wenn ein Ermittlungsverfahren eingeleitet worden ist und zwischen dem Beschuldigten und dem Verteidiger ein Verteidigungsverhältnis besteht.[2570] Jedoch sei Voraussetzung für die Beschuldigtenstellung, dass eine künftige Nebenbeteiligung nach objektiven Gesichtspunkten in Betracht komme.[2571] Da eine Verbandsgeldbuße regelmäßig in dem gegen den Beschuldigten geführten Verfahren festgesetzt wird,[2572] käme gerade in dieser Konstellation eine Nebenbeteiligte des Unternehmens in Betracht.[2573] Insoweit zeigt sich, dass das BVerfG die zeitlichen Anforderungen an objektiven Kriterien festzumachen versucht.[2574]

Für eine Nebenbeteiligung des Unternehmens setzt das LG München I jedoch einen „hinreichenden" Verdacht für eine durch eine konkrete Leitungsperson begangene Straftat oder Aufsichtspflichtverletzung i.S.v. § 130 OWiG voraus.[2575] Diese Ansicht hat das BVerfG als willkürfrei und verfassungskonform eingestuft. Insoweit seien die Grenzen des Beschlagnahmeschutzes ohne objektive Grenzen

---

2565 LG Hamburg, BeckRS 2016, 19347.
2566 Vgl. Kapitel 3 § 1 C. I. 3. a) ee).
2567 BVerfG, NJW 2018, 2385, 2390; *Momsen*, NJW 2018, 2362, 2363.
2568 BVerfG, NJW 2018, 2385, 2389.
2569 LG Bonn, NZWiSt 2013, 21; vgl. hierzu auch Kapitel 3 § 1 C. I 3. a) bb).
2570 So auch *Rieder/Menne*, CCZ 2018, 203, 205.
2571 BVerfG, NJW 2018, 2385, 2389 f.; so auch *Baur*, NZG 2018, 1092, 1095; *Wimmer*, NZWiSt 2017, 252, 254.
2572 *Bock/Gerhold*, in: Knierim/Rübenstahl/Tsambikakis, Kapitel 5 Rn. 40 m.w.N.
2573 *Bock/Gerhold*, in: Knierim/Rübenstahl/Tsambikakis, Kapitel 5 Rn. 40 m.w.N.
2574 *Kempf/Corsten*, StV 2019, 59, 63.
2575 BVerfG, NJW 2018, 2385, 2389 f.

kaum zu ziehen. Zudem setze § 97 StPO nach allgemeiner Ansicht voraus, dass ein konkreter Verdacht der Strafverfolgungsbehörden gegen eine bestimmte Person bestehe. Insoweit sei es von Verfassungswegen nicht geboten, eine beschuldigtenähnliche Stellung bereits dann anzunehmen, wenn ein Unternehmen ein künftiges gegen sich gerichtetes Ermittlungsverfahren lediglich befürchtet und sich vor diesem Hintergrund anwaltlich beraten lässt oder eine unternehmensinterne Untersuchung in Auftrag gibt.[2576]

(f) LG Oldenburg, Beschluss vom 31. Juli 2018 – 2 KLs 98/16

Zu der hier in Streit stehenden Frage hat sich auch das LG Oldenburg geäußert.[2577] Die Entscheidung war bereits für die Auslegung des § 97 Abs. 1 Nr. 3 StPO von Relevanz, sodass hinsichtlich des der Entscheidung zugrunde liegenden Falls auf die Darstellung zu § 97 StPO verwiesen wird.[2578]

Nach Ansicht des LG Oldenburg kann die Beschlagnahmefreiheit der Unterlagen nur dann angenommen werden, wenn gegen den Beschuldigten ein Ermittlungsverfahren eingeleitet ist und zwischen dem Beschuldigten und dem Verteidiger ein Verteidigungsverhältnis besteht, da § 148 Abs. 1 StPO den freien Verkehr zwischen Verteidiger und Mandant erst ab diesem Zeitpunkt gewährleisten soll.[2579] Ein strafrechtliches Ermittlungsverfahren ist nach der Entscheidung des LG eingeleitet, sobald eine Strafverfolgungsbehörde eine Maßnahme treffe, die erkennbar darauf abziele, gegen jemanden wegen des Anfangsverdachts einer Straftat vorzugehen.[2580] Dies setze wiederum voraus, dass jedenfalls ein konkreter Verdacht der Strafverfolgungsbehörden gegen eine bestimmte Person bestehe, auch wenn diese noch unbekannt sei.[2581]

(g) LG München I, Beschluss vom 11. Dezember 2018 – 6 Qs 16/18

Soweit ersichtlich hat sich nach der Entscheidung des BVerfG interessanterweise ebenfalls das LG München I[2582] mit der Frage der Beschlagnahmefähigkeit von Verteidigerunterlagen befasst und sich dabei mit den zeitlichen Anforderungen an die Beschuldigtenstellung auseinandergesetzt. Auch wenn es in dem der Entscheidung zugrunde liegenden Fall nicht um die Verteidigung eines Unternehmens ging, so lassen sich den Entscheidungsgründen gleichwohl Aussagen zu der hier behandelten Streitfrage entnehmen.

2576 BVerfG, NJW 2018, 2385, 2390.
2577 LG Oldenburg, BeckRS 2018, 46724.
2578 Vgl. Kapitel 3 § 1 C. I. 3. a) ff).
2579 LG Oldenburg, BeckRS 2018, 46724.
2580 LG Oldenburg, BeckRS 2018, 46724.
2581 LG Oldenburg, BeckRS 2018, 46724.
2582 LG München I, NStZ 2019, 172.

Gegen einen Mitarbeiter einer AG wurde durch die Staatsanwaltschaft München II ein Ermittlungsverfahren wegen des Vorwurfs des Betrugs bzw. der Beihilfe zum Betrug geführt.[2583] Die Entscheidung des LG München I befasst sich mit der Beschlagnahmefähigkeit eines USB-Sticks und verschiedener Unterlagen, wobei es sich bei den Dokumenten auf dem USB-Stick und den sonstigen Unterlagen nach Aussage des Beschuldigten um „Anwaltskorrespondenz" handelte.[2584] Nachdem zunächst das AG München die Beschlagnahme des USB-Sticks und der Unterlagen auf Antrag der Staatsanwaltschaft angeordnet und der sich daran anschließenden Beschwerde der Beschuldigten nicht abgeholfen hatte, legte die Staatsanwaltschaft die Beschwerde dem LG München I zur Entscheidung vor.[2585]

Nach Ansicht des LG München I ist die Beschwerde des Beschuldigten zulässig und begründet. Im Kern ging es um die Frage, ob Verteidigerunterlagen auch dann beschlagnahmefrei sind, wenn sie vor der formellen Einleitung des Ermittlungsverfahrens angefertigt wurden. Im Rahmen der Entscheidung dieser Frage hat sich das LG München I auch zu den zeitlichen Anforderungen an den Schutzbereich der § 97 Abs. 1 Nr. 1, 2 StPO und § 148 StPO geäußert. Nach Ansicht des LG München I kann Verteidigung schon dann stattfinden, wenn gegen den Betroffenen noch nicht förmlich ermittelt wird, wenn nur der Rechtsanwalt aus gutem Grund seine Tätigkeit materiell als Verteidigung ansehen kann.[2586] Mit der von § 97 Abs. 1 Nr. 1 StPO und § 148 StPO bezweckten Gewährleistung einer geordneten und effektiven Verteidigung, die unabdingbar das schutzwürdige Vertrauen des Mandanten in die Vertraulichkeit der Korrespondenz mit seinem Rechtsanwalt erfordere, sei es unvereinbar, wenn der Mandant jederzeit damit rechnen müsste, dass die vor seiner formellen Beschuldigtenstellung geführte Korrespondenz von den Ermittlungsbehörden umfassend verwertet und gegen ihn verwendet werden könnte.[2587] Vielmehr sei in diesem Fall davon auszugehen, dass die drohende Beschlagnahme der Verteidigungsunterlagen eine spürbare abschreckende Wirkung auf den Täter oder Tatverdächtigen hätte, sich einem Verteidiger anzuvertrauen.[2588] Dies sei aber mit Art. 6 EMRK unvereinbar. Ein Tatverdächtiger habe offenkundig schon vor der formellen Einleitung eines Ermittlungsverfahrens gegen ihn ein berechtigtes Interesse an anwaltlicher Beratung.[2589] Diese könne ihm zu diesem Zeitpunkt von großem Nutzen sein.[2590]

Eine möglichst frühzeitige Beratung des Täters bzw. Tatverdächtigen durch ein Organ der Rechtspflege liege ferner im Interesse der allgemeinen Rechtspflege.

2583 LG München I, NStZ 2019, 172, 173.
2584 LG München I, NStZ 2019, 172, 173.
2585 LG München I, NStZ 2019, 172, 173.
2586 LG München I, NStZ 2019, 172, 174.
2587 LG München I, NStZ 2019, 172, 174.
2588 LG München I, NStZ 2019, 172, 174.
2589 LG München I, NStZ 2019, 172, 174.
2590 LG München I, NStZ 2019, 172, 174.

Auch das verfassungsrechtliche Gebot einer effektiven Strafverfolgung könne den Eingriff in das Mandatsverhältnis zwischen dem Beschuldigten und seinem Verteidiger nicht rechtfertigen.

(h) Zwischenergebnis

Die Auswertung der Rechtsprechung zeigt, wie uneinheitlich diese ist. Es lässt sich kein eindeutiges Ergebnis erkennen. Wie bereits mehrfach angeführt, führt auch die VW/Jones-Day-Entscheidung des BVerfG zu keiner abschließenden Klärung der Streitfrage. Die Positionen der Fachgerichte reichen dabei von einer sehr strengen Auffassung, nach der im Ergebnis die Einleitung eines Ermittlungsverfahrens notwendig ist,[2591] bis hin zu einer sehr weiten Ansicht, nach der es ausreicht, wenn die Einleitung eines entsprechendes Verfahrens lediglich befürchtet wird[2592]. Vor diesem Hintergrund ist zur Klärung der Frage, welche zeitlichen Anforderungen für die beschuldigtenähnliche Stellung bestehen sollten, eine umfassende Auslegung des § 148 Abs. 1 StPO unter Berücksichtigung der Rechtsprechung der Fachgerichte und des BVerfG notwendig.

bb) Würdigung und Auslegung des § 148 StPO

Zunächst ist – wie auch schon im Zusammenhang mit der Auslegung des § 97 Abs. 1 Nr. 3 StPO – festzuhalten, dass das BVerfG allein die Verfassungsgemäßheit der geprüften Entscheidung bewertet. Das BVerfG hat indes nicht entschieden, dass andere Ansichten in Bezug auf die Reichweite der beschuldigtenähnlichen Stellung verfassungswidrig seien oder sich hinsichtlich der näheren Voraussetzungen der beschuldigtenähnlichen Stellung geäußert.[2593] Damit kann noch nicht von einer endgültigen Klärung dieser Frage ausgegangen werden.

Gemäß § 444 Abs. 1 S. 1, Abs. 2 S. 2 StPO, § 428 Abs. 1 S. 2 StPO wird § 148 StPO entsprechend angewendet. Insoweit muss im Rahmen der Anwendung des § 148 StPO die besondere Situation der Beteiligung des Unternehmens berücksichtigt werden. Genau diese Berücksichtigung könnte dazu führen, dass gerade im Hinblick auf die Beteiligung eines Unternehmens eine Auslegung der Norm vor dem Hintergrund der Besonderheiten von Ermittlungen gegen Unternehmen sowie den Besonderheiten einer beschuldigtenähnlichen Stellung erfolgen muss.

2591 LG Bonn, NZWiSt 2013, 21, 24 f.

2592 LG Braunschweig, NZWiSt 2016, 37, 37.

2593 So auch *Kempf/Corsten*, StV 2019, 59, 64; *Momsen*, NJW 2018, 2362, 2362; *Rübenstahl*, ZWH 2018, 273, 276; *Salvenmoser/Schreier*, in: Achenbach/Rasiek/Rönnau, HdB Wirtschaftsstrafrecht, Teil 15 Rn. 182; *Xylander/Kiefner/Bahlinger*, BB 2018, 2953, 2955.

(a) Wortliaut

Als erster Anknüpfungspunkt ist der Wortlaut des § 148 StPO zu untersuchen. Dieser stellt auf die Begriffe „Beschuldigter“ und „Verteidiger“ ab. Insoweit fragt sich, wie diese Begriffe gerade im Kontext der Beteiligung eines Unternehmens auszulegen sind. Zunächst ist festzuhalten, dass der Beschuldigtenbegriff in Bezug auf das Unternehmen nicht dem Beschuldigtenbegriff der Individualperson gleichen muss. Dem Unternehmen kann nämlich gerade nicht die gleiche Beschuldigtenstellung zukommen, da die Anwendbarkeit strafprozessualer Regelungen auf Personenvereinigungen und juristische Personen noch nicht geregelt ist. Während also bei einer Individualperson die Beschuldigtenstellung an die Aufnahme von Ermittlung gegen diese gekoppelt ist,[2594] ist dies beim Unternehmen derzeit noch unklar. Wie bereits gezeigt, kommt für ein Unternehmen eine Beschuldigtenstellung wie bei einer Individualperson nach der aktuellen Rechtslage nicht in Betracht. Dem Unternehmen kann vielmehr nur eine beschuldigtenähnliche Stellung zukommen, bei deren Würdigung wiederum die besondere Verfahrensstellung der Beteiligung des Unternehmens zu berücksichtigen ist. Vor diesem Hintergrund muss der Begriff des Beschuldigten in Bezug auf die Stellung des Unternehmens gesondert untersucht werden. Für die nähere Bestimmung der beschuldigtenähnlichen Stellung des Unternehmens ebenfalls relevant ist die Auslegung des Begriffs „Verteidiger“.

Im Folgenden soll die Frage geklärt werden, ob die Auslegung der zentralen Begriffe in § 148 StPO bereits zu einem konkreten Begriffsverständnis der beschuldigtenähnlichen Stellung führt. Käme man zu dem Ergebnis dass ein weites Verständnis heranzuziehen ist, würde dies dafür sprechen, dass der Schutz des § 148 StPO bereits dann greift, wenn ein Unternehmen eine Beteiligung und eine Verbandsgeldbuße lediglich befürchtet und sich aus diesem Grund anwaltlichen Rat i.S.e. Verteidigung einholt.

(aa) Verteidiger

Zunächst ist der Begriff des Verteidigers in den Blick zu nehmen. Der Wortsinn führt nicht dazu, dass von einer Verteidigerstellung ausschließlich im bereits eingeleiteten Ermittlungsverfahren ausgegangen werden könne. Auch sind die Rechte und Pflichten des Verteidigers in der StPO lediglich eingeschränkt geregelt.[2595] Der Verteidiger ist der Interessenvertreter des Beschuldigten und soll dessen Rechte wahren und die für ihn sprechenden Gesichtspunkte gelten machen.[2596] Zudem soll der Verteidiger in seiner Stellung als Organ der Rechtspflege der Wahrheitsfindung dienen und darf diese daher nicht erschweren oder vereiteln.[2597]

2594 *Grützner/Jakob*, Compliance von A-Z, Beschuldigter; KK-StPO/*Diemer* § 136 Rn. 4.

2595 BeckOK StPO/*Wessing* § 137 Rn. 11; für einen Überblick vgl. Creifelds/Rechtswörterbuch/*Werner*, Verteidiger.

2596 Creifelds/Rechtswörterbuch/*Werner*, Verteidiger.

2597 Creifelds/Rechtswörterbuch/*Werner*, Verteidiger; zur Stellung des Rechtsanwalts als Organ der Rechtpflege vgl. Kapitel 3 § 1 C. I. 3. b) ee).

Geht man von diesem Begriffsverständnis aus, könnte eine Verteidigung grundsätzlich auch schon vor einem formellen Ermittlungsverfahren in Betracht kommen, also zu einem Zeitpunkt, zu dem sich allein unternehmensintern eine Verdachtslage gebildet hat und Rechtsanwälte damit beauftragt werden, dieser Verdachtslage nachzugehen und dabei stets die Verteidigung des Unternehmens in einem möglichen förmlichen Verfahren im Blick und sogar vorzubereiten zu haben. In solch einer Situation erfüllt der Rechtsanwalt Aufgaben, die dem Schutz und der Interessenvertretung des Mandanten dienen und damit den Mandanten, im Kontext interner Untersuchungen also das Unternehmen, verteidigen. Insoweit lassen sich auch die Erwägungen des LG Hamburg heranziehen, wonach ein strafrechtliches Mandat vor Einleitung eines Ermittlungsverfahrens in der Regel erteilt wird, wenn der Betroffene selbst Verdachtsgründe erkennt, sei es in Ansehung seines Verhaltens oder durch gegen ihn erhobene Vorwürfe.[2598] Die frühzeitige Konsultation eines Verteidigers in diesen Fällen stellt dabei keine zusätzliche bzw. isolierte Inanspruchnahme rechtsanwaltlicher Dienste neben der späteren Verteidigung im förmlichen Ermittlungsverfahren dar.[2599] Vielmehr wird in Vorsehung des befürchteten Ermittlungsverfahrens die Verteidigung bereits vorbereitet. Ein frühes Reagieren darf dem Unternehmen am Ende nicht zum Nachteil gereichen.

Dass ein weites Verständnis in Bezug auf den Verteidiger in Betracht kommt, zeigt sich auch anhand der Regelung des § 428 StPO und des darin enthaltenen Vertreterbegriffs. Wie bereits gezeigt, regelt § 428 StPO die Vertretung des Einziehungsberechtigten und damit auch die Vertretung des Unternehmens, soweit dieses wegen der Möglichkeit der Festsetzung einer Geldbuße gemäß § 30 OWiG als Beteiligter in Betracht kommt (vgl. § 444 StPO). In § 428 StPO wird nicht der Verteidiger in Bezug genommen, sondern allgemein ein Vertreter des Unternehmens. Insoweit kann sich der Einziehungsberechtigte in jeder Lage des Verfahrens durch einen Rechtsanwalt vertreten lassen. Insoweit legt § 428 StPO gerade kein enges Begriffsverständnis zugrunde, sondern bezieht sich im Hinblick auf die Beteiligung von Unternehmen bewusst auf den Rechtsanwalt. Dass dem Vertreter gleichwohl die Rolle des Verteidigers zukommt, zeigt sich daran, das sich § 428 Abs. 1 S. 2 StPO in der Ausgestaltung der Vertreterrechte weitgehend an den für die Verteidiger geltenden Bestimmungen orientiert.[2600] Diese wörtliche Bezugnahme auf einen Vertreter und gerade nicht einen Verteidiger zeigt, dass im Hinblick auf das Verhältnis zwischen einem Unternehmen und seinem Verteidiger im Rahmen der Beteiligung jedenfalls kein enges Verständnis zugrunde gelegt wird.

2598 LG Hamburg, BeckRS 2016, 19347
2599 LG Hamburg, BeckRS 2016, 19347
2600 KK-StPO/*Schmidt* § 428 Rn. 1.

(bb) Beschuldigter

Fraglich ist, ob sich dem Wortlaut des § 148 Abs. 1 StPO eine konkrete Eingrenzung des Beschuldigtenbegriffs entnehmen lässt. Vom Wortsinn her ist ein Beschuldigter derjenige, demgegenüber eine Beschuldigung ausgesprochen werden kann.[2601] Wie bereits eingangs erwähnt, knüpft die Beschuldigtenstellung bei Individualpersonen an die Aufnahme von Ermittlung an.[2602] So sieht es auch *Schmitt*, nach dem Beschuldigter nur der Tatverdächtige ist, gegen den das Verfahren als Beschuldigter betrieben wird, was wiederum einen Willensakt der zuständigen Strafverfolgungsbehörden voraussetzt.[2603] Haben wir die Besonderheit, dass ein Zeuge zum Beschuldigten werden könnte, so kommt es für die Beurteilung der Beschuldigtenstellung auf die Stärke des Tatverdachts an.[2604] Dabei unterliegt es der pflichtgemäßen Beurteilung der Strafverfolgungsbehörde, ob sie einen solchen Grad des Verdachts auf eine strafbare Handlung für gegeben hält, dass sie ihn als Beschuldigten verfolgt.[2605] Im Kontext der hiesigen Untersuchung ist jedoch zu beachten, dass sich die Grundsätze nicht einfach auf das Unternehmen und die Bestimmung seiner Beschuldigtenstellung übertragen lassen. Es handelt sich vielmehr um eine beschuldigtenähnliche Stellung, für deren Begriffsbestimmung jedenfalls nicht der gleiche Maßstab herangezogen werden kann.

Versucht man sich dem Begriff der beschuldigtenähnlichen Stellung des Unternehmens über die Rechtsprechung zu nähern, so zeigt sich ein unterschiedliches Begriffsverständnis. So hat das LG Bonn die Ansicht vertreten, dass die Beschlagnahmefreiheit der Verteidigungsunterlagen überhaupt nur dann angenommen werden könne, wenn gegen den Beschuldigten, in dem der Entscheidung zugrunde liegenden Fall ein Unternehmen, ein Ermittlungsverfahren eingeleitet wurde und zwischen dem Beschuldigten und dem Verteidiger ein Verteidigungsverhältnis besteht, da § 148 Abs. 1 StPO den freien Verkehr zwischen Verteidiger und Mandant erst ab diesem Zeitpunkt gewährleisten soll.[2606] Ein strafrechtliches Ermittlungsverfahren ist nach Ansicht des Gericht eingeleitet, sobald eine Strafverfolgungsbehörde eine Maßnahme trifft, die erkennbar darauf abzielt, gegen jemanden wegen des Anfangsverdachts einer Straftat vorzugehen, auch wenn der Beschuldigte noch

---

2601 Auch nach *Oesterle* lassen sich der Systematik entscheidende Aussagen entnehmen, auch wenn er im Ergebnis davon ausgeht, dass dem Betroffenen ein Tatvorwurf gemacht werden muss, vgl. *Oesterle*, Die Beschlagnahme anwaltlicher Unterlagen und ihre Bedeutung für die Compliance-Organisation von Unternehmen, S. 224 f.

2602 KK-StPO/*Diemer* § 136 Rn. 4; *Grützner/Jakob*, Compliance von A-Z, Beschuldigter; *Pelz*, CCZ 2018, 211, 212.

2603 *Schmitt*, in: Meyer-Goßner/Schmitt StPO Einl. Rn. 76.

2604 BGH, NJW 1990, 2633, 2634.

2605 BGH, NJW 1990, 2633, 2634.

2606 LG Bonn, NZWiSt 2013, 21, 24 f.

unbekannt ist.[2607] Insoweit verknüpft das LG Bonn die Beschuldigtenstellung klar mit der Einleitung eines Ermittlungsverfahrens.

Genau gegensätzlich hat hingegen das LG Gießen entschieden:[2608] „Es kommt schließlich nicht darauf an, ob zu dem Zeitpunkt, zu dem die Unterlagen und Aufzeichnungen gefertigt wurden, bereits ein Ermittlungsverfahren gegen den Beschuldigten eingeleitet war, d.h. ob er seitens der Staatsanwaltschaft als Beschuldigter geführt wurde. Verteidigung kann auch schon stattfinden, wenn gegen den Betroffenen noch nicht förmlich ermittelt wird, wenn nur der Rechtsanwalt aus gutem Grund seine Tätigkeit materiell als Verteidigung ansehen darf [...]. Wendet sich jemand an einen Rechtsanwalt, um sich in einer strafrechtlichen Angelegenheit beraten und vertreten zu lassen, die ihn als möglicher Täter oder Teilnehmer betrifft, bevor ein Ermittlungsverfahren förmlich gegen ihn eingeleitet wurde, ist der schriftliche und mündliche Verkehr zwischen Rechtsanwalt und Betroffenem in gleichem Maße schützenswert, als wenn bereits ein Ermittlungsverfahren gegen ihn geführt wird".[2609] Vor diesem Hintergrund bleibt festzuhalten, dass eine Übertragung der Grundsätze für eine Beschuldigtenstellung einer Individualperson auf das Unternehmen nicht möglich ist.

Ferner zeigt sich anhand der beiden angeführten Entscheidungen, wie gegensätzlich die Ansätze in der Rechtsprechung sind. Es ließe sich vertreten, dass zwar keine direkte Übertragung des Beschuldigtenbegriffs auf das Unternehmen möglich ist, sich die Auslegung des Begriffs beschuldigtenähnliche Stellung aber eng an den Anforderungen der Beschuldigtenstellung für die Individualperson ausrichten muss. In dem Zusammenhang muss noch einmal betont werden, dass die Entscheidung des BVerfG, wonach von einem engen Begriffsverständnis auszugehen ist, keine abschließende Bewertung zulässt. Das Gericht hat gerade nicht entschieden, dass eine andere Ansicht in Bezug auf die Reichweite der beschuldigtenähnlichen Stellung verfassungswidrig sei.[2610] Insoweit lässt sich ebenso vertreten, dass im Hinblick auf die Stellung des Unternehmens als beschuldigtenähnliche Person eine eigenständige Einordung vorgenommen werden muss, da die konkrete Situation des Unternehmens in den Blick zu nehmen ist. Für die eine oder andere Sichtweise lassen sich jedenfalls aus dem reinen Wortlaut des § 148 StPO keine weiteren Schlüsse für die eine oder andere Ansicht ziehen, sodass sich nach diesem Auslegungskriterium auch noch keine klare Eingrenzung des Begriffs der

---

2607 LG Bonn, NZWiSt 2013, 21, 25.

2608 Auf dieses Problem weisen auch *Jahn/Kirsch* hin, vgl. *Jahn/Kirsch*, NZWiSt 2013, 28, 29 f.

2609 LG Gießen, BeckRS 2012, 15498.

2610 So auch *Kempf/Corsten*, StV 2019, 59, 64; *Momsen*, NJW 2018, 2362, 2362; *Rübenstahl*, ZWH 2018, 273, 276; *Salvenmoser/Schreier*, in: Achenbach/Rasiek/Rönnau, HdB Wirtschaftsstrafrecht, Teil 15 Rn. 182; *Xylander/Kiefner/Bahlinger*, BB 2018, 2953, 2955.

nichtbeschuldigten Stellung möglich ist. Es kommt daher maßgeblich auf die weiteren Auslegungskriterien an.

(b) Der Verfahrensbegriff im Kontext der Beteiligung eines Unternehmens

Eine Eingrenzung der zeitlichen Anforderungen an die beschuldigtenähnliche Stellung könnte über die Systematik des Gesetzes sowie die Auslegung des von § 137 Abs. 1 S. 1 StPO und § 428 Abs. 1 S. 1 StPO in Bezug genommenen „Verfahrens" gefunden werden.[2611] In § 137 Abs. 1 S. 1 StPO und § 428 Abs. 1 S. 1 StPO muss in „jeder Lage des Verfahrens" die Hinzuziehung eines Verteidigers/Vertreters möglich sein. § 137 StPO steht im gleichen Abschnitt wie § 148 StPO. Darüber hinaus verweist § 428 Abs. 1 S. 2 StPO für die Verteidigung auf eine entsprechende Anwendung des § 137 StPO, sodass der Voraussetzung „in jeder Lage des Verfahrens" in der jeweiligen Vorschrift das gleiche Verständnis zugrunde zu legen ist.

Nach *Schneider* soll sich aus dem Wortlaut des § 137 StPO ein unerlässlicher Verfahrensbezug ergeben, der dazu führe, dass der in § 148 Abs. 1 StPO thematisierte Verkehr des Beschuldigten mit seinem Verteidiger nicht losgelöst von dem ihm zugrunde liegenden Ermittlungs- oder Strafverfahren begriffen werden könne.[2612] Dass diesem Verständnis im Hinblick auf die für ein Unternehmen ausschließlich in Betracht kommende beschuldigtenähnliche Stellung nicht zu folgen ist, lässt sich am deutlichsten anhand einer kritischen Analyse der Entscheidungen des LG München I sowie des BVerfG herleiten. Ausgangsunkt der Analyse ist die Frage, ob der Verfahrensbegriff vor dem Hintergrund der Beteiligung von Unternehmen am Verfahren sowie im Kontext interner Untersuchungen weit auszulegen ist, um den Anforderungen, die mit dem aktuellen Wirtschaftsstrafrecht einhergehen, ausreichend Rechnung zu tragen.[2613]

Die vom LG München I und vom BVerfG als verfassungskonform eingestufte Ansicht[2614] berücksichtigt nicht ausreichend das Spannungsverhältnis zwischen dem Verfolgungsinteresse der Ermittlungsbehörden auf der einen und der Aufklärungspflicht des Unternehmens sowie der damit verbundenen Gefahr der Beschlagnahme von Ermittlungsergebnissen auf der anderen Seite. Die Auslegung des BVerfG wird der besonderen Situation interner Untersuchungen ebenso wenig gerecht, wie die noch strengere Ansicht des LG Bonn[2615]. Unternehmen sind, wie

---

2611 So auch *Oesterle*, auch wenn er entgegen der hier vertretenen Ansicht dazu kommt, dass das relevante „Verfahren" allein durch staatliche Strafverfolgungsbehörden betrieben werden kann, vgl. *Oesterle*, Die Beschlagnahme, S. 225 ff.

2612 *Schneider*, NStZ 2016, 308, 312.

2613 Vgl. hierzu auch *Jahn/Kirsch*, NZWiSt 2013, 28, 29 f.

2614 Zur Darstellung der Entscheidungsgründe des BVerfG vgl. Kapitel 3 § 1 C. II. 3. a) aa) (e).

2615 LG Bonn, NZWiSt 2013, 21; vgl. hierzu auch Kapitel 3 § 1 C. II 3. a) aa) (a).

bereits in Kapitel 1 herausgearbeitet, verpflichtet, Verdachtsfälle aufzuklären.[2616] Zum Zeitpunkt der unternehmensinternen Aufklärung bestehen jedoch häufig allein solche Anhaltspunkte, welche die Anforderungen an einen Anfangsverdacht begründen. Das heißt aber auch, dass zu diesem Zeitpunkt – jedenfalls nach der Rechtsprechung des LG München I – noch keine beschuldigtenähnliche Stellung besteht, da – nimmt man die Entscheidung des LG München I wörtlich – noch kein „hinreichender" Verdacht für eine durch eine konkrete Leitungsperson begangene Straftat oder Aufsichtspflichtverletzung i.S.v. § 130 OWiG besteht. Ein Beschlagnahmeschutz würde zu diesem Zeitpunkt also ausscheiden. Im Ergebnis wären Unternehmen, um eine beschuldigtenähnliche Stellung zu begründen, gezwungen, selbst auf eine bestehende Verdachtslage gegenüber den Ermittlungsbehörden hinzuweisen und konkrete Organe oder Leitungspersonen als mögliche Verantwortliche i.S.d. §§ 30, 130 OWiG zu benennen.[2617]

Hieran anknüpfend wird vertreten, dass es eines staatlichen Inkulpationsakts in Form einer förmlichen Einleitung eines Ermittlungsverfahrens gegen Dritte bedürfe, aus dem sich dann objektive Anhaltspunkte für eine Nebenbeteiligung des Unternehmens ergeben.[2618] Diese Sichtweise führt jedoch zu dem Problem, dass wenn sich nach der Beschlagnahme die Hinweise konkretisieren und eine künftige Nebenbeteiligung nach objektiven Gesichtspunkten in Betracht kommt, zwar ein Beschlagnahmeschutz für die Zukunft greifen, die bereits durchgeführte Beschlagnahme indes nicht rückwirkend unzulässig würde.[2619] Eine effektive Verteidigung wäre dann nicht mehr möglich. Da es sich bei einem Unternehmen gerade nicht um eine Individualperson handelt, die den relevanten Sachverhalt kennt, ist eine interne Untersuchung zur Aufklärung und Bündelung des Wissens bezogen auf den konkreten Sachverhalt zwingend erforderlich. Im Übrigen folgt eine generelle Aufklärungspflicht bereits aus den Organpflichten. Den konkreten Sachverhalt brauchen sie wiederum, um eine Verteidigung des Unternehmens vorbereiten zu können.

Dem steht auch nicht das Argument der Gegenseite entgegen, dass die Einleitung eines konkreten Ermittlungsverfahrens sowie die Kenntnis des Beschuldigten hiervon auch deshalb Voraussetzungen für eine Beschlagnahmefreiheit von Verteidigungsunterlagen seien, weil der Beschuldigte erst mit dieser positiven Kenntnis Unterlagen bezogen auf die eigene Verteidigung im Hinblick auf die ihm konkret gemachten Vorwürfe anfertigen würde.[2620] Dieses Argument lässt sich so nicht auf die Situation im Unternehmen übertragen. Soweit das Unternehmen von den Ermittlungen nicht gänzlich überrascht wird, wird es von dem jeweils maßgeblichen Verdacht bereits Kenntnis erlangt und sofort eine Aufklärung eingeleitet

2616 Vgl. hierzu ausführlich Kapitel 1 § 2 C.
2617 Im Ergebnis so auch *Momsen*, NJW 2018, 2362, 2363.
2618 *Schneider*, NStZ 2016, 309, 312.
2619 *Xylander/Kiefner/Bahlinger*, BB 2018, 2953, 2955.
2620 *Thum*, HRRS 2012, 535, 537.

haben. Aufgrund der Legalitätspflicht der Geschäftsleitung kann im Unternehmen nicht einfach eine etwaige Ermittlung durch die Ermittlungsbehörden und eine entsprechende Information hierzu abgewartet werden. Folgt man der Ansicht, die auch das LG München I vertritt, würden interne Untersuchungen nicht nur ihres Sinn und Zwecks beraubt, sie würden sich zudem zuungunsten des Unternehmens auswirken.

Darüber hinaus besteht für Unternehmen das Problem, dass für die staatlichen Ermittlungsmaßnahmen bezogen auf eine mögliche Verbandsgeldbuße für das Unternehmen gemäß § 47 OWiG das Opportunitätsprinzip gilt.[2621] Dies gilt auch dann, wenn die Staatsanwaltschaft die Ermittlungen gemäß § 42 OWiG übernommen hat. Da die Ermittlungsbehörden also gerade nicht verpflichtet sind, Ermittlungen aufzunehmen, können sie auf den Zeitpunkt, zu welchem objektive Gesichtspunkte für eine künftige Nebenbeteiligung sprechen, im Zuge ihrer Ermessensentscheidung Einfluss nehmen.[2622] Nach *Pelz* ergeben sich hieraus erhebliche Schutzlücken, da die Staatsanwaltschaft durch bewusstes Herauszögern der Einleitung eines Verfahrens gegen Unternehmen deren Beschuldigtenschutzrechte weitestgehend aushebeln könnte.[2623] Auch wenn er zu einem anderen Lösungsansatz kommt, wird auf dieses Problem ebenfalls im Regierungsentwurf zum Verbandssanktionengesetz ausdrücklich hingewiesen: „Mit ihrer Verortung im Ordnungswidrigkeitenrecht unterliegt die Verbandsgeldbuße dem Opportunitätsprinzip. Selbst bei schwersten Straftaten von Leitungspersonen liegt die Verfolgung des Verbandes alleine im Ermessen der Verfolgungsbehörden. Dies hat zu einem Anwendungsdefizit geführt. Auch und gerade in den Deliktsfeldern der Korruptions-, Wirtschafts- und Umweltkriminalität, die für aus Unternehmen heraus begangene Straftaten typisch sind, zeigen die Erfahrungen der Praxis, dass es oftmals nicht zur Einleitung eines Verfahrens kommt [...]. Die uneinheitliche Verfolgungspraxis führt zu einer nicht hinnehmbaren Ungleichbehandlung. Ob und wie Verbände bei Straftaten ihrer Leitungspersonen sanktioniert werden, darf weder von regionalen Besonderheiten noch von Unterschieden in der personellen Ausstattung und Auslastung von Polizei und Justiz abhängen."[2624] Die Ermittlungsbehörde ist gerade nicht verpflichtet, wie sie es im Rahmen des Legalitätsprinzips gemäß § 152 Abs. 2 StPO ist.[2625]

2621 BeckOK OWiG/*Meyberg* § 30 Rn. 94.

2622 LG Hamburg, BeckRS 2016, 19347, *Pelz*, CCZ 2018, 211, 215; zum Kartellrechtsverfahren vgl. *Mehle/Mehle*, NJW 2011, 1639, 1642.

2623 *Pelz*, CCZ 2018, 211, 215.

2624 Entwurf der Bundesregierung eines Gesetzes zur Stärkung der Integrität in der Wirtschaft, BR-Drs. 440/20, S. 51; zu den Auswirkungen des Regierungsentwurfs auf § 148 StPO vgl. Kapitel 3 § 1 C. II. 3. a) dd).

2625 Die Normierung des Legalitätsprinzips sieht aber der Entwurf zum Verbandssanktionengesetz vor, vgl. Entwurf der Bundesregierung eines Gesetzes zur Stärkung der Integrität in der Wirtschaft, BR-Drs. 440/20, S. 1, 46, 55.

Vor diesem Hintergrund lässt sich unter Berücksichtigung der vom LG München I herausgearbeiteten Anforderungen der Zeitpunkt, in welchem ein Ermittlungsverfahren eingeleitet wird, nicht sicher bestimmen.[2626] Insoweit überzeugt auch nicht das Argument, dass die zeitliche Ausdehnung des Beschlagnahmeschutzes dazu führe, dass sich der Beginn des Beschlagnahmeschutzes nicht hinreichend bestimmt festlegen lasse und deshalb ein formelles Ermittlungsverfahren als Voraussetzung zu fordern sei.[2627] Die Ansicht des LG München I führt für die Unternehmen nicht zu Rechtsklarheit und Rechtssicherheit, sondern zu einer großen Rechtsunsicherheit im Hinblick auf die zeitlichen Anforderungen an die beschuldigtenähnliche Stellung und damit die Zugriffsmöglichkeiten der Staatsanwaltschaft. Insoweit zutreffend hat auch das LG Hamburg in seiner Entscheidung auf diese rechtliche Unsicherheit ausführlich Bezug genommen.[2628]

Die aufgrund der Entscheidung des LG München I bestehende Rechtsunsicherheit soll anhand eines Beispiels veranschaulichen werden: Man stelle sich vor, ein Hinweisgeber kündigt gegenüber dem Unternehmen an, Hinweise auf Rechtsverstöße der Leitungsorgane, die ihrerseits also womöglich die Gefahr einer Verbandsgeldbuße begründen könnten, an die Staatsanwaltschaft weiterzuleiten. Leitet das Unternehmen nun eine interne Untersuchung ein, um den Hinweisen nachzugehen, handelt es sich hierbei um eine Maßnahmen, die im Ergebnis der eigenen Verteidigung dienen.[2629] In dieser Situation besteht für das Unternehmen großer Beratungsbedarf, insbesondere vor der konkreten Einleitung eines Ermittlungsverfahrens.

Es wäre in der geschilderten Situation unbillig und würde die Verteidigung des Unternehmens konterkarieren, würde es für den Beschlagnahmeschutz darauf ankommen, wie schnell die Hinweise bei der Staatsanwaltschaft eingehen und zu welchem Zeitpunkt diese entscheidet Ermittlungen aufzunehmen. Im Hinblick auf die interne Untersuchung und ihre Durchführung macht es keinen Unterschied, ob die Ermittlungsbehörden die Ermittlungen bereits eingeleitet haben oder nicht. Für eine effektive Verteidigung ist eine unternehmensinterne Aufklärung erforderlich. Eine enge Auslegung der beschuldigtenähnlichen Stellung würde nur dazu führen, dass ein Unternehmen in den Bemühungen der eigenen Aufklärung gehemmt wird.[2630]

Das genannte Beispiel zeigt, dass Unternehmen in einem Dilemma stecken, da ihre Organe auf der einen Seite zur Aufklärung verpflichtet sind und sowohl für das Unternehmen als auch die Organe ein eigenes Interesse an der Aufklärung besteht, die Unternehmen aber gleichzeitig der Gefahr einer Beschlagnahme ausgesetzt

2626 *Baur*, NZG 2018, 1092, 1095.

2627 *Thum*, HRRS 2012, 535, 539; im Ergebnis so auch *Klengel/Buchert*, NStZ 2016, 383, 385.

2628 LG Hamburg, BeckRS 2016, 19347.

2629 Vgl. zu einem ähnlich gelagerten Beispiel *Frank/Vogel*, NStZ 2017, 313, 318.

2630 Im Ergebnis so auch *Jahn/Kirsch*, NZWiSt 2016, 39, 40.

sind. Diese besondere Situation spricht eher für einen umfassenden Schutz des Unternehmens und eine weite Auslegung des Verfahrensbegriffs bezogen auf die beschuldigtenähnliche Stellung des Unternehmens. Eine weite Auslegung stärkt die für die Unternehmen und ihre Organe ohnehin bestehende Aufklärungsverantwortung. Ein umfassenderer Schutz schafft zugleich einen Anreiz für eine Kooperation mit den Ermittlungsbehörden und stärkt außerdem den Kampf gegen rechtswidriges Verhalten, da Unternehmen engagiert dazu beitragen, durch eigene umfassende Untersuchungen Rechtsverstöße aufzuklären und abzustellen. Zudem führen interne Untersuchungen u.U. zu einer präventiven Wirkungsweise, wenn aus der Aufklärung Maßnahmen abgeleitet werden können, welche ihrerseits dazu führen, zukünftige Verstöße zu verhindern. Insoweit ist *Jahn/Kirsch* zuzustimmen, wenn sie ausführen, dass die Erweiterung des Verfahrensbegriffs im Compliance-beherrschten Wirtschaftsstrafrecht zur Parallelisierung der zeitlichen Anwendbarkeit des § 148 StPO mit dem Verteidigungsverhältnis führt.[2631] Mithin ist die Ansicht überzeugend, wonach es für die Anwendbarkeit des Beschlagnahmeschutzes gemäß § 148 StPO nicht auf eine Verteidigung im Zusammenhang mit einem förmlichen Inkulpationsakt ankommt, sondern auf ein materielles Verteidigungsverhältnis.

Keinen Schutz genießen jedoch Beratungstätigkeiten des Rechtsanwalts, die keinen Bezug zur Verteidigung haben.[2632] Die Einschätzung, ob die Unterlagen der Verteidigung dienen, kann anhand der Bestimmung des Verteidigungsverhältnisses vorgenommen werden. Hinsichtlich der zeitlichen Eingrenzung des Verteidigungsverhältnisses kann im Falle der Unklarheit ebenfalls auf den Abschluss der Mandatsvereinbarung oder auch die Auskunft durch den Rechtsanwalt zurückgegriffen werden. Insoweit geht die Rechtsprechung der Fachgerichte gleichfalls davon aus, dass dem Verteidiger in seiner Eigenschaft als Organ der Rechtspflege grundsätzlich vertraut werden kann, dass er die ihm zum Zwecke der Verteidigung eingeräumten Rechte nicht überschreitet.[2633] Zu der hier diskutierten Fragestellung ergibt sich dies bspw. aus der Entscheidung des LG Hamburg, in welcher das Gericht seine Entscheidung u.a. auf eine Erklärung des Verteidigers des Beschwerdeführers stützte, in welcher der Verteidiger anwaltlich versicherte, mit der strafrechtlichen Verteidigung bereits vor Einleitung des Ermittlungsverfahrens begonnen zu haben.[2634] Geschützt ist aber nur die Ausübung von Verteidigung. Dient die Beratung und auch die in ihrem Rahmen durchgeführte interne Untersuchung

2631 *Jahn/Kirsch*, NZWiSt 2013, 28, 29 f.

2632 *Jahn/Kirsch*, NZWiSt 2013, 28, 30.

2633 BGH, NJW 1976, 1700, 1700 f.; LG Hamburg, NJW 1979, 1724, 1724; LG Saarbrücken, NJW 1978, 1446, 1448; *Schmitt*, in: Meyer-Goßner/Schmitt StPO § 148 Rn. 2a; zu einer kritischen Auseinandersetzung mit der Stellung des Rechtsanwalts als Organ der Rechtspflege im Zusammenhang mit § 97 Abs. 1 Nr. 3 StPO vgl. Kapitel 3 § 1 C. I. 3. b) ee).

2634 LG Hamburg, BeckRS 2016, 19347.

ausschließlich dafür, arbeitsrechtliche Konsequenzen oder zivilrechtliche Schadensersatzforderungen vorzubereiten, ohne dabei jedoch für die eigene Verteidigung oder deren Vorbereitung von Nutzen zu sein, kann ein Beschlagnahmeschutz nicht in Betracht kommen.

Nach alledem ist der bereits angeführten Ansicht entschieden entgegenzutreten, nach der ein Ermittlungsverfahren bereits eingeleitet worden sein muss.[2635] Diese Ansicht sieht in der Einleitung eines Ermittlungsverfahrens den zeitlichen Anknüpfungspunkt für den Beschlagnahmeschutz und argumentiert demnach, dass es zur Begründung eines Beschlagnahmeschutzes gerade eines förmlichen Inkulpationsakts bedürfe.[2636] Eine Beratung vor dem Zeitpunkt der Einleitung eines Ermittlungsverfahrens diene allein der Information des Betroffenen und der Auslotung seiner rechtlichen Gestaltungsmöglichkeiten.[2637] Teilweise wird überdies angeführt, dass die Beratung, die zeitlich vor dem Ermittlungsverfahren erfolgt, keinen konkreten Bezug zu einem durch die Ermittlungsbehörden gemachten Tatvorwurf zu einem abgeschlossenen Sachverhalt aufweise, weil mangels Einleitung eines Ermittlungsverfahrens zu diesem Zeitpunkt nach Auffassung der Strafverfolgungsbehörden nicht einmal der Anfangsverdacht für die Begehung einer strafrechtlich relevanten Tat bestehe und so ein Bezug mangels Tatvorwurfs zu einer Verteidigung in einem Ermittlungsverfahren denknotwendig nicht vorliegen könne.[2638] Nach dieser Ansicht ist die präventiv vorgenommene Rechtsberatung daher nicht schützenswert.[2639] Erst mit Bestehen eines Anfangsverdachts aus zureichenden tatsächlichen Anhaltspunkten für eine Straftat seien die Strafermittlungsbehörden im Umfang des § 152 Abs. 2 StPO verpflichtet, Ermittlungen im Sinne des § 160 StPO aufzunehmen.[2640]

Diese Argumentation lässt den Sinn und Zweck des § 148 StPO im Rahmen einer effektiven Verteidigung sowie die Komplexität der umfassenden und verwertbaren Aufklärung von Straftaten im Unternehmen völlig außer Acht. § 148 StPO dient dem Schutz einer effektiven Verteidigung.[2641] Ohne eine entsprechenden Schutz kann man nicht von einer ernstzunehmenden Verteidigung ausgehen.[2642] Die Ansicht, die sich für eine enge Auslegung der beschuldigtenähnlichen Stellung ausspricht, berücksichtigt nicht, dass das Unternehmen im Rahmen der internen Untersuchung genau den Sachverhalt aufzuklären sucht, welcher am Ende der Verdachtslage zugrunde liegt und damit auch sich selbst verteidigt. Zwar dient

2635 LG Bonn, NZWiSt 2013, 21, 24; *Schmitt*, in: Meyer-Goßner/Schmitt StPO § 148 Rn. 3; *Schneider*, NStZ 2016, 308, 312; *Thum*, HRRS 2012, 535, 539.
2636 *Schneider*, NStZ 2016, 309, 312.
2637 *Thum*, HRRS 2012, 535, 539.
2638 *Thum*, HRRS 2012, 535, 539; im Ergebnis so auch *Schneider*, NStZ 2016, 309, 312.
2639 *Thum*, HRRS 2012, 535, 539; im Ergebnis so auch *Schneider*, NStZ 2016, 309, 312.
2640 *Thum*, HRRS 2012, 535, 539.
2641 MüKo-StPO/*Thomas/Kämpfer*, § 148 Rn. 1.
2642 MüKo-StPO/*Thomas/Kämpfer*, § 148 Rn. 1 f.

die interne Untersuchung auch dazu, aus den Ergebnissen betriebsinterne – meist arbeitsrechtliche – Konsequenzen zu ziehen. Jedoch besteht ein weiterer Schwerpunkt der Zielsetzung darin, das Risiko eines Ermittlungsverfahrens einschätzen und vor allem die Handlungen gegenüber den Ermittlungsbehörden und somit die eigene Verteidigung vorbereiten zu können.[2643] Insoweit ist *Buchert/Buchert* zuzustimmen, wenn sie anführen, dass das Unternehmen nur dann in der Lage ist zu reagieren und sich angemessen zu verteidigen, wenn es den konkreten Sachverhalt kennt.[2644] Es handelt sich um einen Teil der Vorbereitung der Verteidigung. Die Vorbereitung der Verteidigung wiederum ist indes untrennbarer Bestandteil der Verteidigung selbst.[2645]

Wenn nun aber darauf abgestellt wird, dass es der Privilegierung einer Verteidigung nicht bedarf, da aus Sicht der Ermittlungsbehörden vor Einleitung eines Ermittlungsverfahrens kein strafrechtlich erhebliches Handeln vorliege, verkürzt diese Ansicht den Beschuldigtenbegriff vollständig zugunsten der Ermittlungsbehörden. Dabei wird unberücksichtigt gelassen, dass die Ermittlungsbehörden den ein Ermittlungsverfahren rechtfertigenden Sachverhalt u.U. schlicht noch nicht kennen. Zwar signalisieren die Ermittlungsbehörden erst mit der Aufnahme eines Ermittlungsverfahrens ihr Interesse am Unternehmen in seiner Rolle als beschuldigtenähnliche Person, sodass sich das Unternehmen auch erst in diesem Moment einem staatlichen Handeln ausgesetzt sieht mit der Folge, dass es erst in diesem Moment offiziell Abwehr- und Verteidigungsrechte geltend machen wird. Dies heißt jedoch nicht, dass das Unternehmen nicht vorher schon ein Interesse daran hat, die eigene Verteidigung vorzubereiten.[2646] Gerade in der anwaltlichen Beratung, welche nach der Ansicht, die die förmliche Einleitung eines Ermittlungsverfahrens fordert, allein der Information des Betroffenen und der Auslotung seiner rechtlichen Gestaltungsmöglichkeiten dient,[2647] bilden die ersten Maßnahmen im Rahmen der erarbeiteten Verteidigungsstrategie das wesentliche Fundament einer effektiven Verteidigung. Zu diesen Schritten können gerade auch Maßnahmen im Rahmen interner Untersuchungen zählen. Zudem lässt diese Argumentation völlig außer Betracht, dass die Unternehmensführung zur Aufklärung verpflichtet ist.[2648] Wären die Ergebnisse vor Einleitung eines Ermittlungsverfahrens nicht geschützt, würden den Ermittlungsbehörden stets entscheidende Ermittlungsergebnisse geliefert. Im Ergebnis wäre die Gefahr sehr groß, dass sich Unternehmen durch interne Untersuchungen vor allem einen „Bärendienst“ erweisen.

2643 Im Ergebnis so auch *Frank/Vogel*, NStZ 2017, 313, 317; *de Lind van Wijngaareden/Egler*, NJW 2013, 3549, 3553.

2644 *Buchert/Buchert*, StV 2017, 204, 207.

2645 Im Ergebnis so auch *Jahn/Kirsch*, StV 2019, 12, 15; a.A. LG Stuttgart, StV 2019, 7, 11.

2646 *Frank/Vogel*, NStZ 2017, 313, 317.

2647 *Thum*, HRRS 2012, 535, 539.

2648 Vgl. zur Herleitung der Rechtspflicht Kapitel 1 § 2 C.

(c) *Ausstrahlungswirkung der Entscheidung des BGH vom 25. Februar 1998 – 3 StR 490–97*

Das insgesamt weite Verständnis im Hinblick auf den Beschlagnahmeschutz gemäß § 148 StPO lässt sich überdies auf die tragenden Erwägungen der Entscheidung des BGH vom 25. Februar 1998[2649] stützen.[2650] In dem der Entscheidung zugrunde liegenden Sachverhalt wurden Unterlagen eines inhaftierten Angeklagten beschlagnahmt, welche im Ergebnis zur Vorbereitung der eigenen Verteidigung konzipiert waren. Die Vorinstanz stützte ihre Entscheidung auch auf den Inhalt dieser Unterlagen.

Der BGH hat entschieden, dass Unterlagen, die sich ein Beschuldigter erkennbar zu seiner Verteidigung in dem gegen ihn laufenden Strafverfahren angefertigt hat, nicht beschlagnahmt werden dürfen. Dabei hat er die Norm des § 97 Abs. 1 StPO über seinen Wortlaut ausgelegt und auch Verteidigungsunterlagen des Beschuldigten für beschlagnahmefrei erklärt; dies gelte auch dann, wenn die Unterlagen nicht für den Zeugnisverweigerungsberechtigten bestimmt waren.[2651] Im Ergebnis stützt der BGH seine Entscheidung auf das aus Art. 6 Abs. 3 EMRK i.V.m. dem Art. 2 Abs. 1, 20 Abs. 3 GG herzuleitende rechtsstaatliche Gebot, dem Beschuldigten jederzeit die Möglichkeit einer geordneten und effektiven Verteidigung zu geben.[2652]

Zunächst zeigt die Entscheidung des BGH, dass i.S.e. effektiven Verteidigung eine weite Auslegung einer Norm geboten sein kann. In seiner Entscheidung hat der BGH die Norm des § 97 StPO sogar über seinen Wortlaut hinaus ausgelegt. Insoweit lässt sich aus der Entscheidung ableiten, dass dies auch im Hinblick auf die Auslegung der beschuldigtenähnlichen Stellung, ihre zeitlichen Anforderungen und die Anforderungen an das Verteidigungsverhältnis möglich sein muss, wenn andernfalls eine effektive Verteidigung behindert werden könnte. Dabei ist zu berücksichtigen, dass im Hinblick auf die hier in Rede stehende Auslegung eine Auslegung über den Wortlaut hinaus nicht einmal notwendig ist. Vielmehr ergibt sich diese bereits aus der Auslegung der Voraussetzung der Norm und unter Berücksichtigung der besonderen Situation der Beteiligungsstellung des Unternehmens sowie den Compliance-rechtlichen Anforderungen, welchen die Unternehmensleitung unterworfen ist. Nur durch ein weites Verständnis der zeitlichen Anforderungen kann eine effektive Verteidigung ermöglicht werden.[2653]

Der BGH liefert in seiner Entscheidung zudem Argumente, die sich auch auf die hier relevante Problematik übertragen lassen. Bezogen auf Art. 6 Abs. 3 EMRK

2649 BGH, NJW 1998, 1963; auf diese Entscheidung und deren tragenden Erwägungen hat das BVerfG in seinem Beschluss vom 30.1.2002 ausdrücklich Bezug genommen, vgl. BVerfG, NJW 2002, 1410.

2650 Im Ergebnis so auch *Frank/Vogel*, NStZ 2017, 313, 317.

2651 BGH, NJW 1998, 1963, 1964.

2652 BGH, NJW 1998, 1963, 1964.

2653 *Klengel/Buchert*, NStZ 2016, 383, 385.

i.V.m. dem aus Art. 2 Abs. 1, 20 Abs. 3 GG herzuleitenden rechtsstaatlichen Gebot, dem Beschuldigten jederzeit die Möglichkeit einer geordneten und effektiven Verteidigung zu gewährleisten, führt der BGH aus: „Das Verteidigungsrecht des Beschuldigten würde in erheblichem Maße beeinträchtigt, wenn seine Verteidigungsunterlagen beschlagnahmt und anschließend zu seinen Lasten verwertet werden könnten. Insbesondere in Verfahren, denen komplexe Sachverhalte zugrunde liegen, wird der Beschuldigte für die Vorbereitung und Durchführung seiner Verteidigung schriftliche Aufzeichnungen als Gedächtnisstütze benötigen. Stünden solche Unterlagen dem Zugriff der Ermittlungsbehörden offen, so wäre der Beschuldigte praktisch nicht in der Lage, Erwägungen über eine zweckmäßige Verteidigung gegenüber dem Anklagevorwurf oder ein aus seiner Sicht zweckmäßiges Prozeßverhalten schriftlich niederzulegen, ohne befürchten zu müssen, daß seine Aufzeichnungen in die Hände der Ermittlungsbehörden geraten und später gegen ihn verwandt werden können. Er wäre damit an einer sachgerechten Verteidigung gehindert".[2654]

Zwar lässt sich der Entscheidung keine direkte Aussage zu dem hier in Rede stehenden Streit entnehmen, insbesondere war in dem der Entscheidung zugrunde liegenden Fall das Ermittlungsverfahren bereits eingeleitet. Jedoch spricht der BGH die Wertungsgesichtspunkte an, die auch für einen zeitlich frühen Beschlagnahmeschutz streiten. Gerade wenn der BGH betont, dass der Beschuldigte für die Vorbereitung und Durchführung seiner Verteidigung insbesondere in Verfahren, denen komplexe Sachverhalte zugrunde liegen, schriftliche Aufzeichnungen als Gedächtnisstütze benötigt, wird dabei die Problematik angesprochen, die auch im Hinblick auf eine effektive Unternehmensverteidigung besteht. Interne Untersuchungen werden gerade dann durchgeführt, wenn komplexe Sachverhalte bestehen. Sie dienen der Aufarbeitung und münden in einem abschließenden Ergebnis. Die Ermittlungsergebnisse werden gerade für die Vorbereitung eines sich anschließenden staatlichen Verfahrens benötigt.

Überdies betont der BGH, dass für den Beschuldigten „jederzeit" die Möglichkeit einer geordneten und effektiven Verteidigung zu geben ist. Nimmt man nun wieder die Situation des Unternehmens in den Blick, ist eine solche jederzeitige Verteidigung nur möglich, wenn der Schutz bereits bei der Aufklärung ansetzt. Wie bereits angemerkt, müssen die Erkenntnisse im Hinblick auf Compliance-relevante Verstöße erst einmal gebündelt werden, damit das Unternehmen in seiner beschuldigtenähnlichen Stellung Kenntnis von allen den Verdacht begründenden Umständen erlangt. Bereits zu diesem Zeitpunkt wird die Verteidigung vorbereitet. Für eine wirksame und jederzeitige Verteidigung ist es mithin unabdingbar den Beschlagnahmeschutz zeitlich auf Unterlagen auszuweiten, die einer möglichen zukünftigen Verteidigung dienen.[2655] Dem steht auch nicht die Gefahr der Beeinträchtigung einer funktionierenden Strafrechtspflege entgegen, da sich – worauf

---

2654 BGH, NJW 1998, 1963, 1964.
2655 *Mehle/Mehle*, NJW 2011, 1639, 1641.

bereits im Rahmen der systematischen Auslegung hingewiesen wurde – eine Privilegierung nur auf solche Unterlagen bezieht, die der späteren Verteidigung im formellen Verfahren dienen.[2656]

(d) Schwächung der Unternehmen im kartellrechtlichen Anreizsystem

Für ein weites Verständnis der beschuldigtenähnlichen Stellung spricht zudem die Bonusregelung (sog. Kronzeugenregelung) im Kartellrecht. Diese soll den Unternehmen einen Anreiz für ein schnelles Handeln und ein Aufdecken etwaiger Kartellabsprachen geben. Möchte ein Unternehmen von der Bonusregelung profitieren, besteht für dieses bereits zu einem sehr frühen Zeitpunkt ein Beratungsbedarf.[2657] Sie müssen einen möglichen Verdacht umfassend aufklären und umfassend mit den Behörden kooperieren.[2658] Gerade im Hinblick auf die Kooperation und den Bonus, den sich ein Unternehmen erhofft, ist eine lückenlose Aufklärung notwendig.[2659] Um von der Bonusregelung profitieren zu können, kommt es zu einem Wettlauf unter den beteiligten Unternehmen hinsichtlich der Aufklärung.[2660] Innerhalb dieses Systems wird die Zielsetzung des § 148 StPO, nämlich die Gewährleistung einer effektiven Verteidigung, durch die vom BVerfG als verfassungskonform eingestufte Entscheidung des LG München I stark geschwächt. Dies zeigt sich anhand des Ablaufs des Wettlaufs der Unternehmen aufgrund der Kornzeugenregelung sowie der Wechselwirkung mit den Regelungen der StPO zum Beschlagnahmeschutz, die über § 46 Abs. 1 OWiG auch im Kartellordnungswidrigkeitenverfahren anwendbar sind.

Ergibt sich eine Verdachtslage in einem Unternehmen im Hinblick auf einen kartellrechtlichen Verstoß, ist das Interesse des Unternehmens groß, schnellstmöglich und geheim die Verdachtslage aufzuklären und mit den Behörden zu kooperieren. Mit den Aufklärungsmaßnahmen werden zweierlei Ziele verfolgt: Zum einen möchte das Unternehmen in den Genuss der Kronzeugenregelung kommen.[2661] Darüber hinaus geht es darum, die eigene Verteidigung vorzubereiten.[2662] Dies ist insbesondere für den Fall relevant, dass ein Wettbewerber von der Kronzeugenregelung profitiert und sich das Unternehmen in der reinen Verteidigungssituation wiederfindet. Das Interesse daran, die Aufklärung schnell und geheim durchzuführen, ergibt sich aus dem Umstand, dass sich die Höhe der Bußgeldreduktion streng nach Reihenfolge der Antragsstellung richtet.[2663] Erhält ein Unternehmen

---

2656 *Mehle/Mehle*, NJW 2011, 1639, 1641.
2657 *Mehle/Mehle*, NJW 2011, 1639, 1640; *Schuster*, NZKart 2013, 191, 194.
2658 *Galle*, BB 2018, 564.
2659 *Galle*, BB 2018, 564.
2660 de Lind van Wijngaareden/Egler, NJW 2013, 3549, 3553.
2661 de Lind van Wijngaarden/Egler, NJW 2013, 3549, 3553.
2662 de Lind van Wijngaarden/Egler, NJW 2013, 3549, 3553.
2663 *Galle*, BB 2018, 564, 565; *Matthey/Dittrich*, in: Kamann/Ohlhoff/Völcker, Kartellverfahren und Kartellprozess, § 40 Rn. 4.

Kenntnis davon, dass ein Wettbewerber eine interne Untersuchung im Hinblick auf einen kartellrechtlichen Verstoß durchführt, wird es natürlich versuchen, selbst eine eigene interne Untersuchung schnellstmöglich durchzuführen, um eher als der andere Wettbewerber bzw. – bei Involvierung mehrere Unternehmen – die anderen Wettbewerber den Kronzeugenantrag zu stellen.[2664]

Bis zur Kontaktaufnahme zu den Kartellbehörden durch das erste Unternehmen, finden die Aufklärungsmaßnahmen regelmäßig statt, ohne dass die Kartellbehörde Kenntnisse von den Absprachen hat.[2665] Jedenfalls besteht noch keine beschuldigtenähnliche Stellung nach den Maßstäben der vom BVerfG als verfassungskonform eingestuften Entscheidung des LG München I.[2666] Tritt nun das erste Unternehmen in die Abstimmung mit der Kartellbehörde ein, kann es sogar sein, dass die Kartellbehörde zunächst kein Interesse daran hat, die anderen Wettbewerber von dem Antrag oder der internen Untersuchung anderer Wettbewerber in Kenntnis zu setzten, um so die anderen Wettbewerber – wie es *Matthey/Dittrich* – ausdrücken, noch auf „frischer Tat" zu ertappen.[2667]

Im Hinblick auf die hier diskutierte Problematik soll in der geschilderten Situation der Blick auf diejenigen Unternehmen gerichtet werden, die „zu spät" den Kronzeugenantrag gestellt haben. Sie finden sich sodann in der reinen Verteidigungssituation wieder. Gleichzeitig haben sie versucht, im Rahmen einer schnellen Prüfung die Verdachtslage möglichst umfassend aufzuklären. Vor diesem Hintergrund wäre es, wie es *de Lind van Wijngaareden/Egler* zutreffend anmerken, unbillig, wenn aufgrund des ersten Antrags eines Beteiligten Durchsuchungen und Beschlagnahmen bei den übrigen Kartellbeteiligten erfolgen würden, obwohl diese sich ebenfalls um eine umfassende Aufklärung bemühen.[2668] Obwohl also die Unternehmen umfassende Aufklärung betreiben, sie also im Einklang mit der Wirkungsweise des Anreizsystems der Kronzeugenregelung, den Aufklärungswillen der Unternehmen nutzbar zu machen, um so Rechtsverstöße aufzudecken, abzustellen und zu sanktionieren, handeln, würden sie sich im Ergebnis selbst schaden, soweit sie nicht der erste im Wettlauf um die Kornzeugenregelung sind. Für die Unternehmen würde sich also der strenge Beschlagnahmeschutz sehr stark auswirken.

Hieraus ergibt sich auch die Wechselwirkung mit den Regelungen zum Beschlagnahmeschutz der StPO. Gerade weil die Unternehmen eine umfassende Aufklärung betreiben, muss ihnen die Möglichkeit gegeben werden, sich im anschließenden „regulären" staatlichen Kartellverfahren ausreichend verteidigen zu können. Eine

2664 *Matthey/Dittrich,* in: Kamann/Ohlhoff/Völcker, Kartellverfahren und Kartellprozess, § 40 Rn. 5.
2665 de Lind van Wijngaarden/Egler, NJW 2013, 3549, 3553.
2666 *Baur,* NZG 2018, 1092, 1095; *de Lind van Wijngaarden/Egler,* NJW 2013, 3549, 3553.
2667 *Matthey/Dittrich,* in: Kamann/Ohlhoff/Völcker, Kartellverfahren und Kartellprozess, § 40 Rn. 5.
2668 de Lind van Wijngaarden/Egler, NJW 2013, 3549, 3553.

solche Verteidigung würde durch die vom LG München I aufgestellten strengen Anforderungen beschnitten. So werden die Unternehmen durch das Anreizsystem Kronzeugenregelung zunächst dazu gebracht schnell und umfassend Aufklärung zu betreiben, um dann, wenn die Kronzeugenregelung nicht greift, auf ihre die Erkenntnisse umfassend zugreifen und sie unmittelbar gegen sie verwenden zu können. Die Kornzeugenregelung dient als Anreizsystem und soll die Aufklärung fördern, aber nicht primär den Unternehmen schaden. Hier zeigt sich zudem, wie sich der Ermessensspielraum der Behörden hinsichtlich der Einleitung eines Ermittlungsverfahrens auswirken kann. Jedenfalls bis sich der Kronzeuge meldet wissen die Kartellbehörden noch nicht von dem Kartell. Ob und wann sie dann gegen die anderen Kartellmitglieder vorgehen, kann die Kartellbehörde selbst bestimmen. Hierdurch kann sie zugleich steuern, in welchem Umfang sie auf die gewonnenen Erkenntnisse der übrigen Unternehmen zugreifen kann.

(e) Zeitliche Konkretisierung durch datenschutzrechtliche Anforderungen

Teilweise wird vertreten, dass ein Beschlagnahmeschutz bereits vor Einleitung eines förmlichen Ermittlungsverfahrens auch deshalb abzulehnen sei, da eine zeitliche Konkretisierung der Gefahr einer Strafverfolgung andernfalls nicht möglich sei.[2669] In Anknüpfung an das Thema der hiesigen Untersuchung lässt sich – unabhängig von der Eingrenzung über ein materielles Verteidigungsverhältnis – eine zeitliche Eingrenzung anhand der datenschutzrechtlichen Anforderungen erreichen. So können die in § 26 Abs. 1 BDSG normierten datenschutzrechtlichen Anforderungen zusätzlich als passende Eingrenzungskriterien herangezogen werden.[2670] Wie bereits ausführlich geprüft, sind die Ermittlungsmaßnahmen interner Untersuchungen an den datenschutzrechtlichen Anforderungen zu messen. Sie sind also nur zulässig, soweit sie sich in den Grenzen des Datenschutzes bewegen. Der Datenschutz sieht gerade im Hinblick auf eine Datenerhebung im Zusammenhang mit dem Verdacht einer Straftat gemäß § 26 Abs. 1 S. 2 BDSG vor, dass zu dokumentierende tatsächliche Anhaltspunkte den Verdacht begründen müssen. Die formelle Vorgabe der Dokumentation ist keine reine Obliegenheit, sondern eine Rechtspflicht.[2671] Aber selbst wenn die Ermittlungsmaßnahme auf § 26 Abs. 1 S. 1 BDSG gestützt wird, gehen darauf gestützte Maßnahmen immer mit einer Verdachtslage und einer ausführlichen Dokumentation einher.[2672] Der Zweck der Datenverarbeitung muss aufgrund des sich aus Art. 5 Abs. 1 lit. b) DS-GVO ergebenden Grundsatzes der Zweckbindung grundsätzlich vor der Datenverarbeitung feststehen.[2673] Eine Datenverarbeitung zu noch unbekannten Zwecken wäre insoweit

2669 Im Ergebnis so auch *Thum*, HRRS 2012, 535, 537.
2670 Im Ergebnis so auch *Pelz*, CCZ 2018, 211, 216.
2671 Kühling/Buchner/*Maschmann*, BDSG § 26 Rn. 60.
2672 Vgl. hierzu Kapitel 2 § 2 B. IV. 1. c) cc) (b).
2673 BeckOK DatenschutzR/*Schantz*, DS-GVO Art. 5 Rn. 14.

unzulässig.[2674] Der Zweck der Verarbeitung ist auch wesentliches Kriterium der Bestimmung der Erforderlichkeit der konkreten Datenverarbeitung.[2675] Werden Daten im Rahmen von internen Untersuchungen verarbeitet, lässt sich anhand des Zwecks der Datenverarbeitung zugleich der Zweck der internen Untersuchung nachvollziehen.[2676]

Genau an dieser Stelle zeigt sich der Anknüpfungspunkt für die Wechselwirkung zwischen dem Datenschutz und der Bestimmung der beschuldigtenähnlichen Stellung des Unternehmens gemäß der strafprozessualen Regelungen. Zwar liegt die Dokumentation auch deshalb im Interesse des Unternehmens, weil es arbeits- oder dienstrechtliche Konsequenzen oder mögliche Schadensersatzansprüche gegenüber den betroffenen Mitarbeitern auf die Ermittlungsergebnisse zu stützen versucht. Wie bereits betont, werden durch interne Untersuchungen aber immer verschiedene Zwecke verfolgt. Hierzu gehört eben auch die eigene Verteidigung inkl. ihrer Vorbereitung. Insbesondere wenn Straftaten oder sonstige Compliance-Verstöße im Raum stehen und eine Dokumentation ohnehin eine datenschutzrechtliche Anforderung nach § 26 Abs. 1 BDSG darstellt, dient eine entsprechende Dokumentation auch dazu, um den vollständigen Sachverhalt im Hinblick auf eine notwendige Verteidigung zu ermitteln. Je nachdem wie sich der konkrete Sachverhalt darstellt, wird sich dieser unterschiedlich auf die Verteidigungsstrategie auswirken. Die Anfertigung der Dokumentation, insbesondere zum Zweck der Datenverarbeitung lässt sich als Anknüpfungspunkt zur Bestimmung des zeitlichen Beginns der beschuldigtenähnlichen Stellung heranziehen.

Zusätzlich davon, dass die datenschutzrechtlichen Anforderungen eine Dokumentation vorsehen, wäre die Umsetzung einer internen Untersuchung ohne eine Dokumentation der Maßnahmen und Ergebnisse im Übrigen auch praktisch nicht umsetzbar. Anhand der dokumentierten Verdachtslage sowie der ermittelten tatsächlichen Anhaltspunkte wird sich sehr zügig beurteilen lassen, ob die Gefahr besteht, dass der Anwendungsbereich des § 30 OWiG eröffnet sein könnte, so etwa wenn Leitungspersonen Straftaten im vermeintlichen Unternehmensinteresse begangen haben.[2677] Insoweit kommt gerade der Dokumentation von Befragungen der Leitungspersonen eine besondere Bedeutung zu. Mit einer solche Gefahrenlage für das Unternehmen wäre zugleich die Gefahr eines Ermittlungsverfahrens verbunden. Im Rahmen der internen Untersuchung auf der Grundlage der datenschutzrechtlichen Anforderungen und der sich daraus ergebenden Dokumentationspflichten prüft die mandatierte Kanzlei, ob eine Verdachtslage und Risiken für das Unternehmen bestehen und welche Handlungsoptionen und

---

2674 BeckOK DatenschutzR/*Schantz,* DS-GVO Art. 5 Rn. 13.

2675 Zur Erforderlichkeitsprüfung vgl. im Einzelnen Kapitel 2 § 2 B. IV. 1. c) bb) (c), cc) (b), C. I.

2676 *Pelz,* CCZ 2018, 211, 216.

2677 Im Ergebnis so auch *Klengel/Buchert,* NStZ 2016, 383, 385 f.; *Pelz,* CCZ 2018, 211, 216.

Verteidigungsstrategien in Betracht kommen. Solche Handlungen stellen, wie bereits gezeigt, einen Teil der effektiven Verteidigung dar. Dabei handelt es sich zwar nicht um die formelle Verteidigung im Rahmen eines bereits bestehenden Ermittlungsverfahrens, aber um eine materielle Verteidigung. Insoweit kann an dieser Stelle auf die Entscheidung des LG Braunschweig verwiesen werden, wonach gerade bei komplexen Wirtschafts- und Steuerstrafsachen bereits die eigenständige – unabhängig von den Ermittlungen der Strafverfolgungsbehörden vorgenommene – Aufarbeitung des Sachverhalts ein wesentliches Element zur Vorbereitung einer wirksamen Verteidigung darstellt, ohne dass bereits konkrete Verteidigungsstrategien erörtert werden müssen.[2678] Durch die vom Unternehmen zwingend anzufertigende Dokumentation lassen sich auch Rückschlüsse auf den Zweck der Maßnahmen ziehen.[2679] Ohne die Berücksichtigung der Vorgaben durch den Datenschutz ist eine Aufklärung nicht möglich. Es besteht also auch eine Wechselwirkung zwischen der Durchführung der Aufklärung unter Einhaltung der datenschutzrechtlichen Anforderungen und dem Beginn der Vorbereitung einer wirksamen Verteidigung. Im Übrigen kann an dieser Stelle der Vollständigkeit halber noch darauf hingewiesen werden, dass sich, wenn eine Rechtsanwaltskanzlei bereits zu dem frühestmöglichen Zeitpunkt mit der internen Untersuchung beauftragt wird, Grund und Zweck der Mandatierung sowie der Untersuchung zumeist aus der Mandatsvereinbarung ableiten lassen,[2680] außer es handelt sich um eine standardisierte Vollmacht.[2681] Zwar wird ein Verdacht als Anhaltspunkt auch vom LG München I gefordert, jedoch hat es mit einem „hinreichenden" Verdacht für eine durch eine konkrete Leitungsperson begangene Straftat oder Aufsichtspflichtverletzung i.S.v. § 130 OWiG einen zu strengen Maßstab zugrunde gelegt.

cc) Zusammenfassung und Ergebnis

Im Rahmen der Auslegung des § 148 StPO sprechen die stärkeren Argumente dafür, für die Bestimmung der beschuldigtenähnlichen Stellung weder auf die Notwendigkeit eines bereits eingeleiteten Ermittlungsverfahrens[2682] noch auf einen „hinreichenden" Verdacht für eine durch eine konkrete Leitungsperson begangene Straftat oder Aufsichtspflichtverletzung i.S.v. § 130 OWiG[2683] abzustellen. Vielmehr sollte insbesondere ein materielles Verteidigungsverhältnis den Ausgangspunkt einer beschuldigtenähnlichen Stellung bilden. Bestehen bspw. Hinweise auf ein Fehlverhalten, welches dem Unternehmen zugerechnet werden kann, und fürchtet das Unternehmen, dass ein Ermittlungsverfahren droht und wendet es sich in

2678 LG Braunschweig, NZWiSt 2016, 37.

2679 *Pelz*, CCZ 2018, 211, 216.

2680 *Pelz*, CCZ 2018, 211, 216; *Schuster*, NZKart 2013, 191, 194.

2681 *Schuster*, NZKart 2013, 191, 194.

2682 LG Bonn, NZWiSt 2013, 21, 24; *Frank/Vogel*, NStZ 2017, 313, 316 ff.; *Schmitt*, in: Meyer-Goßner/Schmitt StPO § 148 Rn. 3; *Thum*, HRRS 2012, 535, 539.

2683 Zur Entscheidung des LG München I vgl. BVerfG, NJW 2018, 2385, 2389 f.

dieser Situation an einen Rechtsanwalt, so besteht zwischen dem Unternehmen und dem Verteidiger bereits eine schützenwerte Vertrauensbeziehung.[2684] Von dieser Vertrauensbeziehung ist der schriftliche und mündliche Verkehr zwischen Rechtsanwalt und Unternehmen erfasst und ihr Schutz muss dabei gänzlich unabhängig von etwaigen Ermittlungsmaßnahmen der Ermittlungsbehörden gelten.[2685] Regelmäßig erfolgt die interne Untersuchung erst unter der Betreuung der mandatierten Rechtsanwälte, sodass sie ohnehin von dem materiellen Verteidigungsverhältnis erfasst ist.

Aber auch dann, wenn das Unternehmen erste eigene Maßnahmen durchgeführt hat und auf der Grundlage dieses Ergebnisses einen Verteidiger aufsucht, müssen die entsprechenden Unterlagen von dem Verteidigungsverhältnis erfasst werden. Zwar bildet die Mandatsvereinbarung regelmäßig den zeitlichen Ausgangspunkt des Verteidigungsverhältnisses, jedoch sollte im Ergebnis auch das Anbahnungsverhältnis ausreichen.[2686]

Neben dem materiellen Verteidigungsverhältnis als Grundlage der beschuldigtenähnlichen Stellung bietet aber auch die aufgrund der datenschutzrechtlichen Anforderungen erstellte Dokumentation einen zusätzlichen Anknüpfungspunkt für eine zeitliche Eingrenzung. Dies insbesondere für den Fall, dass das Unternehmen bereits selbst Ermittlungsmaßnahmen ergriffen hat und sich mit den Erkenntnissen aus diesen an den Rechtsanwalt wenden.

Zusammenfassend erfolgt eine ausreichende Eingrenzung der beschuldigtenähnlichen Stellung entweder unmittelbar aus dem Verteidigungsverhältnis, wenn das Unternehmen bereits bei den ersten Anzeichen eines Verdachts einen Rechtsanwalt einbindet. Sie kann sich aber auch daraus ergeben, dass das Unternehmen einzelne Maßnahmen auf der Grundlage der datenschutzrechtlichen Anforderungen durchführt und anschließend auf dieser Informationsgrundlage ein Verteidigungsverhältnis begründet. Bezogen auf die gegenteilige Ansicht ist *Jahn/Kirsch* zuzustimmen, wenn sie anmerken, dass der sich frühzeitig kümmernde Betroffene nicht schlechter stehen darf als derjenige, der die Bekanntgabe des förmlichen Ermittlungsverfahrens abwartet.[2687]

2684 So auch LG Braunschweig, NZWiSt 2016, 37; LG Gießen, BeckRS 2012, 15498; LG Hamburg, BeckRS 2016, 19347; *de Lind van Wijngaarden/Egler*, NJW 2013, 3549, 3553; *Jahn/Kirsch*, NZWiSt 2013, 28, 30; *Klengel/Buchert*, NStZ 2016, 383, 385; *Krug/Skoupil*, NJW 2017, 2374, 2379; *Mehle/Mehle*, NJW 2011, 1639, 1640.

2685 de Lind van Wijngaarden/Egler, NJW 2013, 3549, 3553.

2686 So auch *Jahn/Kirsch*, NZWiSt 2013, 28, 30 m.w.N.

2687 *Jahn/Kirsch*, NZWiSt 2016, 39, 40.

dd) Fehlende Eingrenzung der Beschuldigtenstellung nach dem VerSanG-E

Der Regierungsentwurf zu einem neuen VerSanG-E sieht in § 27 VerSanG-E eine Regelung vor, wonach auf den betroffenen Verband im Sanktionsverfahren die Vorschriften der StPO über den Beschuldigten entsprechend anzuwenden sind. Dies stellt der Regierungsentwurf auch in seiner Begründung klar: „Durch die Vorschrift wird der Verband prozessual dem Beschuldigten gleichgestellt, bei dem es sich innerhalb der StPO sonst stets um eine natürliche Person handelt. Er hat damit nicht mehr nur die Stellung eines Beteiligten, wie bisher durch §§ 433 und 444 StPO vorgesehen. [...]“[2688] Durch diese Regelung würde klargestellt, dass § 148 StPO grundsätzlich Anwendung finden würde.[2689]

Wie bereits zu den vom Regierungsentwurf vorgeschlagenen Änderungen des § 97 Abs. 1 Nr. 3 StPO hervorgehoben, wird durch den Entwurf nicht geklärt und wäre daher ergänzungsbedürftig, ab wann dem Verband eine Beschuldigtenstellung zukommt.[2690] Hierbei handelt es sich um eine zentrale Frage im Zusammenhang mit § 148 StPO, der gerade in diesem Abschnitt der hiesigen Untersuchung nachgegangen wurde. Ohne eine entsprechende Klarstellung bleibt die aktuelle rechtliche Unsicherheit bestehen.[2691] Vor dem Hintergrund dieser auch nach dem aktuellen Entwurf eines VerSanG-E bestehenden Rechtsunsicherheit schlägt bspw. die Bundesrechtsanwaltskammer folgende Anpassung des § 27 VerSanG-E vor: „Der Verband ist Beschuldigter im Sinne der Strafprozessordnung, sobald er einen Rechtsanwalt zur Aufklärung eines Sachverhalts, der Grundlage von Ermittlungen der Strafverfolgungsbehörden werden kann oder zur Vorbereitung der Verteidigung bzgl. dieses Sachverhalts mandatiert.“[2692]

b) Mandatsreichweite im Konzern

Im Zusammenhang mit der beschuldigtenähnlichen Stellung im Kontext interner Untersuchungen ist die Frage der Mandatsreichweite von Relevanz, also die Frage, ob die Tochtergesellschaft in den Schutz eines zwischen der Muttergesellschaft und einem Rechtsanwalt geschlossenen Mandatsverhältnisses einbezogen wird. Gerade das aktuelle Beispiel des „VW-Abgasskandals“ zeigt, dass interne

2688 Entwurf der Bundesregierung eines Gesetzes zur Stärkung der Integrität in der Wirtschaft, BR-Drs. 440/20, S. 104 f.

2689 Entwurf der Bundesregierung eines Gesetzes zur Stärkung der Integrität in der Wirtschaft, BR-Drs. 440/20, S. 106.

2690 Bundesrechtsanwaltskammer, Stellungnahme Nr. 32 zum Regierungsentwurf eines Gesetzes zur Stärkung der Integrität in der Wirtschaft, S. 18.

2691 Bundesrechtsanwaltskammer, Stellungnahme Nr. 32 zum Regierungsentwurf eines Gesetzes zur Stärkung der Integrität in der Wirtschaft, S. 18.

2692 Bundesrechtsanwaltskammer, Stellungnahme Nr. 32 zum Regierungsentwurf eines Gesetzes zur Stärkung der Integrität in der Wirtschaft, S. 18.

Untersuchungen häufig innerhalb eines Konzerns stattfinden. Ergeben sich nämlich Hinweise auf konzernweite Pflichtverstöße/Strafbarkeiten, so macht es aus der Sicht der Muttergesellschaft durchaus Sinn, interne Untersuchungen für den ganzen Konzern in Auftrag geben und zentral zu steuern, um die sich daraus ergebenden Synergieeffekte zu nutzen.

Mit einer solchen Einbeziehung verbunden wäre die Möglichkeit der Muttergesellschaft, sich auf ein Beschlagnahmeverbot aufgrund einer beschuldigtenähnlichen Stellung der Tochtergesellschaft zu berufen. Mit dieser Frage hat sich auch das BVerfG auseinandergesetzt.[2693] Die in der Entscheidung getroffene Eingrenzung der Mandatsreichweite könnte dazu führen, dass eine Nebenbeteiligung und damit auch eine beschuldigtenähnliche Stellung des Unternehmens ausscheidet. Wenn in einer Konzernstruktur bspw. eine Verbandsgeldbuße und damit eine Nebenbeteiligung nur im Hinblick auf die rechtlich als selbstständig zu betrachtende Tochtergesellschaft in Betracht käme, stünde die Konzernmutter den behördlichen Ermittlungen wiederum wie eine Dritte gegenüber. Wenn nun allein die Konzernmutter eine interne Untersuchung in Auftrag geben würde, ergäbe sich das Problem, dass die Ermittlungsergebnisse u.U. nicht vor einer Beschlagnahme geschützt sind, da die Tochtergesellschaft die mit der internen Untersuchung betraute Rechtsanwaltskanzlei nicht selbst mandatiert hat. Für den hiesigen Kontext interner Untersuchungen kommt es daher auch auf die Frage an, wie die rechtliche Stellung der Tochtergesellschaften einzuordnen ist, wenn allein die Muttergesellschaft die Ermittler beauftragt.

aa) BVerfG – VW/Jones-Day-Entscheidungen

Nach der Entscheidung des BVerfG ist es aus verfassungsrechtlicher Sicht vertretbar, dass das LG München I eine ältere Rechtsprechung des BVerfG[2694] zum Verhältnis einer juristischen Person zu deren beschuldigten Organen auf die Situation von Konzernunternehmen übertragen hat.[2695] In dem angeführten Beschluss hat das BVerfG entschieden, dass sich der Beschlagnahmeschutz aus § 97 StPO bei einem Mandatsverhältnis mit einer juristischen Person nicht auf deren beschuldigte Organe erstrecken könne, da die Interessen der vertretenen juristischen Personen und der Organe diametral gegenüberstehen könnten.[2696] Diese Gefahr kann nach der Entscheidung des LG München I auch auf das Verhältnis von Mutter- und Tochtergesellschaft übertragen werden. Das BVerfG hat in seiner Entscheidung die Ansicht des LG München I zu diesem Problempunkt zwar für verfassungsrechtlich unbedenklich erachtet,[2697] damit aber nicht zugleich ausgesagt, dass andere

2693 BVerfG, NJW 2018, 2385, 2391.
2694 BVerfG, NStZ-RR 2004, 83.
2695 BVerfG, NJW 2018, 2385, 2391.
2696 BVerfG, NStZ-RR 2004, 83, 84.
2697 BVerfG, NJW 2018, 2385, 2391.

Ansichten ebenso im Einklang mit der Verfassung stehen können. Insoweit führt das BVerfG aus, dass die Beschwerdeführerin keine stichhaltigen Gründe benenne, die es geboten erscheinen lassen, den Beschlagnahmeschutz des § 97 StPO auf Tochtergesellschaften zu erstrecken, die nicht selbst Auftraggeber der anwaltlichen Internal Investigation seien.[2698] Dass solche Argumente nicht vorgetragen werden, heißt nicht, dass es solche nicht geben könnte, was wiederum zu einer anderen Bewertung führen könnte.

bb) Stellungnahme

Entgegen der Ansicht des LG München I überzeugt es bereits nicht, das Verhältnis zwischen dem beauftragten Rechtsanwalt, der Gesellschaft sowie den betroffenen Organen auf die Situation in einem Konzern zu übertragen. Während die Argumente, die für eine mögliche Interessenkollision in dem zuletzt genannten Verhältnis überzeugen, ist dies im Fall der Beauftragung einer Kanzlei durch mehrere Konzerngesellschaften nicht in gleicher Weise der Fall.

Besteht ein Verdacht gegen ein Organ oder einen sonstigen Mitarbeiter, besteht das Interesse der Gesellschaft regelmäßig darin, den Verdacht umfassend aufzuklären, den ermittelten Verstoß abzustellen, die betroffenen Personen zu sanktionieren bzw. in Anspruch zu nehmen und die eigene Verteidigung vorzubereiten. Das Interesse der Organe bzw. Mitarbeiter selbst besteht indes primär darin, sich selbst zu schützen sowie die Sanktionen und eine mögliche Haftung soweit wie möglich auszuschließen oder zu begrenzen. In diesem Fall dürften sich in aller Regel die Interessen der Gesellschaft sowie der betroffenen Personen gegenüberstehen.

Bei Konzerngesellschaften ist dies in der Regel jedoch nicht der Fall. Wenn sich eine Verdachtslage auf den gesamten Konzern erstreckt bzw. verschiedene gleichgelagerte Verdachtslagen in unterschiedlichen Konzerngesellschaften bestehen, richtet sich das Interesse der Gesellschaften gerade darauf Compliance-Verstöße aufzuklären, abzustellen und zu ahnden, den sog. „Dreiklang“[2699]. Für eine konzernweite Untersuchung bedarf es nicht zwingend eines einheitlichen Sachverhalts.[2700] Auch bei ähnlich gelagerten Vorwürfen kann ein gleichgelagertes Interesse sowohl bei der Konzernmutter als auch bei ihren Tochtergesellschaften darin liegen, eine konzernweite Aufklärung herzustellen.[2701] Als einen Grund für ein solches Interesse führt *Baur* zu Recht an, dass ausländische Ermittlungsbehörden mehrere Sachverhaltskomplexe in einem einzigen Verfahren zusammenfassen.[2702] Insoweit ist auch zu berücksichtigen, dass konzernweite Untersuchungen häufig einen länderübergreifenden Sachverhalt betreffen.

2698 BVerfG, NJW 2018, 2385, 2391.
2699 Spindler/Stilz/*Fleischer*, AktG, § 91 Rn. 57.
2700 *Baur*, NZG 2018, 1092, 1096.
2701 *Baur*, NZG 2018, 1092, 1096.
2702 *Baur*, NZG 2018, 1092, 1096.

Wie es auch das BVerfG in seiner Entscheidung feststellt, entscheidet über die Verbindung von Strafsachen und die Trennung verbundener Strafsachen im Ermittlungsverfahren die Staatsanwaltschaft nach pflichtgemäßem Ermessen.[2703] Durch die Möglichkeit der Trennung oder Verbindung von Verfahren nach eigenem Ermessen ergibt sich für die Ermittlungsbehörden – ähnlich der Situation hinsichtlich der Bestimmung der beschuldigtenähnlichen Stellung eines Unternehmens – eine Einflussmöglichkeit auf den Umfang des Beschlagnahmeschutzes. Mit *Baur* scheint es im Ergebnis vorzugswürdig einen materiellen Maßstab anzulegen, der es – unabhängig von der Mandatsbeziehung – genügen lässt, dass eine Gesellschaft Ermittlungsmaßnahmen in ihrer Sphäre gestattet.[2704] Dies passt auch zu der Konzernbetrachtung, die im Rahmen der Verhängung einer Geldbuße, wie sich an § 81 Abs. 3a GWB zeigt, verstärkt zum Tragen kommt.[2705]

Das in der Entscheidung des BVerfG vorgebrachte Argument, dass ein Partner der Kanzlei bei einer Durchsuchung angab, dass die Kanzlei für ihre interne Untersuchung in Deutschland zwei Teams von Rechtsanwälten gebildet habe, von denen eines für Audi und das andere für Volkswagen zuständig gewesen sei, ist sehr formalistisch und auf das Ergebnis hin ausgerichtet, lässt hingegen die Verbindung der beiden Teams und ihrer Ermittlungsmaßnahmen außer Acht. Die Tatsache, dass zwei Teams für die jeweilige Untersuchung gebildet wurden, lässt noch nicht den Schluss zu, beide Untersuchungen seien völlig getrennt voneinander zu behandeln. Vielmehr macht es im Hinblick auf die Organisation eines so großen Projekts durchaus Sinn und ist regelmäßig auch zwingend, dass die Kanzlei verschiedene Teams bildet und sich bei der Zuordnung an der gesellschaftsrechtlichen Struktur orientiert. Dies heißt auf der anderen Seite hingegen nicht, dass die Ergebnisse der Untersuchungen in ähnlichen Untersuchungen nicht ausgetauscht und zusammengeführt werden, um diese für ein abschließendes Ergebnis und die sich daraus ergebenden Folgerungen zu konsolidieren. Eine Muttergesellschaft, welche aufgrund eines weitreichenden Vorwurfs eine umfassende interne Untersuchung in Auftrag gibt, möchte am Ende ein finales Ergebnis präsentiert bekommen, wobei alle Vorwürfe und betroffenen Person aufgeschlüsselt präsentiert werden. Dabei steht eine konzernweite Verteidigung im Vordergrund. Die Differenzierung zwischen den Konzerngesellschaften führt nicht zu einer unterschiedlichen Behandlung. Eine Differenzierung ist vielmehr schon vor dem Hintergrund sinnvoll, dass die Ergebnisse in den verschiedenen Konzerngesellschaften zu unterschiedlich umfangreichen Anpassungen der Compliance-Struktur führen können.

Darüber hinaus weist *Rübenstahl* zutreffend darauf hin, dass weder das LG München I noch das BVerfG berücksichtigt hätte, dass die betriebsbezogenen Straftaten bei der Tochtergesellschaft im Hinblick auf gesellschaftsrechtlich und konzernrechtlich begründete Aufsichtspflichten der Muttergesellschaft (vgl. § 130 OWiG)

2703 BVerfG, NJW 2018, 2385, 2390.
2704 *Baur*, NZG 2018, 1092, 1096.
2705 *Baur*, NZG 2018, 1092, 1096.

durchaus zur Begründung einer Bußgeldhaftung der Muttergesellschaft herangezogen werden könnten.[2706] Diese Verknüpfung zwischen Mutter- und Tochtergesellschaft im Ordnungswidrigkeitenrecht hat in der hier besprochenen Problematik eine ebenso starke Relevanz.

Auch wenn es am Ende auf den Einzelfall ankommen wird, sprechen starke Argumente dafür, Tochtergesellschaften, jedenfalls bei ähnlich gelagerten Vorwürfen und soweit ausländische Ermittlungsbehörden bestimmte Vorwürfe, Sachverhalte oder bereits bestehende Verfahren zusammenführen, in das Mandatsverhältnis zwischen einem Rechtsanwalt und der Muttergesellschaft einzubeziehen.

III. Erhebungs- und Verwendungsverbot nach § 160a StPO

1. Schutzbereich des § 160a StPO

Gemäß § 160a StPO sind Ermittlungsmaßnahmen, die sich gegen eine in § 53 Abs. 1 S. 1 Nr. 1, 2 oder 4 StPO genannte Person, einen Rechtsanwalt oder einen Kammerrechtsbeistand richten und voraussichtlich Erkenntnisse erbringen würden, über die diese das Zeugnis verweigern dürfte, unzulässig. Unter die Voraussetzung der Ermittlungsmaßnahmen lassen sich sämtliche prozessualen Maßnahmen, also offene sowie heimliche Maßnahmen und insbesondere auch Durchsuchungen und die Durchsicht von Unterlagen bei Rechtsanwälten subsumieren.[2707] Nach Abs. 2 dürfen dennoch erlangte Erkenntnisse nicht verwendet werden. Damit enthält § 160a Abs. 1 StPO ein umfassendes Erhebungs- und Verwendungsverbot. Das Verwendungsverbot führt dazu, dass Erkenntnisse, die im Zeitraum des Erhebungsverbots entstanden sind, nicht verwendet werden dürfen. Dem Verwendungsverbot kommt eine vom Erhebungsverbot losgelöste Bedeutung zu. So ist es möglich, dass aus der Ex-ante-Betrachtung eine Ermittlungsmaßnahme als zulässig eingestuft wird. Ergibt sich nun aber die Unzulässigkeit, so greift das Verwendungsverbot für die zunächst in zulässiger Weise gewonnenen Erkenntnisse.[2708]

Vom Schutzbereich des § 160a StPO sind im hier relevanten Kontext interner Ermittlungen bei Unternehmen ausschließlich Rechtsanwälte erfasst, hingegen keine Wirtschaftsprüfer, vereidigten Buchprüfer oder Steuerberater. Dies ergibt sich daraus, dass § 160a Abs. 1 S. 1 StPO nach seinem Wortlaut gerade nicht auf § 53 Abs. 1 S. 1 Nr. 3 StPO verweist, sondern allein die Person des Rechtsanwalts in den Schutzbereich einbezieht. Gänzlich unberücksichtigt bleiben die im Übrigen in § 53 Abs. 1 S. 1 Nr. 3 StPO genannten Personen indes nicht. Gemäß

2706 *Oesterle*, WiJ 2018, 148, 153; *Rübenstahl*, ZWH 2018, 273, 278. *Rübenstahl* diskutiert diesen Punkt im Zusammenhang mit § 97 StPO. Dieses Argument lässt sich jedoch nach der hier vertretenen Ansicht auf § 148 StPO übertragen.

2707 *Erb*, in: Löwe-Rosenberg -StPO, § 160a Rn. 13; *Rübenstahl*, ZWH 2018, 273, 284.

2708 *Schmitt*, in: Meyer-Goßner/Schmitt StPO § 160a Rn. 4.

§ 160a Abs. 2 S. 1 StPO wird der Schutz durch Abs. 1 von einer Verhältnismäßigkeitsprüfung begrenzt. Nach dem klaren Wortlaut des § 160a Abs. 2 S. 1 StPO ist im Rahmen der Verhältnismäßigkeit besonders zu berücksichtigen, wenn durch die Ermittlungsmaßnahme eine der in § 53 Abs. 1 S. 1 Nr. 3 StPO genannten Personen betroffen ist.

Eine Einschränkung erfährt der weite Schutz zum einen durch die Regelung in § 160a Abs. 4 StPO, wonach ein Erhebungs- und Verwendungsverbot nicht in Betracht kommt, wenn bestimmte Tatsachen den Verdacht begründen, dass die zeugnisverweigerungsberechtigte Person an der Tat oder an einer Datenhehlerei, Begünstigung, Strafvereitelung oder Hehlerei beteiligt ist.

Darüber hinaus ist in Abs. 5 geregelt, dass die §§ 97, 100d Abs. 5 und § 100g Abs. 4 StPO unberührt bleiben. Die Auslegung dieser Regelung ist umstritten. Dabei geht es im hier relevanten Kontext insbesondere um das Verhältnis von § 160a Abs. 1 StPO zu § 97 Abs. 1 StPO. Dies ergibt sich daraus, dass im Zusammenhang mit der Beschlagnahme von Ermittlungsergebnissen interner Untersuchungen nicht die § 160a Abs. 5 StPO genannten § 100d Abs. 5 und § 100g Abs. 4 StPO maßgeblich sind, sondern es vor allem auf § 97 StPO ankommt. Würden die Regelungen des § 160a StPO als anwendbar angesehen, hätte dies Auswirkungen auf das bereits dargestellte Regelungsgefüge im Hinblick auf den Beschlagnahmeschutz (vgl. § 97 Abs. 1 StPO, § 148 StPO), da die Beschlagnahme von Unterlagen im Unternehmen aufgrund des umfassenden Schutzbereichs des § 160a StPO unzulässig wäre. Die unterschiedlichen Stimmen im Hinblick auf die aufgeworfene Problematik werden im Folgenden im Rahmen einer umfassenden Auslegung gewürdigt.

2. *Auslegung von § 160a Abs. 5 StPO – Rangverhältnis zu § 97 StPO*

Fraglich ist also, in welchem konkreten Verhältnis § 160a StPO zu § 97 StPO steht. Während eine Ansicht davon ausgeht, dass die Normen nebeneinander zur Anwendung kommen,[2709] vertritt die Gegenposition die Ansicht, dass § 160a Abs. 1 StPO durch § 97 StPO verdrängt wird. Der Streit bezieht sich auf die Auslegung der Regelung in § 160a Abs. 5 StPO; gemäß § 160a Abs. 5 StPO bleiben die §§ 97, 100d Abs. 5 und § 100g Abs. 4 unberührt. Im Folgenden soll auf der Grundlage einer Auslegung des § 160a Abs. 5 StPO geklärt werden, ob mit dem überwiegenden Teil der Stimmen in der Rechtsprechung[2710] und Literatur[2711] § 97 StPO gegenüber § 160a StPO

2709 *von Galen*, NJW 2011, 945; *Schuster*, NZWiSt 2012, 28, 29 f.

2710 BVerfG, NJW 2018, 2385, 2387 f.; LG Hamburg, NJW 2011, 942, 944; LG Bochum, NStZ 2016, 500, 501 f.; LG Mannheim, NZWiSt 2012, 424, 430; LG Stuttgart, StV 2019, 7, 9 ff.

2711 *Baur*, NZG 2018, 1092, 1093; *Bittmann*, in: Rotsch, Criminal Compliance, § 34 Rn. 160; *Buchert/Buchert*, StV 2017, 204, 206 f.; *Dann*, NJW 2015, 2609, 2613 f.; *Galle*, BB 2018, 564, 570; KK-StPO/*Greven* § 97 Rn. 14a; MüKo-StPO/*Hauschild*, § 97 Rn. 64; *Jahn/Kirsch*, NStZ 2012, 718, 719; *Mehle/Mehle*, NJW 2011, 1639, 1641; *Momsen/Grützner*, CCZ 2017, 242, 244; MAH Verteidigung in Wirtschafts- und

eine abschließende Sonderregelung zukommt oder ob § 160 StPO neben § 97 StPO Anwendung findet.

a) *Grammatikalische Auslegung*

Nach einer Ansicht in der Literatur stellt § 160a Abs. 5 StPO lediglich klar, dass das besondere Schutzniveau der § 97 StPO und § 100c Abs. 6 StPO durch § 160a StPO nicht eingeschränkt werde, soweit der durch ihn gewährleistete Schutz weiterreiche, die Beschlagnahmeverbote mithin „unberührt" bleiben.[2712] Auch wenn die im Ergebnis zutreffende Ansicht davon ausgeht, dass § 160a Abs. 1 StPO formal hinter der lex specialis § 97 Abs. 1 StPO zurücktritt, ergibt sich dies nicht in aller Klarheit aus dem Wortlaut des § 160a Abs. 5 StPO.[2713]

Insoweit ist der Gegenansicht zunächst zuzugeben, dass die Bedeutung des Wortes „unberührt" nicht unmittelbar dafür spricht, dass die Anwendbarkeit des § 160a StPO ausgeschlossen ist. Das Wort „unberührt" bringt in seiner Bedeutung vielmehr zum Ausdruck, dass etwas „nicht berührt" oder „unangetastet" ist oder bleibt oder „nicht beeinflusst" wird. Dies lässt jedenfalls die Interpretation zu, dass die Normen nebeneinander Anwendung finden. Einer solchen Auslegung des Wortlauts lässt sich jedoch entgegenhalten, dass sich der Sinn und Zweck des § 160a Abs. 5 StPO dann nur noch in einer deklaratorischen Wirkung erschöpfen würde. Insofern, was noch zu zeigen sein wird, sprechen die stärkeren Argumente dafür, dass der Gesetzgeber mit der Regelung in Abs. 5 die Anwendbarkeit von § 160a StPO einschränken wollte. Jedenfalls kann nicht davon ausgegangen werden, dass der Gesetzgeber eine rein deklaratorische Regelung ohne jede weitere Regelungswirkung in § 160a StPO aufnehmen wollte. In dem Zusammenhang ist *Bittmann* zuzustimmen, wenn er davon ausgeht, dass Abs. 5 als klarstellende Regelung allenfalls dann ein inhaltlicher Wert bleiben würde, wenn sich die Regelung allein auf spezifische Varianten des § 97 StPO bezöge.[2714] Da dies nicht der Fall ist,

---

Steuerstrafsachen/*Park/Eggers*, § 11 Rn. 181; BeckOK StPO/*Sackreuther* § 160a Rn. 20; *Schmitt*, in: Meyer-Goßner/Schmitt StPO § 160a Rn. 17; *Schneider*, NStZ 2016, 309, 310; *Thum*, HRRS 2012, 535 f.; *Zerbes*, ZStW 125 (2013), 551, 563; kritisch wohl *Knauer*, auch wenn er feststellt, dass „aufgrund der ausführlichen einfachgesetzlichen Begründung der [VW/Jones-Day-]Kammerentscheidung die herrschende Meinung praktisch insoweit zementiert [wurde]", vgl. *Knauer*, NStZ 2019, 164, 165; a.A. *Ballo*, NZWiSt 2013, 46, 49 ff.; *Bertheau*, StV 2012, 303, 306; *Bittmann*, in: Rotsch, Criminal Compliance, § 34 Rn. 160; *Knauer*, ZWH 2012, 81, 88; *Lilie-Hutz/Ihwas*, NZWiSt 2018, 349, 351 f.; *Schuster*, NZWiSt 2012, 431, 432; *Schuster*, NZKart 2013, 191, 192 f.; *Wimmer*, in: FS I. Roxin, Die Verwertung unternehmensinterner Untersuchungen – Aufgabe oder Durchsetzung des Legalitätsprinzips?, S. 545.

2712 *Ballo*, NZWiSt 2013, 46, 49; *Schuster*, NZKart 2013, 191, 192 f.

2713 So aber *Momsen/Grützner*, CCZ 2017, 242, 244.

2714 *Bittmann*, in: Rotsch, Criminal Compliance, § 34 Rn. 160.

ist davon auszugehen, dass die Regelung des Abs. 5 der Reglung des § 97 StPO den Vorrang vor § 160a StPO einräumt.

Daraus, dass Abs. 5 auf § 97 StPO, nicht aber auf § 94 StPO verweist, ist ebenfalls kein Hinweis darauf zu entnehmen, dass § 160a StPO jedenfalls im Hinblick auf die Zulässigkeit der Beschlagnahme Anwendung findet.[2715] Einer zulässigen Beschlagnahme gemäß § 94 StPO stehen die Beschlagnahmeverbote entgegen, die sich aus § 97 StPO ergeben. Es würde eine Umgehung des Regelung-Ausnahme-Verhältnisses bedeuten, wenn eine gemäß §§ 94 ff. StPO zulässige Beschlagnahme, die also gerade nicht nach § 97 StPO unzulässig ist, doch noch aufgrund des § 160a StPO unzulässig werden würde.[2716]

Dem weiteren Argument, dass es nicht die Absicht des Gesetzgebers gewesen sein kann, den Nichtbeschuldigten schutzlos zu stellen, was ebenfalls für eine Anwendbarkeit des § 160a StPO spreche,[2717] kann jedenfalls nach der hier vertretenen Ansicht entgegengehalten werden, dass der Nichtbeschuldigte bereits von § 97 Abs. 1 Nr. 3 StPO erfasst und geschützt wird.[2718]

b) Historische Auslegung

Wie sich gezeigt hat, lässt sich allein anhand des Wortlauts noch kein klares Auslegungsergebnis ermitteln. Jedoch ergibt sich ein klareres Bild und im Ergebnis eine Bestätigung des hier zugrunde gelegten Verständnisses der Regelung des Abs. 5, wenn man die Gesetzesbegründung im Rahmen einer historischen Auslegung heranzieht.[2719] In der Gesetzesbegründung zu § 160a StPO, in welcher die Regelung noch als § 53b StPO bezeichnet wurde, heißt es: „Eine Ausnahme hiervon ergibt sich lediglich aus § 53b Abs. 5 StPO-E, der klarstellt, dass die im geltenden Recht speziell normierten besonderen Erhebungsverbote im Bereich der Beschlagnahme und der akustischen Wohnraumüberwachung (§§ 97, 100c Abs. 6 StPO) unberührt bleiben, § 53b StPO-E also zugunsten dieser spezielleren Regelungen insoweit keine Anwendung findet“.[2720] Weiter heißt es an anderer Stelle: „Absatz 5 stellt klar, dass

---

2715 LG Stuttgart, StV 2019, 7, 10; a.A. *Ballo*, NZWiSt 2013, 46, 50; *Bertheau*, StV 2012, 303, 306.

2716 So aber *Ballo*, NZWiSt 2013, 46, 50.

2717 *Schuster*, NZWiSt 2012, 431, 432.

2718 Hierzu ausführlich Kapitel 3 § 1 C. I. 3.

2719 Vgl. hierzu auch BVerfG, NJW 2018, 2385, 2387; im Ergebnis so auch LG Stuttgart, StV 2019, 7, 10; KK-StPO/*Greven* § 97 Rn. 14a; a.A. *Ballo*, der darauf abstellt, dass eine Deutung des gesetzgeberischen Willens dahin gehend, dass § 97 StPO dem § 160a StPO als Spezialvorschrift vorgehe, auf einem missverstandenen Verhältnis der beiden Normen beruhe; vielmehr würden systematische Erwägungen für eine Anwendbarkeit des § 160a StPO sprechen, vgl. *Ballo*, NZWiSt 2013, 46, 50 f.

2720 Entwurf der Bundesregierung eines Gesetzes zur Neuregelung der Telekommunikationsüberwachung und anderer verdeckter Ermittlungsmaßnahmen sowie zur Umsetzung der Richtlinie 2006/24/EG, BT-Drs. 16/5846, S. 25.

die spezielleren Regelungen des § 97 und des § 100c Abs. 6 StPO der Neuregelung in § 53b StPO-E vorgehen. Lediglich soweit diese speziellen Vorschriften keine Regelung treffen […], ist § 53b StPO-E ergänzend anzuwenden".[2721] Die zitierten Stellen der Gesetzesbegründung zeigen deutlich, welche Intention der Gesetzgeber mit der Regelung verfolgt hat.[2722] Mithin sollen die Regelungen des § 160a StPO nach der Gesetzesbegründung neben den in Abs. 5 genannten Regelungen gerade keine Anwendung finden, vielmehr geht § 97 Abs. 1 StPO diesem vor.

Dieses Verständnis hat sich auch nicht durch die Änderung der Regelung durch das „Gesetz zur Stärkung des Schutzes von Vertrauensverhältnissen zu Rechtsanwälten im Strafprozessrecht"[2723] im Jahr 2010 gewandelt.[2724] Im Gegenteil, dem allgemeinen Teil der Gesetzesbegründung lässt sich vielmehr ein Hinweis entnehmen, der eher dafür spricht, dass § 97 StPO als lex specialis anzusehen ist. Dort heißt es nämlich, dass der Gesetzgeber § 160a StPO „[…] unter uneingeschränkter Beibehaltung sowohl der Zeugnisverweigerungsrechte als auch dem mittelbaren Schutz des Berufsgeheimnisses dienende[r] [sic!] Sonderregelungen in § 97 StPO (Beschlagnahmeverbot) […]" geschaffen hat.[2725] Die Betonung der uneingeschränkten Beibehaltung des bisherigen Regelungsgefüges bringt die Vorrangstellung des § 97 StPO zum Ausdruck.[2726] Im Übrigen diente die Gesetzesänderung ausschließlich dazu, den Anwendungsbereich des § 160a Abs. 1 StPO auf Rechtsanwälte zu erweitern.[2727]

Überdies ergibt sich eine Änderung des Verständnisses von § 160a Abs. 5 StPO auch nicht durch die letzte Reform des § 160a StPO, also durch das „Gesetz zur Neuregelung des Schutzes von Geheimnissen bei der Mitwirkung Dritter an der Berufsausübung schweigepflichtiger Personen"[2728] aus dem Jahr 2017. Die darin vorgenommenen Änderungen in § 160a Abs. 1, S. 1 und Abs. 2, S. 4 StPO stellen klar, dass nunmehr alle Rechtsanwälte, also insbesondere auch Berufsträger aus Nicht-EU-Staaten, deren Ausbildung und Befugnisse dem Beruf des Rechtsanwalts

---

2721 Entwurf der Bundesregierung eines Gesetzes zur Neuregelung der Telekommunikationsüberwachung und anderer verdeckter Ermittlungsmaßnahmen sowie zur Umsetzung der Richtlinie 2006/24/EG, BT-Drs. 16/5846, S. 38.

2722 So auch *Kempf/Corsten*, StV 2019, 59, 60.

2723 Gesetz zur Stärkung des Schutzes von Vertrauensverhältnissen zu Rechtsanwälten im Strafprozess; BGBl. I 2010, S. 2261.

2724 BVerfG, NJW 2018, 2385, 2387.

2725 Entwurf der Bundesregierung eines Gesetzes zur Stärkung des Schutzes von Vertrauensverhältnissen zu Rechtsanwälten im Strafprozessrecht, BT-Drs. 17/2637, S. 6.

2726 So wohl auch *Thum*, HRRS 2012, 535, 535.

2727 Entwurf der Bundesregierung eines Gesetzes zur Stärkung des Schutzes von Vertrauensverhältnissen zu Rechtsanwälten im Strafprozessrecht, BT-Drs. 17/2637, S. 1, 6 ff.

2728 Gesetz zur Neuregelung des Schutzes von Geheimnissen bei der Mitwirkung Dritter an der Berufsausübung schweigepflichtiger Personen, BGBl. I 2017, S. 3618.

in der Bundesrepublik Deutschland entsprechen, grundsätzlich in den Schutzbereich des § 160a Absatz 1 Satz 1 StPO einbezogen werden.[2729]

Vor diesem Hintergrund der Entstehungsgeschichte ist auch die teilweise vertretene Ansicht[2730], wonach es sich bei § 160a StPO um eine „Meistbegünstigungsklausel" handelt, nicht überzeugend. Eine Einordung als „Meistbegünstigungsklausel" würde dazu führen, dass § 160a StPO als lex generalis zum Schutz des Vertrauensverhältnisses zwischen Rechtsanwalt und Mandant im Allgemeinen verstanden würde.[2731] Ein Hinweis darauf, dass §160a StPO eine solche Funktion zukommen soll, ist den Gesetzesmaterialien gerade nicht zu entnehmen.[2732]

c) Systematische Auslegung

Nach der Ansicht, die sich für eine Anwendbarkeit des § 160a StPO neben § 97 StPO ausspricht, sprechen auch systematische Erwägungen für dieses Ergebnis. So beziehe sich § 160a Abs. 5 StPO allein auf die in § 97 StPO normierten Beschlagnahmeverbote und damit nicht auf die Zulässigkeit der Beschlagnahme nach §§ 94 ff. StPO.[2733] In der Konsequenz werde durch den Verweis auf § 97 StPO eine Prüfung, ob sich die Beschlagnahme nach § 160a StPO als unzulässig erweist, nicht durch die Regelung des Abs. 5 ausgeschlossen.[2734]

Diese Argumentation vermag nicht zu überzeugen. § 97 StPO und § 160a StPO dienen beide dem Schutz des Zeugnisverweigerungsrechts und stellen im Ergebnis jeweils eine Begrenzung der Beschlagnahme dar. Durch die Regelung des § 160a Abs. 5 StPO soll das engere und ausdifferenzierte Regelungsregime des § 97 Abs. 1 StPO geschützt werden.[2735] Die Differenzierung zwischen dem Beschlagnahmeverbot und der Zulässigkeit der Beschlagnahme im Hinblick auf die Anwendbarkeit des § 160a StPO neben § 97 StPO würde dazu führen, dass der durch Abs. 5 bezweckte Schutz des § 97 StPO ausgehebelt würde.[2736] Dies ergibt sich daraus, dass der Schutz durch § 160a StPO weitergeht als der des § 97 StPO.[2737] Würde ein Beschlagnahmeverbot nach § 97 StPO ausscheiden, würde dennoch der Schutz der allgemeinen Regelung des § 160a StPO in Betracht kommen.[2738]

2729 Beschlussempfehlung und Bericht des Ausschusses für Recht und Verbraucherschutz (6. Ausschuss) zu dem Gesetzentwurf der Bundesregierung – Drucksache 18/11936 –, BT-Dr. 18/12940, S. 12 f.

2730 *Fitz*, CCZ 2011, 156, 159; *Schuster*, NZWiSt 2012, 28, 30; *Szesny*, GWR 2011, 169.

2731 *Kempf/Corsten*, StV 2019, 59, 60.

2732 *Jahn/Kirsch*, NStZ 2012, 718, 719; *Kempf/Corsten*, StV 2019, 59, 60.

2733 *Ballo*, NZWiSt 2013, 46, 50; *Bertheau*, StV 2012, 303, 306.

2734 *Ballo*, NZWiSt 2013, 46, 50; *Bertheau*, StV 2012, 303, 306.

2735 So auch BVerfG, NJW 2018, 2385, 2387.

2736 BVerfG, NJW 2018, 2385, 2387; *Küster*, Der rechtliche Rahmen für unternehmensinterne Ermittlungen, S. 199.

2737 *Küster*, Der rechtliche Rahmen für unternehmensinterne Ermittlungen, S. 199.

2738 *Schuster*, NZWiSt 2012, 28, 30; *Küster*, Der rechtliche Rahmen für unternehmensinterne Ermittlungen, S. 199.

Den weitergehenden Schutz des § 160a StPO gegenüber § 97 StPO erkennt auch die Gegenansicht an, ordnet das Verhältnis der beiden Normen aber dahingehend ein, dass § 97 StPO den umfassenden Schutz des § 160a StPO nicht einschränken, sondern ergänzen soll.[2739] Dieses Ergebnis lässt sich nicht mit dem bereits erwähnten ausdifferenzierten Regelungsgefüge in § 97 Abs. 1 StPO in Einklang bringen. Insofern spricht die Gesetzessystematik gerade dafür, dass durch Abs. 5 die spezifischen Beschlagnahmeverbote geschützt werden sollen und dass man aus diesem Grund bewusst den Abs. 5 geschaffen hat.

d) Teleologische Auslegung

Des Weiteren ist im Rahmen der Auslegung des Abs. 5 der Sinn und Zweck des § 160a StPO insgesamt, aber auch Abs. 5 zu begutachten. § 160a StPO sichert die besondere Vertraulichkeit der Kommunikation mit Berufsgeheimnisträgern. So heißt es auch in der Gesetzesbegründung, dass der „Gewährleistung ausreichender Verteidigungsrechte für die Rechtsstaatlichkeit des Strafverfahrens eine wichtige Bedeutung zu[kommt]".[2740] Dadurch, dass die Vorschrift u.a. ein Unterlaufen von Zeugnisverweigerungsrechten durch Maßnahmen zur Ausforschung der geschützten Vertrauensbeziehung vermeiden soll, verfolgt sie die gleichen Ziele wie §§ 97, 148 StPO.[2741] Das könnte bedeuten, dass der durch § 160a StPO vermittelte Schutz sich auch in sachlicher Hinsicht auf die von §§ 97, 148 StPO abgedeckten Sachverhalte erstreckt.[2742] Genau hier kommt jedoch die Regelung des § 160a Abs. 5 StPO zum Tragen. Nur wenn die in Abs. 5 genannten Vorschriften keine Regelungen enthalten, wie etwa § 97 StPO hinsichtlich der (Nicht-)Verwertbarkeit von beschlagnahmefreien Gegenständen, soll § 160a StPO zur Anwendung kommen.[2743] Damit hat sich der Gesetzgeber bewusst dafür entschieden, dem ausdifferenzierten Regelungskonzept der §§ 97, 148 StPO Vorrang einzuräumen. § 160a Abs. 5 StPO kommt damit gerade der Sinn und Zweck zu, diese Vorrangstellung abzusichern. Vor diesem Hintergrund erfordern es Sinn und Zweck der Vorschrift, dass § 160a StPO gerade nicht auf die Beschlagnahme Anwendung findet.[2744] Auch wenn man sich den Sinn und Zweck des § 160a Abs. 1 StPO vor Augen führt, also den Schutz der Vertrauensbeziehung zu einer zeugnisverweigerungsberechtigten Person, geht mit der Vorrangwirkung des § 97 StPO auch kein verminderter

---

2739 *Bertheau*, StV 2012, 303, 306; *von Galen*, NJW 2011, 945.

2740 Entwurf der Bundesregierung eines Gesetzes zur Neuregelung der Telekommunikationsüberwachung und anderer verdeckter Ermittlungsmaßnahmen sowie zur Umsetzung der Richtlinie 2006/24/EG, BT-Drs. 16/5846, S. 35.

2741 LG Stuttgart, StV 2019, 7, 10.

2742 LG Stuttgart, StV 2019, 7, 10.

2743 Entwurf der Bundesregierung eines Gesetzes zur Neuregelung der Telekommunikationsüberwachung und anderer verdeckter Ermittlungsmaßnahmen sowie zur Umsetzung der Richtlinie 2006/24/EG, BT-Drs. 16/5846, S. 38.

2744 LG Stuttgart, StV 2019, 7, 10.

Schutz des Unternehmens einher. Soweit man der hier vertretenen Ansicht folgt, sind nämlich Nichtbeschuldigte vom Schutzbereich des § 97 Abs. 1 Nr. 3 StPO erfasst.[2745]

e) *Zusammenfassung und Ergebnis*

Hinsichtlich der Auslegung des § 160a StPO sprechen die stärkeren Argumente dafür, dass § 97 StPO gegenüber § 160a StPO eine abschließende Sonderregelung darstellt. Dieser Vorrang des § 97 StPO ist umfassend, gilt also sowohl dann, wenn die genannten Vorschriften einen weitergehenden Schutz statuieren, als auch dann, wenn sich bspw. aus § 97 StPO ein geringerer Schutz ergibt.[2746]

Die Tatsache, dass § 160a StPO neben § 97 StPO nicht zur Anwendung kommt, hat Auswirkungen auf die Bedeutung des § 160a StPO im Rahmen des Beschlagnahmeschutzes von Ermittlungsergebnissen interner Untersuchungen. Ist nämlich der Anwendungsbereich des § 97 StPO eröffnet, kommt dem § 160a StPO aufgrund der Vorrangstellung des § 97 StPO keine eigenständige Bedeutung zu.[2747] Durch die Regelung in § 160a Abs. 5 StPO ist § 160a Abs. 1 StPO für interne Untersuchungen und somit auch für die Lösung der gebildeten Fälle[2748] nicht von Relevanz.[2749] Dies ergibt sich daraus, dass § 97 StPO stets zur Anwendung kommt.

3. *Kein Anwendungsbereich für § 160a Abs. 5 StPO nach dem VerSanG-E*

Das hier gefundene Auslegungsergebnis zu § 160a Abs. 5 StPO wird zudem gestützt durch den Regierungsentwurf zum Verbandssanktionengesetz.[2750] Nach dem Entwurf soll nämlich der Wortlaut des § 160a Abs. 5 StPO dahingehend geändert werden, dass es zukünftig heißt: „(5) Die Absätze 1 bis 4 finden auf Maßnahmen nach den §§ 94, 95, 100b, 100c, 100g, 102, 103 und 110 keine Anwendung".[2751] Durch die Anpassung wird auf § 94 StPO insgesamt Bezug genommen, sodass durch den Regierungsentwurf auch auf die Ansicht reagiert wird, welche aus der fehlenden Nennung des § 94 StPO in § 160a Abs. 5 StPO eine Anwendbarkeit des § 160 Abs. 1 StPO jedenfalls im Hinblick auf die Zulässigkeit der Beschlagnahme folgert.[2752]

2745 *Zerbes*, ZStW 2013, 551, 563; so auch *Küster*, Der rechtliche Rahmen für unternehmensinterne Ermittlungen, S. 202.

2746 BeckOK StPO/*Sackreuther* § 160a Rn. 20.

2747 *Momsen/Grützner*, CCZ 2017, 242, 244.

2748 Zu den Fallgruppen vgl. Kapitel 3 § 1 A.; hinsichtlich der Ergebnisse zu der jeweiligen Fallgruppe vgl. Kapitel 3 § 1 D.

2749 *Momsen/Grützner*, CCZ 2017, 242, 244.

2750 Entwurf der Bundesregierung eines Gesetzes zur Stärkung der Integrität in der Wirtschaft, BR-Drs. 440/20.

2751 Entwurf der Bundesregierung eines Gesetzes zur Stärkung der Integrität in der Wirtschaft, BR-Drs. 440/20 S. 133 f.

2752 *Ballo*, NZWiSt 2013, 46, 50; *Bertheau*, StV 2012, 303, 306.

Auch die Begründung bringt dieses Verständnis zum Verhältnis von § 160a StPO zu § 97 StPO klar zum Ausdruck, wenn es dort heißt, dass die „allgemeine Regelung des § 160a StPO jedoch nicht gelten [soll], soweit die StPO für bestimmte Maßnahmen spezielle Regelungen vorsieht. Dieser bereits in der bisherigen Fassung der Vorschrift verankerte Vorrang wird in der neuen Fassung deutlicher zum Ausdruck gebracht."[2753] Die Begründung des Regierungsentwurfs stützt sich dabei zunächst auf das Argument, dass das Beschlagnahmeverbot gemäß § 97 StPO restriktiv ausgestaltet sei, wobei auf das Verständnis zur Neufassung des § 97 Abs. 1 Nr. 3 StPO Bezug genommen wird, wonach ausschließlich das Vertrauensverhältnis zwischen Beschuldigten und Verteidiger geschützt ist.[2754] Wie bereits umfassend im Rahmen der Auslegung des § 160a Abs. 5 StPO herausgearbeitet, ist dieser Sichtweise zur Anwendbarkeit des § 160a Abs. 5 StPO im Ergebnis zuzustimmen. Abzulehnen ist allerdings die Ansicht, wonach auch für den Beschlagnahmeschutz des § 97 Abs. 1 Nr. 3 StPO ein Vertrauensverhältnis gefordert wird.[2755]

Im Übrigen stützt der Regierungsentwurf das Spezialitätsverhältnis zwischen § 97 StPO und § 160a StPO darauf, dass ein absolutes Beschlagnahmeverbot in § 160a StPO mit einer effektiven Strafverfolgung unvereinbar wäre und die Tätigkeit des Rechtsanwalts nicht in ihrer Gesamtheit geschützt werden muss.[2756] Außerdem nimmt die Begründung explizit auf die bereits in der VW/Jones Day-Entscheidung des BVerfG erwähnte Missbrauchsgefahr[2757] Bezug.[2758] Wie bereits zur Auslegung des § 97 Abs. 1 Nr. 3 StPO ausgeführt, fehlt dem Argument der Missbrauchsgefahr jedoch jegliche empirische Grundlage und ist auch nicht mit der freien Advokatur vereinbar.[2759]

2753 Entwurf der Bundesregierung eines Gesetzes zur Stärkung der Integrität in der Wirtschaft, BR-Drs. 440/20 S. 133.

2754 Auch wenn in der Begründung des Regierungsentwurfs zur Anpassung des § 160a Abs. 5 StPO nicht explizit auf § 97 Abs. 1 Nr. 3 StPO Bezug genommen wird, so ergibt sich die Bezugnahme auf das neue Verständnis des § 97 Abs. 1 Nr. 3 StPO wie bereits gezeigt daraus, dass in der Begründung zur Anpassung des § 160a Abs. 5 StPO insgesamt auf § 97 StPO Bezug genommen wird, vgl. Entwurf der Bundesregierung eines Gesetzes zur Stärkung der Integrität in der Wirtschaft, BR-Drs. 440/20 S. 133.

2755 Vgl. hierzu ausführlich Kapitel 3 § 1 C. I. 6.

2756 Entwurf der Bundesregierung eines Gesetzes zur Stärkung der Integrität in der Wirtschaft, BR-Drs. 440/20 S. 133.

2757 Hinsichtlich der Ausführungen zur Missbrauchsgefahr in der VW/Jones-Day-Entscheidung vgl. BVerfG, NJW 2018, 2385, 2389.

2758 Entwurf der Bundesregierung eines Gesetzes zur Stärkung der Integrität in der Wirtschaft, BR-Drs. 440/20 S. 133 f.

2759 Zur freien Advokatur vgl. Kapitel 3 § 1 C. I. 3. b) ee).

D. Ergebnisse hinsichtlich der relevanten Fallgruppen

Fall 1: Beschlagnahme bei der Rechtsanwaltskanzlei

Soweit die interne Untersuchung durch die Rechtsanwaltskanzlei durchgeführt wurde und sich die Ermittlungsergebnisse bei dieser befinden, ergibt sich der Beschlagnahmeschutz aus § 97 Abs. 1 Nr. 3 StPO, welcher sich insbesondere auf die zeugnisverweigerungsberechtigten Personen gemäß § 53 Abs. 1 S. 1 Nr. 1 bis 3b StPO erstreckt und damit auch auf Verteidiger (vgl. § 53 Abs. 1 S. 1 Nr. 2 StPO), Rechtsanwälte (vgl. § 53 Abs. 1 S. 1 Nr. 3 StPO) und deren Gehilfen (vgl. § 53a StPO).[2760] Dies gilt auch dann, wenn das Unternehmen noch keine beschuldigtenähnliche Stellung innehat. Insoweit erfasst § 97 Abs. 1 Nr. 3 StPO auch den Nichtbeschuldigten.[2761] Wichtig ist aber, dass die Rechtsanwaltskanzlei Gewahrsamsinhaberin sein muss (vgl. § 97 Abs. 2 S. 1 StPO).[2762] Des Weiteren dürfen keine Ausschlussgründe vorliegen.[2763] Nach der hier vertretenen Ansicht vermittelt § 97 Abs. 1 Nr. 3 StPO mithin einen umfassenden Schutz von Ermittlungsergebnissen aus internen Untersuchungen.

Fall 2: Beschlagnahme im Unternehmen

Befinden sich die Ermittlungsergebnisse bei dem Unternehmen, scheidet ein Beschlagnahmeschutz aus einer unmittelbaren Anwendung des § 97 Abs. 1 Nr. 3 StPO aus, da dieser den Gewahrsam der Rechtsanwaltskanzlei voraussetzt. Gleichwohl kann ein Beschlagnahmeschutz aus einer verfassungskonformen Auslegung des § 97 Abs. 1 Nr. 3 StPO folgen, wenn sich die „anderen Gegenstände" im Gewahrsam des Unternehmens befinden, es sich dabei aber um Gegenstände zur Verteidigung handelt.[2764] Die Auslegung folgt aus der Berücksichtigung des § 148 StPO, welcher überdies auch einen unmittelbaren Schutz für Verteidigerunterlagen bieten kann. In beiden Konstellationen, also im Falle des Beschlagnahmeschutzes gemäß § 97 Abs. 1 Nr. 3 StPO i.V.m. § 148 StPO sowie im Falle der direkten Anwendung des § 148 StPO muss dem Unternehmen eine beschuldigtenähnliche Stellung zukommen. Nach der hier vertretenen weiten Auslegung ist dies bereits dann der Fall, wenn ein Unternehmen eine Beteiligung und eine Verbandsgeldbuße lediglich befürchtet und sich aus diesem Grund anwaltlichen Rat i.S.e. Verteidigung einholt.[2765]

Dieses Ergebnis ist im Hinblick auf eine etwaige Selbstbelastung der Mitarbeiter im Rahmen eines Mitarbeitergesprächs auch nicht unbillig. Soweit dem Unternehmen noch keine beschuldigtenähnliche Stellung zukommt, ist der Schutz der

2760 Vgl. Kapitel 3 § 1 C. I. 1.
2761 Vgl. Kapitel 3 § 1 C. I. 3.
2762 Vgl. Kapitel 3 § 1 C. I. 4.
2763 Vgl. Kapitel 3 § 1 C. I. 5.
2764 Vgl. Kapitel 3 § 1 C. I. 4.
2765 Vgl. Kapitel 3 § 1 C. II. 3. a).

Arbeitnehmer bezogen auf eine Selbstbelastung in seiner Aussage, was noch zu zeigen sein wird, durch ein Beweisverwertungsverbot gewährleistet.[2766]

Fall 3: Beschlagnahme beim Syndikusrechtsanwalt des Unternehmens
Im Ergebnis entspricht der Schutz von Unterlagen im Gewahrsam des Syndikusrechtsanwalts dem Schutz, der auch für das Unternehmen gilt. Insoweit wird diese Situation nicht anders behandelt, als wenn sich die Unterlagen bei einem anderen Mitarbeiter im Unternehmen befinden, der kein Syndikusrechtsanwalt ist. Dieses Ergebnis ergibt sich daraus, dass § 97 Abs. 1 StPO nicht auf Syndikusrechtsanwälte anwendbar ist. Dies hängt wiederum damit zusammen, dass § 53 Abs. 1 S. 1 Nr. 3 StPO, auf den auch § 97 Abs. 1 Nr. 3 StPO verweist, die Syndikusrechtsanwälte nicht erfasst. Ein weitergehender Schutz ergibt sich auch nicht aus § 160a StPO, da dieser ebenfalls die Syndikusrechtsanwälte nicht erfasst und überdies von § 97 Abs. 1 StPO verdrängt wird, vgl. § 160a Abs. 5 StPO.[2767]

§ 2 Verwertbarkeit der Ergebnisse interner Untersuchungen

Neben der datenschutzrechtlichen Zulässigkeit von internen Untersuchungen und der Frage, inwieweit die gewonnenen Erkenntnisse durch die Ermittlungsbehörden beschlagnahmt werden können, muss außerdem die Frage beantwortet werden, ob die gewonnenen Erkenntnisse auch verwertet werden können. Vereinfacht gesprochen: „Nachdem die Strafverfolgungsbehörden das Material in den Händen haben, wird der Beweisvorgang mit der Verwertung fortgesetzt".[2768] Der Verwertung könnten Beweisverwertungsverbote entgegenstehen. Dabei muss zwischen einem arbeitsrechtlichen Verfahren und dem Strafverfahren unterschieden werden. Der Schwerpunkt der hiesigen Untersuchung liegt im Arbeitsrecht, insoweit wurden bereits im Detail die Auswirkungen des Arbeitnehmerdatenschutzes auf interne Untersuchungen sowie Betriebsvereinbarungen untersucht. Im Folgenden wird im Zusammenhang mit möglichen Beweisverwertungsverboten im Schwerpunkt die Frage untersucht, inwieweit sich Beweisverwertungsverbote in Verfahren vor dem Arbeitsgericht ergeben können.[2769] Dem schließt sich die Behandlung zweier ausgewählter Problemfelder im Zusammenhang mit einem Strafverfahren an.[2770]

2766 Vgl. zu den verschiedenen Ansichten hinsichtlich eines etwaigen Beweisverwertungsverbots Kapitel 3 § 2 B. II. 2. b); zur hier vertretenen Lösung vgl. Kapitel 3 § 2 B. II. 2. b) bb).

2767 Vgl. Kapitel 3 § 1 C. III. 2.

2768 *Zerbes*, ZStW 125 (2013), 551, 563.

2769 Vgl. hierzu sogleich § 2 A.

2770 Vgl. hierzu § 2 B.

A. Verwertungsverbot im arbeitsgerichtlichen Verfahren

I. Rechtliche Grundlage von Beweisverwertungsverboten in arbeitsgerichtlichen Verfahren

Im Arbeitsrecht bestehen keine normierten Beweisverwertungsverbote. Solche ergeben sich auch nicht aus der ZPO oder dem ArbGG.[2771] Das deutsche Zivilprozessrecht kennt anders als das Strafprozessrecht keine gesetzlich geregelte Verwertungsverbote;[2772] der beigebrachte Tatsachenstoff ist entweder unschlüssig oder unbewiesen, jedoch nicht „unverwertbar".[2773] Im Gegenteil, der Grundsatz der freien Beweiswürdigung, welcher auch in Verfahren vor den Arbeitsgerichten gilt, spricht eher für eine umfassende Verwertung von Beweisen.[2774] Gemäß § 46 Abs. 2 S. 1 ArbGG gelten die Vorschriften der ZPO über das Verfahren vor den Amtsgerichten für das Urteilsverfahren des ersten Rechtszugs entsprechend, soweit das ArbGG nichts anderes bestimmt. Nach § 286 Abs. 1 S. 1 ZPO, der insoweit über § 46 Abs. 2 S. 1 ArbGG in arbeitsgerichtlichen Verfahren Anwendung findet, hat das Gericht unter Berücksichtigung des gesamten Inhalts der Verhandlungen und des Ergebnisses einer etwaigen Beweisaufnahme nach freier Überzeugung zu entscheiden, ob eine tatsächliche Behauptung für wahr oder für nicht wahr zu erachten ist. Mithin sind die Gerichte gehalten die von den Parteien angebotenen Beweismittel zu berücksichtigen.[2775] Im Rahmen der freien Beweiswürdigung kommen die in der ZPO zugelassenen Beweismittel zum Einsatz, also der Augenschein (vgl. § 371 ZPO), Zeugenbeweis (vgl. § 373 ZPO), Sachverständigenbeweis (vgl. § 402 ZPO), Urkundsbeweis (vgl. §§ 415 ff. ZPO) sowie die Parteivernehmung (vgl. § 445 ZPO).[2776] Die grundsätzliche Berücksichtigung des Sachvortrags der Parteien ergibt sich überdies aus dem Anspruch auf rechtliches Gehör gemäß Art. 103 Abs. 1 GG.[2777]

2771 BAG, NJW 2008, 2732, 2734; BAG, NZA 2014, 143; BAG, NZA 2017, 112, 113; BAG, NZA 2017, 443, 445; LAG Rheinland-Pfalz, ZD 2019, 369, 370; LAG Köln, CB 2020, 394, 398; LAG Köln, ZD 2020, 533, 535; so auch WHWS/*Byers* B VIII. 47; *Chandna-Hoppe*, NZA 2018, 614, 615; *Eufinger*, DB 2017, 1266, 1267; *Fuhlrott/Schröder*, NZA 2017, 278, 279; *Greeve/Tsambikakis*, in: Knierim/Rübenstahl/Tsambikakis, Kapitel18 Rn. 24; *Jahn*, StV 2009, 41, 45; *Pötters/Wybitul*, NJW 2014, 2074, 2077.

2772 *Grützner*, in: Momsen/Grützner, Wirtschafts- und Steuerstrafecht, Kapitel 4 § 16 Rn. 512.

2773 Zu Sachvortragsverwertungsverboten vgl. BAG, NJW 2008, 2732, 2733 f.

2774 BAG, NJW 2008, 2732, 2734; BAG, NZA 2014, 243, 247; *Pötters/Wybitul*, NJW 2014, 2074, 2077.

2775 BVerfG, NJW 2002, 3619, 3624; BAG, NZA 2014, 143; BAG, NZA 2017, 112, 113.

2776 *Fuhlrott/Schröder*, NZA 2017, 278, 279.

2777 BVerfG, NJW 2002, 3619, 3624; BAG, NZA 2014, 143; BAG, NZA 2017, 112, 113; *Pötters/Wybitul*, NJW 2014, 2074, 2077.

Ein Beweisverwertungsverbot kann sich im Einzelfall jedoch auch im Arbeitsrecht ergeben. Insoweit ist zu beachten, dass die Gerichte den Parteien im arbeitsgerichtlichen Verfahren in Ausübung staatlicher Hoheitsgewalt gegenübertreten und gemäß Art. 1 Abs. 3 GG im Rahmen der Urteilsfindung an die Grundrechte gebunden sind.[2778] Aus der Berücksichtigung materieller Grundrechte können sich Anforderungen an das gerichtliche Verfahren ergeben,[2779] mithin kann die verfassungskonforme Auslegung des Prozessrechts zu einem Verwertungsverbot führen.[2780] Einen Problemschwerpunkt im Kontext von Beweisverwertungsverboten in arbeitsgerichtlichen Verfahren bilden dabei datenschutzrechtliche Verstöße, auf welche im Folgenden gesondert eingegangen wird (vgl. sogleich unter II.). Zu beachten ist, dass die Prüfung der datenschutzrechtlichen Zulässigkeit der jeweiligen Maßnahme nicht automatisch mit der Entscheidung über das Vorliegen eines Beweisverwertungsverbots gleichgesetzt werden darf. Zunächst ist materiell zu prüfen, ob die Maßnahme im Einklang mit den datenschutzrechtlichen Bestimmungen stand. Sodann ist die gesonderte Frage zu stellen, ob in der Verwertung selbst ein weiterer Grundrechtsverstoß liegen könnte, welcher ein Verwertungsverbot begründet.[2781] Dies ist wiederum der Fall, wenn das Gericht, welches unmittelbar an die Grundrechte gebunden ist, die vorherige Grundrechtsverletzung durch die Verwertbarkeit perpetuieren oder vertiefen würde.[2782] In solch einem Fall würde nämlich, wie es das BAG ausdrückt, auf eine nicht gerechtfertigte Beeinträchtigung durch einen Privaten ein verfassungswidriger Grundrechtseingriff durch ein Staatsorgan „aufgesattelt".[2783] Der Entscheidung hierüber liegt eine umfassende Interessenabwägung zugrunde, in welcher das Persönlichkeitsrecht des Arbeitnehmers dem Aufklärungsinteresse des Arbeitgebers gegenübergestellt werden muss und in der im Einzelfall zu bewerten ist, ob das allgemeine Persönlichkeitsrecht den Vorrang verdient.[2784] Dabei ist zu berücksichtigen, dass dem Persönlichkeitsrecht mit der Funktionsfähigkeit der Rechtspflege und dem Streben nach einer materiell richtigen Entscheidung gewichtige Interessenpositionen gegenüberstehen.[2785]

Im Rahmen der Verwertungsverbote unterscheidet das BAG zwischen Sachvortrags- und Beweisverwertungsverboten.[2786] Für beide Verwertungsverbote bedarf es einer rechtlichen Legitimation,[2787] welche sich jedoch gleicht. Beide beruhen

2778 BVerfG, NJW 2017 753, 758; so auch BAG, NJW 2008, 2732, 2734; BAG, NZA 2014, 143, 145 f.; BAG, NZA 2014, 243, 247; BAG, NZA 2017, 112, 113; BAG, NZA 2017, 443, 445; *Eufinger*, DB 2017, 1266, 1268.

2779 BAG, NZA 2014, 243, 247.

2780 BAG, NJW 2008, 2732, 2734; BAG, NZA 2017, 443, 445.

2781 BAG, NZA 2018, 1329, 1330; *Eufinger*, DB 2017, 1266, 1268.

2782 BAG, NJW 2008, 2732, 2734; BAG, NZA 2018, 1329, 1330.

2783 BAG, NZA 2018, 1329, 1330.

2784 BAG, NZA 2008, 1008, 1011.

2785 BAG, NZA 2008, 1008, 1011; *Eufinger*, DB 2017, 1266, 1268.

2786 Vgl. hierzu auch *Fuhlrott/Oltmanns*, NZA 2018, 413.

2787 BAG, NZA 2017, 112, 113; BAG, NZA 2017, 443, 445.

gleichermaßen auf einer verfassungskonformen Auslegung des Prozessrechts.[2788] Das Sachvortragsverwertungsverbot greift nur ein, wenn der Arbeitnehmer den die Ermittlungsmaßnahme betreffenden Sachverhalt nicht ausreichend bestreitet. In solch einem Fall besteht nämlich die Gefahr, dass zulasten des Arbeitnehmers die Geständnisfiktion des § 46 Abs. 2 S. 1 ArbGG i.V.m. § 138 Abs. 3 ZPO greift.[2789] Um dies zu verhindern, wird das inkriminierte Verhalten des Arbeitgebers, also der die datenschutzwidrige Ermittlungsmaßnahme betreffende Sachverhalt, als bestritten angesehen.[2790] Bestreitet der Arbeitnehmer indes den Sachverhalt, bedarf es keines Sachvortragsverwertungsverbots, da bereits die Geständnisfiktion nicht greift.[2791] Mit dem Sachvortragsverwertungsverbot korrespondiert das Beweisverwertungsverbot. Dieses bewirkt, dass der Arbeitgeber den streitig gebliebenen Sachverhalt nicht durch die Ergebnisse der datenschutzwidrigen Ermittlungsmaßnahme beweisen darf und damit weiter beweisfällig bleibt. Das BAG fasst den Begriff der Verwertung im hier maßgeblichen Kontext daher wie folgt zusammen: „Insofern bedeutet ein Verbot der „Verwertung", dass das Gericht den fraglichen Vortrag seiner Entscheidung weder als unstreitig (Sachvortragsverwertungsverbot) noch als aufgrund des inkriminierten Beweismittels bewiesen (Beweisverwertungsverbot) zugrunde legen darf".[2792]

II. Beweisverwertungsverbote im Zusammenhang mit Datenschutzverstößen, formellen Verstößen, Drittbetroffenheit und mitbestimmungswidrigen Maßnahmen

1. Voraussetzungen eines Beweisverwertungsverbots wegen materieller Datenschutzverstöße

Fraglich ist, inwiefern sich ein Verstoß gegen die datenschutzrechtlichen Regelungen in arbeitsrechtlichen Verfahren konkret auswirkt. Insoweit ist zu beachten, dass Ermittlungsmaßnahmen regelmäßig dazu genutzt werden, um Sanktionen bzw. Konsequenzen für die verdächtigen Mitarbeiter vorzubereiten, zu welchen bspw. Kündigungen oder Schadensersatzforderungen gehören.[2793] Insoweit dienen bspw. die Ermittlungsergebnisse eines E-Mails-Screenings, einer Videoüberwachung oder eines Detektiv-Einsatzes dazu, die vom Arbeitnehmer begangene Straftat und damit den kündigungsrelevanten Sachverhalt nachweisen zu können.[2794] Die Frage nach möglichen Beweisverwertungsverboten kann aber auch

2788 BAG, NZA 2017, 1179.
2789 BAG, NZA 2018, 1329, 1331.
2790 BAG, NZA 2018, 1329, 1331.
2791 BAG, NZA 2018, 1329, 1331.
2792 BAG, NZA 2018, 1329, 1331.
2793 *Pötters/Wybitul*, NJW 2014, 2074, 2077.
2794 *Fuhlrott/Schröder*, NZA 2017, 278.

im Rahmen der Verhandlungen mit dem Betriebsrat von Relevanz sein, wenn es um konkrete durch Betriebsvereinbarungen zu regelnde Ermittlungsmaßnahmen geht.[2795] Im Rahmen der Ausarbeitung der Bestimmung in der Betriebsvereinbarung muss bereits eine Einschätzung der Eingriffsintensität der konkreten Maßnahme in die Rechtspositionen des Arbeitnehmers erfolgen.

a) Grundrechtsverstoß und umfassende Güter- und Interessenabwägung als Voraussetzung für ein Beweisverwertungsverbot

Wie bereits aufgezeigt, bestehen in arbeitsgerichtlichen Verfahren keine Regelungen zu Beweisverwertungsverboten. Wie das BAG zur alten Rechtslage und damit auch zu § 32 BDSG a.F. ausgeführt hat, konkretisieren und aktualisieren die Normen des BDSG a.F. zwar den Schutz des Rechts auf informationelle Selbstbestimmung als Ausprägung des allgemeinen Persönlichkeitsrechts gemäß Art. 1 Abs. 1 i.V.m. Art. 2 Abs. 1 GG und am eigenen Bild sowie am eigenen Wort. Ebenfalls geschützt wird Art. 8 Abs. 1 EMRK als Recht auf Achtung des Privat- und Familienlebens und der Korrespondenz. Eingriffe in verfassungsrechtlich geschützte Grundrechtspositionen durch Ermittlungsmaßnahmen im Rahmen interner Untersuchungen können sich im Hinblick auf das Recht am eigenen Wort etwa durch eine heimliche Abhöraktion oder in Bezug auf das Recht am eigenen Bild durch eine heimliche Videoüberwachung ergeben.

Trotz ihrer Konkretisierungsfunktion ordnen die Normen des BDSG jedoch nicht an, dass Beweismittel, die unter Verletzung der datenschutzrechtlichen Regelungen gewonnen wurden, nicht verwertet werden dürfen.[2796] Diese Rechtsprechung lässt sich auf die aktuelle Rechtslage übertragen, da das Regelungsregime zum aktuellen Datenschutz und so auch § 26 BDSG auf der alten Rechtslage aufbaut und den gleichen Prinzipien folgt.[2797]

Im Hinblick auf Verstöße gegen den Datenschutz kommt ein Beweisverwertungsverbot demnach nur in Betracht, wenn durch die Verwertung in eine verfassungsrechtlich geschützte Position des Arbeitnehmers eingegriffen wird und eine umfassende Güter- und Interessenabwägung ein Verwertungsverbot als zwingend erscheinen lässt.[2798] Für eine Verwertung müsste der Grundrechtsverstoß mithin durch überwiegende Interessen des beweisführenden Arbeitgebers gerechtfertigt

---

2795 So auch *Köhler/Schürgers* allgemein in Bezug auf die Nutzung von IT-Systemen, vgl. *Köhler/Schürgers*, BB 2018, 1013, 1013.

2796 BAG, NZA 2017, 112, 113; BAG, NZA 2017, 443, 445.

2797 Im Ergebnis so auch *Chandna-Hoppe* und *Kort*, die davon ausgehen, dass sich die Rechtsprechung zum BDSG a.F. auch auf die Rechtslage nach der DS-GVO sowie dem BDSG übertragen lässt, vgl. *Chandna-Hoppe*, NZA 2018, 614, 616; *Kort*, NZA 2018, 1097, 1104 f.

2798 So auch BAG, NZA 2017, 112, 113; LAG Rheinland-Pfalz, ZD 2019, 369, 370; LAG Köln, ZD 2020, 533, 535; *Lützeler/Müller-Sartori*, CCZ 2011, 19, 23 f.

sein.[2799] Die Notwendigkeit einer solchen Abwägung ergibt sich aus dem Spannungsverhältnis zwischen dem Interesse an einer funktionstüchtigen Rechtspflege und dem Schutz der verfassungsrechtlich geschützten Positionen der Arbeitnehmer.

Ein Beweisverwertungsverbot setzt dabei zunächst voraus, dass bereits im Rahmen der Datenverarbeitung eine Datenschutzverletzung stattgefunden hat.[2800] Darüber hinaus muss, wie bereits gezeigt, in der möglichen Verwertung selbst ein weiterer Grundrechtsverstoß liegen.[2801] Dabei geht es um die Prüfung eines Eingriffs in das allgemeine Persönlichkeitsrecht oder das Recht auf informationelle Selbstbestimmung. Ferner dürfen keine Aspekte für den Arbeitnehmer streiten, welche dann doch eine Verwertung begründen können. Solche besonderen Aspekte müssten allerdings über das reine Beweissicherungsinteresse des Arbeitgebers hinausgehen.[2802] Sie müssen geeignet sein, eine Datenverarbeitung als schutzwürdig einzustufen, obwohl diese in das allgemeine Persönlichkeitsrecht des Arbeitnehmers eingreift.[2803] Zu solchen Aspekten können z.B. eine notwehrähnliche Situation,[2804] eine erhebliche und dringliche Beweisnot[2805] oder eine Beweissicherung gegen Erpressungsversuche[2806] zählen. Mithin muss eine Situation bestehen, in der dem Interesse an der Beweiserhebung eine besondere Bedeutung für die Rechtsverwirklichung einer Partei zukommt.[2807] Soweit allerdings der Kernbereich der privaten Lebensführung betroffen ist, scheidet eine Beweisverwertung in jedem Fall aus.[2808]

2799 *Pötters/Wybitul*, NJW 2014, 2074, 2078; im Ergebnis so auch LAG Köln, ZD 2020, 533, 535.

2800 BAG, NZA 2018, 1329, 1330; LAG Rheinland-Pfalz, ZD 2019, 369, 370.

2801 BAG, NZA 2018, 1329, 1330; LAG Rheinland-Pfalz, ZD 2019, 369, 370; zustimmend *Pötters/Wybitul*, NJW 2014, 2074, 2077.

2802 BVerfG, NJW 2002, 3619, 3624; BVerfG, NJW 2007, 753, 758; BAG, NJW 2008, 2732, 2735; BAG, NZA 2009, 974, 977; BAG, NZA 2017, 112, 114; BAG, NZA 2017, 1327, 1332; HWK/*Lembke*, Art. 88 DSGVO Rn. 55.

2803 *Köhler/Schürgers*, BB 2018, 1013, 1014.

2804 BGH, NJW 1958, 1344; BGH, NJW 1982, 277; BGH, NJW 1994, 2289, 2292 f.; BAG, NJW 2008, 2732, 2735; BAG, NZA 2017, 1327, 1332; LAG Köln, ZD 2020, 533, 535; *Byers*, Mitarbeiterkontrollen, Rn. 368; *Eufinger*, DB 2017, 1266, 1268; *Fuhlrott/Schröder*, NZA 2017, 278, 282; *Köhler/Schürgers*, BB 2018, 1013, 1014; *Pötters/Wybitul*, NJW 2014, 2074, 2078.

2805 BGH, NJW 1958, 1344; BGH, NJW 1982, 277; BGH, NJW 1994, 2289, 2292 f.; BAG, NJW 2008, 2732, 2735; *Fuhlrott/Schröder*, NZA 2017, 278, 282.

2806 BGH, NJW 1958, 1344; BGH, NJW 1982, 277; BGH, NJW 1994, 2289, 2292 f.; *Chandna-Hoppe*, NZA 2018, 614, 619; *Eufinger*, DB 2017, 1266, 1268; *Fuhlrott/Schröder*, NZA 2017, 278, 282.

2807 BAG, NZA 2003, 1193, 1194 f.

2808 *Pötters/Wybitul*, NJW 2014, 2074, 2078; angedeutet auch von LAG Köln, ZD 2020, 533, 535.

Festzuhalten bleibt, dass ein Verstoß nicht per se zu einem Verwertungsverbot führen muss.[2809]

b) Trotz Trennung zwischen der datenschutzrechtlichen Zulässigkeit einer Maßnahme und dem Vorliegen eines Beweisverwertungsverbots regelmäßig Gleichlauf der Bewertungsergebnisse

Zur Beantwortung der Frage, ob ein Beweisverwertungsverbot vorliegt, muss vor dem Hintergrund des Gesagten auf zwei Ebenen geprüft werden, ob durch die Verwertung ein Eingriff in ein Grundrecht besteht und wenn ja, ob dieser durch ein überwiegendes Interesse des Arbeitgebers und besondere Aspekte gerechtfertigt ist. Vereinzelt könnte man aus der instanzgerichtlichen Rechtsprechung den Schluss ziehen, dass eine klare Trennung nicht zwingend geboten ist und sich sowohl die datenschutzrechtliche Zulässigkeit der Maßnahmen als auch die Zulässigkeit der Verwertbarkeit nach dem BDSG richtet. Insoweit hat das LAG Baden-Württemberg in seiner Entscheidung zum Einsatz eines Detektivs aus dem Verstoß gegen § 32 Abs. 1 BDSG a.F. im Ergebnis auch ein Verbot der Verwertung der gewonnenen Ergebnisse gefolgert.[2810] Das Gericht prüfte nämlich nicht, ob neben dem Verstoß gegen § 32 BDSG a.F. eine gesonderte Grundrechtsverletzung durch die Verwertung vorliegt.[2811] In der sich anschließenden Entscheidung des BAG hat dieses allerdings wieder eine konkrete Differenzierung zwischen der Prüfung der datenschutzrechtlichen Zulässigkeit der jeweiligen Maßnahme sowie der Zulässigkeit der Verwertbarkeit der Ergebnisse vorgenommen, sodass es bei dem Grundsatz der getrennten Betrachtung bleibt.[2812]

Trotz dieses Grundsatzes der getrennten Betrachtung zeigt sich auf der Grundlage des aktuellen Datenschutzes, dass sich im Hinblick auf die datenschutzrechtliche Bewertung einer konkreten Ermittlungsmaßnahme und der Verwertung der Ermittlungsergebnisse im arbeitsgerichtlichen Verfahren in den meisten Fällen ein Gleichlauf der Bewertungsergebnisse ergibt.[2813] Dies resultiert daraus, dass im Zentrum der Abwägung zu einem möglichen Beweisverwertungsverbot der Schutz des allgemeinen Persönlichkeitsrechts und das Recht auf informationelle Selbstbestimmung steht. Zur alten Rechtslage hat das BAG entschieden, dass die Bestimmungen des BDSG über die Anforderungen an eine zulässige Datenverarbeitung den Schutz des Rechts auf informationelle Selbstbestimmung und des allgemeinen Persönlichkeitsrechts konkretisieren und aktualisieren.[2814]

2809 HWK/*Lembke*, Art. 88 DSGVO Rn. 53.

2810 LAG Baden-Württemberg, ZD 2017, 88, 89 f.

2811 So auch *Fuhlrott/Schröder*, NZA 2017, 278, 279 f.; *Kort*, RdA 2018, 24, 33.

2812 BAG, NZA 2017, 1179, 1181 ff.

2813 HWK/*Lembke*, Art. 88 DSGVO Rn. 54; im Ergebnis so auch *Fuhlrott/Schröder*, NZA 2017, 278, 282; MüKo-BGB/*Henssler*, § 626 Rn. 384; *Pötters/Wybitul*, NJW 2014, 2074, 2078.

2814 BAG, NZA, 2014, 243, 247 ff.

Diese Rechtsprechung lässt sich auf die aktuelle Rechtslage übertragen. Erfolgt nun die Datenverarbeitung im Rahmen der konkreten Ermittlungsmaßnahme im Einklang mit den datenschutzrechtlichen Bestimmungen, so scheidet ein Verwertungsverbot aus.[2815] Insoweit hat bereits die Erforderlichkeitsprüfung im Rahmen der datenschutzrechtlichen Bewertung ergeben, dass die Interessenpositionen des Arbeitgebers überwiegen. Dann ergibt sich aber auch in der nachgelagerten Prüfung hinsichtlich eines etwaigen Verwertungsverbots keine andere Bewertung.[2816]

Aber auch wenn ein Verstoß gegen den Datenschutz vorliegt, ergibt sich regelmäßig das gleiche Bewertungsergebnis. Im Rahmen der von der datenschutzrechtlichen Bewertung einer Ermittlungsmaßnahme nach § 26 Abs. 1 BDSG umfassten Interessenabwägung werden alle für und gegen die datenschutzrechtliche Zulässigkeit der Maßnahme sprechenden Argumente gegeneinander abgewogen.[2817] Im Rahmen der Interessenabwägung finden vor allem die Grundrechtspositionen des Arbeitnehmers Berücksichtigung, so auch das allgemeine Persönlichkeitsrecht mit seinen unterschiedlichen Ausprägungen sowie insbesondere das Recht auf informationelle Selbstbestimmung. Eingriffe in das allgemeine Persönlichkeitsrecht werden bereits im Rahmen dieser Prüfung gewürdigt. Wenn nun also eine umfassende Abwägung unter Berücksichtigung aller für und gegen die konkrete Maßnahme sprechenden Aspekte zu dem Ergebnis führt, dass die Ermittlungsmaßnahme datenschutzrechtlich nicht zulässig ist, so bleibt wenig Spielraum für eine Neubewertung durch die Gerichte.[2818] Dies gilt umso mehr, wenn es sich um einen besonders gravierenden Eingriff in die grundrechtlich geschützten Rechte des Arbeitnehmers handelt. Von einem solchen Eingriff ist nach der Rechtsprechung des BAG bspw. in den Fällen der Überwachung von Toiletten und Umkleideräumen per Video,[2819] im Falle des heimlichen Mithörens von Telefonaten[2820] oder bei einem heimlichen Öffnen eines Spinds des Mitarbeiters[2821] auszugehen. Ein anderes Ergebnis könnte sich allenfalls dann ergeben, wenn zusätzliche besondere Umstände bzw. Aspekte hinzutreten, welche für eine Verwertbarkeit sprechen.

Vor diesem Hintergrund dürfte eine Verwertbarkeit ausscheiden, wenn sich die Interessenlage nicht verändert hat,[2822] sodass der datenschutzrechtlichen

---

2815 Vgl. BAG, NZA 2018, 1329, 1330 zu § 32 Abs. 1 BDSG a.F.; *Chandna-Hoppe*, NZA 2018, 614, 619; *Fuhlrott/Schröder*, NZA 2017, 278, 283; *Stück*, CCZ 2018, 88, 91.

2816 *Stück*, CCZ 2018, 88, 91.

2817 Vgl. hierzu ausführlich Kapitel 2 § 2 B. IV. 1. c) bb) (c), cc) (c), C. I.

2818 *Fuhlrott/Schröder*, NZA 2017, 278, 282; *Chandna-Hoppe* spricht insoweit davon, dass die Vermutung entsteht, „dass ein Verstoß gegen das BDSG ein Beweisverwertungsverbot wegen einer Verletzung des allgemeinen Persönlichkeitsrechts impliziert", vgl. *Chandna-Hoppe*, NZA 2018, 614, 618 f.

2819 Gola/Heckmann/*Gola*, BDSG § 26 Rn. 33.

2820 BVerfG, NJW 2003, 2375; Gola/Heckmann/*Gola*, BDSG § 26 Rn. 33.

2821 BAG, NZA 2014, 143; Gola/Heckmann/*Gola*, BDSG § 26 Rn. 33.

2822 *Fuhlrott/Schröder*, NZA 2017, 278, 282; *Thüsing/Pötters*, in: Thüsing, Beschäftigtendatenschutz und Compliance, § 21 Rn. 32.

Unzulässigkeit einer Ermittlungsmaßnahme in der sich anschließenden Prüfung zur Verwertbarkeit regelmäßig ein Beweisverwertungsverbot folgt.[2823] Auch die von der Rechtsprechung geforderten besonderen Aspekte ändern daran nichts. Insoweit werden alle für den Arbeitgeber sprechenden Aspekte auch im Rahmen der Abwägung zur datenschutzrechtlichen Zulässigkeit der konkreten Maßnahme Berücksichtigung finden. Liegen solche Aspekte vor, wie z.B. eine notwehrähnliche Lage, so schlagen diese auch auf die Prüfung eines Beweisverwertungsverbots durch.

c) *Kein abweichender Maßstab im Falle von Zufallsfunden*

Im Rahmen der Prüfung, ob ein Beweisverwertungsverbot besteht, führt die Tatsache, dass es sich bei der Verwertung um sog. „Zufallsfunde" oder „Zufallserkenntnisse" handelt, nicht zu einer Abweichung von dem dargestellten Prüfungsrahmen. Insoweit erfolgt in gleicher Weise auf der einen Seite eine Prüfung der datenschutzrechtlichen Zulässigkeit der Maßnahme sowie auf der anderen Seite eine Prüfung der Verwertbarkeit der Ergebnisse im arbeitsgerichtlichen Verfahren. Die Problematik, dass die Maßnahme in Bezug auf die betroffene Person anlasslos erfolgte, wirkt sich insoweit im Rahmen der konkreten Abwägung aus. Mithin führt die Tatsache, dass eine Beweisführung auf Zufallsfunde gestützt wird und der Zweck der Ermittlungsmaßnahme nicht auf die Gewinnung der für die Beweisführung erforderlichen Erkenntnisse gerichtet war, jedenfalls nicht automatisch zu einem Beweisverwertungsverbot.[2824]

Die Beurteilung des Zufallsfunds richtet sich zunächst nach der datenschutzrechtlichen Zulässigkeit der ursprünglichen Ermittlungsmaßnahme. Bestand kein milderes Mittel, um einen bestehenden Verdacht zulasten anderer Mitarbeiter aufzuklären, kann eine konkrete Ermittlungsmaßnahme auch gegenüber einer zunächst unverdächtigen Person materiell rechtlich zulässig sein.[2825] Ist die Maßnahme dann aber bereits datenschutzrechtlich zulässig, kommt, wie bereits gezeigt, ein Beweisverwertungsverbot schon nicht in Betracht. Ist die Maßnahme indes unzulässig, erfolgt – ebenso wie bei anlassbezogenen Maßnahmen – auf einer zweiten Stufe die Prüfung, ob bezogen auf „Zufallserkenntnisse" das Beweisinteresse des Arbeitgebers höher zu gewichten sein muss als das Interesse des Arbeitnehmers an der Achtung seines allgemeinen Persönlichkeitsrechts.[2826] Hierbei sind, wie bereits ausgeführt, die gleichen Abwägungsgesichtspunkte zu berücksichtigen, die auch für die Prüfung der Zulässigkeit der Ermittlungsmaßnahme von Relevanz waren. Insoweit führt die Abwägung hinsichtlich der Verwertbarkeit der Erkenntnisse in aller Regel zum gleichen Ergebnis.

2823 *Pötters/Wybitul*, NJW 2014, 2074, 2078.
2824 So auch BAG, NZA 2014, 243, 249.
2825 BAG, NZA 2017, 112, 115.
2826 BAG, NZA 2014, 243, 249.

In einer Entscheidung zur heimlichen Videoüberwachung und in deren Rahmen festgestellten Zufallsfunden hat das BAG zwar entschieden, dass das Beweisinteresse des Arbeitgebers überhaupt nur dann höher zu gewichten sein kann, wenn das mittels Videodokumentation zu beweisende Verhalten eine wenn nicht strafbare, so doch schwerwiegende Pflichtverletzung zum Gegenstand habe und die verdeckte Videoüberwachung nicht selbst dann noch unverhältnismäßig sei.[2827] Diese Entscheidung und mit ihr verbundene strengere Anforderungen ändern jedoch nichts daran, dass es im Ergebnis zu einer vergleichbaren Bewertung der datenschutzrechtlichen Zulässigkeit einer Maßnahme und der Verwertung ihrer Erkenntnisse im Verfahren kommt, da die vom BAG aufgestellten Anforderungen auch schon im Rahmen der Abwägung zur Zulässigkeit der Maßnahme zu berücksichtigen sind.[2828]

d) Bewertung im Hinblick auf die Fälle aus Kapitel 2

Nimmt man im Rahmen der Auseinandersetzung mit möglichen Verwertungsverboten die in Kapitel 2 skizzierten[2829] und analysierten[2830] Fallkonstellationen in den Blick, ergibt sich hinsichtlich der verschiedenen Ermittlungsmaßnahmen keine unterschiedliche Bewertung im Hinblick auf Voraussetzungen für das Eingreifen eines Beweisverwertungsverbots. Egal durch welche der untersuchten Maßnahmen die Erkenntnisse zutage gefördert wurde, in allen Fällen ist im konkreten Einzelfall zu prüfen, ob sich durch die Verwertung der Erkenntnisse ein gesonderter Verstoß ergibt und ob dies seinerseits gegen eine Verwertung spricht. Soweit sich im Hinblick auf die datenschutzrechtliche Zulässigkeit einer Maßnahme sowie die Beweisverwertung ein Gleichlauf innerhalb der rechtlichen Bewertung ergibt, darf hieraus aber kein allgemeingültiger Grundsatz hergeleitet werden.[2831] Vielmehr bleibt es bei einer Prüfung im Einzelfall auf den unterschiedlichen Ebenen, die jedoch in den meisten Fällen zum gleichen Ergebnis führen dürfte. Betrachtet man die einzelnen Ermittlungsmaßnahmen, so kann sich jedoch – ebenso wie bei der datenschutzrechtlichen Prüfung – ein unterschiedlich starkes Risiko eines Verwertungsverbots ergeben. Dies liegt allerdings nur an der Intensität der konkreten Maßnahme. Eine verdeckte Video- oder eine Telefonüberwachung stellen für sich gesehen bereits einen sehr starken Eingriff in das allgemeine Persönlichkeitsrecht des Arbeitnehmers dar, sodass in ihrem Fall eine Verletzung der datenschutzrechtlichen Bestimmungen sowie die Gefahr eines Verwertungsverbots größer ist als bspw. bei Mitarbeitergesprächen. Werden Letztere nach den üblichen Gepflogenheiten durchgeführt, so liegt regelmäßig eine Persönlichkeitsverletzung vor.[2832]

2827 BAG, NZA 2014, 243, 249.
2828 Vgl. hierzu Kapitel 2 § 2 C. II. 4. b) cc).
2829 Vgl. Kapitel 2 § 2. A.
2830 Vgl. Kapitel 2 § 4 A II.
2831 Vgl. hierzu auch Kapitel 3 § 2 C. II.
2832 *Lützeler/Müller-Sartori*, CCZ 2011, 19, 23 f.

2. *Kein Beweisverwertungsverbot bei formellen Verstößen*

Der Grundsatz der freien Beweiswürdigung sowie die Tatsache, dass ein Beweisverwertungsverbot nur im Zuge einer verfassungskonformen Auslegung in Betracht kommt, sprechen dafür, dass bspw. ein Verstoß gegen ein formelles Erfordernis nicht zu einem Beweisverwertungsverbot führt.[2833] Ein solcher Verstoß könnte bspw. darin liegen, dass gegen eine Dokumentationsobliegenheit verstoßen wird.[2834]

Nach der Rechtsprechung zur alten Rechtslage, welche sich auf die aktuelle Rechtslage übertragen lässt[2835], liegt der Zweck einer Dokumentationspflicht, wie sie bspw. in § 26 Abs. 1 S. 2 BDSG geregelt ist und bereits in § 32 Abs. 1 S. 2 BDSG geregelt war, darin, die nachträgliche Rechtmäßigkeitskontrolle zu erleichtern.[2836] Kann der Arbeitgeber den vorgebrachten Verdacht im Verfahren durch Tatsachen beweisen, kann der Umstand, dass der Arbeitgeber seiner Dokumentationspflicht nicht nachgekommen ist, für sich gesehen nicht zu einem Beweisverwertungsverbot führen.[2837] Insoweit kann der Arbeitgeber den Verdacht – wenn auch verspätet – durch Tatsachen belegen. Es würde gegen eine effektive Rechtsdurchsetzung sprechen, würde man ein Beweisverwertungsverbot annehmen.

3. *Kein Beweisverwertungsverbot bei Unzulässigkeit wegen Drittbetroffenheit*

Ferner ist ein Beweisverwertungsverbot dann nicht gegeben, wenn sich die Unzulässigkeit einer Maßnahme ausschließlich aus der Betroffenheit Dritter ergibt.[2838] Ein Beweisverwertungsverbot ist die Folge eines Eingriffs in die Grundrechte des konkret betroffenen Arbeitnehmers in dessen arbeitsgerichtliches Verfahren. Beruht die Unzulässigkeit allein auf der Drittbetroffenheit, dann lässt sich im Umkehrschluss daraus folgern, dass die Maßnahme rechtmäßig gewesen wäre, wenn nur der betroffene Arbeitnehmer der Maßnahme ausgesetzt wäre. Ein Beweisverwertungsverbot würde dazu führen, dass die Betroffenheit Dritter einer Person zum Vorteil gereicht, obwohl diese Drittbetroffenheit nicht Gegenstand des Verfahrens ist, die Dritten mithin nicht am arbeitsgerichtlichen Verfahren beteiligt sind.[2839] Hierdurch würde die aus § 286 ZPO i.V.m. Art. 103 Abs. 1 GG resultierende

---

2833 So auch *Pötters/Wybitul*, NJW 2014, 2074, 2078; *Thüsing/Pötters*, in: Thüsing, Beschäftigtendatenschutz und Compliance, § 21 Rn. 32.

2834 BAG, NZA 2017, 443, 447; so auch *Thüsing/Pötters* unter Bezugnahme auf einen Verstoß gegen das Transparenzgebot gemäß § 6b Abs. 2 BDSG a.F., vgl. *Thüsing/Pötters*, in: Thüsing, Beschäftigtendatenschutz und Compliance, § 21 Rn. 32. Zum Transparenzgebot.

2835 So auch *Kort*, NZA 2018, 1097, 1104 f.

2836 BAG, NZA 2017, 443, 447.

2837 BAG, NZA 2017, 443, 447.

2838 BAG, NZA 2017, 443, 447; LAG Baden-Württemberg, ZD 2019, 132, 133 f.; *Bergwitz*, NZA 2012, 353, 357; *Dzida/Grau*, NZA 2010, 1201, 1202 f.

2839 *Dzida/Grau*, NZA 2010, 1201, 1203.

Verpflichtung der Gerichte, den von den Parteien vorgetragenen Sachverhalt und die von ihnen angebotenen Beweise zu berücksichtigen, ausgehöhlt.

Aus dem Umstand, dass nach der Rechtsprechung rein formelle Verstöße für ein Beweisverwertungsverbot nicht ausreichen[2840] und das BDSG a.F., ebenso wie das BDSG, keine Beweisverwertungsverbote vorsieht, wird die Unterscheidung hergeleitet, dass „einfache" Datenschutzverstöße nicht zu einem Verwertungsverbot führen, während dies bei gravierenden Verstößen, die schwerwiegende Eingriffen in das Persönlichkeitsrecht darstellen, der Fall sein soll.[2841] Jedenfalls im Hinblick auf die Folgen gravierender Verstöße lässt sich eine solche Differenzierung nicht pauschal vornehmen. Im Ergebnis handelt es sich immer um eine Abwägungsentscheidung im Einzelfall und auch bei einem schwerwiegenden Eingriff in das Persönlichkeitsrecht muss nochmals geprüft werden, ob nicht so die besondere Sachlage und daraus resultierende besondere Aspekte eine Verwertung gebieten. Die Differenzierung zwischen einfachen und gravierenden datenschutzrechtlichen Verstößen kann mithin als Indikator bzw. die sich aus der Differenzierung ergebenden Fallgruppen als „grobes Raster" für eine Bewertung dienen, nicht aber als allgemeine Regel angesehen werden.

4. Mitbestimmungswidrig durchgeführte Überwachungs- und Kontrollmaßnahmen

Betrachtet man nun die Situation, dass eine zustimmungspflichtige Ermittlungsmaßnahme ohne eine entsprechende Zustimmung durch den Betriebsrat durchgeführt wurde, so stellt sich die Frage, ob der Verwertung der Ermittlungsergebnisse die fehlende Zustimmung entgegensteht.

Mit der zutreffenden Rechtsprechung des BAG ist nicht per se von einem Beweisverwertungsverbot auszugehen, wenn ein Verstoß gegen die betriebsverfassungsrechtlichen Mitbestimmungsrechte gegeben ist.[2842] Dies ergibt sich auch aus einer aktuellen Entscheidung des LAG Köln.[2843] Zunächst spricht gegen die Annahme eines Beweisverwertungsverbots, dass ein solches nicht im BetrVG oder ZPO normiert ist.[2844] Das ein solches ebenso wenig aus der ZPO oder dem ArbGG

2840 Vgl. hierzu z.B. BAG, NZA 2017, 443, 447.

2841 *Kort*, RdA 2018, 24, 33; *Kort*, NZA 2018, 1097, 1104 f.; so auch *Köhler/Schürgers* im Hinblick auf Datenschutzverstöße unterhalb der Schwelle einer verfassungsrechtlich geschützten Position, vgl. *Köhler/Schürgers*, BB 2018, 1013.

2842 BAG NJW 2008, 2732, 2734; BAG, NZA 2017, 112, 116; so auch Gola/Heckmann/*Gola*, BDSG § 26 Rn. 33; MüKo-BGB/*Henssler*, § 626 Rn. 389; *Lützeler/Müller-Sartori*, CCZ 2011, 19, 24; a.A. *Maschmann* geht von einem Beweisverwertungsverbot nur für den Fall aus, dass das Mitbestimmungsrecht auch dem individuellen Schutz einzelner Arbeitnehmer dient, vgl. *Maschmann*, NZA 2002, 13, 21; *Röckl/Fahl*, NZA 1998, 1035, 1038.

2843 LAG Köln, CB 2020, 394.

2844 BAG NJW 2008, 2732, 2734; BAG, NZA 2003, 1193, 1196; so auch *Altenburg/Leister*, NJW 2006, 469, 470 f.

folgt, wurde bereits beleuchtet. Darüber hinaus sind mitbestimmungswidrige Maßnahme rechtswidrig. Diesbezüglich bestehen auch gesetzlich normierte Sanktionen, welche dem Schutz der Mitbestimmungsrechte in ausreichender Weise Rechnung tragen.[2845] Zu diesen gehört bspw. der betriebsverfassungsrechtliche Unterlassungsanspruch gemäß § 23 Abs. 3 BetrVG.

Eines allgemeinen Beweisverwertungsverbots bedarf es hingegen nicht. Vielmehr kommt es – ebenso wie bei datenschutzrechtlichen Verstößen – darauf an, ob durch die Verwertung der mitbestimmungswidrig erlangten Ermittlungsergebnisse in ungerechtfertigter Weise in eine rechtlich geschützte Grundrechtsposition des Arbeitnehmers eingegriffen wird.[2846] Konkret geht es also um die Verletzung des allgemeinen Persönlichkeitsrechts des betroffenen Arbeitnehmers durch die Verwertung der mitbestimmungswidrig gewonnenen Erkenntnisse.[2847] Ist also eine Überwachungsmaßnahme mitbestimmungswidrig erfolgt, erweist sich die Maßnahme im Rahmen einer vorzunehmenden Güterabwägung jedoch als verhältnismäßig, so führt die fehlende Mitbestimmung nicht zu einem Verwertungsverbot.[2848] Mithin lässt sich ein Beweisverwertungsverbot nicht allein aus den nicht eingehaltenen Verfahrensregelungen einer Betriebsvereinbarung herleiten.[2849]

Dieses Ergebnis wird vom BAG zudem aus dem Schutzzweck der zivilprozessualen Grundsätze sowie des § 87 Abs. 1 BetrVG hergleitet. Soweit die Herleitung aus § 87 Abs. 1 BetrVG erfolgt, stützt sich diese insbesondere auf § 87 Abs. 1 Nr. 1 BetrVG[2850] und § 87 Abs. 1 Nr. 6 BetrVG[2851]. Beweisverwertungsverbote dienen dem Schutz des allgemeinen Persönlichkeitsrechts des Arbeitnehmers. Soweit sie dem kollektiv-rechtlich vermittelten Schutz des allgemeinen Persönlichkeitsrechts dienen, verfolgen die Mitbestimmungsrechte den gleichen Schutzzweck.[2852] Wenn nun also nach den allgemeinen Grundsätzen ein Beweisverwertungsverbot ausscheidet, weil ein möglicher Eingriff am Ende einer vorzunehmen Abwägung als gerechtfertigt anzusehen ist, dann kann der reine Verstoß gegen ein Mitbestimmungsrecht, welches ebenfalls dem Schutz des allgemeinen Persönlichkeitsrechts dient, nicht weitergehen und allgemein zu einem Beweisverwertungsverbot führen.[2853]

2845 BAG, NJW 2008, 2732, 2734; *Altenburg/Leister*, NJW 2006, 469, 471.

2846 LAG Köln, CB 2020, 394, 398; *Lützeler/Müller-Sartori*, CCZ 2011, 19, 24.

2847 Im Ergebnis so auch *Grimm/Schiefer*, RdA 2009, 329, 341 f.

2848 MAH Verteidigung in Wirtschafts- und Steuerstrafsachen/*Park/Eggers*, § 11 Rn. 73.

2849 BAG, NJW 2008, 2732, 2734.

2850 BAG, NZA 2003, 1193, 1196; BAG, NJW 2008, 2732, 2735.

2851 BAG, NZA 2017, 112, 116; BAG, NZA 2017, 443, 447; so auch *Stück*, CCZ 2018, 88, 92.

2852 BAG, NZA 2003, 1193, 1196; BAG, NJW 2008, 2732, 2735; BAG, NZA 2017, 112, 116; BAG, NZA 2017, 443, 447.

2853 BAG, NZA 2003, 1193, 1196; BAG, NJW 2008, 2732, 2735; BAG, NZA 2017, 112, 116; BAG, NZA 2017, 443, 447; im Ergebnis so auch *Altenburg/Leister*, NJW 2006, 469, 471.

Darüber hinaus steht der Verstoß gegen ein Mitbestimmungsrecht einer Verarbeitung der im Rahmen der Ermittlungsmaßnahme gewonnenen Erkenntnisse nicht entgegen, wenn der Betriebsrat einer auf die erlangten Erkenntnisse gestützten Kündigung zustimmt[2854] oder die Verwendung der Ermittlungsergebnisse nachträglich genehmigt.[2855] Damit gibt der Betriebsrat nämlich zum Ausdruck, dass er die Kompetenzüberschreitung des Arbeitgebers in dem konkreten Fall billigt.[2856]

5. *Keine Fernwirkung*

Befasst man sich mit Beweisverwertungsverboten, muss man sich auch mit einer möglichen Fernwirkung auseinandersetzen. Bei einer solchen wirkt sich das Beweisverwertungsverbot zusätzlich auf mittelbar durch das verbotene Beweismittel gewonnene Erkenntnisse aus. Geht man bspw. davon aus, dass ein Mitarbeiter aufgrund einer ihm vorgespielten und unzulässigen Videoaufzeichnung einen Sachverhalt bestätigt, mithin eine Pflichtverletzung zugibt, so würde eine Fernwirkung dazu führen, dass dieses „Geständnis" nicht verwendet werden darf.[2857] Eine Fernwirkung ist im deutschen Recht indes insgesamt abzulehnen.[2858] Sie ist dem deutschen Prozessrecht fremd.[2859] Auch spricht der Vergleich zum Strafprozessrecht gegen eine Fernwirkung, da dort mit der zutreffenden Rechtsprechung des BAG in Strafsachen eine Fernwirkung nach dem Vorbild der „fruit-of-the-poisonous-tree-doctrine" aus dem US-amerikanischen Recht abgelehnt wird.[2860] Wenn eine Fernwirkung bereits im Strafprozessrecht abgelehnt wird, sollte nichts anderes für die Fallkonstellationen im Zivil-/Arbeitsrecht gelten.[2861] Insoweit dürfen im Zivilprozess- bzw. Arbeitsverfahrensrecht nicht strengere Anforderungen gelten, als dies im Strafprozessrecht der Fall ist.[2862]

2854 BAG, NZA 2003, 1193, 1196; BAG, NZA 2017, 112, 116.

2855 BAG, NZA 2003, 1193, 1196; so auch MüKo-BGB/*Henssler*, § 626 Rn. 389; BeckRA-HdB/*Junker/Knigge/Pischel/Reinhart*, § 49 Rn. 135; ErfK/*Kania* BetrVG § 87 Rn. 137.

2856 BAG, NZA 2003, 1193, 1196.

2857 *Chandna-Hoppe*, NZA 2018, 614, 619; *Fuhlrott*, NZA 2017, 1308, 1311; *Pötters/Wybitul*, NJW 2014, 2074, 2079; *Thüsing/Pötters*, in: Thüsing, Beschäftigtendatenschutz und Compliance, § 21 Rn. 32.

2858 *Bergwitz*, NZA 2012, 353, 359; *Chandna-Hoppe*, NZA 2018, 614, 619; *Pötters/Wybitul*, NJW 2014, 2074, 2079; a.A. LAG Baden-Württemberg, BB 1999, 1439.

2859 *Bergwitz*, NZA 2012, 353, 359; *Chandna-Hoppe*, NZA 2018, 614, 619; *Dzida/Grau*, NZA 2010, 1201, 1206; *Grimm/Schiefer*, RdA 2009, 329, 342.

2860 BGH, NJW 1978, 1390; BGH, NJW 1984, 2772, 2772 f.; BAG, NJW 1987, 2525; BAG, NJW 1988, 1223, 1224.

2861 *Thüsing/Pötters*, in: Thüsing, Beschäftigtendatenschutz und Compliance, § 21 Rn. 32; im Ergebnis so auch *Chandna-Hoppe*, NZA 2018, 614, 619.

2862 *Pötters/Wybitul*, NJW 2014, 2074, 2079.

III. Keine Verwertungsverbote in Betriebsvereinbarungen

Inhalt von Verhandlungen mit dem Betriebsrat können auch konkrete Regelungen in Betriebsvereinbarungen zu Beweisverwertungsverboten sein.[2863] Im hiesigen Kontext sind entsprechende Regelungen in Betriebsvereinbarungen so ausgestaltet, dass nach ihnen Ergebnisse einer datenschutzrechtlich unzulässigen Ermittlungsmaßnahme nicht verwertet werden dürfen.[2864] Werden Beweisverwertungsverbote in Betriebsvereinbarungen aufgenommen, stellt sich mithin die Frage, inwieweit diese wirksam sind und damit Einfluss bspw. auf einen Kündigungsschutzprozess nehmen, in dem der vom Arbeitgeber vorgetragene Sachverhalt maßgeblich auf eine unzulässige Ermittlungsmaßnahme gestützt wird.

Eine höchstrichterliche Rechtsprechung existiert bislang nicht. Aber auch in der instanzgerichtlichen Rechtsprechung finden sich nur zwei Entscheidungen, welche diesen Problemkreis aufgreifen. So hat sich das LAG Berlin-Brandenburg in einer Entscheidung vom 9. Dezember 2009[2865] entschieden, dass Beschäftigtendaten, die entgegen den Regelungen einer Gesamtbetriebsvereinbarung erfasst, gespeichert oder ausgewertet werden, nicht verwertet werden dürfen.[2866] Ferner seien personelle Maßnahmen, die auf Informationen beruhen, die unter Verstoß gegen eine solche Gesamtbetriebsvereinbarung gewonnen wurden, unwirksam.[2867] Das LAG Berlin-Brandenburg stützt seine Ansicht darauf, dass „durch kollektivrechtliche Vereinbarungen auch im Rahmen einer Betriebsvereinbarung günstigere Regelungen im Verhältnis zum Kündigungsschutzgesetz geschaffen werden [können]".[2868] Ferner sei die Rechtsprechung des BAG zu mitbestimmungswidrigen Maßnahmen und die Folgen für die Verwertbarkeit nicht anwendbar, da mit der Gesamtbetriebsvereinbarung eine Regelung zur Verwertbarkeit bestehe.[2869]

Das BAG hatte geurteilt, dass das Gesetz (also das BetrVG und die ZPO) bei einer mitbestimmungswidrigen Maßnahme kein betriebsverfassungsrechtliches Beweisverwertungsverbot als Sanktion vorsehe, mithin eine Regelung fehle, nach der die gewonnenen Erkenntnisse nicht verwertet werden dürfen.[2870] Eine solche Regelung sieht das LAG Berlin-Brandenburg in der Regelung der Gesamtbetriebsvereinbarung. Der Entscheidung des LAG Berlin-Brandenburg lässt sich entgegenhalten, dass sich das Gericht in seiner Entscheidung nicht mit der

---

2863 *Köhler/Schürgers*, BB 2018, 1013, 1013.
2864 Für ein Beispiel einer solchen Regelung vgl. *Jentsch/Kilian*, AuA 2015, 158, 158.
2865 LAG Berlin-Brandenburg, NZA-RR 2010, 347.
2866 LAG Berlin-Brandenburg, NZA-RR 2010, 347, 349.
2867 LAG Berlin-Brandenburg, NZA-RR 2010, 347, 349.
2868 LAG Berlin-Brandenburg, NZA-RR 2010, 347, 349.
2869 Zum Problem der Verwertbarkeit mitbestimmungswidrig erlangter Erkenntnisse vgl. Kapitel 3 § 2 A. II. 4.
2870 Vgl. BAG, NZA 2003, 1193, 1196; BAG, NJW 2008, 2732, 2734.

Regelungskompetenz für ein Beweisverwertungsverbot und damit einem Kernproblem in diesem Zusammenhang auseinandergesetzt hat.[2871]

Im Gegensatz zum LAG Berlin-Brandenburg hat das LAG Baden-Württemberg in seiner Entscheidung vom 6. Juni 2018[2872] geurteilt, dass „eventuelle in den Betriebsvereinbarungen zum Ausdruck kommende eigenständige Verwertungsverbote bei Verstößen gegen die in den Betriebsvereinbarungen zur Auswertung und Erhebung von Daten befindlichen Regelungen" kein gerichtliches Verwertungsverbot begründen.[2873] Nach Ansicht des LAG Baden-Württemberg sei es nicht möglich, durch Reglungen in Betriebsvereinbarungen den Grundsatz der freien Beweiswürdigung einzuschränken.[2874] Darüber hinaus sei es für die Betriebsparteien mangels Regelungskompetenz nicht möglich, über die Gesetze hinausgehende Verwertungsverbote zu schaffen.[2875] Auch eine Umdeutung in einen Prozessvertrag sei nicht möglich.[2876]

In der Literatur wird gerade das letzte vom LAG Baden-Württemberg genannte Argument aufgegriffen und eine gegenteilige Auffassung vertreten. So wird vertreten, dass in Betriebsvereinbarungen geregelte Beweisverwertungsverbote in Prozessverträge umgedeutet werden können.[2877] Die Möglichkeit der Umdeutung beruhe zum einen auf dem normativen Charakter von Betriebsvereinbarungen.[2878] Ferner seien Beweismittelverträge, die lediglich den Verzicht auf bestimmte Beweismittel vereinbaren, wegen des Dispositionsgrundsatzes zulässig, da es den Parteien obliege, welche Beweismittel sie in den Prozess einführen wollen.[2879]

Bei einem Prozessvertrag handelt es sich um eine zweiseitige Vereinbarung über die unmittelbare Gestaltung eines anhängigen oder künftigen Prozesses.[2880] Mithin geht es um eine Verpflichtung hinsichtlich eines prozessualen Verhaltens. Grundsätzlich sind Prozessverträge zulässig. Dies ergibt sich bereits daraus, dass das Gesetz selbst die Möglichkeit von entsprechenden Vereinbarungen vorsieht, so kommen bspw. Gerichtsstands- und Schiedsvereinbarung (vgl. §§ 38, 1029 ZPO), Vereinbarungen über die Art der Sicherheitsleistung (vgl. § 108 ZPO), eine

2871 So auch *Fuhlrott/Oltmanns*, NZA 2018, 413, 416; zur Regelungskompetenz im Hinblick auf Beweisverwertungsverbote in Betriebsvereinbarung sogleich im Einzelnen.

2872 LAG Baden-Württemberg, ZD 2019, 132.

2873 LAG Baden-Württemberg, ZD 2019, 132, 134 f.

2874 LAG Baden-Württemberg, ZD 2019, 132, 135.

2875 LAG Baden-Württemberg, ZD 2019, 132, 135.

2876 LAG Baden-Württemberg, ZD 2019, 132, 135.

2877 *Reinhard*, NZA 2016, 1233, 1238 f.; so wohl auch *Saenger*, der die Umdeutung von Prozessverträgen grundsätzlich als möglich ansieht und der Ansicht ist, dass die Parteien in einem Prozessvergleich vereinbaren können, dass gewisse Beweise nicht verwendet werden dürfen, vgl. *Saenger* in Saenger ZPO, Einf. Rn. 131 f.

2878 *Reinhard*, NZA 2016, 1233, 1239.

2879 *Reinhard*, NZA 2016, 1233, 1239.

2880 MüKo-ZPO/*Rauscher*, Einl. Rn. 464; *Saenger* in Saenger ZPO, Einf. Rn. 131.

Fristvereinbarung (vgl. § 224 Abs. 1 ZPO) oder die Einigung auf einen bestimmten Sachverständigen (§ 404 Abs. 4 ZPO) in Betracht. Bei einer Regelung zu Beweisverwertungsverboten in Betriebsvereinbarungen handelt es sich demgegenüber grundsätzlich um eine sog. freiwillige Betriebsvereinbarung, da sie keinen der durch das Gesetz bestimmten erzwingbaren Fälle der Mitbestimmung betrifft, mithin freiwillig geschlossen wird.[2881] Der Ansicht, welche sich für eine Umdeutung ausspricht, ist insoweit zuzustimmen, als dass der Betriebsvereinbarung eine normative Wirkung zukommt.[2882] Gleichwohl ist einer möglichen Umdeutung in einen Prozessvertrag entgegenzutreten.[2883]

Zunächst ist ihr entgegenzuhalten, dass es den Betriebsparteien bereits an einer Regelungskompetenz für entsprechende Beweisverwertungsverbote fehlt. Die Regelungen einer Betriebsvereinbarung wirken unmittelbar und zwingend auf die von ihnen erfassten Arbeitsverhältnisse ein.[2884] Es geht also um Regelungen in Bezug auf das Verhältnis zwischen Arbeitgeber und Arbeitnehmer. Die Prüfung, ob ein Beweisverwertungsverbot vorliegt, wird indes vom Gericht als staatlichem Organ vorgenommen und entschieden. Die Beantwortung der Frage, ob ein Beweisverwertungsverbot in Betracht kommt, richtet sich also nicht allein nach dem Verhältnis zwischen den Betriebsparteien. Das Gericht ist, wie bereits herausgearbeitet, an die freie Beweiswürdigung sowie den Anspruch auf rechtliches Gehör gebunden. Nach der zutreffenden und bereits dargelegten Ansicht des BAG kommen Beweisverwertungsverbote nur in Ausnahmefällen in Betracht und bedürfen dabei immer eines Grundrechtseingriffs und einer umfassenden Güterabwägung.[2885] Insoweit beruhen Beweisverwertungsverbote auf einer verfassungskonformen Auslegung des Prozessrechts durch die Gerichte, mithin sind sie das Ergebnis der richterlichen Rechtsanwendung.[2886]

Vor diesem Hintergrund würde es die Regelungskompetenz der Betriebsparteien übersteigen, würde durch einen privatrechtlichen Normenvertrag zwischen Arbeitgeber und Betriebsrat, welcher darauf angelegt ist, Regelungen zur betrieblichen und betriebsverfassungsrechtlichen Ordnung sowie über Inhalt, Abschluss und Beendigung von Arbeitsverhältnissen zu schaffen[2887], ein Beweisverwertungsverbot normiert werden können, welches nach der höchstrichterlichen Rechtsprechung eigentlich allein Ausfluss einer verfassungskonformen Auslegung des Prozessrechts im Einzelfall sein kann. Es handelt sich gerade um

---

2881 *Fuhlrott/Oltmanns*, NZA 2018, 413, 416 f.; ErfK/*Kania* BetrVG § 77 Rn. 12; im Ergebnis so auch *Jentsch/Kilian*, AuA 2015, 158, 159.

2882 ErfK/*Kania* BetrVG § 77 Rn. 5.

2883 So auch LAG Baden-Württemberg, ZD 2019, 132; *Fuhlrott/Oltmanns*, NZA 2018, 413, 416 f.; *Fuhlrott/Oltmanns*, NZA 2019, 1105, 1108.

2884 ErfK/*Kania* BetrVG § 77 Rn. 5.

2885 Vgl. hierzu ausführlich Kapitel 3 § 2 A. I., II. 1.

2886 MAH ArbR/*Dendorfer-Ditges*, § 35 Rn. 66.

2887 ErfK/*Kania* BetrVG § 77 Rn. 4.

eine Einzelfallentscheidung, was bei Betriebsvereinbarungen gerade nicht der Fall ist. Auch sieht das BetrVG sowie die ZPO gerade keine Beweisverwertungsverbote vor. Dies spricht grundsätzlich für eine umfassende Verwertung der angeführten Beweise. Diese umfassende Gewährleistung der Verwertbarkeit durch das Gesetz könnte durch die Regelung der Betriebsparteien ausgehöhlt werden. Für dieses Ergebnis und damit die mangelnde Regelungskompetenz spricht ferner, dass nach der zutreffenden Rechtsprechung des BAG mitbestimmungswidrig erlangte Erkenntnisse ihrerseits auch nicht zu einem grundsätzlichen Beweisverwertungsverbot führen. Die Rechtslage bei mitbestimmungswidrig erlangten Ergebnissen ist mit der, dass ein Beweisverwertungsverbot durch die Betriebsparteien vereinbart wird, vergleichbar. In beiden Fällen sollen die Regelungen in der Betriebsvereinbarung dem Schutz des allgemeinen Persönlichkeitsrechts des Arbeitnehmers dienen. Diesem Schutzzweck wird aber gerade durch die grundgesetzliche Güterabwägung zwischen dem Eingriff in das allgemeine Persönlichkeitsrecht durch die Verwertung des Beweismittels und dem Schutz der Rechtspflege ausreichend Rechnung getragen.

Darüber hinaus spricht gegen eine Umdeutung, dass die Betriebsparteien und insbesondere der Arbeitgeber zum Zeitpunkt des Abschlusses der Betriebsvereinbarungen noch keinerlei Kenntnis von dem möglichen Verfahren, dessen Gegenstand und der einem Beweisverwertungsverbot zugrunde liegenden Maßnahme haben.[2888] Auch wenn Prozessverträge für künftige Verfahren zulässig sind, bestehen bei der Ausgestaltung der Betriebsvereinbarung keinerlei Anhaltspunkte zum Gegenstand eines solchen künftigen Verfahrens.

Des Weiteren ist *Fuhlrott/Oltmanns* darin zuzustimmen, dass eine Umdeutung der Betriebsvereinbarung in einen Prozessvertrag die Kündigungsbefugnis des gemäß § 1 Abs. 2 S. 4 KSchG beweisbelasteten Arbeitgebers einschränken würde, was letztlich zu einer Einschränkung des Kündigungsrechts gemäß § 626 BGB führt.[2889] Es würde von vornherein festgelegt, dass Beweismittel nicht verwertet werden dürften, deren Verwertung von Gesetzes wegen nicht per se ausgeschlossen ist.

B. Verwertungsverbot im Strafverfahren

Im Hinblick auf etwaige Verwertungsverbote im Strafprozess wird der Blick im Folgenden auf zwei spezifische Probleme gerichtet, die für das Thema der hiesigen Untersuchung sowie für die bisherigen Untersuchungsergebnisse von besonderer Bedeutung sind. Dabei geht es zum einen um ein Verwertungsverbot für den Fall, dass durch die Ermittlungsbehörden gegen ein Beschlagnahmeverbot verstoßen wird. Ferner geht es um die Frage, ob hinsichtlich der im Zuge der Auskunftserteilung erlangten Informationen ein Verwertungsverbot besteht. Liegt ein

2888 MAH ArbR/*Dendorfer-Ditges*, § 35 Praxistipp nach Rn. 67.
2889 *Fuhlrott/Oltmanns*, NZA 2018, 413, 417.m

Beweisverwertungsverbot vor, so führt dieses dazu, dass das Gericht die beschlagnahmten Ermittlungsergebnisse sowie die Auskunft des Arbeitnehmers nicht zum Gegenstand der Beweiswürdigung und der Urteilsfindung machen dürfte.[2890] Die Behandlung dieser beiden Problemfelder ist notwendig, um die Themenbereiche Beschlagnahmeverbote und Mitarbeiterbefragung im Kontext interner Untersuchungen vollständig zu erfassen. Im Übrigen wird auf eine Darstellung weiterer Problemfelder im Zusammenhang mit strafprozessualen Verwertungsverboten verzichtet, da dies den Rahmen der Arbeit sprengen würde.[2891]

Da in § 1 des dritten Kapitels der Beschlagnahmeschutz von Ermittlungsergebnissen interner Untersuchungen analysiert wurde, wird zunächst die Frage behandelt, ob aus einem Beschlagnahmeverbot zugleich ein Verwertungsverbot für den Fall folgt, dass die Beschlagnahme entgegen dem bestehenden Verbot durchgeführt wird (vgl. hierzu I.).

Des Weiteren wird noch einmal der Themenkomplex Mitarbeiterbefragungen in den Blick genommen.[2892] Mitarbeiterbefragungen tragen maßgeblich zum Erfolg interner Untersuchungen bei und stellen daher eine zentrale Ermittlungsmaßnahme im Rahmen interner Untersuchungen dar.[2893] Im Zusammenhang mit der Analyse der datenschutzrechtlichen Anforderungen wurde bereits herausgearbeitet, dass für Mitarbeiter nach der hier vertretenen Ansicht kein Auskunftsverweigerungsrecht besteht, soweit es sich um Wahrnehmungen innerhalb des unmittelbaren Aufgabenbereichs handelt.[2894] Dies kann zu einem Konflikt mit den von der Strafprozessordnung garantierten Rechten führen.[2895] Einem Beschuldigten steht im Strafverfahren nämlich ein Schweigerecht gemäß § 136 StPO zu, soweit er sich selbst belasten könnte. Werden die Ergebnisse einer Mitarbeiterbefragung, in welcher sich der Arbeitnehmer selbst belastet hat, im Strafprozess genutzt, könnte dies zu einer Umgehung/Entwertung des in der StPO verankerten Schweigerechts führen.[2896] Die Problemlage könnte sich dadurch ergeben, dass die entsprechenden

---

2890 *Böhm*, WM 2009, 1923, 1926.

2891 Zu einer umfassenden Darstellung des Themenbereichs der Verwertbarkeit der Ermittlungsergebnisse aus internen Untersuchungen im Strafverfahren vgl. *Küster*, Der rechtliche Rahmen für unternehmensinterne Ermittlungen, S. 214 ff. In ihrer Untersuchung befasst sie sich ausführlich mit einem etwaigen Verwertungsverbot bei rechtswidriger Beweiserlangung von Privatpersonen (S. 216 ff.) sowie bei privaten Ermittlungen im Auftrag der Strafverfolgungsbehörden (vgl. S. 227 ff.), worauf aufgrund der hiesigen Schwerpunktsetzung auf den Arbeitnehmerdatenschutz im Rahmen interner Untersuchungen sowie der kritischen Auseinandersetzung mit der VW/Jones-Day-Entscheidung des BVerfG verwiesen wird.

2892 Vgl. hierzu ausführlich Kapitel 2 § 2 C. II. 7.

2893 Vgl. hierzu Kapitel 2 § 2 C. II. 7. a) aa).

2894 Vgl. hierzu Kapitel 2 § 2 C. II. 7. b) bb) (b).

2895 *Greco/Caracas*, NStZ 2015, 7, 7 f.; die hier in den Blick genommene Problematik ergibt sich indes nicht, wenn man mit der Gegenansicht davon ausgeht, dass für den Mitarbeiter bereits ein Auskunftsverweigerungsrecht besteht.

2896 *Böhm*, WM 2009, 1923, 1926; *Süße*, ZIS 2018, 350, 358.

Ermittlungsergebnisse vom Unternehmen an die Ermittlungsbehörden im Rahmen ihrer Kooperation übergeben werden oder aber dass die Ermittlungsbehörden diese – soweit die Voraussetzungen erfüllt sind – beschlagnahmen.[2897] Darüber hinaus sind auch die die Befragung durchführenden Rechtsanwälte nicht zwingend an ihr Zeugnisverweigerungsrecht gemäß § 53 Abs. 1 S. 1 Nr. 3 StPO gebunden. Zum jeweiligen Mitarbeiter besteht schon kein Mandatsverhältnis, da das Unternehmen die interne Untersuchung beauftragt hat, und das Unternehmen kann die Rechtsanwälte auch von ihrem Schweigerecht entbinden.[2898] Darüber hinaus könnte der eingesetzte Ermittler auch freiwillig aussagen, was nicht automatisch zu einer Unverwertbarkeit der Aussage führt.[2899] Ob sich vor diesem Hintergrund ein Beweisverwertungsverbot für Erkenntnisse aus Mitarbeiterbefragungen im Rahmen interner Untersuchungen im Strafverfahren ergibt, wird ebenfalls untersucht (vgl. hierzu II.)

I. Verwertungsverbot im Falle des Verstoßes gegen ein Beschlagnahmeverbot

Wie bereits herausgearbeitet, handelt es sich gerade bei § 97 Abs. 1 StPO um eine zentrale Norm hinsichtlich des Schutzes der Ermittlungsergebnisse interner Untersuchungen. Fraglich ist, welche Auswirkungen es hat, wenn die Ermittlungsbehörden trotz eines solchen Beschlagnahmeverbots die Ergebnisse beschlagnahmen und in ein Strafverfahren einzuführen versuchen. Zunächst lässt sich festhalten, dass nach ganz herrschender Ansicht ein Verstoß gegen das Beschlagnahmeverbot des § 97 Abs. 1 StPO zu einem Verwertungsverbot führt.[2900] Während jedoch vereinzelt bei einem Verstoß gegen das Beschlagnahmeverbot gemäß § 97 StPO allgemein von einem Verwertungsverbot ausgegangen wird,[2901] wird nach anderer – aber wohl herrschender – Ansicht hinsichtlich des Verwertungsverbots § 160a Abs. 1 S. 2 StPO herangezogen.[2902]. Dem steht auch

---

2897 *Kasiske*, NZWiSt 2014, 262, 265.

2898 *Theile*, StV 2011, 381, 384.

2899 *Momsen*, in: FS Rössner, Verlagerung der Strafverfolgung auf Private im Wirtschaftsrecht – Chance oder Irrweg?, S. 881.

2900 BGH, NJW 1963, 870, 871; BGH, NJW 1998, 1963, 1964; BGH, NJW 2001, 3793, 3794; BeckOK StPO/*Gerhold*, § 97 Rn. 58; *Gerhold*, in: Graf StPO, § 97 Rn. 58; KK-StPO/*Greven* § 97 Rn. 9; *Jahn/Kirsch*, in: Rotsch, Criminal Compliance, § 33 Rn. 103; *Köhler*, in: Meyer-Goßner/Schmitt StPO § 97 Rn. 46 ff.; *Menges*, in: Löwe-Rosenberg -StPO, § 97 Rn. 145; Hoeren/Sieber/Holznagel/*Sieber/Brodowski*, Handbuch Multimedia-Recht, Teil 19.3 Rn. 168.

2901 *Menges*, in: Löwe-Rosenberg -StPO, § 97 Rn. 145.

2902 BVerfG, NJW 2018, 2385, 2391; *Bock/Gerhold*, in: Knierim/Rübenstahl/Tsambikakis, Kapitel 5 Rn. 50; Böttger/*Minoggio*, WiPra, Kapitel 18 Rn. 53; *Gerhold*, in: Graf StPO, § 97 Rn. 58; BeckOK StPO/*Gerhold*, § 97 Rn. 58; MüKo-StPO/*Hauschild*, § 97 Rn. 64; *Köhler*, in: Meyer-Goßner/Schmitt StPO § 97 Rn. 50; *Küster*, Der rechtliche Rahmen

nicht § 160a Abs. 5 StPO entgegen,[2903] da § 97 StPO keine Regelung zu Beweisverwertungsverboten enthält, sodass § 160a StPO diesbezüglich gilt.[2904] Nach § 160a Abs. 1 S. 2 StPO dürfen die erlangten Erkenntnisse nicht verwendet werden, mithin besteht ein Verwendungsverbot. Zwar bezieht sich die Regelung nur auf die von § 53 Abs. 1 S. 1 Nr. 1 und 2 StPO erfassten Personen. Gleichwohl ist sie generell im Falle des Verstoßes gegen Beschlagnahmeverbote anwendbar.[2905] Da im Falle des Verstoßes gegen ein Beschlagnahmeverbot ein umfassendes Verwertungsverbot besteht, ist eine Klärung der Frage, ob sich ein Verwertungsverbot unmittelbar oder aus § 160a Abs. 1 S. 2 StPO ergibt, entbehrlich.

Zu beachten ist indes, dass die Ergebnisse einer zunächst zulässigen Beschlagnahme auch dann verwertet werden dürfen, wenn die Beschlagnahme später unzulässig wird.[2906] Dies soll auch für den umgekehrten Fall gelten, wenn also die zunächst unzulässige Beschlagnahme nachträglich zulässig wird.[2907]

---

für unternehmensinterne Ermittlungen, S. 215; zustimmend *Rieder/Menne*, CCZ 2018, 203, 205.

2903 Zum Verhältnis von § 97 StPO zu § 160a StPO in Bezug auf ein mögliches Beschlagnahmeverbot vgl. Kapitel 3 § 1 C. III. 2.

2904 *Bock/Gerhold*, in: Knierim/Rübenstahl/Tsambikakis, Kapitel 5 Rn. 50; *Gerhold*, in: Graf StPO, § 97 Rn. 58; BeckOK StPO/*Gerhold*, § 97 Rn. 58; MüKo-StPO/*Hauschild*, § 97 Rn. 64; *Köhler*, in: Meyer-Goßner/Schmitt StPO § 97 Rn. 50; *Küster*, Der rechtliche Rahmen für unternehmensinterne Ermittlungen, S. 215.

2905 So auch BVerfG, NJW 2018, 2385, 2391; Böttger/*Minoggio*, WiPra, Kapitel 18 Rn. 53; *Küster*, Der rechtliche Rahmen für unternehmensinterne Ermittlungen, S. 215; *Thum*, HRRS 2012, 535, 540; es ist unklar, ob sich nach *Bock/Gerhold* und *Köhler* das Verwertungsverbot in den Fällen des § 53 Abs. 1 S. 1 Nr. 3 StPO nach § 160 Abs. 2 S. 3 StPO richtet, sodass es noch einer gesonderten Verhältnismäßigkeitsprüfung bedürfte; vgl. *Bock/Gerhold*, in: Knierim/Rübenstahl/Tsambikakis, Kapitel 5 Rn. 50; *Köhler*, in: Meyer-Goßner/Schmitt StPO § 97 Rn. 50. Dieser Ansatz würde aber dazu führen, dass der Schutz des Beschlagnahmeschutzes von einer solchen zusätzlichen Verhältnismäßigkeitsprüfung abhängig gemacht werden würde. Dies würde wiederum zu einer Einschränkung des Beschlagnahmeschutzes führen. Überdies wäre es nicht mit dem Beschlagnahmeschutz und dem Verhältnis zwischen § 97 StPO und § 160a StPO vereinbar, wenn zwar § 160a Abs. 1 StPO nach der herrschenden Ansicht durch § 97 Abs. 1 StPO verdrängt wird, im Hinblick auf die Frage der Verwertbarkeit dann aber die Anforderungen des § 160a StPO innerhalb des § 97 StPO Geltung erlangen würden.

2906 *Bock/Gerhold*, in: Knierim/Rübenstahl/Tsambikakis, Kapitel 5 Rn. 51; *Gerhold*, in: Graf StPO, § 97 Rn. 59; BeckOK StPO/*Gerhold*, § 97 Rn. 59; KK-StPO/*Greven* § 97 Rn. 10; MüKo-StPO/*Hauschild*, § 97 Rn. 62; *Köhler*, in: Meyer-Goßner/Schmitt StPO § 97 Rn. 47; *Küster*, Der rechtliche Rahmen für unternehmensinterne Ermittlungen, S. 215 f.

2907 *Bock/Gerhold*, in: Knierim/Rübenstahl/Tsambikakis, Kapitel 5 Rn. 51; *Gerhold*, in: Graf StPO, § 97 Rn. 59; BeckOK StPO/*Gerhold*, § 97 Rn. 59; MüKo-StPO/*Hauschild*, § 97 Rn. 63; *Köhler*, in: Meyer-Goßner/Schmitt StPO § 97 Rn. 48; *Menges*, in: Löwe-Rosenberg -StPO, § 97 Rn. 150.

II. Verwertungsverbot hinsichtlich der Aussage des Mitarbeiters im Rahmen einer internen Untersuchung

Wie bereits eingangs erläutert, besteht das Problem, dass durch die Verwertung der Ergebnisse aus den Mitarbeiterbefragungen im Strafprozess, bspw. durch die Verwertung der Interviewprotokolle, die strafprozessualen Rechte des dann beschuldigten Arbeitnehmers verletzt werden könnten. Insoweit ist die Frage zu stellen, ob eine Verwertbarkeit der Ermittlungsergebnisse möglich ist oder ob unter Umständen ein Beweisverwertungsverbot in Betracht kommt.

1. Relevante Fallgruppen

Zunächst ist jedoch zu unterscheiden, in welcher Situation sich der Mitarbeiter im Rahmen der Befragung befindet und welche Auskunft dieser gibt. Dabei kann mit *Wimmer* zwischen vier Fallgruppen unterschieden werden, wobei innerhalb der Fallgruppen zwischen selbstbelastenden Auskünften und belastenden Auskünften über Dritte differenziert werden kann.[2908]

Fallgruppe 1: Selbstbelastende Auskünfte
Fall 1.1: Zunächst zu den selbstbelastenden Auskünften: In Betracht kommt, dass der Mitarbeiter nach einer umfassenden Aufklärung darüber, dass durchaus mit einer Weiterleitung der Befragungsergebnisse an die Ermittlungsbehörden zu rechnen ist, umfassend aussagt und sich dabei selbst belastet.

Fall 1.2: Daneben kann aber auch die bereits umfassend dargestellte Situation gegeben sein, dass der Arbeitnehmer ohne weitere Aufklärung allein aufgrund seiner Auskunftspflicht Angaben macht und sich dabei selbst belastet.

Fallgruppe 2: Belastende Auskünfte über Dritte
Fall 2.1: Hinsichtlich der belastenden Auskünfte über Dritte kommt die Situation in Betracht, dass der Arbeitnehmer mit oder ohne Belehrung freiwillige Angaben macht und dabei eine/mehrere andere Person/-en belastet.

Fall 2.2: Abschließend kommt noch die Fallgruppe in Betracht, dass der Arbeitnehmer mit oder ohne Belehrung unfreiwillig aufgrund seiner Auskunftspflicht Dritte belastet.

Wie noch zu zeigen sein wird, geben die Fallgruppen eher theoretisch die verschiedenen Szenarien wieder, da sich für den Arbeitnehmer in den verschiedenen Fallkonstellationen die gleiche Konfliktlage ergibt. Die Lösung der Fälle richtete sich, wie noch zu zeigen sein wird, allein nach der Frage, ob sich der Arbeitnehmer durch seine Aussage selbst belasten könnte.

2908 *Wimmer*, in: FS I. Roxin, Die Verwertung unternehmensinterner Untersuchungen – Aufgabe oder Durchsetzung des Legalitätsprinzips?, S. 542.

2. *Rechtliche Bewertung von Fall 1.2*

Um sich der Lösung der verschiedenen Fallgruppen zu nähern, wird zunächst diejenige Fallgruppe in den Blick genommen, deren Lösung am stärksten umstritten ist. Dabei geht es um den Fall 1.2, also die Situation, in welcher der Arbeitnehmer nur deswegen selbstbelastende Angaben macht, weil er dazu, wie bereits herausgearbeitet, verpflichtet ist.[2909] Wenn sich der Arbeitnehmer im Rahmen seiner Auskünfte selbst belastet, stellt sich die Frage, ob sich daraus ein Verwertungsverbot bezogen auf die Ermittlungsergebnisse ergibt. Die Frage nach einem Verwertungsverbot stellt sich indes nicht, wenn man – entgegen der hier vertretenen Auffassung – davon ausgeht, dass für den Arbeitnehmer ein Auskunftsverweigerungsrecht besteht.[2910] Für den Fall, dass man sich mit der hier vertretenen Ansicht für eine umfassende Auskunftspflicht ausspricht, werden verschiedene Lösungsansätze vertreten, welche entweder ein Verwertungsverbot bejahen oder verneinen.[2911]

a) *Ablehnung eines Verwertungsverbots*

Mit einer sehr weit verbreiteten Ansicht lässt sich die Ansicht vertreten, dass ein Beweisverwertungsverbot nicht in Betracht kommt.[2912] Diese Ansicht stellt zunächst darauf ab, dass die Aussageverpflichtung des Arbeitnehmers nicht auf einem hoheitlichen Handeln der Ermittlungsbehörden beruht, sondern aufgrund des Arbeitsvertrags erfolgt.[2913] Insoweit erfolgt die Befragung auf der Grundlage eines zivilrechtlichen Gleichordnungsverhältnisses. Dieser Argumentation folgt auch das LG Hamburg: Danach scheide ein Beweisverwertungsverbot aus, weil der betroffene Arbeitnehmer die vertragliche Verpflichtung zur möglichen

---

2909 Vgl. hierzu Kapitel 2 § 2 C. II. 7. b) bb) (b).

2910 So im Ergebnis auch *Dann/Schmidt*, NJW 2009, 1851, 1855.

2911 *Krug/Skoupil*, NJW 2017, 2374, 2379.

2912 LG Hamburg, NJW 2011, 942, 944: „Eher fernliegend erscheint schließlich die Auffassung, aus dem bei den befragten Interviewpartnern potenziell bestehenden Konflikt zwischen arbeitsvertraglicher Auskunftspflicht [...] und dem Grundsatz „nemo-tenetur se ipsum accusare" könne sich in Anwendung des in § 97 I InsO [...] zum Ausdruck gekommenen Rechtsgedankens ein Verwertungsverbot [...] ergeben."; *Grützner*, in: Momsen/Grützner, Wirtschafts- und Steuerstrafecht, Kapitel 4 § 16 Rn. 445; *Momsen/Grützner*, DB 2011, 1792, 1795; *Schmitt*, in: Meyer-Goßner/Schmitt StPO § 136 Rn. 7a; *Taschke*, in: Rotsch, Criminal Compliance, § 36 Rn. 31; im Ergebnis so auch *Rudkowski*, auch wenn sie dafür dem Arbeitnehmer zu dessen Schutz ein Auskunftsverweigerungsrecht in Bezug auf das Mitarbeitergespräch zubilligt, vgl. *Rudkowski*, NZA 2011, 612, 613; *Wimmer*, in: FS I. Roxin, Die Verwertung unternehmensinterner Untersuchungen – Aufgabe oder Durchsetzung des Legalitätsprinzips?, S. 549.

2913 *Taschke*, in: Rotsch, Criminal Compliance, § 36 Rn. 31.

Selbstbelastung freiwillig eingegangenen sei.[2914] Dabei komme es auch nicht entscheidend darauf an, dass der Einhaltung arbeitsvertraglicher Auskunftspflicht für den Arbeitnehmer durchaus erhebliche, mitunter existenzielle Bedeutung zukommen kann.[2915] Darüber hinaus wird angeführt, dass der Staat gerade keinen Einfluss auf die interne Untersuchung sowie die konkrete Befragung habe.[2916] § 136 StPO schütze aber allein vor staatlichen Zwängen.[2917] Des Weiteren stehe es dem Mitarbeiter auch frei, die arbeitsrechtlichen Konsequenzen in Kauf zu nehmen, um so der Auskunftspflicht zu entgehen.[2918]

Es zeigt sich, dass diese Ansicht im Zusammenhang mit dem Verwertungsverbot eine ähnliche Argumentationslinie verfolgt, wie die auch hier vertretene Ansicht, die eine Anwendung des Nemo-tenetur-Grundsatzes im Hinblick auf die arbeitsrechtliche Mitarbeiterbefragung ablehnt und damit auch zu einer arbeitsrechtlichen Auskunftspflicht kommt. Insoweit kann hinsichtlich der Argumentation auch auf die Diskussion im Zusammenhang mit der Auskunftspflicht verwiesen werden.[2919]

Andere Stimmen, welche ebenfalls ein Verwertungsverbot ablehnen, stellen demgegenüber darauf ab, dass für den Arbeitnehmer im Rahmen von internen Untersuchungen schon keine Auskunftspflicht besteht, soweit er sich selbst belasten könnte.[2920] Folgt man dieser Argumentation, bedarf es mangels Auskunft durch den Arbeitnehmer hinsichtlich der für ihn kritischen Fragen in der Tat keines gesonderten Verwertungsverbots. Jedoch ist diese Ansicht, wie bereits umfassend herausgearbeitet, abzulehnen.[2921]

b) Annahme eines Verwertungsverbots

Innerhalb der Stimmen, welche sich für ein Verwertungsverbot aussprechen, sind insbesondere zwei Strömungen relevant, die im Folgenden näher beleuchtet werden sollen.[2922] Zum einen gibt es die Stimmen, die ein Verwertungsverbot auf den

---

2914 LG Hamburg, NJW 2011, 942, 944; so auch *Wimmer,* in: FS I. Roxin, Die Verwertung unternehmensinterner Untersuchungen – Aufgabe oder Durchsetzung des Legalitätsprinzips?, S. 549.

2915 LG Hamburg, NJW 2011, 942, 944; so auch *Wimmer,* in: FS I. Roxin, Die Verwertung unternehmensinterner Untersuchungen – Aufgabe oder Durchsetzung des Legalitätsprinzips?, 549.

2916 *Taschke,* in: Rotsch, Criminal Compliance, § 36 Rn. 31.

2917 *Knauer/Gaul,* NStZ 2013, 192.

2918 *Taschke,* in: Rotsch, Criminal Compliance, § 36 Rn. 31.

2919 Vgl. hierzu ausführlich Kapitel 2 § 2 C II. 7. b) bb) (b) (aa) (2), (3).

2920 *Schmitt,* in: Meyer-Goßner/Schmitt StPO § 136 Rn. 7a.

2921 Vgl. hierzu im Einzelnen Kapitel 2 § 2 C II. 7. b) bb) (b) (aa) (2), (3).

2922 Daneben bestehen vereinzelt auch noch Stimmen, welche als Anknüpfungspunkt für ein Beweisverwertungsverbot die gesetzliche Pflicht zur Durchführung interner Untersuchungen sehen, vgl. *Jahn/Kirsch,* in: Rotsch, Criminal Compliance, § 33 Rn. 96 f. Zu einer umfassenden Analyse der verschiedenen Ansichten zur

Nemo-tenetur-Grundsatz stützen und dabei als Begründung insbesondere den Gemeinschuldnerbeschluss des BVerfG heranziehen. Daneben besteht eine weitere Strömung, die eine Heranziehung des Nemo-tenetur-Grundsatzes ablehnt und ein Beweisverwertungsverbot aus dem Recht auf ein faires Verfahren ableitet.

Alle Strömungen haben dabei die faktische Zwangslage im Blick, welcher sich der Arbeitnehmer in der Situation einer internen Untersuchung ausgesetzt sieht. Zunächst besteht für den Mitarbeiter im Rahmen der Mitarbeiterbefragung eine Aussagepflicht.[2923] Liegt ein Anfangsverdacht gegen den Mitarbeiter vor, besteht zudem die Gefahr einer Verdachtskündigung, wenn sich der Mitarbeiter weigert auszusagen. Durch die Möglichkeit einer Kündigung kann für den Mitarbeiter unmittelbar ein erheblicher wirtschaftlicher Druck ausgeübt werden. Insoweit hat das Unternehmen den Fortbestand des Arbeitsplatzes letzten Endes in der Hand und kann diese Macht gezielt gegen die betroffenen Arbeitnehmer einsetzen.[2924]

Überdies kann der Arbeitgeber androhen, gegenüber dem Arbeitnehmer Schadensersatzansprüche geltend zu machen.[2925] Solche Schadensersatzansprüche können sich für den Mitarbeiter als existenzgefährdend darstellen.[2926]

Gleichzeitig besteht die Möglichkeit, dass das Unternehmen dem Mitarbeiter eine Amnestie für den Fall zusagt, dass er kooperiert. Hierin sieht der Arbeitnehmer eine Möglichkeit, die negativen Auswirkungen auf seine Person so gering wie möglich zu halten. Häufig ergibt sich im Umkehrschluss aus einer solchen Amnestiezusage, dass einer Weigerungshaltung des Arbeitnehmers mit besonderer Härte des Unternehmens begegnet wird.[2927] Zu einer solch „harten Haltung“ kann dann auch die gerichtliche Geltendmachung der zwangsweisen Durchsetzung der Auskunft gemäß § 888 ZPO zählen. Ein solches Vorgehen erhöht nochmals den Druck auf den Arbeitnehmer. Aus dieser Gemengelage von wirtschaftlichem und persönlichem Druck, der auf dem Arbeitnehmer lastet, auf der einen und Hoffnung durch die Amnestie auf der anderen Seite ergibt sich für den Arbeitnehmer zumeist eine faktische Zwangslange, welche in der Auskunftserteilung mündet.

Eine solche Zwangslage muss aber nicht automatisch bei der Mitarbeiterbefragung im Rahmen interner Untersuchungen vorliegen.[2928] Dies muss im Rahmen der Analyse möglicher Anknüpfungspunkte für ein mögliches

---

Begründung eines Beweisverwertungsverbots vgl. auch *Küster*, Der rechtliche Rahmen für unternehmensinterne Ermittlungen, S. 252 ff.

2923 Vgl. hierzu Kapitel 2 § 2 C. II. 7. b) bb).

2924 *Zerbes*, ZStW 125 (2013), 551, 569.

2925 *Behrens*, RIW 2009, 22, 28; *Momsen*, in: Rotsch, Criminal Compliance, § 34 B. Rn. 36.

2926 *Momsen*, in: FS Rössner, Verlagerung der Strafverfolgung auf Private im Wirtschaftsrecht – Chance oder Irrweg?, S. 878 f.

2927 So auch Momsen, wenn er schreibt, dass „häufig als Subtext [solcher Angebote] der Imperativ „Entweder Du kooperierst vollständig, oder Du erhältst eine Verdachtskündigung!“ gelesen werden muss [...]“, vgl. *Momsen*, ZIS 2011, 508, 515; *Momsen*, in: Rotsch, Criminal Compliance, § 34 B. Rn. 37.

2928 *Momsen*, ZIS 2011, 508, 514 f.

Beweisverwertungsverbot Berücksichtigung finden. Durch eine entsprechende Gestaltung des Gesprächs kann eine Zwangslage ausgeschlossen werden, etwa wenn der Mitarbeiter umfassend belehrt wird oder ihm ein Rechtsbeistand zur Seite gestellt wird.

aa) Verwertungsverbot auf der Grundlage des Nemo-tenetur-Grundsatzes

Innerhalb der Ansicht, welche ein Beweisverwertungsverbot auf den Nemo-tenetur-Grundsatz stützt, ist wiederum insbesondere zwischen der Ansicht zu unterscheiden, die ein solches Verbot aus dem Gemeinschuldnerbeschluss des BVerfG ableitet (vgl. sogleich unter (a)), und der Ansicht, welche eine Zurechnung des privaten Handelns im Rahmen interner Untersuchungen zum Staat diskutiert (vgl. unter (b)).[2929]

(a) Gemeinschuldnerbeschluss

Ein Verwertungsverbot könnte sich zunächst aus dem Gemeinschuldnerbeschluss des BVerfG[2930] ergeben.[2931] Das BVerfG hatte dort entschieden, dass zugunsten eines Gemeinschuldners wegen des bestehenden Eingriffs in das durch Art. 2 Abs. 1 GG geschützte Persönlichkeitsrecht von einem Verwertungsverbot auszugehen sei.[2932] Das Persönlichkeitsrecht des Gemeinschuldners würde nach Ansicht des Gerichts

2929 Zur Auswertung der verschiedenen Ansichten zur Begründung eines Beweisverwertungsverbots vgl. auch *Küster*, Der rechtliche Rahmen für unternehmensinterne Ermittlungen, S. 240 ff.

2930 BVerfG, NJW 1981, 1431; hierzu vgl. auch Kapitel 2 § 2 C. II. 7. b) bb) (b) (aa) (1).

2931 LAG Hamm, CCZ 2010, 238; *Bittmann*, in: Rotsch, Criminal Compliance, § 34 Rn. 151; *Bittmann/Molkenbur*, wistra 2009, 373, 378; *Böhm*, WM 2009, 1923, 1927 ff.; *von Galen*, NJW 2011, 945, 945; *Kasiske*, NZWiSt 2014, 262, 266; *Sarhan*, wistra 2015, 449, 454 f.; *Thiele*, StV 2011, 381, 385; zustimmend *Gerst*, CCZ 2012, 1, 3; so wohl auch Bundesrechtsanwaltskammer, Stellungnahme Nr. 35/2010, Thesen der Bundesrechtsanwaltskammer zum Unternehmensanwalt im Strafrecht, S. 10; *Bock/Gerhold*, nach denen ein Verwertungsverbot, auch wenn sie zusätzlich den Fair-trial-Grundsatz als Begründungsansatz anerkennen, insbesondere im Hinblick auf die Nähe der entsprechenden Sachverhalte zum Gemeinschuldnerbeschluss vorzugswürdig sein dürfte, vgl. *Bock/Gerhold,* in: Knierim/Rübenstahl/Tsambikakis, Kapitel 5 Rn. 41; *Diemer*, wenn er unter Bezugnahme auf den Gemeinschuldnerbeschluss des BVerfG schreibt: „Selbst belastende Aussagen in Verfahren außerhalb der StPO [...] können im Strafprozess unverwertbar sein. Dies gilt vor allem dann, wenn in der anderen Verfahrensordnung die Aussage rechtlich erzwingbar ist [...].", vgl. KK-StPO/*Diemer* § 136 Rn. 10; *Jahn/Kirsch*, wenn sie darauf verweisen, dass die Konfliktlage bei internen Untersuchungen „strukturell derjenigen entspricht, die der gesetzlichen Regelung in § 97 Abs. 1 InsO zugrunde liegt" und sich dabei auf den Gemeinschuldnerbeschluss des BVerfG beziehen, vgl. *Jahn/Kirsch*, StV 2011, 151, 152.

2932 BVerfG, NJW 1981, 1431, 1433.

unverhältnismäßig beeinträchtigt, wenn seine unter Zwang herbeigeführten Selbstbezichtigungen gegen seinen Willen zweckentfremdet und der Verwertung für eine Strafverfolgung zugeführt würden.[2933] Da die Konkursordnung zwar eine Aussagepflicht regelte, aber kein Verwertungsverbot, hat das BVerfG die aus seiner Sicht bestehende Lücke geschlossen.

Die sich aus der Entscheidung ergebenden Grundsätze lassen sich nach dieser Ansicht auf das Verhältnis zwischen Arbeitgeber und Arbeitnehmer und die Aussagepflicht des Arbeitnehmers im Rahmen einer Mitarbeiterbefragung übertragen.[2934] Die Situation des Arbeitnehmers und die des Gemeinschuldners in der jeweiligen Situation sind nach dieser Ansicht vergleichbar.[2935] Maßgeblich sei die Zwangslage.[2936] Die bestehe nach der heutigen Rechtslage beim Insolvenzschuldner, der bei einer Weigerung der Auskunft mit Sanktionsmöglichkeiten gemäß § 98 Abs. 2 InsO rechnen muss, ebenso wie beim Arbeitnehmer, der bei einer Weigerungshaltung arbeitsrechtliche Konsequenzen fürchten muss.[2937] Der Arbeitnehmer sei aufgrund der Auskunftspflicht nicht mehr frei darin zu entscheiden, ob er aussagt oder nicht, da im Weigerungsfall die Aussage auch erzwungen werden kann.[2938] Die Möglichkeit der Erzwingung im Verhältnis von Arbeitnehmer zu Arbeitgeber ergibt sich aus § 888 ZPO.[2939] Die sich ergebende fehlende Freiheit sei gerade der Grund gewesen, weswegen das BVerfG ein Verwertungsverbot angenommen habe.[2940] Auf der Grundlage dieser Argumentation wird auch vertreten, dass ein Verwertungsverbot auf eine analoge Anwendung des § 97 Abs. 1 S. 3 InsO gestützt werden könne.[2941]

Vor diesem Hintergrund ist zu prüfen, ob die Situation des Gemeinschuldners mit der des Arbeitnehmers in einer Mitarbeiterbefragung vergleichbar ist. Zwar hat der BGH die Anwendung des Gemeinschuldnerbeschlusses auf andere als den durch das BVerfG entschiedenen Fall bislang offen gelassen.[2942] Allerdings hat er klargestellt, dass der Gemeinschuldnerbeschluss dazu diente, einen im alten Konkursrecht bestehenden Interessenkonflikt zu lösen.[2943] Den Gemeinschuldner traf in einem Konkursverfahren die mit Zwangsmitteln sanktionierte Verpflichtung, um der Belange der Gläubiger willen bestimmte Auskünfte zu erteilen (vgl.

2933 BVerfG, NJW 1981, 1431, 1433.

2934 *Bittmann,* in: Rotsch, Criminal Compliance, § 34 Rn. 151.

2935 *Böhm,* WM 2009, 1923, 1927 f.; *Kasiske,* NZWiSt 2014, 262, 266.

2936 *Kasiske,* NZWiSt 2014, 262, 266; im Ergebnis so auch *Bittmann/Molkenbur,* wistra 2009, 373, 377 f.

2937 *Kasiske,* NZWiSt 2014, 262, 266.

2938 *Bittmann/Molkenbur,* wistra 2009, 373, 377 f.; *Bittmann,* in: Rotsch, Criminal Compliance, § 34 Rn. 151.

2939 *Momsen/Grützner,* DB 2011, 1792, 1795.

2940 *Bittmann,* in: Rotsch, Criminal Compliance, § 34 Rn. 151.

2941 *Böhm,* WM 2009, 1923, 1927 ff.; so wohl auch *Jahn/Kirsch,* StV 2011, 151, 152.

2942 BGH, NJW 1990, 1426, 1427.

2943 BGH, NJW 1990, 1426, 1427.

§§ 100, 101 KO a.F.), wobei die Auskunftspflicht die Offenbarung von Straftaten einschloss, hinsichtlich derer sich der Gemeinschuldner selbst belasten hätte können.[2944] Da die InsO die KO ersetzt hat, lassen sich die Grundsätze des Gemeinschuldnerbeschlusses nur dann auf die Situation des Arbeitnehmers im Rahmen einer Mitarbeiterbefragung übertragen, wenn der Arbeitnehmer mit dem Insolvenzschuldner verglichen werden kann.

Bezogen auf die Differenzierung zwischen der Situation des Insolvenzschuldners und der des Arbeitnehmers, ist der Herleitung eines Verwertungsverbots aus dem Gemeinschuldnerbeschluss im Kontext interner Untersuchungen entgegenzuhalten, dass den Arbeitnehmer im Gegensatz zum Insolvenzschuldner allein eine vertragliche Pflicht zur Auskunft trifft, jedoch keine gesetzliche.[2945] Für Arbeitnehmer gelten insbesondere die Regelungen der arbeitsvertraglichen Grundlage. Demgegenüber richten sich die Rechte und Pflichten im Rahmen der Insolvenz nach einem staatlichen und gesetzlich geregelten Insolvenzverfahren, so bspw. im Hinblick auf die Auskunfts- und Mitwirkungspflicht des Schuldners gemäß § 97 InsO oder die Durchsetzung der Pflichten des Schuldners gemäß § 98 InsO. Dem wird entgegengehalten, dass das Insolvenzverfahren keine originär staatlichen Zwecke verfolge, so sei der Informationsanspruch im Insolvenzplanverfahren ohne privates Handeln nicht möglich und das Verfahren diene auch Privaten.[2946]

Der Tatsache, dass das Insolvenzverfahren aus den Handlungen von Privaten resultiert und es dabei insbesondere um den Schutz der privaten Gläubiger geht, ändert jedoch nichts daran, dass es sich um ein staatlich gelenktes Verfahren handelt. Nur weil private Interessen im Rahmen des Verfahrens eine Rolle spielen, heißt das nicht, dass die Situation des Insolvenzschuldners mit der des Arbeitnehmers verglichen werden könnte. Während der Schuldner gemäß § 97 Abs. 1 S. 1 InsO verpflichtet ist, dem Insolvenzgericht, dem Insolvenzverwalter, dem Gläubigerausschuss und auf Anordnung des Gerichts der Gläubigerversammlung über alle das Verfahren betreffenden Verhältnisse Auskunft zu geben, besteht die Auskunftspflicht des Arbeitnehmers allein gegenüber dem Arbeitgeber. Der Arbeitnehmer hat gerade keiner vom Gericht bestellten objektiven und neutralen Person Rechenschaft abzulegen. Die Befragung des Arbeitnehmers erfolgt ausschließend im Rahmen seines Arbeitsverhältnisses. Während also das Arbeitsverhältnis freiwillig vom Arbeitnehmer begründet wurde, ist dies im Hinblick auf das Insolvenzrechtsverhältnis gerade nicht der Fall.[2947]

2944 BGH, NJW 1990, 1426, 1427.

2945 LG Hamburg, NJW 2011, 942, 945; *Wimmer*, in: FS I. Roxin, Die Verwertung unternehmensinterner Untersuchungen – Aufgabe oder Durchsetzung des Legalitätsprinzips?, S. 537, 549; zu dieser Problematik vgl. auch *Fritz/Nolden*, CCZ 2010, 170, 174 f.; im Ergebnis so auch *Schuster*, NZWiSt 2012, 28, 30.

2946 *Bittmann*, in: Rotsch, Criminal Compliance, § 34 Rn. 148.

2947 *Momsen*, in: FS Rössner, Verlagerung der Strafverfolgung auf Private im Wirtschaftsrecht – Chance oder Irrweg?, S. 882.

Weiter wird vorgebracht, dass sowohl über dem Arbeitnehmer als auch über dem Insolvenzschuldner das „Damoklesschwert eines staatlich geregelten Verfahrens zur Erzwingung der Auskunft“[2948] schweben würde, da der Insolvenzschuldner gemäß § 98 Abs. 2 Nr. 1 bis 3 InsO zwangsweise vorgeführt oder in Haft genommen werden kann, während der Auskunftsanspruch gegen den Arbeitnehmer gemäß § 888 ZPO vollstreckt werden kann.[2949] In diesem Zusammenhang wird ferner darauf hingewiesen, dass der faktische Zwang, welchem sich der Arbeitnehmer ausgesetzt sieht, dem staatlichen Zwang entsprechen würde.[2950] Zwar besteht auch im Falle des § 888 ZPO die Möglichkeit, dass das Gericht Zwangsgeld und Zwangshaft anordnet. Das ändert aber nichts an dem Verhältnis, welches zwischen den Parteien besteht und der Situation, in der ein entsprechendes Zwangsmittel verfolgt wird. Für den Arbeitgeber muss in krassen Fällen die Möglichkeit bestehen, seine Rechte durchzusetzen. In diesem Punkt mögen sich die Zielsetzung des Arbeitgebers und des Insolvenzverwalters, nämlich die Durchsetzung der Auskunftspflicht, gleichen. Dies führt aber nicht dazu, dass das Insolvenzverfahren automatisch mit dem rechtlichen Verhältnis zwischen dem Arbeitnehmer und Arbeitgeber im Kontext einer Mitarbeiterbefragung verglichen werden könnte. Die Befragung erfolgt allein auf der Grundlage des Arbeitsverhältnisses unter Berücksichtigung der das Arbeitsverhältnis ausfüllenden vertraglichen und gesetzlichen Regelungen.[2951]

Dies ist beim Insolvenzverfahren nicht der Fall. Im Kontext interner Untersuchungen bestehen hier grundlegende Unterschiede zum Insolvenzverfahren. So hat auch das Insolvenzgericht gemäß § 5 Abs. 1 S. 1 InsO von Amts wegen alle Umstände zu ermitteln, die für das Insolvenzverfahren von Bedeutung sind. Demgegenüber wird eine interne Untersuchung allein von dem Unternehmen initiiert und die Ermittlungen richten sich grundsätzlich allein nach dem Ermittlungswillen der die interne Ermittlung beauftragenden Organe. Zwar soll hier nicht unerwähnt bleiben, dass eine Kooperation mit den Ermittlungsbehörden möglich und u.U. für das Unternehmen durchaus förderlich sein kann.[2952] Dies auch gerade im Hinblick auf die Regelungen, welche im Regierungsentwurf zum Verbandssanktionengesetz vorgesehen sind.[2953] Allerdings ändert das nichts daran, dass eine interne Untersuchung allein und unbeeinflusst von Ermittlungsbehörden vom Unternehmen durchgeführt wird.

2948 *Böhm*, WM 2009, 1923, 1928.

2949 *Böhm*, WM 2009, 1923, 1928.

2950 *Böhm*, WM 2009, 1923, 1928.

2951 Im Ergebnis so auch Fritz/Nolden, wenn sie ausführen: „[Interne] Ermittlungen spielen sich in einem vorprozessualen Umfeld ab, in dem die Vertragspartner eines Arbeitsverhältnisses zunächst die Erfüllung von Pflichten, die gleichzeitig frei von staatlichem Zwang sind, schulden.“, vgl. *Fritz/Nolden*, CCZ 2010, 170, 174.

2952 Vgl. hierzu Kapitel 1 § 2 B. II. 2.

2953 Entwurf der Bundesregierung eines Gesetzes zur Stärkung der Integrität in der Wirtschaft, BR-Drs. 440/20, S. 93 f.

Dies kommt auch in der Begründung zum Regierungsentwurf eines neuen Verbandssanktionengesetzes zum Ausdruck. Darin wird klargestellt, dass „verbandsinterne Untersuchungen insbesondere im Bereich des Wirtschaftsstrafrechtes die Sachverhaltsaufklärung durch die Justizbehörden unterstützen und hierzu einen wertvollen Beitrag leisten" können.[2954] Jedoch können sie „die umfassende Sachverhaltsaufklärung durch die Verfolgungsbehörde auch erschweren".[2955] Als Beispiel wird genannt, dass Untersuchungsführer Unterlagen nur teilweise vorlegen oder bestimmte Unterlagen zurückhalten könnten, wodurch der Sachverhalt verfälscht werden könnte.[2956] Weiter wird klargestellt, dass in § 17 VerSanG-E zwar qualitative Anforderungen an verbandsinterne Untersuchungen formuliert werden, ein Zwang zur Einhaltung dieser Vorgaben indes nicht besteht.[2957] Mithin kann das Unternehmen die interne Untersuchung grundsätzlich auch anhand eigener Maßstäbe ausgestalten. Nach der Regelungssystematik des VerSanG-E kommt eine Sanktionsmilderung gleichwohl nur in Betracht, wenn die von § 17 VerSanG-E normierten Anforderungen kumulativ erfüllt sind.[2958]

Der Gesetzesentwurf zeigt deutlich, dass auch im Hinblick auf ein neues Verbandssanktionengesetz davon ausgegangen wird, dass das Unternehmen die interne Untersuchung unbeeinflusst und losgelöst von einem staatlichen Verfahren durchführt.

Das VerSanG-E sieht überdies keine Regelung im Hinblick auf ein Verwertungsverbot vor. Vielmehr wird in § 17 Abs. 1 Nr. 5 c) VerSanG-E ein Auskunftsverweigerungsrecht für den Fall vorgesehen, dass der Befragte sich selbst oder einen in § 52 Abs. 1 StPO genannten Angehörigen belasten könnte. Zwar liegt darin ein Schutzmechanismus, der der hier vertretenen Ansicht widerspricht. Dies ändert aber nichts an der Tatsache, dass auch wenn dem Gesetzgeber die Konfliktlage des Arbeitnehmers bewusst ist und er aufgrund des Gemeinschuldnerbeschlusses in anderen Bereichen auf ähnliche Konfliktlagen reagiert hat (vgl. § 97 InsO), die Bundesregierung in ihrem Gesetzesentwurf ein entsprechendes Verwertungsverbot gerade nicht vorgesehen hat. Dies bestärkt nochmals den Eindruck, dass eine interne Untersuchung und die Stellung des Arbeitnehmers im Rahmen von Befragungen jedenfalls nicht mit der vom BVerfG aufgegriffenen Konfliktlage

2954 Entwurf der Bundesregierung eines Gesetzes zur Stärkung der Integrität in der Wirtschaft, BR-Drs. 440/20, S. 93.
2955 Entwurf der Bundesregierung eines Gesetzes zur Stärkung der Integrität in der Wirtschaft, BR-Drs. 440/20, S. 94.
2956 Entwurf der Bundesregierung eines Gesetzes zur Stärkung der Integrität in der Wirtschaft, BR-Drs. 440/20, S. 94.
2957 Entwurf der Bundesregierung eines Gesetzes zur Stärkung der Integrität in der Wirtschaft, BR-Drs. 440/20, S. 94.
2958 Entwurf der Bundesregierung eines Gesetzes zur Stärkung der Integrität in der Wirtschaft, BR-Drs. 440/20, S. 94.

vergleichbar sind, weshalb die Bundesregierung in ihrem Entwurf gerade einen anderen Weg der Absicherung der Arbeitnehmer vorgeschlagen hat.

Löst man sich von der konkreten Situation des Gemeinschuldners/Insolvenzschuldners im Konkurs-/Insolvenzverfahren so spricht gegen die Heranziehung des Nemo-tenetur-Grundsatzes, dass dieser nur vor einem staatlichen Aussagezwang schützt.[2959] Ein solcher ist im Falle der arbeitsrechtlichen Aussagepflicht indes nicht gegeben. Vielmehr handelt es sich um eine faktische Zwangslage. Eine solche Zwangslage und für den Arbeitnehmer bestehende Konfliktlage kann aber nicht mit einem bei rein staatlichen Verfahren zur Anwendung kommenden Grundsatz aufgelöst werden.

Nach alledem sprechen die stärkeren Argumente gegen eine Anwendbarkeit des Gemeinschuldnerbeschlusses auf die Situation des Arbeitnehmers im Rahmen einer Mitarbeiterbefragung.

(b) Verwertungsverbot gemäß § 630c Abs. 2 S. 3 BGB analog

Teilweise wird noch ein weiterer Anknüpfungspunkt für ein Verwertungsverbot vertreten, dessen Grundlage der Nemo-tenetur-Grundsatz darstellt. Soweit ersichtlich hat als erster *Franzen* hinsichtlich aller Rechtsbeziehungen mit Dienstleistungs- bzw. Geschäftsbesorgungscharakter ein Verwertungsverbot aus einer analogen Anwendung des § 630c Abs. 2 S. 3 BGB hergeleitet.[2960] *Küster* ist dieser Ansicht gefolgt und spricht sich insbesondere für eine analoge Anwendung der Vorschrift für die Situation der Mitarbeiterbefragung im Rahmen von internen Untersuchungen aus.[2961]

Die Regelung des § 630c BGB betrifft das Verhältnis zwischen dem Patienten und seinem behandelnden Arzt. Gemäß § 630c Abs. 1 BGB sollen der behandelnde Arzt und sein Patient zur Durchführung der Behandlung zusammenwirken. Nach Abs. 2 S. 2 ist der behandelnde Arzt verpflichtet, dem Patienten in verständlicher Weise zu Beginn der Behandlung und, soweit erforderlich, in deren Verlauf sämtliche für die Behandlung wesentlichen Umstände zu erläutern, insbesondere die Diagnose, die voraussichtliche gesundheitliche Entwicklung, die Therapie und die zu und nach der Therapie zu ergreifenden Maßnahmen. Nach dem für die hiesige Problematik relevanten Abs. 2 S. 3 hat der behandelnde Arzt den Patienten auf Nachfrage oder zur Abwendung gesundheitlicher Gefahren über Umstände, welche die Annahme eines Behandlungsfehlers begründen, zu informieren. Im Gegenzug zu dieser normierten Pflicht zur Selbstbelastung und den damit u.U. einhergehenden strafrechtlichen (bspw. wegen der Verwirklichung einer Körperverletzung) oder ordnungswidrigkeitenrechtlichen Risiken dürfen gemäß § 630c Abs. 2 S. 3 BGB

2959 BGH, NStZ 2011, 596, 597 f.; *Knauer*, ZWH, 2012, 81, 86; *Momsen*, ZIS 2011, 508, 513.

2960 *Franzen*, in: FS Köhler, Vertragliche Auskunftspflicht und Schutz gegen Selbstbezichtigung, S. 142 ff.

2961 *Küster*, Der rechtliche Rahmen für unternehmensinterne Ermittlungen, S. 252 ff.

Informationen über Behandlungsfehler des Behandelnden oder von einem seiner in § 52 Abs. 1 StPO bezeichneten Angehörigen zu Beweiszwecken in einem gegen den Behandelnden oder gegen seinen Angehörigen geführten Straf- oder Bußgeldverfahren nur mit Zustimmung des behandelnden Arztes verwendet werden. Der Gesetzgeber begründet diese Norm damit, dass auf diese Weise unter Beachtung des Nemo-tenetur-Grundsatzes gewährleistet werden solle, dass dem Behandelnden aus der Offenbarung eigener Fehler keine unmittelbaren strafrechtlichen oder ordnungswidrigkeitenrechtlichen Nachteile erwachsen können.[2962]

Im Rahmen der Bewertung, ob sich aus § 630c Abs. 2 S. 3 BGB ein Verwertungsverbot ergeben kann, ist zu prüfen, ob die Analogievoraussetzungen vorliegen. Auch wenn, wie im Hinblick auf die Anwendbarkeit des Fair-trial-Grundsatzes noch zu zeigen sein wird[2963], grundsätzlich von einer Regelungslücke auszugehen ist, wählt *Franzen* zu deren Begründung einen anderen Anknüpfungspunkt. Für ihn ist die Regelungslücke durch die Normierung des § 630c Abs. 2 S. 3 BGB entstanden.[2964] Auch nach *Franzen* besteht eine Auskunftspflicht im Falle der Selbstbelastung.[2965] Da vor der Normierung ein Verwertungsverbot im Hinblick auf die vertragliche Auskunftspflicht nicht bestand, ein solches nun aber für den Fall des Behandlungsvertrags geschaffen wurde, ist nach *Franzen* damit im Hinblick auf andere Vertragsverhältnisse mit einer ähnliche Konfliktlage von einer Regelungslücke auszugehen.[2966]

Fraglich ist jedoch, ob eine vergleichbare Interessenlage besteht. *Franzen* bezieht sich dabei allgemein auf Dienstleistungserbringer,[2967] der als Auskunftspflichtiger in den Konflikt geraten könne, dass eine zutreffende Auskunft zu straf- oder bußgeldrechtlichen Risiken führen könne und daher der Nemo-tenetur-Grundsatz betroffen sei.[2968] Das in § 630c Abs. 2 S. 3 BGB normierte Verwertungsverbot stelle auch kein Spezifikum des ärztlichen Behandlungsvertrags dar.[2969] Die Regelung sei § 97 Abs. 1 S. 3 InsO nachgebildet, obgleich die Zwangsmittel zur Durchsetzung der Auskunftspflicht des Schuldners im Insolvenzverfahren deutlich stärker seien

---

2962 Entwurf der Bundesregierung eines Gesetzes zur Verbesserung der Rechte von Patientinnen und Patienten, BT-Drs. 17/10488, S. 22.

2963 Vgl. hierzu Kapitel 3 § 2 B. II. 2. b) bb).

2964 *Franzen*, in: FS Köhler, Vertragliche Auskunftspflicht und Schutz gegen Selbstbezichtigung, S. 143.

2965 *Franzen*, in: FS Köhler, Vertragliche Auskunftspflicht und Schutz gegen Selbstbezichtigung, S. 143.

2966 *Franzen*, in: FS Köhler, Vertragliche Auskunftspflicht und Schutz gegen Selbstbezichtigung, S. 143.

2967 *Franzen*, in: FS Köhler, Vertragliche Auskunftspflicht und Schutz gegen Selbstbezichtigung, S. 142.

2968 *Franzen*, in: FS Köhler, Vertragliche Auskunftspflicht und Schutz gegen Selbstbezichtigung, S. 142.

2969 *Franzen*, in: FS Köhler, Vertragliche Auskunftspflicht und Schutz gegen Selbstbezichtigung, S. 142.

als die bei vertraglichen Rechtsbeziehungen.[2970] Wenn der Gesetzgeber nun aber eine solche, wie es *Franzen* schreibt, „Grundentscheidung für einen Vertragstypus" treffe[2971], könne diese auf andere Vertragsverhältnisse und dahingehend bestehende Auskunftspflichten übertragen werden.[2972] Die Richtung der Konfliktlösung sei vorgegeben, sodass die entstandene Regelungslücke auch nur durch eine analoge Anwendung des § 630c Abs. 2 S. 3 BGB geschlossen werden könne.[2973]

Küster knüpft an diese Argumentation an und konkretisiert sie für die Situation der Mitarbeiterbefragung im Rahmen einer internen Untersuchung. Zunächst vergleicht *Küster* den jeweiligen Zweck der Auskunftspflicht.[2974] Während die Auskunftspflicht des behandelnden Arztes der Abwendung von Gefahren für die Gesundheit des Patienten und der Vorbereitung von Schadensersatzansprüchen dient, ermöglicht die Auskunft des Arbeitnehmers die Abwendung drohender Gefahren für den Arbeitgeber und gegebenenfalls die Vorbereitung von Schadensersatzansprüchen gegenüber dem Arbeitnehmer.[2975] Die Tatsache, dass es bei dem Verhältnis zwischen behandelndem Arzt und Patient explizit um die Gesundheit des Patienten gehe, wirke sich nicht besonders aus, da unsere Rechtsordnung sowohl die Gesundheit als auch das Eigentum besonders schütze.[2976] Ferner sei der Umfang der Auskunftspflicht vergleichbar, da diese in beiden Fällen umfassend sei.[2977] Weiter führt *Küster* aus, dass sowohl für den Arzt als auch den Arbeitnehmer ein Selbstbelastungszwang bestehe.[2978] Ferner führe das Verwertungsverbot in beiden Fällen zu einem Anreiz zur wahrheitsgemäßen Aussage.[2979] Ebenso wie *Franzen* geht *Küster* davon aus, dass durch die Normierung des § 630c Abs. 2 S. 3 BGB der vertragliche Charakter nicht mehr gegen das Verwertungserbot spreche.[2980]

In der analogen Anwendung des § 630c Abs. 2 S. 3 BGB ist zunächst eine charmante Lösung für die Annahme eines Beweisverwertungsverbots zu sehen. Dieser Ansicht ist auch zuzugestehen, dass die Norm sich erstmals auf ein vertragliches Rechtsverhältnis bezieht. Eine Vergleichbarkeit der Interessenlagen und damit eine analoge Anwendung sind aber abzulehnen.

2970 *Franzen,* in: FS Köhler, Vertragliche Auskunftspflicht und Schutz gegen Selbstbezichtigung, S. 142.
2971 *Franzen,* in: FS Köhler, Vertragliche Auskunftspflicht und Schutz gegen Selbstbezichtigung, S. 143.
2972 *Franzen,* in: FS Köhler, Vertragliche Auskunftspflicht und Schutz gegen Selbstbezichtigung, S. 142 f.
2973 *Franzen,* in: FS Köhler, Vertragliche Auskunftspflicht und Schutz gegen Selbstbezichtigung, S. 142 ff.
2974 *Küster,* Der rechtliche Rahmen für unternehmensinterne Ermittlungen, S. 252.
2975 *Küster,* Der rechtliche Rahmen für unternehmensinterne Ermittlungen, S. 252.
2976 *Küster,* Der rechtliche Rahmen für unternehmensinterne Ermittlungen, S. 252.
2977 *Küster,* Der rechtliche Rahmen für unternehmensinterne Ermittlungen, S. 252.
2978 *Küster,* Der rechtliche Rahmen für unternehmensinterne Ermittlungen, S. 253.
2979 *Küster,* Der rechtliche Rahmen für unternehmensinterne Ermittlungen, S. 253.
2980 *Küster,* Der rechtliche Rahmen für unternehmensinterne Ermittlungen, S. 253.

Zunächst kann nicht der Auffassung gefolgt werden, der Gesetzgeber habe eine Grundentscheidung für einen Vertragstypus, die mithin auf andere Fälle zu übertragen wäre. *Franzen* stellt darauf ab, dass sich der Gesetzgeber, würde er weitere vergleichbare Verträge mit Dienstleistungs- und Geschäftsbesorgungscharakter gesetzlich kodifizieren, an dieser Lösung messen lassen müsse.[2981] Dieses Argument für eine Vergleichbarkeit vertreten gerade *Franzen*[2982] und *Küster*.[2983] Dies zugrunde gelegt müsste der Gesetzgeber eine entsprechende Regelungsentscheidung auch im Falle der Kodifizierung des Verbandssanktionengesetzes treffen. Eine entsprechende Auflösung der Konfliktlage für den Arbeitnehmer lässt sich dem aktuellen Gesetzesentwurf der Bundesregierung[2984] aber gerade nicht entnehmen. Vielmehr sieht der Regierungsentwurf ein anderes Regelungskonzept vor. Der Arbeitnehmer soll sich im Rahmen der Befragung durch ein Auskunftsverweigerungsrecht vor einer Selbstbelastung schützen können. Dies ermöglicht, was der Regierungsentwurf klarstellt, die Verwertbarkeit der Aussage.[2985] Der Schutz vor einer Selbstbelastung soll dadurch gewährleistet werden, dass für die Situation der Mitarbeiterbefragung und die Auflösung der mit der Auskunft für den Arbeitnehmer verbundenen Risiken der Weg über ein Auskunftsverweigerungsrecht gewählt wird.

Unabhängig von der Frage, ob diesem Schutzkonzept oder dem in dieser Untersuchung vertretenen Konzept der Vorzug eingeräumt werden sollte[2986], sah sich die Bundesregierung jedenfalls nicht an eine durch die Normierung des § 630c Abs. 2 BGB getroffene Grundentscheidung gebunden. Im Gegenteil, nach dem Regelungskonzept des Regierungsentwurfs soll die Verwertbarkeit der Aussage des Arbeitnehmers erhalten bzw. ein Verwertungsverbot in der konkreten Situation vermieden werden.[2987] Zum Nemo-tenetur-Grundsatz, der von *Franzen* und *Küster* zur Grundlage ihrer Argumentation gemacht wird, und seiner Übertragbarkeit auf die Vertragsebene lässt sich folgende Aussage der Begründung des Regierungsentwurfs entnehmen: „Zwar kann auch [der] Einhaltung arbeitsvertraglicher Pflichten für den Betroffenen durchaus erhebliche, mitunter existenzielle Bedeutung zukommen, doch resultiert die hieraus entstehende Konfliktlage bei verbandsinternen Untersuchungen nicht aus einer im Widerspruch zum "nemo

---

2981 *Franzen,* in: FS Köhler, Vertragliche Auskunftspflicht und Schutz gegen Selbstbezichtigung, S. 143.

2982 *Franzen,* in: FS Köhler, Vertragliche Auskunftspflicht und Schutz gegen Selbstbezichtigung, S. 142 f.

2983 *Küster,* Der rechtliche Rahmen für unternehmensinterne Ermittlungen, S. 251 ff.

2984 Entwurf der Bundesregierung eines Gesetzes zur Stärkung der Integrität in der Wirtschaft, BR-Drs. 440/20.

2985 Entwurf der Bundesregierung eines Gesetzes zur Stärkung der Integrität in der Wirtschaft, BR-Drs. 440/20, S. 97 f.

2986 Vgl. zu einer kritischen Gesamtbewertung de lege ferenda Kapitel 3 § 4.

2987 Entwurf der Bundesregierung eines Gesetzes zur Stärkung der Integrität in der Wirtschaft, BR-Drs. 440/20, S. 97.

tenetur"-Grundsatz stehenden gesetzlichen Auskunftsverpflichtung gegenüber staatlichen Organen, sondern vielmehr aus einer vom Betroffenen freiwillig eingegangenen vertraglichen Verpflichtung gegenüber Privaten." Das Verbandssanktionengesetz liegt bislang zwar nur als Regierungsentwurf vor. Gleichwohl lässt sich aus diesem bereits schließen, dass von der von *Franzen* proklamierten „Grundentscheidung für einen Vertragstypus"[2988] gerade nicht auszugehen ist.

Löst man sich daher von dem Gedanken einer Grundentscheidung, ist in einem nächsten Schritt die Funktion der Regelung nach § 630c Abs. 2 S. 2 BGB mit der Situation des Arbeitnehmers in einer Mitarbeiterbefragung im Rahmen einer internen Untersuchung zu vergleichen. Hierzu ist wiederum eine Unterscheidung zwischen den beiden in § 630c Abs. 2 S. 2 BGB enthaltenen Alternativen notwendig. § 630c Abs. 2 S. 2, 1. Alt. BGB regelt die Informationspflicht auf Nachfrage, während § 630c Abs. 2 S. 2, 2. Alt. BGB die Informationspflicht zur Abwendung gesundheitlicher Gefahren normiert. Die Funktion der Aufklärungspflicht in § 630c Abs. 2 S. 2, 1. Alt. BGB ist darauf gerichtet, die Geltendmachung von Schadensersatzansprüchen zu erleichtern;[2989] um die Verhinderung der Verjährung von entsprechenden Schadensersatzansprüchen geht es indes nicht.[2990] Für die Vermeidung von Gesundheitsgefahren greift die zweite Alternative. Zieht man nun den Vergleich zu Mitarbeiterbefragungen, so geht es bei ihnen vorrangig um die wahrheitsgemäße Beantwortung von Fragen des Arbeitgebers durch den Arbeitnehmer. Sinn und Zweck der Befragung ist die repressive Aufklärung Compliance-relevanter Verstöße; das Unternehmen kommt damit seinen Compliance-Pflichten nach.

Die Antworten sollen aber gerade nicht primär dafür genutzt werden, eine Kündigung zu begründen oder die Geltendmachung von Schadensersatzansprüchen gegenüber dem Arbeitnehmer vorzubereiten. Hier liegt ein grundsätzlicher Unterschied hinsichtlich der Zielrichtung der Nachfragen zwischen der Befragung von Ärzten und der Befragung von Arbeitnehmern. Gerade die Geltendmachung von Schadenersatzansprüchen dürfte in der Rangfolge der Interessen des Unternehmens an nachgerückter Stelle stehen. Vorranging sollen etwaige Compliance-relevante Verstöße aufgeklärt werden, um Risiken für das Unternehmen auszuschließen. Soweit der vom Arbeitnehmer vorgetragene Sachverhalt überdies eine Kündigung des Arbeitnehmers rechtfertigt, wird das Unternehmen auch diese in Betracht ziehen. Die gerichtliche Geltendmachung von Schadensersatz ist demgegenüber häufig nicht sinnbringend, da die möglichen Risiken für das Unternehmen, so auch etwaige Bußgelder, durch den Arbeitnehmer häufig gar nicht getragen werden können. Je nachdem, welcher Verschuldensgrad vorliegt, ist ferner der innerbetriebliche Schadensausgleich zu berücksichtigen.

2988 *Franzen*, in: FS Köhler, Vertragliche Auskunftspflicht und Schutz gegen Selbstbezichtigung, S. 143.

2989 MüKo-BGB/*Wagner*, § 630c Rn. 32.

2990 MüKo-BGB/*Wagner*, § 630c Rn. 30 f.

Aber auch die zweite Alternative des § 630c Abs. 2 S. 2 BGB spricht gegen eine vergleichbare Interessenlage und damit im Ergebnis gegen das Vorliegen der Analogievoraussetzungen. Sind für den behandelnden Arzt Umstände erkennbar, die die Annahme eines Behandlungsfehlers begründen, hat er den Patienten gemäß § 630c Abs. 2 S. 2, 2. Alt. BGB über diese zur Abwendung gesundheitlicher Gefahren zu informieren. Die Regelung dient dazu zu verhindern, dass der Arzt schweigt, obgleich er weiß, dass ein Behandlungsfehler gegeben ist. Dies steht wiederum im Zusammenhand mit den Beweisschwierigkeiten, die sich im Hinblick auf Behandlungsfehler ergeben. Zwischen dem behandelnden Arzt und dem Patienten besteht typischerweise eine Informationsasymmetrie, da der Patient als medizinischer Laie dem Arzt als Experten gegenübersitzt.[2991] Dem Patienten fehlt das höhere Wissen, um beurteilen zu können, ob ein Behandlungsfehler vorliegt. Das fehlende Wissen wirkt sich insbesondere in den Fällen aus, in denen sich die bestehende gesundheitliche Schädigung durch den Behandlungsfehler noch auswachsen kann. Da der Patient die Schädigung gerade nicht diagnostizieren und einen Behandlungsfehler nicht erkennen kann, besteht für den Patienten ein reelles Risiko, dass irreversible Schäden eintreten könnten. Das Interesse der Rechtsordnung besteht hier darin, den Eintritt von irreversiblen Schäden zu verhindern. Um dies zu erreichen, soll der behandelnde Arzt vor strafrechtlichen oder ordnungswidrigkeitenrechtlichen Risiken geschützt werden, damit er den Patienten über etwaige Behandlungsfehler umfassend informiert, um so die Gesundheit des Patienten zu schützen. § 630c Abs. 2 S. 2 BGB regelt, insbesondere in seiner Ausprägung des § 630c Abs. 2 S. 2, 2. Alt. BGB, eine besondere Situation, nämlich die Verhinderung von gesundheitlichen Gefahren für den Patienten. Zwar sind sowohl die Gesundheit und das Eigentum, wie es *Küster* anführt, von der Rechtsordnung besonders geschützt.[2992] Dennoch wirkt sich – entgegen der Ansicht von *Küster* – im Hinblick auf das Verhältnis von Arzt zu Patient die Tatsache, dass es bei § 630c Abs. 2 S. 2, 3 BGB um die Gesundheit des Patienten geht, sehr wohl besonders aus. Der Patient soll vor Gesundheitsgefahren und irreversiblen Schäden geschützt werden. Diese für den Patienten konkret für seine Person wirkenden Risiken sind nicht einfach mit den finanziellen Risiken für ein Unternehmen vergleichbar. Im Übrigen besteht im Hinblick auf das Verhältnis zwischen Arbeitnehmer und dem Unternehmen nicht die für das Verhältnis zwischen Arzt und Patient beschriebene Informationsasymmetrie. Das Unternehmen versucht die Hintergründe umfassend aufzuklären, was es am ehesten durch die Aussagen des Arbeitnehmers erreichen kann. Die sich aus dem Sachverhalt ergebenden Risiken kann es – im Gegensatz zum Patienten und den für ihn bestehenden Gesundheitsgefahren – grundsätzlich selbst einschätzen und bewerten.

Darüber hinaus führt *Küster* ohne nähere Begründung an, dass die Vergleichbarkeit unabhängig davon gelten müsse, dass regelmäßig nicht der Arzt selbst

---

2991 MüKo-BGB/*Wagner*, § 630c Rn. 1.
2992 *Küster*, Der rechtliche Rahmen für unternehmensinterne Ermittlungen, S. 252.

Vertragspartner ist, sondern dieser als Erfüllungsgehilfe des Krankenhauses tätig wird.[2993] Auch dieser Wertung ist entgegenzutreten. Gerade wenn man die Konfliktsituation des Arztes in der von § 630c Abs. 2 S. 2, 3 BGB geregelten Situation mit der Konfliktsituation des Arbeitnehmers im Mitarbeitergespräch vergleicht, muss man die von *Küster* aufgeworfene Besonderheit kritisch würdigen. Insbesondere wenn man sich vor Augen führt, dass der Arzt regelmäßig Erfüllungsgehilfe des Krankenhauses ist, normiert § 630c Abs. 2 S. 2, 3 BGB einen besonderen Schutzmechanismus für den Patienten, der mit der Situation des Arbeitnehmers im Rahmen einer Mitarbeiterbefragung nicht vergleichbar ist. Blickt man auf die Situation, in der sich das Unternehmen befindet, ließe sich im Endeffekt eher der Vergleich zum Krankenhaus ziehen, das etwaige Risiken für sich selbst zu bewerten hat, bspw. Haftungsrisiken oder Reputationsschäden aufgrund des Behandlungsfehlers des Arztes. Hier soll aber gerade der Patient als Individuum geschützt werden, da er aufgrund des fehlenden höheren Wissens etwaige Behandlungsfehler nicht erkennen kann.

Durch die Absicherung des Schadensersatzanspruchs des Patienten auf der einen und den Schutz der Gesundheit des Patienten auf der anderen Seite regelt § 630c Abs. 2 S. 2 BGB eine besondere Situation und ist daher, entgegen der Ansicht von Franzen[2994], sehr wohl als Spezifikum des ärztlichen Behandlungsvertrags anzusehen. Eine vergleichbare Interessenlage zu der Situation des Arbeitnehmers in einer Mitarbeiterbefragung liegt gerade nicht vor, womit es auch an einer Analogievoraussetzung fehlt. Mithin scheidet die Begründung eines Verwertungsverbots auf der Grundlage einer analogen Anwendung des § 630c Abs. 2 S. 3 BGB aus.

(c) Zurechnung der vom Unternehmen durchgeführten internen Untersuchungen an den Ermittlungsbehörden

Da der Nemo-tenetur-Grundsatz grundsätzlich nur vor einem staatlich veranlassten Verfahren schützt, behilft sich eine weitere Strömung in der Literatur damit, dass sie dem Staat die vom Unternehmen durchgeführte Untersuchung zuzurechnen versucht.[2995] Innerhalb dieser Strömung wird die Veranlassung insbesondere damit begründet, dass interne Untersuchungen regelmäßig staatlich veranlasst seien, die Veranlassung also den Zurechnungsgrund darstelle.[2996] Folgt man einer solchen Zurechnung, könnte sich auch im Hinblick auf die Auskünfte von Mitarbeitern im Rahmen interner Untersuchungen ein Verwertungsverbot ergeben. Eine Verwertbarkeit soll nach dieser Ansicht ausscheiden, wenn die Strafverfolgungsbehörden

---

2993 *Küster,* Der rechtliche Rahmen für unternehmensinterne Ermittlungen, S. 253 f.

2994 *Franzen,* in: FS Köhler, Vertragliche Auskunftspflicht und Schutz gegen Selbstbezichtigung, S. 142.

2995 *Greco/Caracas,* NStZ 2015, 1, 12 ff.; *Kasiske,* NZWiSt 2014, 262, 265 f.; a.A. *Jahn,* StV 2009, 41, 45; *Knauer/Buhlmann,* AnwBl. 2010, 387, 392.

2996 *Greco/Caracas,* NStZ 2015, 7, 13 f.

Einfluss auf den Umfang und den Ablauf der internen Untersuchung genommen haben.[2997]

Hinsichtlich der Zurechnung der vom Unternehmen durchgeführten internen Untersuchungen zum Staat fragt sich, ob dies überhaupt möglich ist. Eine solche kommt allenfalls dann in Betracht, wenn eine enge Kooperation und Zusammenarbeit zwischen dem Unternehmen und den Ermittlungsbehörden besteht.[2998] Dafür bedürfte es eines ausreichenden Zurechnungstatbestands, für den Anknüpfungspunkte im Kontext interner Untersuchungen jedoch nur schwer festzumachen sind.[2999]

Interne Untersuchungen finden nämlich insbesondere losgelöst von Ermittlungen der Ermittlungsbehörden statt. Sie sollen bezogen auf inkriminiertes Verhalten gerade dazu dienen, dieses unternehmensintern aufzuklären und die Missstände beheben zu können, ehe es zu einer staatlichen Ermittlungsmaßnahme kommt.[3000] In Abhängigkeit von der Art der Pflichtverletzung können sie auch insbesondere dem Zweck dienen, die unternehmerische Handlungsfähigkeit aufrechtzuerhalten und zwar zunächst ohne jegliche Beteiligung der Ermittlungsbehörden.[3001]

Ferner soll durch interne Untersuchungen das Risiko abgeschätzt werden, welches sich aus der bestehenden Verdachtslage im Hinblick auf mögliche Ermittlungsverfahren der Behörden oder negative Auswirkungen auf die Unternehmensreputation ergeben kann. Insoweit werden interne Untersuchungen in den meisten Fällen gerade nicht von den Ermittlungsbehörden begleitet oder gar initiiert. Die Einleitung solcher Ermittlungen beruht vielmehr auf einem internen Willensentschluss der Organe des Unternehmens. Wie bereits gezeigt wurde, macht es derzeit für Unternehmen u.U. Sinn, nicht mit den Ermittlungsbehörden zu kooperieren.[3002]

Zwar können interne Untersuchungen, wie es *Kasiske* zutreffend beschreibt, darauf angelegt sein, Materialien für ein staatliches Ermittlungsverfahren zu sammeln und diese auch im Rahmen einer Kooperation mit den Ermittlungsbehörden an diese zu übergeben.[3003] Eine solche Form der Kooperation kommt gerade dann in Betracht, wenn Ermittlungen bereits eingeleitet wurden.[3004] Die Zielsetzung des Unternehmens liegt dann darin, Kooperationsbereitschaft zu signalisieren und nachteilige Folgen für das Unternehmen zu begrenzen.[3005] Für diesen Fall

---

2997 *Kasiske* spricht insoweit von „substitutive Untersuchungen“, vgl. *Kasiske*, NZWiSt 2014, 262, 265 f., 268.
2998 Davon geht auch *Kasiske* aus, der diese Ansicht vertritt, vgl. *Kasiske*, NZWiSt 2014, 262 f.
2999 Im Ergebnis so auch *Jahn*, StV 2009, 41, 45.
3000 *Kasiske*, NZWiSt 2014, 262, 262.
3001 *Sarhan*, wistra, 2015, 449, 452.
3002 Vgl. hierzu Kapitel 1 § 2 B. II. 2.
3003 *Kasiske*, NZWiSt 2014, 262, 262.
3004 *Kasiske*, NZWiSt 2014, 262, 262.
3005 *Kasiske*, NZWiSt 2014, 262, 262.

wirft *Kasiske* die Frage auf, ob die Kooperation ein solches Ausmaß annehmen könne, dass das Unternehmen als verlängerter Arm der Strafverfolgungsbehörden tätig wird.[3006] Ein eindeutige Antwort auf diese Frage findet *Kasiske* indes nicht. So muss er konstatieren, dass die Frage, unter welchen Voraussetzungen eine solche Zurechnung privater Ermittlungen an staatliche Strafverfolgungsorgane anzunehmen sein kann, eine komplexe sei.[3007]

Es stellt sich also die entscheidende Ausgangsfrage, welche Fälle staatlicher Einflussnahme eine Zurechnung begründen können.[3008] Nach *Kasiske* sei eine Zurechnung jedenfalls dann anzunehmen, wenn Strafverfolgungsbehörden direkten Einfluss auf den Gang der Untersuchung nehmen würden, bspw. durch die Auswahl der Ermittler, welche die Befragung durchführen, oder durch Einfluss auf die Zusammenstellung des Fragenkatalogs.[3009] Diese Ansicht führt im Hinblick auf ein mögliches Verwertungsverbot nicht zu mehr Rechtssicherheit, da sich die Frage, ob ein Unternehmen als verlängerter Arm der Ermittlungsbehörden arbeitet, kaum beantworten lässt. Wo sind die Grenzen zwischen Kooperation und direktem Einfluss zu ziehen? Aus den von *Kasiske* genannten Beispielen können sich Zweifel an deren Tauglichkeit ergeben. Liegt eine Einflussnahme bereits vor, wenn die Staatsanwaltschaft auf die Auswahl der Ermittler nehmen will, das Unternehmen und die Staatsanwaltschaft in Verhandlungen zu einer Eignung kommen? Oder muss es stets die direkte Vorgabe eines Ermittlers sein.

Das Unternehmen, welches stets durch Unternehmensverteidiger vertreten sein wird, wird in allen Einzelpunkten, die aus Sicht des Unternehmens als kritisch für die eigene Position zu bewerten sind, das Gespräch und die Verhandlung suchen. Die gleichen Bedenken sind im Hinblick auf die Fragenliste zu stellen. Soll von einer direkten Beeinflussung schon ausgegangen werden, wenn die Staatsanwaltschaft Anpassungsbedarf bei der Frageliste sieht? Insoweit wird die Staatsanwaltschaft die Fragen kaum direkt vorgeben, sondern eine Sichtung eines Vorschlags durch das Unternehmen vornehmen. Wenn nun aber die Staatsanwaltschaft keine Anpassungen vornimmt oder das Unternehmen mit den vorgenommenen Anpassungen einverstanden ist, kann wohl kaum von einem Handeln als verlängertem Arm der Staatsanwaltschaft gesprochen werden.

Die rechtliche Unsicherheit und schwierige Praktikabilität dieser Lösung zeigt sich auch darin, dass diese Ansicht über die Schwierigkeiten im Rahmen der Zurechnungsfragen auch im Einzelnen zwischen verschiedenen Fallsituationen differenzieren muss. Im Falle der Zurechnung soll ein Verwertungsverbot die Folge darstellen.[3010] Ist eine Zurechnung nicht möglich, muss nochmals unterschieden

3006 *Kasiske*, NZWiSt 2014, 262, 262.

3007 *Kasiske*, NZWiSt 2014, 262, 262.

3008 So auch *Greve/Tsambikakis*, in: Knierim/Rübenstahl/Tsambikakis, Kapitel 18 Rn. 33; *Jahn*, StV 2009, 41, 45.

3009 *Kasiske*, NZWiSt 2014, 262, 262.

3010 *Kasiske*, NZWiSt 2014, 262, 265 f.

werden, ob der Mitarbeiter uneingeschränkt zur Auskunft verpflichtet war oder ob er die Auskunft verweigern konnte.[3011]

Eine Stärkung könnte diese Ansicht jedoch dann erfahren, wenn der aktuelle Regierungsentwurf zu einem Verbandssanktionengesetz in der jetzigen Form Gesetzeswirklichkeit wird. Der Gesetzesentwurf sieht eine zwingende und starke Kooperation sowie eine enge Zusammenarbeit zwischen dem Unternehmen und den Ermittlungsbehörden vor, damit erhebliche Vergünstigungen im Rahmen des Sanktionsverfahrens überhaupt in Betracht kommen.[3012]

(d) Zwischenergebnis

Als Zwischenergebnis lässt sich festhalten, dass sich ein Verwertungsverbot zunächst nicht aus dem Gemeinschuldnerbeschluss ergibt. Dabei gilt dieses Ergebnis unabhängig davon, ob das Verwertungsverbot unmittelbar auf die Entscheidung des BVerfG oder aber auf § 97 Abs. 1 S. 3 InsO oder eine analoge Anwendung des § 630c Abs. 2 S. 3 BGB gestützt wird.

Ferner überzeugt auch nicht die Ansicht, welche ein Verwertungsverbot auf die Zurechnung der internen Untersuchung an den Staat zu begründen vermag. Insoweit fehlt es bereits an einem hinreichend konkreten Zurechnungstatbestand.

bb) Verwertungsverbot auf der Grundlage des Fair-trial-Grundsatzes

Ein Verwertungsverbot wird teilweise aus dem Fair-trial-Grundsatz hergeleitet, also aus dem Grundsatz eines fairen Verfahrens.[3013] Das Recht auf ein faires Verfahren gehört zu den wesentlichen Grundsätzen eines rechtsstaatlichen Strafverfahrens[3014] und wird aus dem Rechtsstaatsprinzip hergeleitet, vgl. Art. 20 Abs. 3 GG, i.V.m. den allgemeinen Freiheitsgrundrechten.[3015] Der Fair-trial-Grundsatz ist normativ in Art. 6 Abs. 1 S. 1 EMRK verankert. Nach Art. 6 Abs. 1 S. 1 EMRK „[hat] jede Person ein Recht darauf, daß über Streitigkeiten in bezug auf ihre zivilrechtlichen Ansprüche und Verpflichtungen oder über eine gegen sie erhobene

---

3011 *Kasiske*, NZWiSt 2014, 262, 265 f.

3012 Vgl. hierzu Kapitel 1 § 2 B. II.

3013 *Knauer/Buhlmann*, AnwBl. 2010, 387, 390 ff.; *Knauer/Gaul*, NStZ 2013, 192, 193 f.; *Momsen*, ZIS 2011, 508, 513 ff.; *Klaas*, *Momsen* und *Grützner* erkennen die Möglichkeit eines Beweisverwertungsverbots aufgrund einer Verletzung des Fair-trial-Grundsatzes jedenfalls an, vgl. *Grützner*, in: Momsen/Grützner, Wirtschafts- und Steuerstrafecht, Kapitel 4 § 16 Rn. 515; *Klaas*, CCZ 2018, 242, 244; *Momsen/Grützner*, DB 2011, 1792, 1795.

3014 BVerfG, NJW 1969, 1423, 1424; BVerfG, NJW 1975, 103, 103; BVerfG, NStZ 2012, 496, 498.

3015 BVerfG, NJW 1983, 1599, 1599; BVerfG, NStZ 2012, 496, 498; *Knauer/Buhlmann*, AnwBl. 2010, 387, 390; *Schmitt*, in: Meyer-Goßner/Schmitt StPO Einl. Rn. 19; Teilweise wird zusätzlich auf die Verpflichtung des Staates zur Achtung der Menschwürde hingewiesen, vgl. *Knauer/Buhlmann*, AnwBl. 2010, 387, 390.

strafrechtliche Anklage von einem unabhängigen und unparteiischen, auf Gesetz beruhenden Gericht in einem fairen Verfahren [...] verhandelt wird".

Zu einem solchen fairen Verfahren gehört insbesondere der Grundsatz der Waffengleichheit zwischen den Ermittlungsbehörden als Strafverfolgern und der Verteidigung, welche in besonderem Maße dem Schutz des Beschuldigten dient, für den bis zur Verurteilung die Vermutung seiner Unschuld streitet.[3016] Die an einem Verfahren Beteiligten und sich dabei gegenüberstehenden Beteiligten müssen gleichermaßen in der Lage sein, auf die Entscheidungsfindung einzuwirken.[3017] Dies bedeutet indes nicht, dass im Strafverfahren eine Gleichstellung von Beschuldigtem und dessen Verteidiger mit der Staatsanwaltschaft erreicht werden soll. Vielmehr sollen die verfahrensrechtlichen Unterschiede zwischen den Beteiligten am Verfahren ausgeglichen werden, damit der Beschuldigte nicht zu einem Objekt des Verfahrens degradiert wird, sondern als Subjekt des Verfahrens eigene Rechte innehat.[3018]

Gerade auf den hier skizzierten Fair-trial-Grundsatz in seiner Ausprägung des Grundsatzes auf Waffengleichheit stellt eine der Ansichten ab, die in dem hiesigen Kontext ein Beweisverwertungsverbot fordert.[3019] Bei dem Verhältnis zwischen Arbeitgeber und Arbeitnehmer handele es sich insoweit um ein Über-/Unterordnungsverhältnis, bei dem die Waffengleichheit aktiv hergestellt werden müsse.[3020] Ferner wird zum Teil angeführt, dass eine Berufung auf den Nemo-tenetur-Grundsatz gerade nicht in Betracht komme, da es – wie bereits herausgearbeitet – an einem staatlichen Zwang fehle.[3021] Vielmehr befände sich der Mitarbeiter im Rahmen einer internen Untersuchung in einer faktischen Zwangslage.[3022] Wie bereits dargestellt, kann eine solche bestehen, wenn dem Arbeitnehmer vor dem Hintergrund, dass er zur Aussage verpflichtet ist und ihm gegenüber seine Straffreiheit nicht garantiert werden kann, bei einer Verweigerung der umfassenden Kooperation mit dem Arbeitgeber arbeitsrechtliche Konsequenzen (bspw. eine Verdachtskündigung) angedroht werden.

Die Waffengleichheit wird nach dieser Ansicht dadurch erreicht, dass in den Fällen, in denen die Ermittlungen im Rahmen interner Untersuchungen nicht mehr dem Fairnessgedanken entsprechen, die Ermittlungsergebnisse einem

---

3016 BVerfG, NJW 1975, 103, 103; *Schmitt*, in: Meyer-Goßner/Schmitt EMRK Art. 6 Rn. 3; zum Grundsatz der Waffengleichheit als Prinzip des Fair-trial-Grundsatzes vgl. KK-StPO/*Greven* MRK Art. 6 Rn. 41, 45.

3017 BeckOK StPO/*Valerius* EMRK Art. 6 Rn. 10.

3018 Vgl. *Kühne*, auch wenn er auf eine beschränkte Bedeutung des Begriffs der Waffengleichheit hinweist, vgl. *Kühne*, in: Löwe-Rosenberg -StPO, Einl. Abschnitt I Rn. 117.

3019 *Knauer/Gaul*, NStZ 2013, 192, 193; *Nienaber*, Umfang, Grenzen und Verwertbarkeit compliancebasierter unternehmensinterner Ermittlungen, S. 437 f.

3020 *Knauer/Gaul*, NStZ 2013, 192, 193.

3021 *Knauer*, ZWH 2012, 81, 86; *Knauer/Gaul*, NStZ 2013, 192, 193.

3022 *Knauer/Gaul*, NStZ 2013, 192, 193.

Verwertungsverbot unterliegen.[3023] Jedenfalls kann von einer unfairen Ermittlung nach dieser Ansicht bei einer Drohung oder Täuschung ausgegangen werden.[3024] Als Beispiel für eine Drohung wird die Androhung gegenüber dem Arbeitnehmer genannt, dessen Auskunft durch zivilprozessuale Zwangsmittel gemäß § 888 ZPO durchzusetzen[3025] oder ihm gegenüber eine Verdachtskündigung auszusprechen oder existenzvernichtende Schadensersatzansprüche geltend zu machen.[3026] Als Beispiel für eine Täuschung wird eine suggerierte Amnestiezusage genannt.[3027]

In der Verwertung der Ermittlungsergebnisse aus internen Untersuchungen zeigt sich aber auch ein Ungleichgewicht, das im Hinblick auf den Grundsatz der Waffengleichheit zu berücksichtigen ist.[3028] Insoweit stehen dem Arbeitnehmer, wie es *Nienaber* ausdrückt, zwei Gegenspieler gegenüber.[3029] Zunächst steht dem Arbeitnehmer der Arbeitgeber gegenüber, auf dessen Aufforderung hin sich der Arbeitnehmer auf der Grundlage der Auskunftspflicht selbst belasten muss. Anknüpfend genau an dieses Verhältnis sieht sich der Arbeitnehmer bezogen auf die getätigte Auskunft zusätzlich den Ermittlungsbehörden ausgesetzt, mit denen das Unternehmen häufig aus eigenem Interesse kooperiert. In dieser Situation können sich die Ermittlungsbehörden ohne ein Verwertungsverbot der Auskünften der Arbeitnehmer sehr einfach bedienen.

Ein Verwertungsverbot lässt sich überdies mit dem ebenfalls in Art. 6 EMRK verankerten Grundsatz der Selbstbelastungsfreiheit begründen,[3030] was sich insbesondere an der Rechtsprechung des EGMR zeigt[3031]. Der Gerichtshof bezeichnet die Selbstbelastungsfreiheit als „Herzstück des Konzepts eines fairen Verfahrens".[3032] Wurden durch die Verletzung der Selbstbelastungsfreiheit Beweismittel gewonnen, so sind diese im Ergebnis unverwertbar. Der Gerichtshof bewertet dabei aber nicht die Zulässigkeit bestimmter Beweismittel, die nach staatlichem Recht rechtswidrig erlangt worden sein könnten. Er prüft vielmehr, ob das Verfahren insgesamt und damit einschließlich der Beweiserhebung fair war.[3033] Bezogen auf

3023 *Knauer/Gaul*, NStZ 2013, 192, 193.

3024 *Knauer/Gaul*, NStZ 2013, 192, 194.

3025 *Knauer/Gaul*, NStZ 2013, 192, 194.

3026 *Knauer/Buhlmann*, AnwBl. 2010, 387, 392; *Knauer/Gaul*, NStZ 2013, 192, 194.

3027 *Knauer/Buhlmann*, AnwBl. 2010, 387, 392; *Knauer/Gaul*, NStZ 2013, 192, 194.

3028 *Nienaber*, Umfang, Grenzen und Verwertbarkeit compliancebasierter unternehmensinterner Ermittlungen, S. 438 f.

3029 *Nienaber*, Umfang, Grenzen und Verwertbarkeit compliancebasierter unternehmensinterner Ermittlungen, S. 438.

3030 MüKo-StPO/*Gaede*, Art. 6 EMRK Rn. 318, 354.

3031 EGMR, ÖJZ 1993, 532 Rn. 41, 44 – Funke/Frankreich; EGMR, ÖJZ 1998, 32 Rn. 67 ff. – Saunders/ Vereinigtes Königreich; EGMR, NJW 2006, 3117 – Jalloh/ Deutschland; EGMR, NJW 2008, 3549, 3551 ff. – O´Halloran und Francis/Vereinigtes Königreich.

3032 EGMR, ÖJZ 1998, 32 Rn. 68 – Saunders/Vereinigtes Königreich.

3033 EGMR, NJW 2006, 3117, 3122 – Jalloh/Deutschland; EGMR, NJW 2019, 1999, 2000 – Beuze/Belgien.

die Selbstbelastungsfreiheit nimmt der Gerichtshof zugleich auf deren enge Verbindung zur bereits erwähnten Unschuldsvermutung Bezug.[3034] Diese Verbindung ergibt sich daraus, dass sich die Anklage nicht auf solche Beweise stützen soll, die unter Ausnutzung von Zwang oder Druck und unter Missachtung des Willens des Beschuldigten erlangt worden sind.[3035]

Für die hiesige Fragestellung, ob hinsichtlich der Ergebnisse aus den Mitarbeiterbefragungen ein Verwertungsverbot im Strafprozess in Betracht kommt, ist insbesondere die Entscheidung Saunders gegen das Vereinigte Königreich von Relevanz, die im Folgenden im Überblick dargestellt wird:[3036] In einem Verfahren des Department of Trade and Industry als Aufsichtsbehörde wurde der Beschwerdeführer als Verantwortlicher eines Unternehmens mehrfach wegen des Verdachts rechtswidrigen Verhaltens vernommen. Der Beschwerdeführer war zur Auskunft verpflichtet. Eine Nichtbefolgung der Auskunftspflicht konnte eine Geld- oder sogar eine Freiheitsstrafe von zwei Jahren nach sich ziehen. Der Beschwerdeführer kam seiner Auskunftspflicht nach, wobei die vom Beschwerdeführer getätigten Aussagen später in einem Strafverfahren gegen ihn verwendet wurden. Der Gerichtshof war der Auffassung, dass die im Rahmen der Ermittlungen des Department of Trade and Industry unter Zwang erlangten Aussagen grundsätzlich nicht als Beweis gegen die betroffene Person in der späteren Hauptverhandlung verwendet werden dürfen.[3037] Die Verwertung der unter Zwang gewonnenen Auskünfte in der späteren Hauptverhandlung eines Strafverfahrens verletzte die Grundprinzipien eines fairen Verfahrens, wie es dem Art. 6 EMRK immanent ist.[3038] Ein öffentliches Interesse, das im Rahmen einer Gesamtabwägung einzubeziehen ist, vermag – nach Ansicht des Gerichtshofs – an diesem Ergebnis nichts zu ändern, da es sich gerade um zwangsweise erlangte Aussagen handelt, die dann gegen den Betroffenen verwendet wurden.[3039] In diesem Zusammenhang stellt der Gerichtshof klar, dass Aussagen, die unter Zwang erlangt wurden, grundsätzlich nicht in der späteren Hauptverhandlung gegen die betroffene Person als Beweis verwendet werden dürfen.[3040] An diesem Ergebnis ändere sich auch nichts durch den Umstand, dass die Aussage zu einem Zeitpunkt gemacht wurde, in der strafrechtliche Ermittlungen noch nicht eingeleitet worden waren.[3041] Für die hiesige Problemstellung unschädlich ist der Hinweis des Gerichtshofs, dass Art. 6 EMRK

3034 EGMR, ÖJZ 1998, 32 Rn. 68 – Saunders/Vereinigtes Königreich.
3035 EGMR, ÖJZ 1998, 32 Rn. 68 – Saunders/Vereinigtes Königreich.
3036 Vgl. zum Sachverhalt EGMR, NJW 2008, 3549, 3551 – O´Halloran und Francis/Vereinigtes Königreich; EGMR, ÖJZ 1998, 32 – Saunders/Vereinigtes Königreich. *Gehling*, ZIP 2018, 2008, 2012.
3037 EGMR, ÖJZ 1998, 32 Rn. 74 – Saunders/Vereinigtes Königreich.
3038 EGMR, ÖJZ 1998, 32 Rn. 69 ff. – Saunders/Vereinigtes Königreich.
3039 EGMR, ÖJZ 1998, 32 Rn. 74 – Saunders/Vereinigtes Königreich.
3040 EGMR, ÖJZ 1998, 32 Rn. 69, 74 – Saunders/Vereinigtes Königreich.
3041 EGMR, ÖJZ 1998, 32 Rn. 74 – Saunders/Vereinigtes Königreich.

auf andere Verfahren als das Strafverfahren, z.B. denen von Verwaltungsbehörden, nicht anwendbar ist.[3042]

Eine Ausnahme und damit kein Verstoß gegen Art. 6 EMRK bzw. gegen den Fair-trial-Grundsatz nimmt der Gerichtshof an, wenn die Verwertung von Material in Rede steht, das zwar vom Beschuldigten durch den Einsatz von Zwangsbefugnissen erlangt werden kann, das aber unabhängig vom Willen des Beschuldigten eigenständig existiert, wie bspw. Atemluft-, Blut und Harnproben.[3043] Hiervon soll es nach den Umständen wieder eine Rückausnahme geben können, wenn der Betroffene durch ehebliche Gewalt und unter Verletzung des Verbots der Folter gemäß Art. 3 EMRK dazu gezwungen worden ist, Eingriffe in seine körperliche Unversehrtheit zu dulden. Ebenfalls abgelehnt hatte der EGMR eine Verletzung der in Art. 6 EMRK geschützten Selbstbelastungsfreiheit für den Fall, dass die betroffene Person nach einer behördlich festgestellten Geschwindigkeitsüberschreitung mit einer Geldstrafe gezwungen worden war, die nach britischem Recht vorgesehene Auskunft über den Fahrer zu geben.[3044] Insoweit hat der Gerichtshof entschieden, dass die Verpflichtung der betroffenen Person, eine einfache Tatsache anzugeben (hier: wer der Fahrer seines Fahrzeugs gewesen sei), für sich alleine nichts mit einer Selbstbezichtigung zu tun habe.

Vor diesem Hintergrund und auch wenn sich der Entscheidung des EGMR im Fall Saunders gegen das Vereinigte Königreich keine direkten Aussagen zu der Konfliktsituation des Arbeitnehmers in einer Mitarbeiterbefragung im Rahmen einer internen Untersuchung entnehmen lässt, liegt der Entscheidung doch eine Wertung zugrunde, die sich auf die Konfliktsituation der Arbeitnehmer übertragen lassen könnte. In dem vom Gerichtshof zu entscheidenden Fall wurde gegenüber der betroffenen Person Druck und Zwang ausgeübt, um an die relevanten Informationen zu gelangen. Der Zwang resultierte dabei aus der Androhung einer Strafe, sei es einer Geldstrafe oder eine Freiheitsstrafe. Eine Verwertung der Ergebnisse in einem Strafverfahren wollte der Betroffene gerade nicht, da er sich durch die Aussagen selbst belastet hat. Im Rahmen der Aussage sah sich die betroffene Person einer Zwangslage ausgesetzt, die ihr keine andere Wahl als die Aussage ließ. Der Gerichtshof knüpft an diese Problematik an und stellt klar, dass Art. 6 EMRK vor solch einer Situation schützen soll. Der Angeklagte soll sich nicht selbst belasten müssen. Diesem Grundsatz folgend stellt der Gerichtshof klar, dass das Recht, sich nicht selbst belasten zu müssen, insbesondere voraussetzt, dass die Strafverfolgungsbehörden ihre Anklage auf Beweise stützen müssen, die gerade nicht durch

---

3042 EGMR, ÖJZ 1998, 32 Rn. 62 – Saunders/Vereinigtes Königreich; EGMR, NJW 2008, 3549, 3551 ff. – O´Halloran und Francis/Vereinigtes Königreich.

3043 EGMR, ÖJZ 1998, 32 Rn. 69 – Saunders/Vereinigtes Königreich; EGMR, NJW 2006, 3117, 3122 f. – Jalloh/Deutschland.

3044 EGMR, NJW 2008, 3549, 3551 ff. – O´Halloran und Francis/Vereinigtes Königreich; vgl. hierzu auch *Gehling*, ZIP 2018, 2008, 2012 f.

Zwang oder Druck und gerade nicht unter Missachtung des Willens des Betroffenen erlangt wurden.[3045]

Diese Wertung lässt sich auf die Situation der Arbeitnehmer, für die eine Auskunftspflicht besteht, übertragen. In der Situation der Mitarbeiterbefragung befindet sich der Arbeitnehmer in einer faktischen Zwangslage, da er sich bei einer Weigerung der Aussage trotz Aussagepflicht arbeitsrechtlich der Gefahr einer Verdachtskündigung und gegebenenfalls sogar Schadensersatzansprüchen ausgesetzt sieht.[3046] Um diesen ganz konkreten Folgen zu entgehen, äußert er sich, wohlwissend, dass er sich selbst belasten könnte. Die vom Arbeitnehmer erlangten Auskünfte wurden insoweit gegen seinen Willen erlangt. Werden diese Auskünfte dann von den Strafverfolgungsbehörden im Rahmen eines Strafverfahrens genutzt und verwertet, werden Informationen nutzbar gemacht, die in einer Zwangslage des Aussagenden erlangt wurden. Dadurch perpetuiert sich die Missachtung des Willens des Betroffenen im Strafverfahren. In solch einer Situation stützen die Strafverfolgungsbehörden ihre Anklage auf Beweise, die jedenfalls beim Vorliegen faktischen Zwangs im Rahmen eines Mitarbeitergesprächs gewonnen wurden. Hier spiegelt sich die Wertung, die der EGMR vorgenommen hat, in einem anderen Gewand wider. Zwar sieht sich der Arbeitnehmer nicht einer Freiheitsstrafe oder einer Geldstrafe ausgesetzt. Allerdings könnte ihn die Verdachtskündigung treffen oder der Arbeitgeber könnte gegen ihn einen Schadensersatzanspruch geltend machen. Beide Reaktionen des Arbeitgebers können für den Arbeitnehmer im schlimmsten Fall existenzbedrohende Wirkung haben. Für einen Arbeitnehmer dürften die in Aussicht gestellten Folgen, also eine Kündigung oder die Geltendmachung eines Schadenersatzanspruchs, jedenfalls gleichgewichtig sein zu der Gefahr einer Geldstrafe. Vorliegend geht es auch nicht um Beweismittel, die unabhängig vom Willen des Beschuldigten eigenständig existiert und bei deren Verwertung der Fair-trial-Grundsatz nach der Rechtsprechung des EGMR nicht verletzt ist.[3047] Die auf der Grundlage der Mitarbeitergespräche gewonnenen Erkenntnisse beruhen gerade auf der Aussage. Ohne die Aussage wären die Erkenntnisse nicht existent. Sie lassen sich daher nicht mit Blut- oder Gewebeproben vergleichen.

Zu beachten ist, dass sich das hier gefundene Wertungsergebnis von dem Ergebnis bei Anwendung des Gemeinschuldnerbeschlusses unterscheidet. Wie bereits herausgearbeitet, haben die unterschiedlichen Strömungen, die zu einem Verwertungsverbot kommen, die gleiche faktische Zwangslage im Blick, welcher sich der Arbeitnehmer in der Situation einer internen Untersuchung ausgesetzt sieht.[3048]

3045 EGMR, ÖJZ 1998, 32 Rn. 68 – Saunders/Vereinigtes Königreich.

3046 Im Ergebnis so auch *Knauer/Buhlmann*, AnwBl. 2010, 387, 391; *Momsen*, ZIS 2011, 508, 511; *Nienaber*, Umfang, Grenzen und Verwertbarkeit compliancebasierter unternehmensinterner Ermittlungen, S. 437 f.

3047 EGMR, ÖJZ 1998, 32 Rn. 69 – Saunders/Vereinigtes Königreich; EGMR, NJW 2006, 3117, 3122 f. – Jalloh/Deutschland.

3048 Vgl. hierzu Kapitel 3 § 2 B. II. 2. b).

Insoweit bestehen auch Parallelen in der Bewertung der Eindruckswirkung der Befragung für den betroffenen Arbeitnehmer, weshalb das Ergebnis u.U. gleich anmuten mag. Ferner ist die Situation des Gemeinschuldners im Konkursverfahren eher mit der Situation des Betroffenen im Fall Saunders gegen das Vereinigtes Königreich des EGMR vergleichbar. Hinzu kommt, dass das hier gefundene Abwägungsergebnis, wie noch zu zeigen sein wird, für die Konfliktsituation des Arbeitnehmers im Falle der Mitarbeiterbefragung zu einer einheitlichen Bewertung im Hinblick auf das Risiko einer möglichen Selbstbelastung kommt. Gleichwohl ist die rechtliche Herleitung eine andere. Das BVerfG sieht in dem Zwang des Gemeinschuldners zur Selbstbezichtigung einen Eingriff in das Persönlichkeitsrecht gemäß Art. 2 Abs. 1 GG.[3049] Ferner berührt die erzwingbare Auskunftspflicht nach Auffassung des Gerichts die Menschenwürde gemäß Art. 1 Abs. 1 GG.[3050] Ein Ausgleich für die Selbstbezichtigungspflicht des Gemeinschuldners hat das Gericht durch ein Beweisverwertungsverbot geschaffen. Betrachtet wird allein das Recht sich nicht selbst belasten zu müssen.

Der hier vertretene Weg über die Bewertung nach dem Fair-trial-Grundsatz löst sich von diesem konkreten Anknüpfungspunkt und fragt vielmehr, ob ein Verstoß gegen den Anspruch auf ein insgesamt faires Verfahren auf der Grundlage der Grundsätze des Art. 6 EMRK gegeben ist. Es wird eben nicht nur das Recht sich nicht selbst belasten zu müssen einbezogen, sondern auch die von Art. 6 EMRK erfasste Waffengleichheit. Dieser Grundsatz der Waffengleichheit wird auch durch den Grundsatz der Selbstbelastungsfreiheit gestützt. Insoweit kann der Grundsatz der Selbstbelastungsfreiheit, der als gedanklicher Zwischenschritt dazu führt, dass den Ermittlungsbehörden ein Beweismittel entzogen wird, die notwendige Waffengleichheit herstellen. Hierdurch wird ein insgesamt faires Verfahren gewährleistet. Im Rahmen der anzustellenden Abwägung werden alle Umstände einbezogen und in einem Abwägungsergebnis in Ausgleich gebracht. Diese Abwägung führt hier, was sich sogleich zeigt, zu einem einheitlichen Ergebnis. Bei dieser Entscheidung handelt es sich bezogen auf den Fall der Selbstbelastung aufgrund einer Aussagepflicht des Arbeitnehmers und hinsichtlich der Frage, ob die Verwertung der aus der Aussagepflicht resultierenden Erkenntnisse mit dem Grundsatz eines fairen Verfahrens gemäß Art. 6 EMRK vereinbar ist, um eine Abwägungsentscheidung bezogen auf das Verfahren insgesamt.

Ein Problem im Hinblick auf die hier getroffene Herleitung könnte sich aber dadurch ergeben, dass der Gesetzgeber diesen Grundsatz bei der Ausgestaltung der StPO zu beachten hatte, er also in die Regelungen der StPO inkorporiert wurde.[3051]

3049 BVerfG, NJW 1981, 1431, 1433.

3050 BVerfG, NJW 1981, 1431.

3051 *Knauer/Buhlmann*, AnwBl. 2010, 387, 390 f.; *Knauer*, ZWH 2012, 81, 86; *Momsen*, ZIS 2011, 508, 513; *Knauer/Buhlmann* sprechen insoweit davon, dass die StPO eine Konkretisierung des Anspruchs auf ein faires Verfahren sei, sie sei „geronnenes fair-trial", vgl. *Knauer/Buhlmann*, AnwBl. 2010, 387, 392.

Eine unmittelbare Anwendung des Grundsatzes ist daher nur möglich, soweit die StPO für die konkrete Situation keine Regelung vorsieht.[3052] Dies führt dazu, dass die Vertreter der Ansicht, welche die Annahme eines Verwertungsverbots auf die Berücksichtigung des Fair-trial-Grundsatzes stützen, zu Recht auf eine bestehende Regelungslücke abstellen.[3053] Zur Ausfüllung dieser Lücke kann auf den Fair-trial-Grundsatz zurückgegriffen werden.[3054] Die Regelungslücke ergibt sich zunächst daraus, dass das Leitbild der StPO nicht auf Ermittlungsmaßnahmen von Kanzleien ausgerichtet sei.[3055] Da aber ein ähnliches Schutzbedürfnis besteht, kann der Fair-trial-Grundsatz auch hier gelten. Darüber hinaus sind die strafprozessualen Regelungen nicht auf die Ermittlungen privater Stellen, sondern allein auf die Ermittlungen von Staatsanwaltschaft und Polizei anwendbar.[3056]

Aufgrund der faktischen Zwangslage, welcher der Arbeitnehmer im Rahmen der privatrechtlich ausgestalteten Ermittlungen ausgesetzt ist, darf der Arbeitnehmer in einem gegen ihn geführten Strafverfahren nicht schutzlos gestellt sein. Eine Beschränkung der Aussagepflicht kommt, wie bereits herausgearbeitet, nicht in Betracht.[3057] Aber auch eine Berufung allein auf den Nemo-tenetur-Grundsatz ist nicht möglich, da es im Rahmen der Befragung schlicht an einer staatlichen Zwangslage mangelt. Auch dies wurde bereits herausgearbeitet.[3058] Da ein Schutz gerade nicht auf die Anwendung des Nemo-tenetur-Grundsatzes gestützt werden kann, ergibt sich im Hinblick auf die Konfliktlage des Arbeitnehmers in Bezug auf ein strafrechtliches Verfahren eine Schutzlücke, welche jedoch durch die Anknüpfung an den in Art. 6 EMRK verankerten Grundsatz des fairen Verfahrens geschlossen werden kann.

Dies ergibt sich auch aus der Entscheidung des Großen Senats des BGH zur sog. „Hörfalle“.[3059] Zunächst ist darauf hinzuweisen, dass der BGH in dem der Entscheidung zugrunde liegenden Fall ein Beweisverwertungsverbot im Ergebnis abgelehnt hat. Die Situation, in der sich der Beschuldigte in dem von der Entscheidung erfassten Sachverhalt befand, ist insoweit mit der Situation, in der sich der Arbeitnehmer während einer Mitarbeiterbefragung im Rahmen einer internen Untersuchung befindet, nicht vergleichbar. Den Entscheidungsgründen ist zu entnehmen, dass der Angeklagte seine Aussage freiwillig getätigt hatte. So schreibt

---

3052 *Knauer/Buhlmann*, AnwBl. 2010, 387, 390 f.; *Momsen*, ZIS 2011, 508, 513; *Momsen*, in: Rotsch, Criminal Compliance, § 34 B. Rn. 39.

3053 *Knauer/Buhlmann*, AnwBl. 2010, 387, 391; so zwar auch *Momsen*, jedoch stellt er auch klar, dass es für die Frage, ob wirklich eine Regelungslücke vorliegt, auf das konkrete Vorgehen des Arbeitgebers ankäme, sodass dieser die Anwendung des Fair-trial-Grundsatzes verhindern könne, vgl. *Momsen*, ZIS 2011, 508, 514.

3054 BeckOK StPO/*Valerius* EMRK Art. 6 Rn. 15.

3055 *Knauer/Buhlmann*, AnwBl. 2010, 387, 391.

3056 *Knauer/Buhlmann*, AnwBl. 2010, 387, 391.

3057 Vgl. hierzu Kapitel 2 § 2 C. II. 7. b) bb).

3058 Vgl. Kapitel 3 § 2 B. II. 2. b) aa).

3059 BGH, NJW 1996, 2940.

das Gericht: „Er [der Angeklagte] fühlt sich auch nicht zu einer Äußerung verpflichtet. Der Angekl[agte] des Ausgangsverfahrens konnte frei darüber befinden, ob und in welchem Umfang er sich in dem Gespräch offenbaren wollte."[3060]

Die in der Entscheidung beschriebene Freiwilligkeit liegt beim Arbeitnehmer aufgrund seiner Auskunftspflicht und der dadurch begründeten faktischen Zwangslage gerade nicht vor. Daneben ist der Entscheidung aber auch die für die hiesige Fragestellung wichtige Aussage zu entnehmen, dass sich „aus der Nähe zu dem genannten Grundsatz – damit auch der Ausstrahlung des allgemeinen Persönlichkeitsrechts – sowie aus dem Rechtsstaatsprinzip und dem aus ihm hervorgehenden Grundsatz des fairen Verfahrens [...] Bedenken [ergeben], wenn die Ermittlungsbehörden den Beschuldigten in der zur Prüfung gestellten Weise verdeckt zu Äußerungen veranlassen".[3061] Ob diese Bedenken am Ende durchgreifen, hängt nach der Ansicht des BGH allerdings von einer „Abwägung mit der ebenfalls im Verfassungsrang stehenden [...] begründeten Pflicht des Rechtsstaates zur effektiven Strafverfolgung ab".[3062] Aus der Entscheidung des BGH lässt sich jedenfalls der Schluss ziehen, dass sich in den Fällen, in denen sich ein Beweisverwertungsverbot zwar nicht auf den Nemo-tenetur-Grundsatz stützen lässt, die Situation aber einem Verstoß gegen diesen Grundsatz nahekommt, ein Verwertungsverbot aus dem Anspruch auf ein faires Verfahren ergeben kann.[3063]

So liegt der Fall auch im Hinblick auf interne Untersuchungen. Wie bereits aufgezeigt, liegt ein Verstoß gegen den Nemo-tenetur-Grundsatz nahe. Jedoch findet dieser Grundsatz keine Anwendung. Insoweit bedarf es der Prüfung, ob am Ende ein Beweisverwertungsverbot aus einer Verletzung des Rechts auf ein faires Verfahren gefolgert werden kann. Die Ansicht, welche eine Lösung über den Fair-trial-Grundsatz ablehnt, beruft sich u.a. darauf, dass die Rechtsprechung des Großen Senats nicht auf die Konstellation von internen Untersuchungen anwendbar sei.[3064] Jedoch geht es hier nicht darum, die Entscheidung des BGH auf die hier maßgebliche Situation des Arbeitnehmers zu übertragen. Vielmehr ist allein die grundsätzliche Aussage des BGH maßgeblich, dass für den Fall, dass der Nemo-tenetur-Grundsatz nicht greift, dennoch ein Beweisverwertungsverbot aus dem Fair-trial-Grundsatz folgen kann. Das Beweisverwertungsverbot wird losgelöst von der Entscheidung auf einen Verstoß gegen Art. 6 EMRK gestützt.

Ob ein Verstoß gegen den Grundsatz eines fairen Verfahrens vorliegt, ist im Rahmen einer umfassenden Gesamtschau des gesamten Verfahrens zu ermitteln, da eine solche Gesamtschau, wie bereits herausgearbeitet, die Bewertungsgrundlage

---

3060 BGH, NJW 1996, 2940 2942 f.

3061 BGH, NJW 1996, 2940, 2943.

3062 BGH, NJW 1996, 2940, 2944.

3063 *Knauer*, ZWH 2012, 81, 86; *Momsen*, ZIS 2011, 508, 514.

3064 *Greco/Caracas*, NStZ 2015, 1, 10; so auch *Küster*, Der rechtliche Rahmen für unternehmensinterne Ermittlungen, S. 259.

hinsichtlich einer etwaigen Verletzung des Fair-trial-Grundsatzes bildet.[3065] Die im Ergebnis vorzunehmende Abwägung wird der Ansicht, die ein Beweisverwertungsverbot aus dem Fair-trial-Grundsatz ableitet, kritisch entgegengehalten.[3066] Eine solche Abwägung steht dem Schutz des Arbeitnehmers im Rahmen interner Untersuchungen auch nicht entgegen. Beweisverwertungsverbote stellen von Verfassung wegen eine begründungsbedürftige Ausnahme dar.[3067] Insofern muss bewertet werden, ob eine solche Ausnahme aufgrund der Besonderheit der Situation und des Verfahrens in Betracht kommt. Auch wenn die hier in den Blick genommene Problemlage die Frage nach einem Beweisverwertungsverbot in einem Strafverfahren betrifft, also die strafrechtliche Eigenart des Rechts auf ein faires Verfahren[3068], soll dennoch auch der Vergleich zur Prüfung der materiellen Zulässigkeit der Ermittlungsmaßnahmen im Rahmen einer internen Untersuchung sowie der Frage nach einem Beweisverwertungsverbot im Rahmen des arbeitsrechtlichen Verfahrens herangezogen werden. In den beiden zuletzt genannten Fällen bedarf es ebenfalls einer umfassenden Abwägung im Einzelfall.[3069] Eine solche Abwägung wird dem Ausnahmecharakter eines Beweisverwertungsverbots am ehesten gerecht, was sich auch hinsichtlich der Prüfung eines Beweisverwertungsverbots im Arbeitsrecht zeigt.[3070] Überdies ist das Recht auf ein faires Verfahren gemäß Art. 6 Abs. 1 S. 1 EMRK sowohl für Streitigkeiten in Bezug auf zivilrechtliche Verpflichtungen als auch für gegen die betroffenen Personen erhobene strafrechtliche Anklagen zu beachten. Dieses Recht gilt auch im Arbeitsrecht.[3071] Dies unterstreicht, dass die Prüfung eines Verstoßes gegen den Fair-trial-Grundsatz im Strafverfahren zu einer für die verschiedenen Problemkreise der verschiedenen Rechtsgebiete befriedigenden und einheitlichen Lösung führt. Die mögliche Problemstellung hinsichtlich der Selbstbelastung des Arbeitnehmers in Mitarbeiterbefragungen stellt nämlich im Ausgangspunkt eine zivilrechtliche Konfliktlage dar, welche sich anschließend auch in den strafrechtlichen Verfahrensstadien auswirken kann. Durch die Bewertung der Einhaltung eines fairen Verfahrens wird ein einheitliches Schutzniveau des Arbeitnehmers auf den verschiedenen Ebenen hergestellt, ohne dass es eines Rückgriffs auf den Nemo-tenetur-Grundsatz bedarf. Während durch die Abwägung auf zivilrechtlicher Ebene den unterschiedlichen Interessenlagen des Arbeitnehmers und Arbeitgebers ausreichend Rechnung

---

3065 EGMR, NJW 2006, 3117, 3122 – Jalloh/Deutschland; EGMR NJW 2019, 1999, 2000 – Beuze/Belgien.

3066 *Greco/Caracas*, NStZ 2015, 7, 10; so auch *Küster*, Der rechtliche Rahmen für unternehmensinterne Ermittlungen, S. 258.

3067 BVerfG NStZ 2012, 496, 499.

3068 *Momsen*, ZIS 2011, 508, 513.

3069 Zur materiellen Zulässigkeit der Ermittlungsmaßnahme vgl. Kapitel 2 § 2 C II.; zur Abwägung im Rahmen der Frage, ob sich im arbeitsrechtlichen Verfahren ein Beweisverwertungsverbot ergibt vgl. Kapitel 3 § 2 A.

3070 Vgl. hierzu Kapitel 3 § 2 A.

3071 KK-StPO/*Greven* MRK Art. 6 Rn. 8.

getragen wird, wird auf strafrechtlicher Ebene das Spannungsverhältnis zwischen dem Schutz des Arbeitnehmers, nunmehr in der Stellung des Beschuldigten, und der Effektivität der Strafrechtspflege in Einklang gebracht. Insoweit ist der Kritik von *Greco/Caracas*, wonach die hier dargestellte Ansicht zu keiner eindeutigen Lösung führe[3072], entgegenzutreten.

Die vorzunehmende Abwägung kann hinsichtlich gleich gelagerter Sachverhalte auch zu einem einheitlichen Ergebnis führen. Zwar hat der EGMR klargestellt, dass die Beurteilung, was ein faires Verfahren ist, nicht unveränderlich in einer einzigen Regel festgeschrieben werden kann, sondern immer von den Umständen des jeweiligen Einzelfalls abhängt.[3073] Zugleich ergibt sich aus der Entscheidung Saunders / Vereinigtes Königreich, dass der EGMR durchaus allgemeine Regeln für regelmäßig einheitliche Sachverhalte aufstellt. Darin hat der Gerichtshof geurteilt, dass ein Verstoß gegen den Fair-trial-Grundsatz dann nicht gegeben ist, wenn es sich bei dem Beweismittel um Material handelt, das zwar vom Beschuldigten durch den Einsatz von Zwangsbefugnissen erlangt wurde, gleichzeitig aber unabhängig vom Willen des Beschuldigten eigenständig existiert, wie bspw. Atemluft-, Blut und Harnproben.[3074] Dass es sich dabei um eine grundsätzliche Aussage („allgemeine Regel“) handelt, hat der Gerichtshof später in seiner Entscheidung O´Halloran und Francis / Vereinigtes Königreich bestätigt.[3075] Außerdem hat der Gerichtshof in der Entscheidung Saunders / Vereinigtes Königreich betont, dass Aussagen, die unter Zwang erlangt wurden, grundsätzlich nicht in der späteren Hauptverhandlung gegen die betroffene Person als Beweis verwendet werden dürfen.[3076] Die Einordung als „grundsätzliche Entscheidung“ kann als eine allgemeine Bewertung eines einheitlichen Lebenssachverhalts gesehen werden.

Eine einheitliche Bewertung lässt sich auch im Hinblick auf die Situation der Mitarbeiter in Mitarbeiterbefragungen finden. In der Situation der Mitarbeiterbefragung besteht für den Arbeitnehmer in Bezug auf die Aussagepflicht und die damit verbundene Selbstbelastung stets die gleiche faktische Zwangssituation. Zunächst ergibt sich eine solche in der Situation, in der sich der Arbeitnehmer den arbeitsrechtlichen Folgen, bspw. einer (Verdachts-)Kündigung, ausgesetzt sieht. Aber auch dann, wenn dem Arbeitnehmer für eine wahrheitsgemäße Aussage eine Amnestie angeboten wird, liegt faktisch eine Zwangssituation vor. Dies bringen *Knauer/Buhlmann* auf den Punkt, wenn Sie schreiben: „[...] Dieser [„Amnestie“] – nur begrifflich aus dem Strafrecht entlehnte – Terminus stimmt erst einmal positiv, bedeutet faktisch aber folgendes: Entweder der Mitarbeiter kooperiert vollständig, sagt vollständig aus, gibt von sich aus weitere in seiner

3072 *Greco/Caracas*, NStZ 2015, 7, 10.
3073 EGMR, NJW 2006, 3117 – Jalloh/Deutschland; EGMR, NJW 2008, 3549, 3552 – O´Halloran und Francis/Vereinigtes Königreich.
3074 EGMR, ÖJZ 1998, 32 Rn. 69, 74 – Saunders/Vereinigtes Königreich.
3075 EGMR, NJW 2008, 3549, 3552 – O´Halloran und Francis/Vereinigtes Königreich.
3076 EGMR, ÖJZ 1998, 32 Rn. 69, 74 – Saunders/Vereinigtes Königreich.

Kenntnis vorhandene Ermittlungsansätze preis, oder er sieht sich mit einer Verdachtskündigung konfrontiert; gleichzeitig droht die Geltendmachung horrender Schadensersatzansprüche. Für den Fall der Kooperation hingegen verzichtet das Unternehmen auf die genannten Maßnahmen und bietet zudem die Finanzierung eines anwaltlichen Beistandes an (freilich unter dem Vorbehalt der Rückforderung bei Feststellung strafrechtlicher Schuld). [...] Aufgrund des so entstehenden immensen persönlichen und wirtschaftlichen Drucks geht die tatsächliche Entscheidungsfreiheit der betroffenen Mitarbeiter bezüglich einer Kooperation wohl faktisch gegen Null. [...]“[3077] Wie die Ausgangssituation für das Mitarbeitergespräch im Rahmen einer internen Untersuchung auch gestrickt ist, der faktische Zwang besteht. Wird er auf die Risiken einer (Verdachts-)Kündigung hingewiesen, versucht er diese und damit auch ein mögliches existenzbedrohendes Risiko durch die Einhaltung der Aussagepflicht zu verhindern. Wird ihm eine Amnestie angeboten, versucht er durch die Aussage, die Voraussetzung eben dieser zu erfüllen. Würden die auf der Grundlage dieses faktischen Zwangs gewonnenen Erkenntnisse in einem späteren Strafverfahren gegen den Mitarbeiter verwertet, würde genau die Situation eintreten, die der EGMR zu bewerten hatte, nämlich die Verwertung von Beweisen, die durch Methoden des Zwangs oder des Drucks und unter Missachtung des Willens des Beschuldigten erlangt wurden.[3078] Selbstbelastende Aussagen, die unter Ausnutzung der Eindrucks- bzw. Zwangswirkung der Auskunftspflicht im Rahmen einer durch das Unternehmen durchgeführten internen Untersuchung erlangte wurden, sollten grundsätzlich nicht in einem späteren Verfahren gegen den Beschuldigten oder später Angeklagten verwertet werden dürfen. Dies dient dem Schutz des Arbeitnehmers, der keine andere Möglichkeit hat, als der nach der hier vertretenen Ansicht bestehenden Aussagepflicht zu folgen.

Dem von *Greco/Caracas* vorgebrachten Argument, dass die Berufung auf den Fair-trial-Grundsatz in dem hiesigen Kontext „inhaltsarm“ sei[3079], kann vor diesem Hintergrund ebenfalls entgegengetreten werden. Das Recht auf ein faires Verfahren gehört zu den wesentlichen Grundsätzen eines rechtsstaatlichen Strafverfahrens[3080] und kann für die für den Arbeitnehmer im Rahmen der Mitarbeiterbefragung bestehende Konfliktlage zu einem einheitlichen und grundsätzlichen Abwägungsergebnis führen. Überdies besitzt der Fair-trial-Grundsatz Verfassungsrang.[3081] Insoweit leitet sich das Beweisverwertungsverbot unmittelbar aus Art. 6 EMRK ab, da die Regelungen der StPO gerade keine Anwendung finden. Ferner werden über diesen Grundsatz die für ein faires Verfahren maßgeblichen

3077 *Knauer/Buhlmann*, AnwBl 2010, 387, 388.

3078 EGMR, ÖJZ 1998, 32 Rn. 68 – Saunders/Vereinigtes Königreich.

3079 *Greco/Caracas*, NStZ 2015, 7, 10.

3080 EGMR, ÖJZ 1998, 32 Rn. 68 – Saunders/Vereinigtes Königreich; BVerfG, NJW 1969, 1423, 1424; BVerfG, NJW 1975, 103, 103; BVerfG, NStZ 2012, 496, 498.

3081 *Momsen*, in: FS Rössner, Verlagerung der Strafverfolgung auf Private im Wirtschaftsrecht – Chance oder Irrweg?, S. 882.

Grundsätze der Waffengleichheit und Selbstbelastungsfreiheit im Strafverfahren gewährleistet.[3082]

Teilweise wird aber argumentiert, dass ein Beweisverwertungsverbot nicht in jedem Fall in Betracht kommt.[3083] Dies ergebe sich aus dem Umstand, dass dem Beweisverwertungsverbot eine umfassende Abwägung im Einzelfall zugrunde liegt. Setzte man hier argumentativ an, so könnte man maßgeblich auf das Verhalten des Unternehmens im Rahmen der Mitarbeiterbefragung abstellen.[3084] Mithin könne der Arbeitgeber auch aktiv dazu beitragen, dass es zu keinem Verwertungsverbot kommt,[3085] nämlich wenn der Mitarbeiter umfassend belehrt wird,[3086] eine Amnestiereglung eine umfassende Belehrung enthält, auf den Mitarbeiter kein Druck ausgeübt wird[3087] und ihm ein Rechtsbeistand zu Seite gestellt wird.[3088] Vor diesem Hintergrund überzeuge auch nicht das Argument, dass die Lösung über den Fair-trial-Grundsatz keinen umfassenden Schutz biete, obwohl ein solcher zu fordern sei.[3089] Dieser Ansicht, ist wie gezeigt, entgegenzuhalten, dass von einer faktischen Zwangssituation stets auszugehen ist und ihre Auflösung hier über eine einheitliche Abwägungsentscheidung erreicht wird.

Das hier gefundene Ergebnis steht auch nicht einer möglichen Einschränkung der Funktionstüchtigkeit der Strafrechtspflege entgegen.[3090] Das Beweisverwertungsverbot nimmt den Strafverfolgungsbehörden nur ein Beweismittel, das ohnehin aufgrund einer auf der arbeitsrechtlichen Auskunftspflicht beruhenden faktischen Zwangslage gewonnen wurde.[3091] Im Übrigen können die Strafverfolgungsbehörden die durch die StPO gewährleisteten Ermittlungsmaßnahmen durchführen.[3092]

3082 Dies gesteht auch *Küster* zu, auch wenn sie sich im Ergebnis gegen die Lösung über den Fair-trial-Grundsatz ausspricht, vgl. *Küster*, Der rechtliche Rahmen für unternehmensinterne Ermittlungen, S. 258 f.

3083 *Knauer*, ZWH 2012, 81, 86; *Momsen*, ZIS 2011, 508, 514 f.

3084 *Knauer*, ZWH 2012, 81, 86; *Knauer/Gaul*, NStZ 2013, 192, 194.

3085 Vgl. hierzu auch *Küster*, Der rechtliche Rahmen für unternehmensinterne Ermittlungen, S. 258.

3086 *Knauer*, ZWH 2012, 81, 86; *Momsen*, ZIS 2011, 508, 511; *Momsen*, in: FS Rössner, Verlagerung der Strafverfolgung auf Private im Wirtschaftsrecht – Chance oder Irrweg?, S. 871, 882.

3087 *Knauer*, ZWH 2012, 81, 86; *Momsen*, ZIS 2011, 508, 515.

3088 *Knauer/Gaul*, NStZ 2013, 192, 193.

3089 *Küster*, Der rechtliche Rahmen für unternehmensinterne Ermittlungen, S. 258.

3090 *Nienaber*, Umfang, Grenzen und Verwertbarkeit compliancebasierter unternehmensinterner Ermittlungen, S. 438.

3091 *Nienaber*, Umfang, Grenzen und Verwertbarkeit compliancebasierter unternehmensinterner Ermittlungen, S. 438.

3092 *Nienaber*, Umfang, Grenzen und Verwertbarkeit compliancebasierter unternehmensinterner Ermittlungen, S. 438.

cc) *Zwischenergebnis*

Die überzeugenderen Argumente sprechen dafür, ein Beweisverwertungsverbot nicht aus dem Nemo-tenetur-Grundsatz, sondern über die Anwendung des Fair-trial-Grundsatzes herzuleiten. Zwar liegt im Hinblick auf die Mitarbeiterbefragung eine Situation vor, welche die Anwendung des Nemo-tenetur-Grundsatzes nahelegen könnte. Jedoch ist dieser aus den bereits dargestellten Gründen gerade nicht anwendbar.[3093] Die Lösung dieser Schutzlücke lässt sich im Einklang mit der Rechtsprechung des BGH[3094] durch die Anwendung des Fair-trial-Grundsatzes auf der Grundlage des Art. 6 EMRK schließen. Dabei ist eine umfassende Abwägung vorzunehmen, die hinsichtlich der vorliegend zu bewertenden Konfliktlage zu einem einheitlichen Bewertungsergebnis führt. Die Lösung überzeugt auch im Kontext interner Untersuchungen, da auch im Hinblick auf die datenschutzrechtliche Zulässigkeit der verschiedenen Ermittlungsmaßnahmen jeweils eine umfassende Abwägung vorzunehmen ist und sich auch die Frage nach einem Beweisverwertungsverbot in einem arbeitsgerichtlichen Verfahren nach einer umfassenden Abwägung richtet. Gerade auch bezogen auf den Datenschutz wurden zu den Ermittlungsmaßnahmen allgemeine Bewertungsmaßstäbe entwickelt, die allgemeine Leitlinien für die Durchführung interner Untersuchungen bilden. Die Lösung über die Anwendung des Fair-trial-Grundsatzes führt zusammen mit den Bewertungsmaßstäben in den anderen Rechtsbereichen zu einem stimmigen Schutzkonzept innerhalb interner Untersuchungen.

3. *Rechtliche Bewertung der Fälle 1.1, 2.1 und 2.2*

Neben der Bewertung Fall 1.2 ist zu klären, wie die Fälle 1.1, 2.1 und 2.2 rechtlich einzuordnen sind.[3095] Nach *Wimmer* sollen Aussagen, die ein Mitarbeiter nach Belehrung im Ergebnis freiwillig geäußert hat, ohne rechtliche Schwierigkeiten verwertet werden können.[3096] Dies soll unabhängig davon gelten, und zwar unabhängig davon, ob der Arbeitnehmer durch die Aussage sich selbst (Fall 1.1) oder einen Dritten (Fall 2.1) belastet. Nach dieser Ansicht ist aber auch der Fall 2.2, also die Situation, dass der Arbeitnehmer Dritte mit oder ohne Belehrung unfreiwillig aufgrund seiner Aussagepflicht belastet, dahingehend zu lösen, dass die Angaben über Dritte verwertbar sind,[3097] da es insoweit zu keiner Kollision mit strafprozessualen Beschuldigtenrechten in Bezug auf den die Auskunft tätigenden Arbeitnehmer kommt.

3093 Vgl. hierzu Kapitel 3 § 2 B. II. 2. b) aa).

3094 BGH, NJW 1996, 2940.

3095 Vgl. hierzu Kapitel 3 § 2 B. II. 1.

3096 *Wimmer,* in: FS I. Roxin, Die Verwertung unternehmensinterner Untersuchungen – Aufgabe oder Durchsetzung des Legalitätsprinzips?, S. 542.

3097 *Wimmer,* in: FS I. Roxin, Die Verwertung unternehmensinterner Untersuchungen – Aufgabe oder Durchsetzung des Legalitätsprinzips?, S. 542.

Im Hinblick auf die Aussagen bezogen auf Dritte (Fall 2.1 und 2.2) ist von einer Verwertbarkeit auszugehen. Die oben beschriebene Konfliktsituation besteht für den betroffenen Arbeitnehmer insoweit gerade nicht, da er sich nicht selbst belasten muss. Soweit er sich im Rahmen von Auskünften über Handlungen Dritter selbst belasten müsste, würde hier, wie bereits gezeigt, eine Abwägung der widerstreitenden Interessen dazu führen, dass er sich nicht belasten müsste. Insoweit ist ein Schutz des Arbeitnehmers bereits auf dieser ersten Ebene, also der arbeitsrechtlichen Auskunft im Rahmen eines Mitarbeitergesprächs, gewährleistet. Soweit der Arbeitnehmer als Zeuge gleichwohl aussagt, können die gewonnenen Erkenntnisse verwertet werden.

Anders ist die Bewertung aber im Hinblick auf Fall 1.1, also der nach dem Beispiel freiwilligen und umfassenden Aussage, nachdem der Mitarbeiter darüber aufgeklärt wurde, dass mit einer Weiterleitung der Befragungsergebnisse an die Ermittlungsbehörden zu rechnen ist.[3098]

Folgt man dem hier zur Anwendung des Fair-trial-Grundsatzes gefundenen Ergebnis, so lässt sich auch in Fall 1 nicht ausblenden, dass sich der Mitarbeiter im Rahmen des Gesprächs in einer faktischen Zwangssituation befindet. Insoweit liegt hier keine Situation vor, in welcher der Arbeitnehmer eine von Freiwilligkeit geprägte Aussage macht. Insoweit kann in keiner Mitarbeiterbefragung, unabhängig davon, ob der Arbeitnehmer über die Folgen aufgeklärt wird oder nicht, ernstlich davon ausgegangen werden, dass sich ein Arbeitnehmer frei dazu entscheidet, sich selbst zu belasten. Auch wenn dem Arbeitnehmer mitgeteilt wird, dass die Ergebnisse des Gesprächs an die Ermittlungsbehörden weitergeleitet werden könnten, ihm dieser Umstand mithin vollständig bewusst ist, besteht dennoch die beschriebene Drucksituation bezogen auf die für sein Arbeitsverhältnis bestehenden Risiken. Für den Arbeitnehmer kann eine existenzbedrohende Situation entstehen, der er nur durch eine Auskunft entgehen kann und zwar unabhängig davon, ob er die Auskunft geben möchte oder er entgegen seinen Willen handelt. Auch in dieser Situation bedarf es eines Verwertungsverbots. Hier lässt sich das gefundene allgemeine Bewertungsergebnis in Bezug auf die Anwendung des Fair-trial-Grundsatzes gemäß Art. 6 EMRK ebenfalls heranziehen. Andersfalls könnten sich die Ermittlungsbehörden auch hier Beweisen bedienen, die gegen den Willen des Betroffenen erlangt wurden.

III. Kein Verwertungsverbot nach dem VerSanG-E

Dem hier gefundenen Ergebnis steht der Entwurf des Verbandssanktionengesetzes entgegen. Wie bereits mehrfach herausgearbeitet, sieht § 17 Abs. 1 Nr. 5 c) VerSanG-E ein Auskunftsverweigerungsrecht vor, damit im Gegenzug eine umfassende Verwertung aller Ermittlungsergebnisse gewährleistet werden kann. Durch die Statuierung eines Auskunftsverweigerungsrechts wird dem Unternehmen (Verband)

3098 Vgl. Kapitel 3 § 2 B. II. 1.

ein wesentlicher Baustein im Rahmen der Erlangung der Sanktionsmilderung nach § 17 VerSanG-E genommen. Insoweit muss das Unternehmen, um in den Genuss der Sanktionsmilderung zu kommen, gemäß § 17 Abs. 1 Nr. 1 VerSanG-E wesentlich dazu beitragen, dass die Verbandstat und die Verbandsverantwortlichkeit aufgeklärt werden kann.

Der Regierungsentwurf fordert also einen wesentlichen Beitrag, beschneidet durch das Auskunftsverweigerungsrecht aber zugleich eine der zentralen Ermittlungsmaßnahmen im Rahmen interner Untersuchungen.[3099] Dem Mitarbeitergespräch würden Informationen entzogen, die wesentlich zur Aufklärung beitragen können, nämlich solche, die sich auch auf selbstbelastende Aussagen beziehen. Hinter den selbstbelastenden Aussagen von Mitarbeiten stehen Handlungen, die Compliance-Verletzungen begründen oder jedenfalls im Zusammenhang mit ihnen stehen. Wird einem Mitarbeiter, der maßgeblich an der aufzuklärenden Pflichtverletzung beteiligt ist, ein Auskunftsverweigerungsrecht eingeräumt, wird dem Unternehmen die maßgebliche Informationsquelle zur Aufklärung genommen. Es bleiben dann nur noch Maßnahmen, die teilweise eingriffsintensiver und datenschutzrechtlich besonders hohen Anforderungen ausgesetzt sind.[3100] Ist eine umfassende Aufklärung am Ende nicht möglich, dürfte es an einem wesentlichen Beitrag zur Aufklärung fehlen. Dies führt für das Unternehmen zu der Konsequenz, dass eine Sanktionsmilderung nach § 17 VerSanG-E nicht in Betracht kommt.[3101] In Betracht kommt dann noch eine sanktionsmildernde Berücksichtigung im Rahmen der Bemessung der Verbandsgeldsanktion gemäß § 15 VerSanG-E. Dass mit den Erkenntnissen aus einem Mitarbeitergespräch eine interne Untersuchung stehen und fallen kann, ergibt sich auch aus dem Regierungsentwurf, wenn in diesem betont wird, dass Befragungen der Mitarbeiter „häufig den Kern verbandsinterner Untersuchungen“ bilden.[3102] Weiter heißt es in dem Regierungsentwurf: „Letztlich läge es bei einer Widerspruchslösung in der Hand der befragten Mitarbeiter, ob das Unternehmen einen sanktionsmildernden Beitrag zur Sachverhaltsaufklärung leisten kann oder nicht.“[3103] Mit dieser Begründung gibt der Regierungsentwurf zu erkennen, welches Gewicht die Auskunft des Mitarbeiters hat. Anders kann der

---

3099 Der Deutscher Anwaltsverein spricht insoweit von der „vornehmlichen Quelle“, die „essenzieller Bestandteil interner Sachverhaltsaufklärung“ sind, vgl. Deutscher Anwaltsverein, NZA 2020, 298, 305.

3100 Zur Vergleichbarkeit von Mitarbeiterbefragungen und E-Mail-Screening im Hinblick auf ihre Eingriffsintensität vgl. Kapitel 2 § 2 C. II. 7. b) bb) (b) (aa) (2), c) bb) (a), (b).

3101 Deutscher Anwaltsverein, NZA 2020, 298, 305.

3102 Entwurf der Bundesregierung eines Gesetzes zur Stärkung der Integrität in der Wirtschaft, BR-Drs. 440/20, S. 95.

3103 Entwurf der Bundesregierung eines Gesetzes zur Stärkung der Integrität in der Wirtschaft, BR-Drs. 440/20, S. 98.

Hinweis, dass der Mitarbeiter mit seiner Auskunft darüber entscheiden kann, ob eine Sanktionsmilderung in Betracht kommt oder nicht, nicht gedeutet werden.[3104]

Ausweislich der Begründung des Regierungsentwurfs soll durch das geplante Verbandssanktionengesetz der Arbeitnehmerschutz gewährleistet werden.[3105] Dieser Schutz wird durch das VerSanG-E aber nicht erzeugt, insbesondere wird nicht die im Rahmen der hiesigen Untersuchung intensiv beleuchtete Konfliktlage der Mitarbeiter aufgelöst. Verweigert der Mitarbeiter die Auskunft, wie es vom VerSanG-E vorgesehen ist, bleibt er dennoch dem Risiko einer (Verdacht-)Kündigung ausgesetzt. Der Erhalt seines Arbeitsplatzes kann für den Arbeitnehmer von existenzieller Bedeutung sein. Da eine Verwertung der Auskünfte nach dem Gesetzesentwurf möglich ist, worauf der Mitarbeiter gemäß § 17 Abs. 1 Nr. 5 VerSanG-E ausdrücklich hinzuweisen ist, wird er wohl jedenfalls in den Fällen schweigen, in denen er durch Schweigen das Risiko von Ermittlungen wegen einer von ihm begangen Straftat abwenden kann. Dadurch werden aber die arbeitsrechtlichen Risiken nicht beseitigt und die Sachverhaltsaufklärung, wie bereits beschrieben, im erheblichen Maße eingeschränkt. Im Übrigen lässt der vom Regierungsentwurf verfolgte Ansatz die arbeitsvertragliche Verpflichtung des Arbeitnehmers gemäß §§ 675, 666 BGB analog §§ 611, 241 Abs. 2, 242 BGB oder aus dem Grundsatz von Treu und Glauben gemäß § 242 BGB sowie die Interessenposition des Arbeitgebers unberücksichtigt.[3106] Will man die Konfliktlage für den Arbeitnehmer ausreichend berücksichtigen und ihn besonders schützen, ist die hier vertretene Lösung zu wählen.[3107] Durch die Erfüllung seiner Auskunftspflicht kann der Arbeitnehmer umfassend mit dem Unternehmen kooperieren und zugleich seinen arbeitsrechtlichen Pflichten gerecht werden. Darüber hinaus ist der Schutz im Strafverfahren dadurch zu erreichen, dass die Auskünfte einem Verwertungsverbot unterliegen.[3108]

C. Auflösung der Konfliktsituation für Arbeitnehmer

Im Rahmen der Analyse der Ermittlungsmaßnahme der Mitarbeiterbefragung wurde bereits umfassend das Problem erörtert, ob dem Mitarbeiter ein Auskunftsverweigerungsrecht zusteht.[3109] Ein solches Recht besteht nach der hier vertretenen Ansicht nicht, insbesondere lässt sich dieses nicht aus dem Nemo-tenetur-Grundsatz ableiten. Gleichwohl darf auch nicht außer Acht gelassen werden, dass für den

---

3104 So auch Deutscher Anwaltsverein, NZA 2020, 298, 305.

3105 Entwurf der Bundesregierung eines Gesetzes zur Stärkung der Integrität in der Wirtschaft, BR-Drs. 440/20, S. 97.

3106 Zu einer kritischen Würdigung des Regierungsentwurfs im Hinblick auf das Auskunftsverweigerungsrecht des Arbeitnehmers vgl. bereits Kapitel 2 § 2 C. II. 7. b) dd).

3107 A.A. Deutscher Richterbund, Stellungnahme zum Entwurf eines Gesetzes zur Stärkung der Integrität in der Wirtschaft, B. 4.

3108 Im Ergebnis so auch Deutscher Anwaltsverein, NZA 2020, 298, 304.

3109 Vgl. Kapitel 2 § 2 C. II. 7. b) bb) (b).

Arbeitnehmer im Hinblick auf die Auskunftspflicht eine Konfliktlage besteht und aus dem Mitarbeitergespräch Ermittlungsergebnisse resultieren könnten, welche gegen den Mitarbeiter insbesondere in einem sich anschließenden Strafverfahren gegen ihn Verwendung finden könnten. Insoweit darf der Arbeitnehmer bezogen auf eine etwaige Selbstbelastung nicht schutzlos gestellt sein. Ein solcher Schutz wird auf verschiedenen Ebenen gewährleistet, wobei für ein besseres Verständnis noch einmal danach differenziert werden sollte zwischen Wahrnehmungen des Arbeitnehmers im persönlichen Aufgabenbereich, Wahrnehmungen außerhalb des persönlichen Aufgabenbereichs und Wahrnehmungen als Zeuge.

I. Wahrnehmungen im persönlichen Aufgabenbereich

Sehr problematisch sind ist die Situation für Arbeitnehmer, wenn es sich um Wahrnehmungen in ihrem persönlichen Aufgabenbereich handelt. Insoweit ist der Arbeitnehmer verpflichtet umfassend Auskunft zu geben. Dies insbesondere auch dann, wenn er sich selbst belasten könnte. Der Schutz des Arbeitnehmers bezogen auf die Aussagen in dem Mitarbeitergespräch wird durch die Beschlagnahmeschutzmöglichkeiten sowie die Möglichkeit eines Verwertungsverbots erzeugt.

Innerhalb von § 1 dieses Kapitels wurde herausgearbeitet, dass für die Ermittlungsergebnisse aus internen Untersuchungen ein umfassender Beschlagnahmeschutz gemäß § 97 Abs. 1 Nr. 3 StPO für solche Befragungsprotokolle oder sonstige Unterlagen besteht, die sich im Gewahrsam eines Rechtsanwalts/einer Rechtsanwaltskanzlei befinden. Dies gilt nach der hier vertretenen Ansicht auch für Nichtbeschuldigte. Soweit sich die Protokolle beim Unternehmen befinden, weil bspw. die interne Untersuchung durch eigene Mitarbeiter durchgeführt wurde, ergibt sich ein Schutz gemäß § 97 Abs. 1 Nr. 3 StPO i.V.m. § 148 StPO oder bei direkter Anwendung des § 148 StPO, soweit dem Unternehmen eine beschuldigtenähnliche Stellung zukommt. Diese liegt nach der hier vertretenen weiten Auslegung bereits dann vor, wenn das Unternehmen eine Beteiligung und eine Verbandsgeldbuße lediglich befürchtet.

Weiter wurde in § 2 dieses Kapitels herausgearbeitet, dass sich für den betroffenen Mitarbeiter in einem etwaigen arbeitsgerichtlichen Verfahren, aber vor allem auch in einem etwaigen Strafverfahren ein Beweisverwertungsverbot ergeben kann. Hinsichtlich der Verwertung der Erkenntnisse aus den Mitarbeiterbefragungen und der darin regelmäßig bestehenden gleichen Konfliktsituation ergibt sich insbesondere ein Verwertungsverbot im Strafverfahren auf der Grundlage einer einheitlichen Abwägungsentscheidung unter Anwendung des Fair-trial-Grundsatzes.[3110] Durch den Beschlagnahmeschutz auf der einen sowie ein Verwertungsverbot auf der anderen Seite besteht ein Schutz für den Arbeitnehmer auf der Ebene, auf der ein Schutz vonnöten ist, nämlich auf der Ebene des nachgelagerten Strafverfahrens. Dabei wird auch das Interesse des Arbeitgebers an einer umfassenden

---

3110 Vgl. hierzu Kapitel 3 § 2 B. II. 2. b) cc), dd).

Auskunft des Mitarbeiters und dadurch einer effektiven Aufklärung Compliance-relevanter Verstöße berücksichtigt. Freilich ist festzustellen, dass der Beschlagnahmeschutz nicht primär dem Schutz des Arbeitnehmers dient, sondern vor allem dem Arbeitgeber zugutekommt. Gleichwohl führt ein umfassender Beschlagnahmeschutz der Ermittlungsergebnisse dazu, dass der Zugriff durch die Ermittlungsbehörden begrenzt wird, was wiederum mittelbar zu einer Schutzwirkung zugunsten des Arbeitnehmers führt. Daneben greift ein Beweisverwertungsverbot unmittelbar für den Arbeitnehmer.

Auch in einem möglichen arbeitsgerichtlichen Verfahren ist der Arbeitnehmer ausreichend geschützt. Insoweit kann sich auch dort nach einer Abwägung im Einzelfall ein Verwertungsverbot ergeben. Eine solche Lösung im Einzelfall wird der Interessenlage von Arbeitgeber und Arbeitnehmer am ehesten gerecht. Für den Arbeitgeber streitet jedenfalls im Hinblick auf die Wahrnehmungen des Arbeitnehmers in seinem unmittelbaren Aufgabenbereich eine umfassende Auskunftspflicht des Arbeitnehmers.[3111] Diese darf durch ein Auskunftsverweigerungsrecht nicht leerlaufen. Andernfalls würde der Erfolg einer Mitarbeiterbefragung in der Hand des Arbeitnehmers liegen. Aufgrund der Tatsache, dass sich aber ein Verwertungsverbot auch im arbeitsgerichtlichen Verfahren durch eine Abwägung der widerstreitenden Positionen ergeben kann, weil der Arbeitgeber bspw. die datenschutzrechtlichen Anforderungen nicht eingehalten hat, ist der Arbeitnehmer ausreichend geschützt.[3112]

II. Wahrnehmungen außerhalb des eigenen Aufgabenbereichs

Soweit die Wahrnehmungen außerhalb des eigenen Aufgabenbereichs betroffen sind, ist die Frage, ob eine Selbstbelastung verlangt werden kann, anhand einer umfassenden Interessenabwägung zu beantworten. In diesem Rahmen sind auch die Grundrechtspositionen von Arbeitnehmer und Arbeitgeber zu berücksichtigen, da die Grundrechte über die Generalklausel des § 242 BGB im Wege der mittelbaren Drittwirkung in das Privatrecht einstrahlen. Führt eine Abwägung zu dem Ergebnis, dass die Auskunft für den Arbeitnehmer unzumutbar ist, besteht zugleich ein Auskunftsverweigerungsrecht. Für den Arbeitnehmer dürfte in die Interessenabwägung insbesondere einfließen, ob er sich selbst belasten müsste. Dabei ergibt sich ein grundlegender Unterschied zur Auskunftspflicht in Bezug auf den unmittelbaren Arbeitsbereich, da sich die Auskunftspflicht allein aus den vertraglichen Nebenpflichten folgern lässt. Gerade in den Fällen, in denen sich der Arbeitnehmer selbst belasten könnte, dürfte das Schutzinteresse des Arbeitnehmers regelmäßig gegenüber dem Aufklärungsinteresse des Arbeitgebers überwiegen und dadurch zu einem Auskunftsverweigerungsrecht führen. Insoweit ergibt

---

3111 Vgl. hierzu Kapitel 2 § 2 C. II. 7. b) bb) (b) (aa).

3112 Zu den Anforderungen an eine Beweisverwertungsverbot wegen Datenschutzverstößen vgl. Kapitel 3 § 2 A. II.

sich der Schutz des Arbeitnehmers bereits auf der Ebene der Mitarbeiterbefragung. Im Übrigen gelten die bereits zu den Wahrnehmungen aus dem persönlichen Aufgabenbereich angestellten Folgerungen.

III. Wahrnehmungen als Zeuge

Soweit es sich bei dem Arbeitnehmer um einen Zeugen handelt, ergibt sich die Auskunftspflicht aus den arbeitsvertraglichen Nebenpflichten gemäß §§ 241 Abs. 2, 242 BGB in Form der Treuepflicht. Insoweit ist wieder eine Interessenabwägung vorzunehmen. Zu beachten ist, dass der Zeuge über Handlungen anderer Arbeitnehmer Auskunft gibt und die Gefahr einer Selbstbelastung, die dem Aufklärungsinteresse des Arbeitgebers als Interessenposition entgegenstehen könnte, nicht besteht. Soweit es sich nicht nur um einen Zeugen handelt, sondern der Arbeitnehmer in die Compliance-relevanten Handlungen involviert war, kommt dem Arbeitnehmer eine Doppelrolle zu. Hinsichtlich des Schutzes in Bezug auf eine selbstbelastende Aussage gelten dann die soeben getroffenen Folgerungen aus Ziffer I. und II. dieses Abschnitts.

IV. Ergebnis

Die Rechtsposition des Arbeitnehmers ist in den verschiedenen Situationen sowohl in einem möglichen Strafverfahren als auch in einem arbeitsgerichtlichen Verfahren ausreichend geschützt. Insoweit bedarf es gerade keines Auskunftsverweigerungsrechts, durch welches überdies ein privatrechtlicher Konflikt, bei welchem sich Arbeitgeber und Arbeitnehmer gleichrangig gegenüberstehen, durch einen strafprozessualen Grundsatz, nämlich den Nemo-tenetur-Grundsatz aufgelöst würde. Dass sich die hier dargestellten Schutzmechanismen auch erst in den jeweiligen Verfahren auswirken, ist interessengerecht und stärkt die Effektivität und damit auch Sinn und Zweck interner Untersuchungen. Insoweit soll eine möglichst umfassende Aufklärung erreicht werden. Für den Erfolg interner Untersuchungen sind gerade die Aussagen der Mitarbeiter entscheidend. Im Übrigen ist das Unternehmen auf die Erkenntnisse interner Untersuchungen und so auch auf die Erkenntnisse aus den Mitarbeitergesprächen angewiesen, um eine eigene Verteidigung zu gewährleisten.

Kapitel 4 – Kritische Gesamtwürdigung des VerSanG-E de lege ferrenda

Nachdem bereits eine kritische Würdigung der Einzelprobleme im Hinblick auf die von der Bundesregierung vorgeschlagenen Regelungen des VerSanG-E innerhalb des jeweiligen Themenkomplexes vorgenommen wurde, soll der Regierungsentwurf nunmehr zusammenfassend gewürdigt werden. Dabei geht es vor allem um die Frage, welcher Ansatz überzeugender ist, jener des VerSanG-E oder der in der hiesigen Untersuchung vertretene Ansatz.

Im Hinblick auf eine kritische Auseinandersetzung mit dem aktuellen VerSanG-E und einem Vergleich mit den hier vertretenen Ergebnissen muss man sich zunächst die 17Folgenseite der unterschiedlichen Lösungsansätze vor Augen führen. Das VerSanG-E verfolgt im Vergleich zu der hier vertretenen Lösung ein gegensätzliches Konzept. Es schützt den Arbeitnehmer gemäß § 17 Abs. 1 Nr. 5 c) VerSanG-E durch ein Auskunftsverweigerungsrecht in der Situation der konkreten Befragung, nimmt dafür aber im Ergebnis in Kauf, dass Unternehmen keine umfassende repressive Aufklärung betreiben können. Dies folgt daraus, dass Mitarbeiterbefragungen zu den zentralen Ermittlungsmaßnahmen zählen und die Normierung eines Auskunftsverweigerungsrechts die Effektivität interner Untersuchungen insgesamt schmälert. Zugleich verschärft das VerSanG-E die Möglichkeiten des Beschlagnahmeschutzes, um eine möglichst umfassende Zugriffsmöglichkeit auf die Erkenntnisse interner Untersuchungen durch die Ermittlungsbehörden zu erreichen. Indirekt rückt durch das Konzept des VerSanG-E der Bereich der präventiven Compliance stärker in den Fokus. Ein Unternehmen, das eine ausreichende präventive Compliance betreibt, muss nur ausnahmsweise eine interne Untersuchung im Rahmen der repressiven Compliance durchführen und sich dadurch grundsätzlich nicht dem umfassenden Zugriffsmöglichkeiten durch die Ermittlungsbehörden aussetzen.

In der hiesigen Untersuchung wird der Fokus stärker auf die Gewährleistung einer umfassenden Aufklärung gelegt. Dieser Ansatz soll aber keinesfalls die präventive Compliance außer Acht lassen. Insoweit wurde vielmehr in Kapitel 1[3113] herausgestellt, dass eine trennscharfe Abgrenzung zwischen präventiver und repressiver Compliance nicht möglich ist. Vielmehr führt eine repressive Compliance, wenn Unternehmen aufgrund der Erkenntnisse aus der repressiven Compliance und damit aufgrund interner Untersuchungen die eigenen Prozesse anpassen, mittelbar zu einer präventiven Compliance. Klar ist aber auch, dass eine starke repressive Compliance gewährleistet werde muss. Dies nicht nur, um dem Unternehmen auf der Grundlage der aktuellen Gesetzeslage oder nach den Regelungen

3113 Vgl. Kapitel 1 § 2 A. I.

des VerSanG-E eine Sanktionsmilderungsmöglichkeit zu eröffnen. Vielmehr sind eine effektive Compliance und damit auch interne Untersuchungen notwendig, um die Einhaltung der Gesetze überhaupt zu gewährleisten. Es wird immer die Fälle geben, in denen durch Handlungen des Managements oder der Mitarbeiter Rechtsverstöße begangen werden. Diese wird man auch nicht durch eine präventive Compliance gänzlich ausschließen können. Ziel muss es aber sein, Unternehmen in die Lage zu versetzen, entsprechende Verstöße, wenn sie denn durch eine Verdachtslage naheliegen, schnellstmöglich und umfassend aufklären zu können. Hierfür bedarf es einer repressiven Compliance in Form interner Untersuchungen. Während die Möglichkeiten einer umfassenden repressiven Aufklärung durch die Regelungen in § 17 VerSanG-E eingeschränkt werden, ist das Ziel der in der vorliegenden Untersuchung gefundenen Lösungen, die repressive Aufklärung zu stärken.

Der Entwurf zum Verbandssanktionengesetz der Bundesregierung schafft durch die Sanktionsmilderungsmöglichkeit zwar grundsätzlich einen Anreiz zur Durchführung interner Untersuchungen, schwächt aber zugleich ihre Effektivität und den Schutz der Unternehmen. Die Effektivität wird, wie bereits gezeigt, dadurch geschwächt, dass den Mitarbeitern ein Auskunftsverweigerungsrecht eingeräumt wird. Ein solches lässt das zwischen Arbeitgeber und Arbeitnehmer bestehende vertragliche Verhältnis inklusive der darin bestehenden Auskunftspflichten außer Acht. Anders als Strafverfahren stehen sich gerade nicht Staat und Bürger, sondern zwei Parteien des Privatrechts gegenüber. Beim Arbeitsverhältnis handelt es sich um ein freiwillig eingegangenes Privatrechtsverhältnis, dass sich durch Treue- und Sorgfaltspflichten auszeichnet.[3114] Insoweit wird auch vertreten, dass die Einführung des strafprozessualen Aussageverweigerungsrechts einen unzulässigen Eingriff in dieses privatrechtliche Verhältnis darstellt.[3115]

Die Mittel, die der Arbeitgeber schon heute nutzt, um Mitarbeiter zu einer wahrheitsgemäßen und umfassenden Auskunft zu bewegen, würden praktisch ausgehebelt. So werden Arbeitnehmern häufig Amnestieprogramme angeboten, damit sie sich sicher sein können, ihren Arbeitsplatz nicht zu verlieren und so eine mögliche Existenzbedrohung zu verhindern. Wenn dann auf einer zweiten, unabhängigen Ebene die Auskunft über ein Verwertungsverbot abgesichert wird, ist dem zu verfolgenden Ziel, also der Aufklärung von Compliance-Verstößen, am stärksten gedient. Gewährt man dem Mitarbeiter ein Auskunftsverweigerungsrecht und verbindet dieses mit einer umfassenden Verwertbarkeit der Aussagen, werden die Anreizsysteme der Arbeitgeber, mit denen diese versuchen, eine umfassende Aufklärung zu erreichen, ausgehebelt. Es ist zu befürchten, dass sich der Arbeitnehmer zur Verhinderung einer möglichen Strafbarkeit stets auf sein Auskunftsverweigerungsrecht berufen wird. Andere Ermittlungsmaßnahmen sind nicht gleich effektiv, um die Mitarbeiterbefragung ersetzen zu können. Außerdem

3114 *Giese/Dacher*, ZIP 2020, 498, 502.
3115 *Giese/Dacher*, ZIP 2020, 498, 502.

sind die datenschutzrechtlichen Anforderungen an alternative Ermittlungsmaßnahmen sehr hoch.

Die Effektivität interner Untersuchungen wird am Ende aber auch dadurch negativ beeinflusst, das dem Unternehmen durch den Gesetzesentwurf ehebliche Schutzmöglichkeiten genommen würden. Dies lässt sich zunächst an der vorgesehenen funktionalen Trennung von internen Untersuchungen und der Unternehmensverteidigung festmachen. Wie gezeigt, ist nicht nachvollziehbar, warum Verteidiger interne Untersuchungen nicht begleiten können sollen. Im Übrigen ist die Einbringung der Erfahrungen und Kenntnisse von Verteidigern häufig sehr wichtig für Unternehmen, um eine interne Untersuchung zielgerichteter durchführen zu können. Unabhängig davon, dass Verteidiger wissen, worauf es den Ermittlungsbehörden ankommt, sie also sowohl die Verteidigung als auch die Kooperation mit den Ermittlungsbehörden optimal steuern können, können sie bezogen auf etwaige unternehmensintern begangene Straftaten einschätzen, worauf im Rahmen der internen Untersuchung besonders zu achten ist. Aufgrund des Regelungsregimes, dem Rechtsanwälte unterworfen sind (vgl. nur § 43a BRAO, § 258 StGB, § 356 StGB), ist auch nicht zu befürchten, dass Verteidiger oder andere zu rate gezogene Rechtsanwälte (bspw. Kartell-, Arbeits-, Sozial-, Steuer- oder Datenschutzrechtler) ihre Stellung ausnutzen und etwa als „Safehouse" dienen könnten.

Neben den direkten Einschränkungen der Effektivität interner Untersuchungen lässt das vorgeschlagene Regelungsregime im VerSanG-E die Schutzbedürftigkeit und das Interesse des Unternehmens in unverhältnismäßiger Weise außer Betracht. Dies zeigt sich sowohl anhand der erläuterten funktionalen Trennung als auch daran, dass der Beschlagnahmeschutz von der Beschuldigtenstellung abhängig gemacht wird. Gerade die Einschränkungen bei den Beschlagnahmeverboten wirken sich besonders gravierend aus. Diese greifen nach dem Regierungsentwurf nämlich nur dann ein, wenn dem Unternehmen eine Beschuldigtenstellung zukommt. Wann dies der Fall ist, wird durch den Regierungsentwurf nicht geklärt. Schon auf der Grundlage der aktuellen Gesetzeslage haben Unternehmen bereits ein gesteigertes Interesse an einer umfassenden Kooperation mit den Ermittlungsbehörden; dies sollten sie auch haben. Wenn aber schon eine solche Kooperation gewünscht ist, was der Entwurf zum Verbandssanktionengesetz eindeutig zum Ausdruck bringt, dann muss dem Unternehmen im Gegenzug auch ein ausreichender Schutz gewährt werden, der nach der hier vertretenen Ansicht maßgeblich aus § 97 Abs. 1 Nr. 3 StPO folgt. Dieser Schutz würde durch das VerSanG-E aufgelöst. Vielmehr noch, man würde Unternehmen dazu zwingen, alle Erkenntnisse an die Ermittlungsbehörden auszuhändigen. Aber selbst wenn sie die Erkenntnisse nicht freiwillig herausgeben würden, wohl wissend, dass dann die Sanktionsmilderung gemäß § 17 VerSanG-E ausscheiden würde, könnten die Ermittlungsbehörden gleichwohl auf diese zugreifen.

An dieser Stelle kann auch noch einmal der Bezug zur geplanten funktionalen Trennung hergestellt werden. Ein für Unternehmen hohes Risiko kann sich nämlich auch daraus ergeben, dass in dem Moment, in dem ihnen eine förmliche

Beschuldigtenstellung zukommt, sie also Verteidiger hinzuziehen können bzw. dürfen und damit dem Beschlagnahmeschutz unterfallen, die zu Rate gezogenen Verteidiger im Hinblick auf die bereits durchgeführte interne Untersuchung verteidigungstechnische Defizite feststellen und im „worst case“ eine Nachuntersuchung angestoßen (müssen). Aber selbst wenn eine solche Nachuntersuchung durchgeführt werden würde, wären die Ergebnisse aus der ersten internen Untersuchung bereits in der Welt und von den Erkenntnissen könnte das Unternehmen auch nur schwer abrücken. Aus dieser Konfliktlage ergibt sich eine weitere Einschränkung der Schutzmöglichkeiten, unabhängig davon, dass möglicherweise notwendige Nachuntersuchungen weitere Kosten verursachen und Unruhe im Unternehmen erzeugen würden. Inwieweit solche Untersuchungen effektiv wären, ist ebenfalls ungewiss, da ein Mitarbeiter, der im Rahmen der ersten Untersuchung gewillt war Auskunft zu geben, sich nunmehr verweigern könnte.

Zumindest im Hinblick auf den Arbeitnehmerdatenschutz hat die Analyse der vorgeschlagenen Regelungen gezeigt, dass dieser auch auf der Grundlage des VerSanG-E einzuhalten wäre. Die Nichteinhaltung der in der hiesigen Untersuchung herausgearbeiteten datenschutzrechtlichen Anforderungen würde nämlich im Rahmen einer möglichen Sanktionsmilderung – negative – Berücksichtigung finden.

Mit dem in der hiesigen Untersuchung vertretenen Ansatz sollen die verschiedenen Interessenpositionen in Einklang gebracht werden. Der Fokus liegt dabei auf drei Säulen, nämlich (1) der Sicherstellung einer effektiven repressiven Compliance durch interne Untersuchungen, (2) der Absicherung der Erkenntnisse zugunsten des Unternehmens sowie (3) der Absicherung der Arbeitnehmer im Hinblick auf eine etwaige selbstbelastende Auskunft. Diese Zielsetzung lässt sich bereits auf der Grundlage der aktuellen Rechtslage erreichen. Gleichwohl wäre eine gesonderte normative Grundlage für interne Untersuchungen wünschenswert. Diese sollte aber nicht, wie vom Regierungsentwurf vorgeschlagen, in eine mögliche Sanktionsmilderung implementiert, sondern als eigeständiger Regelungsbereich ausgestaltet sein.[3116]

3116 So auch *Knauer*, NStZ 2020, 441, 445.

Kapitel 5 – Zusammenfassung und Ergebnisse der Untersuchung

Auf der Grundlage der vorliegenden Untersuchung lässt sich feststellen, dass im Rahmen der Durchführung interner Untersuchungen das Zusammenspiel gleich mehrere Rechtsgebiete zu berücksichtigen ist. Die Verknüpfung der verschiedenen Rechtsgebiete lässt sich am einfachsten nachvollziehen, wenn man sich nochmals die drei maßgeblichen Phasen interner Untersuchungen vor Augen führt. Diese drei Phasen sollen im Folgenden noch einmal in aller Kürze skizziert werden. Dem folgt, unterteilt nach den drei großen Themenkomplexen der hiesigen Untersuchung, eine Zusammenfassung der Ergebnisse.

Die erste Phase betrifft die Einleitung interner Untersuchungen und ihrer rechtlichen Grundlagen. Hinsichtlich der zweiten Phase ist die konkrete Durchführung zu betrachten, welche insbesondere von den Vorgaben durch den europäischen sowie nationalen Datenschutz geprägt ist. Die dritte Phase betrifft die prozessuale Verwertbarkeit von Ermittlungsergebnissen sowohl im Hinblick auf mögliche arbeitsrechtliche Konsequenzen für die Betroffenen der Ermittlungsmaßnahmen als auch auf einen möglichen Strafprozess gegen diese. Bezogen auf die erste Phase bilden die organschaftlichen Pflichten, also das Gesellschaftsrecht, die rechtlichen Grundlagen, aus denen die Rechtspflicht zur Durchführung interner Untersuchungen abgeleitet werden kann. Zugleich resultieren die Folgen für Unternehmen bei Compliance-relevanten Pflichtverstößen, jedenfalls nach der aktuellen Rechtslage, aus dem öffentlichen Recht, nämlich § 30 OWiG. Da die Bemessung der Verbandsgeldbuße im Ermessen der Behörde liegt, kann sich eine interne Untersuchung bereits heute sanktionsmindernd auswirken. Dementsprechend liegt hier eine erste Verknüpfung zwischen der privatrechtlichen Rechtspflicht auf der einen und dem öffentlich-rechtlichen Kontroll- und Sanktionssystem auf der anderen Seite. Die Möglichkeit der Sanktionsminderung wird einen zentralen Faktor im Zusammenhang mit der Durchführung interner Untersuchungen darstellen, sollte das VerSanG-E in seiner jetzigen Entwurfsfassung verabschiedet werden.

Im Rahmen der Durchführung kommt dem Arbeitsrecht sowie dem Datenschutzrecht die maßgebliche Bedeutung zu. Die Untersuchung der Vorgaben durch den Arbeitnehmerdatenschutz bildet daher den Schwerpunkt in dieser Phase. Noch mehr als schon zu Zeiten der Wirksamkeit der DSRL sind nunmehr die Anforderungen des Europarechts zu beachten und einzuhalten. Dies ergibt sich aus der unmittelbaren Wirkung der DS-GVO. Zugleich sind aber auch mögliche Einstrahlungseffekte des Strafrechts zu beurteilen. Insoweit sei nur auf die Diskussion rund um die Möglichkeit eines Auskunftsverweigerungsrechts des Arbeitnehmers im Rahmen einer internen Untersuchung hingewiesen. Dabei wird ein solches Auskunftsverweigerungsrecht u.a. aus dem im Strafrecht verorteten Nemo-tenetur-Grundsatz gefolgert.

Im Rahmen der dritten Phase geht es um die Zugriffsmöglichkeiten der Ermittlungsbehörden auf die im Rahmen der internen Untersuchungen gewonnenen Erkenntnisse und deren Verwertbarkeit im späteren Strafverfahren, aber auch der Verwertung im arbeitsgerichtlichen Verfahren. Während sich die Problemstellungen im Zusammenhang mit den Zugriffsmöglichkeiten auf die Ermittlungsergebnisse sowie deren Schutz durch Beschlagnahmeverbote allein auf die Ermittlungen staatlicher Ermittlungsbehörden bezieht, muss die Frage der Verwertbarkeit von zwei Blickwinkeln aus betrachtet werden. Auf der einen Seite ist die Verwertbarkeit im Hinblick auf ein mögliches arbeitsgerichtliches Verfahren zu berücksichtigen (bspw. im Rahmen eines Kündigungsschutzverfahrens eines Arbeitnehmers oder der Klage eines Organs hinsichtlich der Kündigung seines Anstellungsverhältnisses/-vertrages). Auf der anderen Seite spielt die Verwertbarkeit von Beweisen in einem möglichen Strafverfahren gegen den betroffenen Mitarbeiter eine große Rolle.

§ 1 Interne Untersuchung

Die Untersuchung hat gezeigt, dass interne Untersuchungen in Zukunft deutlich an Bedeutung hinzugewinnen werden. Dies ergibt sich zum einen daraus, dass internen Untersuchungen bereits jetzt eine schadensmindernde Wirkung zukommt. Diese Einschätzung bestätigt sich aber auch aufgrund einer Würdigung des § 17 VerSanG-E. Die hier in den Blick genommenen internen Untersuchungen dienen der repressiven Aufklärung Compliance-relevanter Verstöße innerhalb eines Unternehmens, verbunden mit der weiteren Zielsetzung, durch die Aufklärung die zu ergreifenden unternehmensinternen Maßnahmen bestimmen und eine Schadensminderung im Hinblick auf eine mögliche Verbandsgeldbuße erreichen zu können. Die zuletzt genannte Zielrichtung folgt unmittelbar aus dem Kontroll- und Sanktionssystem in Deutschland.

Die Untersuchung hat ferner gezeigt, dass Organe des Unternehmens zur Durchführung von Aufklärungsmaßnahmen bei einem Anfangsverdacht hinsichtlich Compliance-relevanter Verstöße verpflichtet sind. Dies bezieht sich aber allein auf die Frage, ob eine Aufklärung zu erfolgen hat. Hinsichtlich der Art und Weise der Aufklärung, also der konkreten Ermittlungsmaßnahmen, steht den Organen indes ein Ermessenspielraum zu. Die Ermessensentscheidung hinsichtlich des richtigen Wegs der Aufklärung wird bestimmt und geleitet durch spezifische Risikofaktoren, welche sich aus der Finanzverantwortung, der Bedeutung der langfristigen Wertbildung sowie der operativen Verpflichtung ableiten lassen. Es lässt sich feststellen, dass gerade mit der Aufklärung Compliance-relevanter Verstöße mittels einer umfassenden internen Untersuchung eine schadensmindernde Wirkung einhergehen kann. Dies könnte sich zukünftig sogar unmittelbar aus gesetzlichen Regelungen ergeben, soweit das VerSanG-E in seiner jetzigen Entwurfsfassung und damit auch die §§ 17, 18 VerSanG-E verabschiedet werden.

Versucht man die – jedenfalls bislang – gesetzlich nicht normierten internen Untersuchungen einzugrenzen, so liegt ihnen nach den Ergebnissen der hiesigen

Untersuchung ein sehr weites Verständnis zugrunde. Als Bestimmungsfaktoren für interne Untersuchungen ergeben sich der Anfangsverdacht einer strafrechtlichen und ordnungswidrigkeitenrechtlichen Verfehlung oder einer sonstigen erheblichen Pflichtverletzung im Arbeits- und Anstellungsverhältnis, eine repressive Zielsetzung der Maßnahme und die Durchführung der internen Untersuchung durch ein spezialisiertes Team, welches sich aus internen Mitarbeitern, externen Beratern oder einer Mischung beider Personengruppen zusammensetzen kann. Eine Kooperation mit den Ermittlungsbehörden gehört nicht zu den Bestimmungsfaktoren interner Untersuchungen, diese richtet sie vielmehr nach den Umständen im Einzelfall. Insoweit ist auch die Einleitung eines staatlichen Ermittlungsverfahrens keine Anforderung für das Vorliegen einer internen Untersuchung.

§ 2 Arbeitnehmerdatenschutz

Die konkrete Durchführung der Untersuchungsmaßnahmen betrifft die zweite Phase interner Untersuchungen. Das hierzu relevante Regelungsregime setzt sich aus Vorgaben durch die DS-GVO sowie das BDSG zusammen. Dabei ist jedoch zu beachten, dass der DS-GVO eine unmittelbare Wirkung zukommt, es hinsichtlich ihrer Vorgaben – anders als bei der Richtlinie – also keines Umsetzungsakts bedarf. Durch die unmittelbare Wirkung steht der Arbeitnehmerdatenschutz nunmehr auf einer neuen rechtlichen Grundlage. Die Vorgaben durch die DS-GVO führen dazu, dass verdeckte Überwachungsmaßnahmen auf der Grundlage der direkten Anwendung der Regelungen der DS-GVO sowie des BDSG unzulässig sind. Dies folgt aus den Informationspflichten, welche sich aus den Art. 13 und 14 DS-GVO ergeben. Eine Lösung und damit eine Zulässigkeit solcher Maßnahmen lässt sich jedoch durch eine analoge Anwendung der Ausnahmevorschrift des § 33 Abs. 1 Nr. 2 lit. a) BDSG erreichen. Dies steht auch im Einklang mit der Rechtsprechung des EGMR und den aus ihr folgenden Leitlinien für Ermittlungsmaßnahmen. Aus der Rechtsprechung ergibt sich gerade nicht, dass verdeckte Überwachungsmaßnahmen unzulässig sind. Die im Rahmen der hiesigen Untersuchung herausgearbeiteten Leitlinien finden insbesondere innerhalb der datenschutzrechtlichen Bewertung einzelner Ermittlungsmaßnahmen Berücksichtigung.

Im Rahmen dieser Untersuchung hat sich ferner gezeigt, dass der DS-GVO eine vollharmonisierende Wirkung zukommt, sodass Abweichungen nur in den von der DS-GVO vorgegebenen Grenzen möglich ist. In Bezug auf die für den Arbeitnehmerdatenschutz maßgebliche Regelung des Art. 88 DS-GVO bedeutet die Vollharmonisierung, dass nur konkretisierende Regelungen zulässig sind. Eine Abweichung vom Schutzniveau nach oben oder unten ist mithin ausgeschlossen. Diese vollharmonisierende Wirkung hat auch Auswirkungen auf Betriebsvereinbarungen. Sollen Datenverarbeitungsvorgänge durch Betriebsvereinbarungen geregelt werden, müssen diese dem strengen Regelungsregime der DS-GVO entsprechen. Dabei kommt den Transparenzvorgaben eine besondere Bedeutung zu. Die vorliegende Untersuchung wurde dazu genutzt, im Hinblick auf Betriebsvereinbarungen konkrete Gestaltungshinweise aus den datenschutzrechtlichen

Regelungen abzuleiten.[3117] Bezogen auf die vollharmonisierende Wirkung hat sich überdies gezeigt, dass die im nationalen Recht in § 26 Abs. 2 S. 3 BDSG vorgesehenen Formvorgaben unionsrechtswidrig sind.

Die Analyse der möglichen Rechtfertigungstatbestände für konkrete Ermittlungsmaßnahmen hat gezeigt, dass es maßgeblich auf eine umfassende Abwägungsentscheidung zwischen den Interessen sowie den betroffenen Rechtsgütern der Arbeitnehmer und denen der Arbeitgeber ankommt. Insoweit lassen sich hinsichtlich der hier behandelten Ermittlungsmaßnahmen auch keine eindeutigen bzw. abschließenden Ergebnisse zu ihrer datenschutzrechtlichen Zulässigkeit oder Unzulässigkeit treffen. Vielmehr kommt es stets auf eine Bewertung im Einzelfall an.

Jedoch ließen sich im Rahmen der hiesigen Untersuchung aus der Bewertung der verschiedenen Interessenpositionen im Kontext der nationalen Grundrechte, der GRCh sowie der EMRK konkrete Abwägungskriterien ableiten, welche jedenfalls zu einem Abwägungsrahmen und dadurch zu einer stärkeren Konkretisierung der Abwägungsentscheidung führen. Dieser Abwägungsrahmen bezieht sich allerdings allein auf die Verhältnismäßigkeit im engeren Sinne. Insoweit sind vorab stets die Geeignetheit sowie die Erforderlichkeit isoliert zu prüfen. Aufgrund des erheblichen Umfangs der Untersuchungsergebnisse zur Umsetzbarkeit der ausgewählten Ermittlungsmaßnahmen, wird hinsichtlich der Frage der datenschutzrechtlichen Zulässigkeit auf die jeweiligen Ausführungen in Kapitel 2 verwiesen.[3118] Allgemein lässt sich jedoch konstatieren, dass sich die datenschutzrechtlichen Anforderungen hinsichtlich der einzelnen Maßnahmen desto eher steigern, je eingriffsintensiver diese sind. Dies ergibt sich bereits aus dem Wesen der Verhältnismäßigkeitsprüfung. Einem starken Eingriff in die Rechtsposition des Arbeitnehmers müssen gewichtige Rechtfertigungsgründe gegenüberstehen. Darüber hinaus sind Maßnahmen, die zu einem Eingriff in die Intimsphäre des Arbeitnehmers oder zu einer Totalüberwachung führen, nicht zu rechtfertigen und damit stets datenschutzrechtlich unzulässig.

Eine besondere Ermittlungsmaßnahme stellen Mitarbeiterbefragungen dar. Nimmt man die konkrete Maßnahme in den Blick, so hat die vorliegende Untersuchung zu dem Ergebnis geführt, dass der verdächtige Arbeitnehmer im Hinblick auf Wahrnehmungen aus dem eigenen Arbeitsbereich umfassend auskunftspflichtig ist. Insoweit steht ihm kein Auskunftsverweigerungsrecht zu. Dies wird zwar teilweise mit dem Argument in Frage gestellt, dass für Arbeitnehmer nicht die Pflicht bestehen dürfe, sich selbst belasten zu müssen. Ein solches Auskunftsverweigerungsrecht steht jedoch im Widerspruch zu der Auskunftspflicht und lässt sich im Arbeitsrecht nicht begründen. Beziehen sich die Auskünfte auf Wahrnehmungen, die nicht den unmittelbaren Arbeitsbereich betreffen, kann indes nicht von einer ebenso strikten Auskunftspflicht ausgegangen werden. Ob eine

3117 Vgl. zu den Gestaltungshinweisen Kapitel 2 § 3 B III. 2.
3118 Vgl. hierzu im Einzelnen Kapitel 2 § 2 C. II. 1. bis 9.

Auskunft erteilt werden muss, richtet sich in solch einem Fall vielmehr nach einer umfassenden Interessenabwägung im Einzelfall, in welcher insbesondere die Interessen des Arbeitnehmers zu berücksichtigen sind.

Für Arbeitnehmer in der Position als Zeugen lässt sich aus der Rechtsprechung zu bestehenden Anzeige- und Mitteilungspflichten für Geschehnisse im eigenen Arbeitsbereich eine Auskunftspflicht für eben jenen Arbeitsbereich ableiten. Dem liegt im Ergebnis ein Erst-Recht-Schluss zugrunde: Wenn der Arbeitnehmer-Zeuge Geschehnisse anderer Arbeitnehmer aus dem eigenen Arbeitsbereich dem Arbeitgeber mitteilen muss, dann muss dies erst recht für die Auskunft auf Nachfrage gelten. Betreffen die Ereignisse hingegen nicht den eigenen Arbeitsbereich, dann richtet sich Auskunftspflicht – ebenso wie beim verdächtigen Arbeitnehmer – nach einer im Einzelfall durchzuführenden Abwägung der widerstreitenden Interessenpositionen von Arbeitnehmer-Zeuge und Arbeitgeber.

Auch wenn den verdächtigen Arbeitnehmer eine Auskunftspflicht trifft, ist er Arbeitnehmer im Hinblick auf eine etwaige Selbstbelastung aus dem Zusammenspiel eines auf die Ermittlungsergebnisse bezogenen Beschlagnahmeschutzes und einem aus dem Fair-trial-Grundsatz folgenden Beweisverwertungsverbot geschützt.

§ 3 Verwertung der Ermittlungsergebnisse

Im Rahmen der Zusammenfassung der Ergebnisse zu den prozessualen Problemstellungen ist zwischen dem Beschlagnahmeschutz auf der einen und einem etwaigen Beweisverwertungsverbot auf der anderen Seite zu differenzieren.

Die hiesige Untersuchung hat gezeigt, dass das Beschlagnahmeverbot gemäß § 97 Abs. 1 Nr. 3 StPO alle Gegenstände erfasst, auf die sich das Zeugnisverweigerungsrecht gemäß § 53 Abs. 1 S. 1 Nr. 3 StPO erstreckt. Im Ergebnis sind damit auch solche Ermittlungsergebnisse vor einer Beschlagnahme geschützt, die eine Kanzlei im Rahmen einer internen Untersuchung bei einem Nichtbeschuldigten erzielt hat. Die Auslegung des § 97 Abs. 1 Nr. 3 StPO führt auch unter Berücksichtigung der VW/Jones-Day-Entscheidung des BVerfG zu keinem anderen Ergebnis. Wie sich gezeigt hat, sprechen insbesondere der Wortlaut des § 97 Abs. 1 Nr. 3 StPO, aber auch systematische und teleologische Argumente für dieses Auslegungsergebnis. Bestärkt wird dieses Ergebnis durch die Bedeutung der freien Advokatur der Rechtsanwälte, welche grundsätzlich auch durch das BVerfG betont wird.

Neben dem aus § 97 StPO vermittelten Schutz kann sich ein Beschlagnahmeschutz ferner aus § 148 StPO ergeben. Die hiesige Untersuchung hat in dem Zusammenhang gezeigt, dass die Auslegung des § 148 StPO dafür spricht, dass eine beschuldigtenähnliche Stellung unmittelbar aus dem Verteidigungsverhältnis folgt, wenn das Unternehmen nach ersten Anzeichen eines Verdachts einen Rechtsanwalt aufsucht. Insoweit reicht zur Begründung einer beschuldigtenähnlichen Stellung ein materielles Verteidigungsverhältnis aus. Die Anknüpfung an ein materielles Verteidigungsverhältnis führt dazu, dass eine beschuldigtenähnliche Stellung auch dann in Betracht kommt, wenn Hinweise auf ein Fehlverhalten bestehen, welches dem Unternehmen zugerechnet werden kann, und das Unternehmen daher fürchtet, dass ein Ermittlungsverfahren droht und es sich aus diesem Grund an einen Rechtsanwalt wendet. Von dieser Vertrauensbeziehung ist der schriftliche sowie mündliche Verkehr zwischen Rechtsanwalt und Unternehmen erfasst und ihr Schutz gilt unabhängig von etwaigen Ermittlungsmaßnahmen der Ermittlungsbehörden. Nach der hier vertretenen Ansicht reicht zudem das Anbahnungsverhältnis aus, um den zeitlichen Ausgangspunkt eines Verteidigungsverhältnisses zu begründen.

Demgegenüber vermittelt § 160a StPO nach dem in dieser Untersuchung gefundenen Ergebnis keinen Schutz im Rahmen interner Untersuchungen. Ist insoweit der Anwendungsbereich des § 97 StPO eröffnet, kommt § 160a StPO aufgrund der Vorrangstellung des § 97 StPO keine eigenständige Bedeutung zu. Dies ergibt sich wiederum aus der Regelung des § 160a Abs. 5 StPO.

Neben dem Beschlagnahmeschutz wurden auch etwaige Verwertungsverbote untersucht. Verwertungsverbote können sich sowohl in einem arbeitsgerichtlichen Verfahren als auch in einem Strafverfahren ergeben.

Im Arbeitsrecht bestehen keine normierten Beweisverwertungsverbote. Solche ergeben sich insoweit nicht aus der ZPO oder dem ArbGG. Jedoch kann die verfassungskonforme Auslegung des Prozessrechts zu einem Verwertungsverbot im Einzelfall führen. Zu beachten ist zwar, dass die Prüfung der datenschutzrechtlichen Zulässigkeit der jeweiligen Maßnahme nicht automatisch mit der Entscheidung über das Vorliegen eines Beweisverwertungsverbots gleichgesetzt werden darf. Insoweit ist zunächst materiell zu prüfen, ob die Maßnahme im Einklang mit den datenschutzrechtlichen Bestimmungen stand. Sodann ist die gesonderte Frage zu stellen, ob in der Verwertung selbst ein weiterer Grundrechtsverstoß liegen könnte, welcher ein Verwertungsverbot begründet.

Allerdings zeigt sich trotz dieser im Grundsatz getrennten Betrachtung, dass es im Hinblick auf die datenschutzrechtliche Bewertung einer konkreten Ermittlungsmaßnahme und der sich anschließenden Verwertung der Ermittlungsergebnisse in einem arbeitsgerichtlichen Verfahren regelmäßig zu einem Gleichlauf der Bewertungsergebnisse kommt. Dies ergibt sich daraus, dass im Zentrum der Abwägung zu einem möglichen Beweisverwertungsverbot der Schutz des allgemeinen Persönlichkeitsrechts und dem Recht auf informationelle Selbstbestimmung steht. Erfolgt nun die Datenverarbeitung im Rahmen der konkreten Ermittlungsmaßnahme im Einklang mit den datenschutzrechtlichen Bestimmungen, so scheidet ein Verwertungsverbot aus. Aber auch wenn ein Verstoß gegen den Datenschutz vorliegt, ergibt sich in der Regel das gleiche Bewertungsergebnis. Im Rahmen der datenschutzrechtlichen Bewertung einer Ermittlungsmaßnahme nach § 26 Abs. 1 BDSG werden alle für und gegen die datenschutzrechtliche Zulässigkeit der Maßnahme sprechenden Argumente gegeneinander abgewogen. Wenn nun also eine umfassende Abwägung unter Berücksichtigung aller für und gegen die konkrete Maßnahme sprechenden Aspekte zu dem Ergebnis führt, dass die Ermittlungsmaßnahme datenschutzrechtlich nicht zulässig ist, so bleibt wenig Raum für eine andere Bewertung im Hinblick auf die Verwertbarkeit der

Erkenntnisse im arbeitsgerichtlichen Verfahren. Vor diesem Hintergrund dürfte eine Verwertbarkeit ausscheiden, wenn sich die Interessenlage nicht verändert hat, sodass der datenschutzrechtlichen Unzulässigkeit einer Ermittlungsmaßnahme in der sich anschließenden Prüfung zur Verwertbarkeit regelmäßig ein Beweisverwertungsverbot folgt.

Vor diesem Hintergrund führen formelle Verstöße nicht automatisch zu einem Beweisverwertungsverbot. Hierfür spricht der Grundsatz der freien Beweiswürdigung sowie die Tatsache, dass ein Beweisverwertungsverbot nur im Zuge einer verfassungskonformen Auslegung in Betracht kommt. Dies gilt umso mehr, wenn man sich das Beispiel vor Augen führt, dass der Arbeitgeber einen formellen Verstoß (bspw. einen Verstoß gegen die Dokumentationspflicht) im Nachhinein ausräumen kann, indem er den Verdacht mit Tatsachen belegt. Ein Beweisverwertungsverbot würde in solch einem Fall gegen eine effektive Rechtsdurchsetzung sprechen. Ein Beweisverwertungsverbot ergibt sich im Übrigen auch dann nicht, wenn sich die Unzulässigkeit einer Maßnahme ausschließlich aus der Betroffenheit Dritter ergibt.

Überdies hat die Untersuchung gezeigt, dass ein Beweisverwertungsverbot auch nicht allein aus nicht eingehaltenen Verfahrensregelungen von Betriebsvereinbarungen gefolgert werden kann. Vielmehr hat auch hier eine Abwägung im Einzelfall stattzufinden. Ist also eine Überwachungsmaßnahme mitbestimmungswidrig erfolgt, erweist sich die Maßnahme im Rahmen einer vorzunehmenden Güterabwägung jedoch als verhältnismäßig, so führt die fehlende Mitbestimmung nicht zu einem Verwertungsverbot.

Des Weiteren lässt sich ein Beweisverwertungsverbot nach der hier vertretenen Ansicht auch nicht in einer Betriebsvereinbarung regeln, da sich die Beantwortung der Frage, ob ein Beweisverwertungsverbot in Betracht kommt, nicht allein nach dem Verhältnis zwischen den Betriebsparteien richten kann. Vielmehr erfolgt die Prüfung, ob ein Beweisverwertungsverbot vorliegt, durch das Gericht als staatliches Organ. Ein Beweisverwertungsverbot kann nur in Ausnahmefällen in Betracht kommen und bedarf dabei stets eines Grundrechtseingriffs und einer umfassenden Güterabwägung im Einzelfall.

Im Strafverfahren kann nach der hier vertretenen Ansicht ein Verwertungsverbot zwar nicht aus dem Nemo-tenetur-Grundsatz, aber aus der Anwendung des Fair-trial-Grundsatzes folgen. In diesem Kontext war vor allem die Betrachtung der parallelen Problematik rund um ein etwaiges Auskunftsverweigerungsrecht der Arbeitnehmer von Relevanz. Insoweit lässt sich die Schutzlücke hinsichtlich des zur Auskunft verpflichteten und verdächtigen Mitarbeiters durch die Anwendung des Fair-trial-Grundsatzes schließen.

Ob ein solcher Verstoß vorliegt, ist im Rahmen einer umfassenden Gesamtschau des gesamten Verfahrens zu ermitteln, die hinsichtlich der vorliegend zu bewertenden Konfliktlage des Arbeitnehmers im Ergebnis zu einem einheitlichen Bewertungsergebnis führt. Das Recht auf ein faires Verfahren gemäß Art. 6 Abs. 1 S. 1 EMRK ist sowohl bei Streitigkeiten in Bezug auf zivilrechtliche Verpflichtungen als auch bei strafrechtliche Anklagen, die gegen die betroffenen

Personen erhoben werden, zu beachten. Dies unterstreicht, dass die Prüfung eines Verstoßes gegen den Fair-trial-Grundsatz im Strafverfahren zu einer für die verschiedenen Problemkreise der verschiedenen Rechtsgebiete befriedigenden und einheitlichen Lösung führt. Die mögliche Problemstellung hinsichtlich der Selbstbelastung des Arbeitnehmers in Mitarbeiterbefragungen stellt im Ausgangspunkt eine zivilrechtliche Konfliktlage dar, welche sich zusätzlich in den strafrechtlichen Verfahrensstadien auswirken kann. Durch die Bewertung der Einhaltung eines fairen Verfahrens wird ein umfassender Schutz des Arbeitnehmers hergestellt, ohne dass es eines Rückgriffs auf den Nemo-tenetur-Grundsatz bedarf, welcher mangels einer staatlichen Zwangslage ohnehin keine Anwendung findet.

Abschließend kann noch auf die Frage eingegangen werden, inwieweit interne Untersuchungen vor dem Hintergrund er in der vorliegenden Untersuchung gefundenen Ergebnisse umsetzbar, praxistauglich sowie für die Unternehmen interessengerecht und zweckmäßig sind. Zunächst lässt sich festhalten, dass interne Untersuchungen weiterhin insgesamt umsetzbar sind. Insoweit hat eine Auswertung der Rechtsprechung des EGMR gezeigt, dass auch heimliche Ermittlungsmaßnahmen keineswegs unzulässig sind. Vielmehr muss sichergestellt werden, dass die konkreten Maßnahmen mit den sich aus der Rechtsprechung ergebenden Leitlinien in Einklang stehen. Auch die Informationspflichten gemäß Art. 13, 14 DS-GVO stehen solchen Maßnahmen nicht entgegen, da nach der hier vertretenen Ansicht die Ausnahmevorschrift des § 33 Abs. 1 Nr. 2 lit. a) BDSG analog angewendet werden kann. Die Zulässigkeit interner Untersuchungen bei Einhaltung der maßgeblichen Anforderungen gilt in gleicher Weise für die Anforderungen, welche sich aus den datenschutzrechtlichen Bestimmungen ergeben. Ermittlungsmaßnahmen im Rahmen interner Untersuchungen sind und bleiben auf der Grundlage der aktuellen Gesetzeslage weiterhin zulässig. Auch wenn die rechtlichen Anforderungen hoch sind und in Bezug auf jede Ermittlungsmaßnahme eine Abwägung im Einzelfall vorzunehmen ist, stellen interne Untersuchungen einen für Unternehmen effektiven Weg dar, um der für die Organe bestehenden Aufklärungspflicht gerecht zu werden. Die Zweckmäßigkeit interner Untersuchungen ergibt sich nach der aktuellen Rechtslage im Übrigen daraus, dass interne Untersuchungen bereits heute zu einer Sanktionsmilderung führen können.

Nimmt man den Entwurf eines neuen VerSanG-E in den Blick, so kann internen Untersuchungen in Zukunft eine noch bedeutendere Rolle zukommen. Datenschutzrechtlich würden die Unternehmen auch auf der Grundlage des VerSanG-E den gleichen Anforderungen unterliegen, denen sie bereits jetzt unterworfen sind. Insoweit würden die in der hiesigen Untersuchung gefundenen Ergebnisse zum Arbeitnehmerdatenschutz im Rahmen interner Untersuchungen auch unter der Geltung des VerSanG-E vollumfänglich gelten.

Literaturverzeichnis

Achenbach, Hans/Ransiek, Andreas/Rönnau, Thomas (Hrsg.), Handbuch Wirtschaftsstrafrecht, 5. Auflage, Heidelberg 2019

Ahrendt, Martina/Koch, Ulrich/Link, Rüdiger/Treber, Jürgen/Vogelsang, Hinrich, Arbeitsrechts-Handbuch, 18. Auflage, München 2019

Althoff, Lars, Die Rolle des Betriebsrats im Zusammenhang mit der EU-Datenschutzgrundverordnung, ArbRAktuell 2018, S. 414–417

Altenburg, Stephan/Leister, Thomas, Die Verwertbarkeit mitbestimmungswidrig erlangter Beweismittel im Zivilprozess, NJW 2006, S. 469–472

Altmeppen, Holger (Hrsg.), Gesetz betreffend die Gesellschaften mit beschränkter Haftung, Kommentar, 9. Auflage, München 2019

Amelung, Knut, Grenzen der Beschlagnahme notarieller Unterlagen, DNotZ 1984, S. 195–225

Arnold, Michael, Verantwortung und Zusammenwirken des Vorstands und Aufsichtsrats bei Compliance-Untersuchungen, ZGR 2014, S. 76–106

Auer-Reinsdorff, Astrid/Conrad, Isabell (Hrsg.), Handbuch IT- und Datenschutzrecht, 3. Auflage, München 2019

Aszmons, Mattis/Herse, Adina Marie, Interne Untersuchungen – Was ändert sich, was bleibt?, DB 2020, S. 56–60

Bader, Johann/Ronellenfitsch, Michael (Hrsg.), Beck'scher Online-Kommentar VwVfG, 48. Edition 2020

Ballo, Emanuel H. F., Anmerkung zu LG Braunschweig, Beschluss v. 21.7.2015–6 Qs 116/15, wistra 2016, S. 42–44

Ballo, Emanuel H. F., Beschlagnahmeschutz im Rahmen von Internal Investigations – Zur Reichweite und Grenze des § 160a StPO, NZWiSt 2013, S. 46–52

Bamberger, Georg/Roth, Herbert/Hau, Wolfgang/Poseck, Roman (Hrsg.), Beck'scher Onlinekommentar BGB, 55. Edition 2020

Baumbach, Adolf/Hueck, Alfred (Hrsg.), Beck'scher Kurzkommentar zum Gesetz betreffend die Gesellschaft mit beschränkter Haftung, 22. Auflage, München 2019

Bauer, Wolfram, Keine Beschlagnahmefreiheit für Unterlagen eines mit internen Ermittlungen beauftragten Rechtsanwalts, StV 2012, S. 277–280

Baur, Alexander, Neues zum strafprozessualen Schutz interner Ermittlungen?, NZG 2018, S. 1092–1097

Baur, Alexander/Holle, Philipp Maximilian, Compliance-Defense bei der Bußgeldbemessung und ihre Einpassung in das gesellschaftsrechtliche Pflichtenprogramm, NZG 2018, S. 14–19

Baur, Alexander/Holle, Philipp Maximilian, Entwurf eines Verbandssanktionengesetzes - Eine erste Einordnung, ZRP 2019, S. 186–189

Bay, Karl-Christian (Hrsg.), Handbuch Internal Investigations, Berlin 2013

Becker, Jörg-Peter/Erb, Volker/Esser, Robert/Graalmann-Scheerer, Kirsten/Hilger, Hans/Ignor, Alexander, Löwe-Rosenberg, Die Strafprozessordung und das Gerichtsverfassungsgesetz, Großkommentar, Erster Band, Einleitung und §§ 1–47, 27. Auflage, Berlin 2016; Dritter Band, Teilband 1, §§ 94–111a, 27. Auflage, Berlin 2019; Fünfter Band, Teilband 2, §§ 158–212b, 27. Auflage, Berlin 2018

Behling, Thorsten B., Der Zugriff auf dienstliche E-Mail-Postfächer im Lichte der aktuellen Rechtsprechung, CB 2013, S. 265–269

Behling, Thorsten B., Neues EGMR-Urteil zur Überwachung der elektronischen Kommunikation am Arbeitsplatz: Datenschutzrechtliche Implikationen für deutsche Arbeitgeber, BB 2018, S. 52–56

Behrens, Alexander, Internal Investigations: Hintergründe und Perspektiven anwaltlicher „Ermittlungen" in deutschen Unternehmen, RiW 2009, S. 22–33

Behringer, Stefan, Korruptionsregister auf Bundesebene Empfehlungen für die Gesetzgebung, ZRP 2016, S. 20–22

Beisheim, Carsten/Jung, Laura, Unternehmensstrafrecht: Der neue Kölner Entwurf eines Verbandssanktionengesetzes (VerbSG-E), CCZ 2018, S. 63–67

Benkert, Daniel, Beschäftigtendatenschutz in der DS-GVO-Welt, NJW-Spezial 2018, S. 562–563

Bergwitz, Christoph, Prozessuale Verwertungsverbote bei unzulässiger Videoüberwachung, NZA 2012, S. 353–359

Bielefeld, Jörg, Kooperation mit Strafverfolgern nach dem Entwurf des Verbandssanktionengesetzes, CB 2019, S. 413–415

Bittmann, Folker/Brockhaus, Matthias/Coelln, Sibylle von/Heuking, Christian, Regelungsbedürftige Materien in einem zukünftigen „Gesetz über Interne Ermittlungen", NZWiSt 2019, S. 1–10

Bittmann, Folker/Molkenbur, Josef, Private Ermittlungen, arbeitsrechtliche Aussagepflicht und strafprozessuales Schweigerecht, wistra 2009, S. 373–379

Bock, Dennis, Strafrechtliche Aspekte der Compliance-Diskussion – § 130 OWiG als zentrale Norm der Criminal Compliance, ZIS 2009, S. 68–81

Bock, Dennis, Criminal Compliance, 2. Auflage, Baden-Baden 2013

Boecken, Winfried/Düwell, Franz Josef/Diller, Martin/Hanau, Hans (Hrsg.), Nomos Kommentar Gesamtes Arbeitsrecht, Baden-Baden 2016

Böhm, Wolf-Tassilo, Strafrechtliche Verwertbarkeit der Auskünfte von Arbeitnehmern bei unternehmensinternen Untersuchungen – Ein Beitrag zur aktuellen Compliance-Debatte, WM 2009, S. 1923–1929

Böttger, Marcus (Hrsg.), Wirtschaftsstrafrecht in der Praxis, 2. Auflage, Bonn 2015

Brenner, Karl, Das Bruttoprinzip gilt für den Einzeltäter und für Unternehmen, nicht nur für den unschuldigen Täter oder Dritten, NStZ 2004, 256–259

Breßler, Steffen/Kuhnke, Michael/Schulz, Stephan/Stein, Roland, Inhalt und Grenzen von Amnestie bei Internal Investigations, NZG 2009, S. 721–727

Brink, Stefan, Datenschutzgerechte Nutzung von Informations- und Kommunikationstechnik im Unternehmen, RDV 2015, S. 171–179

Brink, Stefan, Empfehlungen zur IuK-Nutzung am Arbeitsplatz Rechtsgrundlagen und Regelungsmöglichkeiten bei betrieblicher und privater Nutzung, ZD 2015, S. 295–300

Brink, Stefan, Zugriff auf Browserverlauf zum Nachweis einer exzessiven Privatnutzung des dienstlichen Internets, jurisPR-ArbR 36/2016 Anm. 2

Brink, Stefan/Schwab, Sabrina, Die private E-Mail-Nutzung am Arbeitsplatz, ArbRAktuell 2018, S. 111–114

Brink, Stefan/Schmidt, Stephan, Die rechtliche (Un-)Zulässigkeit von Mitarbeiterscreenings – Vom schmalen Pfad der Legalität, MDR 2010, S. 592–596

Brink, Stefan/Wolff, Heinrich Amadeus (Hrsg.), Beck'scher Onlinekommentar Datenschutzrecht, 33. Edition 2020

Brudermüller, Ger/Ellenberger, Jürgen/Götz, Isabell/Grüneberg, Christian/Herrler, Sebastian/Sprau, Hartwig/Thorn, Karsten/Weidenkaff, Walter/Weidlich, Dietmar/Wicke, Hartmut, Palandt Bürgerliches Gesetzbuch mit Nebengesetzen, 79. Auflage, München 2020

Brücker, Andreas, Die Aufarbeitung von Compliance-Verstößen – Praktische Erfahrungen und Fallstricke, BB-Special 4/2010, Seite 21–27

Buchert, Rainer/Buchert, Christoph, Privilegien anwaltlicher Ombudspersonen im Strafverfahren, StV 2017, S. 204–209

Bumke, Christian/Voßkuhle, Andreas, Casebook Verfassungsrecht, 8. Auflage, Tübingen 2020

Burkhardt, Robert, Reputation Management in Small and Medium-sized Enterprises – Analysis and evaluation of the use of Reputation Management. A survey of Small and Medium sized Enterprises in Germany, Hamburg 2008

Bürkle, Jürgen/Hauschka, Christoph, Der Compliance Officer, München 2015

Buschbaum, Jörg/Rosak, Philip, Der Zugriff des Arbeitgebers auf den E-Mail-Account des Arbeitnehmers, DB 2014, S. 2530–2533

Busche, Axel von dem/Zeiter, Anna/Brombach, Till, Die Umsetzung der Vorgaben der EU-Datenschutz-Grundverordnung durch Unternehmen, DB 2016, S. 1359–1365

Byers, Philipp, Mitarbeiterkontrollen, München 2016

Byers, Philipp, Die Zulässigkeit heimlicher Mitarbeiterkontrollen nach dem neuen Datenschutzrecht, NZA 2017, S. 1086–1091

Byers, Philipp/Wenzel, Kathrin, Videoüberwachung am Arbeitsplatz nach dem neuen Datenschutzrecht, BB 2017, S. 2036–2040

Calliess, Christian/Ruffert, Matthias (Hrsg.), EUV/AEUV Kommentar, 5. Auflage, München 2016

Campos Nave, José A./Bonenberger, Saskia, Korruptionsaffären, Corporate Compliance und Sofortmaßnahmen für den Krisenfall, BB 2008, S. 734–741

Chandna-Hoppe, Katja, Beweisverwertung bei digitaler Überwachung am Arbeitsplatz unter Geltung des BDSG 2018 und der DS-GVO – Der gläserne Arbeitnehmer?, NZA 2018, S. 614–619

Cordes, Malte/Wagner, Sebastian, Der Entwurf eines Gesetzes zur Stärkung der Integrität in der Wirtschaft – Fundamentale Reform oder alter Wein in neuen Schläuchen?, NZWiSt 2020, S. 215–222

Dann, Matthias, Durchsuchung und Beschlagnahme in der Anwaltskanzlei, NJW 2015, S. 2609–2614

Dann, Matthias/Schmidt, Kerstin, Im Würgegriff der SEC? – Mitarbeiterbefragungen und die Selbstbelastungsfreiheit, NJW 2009, S. 1851–1855

Dann, Matthias/Gastell, Roland, Geheime Mitarbeiterkontrollen: Straf- und arbeitsrechtliche Risiken bei unternehmensinterner Aufklärung, NJW 2008, S. 2945–2949

Däubler, Wolfgang, Informationsbedarf versus Persönlichkeitsschutz – was muss, was darf der Arbeitgeber wissen?, NZA 2017, S. 1481–1488 (zitiert: Däubler, NZA 2017, S.)

Däubler, Wolfgang/Wedde, Peter/Weichert, Thilo/Sommer, Imke, EU-DSGVO und BDSG Kompaktkommentar, 2. Auflage, Frankfurt am Main 2020 (zitiert: *Däubler*, in: Däubler/Wedde/Weichert/Sommer, § 26 BDSG Rn. 226)

Deutsch, Markus/Diller, Martin, Die geplante Neuregelung des Arbeitnehmerdatenschutzes in § 32 BDSG, DB 2009, S. 1462–1465

Deutscher Anwaltsverein, Stellungnahme durch den Ausschuss Strafrecht unter Mitwirkung der Ausschüsse Berufsrecht und Handelsrecht zum Regierungsentwurf eines Gesetzes zur Bekämpfung der Unternehmenskriminalität, NZG 2020, S. 298–306

Diller, Martin, Der Arbeitnehmer als Informant, Handlanger und Zeuge im Prozess des Arbeitgebers gegen Dritte, DB 2004, S. 313–319

Dittrich, Johannes, Kartellrecht: Spezialgebiet der Compliance-Arbeit, CCZ 2015, S. 209–212

Dreher, Meinrad, Die Vorstandsverantwortung im Geflecht von Risikomanagement, Compliance und interner Revision, in: Festschrift für Uwe Hüffer zum 70. Geburtstag, herausgegeben von Kindler, Peter/Koch, Jens/Ulmer, Peter/Winter, Martin, München 2010, S. 16–179

Dudenredaktion (Hrsg.), Duden – Deutsches Universalwörterbuch, 9. Auflage, Berlin 2019

Düwell, Franz Josef/Brink, Stefan, Die EU-Datenschutz-Grundverordnung und der Beschäftigtendatenschutz, NZA 2016, S. 665–668

Düwell, Franz Josef/Brink, Stefan, Beschäftigtendatenschutz nach der Umsetzung der Datenschutz-Grundverordnung: Viele Änderungen und wenige Neues, NZA 2017, S. 1081–1085

Dzida, Boris, Die Einladung zur Anhörung vor Ausspruch einer Verdachtskündigung, NZA 2013, 412–415

Dzida, Boris, Tat- und Verdachtskündigung bei komplexen Sachverhalten, NZA 2014, S. 809–814

Dzida, Boris/Grau, Timon, Verwertung von Beweismitteln bei Verletzung des Arbeitnehmerdatenschutzes, NZA 2010, S. 1201–1206

Dzida, Boris/Grau, Timon, Beschäftigtendatenschutz nach der Datenschutzgrundverordnung und dem neuen BDSG – Zehn Fragen aus der Praxis, DB 2018, S. 189–194

Ehmann, Eugen/Selmayr, Martin (Hrsg.), Beck'scher Kurzkommentar zur Datenschutz-Grundverordnung, 2. Auflage, München 2018

Emmerich, Volker/Habersack, Mathias (Hrsg.), Konzernrecht, 11. Auflage 2020

Epping, Volker/Hillgruber, Christian, Beck'scher Onlinekommentar Grundgesetz, 43. Edition, München 2020

Ernst, Stefan, Der Arbeitgeber, die E-Mail und das Internet, NZA 2002, S. 585–591

Ernst, Stefan, Die Einwilligung nach der Datenschutzgrundverordnung, ZD 2017, S. 110–114

Eßer, Martin/Kramer, Philipp/Lewinski, Kai von (Hrsg.), Auernhammer Datenschutz-Grundverordnung, Bundesdatenschutzgesetz und Nebengesetze Kommentar, 7. Auflage 2020

Eufinger, Alexander, Arbeitsrechtliche Beweisverwertungsverbote und unternehmensinterne Untersuchungen, DB 2017, S. 1266–1271

Eufinger, Alexander, Interne Untersuchungen und Arbeitnehmerrechte, DB 2019, S. 2408–2413

Eylert, Mario, Kündigung nach heimlicher Arbeitnehmerüberwachung, NZA-Beilage 2015, S. 100–107

Feige, Jörg, Personaldaten(über)fluss–Konzerne als illegale Datensammler? Datenübermittlungen in Konzern- und Matrixstrukturen innerhalb Europas, ZD 2015, S. 116–123

Fett, Torsten/Habbe, Sophia, Interne Untersuchungen als Ausübung der Überwachungspflicht des Aufsichtsrats, AG 2018, S. 257–266

Feuerich, Wilhelm/Weyland, Dag, Bundesrechtsanwaltsordnung Kommentar, 10. Auflage, München 2020

Fischer, Julian, Arbeitnehmerschutz beim E-Mail-Verkehr Von der funktionalen Bestimmung bis zum Fernmeldegeheimnis, ZD 2015. S. 265–269

Fischer, Sebastian/Schucht, Carsten, Organpflichten und Organhaftung im Produktsicherheits- und Produkthaftungsrecht, BB 2018, S. 67–74

Fischer, Thomas, Beck'scher Kurzkommentar zum StGB, 67. Auflage, München 2020

Fleischer, Holger, Vorstandsverantwortlichkeit und Fehlverhalten von Unternehmensangehörigen – Von der Einzelüberwachung zur Errichtung einer Compliance-Organisation, AG 2003, S. 291–300

Fleischer, Holger, Corporate Compliance im aktienrechtlichen Unternehmensverbund, CCZ 2008, S. 1–6

Fleischer, Holger, Kartellrechtsverstöße und Vorstandsrecht, BB 2008, S. 1070–1076

Fleischer, Holger, Aktienrechtliche Compliance-Pflichten im Praxistest: Das Siemens/Neubürger-Urteil des LG München I, NZG 2014, S. 321–329

Fleischer, Holger, Ehrbarer Kaufmann – Grundsätze der Geschäftsmoral – Reputationsmanagement: Zur „Moralisierung" des Vorstandesrechts und ihre Grenzen, DB 2017, S. 2015–2022

Fleischer, Holger/Goette, Wulf (Hrsg.), Münchener Kommentar zum GmbHG, Band 2 (§§ 35–52), 3. Auflage, München 2019

Fombrun, Charles J., Reputation: Realizing Value from the Corporate Image, 1996

Fokken, Martin, Telekommunikationsrechtliche Pflichten des Arbeitgebers bei privater E-Mail-Nutzung der Mitarbeiter, NZA 2020, S. 629–633

Forgó, Nikolaus/Helfrich, Marcus/Schneider, Jochen, Betrieblicher Datenschutz, 3. Auflage, München 2019

Forst, Gerrit, Der Regierungsentwurf zur Regelung des Beschäftigtendatenschutzes, NZA 2010, S. 1043–1047

Frank, Rainer/Vogel, Sebastian T., Beschlagnahmefreiheit für Unterlagen anwaltlicher Compliance-Ombudspersonen, NStZ 2017, S. 313–320

Franzen, Martin, Arbeitnehmerdatenschutz – rechtspolitische Perspektiven, RdA 2010, S. 257–263

Franzen, Martin, Vertragliche Auskunftspflicht und Schutz gegen Selbstbezichtigung, in: Festschrift für Helmut Köhler zum 70. Geburtstag, herausgegeben von Alexander, Christian/Bornkamm, Joachim/Bucher, Benedikt/Fritzsche, Jörg/Lettl, Tobias, München 2014, S. 133–145

Franzen, Martin, Datenschutz-Grundverordnung und Arbeitsrecht, EuZA 2017, S. 313–351

Franzen, Martin, Persönlichkeitsrecht und Datenschutz im Arbeitsverhältnis, ZfA 2019, S. 18–39

Franzen, Martin/Gallner, Inken/Oetker, Hartmut (Hrsg.), Kommentar zum europäischen Arbeitsrecht, 3. Auflage, München 2020

Fritz, Hans-Joachim, LG Hamburg: Beschlagnahmefähigkeit von im Rahmen von unternehmensinternen Untersuchungen durch beauftragte Rechtsanwälte angefertigten Befragungsprotokollen – faktische Einschränkung der Auskunftspflichten von Mitarbeitern – „nemo tenetur"-Grundsatz im Arbeitsrecht, CCZ 2010, S. 155–160

Fritz, Hans-Joachim/Nolden, Dagmar, Unterrichtungspflichten und Einsichtsrechte des Arbeitnehmers im Rahmen von unternehmensinternen Untersuchungen, CCZ 2010, S. 170–177

Fuhlrott, Michael/Schröder, Thomas, Beschäftigtendatenschutz und arbeitsgerichtliche Beweisverwertung, NZA 2017, S. 278–283

Fuhlrott, Michael, Keylogger & Arbeitnehmerdatenschutz – Zugleich Besprechung von BAG, NZA 2017, 1327, NZA 2017, S. 1308–1311

Fuhlrott, Michael, Verdeckte Arbeitnehmerüberwachung nach Inkrafttreten der DS-GVO, GWR 2018, S. 388–390

Fuhlrott, Michael/Oltmanns, Sönke, Begründung prozessualer Verwertungsverbote durch Betriebsvereinbarungen?, NZA 2018, S. 413–417

Fuhlrott, Michael/Oltmanns, Sönke, Arbeitnehmerüberwachung und interne Ermittlungen im Lichte der Datenschutz-Grundverordnung, NZA 2019, S. 1105–1110

Fuhrmann, Lambertus, Internal Investigation: Was dürfen und müssen die Organe beim Verdacht von Compliance Verstößen tun?, NZG 2016, S. 881–889

Fülbier, Ulrich/Splittgerber, Andreas, Keine (Fernmelde-)Geheimnisse vor dem Arbeitgeber?, NJW 2012, S. 1995–2001

Galen, Margarete Gräfin von, Anmerkung zu LG Hamburg, Beschluss v. 15.10.2010–608 Qs 18/10, NJW 2010, S. 945

Galle, René, Internal Investigations bei Kartellrechtsverstößen unter Einbeziehung der Mitarbeiter, BB 2018, S. 564–571

Gaul, Björn/Schmidt-Lauber, Stefan, Die ordnungsgemäße Anhörung vor Verdachtskündigung – Wirksamkeitsanforderungen von der Einladung bis hin zur Protokollierung, ArbRB 2012, S. 18–21

Gehling, Christian, Selbstbefreiung und Selbstbelastungsfreiheit, ZIP 2020, S. 2008–2015

Geppert, Martin/Schütz, Raimund (Hrsg.), Beck'scher TKG-Kommentar, 4. Auflage, München 2013

Gerhold, Sönke, Erfolglose Verfassungsbeschwerden gegen Ermittlungsmaßnahmen im „Dieselskandal" (Durchsuchung und Sicherstellung in einer Anwaltskanzlei), DStR 2018, S. 1943–1944

Gersdorf, Hubertus/Paal, Boris P., Beck'scher Onlinekommentar Informations- und Medienrecht, 24. Edition, München 2019

Gerst, Hans-Joachim, Unternehmensinteresse und Beschuldigtenrechte bei Internal Investigations – Problemskizze und praktische Lösungswege –, CCZ 2012, S. 1–5

Giese, Katja/Dachner, Anja, Arbeitsrechtliche Folgen des VerSanG: Das Ende des Personalgesprächs bei internen Untersuchungen, ZIP 2020, S. 498–504

Goette, Wulf/Habersack, Mathias/Kalss, Susanne (Hrsg.), Münchener Kommentar zum Aktiengesetz, Band 2 (§§ 76–117), 5. Auflage, München 2019

Gola, Peter (Hrsg.), Datenschutz-Grundverordnung VO (EU) 2016/679, 2. Auflage, München 2018

Gola, Peter, Der „neue" Beschäftigtendatenschutz nach § 26 BDSG n.F., BB 2017, S. 1462–1472

Gola, Peter, Der Beschäftigtendatenschutz in den novellierten Landesdatenschutzgesetzen, ZD 2018, S. 448–452

Gola, Peter/Heckmann, Dirk (Hrsg.), Bundesdatenschutzgesetz Kommentar, 13. Auflage, München 2019

Gola, Peter/Pötters, Stephan/Thüsing, Gregor, Art. 82 DSGVO: Öffnungsklausel für nationale Regelungen zum Beschäftigtendatenschutz – Warum der deutsche Gesetzgeber jetzt handeln muss, RDV 2016, S. 57–61

Göpfert, Burkard/Merten, Frank/Siegrist, Carlin, Mitarbeiter als „Wissensträger" – Ein Beitrag zur aktuellen Compliance-Diskussion, NJW 2008, S. 1703–1709

Graeff, Peter/Schröder, Karenina/Wolf, Sebastian (Hrsg.), Der Korruptionsfall Siemens, Analysen und praxisnahe Folgerungen des wissenschaftlichen Arbeitskreises von Transparency International Deutschland, Baden-Baden 2009

Graf, Jürgen-Peter (Hrsg.), Strafprozessordnung Kommentar, 3. Auflage, München 2018

Graf, Jürgen-Peter (Hrsg.), Beck'scher Onlinekommentar OWiG, 27. Edition, München 2020

Graf, Jürgen-Peter (Hrsg.), Beck'scher Onlinekommentar StPO mit RiStBV und MiStra, 37. Edition, München 2020

Grau, Timon/Dzida, Boris, Datenschutzrechtliche Rechtfertigung von Maßnahmen zur Aufklärung von Pflichtverstößen unterhalb der Strafbarkeitsschwelle, NZA 2017, S. 1515–1519

Greco, Luís/Caracas, Christian, Internal Investigation und Selbstbelastungsfreiheit, NStZ 2015, S. 7–15

Grimm, Detlef, Rechtsanwaltliche Begleitung von Mitarbeiterbefragungen bei unternehmensinternen Ermittlungen und Kostenübernahme, NZA 2019, S. 1534–1539

Grimm, Detlef/Kühne, Jonas, Erfüllung der Informations- und Unterrichtungspflichten gegenüber Beschäftigten nach der DSGVO – Wie geht das?, ArbRB 2018, S. 185–188

Grimm, Detlef/Schiefer, Jennifer, Videoüberwachung am Arbeitsplatz, RdA 2009, S. 329–344

Grobys, Isabella/Panzer-Heemeier, Andrea (Hrsg.), StichwortKommentar Arbeitsrecht, 3. Auflage, Baden-Baden 2020

Grosjean, Sascha R., Überwachung von Arbeitnehmern – Befugnisse des Arbeitgebers und mögliche Beweisverwertungsverbote, DB 2003, S. 2650–2654

Groß, Nadja/Platzer, Matthias, Whistleblowing: Keine Klarheit beim Umgang mit Informationen und Daten, NZA 2017, S. 1097–1104

Grützner, Thomas, Unternehmensstrafrecht vs. Ordnungswidrigkeitenrecht, CCZ 2015, S. 56–62

Grützner, Thomas/Jakob, Alexander (Hrsg.), Compliance von A – Z, 2. Auflage, München 2015

Habbe, Julia Sophia, Interne Untersuchungen durch den Aufsichtsrat, CCZ 2019, S. 27–33

Haefcke, Maren, Beschlagnahmefähigkeit der Interviewprotokolle einer Internal Investigation, CCZ 2014, S. 39–43

Hall, Richard, A framework linking intangible resources and capabilities to sustainable competitive advantage, Strategic Management Journal, Vol. 14, S. 607–618

Hannich, Rolf (Hrsg.), Karlsruher Kommentar zur Strafprozessordung, 8. Auflage, München 2019

Harte-Bavendamm, Henning/Henning-Bodewig, Frauke, Gesetz gegen den unlauteren Wettbewerb (UWG) Kommentar, 4. Auflage, München 2016

Haug, Thomas, Die Pflicht deutscher Gerichte zur Berücksichtigung der Rechtsprechung des EGMR, NJW 2018, S. 2674–2677

Haus, Florian/Erne, Sarah, Das Wettbewerbsregister, NZG 2017, S. 1167–1172

Hauschka, Christoph/Moosmayer, Klaus/Lösler, Thomas (Hrsg.), Corporate Compliance, Handbuch der Haftungsvermeidung im Unternehmen, 3. Auflage, München 2016

Haußmann, Katrin/Brauneisen, Kai, Bestehende IT-Betriebsvereinbarungen – welchen Renovierungsbedarf bringt das neue Datenschutzrecht?, BB 2017, S. 3065–3067

Hehn, Paul A. von/Hartung, Wilhelm, Unabhängige interne Untersuchungen in Unternehmen als Instrument guter Corporate Governance – auch in Europa?, DB 2006, S. 1909–1914

Heidinger, Andreas/Leible, Stefan/Schmidt, Jessica (Hrsg.), Kommentar zum Gesetz betreffend die Gesellschaften mit beschränkter Haftung (GmbH-Gesetz), Band 2

Heidrich, Jörg/Wegener, Christoph/Scheuch, Brian, Prüfungspflichten beim Verbot der Nutzung von Internet und E-Mail im Unternehmen, RDV 2016, S. 246–252

Heilmann, Joachim/Tege, Claudia, Informationstechnologie – Rechte und Pflichten bei der Kommunikation, AuA 2001, S. 52–57

Heintschel-Heinegg, Bernd von (Hrsg.), Beck'sche Online-Kommentar StGB, 47. Edition 2020

Hembach, Holger, Einsichtnahme in private Dateien auf dienstlichem PC des Arbeitnehmers durch den Arbeitgeber, ZD 2018, S. 263–266

Henssler, Martin, Generalbericht zum Deutschen Arbeitsrechtstag, NZA-Beilage 2018, S. 31–43

Henssler, Martin/Hoven, Elisa/Kubiciel, Michael/Weigend, Thomas, Kölner Entwurf eines Verbandssanktionengesetzes, NZWiSt 2018, S. 1–10

Henssler, Martin/Prütting, Hanns (Hrsg.), Bundesrechtsanwaltsordnung, Kommentar, 5. Auflage, München 2019

Henssler, Martin/Willemsen, Heinz Josef/Kalb, Heinz-Jürgen (Hrsg.), Arbeitsrecht Kommentar, 9. Auflage, Köln 2020

Henze, Hartwig, Leitungsverantwortung des Vorstands – Überwachungspflicht des Aufsichtsrats, BB 2000, S. 209–216

Herrmann, Dorothee/Zeidler, Finn, Arbeitnehmer und interne Untersuchungen – ein Balanceakt, NZA 2019, S. 1499–1505

Herrmann, Klaus/Soiné, Michael, Durchsuchung persönlicher Datenspeicher und Grundrechtsschutz, NJW 2011, S. 2922–2928

Heuschmid, Johannes, Aktuelle Rechtsprechung des EGMR im Bereich des Arbeitsrechts, NZA-Beilage 2018, S. 68–76

Heussen, Benno/Hamm, Christoph (Hrsg.), Beck'sches Rechtsanwalts-Handbuch, 11. Auflage, München 2016

Hiéramente, Mayeul/Golzio, Jann Ole, Die Reform des Geheimnisschutzes aus Sicht der Compliance-Abteilung – Ein Überblick, CCZ 2018, S. 262–267

Hitzelberger-Kijima, Yukiko, Die Einwilligung von Beschäftigten in die Verarbeitung ihrer personenbezogenen Daten durch den Arbeitgeber, öAT 2020, S. 133–136

Hoeren, Thomas/Sieber, Ulrich/Holznagel, Bernd (Hrsg.), Handbuch Multimedia-Recht, Stand: 52. Ergänzungslieferung, April 2020

Hoffmann, Andreas C./Schieffer, Anita, Pflichten des Vorstands bei der Ausgestaltung einer ordnungsgemäßen Compliance-Organisation, NZG 2017, S. 401–407

Hoffmann, Raphael/Wolf, Alexander, Mitarbeiterbeurteilungen durch Kollegen – datenschutzkonform?, ZD 2017, S. 120–124

Hoffmann-Becking, Michael (Hrsg.), Münchener Handbuch des Gesellschaftsrechts, Band 4 Aktiengesellschaft, 5. Auflage, München 2020

Hölters, Wolfgang (Hrsg.), Aktiengesetz Kommentar, 3. Auflage, München 2017

Hüffer, Uwe/Koch, Jens, Beck'scher Kurzkommentar zum Aktiengesetz, 14. Auflage, München 2020

Hümmerich, Klaus/Lücke, Oliver/Mauer, Reinhold, Arbeitsrecht, 9. Auflage, Baden-Baden 2018

Hümmerich, Klaus/Reufels, Martin (Hrsg.), Gestaltung von Arbeitsverträgen und Dienstverträgen für Geschäftsführer und Vorstände, 4. Auflage, Baden-Baden 2019

Ignor, Alexander, Rechtsstaatliche Standards für interne Erhebungen in Unternehmen – Die „Thesen zum Unternehmensanwalt im Strafrecht" des Strafrechtsausschusses der Bundesrechtsanwaltskammer, CCZ 2011, S. 143–146

Imping, Andreas, Neue Zeitrechnung im (Beschäftigten-)Datenschutz – Die Herausforderungen des neuen Datenschutzrechts an die betriebliche Praxis, CR 2017, S. 378–388

Inderst, Cornelia/Bannenberg, Britta/Poppe, Sina (Hrsg.), Compliance, Aufbau – Management – Risikobereich, 3. Auflage, Heidelberg 2017

Jahn, Matthias, Ermittlungen in Sachen Siemens/SEC –Legitimer Baustein des globalisierten Wirtschaftsstrafverfahrens oder rechtswidriges Parallelverfahren zur Strafprozeßordnung? – Eine Problemskizze, StV 2009, S. 41–46

Jahn, Matthias, Die verfassungskonforme Auslegung des § 97 Abs. 1 Nr. 3 StPO, ZIS 2011, S. 453–460

Jahn, Matthias/Kirsch, Stefan, Keine Beschlagnahmefreiheit für Unterlagen eines mit internen Ermittlungen beauftragten Rechtsanwalts, StV 2011, S. 151–154

Jahn, Matthias/Kirsch, Stefan, Anmerkung zu LG Mannheim, Beschluss v. 3.7.2012–24 Qs 1, 2/12, NStZ 2012, S. 718–720

Jahn, Matthias/Kirsch, Stefan, Kommentierung von LG Bonn, Beschluss v. 21.6.2012–27 Qs 2/12, NZWiSt 2013, 28–31

Jahn, Matthias/Kirsch, Stefan, Kommentierung von LG Braunschweig, Beschluss v. 21.7.2015–6 Qs 116/15, NZWiSt 2016, 39–40

Jahn, Matthias/Kirsch, Stefan, Anmerkung zu LG Stuttgart, Beschluss v. 26.3.2018–6 Qs 1/18, StV 2019, S. 12–16

Jarass, Hans D., Charta der Grundrechte der Europäischen Union Kommentar, 3. Auflage, München 2016

Jarass, Hans D./Pieroth, Bodo (Hrsg.), Grundgesetz für die Bundesrepublik Deutschland Kommentar, 16. Auflage, München 2020

Jenne, Moritz/Martens, Jan Henning, Compliance-Management-Systeme sind bei der Bußgeldbemessung nach § 30 OWiG zu berücksichtigen – Anmerkung zu BGH, Urteil vom 9.5.2017–1 StR 265/16, CCZ 2017, S. 285–288

Jentsch, Martina/Kilian, Friederike, Fehlende Mitbestimmung des Betriebsrats – Beweisverwertungsverbote, AuA 2015, S. 158–160

Jerchel, Kerstin/Schubert, Jens M., Neustart im Datenschutz für Beschäftigte – Möglichkeit von Kollektivvereinbarungen zur Regelung des Datenschutzes nach der DS-GVO, DuD 2016, S. 782–786

Jessolat, Karsten, Verdeckte Videoüberwachung am Arbeitsplatz und Auswertung eines Dienstcomputers durch den AG – Zulässige Eingriffe in das Privatleben?, AuR 2019, S. 32–41

Joecks, Wolfgang/Miebach, Klaus (Hrsg.), Münchener Kommentar zum StGB, Band 4 (§§ 185–262), 3. Auflage, München 2017

Kahlenberg, Harald/Schwinn, Hannes, Amnestieprogramme bei Compliance-Untersuchungen im Unternehmen, CCZ 2012, S. 81–86

Kamann, Hans-Georg/Ohlhoff, Stefan/Völcker, Sven (Hrsg.), Kartellverfahren und Kartellprozess, München 2017

Kappel, Jan/Ehling, Jan, Wie viel Strafe ist genug? – Deutsche Unternehmen zwischen UK Bribery Act, FCPA und StGB, BB 2011, S. 2115–2120

Karpoff, Jonathan M./Lee, D. Scott/Martin, Gerald S., The Cost to Firms of Cooking the Books, Journal of Financial and Quantitative Analysis, Vol. 43, September 2008, S. 581–612

Kasiske, Peter, Mitarbeiterbefragungen im Rahmen interner Ermittlungen – Auskunftspflichten und Verwertbarkeit im Strafverfahren, NZWiSt 2014, S. 262–268

Kempf, Eberhard/Corsten, Johannes, Interne Ermittlungen und das Bundesverfassungsgericht: Die Beschränkung aufs Allernötigste, StV 2019, S. 59–64

Kempter, Michael/Steinart, Björn, Compliance – arbeitsrechtliche Gestaltungsinstrumente und Auswirkungen in der Praxis, NZA 2017, S. 1505–1512

Kiel, Heinrich/Lunk, Stefan/Oetker, Hartmut (Hrsg.), Münchener Handbuch zum Arbeitsrecht, Band 1: Individualarbeitsrecht I, 4. Auflage, München 2018

Kiel, Heinrich/Lunk, Stefan/Oetker, Hartmut (Hrsg.), Münchener Handbuch zum Arbeitsrecht, Band 2: Individualarbeitsrecht II, 4. Auflage, München 2018

Klaas, Arne, Mehr Beteiligungsrechte des Verdächtigen – Der Einfluss des Transparenzgrundsatzes der DS-GVO auf die Durchführung interner Untersuchungen, CCZ 2018, S. 242–250

Klahold, Christoph, Das Verbandssanktionsgesetz im Spannungsverhältnis zwischen Vorstand und Aufsichtsrat – Teil 1, CB 2020, S. 362–368

Klengel, Jürgen Detlef/Buchert, Christoph, Zur Einstufung der Ergebnisse einer „Internal Investigation“ als Verteidigungsunterlage im Sinne der §§ 97, 148 StPO, NStZ 2016, S. 383–386

Klengel, Jürgen Detlef W./Mückenberger, Ole, Internal Investigations – typische Rechts- und Praxisprobleme unternehmensinterner Ermittler, CCZ 2009, S. 81–87

Klöhn, Lars/Schmolke, Klaus Ulrich, Unternehmensreputation (Corporate Reputation) – Ökonomische Erkenntnisse und ihre Bedeutung im Gesellschafts- und Kapitalmarktrecht, NZG 2015, S. 689–697

Klösel, Daniel/Mahnhold, Thilo, Die Zukunft der datenschutzrechtlichen Betriebsvereinbarung – Mindestanforderungen und betriebliche Ermessensspielräume nach DS-GVO und BDSG nF, NZA 2017, S. 1428–1433

Knauer, Christoph (Hrsg.), Münchener Kommentar zur StPO, Band 3/2 (GVG, EGVG, EMRK, EGStPO, EGStGB, ZSHG, StrEG, JGG, G10, AO), München 2018

Knauer, Christoph, Praxiskommentar zu BVerfG, Beschluss v. 27.6.2018–2 BVR 1405/17, 2 BvR 1780/17, NStZ 2019, S. 164–168

Knauer, Christoph, Interne Ermittlungen (Teil II) – Konkrete Fragen der Durchführung, ZWH 2012, S. 81–88

Knauer, Christoph, Der Regierungsentwurf zur Einführung eines Gesetzes zur Sanktionierung von verbandsbezogenen Straftaten – großer Wurf oder bittere Pille?, NStZ 2020, S. 441–452

Knauer, Christoph/Buhlmann, Erik, Unternehmensinterne (Vor-)Ermittlungen – was bleibt von nemo-tenetur und fair-trail? Grenze der strafprozessualen Verwertbarkeit unternehmensinterner Ermittlungen, Anwaltsblatt 2010, Heft 6, S. 387–393

Knauer, Christoph/Gaul, Michael, Internal Investigations und fair trial – Überlegungen zu einer Anwendung des Fairnessgedankens –, NStZ 2013, S. 192–194

Knierim, Thomas C./Rübenstahl, Markus/Tsambikakis, Michael (Hrsg.), Internal Investigations Ermittlungen im Unternehmen, 2. Auflage, Heidelberg 2016

Koreng, Ansgar/Lachenmann, Matthias (Hrsg.), Formularbuch Datenschutzrecht, 2. Auflage, München 2018

Kort, Michael, Arbeitnehmerdatenschutz gemäß der EU-Datenschutz-Grundverordnung, DB 2016, S. 711–716

Kort, Michael, Die Bedeutung der neueren arbeitsrechtlichen Rechtsprechung für das Verständnis des neuen Beschäftigtendatenschutzes, NZA 2018, S. 1097–1105

Kort, Michael, Neuer Beschäftigtendatenschutz und Industrie 4.0, RdA 2018, S. 24–33

Kort, Michael, Neue Rechtsprechung zum Beschäftigtendatenschutz, NZA-RR 2018, S. 449–460

Korte Matthias, Verbandsstrafrecht zwischen Wissenschaft und Politik, NZWiSt 2018, S. 393–398

Köhler, Matthias/Schürgers, Adrian, Rechtswidrig erlangte Beweismittel – Beweisverwertungsverbot?, BB 2018, S. 1013–1016

Körner, Marita, EGMR relativiert Verbot der Videoüberwachung, NZA 2020, S. 25–29

Körner, Marita, Die Datenschutz-Grundverordnung und nationale Regelungsmöglichkeiten für Beschäftigtendatenschutz, NZA 2016, S. 1383–1386

Kramer, Stefan (Hrsg.), IT-Arbeitsrecht, München 2017

Kramer, Stefan, Folgen der EGMR-Rechtsprechung für eine IT-Kontrolle bei Privatnutzungsverbot, NZA 2018, S. 637–640

Krause-Ablaß, Anna-Elisabeth, Kooperationsmöglichkeiten des Unternehmens bei staatsanwaltschaftlichen Ermittlungen zu Compliance-Verstößen, BB 2018, S. 1323–1327

Krekeler, Wilhelm, Zufallsfunde bei Berufsgeheimnisträgern und ihre Verwertbarkeit, NStZ 1987, S. 199–203

Krekeler, Wilhelm, Strafrechtliche Grenzen der Verteidigung, NStZ 1989, S. 146–153

Krenberger, Benjamin/Krumm, Carsten (Hrsg.), Ordnungswidrigkeitengesetz: OWiG, 5. Auflage, München 2018

Kreßel, Eckhard, Compliance und Personalarbeit Rechtliche Rahmenbedingungen bei der Verankerung von Compliance in der Personalarbeit, NZG 2018, S. 841–851

Kropff, Bruno, Zur Information des Aufsichtsrats über das interne Überwachungssystem, NZG 2003, S. 346–350

Krug, Björn/Skoupil, Christoph, Befragung im Rahmen von internen Untersuchungen Vorbereitung, Durchführung und Umgang mit den Ergebnissen, NJW 2017, S. 2374–2379

Krüger, Wolfgang/Rauscher, Thomas (Hrsg.), Münchener Kommentar zur Zivilprozessordung mit Gerichtsverfassungsgesetz und Nebengesetzen, Band 1 (§§ 1–354), 6. Auflage, München 2020

Kubiciel, Michael (Hrsg.), Neues Unternehmenssanktionenrecht ante portas, Baden Baden 2020

Kubiciel, Michael/Hoven, Elisa, Gründe für eine Reform des Verbandssanktionenrechts, jurisPR-StrafR 2017, S. 1–5

Kudlich, Hans (Hrsg.), Münchener Kommentar zur StPO, Band 1 (§§ 1–150), München 2014

Kühling, Jürgen, Das „Recht auf Vergessenwerden“ vor dem BVerfG – November(r)evolution für die Grundrechtsarchitektur im Mehrebenensystem, NJW 2020, S. 275–280

Kühling, Jürgen/Buchner, Benedikt (Hrsg.), Datenschutz-Grundverordnung/BDSG, 3. Auflage, München 2020

Kühling, Jürgen/Martini, Mario, Die Datenschutz-Grundverordnung: Revolution oder Evolution im europäischen und deutschen Datenschutzrecht?, EuZW 2016, S. 448–453

Küster, Melanie, Der rechtliche Rahmen für unternehmensinterne Ermittlungen, Wiesbaden 2019 (zitiert: *Küster*, Der rechtliche Rahmen für unternehmensinterne Ermittlungen, S.)

Lachenmann, Matthias, Neue Anforderungen an die Videoüberwachung – Kritische Betrachtung der Neuregelungen zur Videoüberwachung in DS-GVO und BDSG-neu, ZD 2017, S. 407–411

Leeb, Christina-Maria/Liebhaber, Johannes, Grundlagen des Datenschutzrechts, JuS 2018, S. 534–538

Lilie-Hutz, Astrid/Ihwas, Saleh, Ein Ausblick auf Internal Investigations nach den VW/Jones Day-Entscheidungen, NZWiSt 2018, S. 349–355

de Lind van Wijngaareden, Martina/Egler, Philipp, Der Beschlagnahmeschutz von Dokumenten aus unternehmensinternen Untersuchungen, NJW 2013, S. 3549–3554

Lindner, Martin, Datenschutz und Interne Untersuchungen – mal anders, CCZ 2020, S. 160–162

Lörcher, Klaus, Offene Videoüberwachung am Arbeitsplatz Universität, AuR 2019, S. 41–45

Lunk, Stefan, Prozessuale Verwertungsverbote im Arbeitsrecht, NZA 2009, S. 457–464

Lüneborg, Cäcilie/Resch, André Pierre, Die Ersatzfähigkeit von Kosten interner Ermittlungen und sonstiger Rechtsberatung im Rahmen der Organhaftung, NZG 2018, S. 209–217

Lützeler, Martin/Müller-Sartori, Patrick, Die Befragung des Arbeitnehmers – Auskunftspflicht oder Zeugnisverweigerungsrecht?, CCZ 2011, S. 19–25

Maschmann, Frank, Zuverlässigkeitstests durch Verführung illoyaler Mitarbeiter?, NZA 2002, S. 13–22

Maschmann, Frank, Compliance versus Datenschutz, NZA-Beilage 2012, S. 50–58

Maschmann, Frank, Datenschutzgrundverordnung: Quo vadis Beschäftigtendatenschutz?, DB 2016, S. 2480–2486

Maschmann, Frank, Führung und Mitarbeiterkontrolle nach neuem Datenschutzrecht, NZA-Beilage 2018, S. 115–124

Mayer, Barbara/Jenne, Moritz, Der Entwurf zum Verbandssanktionengesetz – Überblick und Implikationen für das Compliance-Management, CB 2019, S. 405–412

Mehle, Bastian/Mehle, Volkmar, Beschlagnahmefreiheit von Verteidigungsunterlagen – insbesondere in Kartellbußgeldverfahren, NJW 2011, S. 1639–1643

Melot de Beauregard, Paul/Gleich, Christian, Aktuelle Problemfelder bei der D&O-Versicherung, NJW 2013, S. 824–829

Mengel, Anja, Kontrolle der Telefonkommunikation am Arbeitsplatz, BB 2004, S. 1445–1453

Mengel, Anja, Kontrolle der E-Mail- und Internetkommunikation am Arbeitsplatz, BB 2004, S. 2014–2021

Mengel, Anja, Internal Investigations – Arbeitsrechtliche Lessons Learned und Forderungen an den Gesetzgeber, NZA 2017, S. 1494–1499

Mengel, Anja, Compliance und Arbeitsrecht, München 2009

Mengel, Anja/Ullrich, Thilo, Arbeitsrechtliche Aspekte unternehmensinterner Investigations, Neue Zeitschrift für Arbeitsrecht 2006, S. 240–246

Meyer, Jürgen/Hölscheidt, Sven (Hrsg.), Charta der Grundrechte der Europäischen Union, 5. Auflage 2019

Meyer-Ladewig, Jens/Nettesheim, Martin/Raumer, Stefan von (Hrsg.), Europäische Menschenrechtskonvention Handkommentar, 4. Auflage, Baden-Baden 2017

Mitsch, Wolfgang, Täterschaft und Teilnahme bei der „Verbandsstraftat", NZWiSt 2014, S. 1–5

Mitsch, Wolfgang (Hrsg.), Karlsruher Kommentar zum Gesetz über Ordnungswidrigkeiten, 5. Auflage, München 2018

Moll, Wilhelm (Hrsg.), Münchener Anwaltshandbuch Arbeitsrecht, 4. Auflage, München 2017

Momsen, Carsten, Internal Investigations zwischen arbeitsrechtlicher Mitwirkungspflicht und strafprozessualer Selbstbelastungsfreiheit, ZIS 2011, S. 508–516

Momsen, Carsten, Volkswagen, Jones Day und interne Ermittlungen – Zur Zukunft strafrechtlicher Vertretung von Unternehmen in Deutschland, NJW 2018, S. 2362–2366

Momsen, Carsten/Grützner, Thomas, Verfahrensregeln für interne Ermittlungen – Kritische Würdigung der Thesen der BRAK zum Unternehmensanwalt im Strafrecht –, DB 2011, S. 1792–1798

Momsen, Carsten/Grützner, Thomas, Wirtschaftsstrafrecht, Handbuch für die Unternehmens- und Anwaltspraxis, München 2013

Momsen, Carsten, Verlagerung der Strafverfolgung auf Private im Wirtschaftsrecht – Chance oder Irrweg?, in: Festschrift für Dieter Rössner, herausgegeben von Bannenberg, Britta/Brettel, Hauke/Freund, Georg/Meier, Bernd-Dieter/Remschmidt, Helmut/Safferling, Christoph, Baden-Baden 2015, S. 871–892

Momsen, Carsten/Grützner, Thomas, Gesetzliche Regelung unternehmensinterner Untersuchungen – Gewinn an Rechtsstaatlichkeit oder unnötige Komplikation?–, CCZ 2017, S. 242–253

Momsen, Carsten/Grützner, Thomas (Hrsg.), Wirtschafts- und Steuerstrafrecht, Handbuch für die Unternehmens- und Anwaltspraxis, 2. Auflage, München 2020

Moosmayer, Klaus, Compliance Praxisleitfaden für Unternehmen, 3. Auflage, München 2015

Moosmayer, Klaus/Hartwig, Niels, Interne Untersuchung Praxisleitfaden für Unternehmen, 2. Auflage, München 2018

Moosmayer, Klaus, Modethema oder Pflichtprogramm guter Unternehmensführung? – Zehn Thesen zu Compliance, NJW 2012, S. 3013–3017

Müller, Falk, Beschäftigtendatenschutz im Arbeitsrecht: dienstliche und private E-Mail-Nutzung, öAT 2019, S. 1–4

Müller-Glöge, Rudi/Preis, Ulrich/Schmidt, Ingrid (Hrsg.), Erfurter Kommentar zum Arbeitsrecht, 20. Auflage, München 2020

Naber, Sebastian/Ahrens, Tim, Befragung von Mitarbeitern im Rahmen von Internal Investigations – Vorgehensweise und aktuelle Herausforderungen, CCZ 2020, S. 36–43

Nebel, Maxi, Big Data und Datenschutz in der Arbeitswelt Risiken der Digitalisierung und Abhilfemöglichkeiten, ZD 2018, S. 520–524

Nettesheim, Martin (Hrsg.), Das Recht der Europäischen Union, Band I EUV/AEUV, 71. Ergänzungslieferung – Stand August 2020

Nienaber, Laura Christiane, Umfang, Grenzen und Verwertbarkeit compliancebasierter unternehmensinterner Ermittlungen, Baden-Baden 2019

Nienaber, Laura/Schauenburg, Tine/Wenglarczyk, Fynn, Ein Blick auf das geplante Verbandssanktionengesetz aus der anwaltlichen Praxis unter besonderer Berücksichtigung der Anforderungen an Interne Untersuchungen, NZWiSt 2020, S. 223–230

Niklas, Thomas/Thurn, Lukas, Arbeitswelt 4.0 – Big Data im Betrieb, BB 2017, S. 1589–1596

Nolte, Nobert/Michaelis, Marcel, Der Entwurf des Verbandssanktionengesetzes: neue Compliance-Pflichten für Vorstände und Geschäftsführer, BB 2020, S. 1154–1162

Oberthür, Nathalie/Seitz, Stefan, Betriebsvereinbarungen, 2. Auflage, München 2016

Oberwetter, Christian, Arbeitnehmerrechte bei Lidl, Aldi & Co., NZA 2008, S. 609–613

Oesterle, Jörg, Die Beschlagnahme anwaltlicher Unterlagen und ihre Bedeutung für die Compliance-Organisation von Unternehmen, Berlin 2016

Oesterle, Jörg, Kanzleidurchsuchungen und Sicherstellung von Ergebnissen aus Internal Investigations, WiJ 2018, S. 148–155

Oltmanns, Richter Sönke/Fuhlrott, Michael, Desk-Sharing & Coworking-Spaces: Arbeitsrechtliche Besonderheiten zweier „moderner Arbeitsformen“, NZA 2018, S. 1225–1231

O'Melveny & Myers LLP (Hrsg.), Foreign Corrupt Practices Act, An O'Melveny Handbook, 7. Auflage, 2013

Ott, Nicolas/Lüneborg, Cäcilie, Internal Investigations in der Praxis – Umfang und Grenzen der Aufklärungspflicht, Mindestaufgriffsschwelle und Verdachtsmanagement, CCZ 2019, S. 71–80

Ott, Nicolas/Lüneborg, Cäcilie, Das neue Verbandssanktionengesetz – Fragen und Auswirkungen für die Compliance-Praxis, NZG 2019, S. 1361–1369

Paal, Boris P./Pauly, Daniel A. (Hrsg.), Beck'sche Kompakt-Kommentare Datenschutz-Grundverordnung Bundesdatenschutzgesetz, 2. Auflage, München 2018

Pelz, Christian, Die Beschlagnahmefähigkeit von Unterlagen aus Internal Investigations – zugleich eine Besprechung von BVerfG, Beschluss vom 27.6.2018, Az. 2 BvR 1405/17, 2 BvR 1780/17, CCZ 2018, S. 211–218

Pielow, Johann-Christian (Hrsg.), Beck'scher Online-Kommentar GewO, 50. Edition 2020

Post-Ortmann, Karin, Der Arbeitgeber als Anbieter von Telekommunikations- und Telediensten, RDV 1999, S. 102–109

Pötters, Stephan/Wybitul, Tim, Anforderungen des Datenschutzrechts an die Beweisführung im Zivilprozess, NJW 2014, S. 2074–2080

Queling, André/Bayer, Sarah, Beschlagnahmeverbot gem. § 97 Abs. 1 Nr. 3 StPO im Hinweisgebersystem unter Einsatz von Ombudsanwälten, NZWiSt 2016, S. 417–421

Raffler, Andrea/Hellich, Peter, Unter welchen Voraussetzungen ist die Überwachung von Arbeitnehmer-E-Mails zulässig?, NZA 1997, S. 862–868

Reeb, Philipp, Internal Investigations: Neue Tendenzen privater Ermittlungen, Berlin 2011

Regelin, Peter/Fisher, Raymond, Zum Stand der Umsetzung des Sarbanes-Oxley Act aus deutscher Sicht, IStR 2003, S. 276–288

Reichert, Jochem/Ott, Nicolas, Non Compliance in der AG – Vorstandspflichten im Zusammenhang mit der Vermeidung, Aufklärung und Sanktionierung von Rechtsverstößen, ZIP 2009, S. 2173–2180

Reichert, Jochem/Ott, Nicolas, Die Zuständigkeit von Vorstand und Aufsichtsrat zur Aufklärung von Non Compliance in der AG, NZG 2014, S. 241–251

Reinhard, André, Mitbestimmungsrechte des Betriebsrats bei der Implementierung von Unternehmens-, insbesondere Verhaltensrichtlinien, NZA 2016, S. 1233–1241

Reiserer, Kerstin/Christ, Florian/Heinz, Katharina, Beschäftigten-Datenschutz und EU-Datenschutz-Grundverordnung Der Countdown ist abgelaufen – Anpassungsbedarf umgesetzt?, DStR 2018, S. 1501–1508

Rieble, Volker, Schuldrechtliche Zeugnispflicht von Mitarbeitern, ZIP 2003, S. 1273–1283

Rieder, Markus S./Menne, Jonas, Internal Investigations – Rechtslage, Gestaltungsmöglichkeiten und rechtspolitischer Handlungsbedarf, CCZ 2018, S. 203–211

Riesenhuber, Karl (Hrsg.), Europäische Methodenlehre, 3. Auflage, Berlin 2015 (zitiert: *Bearbeiter* in: Riesenhuber, Europäische Methodenlehre, § Rn.)

Rodewald, Jörg/Unger, Ulrike, Kommunikation und Krisenmanagement im Gefüge der Corporate Compliance-Organisation, BB 2007, S. 1629–1635

Rotsch, Thomas (Hrsg.), Criminal Compliance Handbuch, Baden-Baden 2015

Rosen, Rüdiger von (Hrsg.), Internal Investigations bei Compliance-Verstößen Praxisleitfaden für die Unternehmensleitung, Studien des Deutschen Aktieninstituts, Heft 48, Frankfurt am Main 2010

Röckl, Johannes/Fahl, Christian, Kündigung nach heimlicher Videoüberwachung, NZA 1998, S. 1035–1014.

Röller, Jürgen (Hrsg.), Personalbuch 2020, 27. Auflage, München 2020

Römermann, Volker (Hrsg.), Münchener Anwaltshandbuch GmbH-Recht, 4. Auflage, München 2018

Rudkowski, Lena, Die Aufklärung von Compliance-Verstößen durch „Interviews", NZA 2011, S. 612–615

Ruffert, Matthias, Privatrechtswirkung der Grundrechten – Von Lüth zum Stadionverbot – und darüber hinaus?, JuS 2020, S. 1–6

Rübenstahl, Markus, Der Foreign Corrupt Practices Act (FCPA) der USA, NZWiSt 2012, S. 401–407

Rübenstahl, Markus, Der Foreign Corrupt Practices Act (FCPA) der USA (Teil 2), NZWiSt 2013, S. 6–10

Rübenstahl, Markus, Zur Durchsuchung beim Unternehmensanwalt im Kontext von „Internal Investigations" – Besprechung der Beschlüsse des BVerfG vom 27.6.2018 in Sachen *VW AG* und *Jones Day*, ZWH 2018, S. 273–287

Rübenstahl, Markus/Boerger, Björn, Der Foreign Corrupt Practices Act (FCPA) der USA (Teil 3), NZWiSt 2013, S. 124–128

Rübenstahl, Markus/Boerger, Björn, Der Foreign Corrupt Practices Act (FCPA) der USA (Teil 4), NZWiSt 2013, S. 281–286

Rübenstahl, Markus/Boerger, Björn, Der Foreign Corrupt Practices Act (FCPA) der USA (Teil 5), NZWiSt 2013, S. 367–370

Saenger, Ingo, Zivilprozessordung Handkommentar, 8. Auflage, Baden-Baden 2019

Salinger, Frank/Tsambikakis, Michael/Mückenberger, Ole/Huber, Hans-Peter (Hrsg.), Münchner Entwurf eines Verbandssanktionengesetzes, Baden-Baden 2019

Sarhan, Amr, Unternehmensinterne Privatermittlungen im Spannungsfeld zur strafprozessualen Aussagefreiheit, wistra 2015, S. 449–455

Säcker, Franz Jürgen (Hrsg.), Telekommunikationsgesetz Kommentar, 3. Auflage, Frankfurt am Main 2013

Säcker, Franz Jürgen/Rixecker, Roland/Oetker, Hartmut/Limperg, Bettina (Hrsg.), Münchener Kommentar zum Bürgerlichen Gesetzbuch, Band 1 (Allgemeiner Teil §§ 1 – 240), 8. Auflage, München 2018

Säcker, Franz Jürgen/Rixecker, Roland/Oetker, Hartmut/Limperg, Bettina (Hrsg.), Münchener Kommentar zum Bürgerlichen Gesetzbuch, Band 5 (§§ 535–630h), 8. Auflage, München 2020

Säcker, Franz Jürgen/Rixecker, Roland/Oetker, Hartmut/Limperg, Bettina (Hrsg.), Münchener Kommentar zum Bürgerlichen Gesetzbuch, Band 7 (§§ 705–853), 8. Auflage, München 2020

Sagan, Adam, Cyberslacking: Privatleben vs. Internetüberwachung am Arbeitsplatz, AuR 2018, S. 92–96

Scharnberg, Josephine, Illegale Internal Investigations, Frankfurt am Main 2014

Scheben, Barbara/Klos, Christian, Analyse von Chatprotokollen und E-Mails – Was ist erlaubt? Was ist verwertbar?, CCZ 2013, S. 88–93

Scheurle, Klaus-Dieter/Mayen, Thomas (Hrsg.), Telekommunikationsgesetz Kommentar, 3. Auflage, München 2018

Schimmelpfennig, Hans-Christoph/Wenning, Holger, Arbeitgeber als Telekommunikationsdienste-Anbieter?, DB 2006, S 2290–2294

Schmidt, Maximilian, Der Nebel lichtet sich: Das BAG systematisiert die Erlaubnistatbestände des Beschäftigtendatenschutzes, RDV 2017, S. 284–286

Schmitt, Bertram/Köhler, Marcus (erläutert von), Meyer-Goßner/Schmitt Beck'scher Kurzkommentar Strafprozessordung, 63. Auflage, München 2020

Schneider, Hartmut (Hrsg.), Münchener Kommentar zur StPO, Band 2 (§§ 151–332), München 2016

Schneider, Hartmut, LG Braunschweige: Beschlagnahmefreie Unterlagen, NStZ 2016, S. 309–312

Schneider, Uwe H., Compliance als Aufgabe der Unternehmensleitung, ZIP 2003, S. 645–650

Schneider, Uwe H., Investigative Maßnahmen und Informationsweitergabe im konzernfreien Unternehmen und im Konzern, NZG 2010, S. 1204–1207

Schrader, Peter/Mahler, Maike, Interne Ermittlungen des Arbeitgebers und Auskunftsgrenzen des Arbeitnehmers, NZA-RR 2016, S. 57–65

Schrader, Peter/Thoms, Tina/Mahler, Maike, Auskunft durch den Arbeitnehmer: Was darf er? Was muss er?, NZA 2018, S. 965–974

Schrey, Joachim/Kielkowski, Jacek, Die datenschutzrechtliche Betriebsvereinbarung in DS-GVO und BDSG 2018 – Viel Lärm um Nichts?, BB 2018, S. 629–635

Schrey, Joachim/Kielkowski, Jacek/Gola, Patricia, Chatten für den Arbeitgeber Herausforderungen bei der betrieblichen Nutzung von Messenger-Diensten aus unternehmerischer Sicht, MMR 2017, S. 656–661

Schultz, Hans/Dünnebier, Hanns/Hilding, Eek, Das Problem einer Sonderstellung der Presse im Strafverfahren, Frankfurt am Main 1966

Schulze, Reiner/Janssen, André/Kadelbach, Stefan (Hrsg.), Europarecht, 4. Auflage, Baden-Baden 2020

Schuster, Frank Peter, Anmerkung zu LG Hamburg, Beschluss v. 15.10.2010–608 Qs 18/10, NZWiSt 2012, S. 28–30

Schuster, Frank Peter, Anmerkung zu LG Mannheim, Beschluss v. 3.7.2012–24 Qs 1/12; 24 Qs 2/12, NZWiSt 2012, S. 431–434

Schuster, Frank Peter, Zur Beschlagnahme von Unterlagen aus unternehmensinternen Ermittlungen im Kartellbußgeldverfahren, NZKart 2013, S. 191–194

Schüppen, Matthias/Schaub, Bernhard (Hrsg.), Münchener Anwaltshandbuch Aktienrecht, 3. Auflage, München 2018

Schürrle, Thomas/Olbers, Lucie Anne Mary, Compliance-Verantwortung in der AG – Praktische Empfehlungen zur Haftungsbegrenzung an Vorstände und Aufsichtsräte, CCZ 2010, S. 102–107

Schürrle, Thomas/Olbers, Lucie Anne Mary, Praktische Hinweise zu Rechtsfragen bei eigenen Untersuchungen im Unternehmen, CCZ 2010, S. 178–183

Schuster, Fabian, Der Arbeitgeber und das Telekommunikationsgesetz, CR 2014, S. 21–27

Schwarze, Jürgen/Becker, Ulrich/Hatje, Armin/Schoo, Johann (Hrsg.), EU-Kommentar, 4. Auflage, Baden-Baden 2019

Schwintowski, Hans-Peter, Gesellschaftsrechtliche Anforderungen an Vorstandshaftung und Corporate Governance durch das neue System der kartellrechtlichen Legalausnahme, NZG 2005, S. 200–203

Seibt, Christoph, Corporate Reputation Management: Rechtsrahmen für Geschäftsleiterhandeln, DB 2015, S. 171–178

Seibt, Christoph, CSR-Richtlinie-Umsetzungsgesetz: Berichterstattung über nichtfinanzielle Aspekte der Geschäftstätigkeit, DB 2016, S. 2707–2716

Seibt, Christoph, Krisenmanagement: Rechtsrahmen für Geschäftsleiterhandeln, BB 2019, S. 2563–2572

Seibt, Christoph/Cziupka, Johannes, 20 Thesen zur Compliance-Verantwortung im System der Organhaftung aus Anlass des Siemens/Neubürger-Urteils, DB 2014, S. 1598–1602

Seibt, Christoph/Cziupka, Johannes, Rechtspflichten und Best Practices für Vorstands- und Aufsichtsratshandeln bei der Kapitalmarktrecht-Compliance, AG 2015, S. 93–109

Seifert, Achim, Veränderungen der Regelungstechniken im Arbeitsrecht der EU – Einige Überlegungen zum aktuellen Zustand des europäischen Arbeitsrechts, EuZA 2018, S. 51–66

Seifert, Achim, Überwachung des E-Mail-Verkehrs von Arbeitnehmern, EuZA 2018, S. 502–510

Simitis, Spiros/Hornung, Gerrit/Spiecker gen. Döhrmann, Indra (Hrsg.), Datenschutzrecht, Baden-Baden 2019

Sonnenberg, Thomas, Compliance-Systeme in Unternehmen Einrichtung, Ausgestaltung und praktische Herausforderungen, JuS 2017, S. 917–922

Sörup, Thorsten, EGMR: Kündigung des Arbeitnehmers bei privater Internetnutzung, ZD 2017, S. 571–574

Sörup, Thorsten, Gestaltungsvorschläge zur Umsetzung der Informationspflichten der DS-GVO im Beschäftigungskontext, ArbRAktuell 2016, S. 207–213

Sörup, Thorsten/Marquardt, Sabrina, Auswirkungen der EU-Datenschutzgrundverordnung auf die Datenverarbeitung im Beschäftigungskontext, ArbRAktuell 2016, S. 103–106

Specht, Louisa/Mantz, Reto, Handbuch Europäisches und deutsches Datenschutzrecht, München 2019

Spehl, Stephan J./Grützner, Thomas, „Resource Guide to the U.S. Foreign Corrupt Practices Act" („FCPA-Guide") – Eine Hilfe für Unternehmen im Umgang mit dem FCPA, CCZ 2013, S. 198–204

Spehl, Stephan J./Momsen, Carsten/Grützner, Thomas, Unternehmensinterne Ermittlungen – Ein internationaler Überblick Teil II: „Zulässigkeit und rechtliche Anforderungen verschiedener Ermittlungsmaßnahmen in ausgewählten Ländern", CCZ 2014, S. 2–9

Spehl, Stephan J./Momsen, Carsten/Grützner, Thomas, Unternehmensinterne Ermittlungen – Ein internationaler Überblick Teil III: Die Befragung von Mitarbeitern, CCZ 2014, S. 170–174

Spelge, Karin, Der Beschäftigtendatenschutz nach Wirksamwerden der Datenschutz-Grundverordnung (DS-GVO), DuD 2016, S. 775–781

Spiecker gen. Döhmann, Indra/Bretthauer, Sebastian (Hrsg.), Dokumentation zum Datenschutz, 78. Ergänzungslieferung, Baden-Baden 2020

Spindler, Gerald, Die neue EU-Datenschutz-Grundverordnung, DB 2016, S. 937–947

Spindler, Gerald/Schuster, Fabian (Hrsg.), Recht der elektronischen Medien, 4. Auflage, München 2019

Spindler, Gerald/Stilz, Eberhard (Hrsg.), Kommentar zum Aktiengesetz, Band 1 (§§ 1–149), 4. Auflage, München 2019

Steffen, Markus/Stöhr, Alexander, Die Umsetzung von Compliance-Maßnahmen im Arbeitsrecht, RdA 2017, S. 43–52

Streinz, Rudolf (Hrsg.), Kurzkommentar EUV/AEUV, 3. Auflage, München 2018

Ströbel, Lukas/Böhm, Wolf-Tassilo/Breunig, Christina/Wybitul, Tim, Beschäftigtendatenschutz und Compliance: Compliance-Kontrollen und interne Ermittlungen nach der EU-Datenschutz-Grundverordnung und dem neuen Bundesdatenschutzgesetz, CCZ 2018, Seite 14–20

Stück, Volker, Compliance und Mitbestimmung, ArbRAktuell 2015, S. 337–340

Stück, Volker, Entschädigung wegen heimlicher, intensiver Detektivüberwachung eines Betriebsratsvorsitzenden ohne berechtigten Anlass, CCZ 2018, S. 143–144

Stück, Volker, Überwachung und Kontrolle von Arbeitnehmern nach neuer Rechtsprechung – Empfehlungen für Arbeitgeber im Brennpunkt von Compliance, Datenschutz und Arbeitsrecht, CCZ 2018, S. 88–93

Stück, Volker, Präventive und repressive Compliance: Datenschutz- und arbeitsrechtliche Aspekte nach DSGVO sowie BDSG 2018, ArbRAktuell 2019, S. 216–219

Stück, Volker, Unternehmensinterne Untersuchungen im Fokus von Rechtsprechung und Gesetzgebung, ArbRAktuell 2020, S. 408–411

Süße, Sascha, Gesetzliche Vorgaben für interne Untersuchungen – Ein Weg zur Beseitigung von Rechtsunsicherheiten bei der Kooperation in Wirtschaftsstrafverfahren?, ZIS 2018, S. 350–360

Sydow, Gernot (Hrsg.), Bundesdatenschutzgesetz, Baden-Baden 2020

Sydow, Gernot (Hrsg.), Europäische Datenschutzgrundverordnung, 2. Auflage, Baden-Baden 2018

Szesny, André-M., Interviewprotokolle nach internen Untersuchungen dürfen beschlagnahmt werden (HSH Nordbank), GWR 2011. S. 169

Szesny, André-M./Stelten, Urs Jakob, Das neue VerSanG: Stärkung der Integrität in der Wirtschaft, ZRP 2020, S. 130–134

Taeger, Jürgen/Gabel, Detlev (Hrsg.), Kommentar DSGVO – BDSG, 3. Auflage, Frankfurt am Main 2019

Taeger, Jürgen/Pohle, Jan (Hrsg.), Computerrechts-Handbuch, 34. Ergänzungslieferung, München 2018

Teicke, Tobias, Gute Unternehmenspraxis für Internal Investigations – Praxistipps zur erfolgreichen Umsetzung unter Berücksichtigung des VerSanG-E, CCZ 2019, S. 298–305

Teicke, Tobias/Mohsseni, Soleiman, Facilitation Payments – Haftungsrisiken für Unternehmen nach deutschem Recht, FCPA und UK Bribery Act, BB 2012, S. 911–917

Ternés, Anabel/Runge Christopher, Reputationsmanagement – Employer Branding, Wiesbaden 2016

Theile, Hans, >> Internal Investigations << und Selbstbelastung – Zum Verantwortungstransfer bei Akkumulation privater und staatlicher Ermittlungen –, StV 2011, S. 381–386

Thum, Kai, Beschlagnahmefreiheit von Verteidigungsunterlagen, HRRS 2012, S. 535–540

Thüsing, Gregor (Hrsg.), Beschäftigtendatenschutz und Compliance – Effektive Compliance im Spannungsfeld von BDSG, Persönlichkeitsschutz und betrieblicher Mitbestimmung, 2. Auflage, München 2014

Thüsing, Gregor/Fütterer, Johannes/Jänsch, Melanie, Petzen ist doof – Zu den datenschutzrechtlichen Grenzen des Whistleblowings –, RDV 2018, S. 133–144

Thüsing, Gregor/Rombey, Sebastian, Der verdeckte Einsatz von Privatdetektiven zur Kontrolle von Beschäftigten nach dem neuen Datenschutzgesetz, NZA 2018, S. 1105–1111

Thüsing, Gregor/Schmidt, Maximilian/Forst, Gerrit, Das Schriftformerfordernis der Einwilligung nach § 4a BDSG im Pendelblick zu Art. 7 DS-GVO, RDV 2017, S. 116–122

Tiedemann, Jens, Anmerkung zu LAG Baden-Württemberg, Urteil v. 21.2.2019–3 Sa 65/17, ZD 2020, S. 50–54

Timm, Frauke, Tagungsbericht: 2. Tagung des CCC - Center for Criminal Compliance: „Criminal Compliance vor den Aufgaben der Zukunft" am 7./8.12.2012 in Gießen, ZIS 2013, S. 249–256

Tinnefeld, Marie-Theres/Buchner, Benedikt/Petri, Thomas/Hof, Hans-Joachim, Einführung in das Datenschutzrecht, 7. Auflage, Berlin/Boston 2020 (zitiert: Tinnefeld/Buchner/Petri/Hof, Einf. in das DatenschutzR, S.)

Toma, Josef, Arbeitsrechtliche Grundlagen interner Ermittlungen, CB 2017, S. 339–343

Traut, Johannes, Maßgeschneiderte Lösungen durch Kollektivvereinbarungen? Möglichkeiten und Risiken des Art. 88 Abs. 1 DS-GVO, RDV 2016, S. 312–319

Trüg, Gerson, Die Verbandsgeldbuße gegen Unternehmen Ist-Zustand und Reformüberlegungen, ZWH 2011, Seite 6–13

Umnuß, Karsten (Hrsg.), Corporate Compliance Checklisten, Rechtliche Risiken im Unternehmen erkennen und vermeiden, 4. Auflage, München 2020

Uwer, Dirk/van Ermingen-Marbach, Ralf, Bundesverfassungsgericht: Kein Vertraulichkeitsschutz für interne Untersuchungen? Die „Jones Day"-Entscheidung des BVerfG und ihre Bedeutung für alle Anwältinnen und Anwälte, AnwBl. 2018, S. 470–474

Venetis, Frank/Oberwetter, Christian, Videoüberwachung von Arbeitnehmern, NJW 2016, S. 1051–1057

Verse, Dirk A., Compliance im Konzern, Zur Legalitätskontrollpflicht der Geschäftsleiter einer Konzernobergesellschaft, ZHR 175 (2011), S. 401–424

Verwaltungsvorschrift der Landesregierung und der Ministerien zur Verhütung unrechtmäßiger und unlauterer Einwirkungen auf das Verwaltungshandeln und zur Verfolgung damit zusammenhängender Straftaten und Dienstvergehen vom 15. Januar 2013, Az.: 1-0316.4/74

Vehslage, Thorsten, Privates Surfen am Arbeitsplatz, AnwBl. 2001, S. 145–149

Vetter, Eberhard, Die Änderungen 2007 des Deutschen Corporate Governance Kodex, DB 2007, S. 1963–1968

Vogel, Florian/Glas, Vera, Datenschutzrechtliche Probleme unternehmensinterner Ermittlungen, DB 2009, S. 1747–1754

Vogelgesang, Stephanie/Hessel, Stephan/Möllers, Frederik, Hardware-Keylogger: Die Tastatur in der Hand des Feindes, DuD 2016, S. 729–734

Vogt, Volker, Compliance und Investigation – Zehn Fragen aus Sicht der arbeitsrechtlichen Praxis, NJOZ 2009, 4206–4220

Volk, Klaus/Beukelmann, Stephan, Münchener Anwalts Handbuch Verteidigung in Wirtschafts- und Steuerstrafsachen, 3. Auflage, München 2020

Vorwerk, Volkert/Wolf, Christian (Hrsg.), Beck'scher Onlinekommentar ZPO, 37. Edition 2020

Wagner, Jens, „Internal Investigation" und ihre Verankerung im Recht der AG, CCZ 2009, S. 8–17

Wagner, Eric/Ruttloff, Marc, Product Compliance – Dos and Don'ts für Praktiker, BB 2018, S. 1288–1294

Walther, Michael/Zimmer, Mark, Mehr Rechtssicherheit für Compliance-Ermittlungen, BB 2013, S. 2933–2937

Wastl, Ulrich/Litzka, Philippe/Pusch, Martin, SEC-Ermittlungen in Deutschland – eine Umgehung rechtsstaatlicher Mindeststandards!, NStZ 2009, S. 68–74

Wastl, Ulrich/Pusch, Martin, Haftungsrechtliche Konsequenzen einer so genannten Mitarbeiter-Amnestie – dargestellt am Beispiel „Siemens" Ein weiteres Lehrstück für die Notwendigkeit der Berücksichtigung deutschen Rechts bei der Anwendung US-amerikanischer Rechtstraditionen, RdA 2009, S. 376–380

Weber, Klaus (Hrsg.), Creifeld, Rechtswörterbuch, 24. Edition, München 2020

Weißensteiner, Christian, Reputation als Risikofaktor in technologieorientierten Unternehmen, Wiesbaden 2014

Wellenhöner, Astrid/Byers, Philipp, Datenschutz im Betrieb – Alltägliche Herausforderung für den Arbeitgeber?!, BB 2009, S. 2310–2316

Wessing, Jürgen/Dann, Matthias, Deutsch-Amerikanische Korruptionsverfahren, Ermittlungen in Unternehmen – SEC, DOJ, FCPA, SOX und die Folgen, München 2013

Wettner, Florian/Mann, Marius, Informationsrechte und Informationspflichten bei Internen Untersuchungen, DStR 2014, S. 655–661

Westphalen, Friedrich Graf von/Thüsing, Gregor (Hrsg.), Vertragsrecht und AGB-Klauselwerke, Werkstand: 45. Ergänzungslieferung, München April 2020

Weth, Stephan/Herberger, Maximilian/Wächter, Michael/Sorge, Christoph, Daten- und Persönlichkeitsschutz im Arbeitsverhältnis, 2. Auflage, München 2019

Wettner, Florian/Mann, Marius, Informationsrechte und Informationspflichten bei Internen Untersuchungen, DStR 2014, S. 655–661

Wiedemann, Michael/Seyfert, Stefan, Richtlinienentwurf der EU-Kommission zum Whistleblowing, CCZ 2019, S. 12–21

Wilsing, Hans-Ulrich/Winkler, Luise, Deutscher Corporate Governance Kodex 2019 - ein Überblick, BB 2019, 1603–1608

Wimmer, Renate, Die Verwertung unternehmensinterner Untersuchungen - Aufgabe oder Durchsetzung des Legalitätsprinzips?, in: Festschrift für Imme Roxin zum 75. Geburtstag, herausgegeben von Schulz, Lorenz/Reinhart, Michael/Sahan, Oliver, Heidelberg 2012, S. 537–555

Wimmer, Renate, Ermittlungsmaßnahmen gegen Konzerne: Die Regelungen der Strafprozessordnung als adäquate Ermächtigung zum Eingriff in die Grundrechte juristischer Personen?, NZWiSt 2017, S. 252–254

Winter, Martin, Die Verantwortlichkeit des Aufsichtsrats für „Corporate Compliance", in: Festschrift für Uwe Hüffer zum 70. Geburtstag, herausgegeben von Kindler, Peter/Koch, Jens/Ulmer, Peter/Winter, Martin, München 2010, S. 1103–1129

Wisskirchen, Gerlind/Glaser, Julia, Unternehmensinterne Untersuchung (Teil I) - Eine praktische Anleitung –, DB 2011, S. 1392–1395

Witte, Jürgen Johannes/Wagner, Marco, Die Gesetzesinitiative Nordrhein-Westfalens zur Einführung eines Unternehmensstrafrechts, BB 2014, S. 643–648

de Wolf, Abraham, Kollidierende Pflichten: zwischen Schutz von E-Mails und „Compliance" im Unternehmen, NZA 2010, S. 1206–1211

Worobjow, Alex, Anhörung des Arbeitnehmers vor der verhaltensbedingten Tatkündigung - Sieben gute Gründe für die Anhörung vor der verhaltensbedingten Tatkündigung und ein praktischer Leitfaden für das Anhörungsgespräch –, DB 2019, S. 2466–2469

Wurzberger, Sebastian, Anforderungen an Betriebsvereinbarungen nach der DS-GVO Konsequenzen und Anpassungsbedarf für bestehende Regelungen, ZD 2017, S. 258–263

Wüst, Cornelia/Kreutzer, Ralf T. (Hrsg.), Corporate Reputation Management, Wiesbaden 2012

Wybitul, Tim, Interne Ermittlungen auf Aufforderung von US-Behörden - ein Erfahrungsbericht, BB 2009, S. 606–611

Wybitul, Tim, Neue Spielregeln bei E-Mail-Kontrollen durch den Arbeitgeber Überblick über den aktuellen Meinungsstand und die Folgen für die Praxis, ZD 2011, S. 69–74

Wybitul, Tim, Was ändert sich mit dem neuen EU-Datenschutzrecht für Arbeitgeber und Betriebsräte? – Anpassungsbedarf bei Beschäftigtendatenschutz und Betriebsvereinbarungen, ZD 2016, S. 203–208

Wybitul, Tim, Der neue Beschäftigtendatenschutz nach § 26 BDSG und Art. 88 DSGVO, NZA 2017, S. 413–419

Wybitul, Tim (Hrsg.), Handbuch EU-Datenschutzgrundverordnung, Frankfurt am Main 2017

Wybitul, Tim/Böhm, Wolf-Tassilo, Freier Wille auch im Arbeitsverhältnis? Einwilligung als Mittel zum Umgang mit Beschäftigtendaten, BB 2015, S. 2101–2105

Wybitul, Tim/Böhm, Wolf-Tassilo, E-Mail-Kontrollen für Compliance-Zwecke und bei internen Ermittlungen, CCZ 2015, S. 133–138

Wybitul, Tim/Grützner, Thomas/Klaas Arne, Verbandssanktionengesetz-Entwurf: Interne Ermittlungen mildern Sanktionen nur bei Einhaltung des Datenschutz- und Arbeitsrechts, CCZ 2020, S. 199–204

Wybitul, Tim/Sörup, Thorsten/Pötters, Stephan, Betriebsvereinbarungen und § 32 BDSG: Wie geht es nach der DS-GVO weiter? Handlungsempfehlungen für Unternehmen und Betriebsräte, ZD 2015, S. 559–564

Xylander, Karl-Jörg/Kiefner, Alexander/Bahlinger, Simon, Durchsuchung und Beschlagnahme in der Sphäre des Unternehmensanwalts im Zuge von internen Ermittlungen, BB 2018, S. 2953–2956

Zerbes, Ingeborg, Unternehmensinterne Untersuchungen, ZStW 2013, Band 125, S. 551–572

Ziemons, Hildegard/Jaeger, Carsten (Hrsg.), Beck'sche Online-Kommentar GmbHG, 45. Edition 2020

Zöllner, Wolfgang/Noack, Ulrich (Hrsg.), Kölner Kommentar zum Aktiengesetz, 3. Auflage, Köln 2019

Zweites Gesetz zur Anpassung des Datenschutzrechts an die Verordnung (EU) 2016/679 und zur Umsetzung der Richtlinie (EU) 2016/680 (Zweites Datenschutz-Anpassungs- und Umsetzungsgesetz EU – 2. DSAnpUG-EU), Bundesgesetzblatt Jahrgang 2019 Teil I Nr. 41, ausgegeben zu Bonn am 25.11.2019

Quellenverzeichnis

A Resource Guide to the U.S. Foreign Corrupt Practices Act, abrufbar unter: https://www.justice.gov/criminal-fraud/fcpa-resource-guide, zuletzt abgerufen am 01.11.2020

Artikel-29-Datenschutzgruppe, Leitlinien in Bezug auf die Einwilligung gemäß Verordnung 2016/679, angenommen am 28. November 2017, zuletzt überarbeitet und angenommen am 10. April 2018, abrufbar unter:https://www.bfdi.bund.de/SharedDocs/Publikationen/DokumenteArt29Gruppe_EDSA/Guidelines/WP259_LeitlinienFuerDieEinwilligung.html, zuletzt abgerufen am 1.11.2020

Artikel-29-Datenschutzgruppe, Stellungnahme 2/2017 zur Datenverarbeitung am Arbeitsplatz, angenommen am 8. Juni 2017, abrufbar unter: https://ec.europa.eu/newsroom/article29/item-detail.cfm?item_id=610169, zuletzt abgerufen am 01.11.2020

Artikel des Handelsblattes vom 8. Dezember 2017, „Diesel-Rückstellungen in Milliardenhöhe", abrufbar unter: https://www.handelsblatt.com/unternehmen/industrie/volkswagen-diesel-rueckstellungen-in-milliardenhoehe/20690228.html?ticket=ST-383030-wdeJL6RCfObgxrvdrYXq-ap4, zuletzt abgerufen am 01.11.2020

Bayerisches Landesamt für Datenschutzaufsicht, Abgrenzung Auftragsverarbeitung (Auslegungshilfe), abrufbar unter: https://www.lda.bayern.de/media/veroeffentlichungen/FAQ_Abgrenzung_Auftragsverarbeitung.pdf, zuletzt abgerufen am 01.11.2020

Berichtigung der Verordnung (EU) 2016/679 des Europäischen Parlaments und des Rates vom 27. April 2016 zum Schutz natürlicher Personen bei der Verarbeitung personenbezogener Daten, zum freien Datenverkehr und zur Aufhebung der Richtlinie 95/46/EG (Datenschutz- Grundverordnung) (ABl. L 119 vom 4.5.2016), ABl. L 127 vom 23.05.2018, abrufbar unter: https://eur-lex.europa.eu/legal-content/DE/TXT/PDF/?uri=CELEX:32016R0679R(02)&from=DE, zuletzt abgerufen am 01.11.2020

Bundesrechtsanwaltskammer, Stellungnahme Nr. 35/2010, Thesen der Bundesrechtsanwaltskammer zum Unternehmensanwalt im Strafrecht, abrufbar unter: https://www.brak.de/zur-rechtspolitik/stellungnahmen-pdf/stellungnahmen-deutschland/2010/november/stellungnahme-der-brak-2010-35.pdf, zuletzt abgerufen am 01.11.2020

Bundesrechtsanwaltskammer, Stellungnahme Nr. 32 zum Regierungsentwurf eines Gesetzes zur Stärkung der Integrität in der Wirtschaft, Juli 2020, abrufbar unter: https://www.bmjv.de/SharedDocs/Gesetzgebungsverfahren/Stellungnahmen/2020/Downloads/07022020_Stellungnahme_Strauda_RegE_Integritaet-Wirtschaft.pdf?__blob=publicationFile&v=2, zuletzt abgerufen am 07.09.2020

Datenschutzkonferenz, Auslegungshilfen zur Datenschutz-Grundverordnung in Form von Kurzpapieren, abrufbar unter: https://www.datenschutzkonferenz-online.de/kurzpapiere.html, zuletzt abgerufen am 01.11.2020

Datenschutzkonferenz, Orientierungshilfe der Datenschutzaufsichtsbehörden zur datenschutzgerechten Nutzung von E-Mail und anderen Internetdiensten am Arbeitsplatz (Stand Januar 2016), abrufbar unter: https://www.baden-wuerttemberg.datenschutz.de/wp-content/uploads/2016/02/OH_E-Mail_Internet_Arbeitsplatz.pdf, zuletzt abgerufen am 01.11.2020

Deutscher Corporate Governance Kodex in der Fassung vom 7. Februar 2017 mit Beschlüssen aus der Plenarsitzung vom 7. Februar 2017, abrufbar unter: https://www.dcgk.de//files/dcgk/usercontent/de/download/kodex/170424_Kodex.pdf, zuletzt abgerufen am 01.11.2020

Deutscher Corporate Governance Kodex vom 16. Dezember 2019, abrufbar unter: https://www.dcgk.de//files/dcgk/usercontent/de/download/kodex/191216_Deutscher_Corporate_Governance_Kodex.pdf, zuletzt abgerufen am 01.11.2020

Erläuterungen zur Charta der Grundrechte vom 14. Dezember 2007, abrufbar unter: https://eur-lex.europa.eu/LexUriServ/LexUriServ.do?uri=OJ:C:2007:303:0017:0035:DE:PDF, zuletzt abgerufen am 01.11.2020

Deutscher Richterbund, Stellungnahme zum Entwurf eines Gesetzes zur Stärkung der Integrität in der Wirtschaft, abrufbar unter: https://www.bmjv.de/SharedDocs/Gesetzgebungsverfahren/Stellungnahmen/2020/Downloads/06122020_Stellungnahme_DRB_RegE_Integritaet-Wirtschaft.pdf;jsessionid=4C0EEC155804244A5D6DB80D6B800B1C.2_cid324?__blob=publicationFile&v=3, zuletzt abgerufen am 09.09.2020

Gesetzesantrag des Landes Nordrhein-Westfalen, Entwurf eines Gesetzes zur Einführung der strafrechtlichen Verantwortlichkeit von Unternehmen und sonstigen Verbänden, abrufbar unter: https://www.justiz.nrw.de/JM/jumiko/beschluesse/2013/herbstkonferenz13/TOP_II_5_Gesetzentwurf.pdf, zuletzt abgerufen am 01.11.2020

Interinstitutionelles Dossier des Rates der Europäischen Union vom 27.03.2014, 2012/0011 (COD) 7427/1/14, REV 1, abrufbar unter: https://data.consilium.europa.eu/doc/document/ST-7427-2014-REV-1/de/pdf, zuletzt abgerufen am 01.11.2020

Interinstitutionelles Dossier des Rates der Europäischen Union vom 11.06.2015, 2012/0011 (COD) 9565/15, abrufbar unter: https://data.consilium.europa.eu/doc/document/ST-9565-2015-INIT/de/pdf, zuletzt abgerufen am 01.11.2020

Interinstitutionelles Dossier des Rates der Europäischen Union vom 15.12.2015, 2012/0011 (COD) 15039/15, abrufbar unter: https://data.consilium.europa.eu/doc/document/ST-15039-2015-INIT/de/pdf, zuletzt abgerufen am 01.11.2020

Koalitionsvertrag zwischen CDU, CSU und SPD v. 07.02.2018, abrufbar unter: https://www.bundesregierung.de/resource/blob/975226/847984/5b8bc23590d4cb2892b31c987ad672b7/2018-03-14-koalitionsvertrag-data.pdf?download=1, zuletzt abgerufen am 01.11.2020

Kölner Entwurf eines Verbandssanktionengesetzes, abrufbar unter: http://www.jpstrafrecht.jura.uni-koeln.de/sites/iss_juniorprof/Projekte/Koelner_Entwurf_eines_Verbandssanktionengesetzes__2017.pdf, zuletzt abgerufen am 01.11.2020

Landesbeauftragter für Datenschutz und Informationsfreiheit Baden-Württemberg, Ratgeber Beschäftigtendatenschutz, 4. Auflage (Stand April 2020), abrufbar unter:https://www.baden-wuerttemberg.datenschutz.de/wp-content/uploads/2020/04/Ratgeber-Besch%C3%A4ftigtendatenschutz.pdf, zuletzt abgerufen am 01.11.2020

Pressemitteilung des Bundeskartellamtes v. 23.10.2017, abrufbar unter: https://www.bundeskartellamt.de/SharedDocs/Meldung/DE/Pressemitteilungen/2017/23_10_2017_Wettbewerbsregister.html, zuletzt abgerufen am 01.11.2020

Pressemitteilung des Bundeskartellamtes v. 12.01.2016, abrufbar unter: https://www.bundeskartellamt.de/SharedDocs/Meldung/DE/Pressemitteilungen/2016/12_01_2016_Lego.html, zuletzt abgerufen am 01.11.2020

Pressemitteilung des Innenministeriums von Baden-Württemberg v. 11.09.2008, abrufbar unter: http://docplayer.org/3598078-Baden-wuerttemberg-innenministerium-aufsichtsbehoerde-fuer-den-datenschutz-im-nichtoeffentlichen-bereich.html, zuletzt abgerufen am 01.11.2020

Referentenentwurf des Bundesministeriums der Justiz und für Verbraucherschutz eines Gesetzes zur Stärkung der Integrität in der Wirtschaft vom 20.04.2020, abrufbar unter https://www.bmjv.de/SharedDocs/Gesetzgebungsverfahren/Dokumente/RefE_Staerkung_Integritaet_Wirtschaft.pdf;jsessionid=3493784504E89987D85C2334BED977CC.1_cid289?__blob=publicationFile&v=1, zuletzt abgerufen am 01.11.2020

Regierungsentwurf des Bundesministeriums für Wirtschaft und Energie eines Zehnten Gesetzes zur Änderung des Gesetzes gegen Wettbewerbsbeschränkungen für ein fokussiertes, proaktives und digitales Wettbewerbsrecht 4.0 (GWB-Digitalisierungsgesetz) vom 24.01.2020, abrufbar unter https://www.bmwi.de/Redaktion/DE/Downloads/Gesetz/gesetzentwurf-gwb-digitalisierungsgesetz.pdf?__blob=publicationFile&v=6, zuletzt abgerufen am 18.11.2020

Richtlinie (EU) 2016/943 des europäischen Parlaments und des Rates vom 8. Juni 2016 über den Schutz vertraulichen Know-hows und vertraulicher Geschäftsinformationen (Geschäftsgeheimnisse) vor rechtswidrigem Erwerb sowie rechtswidriger Nutzung und Offenlegung, ABl L 157/1 v. 15.06.2016, abrufbar unter: https://eur-lex.europa.eu/legal-content/DE/TXT/PDF/?uri=CELEX:32016L0943&from=DE, zuletzt abgerufen am 01.11.2020

Richtlinie 2002/58/EG des Europäischen Parlaments und des Rates vom 12. Juli 2002 über die Verarbeitung personenbezogener Daten und den Schutz der Privatsphäre in der elektronischen Kommunikation (Datenschutzrichtlinie für elektronische Kommunikation), ABl L 201/37 v. 31.07.2002, abrufbar unter: https://eur-lex.europa.eu/legal-content/DE/TXT/PDF/?uri=CELEX:32002L0058&from=DE, zuletzt abgerufen am 01.11.2020

Richtlinie 2005/29/EG des Europäischen Parlaments und des Rates vom 11. Mai 2005 über unlautere Geschäftspraktiken im binnenmarktinternen Geschäftsverkehr zwischen Unternehmen und Verbrauchern und zur Änderung der Richtlinie 84/450/EWG des Rates, der Richtlinien 97/7/EG, 98/27/EG und 2002/65/EG des Europäischen Parlaments und des Rates sowie der Verordnung (EG) Nr. 2006/2004 des Europäischen Parlaments und des Rates (Richtlinie über unlautere Geschäftspraktiken), ABl L 149/22 v. 11.06.2005, abrufbar unter: https://eur-lex.europa.eu/LexUriServ/LexUriServ.do?uri=OJ:L:2005:149:0022:0039:de:PDF, zuletzt abgerufen am 01.11.2020

Richtlinie 95/46/EG des Europäischen Parlaments und des Rates vom 24. Oktober 1995 zum Schutz natürlicher Personen bei der Verarbeitung personenbezogener Daten und zum freien Datenverkehr, ABl. L 281/31, abrufbar unter: https://eur-lex.europa.eu/legal-content/DE/TXT/PDF/?uri=CELEX:31995L0046&from=DE, zuletzt abgerufen am 01.11.2020

Schwalbach, Joachim, Reputation und Unternehmenserfolg, Unternehmens- und CEO-Reputation in Deutschland 2011–2013, Forschungsberichte zur Unternehmenskommunikation Nr. 5, abrufbar unter: http://www.akademische-gesellschaft.com/fileadmin/webcontent/Research_report/FB-Nr5_Reputation_Schwalbach.pdf, zuletzt abgerufen am 01.11.2020

Securities and Exchange Commission, Securities and Exchange Act of 1934, Release No. 44969 / October 23, 2001, abrufbar unter: https://www.sec.gov/litigation/investreport/34-44969.htm, zuletzt abgerufen am 21.09.2020

Synopse des Bayerischen Landesamtes für Datenschutzaufsicht hinsichtlich der DS-GVO der Fassungen des Vorschlags der Europäischen Kommission vom 25. Januar 2012 (KOM(2012) 11 endgültig; 2012/0011 (COD), des Beschlusses des Europäischen Parlaments vom 12. März 2014 im Rahmen der ersten Lesung zu dem oben genannten Vorschlag der Europäischen Kommission (Interinstitutionelles Dossier des Rats der Europäischen Union vom 27.03.2014, 2012/0011 (COD); 7427/1/14, REV 1 und des Rats der Europäischen Union vom 15. Juni 2015, 9565/15, abrufbar unter: https://www.cr-online.de/BayLDA-Synopse_der_Datenschutz-GVO_v._24.06.2015.pdf, zuletzt abgerufen am 01.11.2020

Verordnung (EU) 2016/679 des Europäischen Parlaments und des Rates vom 27. April 2016 zum Schutz natürlicher Personen bei der Verarbeitung personenbezogener Daten, zum freien Datenverkehr und zur Aufhebung der Richtlinie 95/46/EG (Datenschutz-Grundverordnung), ABl. L 119/1 v. 4.5.2016, abrufbar unter: https://eur-lex.europa.eu/legal-content/DE/TXT/PDF/?uri=CELEX:32016R0679&from=DE, zuletzt abgerufen am 01.11.2020

Vorschlag für Verordnung des Europäischen Parlaments und Rates zum Schutz natürlicher Personen bei der Verarbeitung personenbezogener Daten und zum freien Datenverkehr (Datenschutz-Grundverordnung) vom 25.01.2012, KOM(2012) 11 endgültig, abrufbar unter: https://eur-lex.europa.eu/LexUriServ/LexUriServ.do?uri=COM:2012:0011:FIN:de:PDF, zuletzt abgerufen am 01.11.2020

Weber Shandwick, The Company behind the Brand: In Reputation We Trust, 2012, S. 18, abrufbar unter: https://www.webershandwick.com/news/the-company-behind-the-brand-the-indivisibility-of-the-company-and-product/, zuletzt abgerufen am 01.11.2020

www.ingramcontent.com/pod-product-compliance
Ingram Content Group UK Ltd.
Pitfield, Milton Keynes, MK11 3LW, UK
UKHW021922290926
8980IPUK00016B/1417

9 783631 875988